谨以此书献给

内蒙古自治区文物考古研究院成立七十周年

（1954～2024）

阴山山脉秦汉长城调查报告

上　册

内蒙古自治区文物考古研究院
内蒙古博物院　编

张文平　主编

文物出版社

图书在版编目（CIP）数据

阴山山脉秦汉长城调查报告 / 内蒙古自治区文物考古研究院，内蒙古博物院编；张文平主编 . -- 北京：文物出版社，2023.12
ISBN 978-7-5010-8292-6

Ⅰ.①阴…　Ⅱ.①内…②内…③张…　Ⅲ.①阴山山脉—长城—调查报告—秦汉时代　Ⅳ.① K928.77

中国国家版本馆 CIP 数据核字（2023）第 236374 号

审图号：蒙 S（2014）022 号

阴山山脉秦汉长城调查报告

编　　者：内蒙古自治区文物考古研究院
　　　　　内蒙古博物院
主　　编：张文平

责任编辑：冯冬梅
责任印制：王　芳

出版发行：文物出版社
社　　址：北京市东城区东直门内北小街 2 号楼
邮政编码：100007
网　　址：http://www.wenwu.com
经　　销：新华书店
印　　刷：宝蕾元仁浩（天津）印刷有限公司
开　　本：889mm×1194mm　1/16
印　　张：59.75
版　　次：2023 年 12 月第 1 版
印　　次：2023 年 12 月第 1 次印刷
书　　号：ISBN 978-7-5010-8292-6
定　　价：680.00 元

《阴山山脉秦汉长城调查报告》
编纂委员会

主　　　　编：张文平

副　主　　编：丹达尔　苗润华　吴松岩　武俊生　张震州　王　浩

参加编撰人员：马登云　李恩瑞　魏长虹　杨建林　七十四　赵栩田

　　　　　　　达　来　郝玉龙　程建蒙　武明光　胡怀峰　刘　斌

　　　　　　　刘雪峰　杨志军　小　军　菅　强

绘　　　　图：李　宁　刘　媛　马登云　丹达尔　苗润华　七十四

　　　　　　　魏长虹　李宝忠

封　面　摄　影：孙培新

摄　　　　影：苗润华　马登云　李恩瑞　赵栩田　武俊生　张震州

　　　　　　　程建蒙　刘　斌　张文平　丹达尔　七十四　李方舟

　　　　　　　魏长虹　岳够明　徐　焱　史学军

拓　　　　片：许　魁

目 录

上 册

插图目录

插表目录

地图目录

彩图目录

第一章
概　述

广义的阴山山脉，东西横亘，东接燕山山脉，包括了河北省张家口市北部的大马群山；西接河西走廊北侧的龙首山，包括了内蒙古自治区阿拉善盟境内呈东北—西南走向的哈鲁乃山—雅布赖山山系。

本报告所言的阴山山脉，可以说是狭义的阴山山脉，东起自内蒙古自治区乌兰察布市兴和县与河北省张家口市尚义县交界处一带，西至阿拉善盟阿拉善左旗东北部的狼山最西端。狭义的阴山山脉，中西段可分为阴山、阳山两道山系，阴山山系为大青山—乌拉前山，阳山山系为狼山—乌拉后山[1]。今天，一般把乌拉前山直接称作乌拉山，乌拉山与大青山的分界线为包头市市区北部的昆都仑沟。乌拉后山与大青山的分界线在呼和浩特市武川县庙沟南北一线，庙沟向东，只有一个大青山，庙沟向西，从大青山北麓向西延伸出乌拉后山。乌拉后山包括了许多山体，武川县境内为马鞍山，包头市固阳县、巴彦淖尔市乌拉特前旗境内为色尔腾山、查石太山，巴彦淖尔市乌拉特中旗境内为罕乌拉山、小狼山。自小狼山向西为大狼山，小狼山、大狼山合称狼山，狼山西端终止于阿拉善左旗乌兰布拉格峡谷。阴山山脉东段，地理学上一般称作乌兰察布丘陵，自西向东有灰腾梁、蛮汉山、苏木山等。

从今天的行政区划来看，狭义的阴山山脉分布于乌兰察布市、呼和浩特市、包头市和巴彦淖尔市等4个盟市的辖区内。4盟市阴山山脉东西一线分布的长城，按照本次调查成果的统计，包含有战国赵、秦代、汉代、金代、明代等数个时期。其中，战国赵、金代、明代等三个时代的长城报告，均按时代另行编写出版，本报告主要介绍分布于4盟市境内的秦汉长城。

一　调查工作的缘起与经过

2007～2010年，国家文物局组织开展了全国性的长城资源调查工作。2007～2008年，主要开展了明长城的田野调查工作；2009～2010年，主要开展了明以前长城的调查工作。2007年，在内蒙古自治区文化厅、文物局的领导下，设在内蒙古自治区文物考古研究所的自治区长城资源调查项目组组织5支长城调查队在调查明长城的同时，又组织了2支战国秦汉长城调查队，分别对包头市固阳县的阳山秦汉长城、巴彦淖尔市乌拉特前旗的战国赵北长城进行了试点调查。包头市秦汉长城调查队的队长为张海斌，队员有李烈、李向军、夏月胜、肖鹏飞、邓宏伟、刘伟等。

自2009年开始，全区明以前长城的调查工作全面铺开。截至2010年底，对阴山山脉秦汉长城的调

---

〔1〕 辛德勇：《阴山高阙与阳山高阙辨析——并论秦始皇万里长城西段走向以及长城之起源诸问题》，《文史》2005年第3辑。

查，共有8支调查队参与，分别为乌兰察布市秦汉长城调查队、呼和浩特市战国秦汉长城调查队、包头市长城调查队、巴彦淖尔市长城调查队、乌拉特中旗汉外长城南线调查队、乌拉特中旗汉外长城北线调查队、乌拉特后旗汉外长城南线调查队、乌拉特后旗汉外长城北线调查队。

乌兰察布市秦汉长城调查队于2010年调查了分布于乌兰察布市境内的银子河秦长城、黄旗海—岱海秦汉长城和蛮汉山汉长城，调查队队长为李恩瑞，队员有王继军、李华、王会杰、刘洪洋、徐昂、康瑞芳、高建国等。

呼和浩特市战国秦汉长城调查队于2009年调查了分布于呼和浩特市境内的战国赵北长城、阴山秦汉长城，于2010年调查了分布于呼和浩特市境内的阴山秦汉长城、阳山秦汉长城。调查队队长为马登云，2009年参加调查的队员有李艳阳、刘伟东、翟禹、胡辉芳、王丽娟、王兰柱、王建伟、阿勒腾、高艳、肖立聪、苗润华、魏长虹等，2010年参加调查的队员有腾和、武明光、田金花、杨志军等。

包头市长城调查队在2009年、2010年的两年之内，完成了包头市境内各时代长城的调查工作，并对2007年试点调查的阳山秦汉长城作了复查。2010年下半年，包头市长城调查队支援呼和浩特市战国秦汉长城调查队，调查了分布于呼和浩特市武川县境内的汉外长城南线、汉外长城北线和金界壕等。调查队队长为苗润华，队员有杨建林、魏长虹、王新文、武明光、田金花、杨志军、荀雄、尹建光、游枝梅等。

巴彦淖尔市长城调查队在2009年、2010年的两年之内，复查了2007年试点调查的分布于乌拉特前旗境内的战国赵北长城，调查了全市境内的阴山秦汉长城、阳山秦汉长城。调查队队长为胡延春，队员有赵栩田、程建蒙、刘斌、胡怀峰、菅强、七十四、达来、程龙军、张文渊、包文亮、吕永平、任强、胡思乐、霍建国、高俊等。

鉴于巴彦淖尔市的文博人力较为薄弱，汉外长城南线由乌海市、阿拉善盟的长城调查专业人员组队援助调查，汉外长城北线由当地旗县文物管理所组队调查，在2010年内完成了各自的调查任务。乌拉特中旗汉外长城南线调查队队长为武俊生，队员有王浩、高景哲、那日苏、张吉等。乌拉特中旗汉外长城北线调查队队长为刘斌，队员有韩建国、张伟、苏亚拉图、韩光、小军等。乌拉特后旗汉外长城南线调查队队长为张震州，队员有苏伊拉图、高俊、闫瑞东、郝高堂、柴而忠等。乌拉特后旗汉外长城北线调查队队长为霍建国，队员有程建蒙、苏雅拉图、萨日娜、包文亮、苏瑞、曹雪等。

以上调查队由自治区长城资源调查项目组统一领导，项目总领队为张文平。

从2010年底开始，这些调查队的队长及骨干队员集中于自治区长城资源调查项目组，开始了明以前长城调查资料的整理工作，至2011年5月完成了数据库资料的初步整理，于5月底全部顺利地通过了由中国文化遗产研究院国家长城资源调查项目组组织的专家组的验收。2011年6～12月，完成了调查资料的复核以及数据库的进一步完善工作。参加阴山山脉秦汉长城调查资料整理的人员有张文平、胡春柏、马登云、腾和、李恩瑞、苗润华、魏长虹、杨建林、赵栩田、达来、七十四、武俊生、张震州、郝玉龙、程建蒙、小军、贾甲、胡思乐、包文亮、杨浩森等。

2012年初，开始了调查报告的编撰工作。在编写调查报告期间，结合存在的一些问题，对部分长城地段作了复查，并陆续对长城沿线的部分烽燧、城障遗址进行了测绘。参加后期测绘的人员有张文平、苗润华、马登云、丹达尔、七十四、魏长虹、杨建林、腾和、李化冰等。

在后期测绘期间，重新认定位于乌兰察布市灰腾梁之上的"北魏九十九泉御苑遗址"实际上是一道汉长城，于是在2013年7～9月期间，自治区长城资源调查项目组对九十九泉汉长城按照长城资源调查的相关规程作了全面调查。参加九十九泉汉长城调查的人员，有张文平、李恩瑞、马登云、七十四、丹达尔、白志文、刘雪峰、李化冰等。

在调查报告的编撰过程中，于2014年6月在乌兰察布市兴和县南部的西洋河河谷新发现了一道汉长城，张文平、马登云、七十四、李化冰等对西洋河汉长城进行了调查。

二　历史记载与前人调查、研究成果综述

关于秦始皇修筑长城，《史记》中的《秦始皇本纪》《蒙恬列传》《匈奴列传》均有记载。《史记·秦始皇本纪》记载：秦始皇三十三年（前214年），"西北斥逐匈奴。自榆中并河以东，属之阴山，以为三十四县，城河上为塞。又使蒙恬渡河取高阙、陶山、北假中，筑亭障以逐戎人。徙谪，实之初县。"[1] 又《史记·蒙恬列传》记载："秦已并天下，乃使蒙恬将三十万众北逐戎狄，收河南。筑长城，因地形，用制险塞，起临洮，至辽东，延袤万余里。于是渡河，据阳山，逶蛇而北。暴师于外十余年，居上郡。"[2] 又《史记·匈奴列传》记载："后秦灭六国，而始皇帝使蒙恬将十万之众北击胡，悉收河南地。因河为塞，筑四十四县城临河，徙谪戍以充之。而通直道，自九原至云阳，因边山险堑溪谷可缮者治之，起临洮至辽东万余里。又度河据阳山北假中。"[3]

关于阴山山脉秦汉长城的调查报告，有《内蒙古西北部秦汉长城调查记》《内蒙古境内的战国秦汉长城遗迹》《潮格旗朝鲁库伦汉代石城及其附近的长城》《蒙恬修筑阴山北麓秦长城考察记》《包头境内的战国秦汉长城与古城》《中国北方长城考述》等[4]，均为阴山山脉秦汉长城调查的第一手资料。张海斌、杨恬恩主编的《固阳秦长城》一书，汇集了关于阳山秦汉长城的一些调查和保护工程资料[5]。

关于河套地区战国秦汉时期历史地理方面的研究，辛德勇《阴山高阙与阳山高阙辨析——并论秦始皇万里长城西段走向以及长城之起源诸问题》一文，在对史料记载和前人研究成果进行全面分析的基础上，对与战国秦汉长城相关的阴山、阳山、高阙、河南地、新秦中、北假中、北河、南河等名词以及长城本身修筑沿用的过程，均有较为详细的考证[6]。辛德勇认为，战国时赵武灵王在赵国北部边境线上修筑的长城，位于今乌拉前山—大青山南麓。这道山系即古阴山山脉，因此《史记·匈奴列传》所记赵武灵王"筑长城，自代并阴山下，至高阙为塞"的"高阙"，就应当是这道长城西端的一处山口。这座山口，可称之为"阴山高阙"。秦始皇统一六国后，其北方边防设施，在秦人故土，沿用了战国秦长城；在赵国旧境，则沿用了赵北长城，《史记·秦始皇本纪》谓秦始皇二十六年（前221年）时，其疆界"北据河为塞，并阴山至辽东"，指的就是在北边沿用赵北长城的这种情况。至秦始皇三十二年（前215年），蒙恬率军"北击胡，略取河南地"，并在第二年亦即秦始皇三十三年（前214年），兴工修建了"起临洮，至辽东，延袤万余里"的所谓"万里长城"。这道长城的西北地段，"自榆中并河以东，属之阴山"，表明其在原赵国北边地带，仍是利用赵北长城。下令建造"万里长城"之后，秦始皇随即在当年"又使蒙恬渡河取高阙、陶山、北假中，筑亭障以逐戎人"。这里的"陶山"应

〔1〕《史记》卷6《秦始皇本纪》，中华书局，1959年，第253页。

〔2〕《史记》卷88《蒙恬列传》，中华书局，1959年，第2566页。

〔3〕《史记》卷110《匈奴列传》，中华书局，1959年，第2886页。

〔4〕唐晓峰：《内蒙古西北部秦汉长城调查记》，《文物》1977年第5期；盖山林、陆思贤：《内蒙古境内的战国秦汉长城遗迹》，《中国考古学会第一次年会论文集》，文物出版社，1979年；盖山林、陆思贤：《潮格旗朝鲁库伦汉代石城及其附近的长城》，《中国长城遗迹调查报告集》，文物出版社，1981年；鲍桐：《蒙恬修筑阴山北麓秦长城考察记》，《长城学刊》1991年第1期；包头市文物管理处、达茂旗文物管理所：《包头境内的战国秦汉长城与古城》，《内蒙古文物考古》2000年第1期；李逸友：《中国北方长城考述》，《内蒙古文物考古》2001年第1期。

〔5〕张海斌、杨恬恩主编：《固阳秦长城》，内蒙古大学出版社，2007年。

〔6〕辛德勇：《阴山高阙与阳山高阙辨析——并论秦始皇万里长城西段走向以及长城之起源诸问题》，《文史》2005年第3辑。

为"阴山"的形讹，"北假"应通假为"北各"，是指山体的北部。所谓"阴山北假中"，是指阴山的北坡部分及其以北直至阳山（今狼山—乌拉后山山系）南麓地区，这里也就是现在所说的河套地区。蒙恬出兵占据这一区域，是为利用这里优越的农业生产条件，解决"河南地"边防驻军的粮食供给问题。为保障这里农业生产环境的安定，便又在河套北侧的阳山山脉上，修筑了一道新的长城，以阻遏匈奴的袭扰。这道长城建成后，秦人原来一直沿用的赵北长城，已经远离边界线，失去了防守疆界的功能，这道长城上的关塞"高阙"，也随之丧失了控扼边境通行要道的隘口作用。中国古代的关隘，具有随着区域开发和疆域拓展而向外侧推移的规律，"高阙"这一关口，即随着秦朝疆域向"阴山北假中"地区的扩展，迁移到阳山秦汉长城西端的一处山口。与"阴山高阙"相对应，这座山口，可以称之为"阳山高阙"，也就是郦道元《水经注》中记载的高阙。秦朝末年，蒙恬死后，"诸侯叛秦，中国扰乱，诸秦所徙适戍边者皆复去"[1]。于是，匈奴趁机越过阳山长城以及黄河防线，重以战国秦长城和赵北长城与中原王朝为界。直到汉武帝元朔二年（前127年），卫青率军大举反击，才又重新收复今河套地区，恢复以阳山秦汉长城为边防线。

对于阴山高阙，辛德勇大体认同何清谷的观点。何清谷考察并分析乌拉前山西端各个部位的地理形势，推测乌拉特前旗乌拉山镇张连喜店附近的大沟口，很可能就是战国高阙所在地[2]。不过，辛德勇也十分慎重地指出，这还需要更进一步的历史地理学和考古学调查来加以确认，但赵北长城高阙大致位于这一地带，应当没有什么疑问。

关于赵北长城的走向，辛德勇综合诸家考察成果，认为"可以明确，沿今乌拉前山和大青山南坡，或在半山腰，或在山脚下，总体上是在阴山山脊之下而更靠近山麓的位置上，分布着一道以夯土垒筑为主的古长城遗迹，正与《史记·匈奴列传》赵武灵王长城'并阴山下'的记载相吻合；结合相关文物和上述历史记载，完全可以肯定，这就是战国赵武灵王长城的遗存。"

辛德勇文充分吸收前人调查与研究成果，通过对相关史料的深入释读，提出了许多精辟的见解，对理解阴山山脉战国秦汉时期的长城防御体系有着极高价值。当然，其中的部分观点，也不无可商榷之处，下文将陆续予以辨析。

关于汉外长城的考证，主要来自于《史记》《汉书》的相关记载。《汉书·武帝纪》记载，太初三年（前102年）四月之后，"遣光禄勋徐自为筑五原塞外列城，西北至卢朐，游击将军韩说将兵屯之。强弩都尉路博德筑居延。秋，匈奴入定襄、云中，杀略数千人，行坏光禄诸亭障；又入张掖、酒泉，杀都尉。"[3]《史记·匈奴列传》《汉书·匈奴传》同记此事。《史记·匈奴列传》记载："呴犁湖单于立，汉使光禄徐自为出五原塞数百里，远者千余里，筑城郭列亭至卢朐，而使游击将军韩说、长平侯卫伉屯其旁，使强弩都尉路博德筑居延泽上。"[4]《汉书·匈奴传》记载："句黎湖单于立，汉使光禄勋徐自为出五原塞数百里，远者千里，筑城障列亭至卢朐，而使游击将军韩说、长平侯卫伉屯其旁，使强弩都尉路博德筑居延泽上。其秋，匈奴大入云中、定襄、五原、朔方，杀略数千人，败数二千石而去，行坏光禄所筑亭障。又使右贤王入酒泉、张掖，略数千人。会任文击救，尽复失其所得而去。"[5]《汉书·匈奴传》记载，西汉宣帝地节二年（前68年），"是时匈奴不能为边寇，于是汉罢外城，以休

---

〔1〕《史记》卷110《匈奴列传》，中华书局，1959年，第2887页。

〔2〕何清谷：《高阙地望考》，《陕西师范大学学报》1986年第3期。

〔3〕《汉书》卷6《武帝纪》，中华书局，1962年，第201页。

〔4〕《史记》卷110《匈奴列传》，中华书局，1959年，第2916页。

〔5〕《汉书》卷94《匈奴传》，中华书局，1962年，第3776页。

百姓。"[1]

唐晓峰《内蒙古西北部秦汉长城调查记》一文，在实地调查的基础上，认为分布于阳山秦汉长城北侧的两条长城，即为汉代的"外城"[2]。李逸友对此又作了进一步调查考证，在《中国北方长城考述》一文中，将外城分别命名为汉外长城北线、汉外长城南线，认为北线修筑在先，匈奴人于当年秋天破坏了北线，汉朝不得不又在北线的南面修筑了南线[3]。俄罗斯、蒙古国的考古学者通过对蒙古国境内汉外长城的调查，结合C14数据分析，认为汉外长城是西夏于13世纪初建造的防御蒙古诸部的长城，并非汉代"光禄塞"[4]。

最后，关于九十九泉汉长城，早年长城爱好者高旺曾做过调查，推测是"可能建于秦汉时代"的长城，又说"但戍堡也有可能是汉代所筑，而长城则是后来例如北魏时修筑的"[5]。乌兰察布盟文物站与卓资县文物管理所的文物工作者，在第二次全国文物普查中，于1987年调查了九十九泉长城墙体东段的山梁下段落，认为是战国赵北长城的北线部分[6]。内蒙古自治区文物考古研究所的李逸友在参与编撰《中国文物地图集·内蒙古自治区分册》的过程中，于1996~1997年期间对灰腾梁上的墙体及相关遗迹进行了较为细致的踏查，结合《魏书》的相关记载，认定为北魏九十九泉御苑遗址[7]。北魏御苑遗址作为内蒙古自治区第四批文物保护单位的公布，即来自李逸友的调查研究成果。

三 本次调查的主要认识

通过本次长城资源调查工作，结合前人相关研究成果，将阴山山脉秦汉长城共划分为9条分布线路，自东向西依次为银子河秦长城、西洋河汉长城、黄旗海—岱海秦汉长城、蛮汉山汉长城、九十九泉汉长城、阴山秦汉长城、阳山秦汉长城、汉外长城南线、汉外长城北线。下面，结合以上9条长城分布线路，对阴山山脉东西一线的战国秦汉长城作综合分析。

（一）战国赵北长城

公元前300年前后，赵武灵王北破林胡、楼烦，"筑长城，自代并阴山下，至高阙为塞。而置云中、雁门、代郡。"[8]赵国一举将内蒙古中南部地区纳入其管辖范围，并沿阴山山脉南麓地带修筑了东起今内蒙古乌兰察布市兴和县与河北省尚义县交界处、西至今巴彦淖尔市乌拉特前旗乌拉山西端的长城。相对于赵国以前"属阻漳、滏之险"[9]修筑的赵南长城，这道长城一般被称为赵北长城，亦称作赵武灵王长城。

〔1〕《汉书》卷94《匈奴传》，中华书局，1962年，第3787页。

〔2〕唐晓峰：《内蒙古西北部秦汉长城调查记》，《文物》1977年第5期。

〔3〕李逸友：《中国北方长城考述》，《内蒙古文物考古》2001年第1期。

〔4〕A·A·科瓦列夫、Д·额尔德涅巴特尔：《蒙古国南戈壁省西夏长城与汉受降城有关问题的再探讨》，《内蒙古文物考古》2008年第2期。

〔5〕高旺：《内蒙古长城史话》，内蒙古人民出版社，1991年，第179页。

〔6〕李兴盛、郝利平：《乌盟卓资县战国赵长城调查》，《内蒙古文物考古》1994年第2期。

〔7〕李逸友：《北魏九十九泉御苑遗址》，《内蒙古文物考古》1998年第1期。

〔8〕《史记》卷110《匈奴列传》，中华书局，1959年，第2885页。

〔9〕《史记》卷43《赵世家》，中华书局，1959年，第1806页。

调查发现的战国赵北长城的东端起点，位于兴和县城关镇脑包窑村东 1.8 千米处内蒙古与河北省的交界处，由此向西北方向延伸，绵延于乌兰察布市、呼和浩特市、包头市、巴彦淖尔市的阴山南麓地带，西端止于巴彦淖尔市乌拉特前旗白彦花镇张连喜店村北侧、乌拉山大沟沟口东侧 0.4 千米处的小红石沟。大沟沟口两侧山峰高耸，依照辛德勇前揭文的考证，似为"阴山高阙"所在。

高阙之名见于《史记》《汉书》，为山名，指今天的乌拉山。《史记·匈奴列传》的相关记载需重新句读理解："筑长城，自代并阴山下至高阙为塞，而置云中、雁门、代郡。"这里的"为塞"是形成长城防御体系之意，"自代并阴山下至高阙"形成长城防御体系，同时在北疆地区设置了代、雁门、云中三郡。乌拉山山势陡峭耸立，山间通道自东向西有昆都仑沟、哈德门沟、大坝沟等，乌拉山西端的西山嘴既是通道，又与黄河形成控扼作用。

战国高阙指乌拉山，秦代、汉代的高阙亦均指乌拉山。汉武帝元朔二年（前 127 年），西汉王朝开始大举反击匈奴，卫青从云中出兵，至高阙，占领河南地，大败楼烦白羊王，史称"河南战役"。《史记》在《汉兴以来将相名臣年表》《匈奴列传》《卫将军骠骑列传》中均记此事。《史记·汉兴以来将相名臣年表》记载："春，车骑将军卫青出云中，至高阙，取河南地。"[1]《史记·卫将军骠骑列传》记载："令车骑将军青出云中以西至高阙。遂略河南地，至于陇西，捕首虏数千，畜数十万，走白羊、楼烦王。遂以河南地为朔方郡。"[2]《汉兴以来将相名臣年表》《卫将军骠骑列传》均显示了高阙的相对位置，即在云中之西、河南地之东，显然还是指乌拉山。《史记·匈奴列传》《史记·卫将军骠骑列传》还同时记载了元朔五年（前 124 年）的汉军夜围匈奴右贤王之战[3]。此次战役之前，卫青由高阙出兵，其他将领由朔方出兵。卫青出兵的高阙还是乌拉山。《汉书》中的《武帝纪》《卫青霍去病传》《匈奴传》也均记载了这两次大规模的汉匈之战，史料来源于《史记》，内容大体一致。

（二）秦长城

战国末年，秦国占据了原属赵国的云中、雁门二郡，原属林胡的榆中之地也并入了秦国的疆土范围，归属云中郡管辖。秦始皇二十六年（前 221 年），初并天下，分天下为三十六郡，其西北部疆界应当是利用了战国秦长城、赵北长城。

战国秦长城顺着坝梁—点素敖包分水岭向西北方向延伸，以哈什拉川为水险，是为榆溪塞。在哈什拉川向北注入东流黄河之后，又过黄河，在五当沟西侧修筑了一段土筑长城，直抵大青山南坡，向东与赵北长城衔接了起来。榆溪塞及五当沟西侧长城，为秦朝初年新筑长城。

秦始皇三十三年（前 214 年），修筑了"起临洮，至辽东，延袤万余里"的所谓"万里长城"，本报告统称之为秦长城。秦长城的西端，依据《史记·秦始皇本纪》"自榆中并河以东，属之阴山，以为三十四县，城河上为塞"的记载，一般认为是部分利用了黄河"几"字形大湾中的北流和东流（南河）河道，并在河道内侧修筑了三十四或四十四座县城进行防御。但在本次长城调查中，调查发现的秦长城在鄂尔多斯地区的分布情况，与辛德勇等人认为的"因河为塞"是有着一定差异的。

---

〔1〕《史记》卷 22《汉兴以来将相名臣年表》，中华书局，1959 年，第 1136 页。

〔2〕《史记》卷 111《卫将军骠骑列传》，中华书局，1959 年，第 2923 页。

〔3〕《史记》卷 110《匈奴列传》，中华书局，1959 年，第 2907 页；《史记》卷 111《卫将军骠骑列传》，中华书局，1959 年，第 2925 页。

今鄂尔多斯高原南部地区，在秦朝归属北地郡、上郡管辖。北地郡的西部边界，大体以贺兰山为界，秦长城顺着贺兰山东麓北上至今乌海市后，过黄河将乌海市与鄂尔多斯市之间的桌子山包围了起来，在桌子山的东、西两侧山地均有秦长城分布，从而构成北地郡的西北边界。在毛乌素沙漠南缘，发现有鄂托克前旗秦长城，向东与大体呈西南—东北走向的战国秦长城交汇。上郡的西部边界，在今鄂尔多斯市境内主要利用了战国秦长城，北部边界为坝梁—点素敖包东西一线分水岭。

公元前214年之后，从榆溪塞的新民堡村附近，沿着榆中（以哈什拉川为中心的黄河内侧冲积平原）南缘，向西延伸出一条土筑长城，大体呈东西直线分布。这道长城向西一直延伸至由南向北而流的罕台川，从而将榆中包围起来。位于榆中南缘的这一道秦长城，可称之为榆中长城，今天所见遗迹主要分布于新民堡村以西一带。榆中长城内侧，归属秦朝新设置的九原郡管辖；榆中长城外侧的河南地，包括了黄河南河内侧、桌子山秦长城外侧、北流黄河东侧、鄂托克前旗秦长城外侧、战国秦长城外侧之间的这一广大区域，活动的是依附于秦王朝的楼烦白羊王游牧部族。

在阴山地区，秦长城大体沿用了战国赵北长城，向西可至乌拉山西端，向东止于乌兰察布市卓资县卓资山镇附近。赵北长城在卓资山镇向东北顺着哈达图谷地逶迤而去，而秦长城则没有再向东沿用赵北长城，而是转向岱海东北岸，由此向东，通过黄旗海南岸、银子河北岸进入河北省境内。到今内蒙古东南部的赤峰市，秦长城沿用了战国燕北长城。在修筑"万里长城"的同时，秦朝还在新扩展的领土上设置县治，沿河筑城为塞。

在开始修筑"万里长城"的同一年，秦始皇又命大将蒙恬过高阙，进入北假中，在阳山设置亭障等军事防御设施[1]。从《史记》关于蒙恬"筑亭障以逐戎人"、卫青"复缮故秦时蒙恬所为塞"的记载，一般认为今天分布于阳山之上的长城为蒙恬始筑、卫青复缮，辛德勇称之为阳山长城，也有人专称之为蒙恬所筑长城[2]。但在长城资源调查中，于这道长城墙体沿线发现的绝大部分亭障属于汉代遗迹，只是偶尔可见秦代当路塞及障城、烽燧等。

秦朝北却匈奴、占领北假中之后，有在阳山设防的必要，向西至黄河北河南流段，将北假中包围起来。但秦朝与匈奴的战争刚刚开始，双方胜负未定，秦朝还处于攻势，在阳山之上也只是设置一些当路塞类的防御设施，不可能大规模修筑长城。再者，从公元前214年占领北假中，到公元前209年爆发陈胜吴广起义，秦朝在阳山地区也不可能完成多少军事工程。西汉武帝时期，大将卫青北却匈奴，"复缮故秦时蒙恬所为塞"，应该是将秦朝断续的当路塞连接了起来。

（三）阴山秦汉长城

秦朝大将蒙恬死后，匈奴复又南下，与秦界于"故塞"。这里的"故塞"，主要指战国秦长城。西汉初年，西北地区以战国秦长城、榆溪塞、榆中长城及战国赵北长城与匈奴为界，其中前三道长城合称"故河南塞"。汉高祖称帝后的次年（前201年），曾下令"缮治河上塞"[3]，应该就是修治这些长城。

---

[1] 辛德勇认为"北假"通假为"北各"，指山体北部，是值得商榷的。古代，"假"通"遐"，"北假中"可通假为"北遐中"，与古语"北荒中"属同一含义。秦朝以乌拉山为北阙，称作高阙，出高阙即出国门，所以称乌拉山以北为北荒中，到汉武帝时期始改作北假中。到辽宋夏金时期，北假中称作"夹山"，以夹于阴山、阳山两山之间而得名。北假中的地域范围，主要为今大青山以西、乌拉山以北、色尔腾山以南、乌梁素海以东地区。

[2] 贾衣肯：《蒙恬所筑长城位置考》，《中国史研究》2006年第1期。

[3] 《史记》卷8《高祖本纪》，中华书局，1959年，第369页。

据《汉书·匈奴传》记载："武帝即位，明和亲约束，厚遇关市，饶给之。匈奴自单于以下皆亲汉，往来长城下。"[1] 这里的长城，也是指以上这些长城。

自汉武帝元光二年（前133年）"马邑之谋"之后，"匈奴绝和亲，攻当路塞，往往入盗于边，不可胜数。"[2]《汉书·匈奴传》的这一条史料记载间接地表明，西汉早期即已开始构筑当路塞，经调查分布于阴山山前一线的山口地带。对于分布于阴山山口处的当路塞、障城等汉长城遗存，加上兴筑于秦汉时期、分布于阴山山顶及交通要道之上的塞墙、塞道、驿道等长城遗存，本报告专列"阴山秦汉长城"一章，予以详细介绍。

为汉代加筑沿用的战国赵北长城，专称阴山汉长城。阴山汉长城构成了汉代大青山—乌拉山一线的防御体系，是西汉云中郡、五原郡的主防线，其东端约在今乌兰察布市卓资县旗下营镇西侧的察哈少山，西至乌拉山西山嘴。阴山汉长城，也是阴山秦汉长城的组成部分，但在《内蒙古自治区长城资源调查报告·战国赵北长城卷》中已作专门介绍，本报告不作重复。

（四）阳山秦汉长城

汉武帝元朔二年（前127年），西汉王朝开始大举反击匈奴。通过河南战役，西汉王朝占领北假中、河南地[3]，将西北边界推进到阳山一线，修筑了阳山汉长城，与蒙恬所筑亭障合称为阳山秦汉长城。

阳山汉长城以呼和浩特市北部大青山坡根底村东侧的坡根底1号烽燧作为与阴山汉长城的交汇点，顺着阳山向西一直延伸至阿拉善盟阿拉善右旗雅布赖山南端，再向西南开始进入河西走廊北侧山地。阳山汉长城是自东向西逐步修筑完善的，分属云中郡、五原郡、朔方郡、西河郡、北地郡、张掖郡（汉宣帝地节初年改属武威郡）管辖。譬如，"复缮故秦时蒙恬所为塞"，修缮的是北假中北侧阳山之上的蒙恬所筑亭障；《史记·匈奴列传》中的"筑朔方"，不应理解为修筑朔方城，而是指在朔方郡以北的阳山之上修筑朔方郡长城；朔方城是元朔三年（前126年）苏建修筑的，《史记》《汉书》均有记载；从朔方郡汉长城向西南，阿拉善盟阿拉善左旗境内的延伸线路在西汉时期归属西河郡、北地郡管辖，始筑于元封三年（前108年）前后。

同时，西汉王朝在河南地建朔方郡。今后套地区及位于后套西北河外的朔方郡三封、临戎、窳浑三县，均为西汉新开拓疆域。三封县为西汉朔方郡郡治，窳浑县同时为朔方郡西部都尉治所，西部都尉治下的鸡鹿塞位于窳浑县西北、今大狼山哈隆格乃沟。

一般根据《水经注》的记载，多认为在朔方郡汉长城沿线，还有一处高阙塞，北魏设有高阙戍。如前所述，《史记》《汉书》记载的高阙均指乌拉山，只有《后汉书》提到了高阙塞。据《后汉书·窦融列传》记载："明年，固与忠率酒泉、敦煌、张掖甲卒及卢水羌胡万二千骑出酒泉塞，耿秉、秦彭率武威、陇西、天水募士及羌胡万骑出居延塞，又太仆祭肜、度辽将军吴棠将河东北地、西河羌胡及南单于兵万一千骑出高阙塞，骑都尉来苗、护乌桓校尉文穆将太原、雁门、代郡、上谷、渔阳、右北平、

---

〔1〕《汉书》卷94《匈奴传》，中华书局，1962年，第3765页。

〔2〕《汉书》卷94《匈奴传》，中华书局，1962年，第3765页。

〔3〕汉代河南地较秦代河南地范围有所扩大，将今天的后套平原也囊括其中，但并不包括北假中。秦朝在阴山以北的疆域，也仅限于北假中，未向西进入后套平原。汉代，北假中归属五原郡管辖部分，专称为"五原北假"。

定襄郡兵及乌桓、鲜卑万一千骑出平城塞。"[1]这一段史料中的酒泉塞、居延塞、平城塞等，均为大的边疆地域概念，也是东汉王朝北疆的重点军事防区，与鸡鹿塞这种具体的长城沿线军事建制不同。所以，这一段史料中的高阙塞指的还是乌拉山这一边疆军事区域，不能与鸡鹿塞等量齐观。北魏高阙戍在今后套平原以北的大狼山达拉盖沟，汉代名为满夷谷，北魏于此设高阙戍，《水经注》将北魏高阙戍与战国秦汉时期的高阙误作一地。

（五）乌兰察布市境内的汉长城

关于九十九泉汉长城，李逸友早前将其认定为北魏御苑，主要是依据了《魏书·太祖纪》中有关"九十九泉"的一条记载。北魏道武帝拓跋珪于天赐三年（406年）八月，"丙辰，西登武要北原，观九十九泉，造石亭，遂之石漠。"[2]石亭加上围墙、望台等，构成了一座规模宏大的御苑。本次调查，认为所谓的御苑围墙便是长城墙体，望台是烽燧，石亭是障城。汉长城的组成要素——墙体、烽燧和障城，灰腾梁上的遗存一应齐备。

正是通过《魏书·太祖纪》道武帝"西登武要北原，观九十九泉"的记载，考古工作者考证出分布于灰腾梁之下的三道营古城为西汉定襄郡武要县县治[3]。据《汉书·地理志》，西汉定襄郡下辖东、中、西三个部都尉，管理定襄郡的边防军事，东部都尉治武要县。依据居延汉简对汉代边防体系的研究，都尉之下设有候官、部、燧三级军事建制。从九十九泉汉长城的分布范围与规模来看，应当是西汉定襄郡东部都尉治下数个候官的军事辖区。

三道营古城东侧，由北向南沿着蛮汉山山顶地带分布有一道汉长城。这一段由北向南延伸的长城，属于定襄郡的东线长城，本报告称之为"蛮汉山汉长城"。定襄郡始建于汉高祖十一年（前196年），其东侧的蛮汉山长城防线应为稍后修筑。

再向东，汉代雁门郡的长城，分布于岱海东北岸至黄旗海周边一线，其中岱海东北岸至黄旗海西南部分，与秦长城并行，统称之为黄旗海—岱海秦汉长城。调查发现的黄旗海—岱海秦汉长城的西端点在今乌兰察布市卓资县大榆树乡三苏木村附近，三苏木村东西两侧的山顶之上分布有东西相望的烽燧，两山间为大黑河支流牛角川河形成的宽阔河谷。牛角川河由南向北而流，在卓资山镇附近注入大黑河。

黄旗海—岱海秦汉长城从岱海东北向东，一直延伸至今察哈尔右翼前旗黄旗海西岸。秦代以黄旗海为险，从黄旗海南岸向东而去，在东洋河支流银子河北岸延伸为银子河秦长城。到西汉时期，这道长城绕着黄旗海的西岸、北岸、东岸转了一个大圈之后，到黄旗海东南的孤山终止，形成了汉代的雁门郡长城。汉代的黄旗海盆地名为"叁合"，到魏晋北朝时期，黄旗海称作"代郡之叁合陂"或"叁合陂"。以黄旗海东侧的孤山（北魏蟠羊山）为节点，黄旗海东岸自古以来是一条重要的南北向通道，由孤山向东通过山间谷道可通往东洋河、西洋河流域。黄旗海既是南北向通道所在，也是南北对抗时期防御之重心所在。

汉代代郡的长城，分布于西洋河北岸一线，调查中命名为西洋河汉长城。

---

〔1〕《后汉书》卷23《窦融列传》，中华书局，1965年，第810页。
〔2〕《魏书》卷2《太祖纪》，中华书局，1974年，第43页。
〔3〕 李兴盛：《内蒙古卓资县三道营古城调查》，《考古》1992年第5期。

（六）光禄塞

　　光禄勋徐自为于太初三年（前102年）开始修筑五原塞外列城，加上汉外长城北线、汉外长城南线，合称光禄塞。五原塞外列城专指分布于阳山秦汉长城外侧的列城带，由边长约130米的障城组成，布列于阳山外侧，形成阳山汉长城的外围防线。

　　汉外长城北线、南线，均总体呈东西走向。汉外长城南线修筑于外流水系和内流水系的分界地带，汉外长城北线修筑于大漠与漠南草原的分界地带。初步考证，汉外长城北线与五原塞外列城均开始修筑于太初三年。如前文所述《汉书》记载，太初三年春夏之际，光禄勋徐自为修筑了五原塞外列城，但当年秋天即遭到匈奴破坏。太初三年春夏之际修筑的五原塞外列城，包括汉外长城北线与五原塞外列城的部分遗存。在遭匈奴破坏之后，后来又修筑了汉外长城南线，对五原塞外列城亦作了进一步完善。通过光禄塞的修筑，西汉王朝将匈奴的势力彻底驱逐出大漠以南地区。

　　蒙古国境内亦有汉外长城分布，向西与古居延泽北侧的居延泽塞墙相衔接。从分布与走向看，蒙古国境内的汉外长城似为中国境内汉外长城北线的延伸；但从长城沿线的障城分布规律看，蒙古国境内的汉外长城与中国境内的汉外长城南线相似。由此判断，蒙古国境内的汉外长城可以视为中国境内汉外长城北线的延伸，但其修筑年代晚于中国境内的汉外长城北线，而与汉外长城南线大体属于同一时期遗存。有鉴于此，蒙古国境内的所谓汉外长城北线的延伸部分，可径直称作汉外长城。这也在一定程度上表明，遭匈奴破坏的汉外长城北线后来作了修复使用。

　　五原塞外列城"西北至卢朐"[1]，卢朐在《史记》中作庐朐，即今蒙古国南戈壁省南部、与阿拉善盟相交界处的一列山系，中国境内部分称作洪果尔山。阳山汉长城全线贯通之后，卢朐山成为匈奴在漠南的一个重要据点。太初三年修筑的五原塞外列城是一个列城带，东西布列于卢朐山以南的沙漠、戈壁之中，向西与古居延泽南侧的居延泽列城（目前自东向西发现有白城、K710、K688三城）相连接；同时，汉外长城北线的西端终止于卢朐山东麓地带。此后不久，西汉王朝开始营建汉外长城南线、蒙古国境内的汉外长城及居延泽塞墙。蒙古国境内的汉外长城修筑于卢朐山之北，通过与居延泽塞墙的衔接将整个卢朐山包围了起来。

　　据《汉书·匈奴传》记载，昭帝元凤三年（前78年），"匈奴三千余骑入五原，略杀数千人，后数万骑南旁塞猎，行攻塞外亭障，略取吏民去。是时汉边郡烽火候望精明，匈奴为边寇者少利，希复犯塞。"[2]宣帝地节二年（前68年），"是时匈奴不能为边寇，于是汉罢外城，以休百姓。"[3]这里的"外城"，包括了光禄塞、蒙古国汉外长城与居延泽长城（包括居延泽列城与居延泽塞墙）。由于光禄塞的使用时间较短，所以相关遗迹中可见汉代遗物较少。

　　光禄塞的城障遗址中，偶尔可采集到黑釉瓷等遗物，据此相关研究者认为其均为西夏沿用，在13世纪早期用以抵御蒙古。蒙古国境内的汉外长城，被俄罗斯、蒙古国的考古学者认定为西夏长城，否认其为汉长城。通过本次调查工作，结合相关研究成果，认识到，西夏东北边疆边防线的重点在阴山山脉一线，自东向西分别归属黑山威福军司、白马强镇军司管领。而在阴山山脉以北，唐代以来一直活动着阴山达怛等部族，他们先归附于辽朝，辽朝灭亡后又羁縻于金朝和西夏，蒙古兴起后便倒向了

　　〔1〕《汉书》卷6《武帝纪》，中华书局，1962年，第201页。
　　〔2〕《汉书》卷94《匈奴传》，中华书局，1962年，第3784页。
　　〔3〕《汉书》卷94《匈奴传》，中华书局，1962年，第3787页。

蒙古[1]。阴山达怛等部族在阴山山脉以北、大漠之南的草原上活动的时间很长，在五原塞外列城与汉外长城南线、北线的遗址中遗留下一些阴山达怛诸部族的遗物，实属正常。再者，元代以来，这些地区一直活动着蒙古游牧部落，这些黑瓷片也不排除是元代以来的遗物。所以说，汉外长城南线、北线与五原塞外列城均为汉长城，与西夏无关。

至于进入蒙古国境内的汉外长城是否被西夏加筑沿用，也需要作具体分析。从目前俄罗斯、蒙古国考古学者的实地考察来看，卢朐山北麓的汉外长城，沿线障城均为边长130米的形制，与五原塞外列城的障城形制相同。蒙古国境内的汉外长城，属于汉长城是毫无疑问的。与内蒙古境内阴山以北地区一样，卢朐山在唐代以来也长期是阴山达怛部族的驻牧地。这些部族归附辽朝期间，不排除辽朝利用他们与西夏对抗，汉外长城墙体之上晚期的堆积物，也可能是辽代遗存。

四　本报告编写体例与基本概念

通过上述前人研究与本次调查成果的比较，初步可以将阴山地区的秦汉长城分为九个部分。第一部分为分布于乌兰察布市兴和县东洋河支流银子河北岸一线的银子河秦长城；第二部分为自东向西分布于乌兰察布市兴和县西洋河河谷的西洋河汉长城；第三部分为自东向西分布于乌兰察布市察哈尔右翼前旗、丰镇市、凉城县、卓资县境内的黄旗海—岱海秦汉长城；第四部分为自南向北分布于乌兰察布市凉城县、卓资县境内的蛮汉山汉长城；第五部分为分布于乌兰察布市卓资县、察哈尔右翼后旗、察哈尔右翼中旗三旗县交界处的九十九泉汉长城；第六部分为自东向西分布于呼和浩特市、包头市、巴彦淖尔市阴山一线的阴山秦汉长城；第七部分为分布于北假中、河南地北侧的阳山秦汉长城；第八部分、第九部分分别为自东向西分布于呼和浩特市、包头市、巴彦淖尔市的汉外长城南线、汉外长城北线。对于以上九个部分的长城线路，将分作九章，分别予以详细介绍，墙体沿线的附属设施、单体建筑和相关遗存等附于它们紧邻的每段墙体之后加以描述。在最后的结论部分中，将对阴山—河套地区战国秦汉时期的边疆防御体系与边城作初步探讨。

为了对本报告中的秦汉长城遗存有一个客观的认识，下面对一些遗迹组成部分的具体称谓，作一简要介绍。

战国秦汉长城的主体是长城墙体，墙体沿线的单体建筑主要有烽燧、障城两类，个别为建制较高的古城。对汉长城亭障的知识，多来源于汉简。

烽燧的起源较早，西周末年有"周幽王烽火戏诸侯"的历史典故，烽火被用来传递军事信息。战国长城、秦长城由于多为汉代沿用，具体烽燧建制情况不甚明了。烽燧融入长城体系，是在西汉时期，烽燧由单一的信息传递工具演变发展成为汉代边疆军事指挥系统的基层单位。西汉边防军事指挥系统，最高长官为郡太守，太守之下分为都尉、候官、部、燧四级。燧是最低的一级，驻守于烽燧之中，长官称燧长，秩次为佐史，是汉代官吏中最低的秩次。每座烽燧的成员少则2人，多则5、6人，以3人居多。燧的上一级军事组织——部，也驻扎于烽燧之中，部的长官称候长。驻守成员较多的烽燧，往往属于部的驻所。

作为部、燧等汉代军事建制的营房，烽燧是今人约定俗成的一种称谓，汉代称作亭、亭燧、塞上亭等。汉代，亭在内地是负责治安的基层单位；在塞防线上，亭是警戒、设防的基层单位。

通过考古调查，结合居延汉简的相关记载，可知汉代烽燧一般由墩、坞、积薪垛等三部分组成。

---

〔1〕　张久和：《阴山达怛史迹钩沉》，《内蒙古大学学报》1999年第2期。

墩为方台，本报告中统称作墩台。居延简 E.P.T52.27："墩高四丈，上堞高五尺。"则其通高约合 10.4 米。墩旁侧有坞，供士兵日常居住。《通俗文》："营居曰坞"。《国语·晋语》韦注："小障为坞。"坞和墩相连在一起，坞通常位于墩的东侧，有的坞还可分为内坞、外坞。在墩和坞的周边，调查可见一些小的圆形或方形石头圈，这应是放置积薪的积薪垛。烽燧的报警设施，通常有烽、表、苣火、燧等数种，史料中记述的"举烽燔燧"中的燧，就是积薪垛。积薪垛还可分为大、小两种，居延汉简中有大积薪、小积薪的记载，每座烽燧中大积薪、小积薪的最多数量均为 4 个。

在居延汉简中，还出现有亭长、坞长等官称。亭长应是居延县之下负责治安的亭的长官，不具有军事功能；坞长较为少见，结合长城调查的一些发现，长城沿线烽燧大多等距离排列，但个别地段不适于烽燧瞭望，又需要设置防御设施，于是仅建有坞，而不见烽燧的墩、积薪垛等设施。这种仅有坞的军事设施的长官，可能就是坞长。

障城的规模，大于坞而小于城。《史记·匈奴列传》之《正义》顾胤云："障，山中小城。"[1]《史记·酷吏列传》之《正义》云："障谓塞上要险之处别筑城，置吏士守之，以扞寇盗也。"[2]多数障城是候官治所。作为候官治所的障城，有的管领一定范围的长城墙体与烽燧，有的不具体管理长城墙体与烽燧，仅筑于"塞上要险之处"以扼守。还有个别障城，位于长城塞外，属于斥候之城，功能在于候敌瞭望，称作塞外障。

以居延地区为例，甲渠候官治所 A8 障，由障、关厢两部分组成。障平面呈方形，墙体为土坯砌筑，边长 23.1 米，相当于汉代的十丈。关厢连接在障的南侧，平面亦略呈方形，墙体为夯土筑造，长 47.5 米，宽 45.5 米，东墙偏南设门，门外有残存的方形瓮城，瓮城门朝南开。对于障南侧的关厢，以前的一些调查与发掘资料称作坞，与烽燧的坞相混淆，是不正确的，但汉简中目前尚难以找到正式名称。关厢一名，来自于明长城对同类遗迹的命名。明代往往先建城堡，后来由于士兵增多，在城堡外侧又建关厢，用于存放草料，同时增强了城堡的防御能力。A8 障关厢的建设应晚于障，亦有增强防御的功能。

障的规模，较小的一般边长为 23.1 米，相当于汉代的十丈；较大的，边长可达 69.3 米，相当于汉代的三十丈，如鸡鹿塞候官治所巴音乌拉障城（鸡鹿障）。如此则边长小于 23.1 米的多应为坞，边长大于 69.3 米的就多应是城了。但这并不是绝对的，整个战国秦汉时期，不同年代修筑的障，规模大小不等。黄旗海—岱海秦汉长城沿线，多见边长 15 米的秦长城障城，汉外长城南线沿线也有此类小障。汉代的外城，多见边长 130 米左右的城，但其大部分的军事建制是与障一样的，本报告中一并以障城称之。

驻治于障城的候官的长官称候，秩俸六百石，与县令大体相当。候的属吏有塞尉、候丞、士吏、掾、令史、尉史等。塞尉为候之副手，秩俸二百石。士吏秩俸百石，为候官属吏，由候派往各部督察戍务。除障塞外，汉长城沿线还有关津类遗存，如居延地区有肩水金关、悬索关，朔方郡的关在满夷谷，五原郡的关在高阙谷。

在候官之上，设置有都尉，秩比二千石。代郡、定襄郡、云中郡、五原郡、朔方郡均设置有东部、中部、西部三个都尉，雁门郡设置有东部、西部两个都尉。都尉府的驻地，往往在一个县邑之中，但极个别也有单设者，如五原郡中部都尉治原高城，西部都尉治田辟城。除《汉书·地理志》明确记载的这些都尉外，还有一些城都尉，如塞外受降城设有受降都尉。在云中郡、五原郡管辖的北假中，仅

---

〔1〕《史记》卷 119《匈奴列传》，中华书局，1959 年，第 2916 页。

〔2〕《史记》卷 122《酷吏列传》，中华书局，1959 年，第 3141 页。

于西南角设一河目县，其他大部分地区未设县，属于军事管理区，分别称作云中塞、五原塞，有数个隶属于云中郡太守、五原郡太守管辖的城都尉，统辖这一区域。光禄塞也是单纯的都尉军事辖区。

都尉之上是郡太守，掌管一郡的军政大权，秩二千石。秦代，设置于阴山—河套地区的边郡，由东向西依次为代郡、雁门郡、云中郡、九原郡；西汉一朝，设置于阴山—河套地区的边郡，由东向西依次为代郡、雁门郡、定襄郡、云中郡、五原郡、朔方郡。本调查报告介绍的秦汉长城，均归属以上边郡管领。

关于内蒙古西部地区汉长城的军事防御体系，就微观组织作研究的，以前集中于居延地区。在本次长城资源调查中，通过对九十九泉汉长城的调查，大体复原了该条长城的组织结构，主要是有几个候官，每个候官之下管理部、燧。其他长城线路，囿于调查资料的不完备，尚难以形成明确认识，期待于有志者作进一步研究。从长城的微观军事组织结构入手，可供深入探讨的问题还有很多，包括不同防区之间的组织差异、长城沿线的驻军数量，等等。

第二章

银子河秦长城

在银子河北侧的山峦之上，分布有一道由断续墙体与烽燧组成的长城，属于秦长城的一部分，归属代郡管辖。该道长城在河北省尚义县下马圈乡常胜湾村下梁，向东南过银子河，墙体出现于银子河南侧山丘之上，向东延伸而去。从常胜湾村向西，这道长城主要分布于银子河北岸的尚义县、兴和县境内。

分布于银子河北岸的秦长城，在尚义县、兴和县共调查发现12座烽燧，这些烽燧均位于银子河北岸的山丘顶部，烽燧两侧有长城墙体分布，但这些墙体的分布呈断续状态，东西不能完全串联起来。银子河秦长城烽燧线的绵延距离，在尚义县境内约5千米，在兴和县境内约30千米。

一 长城分布与走向

长城墙体由尚义县下马圈乡常胜湾村东侧向南过银子河，在常胜湾村北侧的山丘上，可见东西分布的一段长城墙体，山顶有一座石块堆砌的石堆状烽燧，命名为常胜湾烽燧。从常胜湾村向西，下马圈乡下白窑村、上白窑村北侧的山丘上，均建有长城墙体和烽燧，烽燧分别命名下白窑烽燧、上白窑烽燧。

长城从尚义县进入兴和县后，于高庙子乡东石咀村北侧出现一段墙体，延续285米后消失不见。此后，长城沿着银子河北岸向西，在高庙子乡有西石咀烽燧、杨合窑烽燧、兴窑沟烽燧，进入大同窑乡后有北银子沟烽燧、包家营烽燧、陶卜窑烽燧，再进入张皋镇后有兴窑子烽燧，这些烽燧均分布于银子河北岸的山丘制高点处。

二 长城墙体与单体建筑保存现状

在兴和县境内，银子河秦长城共调查石墙2段、烽燧9座、古城1座。石墙总长470米，其中保存一般部分长185米、保存较差部分长285米。下面，对这些墙体段落和单体建筑分作详细描述。

1. 东石咀长城（1509243821020300001）

该段长城起自高庙子乡东石咀村北1.75千米，止于东石咀村北1.62千米。墙体在一座南北走向的山梁上呈东北—西南向分布，东侧为山沟，西侧为低缓盆地。

墙体长285米，土石混筑而成，保存较差。现存墙体呈略凸起于地表的土垄状，底宽3~5、顶宽

1~2、残高0.5~1米。常年的风雨侵蚀以及人为的植树、采石等行为，均对墙体造成一定程度的破坏。

墙体南侧调查烽燧1座，为东石咀烽燧。

2. 东石咀烽燧（150924353201030003）

位于高庙子乡东石咀村北1.7千米处的山梁顶部，北距东石咀长城墙体0.01千米，西南距西石咀烽燧6.32千米。

墩台为土筑，现呈圆形土丘状，保存较差。墩台平面呈圆形，剖面呈梯形，底部南北长径30、东西短径25米，顶部直径3.5米，残高3.4米（彩图一）。

3. 西石咀烽燧（150924353201030004）

位于高庙子乡西石咀村西南0.68千米，坐落在一座尖山顶部，山体西、南两侧为断崖，南侧断崖下为银子河水库，西距杨合窑烽燧3.07千米。

墩台为土筑，现呈圆形土丘状，保存较好。墩台平面呈圆形，剖面呈锥形，底部南北长径25、东西短径20、残高2~3米（彩图二）。

4. 杨合窑烽燧（150924353201030005）

位于高庙子乡杨合窑村东北1.55千米的高山顶部，南侧2千米处为银子河，西南距兴窑沟1号烽燧4千米。

墩台为土筑，现呈圆形土丘状，保存一般。墩台平面呈圆形，剖面呈梯形，底部东西长径30、南北短径25米，顶部直径4米，残高3~4米（彩图三）。

5. 兴窑沟1号烽燧（150924353201030006）

位于高庙子乡兴窑沟村东南0.66千米，坐落在银子河北岸的山顶上，西距兴窑沟2号烽燧1.05千米。

墩台为石筑，现呈石堆状，保存一般。墩台平面呈圆形，剖面呈锥形，底部直径5、顶部直径1.5、残高2.5米；其中上半部系后期堆积，下半部为原始台体倒塌遗迹。墩台东西两侧各有向外延伸的石头堆12个，呈一条直线排列（彩图四、五）。

6. 兴窑沟长城（150924382102030002）

该段长城是东洋河—黄旗海—岱海汉长城在兴和县境内的第二段墙体，起自高庙子乡兴窑沟村西南0.58千米，止于兴窑沟村西南0.75千米。墙体在银子河北岸南北方向的山梁上呈东西向分布，山体东、西两侧为山沟，南临银子河。

墙体长185米，土石混筑而成，保存一般。墙体现呈略凸起于地表的石垄状，内侧有明显的壕沟，墙体底宽6.5、顶宽0.8、残高1米，壕沟底宽3、深0.5米（彩图六、七）。常年风雨侵蚀，对墙体造成一定程度的破坏。

7. 兴窑沟2号烽燧（150924353201030007）　位于高庙子乡兴窑沟村西南0.62千米处的山顶上，南为银子河，山体东、西两侧为深沟谷。北距兴窑沟长城墙体1.07千米，西距北银子沟烽燧1.4千米。

墩台为土石混筑，保存较差。台体坍塌，现呈圆形土丘状，底部南北长径15、东西短径10米，顶部直径2米，残高1.5~2米（彩图八）。

8. 北银子沟烽燧（150924353201030008）　位于大同窑乡北银子沟村东北1.05千米，坐落在银子河北侧的山顶上，山体东、西两侧为山水冲沟，西距包家营烽燧3.3千米。

墩台为土石混筑，现呈圆形土丘状，保存一般。墩台平面呈圆形，剖面呈梯形，底部东西长径30、南北短径25米，顶部直径5米，残高2~2.5米（彩图九）。

9. 包家营烽燧（150924353201030009）　位于大同窑乡包家营村西北1.24千米的山顶上，西南距陶卜窑烽燧3.15千米。

墩台为土石混筑，现呈圆形土丘状，保存一般。墩台平面呈圆形，剖面呈梯形，底部东西长径30、南北短径25米，顶部直径3米，残高1.5～2米。

10.陶卜窑烽燧（150924353201030001） 位于大同窑乡陶卜窑村西1.2千米处的山顶之上，西北距兴窑子烽燧4.9千米。

墩台为土筑，已坍塌，现存台体呈圆形土丘状，保存一般。墩台平面呈圆形，剖面呈锥形，底部直径27、残高5米（彩图一○）。

11.兴窑子烽燧（150924353201030010） 位于大同窑乡兴窑子村西北1.18千米的山顶上，再向西为高峻的南北向山峦。

墩台为土石混筑，现存台体呈土石混杂的高丘状，保存一般。墩台平面呈圆形，剖面呈锥形，底部南北长径30、东西短径25米，顶部直径4～5米，残高3.5米。墩台东南侧有一座长方形坞，坞墙以石块垒砌而筑，长6、宽4米（彩图一一）。常年的风雨侵蚀与人为的植树、采石等行为，均对烽燧造成严重破坏。

12.大同窑古城（150924353101030001） 位于大同窑乡大同窑村内，处于低山丘陵间的平缓地带，银子河在城西侧南北向流过，城北3.8千米处为陶卜窑烽燧。

古城现为村庄占用，仅于村庄东南部保留有部分南墙的墙体遗迹。南墙断续可见，现存长度为235米；墙体由黄土夯筑而成，底宽1.5、残高3～4米，夯层薄厚不均，最厚者可达30厘米。东墙、北墙、西墙均已为村庄及周边的耕地破坏，仅可大体分辨其原始走向，东墙、西墙均长265米，北墙长235米。总体来看，古城形制为南北长265、东西宽235米的长方形（彩图一二）。调查中，于城内一条水冲沟的断壁上发现大量陶器、砖瓦残片，陶器可辨器形有釜、瓮、罐、盆等，纹饰多为绳纹，板瓦多为内腹饰菱格纹、外壁饰绳纹者，采集一件完整的涡纹半瓦当。涡纹半瓦当面底部直径16厘米，边轮宽0.7厘米；当面正中下部饰凸弦纹半周，内饰五个小乳钉；正中饰羊角形涡纹，左、右下部各饰一个涡纹（彩图一三）。

以前的调查认为大同窑古城为赵国代郡延陵县治所[1]，是缺乏依据的。大同窑古城地处银子河河谷通往西洋河河谷、黄旗海的三叉路口，地理位置十分重要，应是银子河秦长城沿线、归属秦朝代郡管辖的一座重要军事性城邑。

---

〔1〕 李逸友：《中国北方长城考述》，《内蒙古文物考古》2001年第1期。

第三章

西洋河汉长城

位于乌兰察布市兴和县境内的西洋河汉长城，东面从山西天镇县新平堡镇沿着西洋河北岸进入兴和县店子镇，继续沿着西洋河北岸向西延伸，在西面遇到大山阻隔后，向西南延伸，顺着沟谷进入山西阳高县罗文皂镇境内。

下面，自东向西分为长城分布与走向、长城墙体与单体建筑保存现状两个方面，分别予以详细描述。

一 长城分布与走向

本次调查的顺序，从兴和县境内的长城墙体的东端开始，向西大体呈直线分布，墙体北侧为蜿蜒的山体，南侧为西向东而流的西洋河。墙体修筑在西洋河北岸的台地上，南侧有县道565东西穿过，北侧有G7高速公路东西穿过。

长城墙体的东端起点，在兴和县店子镇韩家营村东南0.65千米处，也是兴和县与山西省天镇县的县界线，该段县界线主要以明长城墙体为界。汉长城墙体穿过明长城后，从韩家营村东南向西延伸，经新民村北，再向西经北沙滩村南、芦苇沟村南、西湾村南、二道营村北、店子村北，到喇嘛营村西南的喇嘛营障城终止。

从喇嘛营障城至卢家营1号烽燧之间，西洋河转呈西南—东北流向，此间不见长城墙体，以两两相望排列分布的烽燧延续了下来。到卢家营1号烽燧，西洋河出现了三条补给水源，为三条大致分别向北、西、南三个方向延伸的山沟。向北，穿过山谷通向兴和县县城；向西，通向南北绵延的苏木山；向南，通往山西天镇县。从卢家营1号烽燧向南，仍然不见墙体，继续以烽燧相望的形式，顺着南向的山谷延伸，通至山西阳高县境内。

二 长城墙体与单体建筑保存现状

在调查中，将兴和县境内的汉长城墙体共划分为9段，包括土墙8段、消失长城1段。墙体总长14114米，其中土墙长13014米、消失段落长1100米。在总长13014米的土墙中，保存好的部分长395米、保存较好部分长1900米、保存差部分长7899米、消失部分长2820米。长城沿线共调查单体建筑46座，包括烽燧42座、障城4座。

下面，对这些墙体段落和单体建筑分作详细描述。

1. 韩家营长城（150924382101040001）

该段长城起自店子镇韩家营村东南0.65千米，止于韩家营村西南1.4千米。墙体呈东西走向，上起汉长城与明长城交汇处，下接新民村长城1段。

墙体长1300米，为土墙，总体保存差。墙体位于耕地中，局部因破坏严重而消失；现存墙体呈凸起于地表的土垄状，底宽2~5、残高0.1~1.5米。其中，保存差部分长950米、消失部分长350米，分别占该段墙体总长的73%、27%（彩图一四）。

墙体沿线调查烽燧1座，为韩家营烽燧。

韩家营烽燧（150924353201040001） 位于店子镇韩家营村西南0.88千米处，倚韩家营长城墙体内侧而建，西距新民村烽燧1.9千米。

墩台土筑，保存差。现存台体呈土丘状，平面为不规则形，底部东西长13、南北宽10米，顶部东西长7、南北宽4米，残高最高5米。墩台南侧坍塌严重，暴露出原始夯层，系以黄土夯筑，夯层厚12厘米（彩图一五）。周围地表散落有较多陶片，以泥质陶为主，纹饰有绳纹、附加堆纹等。

2. 新民村长城1段（150924382101040002）

该段长城起自店子镇新民村东北1.7千米，止于新民村东北0.83千米。墙体大致呈东西走向，上接韩家营长城，下接新民村长城2段。

本段墙体为消失段，起止点之间的直线长度为1100米。依据相邻上下段墙体情况，推断该段墙体原应为土墙。大面积土地开垦以及修筑公路，是导致墙体消失的主要原因。

3. 新民村长城2段（150924382101040003）

该段长城起自店子镇新民村东北0.83千米，止于新民村西北1.2千米。墙体呈东西走向，上接新民村长城1段，下接北沙滩长城。

墙体长1400米，为土墙，保存差。墙体位于耕地中，个别地段因有乡村土路穿过或者雨水冲刷而出现豁口，豁口处暴露出墙体的原始夯层，系以黄土夯筑而成，夯层厚11~13厘米。现存墙体呈凸起于地表的土垄状，底宽1~6、残高0.1~2米（彩图一六、一七）。

墙体沿线调查烽燧1座，为新民村烽燧。

新民村烽燧（150924353201040002） 位于店子镇新民村东北0.75千米，倚新民村长城2段墙体内侧而建，西距北沙滩烽燧1.6千米。

墩台土筑，保存较差。现存台体呈土丘状，平面为不规则形，底部东西长11、南北宽7.5米，顶部东西长5、南北宽3米，残高最高2米。墩台南侧坍塌，断壁暴露出原始夯层，系以黄土夯筑而成，层次分明，夯层厚11~13厘米。周围地表散落有较多陶片，以泥质陶为主，纹饰有绳纹、附加堆纹等。

4. 北沙滩长城（150924382101040004）

该段长城起自店子镇北沙滩村东南1.3千米，止于北沙滩村西南1.5千米。墙体呈东西走向，上接新民村长城2段，下接芦苇沟长城。

墙体长914米，为土墙，保存差。墙体北侧有一条洪水冲沟，局部遭冲刷破坏，但整体轮廓清晰，呈凸起于地表的土垄状，底宽1~8、残高0.1~2米（彩图一八）。

墙体沿线调查烽燧1座，为北沙滩烽燧。

北沙滩烽燧（150924353201040003） 位于店子镇北沙滩村西南1.3千米，倚北沙滩长城墙体内侧而建，西距芦苇沟1号烽燧0.48千米。

墩台土筑，保存差。现存台体呈圆形土丘状，底部东西长20、南北宽13米，顶部东西长9、南北宽5米，残高最高3米。周围地表散落有较多陶片，以泥质陶为主，纹饰多见绳纹、附加堆纹等（彩图一九）。

5. 芦苇沟长城（150924382101040005）

该段长城起自店子镇芦苇沟村东南1.2千米，止于芦苇沟村西南1.1千米。墙体呈东西走向，上接北沙滩长城，下接西湾长城。

墙体长1000米，为土墙，总体保存差。墙体延伸在耕地的边缘，局部因雨水冲刷而消失。现存墙体呈凸起于地表的土垄状，轮廓较清晰，底宽1～9、残高0.3～1米。其中，保存差部分长680米、消失部分长320米，分别占该段墙体总长的68%、32%。

墙体沿线调查烽燧3座，分别为芦苇沟1号、2号、3号烽燧。

芦苇沟1号烽燧（150924353201040004）　位于店子镇芦苇沟村东南1.2千米，倚芦苇沟长城墙体内侧而建，西距芦苇沟2号烽燧0.46千米。

墩台土筑，保存差。现存台体呈土丘状，平面为不规则圆形，底部东西长23、南北宽11米，顶部东西长10、南北宽4米，残高最高5米。墩台上有盗洞，南侧坍塌，断壁上暴露出原始夯层，系以黄土夯筑而成，层次分明，夯层厚11～14厘米。周围地表散落有较多陶片，以泥质陶为主，灰陶较多，纹饰有绳纹、附加堆纹等。

芦苇沟2号烽燧（150924353201040005）　位于店子镇芦苇沟村南1.1千米，倚芦苇沟长城墙体内侧而建，西距芦苇沟3号烽燧0.37千米。

墩台土筑，保存差。现存台体呈土丘状，平面为圆形，底部直径23、顶部直径6、残高最高5米。墩台东侧村民取土形成断壁，暴露出原始夯层，系以黄土夯筑而成，层次分明，夯层厚12～14厘米（彩图二〇）。周围地表散落有较多陶片，以泥质陶为主，纹饰有附加堆纹、细绳纹、粗绳纹、弦纹等。

芦苇沟3号烽燧（150924353201040006）　位于店子镇芦苇沟村西南1.1千米，倚芦苇沟长城墙体内侧而建，西距西湾1号烽燧0.48千米。

墩台土筑，保存较差。现存台体呈土丘状，平面为不规则圆形，底部东西长24、南北宽14米，顶部东西长12、南北宽8米，残高最高4米。墩台因附近村民取土而破坏严重，个别部位暴露出原始夯层，系以黄土夯筑而成，层次分明，夯层厚11～14厘米。周围地表散落有较多陶片，以泥质陶为主，纹饰有粗绳纹、附加堆纹等。

6. 西湾长城（150924382101040006）

该段长城起自店子镇西湾村东南1.1千米，止于西湾村西南2.1千米。墙体呈东西走向，上接芦苇沟长城，下接二道营长城。

墙体长2100米，为土墙，总体保存差。墙体延伸于耕地边缘，局部因土地开垦、雨水冲刷而消失；现存墙体呈凸起于地表的土垄状，底宽1～5、残高0.1～1.5米。其中，保存差部分长1586米、消失部分长514米，分别占该段墙体总长的75.5%、24.5%。

墙体沿线调查烽燧4座，分别为西湾1号、2号、3号、4号烽燧。

西湾1号烽燧（150924353201040007）　位于店子镇西湾村南1.1千米，倚西湾长城墙体内侧而建，西距西湾2号烽燧0.21千米。

墩台土筑，保存较差。现存台体呈土丘状，平面为不规则圆形，底部南北长11.5、东西宽8米，顶部南北长5、东西宽3米，残高最高3米。墩台因取土而破坏严重，暴露出原始夯层，系以黄土夯筑而成，层次分明，夯层厚约12厘米。周围地表散落有较多陶片，以泥质陶为主，纹饰有绳纹、附加堆纹等。

西湾2号烽燧（150924353201040008）　位于店子镇西湾村西南1.2千米，倚西湾长城墙体内侧而建，西距西湾3号烽燧1.1千米。

墩台土筑，保存差。现存台体呈土丘状，平面为不规则圆形，底部南北长20、东西宽12米，顶部南北长7、东西宽4米，残高最高6米。墩台因取土而被破坏，暴露出原始夯层，系以黄土夯筑而成，层次分明，夯层厚11～15厘米。周围地表散落有较多陶片，以泥质陶为主，纹饰有绳纹、波浪纹等。

西湾3号烽燧（150924353201040009）　位于店子镇西湾村西南1.6千米，倚西湾长城墙体内侧而建，西距西湾4号烽燧0.4千米。

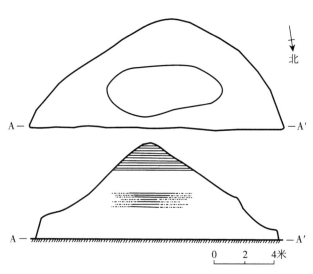

图一　西湾3号烽燧墩台平、剖面图

墩台土筑，保存较差。现存台体呈土丘状，平面略呈半圆形，底部东西长22、南北宽9米，顶部东西长8、南北宽4米，残高最高8米。墩台因取土而破坏严重，暴露出原始夯层，系以黄土夯筑而成，层次分明，夯层厚11～15厘米（图一；彩图二一）。周围地表散落有较多陶片，以泥质陶为主，纹饰有绳纹、附加堆纹等。

西湾4号烽燧（150924353201040010）　位于店子镇西湾村西南2.4千米，倚西湾长城墙体内侧而建，西距二道营1号烽燧0.48千米。

墩台土筑，保存较差。现存台体呈土丘状，平面为不规则形，底部东西长13、南北宽6米，顶部东西长5、南北宽3米，残高最高3米。墩台因取土而破坏严重，暴露出原始夯层，系以黄土夯筑而成，层次分明，夯层厚10～15厘米。周围地表散落有较多陶片，以泥质陶为主，纹饰有粗绳纹、附加堆纹等。

7. 二道营长城（150924382101040007）

该段长城起自店子镇二道营村东北1.6千米，止于二道营村西北1.1千米。墙体呈东西走向，上接西湾长城，下接店子长城。

墙体长2400米，为土墙，总体保存差。墙体局部因土地开垦及雨水冲刷而消失，个别地段有乡村土路穿过而出现的豁口。豁口处暴露出墙体夯层，为黄沙土夯筑，层次分明，夯层厚10～13厘米。现存墙体呈凸起于地表的土垄状，保存好部分底宽5～7、顶宽1～4、残高最高2米，保存差部分底宽1～5、残高0.1～1米。其中，保存好部分长395米、保存差部分长1239米、消失部分长766米，分别占该段墙体总长的16.5%、51.6%和31.9%（彩图二二）。

墙体沿线调查烽燧2座、障城1座，分别为二道营1号、2号烽燧和二道营障城。

二道营1号烽燧（150924353201040011）　位于店子镇二道营村东北1.2千米，倚二道营长城墙体内侧而建，西距二道营2号烽燧1.1千米。

墩台土筑，保存差。现存台体呈土丘状，平面为圆形，底部南北长17、东西宽13米，顶部东西长8、南北宽4米，残高最高3米。墩台因取土而破坏严重，暴露出原始夯层，系以黄土夯筑而成，层次分明，夯层厚10～15厘米。墩台南侧可见坞基址，坞墙亦为土筑而成，残高0.5～1米；坞平面呈正方形，边长25米（彩图二三）。

二道营障城（150924353101040001）　位于店子镇二道营村东北0.76千米，北距二道营长城墙体0.02千米，西距店子障城2.7千米。

障城平面呈长方形，南北长80、东西宽60米。墙体为土筑，底宽顶窄，剖面呈梯形。保存一般。南墙保存较好，西墙、东墙和北墙因耕地开发而破坏严重，西北角绝大部分墙体已消失。现存墙体底宽3～6、残高1～2.5米。东墙偏北有门址，宽4米，方向为70°。北墙偏东部有一座夯土台基，平面略呈椭圆形，底部长径30、短径13米，残高5米（图二；彩图二四）。初步推断，该夯土台基应为位于二道营1号烽燧和二道营2号烽燧之间的一座烽燧址。城内地表散布少量泥质灰陶片。

二道营2号烽燧（150924353201040012）　位于店子镇二道营村北0.64千米，倚二道营长城墙体内侧而建，西距店子1号烽燧1.1千米。

墩台土筑，保存差。现存台体呈土丘状，平面略为圆形，底部东西长13、南北宽10、残高最高5米。墩台南侧坍塌呈断壁，暴露出原始夯层，系以黄土夯筑而成，层次分明，夯层厚11～13厘米。周围地表散落有较多陶片，以泥质陶为主，纹饰有绳纹、附加堆纹等。

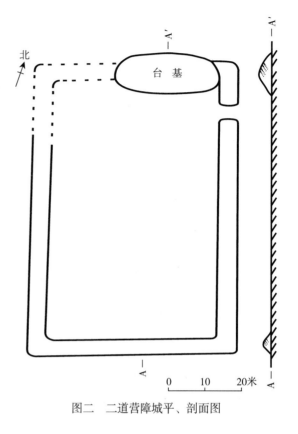

图二　二道营障城平、剖面图

8. 店子长城（1509243821010400008）

该段长城起自店子镇店子村东北1.1千米，止于店子村西北1.6千米。墙体呈东西走向，上接二道营长城，下接喇嘛营长城。

墙体长1900米，为土墙，保存较好。墙体延伸在耕地的边缘，局部因取土而遭破坏，个别地段遭雨水冲刷以及乡村土路穿越而出现豁口。豁口处断面暴露出原始夯层，为黄沙土夯筑，层次分明，夯层厚10～13厘米。现存墙体呈凸起于地表的土垄状，底宽1～7、残高0.1～2.5米（彩图二五）。

墙体沿线调查烽燧6座、障城1座，分别为店子1～6号烽燧和店子障城。

店子1号烽燧（150924353201040013）　位于店子镇店子村东北0.95千米，北距店子长城墙体0.02千米，西距店子2号烽燧0.45千米。

墩台土筑，保存较好。现存台体呈土丘状，平面略呈圆形，底部直径15、顶部南北长7、东西宽5米，残高最高3米。墩台东侧局部遭风蚀而暴露出原始夯层，系以黄土夯筑而成，层次分明，夯层厚11～14厘米（彩图二六）。周围地表散落有较多陶片，多为泥质灰陶片。烽燧周边为耕地，东侧有乡村土路南北向穿过。

店子2号烽燧（150924353201040014）　位于店子镇店子村西北0.96千米，北距店子长城墙体0.01千米，西距店子3号烽燧0.25千米。

墩台土筑，保存较差。现存台体呈高土丘状，平面为圆形，底部直径22、顶部直径5、残高最高3米（彩图二七）。周围地表散落有较多陶片，以泥质陶为主，纹饰有绳纹、附加堆纹等。

店子3号烽燧（150924353201040015）　位于店子镇店子村西北1.1千米，倚店子长城墙体内侧而筑，西距店子4号烽燧0.26千米。

墩台土筑，保存差。现存台体呈土丘状，平面为不规则形，底部东西长20、南北宽15米，顶部东西长7、南北宽5米，残高最高2.5米。墩台东侧局部遭风蚀而暴露出原始夯层，系以黄土夯筑而成，夯层厚10~13厘米。周围地表散落有较多陶片，以泥质陶为主，纹饰有绳纹、附加堆纹等。烽燧周围为耕地，北侧有河谷东西向延伸。

店子4号烽燧（150924353201040016）　位于店子镇店子村西北1.2千米，北距店子长城墙体0.03千米，西距店子5号烽燧0.26千米。

墩台土筑，保存较差。墩台坍塌，现存台体呈土丘状，平面为圆形，底部直径16、顶部直径5、残高最高2米。墩台南侧有一处盗洞，盗洞内暴露出原始夯层，系以黄土夯筑而成，夯层厚10~15厘米（彩图二八、二九）。周围地表散落有较多陶片，以泥质陶为主，纹饰有绳纹、附加堆纹、弦纹等。烽燧北侧为白石头沟。

店子5号烽燧（150924353201040017）　位于店子镇店子村西北1.4千米，倚店子长城墙体内侧而筑，西距店子6号烽燧0.21千米，南距店子障城0.02千米。

墩台土筑，保存较差。现存台体呈土丘状，平面为椭圆形，底部东西长20、南北宽12米，顶部东西长8、南北宽5米，残高最高5米。周围地表散落有较多陶片，以泥质陶为主，纹饰有绳纹、附加堆纹等。烽燧周围为耕地，北有白石头沟。

店子障城（150924353101040002）　位于店子镇店子村西北1.3千米，北距店子长城墙体0.02千米，西距喇嘛营障城2.3千米。

障城平面呈正方形，边长30米。墙体土筑，底宽顶窄，剖面呈梯形。墙体保存一般，呈高土垄状，底宽6、顶宽2、残高最高4米。南墙正中有门址，宽3米，方向为180°（图三；彩图三〇）。城内及城外地表散布少量陶片。障城北部为东西延伸的山体，此老坝沟洪水南向下泄，自障城西部流过。

店子6号烽燧（150924353201040018）　位于店子镇店子村西北1.5千米，北距店子长城墙体0.018千米，西距喇嘛营1号烽燧0.37千米。

墩台土筑，保存较差。现存台体呈土丘状，平面为圆形，底部直径15、顶部直径4、残高最高2米。墩台东部有盗洞，暴露出原始夯层，系以黄土夯筑而成，层次分明，夯层厚11~15厘米。周围地

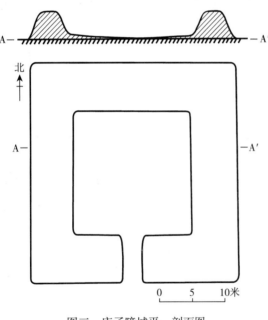

图三　店子障城平、剖面图

表散落有较多陶片，以泥质陶为主，纹饰多见绳纹。烽燧四周为耕地，东侧有乡村土路南北向穿过。

9. 喇嘛营长城（150924382101040009）

该段长城起自店子镇喇嘛营村东南1.5千米，止于喇嘛营村西南0.7千米。墙体呈东西走向，上接店子长城。

墙体长2000米，为土墙，保存差。墙体大部分位于耕地中，现呈略凸出于地表的土垄状，底宽1~9、残高0.1~2.5米。分布于一条东西走向大沟南侧的部分墙体因遭雨水冲刷及耕地开垦等因素破坏而消失，个别地段有乡村土路穿过而形成豁口。其中，保存差部分长1130米、消失部分长870米，分别占该段墙体总长的56.5%、43.5%。

墙体沿线调查烽燧6座、障城1座，分别为喇嘛营1号、2号、3号、4号、5号、6号烽燧和喇嘛营

障城。

喇嘛营1号烽燧（150924353201040019）　位于店子镇喇嘛营村东南1.2千米，北距喇嘛营长城墙体0.01千米，西距喇嘛营2号烽燧0.41千米。

墩台土筑，保存较差。现存台体呈土丘状，平面为不规则形，底部南北长11、东西宽9米，顶部南北长5、东西宽3米，残高最高3米。墩台东壁暴露出原始夯层，系以黄土夯筑而成，夯层厚12~15厘米。周围地表散落有较多陶片，以泥质陶为主，纹饰有绳纹、附加堆纹等。

喇嘛营2号烽燧（150924353201040020）　位于店子镇喇嘛营村东南0.91千米，北距喇嘛营长城墙体0.02千米，西距喇嘛营3号烽燧0.14千米。

墩台土筑，保存较差。现存台体呈土丘状，平面不规则，底部东西长10、南北宽9米，顶部东西长5、南北宽3米，残高最高3米。墩台损坏严重，暴露出原始夯层，系以黄土夯筑而成，夯层厚12~16厘米（彩图三一）。

喇嘛营3号烽燧（150924353201040021）　位于店子镇喇嘛营村东南0.8千米，北距喇嘛营长城墙体0.01千米，西距喇嘛营4号烽燧0.79千米。

墩台土筑，保存差。现存台体呈土丘状，平面为半圆形，底部南北长20、东西宽8米，顶部南北长11米、东西宽5米，残高最高3.5米。周围地表散落有较多陶片，以泥质陶为主，纹饰有绳纹、附加堆纹、弦纹等。

喇嘛营4号烽燧（150924353201040022）　位于店子镇喇嘛营村西南0.56千米，北距喇嘛营长城墙体0.02千米，西南距喇嘛营5号烽燧0.56千米。

墩台土筑，保存一般。现存台体呈土丘状，平面不规则，底部东西长18、南北宽15米，顶部东西长8、南北宽6米，残高最高4米（彩图三二）。周围地表散落有大量陶片，以泥质灰陶、褐陶为主，还有少量泥质黑陶，纹饰有粗绳纹、细绳纹、弦纹、附加堆纹等。

喇嘛营障城（150924353101040003）　位于店子镇喇嘛营村西南0.73千米处较高的山体顶部，修筑在喇嘛营长城墙体的止点处，西南距白家营障城2.2千米。

障城平面呈正方形，边长20米。墙体为土筑，现呈土垄状，底宽顶窄，剖面呈梯形，底宽4、顶宽1、残高4米。南墙正中有门址，宽3米，方向为170°（彩图三三）。城内地表散落有较多陶片，有泥质灰陶、褐陶等，纹饰多见粗绳纹、附加堆纹。

从喇嘛营障城向西南方向，已不见长城墙体，共调查烽燧20座、障城1座。

10.**喇嘛营5号烽燧**（150924353201040023）　位于店子镇喇嘛营村西南1.1千米，西南距喇嘛营6号烽燧0.46千米。

墩台土筑，保存较差。台体现呈高大的土丘状，底部直径20、顶部直径8、残高最高5米。周围地表散落较多陶片，以泥质陶为主，纹饰有绳纹、附加堆纹等。

11.**喇嘛营6号烽燧**（150924353201040024）　位于店子镇喇嘛营村西南1.6千米，西南距白家营1号烽燧0.87千米。

墩台土筑，保存一般。坍塌的台体现呈高大的土丘状，平面为圆形，底部直径20、顶部直径7、残高最高4米（彩图三四）。周围地表散落有较多陶片，以泥质陶为主，纹饰有绳纹、附加堆纹等。

12.**白家营1号烽燧**（150924353201040025）　位于店子镇白家营村东北1.6千米，西南距白家营2号烽燧0.33千米。

墩台整体呈土丘状，平面呈不规则形，保存差。现墩台底部东西长15、南北宽10米，顶部东西长8、南北宽5米，残高最高2.5米。墩台东壁脱落较严重，暴露出夯层，夯层厚11~13厘米（彩图

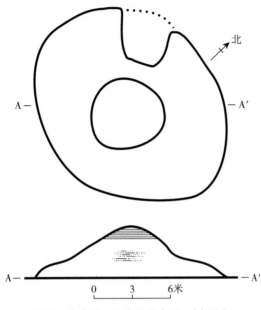

图四　白家营2号烽燧墩台平、剖面图

三五）。地表散落有较多陶片，以泥质陶为主，纹饰有绳纹、附加堆纹等。

13. 白家营2号烽燧（150924353201040026）　位于店子镇白家营村东北1.3千米，西南距白家营障城0.11千米。

墩台整体呈土丘状，平面略呈圆形，保存差，北壁因取土破坏严重，裸露出夯层，夯层厚10～12厘米。墩台底部直径15、顶部直径6、残高最高3米（图四）。

14. 白家营障城（150924353101040004）　位于店子镇白家营村东北1.2千米处的西洋河支流西北岸的台地上，西南距喇嘛营长城2.2千米，西南距白家营3号烽燧0.5千米。

障城平面呈长方形，东西长60、南北宽50米。墙体土筑，底宽顶窄，剖面呈梯形，底宽3～5、顶宽1～3、残高1～2米。东墙正中有门址，宽5米，方向为80°。城内西南侧有一座土筑长方形台基，东西长32、南北宽27、残高3米；台基西北角为一座烽燧址，墩台整体现呈高大的土丘状，平面为圆形，底部直径15、顶部直径5、残高最高5米（图五；彩图三六～三八）。城内及城外地表散布有较多陶片，以泥质陶为主，纹饰有粗绳纹、附加堆纹等。

15. 白家营3号烽燧（150924353201040027）　位于店子镇白家营村东北0.68千米，西南距白家营4号烽燧1.4千米。

墩台土筑，保存差。现存台体呈土丘状，平面为圆形，底部直径15、顶部直径10、残高最高1.5米。周围地表散落有少量泥质灰陶片。

16. 白家营4号烽燧（150924353201040028）　位于店子镇白家营村西南0.68千米，西南距卢家营1号烽

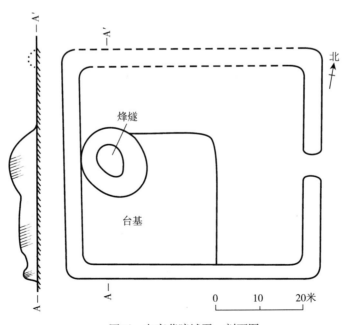

图五　白家营障城平、剖面图

燧1.4千米。

墩台土筑，保存差，因一条柏油路穿过其北侧而遭到破坏，仅存南半部分。残存墩台底部东西长22、南北宽7.5米，顶部东西长10、南北宽4米，残高最高2.5米。周围地表散落有少量泥质灰陶片。

17. 卢家营1号烽燧（150924353201040029）　位于店子镇卢家营村东北1.2千米，西南距卢家营2号烽燧0.46千米。

墩台土筑，保存差。墩台坍塌，现呈土丘状，平面不规则，底部东西长20、南北宽9米，顶部东西长10、南北宽5米，残高最高2.5米（彩图三九）。周围地表散落有较多陶片，以泥质陶为主，纹饰有绳纹、附加堆纹等。

18. 卢家营2号烽燧（150924353201040030）　位于店子镇卢家营村东北0.84千米，东南距卢家营3号烽燧0.81千米。

墩台土筑，保存差。墩台坍塌，现呈土丘状，平面不规则，底部东西长18、南北宽8米，顶部东西长11、南北宽5米，残高最高3米。周围地表散落有较多陶片，以泥质陶为主，纹饰有绳纹、附加堆纹等。

19. 卢家营3号烽燧（150924353201040031）　位于店子镇卢家营村东南1.2千米，修筑在南北向的大沟沟底西侧，东南距卢家营4号烽燧0.8千米。

墩台土筑，保存差。墩台坍塌，现呈土丘状，平面不规则，底部南北长20、东西宽14米，顶部南北长11、东西宽8米，残高最高4米。墩台上有较深的盗洞，北壁因取土破坏严重，裸露出夯层，夯层厚10～13厘米（彩图四〇）。周围地表散落有较多陶片，以泥质陶为主，纹饰有绳纹、弦断绳纹、附加堆纹等。

20. 卢家营4号烽燧（150924353201040032）　位于店子镇卢家营村东南1.9千米，修筑在南北向的大沟东侧的较高山顶上，西南距卢家营5号烽燧1.2千米。

墩台土筑，保存差。墩台坍塌，现呈土丘状，平面不规则，底部南北长12、东西宽9米，顶部南北长6、东西宽4米，残高最高4米。

21. 卢家营5号烽燧（150924353201040033）　位于店子镇卢家营村东南1.9千米，修筑在南北向的大沟沟底西侧，西南距葛胡夭1号烽燧2.5千米。

墩台土筑，保存差。墩台坍塌，台体现呈土丘状，平面不规则，底部南北长10、东西宽9米，顶部南北长5、东西宽4米，残高最高3米。烽燧现分布于耕地中，墩台东壁因取土而损毁严重，裸露出夯层，夯层厚9～13厘米（彩图四一）。

墩台西北约0.15千米处发现有一段长城墙体，长约50米，呈凸起于地表的土垄状，底宽3、顶宽1、残高1～2米。乡村土路穿过墙体西半部分，断面暴露出夯层，夯层厚12～14厘米（彩图四二）。

22. 葛胡夭1号烽燧（150924353201040034）　位于店子镇葛胡夭村东0.3千米，修筑于南北向大沟中间的较高台地上，西南距葛胡夭2号烽燧1.1千米。

墩台土筑，保存差。现存台体呈高大的土丘状，平面不规则，底部南北长20、东西宽5米，顶部南北长8、东西宽3米，残高最高7.5米。墩台东壁、北壁坍塌严重，断壁裸露出夯层，夯层厚10～13厘米（图六；彩图四三）。墩台南侧可见坞，坞墙土筑，残高1米；坞平面呈不规则形，南北长25、东西宽7米。

23. 葛胡夭2号烽燧（150924353201040035）　位于店子镇葛胡夭村南0.9千米，修筑于南北向大沟西侧的台地上，西南距张麻沟烽燧0.9千米。

墩台土筑，保存差。台体现呈土丘状，平面不规则，底部南北长15、东西宽6米，顶部南北长7、东西宽3米，残高最高3米。墩台坍塌严重，裸露出原始夯层，夯层厚11～12厘米（彩图四四）。墩台西侧有南北向穿过的乡村土路。

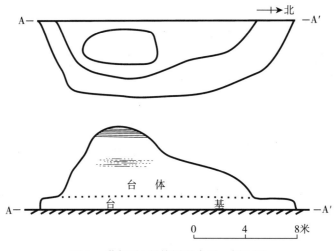

图六　葛胡夭1号烽燧墩台平、剖面图

24. 张麻沟烽燧（150924353201040036）　位于店子镇张麻沟村西北 0.6 千米，修筑于南北向大沟的西侧台地上，西南距梁尾烽燧 1.7 千米。

墩台土筑，保存差。台体现呈高土丘状，平面不规则，底部南北长 20、东西宽 7 米，顶部南北长 8、东西宽 4 米，残高最高 4 米。墩台西壁遭乡村土路破坏，裸露出夯层，夯层厚 11～13 厘米（彩图四五）。

25. 梁尾烽燧（150924353201040037）　位于店子镇梁尾村南 0.3 千米，修筑于南北向大沟的西侧台地上，西南距营盘嘴 1 号烽燧 3.3 千米。

墩台土筑，保存差。台体现呈高丘状，平面不规则，底部南北长 14、东西宽 7 米，顶部南北长 4、东西宽 3 米，残高最高 5 米。墩台坍塌严重，裸露出原始夯层，夯层厚 11～13 厘米。墩台上生长有一棵大树，旁侧有现代人用石块垒砌的祭台（彩图四六）。

26. 营盘嘴 1 号烽燧（150924353201040038）　位于店子镇营盘嘴村西北 0.6 千米，修筑于南北向大沟东侧较高的山顶上，西南距营盘嘴 2 号烽燧 0.3 千米。

墩台土筑，保存一般。台体现呈土丘状，平面呈圆形，底部直径 14、顶部直径 5、残高 4 米。

27. 营盘嘴 2 号烽燧（150924353201040039）　位于店子镇营盘嘴村西北 0.4 千米，修筑于南北向大沟的西侧台地上，东南距东马道沟烽燧 4.8 千米。

墩台土筑，保存一般。台体现呈高土丘状，平面呈椭圆形，底部南北长 20、东西宽 8 米，顶部南北长 10、东西宽 5 米，残高最高 4 米（彩图四七）。周围地表散落有少量泥质灰陶片。

28. 东马道沟 1 号烽燧（150924353201040040）　位于店子镇东马道沟村西北 0.4 千米，修筑于西北—东南向镇大沟西侧的台地上，东南距东马道沟 2 号烽燧 3.4 千米。

墩台土筑，保存差。台体现呈高土丘状，平面不规则，底部南北长 16、东西宽 5 米，顶部南北长 7、东西宽 5 米，残高最高 3 米。周围地表散落有少量陶片，以泥质陶为主，纹饰有绳纹、附加堆纹等。墩台周围大量取土，导致墩台濒临消失。

29. 东马道沟 2 号烽燧（150924353201040041）　位于店子镇东马道沟村南偏东 2.9 千米，修筑于西北—东南向镇大沟西侧的较高山顶上，东南距东马道沟 3 号烽燧 0.6 千米。

墩台土筑，保存差。台体现呈高大的土丘状，平面为圆形，底部直径 13、顶部直径 4、残高最高 4 米（彩图四八）。

30. 东马道沟 3 号烽燧（150924353201040042）　位于店子镇东马道沟村东南 3.2 千米，修筑于西北—东南向镇大沟东侧较高的山脊上。

墩台土筑，保存差。台体呈高土丘状，平面为圆形，底部直径15、顶部直径7、残高最高4米。

三　小结

兴和县境内的汉长城墙体主要修筑在西洋河北岸的台地上，均为外侧挖壕、内侧夯筑而成的土墙。

调查的42座烽燧，墩台均为土筑，个别地表可见土筑或石砌坞。分布于墙体沿线的22座烽燧，以二道营2号烽燧为界，以东的烽燧均倚墙内侧而筑，以西的烽燧大多分布于墙体内侧不远处，与墙体之间的距离多数在20米左右。喇嘛营障城西南共调查20座烽燧，喇嘛营5号烽燧至卢家营2号烽燧之间的烽燧主要修筑在西洋河西岸，其余均筑在南北向大沟的西侧。烽燧间的距离远近不等，最近者仅为140米。

调查障城4座，形制大致相同，平面大多呈方形。面积大小不等，最小的喇嘛营障城为400平方米，最大的二道营障城为4800平方米。障城相互之间的距离大致相同，在2.5千米左右。

在西洋河汉长城沿线，分布有古城村古城，位于店子镇古城村内，《中国文物地图集·内蒙古自治区分册》对其描述较为详细，时代认定为汉代，并推测为西汉且如县故城[1]。在本次长城资源调查中，对该座古城遗址作了实地踏勘。古城位于西洋河南岸的斜坡上，由于分布于村落中，受破坏严重，城墙仅存一段西南角的墙体，初步观察为晚期墙体叠压于早期墙体之上。早期墙体呈土垄状，晚期墙体修筑于早期墙体之上，夯层直立。晚期墙体夯土内包含有大量灰色绳纹陶片，与墙体周边散落的陶片一致。

古城村古城东邻山西省天镇县新平堡镇，山西方面认为新平堡镇为战国赵国代郡延陵邑所在，不知依据何在。对照《水经注·漯水》的相关记载，古城村古城至新平堡镇一带，应分布有西汉代郡延陵县治所[2]，或即为古城村古城。西汉代郡设有东、中、西三个部都尉，分别治马城、且如、高柳。马城在今河北省怀安县，高柳在今山西省阳高县，且如应位于二者之间，初步推断在今河北省怀安县渡口堡乡西洋河村附近。兴和县境内的西洋河汉长城，应当归属代郡西部都尉管领。西洋河汉长城从山西省阳高县罗文皂镇向北进入兴和县后，在卢家营村附近再向北过山间谷地进入兴和县张皋镇，这一线应为西汉代郡西部都尉出塞的塞道所在。由张皋镇向北，为东洋河上游南北向川地，北魏时期名为"长川"，也是北魏由平城出塞的塞道。

---

〔1〕国家文物局主编：《中国文物地图集·内蒙古自治区分册》（下册），西安地图出版社，2003年，第558页。

〔2〕《水经注》卷13《漯水》，陈桥驿校证本，中华书局，2007年，第319~320页。

第四章

黄旗海—岱海秦汉长城

黄旗海—岱海秦汉长城自东向西，分布于乌兰察布市察哈尔右翼前旗、丰镇市、凉城县、卓资县境内。

一　长城分布与走向

黄旗海—岱海秦汉长城沿线，部分地段可见两道长城墙体南、北并行，通常南侧一道为秦长城，北侧一道为汉长城。秦汉时期，黄旗海—岱海秦汉长城归属于雁门郡管领。

在察哈尔右翼前旗岱青山以南，为兴和县银子河流域与黄旗海之间的一条山间通道。银子河秦长城由此通道向西，经黄旗海南岸，与黄旗海—岱海秦长城相连接。而黄旗海—岱海汉长城，则东起自黄旗海东南的孤山。孤山蒙古语称作乌拉哈乌拉，以此山为防御点，修筑有当路塞与烽燧。此后，应以列燧的形式沿着黄旗海东岸向北延伸。以前的调查资料显示，在黄旗海北岸，早先可见一道长20633米的土筑墙体，如今绝大部分已消失于农耕开发之中，仅于牛明村西北可见小部分残留。在黄旗海西岸，与东岸一样也是以列燧的形式延伸。过黄旗海后，开始出现长城墙体，主要沿着黄旗海的支流呼和乌素河的北岸向西延伸，经土贵乌拉镇口子村、黑沟村、东房子村和察汗贲贲村，翻过西湾子村西南侧小山包，进入丰镇市境内。

黄旗海—岱海秦汉长城在丰镇市境内，主要行经于呼和乌素河上游北岸低山丘陵间的谷地中，于三义泉镇三岔沟村东北上接察哈尔右翼前旗西湾子长城，向西南沿着呼和乌素河上游北岸经三岔沟村北、前二股泉村南、聚金店村南，在麻迷图村西北侧由山梁北坡地转向山前，沿着山脚地向西南，经胡神庙村北、井沟子村南、黑拉村南，到万金胜村北又折向西北，以半圆形走向，经西梁村南、四柜村北，至杏成园村东侧山梁顶部，再缓缓而下进入岱海平原地区，向西南伸入凉城县境内。与分布于沟谷地及低缓山梁顶部的长城墙体及其沿线的烽燧、障城相对而言，位于南侧高山顶部的烽燧显得十分醒目，因人为破坏因素较少，保存状况较好。这些高山烽燧纵向与长城墙体遥遥相望，横向又与相邻烽燧两两相应。长城石筑墙体及烽燧，均由火山岩垒砌而成。

凉城县境内的长城主要分布于岱海北部缓山平原一带，大面积的耕地对墙体破坏较严重。长城自东北向西南由丰镇市进入凉城县后，墙体现已不存，仅于大沿河西岸保留有一座烽燧，命名为保岱沟烽燧。墙体消失20余千米后，于麦胡图镇边墙村东出现遗迹，沿着山梁南坡底向西延伸，在河东村北折向西北，穿过一条季节性河流后消失。墙体于河西村西北1.8千米处又出现，仅延伸近457米后再次消失，再向西进入卓资县境内。

卓资县境内的长城为黄旗海—岱海秦汉长城的末端，在大榆树乡白银不浪村南保留有一座障城，在坝梁村东南保留有长410米的当路塞墙体和1座烽燧，向西北在艾壕洼村西北依次保留有1座障城和2座烽燧。

二 长城墙体与单体建筑保存现状

黄旗海—岱海秦汉长城所经地域，多为农耕区，遭受破坏较为严重，长城墙体和烽燧、障城断续分布。黄旗海—岱海秦汉长城所经4旗县共调查长城墙体27段，其中包括土墙6段、石墙10段、消失11段，总长71224米。总长71224米的墙体中，石墙长22232米、土墙长4229米、消失段落长44763米。在总长22232米的石墙中，保存一般部分长1912米、保存较差部分长5147米、保存差部分长9993米、消失部分长5180米。在总长4229米的土墙中，保存较差部分长2184米、保存差部分长1537米、消失部分长508米。调查单体建筑55座，包括烽燧40座、障城14座、坞址1座。具体数据统计，见下表（表一）。

表一　黄旗海—岱海秦汉长城数据统计简表

县域	墙体（米）								单体建筑（座）		
	土墙			石墙				消失段	烽燧	障城	坞址
	较差	差	消失	一般	较差	差	消失				
察哈尔右翼前旗		875		1912	3387	7455		27573	24	8	1
丰镇市	1577		270		1760	2538	5180	7190	12	4	
凉城县	607	312	178					10000	1		
卓资县		350	60						3	2	
小计	2184	1537	508	1912	5147	9993	5180	44763	40	14	1
	4229			22232							
总计	71224								55		

（一）乌兰察布市察哈尔右翼前旗

在调查中，将察哈尔右翼前旗境内的黄旗海—岱海秦汉长城墙体共划分为13个调查段，其中包括石墙6段、土墙1段、消失墙体6段。墙体总长41202米，其中石墙长12754米、土墙长875米、消失段落长27573米。在全长12754米的石墙中，主墙长6597米，其中保存一般部分长1912米、保存较差部分长565米、保存差部分长4120米；副墙长6157米，其中保存较差部分长2822米、保存差部分长3335米。土墙保存程度为差。调查单体建筑33座，包括烽燧24座、障城8座、坞址1座。下面，对这些墙体段落和单体建筑分作详细描述。

1. 大九号烽燧（150926353201040001） 位于土贵乌拉镇大九号村西1.3千米处的小山上，南侧180米处有中国移动信号塔。该烽燧地处黄旗海南侧小山丘顶部，东北与乌拉哈乌拉乡孤山相望。

烽燧现保留有墩台和坞，均由火山岩垒筑。墩台坍塌，现存台体呈圆形石堆状，直径12、残高1.5～2米。坞位于墩台南侧，靠墩台而筑，平面呈长方形，东西长7.5、南北宽3.5米。坞墙略高于地表，为石块垒筑，墙体宽0.7米。

烽燧东侧立有一个火山岩三连体石雕，其上端为三足石雕香炉，香炉摆在莲花雕座上，其底座下为方形石桩，石桩四面刻有蒙文，内容为六字真言等佛教赞词。显然，烽燧后被改筑为敖包，进行过祭祀活动。

2. 乌拉哈乌拉长城（150926382102040001）

位于乌拉哈乌拉乡政府所在地东侧约1千米的孤山之上，孤山的蒙古语名为"乌拉哈乌拉"，意为"像靴子底一样的山"。孤山西临黄旗海，向东远望岱青山，南、北两侧为平坦的川地，南侧川地有万亩滩之称。孤山形似靴子底，西端最高，向东侧逐渐倾斜（彩图四九）。西端最高顶上有一座现代敖包，敖包西侧可见石砌基础，石砌基础周边散布有陶片、瓦片等遗物，陶片多为装饰绳纹的泥质灰陶片，瓦片多为瓦背饰抹断绳纹、瓦腹饰菱形格纹的板瓦，具有明显的汉代特征。由此推断，此处应为一座汉代烽燧所在，砌筑墩台的石块被现代人垒砌了敖包。

敖包东侧的山脊之上，有依东、南两侧山脊而筑的长城墙体，为石砌墙体，总长1160米，整体保存差。山脚地段有一条现代修筑的环绕孤山的战壕，从山脊延伸下来的墙体均终止于战壕边缘。东侧山脊墙体长470米，后小段向东北方向延伸出一条支线，长270米。南侧山脊墙体长420米。现存石墙呈低矮的石垄状，底宽1~3、顶宽0.5~2、残高0.2~0.4米。两条墙体在山顶的交汇处为一个石头堆，似为烽燧遗迹（彩图五〇、五一）。

结合史料记载考证，黄旗海盆地在汉代名为叁合，魏晋北朝时期黄旗海名为叁合陂，孤山在北魏时名为蟠羊山，著名的叁合陂之战即发生在孤山之南的万亩滩之上。叁合陂东侧的南北一线，是古代的一条重要南北向通道；从孤山向东，还有一条东西向通道，由此可抵达银子河流域、西洋河流域。孤山所在位置处于通道之上，乌拉哈乌拉长城即起到扼守通道的作用。

孤山南侧调查障城1座，为乌拉哈乌拉障城。

乌拉哈乌拉障城（150926353102040001）　孤山山前川地之上，有大体呈由东向西而流的青水河，西北注入黄旗海。青水河北岸，零星散落有汉代、北魏、辽金元等多个时期的陶片、瓷片等遗物，新挖的树坑周边还发现有人骨等。

青水河南岸，可见东、西分布的两处汉代遗迹。西侧遗迹为乌拉哈乌拉障城。障城北临青水河，北距孤山山脚约0.8千米。障城墙体已不太明显，整体于地表呈一个四周高、中间低的方形土台基状，边长约80、残高0.5~0.8米，南墙似有门址（彩图五二、五三）。地表散落有大量的陶片、瓦片等遗物，陶器可辨器形有折沿盆、罐等，板瓦多外壁饰粗绳纹、内腹饰菱形网格纹。

东部遗迹位于障城东约0.3千米处，北临河岸，为一个夯土台基，河岸局部可见夯层，厚15~20厘米。现存台基呈方形，边长30、残高0.5~1米。两个遗迹之上均散落大量汉代筒瓦、板瓦和陶片等遗物。东侧台基再向东，为一处规模较大的元代遗址，地表散布较多陶、瓷片。

3. 二台沟烽燧（150926353201040002）　位于巴音塔拉镇二台沟村西南1.1千米的山顶上，西北距黄旗海北岸长城墙体起点2.47千米。

墩台石筑，保存较差。墩台已坍塌，现存台体呈高大的圆形石堆状，底部最大直径20、残高6米。墩台顶部现已成为当地牧民的祭祀敖包。

4. 黄旗海北岸长城1段（150926382101040002）

该段墙体起自巴音塔拉镇牛明村西南1.1千米，止于牛明村西南1.9千米。墙体大体呈东南—西北走向，下接黄旗海北岸长城2段。起点东南距二台沟烽燧约3.7千米。

墙体长875米，以黄旗海淤土夯筑而成，保存差。现存墙体较为高大，底宽5~7、顶宽1.5~2、残高1.5~2米（彩图五四）。墙体南侧现为一座采砂场，随时对墙体构成损毁危险。

5. 黄旗海北岸长城2段（150926382102040003）

该段长城位于黄旗海北岸，《中国文物地图集·内蒙古自治区分册》中有简要描述[1]，墙体东起自巴音塔拉镇牛明村，西北行经赵家村，折向西南，经南泉村、沙泉村、边墙村，终止于平地泉村后小河北岸，为土筑墙体，宽8～12、残高1～3米。

本次调查时，由于黄旗海大幅退水，墙体所经区域全部开辟为耕地，墙体绝大部分消失无存，仅在牛明村西南可见小段土筑墙体残留。残留墙体命名为黄旗海北岸长城1段，消失长城命名为黄旗海北岸长城2段。消失长城大体分布于黄旗海北约14千米处，由东南—西北走向又折向西南方向，围绕黄旗海呈半圆形分布，全长为20633米。墙体止点西南距平地泉烽燧约3千米。

6. 平地泉烽燧（150926353201040003）　位于平地泉镇平地泉村北30米，南距礼拜寺烽燧7.2千米。

烽燧现已遭城镇建设破坏，地表仅留残迹。关于该烽燧，《中国文物地图集·内蒙古自治区分册》中有描述，墩台以土夯筑而成，坍塌呈圆丘状，底部直径约10、残高5米[2]。

7. 礼拜寺烽燧（150926353201040004）　位于平地泉镇礼拜寺村北偏东1.2千米的山丘之上，南距纳令沟1号烽燧4.65千米。

墩台为石筑，呈低矮的石丘状，几乎与地面平齐，保存差。台体平面呈圆形，底部最大直径16.5、残高0.8米。墩台顶部有石块垒砌的小型敖包。开山采石对烽燧造成严重破坏（彩图五五）。

8. 谷力脑包障城　位于巴音塔拉镇谷力脑包杨士村南约1千米处的谷力脑包之上。

谷力脑包为位于黄旗海西岸的一座小山丘，山丘东侧由于村民取土，将山中岩石挖了出来，为由基性火山熔岩喷发后快速冷却收缩形成的六方柱状岩体。山丘之上，有近现代军事掩体，地表散布大量汉代筒瓦、板瓦残片，初步推断原来这里有一座汉代障城，后在修建军事掩体时被破坏。该障城的作用，主要在于扼守黄旗海西北岸。从谷力脑包向南眺望，远处可见如敖包形凸起的牛青山。

牛青山在北魏时期称作屋孤山，谷力脑包可能为北魏时期的青牛山。拓跋猗㐌驻牧叁合陂时期，公元304年，出兵帮助西晋并州刺史司马腾打败匈奴刘渊，并举行了结盟仪式，猗㐌还师后，"乃使辅相卫雄、段繁，于叁合陂西累石为亭，树碑以记行焉。"[3] "累石为亭"之亭是纪念碑，"树碑"之碑则为纪功碑，立碑亭之地可能即在谷力脑包之上。

9. 纳令沟1号烽燧（150926353201040005）　位于土贵乌拉镇纳令沟村北2千米处的尖山顶部，东南距纳令沟2号烽燧3.2千米。

墩台石筑，保存较好。墩台已坍塌，现存台体呈圆形石堆状，底部直径20、顶部直径5、残高3米。该烽燧所处位置视野广阔，北与礼拜寺烽燧，南与纳令沟2号烽燧、四合义烽燧相互瞭望，东南可远眺黄旗海（彩图五六）。

10. 纳令沟2号烽燧（150926353201040006）　位于土贵乌拉镇纳令沟村东1.33千米处的平缓山丘上，东临黄旗海，西南距四合义烽燧2.57千米。

墩台为土石混筑，呈圆丘状，保存差。台体平面呈圆形，剖面呈梯形，底部直径40、残高1～1.5米。采石、修筑信号塔等人类活动对墩台造成严重破坏，现墩台顶部已消失殆尽。

11. 四合义烽燧（150926353201040007）　位于呼和乌素乡四合义村北0.65千米处的山顶之上，西南距口子长城1段墙体起点4.1千米。

---

[1] 国家文物局主编：《中国文物地图集·内蒙古自治区分册》（下册），西安地图出版社，2003年，第509页。

[2] 国家文物局主编：《中国文物地图集·内蒙古自治区分册》（下册），西安地图出版社，2003年，第509页。

[3] 《魏书》卷1《序纪》，中华书局，1974年，第6页。

墩台土筑，呈圆形土丘状，保存一般。现存台体平面呈圆形，剖面呈梯形，底部直径18~25、顶部直径5~6、残高2~2.5米。墩台顶部有后人垒砌的石堆（彩图五七）。

12. 口子长城1段（1509263821020040004）

该段墙体起自土贵乌拉镇口子村西南0.83千米，止于口子村西北1.2千米。墙体呈东南—西北走向，下接口子长城2段。

墙体长860米，石块垒砌而成，保存差。墙体坍塌，现呈略凸起于地表的石垄状，底宽1.5~2、残高0.2~0.4米（彩图五八）。除常年自然的风雨侵蚀外，人为的开辟耕地、采石等行为也对墙体造成极大破坏。

13. 口子长城2段（1509263823010040005）

该段长城起自土贵乌拉镇口子村西北1.2千米，止于口子村西北1.6千米。墙体呈东南—西北走向，上接口子长城1段，下接口子长城3段。

本段墙体为消失段，起止点之间的直线距离长350米。依据相邻上下段墙体情况，可推断该段墙体原应为石墙。常年的风雨侵蚀加上人为采石、开辟耕地等活动，对墙体的破坏极为严重，现地表已不见相关遗迹。

14. 口子长城3段（1509263821020040006）

该段长城起自土贵乌拉镇口子村西北1.6千米，止于口子村西北3.6千米。墙体呈东南—西北走向，上接口子长城2段，下接口子长城4段。

主墙体长2100米，为石墙，石块垒砌而成，保存差。现存墙体呈略凸起于地表的石垄状，底宽1.5~2、残高0.5米。墙体周围散布有少量陶片、瓦片等遗物。主墙为汉长城墙体。

该段墙体南、北两侧各有一道平行分布的副墙。南副墙长1900米，为石墙，北距主墙体35~41米，保存差，现呈略凸起于地表的石垄状，底宽1.5~2、残高0.5米。北副墙长1770米，为石墙，南距主墙体6~12.5米，保存较差，现呈凸起于地表的石垄状，底宽1.5~2、残高0.8米。副墙为秦长城墙体。

墙体沿线调查烽燧、障城各2座，为口子1号、2号烽燧和口子1号、2号障城。

口子1号烽燧（1509263532010040008）　位于土贵乌拉镇口子村西北2.3千米，处于口子长城3段墙体与南副墙之间。北距口子长城3段墙体10米，南距南副墙20米，西距口子2号烽燧0.75千米。

墩台为土筑，保存差。墩台已坍塌，现存台体呈低矮的圆丘状，底部直径12、残高2米。墩台四周有碎石块堆砌的方形围墙，略高出地表，南北长16、东西宽13米。

口子2号烽燧（1509263532010040009）　位于土贵乌拉镇口子村西北3.1千米，处于口子长城3段墙体与南副墙之间。北距口子长城3段墙体10米，南距南副墙30米，西距黑沟1号烽燧0.96千米。

墩台土筑，整体呈圆丘状，保存一般。台体平面呈圆形，剖面呈梯形，底部直径10、残高1.5~2米。

口子1号障城（1509263531020040002）　位于土贵乌拉镇口子村西北2.3千米，处于口子长城3段墙体与南副墙之间。北距口子长城3段20米，南距南副墙10米，西北距口子2号障城0.46千米。

障城平面呈长方形，东西长20.5、南北宽12.5米。墙体为土石混筑而成，坍塌较为严重，四周散落有大量石块，多处有豁口，残高0.5~1米，门址不清（彩图五九）。据障城的形制结构及散布遗物判断，该障城应属秦长城障城。

口子2号障城（1509263531020040003）　位于土贵乌拉镇口子村西北2.8千米，处于口子长城3段墙体与南副墙之间。北距口子长城3段10米，南距南副墙20米，西南距黑沟1号障城1.55千米。

障城平面呈长方形，南北长16、东西宽13米。墙体为土石混筑，坍塌较为严重，四周散落有大量石块，四周多处有豁口，残高0.5~1米，门址不清。该障城为秦长城障城。

15.口子长城4段（1509263823010140007）

该段长城起自土贵乌拉镇口子村西北3.6千米，止于口子村西北4.2千米。墙体呈东北—西南走向，上接口子长城3段，下接黑沟长城1段。

本段墙体为消失段，起止点之间的直线长度为750米。依据相邻上下段墙体情况，推断该段墙体原应为石墙。采石、修筑道路、开辟耕地等人类活动均对墙体造成严重破坏，现地表已不见相关遗迹。

本段墙体南侧保留有一段从上一段墙体南副墙延伸过来的副墙，长305米，为石墙，保存差。副墙现呈略凸起于地表的石垄状，底宽1.5～2，残高约0.5米。该段副墙为秦长城墙体。

墙体沿线调查烽燧1座，为口子3号烽燧。

口子3号烽燧（150926353201040010）　位于土贵乌拉镇口子村西3.6千米，地处沟谷东岸顶部，北侧布置有大量的太阳能板。北距口子长城4段副墙0.5千米，西北距黑沟1号烽燧0.62千米。

该烽燧由墩台、坞、积薪垛和长方形石筑台体组成。墩台坍塌，台体现呈圆形石堆状，保存差，底部直径10、顶部直径5、残高2米。长方形台体位于墩台西北侧，长25米，坍塌严重，底宽6～8、顶宽3、残高1米。坞位于墩台外围及长方形台体东侧，呈不规则长方形，坞墙残留20米，宽1.5、距地表高0.2米。积薪垛共有4座，均分布在墩台东南侧，平面呈方形，边长5米，垛内呈石堆状。积薪垛间距为40～60米。烽燧周边可见有少量陶片、瓦片等遗物。

16.黑沟长城1段（150926382102040008）

该段长城起自土贵乌拉镇黑沟村东0.75千米，止于黑沟村东北0.22千米。墙体呈东南—西北走向，上接口子长城4段，下接黑沟长城2段。

主墙体长775米，为石墙，石块垒砌而成，保存一般。现存墙体呈略高出于地表的石垄状，底宽1.5～2.5、残高0.3～2米。墙体周围散布少量陶片、瓦片等遗物。主墙为汉长城墙体（彩图六○、六一）。

本段墙体南侧约30米处保留有一段从上一段墙体南副墙延伸过来的副墙，长1130米，为石墙，保存差，地表仅见散落的石块，底宽1.5～2米。副墙为秦长城墙体。

墙体沿线调查障城和坞址各1座、烽燧3座，为黑沟1号障城、黑沟坞址和黑沟1号、2号、3号烽燧。

黑沟1号烽燧（150926353201040011）　位于土贵乌拉镇黑沟村东0.88千米山顶之上，北距黑沟长城1段墙体30米，西北距黑沟2号烽燧0.4千米，西南距黑沟1号障城0.31千米。

墩台为土筑，保存一般。墩台坍塌，现呈不规则土丘状，剖面为梯形，南北最大径长20米，东西径已无法测量，残高1.5～2米。墩台周围散布有少量陶片。

黑沟1号障城（150926353102040004）　位于土贵乌拉镇黑沟村东南0.76千米山顶之上，西北距黑沟2号烽燧0.32千米，东北距黑沟长城1段墙体0.3千米，西北距黑沟2号障城0.64千米。

障城平面呈方形，边长15米。墙体石筑，坍塌成石垄状，底宽2～3、顶宽1、残高1～1.5米；四角角台略高于墙体，向外坍塌严重。障内呈锅底形，散落有大量石块。门址位于南墙中部，宽1.5米。障内散有少量陶片。该障城为秦长城障城。

黑沟2号烽燧（150926353201040012）　位于土贵乌拉镇黑沟村东0.6千米处的山顶上，北距黑沟长城1段副墙40米，北距黑沟长城1段主墙80米，西北距黑沟2号烽燧0.26千米。

墩台土筑，保存较差。墩台坍塌，现存台体呈不规则土丘状，直径20、残高1.5～2米。墩台周围散布有少量陶片。据烽燧的形制结构及散布遗物判断，该烽燧应属秦长城烽燧。

黑沟坞址（150926352105040001）　位于土贵乌拉镇黑沟村东北0.37千米山顶之上，依黑沟长城1段墙体而筑，南距黑沟长城1段副墙40米，南距黑沟3号烽燧0.14千米。

坞址石筑，保存一般。坞平面呈方形，边长16.5米。坞墙向内侧坍塌，于坞内呈石堆状，残高1

米。因该坞址位于长城墙体从山顶折下山的拐点处，向西北对黑沟谷地的观察十分便利，由此在墙体沿线特意加筑了该坞址。

黑沟3号烽燧（150926353201040013）　位于土贵乌拉镇黑沟村东0.32千米处的山顶上，西北距黑沟长城1段副墙90米、距黑沟长城1段主墙0.13千米，西南距黑沟4号烽燧0.55千米。

烽燧由墩台和坞组成，保存一般。墩台坍塌，台体现呈圆形石堆状，位于坞内偏西南角，直径13米、残高1.5米。坞围绕墩台外侧，平面呈方形，边长18米；坞墙由火山岩垒筑而成，宽0.8～1米。烽燧周围散布有较多陶片。

17. 黑沟长城2段（150926382301040009）

该段长城起自土贵乌拉镇黑沟村东北0.22千米，止于黑沟村西南0.44千米。墙体大致呈东北—西南走向，上接黑沟长城1段，下接黑沟长城3段。

本段墙体为消失段，起止点之间的直线长度为500米。流水量较大的黑沟谷地以及河谷西坡地严重的水土流失，导致长城墙体严重损毁，现地表不见相关遗迹。

墙体沿线调查障城、烽燧各1座，为黑沟2号障城、黑沟4号烽燧。

黑沟2号障城（150926353201040005）　位于土贵乌拉镇黑沟村南0.1千米，地处黑沟河谷西岸半山腰上，西高东低。西南距黑沟4号烽燧0.24千米、距察汗贲贲障城5.2千米。

障城墙体为夯筑，保存一般。障城平面略呈方形，因修路对障城东侧及南侧墙体破坏严重，残存墙体东西长35、南北长30米。被铲断的墙壁上有明显的夯层，厚约10厘米，可见夯层高达20余层。障城内较平坦，正中有一座废弃的土地庙。西墙中部筑有一座烽燧，呈圆形土丘状，直径20、残高3～5米，保存较好。障城墙体及烽燧墩台周围散落有大量的陶质建筑构件，有板瓦、筒瓦、卷云纹瓦当等，陶器以罐、盆为主，另有少量的铁锸、铁锅残片等（彩图六二、六三）。

黑沟4号烽燧（150926353201040014）　位于土贵乌拉镇黑沟村西南0.35千米处，东南距黑沟5号烽燧0.26千米，西南距黑沟6号烽燧0.2千米，向东隔着黑沟河谷与黑沟3号烽燧对望。

墩台坍塌，台体现呈椭圆形土丘状，保存较差。台体东西径10、南北径3、残高2米。地表散落大量的陶片，纹饰主要以秦代纹饰为主，不见汉代陶器典型纹饰及板瓦残片。该烽燧为秦长城烽燧。

18. 黑沟长城3段（150926382102040010）

该段长城起自土贵乌拉镇黑沟村西南0.44千米，止于黑沟村西南1.54千米。墙体呈东北—西南走向，上接黑沟长城2段，下接东房子长城。

主墙体长1137米，为石墙，石块垒砌而成，保存一般。现存墙体呈凸起于地表的石垄状，底宽1.5～2.3、残高0.5～2.1米（彩图六四、六五）。墙体周围散布有少量的陶片、瓦片等遗物。主墙为汉长城墙体。

本段墙体南侧约30米处保留有一段平行分布的副墙，长1052米，为石墙，保存较差，于地表呈石垄状，底宽0.8～1.5、残高0.3～1米。位于该段墙体尾段可见列有3～4座半圆形石圈遗迹。副墙为秦长城墙体。

墙体沿线调查烽燧6座，为黑沟5号、6号、7号、8号、9号、10号烽燧。

黑沟5号烽燧（150926353201040015）　位于土贵乌拉镇黑沟村西南0.55千米处的山南坡，东南距黑沟长城3段墙体0.29千米，西北距黑沟6号烽燧0.32千米。

墩台为石筑，保存差。墩台现呈略高出地表的石堆状，平面呈圆形，剖面为梯形，直径11.5、残高2米（彩图六六）。墩台上有一处圆形盗洞，周围散布有少量陶片。

黑沟6号烽燧（150926353201040016）　位于土贵乌拉镇黑沟村西南0.48千米处平缓山顶上，处于黑沟长城3段主墙与副墙之间，西距黑沟7号烽燧0.19千米。

烽燧由墩台和坞组成，保存较好。墩台坍塌、台体现呈圆形石堆状，直径15、残高2~3米，台体顶部有一方形盗坑。坞位于墩台外围，平面呈方形，边长20米。坞的南墙、北墙利用了黑沟长城3段副墙和主墙墙体，东墙、西墙则修筑在墩台两侧，南北端与主墙和副墙相连，墙体宽1、高于地表0.3米。烽燧周围散落有少量陶片。

黑沟7号烽燧（150926353201040017）　位于土贵乌拉镇黑沟村西南0.66千米处平缓山顶上，处于黑沟长城3段主墙北侧，西距黑沟8号烽燧0.26千米。

墩台土石混筑，保存较差。台体已坍塌，现呈土石丘状，平面呈椭圆形，东西径16、南北径10、残高1.5米。烽燧周边可见少量陶片。该烽燧为秦长城烽燧。

黑沟8号烽燧（150926353201040018）　位于土贵乌拉镇黑沟村西南0.93千米处平缓山顶上，北距黑沟长城3段10米，南侧紧靠黑沟长城3段副墙，西距黑沟9号烽燧0.47千米。

墩台为石筑，保存较差。台体坍塌严重，现呈圆形石堆状，直径10、残高2米（彩图六七）。

黑沟9号烽燧（150926353201040019）　位于土贵乌拉镇黑沟村西南1.4千米，北距黑沟长城3段墙体10米，南侧紧靠黑沟长城3段副墙，西距黑沟10号烽燧0.13千米。

烽燧由墩台和坞组成，保存一般。台体现呈圆形石堆状，直径15、残高1.5~2米。坞位于墩台外围，平面呈方形，边长20米。坞的南墙利用了黑沟长城3段副墙墙体，另筑东、北、西三面墙，墙体宽1、高于地表0.3米。烽燧周围散落有少量陶片。

黑沟10号烽燧（150926353201040020）　位于土贵乌拉镇黑沟村西南1.54千米，处于黑沟长城3段主墙末端，西南距东房子1号烽燧0.56千米，西距东房子2号烽燧0.6千米。

墩台土筑，保存较差。台体已坍塌，现呈椭圆形土丘状，南北径10、东西径4、残高1~1.5米。烽燧地处南高北低的沟谷地上端，西侧为冲沟断壁，地表可见少量陶片。该烽燧为秦长城烽燧。

18. 东房子长城（150926382301040011）

该段长城起自土贵乌拉镇东房子村东1.7千米，止于东房子村西3.3千米。墙体大致呈东西走向，上接黑沟长城3段，下接西湾子长城1段。

本段墙体为消失段，起止点之间的直线长度为5040米。自然的水土流失加上人为的开辟耕地、修路等活动，对墙体造成了极大破坏，现地表已不见相关遗迹。

消失墙体沿线调查烽燧4座、障城1座，分别为东房子1号、2号、3号烽燧和察汗贲贲障城、察汗贲贲烽燧。

东房子1号烽燧（150926353201040021）　位于土贵乌拉镇东房子村东南1.46千米的高山顶部，西北距东房子2号烽燧0.55千米，西距东房子3号烽燧2.18千米。

烽燧由墩台、坞、积薪垛和长方形石筑台体组成。墩台平面呈圆形石堆状，保存较好，底部直径20、顶部直径7、残高约3米。长方形台体位于墩台南侧，长30米，剖面呈梯形，底宽12、顶宽3、残高8米。坞可分内坞、外坞。内坞位于墩台与长方形台体中间，呈长方形，东西长4、南北宽2米。外坞位于墩台和长方形台体东侧，呈不规则长方形；坞墙起于墩台东侧，止于长方形台体东南侧，坞墙长约60、宽1、距地表高0.3米。积薪垛共调查4座，分布于墩台西北侧和东南侧各2座，平面均呈方形，边长5米，垛内为石堆状（彩图六八、六九）。烽燧周边可见有大量陶片、瓦片等遗物。

东房子2号烽燧（150926353201040022）　位于土贵乌拉镇东房子村东1.11千米处的山体北坡处，西南距东房子3号烽燧1.93千米。

墩台土筑，保存差。台体现呈圆形土丘状，直径10、残高1.5米。墩台顶部有盗坑。烽燧周边可见少量陶片。

东房子3号烽燧（150926353201040023）　位于土贵乌拉镇东房子村西南0.75千米处的高山顶部，西南距察汗贲贲烽燧2.02千米，西北距察汗贲贲障城1.32千米。

烽燧由墩台、坞、积薪垛和长方形石筑台体组成。墩台石筑，坍塌为圆形石堆状，保存一般，底部直径15、顶部直径6、残高约2米。长方形台体位于墩台南侧，长30米，剖面呈梯形，底宽10、顶宽4、残高2米；台体南端有一圆形遗址，靠台体而筑，似居住址，直径8米，石墙围筑。坞可分内坞、外坞。内坞位于墩台与长方形台体中间，平面呈方形，边长2米。外坞位于墩台外围及长方形台体东侧，平面呈不规则长方形，坞墙起自墩台西南侧，经绕过墩台北侧、东侧，向南伸至长方形台体东南侧，坞墙长约95、宽1.5、距地表高0.5米。积薪垛共有4座，南北排列分布于墩台西南侧，间距在30～35米之间；这些积薪垛平面均呈方形，边长5米，四边较整齐，垛内呈石堆状（彩图七〇）。烽燧周边散布有少量陶片、瓦片等遗物。

察汗贲贲障城（150926353102040006）　位于土贵乌拉镇察汗贲贲村南0.3千米处的田地中，地处呼和乌素河谷平地上。西南距察汗贲贲烽燧0.9千米，西距西湾子障城1.65千米。

障城平面呈方形，边长46米。墙体夯筑而成，坍塌严重，底宽10、顶宽3、残高1～2米。障城四角有角台，略高于城墙。西墙中部明显低缓，应为门址，宽5米。障城内部呈锅底形。障城周边散落有大量的陶片、瓦片等遗物。瓦片瓦背饰绳纹，瓦腹以菱形格纹、布纹为主。障城南侧0.15千米处为S24（兴巴高速公路）。

察汗贲贲烽燧（150926353201040024）　位于土贵乌拉镇察汗贲贲村西南1.18千米处的高山顶部，西距三岔口烽燧1.17千米，西北距西湾子长城1段墙体0.76千米。

烽燧由墩台、坞、积薪垛和长方形石筑台体组成。墩台石筑，保存差。台体现呈圆形石堆状，底部直径10、顶部直径5、残高2米。长方形台体位于墩台南侧，长20米，坍塌严重，底宽10、顶宽4、残高1米；台体南端有一圆形遗址，靠台体而筑，似居住址，直径6米，石墙围筑。坞位于墩台外围及长方形台体东侧，平面呈不规则长方形，坞墙残留35、宽1.5、距地表高0.3米。积薪垛共有4座，均分布于墩台西南侧，平面呈方形，边长5米，垛内呈石堆状，间距为30米。烽燧周边可见有少量陶片、瓦片等遗物。

19. 西湾子长城1段（150926382102040012）

该段长城起自土贵乌拉镇西湾子村西南0.6千米，止于西湾子村西南0.98千米。墙体呈东北—西南走向，上接东房子长城，下接西湾子长城2段。

墙体长565米，为石墙，石块垒砌而成，保存较差。墙体现呈高出于地表的石垄状，宽1.5～2.5、残高0.5～1米。墙体周围散落有少量的陶片。该段墙体分布在呼和乌素河北岸的小山丘顶部，根据墙体分布走向、沿线单体建筑以及散布遗物等判断，该段墙体为秦长城墙体。

墙体沿线调查障城1座，为西湾子障城。

西湾子障城（150926353102040007）　位于土贵乌拉镇西湾子村西南0.78千米处的小山丘顶部，南倚西湾子长城1段墙体而筑，西距三岔沟1号障城1.3千米。

障城平面呈方形，边长15米。墙体土筑，坍塌严重，因障城内侧与城墙持平，墙体尺寸无法测量，通高约4米。城墙向外坍塌后，整个障城剖面呈梯形，城门不详。该障城为秦长城障城。

20. 西湾子长城2段（150926382301040013）

该段长城起自土贵乌拉镇西湾子村西南0.98千米，止于西湾子村西南1.2千米。墙体大致呈东北—西南走向，上接西湾子长城1段，下接三岔口长城1段。

本段墙体为消失段，起止点之间的直线长度为300米。采石、修建576县道等人为活动对墙体造成一定的损坏，地表不见相关遗迹。依据相邻上下段墙体情况，推断该段墙体原应为石墙。根据墙体分布走向判断，应属秦长城。

（二）乌兰察布市丰镇市

在调查中，将丰镇市境内的黄旗海—岱海秦汉长城墙体共划分为9个调查段，包括石墙4段、土墙2段、消失墙体3段。墙体总长18515米，其中石墙长9478米、土墙长1847米、消失段落长7190米。在总长9478米的石墙中，保存较差部分长1760米、保存差部分长2538米、消失部分长5180米。在总长1847米的土墙中，保存较差部分长1577米、消失部分长270米。墙体沿线调查烽燧12座、障城4座。下面，对这些墙体段落和单体建筑分作详细描述。

1. 三岔口长城1段（150981382102040001）

该段长城起自三义泉镇三岔沟村东北0.85千米，止于三岔沟村西北0.55千米。墙体呈东西走向，上接西湾子长城2段，下接三岔口长城2段。

墙体长953米，为石墙，石块垒砌而成，保存差。现存墙体呈凸起于地表的石垄状，底宽1～2.3、残高0.3～0.5米（彩图七一）。采石和扩大耕地面积等人为活动，均对墙体造成了严重损毁。墙体周围散落有陶片、瓦片等遗物。该段长城墙体应属秦长城。

墙体沿线调查烽燧、障城各1座，为三岔口烽燧、三岔口1号障城。

三岔口烽燧（150981353201040001）　位于三义泉镇三岔沟村西北0.54千米山顶之上，北距三岔口长城1段墙体0.02千米，西南距前二股泉3号烽燧0.57千米。

墩台为土筑，保存一般。台体现呈圆形土丘状，平面为不规则圆形，剖面为梯形，底部直径16、残高2～3米。该烽燧为秦长城烽燧。

三岔口1号障城（150981353102040001）　位于三义泉镇三岔沟村西北0.5千米，南距三岔口长城1段墙体0.02千米，东北距三岔口烽燧0.04千米。

障城平面呈长方形，东西长16、南北宽11.5米。墙体为土石混筑，保存差，损坏较为严重，多处有豁口，现只残留有基址部分，残高0.5～1米。该障城为秦长城障城。

2. 三岔口长城2段（150981382301040002）

该段长城起自三义泉镇三岔沟村西北0.55千米，止于三岔沟村西北0.72千米。墙体呈东北—西南走向，上接三岔口长城1段，下接三岔口长城3段。

本段墙体为消失段，起止点之间的直线距离长324米。依据相邻上下段墙体情况，推断该段墙体原应为石墙。自然的水土流失加上人为开辟耕地、修建公路等，均对墙体造成严重破坏，现地表不见相关遗迹。该段应属秦长城。

3. 三岔口长城3段（150981382102040003）

该段长城起自三义泉镇三岔沟村西北0.72千米，止于三岔沟村西北2.1千米。墙体呈东北—西南走向，上接三岔口长城2段，下接聚金店长城1段。

墙体长1585米，为石墙，石块垒砌而成，保存差。现存墙体呈略凸起于地表的石垄状，底宽0.8～1.5、残高0.3～0.5米。墙体周围散落有少量的陶片、瓦片等遗物。采石、开耕等人为活动导致墙体破坏严重，从该段墙体往西现全部开垦为农田，不见长城墙体接续延伸的痕迹。该段长城属秦长城。

墙体沿线调查障城1座，为三岔口2号障城。

三岔口2号障城（150981353102040002）　位于三义泉镇三岔沟村西2千米，北靠三岔口长城3段墙体而筑，西南距万金胜障城7.13千米。

障城平面呈长方形，东西长20、南北宽15米。障城地处南高北低的缓坡地上，周边均开垦为耕地，障城损毁较为严重。土筑障墙只残留有基址部分，残高0.5～0.8米，保存差。该障城为秦长城障城。

4. 前二股泉长城（1509813821020400004）

该段长城起自三义泉镇前二股泉村东南0.73千米，止于前二股泉村西南1.06千米。墙体呈东北—西南走向，上接西湾子长城1段，下接三岔口长城3段。

墙体长1733米，为土筑，保存较差。现存墙体呈略凸起于地表的土垄状，底宽8～10、顶宽2～3、残高1.5～3米（彩图七二）。其中，保存较差部分长1463米、消失部分长270米，分别占该段墙体总长的84.4%、15.6%。该段墙体地处东西向山梁北坡地，山顶分布有三岔口长城1段，两条墙体形成并行关系，墙体北侧为山间谷地，呼和乌素河支流河由西向东流过。因山坡地被开垦为梯田，墙体顶部均已铲平为耕地。

墙体沿线调查烽燧4座，为前二股泉1号、2号、3号、4号烽燧。

前二股泉1号烽燧（150926353201040003）　位于三义泉镇前二股泉村东南0.67千米处的河槽东岸，倚前二股泉长城墙体南侧而筑，西距前二股泉2号烽燧0.6千米。

墩台为黄土夯筑，保存较差。台体现呈椭圆形土丘状，剖面为梯形，东西径10、南北径5、残高2米。台体侧面可见夯层，厚10厘米。墩台周边现已开垦为耕地，散落有较多陶片。

前二股泉2号烽燧（150926353201040004）　位于三义泉镇前二股泉村南0.2千米处的山体北坡上，倚前二股泉长城墙体而筑，西南距前二股泉3号烽燧0.95千米。

墩台为黄土夯筑，保存较差。台体现呈椭圆形土丘状，剖面为梯形，南北径10、东西径6、残高3～4米。墩台周边散落有少量陶片。

前二股泉3号烽燧（150926353201040005）　位于三义泉镇前二股泉村西南0.8千米处的山梁缓坡地，北距前二股泉长城墙体0.02千米，西南距前二股泉4号烽燧0.7千米。

墩台为土石混筑，保存较差。台体现呈圆形土石丘状，剖面为梯形，底部直径15、顶部直径3、残高3～4米。墩台周边散落有少量陶片。

前二股泉4号烽燧（150926353201040002）　位于三义泉镇前二股泉村西南1.46千米处的缓坡地，北距三岔口长城3段墙体0.05千米，西南距胡神庙烽燧4.2千米。

墩台土筑，保存差。现存台体呈圆形土丘状，平面为不规则圆形，剖面为梯形，底部直径14、残高1～2米。烽燧顶部辟为耕地，对台体造成较严重破坏。

5. 聚金店长城1段（1509813821020400005）

该段长城起自三义泉镇聚金店村东南0.7千米，止于聚金店村西南0.6千米。墙体大体呈东西走向，上接三岔口长城3段，下接聚金店长城2段。

本段墙体为消失段，起止点之间的直线距离长946米。依据相邻上下段墙体情况，推断该段墙体原应为土墙。自然的水土流失加上人为开辟耕地、修建公路等，均对墙体造成严重破坏，现地表不见相关遗迹。

6. 聚金店长城2段（1509813821020400006）

该段长城起自三义泉镇聚金店村西南0.6千米，止于聚金店村西南0.71千米。墙体呈东北—西南走向，上接聚金店长城1段，下接麻迷图长城。

墙体长114米，为黄土夯筑，保存较差。现存墙体底宽5～8、顶宽1～2、残高2～4米（彩图七三）。该段墙体地处山梁西坡地，由山顶缓缓而下，折向南，穿过012乡道，进入麻迷图村北。墙体北侧形成较深的水冲沟，该段墙体面临着被冲毁的危险。

7. 麻迷图长城（1509813821020440007）

该段长城起自三义泉镇麻迷图村北0.44千米，止于麻迷图村西南5.13千米。墙体大体呈东北—西南走向，上接聚金店长城2段，下接西梁长城。

本段墙体为消失段，起止点之间的直线距离长5920米。墙体由山梁北侧转移至山前，沿着呼和乌素河北岸向西南经麻迷图村、胡神庙村、牛槽洼村、万金胜村北，伸入西梁村。因自然的水土流失加上人为开辟耕地、修建公路等，均对墙体造成严重破坏，现地表不见相关遗迹。依据相邻上下段墙体情况，推断该段墙体原应为土墙。

消失墙体沿线调查烽燧3座、障城1座，分别为胡神庙烽燧、牛槽洼烽燧、万金胜烽燧和万金胜障城。

胡神庙烽燧（150926353201040006）　位于三义泉镇胡神庙村西南0.66千米处的田地中，西南距牛槽洼烽燧0.65千米。

墩台土筑，保存差。现存台体呈圆形土丘状，剖面为梯形，直径8、残高1.2米。台体上现已开垦为耕地，周边散落有少量陶片。

牛槽洼烽燧（150926353201040007）　位于三义泉镇牛槽洼村东北0.54千米处的山顶上，北侧山脚下为呼和乌素河谷地，西南距万金胜烽燧2.88千米。

烽燧受梯田、植树的破坏，保存差。墩台两侧被铲车推平，残存台体平面呈半圆形石堆状，由火山岩建筑，南北7.5、东西4、残高1.2米。烽燧周边可见有少量陶片、瓦片等。

万金胜烽燧（150926353201040008）　位于三义泉镇万金胜村南0.6千米处的山顶上，烽燧北侧山下为S24（兴巴高速公路），南侧为576县道（察右前旗—凉城）。西北距西梁1号烽燧1.85千米。

烽燧保留有墩台、坞，整体保存较差。墩台坍塌，现呈圆形石堆状，由火山岩石块建筑而成，底部直径12、顶部直径4、残高3米。坞位于墩台北侧，依台体而筑，平面呈半椭圆形；坞墙为石块垒筑，宽1米，略高于地表。烽燧周边可见有少量陶片。

万金胜障城（150981353102040003）　位于三义泉镇万金胜村西0.5千米处的谷底北岸，地处南、西、北三面为沟谷所包围的独立山丘上，地势北高南低，西南山脚有一小型水库。东南、西南分别与万金胜烽燧、四柜烽燧隔河对望，西南距杏成园障城2.88千米。

障城平面呈方形，边长46米。障墙以土夯筑而成，坍塌严重，地表呈土垄状，底宽15、顶宽8、残高1～1.5米。四角有角台，略高于城墙。南墙中部设门，宽约5米。城内地势较低，中部有一棵枯树，树下有2座现代坟丘。障城周边散落有较多的陶片、瓦片等，瓦背饰绳纹，瓦腹以菱形格纹、布纹为主。

8. 西梁长城（150981382102040008）

该段长城起自三义泉镇西梁村东北0.85千米，止于西梁村西南2.12千米。墙体呈弧形东北—西南走向，上接麻迷图长城，下接杏成园长城。

墙体长3300米，为石筑，保存较差。现存墙体呈略凸起于地表的石垄状，底宽1.5～2、残高0.5～1米。其中，保存较差部分长1500米、消失部分长1800米，分别占该段墙体总长的45.5%、54.5%。墙体周围散落有少量陶片、瓦片等遗物。墙体穿行在沟谷纵横的平缓山地间，时隐时现，断续分布。

墙体沿线调查烽燧3座，为西梁1号、2号烽燧和四柜烽燧。

西梁1号烽燧（150926353201040010）　位于三义泉镇西梁村东北0.42千米处的山顶平地上，倚长城墙体而筑，西南距西梁2号烽燧0.75千米。

墩台石筑，保存差。台体坍塌，现呈圆形石堆状，直径15、残高1.2米。墩台周边散落有少量陶片。

西梁2号烽燧（150926353201040011）　位于三义泉镇西梁村西南0.24千米处的平地上，倚长城墙体而筑，西南距四柜烽燧1.02千米。

墩台石筑，保存差。现存台体呈圆形石堆状，直径 10、残高 1 米。墩台周边散落有少量陶片。

四柜烽燧（150926353201040009）　位于三义泉镇四柜村西南 0.35 千米的高山顶部，西南距杏成园烽燧 1.73 千米。

烽燧由墩台、坞、积薪垛和长方形石筑台体组成。墩台坍塌，现呈圆形石堆状，保存较好，底部直径 15、顶部直径 5、残高 4 米。长方形台体位于墩台南侧，长 30 米，剖面呈梯形，底宽 10、顶宽 2、残高 2 米；台体南侧有长方形石筑小院墙，长 13、宽 7 米。坞位于墩台外围及长方形台体东侧，呈不规则长方形，残存周长约 100 米；坞墙石筑，宽 1~1.5、残高 0.5 米（彩图七四）。地表可见积薪垛 3 座，墩台西北侧有 1 座，东南侧有 2 座；积薪垛平面均呈方形，边长 5 米，现垛内呈石堆状。烽燧周边散布有大量陶片、瓦片等遗物。

9. 杏成园长城（150981382102040009）

该段长城起自三义泉镇杏成园村东北 0.58 千米，止于杏成园村西 2.83 千米。墙体呈东西走向，上接西梁长城，下接保岱沟长城。

墙体长 3640 米，为石墙，保存较差。现存墙体呈高出于地表的石垄状，底宽 2.5、残高 0.5~1 米。其中，保存较差部分长 260 米、消失部分长 3380 米，分别占该段墙体总长的 7.2%、92.8%。该段长城前小段为石筑墙体，自山梁顶部渐渐下山，进入岱海平地；后段因为村庄、耕地及墙体上修建道路等，导致墙体消失殆尽。墙体周围散落有少量陶片。该段长城应属秦长城。

墙体沿线调查障城、烽燧各 1 座，分别为杏成园障城、杏成园烽燧。

杏成园障城（150981353102040004）　位于三义泉镇杏成园村东北 0.5 千米处的山顶上，南侧为深沟，北侧为缓坡地，障城在长城墙体北侧倚墙而筑。西南距保岱沟烽燧 3.94 千米。

障城平面呈长方形，东西长 20、南北宽 10 米。墙体由火山岩垒筑，于地表现呈石垄状，宽 3、残高 0.8~1 米，保存较差。门址不详。城内地势南高北低，不见相关遗迹。障城周边陶片等遗物较少。该障城为秦长城障城。

杏成园烽燧（150926353201040012）　位于三义泉镇杏成园村东南 0.3 千米处的山顶，西距保岱沟烽燧 3.55 千米。

烽燧由墩台、坞、积薪垛和长方形台体组成，均由火山岩石块垒筑。现存墩台平面呈圆形石堆状，保存较好，底部直径 20、顶部直径 4、残高 4 米。长方形台体位于墩台北侧，长 30 米，剖面呈梯形，底宽 10、顶宽 3、残高 2 米。坞可分内坞、外坞。内坞位于墩台南侧，依台体而筑，平面呈方形，边长 3 米。外坞位于墩台外围，平面呈方形，边长 30 米；坞墙石筑，宽 0.6~1、残高 0.5 米。积薪垛保留有 4 座，分布于墩台及长方形台体北侧 1 座、西南侧 3 座，平面均呈方形，边长 5 米，现垛内呈石堆状。烽燧周边可见有大量陶片、瓦片等遗物。

（三）乌兰察布市凉城县

在调查中，将凉城县境内的黄旗海—岱海秦汉长城墙体共划分为 4 个调查段，包括土墙 2 段、消失墙体 2 段。墙体总长 11097 米，其中土墙长 1097 米、消失段落长 10000 米。在总长 1097 米的土墙中，保存较差部分长 607 米、保存差部分长 312 米、消失部分长 178 米。墙体沿线调查烽燧 1 座。下面，对这些墙体段落和单体建筑分作详细描述。

1. 保岱沟长城（150925382101040001）

该段长城起自麦胡图镇保岱沟村东南 0.6 千米，止于保岱沟村西南 6.34 千米。墙体大体呈东北—西南走向，上接丰镇市杏成园长城，下接边墙村长城。

本段墙体为消失段，起止点之间的直线距离为6900米。墙体地处岱海东北部的平地上，自然的水土流失加上人为开辟耕地、修建公路等，均对墙体造成严重破坏，现地表已不见相关遗迹。依据相邻下段墙体情况，推断该段墙体原应为土墙。

消失墙体沿线调查烽燧1座，为保岱沟烽燧。

保岱沟烽燧（150925353201040001）　位于麦胡图镇保岱沟村东南0.7千米，西南距边墙村长城墙体起点6.5千米。

墩台为土筑，以灰褐色土夯筑而成，保存差。墩台呈不规则圆形土丘状，剖面为梯形，底部最大直径10.7、顶部直径5.5、残高1.7米。墩台周围零星散落有陶片。自然的风雨侵蚀、水土流失加上人为的取土、踩踏等行为，均对烽燧造成了严重破坏。

2.边墙村长城（150925382101040002）

该段长城起自麦胡图镇边墙村东0.23千米，止于边墙村北0.4千米。墙体呈东北—西南走向，上接保岱沟长城，下接河东长城。

墙体长640米，为土墙，总体保存较差。墙体为黄褐土夯筑而成，掺杂有白色料姜石块，夯层厚10～12厘米。现存墙体呈略凸起于地表的土垄状，底宽1.5～10、残高0.8～2.6米。其中，保存较差部分长607米、消失部分长33米，分别占该段墙体总长的94.8%、5.2%。墙体局部因取土、修路等人为因素的破坏而消失。墙体周围散落有陶片、瓦片等遗物。初步推断，该段墙体南侧原应分布有一座障城，调查时已难觅墙体遗迹。

3.河东长城（150925382301040003）

该段长城起自麦胡图镇河东村东1.5千米，止于河东村西北2千米。墙体呈东南—西北走向，上接边墙村长城，下接河西长城。

本段墙体为消失段，起止点之间的直线距离长3100米。依据相邻上下段墙体情况，推断该段墙体原应为土墙。长城附近村民盖房造屋、平整土地、修建道路等活动，导致长城墙体彻底消失。

4.河西长城（150925382101040004）

该段长城起自麦胡图镇河西村北1.7千米，止于河西村西北1.92千米。墙体呈东南—西北走向，上接河东长城，下距坝梁长城墙体起点9.1千米。

墙体长457米，为土墙，保存差。墙体以黄褐土夯筑而成，掺杂有白色料姜石块，夯层厚10～12厘米。现存墙体呈略凸起于地表的土垄状，底宽2～8、残高0.5～3.5米。其中，保存差部分长312米、消失部分长145米，分别占该段墙体总长的68.3%和31.7%（彩图七五）。修建公路、挖掘树坑等人为活动，导致部分墙体消失。墙体周围散落有少量陶片、瓦片等遗物。

（四）乌兰察布市卓资县

卓资县境内的黄旗海—岱海秦汉长城，调查土墙1段、烽燧3座、障城2座。下面，对这些墙体段落和单体建筑分作详细描述。

1.白银不浪障城（150921353102040009）　位于大榆树乡白银不浪村南80米，西北距坝梁长城墙体起点3.5千米，距艾壕洼障城5.3千米。

障城平面呈方形，边长46米。障墙为黄沙土夯筑而成，底宽10、顶宽3、残高2～6米，夯层厚约10厘米。南墙中部开门。障城内、外均开辟为耕地，对障城破坏较为严重（彩图七六、七七）。

2. 老隆沟烽燧（150921353201040001）　位于大榆树乡老隆沟村东南0.65千米处的山坡地，西北距小黄沙坝烽燧3.8千米。

墩台为土石堆筑，保存差。现存台体平面呈圆形土丘状，直径10、残高1米。墩台周边散落有少量陶片。

3. 坝梁长城（1509213382101040001）

该段长城起自大榆树乡坝梁村东南0.37千米，止于坝梁村西北0.05千米。墙体呈东南—西北走向，西北距艾壕洼障城1.62千米。

墙体长410米，为土墙，保存差。墙体为黄土夯筑而成，现呈略凸起于地表的土垄状，底宽2～4、顶宽1～2、残高0.5～1.5米，夯层厚10～12厘米。其中，保存差部分长350米、消失部分长60米，分别占该段墙体总长的85.4%和14.6%（彩图七八）。墙体上挖有多处窨穴，一些民居依墙体而建，导致部分地段墙体消失。

4. 艾壕洼障城（150921353102040011）　位于大榆树乡艾壕洼村西北0.37千米，地处牛角川河支流河谷地，东侧50米为卓资县至凉城县公路，南侧有季节性小河流。北距九十九泉汉长城东南端的桌子山障城约15千米。

障城平面呈长方形，南北长30、东西宽20米。障城西侧小半部分被铲平，断壁上可见模糊的墙体夯层，为黄沙土夯筑而成。城内部分几乎与城墙持平，门址不清。障城周边散落有少量陶片、瓦片等遗物。

5. 小黄沙坝烽燧（150921353201040002）　位于大榆树乡小黄沙坝村西南0.28千米处的田地中，西南距槽碾沟烽燧0.57千米。

墩台土筑，为耕地破坏，保存差。台体现呈圆形土丘状，剖面为梯形，底部直径16、顶部直径3、残高1.5米。墩台周边散落有少量陶片。

6. 槽碾沟烽燧（150921353201040071）　位于大榆树乡槽碾沟村西北0.5千米处的山顶上。

烽燧由墩台、长方形台体和壕堑组成，均为夯土建筑。墩台现呈圆形土丘状，保存一般，直径18、残高3米。长方形台体位于墩台北侧，长20米，剖面呈梯形，底宽6、顶宽1、残高2.5米。壕堑位于墩台和长方形台体外围，周长约140米，水土流失填满壕堑，现壕宽1～1.5、深0.3米。烽燧周边散布有少量陶片。

三　小结

黄旗海—岱海秦汉长城可分为黄旗海—岱海秦长城、黄旗海—岱海汉长城两条线路。

黄旗海—岱海秦长城断续分布，汉长城墙体南侧紧邻的副墙，应即秦长城墙体。石砌的汉长城墙体，基宽约3.3米，而表述为副墙的石砌秦长城墙体，基宽约2.2米。秦长城墙体沿线也可见部分烽燧址，但与墙体一样，难以连续相望。黄旗海—岱海秦长城向东，经由黄旗海南岸与银子河秦长城连接了起来；向西、向北，通过牛角川河在卓资县卓资山镇附近与战国赵北长城连接了起来。经调查，可见的秦长城墙体长13.524千米，沿线调查同时期烽燧5座、障城7座。

秦长城墙体及沿线烽燧、障城与汉长城同类遗存有着较明显的区别，其特征可归结为以下四点：其一，秦长城并非连续性分布，墙体主要在通道、要隘或山梁顶部等地域选择性修建，现存墙体较低矮，断断续续，时隐时现，整体保存状况较差；其二，秦长城烽燧主要建筑于墙体之上，多为土石混筑，平面呈椭圆形，地表散布遗物较少；其三，秦长城障城均倚长城墙体外侧而筑，一面墙利用了长城墙体，墙体多为石筑，平面呈方形或长方形，边长通常在15米左右；其四，秦长城墙体、烽燧、障城周边分布有少量的陶片，陶器器形以罐、盆为主，纹饰多见有细绳纹、弦断绳纹、附加绳纹等，不见板瓦、筒瓦。

黄旗海—岱海汉长城，从黄旗海南岸山丘之上的大九号烽燧，至牛角川河西岸山丘之上的槽碾沟烽燧，墙体主要分布于黄旗海西岸至岱海东北岸之间，其他无墙体之处，以连续的烽燧、障城连接了起来。共调查墙体长度为57.7千米，另有烽燧35座、障城7座、坞址1座，三类遗迹总的绵延长度近130千米。

秦汉时期，黄旗海—岱海秦汉长城均归属雁门郡管辖。西汉一朝，雁门郡东部都尉治平城县（在今山西大同），西部都尉治沃阳县（今乌兰察布市凉城县双古城古城），黄旗海—岱海汉长城归属雁门郡东部都尉、西部都尉管领；二者管领的分界点，似在丰镇市三义泉镇杏成园村东侧山梁顶部一带，这个山梁也是黄旗海内流河与岱海内流河的分水岭。东部都尉的塞道，在平城至黄旗海东侧孤山南北一线；西部都尉的塞道，在沃阳县向北，顺着岱海盆地西端至蛮汉山坝底河—沙虎子沟南北一线。

据《魏书·序纪》记载，拓跋鲜卑部落大联盟在昭皇帝禄官时期（295～307年），分为东、中、西三部，其中猗㐌一部"居代郡之叁合陂北"[1]。这一记载表明，在西晋时期，黄旗海是西晋王朝与拓跋鲜卑部落大联盟的一个天然分界线，而"代郡之叁合陂北"中"北"字的运用，赋予了叁合陂东西向防御线的意义。

黄旗海—岱海秦汉长城南侧沿线，以前的调查资料显示，分布有丰镇市南土城障城、察哈尔右翼前旗口子古城等数座汉代城障遗址。在本次长城调查中，对这两座城址均作了复查，有一些新的认识。下面，分作简要描述。

1. 南土城障城　位于丰镇市红砂坝乡南土城村北0.6千米，北距今黄旗海南岸约17千米。障城坐落在饮马河上游东岸，东、西两面环山，所在地势北高南低，形成扼守山口险要之势。

障城内部现已开辟为耕地，但四面墙体仍存。障城平面呈长方形，南北长175、东西宽150米。夯筑城墙，基宽13、残高3米，夯层厚12厘米。南墙中部偏西处设门，宽20米，方向为170°（彩图七九）。城内采集有泥质灰陶绳纹罐、折腹钵、盆、豆等陶器残片。从该障城的位置来看，处于从黄旗海—岱海秦汉长城通往山前丰镇平原的山口地带，具有扼守险要的作用。

2. 口子古城　位于察哈尔右翼前旗土贵乌拉镇口子行政村土城村中，北距口子长城1段墙体1千米，处于黄旗海西南部低丘陵围绕的小平原地带，呼和乌素河在城外南部东西向流过。

古城分为内外两城，内城现为村庄占用，外城为耕地。外城平面略呈方形，西墙、南墙均长230、北墙长220、东墙长210米。城墙夯筑而成，夯层厚10～15厘米，西墙、北墙保存较好，东墙、南墙断续可见，墙体底宽最宽处为8.5、残高1～2米。城墙四角均有角台残迹，高于城墙0.5～1米，南墙偏东处可见门址。内城位于外城西北角，平面亦略呈方形，西墙长125米，南墙、北墙均长120米，东墙长115米。夯筑墙体，底宽6、残高1～1.5米。东、西、南三面墙体均有所损毁，门址不清。内城地表散布大量陶器、板瓦残片。陶器多饰绳纹，可辨器形有釜、瓮、罐、盆等，板瓦多为外壁素面、内腹饰布纹者。据当地村民讲述，他们在修建房屋的施工中，曾于城内挖出大量瓷器（图七；彩图八〇、八一）。

从口子古城散布遗物来看，年代涉及汉代和辽代、金代等多个时期。初步推断，其在汉代应是位于长城沿线的一座障城，辽金时期加筑沿用为天成县县治。《辽史·地理志》在"西京道·西京大同

---

〔1〕《魏书》卷1《序纪》，中华书局，1974年，第5页。

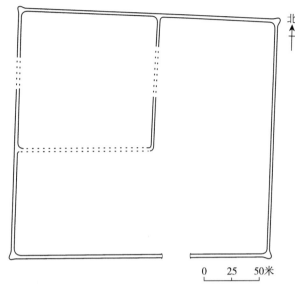

图七　口子古城平面图

府"条下记载："天成县。本极塞之地。魏道武帝置广牧县，唐武德五年置定襄县，辽析云中置。在京北一百八十里。户五千。"[1]《金史·地理志》在"西京路·大同府"条下记载："天成辽析云中置。"[2]口子古城紧邻黄旗海—岱海秦汉长城，与"本极塞之地"的记载相符；口子古城南距大同的直线距离，亦与"在京北一百八十里"大体相符。

从黄旗海—岱海秦汉长城再向西的凉城县岱海盆地，亦归属雁门郡西部都尉管辖，西界至岱海盆地西缘。所以，自黄旗海—岱海秦汉长城西端向西至岱海盆地西缘，起码在西汉时期，在蛮汉山山前一线应有归属雁门郡西部都尉管辖的亭障类军事防御体系。在蛮汉山山麓地带、坝底河西岸，有板城障城，似为西汉雁门郡西部都尉塞道候官治所。以前有专家或认为该障城为一座汉代古城，并考订为西汉雁门郡参合县县治[3]，这样的结论与参合县在西汉属于代郡管辖的历史记载是完全相悖的。关于西汉代郡参合县县治，一般认为在今山西省阳高县大白登镇。

据《汉书·地理志》，雁门郡西部都尉治沃阳县[4]。位于凉城县双古城乡双古城村东南0.5千米处的双古城古城，内蒙古的考古工作者一般认为是西汉雁门郡沃阳县旧址，古城东半部现已为双古城水库库区淹没[5]（彩图八二、八三）。双古城古城北侧山顶之上，有大体呈东西走向的明长城大边；双古城古城东南0.8千米处隔双古城水库有双古城堡，为明长城沿线城堡。该堡平面呈方形，边长约70米。墙体夯筑而成，夯层厚达20厘米，保存较好，墙体底宽4、残高2~5米。南墙中部辟门，宽约10米，方向为170°。该城堡内外散落有大量的汉代陶片，城墙之中也包含有汉代陶片，以前多将之简单地认定为汉代障城，是不正确的。该城堡的本质，还是一座建立在汉代沃阳县故城关厢遗址之上的明长城大边边堡。

除双古城古城外，以前的考古调查资料显示，岱海盆地东北部分布有索岱沟古城[6]。在本次长城调查中，对位于麦胡图镇城卜村南侧的索岱沟古城作了实地踏查，由于受村落建设和耕地破坏严重，地表仅断续可见部分墙体遗迹，平面大体呈长方形，东西长约170、南北宽约150米。以前的调查资料对其规模的描述数值偏大，可重新命名为城卜障城。该障城地处从岱海盆地北入蛮汉山的山口之处，由此山间通道可抵达卓资县大黑河支流牛角川河河谷；障城所处地理位置较为重要，具有控扼险要的作用。城卜障城北侧穿越蛮汉山的山谷，历史上是一条从呼和浩特平原经岱海盆地东部至大同盆地的重要通道所在，西汉时期可能为雁门郡关隘所在。

以前的调查资料显示，在岱海东南有天成古城，位于凉城县天成乡古城村西南，地表散布大量汉

〔1〕《辽史》卷41《地理志》，中华书局，1974年，第506页。
〔2〕《金史》卷24《地理志》，中华书局，1975年，第565页。
〔3〕李逸友：《论内蒙古文物考古》，《内蒙古文物考古文集》第一辑，中国大百科全书出版社，1994年，第1~40页。
〔4〕《汉书》卷28《地理志》，中华书局，1962年，第1621页。
〔5〕凉城县文物保护管理所编：《凉城县文物志》，凉城县印刷厂印刷，1992年，第115~124页。
〔6〕国家文物局主编：《中国文物地图集·内蒙古自治区分册》（下册），西安地图出版社，2003年，第550页。

代及辽金时期遗物，但城垣遗迹仅小段尚模糊可辨，推断为汉代雁门郡属邑[1]。天成古城所在地，控扼岱海盆地向东南通往汉代雁门郡平城县的通道，交通位置较为重要。《中国历史地图集》标注该古城为汉代雁门郡强阴县治所，其东北方向的黄旗海为《汉书·地理志》记载的诸闻泽[2]。首先，黄旗海盆地在汉代名为叁合，依照汉代湖泊命名的习惯，黄旗海可能叫叁合泽，而非诸闻泽；再者，天成古城距岱海近，距黄旗海远，《汉书·地理志》不可能作舍近求远的注解。综合考虑，天成古城所在地既具有控扼险要的地理优势，又具有通道节点的作用，在汉代可能设有障城，到辽金元时期均有可能为驿站所在。金代元光二年（1223年），长春真人丘处机从中亚归来，先后住宿于渔阳关（今呼和浩特市回民区焦赞坟遗址）、丰州（今呼和浩特市赛罕区白塔古城）、下水、云中（在今山西省大同市）等地[3]。其中，下水为今岱海，丘处机所宿下水或即在此城。至于汉代的强阴县与诸闻泽，应在山西省北部地区寻找。诸有"众多"之意，遍查山西省北部湖泊，由高山湖群组成的宁武天池最似诸闻泽。

汉代，岱海名为盐泽，北魏时称善无北陂（泽），仍俗称盐池。岱海是一个淡水湖，但至晚从汉代开始，已开始利用湖水制作土盐，所以有盐泽、盐池之称，汉代还设有管理制盐的长、丞。直至清代，岱海地区居民仍利用湖滩的自然盐碱土或周边开采的盐土，采取淋土法制盐。新中国成立之后，鉴于这里出产的土盐质量低劣，才予以取缔。

西汉雁门郡辖14县，到东汉，雁门郡郡治变迁，由善无（在今山西省右玉县右卫镇）迁至阴馆（在今山西省朔州市朔城区夏关城村、里仁村一带），辖县也变化很大，但其原辖14县中仅沃阳县废治。原靠近沃阳县的善无县成为定襄郡郡治，岱海盆地到东汉时期应改属定襄郡管领。

〔1〕　内蒙古文物工作队编：《内蒙古文物资料选辑》，内蒙古人民出版社，1964年，第81～82页。
〔2〕　谭其骧主编：《中国历史地图集》第二册《秦·西汉·东汉时期》，中国地图出版社，第17～18页。
〔3〕　杨建新主编：《古西行记选注》，宁夏人民出版社，1987年，第226页。

第五章

蛮汉山汉长城

蛮汉山汉长城南向北分布于乌兰察布市凉城县、卓资县境内，调查时可见遗迹的南端紧邻今凉城县左卫窑古城，系西汉定襄郡都武县故城，北端紧邻今卓资县三道营古城，系西汉定襄郡东部都尉治所武要县故城，从而构成了西汉定襄郡东部的一条南北向的防御线。

一　长城分布与走向

调查发现的蛮汉山汉长城的南端点为圪林沟1号烽燧，位于凉城县蛮汉镇圪林沟村西北约0.58千米处山沟北侧的山坡之上。在圪林沟1号烽燧北约0.2千米处始见有长城墙体遗迹，一路向北蜿蜒盘旋于边墙梁山的山脊之上，依山势上下起伏，经后德胜村东、巴安兔沟村西，穿过一条季节性河流，复上山北行，过磬山进入卓资县境内。

长城墙体从磬山下来后，穿过一条季节性河流，过卓资县大榆树乡东脑包村，进入脑包沟后墙体中断，只见有距离不等的烽燧，或建于沟谷两侧的台地上，或建于沟谷两侧的半坡上，或建于沟谷河槽内。这条烽燧线经大榆树乡阳坡村、曹旺营村、牛路沟村、王家卜村、张家圪塔村、北坝村，进入大石头沟。再经梨花镇坝壕子村、黑土沟村、大井村、三股地村、双脑包村、小土城村，出杀马沟后复见长城墙体。墙体顺山而上，经头道泉村西的低矮土山，穿越G6高速公路、在建中的京包铁路三期、110国道，在土城子村东折向东北过大黑河，与战国赵北长城墙体相交后，顺大黑山而上，在半坡处分为两道墙体延伸。一道墙体折向西行，至石洞背沟折向西南，下山后西行，在上三道营村东终止。另一道墙体以石块垒筑，顺山势北上，终止于大黑山的半山腰。

二　长城墙体与单体建筑保存现状

在调查中，将蛮汉山汉长城的墙体共划分为20段，其中包括土墙13段、石墙2段、消失5段。墙体总长21457米，其中土墙长17614米、石墙长1258米、消失段落长2585米。在总长17614米的土墙中，保存差部分长17047米、消失部分长567米。总长1258米的石墙整体保存差。长城沿线调查烽燧57座、障城3座。具体情况如下表所示（表二）。

表二　蛮汉山汉长城数据统计简表

县域	墙体（米）				单体建筑（座）	
	土墙		石墙	消失段	烽燧	障城
	差	消失	差			
凉城县	6295		964	1456	17	1
卓资县	10752	567	294	1129	40	2
小计	17047	567	1258	2585	57	3
	17614					
总计	21457				60	

下面，按照由南向北的顺序，以旗县为单位，对这些墙体段落和单体建筑分作详细描述。

（一）乌兰察布市凉城县

在调查中，将凉城县境内的蛮汉山汉长城墙体共划分为9个调查段，其中包括土墙5段、石墙1段、消失墙体3段。墙体总长8715米，其中土墙长6295米、石墙长964米、消失段落长1456米。土墙和石墙整体保存程度均为差。调查单体建筑共18座，包括烽燧17座、障城1座。下面，对这些墙体段落和单体建筑分作详细描述。

1.圪林沟长城1段（1509253382102040004）

该段长城起自蛮汉镇圪林沟村西北0.63千米，止于圪林沟村西北1.4千米。墙体呈南北走向，下接圪林沟长城2段。

墙体长964米，依山脊而建，为黄褐土混合碎石块建筑而成的石墙，保存差。墙体现被踩踏为一条山路，碎石块堆积于墙体底部，并向两侧扩散或滚落；现存墙体底宽3～5、顶宽0.8～1.5、残高0.5～1.5米。墙体沿线发现有零星残瓦和碎陶片等。

圪林沟长城1段墙体南端点西距左卫窑古城约8.3千米，之间调查有翟家窑烽燧；长城墙体起点南侧调查圪林沟1号烽燧，墙体沿线调查圪林沟2号烽燧。

翟家窑烽燧（1509253353201040002）　位于蛮汉镇翟家窑村东南0.8千米的河谷西北侧的山顶之上，西距左卫窑古城1千米，东距圪林沟1号烽燧7.6千米、距圪林沟长城1段墙体起点7.7千米。

墩台以灰褐色土夯筑而成，保存一般，整体现呈不规则圆形土丘状，平面呈不规则圆形，剖面呈梯形，底部最大直径11.5、顶部直径5、残高1.7米。墩台附近散布有零星碎陶片。

圪林沟1号烽燧（1509253353201040003）　位于蛮汉镇圪林沟村西北0.58千米，北距圪林沟长城1段墙体起点0.2千米、距圪林沟2号烽燧0.87千米。

墩台以灰褐色土夹杂碎石块夯筑而成，西半部由于人为取土而缺失，保存差。墩台整体现呈覆钵形土丘状，平面大体呈圆形，剖面呈梯形，底部最大直径8、顶部直径3、残高2.5米。墩台断面可见部分夯层，夯层厚约10厘米。墩台附近散布有零星的泥质灰陶片。

圪林沟2号烽燧（1509253353201040004）　位于蛮汉镇圪林沟村西北1.2千米，东距圪林沟长城1段墙体0.06千米，北距圪林沟3号烽燧0.5千米。

墩台以黄褐色土夹杂碎石颗粒夯筑而成，保存差。墩台整体现呈圆形土丘状，平面呈不规则圆形，剖面呈梯形，底部最大直径10、顶部直径3、残高4米（彩图八四）。墩台断面可见部分夯层，夯层厚

8～10厘米。墩台附近散布有零星碎陶片。

2.圪林沟长城2段（150925382101040005）

该段长城起自蛮汉镇圪林沟村西北1.4千米，止于圪林沟村西北1.5千米。墙体呈南北走向，上接圪林沟长城1段，下接圪林沟长城3段。

墙体长105米，为土墙，以黄褐土夯筑而成，保存差。墙体现被踩踏为一条山路，倾塌严重，剖面呈梯形，底宽3、残高0.2米。

3.圪林沟长城3段（150925382301040006）

该段长城起自蛮汉镇圪林沟村西北1.5千米，止于圪林沟村西北2.5千米。墙体呈南北走向，上接圪林沟长城2段，下接后德胜长城1段。

本段墙体为消失段，起止点之间的直线距离长963米。依据相邻上下段墙体推断，该段墙体原应为土墙。

墙体沿线调查有烽燧3座，分别为圪林沟3号、4号烽燧和后德胜1号烽燧。

圪林沟3号烽燧（150925353201040005） 位于蛮汉镇圪林沟村西北1.7千米，北距圪林沟4号烽燧0.19千米。

墩台以黄褐色土混合白泥土夯筑而成，保存差。墩台整体现呈覆钵形土丘状，平面呈圆形，剖面呈梯形，底部最大直径8、顶部直径3、残高2米。墩台附近散布有零星碎陶片。

圪林沟4号烽燧（150925353201040006） 位于蛮汉镇圪林沟村西北1.9千米，北距后德胜1号烽燧0.39千米。

墩台以黄褐色土混合白泥土夯筑而成，保存差。墩台整体现呈覆钵形土丘状，平面呈不规则圆形，剖面呈梯形，底部最大直径7、顶部直径2、残高2米。墩台断面可见较为清晰的夯层，夯层厚8～10厘米。墩台附近散布有零星碎陶片。

后德胜1号烽燧（150925353201040007） 位于蛮汉镇后德胜村东1.5千米，北距后德胜2号烽燧0.55千米。

墩台以黄褐色土夯筑而成，保存差。墩台整体现呈覆钵形土丘状，平面呈圆形，剖面呈梯形，底部最大直径8、顶部直径3、残高3.5米。墩台南侧有一盗洞，附近散布有零星碎陶片（彩图八五、八六）。

4.后德胜长城1段（150925382101040007）

该段长城起自蛮汉镇圪林沟村西北2.5千米，止于后德胜村东北1.8千米。墙体呈南北走向，上接圪林沟长城3段，下接后德胜长城2段。

墙体长690米，为土墙，以黄褐土夯筑而成，保存差。墙体依山脊而建，两侧是深沟；现存墙体底宽顶窄，剖面略呈梯形，底宽3～5、顶宽0.8～2、残高1.5米。墙体断面夯层清晰，厚8～12厘米（彩图八七）。

墙体沿线调查烽燧1座，为后德胜2号烽燧。

后德胜2号烽燧（150925353201040008） 位于蛮汉镇后德胜村东北1.7千米，东距后德胜长城1段墙体0.02千米，北距后德胜4号烽燧0.7千米。

墩台以黄褐色土夯筑而成，保存差。墩台整体现呈覆钵形土丘状，平面呈圆形，剖面呈梯形，底部最大直径10、顶部直径3、残高4米（彩图八八）。墩台顶部有一盗洞，附近散布有零星碎陶片。

5.后德胜长城2段（150925382301040008）

该段长城起自蛮汉镇后德胜村东北1.8千米，止于后德胜村东北2千米。墙体呈南北走向，上接后德胜长城1段，下接后德胜长城3段。

本段墙体为消失段，起止点之间的直线距离长174米。依据相邻上、下段墙体推断，该段墙体原应为土墙。

6. 后德胜长城3段（150925382101040009）

该段长城起自蛮汉镇后德胜村东北2千米，止于后德胜村东北3千米。墙体呈南北走向，上接后德胜长城2段，下接后德胜长城4段。

墙体长1500米，为土墙，以黄褐土夯筑而成，保存差。墙体严重倾塌，现存墙体呈底宽顶窄的高土垄状，底宽3~5、顶宽1~1.5、残高0.5~1.5米（彩图八九、九〇）。

墙体沿线调查烽燧4座、障城1座，为后德胜3号、4号、5号、6号烽燧和芦家窑障城。

后德胜3号烽燧（150925352101040009）　位于蛮汉镇后德胜村东北2.4千米，东距后德胜长城3段墙体0.03千米，北距巴安兔沟1号烽燧1.4千米。

墩台以黄褐土夯筑而成，保存差。墩台现呈覆钵形土丘状，平面呈圆形，剖面呈梯形，底部最大直径10、顶部直径3、残高5米。墩台周围有一道环壕，顶宽0.5、深0.5米。墩台附近散布有零星碎陶片（彩图九一）。

后德胜4号烽燧（150925352101040010）　位于蛮汉镇后德胜村东北2.1千米，倚后德胜长城3段墙体内侧而建，东北距后德胜5号烽燧0.2千米。

墩台以黄褐土夯筑而成，保存差。墩台顶部的夯土向底部塌落，整体现呈不规则覆钵形土丘状，平面呈圆形，剖面呈梯形，底部直径7、顶部直径3、残高2米。

后德胜5号烽燧（150925352101040011）　位于蛮汉镇后德胜村东北2.3千米，倚后德胜长城3段墙体内侧而建，东北距后德胜6号烽燧0.05千米。

墩台以黄褐土夯筑而成，保存差。墩台顶部的夯土向底部塌落，整体现呈不规则覆钵形土丘状，平面呈圆形，剖面呈梯形，底部直径4、顶部直径1、残高1米。

后德胜6号烽燧（150925352101040012）　位于蛮汉镇后德胜村东北2.4千米，倚后德胜长城3段墙体内侧而建，西北距后德胜3号烽燧0.18千米。

墩台以黄褐土夯筑而成，保存差。墩台现呈覆钵形土丘状，平面为圆形，剖面为梯形，底部直径4、顶部直径1、残高1米。

芦家窑障城（150925353102040001）　位于蛮汉镇芦家窑村东南0.82千米，修筑于巴安兔沟与松树沟交叉处西南较高的山体顶部，南距后德胜长城3段墙体0.02千米，东北距小土城障城22.5千米。

障城平面呈长方形，南北长51、东西宽42米。障墙土筑，南墙、西墙明显高出于地表，东墙较低矮，东墙内侧几乎与障内地表平齐，使得障城整体近簸箕状。东墙底宽4、内侧高1、外侧高4米；南墙底宽10~18、顶宽3~5、内侧高5、外侧高11米；西墙底宽13~20、顶宽3~6、内侧高6、外侧高12米；北墙底宽6、内侧高2、外侧高6米。北墙正中辟门，宽约2米，方向280°。障城东北角有凸出于城墙的烽燧址，底部直径11、顶部直径4、内侧高5、外侧高8米（彩图九二）。地表散布大量陶片、瓦片等遗物，陶片纹饰主要为绳纹、附加堆纹等。

7. 后德胜长城4段（150925382301040010）

该段长城起自蛮汉镇后德胜村东北3千米，止于后德胜村东北3.3千米。墙体呈南北走向，上接后德胜长城3段，下接巴安兔沟长城1段。

本段墙体为消失段，起止点之间的直线距离长319米。依据相邻上下段墙体推断，该段墙体原应为土墙。

8. 巴安兔沟长城1段（150925382101040011）

该段长城起自蛮汉镇巴安兔沟村西北0.4千米，止于巴安兔沟村西北1.7千米。墙体呈南北走向，上接后德胜长城4段，下接巴安兔沟长城2段。

墙体长1600米，为土墙，以黄褐土夯筑而成，保存差。墙体依山脊而建，两侧是冲沟；现存墙体底宽4~6、顶宽1~1.5、残高0.5~3米（彩图九三）。墙体两侧发现有少量残瓦及碎陶片。

墙体沿线调查烽燧3座，分别为巴安兔沟1号、2号、3号烽燧。

巴安兔沟1号烽燧（150925352101040013）　位于蛮汉镇巴安兔沟村西北0.62千米，倚巴安兔沟长城1段墙体内侧而建，北距巴安兔沟2号烽燧0.6千米。

墩台以黄褐土夯筑而成，保存差。墩台整体现呈覆钵形土丘状，平面呈圆形，剖面呈梯形，底部直径6、顶部直径1、残高3米（彩图九四）。

巴安兔沟2号烽燧（150925352101040014）　位于蛮汉镇巴安兔沟村西北1.1千米，倚巴安兔沟长城1段墙体内侧而建，西北距巴安兔沟3号烽燧0.35千米。

墩台以黄褐土夯筑而成，保存差。墩台整体现呈覆钵形土丘状，平面呈圆形，剖面呈梯形，底部直径6、顶部直径1.5~2、残高2米（彩图九五）。

巴安兔沟3号烽燧（150925352101040015）　位于蛮汉镇巴安兔沟村西北1.5千米，倚巴安兔沟长城1段墙体内侧而建，北距巴安兔沟4号烽燧0.35千米。

墩台以黄褐土夯筑而成，保存差。墩台整体现呈覆钵形土丘状，平面呈圆形，剖面呈梯形，底部直径8、顶部直径2、残高4米。

9. 巴安兔沟长城2段（150925382101040012）

该段长城起自蛮汉镇巴安兔沟村西北1.7千米，止于巴安兔沟村西北3.7千米。墙体呈南北走向，上接巴安兔沟长城1段，下接卓资县东脑包长城。

墙体长2400米，为土墙，保存差。墙体依山脊而建，两侧是冲沟，现已踩踏为一条宽0.8~1米的山路，不见夯层。

墙体沿线调查烽燧3座，分别为巴安兔沟4号、5号、6号烽燧。

巴安兔沟4号烽燧（150925352101040016）　位于蛮汉镇巴安兔沟村西北1.7千米，倚巴安兔沟长城2段墙体内侧而建，北距巴安兔沟5号烽燧0.62千米。

墩台以黄褐土夯筑而成，保存差。墩台整体现呈覆钵形土丘状，平面呈圆形，剖面呈梯形，底部直径6、顶部直径2、残高3米（彩图九六）。

巴安兔沟5号烽燧（150925352101040017）　位于蛮汉镇巴安兔沟村西北2.4千米，倚巴安兔沟长城2段墙体内侧而建，北距巴安兔沟6号烽燧0.65千米。

墩台以黄褐土夯筑而成，保存差。墩台整体现呈覆钵形土丘状，平面呈圆形，剖面呈梯形，底部直径6、顶部直径1、残高2米。

巴安兔沟6号烽燧（150925352101040018）　位于蛮汉镇巴安兔沟村西北3千米，倚巴安兔沟长城2段墙体内侧而建，北距卓资县东脑包5号烽燧0.8千米。

墩台以黄褐土夯筑而成，保存差。墩台整体现呈覆钵形土丘状，平面呈圆形，剖面呈梯形，底部直径6、顶部直径1、残高2米（彩图九七）。

（二）乌兰察布市卓资县

在调查中，将卓资县境内的蛮汉山汉长城墙体共划分为11个调查段，其中包括土墙8段、石墙1段、消失墙体2段。墙体总长12742米，其中土墙长11319米、石墙长294米、消失段落长1129米。在全长11319米的土墙土中，保存差部分长10752米、消失部分长567米。石墙整体保存差。调查单体建筑共42座，包括烽燧40座、障城2座。下面，对这些墙体段落和单体建筑分作详细描述。

1. 东脑包长城（150921382101040002）

该段长城起自大榆树乡东脑包村西南1.9千米，止于东脑包村西南0.6千米。墙体大致呈西南—东北走向，上接凉城县巴安兔沟长城2段，再往北主要以烽燧线延伸，距离头道泉长城1段墙体起点的直线距离为20.2千米。

墙体长1432米，为土墙，保存差。墙体依自然山脊堆筑，由于雨水冲刷以及人与动物的踩踏，墙体已无法辨别，现为一条宽0.8~1米的山脊小道（彩图九八）。

墙体沿线调查烽燧3座，分别为东脑包5号、1号、6号烽燧。该段长城墙体以北，受地形的限制，主要以烽燧线延伸，共调查烽燧21座、障城1座，依次为东脑包2号烽燧、东脑包3号烽燧、东脑包4号烽燧、阳坡烽燧、曹旺营烽燧、牛路沟1号烽燧、牛路沟2号烽燧、王家卜烽燧、张家圪塔烽燧、北坝1号烽燧、北坝2号烽燧、北坝3号烽燧、北坝4号烽燧、坝壕子烽燧、大井烽燧、双脑包1号烽燧、双脑包2号烽燧、双脑包3号烽燧、小土城障城、小土城1号烽燧、小土城2号烽燧、小土城3号烽燧。

东脑包5号烽燧（150921352101040033）　位于大榆树乡东脑包村西南1.9千米，倚东脑包长城墙体内侧而建，东北距东脑包1号烽燧0.3千米。

墩台在自然基础上以黄褐土夯筑而成，保存较差。墩台现呈圆形土丘状，底部直径5、顶部直径1、残高2米。

东脑包1号烽燧（150921353201040003）　位于大榆树乡东脑包村西南1.6千米，东距东脑包长城墙体0.04千米，东北距东脑包6号烽燧0.23千米。

墩台在自然基础上以黄褐土夯筑而成，保存较差。墩台现呈圆形土丘状，底部直径8、顶部直径2、残高3米（彩图九九）。

东脑包6号烽燧（150921352101040034）　位于大榆树乡东脑包村西南1.4千米，倚东脑包长城墙体内侧而建，东北距东脑包2号烽燧1.4千米。

墩台在自然基础上以黄褐土夯筑而成，保存较差。墩台现呈圆形土丘状，底部直径5、顶部直径1、残高2米（彩图一〇〇）。

东脑包2号烽燧（150921353201040004）　位于大榆树乡东脑包村西0.04千米，西南距东脑包长城墙体止点0.55千米，西北距东脑包3号烽燧0.5千米。

墩台原始形制和结构均已遭到破坏，保存差。墩台整体现呈不规则圆形土丘状，剖面呈梯形，底部直径8、顶部直径2、残高0.5米。

东脑包3号烽燧（150921353201040005）　位于大榆树乡东脑包村西北0.55千米的马家沟山之上，东侧为马家沟沟谷地带，东距东脑包4号烽燧0.36千米。

墩台以黑褐土夹杂碎石块夯筑而成，保存差。墩台顶部残损严重，底部周围堆积着塌落的淤积土，总体呈土丘状，平面呈圆形，剖面呈梯形，底部直径10、顶部直径2、残高3米。

东脑包4号烽燧（150921353201040006）　位于大榆树乡东脑包村北0.4千米处的脑包沟南端沟口，北距阳坡烽燧1.9千米。

墩台以黑褐土夹杂碎石块夯筑而成，保存差。墩台坍塌严重，于地表现呈低矮的圆形土丘状，底部直径6、顶部直径2.5~3、残高0.5米。

阳坡烽燧（150921353201040007）　位于大榆树乡阳坡村东南0.1千米处的脑包沟沟谷之中，东北距曹旺营烽燧1.2千米。

墩台以黑褐土夹杂碎石块夯筑而成，保存差。墩台顶部的夯土坍塌堆积至底部，平面呈圆形，剖面呈梯形，底部直径5、顶部直径1.5、残高3米。

曹旺营烽燧（150921353201040008） 位于大榆树乡曹旺营村东北0.3千米处的脑包沟沟谷之中，东北距牛路沟1号烽燧0.4千米。

墩台以黑褐土夹碎石块夯筑而成，保存差。墩台整体现呈土丘状，平面呈圆形，剖面呈梯形，底部直径8、顶部直径0.5、残高3米。

牛路沟1号烽燧（150921353201040009） 位于大榆树乡牛路沟村西南0.4千米处的牛路沟沟口，东北距牛路沟2号烽燧0.7千米。

墩台以黑褐土夹杂碎石块夯筑而成，保存差。墩台整体现呈土丘状，平面呈圆形，剖面呈梯形，底部直径6、顶部直径2、残高3米（彩图一〇一）。

牛路沟2号烽燧（150921353201040010） 位于大榆树乡牛路沟村东北0.3千米处的脑包沟沟谷之中，东北距王家卜烽燧0.3千米。

墩台以黄褐土夹碎石块夯筑而成，保存差。墩台现呈不规则土丘状，底部直径10、顶部直径1.5、残高3米。墩台断面可见夯层，夯层厚8厘米（彩图一〇二）。

王家卜烽燧（150921353201040011） 位于大榆树乡王家卜村西南0.28千米的脑包沟沟谷之中，东北距张家圪塔烽燧1.2千米。

墩台以黄褐土夹杂碎石块夯筑而成，保存差。墩台遭取土破坏，只残留很小一部分，现存形制类似一段土墙，南北长5、东西宽3、残高3米。墩台局部可见夯筑痕迹，夯层厚8厘米。

张家圪塔烽燧（150921353201040012） 位于大榆树乡张家圪塔村东南0.1千米的脑包沟南侧的一处台地之上，东北距北坝1号烽燧1.7千米。

墩台以黑褐土夹碎石块夯筑而成，保存差。墩台四周因取土而缺失，整体现呈土丘状，底部直径8、顶部直径4、残高1.5米。墩台顶部有后人垒砌的石台基，石台基之上建有一座小庙龛，里面供奉有龙王牌位。

北坝1号烽燧（150921353201040013） 位于大榆树乡北坝村西南0.1千米的脑包沟北侧的一座低矮台地之上，东北距北坝2号烽燧0.86千米。

墩台以黄褐土夹杂碎石块夯筑而成，保存差。墩台现仅残存一半，形似一段土墙，底部最大直径7、顶部最大直径2、残高3米。墩台断面上夯层清晰可辨，夯层厚6~8厘米。墩台顶部有人工种植的榆树，榆树根系的生长再加上洪水冲刷，使得墩台面临解体的危险。

北坝2号烽燧（150921353201040014） 位于大榆树乡北坝村东北0.75千米的脑包沟北侧一处低矮的台地之上，东北距北坝3号烽燧0.2千米。

墩台以黄褐土夹杂碎石块夯筑而成，保存差。墩台遭村民取土破坏，整体现呈不规则土墩状，底部南北长9、东西宽3、残高2.5米。墩台断面依稀可辨夯筑痕迹，夯层厚8厘米。

北坝3号烽燧（150921353201040015） 位于大榆树乡北坝村东北0.93千米的脑包沟南侧的低缓台地之上，北距北坝4号烽燧0.2千米。

墩台以黑褐土夹杂碎石块夯筑而成，保存差。墩台顶部的夯土向两侧塌落，形成堆积，整体现呈覆钵形，平面呈圆形，剖面呈梯形，底部直径8、顶部直径1、残高6米（彩图一〇三）。

北坝4号烽燧（150921353201040016） 位于大榆树乡北坝村东北1.1千米的脑包沟北端沟口，东北距坝壕子烽燧1.2千米。

墩台以黑褐土夹杂碎石块夯筑而成，保存差。墩台坍塌，整体现呈覆钵形，平面呈圆形，剖面呈梯形，底部直径8、顶部直径1.5、残高3.5米（彩图一〇四）。

坝壕子烽燧（150921353201040017）　位于梨花镇坝壕子村西南0.2千米，北距大井烽燧2.9千米。

墩台以黄褐土夹杂碎石块夯筑而成，保存差。墩台南半部在洪水的冲刷下被切去一半，暴露出夯筑的痕迹，夯层厚8~10厘米。墩台底部直径6、残高3.5米。

大井烽燧（150921353201040018）　位于梨花镇大井村东南0.25千米的大石头沟南端，东北距双脑包1号烽燧1.7千米。

墩台以黄褐土夹杂碎石块夯筑而成，保存差。墩台整体现呈覆钵形土丘状，平面呈圆形，剖面呈梯形，底部直径5、顶部直径1、残高2米。墩台外表暴露出夯筑痕迹，夯层厚6~8厘米。

双脑包1号烽燧（150921353201040019）　位于梨花镇双脑包村西南1.39千米的大石头沟沟谷之中，与双脑包2号烽燧相邻而建，西距双脑包2号烽燧0.02千米。

墩台以黑褐土夹杂碎石块夯筑而成，保存差。墩台西北角因村民取土而缺失，整体现呈覆钵形土丘状，平面呈圆形，剖面呈梯形，底部直径5、顶部直径1.5、残高2.5米（彩图一〇五）。

双脑包2号烽燧（150921353201040020）　位于梨花镇双脑包村西南1.4千米的大石头沟沟谷之中，北距双脑包3号烽燧1.8千米。

墩台以黑褐土夹杂碎石块夯筑而成，保存差。墩台四周因村民取土而缺失，整体现呈覆钵形土丘状，平面呈圆形，剖面呈梯形，底部直径5、顶部直径1.5、残高2米（彩图一〇六）。

双脑包3号烽燧（150921353201040021）　位于梨花镇双脑包村西北0.5千米的大石头沟沟谷之中，北距小土城1号烽燧3.6千米。

墩台以黑褐土夹杂碎石块夯筑而成，原始形制和结构均遭到很大程度的破坏，保存差。墩台底部南北长10、东西宽6米，顶部直径2米，残高2米。墩台顶部建有一座土筑的龙王庙龛，西侧底部有一个村民挖掘的储物窖。

小土城障城（150921353102040008）　位于梨花镇小土城村西北约0.4千米处，修筑在韭菜沟西岸的较高台地上，西南距双脑包3号烽燧1.4千米，西北距小土城1号烽燧2.6千米，北距脑包湾障城6.5千米。

障城仅见一个高台，四面墙体已不明显。可见高台平面近长方形，南北长55、东西宽48米。东墙和南墙保留部分土筑夯层，可见墙体底宽6、顶宽2~4、残高最高1.5米（彩图一〇七）。门址不清。南城墙外侧有已废弃的近现代窑洞和土坯房屋。地表散布有少量的陶片，纹饰多见绳纹。

小土城1号烽燧（150921353201040022）　位于梨花镇三元井村西北1.4千米的大石头沟北端的山坡顶部，坐落于群山之中几条沟谷的交汇处，东、西北、东北、西南四面均为山沟，北距小土城2号烽燧0.86千米。

墩台以黄褐土夹杂碎石块夯筑而成，保存差。墩台东、南两侧因附近铁矿取土而缺失，整体现呈不规则半圆形土丘状，底部东西长10、南北宽5米，顶部直径1.5~2米，残高2.5米。

小土城2号烽燧（150921353201040023）　位于梨花镇三元井村西北1.8千米的杀马沟沟口，北距小土城3号烽燧0.4千米。

墩台以黑褐土夹杂碎石块夯筑而成，保存差。墩台南侧有两孔废弃窑洞，西侧被铁矿道路破坏，东侧则因常年洪水的冲刷而坍塌；墩台现呈覆钵形大土丘状，底部直径10、顶部直径0.5、残高2.5米。

小土城3号烽燧（150921353201040024）　位于梨花镇三元井村西北2.1千米的杀马沟沟口，北距头道泉长城1段墙体起点0.38千米、距头道泉3号烽燧0.5千米。

墩台以黑褐土夹杂碎石块夯筑而成，保存差。墩台西侧因铁矿道路破坏，东侧因常年洪水冲刷而坍塌；墩台现呈覆钵形大土丘状，底部直径10、顶部直径0.5、残高2.5米。

2. 头道泉长城1段（150921382101040003）

该段长城起自梨花镇头道泉村西南1.8千米，止于头道泉村西南0.85千米。墙体呈南北走向，起点距东脑包长城止点20.2千米，下接头道泉长城2段。

墙体长1038米，为土墙，依自然山脊而建，底部为砂石，其上由黄褐土夹杂碎石块夯筑而成，保存差。因自然雨水的冲刷和人为的踩踏，墙体现已向两侧塌落，致使墙基无法辨别；现存墙体剖面呈梯形，底宽顶窄，底宽3~5、顶宽1~1.5、残高0.3~1.5米。

墙体沿线调查烽燧3座，分别为头道泉3号、1号、4号烽燧。

头道泉3号烽燧（150921352101040035） 位于梨花镇头道泉村西南1.7千米，倚头道泉长城1段墙体内侧而建，北距头道泉1号烽燧0.38千米。

墩台以黄褐土夯筑而成，保存差。墩台顶部坍塌严重，整体现呈不规则圆形土丘状，底部直径6、顶部直径2、残高3米。

头道泉1号烽燧（150921352101040025） 位于梨花镇头道泉村西南1.7千米，东距头道泉长城1段墙体0.08千米，东北距头道泉4号烽燧0.28千米。

墩台以黄褐土夯筑而成，保存差。墩台顶部夯土向四周塌落，整体现呈不规则圆形土丘状，底部直径7、顶部直径1.5、残高3米。

头道泉4号烽燧（150921352101040036） 位于梨花镇头道泉村西南1.1千米，倚头道泉长城1段墙体内侧而建，北距头道泉5号烽燧0.5千米。

墩台以黄褐土夯筑而成，保存差。墩台整体现呈覆钵形，顶部坍塌较严重，自下而上有收分，底部直径8、顶部直径0.5、残高3.5米。墩台断面可见夯层，厚6~8厘米（彩图一〇八）。

3. 头道泉长城2段（150921382101040004）

该段长城起自梨花镇头道泉村西南0.85千米，止于头道泉村西北1.5千米。墙体呈南北走向，上接头道泉长城1段，下接土城子长城1段。

墙体长2095米，为土墙，部分地段因水毁而消失，整体保存差。现存墙体剖面呈梯形，底宽顶窄，底宽3~5、顶宽0.5~2、残高0.3~1.5米。其中，保存差部分长1985米、消失部分长110米，分别占该段墙体总长的94.7%、5.3%（彩图一〇九）。

墙体沿线调查烽燧3座，分别为头道泉5号、6号、2号烽燧。

头道泉5号烽燧（150921352101040037） 位于梨花镇头道泉村西南0.7千米，倚头道泉长城2段墙体内侧而建，北距头道泉6号烽燧0.9千米。

墩台以黄褐土夹杂碎石块夯筑而成，保存差。墩台自下而上有收分，整体现呈不规则半圆形土丘状，底部南北长6、东西宽4米，残高1.5米（彩图一一〇）。

头道泉6号烽燧（150921352101040038） 位于梨花镇头道泉村西北0.6千米，倚头道泉长城2段墙体内侧而建，西北距头道泉2号烽燧0.25千米。

墩台以黄褐土夹杂碎石块夯筑而成，保存差。墩台自下而上有收分，整体呈不规则圆形土丘状，底部直径8、顶部直径2、残高3米（彩图一一一）。

头道泉2号烽燧（150921352101040026） 位于梨花镇头道泉村西北0.8千米，北距头道泉长城2段墙体0.03千米，西北距脑包湾烽燧1千米。

墩台以黄褐土夹杂碎石块夯筑而成，保存差。墩台顶部夯土向四周塌落，整体现呈不规则圆形土丘状，底部直径7、顶部直径2、残高2.5米（彩图一一二）。

4. 土城子长城1段（150921382101040005）

该段长城起自梨花镇土城子村东南1.9千米，止于土城子村东北0.77千米。墙体呈东南—西北走向，上接头道泉长城2段，下接土城子长城2段。

墙体全长1700米，为土墙，总体保存差。墙体顶部现已人为踩成一条小路，G6高速公路及国道110线东西向穿墙而过，京包铁路三期工程的梨花镇隧道从墙下通过，均导致墙体严重损毁，局部已消失。现存墙体由黄褐土夹杂碎石块夯筑而成，剖面呈梯形，底宽顶窄，底宽3～5、顶宽0.3～1、残高0.3～1.5米。个别处断面可见夯层，夯层厚8～12厘米。其中，保存差部分长1420米、消失部分长280米，分别占该段墙体总长的83.5%、16.5%（彩图一一三）。

墙体沿线调查烽燧2座、障城1座，分别为脑包湾烽燧、土城子烽燧和脑包湾障城。

脑包湾障城（150921353102040009）　位于梨花镇脑包湾村西南0.95千米处的山顶之上，西邻韭菜沟，东距土城子长城1段墙体70米，南距脑包湾烽燧0.3千米，西北距三道营古城1.7千米。

障城平面呈方形，边长46米。障墙土筑，现存墙体底宽顶窄，南墙明显高于其他三面墙体，底宽15～17、顶宽2、残高最高4米。障城东南角、西南角各有一座角台，均呈圆形土丘状。东南角台直径10、残高3米；西南角台为障城制高点，应具有烽燧的功能，直径14～18、残高4米。东墙中部有门址，宽5米，方向为60°（彩图一一四）。

脑包湾烽燧（150921352101040039）　位于梨花镇脑包湾村西南0.8千米，倚土城子长城1段墙体内侧而建，北距土城子烽燧0.75千米。

墩台以黄褐土夯筑而成，保存差。墩台顶部的夯土塌落严重，西南侧被洪水冲刷塌陷，只残留有一半墩台；墩台呈半圆形土丘状，底部直径8、顶部直径1～1.5、残高3.5米，夯层厚8～10厘米（彩图一一五）。

土城子烽燧（150921353201040027）　位于梨花镇土城子村东南1千米，东距土城子长城1段墙体0.8千米，北距中营子1号烽燧2.3千米。

墩台以黄褐土夯筑而成，保存差。墩台顶部现已被摊平，放有一个铁质储水箱；墩台现呈圆形土台状，底部直径7、残高4米。

5. 土城子长城2段（150921382301040006）

该段长城起自梨花镇土城子村东北0.77千米，止于土城子村东北1.5千米。墙体现呈西南—东北走向，上接土城子长城1段，下接中营子长城1段。

本段墙体为消失段，起止点之间的直线距离长863米。依据相邻上下段墙体推断，该段墙体原应为土墙。

6. 中营子长城1段（150921382101040007）

该段长城起自梨花镇中营子村西北1.1千米，止于中营子村西北1.8千米。墙体呈西南—东北走向，上接土城子长城2段，下接中营子长城2段。

墙体长1300米，为土墙，以黄褐土夹杂碎石块夯筑而成，保存差。墙体顶部的夯土向两侧塌落，墙体之上有树坑，杂草分布其上，导致墙体损毁严重。现存墙体剖面呈梯形，底宽顶窄，底宽10、顶宽0.5～1.5、残高2.5～3米（彩图一一六）。

该段长城在大黑山脚下与东西走向的战国赵北长城相交汇，大黑河从墙体的西南侧蜿蜒流过，京包铁路从其南侧经过，墙体两侧为冲沟。

墙体沿线调查烽燧2座，为中营子1号、2号烽燧。

中营子1号烽燧（150921352101040040）　位于梨花镇中营子村西北1.5千米，倚中营子长城1段墙体内侧而建，北距中营子2号烽燧0.35千米。

墩台由黄褐土夹杂碎石块夯筑而成，保存差。墩台现呈不规则圆形土丘状，底部直径7、顶部直径2.5、残高2米（彩图一一七）。墩台顶部有盗洞。

中营子2号烽燧（150921352101040041） 位于梨花镇中营子村西北1.8千米，倚中营子长城1段墙体内侧而建，西距北营子5号烽燧0.63千米。

墩台由黄褐土夹杂碎石块夯筑而成，保存差。墩台顶部夯土向底部塌落，整体现呈圆形土丘状，底部直径10、顶部直径1、残高2米。架设通信设备、高压电缆等，是导致烽燧墩台损毁的主要因素（彩图一一八）。

7. 中营子长城2段（150921382102040008）

该段长城起自梨花镇中营子村西北1.8千米，止于中营子村西北2.1千米。墙体呈西南—东北走向，上接中营子长城1段，下接北营子长城1段。

墙体长294米，为石墙，顺着大黑山山脊而建，保存差。墙体上的石块塌落在两侧冲沟中，现于地表仅见一条石块垒砌的轮廓，宽1.6~2、残高0.2~0.4米（彩图一一九）。

8. 北营子长城1段（150921382101040009）

该段长城起自梨花镇北营子村东北1.5千米，止于北营子村北0.88千米。墙体呈东南—西北走向，上接中营子长城2段，下接北营子长城2段。

墙体长1344米，为土墙，在石砬山南坡地及自然山脊上由黄褐土夹杂碎石块夯筑而成，保存差。局部墙体顶部有一条简易公路，导致墙体损毁严重；现存墙体剖面呈不规则梯形，底宽顶窄，底宽1~4、顶宽0.3~1.5、残高0.2~1米（彩图一二〇）。

墙体沿线调查烽燧2座，分别为北营子5号、1号烽燧。

北营子5号烽燧（150921352101040042） 位于梨花镇北营子村东北1千米，倚北营子长城1段墙体内侧而建，西距北营子1号烽燧0.3千米。

墩台由黄褐土夹杂碎石块夯筑而成，保存差。墩台顶部夯土向底部塌落，顶部有盗洞，南有高压电缆；墩台现呈圆形土丘状，底部直径8、顶部直径2、残高1.5米。

北营子1号烽燧（150921353201040028） 位于梨花镇北营子村东北0.9千米，北距北营子长城1段墙体0.01千米，西北距北营子2号烽燧0.3千米。

墩台以黄褐土夹杂碎石块夯筑而成，保存差。墩台通高8米，由上下两部分组成，整体现呈圆形土柱状，四周侵蚀严重，暴露出原始夯层，夯层厚8~10厘米。台体下半部分平面略呈圆形，直径6.5、高5米；台体上半部分平面亦呈圆形，底部直径5、顶部直径1、残高3米（彩图一二一、一二二）。烽燧四面为山体，北侧有乡村土路。

9. 北营子长城2段（150921382101040010）

该段长城起自梨花镇北营子村北0.88千米，止于北营子村西1.1千米。墙体呈东北—西南走向，上接北营子长城1段，下接上三道营长城1段。

墙体全长2300米，为土墙，以黄褐土夹杂碎石块夯筑而成，整体保存差。墙体顶部有一条小路，人工种植的柠条分布于墙体两侧，局部遭洪水冲断而消失。现存墙体呈土垄状，底宽顶窄，底宽3~6、顶宽0.5~4、残高0.3~1.5米。个别地段可见夯层，厚5~8厘米。其中，保存差部分长2123米、消失部分长177米，分别占该段墙体总长的92.3%、7.7%。

墙体沿线调查烽燧4座，分别为北营子2号、3号、6号、4号烽燧。

北营子2号烽燧（150921353201040029） 位于梨花镇北营子村东北0.89千米，北距北营子长城2

段墙体0.06千米，西北距北营子3号烽燧0.6千米。

墩台由黄褐土夹杂碎石块夯筑而成，保存差。墩台顶部夯土坍塌严重，现呈覆钵形大土丘状，底部直径8、残高3米。

北营子3号烽燧（150921353201040030）　位于梨花镇北营子村西北1.1千米，西距北营子长城2段墙体0.01千米，西南距北营子6号烽燧0.3千米。

墩台由黄褐土夯筑而成，保存差。墩台顶部夯土向四周塌落，现呈圆锥状的大土丘，底部直径12、顶部直径1、残高6米（彩图一二三）。

北营子6号烽燧（150921352101040043）　位于梨花镇北营子村西北1.2千米，倚北营子长城2段墙体内侧而建，南距北营子4号烽燧0.58千米。

墩台由黄褐土夹杂碎石块夯筑而成，保存差。墩台坍塌严重，现呈覆钵形的大土丘状，底部直径8、顶部直径2、残高2米。

北营子4号烽燧（150921353201040031）　位于梨花镇北营子村西北0.94千米，西距北营子长城2段墙体0.01千米。

墩台由黄褐土夯筑而成，保存较差。墩台顶部有盗洞，夯土向四周塌落，残留部分呈圆锥状的大土丘，底部直径10、顶部直径4、残高2米。

10.上三道营长城1段（150921382301040011）

该段长城起自梨花镇上三道营村东北1千米，止于上三道营村东北0.78千米。墙体呈东西走向，上接北营子长城2段，下接上三道营长城2段。

本段墙体为消失段，起止点之间的直线距离长266米。依据相邻上下段墙体推断，该段墙体原应为土墙。村民平整耕地、修建道路等活动，导致墙体消失。

11.上三道营长城2段（150921382101040012）

该段长城起自梨花镇上三道营村东北0.78千米，止于上三道营村东北0.66千米。墙体呈东北—西南走向，上接上三道营长城1段。

墙体长110米，为土墙，以黄褐土夹杂碎石块夯筑而成，保存差。墙体顶部的夯土向两侧塌落，于地表现呈土垄状，底宽顶窄，底宽5~10、顶宽1~2.5、残高0.5~3米。墙体北侧挖有农业灌溉渠，可见墙体断面，暴露出的夯筑痕迹较为清晰，夯层厚6~8厘米（彩图一二四）。

三　小结

该道南北向的长城，属于本次长城资源调查的新发现。蛮汉山汉长城分布所在山脉总体呈南北走向，长城依山势而行。由于山脉中山峦分布错杂，长城墙体、烽燧、障城的构筑均采取了因地制宜的措施，只在长城首尾两端地势较为平缓处修筑墙体，大部分地段用烽燧连接，障城则修筑于山口要道之处。

通过蛮汉山汉长城的发现，明确了西汉在云中郡东部设置定襄郡的目的所在，那就是利用南北向的蛮汉山起到东向防御的作用。定襄郡的东部都尉治所（今卓资县三道营古城）分布于该道长城的北端，管辖的长城包括察哈少山以东的九十九泉汉长城以及卓资县梨花镇境内的蛮汉山汉长城。中部都尉治所武皋县（今呼和浩特市赛罕区二十家子古城）位于呼和浩特平原东部的大黑河北岸，清代从张家口通往归化城的张家口驿站，在二十家子古城附近设有和林格尔驿，从和林格尔驿向东经石人湾、大榆树的驿道，也是汉代定襄郡中部都尉的塞道所在。《汉书·地理志》记曰："武皋，荒干水出塞外，西至沙陵入河。"[1]从石人湾一线塞道向西而流的大黑河支流石人湾水，在汉代被看作是荒干水（今大黑河）的上源。中部都尉管辖的长城，主要是卓资县大榆树乡、凉城县蛮汉镇境内的蛮汉山汉长城。

　　在本次长城资源调查中，对三道营古城、不浪沟古城、左卫窑古城均作了实地调查测绘。此外，二十家子古城以前曾有详细的考古发掘资料，也一并予以简要介绍。

　　1.三道营古城（150921353102040005）　位于卓资县梨花镇土城村，北依大黑山，西南望小平顶山，东西为大黑河河谷地带，城址坐落于大黑河及其一条叫韭菜沟的季节性支流交汇处的台地之上，形成控扼河谷地带的态势，南侧有110国道穿过。西南距二十家子古城的直线距离约37千米。

　　1957年，张郁对古城作了首次调查[2]。1987年，乌兰察布盟文物工作站与卓资县文物管理所在第二次全国文物普查中，对古城作了详细调查[3]。在本次长城调查中，对古城作了详细调查并测绘。

　　古城分东、西两城。西城又分为南、北两城，北城西北角另有一座小城。西城东墙长约570米，西墙长约670米，南墙长约495米，北墙东段长约200、西段（小城北墙）长约280米。西城内南城与北城之间的东西向隔墙位于南墙向北约230米处，东西向隔墙长约495米。城墙均为夯土筑就，保存较好者底宽8～10、残高6～8米，夯层厚10～15厘米。在小城南部与北城之间原亦应有隔墙，由于农田耕种，现仅呈略高于地表的土垄。东墙、西墙之上各有马面5座，其中东墙南段的2座马面损毁严重；北墙东段有马面1座，西段有马面2座；南城与北城之间的东西向隔墙上不见马面。西城的东南、东北、西南三角以及小城的东北、西北两角，均有角台。西城南墙东段开门，门址宽约10米，方向185°；外筑方形瓮城，边长约30米；瓮城门向东开，宽约12米，方向100°。隔墙中部亦有一座门址，宽约8米，方向185°。

　　东城西墙大部分借用了西城的东墙，另有一小段与西城南墙相接，平面总体呈不规则四边形，东墙长约570、南墙长约380、北墙长约330米，与西城南墙相接的一小段西墙长约130米。城墙夯筑而成，东墙保存最好，底宽8～10、残高5～8米，夯层厚15～17厘米；南墙上有近现代民居建筑于其中，保存稍差；北墙西段被大黑河河水冲毁。东墙上完整保留有马面3座，北墙残存马面1座，南墙马面已无存。东北、东南、西南三角各有一角台。东墙中部开门，宽约10米，方向100°；外筑长方形瓮城，南北长约45、东西宽约30米；瓮城门向南开，宽约14米，方向185°（图八；彩图一二五、一二六）。

　　城内遗迹遗物主要分布于西城北城，

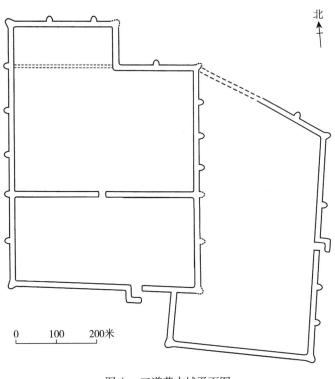

北

0　　100　　200米

图八　三道营古城平面图

〔1〕《汉书》卷28《地理志》，中华书局，1962年，第1620页。

〔2〕张郁：《卓资县土城村的古城遗址》，《内蒙古文物资料选辑》，内蒙古人民出版社，1964年。

〔3〕李兴盛：《内蒙古卓资县三道营古城调查》，《考古》1992年第5期。

西北角有两处院落基址，院落南部有两座高台建筑基址，地表散布有建筑构件和陶片等。建筑构件有绳纹砖、板瓦、筒瓦、卷云纹瓦当等，陶器有釜、罐、盆、钵、豆、瓿等。东城地表几乎不见任何遗物。

西城城墙大体同东城一样，保存得较为高大。但从古城的布局来看，西城明显早于东城。西城城墙马面的夯土中包含陶片较多，夯土土质与城墙夯土亦有所差异，可见西城城墙与其上马面并非同一时期遗存。西城的年代主要在西汉时期，考证为西汉定襄郡武要县县治，同时为定襄郡东部都尉治所；东汉废治。从西城中散布的北魏遗物来看，北魏时期曾对西城作了沿用，加筑了西城城墙之上的马面，并新建了东城。

北魏泰常八年（423年），在燕山至阴山以南一线、东起赤城西至五原修筑了一系列军事戍城，三道营古城亦为其中一城。

2. 不浪沟古城　位于乌兰察布市卓资县旗下营镇不浪沟村北侧一片较为开阔的山间台地之上，北望狭长的平顶山，南侧为山间谷地。平顶山与古城之间有大黑河东西流过，古城与山间谷地之间有110国道穿过。

古城位于控扼大黑河河谷与南侧山间谷地的山脚之下，不浪沟村则位于山脚之上。古城处于耕地中，由于常年耕种及110国道的修筑，古城形制已不清，只有东墙保留有部分墙体，为夯筑而成。遗物集中散布的台地周围，东西长约340、南北宽约230米（彩图一二七）。可见遗物主要为板瓦、陶片等，板瓦多见外壁饰粗绳纹、内腹饰布纹者，陶器可辨器形有釜、罐、盆、瓿等，纹饰有粗绳纹、弦断绳纹等。

不浪沟古城东距三道营古城约11千米，西南距陶卜齐古城（西汉定襄郡安陶县县治）约14千米，三座古城均位于大黑河沿岸。过大黑河，古城西北方向有斗金山，与平顶山在大黑河北岸东西对峙，两山之间形成旗下营小平原。

3. 二十家子古城　位于呼和浩特市赛罕区黄合少镇二十家子西滩村东，四面环山，大黑河上游东支及北支经城北汇流西去，城南翻过一道黄土丘岗为广阔平原。1959～1961年，内蒙古自治区文物工作队对古城进行了局部发掘，所得数据较为详细[1]。

古城分为内、外两城，内城位于外城的西南部，内城的西、南两面城墙与外城共享。外城平面近方形，边长约537米，东南角略凸出；内城平面亦近方形，边长约350米。外城除北墙外均有门址，但并不对称（图九）。内城发现有官署、仓储、窖穴、窑址和冶铁遗址等，

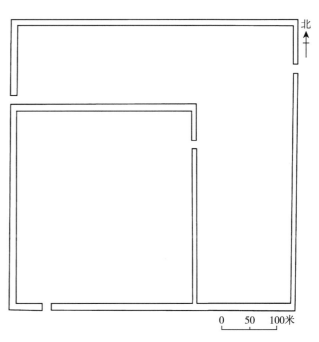

图九　二十家子古城平面图

---

〔1〕内蒙古自治区文物工作队：《1959年呼和浩特郊区美岱古城发掘简报》，《文物》1961年第9期；内蒙古自治区文物工作队：《呼和浩特二十家子古城出土的西汉铁甲》，《考古》1975年第4期；张郁、陆思贤：《呼和浩特市郊区二十家子汉代城址出土的封泥》，《内蒙古文物考古文集》第一辑，中国大百科全书出版社，1994年。

出土了铜镞、弩机、半两钱、铁戟、铁甲片等遗物和"安陶丞印""定襄丞印""平城丞印""武进丞印""都武丞印"等封泥。

关于二十家子古城在汉代的具体县邑，学术界存有争议。发掘者张郁、陆思贤认为由于该古城出土了大量的"安陶丞印"封泥，从而推断为西汉定襄郡安陶县县治所在[1]；张郁、陆思贤的推断，与封泥的用途是相悖的。20世纪90年代，内蒙古自治区文物考古研究所在对呼和浩特市赛罕区陶卜齐古城的考古调查与发掘中，出土了戳印有"安陶"字样的残陶，发掘者据此认为陶卜齐古城为西汉定襄郡安陶县县治所在[2]，目前基本得到学界的认可。综合二十家子古城的布局和规模，初步推断该古城当为西汉定襄郡武皋县县治，同时为定襄郡中部都尉治所；东汉废治。

二十家子古城东南的石人湾，清代称喀喇河朔，康熙皇帝第二次亲征噶尔丹时，曾在此驻跸。再向前推，元代作为丰州之下的一处驿站，名为石泉店，延祐五年（1318年）设置石泉店巡检司，专司缉捕盗贼。北魏时，石人湾一带山峦，在《水经注》中名曰钟山。

二十家子古城南约12千米处有汉代的西梁古城，位于黄合少镇西梁村北侧。本次调查时，西梁古城城垣大多已遭耕地破坏无存，仅北城墙于地面有部分遗迹可循，长约200米，地表散布大量陶片和瓦片等遗物，采集铁釜1件。初步推断，西梁古城为西汉定襄郡复陆县县治；东汉废治。西梁古城北连二十家子古城，东通左卫窑古城，向西南可达和林格尔县土城子古城，交通位置较为重要。复陆即复道，有"重叠道路、双重道路"等含义，与西梁古城的地理位置可吻合。

4. 左卫窑古城　位于凉城县蛮汉镇左卫窑村北0.15千米处，坐落在蛮汉山西北麓的较为平坦地带，西北距二十家子古城的直线距离约20千米。

古城平面呈长方形，东西长约500、南北宽约300米。古城城区内、外均被辟为耕地，受破坏严重。城墙为黄土夯筑而成，部分城墙断面可见明显夯层，夯层厚7~10厘米。东城墙已消失，现为一条乡村土路；南城墙上有一条现代水渠，部分地段墙体轮廓仍较明显，底宽12、残高最高2米；西城墙保存较好，轮廓清晰，底宽10、顶宽1.5~5、残高最高3米；北城墙仅保存西半部分，东半部已消失。城墙四角有角台，东北角、东南角的角台已消失，西北角、西南角的角台凸出于墙体之外，呈圆弧形，规模大体相同，直径13、残高5米。南墙中部偏东处开门，门址宽21米，方向为183°。门址东侧残留有一座黄土夯筑的台墩，平面为长方形，东西长约15、南北宽约7、残高3米。城内近东北角有一座建筑台基，平面呈椭圆形，东西长约30、南北宽约9、残高约3米（图一〇；彩图一二八、一二九）。城内地表采集有陶片和砖瓦等遗物，其中陶器可辨器形有瓮、罐、盆、折腹钵等，纹饰以绳纹为主，砖瓦等有卷云纹瓦当、绳纹板瓦等。

东汉时期，定襄郡南移，原位于西汉定襄郡南部，今浑河流域的武城、骆、桐过三县，在东汉时期均仍归属于定襄郡；原位于西汉定襄郡中部的武进、成乐、定襄三县，在东汉时期均归属于云中郡；而位于武进—成乐—定襄一线以北的西汉定襄郡属县，在东汉时期均废治，包括武要、复陆、安陶、武皋、都武、襄阴等六县。

作为定襄郡郡治，成乐县县治已考证为位于今和林格尔县盛乐镇的土城子古城，其位置处于呼和浩特平原与低山丘陵区的交界处；定襄郡设置的目的，在于管理呼和浩特平原东部、南部的低山丘陵

〔1〕　张郁、陆思贤：《呼和浩特市郊区二十家子汉代城址出土的封泥》，《内蒙古文物考古文集》第一辑，中国大百科全书出版社，1994年。

〔2〕　陈永志、江岩：《榆林镇陶卜齐古城调查简报》，《内蒙古文物考古》1996年第1、2期；陈永志、江岩：《呼和浩特市榆林镇陶卜齐古城发掘简报》，《内蒙古文物考古文集》第二辑，中国大百科全书出版社，1997年。

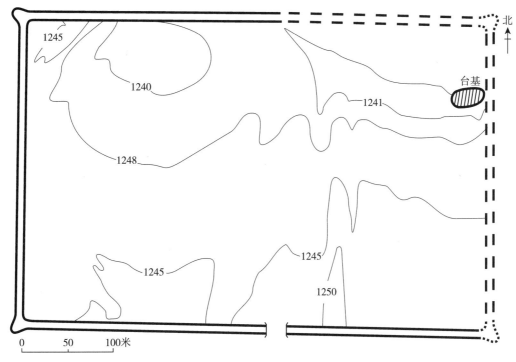

图一〇　左卫窑古城平面图

区。骆县县治，已考订为今和林格尔县大红城古城，为明代云川卫加筑沿用。定襄县县治目前尚无考，其分布位置或与土城子古城相当，亦在呼和浩特平原与低山丘陵区的交界处；今呼和浩特市托克托县新营子镇黑城村，有明代镇虏卫治所黑城古城，汉代定襄县故城或为其所覆压。

据《汉书·地理志》："武进，白渠水出塞外，西至沙陵入河。"[1]白渠水为自东向西流经呼和浩特平原南部的什拉乌素河，今天的源头在和林格尔县西沟门乡向南的石匣子沟之中，源出于黑老窑乡的茶坊河是主要支流。一般认为，武进县约在和林格尔县黑老窑乡至盛乐镇公喇嘛村之间的茶坊河沿河一带。《和林格尔县文物志》认为武进县县治在今和林格尔县黑老窑乡古城窑村南0.5千米处[2]。经实地调查，该村落西南约1千米处有一处古代遗址，但遗址地表散布均为辽代砖瓦和陶、瓷片，而未见有汉代遗物。从成乐县的位置分析武进县的位置，结合《水经注》记载，武进县最有可能在和林格尔县西沟门乡西沟门村至盛乐镇公喇嘛村之间，但这一区域之内目前尚未能发现汉代城址。武进县治所无觅，但沟通今天岱海盆地西缘与呼和浩特平原之间的石匣子沟，最有可能为当时西部都尉治下的塞道。

除武进县外，都武、襄阴二县的位置，亦难以确定。不浪沟古城、左卫窑古城可能与上述二县对应，但如何对应，尚无确切证据。综合前人调查与研究成果，可以分析出西汉定襄郡属县的一些分布规律。西汉定襄郡共辖12县，它们主要分布于大黑河上游沿岸、呼和浩特平原与低山丘陵区之间的过渡地带、浑河沿岸三个地带。大黑河上游沿岸自东向西有武要、安陶、武皋等县，呼和浩特平原与低山丘陵区之间的过渡地带自东向西有武进、成乐、定襄等县，浑河沿岸自东向西有武城、骆、桐过等县。

〔1〕《汉书》卷28《地理志》，中华书局，1962年，第1620页。

〔2〕和林格尔县文物保护管理所编：《和林格尔县文物志》，和林格尔县印刷厂印刷，1988年，第7页。

第六章

九十九泉汉长城

九十九泉汉长城的墙体呈半环形分布于乌兰察布市灰腾梁之上，所在行政区域属于乌兰察布市卓资县、察哈尔右翼后旗和察哈尔右翼中旗三旗县交界之处。

一　长城分布地区的自然地理与地貌特征

灰腾梁属于阴山山脉东段，乌兰察布市卓资县旗下营镇至察哈尔右翼中旗科布尔镇之间的山间谷地——隆胜德谷地，为大青山与灰腾梁的分界线。灰腾梁东端在察右后旗东南部，这里有一条南北向的山间川地，今天的二广（二连浩特—广州）高速由此川地间通过。再向东南，为一列大体呈南北走向的山地，由北向南有岱青山、红山、苏木山等不同名称，北部山势平缓，呈丘陵地貌，越向南山势越显险峻。灰腾梁的南侧，东面为黄旗海盆地，西面有属于霸王河上游的哈达图谷地、属于大黑河上游支流的大黑山北川。从灰腾梁向北，为乌兰察布草原。

灰腾梁属熔岩台地地貌，大部分山峦顶部地势平坦辽阔，总体形状大体呈西南—东北向分布的长方形，东西长约80千米，南北宽约25千米。海拔在1500米以上，主峰海拔2113米，平均海拔在1900米左右，西段的海拔较高，越往东海拔越低。山梁南北两侧，海拔落差将近1000米。海拔高峻，使得灰腾梁具有冬长夏短、日温差和年温差较大的特点。这种山地气候和高原气候条件，形成了内蒙古中南部地区仅有的典型高山草甸草原——辉腾锡勒草原。辉腾锡勒草原只是灰腾梁的一部分，具体位于卓资县巴音锡勒镇与察哈尔右翼中旗科布尔镇之间方圆20公里左右的范围之内，山顶地势广阔平坦，湖泊星罗棋布，形成灰腾梁的核心区域。

远古时期，火山喷发和地壳运动形成密布高原的死火山口，多呈不规则的圆形，面积大小不等，直径多在200～1500米之间，深3～10米不等。这些死火山口由风沙淤积之后积储雨水，形成众多小型的高原湖泊。历史上，这个湖泊群以"九十九泉"的名称一直被记载下来，今天仍然沿用，但具体数量远远大于99个。修筑于灰腾梁之上的汉长城，主要对九十九泉所在的辉腾锡勒草原形成了一个包围圈。

由于海拔较高，常年多风，目前风力发电机几乎布满全梁。到夏天，灰腾梁也是一个凉爽的草原旅游胜地，但是过于密集的风力发电机一定程度破坏了美丽辽阔的草原风光（彩图一三〇）。

二　长城分布与走向

本次调查的顺序，从长城墙体的东南端开始，长城大体向东北方向延伸，再折向西北，又从西北折向西南，终止于长城墙体的西南端。

长城墙体的东南端起点，在卓资县巴音锡勒镇十股地村东南0.1千米处的洪水槽沟东岸，起始为西东走向，越过灰腾梁东南端七〇八微波站所在的制高点，再以西南—东北向延行，经巴音锡勒镇大东沟村东、栗家堂村西、三盖脑包村西、杏桃沟村东，延伸至杏桃沟村东北部后折向北，进入察哈尔右翼中旗辉腾锡勒园区五道沟村东南部，后又进入察哈尔右翼后旗锡勒乡七道沟村东南部。在七道沟村东南，长城墙体仅行400余米，折向西北复入察哈尔右翼中旗辉腾锡勒园区，经五道沟村南、新教滩村南、隆胜义村南，伸入宏盘村北。自此，长城墙体开始折向西南，经草垛山村北，行至大西沟村东南部又折向南，经蓿麻湾村西，进入大阳卜村东北部。再自大阳卜村东北部开始，墙体呈东北—西南向，经火盘沟村北，延伸至察哈尔右翼中旗乌兰哈页苏木西独贵坝村南，终止于独贵坝障城所在山体北坡。九十九泉汉长城墙体沿线调查烽燧54座、障城3座，在长城墙体两端各调查障城1座。

在灰腾梁周边地区，亦调查有当路塞、烽燧、障城等墙体与单体建筑，包括当路塞墙体1段、烽燧15座、障城7座。从独贵坝障城往西，未筑墙体，在东西走向的山脊上调查有烽燧4座，即二道坝1~4号烽燧。此后，烽燧线沿着山体南坡斜向而下，在东北—西南走向的山脊上调查烽燧5座，分别为牛口哈达1~2号烽燧、米家湾烽燧、朱家湾烽燧、阳坡烽燧。灰腾梁西南大黑山北川自东向西，分布有偏关卜子烽燧、西梁障城和土堡障城。灰腾梁西北侧的隆胜德谷地，有大黑河的支流隆胜德河从东北向西南而流，也为今天从卓资县旗下营镇至察哈尔右翼中旗科布尔镇的S305公路的主要穿行区域，其间调查有永胜堂障城、永胜堂烽燧和七苏木烽燧。隆胜德河的西侧，有一条叫东河的支流，在两河交汇处的山顶之上，调查有口子障城。东河南侧的沟谷中，调查有隆胜德当路塞。再沿着隆胜德河向南行，调查有破堡障城。

土堡障城位于隆胜德谷地与大黑山北川的交汇点之上，三岔子障城则位于大黑山北川的东端。三岔子障城东北侧沟底为九十九泉汉长城东南端墙体起点；从三岔子障城向南为白银河河谷，白银河在卓资县卓资山镇西北注入大黑河，在白银河河谷东侧的山顶之上由北向南调查有小桌子山烽燧、桌子山障城，桌子山障城与三岔子障城南北相距约13千米。位于卓资山镇北侧山顶之上的桌子山障城，具有控扼大黑河河谷的作用；顺着河谷向西，有定襄郡东部都尉所在的三道营古城，所以这一河谷区域应是东部都尉的塞道所在，桌子山障城、小桌子山烽燧应为塞外障、塞外燧。除此之外，在九十九泉汉长城西北端墙体外侧调查一座塞外燧，为大东沟烽燧，该烽燧主要起到监视灰腾梁北侧东西向川地的作用；五道沟障城东侧山顶上，调查有塞外燧圪料坝烽燧。

综此可见，九十九泉汉长城的墙体，除东南端十股地长城1~3段分布在梁下之外，其他墙体均分布于灰腾梁梁上，将整个梁顶从东、北、西三个方向包围了起来。梁下西北侧、南侧分别有东北—西南向、东西向、南北向的三条沟谷，其间修筑有当路塞、烽燧、障城等防御设施，与梁上的长城相呼应。以卓资县旗下营镇西侧的察哈少山为界，以西加筑沿用战国赵北长城的汉长城属于西汉云中郡东部都尉防区，而位于察哈少山东北方向的九十九泉汉长城属于西汉定襄郡东部都尉防区。

三　长城墙体与单体建筑保存现状

在调查中，将分布于灰腾梁之上连续的长城墙体共划分为24段，其中包括土墙15段、石墙8段、消失1段。另调查土筑副墙2段。墙体总长51242米，其中土墙长39081米、石墙长11796米、消失墙体长365米。在总长39081米的土墙中，保存一般部分长1107米、保存较差部分长23862米、保存差部分长10903米、消失部分长3209米。在总长11796米的石墙中，保存较好部分长3981米、保存一般部分长3916米、保存较差部分长2247米、保存差部分长20米、消失部分长1632米。从长城墙体的总体保存程度来看，保存较好部分、保存一般部分、保存较差部分、保存差部分和消失部分，分别占到了长城墙体总长的7.7%、9.8%、50.1%、22.2%和10.2%。

墙体沿线及周边地区调查烽燧69座、障城12座。当路塞墙体为1段石墙，长20米，保存较差。具体见下表（表三）。

表三　九十九泉汉长城数据统计简表

县域	墙体（米）										单体建筑（座）	
	土墙				石墙					消失段	烽燧	障城
	一般	较差	差	消失	较好	一般	较差	差	消失			
卓资县	274	7128	1045	420	3981	1616	2247	20	1632	365	28	7
察哈尔右翼后旗		402									2	
察哈尔右翼中旗	833	16332	9858	2789		2300					39	5
小计	1107	23862	10903	3209	3981	3916	2247	20	1632	365	69	12
	39081				11796							
总计	51242										81	

九十九泉汉长城在卓资县境内分布墙体13段，其中包括土墙5段、石墙7段、消失1段，墙体全长为18728米，其中土墙长8867米、石墙长9496米、消失墙体365米；在察哈尔右翼后旗境内分布墙体1段，为土墙，全长402米；在察哈尔右翼中旗境内分布墙体10段，其中包括土墙9段、石墙1段，墙体全长为32112米，其中土墙长29812米、石墙长2300米。调查单体建筑共81座，包括烽燧69座、障城12座。其中卓资县境内调查烽燧28座、障城7座，察哈尔右翼后旗境内调查烽燧2座，察哈尔右翼中旗境内调查烽燧39座、障城5座。下面，对九十九泉汉长城墙体与单体建筑，总体按照由东向西的顺序分作详细介绍。

1. 桌子山障城（150921353102040004）　位于卓资县卓资山镇北侧桌子山山顶前沿，山下为东西流向的大黑河。障城处于山顶南部的一块平坦台地上，从障城南墙之上远眺，山下的卓资山镇及东西向而流的大黑河尽收眼底。西北距小桌子山烽燧2.4千米，北距三岔子障城13千米（彩图一三一、一三二）。

障城平面呈方形，边长70米。墙体以土夯为主，个别地段夹有石块，底宽15～20、顶宽2～3、残高6～8米。南墙中部辟门，宽约5米，方向173°（图一一）。城内由东北角、西北角向城门各挖一条"V"形战壕。障城周边散落有少量陶片和残砖，陶片有泥质灰陶、褐陶等，纹饰多见粗绳纹；残砖一面亦饰有粗绳纹。障城北侧不远处，有解放战争时期国民党军队挖掘的两条战壕及3座碉堡。

2. 小桌子山烽燧（150921353201040056）　位于卓资山镇孔家沟村北侧1.2千米处的小桌子山顶部，东南距桌子山障城2.4千米。

烽燧保留有墩台、坞和壕沟，保存较差。台体现呈圆形土丘状，内部土筑，外侧石块包砌，直径10、残高4米。坞位于墩台南侧，平面略呈方形，边长约8米；坞墙石筑，墙宽1、残高0.5米。墩台和坞外侧，根据山顶地形挖有一周不规则形壕沟，宽约1.5、深0.6米（彩图一三三）。

烽燧周边散布较多陶片，纹饰以绳纹、弦纹为主。

3.三岔子障城（1509213531 02040001）位于卓资县巴音锡勒镇三岔子村东，东北距十股地1号烽燧1.23千米、距十股地长城1段墙体起点1.3千米、距三盖脑包障城11.6千米。

障城平面呈方形，边长46米。墙体土夯而成，除东墙保存较好外，其余三面墙体因取土遭破坏，但大致轮廓模糊可见；东墙底宽8、顶宽3、残高3米，夯层厚10~12厘米。障城地处灰腾梁南坡的大黑山北川与白银河河谷交汇处，交通位置较为重要。

4.十股地1号烽燧（1509213532 01040044）位于卓资县巴音锡勒镇十股地村东南0.1千米处的山下小台地，东北距十股地长城1段墙体起点0.2千米，东距十股地2号烽燧0.9千米。

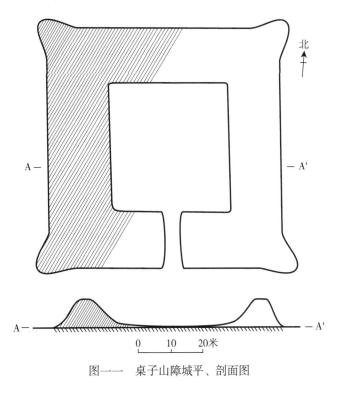

图一一 桌子山障城平、剖面图

烽燧仅见墩台，保存差。台体呈圆形土丘状，直径20、残高2米。地表散布少量陶片。烽燧东北侧有山水冲沟，沟谷对岸为九十九泉汉长城墙体的东端起点。

5.十股地长城1段（1509213821 01040021）

该段长城起自卓资县巴音锡勒镇十股地村东南0.1千米处的一条冲沟东岸，止于十股地村东0.88千米。该段墙体为九十九泉汉长城东端第一段，大体呈东西走向，下接十股地长城2段。

墙体长826米，为夯筑土墙，整体保存差。墙体现呈凸起于地表的土垄状，轮廓清晰，底宽4~6、顶宽1~3、残高1~2米。前小段墙体沿着山体北坡，由西向东逐步爬升，外侧冲沟使墙体断续延伸，长447米，保存差；中小段墙体长105米，保存较差，地表较低矮，南侧为树林；后小段墙体长274米，保存一般，墙体顶部散落有石块（彩图一三四）。其中，保存一般部分、保存较差部分、保存差部分，分别占该段墙体总长的33.2%、12.7%和54.1%。

墙体沿线调查烽燧1座，为十股地2号烽燧。

十股地2号烽燧（1509213532 01040045） 位于卓资县巴音锡勒镇十股地村东0.8千米处的山腰处，南距十股地长城1段墙体0.04千米，东距十股地3号烽燧0.9千米。

烽燧仅保留有墩台，保存较好。墩台底部略呈方形，台体现呈圆形土丘状，直径15、残高3.5米（彩图一三五）。周边地表散落有少量素面陶片。

6.十股地长城2段（1509213821 01040022）

该段长城起卓资县自巴音锡勒镇十股地村东0.88千米，止于十股地村东1.9千米。墙体大体呈西北—东南走向，上接十股地长城1段，下接十股地长城3段。

墙体长1018米，为夯筑土墙，整体保存差。墙体现呈略凸起于地表的土垄状，底宽4.5、顶宽2、残高1米。墙体前小段分布于山体北侧腰部，长598米，保存差；大面积的梯田及植树造林，加之数条南北向洪水槽的冲毁，使后小段墙体消失420米。其中，保存差部分、消失部分，分别占该段墙体总长的58.7%、41.3%。

墙体沿线调查烽燧1座，为十股地3号烽燧。

十股地3号烽燧（150921353201040057）　位于卓资县巴音锡勒镇十股地村东1.9千米处的半山腰上，南距十股地长城2段墙体0.06千米，东距大东沟1号烽燧0.82千米。

烽燧残存墩台，保存差。台体在地表仅残留一小部分，已无法测量。梯田开垦及植树造林，使烽燧遭受严重破坏。周边地表散布大量陶片，可辨器物有罐、盆等，纹饰以凹弦纹、绳纹为主。

7. 十股地长城3段（150921382102040023）

该段长城起自卓资县巴音锡勒镇十股地村东1.9千米，止于十股地村东2.4千米。墙体大体呈东西走向，上接十股地长城2段，下接七〇八微波站长城1段。

墙体长500米，石墙，保存一般。墙体由火山岩石块垒砌而筑，现坍塌呈石垄状，底宽4~6、顶宽1~3、残高1~2米。墙体摆脱山间谷地，沿着山坡缓缓而上，一条洪水河槽对墙体造成了宽约10米的豁口。

8. 七〇八微波站长城1段（150921382301040024）

该段长城起自卓资县七〇八微波站西南0.2千米，止于七〇八微波站北0.03千米。墙体呈西南—东北走向，上接十股地长城3段，下接七〇八微波站长城2段。

本段墙体为消失段，起止点之间的直线距离长365米。七〇八微波站的修建，是导致墙体消失的主要因素。依据相邻上下段墙体情况，推断该段墙体原应为土石混筑或石筑。

墙体沿线调查烽燧1座，为大东沟1号烽燧。

大东沟1号烽燧（150921353201040045）　位于卓资县巴音锡勒镇大东沟村南2千米处的山顶部，东北距七〇八微波站长城2段墙体起点0.3千米，东北距大东沟2号烽燧0.85千米。

烽燧仅存墩台，保存较差。台体现呈圆形土丘状，底部直径20、顶部直径5、底部至顶部斜长13米。台体顶部有一长3.6、宽1.9米的长方形石圈。烽燧北侧有一座大石头堆，初步推断为北魏烽戍遗址。

9. 七〇八微波站长城2段（150921382102040025）

该段长城起自卓资县七〇八微波站北0.03千米，止于七〇八微波站东北0.3千米处的抽水井东南。墙体大体呈西南—东北走向，上接七〇八微波站长城1段，下接大东沟长城。

墙体长285米，为土石混筑，保存较差。现存墙体于地表呈石垄状，轮廓清晰，底宽7、顶宽2、残高0.5~1米。墙体从山顶向东北方向蜿蜒而下，微波站开凿的引水槽对墙体造成一定程度破坏。

10. 大东沟长城（150921382102040014）

该段长城起自卓资县巴音锡勒镇大东沟村东南1.7千米，止于大东沟村东南1.5千米。墙体大体呈西南—东北走向，上接七〇八微波站长城2段，下接栗家堂长城1段。

墙体长1494米，为土石混筑，整体保存较差。墙体呈略凸起于地表的石垄状，底宽5、残高0.2~0.3米。前小段墙体呈西南—东北走向，大唐国际卓资风电场修建道路、挖填地下电缆线、设立风力发电机和电线杆支架等建设，导致墙体消失644米；后小段墙体折向北，延伸在较平缓的山丘间，长850米，保存较差。其中，保存较差部分、消失部分，分别占该段墙体总长的56.9%、43.1%。

墙体沿线调查烽燧2座，为大东沟2号、3号烽燧。

大东沟2号烽燧（150921353201040058）　位于卓资县巴音锡勒镇大东沟村东南1.62千米处的平地上，南距大东沟长城墙体0.02千米，东北距大东沟3号烽燧0.85千米。

烽燧残存墩台底部，保存差。现存台体底部直径约12米，周边地表散落较多陶片，纹饰以绳纹、凹弦纹为主。大唐国际卓资风电场四期20号风机的建设，使得台体几乎被铲平。

大东沟3号烽燧（150921353201040059）　位于卓资县巴音锡勒镇大东沟村东南1.45千米处的小山

丘顶部，东距大东沟长城墙体0.11千米，西北距栗家堂1号烽燧0.85千米。

烽燧残存墩台底部，保存差。现存台体底部直径约10米，周边地表可见少量陶片。大唐国际卓资风电场的建设，对烽燧造成严重破坏。

11.栗家堂长城1段（150921382101040015）

该段长城起自卓资县巴音锡勒镇栗家堂村西南1.7千米，止于栗家堂村西北0.72千米。墙体大体呈南北走向，上接大东沟长城，下接栗家堂长城2段。

墙体长2506米，土筑，保存较差。现存墙体呈凸起于地表的土垄状，底宽8、顶宽3、残高0.2~0.5米。墙体延伸在较平缓的山丘间，前小段墙体东侧有人工种植的松树林，林园网围栏及栏杆立在墙体上；后小段墙体沿线为风电场土路，卓资风电2号升压站紧靠墙体而建，对墙体造成了不同程度的破坏。

墙体沿线调查烽燧3座，为栗家堂1~3号烽燧。

栗家堂1号烽燧（15092135320 1040060）　位于卓资县巴音锡勒镇栗家堂村西南1.16千米处的山丘顶部，东距栗家堂长城1段墙体1千米，北距栗家堂2号烽燧0.85千米。

烽燧残存墩台底部，保存差。台体底部直径约8米，周边地表可见少量陶片，纹饰有绳纹、凹弦纹等。大唐国际卓资风电场四期13号风机的建设，对烽燧墩台造成了严重破坏，

栗家堂2号烽燧（15092135320 1040061）　位于卓资县巴音锡勒镇栗家堂村西0.56千米，东距栗家堂长城1段墙体0.06千米，北距栗家堂2号烽燧0.85千米。

烽燧残存墩台底部，保存差。现存台体底部直径约10米，建设大唐国际卓资风电场2号升压站，将台体顶部推平。周边地表可见较少陶片。

栗家堂3号烽燧（15092135320 1040047）　位于卓资县巴音锡勒镇栗家堂村西北0.74千米处的山丘上，东距栗家堂长城1段墙体0.15千米，北距栗家堂4号烽燧0.85千米。

烽燧保留有墩台和坞，保存一般。台体现呈圆形土石丘状，直径20、残高5米；原台体平面应作方形，夯土建筑，外壁包砌石块。坞位于墩台东侧，平面呈长方形，东西34、南北28米，坞墙宽约1、残高0.3米。墩台周围地表散布有较多陶片，有泥质灰陶、褐陶等，纹饰以绳纹、附加堆纹为主。烽燧南侧为大唐国际卓资风电场03号风机。

12.栗家堂长城2段（150921382102040016）

该段长城起自卓资县巴音锡勒镇栗家堂村西北0.72千米，止于栗家堂村北3.5千米。墙体大体呈南北走向，上接栗家堂长城1段，下接三盖脑包长城。

墙体长2835米，石筑，整体保存较好。墙体自较高的丘地缓慢而下，经下五海子东侧东西向谷地时消失一小段，长260米。墙体在小山丘阳坡复现后，越过小山丘，沿着石堂海子东岸内侧绕过洼地，延伸在较平缓的台地上；现存墙体于地表呈石垄状，宽5~6、残高1~1.5米，保存较好，长2575米。其中，保存较好部分、消失部分，分别占该段墙体总长的90.8%、9.2%（彩图一三六、一三七）。

墙体沿线调查烽燧3座，为栗家堂4~6号烽燧。

栗家堂4号烽燧（15092135320 1040062）　位于卓资县巴音锡勒镇栗家堂村北1.48千米处的下五海子东北岸，东距栗家堂长城2段墙体0.12千米，北距栗家堂5号烽燧0.85千米。

烽燧保留有墩台，保存差。据残存台体基部，可推测台体为土筑，直径12米。附近村民在下五海子东北侧挖沟渠，使烽燧受到严重破坏。

栗家堂5号烽燧（15092135320 1040063）　位于卓资县巴音锡勒镇栗家堂村北2.1千米处的石堂海子南岸，东距栗家堂长城2段墙体0.05千米，北距栗家堂6号烽燧0.85千米。

烽燧保留有墩台，保存差。台体仅残存一小部分，大部分已被大唐国际卓资风电场的风机建设而铲平。周边地表可见有少量素面陶片。

栗家堂6号烽燧（150921353201040048）　位于卓资县巴音锡勒镇栗家堂村北2.8千米处的石堂海子北岸，东距栗家堂长城2段墙体0.02千米，北距三盖脑包1号烽燧0.85千米。

烽燧由墩台、坞和积薪垛组成，保存较好。墩台为土石混筑，内部土筑，外壁包砌石块；现坍塌为圆形土石丘状。原台体平面应为方形，边长10、残高4米（彩图一三八）。坞位于墩台东侧，靠台体而筑，平面呈方形，东西26、南北20米；坞墙石砌，墙体宽1米、距地表高0.3米。坞西侧有积薪垛5座，呈圆形石堆状，直径2~4、残高0.2米。墩台周边地表散布有少量绳纹、凹弦纹陶片。烽燧西侧50米处有大唐国际卓资风电场四期38号风机。

13. 三盖脑包长城（150921382101040017）

该段长城起自卓资县巴音锡勒镇三盖脑包村西南0.6千米，止于三盖脑包村东北3.3千米。墙体呈西南—东北走向，上接栗家堂长城2段，下接杏桃沟长城1段。

墙体长3934米，土筑，保存较差。现存墙体呈凸起于地表的土垄状，轮廓清晰，底宽5~7、顶宽2~4、残高1~1.5米。墙体前小段分布在南北较长的丘地顶部，东侧为井滩沟，西侧为后海卜子；后小段墙体绕过三盖脑包村西北侧，折向东北，延伸在较平缓的山丘谷地间。此处属九十九泉东南端，墙体内侧有较多干涸湖泊，如白尖海子、五股地海子、马头海子、长海子、大狼刷海子和小狼刷海子等。

墙体沿线调查烽燧4座、障城1座，分别为三盖脑包1号、2号、3号、4号烽燧、三盖脑包障城。

三盖脑包1号烽燧（150921353201040049）　位于卓资县巴音锡勒镇三盖脑包村西南0.7千米处的小山包顶部，东距三盖脑包长城墙体0.01千米，东北距三盖脑包2号烽燧0.85千米。

烽燧由墩台、坞和积薪垛组成，保存较差。墩台为土石混筑，现坍塌为圆形土石丘状，底部外围见有石块包砌残存。依据外壁包砌石块遗存判断，原台体平面应作方形，边长10米（彩图一三九）。坞位于墩台西侧，平面呈长方形，东西25、南北20米；坞墙从墩台外包石墙向外扩建，墙体宽1、残高0.2米，坞门设在西墙中部；坞内中部偏西处有一圆形石堆，直径2.5米。坞西墙外侧东西向排列有3座积薪垛，平面呈圆形，直径3~4、残高0.4米。地表散落有少量的绳纹、凹弦纹陶片。

三盖脑包2号烽燧（150921353201040050）　位于卓资县巴音锡勒镇三盖脑包村西北0.4千米的小山坡上，东距三盖脑包长城墙体0.05千米，东北距三盖脑包3号烽燧0.85千米。

烽燧保留有墩台和积薪垛，保存较差。墩台呈圆形土丘状，向东侧坍塌较严重，直径15、残高5米。墩台东侧分布有5座积薪垛，均石筑，可分为圆形和长方形两种。圆形积薪垛直径2.5~4米、残高0.1~0.2米；长方形积薪垛大者长4、宽2米，小者长3、宽1.5米。墩台周边地表散布有较多陶片，纹饰以绳纹为主。烽燧南侧0.02千米处有风电场修建的砂石路，北侧0.1千米处有汇通能源风电场二期53号风机。

三盖脑包3号烽燧（150921353201040051）　位于卓资县巴音锡勒镇三盖脑包村东北0.9千米处的较平缓的台地上，东距三盖脑包长城墙体0.01千米，东北距三盖脑包障城1.1千米、距三盖脑包4号烽燧0.85千米。

烽燧仅保留有墩台，保存较差。台体呈圆形土丘状，直径18、残高3米。周围地表散落有少量的陶片，可辨器物有罐、盆等，装饰有绳纹、凹弦纹。烽燧南侧有汇通能源风电场一座风机，东侧有电场路南北向通过。

三盖脑包障城（150921353102040002）　位于卓资县巴音锡勒镇三盖脑包村东北1.97千米处较平坦的台地上，东南距三盖脑包长城墙体0.2千米，北距五道沟障城7.15千米。

障城平面呈方形，边长60米。现存墙体为黄土夯筑，底宽顶窄，剖面呈梯形，底宽15、顶宽3.5、残高5～6米，夯层厚10～12厘米。墙体外部有石块垒砌的痕迹，可见墙体外侧原应有石块包砌。障城内部呈锅底形，淤积大量沙土。北墙正中辟门，宽8米，方向315°（图一二；彩图一四〇、一四一）。

北墙外有一关厢，建于距地表略高的台基上，平面呈长方形，东西60、南北40米；关厢墙体原应为石块垒砌，因遭取石破坏而不见墙体，但大致轮廓可辨，关厢内东南部见有石砌建筑基址。

障城周边地表散布有较多的陶片、板瓦，陶器可辨器形有折沿盆、罐等，板瓦多外壁饰粗绳纹、内腹饰菱形网格纹。

三盖脑包4号烽燧（150921353201040064）位于卓资县巴音锡勒镇三盖脑包村东北2.73千米处的小山丘上，东南距三盖脑包长城墙体0.18千米，东北距杏桃沟1号烽燧0.85千米。

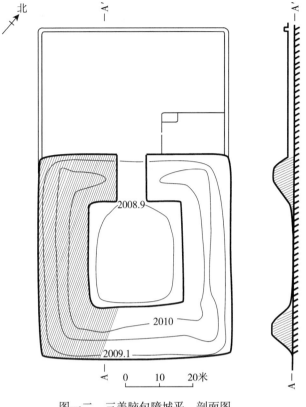

图一二　三盖脑包障城平、剖面图

烽燧保留有墩台，保存一般。台体呈圆形土丘状，直径14、残高3米，顶部有直径2、深0.5米的圆形盗坑。坞位于墩台南侧，地表可见轮廓，平面呈长方形，东西10、南北14.5米；坞内有一圆形石基址，直径1.5米。烽燧东侧为南北向谷地，现为耕地；东南侧0.75千米处有汇通能源风电变压站。

14.杏桃沟长城1段（150921382102040018）
该段长城起自卓资县巴音锡勒镇杏桃沟村西南1.3千米，止于杏桃沟村东北1.7千米。墙体呈西南—东北走向，上接三盖脑包长城，下接杏桃沟长城2段。

墙体长3039米，石筑，总体保存较好。现存墙体于地表呈石垄状，底宽3～5、顶宽2～3、残高1～1.5米（彩图一四二～一四四）。该段长城所处地形较复杂，前小段墙体由平缓丘陵顶部缓缓而下，保存较好，长1195米；中小段墙体先后贯穿东西向的杏桃沟和南北向的路路坡沟，因沟底洪水冲刷破坏，墙体消失728米；后小段墙体从沟谷东坡蜿蜒而上，止于东岸顶部，保存一般，长1116米。其中，墙体保存较好部分、保存一般部分和消失部分，分别占该段墙体总长的39.3%、36.7%和24%。

墙体沿线调查烽燧3座，为杏桃沟1～3号烽燧。

杏桃沟1号烽燧（150921353201040052）　位于卓资县巴音锡勒镇杏桃沟村西南0.8千米处的山顶上，南距杏桃沟长城1段墙体0.6千米，东北距杏桃沟2号烽燧0.85千米。

烽燧由墩台、坞和积薪垛组成，保存较差。墩台现呈圆形土丘状，底部直径18、残高4米。坞分为内坞、外坞，均石筑。内坞围在墩台外侧，平面呈长方形，东西19.5、南北13.5米，门址设于南墙中部。外坞平面呈方形，边长20米，位于内坞南侧，接内坞东、西墙延伸而筑，墙体宽1.5～2、残高0.5米。墩台东南侧由西北向东南排列有4座积薪垛，均呈圆形石堆状，直径3～5、残高0.1～0.3米。周围地表散布较多陶片，有泥质灰陶、褐陶，纹饰有细绳纹、凹弦纹等。烽燧东北侧紧邻中广核宏基风电场1T23电线铁塔和Ⅱ1214号风机。

杏桃沟2号烽燧（150921353201040065） 位于卓资县巴音锡勒镇杏桃沟村东北0.36千米，东距杏桃沟长城1段墙体0.1千米，东北距杏桃沟3号烽燧0.96千米。

烽燧残存墩台底基，土筑，保存差。路路坡沟由于洪水冲刷、农民取土等自然、人为因素，使烽燧遭受较严重的破坏。地表可见少量素面陶片。

杏桃沟3号烽燧（150921353201040066） 位于卓资县巴音锡勒镇杏桃沟村东北1.27千米处的路路坡沟东岸上，南距杏桃沟长城1段墙体0.2千米，东北距杏桃沟4号烽燧0.75千米。

烽燧残存有墩台、坞和积薪垛，保存差。墩台土筑，现坍塌为圆形土丘状，直径10.5、残高约4米。坞可分内、外坞，坞墙均为石筑。内坞位于墩台外侧，呈方形，边长9.2米。外坞呈长方形，东西12.4、南北18米，位于内坞南侧，接内坞东、西墙延伸而筑；坞墙宽1.8、残高0.3米。墩台西南侧有2座积薪垛，现呈圆形石堆状，直径3.5~4、高0.2米。周边地表散布有较多陶片，纹饰有细绳纹、凹弦纹等。烽燧西北侧中广核宏基风电场Ⅱ1201号风机的建设，是导致墩台消失的主要因素。

15.杏桃沟长城2段（150921382101040019）

该段长城起自卓资县巴音锡勒镇杏桃沟村东北1.7千米，止于杏桃沟村东北2.2千米。墙体呈西南—东北走向，上接杏桃沟长城1段，下接杏桃沟长城3段。

墙体长583米，土筑，保存较差。现存墙体呈凸起于地表的土垄状，底宽8~12、顶宽5~7、残高0.4~0.7米。该段长城地处小公沟谷地南侧内坡，墙体沿线为耕地，坍塌较严重，但轮廓清晰。

墙体沿线调查烽燧1座，为杏桃沟4号烽燧。

杏桃沟4号烽燧（150921353201040053） 位于卓资县巴音锡勒镇杏桃沟村东北2千米处，东南距杏桃沟长城2段墙体0.03千米，北距杏桃沟5号烽燧0.75千米。

烽燧保留有墩台和坞，保存较差。墩台现呈圆形土丘状，直径20、残高3米。坞位于墩台北侧，平面呈长方形，东西8.2、南北6米，坞墙宽0.9米。地表散布少量素面陶片。

16.杏桃沟长城3段（150921382102040020）

该段长城起自卓资县巴音锡勒镇杏桃沟村东北2.2千米，止于杏桃沟村东北2.9千米。墙体呈南北走向，上接杏桃沟长城2段，下接五道沟长城1段。

墙体长1323米，石筑，总体保存较好。墙体于地表现呈石垄状，底宽2.8~5、顶宽2~3、残高0.3~0.8米。前小段墙体越过一小丘后折向北延伸，保存较好，长211米；后小段墙体在风电场砂石路西侧穿行，保存较差，长1112米（彩图一四五）。其中，保存较好部分、较差部分，分别占该段墙体总长的16%、84%。

在该段长城前小段墙体与后小段墙体之间的拐点处内侧，可见一个圆形石圈，直径17米。石圈墙体由火山岩石块干垒而成，宽1.8、残高0.3米（彩图一四六、一四七）。该石圈的年代，应与墙体属于同一时期，但具体功能尚待考证。

墙体沿线调查烽燧2座，分别为杏桃沟5号、6号烽燧。

杏桃沟5号烽燧（150921353201040067） 位于卓资县巴音锡勒镇杏桃沟村东北2.4千米处，地处雷震海子东岸平坦台基上，东距杏桃沟长城3段墙体0.15千米，西北距五道沟6号烽燧0.75千米。

烽燧保留有墩台和坞，保存一般。墩台现呈圆形土石丘状，外侧石块包砌，底部直径11、残高3米。坞位于墩台东侧，石筑，呈长方形，东西12.5、南北17.7米；坞墙宽0.5、残高0.2米。地表散布较多陶片，纹饰以细绳纹、凹弦纹为主。

杏桃沟6号烽燧（150921353201040054） 位于卓资县巴音锡勒镇杏桃沟村东北2.85千米处，东距杏桃沟长城3段墙体0.07千米，西北距五道沟1号烽燧0.75千米。

烽燧保存有墩台、坞和积薪垛，保存较差。墩台现呈圆形土丘状，底部直径14、残高3米，顶部被挖一土坑。坞位于墩台西侧，可分内、外坞，均石筑。内坞靠台体西侧而筑，平面呈方形，边长10米；坞墙宽1.2、残高0.3米。外坞位于墩台和内坞外围，边长28米，坞墙宽1.8、残高0.2米（彩图一四八）。外坞西侧有4座积薪垛，均呈石堆状，方形、圆形各2个，方形边长1.5～2.6米，圆形直径3米。周围地表可见少量陶片。烽燧东侧为玻璃脑包山，西侧为小公沟谷地，北侧0.3千米处为中广核风力发电有限公司风电站。

17.五道沟长城1段（150927382101040001）

该段长城起自察哈尔右翼中旗辉腾锡勒园区五道沟村东南5.6千米，止于五道沟村东南4.2千米。墙体呈南北走向，上接杏桃沟长城3段，下接察哈尔右翼后旗七道沟长城。

墙体长1606米，土墙，保存较差。墙体于地表现呈土垄状，底宽7～9、顶宽4～5、残高0.4～0.6米。墙体前、后小段保存较差，长1077米；中小段建有中广核风电变压站、电场路等，均对墙体造成破坏，导致墙体消失529米。其中，保存较差部分、消失部分，分别占该段墙体总长的62.7%、37.3%。

墙体沿线调查烽燧1座，为五道沟1号烽燧。

五道沟1号烽燧（150927353201040001）　位于辉腾锡勒园区五道沟村东南4.6千米，东距五道沟长城1段墙体0.1千米，北距七道沟烽燧0.75千米。

烽燧保留有墩台、坞和积薪垛，保存较差。墩台土筑，现呈圆形土丘状，直径11、残高4米；台体底部外包石块，原应呈方形，边长12米。坞位于墩台东侧，靠台体而筑，平面呈长方形，东西7.5、南北13米；坞墙石筑，宽2米。坞东侧有3座积薪垛，呈圆形石堆状，直径3米。周围地表散落较多陶片，纹饰有绳纹、弦纹等。烽燧地处略高的小山包顶部，东、南两侧为风电场砂石路，墩台顶部偏南有长方形盗坑，南侧为中广核宏基风电场电线铁塔。

18.七道沟长城（150928382101040001）

该段长城起自察哈尔右翼后旗锡勒乡七道沟村东南2.3千米，止于七道沟村东南1.9千米。墙体呈东南—西北走向，上接五道沟长城1段，下接五道沟长城2段。

墙体长402米，土筑，保存较差。现存墙体呈凸起于地表的土垄状，轮廓清晰，底宽9、顶宽4、残高0.6～0.8米。该段长城为察哈尔右翼后旗境内唯一一段长城墙体，墙体绕霍进海子东北侧，折向西北，延伸在山丘谷地间。

墙体沿线调查烽燧1座，为七道沟烽燧。

七道沟烽燧（150928353201040001）　位于察哈尔后翼后旗锡勒乡七道沟村东南2.3千米处的霍进海子东岸平地上，东距七道沟长城墙体0.09千米，西北距五道沟2号烽燧0.75千米。

烽燧仅保留有墩台，土筑，保存差。残存台体现呈圆形土丘状，直径14、残高1.4米。墩台顶部有现代人工垒砌的石堆，周边地表散布有少量素面陶片。

19.五道沟长城2段（150927382102040002）

该段长城起自辉腾锡勒园区五道沟村东南3.7千米，止于五道沟村南2千米。墙体呈东南—西北走向，上接七道沟长城，下接新教滩长城。

该段长城墙体全长2920米，分为主、副墙。主墙长2300米，毛石干垒，保存一般；于地表现呈石垄状，底宽6～8、顶宽5～6、残高0.5～1米（彩图一四九）。墙体贯穿在较多的无名海子间，于该段长城末端有一干涸的湖泊，主墙在湖泊正中以东南—西北向穿过；副墙在湖泊东南侧与主墙分行，沿着湖泊南岸绕行，在湖泊西北部汇入主墙，平面大体呈半圆形分布。副墙全长620米，土筑，墙体低矮，保存差，底宽7.5、顶宽2、残高1米。构筑该段副墙的主要目的，是在湖泊水位较高的情况下，转以副墙来完成防御。

墙体沿线调查烽燧2座、障城1座，分别为五道沟2号、3号烽燧和五道沟障城。

五道沟2号烽燧（150927353201040002）　位于辉腾锡勒园区五道沟村东南3.3千米处的小山丘东坡上，东北距五道沟长城2段墙体0.04千米，西北距五道沟障城0.9千米、距五道沟3号烽燧0.75千米。

烽燧保留有墩台、坞和积薪垛，保存较差。墩台内部土筑，外包砌石块，现呈圆形土石丘状，直径11、残高2.7米。坞位于墩台南侧，靠台体而筑，平面呈长方形，东西15、南北8米；坞墙宽0.8~1.2、残高0.2~0.6米（彩图一五〇）。积薪垛位于坞西南侧，保留有2座，平面呈方形，边长3米。烽燧周围地表散布较多陶片，有泥质灰陶、褐陶等，纹饰有细绳纹、旋纹、附加堆纹等。

五道沟障城（150927353102040001）　位于辉腾锡勒园区五道沟村东南2.5千米，北距五道沟长城2段墙体0.12千米，西南距大阳卜障城13千米，东北距圪料坝烽燧2.8千米。

障城平面呈方形，边长53米，保存较差。现保留有东、北、西三面墙体，底宽14、顶宽3、残高5~6米（图一三）。障城南侧中广核宏基风电场I0805号风机的设立，使南墙受到破坏。墙体断壁上暴露出清晰的夯筑痕迹，由黑褐土和红碱泥夹杂沙石块夯筑，夯层厚10~12

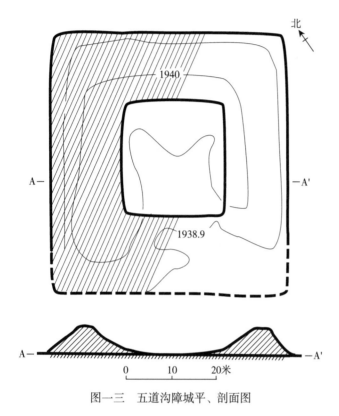

图一三　五道沟障城平、剖面图

厘米；墙体外侧可见包砌有石块痕迹；城门不详，推测应位于南墙上（彩图一五一）。遭破坏南墙外侧地表上，残留有部分石墙遗迹，应为关厢残迹。

障城内外及周围地表上散布有较多陶片，有泥质灰陶、褐陶等，纹饰以绳纹、凹弦纹为主，可辨器形有罐、盆等。采集"五铢"铜钱1枚，钱币直径2.5厘米，方形内孔边长1厘米，钱面有一周郭，钱背有内、外郭，"五"字交笔为直笔，"铢"字的"朱"头呈方折形，"金"字头较小，犹如一枚箭镞，属于汉武帝元狩五年（前118年）始铸的郡国五铢。

五道沟3号烽燧（150927353201040003）　位于辉腾锡勒园区五道沟村南2千米处，东北距五道沟长城2段墙体0.01千米，西北距新教滩1号烽燧0.75千米。

烽燧保留有墩台和坞，保存较差。墩台内部土筑，外侧包砌石块，现呈圆形土丘状，直径12、残高2.7米。坞分为内、外坞。内坞位于墩台南侧靠台体而筑，残存西墙，长7.6米。外坞位于墩台和内坞外侧，平面呈长方形，东西22、南北26米；外坞部分南墙利用墩台外包砌石墙，墙体宽1.2、残高0.2~0.4米（彩图一五二）。地表可见少量陶片。烽燧地处小山丘东坡，西高东低，烽燧东北0.07千米处为中广核宏基风电场I0809号风机。

20.新教滩长城（1509273882101040003）

该段长城起自辉腾锡勒园区新教滩村东南2.3千米，止于新教滩村西北1.1千米。墙体呈东南—西北走向，上接五道沟长城2段，下接隆胜义长城。

墙体长3447米，堆筑土墙。墙体呈凸起于地表的土垄状，底宽8~12、顶宽7~9、残高0.5~1米。前小段墙体行进在较平缓的山间平地上，部分墙体已变成乡村道路，但轮廓仍较清晰，延伸至新教滩村南侧，保存较差，长2614米；后小段墙体自村西一片树林西侧折向西北缓缓上山，止于山脊顶部，保存一般，长833米。其中，保存一般部分、保存较差部分，分别占该段墙体总长的24.2%、75.8%。

墙体沿线调查烽燧4座，为新教滩1~4号烽燧。

新教滩1号烽燧（150927353201040004）　位于辉腾锡勒园区新教滩村东南1.95千米处的平缓低洼滩上，北距新教滩长城墙体0.08千米，西北距新教滩2号烽燧0.75千米。

烽燧保留有墩台和坞，保存差。墩台内部土筑，外包砌石块，现已坍塌，呈圆形土丘状，直径10、残高3米。墩台顶部挖有边长2.5米的方形盗坑，坑内壁可见有较明显的夯层，厚约10厘米。坞残留有西墙21米，南墙5米，墙体宽0.5米。周边地表散布有少量陶片，有泥质灰陶、褐陶等，纹饰以凹弦纹为主。

新教滩2号烽燧（150927353201040005）　位于辉腾锡勒园区新教滩村东南0.8千米处的山间平缓川地上，北距新教滩长城墙体0.02千米，西北距新教滩3号烽燧0.75千米。

烽燧保留有墩台和坞，保存较差。墩台现呈圆形土丘状，直径15、残高2米。坞位于墩台南侧，平面呈方形，边长20米；坞墙为土石堆筑，宽0.4米。烽燧周边均为耕地，可见有少量素面陶片。

新教滩3号烽燧（150927353201040006）　位于辉腾锡勒园区新教滩村南0.15千米处的山间谷地中，北距新教滩长城墙体0.01千米，西北距新教滩4号烽燧0.75千米。

烽燧仅残存有墩台，保存较差。墩台坍塌，台体现呈圆形土丘状，直径20、残高2.3米（彩图一五三）。因距村庄较近，围绕台体底部及中部有一周取土坑，紧靠墩台南侧有一东西向乡村土路经过，烽燧现面临着即将消失的危险。

新教滩4号烽燧（150927353201040034）　位于辉腾锡勒园区新教滩村西0.95千米处的高山顶部，东北距新教滩长城墙体0.28千米，西北距隆胜义1号烽燧0.75千米。

烽燧仅存坞，保存差。由于华电2—F019号风机的修建，导致墩台被铲平，已无法辨识原始形制。原墩台东北侧残存有坞墙，为石筑，可见有北墙长7.5、东墙长12、西墙长4.5米，墙体宽1.2米。

21.隆胜义长城（150927382101040004）

该段长城起自辉腾锡勒园区隆胜义村西南0.59千米，止于隆胜义村西北2.7千米。墙体呈东南—西北走向，上接新教滩长城，下接宏盘长城。

墙体长3124米，土筑，保存较差。现存墙体于地表呈土垄状，底宽8~13、顶宽7~10、残高0.5~1米。该段长城起初主要行进在山间谷地中，越过一条东西向山梁后，沿着山脊向西北方向延伸，绕过隆胜义4号烽燧外侧，折向以下是西北下山而去。此拐点是整个九十九泉汉长城的东北端转折点。

墙体沿线调查烽燧4座，为隆胜义1~4号烽燧。

隆胜义1号烽燧（150927353201040035）　位于辉腾锡勒园区隆胜义村西1千米处高山顶部，东北距隆胜义长城墙体0.25千米，西北距隆胜义2号烽燧0.75千米。

烽燧保留有墩台和坞，保存较差。墩台土石混筑，现呈圆形土丘状，底部直径12、顶部直径1、残高3.4米。坞位于墩台东南侧，靠台体而筑，平面呈方形，边长8.5米，坞墙宽1.2米。烽燧周围地表散落有较多陶片，纹饰有细绳纹、粗绳纹、弦断绳纹等。

隆胜义2号烽燧（150927353201040007）　位于辉腾锡勒园区隆胜义村西北1.2千米处的山间缓冲带，西北距隆胜义3号烽燧0.75千米。

　　烽燧仅残存墩台，保存差。墩台紧靠长城墙体而筑，现呈不规则土丘状，台体南半部分因风电场修路而被推平，断壁上可见有清晰的夯层，厚10厘米，壁上现有许多小动物洞穴（彩图一五四）。残存台体规格为东西10、南北12、残高3.8米。地表散落有较多的陶片，纹饰以绳纹、弦断绳纹为主。烽燧西南0.1千米处的小山顶部建有华电3—F025号风机。

　　隆胜义3号烽燧（150927353201040008）　位于辉腾锡勒园区隆胜义村西南1.7千米处的山丘顶部，东北距隆胜义长城墙体0.1千米，西北距隆胜义4号烽燧0.75千米。

　　烽燧保留有墩台和坞，保存较差。墩台坍塌，台体现呈圆形土丘状，直径20、残高4.6米。坞位于墩台东侧，靠台体而筑；坞墙石筑，残存南墙5.6、东墙4米，墙体宽1米。周围地表散落有少量素面陶片。烽燧西北侧0.02千米处有华电3—F025号风机。

　　隆胜义4号烽燧（150927353201040009）　位于辉腾锡勒园区隆胜义村西北2.5千米的小山包顶部，东北距隆胜义长城墙体0.05千米，西南距宏盘1号烽燧1千米。

　　烽燧保留有墩台和坞，保存较差。墩台坍塌，台体现呈圆形土丘状，直径19、残高5.8米。坞位于墩台南侧，西墙长8.8、东墙残长4.3米，墙体宽1米；坞内隐约可见方形石筑遗迹，边长4.8米。周边地表上散落有少量陶片。烽燧地处灰腾梁草原北端较高的山梁顶部，四面视野辽阔，北侧可见科布尔镇及其所在的东西向川地。

　　22. 宏盘长城（1509273821010400005）

　　该段长城起自辉腾锡勒园区宏盘村东北1.1千米，止于宏盘村西北1.6千米。墙体前半段为东北—西南走向，后半段为东西走向，上接隆胜义长城，下接草垛山长城。

　　墙体长2600米，为黑土夯筑。墙体前小段遭耕地破坏，但地表轮廓清晰，保存差，长345米；中小段墙体保存较差，于地表现呈土垄状，底宽10～13、顶宽9～11、残高0.4～0.7米，长1515米；后小段遭道路覆压，现已消失殆尽，长740米。其中，保存较差部分、保存差部分、消失部分，分别占该段墙体总长的58.3%、13.2%和28.5%。该段长城分布于灰腾梁草原北端较平缓的山梁内侧坡地上，地形北高南低（彩图一五五）。村庄及风电场的建设等人为因素，对长城墙体及烽燧造成了不同程度的破坏。

　　墙体沿线调查烽燧2座，为宏盘1号、2号烽燧。

　　宏盘1号烽燧（150927353201040010）　位于辉腾锡勒园区宏盘村北0.4千米处的开阔坡地上，西南距宏盘2号烽燧0.83千米。

　　烽燧保留有墩台和坞，土筑，保存差。墩台坐落于宏盘长城墙体之上，现呈圆形土丘状，直径16、残高3.8米；坞位于墩台东南侧，隐约可见方形坞墙，边长12米，墙体宽1、残高0.3米。周边地表散落有较多陶片，纹饰有绳纹、附加堆纹等。烽燧西侧有一条南北向砂石路通往宏盘村，修路时对墙体及墩台有取土破坏。

　　宏盘2号烽燧（150927353201040011）　位于辉腾锡勒园区宏盘村西北0.8千米，北距宏盘长城墙体0.07千米，西距草垛山1号烽燧1.1千米。

　　烽燧保留有墩台和坞，保存差。墩台西侧电场路的修建，使台体西北部分遭取土破坏较严重，现残存台体为夯土建筑，直径19、残高2.3米（彩图一五六）。坞位于墩台东南侧，平面呈方形，边长20米。周围地表散落有少量陶片，为泥质灰陶、褐陶，纹饰有绳纹、附加堆纹等。

　　23. 草垛山长城（1509273821010400006）

　　该段长城起自辉腾锡勒园区草垛山村北1.4千米，止于草垛山村西北2.2千米。墙体大体呈东北—西南走向，上接宏盘长城，下接大西沟长城。

该段长城墙体全长3325米，为土筑，可分为主、副墙。主墙长2575米，现呈凸起于地表的土垄状，底宽8~12、顶宽6~9、残高0.2~0.6米。前小段墙体主要分布在田地北缘，一直与北侧风电场砂石路并行，保存差，长1605米；后小段墙体因受电场路和卓资山镇至科布尔镇柏油路的碾压，导致部分墙体消失，长970米。副墙自草垛山3号烽燧西侧从主墙分行而出，向西南缓缓下山，被柏油路破坏一小部分后，在路西又复现汇入主墙。副墙长750米，保存较差，底宽5~6、顶宽1~2、残高0.5~1米。其中，保存较差部分、保存差部分、消失部分，分别占该段墙体总长的22.5%、48.3%和29.2%。副墙所在地自古以来是灰腾梁上南北通道必由之地，在该通道上加筑副墙，除有加强防御的目的外，可能还起到关隘的作用。

墙体沿线调查烽燧3座，分别为草垛山1~3号烽燧。

草垛山1号烽燧（150927353201040013） 位于辉腾锡勒园区草垛山村东北1.43千米处的长城墙体之上，西偏南距草垛山2号烽燧1.5千米。

烽燧残存墩台和坞，保存差。墩台大半部分遭取土破坏，原始形制已无法辨识；从台体底部残存痕迹可知，为黑土夯筑，直径19、残高2米。坞位于墩台南侧，残存南墙12米，残存东、西墙各7米。烽燧北侧30米为风电场砂石路，西侧为耕地。

草垛山2号烽燧（150927353201040014） 位于辉腾锡勒园区草垛山村西北1.4千米处较高独立的山丘顶部，北距草垛山长城墙体0.11千米，西南距草垛山3号烽燧0.53千米。

烽燧残存有墩台和坞，保存较差。台体现呈圆形土丘状，直径15、残高2.5米，顶部有石垒现代敖包。坞位于墩台东南侧，平面呈方形，边长10米，坞墙宽1米。地表散落有少量素面陶片。该烽燧地处孤山顶部，西侧有中国华电6—G115号风机，东侧和北侧为采石场，烽燧面临着被毁危险。

草垛山3号烽燧（150927353201040015） 位于辉腾锡勒园区草垛山村西北1.5千米处的墙体之上，西南距大西沟1号烽燧1千米。

烽燧残存墩台和坞，均为土石混合堆筑，保存差。墩台所在长城墙体及大部分台体已被取土铲平，测量残存台体底部直径约20米。坞位于墩台南侧，平面呈长方形，风电场土路从坞墙上压过，可见坞墙东西12、南北7.5米。周围地表散落有大量陶片，纹饰以绳纹、凹弦纹为主。

24. 大西沟长城（150927382101040007）

该段长城起自辉腾锡勒园区大西沟村东南1.3千米，止于大西沟村南3千米。墙体上半段呈东北—西南走向，下半段为北南走向，上接草垛山长城，下接葫麻湾长城。

墙体长3443米，为黑土夯筑，整体保存较差。现存墙体于地表呈土垄状，底宽9~13、顶宽6~8、残高0.4~1米。该段长城主要分布于灰腾梁西北端高山丘陵间，起初墙体行进在山体南侧斜坡上，南侧为大面积人工栽植树林，其后逐渐缓缓而下，沿着沟谷地西岸止于葫麻湾村北。其前、后小段墙体保存较差，长2483米；中小段保存差，长960米。其中，保存较差部分、保存差部分，分别占该段墙体总长的72.1%、27.9%。

墙体沿线调查烽燧4座，分别为大西沟1~4号烽燧。

大西沟1号烽燧（150927353201040016） 位于辉腾锡勒园区大西沟村东南1.35千米山丘东坡处，西北距大西沟长城墙体1千米，西南距大西沟2号烽燧0.63千米。

烽燧仅残存墩台，为土石混合建筑，保存差。墩台遭取土破坏严重，仅残存东北侧一部分，残高2米。

大西沟2号烽燧（150927353201040017） 位于辉腾锡勒园区大西沟村东南1.1千米处的小山丘顶部，西北距大西沟长城墙体0.16千米，西南距大西沟3号烽燧0.75千米。

烽燧保留有墩台、坞和壕沟，保存较好。台体现呈圆形土丘状，直径19、残高4.5米；顶部有石堆现代敖包，西侧遭取土破坏。坞可分内、外坞。内坞位于墩台南侧，靠台体而筑，平面呈方形，边长10米；坞墙略高于地表，坞内东南角有长4.3、宽3.2米的长方形石圈。外坞围于内坞外侧，平面呈长方形，南墙及西墙南部被一条东西向土路破坏，现西墙残存5、东墙14.5米；坞墙石筑，宽2～3、残高1米，在其坍塌断面上，可见石墙之下较清晰的夯筑土墙，夯层厚10厘米。墩台外围东、北、西三侧围有壕沟（彩图一五七）。周边地表散落有少量陶片。

大西沟3号烽燧（150927353201040018）　位于辉腾锡勒园区大西沟村东南1.4千米处的长城墙体之上，南距大西沟4号烽燧0.77千米。

烽燧仅存墩台，为黑土夯筑，保存较差。台体现呈圆形土丘状，直径17、残高4.5米。长城墙体及烽燧周围环境破坏较严重，遍地挖坑，整座山体南坡地表凸凹不平。

大西沟4号烽燧（150927353201040020）　位于辉腾锡勒园区大西沟村东南2.2千米处的山梁顶部，西北距大西沟长城墙体0.55千米，西南距蓿麻湾1号烽燧1.1千米。

烽燧仅存墩台，为砂石堆筑，保存较差。台体现呈圆形土丘状，顶部有石头堆，直径14、残高2.8米。周边地表散落较多陶片，多为素面，少数装饰有绳纹。

25. 蓿麻湾长城（150927382101040008）

该段长城起自辉腾锡勒园区蓿麻湾村北0.2千米，止于蓿麻湾村西南1.78千米。墙体呈东北—西南走向，上接大西沟长城，下接大阳卜长城。

墙体长1774米，土筑，总体保存较差。现存墙体呈凸起于地表的土垄状，轮廓清晰，底宽8～10、顶宽7～9、残高0.4～0.6米。该段长城起初因蓿麻湾村及黄花蒙古大营旅游点的建设而消失一部分，长550米；复现后的墙体延伸在平缓台地上，较清晰可见墙体为外侧挖壕、内侧堆墙而筑，保存较差，长1224米。其中，保存较差部分、消失部分，分别占该段墙体总长的69%、31%。

墙体沿线调查烽燧2座，分别为蓿麻湾1号、2号烽燧。

蓿麻湾1号烽燧（150927353201040021）　位于辉腾锡勒园区蓿麻湾村北0.14米处的小山包顶部，西距蓿麻湾长城墙体0.03千米，西南距蓿麻湾2号烽燧1.06千米。

烽燧保留有墩台、坞和壕沟，保存较差。墩台土石混筑，台体现呈土石丘状，直径20、残高2～4米。坞位于墩台东侧，靠台体而筑，平面呈长方形，东西7、南北12米；坞墙宽1.5、残高1.5米。墩台及坞外侧围有一周壕沟，壕宽3、深0.5～1米（彩图一五八）。

蓿麻湾2号烽燧（150927353201040022）　位于辉腾锡勒园区蓿麻湾村西南0.8千米处较平坦的台地上，西距蓿麻湾长城墙体0.1千米，西南距大阳卜1号烽燧0.7千米。

烽燧仅存墩台，保存差。台体现呈圆形土丘状，直径30、残高2米。周边地表可见较多陶片，纹饰以绳纹、凹弦纹为主。烽燧地处黄花沟地质公园柏油路与黄花沟景区柏油路丁字路口东南侧，通往黄花沟景区的柏油路对台体西侧造成局部破坏。

26. 大阳卜长城（150927382101040009）

该段长城起自辉腾锡勒园区大阳卜村东北0.9千米，止于大阳卜村西南3.6千米。墙体上段大体呈北南走向，下段为东北—西南走向，上接蓿麻湾长城，下接独贵坝长城。

墙体长5325米，为黑土夯筑。现存墙体呈凸起于地表的土垄状，整体宽而低矮，但轮廓清晰，底宽14～16、顶宽8～13、残高0.5～0.8米。前小段墙体起点南侧为京能—辉腾锡勒风电分公司风电站，墙体从风电站西侧经过，穿过黄花沟一条东支沟，折向西南，沿着黄花沟南岸台地上蜿蜒而行，保存较差，长3545米；后小段墙体由平坦地逐渐向山区上升，墙体保存差，长1780米。其中，保存较差部分、保存差部分，分别占该段墙体总长的66.6%、33.4%。

墙体沿线调查烽燧7座、障城1座，分别为大阳卜1~7号烽燧和大阳卜障城。

大阳卜1号烽燧（150927353201040023） 位于辉腾锡勒园区大阳卜村东北0.97千米处的长城墙体之上，西南距大阳卜2号烽燧1.5千米，南距大阳卜障城0.8千米。

烽燧保留有墩台和坞，保存较差。台体现呈圆形土丘状，直径18、残高3米。坞位于墩台东侧，靠台体而筑，平面呈方形，边长10米；坞墙隐约可见石块垒砌痕迹，宽1米。烽燧南侧0.1千米处，设立有金风科技D081号风机。

大阳卜障城（150927353102040004） 位于辉腾锡勒园区大阳卜村东南1.1千米处的较平坦的台地上，西距大阳卜长城墙体0.21千米，西南距独贵坝障城8.85千米。

障城平面呈方形，边长60米。墙体内部土筑，外侧包砌石块，坍塌后的石块坠落在墙体外侧；现存墙体底宽12~15、顶宽2~4、残高约6米；南墙正中开门，宽约5米，方向为180°（彩图一五九）。障城内现呈锅底形，中部有一长方形盗坑，坑沿儿周围散落有大量板瓦、筒瓦残片和陶片等，板瓦内腹多饰菱形网格纹，筒瓦前沿有手捏"S"形装饰。

障城南墙、东墙南半部外侧修筑有东、南两座关厢，墙体均为石块垒砌而成，宽2.2、高约1米。南关厢位于障城南侧，关厢北墙利用障城南墙，平面呈长方形，东西长60、南北宽35米。东关厢位于障城和南关厢东侧，东关厢西墙利用障城东墙南半部和南关厢东墙，平面呈长方形，南北长50、东西宽28米（图一四）。

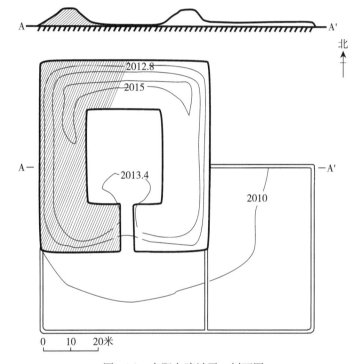

图一四 大阳卜障城平、剖面图

大阳卜2号烽燧（150927353201040024）位于辉腾锡勒园区大阳卜村东南0.9千米处的长城墙体之上，西南距大阳卜3号烽燧0.84千米。

烽燧保留有墩台、坞和积薪垛，保存较差。台体现呈圆形土丘状，黑土夯筑，直径13、残高1.8米。坞位于墩台南侧，可分内、外坞，均为石筑，墙体宽1、高0.2米。内坞北靠台体，南设东、南、西三面墙，平面呈方形，边长5米。外坞位于墩台和内坞外围，平面呈长方形，东西18.5、南北12米。外坞西南侧东西排列有3座积薪垛，平面均呈椭圆形石堆状，长径3.2、短径2.5米。

大阳卜3号烽燧（150927353201040025） 位于辉腾锡勒园区大阳卜村南1.3千米，北距大阳卜长城墙体0.19千米，西北距大阳卜4号烽燧0.3千米。

烽燧仅存墩台，保存较差。台体现呈圆形土丘状，直径20、残高2米。周围地表散落较少陶片，以素面为主。烽燧地处黄花沟南侧平地上，西北1.2千米处为黄花沟旅游接待中心，南侧0.02千米为景区柏油路。

大阳卜4号烽燧（150927353201040036） 位于辉腾锡勒园区大阳卜村西南1.24千米，北距大阳卜长城墙体0.05千米，西北距大阳卜5号烽燧1.7千米。

　　烽燧保留有墩台和坞，保存较差。台体现呈圆形土丘状，直径20、残高3米。坞北靠墩台，南设东、南、西三面墙，平面呈长方形，东墙、西墙长15米，南墙长21米；坞墙石筑，墙体宽0.5米。该烽燧地处黄花沟南侧平地上，西北0.25千米处为黄花沟旅游接待中心，西侧0.13千米为通往接待中心的柏油路。

　　大阳卜5号烽燧（150927353201040026）

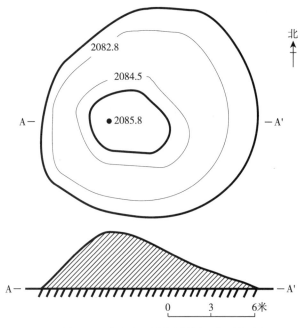

图一五　大阳卜6号烽燧墩台平、剖面图

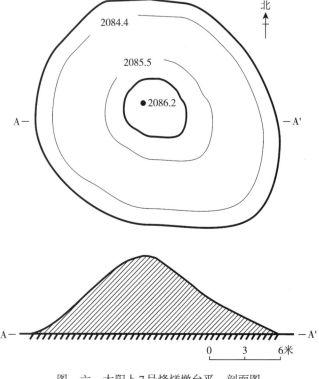

图一六　大阳卜7号烽燧墩台平、剖面图

位于辉腾锡勒园区大阳卜村西南3.57千米处的长城墙体之上，西南距大阳卜6号烽燧0.9千米。

　　烽燧仅存墩台，保存较差。台体现呈圆形土丘状，黑土夯筑，直径15、残高2米。周边地表散落较多陶片，多为素面，少数装饰绳纹。

　　大阳卜6号烽燧（150927353201040027）位于辉腾锡勒园区大阳卜村西南3.56千米处的小山丘顶部，北距大阳卜长城墙体0.04千米，南距大阳卜7号烽燧0.08千米。

　　烽燧仅存墩台，保存一般。台体现呈圆形土丘状，直径15、残高4米（图一五；彩图一六〇）。西侧有金风科技 I036号风机。

　　大阳卜7号烽燧（150927353201040028）位于辉腾锡勒园区大阳卜村西南3.6千米处的小山丘顶部，北距大阳卜长城墙体0.12千米，西南距独贵坝1号烽燧2.33千米。

　　烽燧仅存墩台，保存较差。台体呈圆形土丘状，直径20、残高3米（图一六）。墩台及周边地表散落有少量陶片，多为泥质素面灰陶。烽燧西南侧有金风科技9号风电线13号电线杆，南侧0.07千米为风电场所修的东西向砂石路。

　　27. 独贵坝长城（150927382101040010）

　　该段长城起自察哈尔右翼中旗乌兰哈页苏木东独贵坝村东南3.6千米，止于东独贵坝村西南1.2千米。墙体大体呈东西走向，上接大阳卜长城，下接二道坝1号烽燧。

　　墙体长4548米，黑土夯筑，保存差。现存墙体呈凸起于地表的土垄状，轮廓较清晰，底宽16～19、顶宽12～16、残高0.4～0.7米。该段长城为九十九泉汉长城西南端的最后一段墙体，长城所经地形地貌较特殊，地面凹凸不平，使墙体隐约断续分布。

　　墙体沿线调查烽燧2座、障城1座，分别

为独贵坝1号、2号烽燧和独贵坝障城。

独贵坝1号烽燧（150927353201040029） 位于乌兰哈页苏木东独贵坝村东南1.88千米处的长城墙体之上，西南距独贵坝2号烽燧1千米。

烽燧仅存墩台，保存较差。台体现呈圆形土丘状，直径15、残高3米。地表散布少量泥质灰陶片，多为素面。烽燧东北侧有一现代居民住址，南侧为风电场砂石路。

独贵坝2号烽燧（150927353201040037） 位于乌兰哈页苏木东独贵坝村东南1.6千米处的山丘顶部，北距独贵坝长城墙体0.4千米，西北距独贵坝障城1.2千米，西距二道坝1号烽燧4.3千米。

烽燧现残存墩台，保存差。台体现呈圆形土丘状，直径20、残高2.2米。现墩台顶部立有一京能集团金风科技9号风电线54号高压电线杆，对墩台造成了严重的破坏。烽燧北侧50米处有风电场砂石路，西北侧为金风科技Ⅰ012号风机和箱变。

独贵坝障城（150927353102040006） 位于乌兰哈页苏木西独贵坝村东0.77千米处的山顶之上，北距独贵坝长城墙体0.03千米，西距二道坝1号烽燧3.1千米，西南距西梁障城9.7千米、距米家湾障城9.3千米。

障城位于高山丘顶部，三面临沟，地形险要（彩图一六一），西与二道坝1号烽燧对望，其二者间为南北走向的大型沟谷地，谷地北坡上覆盖着茂密的森林。障城内现已填满石块，不成形状。大致在障城南墙上树立9号风电线61号电线杆，紧靠西墙树立金风科技Ⅰ003号风机及风机箱变，导致障城受破坏严重，原始形制已无法辨识。周围地表散布大量的陶片、瓦片以及少量铁片。陶片有泥质灰陶、褐陶和红陶等，纹饰多见绳纹；瓦片外壁饰绳纹，内腹饰菱形网格纹。

从独贵坝长城墙体向西，因多为高山丛林，以险要地形做自然屏障，未筑长城墙体，而是以烽燧相连，防御措施从兴筑长城墙体转变成连绵不断的烽燧线。自独贵坝障城至土堡障城为止，共设烽燧9座，以下对每座烽燧逐一描述。

28. 二道坝1号烽燧（150927353201040030） 位于乌兰哈页苏木二道坝村西北0.5千米的山顶上，东距独贵坝长城墙体止点3.1千米，西北距二道坝2号烽燧0.97千米。

烽燧残存有墩台，保存差。台体现已被瞭望铁塔所铲毁，仅残存一小部分，原始形制已无法辨识。墩台周边地表散布较多陶片、器物口沿等，纹饰多见绳纹和凹弦纹。该烽燧向东与独贵坝障城隔着沟谷两岸对望，南侧半坡处有一牧场，东、北侧为森林，西侧山脊上与二道坝2号烽燧对应。

29. 二道坝2号烽燧（150927353201040031） 位于乌兰哈页苏木二道坝村西北1.4千米处的山脊上，北靠森林，南临陡峭深沟，西距二道坝3号烽燧1.5千米。

烽燧保留有墩台、坞和壕沟，保存一般。台体现呈圆形土石堆状，直径15、残高3米。坞可分东、西坞，均由白色岩石垒砌而筑，坞墙宽0.5、高0.3米。西坞墙体绕墩台外围一周，呈长方形，东西22、南北15米；墩台位于西坞内侧西部，坞内东南角处有长3、宽2米的长方形石圈。东坞位于西坞东侧，残存南墙12、西墙2米；其最外围为一周椭圆形壕沟，壕宽2~3、深约1米，壕内杂草丛生。烽燧周边地表散落有大量陶片，纹饰有绳纹、弦纹、附加堆纹等，采集有一铜带钩。

30. 二道坝3号烽燧（150927353201040032） 位于乌兰哈页苏木二道坝村西北2.6千米处的山脊上，西南距二道坝4号烽燧1.77千米。

烽燧保留有墩台、坞和壕沟，保存较差。台体现呈圆形土石堆状，直径16、残高2米。坞可分东、西坞，坞墙均为石块垒砌而筑，宽约0.5米。西坞残存有西墙13.5、北墙10、南墙2米，西墙外侧保留有长方形石圈，长8、宽2.8米；东坞位于西坞东侧，西墙利用西坞东墙，残存西墙7.5、南墙2米。其最外围为一周椭圆形壕沟，壕宽3、深0.8~1米，壕内杂草丛生。烽燧周边地表散落有少量陶片。

31. 二道坝 4 号烽燧（150927353201040033）　位于乌兰哈页苏木二道坝村西 3.8 千米处的较平缓台地上，西南距牛口哈达 1 号烽燧 1.14 千米。

烽燧保留有墩台、坞和壕沟，保存一般。台体现呈圆形土石堆状，直径 20、残高 3 米。坞位于墩台外侧，残存坞东墙 25、南墙 18 米，北、西墙不明显，坞墙由白灰岩垒砌而筑，墙宽 0.6 米。墩台和坞外围隐约可见有壕沟，壕宽 2、最深处 1 米。地表散落有较少的陶片，纹饰以绳纹为主。现烽燧北侧缓坡地上已被开地耕作，南坡较陡峭。

32. 牛口哈达 1 号烽燧（150921353201040068）位于卓资县复兴乡牛口哈达村东北 2 千米的高山顶部，山脊东西向连绵，南北陡峭，西南距牛口哈达 2 号烽燧 0.38 千米。九十九泉汉长城烽燧线自该烽燧起进入卓资县境内。

烽燧保留有墩台和坞，保存较好。台体现呈圆形土石堆状，直径 20、残高 4 米。坞位于墩台外侧，呈长方形，东西 23、南北 26 米，坞墙石筑，墙体宽 1、残高 0.5 米。

33. 牛口哈达 2 号烽燧（150921353201040069）　位于卓资县复兴乡牛口哈达村东北 1.7 千米的山坡断崖边上，西南距米家湾烽燧 0.65 千米。

烽燧残存墩台，保存较差。台体现呈圆形土丘状，土筑，直径 15、残高 2.5 米。该烽燧地处小山梁顶部，南侧为断崖峭壁，北侧地形较平缓，东、西两侧为山间深沟。

34. 米家湾烽燧（150921353201040032）位于卓资县复兴乡米家湾村东北 2.7 千米处一尖山顶部，四周陡峭，周围为高低不一的小山梁。西南距朱家湾烽燧 1.9 千米，东南距米家湾障城 1.5 千米。

烽燧保留有墩台、坞和壕沟，保存一般。台体现呈圆形土丘状，直径 20、残高 8 米，台体顶部有一盗坑。坞位于墩台东侧，呈长方形，东西 3、南北 12 米。墩台和坞外侧绕一周壕沟，周长约 30 米，壕宽 2、深 1.2 米。地表散落有较多的陶片，纹饰以绳纹、凹弦纹为主。该烽燧地处灰腾梁山脉靠西端，所在山梁高而尖，视野开阔，能清晰地观察到东自西梁障城、西至土堡障城间的大黑山北川东西通道（彩图一六二）。

35. 米家湾障城（150921353102040006）　位于卓资县复兴乡米家湾村东北 1.23 千米处的半山脊上，与米家湾烽燧分布在同一座南北向分水岭，东南距西梁障城 3.9 千米。

障城平面呈方形，边长 23 米。墙体现呈土垄状，底宽 7、顶宽 3、残高 1.5 米，南墙正中开门，宽约 3 米。障城内部现略呈锅底形。城内城外散落较多陶片，有泥质灰陶、褐陶等，纹饰有绳纹、凹弦纹等，可辨器形有罐、盆等。

36. 朱家湾烽燧（150921353201040070）　位于卓资县复兴乡朱家湾村东北 1.47 千米处的较平坦山梁上，东距米家湾障城 1.5 千米，西南距阳坡烽燧 3.4 千米。

烽燧保留有墩台、坞和壕沟，保存一般。台体现呈圆形土丘状，直径 15、残高 4 米。坞位于墩台南侧，平面呈方形，边长 8 米；坞墙基本与地表持平。墩台和坞外侧绕有一周壕沟，因山形南北长、东西窄，南、北侧壕沟地表较明显，壕宽 2、深 1.2 米，东、西侧现已不清。周围地表散落有大量的陶片，纹饰以绳纹、凹弦纹为主。该烽燧地处南北向山梁顶部，山体北高南低，两侧为深沟，均栽植灌木，由西向东山梁与深沟相隔排列。

37. 阳坡烽燧（150921353201040055）　位于卓资县复兴乡阳坡村北 0.2 千米处的二层台基上，西距土堡障城 1.3 千米。

烽燧现因农民耕地破坏较严重，保存差，原始形制已无法辨识。可见墩台台基直径在 15 米左右，周围地表散布较多陶片，有泥质灰陶、褐陶等，纹饰有绳纹、附加堆纹等。

38. 西梁障城（150927353102040005）　位于察哈尔右翼中旗辉腾锡勒园区西梁村西侧，地处灰腾梁南侧大黑河支流河上游河谷地中。西北距土堡障城8.4千米，东距偏关卜子烽燧7千米。

京新高速公路（G7）所建桥梁从障城西侧穿过，对障城造成严重破坏，残留的部分墙体高不足1米。障墙土筑，周长约在160米左右，保存差。周围地表散落较多陶片，泥质黑陶居多，纹饰有绳纹、附加堆纹等。

39.偏关卜子烽燧（150927353201040040）　位于察哈尔右翼中旗金盆乡偏关卜子村西南0.6千米处的山脊上，北侧为河谷川地，南侧为丘陵。东距三岔子障城12千米。

因烽燧地处于东西向山梁顶部，现仅存墩台。台体呈椭圆形土丘状，东西长径15、南北短径10、残高4米，台体顶部较平，向东南侧坍塌明显较多。地表散落有较多的陶片，纹饰以绳纹、凹弦纹为主。因所处位置较特殊，应属道路沿线传递信息的道上燧。

40. 土堡障城（150921353102040003）　位于卓资县复兴乡土堡村南0.16千米，北距口子障城4千米，西南距破堡障城4千米。

障城平面呈方形，边长60米。墙体夯土而筑，保存差，可见西墙、北墙、南墙保留有部分墙体外，东墙现已被铲平铺路。存留墙体底宽顶窄，底宽8～11、顶宽2～4、残高1.8～2.7米。东北角台断壁上可见夯层，厚10～12厘米（图一七）。城内地表散落有较多的陶片、板瓦等。陶片纹饰有绳纹、弦断绳纹、凹弦纹等，可辨器形有釜、罐等；筒瓦、板瓦多外壁饰粗绳纹、内腹饰布纹或菱格纹。

障城西侧为隆胜德河，南侧有一条小河，与隆胜德河于障城的西南侧0.6千米处交汇，流向西南，于旗下营镇斗金山北麓汇入大黑河主河道。障城西的对岸、福兴号村西侧有一座孤山，山顶悬崖峭壁耸立。通过调查，在悬崖峭壁

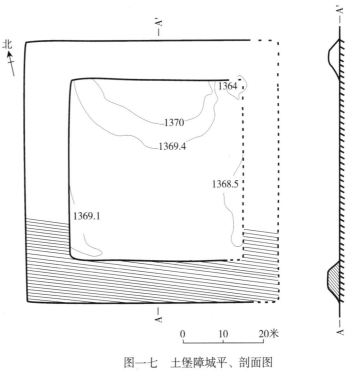

图一七　土堡障城平、剖面图

之下，有一道人工修砌的环山小道，小道上采集有汉代的绳纹陶片。这座孤山与土堡障城东西相对，形成了控扼隆胜德河谷的态势。

41.破堡障城（150921353102040007）　位于卓资县复兴乡左家营村北1.2千米，地处大黑河支流右岸，S305柏油路从障城西侧经过。

障城墙体现已完全消失，左家营村居民挖墙取土，加之耕地开垦是导致障城消失的主要原因。在路边及田地里，散落有较多陶片和筒瓦、板瓦残片。陶片纹饰多见绳纹，筒瓦外壁饰绳纹、内腹多饰布纹和菱形格纹。

从破堡障城向西南，直至察哈少山，现代集镇、村落、道路、耕地密集，二者之间的长城及烽燧等遗迹，均已难以寻觅。有名为上高台村、下高台村的村落，显示原来应有烽燧的存在。

42.隆胜德长城（150921382102040013）

该段长城起自卓资县复兴乡隆胜德村西北1.4千米，止于隆胜德村西北1.5千米。墙体先作西南—

东北向直线分布，继而折向东南—西北直线分布，大体呈南北走向。

墙体长20米，为石墙，毛石干垒，保存差。墙体现呈石垄状，两侧坍塌较严重，现存墙体底宽5、顶宽1.5、残高1.5~2.5米。该段长城在东河南侧的黑楞沟沟口处，沟口两侧山势险峻，其主要起到控扼沟口的作用，应属当路塞。

43.口子障城（150921353102040008）　位于卓资县复兴乡口子村西0.35千米处的寨子山山顶上，南、北侧均临河谷断崖，西面为高山峻岭。东北距永胜堂障城16.6千米，南距土堡障城4.2千米。

障城平面呈不规则形，除东侧石砌墙体长110米外，西凭陡峻山岭，南北据深峭悬崖，依自然山险，不筑墙体；其周长370米。由于受人为破坏因素较小，东墙除局部坍塌外，整体保存较好（彩图一六三）。现存墙体底宽8、顶宽1~1.5、墙外高近10、墙内高3~4.5米。东墙中部偏北处设一门，宽约2米，方向为110°。东墙门址南侧筑有2座马面，自墙体向外凸出，呈梯形。北侧马面较大，长10、宽6、高近10米；南侧马面较小，边长5、高近8米。北侧马面下方有2座石砌房址，为方形或长方形，边长在4~9米之间。障城内保存有10座房址，现残存石砌基址，其中东墙内侧倚墙而筑有6座，城内散布有4座，亦均为方形或长方形，边长多在3~5米之间（图一八）。城内采集有装饰粗绳纹、弦纹陶片。

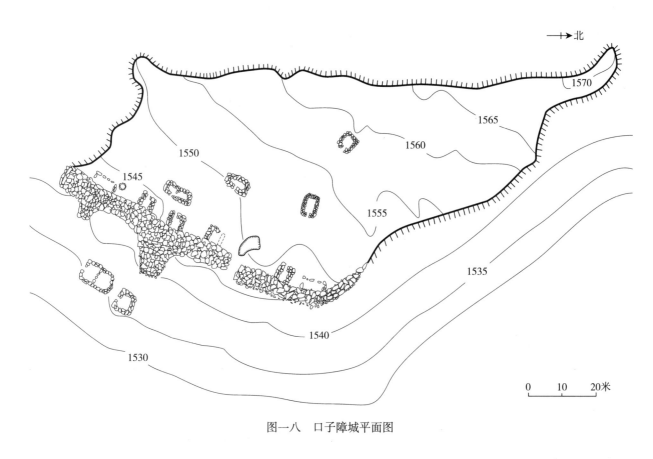

图一八　口子障城平面图

障城南侧断崖下为东河，在河口处建有玻勒库鸡水库；障城北侧河流上游处正在修建隆胜水库。登城东望，隆胜德谷地尽在视野之内。

马面在城邑墙体之上的普遍使用开始于北魏时期，口子障城东墙南侧筑有2座马面，为汉代城址所少见。口子障城东墙下临山崖，墙体上马面的主要功能在于防止墙体向下坍塌，主要起到护墙的作用，也有一定的军事防御作用，但与北魏城墙马面完全在于加强军事防御功能还有所差异。

44. 永胜堂障城（150927353102040007）　位于察哈尔右翼中旗乌兰哈页苏木永胜堂村西南0.5千米，处于高山南坡的二层台地上，南侧有S305省道东北—西南向经过。西南距口子障城16.6千米，东南距永胜堂烽燧0.7千米。

障城平面呈方形，边长35米，保存较好（彩图一六四）。墙体为夯筑土墙，现呈下宽上窄的土垄状，底宽15、顶宽1~2、北墙高10、南墙高7米，夯层厚12~28厘米。东墙中部开门，门宽3米，方向为128°。城内现杂草丛生，中部有一长2、宽1.5米的盗坑，深约2米。南墙外侧有长60、宽20米的长方形平坦台地，现为耕田，有一现代坟墓。城内、外地表散落有较多陶片、板瓦等，陶片纹饰多见绳纹、附加堆纹和弦断绳纹等，板瓦内腹多饰菱形网格纹，筒瓦内腹多饰细密绳纹。

永胜堂障城地处隆胜德谷地的最北端，其周边分布有2座烽燧，分别为永胜堂烽燧和七苏木烽燧。障城与烽燧的组合，起到扼守谷地北口的作用。

45. 永胜堂烽燧（150927353201040038）　位于察哈尔右翼中旗乌兰哈页苏木永胜堂村南0.8千米处的高山顶部，北0.7千米与永胜堂障城隔河谷对望，东距七苏木烽燧3.7千米。

烽燧现保留有墩台、坞和壕沟，保存一般。墩台坍塌，台体现呈圆形土丘状，直径20、残高5米。坞位于墩台东侧靠台体而筑，台体坍塌后掩盖在坞上，地表可见大体轮廓，平面呈长方形，东西10、南北5米。最外围绕一周壕沟，平面呈椭圆形，东西长35、南北宽25米，周长约120米，壕宽3、深1米。地表可见少量陶片、铁器残片等，陶片纹饰以绳纹、水波纹、凹弦纹为主。

46. 七苏木烽燧（150927353201040039）　位于察哈尔右翼中旗乌兰哈页苏木七苏木村东南1.3千米处的小山丘顶部，东南距大东沟烽燧8.6千米。

烽燧保留有墩台和坞，保存较差。墩台位于坞正中央，台体现呈圆形，内夯土、外包石砌筑，直径22、残高2~3米。台体顶部较平，散落有较多石块，南侧有一长方形盗坑。坞平面呈方形，边长52米，坞墙土石堆筑，宽1.5、残高0.5米，门址不详。地表散落有较多陶片。烽燧地处金盘川地南侧，其坞明显与其他烽燧不同，面积较大，初步推测该烽燧既有烽燧的功能，也有障城的防御屯兵功能。

47. 大东沟烽燧（150927353201040012）　位于察哈尔右翼中旗科布尔镇大东沟村东0.85千米处的高山顶部，南距灰腾梁草垛山长城2千米、距草垛山3号烽燧2.5千米。

烽燧保留有墩台、坞和壕沟，保存较好。墩台现呈圆形土丘状，直径15、残高4.5米，内侧夯土、外侧包石筑成。台体西侧保存有长8.5米较完好的包砌石墙，宽0.5、残高1.3米，顶部有现代垒砌的石堆（彩图一六五）。坞位于墩台南侧，靠台体而筑，平面呈长方形，东、西墙长8.5米，南墙长11.5米；墙体石筑，南墙为双层墙，墙宽0.3米。墩台及坞外围围绕一周壕沟，内侧挖壕，外侧堆土，壕宽3、深0.5米，墙宽2、高1米。烽燧地处辉腾锡勒草原北端山顶上，南侧为通往灰腾梁的南北向大通道，北侧为宽阔的科布尔川地。该烽燧地理位置十分重要，为塞外燧，军事建制上归属大阳卜障城管领。

48. 圪料坝烽燧（150928353201040002）　位于察哈尔右翼后旗锡勒乡圪料坝村西北1.45千米处的高山顶部，西南距五道沟长城2段墙体2.6千米、距五道沟障城2.8千米。

烽燧由墩台、坞和壕沟组成。墩台坍塌，台体的三分之二现已因电场修路而被铲掉，自残存部分可见，台体呈圆形土丘状，直径约27、现存残高3米。台体断壁上见有夯层，厚5~10厘米；为土和石粒混合夯筑（彩图一六六）。坞位于墩台南侧，靠台体而筑，平面呈长方形，东西10、南北7米；坞墙石块垒砌，宽0.5米。墩台及坞外侧环绕内、外壕沟各一周，均为内侧挖壕、外侧堆土。内壕呈不规则圆形，周长120米，壕宽2~3、深0.5~1米；外壕南北最长95、东西最宽60米，呈不规则椭圆形，周长约260米，壕宽1~1.5、深0.4~1米。地表可见较多陶片，纹饰以绳纹、弦纹为主。现墩台北半部分和内、外壕北端部分均被电场修路铲平，北侧30千米处有一风机。该烽燧位于长城墙体之外的高山顶部，四面视野辽阔，山下的五道沟障城、长城墙体及沿线烽燧清晰可见，为塞外燧，军事建制上归属五道沟障城管领。

四　小结

九十九泉汉长城主要分布于辉腾锡勒草原之上，受人为破坏较少，各类遗迹保存较为完整。对九十九泉汉长城的调查与研究，有助于全面了解汉代的长城防御体系。现存的九十九泉汉长城，可以说是大体完整地展示汉长城防御体系的一个典范。

长城墙体主要有土墙、石墙两类。土墙多修筑于较开阔平坦的山丘顶部，或者山丘间的平缓地带。保存较差的墙体大多轮廓清晰，呈凸起于地表的土垄状，现存墙体的一般尺度为，底宽11~16、顶宽5~13、残高0.3~0.8米，部分土墙两侧可见石砌痕迹。调查的土墙，有十股地长城1段、十股地长城2段、栗家堂长城1段、三盖脑包长城、杏桃沟长城2段、五道沟长城1段、七道沟长城、新教滩长城、隆胜义长城、宏盘长城、草垛山长城、大西沟长城、蓿麻湾长城、大阳卜长城、独贵坝长城等15个调查段。此外，五道沟长城2段、草垛山长城，在主墙内侧加筑有土筑副墙。

石墙主要修筑在起伏较大的山丘间或山丘顶部，附近火山口湖泊较为密集，地表散布有大量火山岩。因而，墙体采用了就地取材的构筑方式，以火山岩垒砌而成。墙体均已坍塌，于地表呈石垄状分布，现存墙体的一般尺度为，底宽3~7、顶宽2~4、残高0.3~1.5米。调查的石墙，包括十股地长城3段、七〇八微波站长城2段、大东沟长城、栗家堂长城2段、杏桃沟长城1段、杏桃沟长城3段、五道沟长城2段等7个调查段。

此外，位于卓资县复兴乡隆胜德村北的隆胜德当路塞，位于东河南侧的黑楞沟沟口处，沟口两侧山势险峻，主要起到控扼沟口的作用。七〇八微波站长城1段为九十九泉汉长城唯一消失段长城。

九十九泉汉长城共调查烽燧69座，大部分位于墙体沿线，小部分为烽燧线，个别为塞外燧、道上燧等。分布于长城墙体沿线的烽燧，共调查54座；自独贵坝障城向西南，烽燧线将长城防御体系延伸至梁下，共调查9座烽燧；围绕九十九泉汉长城外围有永胜堂烽燧、七苏木烽燧、大东沟烽燧和圪料坝烽燧等4座烽燧，其中后二者属塞外燧；而位置较为特殊的偏关卜子烽燧，应属道路沿线传递信息的道上燧。

烽燧墩台多数为内部土筑，外侧包砌石块。现今墩台坍塌，于地表均呈圆形土石丘状，类似于自然小山丘，直径20米左右，残高1~8米不等。少数遭受破坏严重者，残高仅仅盈尺。大多墩台外围可见石块垒砌的方形围墙，应为供士兵居住的坞。还有的墩台周围，保留有石筑的积薪垛遗迹。

墙体沿线烽燧，均位于墙体内侧，多倚墙而筑或与墙体保持10~50米的距离，也有少数烽燧因地形条件所限离墙体较远，远者可达到200~500米的山丘顶部。分布于墙体外侧的塞外燧，均设于周边地形制高点之上，可与长城墙体沿线烽燧遥相呼应（图一九）。

在调查中，通过对烽燧形制的分析，初步可辨识部分烽燧为燧治所的同时，也是部的驻地。通常燧级烽燧有一座坞，而部级烽燧则有内、外双重坞；坞的大小，决定着居住士兵的多少。由此推断，绝大部分有内坞、外坞的烽燧，既是燧的治所，同时也是部的驻地。从九十九泉汉长城东部墙体沿线保存较好烽燧的分布情况，结合部、燧驻地烽燧与单纯燧治所烽燧的区分来看，一部管领3~7燧，即

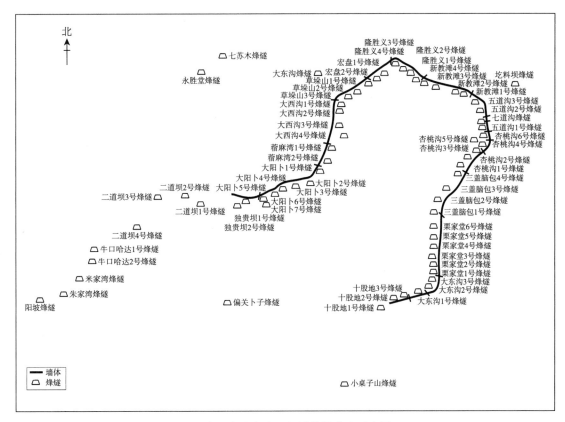

图一九 九十九泉汉长城烽燧分布示意图

部所在烽燧及其两侧的各1～3座燧。较为特殊的是，大阳卜7号烽燧紧邻大阳卜6号烽燧，初步推测大阳卜7号烽燧为单纯的部治所。此外，将独立的塞外燧，也划归于最近的部的管理之中。

在九十九泉汉长城及其周边，共调查障城12座（图二〇）。其中，墙体沿线调查障城3座，分别为三盖脑包障城、五道沟障城、大阳卜障城。在长城墙体两端调查障城各1座，分别为三岔子障城、独贵坝障城。在灰腾梁周边地区，共调查障城7座，在三岔子障城之南、卓资山镇北侧的桌子山山顶前沿调查有桌子山障城；自米家湾烽燧南下，在山脊与山谷川地中调查有米家湾障城、西梁障城、土堡障城、破堡障城、口子障城和永胜堂障城。

这些障城，除口子障城倚山势修筑外，其他均平面大致呈方形，边长有23、35、46、58、70米等几类，为汉代十丈（汉代十丈等于现代23.1米）的倍数。障墙底宽顶窄，有石块垒砌、以土夯筑和内部土筑、外表包石等三种构筑方式。墙体沿线障城，与墙体间距在30～200米之间，相邻两座障城间距在7～13千米之间。初步认定，三岔子障城、三盖脑包障城、五道沟障城、大阳卜障城、独贵坝障城、米家湾障城和破堡障城，均为候官治所，均有各自的管领范围。扼守交通要道的障城有5座，分别为永胜堂障城、口子障城、土堡障城、西梁障城和桌子山障城。

三岔子障城作为一个候官治所，管领的长城墙体包括十股地长城1～3段，共长2.344千米；管领烽燧3座，相互间距在0.9千米左右；位于三岔子障城以南、归属其管领的烽燧均破坏无存。

三盖脑包障城作为一个候官治所，管领的长城墙体，西南起自七〇八微波站长城1段，东北止于杏桃沟长城1段止点处的路路坡沟东岸，包括7个调查段，共长13.058千米；管领烽燧15座，相互间距在0.85千米左右。三盖脑包障城与五道沟障城的管领范围，以路路坡沟为界。

五道沟障城作为一个候官治所，管领的长城墙体，东南起自路路坡沟东岸杏桃沟长城2段，西北

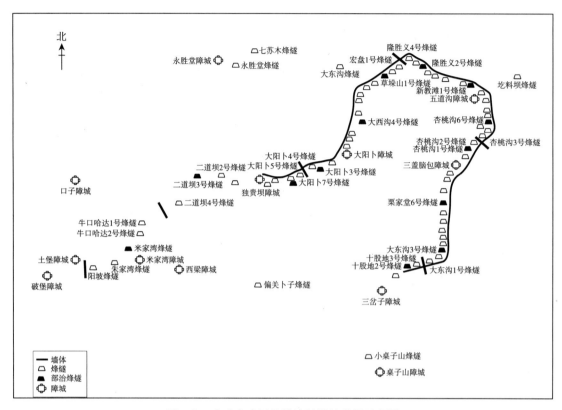

图二〇　九十九泉汉长城障城管辖范围示意图

止于隆胜义长城墙体止点，包括6个调查段，共长14.825千米；管领烽燧17座，包含塞外燧1座，烽燧相互间距多在0.75千米左右。

　　大阳卜障城作为一个候官治所，管领的长城墙体，东北起自宏盘长城起点，西南止于大阳卜长城前小段墙体止点，包括5个调查段，共长14.687千米；管领烽燧16座，包含塞外燧1座，烽燧相互间距不一，近者530米，远者可达1千米。

　　独贵坝障城作为一个候官治所，管领长城墙体包括大阳卜长城后小段、独贵坝长城两段，长6.328千米；管领烽燧9座，相互间距多在1.3千米左右。

　　米家湾障城作为一个候官治所，管领烽燧5座，相互间距多在2千米左右。破堡障城亦为候官治所，但具体管领烽燧现均已破坏无存。

　　具体见下表（表四）。

表四　九十九泉汉长城候官、部、燧三级军事建制管理体系一览表

候官	部	燧
三岔子障城	十股地2号烽燧	十股地1号烽燧、 十股地2号烽燧、十股地3号烽燧
三盖脑包障城	大东沟3号烽燧	大东沟1号烽燧、大东沟2号烽燧、 大东沟3号烽燧、栗家堂1号烽燧、 栗家堂2号烽燧、栗家堂3号烽燧
	栗家堂6号烽燧	栗家堂4号烽燧、栗家堂5号烽燧、 栗家堂6号烽燧、三盖脑包1号烽燧、 三盖脑包2号烽燧

续表

候官	部	燧
三盖脑包障城	杏桃沟1号烽燧	三盖脑包3号烽燧、三盖脑包4号烽燧、杏桃沟1号烽燧、杏桃沟2号烽燧
五道沟障城	杏桃沟6号烽燧	杏桃沟3号烽燧、杏桃沟4号烽燧、杏桃沟5号烽燧、杏桃沟6号烽燧、七道沟烽燧、五道沟1号烽燧
五道沟障城	新教滩1号烽燧	五道沟2号烽燧、五道沟3号烽燧、新教滩1号烽燧、新教滩2号烽燧、新教滩3号烽燧
五道沟障城	隆胜义2号烽燧	新教滩4号烽燧、隆胜义1号烽燧、隆胜义2号烽燧、隆胜义3号烽燧、隆胜义4号烽燧
大阳卜障城	草垛山1号烽燧	宏盘1号烽燧、宏盘2号烽燧、草垛山1号烽燧、草垛山2号烽燧、草垛山3号烽燧
大阳卜障城	大西沟4号烽燧	大西沟1号烽燧、大西沟2号烽燧、大西沟3号烽燧、大西沟4号烽燧、蓿麻湾1号烽燧
大阳卜障城	大阳卜3号烽燧	蓿麻湾2号烽燧、大阳卜1号烽燧、大阳卜2号烽燧、大阳卜3号烽燧、大阳卜4号烽燧
独贵坝障城	大阳卜7号烽燧	大阳卜5号烽燧、大阳卜6号烽燧、独贵坝1号烽燧、独贵坝2号烽燧
独贵坝障城	二道坝3号烽燧	二道坝1号烽燧、二道坝2号烽燧、二道坝3号烽燧、二道坝4号烽燧
米家湾障城	米家湾烽燧	牛口哈达1号烽燧、牛口哈达2号烽燧、米家湾烽燧、朱家湾烽燧、阳坡烽燧

在九十九泉汉长城周边，还调查有两座古城遗址，它们的构筑方式均与西汉障城差别较大，不似汉代遗存。兹分别介绍如下：

1. **黄花古城**　位于察哈尔右翼中旗辉腾锡勒园区黄花嘎查东南1.34千米处，南侧建有窝阔台汗宫旅游度假中心，北邻黄花沟。位于九十九泉汉长城的外侧，南距大阳卜长城墙体0.62千米。

古城位于黄花沟南侧开阔平坦的台地上，平面呈长方形，东西长200、南北宽180米。城墙土筑，保存差，现呈略凸起于地表的土垄状，底宽5~8、残高0.5~1.5米。城内西北角有一个自然的高地，可远眺周边；南墙偏西处开门，门址宽12米，方向为164°（图二一）。城内散布遗物极少，偶尔可见

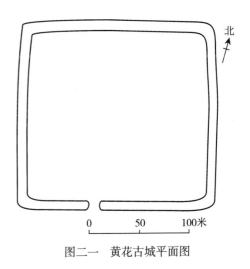

北

0　　50　　100米

图二一　黄花古城平面图

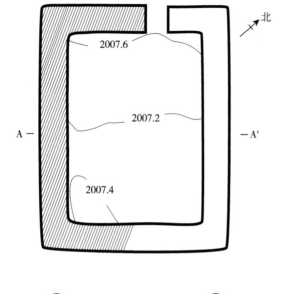

2007.6

2007.2

2007.4

A —　　　　　　　— A'

A —　　　　　　　　— A'

0　　10　　20米

图二二　狼刷海子古城平、剖面图

碎瓷片。2014年8月，在古城南墙外的施工中，于古城南门处出土大量内壁饰细绳纹的筒瓦；此前，在古城西南不远处的施工中，曾出土大量兽面瓦当。这些筒瓦和瓦当，应当属于古城使用时期的遗物，初步推断其年代大体属于元代。

2.狼刷海子古城（150927353102040002）位于辉腾锡勒园区杏桃沟村西2.35千米，筑在平坦的台地上。大体位于灰腾梁环形长城墙体的中心位置，东距杏桃沟长城墙体3.7千米，东北距五道沟障城6.2千米。

古城平面呈长方形，南北长74、东西宽57米。墙体土筑，保存程度较差，现呈凸起于地表的土垄状，底宽9、残高1~2.5米。北墙偏东处有一处门址，宽5米，方向为45°（图二二）。古城墙体低矮，与周边西汉障城较为高大的墙体构筑方式有所差异，地表未见遗物。

狼刷海子古城在当地被称作"窝阔台点将台"。据《元史·太宗本纪》和《多桑蒙古史》等的记载，蒙古的窝阔台汗在1231年五月至八月期间曾避暑于灰腾梁，建有九十九泉行营，坐镇指挥了攻打金朝的战争。狼刷海子古城规模小，且地表不见遗物，与窝阔台汗九十九泉行营关系不大。如果将黄花古城推定为窝阔台汗九十九泉行营，有一定的可能性，但需进一步论证。至于狼刷海子古城，可能属于辽金时期的军事性城堡。

第七章

阴山秦汉长城

建于秦汉时期、分布于阴山一线的当路塞、塞道、驿道等长城遗迹，自东向西于呼和浩特市、包头市、巴彦淖尔市境内均有分布，本报告统称之为阴山秦汉长城。

阴山秦汉长城，东起呼和浩特市新城区保合少镇，西至乌拉特前旗乌拉山西山嘴。这一地带山前有战国赵北长城穿过，秦代、汉代均对赵北长城作了沿用。阴山秦汉长城与为秦汉二代加筑沿用的战国赵北长城，在秦汉时期形成了局部的双重防御。对于与赵北长城浑然一体的秦汉长城遗迹，在《内蒙古自治区长城资源调查报告·战国赵北长城卷》中已有介绍，本报告主要介绍位于赵北长城以北的秦汉长城遗存。

阴山秦汉长城的当路塞、塞道、驿道等遗迹，断续分布于崇山峻岭的沟谷之中、山顶之上，不易辨识，调查难度较大。在本次长城资源调查中，仅对一些地表遗迹明显的长城作了编号登记，自东向西依次为：面铺窑当路塞、奎素当路塞、水磨当路塞、蜈蚣坝当路塞、朱尔沟—庙沟当路塞、五原北假汉长城、石门障塞道、高阙谷驿道、明安川汉长城等。

本次调查的阴山秦汉长城，共确认长城墙体38段，包括土墙17段、石墙10段、山险2段、消失墙体9段。墙体总长39233米，其中土墙长22757米、石墙长6724米、山险长1609米、消失段落长8143米。在总长22757米的土墙中，保存一般部分长233米、保存较差部分长309米、保存差部分长20579米、消失部分长1636米。在总长6724米的石墙中，保存一般部分长2138米、保存较差部分长275米、保存差部分长4024米、消失部分长287米。共调查单体建筑45座，包括烽燧36座、障城9座；此外，周边调查古城2座、遗址6处。具体情况如下表所示（表五）。

表五 阴山秦汉长城数据统计简表

县域		墙体（米）								山险	消失段	单体建筑（座）	
		土墙				石墙						烽燧	障城
		一般	较差	差	消失	一般	较差	差	消失				
呼和浩特市	新城区					202	275	21	287				
	武川县		140	1456	343	1200		1160			569	16	2
	土默特左旗	233	169	112	43							1	
包头市	固阳县			11340						1609	296	9	2
	石拐区			554	1250	736						6	2
	昆都仑区						856						

续表

县域		墙体（米）								山险	消失段	单体建筑（座）	
		土墙				石墙						烽燧	障城
		一般	较差	差	消失	一般	较差	差	消失				
巴彦淖尔市	乌拉特前旗		7117				1987				7278	4	3
小计		233	309	20579	1636	2138	275	4024	287	1609	8143	36	9
		22757				6724							
总计		39233										45	

下面，以每段当路塞、塞道、驿道为单位，对其中每个长城墙体段落及沿线的烽燧、障城、古城、遗址，分别予以详细描述。

一　面铺窑当路塞

面铺窑当路塞位于呼和浩特市新城区保合少镇面铺窑村北大青山夹沟两侧的山坡上，调查墙体2段。当路塞南侧沟口处，有赵北长城墙体东西向穿过。

1. 边墙长城1段（150102382102040001）

该段长城位于保合少镇边墙村南0.28千米处的河床东坡地上，大体呈东西走向。

墙体长208米，为石墙，土石混筑，总体保存较差。现存墙体呈一条低矮的土石垄，底宽3~10、顶宽2~7、残高0.5~3米。墙体前小段、后小段保存较差，共长171米，前小段因一条现代乡村公路穿过，造成一处宽6米的墙体豁口；中小段因位于一条河床内，导致长37米的墙体消失。其中，保存较差部分、消失部分，分别占该段墙体总长的82.2%、17.8%（彩图一六七）。

2. 边墙长城2段（150102382102040005）

该段长城位于保合少镇边墙村南0.34千米处的河床西岸，大体呈东南—西北走向。

墙体长62米，为石墙，土石混筑，总体保存一般。现存墙体呈一条低矮的土石垄，底宽5~10、顶宽2~4、残高1~3米。

二　奎素当路塞

奎素当路塞位于呼和浩特市新城区保合少镇奎素村北大青山夹沟两侧的山坡上，调查墙体1段。

奎素长城（150102382102040002）

该段长城起自保合少镇奎素村北1.9千米，止于奎素村北偏西2千米。墙体大体呈东西走向。

墙体长125米，为石墙，土石混筑，总体保存差。仅于墙体起、止点处各发现部分残留墙体，共长21米，均已坍塌呈垄状，保存差，底宽0.5~3、顶宽0.2~2、残高0.2~1米；中小段墙体位于河床内，因河水冲刷以及人为的挖渠等活动导致104米长的墙体消失。其中，保存差部分、消失部分，分别占该段墙体总长的16.8%、83.2%。

三　水磨当路塞

水磨当路塞位于呼和浩特市新城区保合少镇水磨村北小井沟两侧的山坡上，调查墙体2段。小井沟不能直通山后，现有S101公路穿沟翻山而行至山后，沟内四季有流水，沟两侧山势险峻，植被茂密。

1.水磨长城1段（150102382102040003）

该段长城在夹沟两侧的山坡上均有分布，起自保合少镇水磨村东北0.26千米，止于水磨村东北0.162千米。墙体大体呈东南—西北走向，南0.12千米处为水磨长城2段。

墙体长202米，为石墙，土石混筑，总体保存一般。墙体前小段位于东侧山坡上，保存一般，长140米；墙体呈较为宽大的土石垄状，两侧坍塌为斜坡，断面大体呈梯形，可见墙体外侧包砌的大石块；现存墙体底宽7~14、顶宽3~5、残高1.5~3米。后小段位于西侧山坡上，长62米，因101省道穿越而消失。其中，保存一般部分、消失部分，分别占该段墙体总长的69.3%、30.7%（彩图一六八）。墙体西侧半山腰处有一个山洞。

2.水磨长城2段（150102382102040003）

该段长城分布于夹沟东侧的山坡上，起自保合少镇水磨村东北0.19千米，止于水磨村东北0.34千米。墙体作直线分布，大体呈东西走向。

墙体长188米，为石墙，土石混筑，总体保存较差。地表可见一条低矮的土石垄，两侧坍塌为斜坡状，断面大体呈梯形，可见墙体外侧包砌的大石块。现存墙体底宽7~10、顶宽4~6、残高1~2米。墙体前小段保存较差，长104米；后小段长84米，因河水冲刷而消失。其中，保存较差部分、消失部分分别占该段墙体总长的55.3%、44.7%（彩图一六九）。墙体两侧有耕地，部分耕地已开垦到墙体顶部，对墙体造成了较大破坏。

四　蜈蚣坝当路塞

蜈蚣坝当路塞位于大青山蜈蚣坝坝顶之上。蜈蚣坝自古以来是连通阴山南北的交通要道，最早见于《水经注》《魏书》等史籍记载，称作白道山、白道岭，有白道连通山前、山后。此后直至隋唐时期，这条道路一直以"白道"为名。辽金元时期，蜈蚣坝称渔阳岭，山前有渔阳关。1223年，长春真人丘处机从西域东归，曾住宿渔阳关（今呼和浩特市回民区焦赞坟遗址），第二天东行五十余里抵达丰州（今呼和浩特市赛罕区白塔古城）[1]。北魏白道在大青山山阳的线路，应是从坝口子顺着山谷西北行至焦赞坟遗址附近，由此向西上白道岭，然后顺着山脊向北抵达蜈蚣坝坝顶之地。

在战争时期，蜈蚣坝地区也是防御的重点所在。郦道元在《水经注》之中描写到了白道岭之下"山椒之上，有垣若颓基焉"的战国赵北长城，而在山上，则还有郦道元没有记载的蜈蚣坝汉代当路塞。这段当路塞东起红山口沟，西至乌素图沟，所处山势较为平缓，白道从山间沟谷中穿过。

从蜈蚣坝当路塞向北下山后，进入乌素图沟，乌素图沟在进入武川县县城可可以力更镇前，有一个名为什尔登口子的山口，山口处有阳山秦汉长城东西向穿过，山谷中有什尔登古城，应为西汉云中塞东部的中心军事城邑。蜈蚣坝当路塞，是西汉云中塞东部的中心军事性城邑向南的一道防御线，也是连接山前的关隘所在，可能建有"白道关"一类的关隘。

蜈蚣坝当路塞调查有长城墙体4段、烽燧16座、障城1座。

---

〔1〕（元）李志常，尚衍斌、黄太勇校注：《长春真人西游记校注》，中央民族大学出版社，2016年，第231页。

1. 二道凹长城（150125382101040029）

该段长城的起点位于红山口沟西侧悬崖边，起自武川县大青山乡二道凹村东南1.26千米，止于二道凹村西南2.14千米。墙体大体呈东北—西南走向，下接坝顶长城1段。

墙体长2300米，为石墙，土石混筑，总体保存一般。现仅见一条低矮的土石垄，断面大体呈梯形，底宽6~7、顶宽2~4、残高0.5~1.8米。墙体前小段保存一般，长1200米；后小段保存差，长1100米。保存一般部分、保存差部分，分别占该段墙体总长的52.2%、47.8%（彩图一七〇）。

墙体沿线调查烽燧8座、障城1座，分别为二道凹1~8号烽燧、二道凹障城。

二道凹1号烽燧（150125353201040009） 位于二道凹长城墙体起点处，西距二道凹2号烽燧0.23千米。

仅见墩台，土夯而成，保存差。墩台现已坍塌为圆形土丘状，底部直径16、残高2米。

二道凹2号烽燧（150125353201040010） 位于大青山乡二道凹村东南1.28千米，倚长城墙体内侧修筑，西距二道凹3号烽燧0.18千米。

仅见墩台，土夯而成，保存差。墩台现已坍塌为圆形土丘状，底部直径16、残高2米。

二道凹3号烽燧（150125353201040011） 位于大青山乡二道凹村东南1.25千米，倚长城墙体内侧修筑，西距二道凹4号烽燧0.8千米。

仅见墩台，土夯而成，保存较差。墩台现已坍塌为圆形土丘状，底部直径16、残高2米。

二道凹障城（150125353102040005） 位于大青山乡二道凹村南1.25千米，处在红山口沟西侧的山脊之上，北邻长城墙体。

由于受开垦耕地、乡村道路修建等的破坏，障城墙体已难以辨识，地表散布大量陶片、板瓦、筒瓦等。

二道凹4号烽燧（150125353201040012） 位于大青山乡二道凹村西南1.6千米，倚长城墙体内侧修筑，西距二道凹5号烽燧0.33千米。

仅见墩台，土夯而成，保存一般。墩台现已坍塌为圆形土丘状，底部直径22、残高3米。墩台顶部有现代的网围栏和水泥桩（彩图一七一）。

二道凹5号烽燧（150125353201040013） 位于大青山乡二道凹村西南1.7千米，倚长城墙体内侧修筑，西距二道凹6号烽燧0.23千米。

仅见墩台，土夯而成，保存较差。墩台坍塌为不规则形土丘状，底部东西长15、南北宽8、残高2米。

二道凹6号烽燧（150125353201040014） 位于大青山乡二道凹村西南1.8千米，倚长城墙体内侧修筑，西距二道凹7号烽燧0.21千米。

仅见墩台，土夯而成，保存一般。墩台现已坍塌为圆形土丘状，底部直径19、残高4米。墩台边缘立有一根架设电话线路的木杆（彩图一七二）。

二道凹7号烽燧（150125353201040015） 位于大青山乡二道凹村西南2千米，倚长城墙体内侧修筑，西距二道凹8号烽燧0.13千米。

仅见墩台，土夯而成，保存一般。墩台现已坍塌为圆形土丘状，底部直径19、残高3米。墩台顶部挖有树坑（彩图一七三）。

二道凹8号烽燧（150125353201040016） 位于大青山乡二道凹村西南2.1千米，倚长城墙体内侧修筑，西距坝顶1号烽燧0.88千米。

仅见墩台，土夯而成，保存一般。墩台现已坍塌为圆形土丘状，底部直径19、残高4米。

2. 坝顶长城1段（150125382101040030）

该段长城位于两山之间的沟谷内，起自大青山乡二道凹村西南2.2千米，止于坝顶村西0.84千米。墙体大体呈东北—西南走向，上接二道凹长城，下接坝顶长城2段。

本段长城为消失段，起止点之间的直线距离长569米。现代修筑公路、营建民房以及植树造林等活动，是导致墙体消失的主要因素。依据相邻上下段墙体情况，推断该段墙体原应为石墙。

3. 坝顶长城2段（150125382101040031）

该段长城起自大青山乡二道凹村西0.84千米，止于坝顶村西南1.1千米。墙体大体呈东北—西南走向，上接坝顶长城1段。

墙体长1939米，为土墙，用土夯筑，总体保存差。现仅见一条低矮的土垄，断面大体呈梯形，两侧坍塌为斜坡状。现存墙体底宽2～4、顶宽0.5～1、残高0.5～0.8米（彩图一七四）。其中，保存较差部分长140米、保存差部分长1456米、消失部分长343米，分别占该墙体总长度的7.2%、75.1%、17.7%。现代旅游景区大青山避暑山庄、呼武公路的建设，是导致墙体消失的主要因素；此外在墙体前小段建有一段现代风景长城，对原始长城墙体造成了破坏（参见彩图一七五）。

墙体沿线调查烽燧8座，分别是坝顶1～8号烽燧。

坝顶1号烽燧（150125353201040017） 位于大青山乡坝顶村东南0.72千米处的山顶上，北倚坝顶长城2段墙体而建，南侧30米的山半坡是旧呼武公路，北30米有一条南北向的土路，较远处也有一条通往坝顶村的土路。西南距坝顶2号烽燧0.18千米。

仅见墩台，土夯而成，保存差。墩台遭今人修筑的现代风景长城的破坏，仅暴露出底部的不规则形土丘，具体尺度已无法测量（彩图一七五）。

坝顶2号烽燧（150125353201040018） 位于大青山乡坝顶村东南0.6千米处的山顶上，北倚坝顶长城2段墙体而建，周边是松树林和旅游景区建筑。西南距坝顶3号烽燧0.22千米。

仅见墩台，土夯而成，保存差。墩台现已坍塌为圆形土丘状，底部直径16、残高2米。墩台顶部建有现代凉亭，东侧和北侧均有登亭台阶。

坝顶3号烽燧（150125353201040019） 位于大青山乡坝顶村东南0.45千米处的山顶上，北倚坝顶长城2段墙体而建，北侧有多处旅游景点和房屋建筑，东侧5米处有一条土路。西南距坝顶4号烽燧0.29千米。

仅见墩台，土夯而成，保存差。墩台现已坍塌为圆形土丘状，底部直径25、残高3米。墩台上挖有树坑，种植松树，东南侧有一处长6米、宽3米、深2米的取土坑。

坝顶4号烽燧（150125353201040020） 位于大青山乡坝顶村东南0.45千米处的山顶上，北倚坝顶长城2段墙体而建，西北0.3千米是新建的呼武公路。西南距坝顶5号烽燧0.26千米。

仅见墩台，土夯而成，保存较差。墩台现已坍塌为圆形土丘状，底部直径25、残高3米。墩台上长有松树。

坝顶5号烽燧（150125353201040021） 位于大青山乡坝顶村西南0.4千米，处在两山之间的台地之上，东临呼武公路，东、北、西三面为上山的土路所环绕。西距坝顶6号烽燧0.25千米。

该烽燧受道路工程建设而破坏，形制已难辨识，地表散落有石块和陶片等，陶片可辨器形有泥质灰陶宽沿绳纹陶盆。

坝顶6号烽燧（150125353201040022） 位于大青山乡坝顶村西南0.67千米处的山顶上，北倚坝顶长城2段墙体而建，西距坝顶7号烽燧0.28千米。

仅见墩台，土夯而成，保存一般。墩台现已坍塌为圆形土丘状，底部直径19、残高5米（彩图一七六）。周边有绳纹和素面陶片，可辨器形为宽沿盆、侈口矮领罐等。

　　北侧20米有一条宽10、深3米的东西向冲沟，东侧40米处有一条东西向的土路，较远处沟中为旧呼武公路。

　　坝顶7号烽燧（150125353201040023）　位于大青山乡坝顶村西南0.9千米处的山顶上，北倚坝顶长城2段墙体而建，周边地势西高东低，南侧平缓，周边是耕地。西南距坝顶8号烽燧0.28千米。

　　仅见墩台，土夯而成，保存一般。墩台现已坍塌为低矮的圆形土丘状，底部直径16、残高3米（彩图一七七）。

　　坝顶8号烽燧（150125353201040024）　位于大青山乡坝顶村西南1.1千米处的山顶上，地处坝顶长城2段墙体止点处，西侧是乌素图沟，沟底是新建的呼武公路。

　　仅见墩台，土夯而成，保存一般。墩台现已坍塌为圆形土丘状，底部直径16、残高3米。

　　4. 马家店长城（150125382101040032）

　　该段长城位于大青山乡坝顶村所在山谷与乌素图沟交汇处的北侧山坡上，为蜈蚣坝当路塞向乌素图沟的延伸，起到当路塞的作用。

　　墙体长60米，为石墙，现呈石垄状，底宽4～6、顶宽2、残高1～3米，保存差（彩图一七八）。长城墙体西北侧的断崖之上，有1926年绥远全区警务处处长吉鸿昌将军书写的"化险为夷"石刻，作为当时修筑蜈蚣坝道路的纪念。石刻所在的沟谷中，仍可见吉鸿昌当年所筑道路遗迹。

五　朱尔沟—庙沟当路塞

　　朱尔沟—庙沟当路塞位于呼和浩特市土默特左旗、武川县，调查长城墙体1段、烽燧1座、障城1座、古城1座。长城墙体呈南北向构筑于山腰之上，隔断了西侧朱尔沟与东侧老道沟之间的联系。从朱尔沟向西北方向翻越低矮的门庆坝，便进入榆树店河、庙沟，是一条连通阴山南北的重要通道，汉代的母号窑障城、庙沟土城子古城和北魏榆树店古城均位于这条通道之上。庙沟土城子古城是西汉云中塞西部的中心军事城邑，朱尔沟—庙沟当路塞兼具防御与关隘的双重作用。

　　1. 小坝子长城（150121382101040001）

　　该段长城位于大青山山谷深处隆起的山间脊岭上，起止点均位于距离山顶不远的山腰间，所在山势较为平缓。墙体起自土默特左旗此老乡小坝子村东南0.61千米，止于小坝子村东北0.66千米，大体呈南北走向。

　　墙体长557米，为土墙，黄土夯筑，总体保存一般。现仅见一条低矮的土垄，断面大体呈梯形，两侧坍塌为斜坡状，墙体两侧坡地上散落大量石块，推测原有石块包砌。现存墙体底宽4～6、顶宽2～3、残高2～3米（彩图一七九）。墙体保存一般部分长233米、保存较差部分长169米、保存差部分长112米、消失部分长43米，分别占该段墙体总长的41.8%、30.3%、20.1%和7.8%。消失部分墙体位于一条东西向的山谷中，有一条宽6～7米的土路穿过。

　　2. 小坝子烽燧（150121353201040001）　位于土默特左旗此老乡小坝子村东0.82千米处的沟谷北岸台地上，西距小坝子长城墙体30米。

　　墩台以土夯筑而成，保存一般。台体现已坍塌为圆形土丘状，底部直径6、残高4米。该烽燧西面为沟谷，视野开阔，控扼小坝子沟。

　　3. 母号窑障城（150125353102040003）　位于武川县哈拉合少乡母号窑村东1.5千米处，地处黑牛沟与榆树店河交汇点的南侧台地上。榆树店河大体呈东西流向，其上游为南北向的庙沟，下游进入土默特左旗称万家沟。

障城所在位置被开垦为农田，地表不见墙体等遗迹，散布大量遗物，有绳纹陶片、当面髹红漆的卷云纹瓦当和绳纹板瓦等。

4.庙沟土城子古城（150125353102040004）位于武川县哈拉合少乡土城子村西、庙沟南侧的台地上，东北距阳山秦汉长城墙体12.1千米，东距母号窑障城13.4千米。

古城东北角内收为斜边，总体形制呈五边形，北墙长128、西墙长185、南墙长163、东墙长167、东北墙长93米。城墙以黄土夯筑而成，东墙及南墙东段残缺，其他墙体均保存较好。现存墙体呈土垄状，底宽5、残高2米；夯层厚12厘米。城墙西南角有一座凸出的角台，门址应位于东墙中部，方向为90°。城内西北角有一座圆形高台，直径约18、残高约4米。金界壕自古城中部呈西北—东南向穿过（图二三；彩图一八〇、一八一）。城内地表散布遗物丰富，有筒瓦、板瓦及灰陶罐、盆、豆等残片。

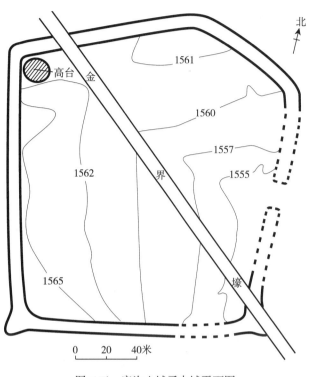

图二三　庙沟土城子古城平面图

六　五原北假汉长城

汉代归属五原郡管辖的北假中，为"五原北假"。在"五原北假"的中部，有一道东西绵延的山系，昆都仑沟以东为明登山，昆都仑沟以西为脑包山、巴彦查干山。在这列山系的南麓地带，有一道由长城墙体与烽燧、障城、古城组成的防御体系，起到对石门障塞道、高阙谷驿道的保护作用。

从五当沟进入明安川之后，北侧为明登山，明登山汉长城中的长城墙体主要分布于明登山前山山脊北侧，随着山势延伸，当地俗称"杨六郎饮马道"。在调查中，将长城墙体共划分为11段，包括土墙7段、山险2段、消失墙体2段。墙体总长13245米，其中，土墙长11340米，全部保存差，山险长1609米，消失段落长296米。除划分的11段长城墙体外，墙体沿线还调查烽燧3座。从墙体向东南，调查遗址、障城、古城各1处。从墙体向西，在明登山与脑包山之间的昆都仑河河谷左岸，调查有梅令山遗址；在脑包山、巴彦查干山山前，调查有冯湾障城、小召门梁障城。

下面，对这些墙体段落、亭障遗址分作详细描述。

1.下城湾古城（150222353101040001）　位于固阳县下湿壕镇下城湾村西南0.4千米，南临五当沟上游河谷，地处五当沟北出山口处的东北方向。

古城平面略呈方形，东西长280、南北宽260米。墙体夯筑而成，受耕地和灌渠破坏严重，西墙、北

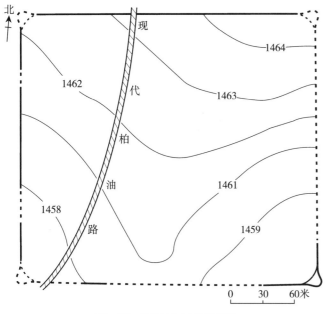

图二四　下城湾古城平面图

墙均呈凸起于地表的土垄状，东墙、南墙隐约可见轮廓。现存墙体底宽2~4、残高0.5~3米，夯层厚10厘米。城墙四角原应有角台，现仅存东南角台。城门位置不详，应于南墙中部开门。一条公路南北向穿过障城（图二四；彩图一八二）。地表散布较多陶片、瓦片等遗物，陶片纹饰多见绳纹、弦纹等。该古城扼守五当沟东北口、明安川东端，军事功能较强。

2.城梁障城（150222353101040002）　位于固阳县下湿壕镇城梁村，东南距下城湾古城3.4千米，西距蔺家渠长城1段墙体起点4.5千米，穿越障城南流的井壕沟为五当沟支流。

由6座小的障城组成，以井壕沟为界，沟西有4座障城，沟东有2座障城。障城总体平面似竖立长方形去掉右上角，正方向为185°。井壕沟西4座障城自北向南编号为1~4号障城，总体呈南北长、东西窄的长方形，南北通长640、东西通宽135米。井壕沟东2座障城自北向南编号为5~6号障城，总体亦呈南北长、东西窄的长方形，南北通长525、东西通宽235米。障城所在地域大多开辟为耕地，部分或为村庄占据，多数墙体低矮，与地垄近似，实地需仔细辨识。保存较好墙体宽6.5~7米，保存较差墙体宽3~3.5米，墙体外侧面最高约1米，内侧面均几乎与地面齐平。由于墙体不连续分布之处较多，各个小障城的门址均不明显。

1~4号障城中，除1号障城墙体独立外，其他3座障城均连接在一起，由北向南下一座障城的北墙与上一座障城的南墙共用一道墙体。3号、4号障城的东墙，均已为井壕沟冲毁。1号障城保存较为完整，轮廓清晰，平面略呈梯形，南北长225、北墙长125、南墙长135米。2号障城北墙与1号障城南墙相距约10米。2号障城平面略呈方形，边长130米。3号障城平面呈长方形，南北长150、东西宽135米，城内北部有建筑基址，基址附近散布有板瓦、筒瓦等建筑构件。4号障城平面呈长方形，南北长125、东西宽135米。

5号障城南墙与6号障城北墙共用一道墙体，与2号、3号障城之间的墙体处于东西一条直线之上。5号、6号障城均不见西墙，或已为井壕沟冲毁。5号障城平面呈长方形，南北长260、东西宽235米。6号障城平面呈长方形，南北长265、东西宽235米（图二五）。

沟西4座障城内地表散布的陶片及建筑材料较多，沟东2座障城遗物较少。6座障城采集陶片的时代均系汉代，表明其均为同一时期遗存。陶片多泥质灰陶，少量为夹砂陶，纹饰有绳纹、弦断绳纹、轧光暗纹等，器形有盆、罐等。当地村民在井壕沟曾挖出过人骨，在障城的耕作中采集有"五铢""大布黄千"等钱币。

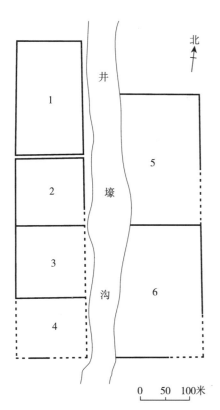

图二五　城梁障城平面图

3. 三成仁壕遗址（150222353101040003） 位于固阳县下湿壕镇三成仁壕村西1.5千米处，北侧为新修的311省道，北距蔺家渠长城1段墙体起点约0.7千米，东南距城梁障城约4.5千米。该遗址与蔺家渠长城1段墙体起点之间，受公路破坏，不见墙体遗迹，但该遗址似应为明登山长城墙体的东南端起点所在。

遗址虽已开辟为耕地，但所在地势隆起，地表散布大量汉代绳纹陶片等，遗物分布范围方圆达200米。

4. 蔺家渠长城1段（150222382101040037）

该段长城起自固阳县金山镇蔺家渠村西南0.8千米，止于蔺家渠村北偏西1.3千米。墙体大体呈南北走向，下接蔺家渠长城2段。

墙体长1878米，为夯筑土墙，保存差。现存墙体底宽1～3、残高最高0.5米。墙体前小段分布在耕地中，轮廓较模糊，仅略微隆起于地表，远望可看出其走向；后小段爬上山麓，断断续续，若隐若现。

5. 蔺家渠长城2段（150222382101040038）

该段长城起自固阳县金山镇蔺家渠村北偏西1.3千米，止于蔺家渠村北2.3千米。墙体沿山谷东岸穿行，翻过山岭后下行，而后转入东西向的山谷西行，大体呈南北走向，上接蔺家渠长城1段，下接蔺家渠长城3段。

墙体长1288米，为土墙，保存差。墙体保存不甚明显，只可见其轮廓，远观似在山根底开凿出的道路，顶部较平，局部被山水冲沟打断。现存墙体底宽1～3、残高最高0.5米。

墙体沿线调查烽燧1座，为蔺家渠烽燧。

蔺家渠烽燧（150222353201040001） 位于固阳县金山镇蔺家渠村北2.2千米处的王墓山顶部，西距蔺家渠长城2段墙体0.2千米。

墩台以黄褐土夯筑而成，保存较差。台体现已坍塌成覆钵状，底部直径20、顶部直径4、残高5米。墩台北侧有一个深6米的盗洞，竖直而下，壁上夯层清晰，厚5～10厘米。该烽燧地处墙体之外，当为塞外预警烽燧。

6. 蔺家渠长城3段（150222382101040039）

该段长城起自固阳县金山镇蔺家渠村北2.3千米，止于蔺家渠村北偏西2.3千米。墙体顺山谷南坡延伸，大体呈东西走向，上接蔺家渠长城2段，下接蔺家渠长城4段。

墙体长453米，为土墙，保存差。墙体已不甚明显，只可见其轮廓，远观似在山根底开凿出的道路，顶部较平，局部被山水冲沟打断。现存墙体底宽2～4、残高最高0.5米。

7. 蔺家渠长城4段（150222382301040040）

该段长城起自固阳县金山镇蔺家渠村北偏西2.3千米，止于蔺家渠村北偏西2.4千米。墙体大体呈东南—西北走向，上接蔺家渠长城3段，下接石家渠长城。

本段长城为消失段，起止点之间的直线距离长153米。墙体横跨石家渠沟中游山谷，沟谷西岸有一条乡间土路及大片耕地，洪水冲刷及耕地开垦是造成墙体消失的直接因素。依据相邻上下段墙体情况，推断该段墙体原应为夯筑土墙。

8. 石家渠长城（150222382101040041）

该段长城起自固阳县金山镇石家渠村东北2.4千米，止于金山镇奴气梁村东南0.75千米。沿山岭作内外弯曲分布，大体呈东南—西北走向，上接蔺家渠长城4段，下接奴气梁长城1段。

墙体长2503米，为夯筑土墙，保存差。墙体随山岭背坡上部蜿蜒延伸，地表痕迹已不甚明显，只可见其轮廓，似人工开凿出的盘山道，顶部较平，部分地段借用自然山险；局部墙体内侧隐约可见壕沟。现存墙体底宽2~4、残高最高1米；壕沟宽约3、深0.5米（彩图一八三）。因冲沟的冲刷，墙体上有一处宽约10米的豁口。

9. 奴气梁长城1段（150222382106040042）

该段长城起自固阳县金山镇奴气梁村东南0.75千米，止于奴气梁村西南1.04千米。墙体大体呈东北—西南走向，上接石家渠长城，下接奴气梁长城2段。

墙体长1342米，为山险，山岭背坡陡立，利用自然山脊为险，未见人为建筑痕迹。该段长城北部0.6千米的东西支沟中有农户3家，隶属于奴气梁村；其东北部为榆树湾。

10. 奴气梁长城2段（150222382101040043）

该段长城起自固阳县金山镇奴气梁村西南1.04千米，止于奴气梁村西南1.28千米。墙体大体呈东北—西南走向，上接奴气梁长城1段，下接奴气梁长城3段。

墙体长453米，为土墙，保存差。墙体轮廓比较清晰，似人工开凿出的道路，顶部较平，墙体内侧隐约可见壕沟。现存墙体底宽2~4、残高最高1米；壕沟宽约3、深0.5米（彩图一八四）。

11. 奴气梁长城3段（150222382301040044）

该段长城起自固阳县金山镇奴气梁村西南1.28千米，止于奴气梁村西南1.37千米。墙体大体呈东西走向，上接奴气梁长城2段，下接红泥井长城1段。

本段长城为消失段，起止点之间的直线距离长143米。墙体地处红泥井村北部大坝沟中游沟谷的河床上，洪水冲刷导致墙体消失；有乡间土路顺沟通行。依据相邻上下段墙体情况，推断该段墙体原应为夯筑土墙。消失段西北侧有矿石加工厂，北部支沟称西壕，沟脑部位之山叫平顶山，山上有采矿场。

12. 红泥井长城1段（150222382101040045）

该段长城起自固阳县金山镇奴气梁村西南1.37千米，止于金山镇红泥井村西北1.87千米。墙体大体呈东西走向，上接奴气梁长城3段，下接红泥井长城2段。

墙体长1184米，为土墙，保存差。墙体沿大坝沟西岸较直的山岭背坡上部西行，横跨前腮堡路壕北沟上游沟谷，止于西岸坡顶；现仅见一条略隆起于山体表面的土垄，轮廓较清晰，似人工开凿出的道路，顶部较平，墙体内侧隐约可见壕沟痕迹。现存墙体底宽2~4、残高最高1米；壕宽3、深0.5米。前腮堡路壕北沟沟谷底部的墙体，因洪水冲刷而消失。

13. 红泥井长城2段（150222382106040046）

该段长城起自固阳县金山镇红泥井村西北1.87千米，止于红泥井村西北2.06千米。墙体大体呈东南—西北走向，上接红泥井长城1段，下接前明登长城。

墙体长267米，为山险。山险分布在前腮堡路壕北沟右岸两条北支沟之间的山岭上，利用山岭脊部之险，背坡山体陡峭，未见人为建筑痕迹（彩图一八五）。

14. 前明登长城（150222382101040047）

该段长城起自固阳县金山镇红泥井村西北2.06千米，止于金山镇前明登村西南0.7千米。墙体大体呈东西走向，上接红泥井长城2段，止于明登山西端山脚下。

墙体长3581米，为土墙，保存差。墙体先沿山岭背坡上部西北行，后随山岭转西行，中部沿山岭作内外弯曲分布。大部分墙体轮廓可分辨，顶部较平，内侧有壕沟隐现，似人工开凿出的道路，末端坡地上的墙体地表隆起较明显；部分地段借用自然岩壁为险。现存墙体底宽2~4、残高最高1米；壕沟宽3、深0.5米。

墙体沿线调查烽燧2座，分别为前明登1号、2号烽燧。

前明登1号烽燧（15022235320104000 2）　位于固阳县金山镇前明登村东南1.26千米处的山顶上，北距前明登长城墙体40米。西距前明登2号烽燧0.91千米。

墩台石筑，保存较差。墩台仅残存基础部位，大部分石块滚落于山下；平面呈正方形，边长7、残高3米；其上有现代人堆积的石堆。

前明登2号烽燧（15022235320104000 3）　位于固阳县金山镇前明登村南0.91千米处的山岭顶部，北距前明登长城墙体0.05千米。

墩台土石混筑，保存差。台体平面呈方形，内部土筑，外侧四周石块包砌，边长10米。墩台现已坍塌，呈高大的覆钵形土石丘状，底部直径14、顶部直径3、残高4米（彩图一八六）。地表采集有夹粗砂绳纹陶釜残片、素面瓦片等。

15.梅令山遗址（15022235310104000 4）　位于固阳县金山镇梅令山村西2.2千米处的梅令山山前坡地上，西北距昆都仑河0.6千米。

早期的调查认为是一处汉代遗址，遗物的散布范围，东西约400、南北约350米[1]。后来的资料或认为是一座汉代城址，将早期资料中遗物的散布范围直接认定为城址规模[2]。经复查，遗址位于梅令山前的平川之上，不见墙体遗迹，遗存分布范围达10万平方米（彩图一八七）。散布遗物复杂，有陶片、瓦片、铁锅残片、五铢钱等，采集陶片之上发现有"石门""万石"等文字戳印。初步推断，该遗址为西汉时期与北假田官有关的一处军事屯田遗址。遗址西侧约0.1千米处，靠近昆都仑河东岸，有一座高大的夯土台基，当为扼守昆都仑河河谷的一座汉代烽燧。

16.冯湾障城（15022235310104000 5）　位于固阳县金山镇冯湾村西0.5千米处的坡地上，北倚脑包山，西临河谷沟口，东、西、南三面为开阔平地，东距梅令山遗址10.5千米。

障城平面略呈方形，东墙长100、西墙长120、南墙长110、北墙长105米。夯筑土墙，因开耕遭破坏严重，东墙、北墙仅见轮廓，西墙上堆积有现代水渠挖出的土堆，南墙被压在一条东西向的乡间公路之下；现存城墙底宽4～7、残高1.5米，夯层厚8～9厘米。障内西北角有一座大型建筑台基址，南北长65、东西宽20、残高0.5～1.5米。城门位置不详，应于南墙中部开门（图二六；彩图一八八）。城内地表散见建筑材料和陶片等遗物，尤其是建筑台基周围可见大量筒瓦、板瓦，陶器有灰陶高领盘口罐、弦断绳纹折沿盆等残片，板瓦多外壁饰绳纹、内腹饰菱形格纹者，部分筒瓦前缘有"田"字戳印。

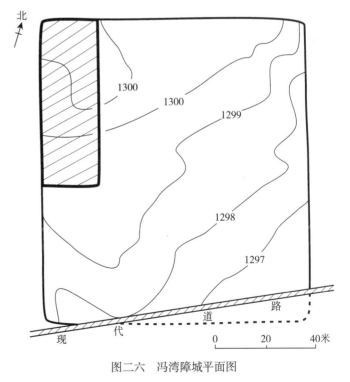

图二六　冯湾障城平面图

---

〔1〕　内蒙古文物工作队编：《内蒙古文物资料选辑》，内蒙古人民出版社，1964年，第85页。
〔2〕　国家文物局主编：《中国文物地图集·内蒙古自治区分册》（下册），西安地图出版社，2003年，第66页。

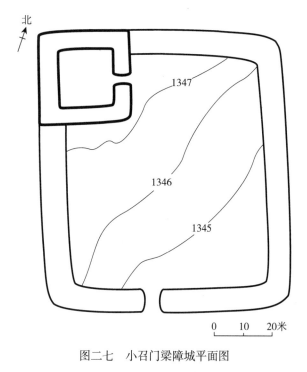

北

1347

1346

1345

0　　10　　20米

图二七　小召门梁障城平面图

17. 小召门梁障城（150823353102040002）　位于乌拉特前旗明安镇小召门梁村东南0.2千米处的坡地上，北倚巴彦查干山，西临河谷沟口，东北距冯湾障城11.8千米。

障城由主障、关厢两部分组成。主障平面呈正方形，边长23.1米。墙体夯筑而成，现呈高土垄状，底宽8、顶宽2、残高1~2米。东墙中部开门，宽3米，方向为75°。从主障北墙向东、西墙向南延伸有关厢，关厢整体平面呈长方形，南北长85、东西宽80米。关厢墙体土筑，现存状况较障墙低矮，于地表呈土垄状，底宽10、顶宽2、残高0.5~1米。关厢南墙中部开门，宽5.5米，方向为160°（图二七；彩图一八九）。主障及关厢地表散布有大量陶片、瓦片等遗物，陶片有泥质灰陶、红陶和夹砂灰陶等，纹饰有绳纹、附加堆纹、松叶状纹等，有一定数量素面陶，器形有罐、钵等。部分陶器制作精细，器表磨光。

七　石门障塞道

五当沟北自包头市固阳县下湿壕镇流入大青山，主要流经包头市石拐区，南至包头市东河区沙尔沁镇注入黄河，全长近90千米，流域面积近1000平方千米。自古以来，五当沟是沟通阴山南北的一条重要通道，今天有沙明线（包头市东河区沙尔沁镇—乌拉特前旗明安镇）公路穿五当沟而行。

大约以今石拐区古城塔村为界，向南山势较为险峻，向北则进入较为低缓的山地丘陵区。在古城塔村南侧，五当沟在险峻的山中向东形成一个大的拐弯，石拐或即由此而得名。在五当沟大拐弯处的西侧，有一条叫石门沟的支沟，形成古城塔村至五当沟下游的支线。石门沟的北端，为高耸的山崖，在山崖当中有人工开凿的一道底宽2~2.5米的石门（彩图一九〇），向北过石门下山即达古城塔村。从石门沟（彩图一九一）经石门到达古城塔村，为穿越五当沟的一条便捷之道，虽然今天仅能通行人，但直至近代仍是一条重要的翻山通道，当地老乡称驼道。

该石门，最晚在汉代已开凿。北魏时期，据《水经注》记载，石门所在之山名为石门山，五当沟名为石门水，石门山中、石门水畔有汉代石门障。从石门向北，五当沟北岸有一片高台地，台地上坐落着古城塔村，据村中老人介绍，这里原来有一座古城，村庄因此而得名，但今天古城已了无痕迹。古城塔村所在高台地，处于五当沟大拐弯北侧，利于掌控整个五当沟，南面遥望石门，亦是北出石门沟首经之地；如此，则位于古城塔村中的已消失古城，可能正是汉代的石门障。以石门障为中心，五当沟为西汉五原郡东部都尉治下的石门塞。

在对五当沟的调查中，于五当沟沟内及其两侧山上，发现汉代当路塞长城墙体2段、烽燧12座、障城2座、遗址1处，均为稒阳塞的组成部分。石门障塞道的大部分遗迹位于石拐区五当召镇、吉忽伦图苏木，少数烽燧延伸至固阳县下湿壕镇。进入固阳县之后，多为农耕区，烽燧受破坏严重，根据地表残存遗迹大致可推断，这条烽燧线可一直向西北方向延伸至昆都仑河东岸，再顺着昆都仑河北上出阳山汉长城。

下面大体按照由南向北的顺序，分作详细描述。

1.五当沟烽燧（150205353201040003）　位于石拐区五当召镇立甲子村东南0.66千米处，地处五当沟东向大拐弯处西侧台地上，形成扼守险要之势。

烽燧墩台高大，黄土夯筑而成，平面呈椭圆形，底部东西长径20、南北短径12、残高11米，夯层厚10厘米。墩台南侧有坞，平面呈正方形，边长20米。坞墙主体为土筑而成，南墙外侧包有砌石。现存坞墙内侧高度基本与地表平齐，外侧残高最高可达2米（彩图一九二）。

2.缸房地障城（150205353101040001）　位于石拐区五当召镇缸房地村西南3.2千米，地处五当沟西侧的山顶上。

障城石筑，平面呈正方形，边长50米。障墙坍塌严重，其中东墙和西南角墙体可见部分原始基础，残宽0.25～1.3、残高均不足1米。地表散落陶片较多，有泥质灰陶、褐陶等，纹饰多见绳纹。

3.缸房地长城1段（150205382102040001）

该段长城位于五当沟东侧的山上，起自石拐区五当召镇缸房地村东偏南2千米处的新曙光西沟沟脑西坡的山脚下，止于缸房地村东1.7千米处的山体北坡。墙体从山脚开始，先向西北爬行至山梁顶部，后微折向东北，顺着山脊延伸至山体制高点，此处建有缸房地1号烽燧，再向西北方向顺山梁缓缓下山，止于半山腰处的较平坦的台地处。整体呈东南—西北走向。下接缸房地长城2段。

墙体为石墙，长736米，保存一般。现存墙体呈低矮的石垄状，底宽4～6、顶宽1.2～1.5、残高0.5～0.7米。

4.缸房地1号烽燧（150205353201040001）　位于石拐区五当召镇缸房地村东1.8千米的山顶之上，西侧紧邻缸房地长城1段墙体。西北距缸房地2号烽燧3.3千米。

墩台石筑，保存较好。台体已坍塌成石堆状，平面呈圆角长方形，底部长21、宽12、残高1米。

5.缸房地长城2段（150205382102040002）

该段长城起自石拐区五当召镇缸房地村东1.7千米，止于缸房地村东1.5千米处的山脚下。墙体大体呈东南—西北走向，上接缸房地长城1段，蜿蜒于五当沟东侧两座较高山体之间的台地上。

墙体为土墙，长1804米。墙体从缸房地1号烽燧向西北顺山而下，在山脚处遇到东西向的本坝沟，墙体就此消失。该小段墙体长554米，保存差。墙体坍塌，于地表呈低矮的土垄状，底宽约4、顶宽约2、残高1～1.5米（彩图一九三）。从本坝沟再向西北，墙体完全消失于耕地之中，消失段长1250米，北端终止于猫土塔障城。其中，保存差部分、消失部分，分别占该段墙体总长的30.7%、69.3%。

6.缸房地2号烽燧（150205353201040002）　位于石拐区五当召镇缸房地村西北2.1千米处，地处五当沟东侧台地上。北距官牛犋障城1.1千米。

墩台为黄土夯筑而成，原始形制应较为高大，当地人俗称之为"王墓殿"。现烽燧墩台西半部被五当沟洪水冲毁，顶部遭盗掘破坏，整体仅存原始墩台的不足三分之一。现存墩台平面呈不规则形，南北长13、东西宽7、残存最高2.5米，可见夯层厚12厘米。

7.猫土塔障城（150205353101040002）　位于石拐区五当召镇猫土塔村北0.9千米处山坡下的台地之上，亦为缸房地长城2段墙体的北端止点。

障城墙体应为土筑，由于受耕地破坏，已难以辨识原始形制。地表散落有较多陶片，均为泥质灰陶，纹饰有绳纹、抹断绳纹、附加堆纹和水波纹等，器形有罐、盆、钵等。

8.官牛犋遗址（150205353101040003）

该遗址位于石拐区五当召镇官牛犋村北侧，地处五当沟东岸向五当沟凸出的一座较高台地上，北距木瓜渠后梁烽燧4.5千米。

遗址受村庄建设和耕地破坏较严重，地表遗迹已不是特别明显，遗物散布范围约2500平方米（彩图一九四）。地表可见大量陶片，纹饰以绳纹为主。附近村民在日常生产生活中，从遗址上发现了大量"五铢"钱。

9. 木瓜渠后梁烽燧（150205353201040004） 位于石拐区五当召镇木瓜渠村东0.2千米，地处五当沟东侧的台地上。西北距爬榆树烽燧2.1千米。

墩台为黄土夯筑，保存较差。墩台现呈圆形土丘状，坍塌严重，底部直径20.3、残高约2米，夯层厚10厘米。墩台周边散落有少量陶片。

10. 爬榆树烽燧（150205353201040005） 位于石拐区五当召镇爬榆树嘎查北侧1.3千米处，地处五当沟东侧向西凸出的小山顶部。西北距水壕烽燧2.4千米。

墩台为黄土夯筑，保存较差。墩台现呈圆形土丘状，底部直径8～10、残高约2米，因坍塌严重夯层尺寸不详（彩图一九五）。墩台顶部有一石头圈，周边散落有少量陶片。

11. 水壕烽燧（150205353201040006） 位于石拐区吉忽伦图苏木水壕村南0.23千米处的五当沟西岸山丘上，东侧紧邻沙明公路。北偏西距石人壕烽燧1.98千米。

墩台以黄褐土夯筑而成，保存差。墩台已坍塌，现呈低矮的缓丘状，底部直径8.5、顶部直径1.7、残高1.5米。烽燧地处水壕村与石皮壕村之间的山体东缘，其北侧为一圆形山丘，与烽燧之间架设了简易通讯装置。烽燧的南部沟谷称石皮壕，北部为水壕，水壕的北部山丘上有一座通讯信号铁塔。在烽燧的东坡上发现有泥质灰陶素面陶片，器形为罐，其边缘见有圆形钻孔。

12. 石人壕烽燧（150222353201040011） 位于固阳县下湿壕镇石人壕村东0.7千米处，地处五当沟正沟下游"S"形拐弯处西岸高山顶部。北距海流树烽燧1.4千米。

墩台为土石混筑，保存较好。墩台底部台基平面呈方形，用石块垒筑，边长10米。墩台在方形台基上用石块一圈圈向上垒起，剖面呈梯形。台体整体坍塌成圆形土石丘状，形状如塔；底部直径8、顶部直径2、残高约4米（彩图一九六）。墩台顶部现有一盗坑，盗坑长2.5、宽0.8、深2米。盗坑旁可见有少量的陶片，纹饰以附加堆绳纹、水波纹、凹弦纹等为主。

13. 海流树烽燧（150222353201040012） 位于固阳县下湿壕镇海流树村北，地处五当沟正沟中游东岸的山丘顶部。西北距沙湾子烽燧1.6千米。

墩台为黄土夯筑，保存一般。台体现呈圆形土丘状，底部直径12、顶部直径5、残高3.5米，夯层厚10厘米（彩图一九七）。

14. 沙湾子烽燧（150222353201040013） 位于固阳县下湿壕镇沙湾子村北，地处五当沟东岸的山坡上。

墩台土筑，保存较差。墩台呈圆形土丘状，底部直径10、顶部直径2、残高4米；顶部被人为削平，南侧经垂直切削台体挖掘一拱窑洞，洞壁上见有清晰的夯层，厚9～12厘米。窑洞东侧掘有菜窖，门前形成活动平台（彩图一九八）。南坡下见有泥质灰陶罐下腹部残片，外表有拉坯形成的瓦棱纹，边缘有钻孔。

15. 贾家渠烽燧（150222353201040014） 位于固阳县金山镇贾家渠村东南0.92千米处的五当沟上游正三岔沟东岸的山头上，西坡下为沙明公路。西北距西壕烽燧3.4千米。

墩台以黄褐土夯筑而成，保存差。台体已坍塌，现呈低缓的土丘状，现存台体底部直径15、顶部直径1.5、残高1.9米；东南坡有盗坑，长1.1、宽0.5、深3米；坑壁上暴露夯层，厚9～11厘米。烽燧附近见有泥质灰陶盆口沿、素面陶罐残片，沿下施平行的两道绳索状凸弦纹；还发现外壁绳纹的板瓦残片。

16. 西壕烽燧（150222353201040015） 位于固阳县金山镇西壕村东北0.31千米处的明安川地上，四周为耕地，西有沙明公路。西北距四份子烽燧2.87千米。

墩台以黄褐土夯筑而成，保存差。台体已坍塌，现呈低矮的土丘状，顶部较平缓，四周作缓坡形。东北侧被挖掘一洞，坑壁上显露夯层。现存台体底部直径23、顶部直径3、残高2.2米。

17. 四份子烽燧（150222353201040016）　位于固阳县金山镇四份子村东0.37千米处的明安川中部，东北有矿粉加工厂。烽燧建筑在北高南低的缓坡地上，北依明安川地上一条东西向低山岭，南临季节性河槽，洪水西南向下泄，河槽两岸及烽燧周边均为耕地。西南距沙明公路0.52千米，东距明登山长城墙体5.65千米。

墩台以黄褐土夯筑而成，保存差。台体已坍塌，现存台体呈低缓的土丘状，仅略微凸起于地表，底部直径15、残高0.5米；顶部有长2、宽1、深1.5米的长方形坑，坑壁上见有夯层。采集有泥质灰陶盆、罐残片。

八　高阙谷驿道

高阙谷驿道起自九原县（今包头市九原区麻池古城），经昆都仑沟、三老虎沟、明安川，一直延伸至后套平原。昆都仑沟南口东侧有营洞山长城，起到当路塞作用；昆都仑沟南口西侧的昆都仑沟遗址，可能为秦汉时期"高阙关"。

关于高阙谷的记载，见于《后汉书》，其中《孝安帝纪》与《乌桓鲜卑列传》均记载了"高渠谷之战"。《乌桓鲜卑列传》记载较为详细，东汉孝安帝永初三年（109年），"秋，雁门乌桓率众王无何，与鲜卑大人丘伦等，及南匈奴骨都侯，合七千骑寇五原，与太守战于九原高渠谷，汉兵大败，杀郡长吏。乃遣车骑将军何熙、度辽将军梁慬等击，大破之。无何乞降，鲜卑走还塞外。是后乌桓稍复亲附，拜其大人戎朱廆为亲汉都尉。"[1]《孝安帝纪》在"高渠谷"之后有夹注："《东观记》曰：'战九原高粱谷。'渠粱相类，必有误也。"[2]高渠谷、高粱谷，可能均为高阙谷之误。从昆都仑沟遗址向北的高阙谷驿道，是汉代直道的延伸，驿道沿线有三老虎沟东口处的套路壕遗址、明安川的补拉遗址等。

据《新唐书·地理志》记载："中受降城正北如东八十里，有呼延谷，谷南口有呼延栅，谷北口有归唐栅，车道也，入回鹘使所经。"[3]唐代，昆都仑沟名为呼延谷，为唐朝通往漠北回鹘汗国的驿道所经之处，称作回鹘道。这条驿道南起中受降城（今鄂尔多斯市达拉特旗二狗湾古城），北抵回鹘汗国首都（今蒙古国哈拉巴拉嘎斯古城），唐太宗晚期开通，最初称作"参天可汗道"。

调查长城墙体1段、遗址3处。

1. 营洞山长城（150203382102040001）

该段长城位于包头市昆都仑区哈业脑包乡昆都仑召村东北、昆都仑沟东侧的营洞山山间谷地之中，起自昆都仑召村东北5.9千米，止于昆都仑召村东北5.4千米。墙体随谷地西侧的山脊走势作内向弧线分布，由东北—西南走向转为东西走向。

墙体长856米，为石墙，毛石干垒，保存差。墙体位于昆都仑水库东南部山脊上，局部地段利用自然山体而建，现已完全坍塌，呈低矮的石垄，底宽1～1.5、残高0.3～1米。墙体起点、止点处，各倚墙体有一座石台，似为烽燧墩台残迹，石台边长约4米（彩图一九九）。墙体附近采集有汉代的绳纹灰陶片等遗物。墙体起点处东侧，为包固（包头—固阳）公路石门1号隧道南口。

〔1〕《后汉书》卷90《乌桓鲜卑列传》，中华书局，1965年，第2983页。

〔2〕《后汉书》卷5《孝安帝纪》，中华书局，1965年，第213页。

〔3〕《新唐书》卷43《地理志》，中华书局，1975年，第1148页。

2. 昆都仑沟遗址（150203353102040001）　位于昆都仑区哈业脑包乡昆都仑召村东北4.3千米，地处昆都仑沟中部西岸东向凸出的一块台地之上，当地老乡称作石鸡王圪旦；东北距营洞山长城墙体止点1.2千米，南距昆都仑沟南口2.6千米、距麻池古城16.7千米。

台地向昆都仑沟凸出，长约400、宽约200米，临沟有东、西两个小山包。西侧小山包依稀可见墙体遗迹，依台地地形构筑，平面呈五边形，北、东、西三面为直墙，南墙因外凸而形成东南、西南两墙，北墙长85、东墙长65、西墙长48、东南和西南两墙长均为45米。墙体以黄褐土夯筑而成，北墙保存较完整，东墙、西墙部分残存，东南、西南两墙俱消失。残存墙体呈低矮的土垄状，底宽4.5、残高0.52米；断面处暴露出夯层，厚约10厘米（彩图二〇〇）。西墙内侧断面上可见文化层，灰土厚达2.3米，包含有较多陶片、动物骨骼等。

遗物的分布范围并不局限于墙体之中，西侧小山包及东侧小山包之间的台地上，均散布有大量陶片和动物骨骼等。东侧小山包上有一座废弃的近代敖包，该敖包也可能是由烽燧改筑而成。陶片可辨器形有泥质灰陶壶、夹砂粗绳纹陶釜等，还见有精细规整的绳纹陶片；动物骨骼以牛骨居多，其次是猪骨、狗骨（彩图二〇一）。

3. 套路壕遗址（150823353102040005）　位于巴彦淖尔市乌拉特前旗明安镇三老虎沟东口处南侧的坡地之上，南距昆都仑沟遗址11.5千米。三老虎沟为昆都仑沟近北口处西侧的一条支沟，当地老乡亦称套路壕，从昆都仑沟经此沟可进入明安川及后套地区。

现存遗迹为一座大型夯土台基建筑址。夯土台基平面呈长方形，东西长160米。以黄土夯筑而成，底宽顶窄，剖面呈梯形，底宽20、顶宽15、高约4米，遗址西段被冲沟冲毁，断壁裸露出夯层，厚6～17厘米（彩图二〇二）。遗址顶部及周围地表被耕地翻出大量陶片、瓦片等遗物。陶片饰有绳纹、附加堆纹、弦纹等；筒瓦外壁多饰宽弦断绳纹，内腹为麻点纹；板瓦外壁多饰粗绳纹，内壁多饰菱形格纹。还采集有卷云纹瓦当。该建筑遗址规格较高，可能与元封元年（前110年）汉武帝北巡遗迹有关。

4. 补拉遗址（150823353102040005）　位于乌拉特前旗明安镇补拉村西侧，北望巴彦查干山，向东通往三老虎沟，向西通往摩棱河南谷口。东距套路壕遗址约30千米。

由于临近村庄，遗址受破坏严重，地表散布大量汉代瓦片、陶片等遗物。遗物的散布范围，在百米见方左右。

补拉遗址至摩棱河河口之间，在乌拉特前旗大佘太镇镇政府北侧有一座近代城堡，城堡夯筑土墙内可见汉代陶片，初步推断该城堡之下可能叠压着一处驿道传舍遗址。补拉遗址距大佘太镇约30千米。从大佘太镇至摩棱河河谷南口处的根子场古城（北魏沃野镇镇城）约33千米，该古城也有可能建于一处汉代传舍遗址之上。

九　明安川汉长城

明安川汉长城位于巴彦淖尔市乌拉特前旗东南部的额尔登布拉格苏木巴彦花嘎查，地处明安川南部，南为乌拉山。

明安川汉长城起点位于额尔登布拉格苏木所在地东南15千米的乌拉山大坝沟北沟中，沟谷两侧山体陡峭，巨石裸露，植被稀疏，水土流失严重，山坡上生长着稀疏的次生柏树。沟内的墙体为石筑，分布于沟东岸，大体呈北偏西行，顺沟谷向明安川延伸。出沟后的墙体就地取材，改为土筑，作直线分布，转向西北方的乌梁素海行进，在接近现今乌梁素海东岸的4.2千米处消失。

在调查中，将明安川汉长城共划分为14段，包括石墙1段，土墙7段，消失墙体6段。墙体总长

16382米，其中石墙长1987米，土墙长7117米，消失段落长7278米。分布于沟谷中的墙体为石筑，墙体基本全部坍塌，石块向坡下滚落；分布于明安川川地上的墙体为土筑，受风雨侵蚀、放牧等影响，皆呈低矮土垄状。

2017年夏天，对明安川汉长城的墙体做了局部解剖，并清理了墙体沿线的两座石构遗迹。石构遗迹中出土的人骨、动物骨骼，经北京大学考古文博学院做C14鉴定，年代大体在公元前后（表六）。

表六　加速器质谱（AMS）C14测试报告

Lab编号	样品原编号	出土地点	C14年代（BP）	树轮校正后年代	
				1σ（68.2%）	2σ（95.4%）
BA172499	动物骨骼	哈业胡同东台地石构遗迹	1945±30	19AD（68.2%）85AD	21BC（1.8%）11BC 2BC（93.6%）128AD
BA172500	人骨	北大坝沟沟西台地石构遗迹	1965±25	7AD（68.2%）68AD	40BC（95.4%）83AD

注：所用C14半衰期为5568年，BP为距1950年的年代。

在对明安川汉长城的调查中，除划分的14段长城墙体外，沿线还调查烽燧4座、障城2座。下面，对这些墙体段落和单体建筑分作详细描述。

1. 巴彦花长城1段（150823382102040001）

该段长城位于大坝沟北沟东岸陡峭的坡地上，为明安川汉长城东南端的第一段墙体，东南端点系长城的起点，西临沟谷，谷西为雅马图山。墙体起自额尔登布拉格苏木巴彦花嘎查浩雅日呼都嘎南偏东4.25千米，止于巴彦花嘎查浩雅日呼都嘎东南3.06千米。前小段墙体沿狭窄的大坝沟北沟沟谷东坡作内外弯曲分布，大体呈南北走向；后小段近于直线分布，呈南偏东—北偏西走向。下接巴彦花长城2段。

墙体长1987米，为石墙，保存差。墙体采用黑色玄武岩、黄褐色沉积岩、灰白色凝灰岩和暗红色花岗岩等石块垒砌而成，大部分已坍塌，筑墙石块顺坡滚落，形成一面倒的石垄。现存墙体底宽1.5～2、顶宽1～1.5、残高0.2～0.5米。前小段墙体修筑在较陡的坡地上，墙体石块散落较严重，但墙体的轮廓与走向非常明显；中小段墙体靠近坡地下缘，受河床冲刷影响，局部出现豁口；后小段墙体作直线分布在较缓的坡地上，石垄隆起明显，轮廓与走向清晰。墙体周边分布多处采石场，废料堆积如山，拉运石料的道路纵横交错。自大坝沟北沟口向南至乌拉山分水岭，纵深长达7千米，沟床两侧山体基岩裸露，柏树散布，植被稀疏，雨季极易引发洪水，导致水土流失。

墙体止点处南侧调查烽燧1座，为巴彦花1号烽燧。

巴彦花1号烽燧（150823353201040001）　位于额尔登布拉格苏木巴彦花嘎查浩雅日呼都嘎东南3.07千米，建于大坝沟北沟口东岸向明安川平原过渡的小山丘之上，北距巴彦花长城1段墙体止点31米。西北距巴彦花2号烽燧3千米。

墩台为土石混筑，外围用泥质板岩石块垒砌，中间夯筑土石，保存差。台体现呈长方形土石堆状，南北长3.5、东西宽2.8、残高0.5米。墩台四周为陡峭的坡地，坡下采集有泥质灰陶弦断绳纹陶片、宽沿陶盆口沿残片。墩台南部是一现代采石场，周边散布着的石块堆，对烽燧的保存影响较大。

从巴彦花长城1段墙体止点处起，墙体已基本上走出沟口，石砌墙体消失，推断自此墙体改为土筑。墙体的走向，由原来的北偏西转向正西北延伸，在沟口形成一个折角。巴彦花1号烽燧选择在沟口高山丘之上的墙体转角处修筑，明显在于沟通沟谷与川地两个方向的预警信息。

2. 巴彦花长城2段（150823382301040002）

该段长城位于额尔登布拉格苏木巴彦花嘎查东南部大坝沟北沟口的扇形洪水冲积面上，起自巴彦花嘎查浩雅日呼都嘎东南3.06千米，止于巴彦花嘎查浩雅日呼都嘎东0.99千米。墙体应为东南—西北走向，上接巴彦花长城1段，下接巴彦花长城3段。

本段长城为消失段，起止点之间的直线距离长2189米。墙体所在地段为乌拉山北麓与明安川川地衔接的过渡带上，沟床西岸有采石场和牧户分布，受大坝沟洪水冲击和采石场挖掘施工的影响，导致墙体消失。

3. 巴彦花长城3段（150823382101040003）

该段长城位于额尔登布拉格苏木巴彦花嘎查东南部南高北低的明安川川地上，起自巴彦花嘎查浩雅日呼都嘎东0.99千米，止于巴彦花嘎查浩雅日呼都嘎北偏东0.42千米。墙体呈东南—西北走向，从巴彦花长城3段至巴彦花长城14段墙体，均处在同一条直线上；上接巴彦花长城2段，下接巴彦花长城4段。

该段墙体由双墙单壕组成，自南向北依次为土墙、壕沟、石墙的结构，全长982米，整体保存差。2017年夏天，对该段长城墙体局部作了解剖，土墙为砂土夯筑，北侧挖壕、南侧筑墙，现呈明显隆起于地表的土垄状，顶部密布着细碎的卵石，墙体底宽4.8、残高0.4米。壕沟平面呈牛槽形，口宽5.4、底宽3.2、深1米。壕内可见两层堆积，上层（①层）为灰黄色土，土质较松软，厚0.4米；下层（②层）为黑灰色土，包含碎石块、石粒等，土质松软，厚0.6米。石墙位于壕沟北侧，为毛石堆筑，宽4、残高0.3米（图二八；彩图二〇三）。有两条较缓的季节性冲沟穿过墙体，形成豁口，豁口处见有成排垒砌的石块，推测筑墙时可能在墙体下部有石砌基础，并预设排水口。有三条土路自东南向西北行，斜穿长城墙体，对墙体造成破坏。墙体南侧有多家采石场，散堆着废弃的石料，已接近长城本体，对墙体环境影响较大。墙体北侧有一条与墙体并列的季节性河槽。

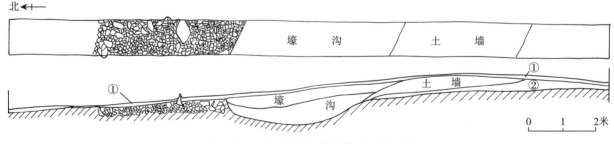

图二八　巴彦花长城3段墙体平、剖面图

墙体沿线调查烽燧、障城各1座，为巴彦花障城、巴彦花2号烽燧。

巴彦花障城（150823353102040006）　位于额尔登布拉格苏木巴彦花嘎查浩雅日呼都嘎东偏北0.47千米，地处哈业胡洞沟东岸的坡地上。北距巴彦花长城3段20米，西北距巴彦花2号烽燧0.2千米。

因风雨侵蚀、水土流失等原因，导致障城墙体等地面遗迹均消失殆尽。地表散落遗物较丰富，有灰陶罐、盆及板瓦等残片，采集有"五铢"钱、铜镞等遗物。

巴彦花2号烽燧（150823353201040002）　位于额尔登布拉格苏木巴彦花嘎查浩雅日呼都嘎东北0.41千米，地处哈业胡洞沟东岸的台地上，北距巴彦花长城3段墙体15米。

墩台为土石混筑，为四周包砌石块中间夯土建成。台体现呈圆形，直径3.4、残高0.5米。保存差。墩台外围有方形围墙，边长7.4米，台体距东墙和南墙各2.4米，围墙东南角内侧有南北长3.1、东西宽

2.4米的石堆遗迹。烽燧周边地表采集有弦断纹、波浪纹泥质灰陶片。

4. 巴彦花长城4段（1508233382301040004）

该段长城位于额尔登布拉格苏木巴彦花嘎查东南部明安川东南高西北低的坡地上，起自巴彦花嘎查浩雅日呼都嘎北偏东0.42千米，止于巴彦花嘎查浩雅日呼都嘎北0.63千米。墙体呈东南—西北走向，上接巴彦花长城3段，下接巴彦花长城5段。

本段长城为消失段，起止点之间的直线距离长385米。浩雅日呼都嘎南沟洪水北流，进入明安川地后形成季节性沙河槽，穿过墙体，洪水冲刷导致长城墙体消失。

5. 巴彦花长城5段（1508233382101040005）

该段长城位于额尔登布拉格苏木巴彦花嘎查东南部南高北低的明安川坡地上，起自巴彦花嘎查浩雅日呼都嘎北0.63千米，止于巴彦花嘎查浩雅日呼都嘎西北1.49千米。墙体呈东南—西北走向，上接巴彦花长城4段，下接巴彦花长城6段。

墙体长962米，为土墙，保存差。墙体现呈低矮土垄状，轮廓与走向较明晰。受风雨侵蚀的影响，墙体在逐年分解，顶部密布着细碎的小石子。现存墙体底宽3~4、顶宽2~3、残高0.2~1米。墙体大部分处于牧民围封的网围栏中，两道网围栏大致呈南北向穿过墙体。前小段墙体近起点处分布有两条小冲沟，导致墙体出现豁口。墙体北侧300余米处，有一条与长城墙体大略并行的砂石路。

6. 巴彦花长城6段（1508233382101040006）

该段长城位于额尔登布拉格苏木巴彦花嘎查东南部东南高西北低的明安川缓坡地上，起自巴彦花嘎查浩雅日呼都嘎西北1.49千米，止于巴彦花嘎查浩雅日呼都嘎西北2.4千米。墙体呈东南—西北走向，上接巴彦花长城5段，下接巴彦花长城7段。

墙体长933米，为土墙，保存差。现存墙体呈低矮土垄状，底宽3~4、顶宽2~3、残高0.2~1米。墙体前小段明显隆起于地表，轮廓与走向清晰，顶部密布着细碎的白色小石子；后小段个别地段隆起已不明显，仅可分辨其走向，草原川地植被退化，水土流失加重，自然损毁是导致墙体保存差的直接因素。前小段起点处有一条浅缓的水冲沟穿过墙体，西北流汇入主河槽，注入乌梁素海。新修筑的一条较宽的草原土路自中小段斜穿墙体，导致墙体出现豁口。两道网围栏作南北向穿过后小段墙体，将墙体围在其中。

7. 巴彦花长城7段（1508233382301040007）

该段长城位于额尔登布拉格苏木巴彦花嘎查东南部东南高西北低的明安川缓坡地上，起自巴彦花嘎查浩雅日呼都嘎西北2.4千米，止于巴彦花嘎查浩雅日呼都嘎西北2.7千米。墙体呈东南—西北走向，上接巴彦花长城6段，下接巴彦花长城8段。

本段长城为消失段，起止点之间的直线距离长311米。源出拜兴特沟的洪水北流进入明安川后形成较平缓的季节性沙河，称萨拉海尔，进入明安川腹地转西北流，注入乌梁素海，洪水冲刷导致墙体消失。

8. 巴彦花长城8段（1508233382101040008）

该段长城位于额尔登布拉格苏木巴彦花嘎查东南部东南高西北低的明安川缓坡地上，起自巴彦花嘎查浩雅日呼都嘎西北2.7千米，止于巴彦花嘎查二十八公里水源地东南3.2千米。墙体呈东南—西北走向，上接巴彦花长城7段，下接巴彦花长城9段。

墙体长1139米，为土墙，保存差。现存墙体呈低矮土垄状，顶部密布着细碎的白色小石子，为土筑墙体遭受风雨侵蚀后日益萎缩的遗留物，远观为一道白色的土垄，较为醒目。现存墙体底宽3~4、顶宽2~3、残高0.2~1米。前、后小段墙体明显隆起于地表，轮廓与走向清晰可辨；中小段墙体较低矮。草原川地上植被荒芜，鲜见绿色，水土流失严重，导致墙体保存差。源出乌拉山的三条季节性沙河向西北流，穿过后小段墙体，造成墙体豁口。一条偏西北向的砂石路于前小段斜穿墙体，也形成豁口。中小段墙体南侧有一道与墙体并行的现代挡水坝。

9. 巴彦花长城9段（150823382301040009）

该段长城位于额尔登布拉格苏木巴彦花嘎查东南部较平缓的明安川地上，地势东南略高西北稍低。墙体起自巴彦花嘎查二十八公里水源地东南3.2千米，止于巴彦花嘎查二十八公里水源地东南2.9千米，大体呈东南—西北走向，上接巴彦花长城8段，下接巴彦花长城10段。

本段长城为消失段，起止点之间的直线距离长320米。草原植被较为稀疏，自乌拉山北麓伊和布拉格沟沟口而出的洪水，呈放射状发散，形成一道道弯曲浅缓的季节性小沙河，河床较浅，卵石冲积成垄状，其中一条沙河的河槽与墙体走向一致，直接冲毁了长城墙体。

10. 巴彦花长城10段（150823382101040010）

该段长城位于额尔登布拉格苏木巴彦花嘎查东南部较平缓的明安川上，起自巴彦花嘎查二十八公里水源地东南2.9千米，止于巴彦花嘎查二十八公里水源地东南2.6千米。墙体呈东南—西北走向，上接巴彦花长城9段，下接巴彦花长城11段。

墙体长305米，为土墙，保存差。墙体现呈低矮土垄状，顶部密布着大小不一的白色、黑色和暗红色卵石子，十分醒目。现存墙体底宽3～4、顶宽2～3、残高0.2～1米。发源于乌拉山北麓伊和布拉格沟的一条小沙河洪水自南向北流，从中小段墙体穿过，导致局部墙体消失。

11. 巴彦花长城11段（150823382301040011）

该段长城位于额尔登布拉格苏木巴彦花嘎查东南部较平缓的明安川地上，起自巴彦花嘎查二十八公里水源地东南2.6千米，止于巴彦花嘎查二十八公里水源地东南2.31千米。墙体呈东南—西北走向，上接巴彦花长城10段，下接巴彦花长城12段。

本段长城为消失段，起止点之间的直线距离长296米。源自伊和布拉格沟的一条季节性小沙河北流，冲毁了长城墙体，河槽西岸局部也不见墙体痕迹；洪水穿过长城西北流注入乌梁素海。

12. 巴彦花长城12段（150823382101040012）

该段长城位于额尔登布拉格苏木巴彦花嘎查东南部较平缓的明安川地上，起自巴彦花嘎查二十八公里水源地东南2.31千米，止于巴彦花嘎查二十八公里水源地南0.89千米。墙体呈东南—西北走向，上接巴彦花长城11段，下接巴彦花长城13段。

墙体长1830米，为土墙，保存差。墙体前小段地表隆起较明显，轮廓清晰；后小段较低矮，仅可分辨轮廓和走向。现存墙体呈低矮土垄状，底宽3～4、顶宽2～3、残高0.2～1米。草原退化、沙化、风雨侵蚀和水土流失等因素，是导致墙体保存差的主要原因。

墙体沿线调查烽燧1座，为巴彦花3号烽燧。

巴彦花3号烽燧（150823353201040003） 位于额尔登布拉格苏木巴彦花嘎查二十八公里水源地南0.93千米，地处较高的丘地上，北距巴彦花长城12段墙体止点10米。

墩台为土筑，台体现呈圆形土丘状，底部直径7～8、顶部直径3～4、残高1～2米，保存差。墩台周边散落有少量陶片。

13. 巴彦花长城13段（150823382301040013）

该段长城位于额尔登布拉格苏木巴彦花嘎查东南部较平缓的明安川地上，起自巴彦花嘎查二十八公里水源地南0.89千米，止于巴彦花嘎查西南2.4千米。墙体大体呈东南—西北走向，上接巴彦花长城12段，下接巴彦花长城14段。

本段长城为消失段，起止点之间的直线距离长3777米。乌拉山北麓查干达巴奈阿木沟等沟谷的洪水出沟后西北流，冲毁了长城墙体；其后汇聚注入乌梁素海。

14. 巴彦花长城14段（150823382101040014）

该段长城位于额尔登布拉格苏木巴彦花嘎查东南部较平缓的明安川地上，起自巴彦花嘎查西南2.4千米，止于巴彦花嘎查西偏南2.75千米。墙体呈东南—西北走向，上接巴彦花长城13段，止点为乌拉特前旗明安川汉长城西北端点。

墙体长966米，为土墙，保存差。墙体较低矮，仅可分辨轮廓和走向，呈低矮土垄状，底宽3～4、残高0.2～0.4米。

墙体沿线调查烽燧1座，为巴彦花4号烽燧。

巴彦花4号烽燧（150823353201040004）　位于额尔登布拉格苏木巴彦花嘎查西南2.4千米，地处两条自东南向西北流的季节性沙河中间平地上，北距巴彦花长城14段墙体10米。

墩台为土筑，台体现呈圆形土丘状，直径4～5、残高0.5米，保存差。墩台顶部现堆有少量的石块，周边散落有较少的陶片、残砖等。

从巴彦花长城14段墙体周边的地形地貌观察，其止点不应是明安川汉长城的西端点，西端点应在乌梁素海岸边。巴彦花长城14段墙体止点位于乌拉特前旗乌拉山镇通往大余太镇的南北向柏油路东南侧0.45千米，路西为乌梁素海东岸的村庄与耕地，沙河冲刷和农田耕种导致长城墙体完全消失。由此推测，长城墙体应是修筑至乌梁素海岸边，以建立起乌拉山与乌梁素海之间的区域防御体。

消失墙体西端，调查有陈二壕障城。

陈二壕障城（150823353102040003）　位于额尔登布拉格苏木陈二壕村东北侧，西侧为唐代王逆修墓，西北方向有唐代的坝头遗址（永清栅），在坝头遗址以北有现已淹没于乌梁素海之中的唐代天德军故城。

障城平面呈长方形，南北长120、东西宽100米。障墙夯筑而成，基宽13、残高1～2米。南墙中部设门，宽6米，方向为180°。城墙四角有角台残迹（彩图二〇四）。障城内地表散布陶片、瓦片较多，曾采集有外壁饰绳纹的筒瓦、"长乐未央"文字砖（图二九）和"五铢"铜钱等遗物。

图二九　陈二壕障城采集"长乐未央"文字砖

一〇　小结

阴山秦汉长城分布于阴山沟通南北交通的沟谷之间、山顶之上，除具有捍守的功能外，部分作为塞道、驿道则还具有驿传、关梁的作用。其中，当路塞包括面铺窑当路塞、奎素当路塞、水磨当路塞、蜈蚣坝当路塞、朱尔沟—庙沟当路塞、五原北假汉长城，塞道以石门障塞道为代表，驿道以高阙谷驿道为代表。明安川汉长城较为特殊，似为阴山汉长城的延伸线路。

面铺窑当路塞、奎素当路塞、水磨当路塞、五原北假汉长城均注重单纯的军事防御，水磨当路塞之中的双重塞墙可能包含了秦代遗存，五原北假汉长城构成了阴山汉长城与阳山汉长城之间的又一道防御线。蜈蚣坝当路塞、朱尔沟—庙沟当路塞，除防御外，兼具交通作用，但却不是部都尉出塞的塞道。从蜈蚣坝当路塞向北，在阳山汉长城沿线的乌素图沟北口处，有什尔登古城，为汉代云中塞东部的中心军事城邑，驻扎有城都尉；朱尔沟—庙沟当路塞，是汉代云中塞西部的中心军事城邑的通道，在庙沟土城子古城驻守有城都尉。

石门障塞道的防御系统较为复杂，兼具防御、驿传、烽燧预警、关塞等多项功能，可视为汉代阴山地区南北向塞道的代表。昆都仑沟的南北交通，在汉代主要发挥驿道的作用，是由汉长安城而来的秦汉直道的延伸。秦始皇三十五年（前212年），开始修筑直道，"道未就"[1]。据曾磊研究，秦朝修筑直道，意图模仿"关中通道—函谷关"的防御体系，在首都咸阳的正北方形成"直道—高阙"防御体系，并赋予高阙新的象征，推断高阙是统一后的秦王朝的北方国门。"直道—高阙"防御体系再加上营建长城塞防和移民戍边，秦始皇构筑了一个全方位的军事战略体系，以防备"亡秦者胡也"的谶语。只可惜秦始皇的苦心经营尚未完全发挥其战略功效，秦王朝就已轰然崩塌[2]。秦朝九原县向北直对昆都仑沟，昆都仑沟应该就是秦朝设计的"高阙关"所在。这个"高阙关"的旧址，可能也在昆都仑沟遗址。从昆都仑沟向西有哈德门沟，哈德门沟沟口处的哈德门古城为西汉五原郡中部都尉治所原高城，哈德门沟应为五原郡中部都尉的塞道所在。

西汉一朝，除黄河北河南流段东侧设置有归属五原郡管辖的河目县（城址可能已淹没于乌梁素海之中）外，北假中未再设置县邑，而是设置有北假田官，开展军事屯田，配合五原塞的军事防御。汉元帝初元五年（前44年），以不与民争利的理由罢北假田官。新莽时，又复置，"遣尚书大夫赵并使劳北边，还言五原北假膏壤殖谷，异时常置田官。乃以并为田禾将军，发戍卒屯田北假，以助军粮。"[3]田禾将军的职能等同于北假田官。除梅令山遗址与军事屯田有关外，位于固阳县金山镇三份渠村北侧的三份渠遗址也是一处大型屯田聚落。该遗址地处山前平原区，地表散布大量汉代砖瓦、陶器残片。

以前的调查资料，有的将梅令山遗址定性为一座汉代古城，或认为是光禄城所在。现在看来，梅令山遗址不是古城，而是一处重要的屯田聚落所在。石门障塞道西北穿越明安川，出阳山秦汉长城之后才到达"北出石门障"第一城——光禄城。光禄城为光禄勋徐自为于汉武帝太初三年（前102年）所建，其旧址为固阳县黑山寨古城。

黑山寨古城位于北魏怀朔镇（今包头市固阳县白灵淖城圐圙古城）西南约2千米的孤山之上，依山势布局，整体呈不规则四边形，东、南、北三面均筑有墙体，西墙遭五金河支流河水冲毁殆尽，周长2620米。墙体有土夯者，也有石砌者，东、南、北三面墙体之上共保留24座马面。城门位于北墙偏东一处沟口处，此段墙体内凹，城门宽约15米（图三〇）。古城地表采集遗物多以瓦片、陶片为主。瓦片有筒瓦、板瓦等，均外壁素面、内壁饰布纹，檐板瓦檐头有指压装饰。陶器有泥质灰陶盆、陶壶残片，器表上施平行划线纹、磨光暗纹等，外唇有施戳印纹者。北魏早期，称之为黑城，延和二年（433年）建黑城镇，后扩建城邑于东北平川之上，改名怀朔镇（图三一）。

明安川汉长城位于明安川的西南部，为阴山汉长城西段，长城之内设有河目县。明安川汉长城的东端起点，在乌拉山大坝沟的北口处，乌拉山南侧公庙子沟南口处有公庙沟口障城，为汉代五原郡西部都尉治所田辟城。

阴山秦汉长城与为汉代沿用的战国赵北长城，在西汉时期自东向西归属云中郡、五原郡管辖，是

〔1〕《史记》卷88《蒙恬列传》，中华书局，1959年，第2567页。

〔2〕曾磊：《秦代的国门规划》，《文物、文献与文化——历史考古青年论集》第一辑，上海古籍出版社，2017年。

〔3〕《汉书》卷99《王莽传》，中华书局，1962年，第4125页。

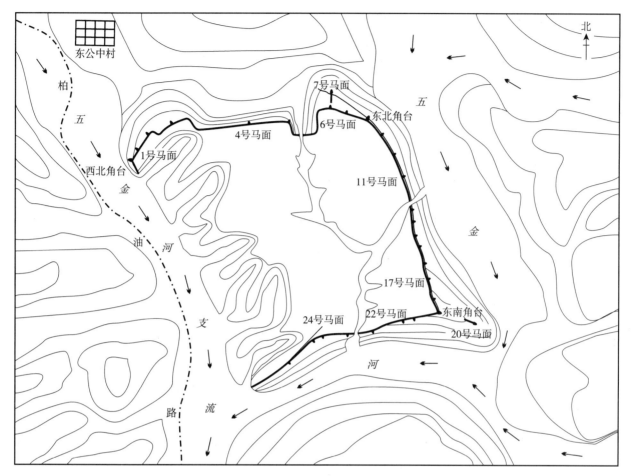

图三〇　黑山寨古城平面示意图

图三一　黑山寨古城与白灵淖城圐圙古城平面位置关系示意图

二郡的主要边防线。西汉时期，云中郡与定襄郡在阴山的分界线，在乌兰察布市卓资县旗下营镇西侧的察哈少山；云中郡与五原郡在阴山的分界线，在壕赖山—马鞍山南北一线。

在本次长城调查中，对分布于阴山秦汉长城以南、归属西汉云中郡管辖的几座郡县级城邑作了调查和测绘，下面分作简要介绍。

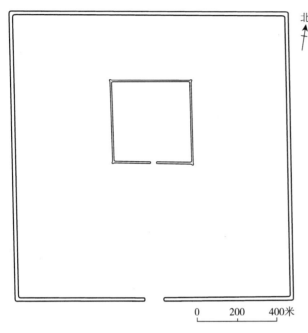

图三二　塔利古城平面图

1.塔利古城　位于呼和浩特市新城区毫沁营镇塔利村北0.5千米处。分为内、外两城，墙体均为夯筑而成，底宽10～15、残高1.5～3米。外城平面近方形，东西长1263、南北宽1245米。南墙中部开门，宽约70米，方向为173°。内城位于外城中部偏北处，平面亦近方形，南北长354、东西宽346米。内城城墙四角有凸出的角台残迹，南墙中部开门，宽约27米（图三二；彩图二〇五、二〇六）。城内地表散布大量陶片及板瓦、筒瓦残片，陶片的绳纹装饰和内腹饰菱形格纹、外壁饰粗绳纹的板瓦，均具有明显的汉代特征。从该古城所处的位置并结合《汉书·地理志》的记载，推断该古城应为西汉云中郡陶林县治所，同时为云中郡东部都尉治；东汉废治。

后期的史料多认为西汉陶林县在今呼和浩特市东北一带，到清代光绪二十九年（1903年），将归属宁远厅管辖的科布尔巡司升格为陶林厅（治今乌兰察布市察哈尔右翼中旗科布尔镇），归属归绥道直辖。1912年改为陶林县，1954年撤销，并入察哈尔右翼中旗、察哈尔右翼后旗。清末以来的陶林厅、陶林县借用了古县邑名，但其位置与汉代的陶林县相距甚远。

西汉云中郡东部都尉出塞的塞道，在古城西北方向的哈拉沁沟南北一线。位于哈拉沁沟北口处的什拉哈达障城，为塞外障。

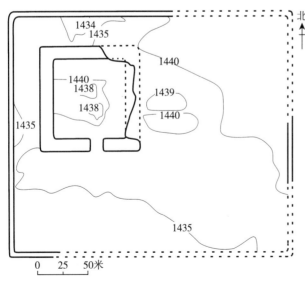

图三三　什拉哈达障城平面图

2.什拉哈达障城（150125353102040002）　位于武川县哈乐镇什拉哈达村西北0.88千米处，地处卯独庆沟东侧的台地上，卯独庆沟向南进入呼和浩特市新城区之后称哈拉沁沟，是小黑河的主要支流之一。

障城在修筑水库的过程中遭受取土破坏，但形制轮廓依然清晰。障城平面呈方形，边长100米，南墙中部开门，方向为180°。墙体夯筑而成，保存较好部分基宽4～5、顶宽2～3、残高5米，夯层厚15～25厘米。障城外侧倚台地边缘修筑有一个大体呈长方形的关厢，墙体遗迹已不太明显，但大致轮廓仍可辨别，东西长280、南北宽230米。障城内外地表散落有大量陶器残片（图三三；彩图二〇七）。

3.八拜古城　位于呼和浩特市赛罕区金河镇八拜村东侧，北距大黑河1.5千米。古城平面大体呈长方形，北墙长640、西墙长520、南墙长620、东墙长550米。城墙系夯筑而成，北墙保存最好，西墙叠压于八拜村东侧的乡村公路之下，南墙被推平改造为林地，仅个别地段可见夯筑痕迹，东墙受耕地破坏，保存状况较北墙差。北墙保存较好地段底宽约15、残高2～3.5米，夯层厚16～19厘米。初步推断南墙上原应有加筑瓮城的门址。城内全部被辟为农田，新建的呼大（呼和浩特—大同）高速公路从古城东部大体呈南北向穿过（图三四；彩图二〇八）。部分断面可见文化层，厚度最厚可达1米左右。地表散布大量陶片及绳纹砖、瓦等，有灰陶绳纹罐、盆残片等。

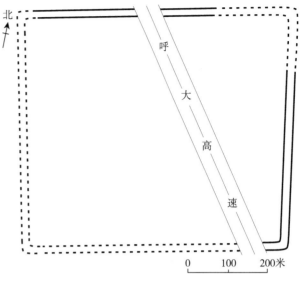

图三四　八拜古城平面图

城南分布有同时期墓葬，内蒙古自治区文物考古研究所曾清理西汉中晚期墓葬3座[1]。

结合《水经注·河水三》的相关记载，考古学界普遍认同该古城当为汉代云中郡原阳县县治所在。在汉代之前，战国赵武灵王推行"胡服骑射"的改革时，曾建立"原阳骑邑"，是为骑兵训练基地。

4.西达赖营古城　位于呼和浩特市赛罕区金河镇西达赖营村北侧的大黑河冲积平原之上，周边地势平坦，北距大黑河5千米。古城平面呈长方形，南北长410、东西宽360米。大部分墙体现坍塌成土垄，小部分地段墙体可见夯筑痕迹，夯层厚11～17厘米。东墙受破坏严重，南墙保存较好，宽近20、残高2～3米。西墙之上，北侧有一座直径约25米的圆形台基，南侧有一座向外凸出的马面。古城门址已破坏不清（图三五；彩图二〇九）。城内散布遗物较少，可见颈部饰三条平行线状弦纹的泥质灰陶罐残片，板瓦较多见，瓦背多饰网格纹，瓦腹多饰布纹。

从古城采集的少量遗物看，具有魏晋北朝时期的特点；古城西墙上残留的圆形台基、马面，亦具有北朝风格。该古城西北距八拜古城约3.3千米，具体性质有待深入探讨。拓跋鲜卑部从力微于公元258年迁于定襄之盛乐开始，到公元376年为前秦所灭，呼和浩特平原一直是其活动的中心所在。拓跋鲜卑称大黑河为盛乐水，称呼和浩

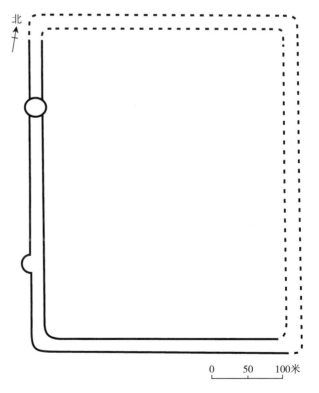

图三五　西达赖营古城平面图

〔1〕　魏坚编著：《内蒙古中南部汉代墓葬》，中国大百科全书出版社，1998年，第308～313页。

特平原为云中川，大黑河东部为定襄之盛乐，大黑河西部为云中之盛乐。据《魏书·序纪》记载，拓跋什翼犍建国四年（341年），"秋九月，筑盛乐城于故城南八里。"[1]西达赖营古城北距八拜古城的距离，与魏晋北朝时期的八里大致相合。如此，八拜古城应为《魏书》记载的"定襄之盛乐故城"，西达赖营古城为新建的盛乐城。北魏时期，西达赖营古城为"云中旧宫"，云中旧宫之中有大室，《魏书》记作"云中旧宫之大室"或"云中大室"。

　　据传，西达赖营古城曾出土一方刻有"□王猗卢之碑也"铭文的石碑，原碑已不存，有碑刻拓片现藏于北京大学图书馆[2]。

　　5.沙梁子古城　　位于呼和浩特市玉泉区小黑河镇沙梁子村西侧、大黑河北岸的平原之上，南距大黑河0.4千米。古城东墙已遭沙梁子村覆压，具体位置不清，西墙保存最为完整，南北长约520、北墙残长约200、南墙残长约240米。城墙为夯筑土墙，保存差，如南墙西段，底宽约5、残高最高近2米。城墙西南角可见角台残迹（彩图二一〇）。城内地表散布大量陶片、瓦片等遗物，陶片多饰绳纹，瓦片以瓦腹饰菱形格纹的板瓦最为多见。初步推断，该古城为西汉云中郡犊和县旧址，东汉废治。

　　6.拐子上古城　　位于清水河县喇嘛湾镇拐子上村东侧山梁的西坡上，西临南流黄河。黄河东岸群山环绕，西岸高原平坦，河西岸有一称东孔兑沟的支流，自西而东汇入黄河，形成较宽的岸畔，宜于行旅摆渡，水陆交通十分便利，地理位置甚为重要。

　　古城平面呈不规则的"彐"形，城内地势东高西低，现存北、东、南三面城墙，西面依河为屏，原来可能就没有修筑城墙。北墙依山折为三段，全长1145米；墙体上有1座马面，长约10、伸出墙外约12米。东墙长220米，两侧与北墙、南墙的结合部位均建筑有角台，角台均长约10、伸出墙外约12米；墙体中部偏北处有一缺口，有石柱础暴露，地表散布板瓦等遗物，应为一处门址。南墙依山势折为两段，全长500米；墙体北侧有一处缺口，疑为门址。古城中部有一道东北—西南向隔墙，长320米，将古城分为南、北二城。古城城墙基宽7.5~8、残高5~7米，板筑分段明显，夯层厚9厘米左右。夯筑用土有红色胶泥与黄色胶泥两种，内含细砂、小石子等物，极其坚实。古城西南角外有一座烽燧（图三六；彩图二一一~二一五）。

1983年，在修筑呼和浩特市至准格尔旗公路时，于古城内发现10件青铜兵器，为此乌兰察布盟文物工作站对该古城进行了全面调查[3]。这10件青铜兵器包括戈4件、矛6件，其上刻有"相邦吕不韦三年""相邦吕不韦四年"和"廪丘""中阳""广衍""武都"等铭文。古城内出土

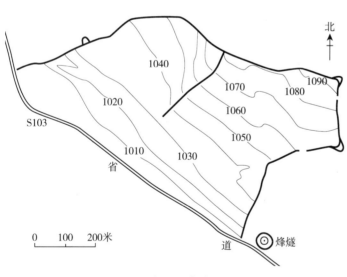

图三六　拐子上古城平面图

〔1〕《魏书》卷1《序纪》，中华书局，1974年，第12页。

〔2〕田余庆：《关于拓跋猗卢残碑及拓本题记二则——兼释残碑出土地点之疑》，《当代名家学术思想文库·田余庆卷》，万卷出版公司，2011年。

〔3〕乌兰察布盟文物工作站：《内蒙古清水河县拐子上古城发现秦兵器》，《文物》1987年第8期；乌兰察布盟文物工作站：《清水河县拐子上古城调查》，《内蒙古文物考古》1991年第1、2期。

遗物还有陶器和建筑材料等，陶器包括釜、瓮、罐、壶、盆、碗等，建筑材料有板瓦、筒瓦等，包含了秦、汉两个时期的遗物。结合张家山汉简《二年律令·秩律》《汉书·地理志》《后汉书·地理志》和《水经注·河水三》等史料的相关记载，该古城始建于秦始皇三十三年（前214年），为秦代云中郡旗陵县，两汉仍属云中郡，西汉名为桢陵县，兼为云中郡西部都尉治所，东汉改名为箕陵县。代魏时期的君子津，应即位于该城址附近的黄河渡口；汉代，这一渡口是云中郡西部都尉塞道所在。

有人或认为位于今托克托县新营子镇章盖营村东南的章盖营古城为秦汉桢陵县治所。章盖营古城西濒南流黄河，形制不规则，现仅存东墙、南墙，东墙较平直，南墙呈西南—东北向弧形，均长约200米，地表散布遗物较少，局部发掘不见文化层，显然不够一个汉代县邑的规格。初步推断，章盖营古城应为云中郡西部都尉治下的一个候官驻地，应重新命名为章盖营障城。以西部都尉所在的拐子上古城为中心，在南流黄河一线，西汉也设置了南北一线的防御线，管辖范围北起大黑河入黄河口处，南至浑河入黄河口处；除章盖营障城、拐子上烽燧之外，这一线原来还应分布有系列障城和烽燧，驻守有候官、部、燧等军事管理机构。

从章盖营障城向西南过黄河，在准格尔旗大路镇城壕村分布有城壕古城，初步推断为汉代云中郡沙南县治所。沙南县是云中郡设置于黄河西岸的唯一一座县邑。

秦、汉二代的云中郡均有沙陵县、武泉县。秦代沙陵县为托克托县哈拉板申西古城，汉代因其有水患之虞，移治于哈拉板申东古城。至于武泉县，有人考证为托克托县黑水泉遗址[1]。黑水泉遗址不见城墙遗迹，经正式考古发掘，出土大量的陶窑、灰坑和水井等遗迹[2]，应为一处汉代陶器作坊遗址；出土的"武泉"戳印陶文，与包头地区大量发现汉代"石门"戳印陶文一样，表明该处陶器作坊名为"武泉"。至于以《史记·樊郦滕灌列传》中"以太仆从击代，至武泉、云中"[3]的记载，来论证武泉位于云中东南方向，更是不可靠的。武泉作为云中郡的属县，见于张家山汉简《二年律令·秩律》，其与云中的地理位置关系，更类似于一种大体呈东西向分布的关系[4]。初步推断，位于今呼和浩特市回民区攸攸板镇坝口子村东南的坝口子古城为秦始皇三十三年（前214年）始设置的云中郡武泉县，两汉沿用，至北魏时期加筑沿用为白道城。坝口子古城应是西汉云中郡东部都尉、中部都尉在阴山一线辖区的分界点，东部都尉的辖区由此向东可至察哈少山，中部都尉的辖区由此向西可至哈素海。

位于土默特左旗毕克齐镇大古城村南的毕克齐古城，为云中郡北舆县旧址，兼为西汉云中郡中部都尉治所。以前的调查资料，记载毕克齐古城平面为长方形，东西长350、南北宽300米[5]。在本次调查中，古城城墙已完全被规模扩大的村庄建设破坏，难觅遗迹，地表可见大量汉代陶片、砖瓦等遗物，遗物的散布范围极广，可能古城的原始规模还要更大一些。古城西侧为抢盘河，西北有高耸的此老山，地理位置较为重要，符合西汉云中郡中部都尉治所的规格。古城北侧的抢盘河河谷，应为中部都尉出塞的塞道。《汉书·匈奴列传》中提到的云中郡塞道，有益寿塞、葛邪塞等，抢盘河河谷必居其一，另一塞为云中郡东部都尉塞道所在的哈拉沁沟。

北魏时期，白道、抢盘河、哈拉沁沟均为沟通大青山南北的重要通道。元代，大青山名为天山（或作祁连山），哈拉沁沟称作甸城山谷，传世的《甸城道路碑》即是记述元代延祐年间在哈拉沁沟修

---

〔1〕　孙驰：《两汉武泉今地考》，《中国边疆史地研究》1998年第3期。

〔2〕　内蒙古自治区文物考古研究所、托克托县博物馆：《托克托县黑水泉遗址发掘报告》，《内蒙古文物考古文集》第三辑，科学出版社，2004年。

〔3〕　《史记》卷95《樊郦滕灌列传》，中华书局，1959年，第2666页。

〔4〕　晏昌贵：《〈二年律令·秩律〉与汉初政区地理》，《历史地理》第21辑，上海人民出版社，2006年。

〔5〕　国家文物局主编：《中国文物地图集·内蒙古自治区分册》下册，西安地图出版社，2003年，第21页。

筑甸城山谷道路的情形。《甸城道路碑》中有"银瓮迢遥，渔阳险阻"之语[1]，其中银瓮即指抢盘河河谷通道。

从毕克齐古城再向西，土默特左旗把什乡平基村北侧分布有平基古城，应为汉代云中郡咸阳县治所。平基古城受耕地破坏严重，断续分布的城墙显示古城平面大致呈方形，边长约350米，地表散布大量汉代的陶片和砖瓦等遗物。平基古城西邻万家沟，北距古城村障城约5千米，西南为黄河牛轭湖哈素海，从哈素海向西已归属于五原郡管辖。

综此，结合前人调查与研究成果，可以分析出一些西汉云中郡属县的分布规律。西汉云中郡共辖11县，它们主要分布于大青山南麓、大黑河沿岸和黄河沿岸三个地带。大青山南麓自东向西有陶林、武泉、北舆、咸阳等4县，大黑河沿岸自东向西有原阳、犊和、云中、沙陵等4县，沙陵县东距大黑河入黄河口处不远，可以说是处于大黑河与黄河的结合点之上，从沙陵沿着南流黄河沿岸向南有阳寿（今呼和浩特市托克托县蒲滩拐古城）、沙南、桢陵等3县，其中沙南县位于黄河西岸。

---

〔1〕 王大方、张文芳编著：《草原金石录》，文物出版社，2013年，第170页。

第八章

阳山秦汉长城

　　阳山秦汉长城自东向西分布于呼和浩特市、包头市和巴彦淖尔市，总体呈东西走向。本次调查发现的长城墙体最东端起点在今呼和浩特市新城区毫沁营镇坡根底村东北约0.75千米处，与阴山汉长城相衔接，二者衔接处有坡根底1号烽燧。由起点处向北上山，再向西经呼和浩特市武川县，包头市固阳县，巴彦淖尔市乌拉特前旗、乌拉特中旗、乌拉特后旗、磴口县，终止于磴口县与阿拉善左旗交界处的查斯沟沟口。

　　通过本次调查，共确认长城墙体458段，包括土墙95段、石墙272段、山险墙18段、山险6段、消失墙体67段。墙体总长457167米，其中土墙长98426米、石墙长282352米、山险墙长15366米、山险长4665米、消失段落长56358米。在总长98426米的土墙中，保存较好部分长881米、保存一般部分长744米、保存较差部分长14189米、保存差部分长77148米、消失部分长5464米。在总长282352米的石墙中，保存较好部分长16278米、保存一般部分长39159米、保存较差部分长71981米、保存差部分长152704米、消失部分长2230米。沿线共调查单体建筑818座，包括烽燧791座、障城25座、古城2座。具体情况如下表所示（表七）。

表七　阳山秦汉长城数据统计简表

市/旗县		墙体（米）													单体建筑（座）		
		土墙					石墙					山险	山险墙	消失段	烽燧	障城	古城
		较好	一般	较差	差	消失	较好	一般	较差	差	消失						
呼和浩特市	新城区						3093	846	522	87				106	3		
	武川县		744	12410	33230	3719		1812	7783	20393	126			28492	183	7	
包头市	固阳县			30539	1231		6963	12534	36405	573			288	6298	173	4	1
巴彦淖尔市	乌拉特前旗			1779	7238	390	12198	19923	20958	338		2881	3785	4124	114	2	1
	乌拉特中旗	881		6141	124		16278	14998	28597	68216	814	1784	10456	16138	268	4	
	乌拉特后旗							95	560	5546	170		837	1200	31	5	
	磴口县								1738	664	122				19	3	
小计		881	744	14189	77148	5464	16278	39159	71981	152704	2230	4665	15366	56358	791	25	2
		98426					282352										
总计		457167													818		

　　下面，以旗县为单位，从长城墙体分布与走向、长城墙体与单体建筑保存现状两个方面，分别予以详细描述。

一　呼和浩特市新城区

　　在调查中，将呼和浩特市新城区境内的阳山秦汉长城墙体共划分为3个调查段，其中包括石墙2段、消失墙体1段。墙体总长4654米，其中石墙长4548米、消失段落长106米。在总长4548米的石墙中，保存一般部分长3093米、保存较差部分长846米、保存差部分长522米、消失部分长87米。

（一）长城墙体分布与走向

　　阳山秦汉长城的东端起点，位于新城区毫沁营镇坡根底村东北约0.75千米处，与阴山汉长城相衔接，二者衔接处有赵北长城坡根底1号烽燧。墙体沿小哈拉沁沟与红山口沟之间山岭作北偏西上坡行，再转西北行，随山势蜿蜒爬升，过武川县大青山乡冯家窑村南1千米处的小哈拉沁沟沟脑进入武川县境内。新城区墙体止点处东北有白菜沟山。

（二）长城墙体与单体建筑保存现状

　　在对新城区秦汉长城的调查中，除划分的3段长城墙体外，沿线调查烽燧3座。下面，对这些墙体段落和单体建筑分作详细描述。

1. 坡根底山顶长城1段（150102382102030001）

　　该段长城位于大青山南坡之上，起自毫沁营镇坡根底村东北0.75千米，止于坡根底村北3.9千米。墙体略作内向弧线形分布，大体呈东南—西北走向，下接坡根底山顶长城2段。

　　墙体长3322米，为毛石干垒墙，总体保存一般。墙体起点处有战国赵北长城坡根底1号烽燧，从此处与赵北长城分离，向西北上山而行，先穿过小哈拉沁沟西沟南支沟沟谷，沿山岭东坡上缘上坡行，大部分地段墙体较低矮，石块垒砌层次分明；坍塌严重地段的墙体于地表呈石垄状，底宽5~10、顶宽2~7、残高0.2~3.5米（彩图二一六、二一七）；地处山谷中的部分墙体因山水冲刷而消失。其中，保存一般部分长2364米、保存较差部分长846米、保存差部分长38米、消失部分长74米，分别占该段墙体总长的71.2%、25.5%、1.1%和2.2%。

　　墙体西侧山岭之上由南向北调查烽燧3座，依次为坡根底山顶1号、2号、3号烽燧。

　　坡根底山顶1号烽燧（150102353201030001）　位于毫沁营镇坡根底村北侧1.5千米处的大青山南坡山岭上，东南距坡根底山顶长城1段墙体起点1.45千米，北距坡根底山顶2号烽燧1千米。

　　烽燧现已被改筑为敖包，周边散布有灰陶片，表明其原为烽燧。敖包石砌而成，用的应是原来烽燧墩台的石块（彩图二一八）。该烽燧位于大青山山顶之上，与山下的赵北长城坡根底1号烽燧可相呼应；站在敖包之上，呼和浩特市市区尽收眼底（彩图二一九）。

　　坡根底山顶2号烽燧（150102353201030002）　位于毫沁营镇坡根底村北2.3千米处的大青山山脊之上，东距坡根底山顶长城1段墙体1.1千米。

　　墩台以黄土夯筑，保存较差。台体坍塌，现呈高大的圆锥体土丘状，底部直径16、顶部直径1.8、残高8米（彩图二二〇）。烽燧西侧有一条山间小道。

坡根底山顶3号烽燧（150102353201030003）　位于毫沁营镇坡根底村北3.4千米处的大青山南坡山岭脊背上，东距坡根底山顶长城1段墙体50米，北距冯家窑烽燧2.1千米。

墩台以黄土夯筑，保存较差。台体坍塌，现呈高大的圆锥体土丘状，底部直径16、顶部直径1.8、残高8米（彩图二二一）；顶部有现代人垒砌的敖包，表面散布有石块，北侧有两个圆坑。烽燧南侧有一座现代坟墓，两侧为沟谷，西为红山口沟下游东支沟，东为小哈拉沁沟，沟中有采石场。

2. 坡根底山顶长城2段（150102382301030002）

该段长城起自毫沁营镇坡根底村北3.9千米，止于坡根底村北4千米。原墙体应作直线分布，大体呈南北走向，上接坡根底山顶长城1段，下接坡根底山顶长城3段。

本段长城为消失段，起止点之间的直线长度为106米。原墙体应沿山脊作上坡行，沿线开辟有金矿，人为采矿活动导致墙体消失。依据相邻上下段墙体情况，推断该段墙体原应为石墙。

坡根底山顶3号烽燧与冯家窑烽燧之间，还应分布有1座烽燧，大体位置应在坡根底山顶长城2段附近，现已消失不见。

3. 坡根底山顶长城3段（150102382102030003）

该段长城起自毫沁营镇坡根底村北4千米，止于坡根底村北5.1千米。墙体作外向弧线形分布，由南北走向转呈东南—西北走向，上接坡根底山顶长城2段，下接武川县大青山乡崞县窑长城。

墙体长1226米，为毛石干垒墙，总体保存一般。墙体沿山脊作上坡行，起点处墙体因开矿被破坏；大部分地段墙体于山体表面呈低矮的石垄状，底宽5～8、顶宽2～5、残高0.1～3米（彩图二二二）。其中，保存一般部分长729米、保存差部分长484米、消失部分长13米；分别占该段墙体总长的59.5%、39.4%和1.1%。

二　呼和浩特市武川县

在调查中，将武川县境内的阳山秦汉长城墙体共划分为56个调查段，其中包括石墙15段、土墙22段（包括大兴有当路塞长城）、消失墙体19段。墙体总长108709米，其中石墙长30114米、土墙长50103米、消失段落长28492米。在全长30114米的石墙中，保存一般部分长1812米、保存较差部分长7783米、保存差部分长20393米、消失部分长126米。在全长50103米的土墙中，保存一般部分长744米、保存较差部分长12410米、保存差部分长33230米、消失部分长3719米。

此外，在大青山乡大兴有村附近，于阳山秦汉长城墙体的南侧，还调查汉代当路塞1道，为土筑墙体，无单体建筑，命名为大兴有长城。大兴有长城为1个调查段，全长1810米，为夯筑土墙。其中，保存较差部分长1340米、消失部分长470米。

（一）长城墙体分布与走向

武川县的地形南高北低，南山北丘，山地绵延于县境西、南、东部边缘，地势陡峭高耸；北部平缓起伏，形成簸箕形的武川盆地。境内的秦汉长城，分布于山地向丘陵的过渡地段，大体呈东南—西北走向；依托大青山、马鞍山修筑长城，随山势起伏蜿蜒。大青山与马鞍山的分界线为庙沟，马鞍山及向北万城店沟、向南美岱沟的东北—西南一线为汉代云中郡与五原郡的分界线。

长城墙体起自大青山乡崞县窑村南偏东2.8千米处的大青山南坡上，沿小哈拉沟沟脑处较缓的山岭作北偏西上坡行，经魏家窑村西、小东沟村东上行，接近大青山顶部的山势逐渐趋于平缓，过哈达门高原牧场旅游区翻越大青山分水岭。墙体沿马场沟沟脑西山岭作北偏西下坡行，至五道沟沟脑与中场沟沟脑之间分水岭转西偏北行，再转西北行爬上白彦山；又西偏北行，经忽桶村北缘，至大兴有村北山岭转西行。墙体于什尔登村北跨过104省道所在的大青山隘口，转沿山岭西偏南行，经小永安昌、韩庆坝、大三合玉村之南，西行至沙湾子村南进入得胜沟乡地界。长城墙体沿红煤甲子圪旦西坡地西南行，随后在抢盘河两岸存在长达4.5千米的消失段，沿线有烽燧分布，可大体把握长城的分布与走向。原墙体大体经得胜沟乡小碱滩村东南跨过抢盘河谷，沿西岸山地西南行，过大营盘村所在的抢盘河西支沟，顺大营盘村东南山岭西南上行，于大营盘村南沟沟脑处墙体再现，西南延伸至小海流沟北山岭转西行。墙体于黑沙兔村东南脱离西南向延伸的大青山分水岭，继续西行，再次有6.8千米长的墙体消失；大体经前营子村、蘑菇窑村西山岭，西行跨过得胜沟东支沟，再经圪塔村北过得胜沟，在酒馆村东南部山岭上墙体复现。墙体顺山岭西南行，至大路壕村北转西行又西北行，沿线山势渐陡，顺后纳岭沟村南山岭蜿蜒西去。墙体于华尖山转西南行走下高山岭，过前北沟，西南行过北井沟、大壕赖村北沟，沿柏榆庙山山岭环绕，在达不亥村北部的本坝沟与达不亥西沟之间墙体消失。复现的墙体西偏北行穿过井沟，再次消失于阳忽赛沟南岸，消失段沿线地势趋缓，丘陵间多耕地和林地；直至哈拉合少村南部山岭墙体复现。墙体选择沟谷间的山岭外缘西北行，经油篓山东部转北偏西行，翻越数重山岭，横跨庙沟，沿良泉坝村东北山岭上行，又转西北行，跨过九号村西南沟与西沟，经花圪台村西北行，跨过美岱沟，沿美岱沟南岸山岭西北溯水而上，经二份子乡黄家村南，西行进入包头市固阳县境内。

（二）长城墙体与单体建筑保存现状

在对武川县阳山秦汉长城的调查中，除划分的56段长城墙体外，沿线还调查单体建筑190座，包括烽燧183座、障城7座。下面，对这些墙体段落和单体建筑分作详细描述。

1. 峒县窑长城（150125382301030001）

该段长城起自大青山乡峒县窑村东南2.8千米，止于峒县窑村北1.7千米。依地形地貌判断，原墙体应顺山岭顶部作内向弧线形分布；大体呈南偏东—北偏西走向，上接新城区毫沁营镇坡根底山顶长城3段，下接魏家窑长城1段。

本段长城为消失段，起止点之间的直线长度为4500米。原墙体分布于冯家窑、峒县窑西侧山岭上，地处哈拉沁沟支沟四道沟与红山口沟支沟头道沟之间，沿较缓的山岭作上坡行，沿线被开垦为耕地，地表有依稀可辨的土筑墙体痕迹。

消失段沿线调查烽燧3座、障城2座，分别为冯家窑烽燧，峒县窑1号、2号烽燧和冯家窑1号、2号障城。

冯家窑1号障城（150102353102030001）　位于大青山乡冯家窑村西南0.65千米处的大青山南坡上缘山岭顶部，东距消失墙体约0.05千米，北距冯家窑2号障城0.4千米。

障城建筑于人工夯筑的台基之上，台基呈长方形，南北60、东西45、高约1.5米。障城平面呈方形，边长40米。障墙以黄土夯筑而成，于地表呈低矮的土垄状，底宽0.5～2.4、顶宽0.3～2、残高0.3～1米。南墙中部辟门，方向165°（彩图二二三、二二四）。城内地表散布绳纹陶片及较多板瓦碎片，其中板瓦内腹多饰菱形网格纹。障城周边地势较平坦，内外均为耕地，东侧有土路南北行。

冯家窑烽燧（150125353201030001）　位于大青山乡冯家窑村西南0.6千米处的大青山南坡上缘山岭顶部，东距消失墙体、南距冯家窑1号障城均约0.05千米，北偏西距峒县窑1号烽燧2.6千米。

墩台土筑，保存较好。台体为圆形土丘状，底部直径约20、残高约4米（彩图二二五）。墩台南侧可见一个较大的坞，坞墙呈凸起于地表的土垄状，东西长约45、南北宽约35米。

冯家窑烽燧与崞县窑1号烽燧之间，还应分布有一座烽燧，已破坏无存。

冯家窑2号障城（150102353102030002）　位于大青山乡冯家窑村西南0.26千米处的大青山南坡上缘山岭顶部，东侧紧邻消失墙体。

障城平面呈方形，边长50米。障墙由黄土夯筑而成，坍塌为低矮的土垄状，底宽8～10、顶宽2～5、残高0.7～1.4米。南墙中部设门，宽约5米，方向162°（彩图二二六、二二七）。近现代时期，障城可能被用作军事防御设施，障墙被堆土加高。障城内现开垦为耕地，地表散布较多绳纹陶片，不见板瓦。

障城北侧有一道长约240米的东西向土垄，对山顶的南北向通道形成封堵之势，并对该障城起到保卫作用（彩图二二八、二二九）。初步推断，冯家窑2号障城及其北侧当路塞为秦始皇三十三年（前214年）蒙恬所筑亭障遗存。

崞县窑1号烽燧（150125353201030002）　位于大青山乡崞县窑村西北0.29千米处的大青山南坡上缘山岭顶部，西北距消失墙体约1.4千米，北偏西距崞县窑2号烽燧1.1千米。

墩台土筑，保存较差。台体坍塌为方锥体土丘状，底部南北23.2、东西18米，残高3.5米；顶部有现代人垒砌的石堆。烽燧两侧为坡耕地，西侧有土路南北行；东为哈拉沁沟支沟四道沟，西南临红山口沟头道沟东支沟沟脑。

崞县窑2号烽燧（150125353201030003）　位于大青山乡崞县窑村西北1.4千米处的大青山顶部，北偏西距魏家窑长城1段墙体起点0.43千米、魏家窑1号烽燧1.1千米。

墩台为土石混筑，保存较差。台体坍塌，现呈低缓的土丘状，底部直径29、残高1.6米（彩图二三〇）。烽燧东西两侧为坡耕地，南为红山口沟头道沟沟脑，西为二道沟东支沟沟脑，东为石窑沟。

2. 魏家窑长城1段（150125382301030002）

该段长城起自大青山乡崞县窑村北1.7千米，止于魏家窑村南偏东2千米。墙体略作内向弧线形分布，总体呈南北走向，上接崞县窑长城，下接魏家窑长城2段。

墙体长300米，为毛石干垒墙，总体保存差。墙体沿红山口沟支沟二道沟与石窑沟之间山岭延伸，地处二道沟沟脑处；呈略高于地表的石垄状，底宽1～4、顶宽0.5～1、残高0.2～0.5米。其中，保存较差部分长81米，保存差部分长219米；分别占该段墙体总长的27%、73%。有南北向土路在西侧圆弧形环绕，山岭东西坡地是茂密的松林。

3. 魏家窑长城2段（150125382301030003）

该段长城起自大青山乡魏家窑村南偏东2千米，止于魏家窑村南偏东1.8千米。原墙体应略作外向弧线形分布，大体呈南北走向，上接魏家窑长城1段，下魏家窑长城3段。

本段长城为消失段，起止点之间的直线长度为228米。原墙体分布在二道沟沟脑处的山岭顶部，沿山岭作下坡行，地表见有略微隆起的土筑墙体痕迹，几乎与地表持平，划为消失段。山岭东坡为梯田，西坡为松树林，有土路在西侧南北行。

4. 魏家窑长城3段（150125382102030004）

该段长城起自大青山乡魏家窑村南偏东1.8千米，止于魏家窑村南偏东1.6千米。墙体作直线分布，呈南偏东—北偏西走向，上接魏家窑长城2段，下接魏家窑长城4段。

墙体长169米，为土石混筑，系两侧垒砌石块、中间夯土建筑，保存较差。墙体分布在二道沟沟脑与石窑沟上游之间较平缓的山岭上，于地表呈低矮的土石垄状，底宽0.5～8、顶宽0.5～4、残高0.4～0.8米（彩图二三一）。墙体西侧有土路并行，路西阴坡地为一片大面积树林。

5. 魏家窑长城4段（150125382301030005）

该段长城起自大青山乡魏家窑村南偏东1.6千米，止于魏家窑村南1.2千米。原墙体应作内向弧线形分布，总体呈南偏东—北偏西走向，上接魏家窑长城3段，下接魏家窑长城5段。

本段长城为消失段，起止点之间的直线长度为435米。原墙体沿较平缓的山岭顶部修筑，其西侧为二道沟沟脑，东侧为石窑沟西支沟。受耕地开垦及水土流失等因素影响，地表不见墙体痕迹。依据相邻下段墙体情况，推断该段墙体原应为土墙。

消失段沿线调查烽燧1座，为魏家窑1号烽燧。

魏家窑1号烽燧（150125353201030004） 位于大青山乡魏家窑村南1.47千米处的大青山南坡山岭顶部，东距消失墙体约0.06千米，北偏西距魏家窑2号烽燧0.77千米。

墩台土筑，保存较差。台体坍塌，现呈覆钵形土丘状，底部直径29、残高3.5米。墩台周边有石墙围绕，东西38.5、南北34米；围墙坍塌，于地表呈低矮的石垄状，底宽0.2～2.5、顶宽0.5～1.5、残高0.3～1.5米。

6. 魏家窑长城5段（150125382101030006）

该段长城起自大青山乡魏家窑村南1.2千米，止于魏家窑村西北1.4千米。墙体作直线分布，呈南偏东—北偏西走向，上接魏家窑长城4段，下接小东沟长城1段。

墙体长2500米，为土墙，总体保存差。墙体沿石窑沟与红山口沟之间山岭作上坡行，止点接近于大青山分水岭，东西两侧为沟脑，北侧有哈达门高原牧场旅游区。墙体于地表呈低矮的土垄状，底宽0.5～2、顶宽0.2～1、残高0.2～0.5米。其中，保存一般部分长124米、保存较差部分长370米、保存差部分长1963米、消失部分长43米，分别占该段墙体总长的5%、14.8%、78.5%和1.7%。墙体两侧多被开垦为梯田，有土路于墙体西侧并行。

墙体沿线调查烽燧4座，分别为魏家窑2号、3号、4号、5号烽燧。

魏家窑2号烽燧（150125353201030005） 位于大青山乡魏家窑村西南0.73千米处的山岭顶部，东距魏家窑长城5段墙体0.04千米，北偏西距魏家窑3号烽燧0.72千米。

墩台土筑，保存较差。台体坍塌为圆锥体土丘状，底部直径25、顶部直径1.8、残高3.5米；其上有输电杆和树坑，对台体造成破坏。

魏家窑3号烽燧（150125353201030006） 位于大青山乡魏家窑村西0.26千米处的山岭顶部，东距魏家窑长城5段墙体0.04千米，北偏西距魏家窑4号烽燧0.46千米。

烽燧土筑，由台基和墩台两部分组成，保存较差。台基南北40、东西15、残高2米。墩台位于台基之上，现呈高大的圆形土丘状，底部直径22、顶部直径1.7、残高3.2米；墩台顶部有现代人垒砌的石堆（彩图二三二）。烽燧东侧为梯田，西侧有土路沿岭背南北行，路西为树林。

魏家窑4号烽燧（150125353201030007） 位于大青山乡魏家窑村西北0.58千米处的山岭顶部，东距魏家窑长城5段墙体0.04千米，西北距魏家窑5号烽燧0.56千米。

墩台土筑，保存较差。台体坍塌为圆形土丘状，底部直径19、顶部直径2.2、残高2.5米。烽燧西倚山丘，有南北向土路于山丘西侧绕行；东临石窑沟沟脑。

魏家窑5号烽燧（150125353201030008） 位于大青山乡魏家窑村西北1.1千米处的大青山顶部，东距魏家窑长城5段墙体0.02千米，西北距小东沟1号烽燧0.47千米。

墩台土筑，保存差。台体坍塌，现呈低缓的圆形土丘状，底部直径19、顶部直径2、残高3米（彩图二三三）。一道网围栏自墩台东坡穿过，有土路紧贴围栏通行；东南隔墙体有敖包，北部为哈达门高原牧场旅游区。

7. 小东沟长城1段（150125382301030007）

该段长城起自大青山乡魏家窑村西北1.4千米，止于大青山乡小东沟村东南1.36千米。原墙体应作直线分布，呈南偏东—北偏西走向，上接魏家窑长城5段，下接小东沟长城2段。

本段长城为消失段，起止点之间的直线长度为242米。原墙体地处平缓的大青山分水岭上，沿线前小段为哈达门高原牧场旅游区，旅游区建设导致墙体消失；旅游区北部地表仍有低矮的土筑墙体残留，濒于消失，划归消失段。

消失段沿线调查烽燧1座，为小东沟1号烽燧。

小东沟1号烽燧（150125353201030009）　位于大青山乡小东沟村东南1.38千米处平缓的大青山分水岭上，东北距小东沟长城1段墙体止点0.09千米，西北距小东沟2号烽燧0.57千米。

墩台土筑，保存较差。墩台坍塌，现呈覆钵形土丘状，底部直径25、顶部直径6、残高3.5米。烽燧所在的大青山分水岭地势较平缓，四周视野开阔；其北侧紧邻通讯信号塔，南为旅游区。

8. 小东沟长城2段（150125382101030008）

该段长城起自大青山乡小东沟村东南1.36千米，止于小东沟北偏东1.1千米。墙体作直线分布，呈南偏东—北偏西走向，上接小东沟长城1段，下接小东沟长城3段。

墙体长2000米，为土墙，保存差。墙体分布于大青山顶部平坦的草地上，作下坡行，于地表呈低矮的土垄状，底宽1~5、顶宽0.4~2、残高0.2~0.6米（彩图二三四）。墙体两侧多见耕地，局部地段耕地开垦造成墙体消失。

墙体沿线调查烽燧4座，分别为小东沟2号、3号、4号、5号烽燧。

小东沟2号烽燧（150125353201030010）　位于大青山乡小东沟村东偏南0.88千米处，东距小东沟长城2段墙体0.04千米，西北距小东沟3号烽燧0.54千米。

墩台土筑，保存较差。台体坍塌，现呈圆形土丘状，底部直径21、残高3米。墩台东南侧有石块垒砌的坞，平面呈长方形，南北8、东西5米。烽燧建筑在西高东低的缓坡地上，西侧有土路南北行，北侧有通讯信号塔；西临五道沟东支沟及小东沟沟脑，东为哈拉沁沟支沟白茬子沟沟脑，沟谷阴坡林木茂密。

小东沟3号烽燧（150125353201030011）　位于大青山乡小东沟村东0.49千米处，东距小东沟长城2段墙体0.15千米，北距小东沟4号烽燧0.43千米。

墩台石筑，保存较差。台体坍塌，现呈覆斗形石堆状，底部东西50、南北30米，顶部东西40、南北10米，残高4米。墩台北侧有一登台阶梯，宽1.5米。烽燧东侧有土路南北行，路东为哈拉沁沟支沟马场沟沟脑，沟脑坡地被开垦。

小东沟4号烽燧（150125353201030012）　位于大青山乡小东沟村东北0.65千米处，紧邻小东沟长城2段墙体内侧建筑，北偏西距小东沟5号烽燧0.62千米。

墩台以黑褐土夯筑，保存差。台体坍塌，现呈低缓的圆形土丘状，底部直径21、顶部直径3、残高3米（彩图二三五）。烽燧东侧有土路南北行，路东为坡耕地，东部为马场沟沟脑。

小东沟5号烽燧（150125353201030013）　位于大青山乡小东沟村北0.97千米处，东距小东沟长城2段墙体0.27千米，北距小东沟6号烽燧0.49千米。

墩台以黑褐土夯筑而成，保存较差。台体坍塌，现呈圆形高丘状，底部直径22、顶部直径1.5、残高3.8米（彩图二三六）。烽燧建筑在五道沟近沟脑处的东坡地上，四周为坡耕地，东南及东北部均为马场沟沟脑。

9. 小东沟长城3段（150125382301030009）

该段长城起自大青山乡小东沟北偏东1.1千米，止于小东沟村北1.5千米。原墙体应作直线分布，呈南偏东—北偏西走向，上接小东沟长城2段，下接小东沟长城4段。

本段长城为消失段，起止点之间的直线长度为486米。原墙体分布于五道沟沟脑处，沿线被开垦为耕地，农田耕种导致墙体消失。依据相邻上下段墙体情况，推断该段墙体原应为土墙。

10. 小东沟长城4段（1501253382101030010）

该段长城起自大青山乡小东沟村北1.5千米，止于小东沟村西北2.5千米。墙体作外向折线形分布，由南偏东—北偏西走向转为东偏南—西偏北走向，上接小东沟长城3段，下接小东沟长城5段。

墙体长1500米，为土墙，保存差。墙体分布在五道沟沟脑与中场沟沟脑之间，先北偏西行，至分水岭后转沿山岭西偏北行；呈略高于地表的土垄状隆起，底宽3~4、顶宽1~2、残高0.2~0.5米。墙体两侧被开垦为耕地，局部对墙体保存影响较大。

墙体沿线调查烽燧3座，分别为小东沟6号、7号、8号烽燧。

小东沟6号烽燧（150125353201030014）　位于大青山乡小东沟村北1.45千米处的低缓山丘上，东北距小东沟长城4段墙体起点0.18千米，西偏北距小东沟7号烽燧0.57千米。

墩台以黑褐土夯筑而成，保存较差。台体坍塌，现呈圆锥体土丘状，底部直径28.5、残高2.8米；墩台顶部有小石堆（彩图二三七）。

小东沟7号烽燧（150125353201030015）　位于大青山乡小东沟村西北1.8千米处的山岭之上，东距小东沟长城4段墙体0.66千米，东北距小东沟8号烽燧0.78千米。

墩台以黑褐土夯筑而成，保存较差。台体坍塌为圆锥体土丘状，底部直径25、残高3米。烽燧选择墙体南部的制高点建筑，其东西两侧为五道沟支沟，北望视野开阔。

小东沟8号烽燧（150125353201030016）　位于大青山乡小东沟村北2.21千米处的分水岭上，北距小东沟长城4段墙体0.03千米，西偏北距小东沟9号烽燧0.76千米。

墩台以黑褐土夯筑而成，保存较差。台体坍塌，现呈高大的圆锥体土丘状，底部直径32、顶部直径2.3、残高3.2米。墩台四周有石筑围墙的痕迹，东西40、南北30米；仅存石基础，于地表呈低矮的石垄状，底宽1~1.5、顶宽0.5~1、残高0.1~0.3米。烽燧南为五道沟沟脑，北临中场沟东沟西支沟沟脑。

从小东沟8号烽燧东侧开始，长城墙体的总体走向，由此前的南北向转为东西向。小东沟8号烽燧东侧拐弯处以南的秦汉长城墙体与烽燧，统归于冯家窑1号障城管辖。长城所在南北一线，是一条沟通阴山南北的山顶通道，所以阳山秦汉长城选择从这一通道之上开始修筑，蒙恬所筑阳山亭障则在这一区域修筑了冯家窑2号障城及当路塞。

11. 小东沟长城5段（1501253382102030011）

该段长城起自大青山乡小东沟村西北2.5千米，止于大青山乡白彦山村东北0.96千米。墙体作内外折线形分布，总体呈东南—西北走向，上接小东沟长城4段，下接白彦山长城。

墙体长1976米，为土石混筑石墙，总体保存差。墙体沿大青山分水岭延伸，止点在白彦山村北山丘上；于地表呈低平的土石垄状，底宽3~5、顶宽1~2、残高0.2~0.4米（彩图二三八）。其中，保存较差部分长404米、保存差部分长1572米，分别占该段墙体总长的20.4%、79.6%。

墙体南侧40米处，分布有小东沟遗址。遗址四周隐约可见土筑围墙，平面呈长方形，东西长52、南北宽33米（彩图二三九）。遗址地表散布少量瓷片等，其年代要晚于长城墙体。

墙体沿线调查烽燧5座，分别为小东沟9号、10号、11号、12号烽燧和白彦山1号烽燧。

小东沟9号烽燧（150125353201030017）　位于大青山乡小东沟村西北2.5千米处的分水岭北坡上缘，倚墙体外侧修筑，西偏北距小东沟10号烽燧0.29千米。

墩台以黑褐土夯筑,保存差。台体已坍塌,呈圆形土丘状,底部直径16、残高2.5米;东侧有坑洞。墩台有方形围墙,边长22、残高0.4米;墩台位于正中。

小东沟10号烽燧(15012535320103018)　位于大青山乡小东沟村西北2.7千米处的分水岭高山丘顶部,北距小东沟长城5段墙体0.02千米,西北距小东沟11号烽燧0.68千米。

墩台以黑土夯筑,保存差。台体坍塌为圆形土丘状,底部直径28、残高2米;顶部有现代人垒筑的小石堆。外围隐现围墙痕迹,平面呈方形,边长40米,南北向,墩台位于院落东北角。烽燧东侧为中场沟沟脑。

小东沟11号烽燧(15012535320103019)　位于大青山乡白彦山村东北1.3千米处的分水岭之山丘上,西距小东沟12号烽燧0.39千米。

墩台土筑,保存较差。台体坍塌为圆形土丘状,底部南北50、东西15米,残高2.8米。烽燧南侧为麻会沟东支沟沟脑,西临分水岭山坳。

小东沟12号烽燧(15012535320103020)　位于大青山乡白彦山村东北0.98千米处的分水岭山坳处,北侧紧邻小东沟长城5段墙体,西北距白彦山1号烽燧0.52千米。

墩台以黑土夯筑而成,保存较差。台体坍塌,现呈高大的圆锥体土丘状,底部直径25、顶部直径1.5、残高5米;东侧有坑洞。墩台西侧有积薪垛6座,南北一字形排列,间距1米,呈小土丘状,大小相同,底部直径1.5、残高0.5~0.7米(彩图二四○)。

白彦山1号烽燧(15012535320103021)　位于大青山乡白彦山村北偏东0.95千米处的大青山分水岭之白彦山顶部东缘,北侧紧邻墙体,西侧为小东沟长城5段止点;西偏北距白彦山2号烽燧0.55千米。

墩台以土夯筑,保存差。台体坍塌为圆锥体土丘状,底部直径25、顶部直径2、残高2.5米;顶部有现代人垒筑的小石堆。烽燧东南、西南均为白彦山村所在沟谷支沟沟脑,北为哈拉沁沟上游西支沟沟脑。

12. 白彦山长城(150125382102030012)

该段长城起自大青山乡白彦山村东北0.96千米,止于大青山乡忽桶村东0.52千米。墙体作直线分布,呈东偏南—西偏北走向,上接小东沟长城5段,下接忽桶长城1段。

墙体长2924米,为土墙,总体保存差。墙体沿白彦山顶部山岭外缘延伸,止点在山岭西缘半坡处;于地表呈低矮的土垄状,底宽3~4、顶宽1~2、残高0.5~0.8米。其中,保存一般部分长620米、保存较差部分长184米、保存差部分长2081米、消失部分长39米,分别占该段墙体总长的21.2%、6.3%、71.2%和1.3%。

墙体沿线调查烽燧4座,分别为白彦山2号、3号、4号、5号烽燧。

白彦山2号烽燧(15012535320103022)　位于大青山乡白彦山村北0.97千米处的白彦山东段山岭顶部,北距白彦山长城墙体0.03千米,西偏北距白彦山3号烽燧0.45千米。

墩台以黄土夯筑,保存差。台体坍塌为圆形土丘状,底部直径21、顶部直径2.3、残高3米。烽燧东南为麻会沟沟脑,北为坤兑沟沟脑。

白彦山3号烽燧(15012535320103023)　位于大青山乡白彦山村西北1.1千米处的白彦山中段山岭上,北距白彦山长城墙体0.04千米,西北距白彦山4号烽燧0.73千米。

墩台以黄土夯筑,保存差。台体坍塌为圆形土丘状,底部直径20、顶部直径2.5、残高3米,顶部有水泥柱测绘点。烽燧北为坤兑沟沟脑,南为白彦山村西沟"丫"形沟脑。

白彦山4号烽燧(15012535320103024)　位于大青山乡白彦山村西北1.7千米处的白彦山西段山

岭上，北距白彦山长城墙体0.04千米，西距白彦山5号烽燧0.59千米。

墩台以黄土夯筑，保存差。台体坍塌为低缓的圆形土丘状，底部直径34、顶部直径2.3、残高3米（彩图二四一）。烽燧西侧为山坳；南为下营盘北沟沟脑，洪水南流；北为蘑菇窑南沟，洪水北流。

白彦山5号烽燧（150125353201030025）　位于大青山乡白彦山村西北2.2千米处的白彦山西缘山岭上，北距白彦山长城墙体0.03千米，西北距忽桶1号烽燧1.5千米。

墩台土筑，保存较差。台体坍塌为圆锥状土丘，底部直径34、顶部直径1.8、残高4米。烽燧东西部临分水岭山坳，其中西部隘口较宽阔，忽桶村位于隘口处。

13. 忽桶长城1段（150125382301030013）

该段长城起自大青山乡忽桶村东0.52千米，止于忽桶村西北0.18千米。原墙体应作直线分布，呈东偏南—西偏北走向，上接白彦山长城，下接忽桶长城2段。

本段长城为消失段，起止点之间的直线长度为685米。原墙体地处分水岭山坳处，忽桶村民房沿山坳南北分布，村庄东西两侧为坡耕地，地表不见墙体痕迹。依据相邻上下段墙体情况，推断该段墙体原应为土墙。

14. 忽桶长城2段（150125382102030014）

该段长城起自大青山乡忽桶村西北0.18千米，止于忽桶村西偏北0.96千米。墙体作直线分布，呈东偏南—西偏北走向，上接忽桶长城1段，下接忽四合义长城。

墙体长796米，为土墙，总体保存差。墙体分布于忽桶村西山岭东西两侧坡地上，止点在大兴有村北沟西岸半坡处；呈略高于地表的土垄状，底宽4~5、顶宽2~3、残高0.3~0.8米；顶部石块散布。其中，保存较差部分长188米、保存差部分长608米，分别占该段墙体总长的23.6%、76.4%。

墙体沿线调查烽燧2座，分别为忽桶1号、2号烽燧。

忽桶1号烽燧（150125353201030026）　位于大青山乡忽桶村西偏北0.38千米处的西山岭顶部，北距忽桶长城2段墙体0.03千米，西北距忽桶2号烽燧0.42千米。

墩台以黄土夯筑，保存差。台体坍塌，现呈覆钵形土丘状，底部直径24、顶部直径4、残高3米。墩台西北侧有战壕和混凝土碉堡，东西两侧为坡耕地。

忽桶2号烽燧（15012 5353201030027）　位于大青山乡忽桶村西北0.78千米处的缓坡地上，南距忽桶长城2段墙体0.19千米，西距四合义1号烽燧0.47千米。

墩台以黄土夯筑，保存差。台体坍塌为圆形土丘状，底部直径20、顶部直径2.6、残高3米；台体上有树坑。

15. 四合义长城（150125382101030015）

该段长城起自大青山乡忽桶村西偏北0.96千米，止于大兴有西村西北1.7千米。墙体作外向折线形分布，由东偏南—西偏北走向转呈东西走向，上接忽桶长城2段，下接什尔登长城1段。

墙体长2275米，为土墙，保存差。墙体沿平缓的分水岭北坡上缘构筑，止点在皮坊沟沟脑处；于地表呈低矮的土垄状，底宽4~5、顶宽2~3、残高0.3~0.8米（彩图二四二）。大兴有西村北山坳地段的墙体，因洪水冲刷及耕地开垦而出现多处断豁。在该段长城南侧0.2千米左右的半坡之上，可见一道长约2000米的副墙；副墙土筑而成，较主墙体低矮，两头与主墙体相接，沿线不见单体建筑。

墙体沿线调查烽燧4座，分别为四合义1号、2号、3号、4号烽燧。

四合义1号烽燧（150125353201030028）　位于大青山乡大兴有西村东北1.7千米处平缓的分水岭顶部，南距四合义长城墙体0.18千米，西偏北距四合义2号烽燧0.56千米。

墩台土筑，保存差。台体坍塌，现呈低缓的圆形土丘状，底部直径25、顶部直径5、残高2.5米。

墩台西、北两侧有现代修筑的水泥阶梯，顶部有硬化的瞭望台，可远眺武川县县城全貌。

四合义2号烽燧（150125353201030029）　位于大青山乡大兴有西村北偏东1.7千米处的分水岭北坡上缘坡地上，南距四合义长城墙体0.4千米，西偏北距四合义3号烽燧0.4千米。

墩台以黄砂土夯筑，保存差。台体坍塌为圆形土丘状，底部直径24、顶部直径4、残高2.5米（彩图二四三）；底部周边经人为修整，顶部立"林带项目区"水泥碑。

四合义3号烽燧（150125353201030030）　位于大青山乡大兴有西村北1.67千米处的分水岭北坡上缘坡地上，南距四合义长城墙体0.31千米，西距四合义4号烽燧0.64千米。

墩台以黑砂土夯筑，保存差。台体坍塌为圆锥体土丘状，底部直径19、顶部直径2、残高3米；其上有树坑分布。烽燧西侧为沟脑，洪水北流；南过山坳为大兴有西村北沟脑，洪水南流。

四合义4号烽燧（150125353201030031）　位于大青山乡大兴有西村北偏西1.56千米处的分水岭上，北距四合义长城墙体0.02千米，西距什尔登1号烽燧0.34千米。

墩台以黑褐土夯筑，保存差。台体坍塌为圆形土丘状，底部直径29、顶部直径2.3、残高2.5米；墩台顶部有树坑，西北侧有一处盗洞。烽燧周边树坑遍布，北侧有土路绕行。

16. 什尔登长城1段（150125382101030016）

该段长城起自大青山乡大兴有西村西北1.7千米，止于什尔登村西北1.1千米。墙体作直线分布，呈东西走向，末端转西南行；上接四合义长城，下接什尔登长城2段。

墙体长1684米，为土墙，总体保存差。墙体沿平缓的分水岭内缘直行，于地表现呈低矮的土垄状，止点在什尔登村北隘口东坡脚。其中，墙体前小段保存差，长1149米，底宽3~4、顶宽2~3、残高0.2~0.4米；后小段保存较差，长535米，底宽5~7、顶宽3~4、残高0.3~0.8米；保存较差、保存差部分，分别占该段墙体总长的29.2%、70.8%。墙体沿线树坑遍布，有多条沟谷的沟脑分布，洪水冲刷造成墙体断豁。

墙体沿线调查烽燧4座，分别为什尔登1号、2号、3号、4号烽燧。

什尔登1号烽燧（150125353201030032）　位于大青山乡什尔登村东北1.56千米处的"丫"形沟谷西支沟沟脑北侧山岭上，北距什尔登长城1段墙体0.02千米，西距什尔登2号烽燧0.58千米。

墩台以黑褐土夯筑，保存差。台体坍塌为低缓的圆形土丘状，底部直径18、顶部直径2、残高2米；顶部挖掘有树坑。

什尔登2号烽燧（150125353201030033）　位于大青山乡什尔登村东北1.22千米处的分水岭上，南距什尔登长城1段墙体0.02千米，西距什尔登3号烽燧0.32千米。

墩台以黑褐土夯筑，保存差。台体坍塌为圆形土丘状，底部直径22、顶部直径2.5、残高3米；顶部有现代人垒砌的小石堆。烽燧东为皮坊沟正沟脑，南为什尔登西北"丫"形沟谷的东西支沟。

什尔登3号烽燧（150125353201030034）　位于大青山乡什尔登村北偏东1.2千米处的大青山南坡上缘高坡地上，南距什尔登长城1段墙体0.01千米，西距什尔登4号烽燧0.67千米。

墩台以黑褐土夯筑，保存差。台体坍塌为圆形土丘状，底部直径18、顶部直径2、残高2米。

什尔登4号烽燧（150125353201030035）　位于大青山乡什尔登村北0.96千米处的山顶上，北距什尔登长城1段墙体0.06千米，西偏南距什尔登5号烽燧1千米。

墩台土石混筑，仅残存基础部分，保存差。台体平面呈方形，边长8、残高0.3米。外围有方形石砌围墙，边长15米。围墙坍塌，于地表呈石垄状，底宽2、顶宽1、残高约1.5米。该烽燧所处位置较高，视野开阔，可远眺武川县县城全貌。

17. 什尔登长城2段（150125382301030017）

该段长城起自大青山乡什尔登村北偏西1.1千米，止于什尔登村西北1千米。原墙体应作直线分布，呈东北—西南走向，上接什尔登长城1段，下接什尔登长城3段。

本段长城为消失段，起止点之间的直线长度为302米。原墙体地处什尔登村北部的大青山分水岭山坳地带，104省道自隘口穿过，下段墙体于路西复现；路东为林地，山洪冲刷以及人为取土导致墙体消失。依据相邻上下段墙体情况，推断该段墙体原应为土墙。

18. 什尔登长城3段（150125382102030018）

该段长城起自大青山乡什尔登村西北1千米，止于什尔登村西北1.4千米。墙体作内外向折线形分布，总体呈东偏北—西偏南走向，上接什尔登长城2段，下接什尔登长城4段。

墙体长597米，为土墙，保存差。墙体分布在什尔登隘口西山顶及东坡地上，先西行爬上山顶，而后转西南行；呈略高于地表的土垄状，底宽4~5、顶宽1~3、残高0.3~0.5米。墙体周边为大片林地，水土流失及采矿活动对墙体保存影响较大。

墙体沿线调查障城、烽燧各1座，分别为什尔登障城、什尔登5号烽燧。

什尔登障城（150125353102030003）　位于大青山乡什尔登村西南0.52千米处的孤山丘顶部，东距104省道0.1千米，西北距什尔登长城3段墙体1.2千米。

障城平面大致呈方形，坐西朝东，边长约30米。障墙以黄土夯筑，于地表呈土垄状，底宽3~6、顶宽1~3、残高0.5~1.5米。东墙中部辟门，门宽约3米，方向85°。障城内挖有树坑，不见相关遗迹，地表遍布陶片、瓦片等。

什尔登5号烽燧（150125353201030036）　位于大青山乡什尔登村西北1.37千米处的什尔登隘口西山头上，南距墙体0.12千米，西偏南距什尔登6号烽燧0.74千米。

墩台以红砂土夯筑，保存差。台体坍塌，现呈低缓的圆形土丘状，底部直径13、顶部直径2、残高2.2米；顶部有树坑（彩图二四四）。墙体在烽燧北侧环绕，南侧紧邻采石场，持续采石危及烽燧安全。

19. 什尔登长城4段（150125382301030019）

该段长城起自大青山乡什尔登村西北1.4千米，止于什尔登村西北1.5千米。原墙体应作直线分布，呈东北—西南走向，上接什尔登长城3段，下接什尔登长城5段。

本段长城为消失段，起止点之间的直线长度为317米。原墙体分布在什尔登村西北山头上，现今辟为冀东水泥厂原料场，矿石开采导致墙体消失。依据相邻上下段墙体情况，推断该段墙体原应为土墙。

20. 什尔登长城5段（150125382102030020）

该段长城起自大青山乡什尔登村西北1.5千米，止于大青山乡小永安昌村东南1.73千米。墙体略作外向折线形分布，总体呈东北—西南走向，上接什尔登长城4段，下接小永安昌长城1段。

墙体长1853米，为土墙，总体保存较差。墙体沿较平缓的分水岭顶部延伸，后小段连续穿越分水岭上的两道山梁；呈略高于地表的土垄状，顶部有碎石，两侧隐现壕沟痕迹（彩图二四五）。其中，墙体前小段保存差，长117米，外壁残高0.3~0.8米；后小段保存较差，长1736米，底宽3~5、顶宽2~3、残高0.5~0.8米；保存较差、保存差部分，分别占该段墙体总长的93.7%、6.3%。墙体沿线为大片林地，水土流失影响墙体保存。

墙体沿线调查烽燧3座，分别为什尔登6号烽燧和小永安昌1号、2号烽燧。

什尔登6号烽燧（150125353201030037）　位于大青山乡什尔登村西北1.9千米处的山岭顶部，倚什尔登长城5段墙体外侧建筑，西南距小永安昌1号烽燧0.63千米。

墩台为土筑，保存差。台体坍塌为圆形土丘状，底部直径16、顶部直径2、残高2米；表面杂草丛生，北侧有树坑。烽燧周围有土筑围墙，南墙利用长城墙体，其他三墙另筑而成，东西29、南北27米。围墙亦坍塌为低矮的土垄状，规格与长城墙体相当。南北坡地均被辟为绿化地，栽植了小树；南部为较大的采石场。

小永安昌1号烽燧（150125353201030038）　位于大青山乡小永安昌村东南2.2千米处的分水岭顶部山丘上，北距什尔登长城5段墙体0.01千米，西南距小永安昌2号烽燧0.63千米。

墩台土筑，保存差。台体坍塌，现呈覆斗形土丘状，底部东西10、南北8米，残高2米；顶部有土坑。烽燧西部为西马莲滩北沟脑，东有通讯信号铁塔，北部为武川县城。

小永安昌2号烽燧（150125353201030039）　位于大青山乡小永安昌村东南1.9千米处的山坡地上，北距什尔登长城5段墙体0.08千米，西南距小永安昌3号烽燧0.44千米。

墩台以黑褐土夯筑，保存较差。台体坍塌，现呈高大的圆形土丘状，底部直径22、顶部直径2、残高3.5米（彩图二四六）。烽燧西为小永安昌村东南沟沟脑，洪水西北流；东为西马莲滩北沟脑，洪水南流。

21. 小永安昌长城1段（150125382301030021）

该段长城起自大青山乡小永安昌村东南1.73千米，止于小永安昌村南偏东1.4千米。原墙体应作直线分布，呈东偏北—西偏南走向，上接什尔登长城5段，下接小永安昌长城2段。

本段长城为消失段，起止点之间的直线长度为546米。原墙体分布在小永安昌村东南沟沟脑地带，洪水冲刷导致墙体消失。依据相邻上下段墙体情况，推断该段墙体原应为土墙。

消失段沿线调查烽燧1座，为小永安昌3号烽燧。

小永安昌3号烽燧（150125353201030040）　位于大青山乡小永安昌村东南1.7千米处的山坡上，东北距小永安昌长城1段墙体起点0.27千米，西距小永安昌4号烽燧0.58千米。

墩台以黑褐土夯筑，保存差。台体坍塌为圆形土丘状，底部直径19、顶部直径2、残高3米；顶部有树坑分布。烽燧地处村东南"丫"形沟谷的东西支沟间，地势南高北低。

22. 小永安昌长城2段（150125382101030022）

该段长城起自大青山乡小永安昌村南偏东1.4千米，止于小永安昌村南偏西1.5千米。墙体大体作直线分布，呈东北—西南走向，上接小永安昌长城1段，下接韩庆坝长城。

墙体长981米，为土墙，总体保存差。墙体地处小永安昌村南坡地上，沿山岭的北半坡延伸，前后翻过四道山梁及其间沟谷，止点在韩庆坝沟东第三支沟东坡上；于地表呈低平的土垄状，底宽2~3、顶宽1~2、残高0.2~0.5米。其中，保存差部分长770米、消失部分长211米，分别占该段墙体总长的78.5%、21.5%。沟谷底部的墙体因洪水冲刷而消失，人为的放牧、植树等活动也对墙体有较大影响。

墙体沿线调查烽燧2座，分别为小永安昌4号、5号烽燧。

小永安昌4号烽燧（150125353201030041）　位于大青山乡小永安昌村南偏东1.4千米处的沟谷西山丘上，北距小永安昌长城2段墙体0.03千米，西南距小永安昌5号烽燧0.66千米。

墩台以黑褐土夯筑，保存差。台体坍塌为圆形土丘状，底部直径22、顶部直径3、残高1米；表面有树坑。烽燧东南侧及北侧各有一座通讯信号塔。

小永安昌5号烽燧（150125353201030042）　位于大青山乡小永安昌村南偏西1.5千米处的山梁上，北距小永安昌长城2段墙体0.04千米，西南距韩庆坝1号烽燧0.31千米。

墩台以黑褐土夯筑，保存差。台体坍塌为圆形土丘状，底部直径25、顶部直径3、残高3米；顶部有现代人垒筑的小石堆。烽燧地处韩庆坝村东南部韩庆坝沟两条支沟间山梁上，其中东侧为东支沟沟脑，西支沟上游在烽燧南部呈半圆形环绕。

23. 韩庆坝长城（150125382301030023）

该段长城起自大青山乡小永安昌村南偏西1.5千米，止于大青山乡小三合玉村北偏西0.27千米。原墙体应作直线分布，呈东偏北—西偏南走向，上接小永安昌长城2段，下接小三合玉长城。

本段长城为消失段，起止点之间的直线长度为1946米。原墙体沿大青山北半坡延伸，地处韩庆坝沟"丫"形河槽间及其两岸丘陵地带，止点在大三合玉沟东支沟西岸；沿线沟壑密布，沟谷间坡地多被开垦，洪水冲刷及耕地开垦等因素导致墙体消失。大三合玉沟东支沟东岸坡地上有土筑墙体残存，略微隆起于地表，由此判断该段墙体原应为土墙。

消失段沿线调查烽燧3座，分别为韩庆坝1号、2号烽燧和小三合玉1号烽燧。

韩庆坝1号烽燧（150125353201030043）　位于大青山乡韩庆坝村东南1.4千米处韩庆坝沟两条较大的东支沟间山梁上，东北距韩庆坝长城墙体起点0.3千米，西偏南距韩庆坝2号烽燧0.46千米。

墩台土筑，保存差。台体坍塌为圆形土丘状，底部直径22、顶部直径2.5、残高2米；墩台顶部有现代人垒筑的小石堆。烽燧东侧支沟较短，上游沟床呈半圆形；西侧"丫"形支沟较大。

韩庆坝2号烽燧（150125353201030044）　位于大青山乡韩庆坝村南偏东1.28千米处的韩庆坝正沟与"丫"形东支沟间山梁上，东偏北距韩庆坝长城墙体起点0.74千米，西南距小三合玉1号烽燧0.93千米。

墩台以黑褐土夯筑，保存差。台体坍塌为圆形土丘状，底部直径19、顶部直径2、残高2米；顶部有垒筑的小石堆。烽燧北部为韩庆坝沟东支沟与主沟洪水交汇处。

小三合玉1号烽燧（150125353201030045）　位于大青山乡小三合玉村东北0.32千米处的山头上，西距韩庆坝长城止点0.3千米、小三合玉2号烽燧0.86千米。

墩台土筑，保存较差。台体坍塌为圆形土丘状，底部直径22、顶部直径1.8、残高5米；顶部有石筑小石堆。烽燧东部为坡耕地，西为大三合玉沟东支沟。

24. 小三合玉长城（150125382101030024）

该段长城起自大青山乡小三合玉村北偏西0.27千米，止于小三合玉村西2.53千米。墙体大体作直线分布，后小段局部外凸；总体呈东偏北—西偏南走向，末端转西偏北行；上接韩庆坝长城，下接沙湾子长城1段。

墙体长2490米，为土墙，总体保存差。墙体沿大青山北坡的东西向山岭外缘构筑，止点在沙湾子沟东岸坡地上；于地表呈低矮的土垄状，底宽2~4、顶宽1~3、残高0.3~0.5米；墙体两侧隐现壕沟痕迹（彩图二四七）。其中，墙体前后小段保存差，长2390米；中小段地处大三合玉河槽及其东西两岸坡地上，洪水冲刷导致长100米的墙体消失；保存差、消失部分，分别占该段墙体总长的96%、4%。

墙体沿线调查烽燧4座，分别为小三合玉2号、3号、4号、5号烽燧。

小三合玉2号烽燧（150125353201030046）　位于大青山乡小三合玉村西偏北0.66千米处的山岭顶部山头上，北距小三合玉长城墙体0.01千米，西距小三合玉3号烽燧0.69千米。

墩台以黑褐土夯筑，保存较差。台体坍塌，现呈高大的圆形土丘状，底部直径29、顶部直径2、残高3米。烽燧南北均为小支沟沟脑，分别汇入大三合玉正沟或东支沟。烽燧居高临下，北望视野开阔。

小三合玉3号烽燧（150125353201030047）　位于大青山乡小三合玉村西1.33千米处的山岭上，南距小三合玉长城墙体0.01千米，西距小三合玉4号烽燧0.6千米。

墩台土筑，保存差。台体坍塌，现呈圆形土丘状，底部直径19、顶部直径2.5、残高3.5米；表面杂草丛生，挖有树坑。

小三合玉4号烽燧（150125353201030048）　位于大青山乡小三合玉村西2.5千米处的山岭顶部山头上，北距小三合玉长城墙体0.03千米，西南距小三合玉5号烽燧0.55千米。

墩台以黑褐土夯筑，保存差。台体坍塌，现呈圆形土丘状，底部直径25、顶部直径3、残高3.5米；表面有树坑。山岭于烽燧处外凸，墙体顺山岭作折线形环绕。烽燧南侧残存有土筑墙体痕迹，判断为秦筑长城遗迹。

小三合玉5号烽燧（150125353201030049）　位于大青山乡大三合玉村西南2.18千米处的山岭西缘顶部，北距小三合玉长城0.13千米，西距沙湾子1号烽燧0.78千米。

墩台以黑褐土夯筑，保存较差。台体坍塌为圆形土丘状，底部直径19、顶部直径2、残高2.8米。烽燧西坡下为沙湾子沟河槽。

25. 沙湾子长城1段（150125382301030025）

该段长城起自大青山乡沙湾子村东偏南2.14千米，止于沙湾子村西南1.27千米。墙体末端作外向弧线形分布，总体呈东西走向，上接小三合玉长城，下接沙湾子长城2段。

墙体长3363米，为土墙，总体保存差。墙体分布在沙湾子沟及小碱滩东部的抢盘河东支沟西岸之间，过沙湾子沟沿北坡地西行，穿过沙湾子沟的六条支沟；后小段墙体构筑在抢盘河东支沟东岸的半环形山岭上，绕过山岭转西南行，跨越东支沟，止于西岸坡地下缘。墙体于地表现呈低矮的土垄状，底宽2～6、顶宽1～3、残高0.3～1米。其中，洪水冲刷及耕地开垦导致部分墙体消失，长1474米；剩余墙体保存状况均为差，长1889米；保存差、消失部分，分别占该段墙体总长的56.2%、43.8%。

在该段长城北部、沙湾子村西南部的河槽南岸，调查发现有沙湾子遗址。遗址四周隐约可见夯筑墙体遗迹，平面呈长方形，南北长114、东西宽100米。西北角墙体保存尚好，西墙南半部分因洪水冲刷而消失（彩图二四八）。遗址内散布遗物极少，其时代明显晚于长城墙体。

墙体沿线调查烽燧4座，分别为沙湾子1号、2号、3号、4号烽燧。

沙湾子1号烽燧（150125353201030050）　位于大青山乡沙湾子村东南1.6千米处的沙湾子沟河槽西岸山岭半腰上，西距沙湾子2号烽燧0.73千米。

墩台以黑褐土夯筑，保存差。台体坍塌为圆形土丘状，底部直径22、顶部直径2.3、残高3.2米；表面杂草丛生，有树坑分布。

沙湾子2号烽燧（150125353201030051）　位于大青山乡沙湾子村南偏东1千米处的山岭下缘顶部，北距沙湾子长城1段墙体0.07千米，西距沙湾子3号烽燧0.85千米。

墩台以黑褐土夯筑，保存较差。台体坍塌为圆形土丘状，底部直径16、顶部直径2.5、残高3.5米。烽燧东西两侧均为"丫"形支沟，洪水北流汇入沙湾子沟主河槽。

沙湾子3号烽燧（150125353201030052）　位于大青山乡沙湾子村南偏西0.71千米处的山岭北坡上缘，北距沙湾子长城1段墙体0.02千米，西距沙湾子4号烽燧0.58千米。

墩台以黑褐土夯筑，保存差。台体坍塌为圆形土丘状，底部直径19、顶部直径2、残高3米；顶部有现代人垒筑的小石堆。烽燧西依山丘，东临沙湾子沟南支沟，南坡下为抢盘河东岸"丫"形支沟之南支沟沟脑，北隔河槽为沙湾子村。

沙湾子4号烽燧（150125353201030053）　位于大青山乡沙湾子村西南1千米处的"丫"形支沟间山岭上，北距沙湾子长城1段墙体0.03千米，西南距沙湾子5号烽燧0.52千米。

墩台以黑褐土夯筑，保存较差。台体坍塌，现呈高大的圆形土丘状，底部直径29、顶部直径3、残高4米；顶部有现代人垒筑的小石堆。"丫"形支沟洪水于烽燧西北合流，西流汇入抢盘河；西南隔南支沟为红煤甲子圪旦。

26. 沙湾子长城2段（150125382102030026）

该段长城起自大青山乡沙湾子村西南1.27千米，止于得胜沟乡小碱滩村东1.32千米。墙体前小段作外向折弧形分布，总体呈东北—西南走向，上接沙湾子长城1段，下接小碱滩长城。

墙体长790米，为毛石干垒墙，总体保存差。墙体分布在小碱滩村东部抢盘河两条支沟之间山岭上，沿红煤甲子圪旦山岭北坡上缘延伸，坍塌的墙体于地表呈石垄状，底宽3～7、顶宽1～4、残高0.2～0.7米。其中，墙体前小段保存较差，长342米；后小段保存差，长448米；保存较差、保存差部分，分别占该段墙体总长的43.3%、56.7%。

墙体沿线调查烽燧1座，为沙湾子5号烽燧。

沙湾子5号烽燧（150125353201030054）　位于大青山乡沙湾子村西南1.53千米处的抢盘河东岸红煤甲子圪旦顶部，西距沙湾子长城2段墙体0.06千米，西南距小碱滩1号烽燧1.44千米。

墩台土筑，保存差。台体坍塌为近圆形土丘状，底部南北20、东西10、残高3米；顶部有三角测绘点。烽燧南侧为小碱滩村东小沟沟脑，洪水西流汇入抢盘河。

27. 小碱滩长城（150125382301030027）

该段长城起自得胜沟乡小碱滩村东1.32千米，止于小碱滩西南3.3千米。依据沿线调查烽燧所在位置判断，原墙体大体应作直线分布，呈东北—西南走向，上接沙湾子长城2段，下接大营盘长城。

本段长城为消失段，起止点之间的直线长度为4374米。原墙体分布在小碱滩东部的抢盘河东岸与大营盘南沟沟脑之间，先过抢盘河，西南行再于大营盘村东跨过大营盘沟谷，大体沿村东南山岭北坡西南行，局部或利用了崖壁为山险；沿线抢盘河及其支沟洪水冲刷导致墙体消失。在小碱滩东部的抢盘河东岸坡地上，调查发现有土筑墙体遗迹；依据地形地貌及相邻上下段墙体情况，推断该段墙体大部分原应为土墙。

消失段沿线调查烽燧8座，分别为小碱滩1号、2号、3号、4号烽燧和大营盘1号、2号、3号、4号烽燧。

小碱滩1号烽燧（150125353201030055）　位于得胜沟乡小碱滩村东南0.57千米的抢盘河东岸坡脚处，东北距小碱滩长城墙体起点0.94千米，西偏南距小碱滩2号烽燧0.29千米，二者隔抢盘河相望。

墩台以黑褐土夯筑，保存差。台体坍塌为圆形土丘状，底部直径22、顶部直径2、残高3米；东南侧有坑洞。烽燧南北两侧各有小冲沟，洪水西流注入抢盘河。

小碱滩2号烽燧（150125353201030056）　位于得胜沟乡小碱滩村南偏东0.46千米处的抢盘河西岸山岭末端，东距抢盘河0.1千米，西南距小碱滩3号烽燧0.37千米。

墩台为土石混筑，保存差。台体坍塌，现呈高大的圆形土石丘状，底部直径16、顶部直径2.5、残高3.3米；东南侧有洞穴。

小碱滩3号烽燧（150125353201030057）　位于得胜沟乡小碱滩村南0.63千米处的山头上，西南距小碱滩4号烽燧0.49千米。

墩台以黄土夯筑，保存较差。台体坍塌为圆形土丘状，底部直径19、顶部直径1.8、残高3.5米（彩图二四九）。烽燧东西两侧临沟脑，其中东沟洪水东流直接汇入抢盘河；西沟洪水南流汇入大营盘沟。

小碱滩4号烽燧（150125353201030058）　位于得胜沟乡小碱滩村西南1千米处的山岭末端顶部，西南距大营盘1号烽燧0.66千米；二者隔大营盘沟相望。

墩台以黄土夯筑，保存差。台体坍塌为圆形土丘状，底部南北10、东西5、残高2米；南侧被挖掘。烽燧东西两侧有冲沟，洪水南流汇入大营盘沟，再东流注入抢盘河。

大营盘1号烽燧（150125353201030059）　位于得胜沟乡大营盘村东偏南0.83千米处的高坡上，西南距大营盘2号烽燧0.44千米。

墩台以黄土夯筑，保存差。台体坍塌为圆形土丘状，底部南北15、东西8、残高2.5米。烽燧东西两侧有小沟，洪水北流汇入大营盘沟。

大营盘2号烽燧（150125353201030060）　位于得胜沟乡大营盘村东南0.78千米处的山坡上，西偏南距大营盘3号烽燧0.3千米。

墩台以黄土夯筑，保存差。台体坍塌，现呈高大的圆形土丘状，底部直径19、顶部直径2、残高3.5米；东侧有挖掘的圆坑。烽燧西侧有石碴山，呈南北向半环形延伸。

大营盘3号烽燧（150125353201030061）　位于得胜沟乡大营盘村南偏东0.72千米处的山头上，西南距大营盘4号烽燧0.77千米。

墩台以黄土夯筑，保存差。台体坍塌，现呈圆形土丘状，底部南北15、东西8、残高3米。紧邻烽燧北侧有石碴山，东西向隆起，推测小碱滩长城可能借用此山岭为山险。

大营盘4号烽燧（150125353201030062）　位于得胜沟乡大营盘村西南1.2千米处山岭的低山丘上，西南距小碱滩长城墙体止点0.2千米、大营盘5号烽燧0.49千米。

墩台土筑，保存差。台体坍塌为圆形土丘状，底部直径16、顶部直径2.5、残高3.4米；北侧有圆坑。烽燧南部为小海流沟西支沟鸡爪形沟脑。

28. 大营盘长城（150125382102030028）

该段长城起自得胜沟乡大营盘村西南1.35千米，止于大营盘村西南4.6千米。墙体随山岭略作内外弯曲分布，总体呈东偏北—西偏南走向，上接小碱滩长城，下接黑沙兔长城1段。

墙体长3808米，为土石混筑石墙，总体保存差。墙体沿山岭北坡上缘修筑，止点在潘家沟西支沟沟脑西部半坡上；于地表呈低矮的土石垄状，底宽3~4、顶宽1~2、残高0.3~0.8米（彩图二五〇）。其中，保存较差部分长400米、保存差部分长3363米、消失部分长45米，分别占该段墙体总长的10.5%、88.3%和1.2%。

墙体沿线调查烽燧8座，分别为大营盘5号、6号、7号、8号、9号、10号、11号和12号烽燧。

大营盘5号烽燧（150125353201030063）　位于得胜沟乡大营盘村西南1.6千米处的山岭上，北距大营盘长城墙体0.01千米，西南距大营盘6号烽燧0.51千米。

墩台土筑，保存差。台体坍塌为圆形土丘状，底部直径19、顶部直径2、残高3米；东侧有坑洞。烽燧东部为小海流沟西支沟，西部为大营盘沟东支沟沟脑。

大营盘6号烽燧（150125353201030064）　位于得胜沟乡大营盘村西南2.1千米处的山岭上，北距大营盘长城墙体0.04千米，西南距大营盘7号烽燧0.55千米。

墩台以黑土夯筑，保存差。台体坍塌为圆形土丘状，底部直径16、残高3米；顶部有挖掘的洞穴。烽燧南坡下为小海流沟，北坡洪水北流汇入大营盘西南沟。

大营盘7号烽燧（150125353201030065）　位于得胜沟乡大营盘村西南2.5千米处的山岭低凹处，北距大营盘长城墙体0.01千米，西距大营盘8号烽燧0.35千米。

墩台以黑土夯筑，保存差。台体坍塌为圆形土丘状，底部直径29、顶部直径2、残高3米。烽燧北侧为大营盘西南沟沟脑，南侧为小海流沟西支沟沟脑。

大营盘8号烽燧（150125353201030066）　位于得胜沟乡大营盘村西南2.8千米处的山岭上，北距大营盘长城墙体 0.01 千米，西距大营盘 9 号烽燧 0.29 千米。

墩台土筑，保存差。台体坍塌，现呈低矮的圆角长方形土丘状，底部东西 15、南北 8 米，残高 3 米。烽燧南为小海流沟西支沟沟脑，北为大营盘西南沟与其西沟间山岭。

大营盘 9 号烽燧（150125353201030067） 位于得胜沟乡大营盘村西南 2.8 千米处的 "C" 形高山岭上，北距大营盘长城墙体 0.01 千米，西南距大营盘 10 号烽燧 0.54 千米。

墩台土筑，保存差。台体坍塌，现呈低矮的圆形土丘状，底部直径 19、顶部直径 3、残高 2.5 米。烽燧南部隔山岭为小海流沟环形沟脑。

大营盘 10 号烽燧（150125353201030068） 位于得胜沟乡大营盘村西南 3.6 千米处的 "C" 形山岭西半坡上，北距大营盘长城墙体 0.06 千米，西偏南距大营盘 11 号烽燧 0.32 千米。

墩台土筑，保存较差。台体坍塌为圆形土丘状，底部直径 19、顶部直径 2.2、残高 3.2 米。烽燧地处潘家沟与其东支沟之间山岭上，北望视野开阔。

大营盘 11 号烽燧（150125353201030069） 位于得胜沟乡黑沙兔村东偏南 3.03 千米处的山坡上，北距大营盘长城墙体 0.02 千米，西距大营盘 12 号烽燧 0.34 千米。

墩台以黑土夯筑，保存较差。台体坍塌为圆形土丘状，底部直径 19、顶部直径 2.4、残高 3.4 米。烽燧地处潘家沟西岸坡地上，东隔沟谷为 "C" 形山岭。

大营盘 12 号烽燧（150125353201030070） 位于得胜沟乡黑沙兔村东南 2.79 千米处的山坡上，北距大营盘长城墙体 0.01 千米，西距黑沙兔 1 号烽燧 0.55 千米。

墩台土筑，保存差。台体坍塌，现呈圆角长方形土丘状，底部东西 20、南北 10 米，残高 3 米。烽燧北为潘家沟西支沟沟脑，南部为大青山分水岭。

29. 黑沙兔长城 1 段（150125382102030029）

该段长城起自得胜沟乡大营盘村西南 4.6 千米，止于黑沙兔村东南 2.2 千米。墙体略作外向弧线形分布，总体呈东偏北—西偏南走向，上接大营盘长城，下接黑沙兔长城 2 段。

墙体长 439 米，为毛石干垒墙，保存差。墙体分布于八十亩地村东南部双沟上游之间坡地上，于地表呈低矮的石垒状，部分筑墙石块随坡滚落；底宽 3～5、顶宽 1～2、残高 0.3～0.8 米（彩图二五一）。

墙体沿线调查烽燧 1 座，为黑沙兔 1 号烽燧。

黑沙兔 1 号烽燧（150125353201030071） 位于得胜沟乡黑沙兔村东南 2.38 千米处的高坡地上，北距黑沙兔长城 1 段墙体 0.04 千米，西偏南距黑沙兔 2 号烽燧 0.37 千米。

墩台土筑，保存差。台体坍塌，现呈低矮的圆形土丘状，底部直径 20、顶部直径 2.5、残高 3 米；表面杂草丛生，有盗掘的深洞。烽燧南依大青山分水岭，东西为双沟，其中东侧为沟脑；洪水北流于下游合流，在八十亩地村东汇入大营盘沟。

30. 黑沙兔长城 2 段（150125382301030030）

该段长城起自得胜沟乡黑沙兔村东南 2.2 千米，止于黑沙兔村西南 5.9 千米。原墙体大体应作直线分布，呈东西走向，上接黑沙兔长城 1 段，下接酒馆村长城。

本段长城为消失段，起止点之间的直线长度为 6800 米。原墙体分布在八十亩地村东南部的双沟之西沟西岸与圪塔村西山岭之间，沿线前小段为丘陵沟谷地带，洪水北流汇入大营盘沟；后小段沿线为得胜沟水系沟谷，谷间是村庄和耕地。墙体大体西行，跨过黑沙兔南沟中游沟谷，经蘑菇窑村南缘，过得胜沟东支沟，再经圪塔村北缘西行穿过得胜沟，墙体于河槽南岸山岭上复现。依据沿线地形地貌情况，推断该段墙体原应为土墙。

消失段沿线调查烽燧7座，分别为黑沙兔2号、3号、4号烽燧，蘑菇窑1号、2号、3号烽燧和圪塔村烽燧。

黑沙兔2号烽燧（150125353201030072）　位于得胜沟乡黑沙兔村东南2.22千米处的山梁上，西南距黑沙兔3号烽燧0.48千米。

墩台以红褐土夯筑，保存差。台体坍塌为椭圆形土丘状，底部南北25、东西15、残高3米；北侧有圆坑。烽燧地处八十亩地村东南双沟之西沟西岸，其西部坡地上的长城墙体被改造为梯田埂。

黑沙兔3号烽燧（150125353201030073）　位于得胜沟乡黑沙兔村南偏东2.28千米处的山坡上，西距黑沙兔4号烽燧0.63千米。

墩台以红褐土夯筑，保存差。台体坍塌，现呈圆形土丘状，底部直径22、顶部直径1.8、残高3.5米；东侧有一圆坑（彩图二五二）。烽燧地处八十亩地村东沟上游两支沟间山梁上，北部为梯田，南部为大青山分水岭。

黑沙兔4号烽燧（150125353201030074）　位于得胜沟乡黑沙兔村南偏东1.98千米处的低矮山岭上，西偏南距蘑菇窑1号烽燧0.51千米。

墩台以红褐土夯筑，保存差。台体坍塌为椭圆形土丘状，底部南北25、东西20、残高2米。烽燧地处黑沙兔村东沟中游东岸山丘上，北为东沟的支沟沟脑；周边为坡耕地及梯田。

蘑菇窑1号烽燧（150125353201030075）　位于得胜沟乡蘑菇窑村东1.5千米处的山坡上，西偏南距蘑菇窑2号烽燧0.97千米。

墩台以红褐土夯筑，保存差。台体坍塌为圆形土丘状，底部直径22、顶部直径2.5、残高2米；顶部偏西侧有圆坑。烽燧西临蘑菇窑村东沟脑，东为黑沙兔村东沟河槽。

蘑菇窑2号烽燧（150125353201030076）　位于得胜沟乡蘑菇窑村东南0.65千米处的低山岭上，西偏北距蘑菇窑3号烽燧0.91千米。

墩台土筑，保存差。台体坍塌，现呈低矮的圆形土丘状，底部直径19、顶部直径2、残高2米。烽燧西侧0.2千米为大青山抗日游击根据地纪念馆，西南为前营子村，公路沿村西沟谷穿行。

蘑菇窑3号烽燧（150125353201030077）　位于得胜沟乡蘑菇窑村西南0.42千米处的山岭顶部，西距圪塔烽燧1.2千米。

墩台土筑，保存较差。台体坍塌为圆形土丘状，底部直径19、顶部直径2.2、残高3米。烽燧东临村庄，西部为得胜沟支沟——半沟河槽。

圪塔村烽燧（150125353201030078）　位于得胜沟乡圪塔村东北0.38千米处的小山岭上，西距酒馆1号烽燧2.6千米。

墩台土筑，保存差。台体坍塌为圆形土丘状，底部直径19、顶部直径2.5、残高3米。烽燧西为圪塔村，东临半沟河槽，北侧有公路东西延伸。

31. 酒馆村长城（150125382102030031）

该段长城起自得胜沟乡酒馆村东南1.1千米，止于酒馆村西南3.7千米。墙体作内向折线形分布，由东北—西南走向转为东西走向，上接黑沙兔长城2段，下接大路壕长城1段。

墙体长4900米，为土墙，外侧基础砌筑石块；总体保存差（彩图二五三）。墙体沿西南向延伸的山岭北坡或山脊之上蜿蜒穿行，止点在大路壕村北山坳东坡上；于地表呈低平的土石垄状，底宽3～7、顶宽0.5～4、残高0.2～0.8米。其中，沟谷地带因洪水冲刷与公路修筑，造成长200米的墙体消失，其余墙体的保存程度均为差；保存差、消失部分，分别占该段墙体总长的95.9%、4.1%。

墙体沿线调查烽燧10座，分别为酒馆1号、2号、3号、4号、5号、6号、7号、8号、9号、10号烽燧。

酒馆1号烽燧（150125353201030079）　位于得胜沟乡酒馆村东南0.94千米处的山岭上，西北距酒馆村长城墙体0.01千米，西南距酒馆2号烽燧0.26千米。

墩台土筑，保存差。台体坍塌为圆形土丘状，底部直径19、顶部直径2.6、残高2米。烽燧南侧为取土坑，西侧有小沟，北临得胜沟河槽。

酒馆2号烽燧（150125353201030080）　位于酒馆村东南0.78千米处的山岭上，西北距酒馆村长城墙体0.06千米，西南距酒馆3号烽燧0.46千米。

墩台土筑，保存较差。台体坍塌为圆形土丘状，底部直径19、顶部直径2、残高3.5米。

酒馆3号烽燧（150125353201030081）　位于得胜沟乡酒馆村南偏东0.7千米处的山岭上，西北距酒馆村长城墙体0.05千米，西偏南距酒馆4号烽燧0.39千米；二者隔村南沟相望。

墩台为土石混筑，保存差。台体坍塌为椭圆形土石丘状，底部东西20、南北13米，残高3米。

酒馆4号烽燧（150125353201030082）　位于得胜沟乡酒馆村南偏西0.76千米处的山岭上，西北距酒馆村长城0.02千米，西南距酒馆5号烽燧0.5千米。

墩台土筑，保存较差。台体坍塌为圆形土丘状，底部直径22、顶部直径2.3、残高3.5米。

酒馆5号烽燧（150125353201030083）　位于得胜沟乡酒馆村西南1.1千米处的山岭上，西北距酒馆村长城墙体0.01千米，西南距酒馆5号烽燧0.47千米。

墩台土筑，保存较差。台体坍塌为圆形土丘状，底部直径19、顶部直径2.5、残高3米。

酒馆6号烽燧（150125353201030084）　位于得胜沟乡酒馆村西南1.53千米处的山岭上，北距酒馆村长城墙体0.03千米，西南距酒馆7号烽燧0.48千米。

墩台土筑，保存差。台体坍塌为圆形土丘状，底部直径16、残高3米。

酒馆7号烽燧（150125353201030085）　位于得胜沟乡酒馆村西南1.9千米处的山坡上，北距酒馆村长城墙体0.03千米，西南距酒馆8号烽燧0.45千米。

墩台土筑，保存较差。台体坍塌为圆形土丘状，底部直径19、顶部直径2、残高3.5米。烽燧西侧有公路顺山坳穿过，通往酒馆村。

酒馆8号烽燧（150125353201030086）　位于得胜沟乡酒馆村西南2.4千米处的山岭上，北距酒馆村长城墙体0.07千米，西南距酒馆9号烽燧0.33千米。

墩台土筑，保存较差。台体坍塌，现呈高大的圆形土丘状，底部直径22、顶部直径1.5、残高5米（彩图二五四）。烽燧东、西为沟壑，北侧半坡有公路环绕。

酒馆9号烽燧（150125353201030087）　位于得胜沟乡酒馆村西南2.7千米处的山岭上，北距酒馆村长城墙体0.14千米，西距酒馆10号烽燧0.62千米。

墩台土筑，保存较差。台体坍塌为圆形土丘状，底部直径19、顶部直径2.3、残高3.2米。北侧有土路与环形公路相接。

酒馆10号烽燧（150125353201030088）　位于得胜沟乡酒馆村西偏南3.2千米处的山岭上，北距酒馆村长城墙体0.01千米，西距大路壕1号烽燧1.68千米。

墩台土筑，保存差。台体坍塌为圆形土丘状，底部直径22、顶部直径2.8、残高3米；东南侧有圆坑。烽燧周边为林地，东西两侧为大路壕村东"丫"形沟谷的支沟沟脑，洪水南流，合流后汇入苏家沟。

32. 大路壕长城1段（150125382301030032）

该段长城起自得胜沟乡酒馆村西南3.7千米，止于大路壕村西北0.95千米。原墙体应作直线分布，呈东偏南—西偏北走向，上接酒馆村长城，下接大路壕长城2段。

本段长城为消失段，起止点之间的直线长度为742米。原墙体分布在大路壕村北部山坳地带及其西部较小的沟谷之中，前小段被开垦为耕地，后小段墙体经行区域的沟谷形成水冲沟，洪水冲刷造成墙体消失。依据沿线地形地貌情况，推断该段墙体原应为土墙。

墙体沿线调查障城一座，为古城湾障城。

古城湾障城（150125353102030004）　位于得胜沟乡古城湾村，北距长城墙体约5千米。

障城平面呈方形，边长约80米，门址不清。夯筑土墙，基宽5~6、残高1~2米，夯层厚8~12厘米。地表散布大量陶片和瓦片等遗物，陶片可辨器形有宽沿盆等，瓦片有绳纹筒瓦、板瓦等。

33. 大路壕长城2段（150125382102030033）

该段长城起自得胜沟乡大路壕村西北0.95千米，止于得胜沟乡后纳岭沟村东南1.67千米。墙体沿山岭作外向弧线形分布，局部地段随山岭内向弯曲，由东南—西北走向转呈东西走向，上接大路壕长城1段，下接后纳岭沟长城。

墙体长3899米，为石墙，总体保存较差。墙体沿阳湾村所在的前沟与后纳岭沟之间山岭脊部外缘修筑，止点在华尖山主峰；于地表呈低矮的石垄状，底宽5~7、顶宽2~4、残高0.3~1.2米；筑墙石块随坡滚落（彩图二五五）。其中，墙体前小段保存差，长1185米；后小段保存较差，长2714米；保存较差、保存差部分，分别占该段墙体总长的69.6%、30.4%。

墙体沿线调查烽燧7座，分别为大路壕1号、2号、3号、4号、5号、6号、7号烽燧。

大路壕1号烽燧（150125353201030089）　位于得胜沟乡大路壕村西北0.98千米处的山岭上，东北距大路壕长城2段墙体0.02千米，西北距大路壕2号烽燧0.38千米。

墩台土筑，保存较差。台体坍塌为椭圆形土丘状，底部东西10、南北6、残高3米。烽燧南北临沟，洪水东南向下泄，于大路壕村南合流。

大路壕2号烽燧（150125353201030090）　位于得胜沟乡大路壕村西北1.4千米处的山岭中段山脊上，东北距大路壕长城2段墙体0.04千米，西北距大路壕3号烽燧0.54千米。

墩台土筑，保存较差。台体坍塌，现呈高大的圆形土丘状，底部直径25、残高4.5米。

大路壕3号烽燧（150125353201030091）　位于得胜沟乡大路壕村西北1.6千米处的山岭上缘顶部，东北距大路壕长城2段墙体0.04千米，北偏西距大路壕4号烽燧0.24千米。

墩台土筑，保存较差。台体坍塌为圆形土丘状，底部直径22、顶部直径2、残高4米。烽燧南为大路壕西北部中沟沟脑，东西为前后沟沟脑，北为山岭。

大路壕4号烽燧（150125353201030092）　位于得胜沟乡大路壕村西北1.7千米处的高山岭上，东侧紧邻大路壕长城2段墙体，西偏南距大路壕5号烽燧0.86千米。

墩台为土石混筑，内部夯土、外侧包石筑成，保存差。台体坍塌，现呈覆钵形石堆状，底部直径25、顶部直径6、残高3米；顶部有圆坑（彩图二五六）。烽燧地处华尖山东山岭东缘，墙体绕过烽燧后转沿山脊西行。

大路壕5号烽燧（150125353201030093）　位于得胜沟乡大路壕村西北2.4千米处的山岭上，北距大路壕长城2段墙体0.02千米，西偏南距大路壕6号烽燧0.63千米。

墩台土筑，保存较差。台体坍塌为圆形土丘状，底部直径22、顶部直径3、残高3米；顶部有垒筑的小石堆。

大路壕6号烽燧（150125353201030094）　位于得胜沟乡大路壕村西北3.2千米处的华尖山东山头上，北距大路壕长城2段墙体0.07千米，西偏南距大路壕7号烽燧0.54千米。

墩台土筑，保存较差。台体坍塌为圆形土丘状，底部直径22、顶部直径2.5、残高3米。

大路壕7号烽燧（150125353201030095） 位于得胜沟乡大路壕村西北3.6千米处的华尖山东坡脚处山岭上，北距大路壕长城2段墙体0.01千米，西距后纳岭沟1号烽燧0.35千米。

墩台土筑，保存较差。台体坍塌为圆形土丘状，底部直径22、顶部直径2.5、残高3.5米。烽燧西依华尖山主峰，南为王成沟沟脑，北为后纳岭沟支沟沟脑。

34. 后纳岭沟长城（150125382102030034）

该段长城起自得胜沟乡后纳岭沟（后沟）村东南1.67千米，止于得胜沟乡前北沟村西北0.75千米。墙体随山岭作内外折线形分布，由东西走向转呈北南走向，末端为东偏北—西偏南走向；上接大路壕长城2段，下接前北沟长城1段。

墙体长1302米，为石墙，保存差。墙体分布在华尖山主峰北坡上缘与北沟之间，先沿山岭西行，再顺支岭转西偏南行，穿过小井沟上游沟谷，转沿小井沟西山岭南行，近末端转西偏南行走下山岭，止于北沟东岸边。墙体坍塌，石块随坡散落，于地表呈低矮的石垄状，底宽3~4、顶宽1~2、残高0.5~1米。

墙体沿线调查烽燧3座，分别为后纳岭沟1号、2号、3号烽燧。

后纳岭沟1号烽燧（150125353201030096） 位于得胜沟乡后纳岭沟村东南1.72千米处的华尖山顶上，北距后纳岭沟长城墙体0.03千米，西南距后纳岭沟2号烽燧0.34千米。

墩台土筑，保存较差。台体坍塌为圆形土丘状，底部直径19、顶部直径2.8、残高3米。烽燧东南侧为华尖山山尖，西南为小井沟东支沟沟脑，北部为后纳岭沟。

后纳岭沟2号烽燧（150125353201030097） 位于得胜沟乡前北沟村北1.25千米处的小井沟上游支沟间山岭上，倚后纳岭沟长城墙体内侧建筑，南偏西距后纳岭沟3号烽燧0.61千米。

墩台土筑，保存差。台体坍塌为圆形土丘状，底部直径13、顶部直径2.6、残高2米。烽燧北依华尖山，东西临小井沟支沟谷。

后纳岭沟3号烽燧（150125353201030098） 位于得胜沟乡前北沟村西北0.77千米处的小井沟西山岭上，西侧紧邻后纳岭沟长城墙体，西南距前北沟1号烽燧0.42千米，二者隔北沟相望。

墩台土筑，保存较差。台体坍塌为椭圆形土丘状，底部东西15、南北8、残高3米。

35. 前北沟长城1段（150125382301030035）

该段长城起自得胜沟乡前北沟村西北0.75千米，止于前北沟村西北0.77千米。原墙体应作直线分布，呈东偏北—西偏南走向，上接后纳岭沟长城，下接前北沟长城2段。

本段长城为消失段，起止点之间的直线长度为213米，原墙体地处大井沟与小井沟间中部的北沟沟床上，河槽两岸是长条形耕地，洪水冲刷导致墙体消失。依据相邻下段墙体情况，推断该段墙体原应为土墙。

36. 前北沟长城2段（150125382101030036）

该段长城起自得胜沟乡前北沟村西北0.77千米，止于前北沟村西偏北2.2千米。墙体略作内向弧线形分布，总体呈东西走向，上接前北沟长城1段，下接前北沟长城3段。

墙体长1795米，为土墙，总体保存较差。墙体沿北沟西岸短山岭上行，翻过东南向延伸的长山岭，跨过前北沟村西沟谷，再沿沟谷南山岭转西偏北行，止于山岭南向折弯处；于地表呈低矮的土垄状，底宽5~7、顶宽2~4、残高0.3~1米。其中，墙体前小段保存差，长705米；中小段因前北沟村西沟洪水冲刷，导致墙体消失184米；后小段保存较差，长906米；保存较差、保存差、消失部分，分别占该段墙体总长的50.5%、39.2%和10.3%。

墙体沿线调查烽燧4座，分别为前北沟1号、2号、3号、4号烽燧。

前北沟1号烽燧（150125353201030099）　位于得胜沟乡前北沟村西北0.83千米处的北沟西岸山坡上，北侧紧邻前北沟长城2段墙体，西距前北沟2号烽燧0.43千米。

墩台土筑，保存较差。台体坍塌，现呈高大的圆形土丘状，底部直径22、顶部直径2、残高3.8米。

前北沟2号烽燧（150125353201030100）　位于得胜沟乡前北沟村西北1.1千米处的北沟西山岭上，北距前北沟长城2段墙体0.04千米，西距前北沟3号烽燧0.7千米，二者隔沟相望。

墩台土筑，保存较差。台体坍塌，现呈覆钵形土丘状，底部直径22、顶部直径3、残高3米。烽燧南临前北沟村西沟谷。

前北沟3号烽燧（150125353201030101）　位于得胜沟乡前北沟村西北1.7千米处的山岭上，北距前北沟长城2段墙体0.02千米，西距前北沟4号烽燧0.53千米。

墩台土筑，保存较差。台体坍塌，现呈高大的圆形土丘状，底部直径25、顶部直径2.4、残高3.2米。烽燧北为前北沟村西沟，南为前坝堰北沟，东南为忽图敖包沟沟脑。

前北沟4号烽燧（150125353201030102）　位于得胜沟乡前北沟村西偏北2.2千米处的山岭上，北距前北沟长城2段墙体0.02千米，西偏北距前北沟5号烽燧0.62千米，西距双敖包山烽燧0.83千米。

墩台土筑，保存差。台体坍塌，现呈高大的覆钵形土丘状，底部直径25、顶部直径8、残高3.8米；顶部及北侧有圆坑。烽燧地处山岭内向折弯处，南侧为陡坡，坡下为前坝堰北沟。

37. 前北沟长城3段（150125382102030037）

该段长城起自得胜沟乡前北沟村西偏北2.2千米，止于得胜沟乡大壕赖村北偏东2.04千米。墙体随山脊走势作外向半圆形分布，由东偏南—西偏北走向过渡为北南走向，上接前北沟长城2段，下接前北沟长城4段。

墙体长1659米，为毛石干垒墙，保存一般。墙体分布在前坝堰北沟沟脑外凸山岭的北山上，沿山岭顶部外缘修筑，止点在北井沟上游东岸。墙体坍塌，于地表呈低矮的石垒状，底宽6~8、顶宽3~4、残高0.5~1.5米；石块随坡滚落（彩图二五七）。在外凸山岭的东缘、南缘、西缘，环绕有"C"形副墙，两端与主墙体相接，长约2000米。副墙有土筑者，也有石砌者，普遍较主墙低矮。在副墙西半部的山丘上，矗立有一座大石堆，外观呈馒头形，原始形制已不可辨识。该石堆的体积要大于长城沿线的汉代烽燧墩台，因此其具体性质还有待确认，也有可能是一座秦代烽燧。

墙体沿线调查烽燧2座，分别为前北沟5号、6号烽燧。

前北沟5号烽燧（150125353201030103）　位于得胜沟乡前北沟村西北2.78千米处的外凸山岭中部山头上，北距前北沟长城3段墙体0.04千米，西南距前北沟6号烽燧0.69千米。

墩台为土石混筑，保存差。台体坍塌为圆形土石丘，底部直径19、顶部直径2.8、残高3米。外凸形山岭称双敖包山，当以山峰上分布的两座秦汉烽燧而得名。

前北沟6号烽燧（150125353201030104）　位于得胜沟乡前北沟村西偏北3.26千米处的双敖包山主峰顶部，西距前北沟长城3段墙体0.01千米，南偏西距前北沟7号烽燧0.47千米。

墩台用毛石砌筑，保存差。台体坍塌，略呈圆角长方形石堆状，底部东西25、南北30、残高4米；顶部有圆坑（彩图二五八）。烽燧东南为前坝堰北沟沟脑，西南为北井沟沟脑，西北为后纳岭沟支沟沟脑。

38. 前北沟长城4段（150125382102030038）

该段长城起自得胜沟乡大壕赖村北偏东2.04千米，止于大壕赖村北1.36千米。墙体前小段局部作外向折线形分布，总体呈北偏东—南偏西走向，上接前北沟长城3段，下接大壕赖长城。

墙体长982米，为毛石干垒墙，保存差。墙体沿双敖包主峰南侧山岭外缘作下坡行，止点在北井沟东岸；于地表呈低矮的石垄状，底宽 5 ~ 7、顶宽 2 ~ 3、残高 0.3 ~ 1 米（彩图二五九）。

墙体沿线调查烽燧 1 座，为前北沟 7 号烽燧。

前北沟 7 号烽燧（1501253532010300105）　位于得胜沟乡大壕赖村北 1.83 千米处的北井沟脑地带东山岭上，倚前北沟长城 4 段墙体修筑，南距大壕赖 1 号烽燧 0.88 千米。

墩台为土石混筑，保存差。台体坍塌为圆形土石丘状，底部直径 19、顶部直径 2.4、残高 3.2 米；北侧有圆坑。烽燧东依山岭，北为北井沟主沟谷，南为北井沟支沟沟脑。

39. 大壕赖长城（150125382102030039）

该段长城起自得胜沟乡大壕赖村北 1.36 千米，止于大壕赖村西 2.62 千米。墙体作幅度较大的内外折线形分布，总体呈东北—西南走向，上接前北沟长城 4 段，下接达不亥长城 1 段。

墙体长 3581 米，为毛石干垒墙，保存差。墙体过北井沟翻越西山岭，再过大壕赖村北沟，爬上柏榆庙山，沿山岭作外向弧线形环绕；其后折向西南顺山岭下坡行，过西侧沟转西行，跨过两道山梁及其间小沟，止于本坝沟两支沟合流处的河槽东岸。墙体于地表呈低矮的石垄状，底宽 3 ~ 8、顶宽 2 ~ 4、残高 0.3 ~ 1.5 米。沿线大小沟壑密布，水土流失对墙体的破坏较严重。

墙体沿线调查烽燧 5 座，分别为大壕赖 1 号、2 号、3 号、4 号、5 号烽燧。

大壕赖 1 号烽燧（1501253532010300106）　位于得胜沟乡大壕赖村北偏西 0.98 千米处的北井沟西山岭上，西北距大壕赖长城墙体 0.08 千米，西距大壕赖 2 号烽燧 1.05 千米，二者隔大壕赖村北沟相望。

墩台石筑，保存差。台体坍塌，现呈圆形石堆状，底部直径 20、顶部直径 5、残高 3 米；顶部有现代人垒筑的小石堆（彩图二六〇）。

大壕赖 2 号烽燧（1501253532010300107）　位于得胜沟乡大壕赖村西北 1.36 千米处的柏榆庙山顶部，北距大壕赖长城墙体 0.04 千米，西南距大壕赖 3 号烽燧 0.44 千米。

墩台为土石混筑，保存差。台体坍塌，现呈低矮的圆形土石丘状，底部直径 20、顶部直径 3.5、残高 3 米。

大壕赖 3 号烽燧（1501253532010300108）　位于得胜沟乡大壕赖村西北 1.62 千米处的柏榆庙山西坡地上，北距大壕赖长城墙体 0.02 千米，西南距大壕赖 4 号烽燧 0.48 千米。

墩台为土石混筑，保存差。台体坍塌为圆形土石堆状，底部直径 20、顶部直径 2.3、残高 3 米。

大壕赖 4 号烽燧（1501253532010300109）　位于得胜沟乡大壕赖村西北 1.75 千米处的柏榆庙山西沟中游东岸石砭山头上，北距大壕赖长城墙体 0.01 千米，西距大壕赖 5 号烽燧 0.66 千米。

墩台为土石混筑，外壁砌筑石块、内部夯土建筑，保存差。台体坍塌，现呈低矮的圆形土石丘状，底部直径 18、顶部直径 2、残高 3 米；外壁包石滚落于坡下（彩图二六一）。

大壕赖 5 号烽燧（150125353201030182）　位于得胜沟乡大壕赖村西 2.36 千米处的本坝沟与其东沟之间山岭顶部山头上，西北距大壕赖长城墙体 0.16 千米，西南距达不亥 1 号烽燧 1.64 千米。

墩台土筑，保存差。台体坍塌，现呈低矮的圆形土丘状，底部直径 15、顶部直径 2、残高 1.8 米。烽燧西坡下为本坝沟两支沟洪水合流处。

40. 达不亥长城 1 段（1501253823010300040）

该段长城起自得胜沟乡大壕赖村西 2.62 千米，止于哈拉合少乡达不亥村西北 0.95 千米。原墙体应作内向弧线形分布，总体呈东北—西南走向，上接大壕赖长城，下接达不亥长城 2 段。

本段长城为消失段，起止点之间的直线长度为 1958 米。原墙体应沿本坝沟西部的低山半腰地带延伸，止点在达不亥村西沟中游西坡地上。沿线沟壑分布众多，洪水冲刷与水土流失是导致墙体消失的主要因素。

消失段沿线调查烽燧2座，分别为达不亥1号、2号烽燧。

达不亥1号烽燧（150125353201030110）　位于哈拉合少乡达不亥村东北0.42千米处的达不亥北沟与东沟之间山岭上，西距达不亥长城1段止点0.93千米，西偏北距达不亥2号烽燧0.59千米。

墩台以黄土夯筑，保存较差。台体坍塌，现呈高大的圆形土丘状，底部直径19、顶部直径1.5、残高4米（彩图二六二）。烽燧两侧沟谷地带为耕地，南坡下为达不亥东村。

达不亥2号烽燧（150125353201030111）　位于哈拉合少乡达不亥村西北0.69千米处的达不亥村北沟与西沟间山岭上，西距达不亥长城1段止点0.33千米、距达不亥3号烽燧0.36千米。

墩台土筑，保存较差。台体坍塌，现呈高大的圆形土丘状，底部直径18、顶部直径1.5、残高4米。

41. 达不亥长城2段（150125382102030041）

该段长城起自哈拉合少乡达不亥村西北0.95千米，止于阳忽赛村东南0.94千米。墙体略作内外弯曲分布，总体呈东偏南—西偏北走向，上接达不亥长城1段，下接阳忽赛长城。

墙体长2000米，为土石混筑墙，总体保存较差。墙体沿高山脚下的低山沟谷地带穿行，沿低矮的东西向山岭北坡修筑，止点在阳忽赛村东南部的阳忽赛沟东岸；于地表呈低矮的土石垄状，底宽3～5、顶宽1～2、残高0.3～0.8米。其中，墙体前小段保存差，长839米；中小段因井沟洪水冲刷有长81米的墙体消失；后小段保存较差，长1080米；保存较差、保存差、消失部分，分别占该段墙体总长的54%、42%和4%。

墙体沿线调查烽燧4座，分别为达不亥3号、4号、5号、6号烽燧。

达不亥3号烽燧（150125353201030112）　位于哈拉合少乡达不亥村西北0.95千米处的低山头上，北距达不亥长城2段墙体0.02千米，西距达不亥4号烽燧0.55千米。

墩台土筑，保存差。台体坍塌，现呈低矮的椭圆形土丘状，底部东西20、南北8、残高3米；北侧有长方形盗坑（彩图二六三）。烽燧东西均有支沟，洪水东南流汇入达不亥村西沟。

达不亥4号烽燧（150125353201030113）　位于哈拉合少乡达不亥村西北1.4千米处的山岭上，北距达不亥长城2段墙体0.01千米，西偏北距达不亥5号烽燧0.68千米。

墩台土筑，保存较差。台体坍塌，现呈高大的圆形土丘状，底部直径22、顶部直径1.5、残高3.5米。烽燧西侧紧邻井沟，东部为达不亥村西沟。

达不亥5号烽燧（150125353201030114）　位于哈拉合少乡阳忽赛村东偏南1.67千米处的山岭北坡地上，北距达不亥长城2段墙体0.01千米，西距达不亥6号烽燧0.57千米。

墩台土筑，保存差。台体坍塌，现呈高大的圆形土丘状，底部直径19、顶部直径1.7、残高3.5米；东侧有挖掘的圆坑。烽燧东临井沟，北为井沟小支沟，南为东西向低山岭，岭南为松树背沟沟脑。

达不亥6号烽燧（150125353201030115）　位于哈拉合少乡阳忽赛村东南1.13千米处的阳忽赛沟东岸坡地上，北距达不亥长城2段墙体0.07千米，西偏北距阳忽赛1号烽燧1.2千米。

墩台土筑，保存较差。台体坍塌，现呈高大的圆形土丘状，底部直径19、顶部直径2、残高3.5米。烽燧地处山岭北坡地上，西侧的阳忽赛沟河槽呈东向半圆形弯曲，北侧小支沟洪水汇入阳忽赛沟河槽。

42. 阳忽赛长城（150125382301030042）

该段长城起自哈拉合少乡阳忽赛村东南0.94千米，止于哈拉合少乡哈拉合少村南偏西1.26千米。原墙体应作直线分布，呈东南—西北走向，上接达不亥长城2段，下接哈拉合少长城。

本段长城为消失段，起止点之间的直线长度为3226米。原墙体过阳忽赛沟，沿西岸山脚行，阳忽赛沟洪水迂曲冲刷导致墙体消失，河湾地带被开垦；大体经水家沟沟口，至哈拉合少乡南山岭上墙体复现。在阳忽赛村西北部的前阳忽赛沟与主沟洪水合流处西侧山梁上，有数米长的土筑墙体残存，表明该段墙体原应为土墙。

消失段沿线调查烽燧4座，分别为阳忽赛1号、2号烽燧和哈拉合少1号、2号烽燧。

阳忽赛1号烽燧（150125353201030116）　位于哈拉合少乡阳忽赛村西南0.3千米处的阳忽赛河槽南岸坡地上，北偏西距阳忽赛2号烽燧0.75千米。

墩台土筑，保存较差。台体坍塌，现呈较高大的圆形土丘状，底部直径19、顶部直径1.8、残高3.2米。

阳忽赛2号烽燧（150125353201030117）　位于哈拉合少乡阳忽赛村西北0.72千米处的河槽南岸低山岭上，北距阳忽赛长城残存墙体0.03千米，西北距哈拉合少1号烽燧1.06千米。

墩台土筑，保存较差。台体坍塌，现呈高大的圆形土丘状，底部直径22、顶部直径2、残高3.5米。烽燧东北侧为前阳忽赛沟与主河槽交汇处，西为水家沟沟口，南为小沟谷，洪水东北流汇入主河槽。

哈拉合少1号烽燧（150125353201030118）　位于哈拉合少乡哈拉合少村南1.83千米处的河槽西岸坡地上，北偏西距阳忽赛长城止点0.62千米、哈拉合少2号烽燧0.48千米。

墩台土筑，保存差。台体坍塌为圆形土丘状，底部直径19、顶部直径2.3、残高3米。

哈拉合少2号烽燧（150125353201030119）　位于哈拉合少乡哈拉合少村南1.4千米处的低缓山梁下缘顶部，西北距阳忽赛长城墙体止点0.62千米，西偏北距哈拉合少3号烽燧0.68千米。

墩台土筑，保存较差。台体坍塌，现呈高大的圆形土丘状，底部直径22、顶部直径1.2、残高5米（彩图二六四）。烽燧东坡下为耕地，南临小沟，洪水东流汇入主河槽。

43. 哈拉合少长城（150125382101030043）

该段长城起自哈拉合少乡哈拉合少村南偏西1.26千米，止于哈拉合少乡各此老（上营子）村南偏东0.72千米。墙体作内外弯曲分布，总体呈东偏南—西偏北走向，上接阳忽赛长城，下接各此老长城1段。

墙体长1549米，为土墙，总体保存差。墙体分布在哈拉合少村西南部丘陵沟谷地带，地处阳忽赛沟与温克鲁沟西岸山岭之间；于地表呈低矮的土垄状，底宽3～4、顶宽1～2、残高0.3～0.5米，像一条蜿蜒的盘山小路。其中，墙体前小段保存较差，长469米；后小段保存差，长659米；中小段的两条支沟及温克鲁沟洪水冲刷，导致421米长的墙体消失；保存较差、保存差、消失部分，分别占该段墙体总长的30.3%、42.5%和27.2%。

墙体沿线调查烽燧2座，分别为哈拉合少3号、4号烽燧。

哈拉合少3号烽燧（150125353201030120）　位于哈拉合少乡哈拉合少村西南1.4千米处的"丫"形支沟间山梁上，北距哈拉合少长城墙体0.03千米，西距哈拉合少4号烽燧0.37千米。

墩台土筑，保存较差。台体坍塌，现呈高大的圆形土丘状，底部直径25、顶部直径1.5、残高4.5米。

哈拉合少4号烽燧（150125353201030121）　位于哈拉合少乡哈拉合少村西南1.6千米处的低山岭上，西距哈拉合少长城墙体0.02千米，西偏北距各此老1号烽燧0.35千米；二者隔温克鲁沟相望。

墩台以黄褐土夯筑，保存差。台体坍塌，现呈高大的圆形土丘状，底部直径22、顶部直径2.2、残高4.5米；顶部栽植小灌木（彩图二六五）。烽燧东侧为"丫"形支沟西沟脑，西侧为温克鲁沟。

44. 各此老长城1段（150125382101030044）

该段长城起自哈拉合少乡各此老村南偏东0.72千米，止于各此老村西南0.63千米。墙体前小段作内向折弧形分布，由东北—西南走向转呈东南—西北走向，上接哈拉合少长城，下接各此老长城2段。

墙体长616米，为土墙，保存差。墙体沿低矮的山岭顶部外缘修筑，止点在村西南小"丫"形沟谷合流处东岸；于地表呈低矮的土垄状，底宽3～4、顶宽1～2、残高0.3～0.8米；部分地段墙体上挖有树坑。

墙体沿线调查烽燧2座，分别为各此老1号、2号烽燧。

各此老1号烽燧（150125353201030122） 位于哈拉合少乡各此老村南偏东0.74千米处的温克鲁沟西岸山头上，北距各此老长城1段墙体0.03千米，西距各此老2号烽燧0.4千米。

墩台土筑，保存差。台体坍塌为圆形土丘状，底部直径19、顶部直径2.3、残高3米。

各此老2号烽燧（150125353201030123） 位于哈拉合少乡各此老村南偏西0.67千米处的山头上，北距各此老长城1段墙体0.01千米，西北距各此老3号烽燧0.65千米。

墩台土筑，保存较差。台体坍塌，现呈高大的圆形土丘状，底部直径22、顶部直径1.7、残高4.5米。烽燧西侧为"丫"形沟谷，东为缓直沟，两条沟谷的洪水北流汇入各此老沟。

45. 各此老长城2段（150125382301030045）

该段长城起自哈拉合少乡各此老村西南0.63千米，止于各此老村西偏南0.73千米。原墙体应作直线分布，呈东南—西北走向，上接各此老长城1段，下接各此老长城3段。

本段长城为消失段，起止点之间的直线长度为478米。原墙体分布于村西南部的各此老沟谷中，洪水冲刷及两岸耕地开垦导致墙体消失。依据相邻上下段墙体情况，推断该段墙体原应为土墙。

46. 各此老长城3段（150125382101030046）

该段长城起自哈拉合少乡各此老村西偏南0.73千米，止于各此老村西北2.8千米、良泉坝村东南0.85千米。墙体前小段作内向弧线形分布，总体呈东南—西北走向，上接各此老长城2段，下接良泉坝长城1段。

墙体长3005米，为土墙，保存差。墙体分布在各此老沟北岸与良泉坝村东南山岭之间，先沿村西沟中游作内向弧形环绕，而后沿北部山岭外缘西北行，穿过鸭太成村西沟上游的数条支沟谷及其间山岭，止于良泉坝村东南山岭顶部；于地表呈低矮的土垄状，底宽2~4、顶宽1~2、残高0.3~0.5米；沟谷底部的墙体因洪水冲刷而出现断豁。

墙体沿线调查烽燧6座，分别为各此老3号、4号、5号、6号、7号烽燧和边墙底1号烽燧。

各此老3号烽燧（150125353201030124） 位于哈拉合少乡各此老村西0.74千米处的山岭顶部山头上，东距各此老长城3段墙体0.04千米，西南距各此老4号烽燧0.79千米。

墩台土筑，保存差。台体坍塌为椭圆形土丘状，底部东西15、南北7、残高2米。烽燧南为各此老沟主河槽，北为其支沟河槽。

各此老4号烽燧（150125353201030125） 位于哈拉合少乡各此老村西南1.5千米处的油篓山山头上，北距各此老长城3段墙体0.1千米，北偏西距各此老5号烽燧0.6千米。

墩台为土石混筑，保存较差。台体坍塌，现呈高大的覆斗形土石堆状，底部直径25、顶部直径1、残高3.5米（彩图二六六）。烽燧西部为油篓山主峰，南为陡坡，坡下为各此老沟。

各此老5号烽燧（150125353201030126） 位于哈拉合少乡各此老村西1.57千米处的山头上，东距各此老长城3段墙体0.02千米，北偏西距各此老6号烽燧0.76千米。

墩台土筑，保存较差。台体坍塌为圆形土丘状，底部直径22、顶部直径1.8、残高3.5米。烽燧北为各此老村西沟主河槽，南为其支沟沟脑。

各此老6号烽燧（150125353201030127） 位于哈拉合少乡各此老村西偏北1.97千米处的高山头上，东侧紧邻各此老长城3段墙体，西北距各此老7号烽燧0.6千米。

墩台土筑，保存较差。台体坍塌，现呈高大的圆形土丘状，底部直径22、顶部直径1.5、残高3.5米。烽燧东西两侧分别为鸭太成村西沟南、中支沟沟脑，西南为各此老西沟洼形支沟脑。

各此老7号烽燧（150125353201030128）　位于哈拉合少乡各此老村西北2.38千米处的高山岭上，倚各此老长城3段墙体修筑，北偏西距边墙底1号烽燧0.39千米。

墩台土筑，保存较差。台体坍塌，现呈低缓的圆形土丘状，底部直径19、顶部直径3、残高4.5米（彩图二六七）。烽燧南北均为支沟合流处，北沟洪水东流，南沟洪水东北流，于烽燧东北部合流，汇聚为鸭太成村西沟北支沟。

边墙底1号烽燧（150125353201030129）　位于哈拉合少乡良泉坝村东偏南0.86千米处的山岭顶部，东侧紧邻各此老长城3段墙体，西偏南距边墙底2号烽燧0.32千米、3号烽燧0.39千米、4号烽燧1.62千米；同一山岭上建筑4座烽燧，自东向西位置渐高，应与重点防控良泉坝村所在的庙沟密切相关。

墩台土筑，保存差。台体坍塌为圆形土丘状，底部直径25、顶部直径2、残高3.5米；其上有树坑分布。烽燧北侧有土路沿山脊修筑，现今已无车辆通行迹象。

47. 良泉坝长城1段（150125382301030047）

该段长城起自哈拉合少乡良泉坝村东南0.85千米，止于良泉坝村东北0.36千米。原墙体应作直线分布，呈东南—西北走向，上接各此老长城3段，下接良泉坝长城2段。

本段长城为消失段，起止点之间的直线长度为895米。原墙体在良泉坝村所在的庙沟中横穿，前小段墙体消失于山岭北坡地上，坡地上缘现为绿化地，下缘为坡耕地；后小段消失在谷底河槽中，311省道沿沟谷西南行；止点在公路北侧山脚处。依据沿线地形地貌情况，推断该段墙体原应为土墙。

金界壕自东北来，紧邻省道外侧西南向延伸，因两条长城墙体均消失在沟谷内，推测交汇点应在良泉坝大桥东侧。穿过庙沟，长城墙体摆脱大青山，转沿大青山北麓的色尔腾山修筑。

消失段沿线调查烽燧3座，分别为边墙底2号、3号、4号烽燧。

边墙底2号烽燧（150125353201030130）　位于哈拉合少乡良泉坝村东南0.71千米处的山岭上，东偏北距良泉坝长城1段墙体起点0.32千米，西南距边墙底3号烽燧0.06千米。

墩台土石混筑，保存较差。台体坍塌为圆台状，底部直径38、顶部直径13、残高2.5米；顶部有现代人垒筑的小石堆。烽燧南侧有山路。

边墙底3号烽燧（150125353201030131）　位于哈拉合少乡良泉坝村南偏东0.71千米处的山岭上，东偏北距良泉坝长城1段墙体起点0.41千米，西南距边墙底4号烽燧1.25千米。

墩台为土石混筑，保存较差。台体坍塌为圆台状，底部直径35、顶部直径13、残高3米；顶部有小石堆（彩图二六八）。

边墙底4号烽燧（150125353201030132）　位于哈拉合少乡良泉坝村南偏西1.46千米处的山岭顶部山头上，东偏北距良泉坝长城1段墙体起点1.86千米，北偏东距良泉坝1号烽燧2.2千米。

墩台为土石混筑，保存差。台体坍塌为圆台状，底部直径29、顶部直径13、残高3米。沿山脊修筑的山路在烽燧外侧环绕，已废弃。

48. 良泉坝长城2段（1501253821020 30048）

该段长城起自哈拉合少乡良泉坝村东北0.36千米，止于良泉坝村西北3.62千米。墙体后小段略作外向弧线形分布，总体呈东南—西北走向，上接良泉坝长城1段，下接七号村长城。

墙体长3606米，为石墙，总体保存差。墙体沿良泉坝村北山岭的山脊外缘修筑，顺山岭爬升，止点在良泉坝北沟沟脑处；于地表呈低矮的石垄状，底宽4~7、顶宽2~4、残高0.5~1.2米（彩图二六九）。其中，保存一般部分长153米，保存较差部分长1403米，保存差部分长2050米，分别占该段墙体总长的4.2%、38.9%和56.9%。

墙体沿线调查烽燧7座、障城2座，分别为良泉坝1号、2号、3号、4号、5号、6号、7号烽燧和良泉坝障城、西乌兰不浪障城。

良泉坝障城（150102353102030005） 位于哈拉合少乡良泉坝村东南台地上，东北距良泉坝长城2段墙体起点0.29千米，北偏西距良泉坝1号烽燧0.81千米，西北距胡岱窑障城10.6千米。

障城平面呈方形，边长40米。障墙以黄土夯筑而成，均已坍塌，东墙、南墙保存相对较好，于地表呈土垄状，底宽4~5、顶宽2~3、残高1~2米；西墙轮廓隐约可见，北墙因人为取土及洪水冲刷而损毁。门址不清。障城西部为庙沟坝口子，村庄由此得名；口东洪水东流汇入阳忽赛沟，口西洪水西南流汇入腮忽洞沟。

良泉坝1号烽燧（150125353201030133） 位于哈拉合少乡良泉坝村北偏西0.71千米处的山岭顶部，东距良泉坝长城2段墙体0.03千米，西北距良泉坝2号烽燧0.64千米。

墩台土筑，保存较差。台体坍塌，现呈高大的圆形土丘状，底部直径25、顶部直径1.8、残高3.5米。烽燧东临成二沟，西临良泉坝村北沟。

良泉坝2号烽燧（150125353201030134） 位于哈拉合少乡良泉坝村西北1.34千米处的山岭上，东距良泉坝长城2段墙体0.07千米，西北距良泉坝3号烽燧0.68千米。

墩台土筑，保存差。台体坍塌为圆形土丘状，底部直径22、顶部直径2、残高3米。烽燧东北部的成二沟西坡上有采石场。

良泉坝3号烽燧（150125353201030135） 位于哈拉合少乡良泉坝村西北2.02千米处的山岭上，东距良泉坝长城2段墙体0.03千米，西北距良泉坝4号烽燧0.41千米。

墩台土筑，保存较差。台体坍塌，现呈高大的覆钵形土丘状，底部直径25、顶部直径1.8、残高5米；与自然山头融为一体（彩图二七〇）。烽燧东部的成二沟东坡地上有探矿遗迹。

良泉坝4号烽燧（150125353201030136） 位于哈拉合少乡良泉坝村西北2.39千米处的山岭顶部低山头上，东距良泉坝长城2段墙体0.01千米，西北距良泉坝5号烽燧0.44千米。

墩台土筑，保存较差。台体坍塌，现呈较高大的圆形土丘状，底部直径25、顶部直径2、残高3.5米。

良泉坝5号烽燧（150125353201030137） 位于哈拉合少乡良泉坝村西北2.82千米处的山顶上，东北距良泉坝长城2段墙体0.06千米，西北距良泉坝6号烽燧0.46千米。

墩台土筑，保存较差。台体坍塌，现呈低缓的圆形土丘状，底部直径19、顶部直径2.2、残高3.5米（彩图二七一）。烽燧东北部为成二沟沟脑。

良泉坝6号烽燧（150125353201030138） 位于哈拉合少乡良泉坝村西北3.25千米处的山顶上，东侧紧邻良泉坝长城2段墙体，西北距良泉坝7号烽燧0.39千米。

墩台为土石混筑而成，保存差。台体坍塌为圆形土石丘状，底部直径21、顶部直径2.3、残高3米；顶部有现代人垒筑的小石堆。烽燧东侧为成二沟沟脑。

良泉坝7号烽燧（150125353201030139） 位于哈拉合少乡良泉坝村西北3.58千米处的山岭顶部高山头上，东距良泉坝长城2段墙体0.01千米，西北距七号村1号烽燧0.45千米。

墩台土筑，保存较差。台体坍塌，现呈覆钵形土丘状，底部直径19、顶部直径2.8、残高4米；顶部有现代人垒筑的小石堆（彩图二七二）。烽燧北侧洪水东流，汇入窑子上村所在的石贝图沟；西侧为良泉坝北沟沟脑，洪水东南流于良泉坝村东汇入庙沟。

西乌兰不浪障城（150125353102040006） 位于西乌兰不浪镇东1千米处的小山包上，地处阳山秦汉长城外侧，西南距良泉坝障城18千米。

障城平面呈方形，边长50米；坐北朝南，保存较差。障墙土筑，已坍塌，于地表呈高土垄状，底宽10～13、顶宽3～4、残高2～3米。其中，北墙略高于南墙，四角角台明显高于城墙（彩图二七三）。南墙中部辟门，门宽5.5米，方向188°。障城内外现均为耕地。障城南北为川地，视野开阔，应是扼守庙沟通道的一座塞外障。

49. 七号村长城（150125382102030049）

该段长城起自哈拉合少乡七号村（窑子上）南偏东2.23千米，止于七号村西偏北1.56千米。墙体大体作直线分布，呈东南—西北走向，上接良泉坝长城2段，下接花圪台长城1段。

墙体长3520米，为石墙，保存差。墙体分布在七号村西部连绵起伏的山地上，多选择山岭外侧上缘构筑墙体，先后翻过五道山梁及其间大小沟谷，止点在花圪台村东南正沟西侧第二小支沟谷底；于地表呈低矮的石垄状，底宽3～5、顶宽1～2、残高0.3～0.8米（彩图二七四）。石贝图沟及其南支沟洪水冲刷导致墙体局部消失。

墙体沿线调查烽燧8座，分别为七号村1号、2号、3号、4号、5号、6号、7号、8号烽燧。

七号村1号烽燧（150125353201030140）　位于哈拉合少乡七号村东1.6千米处的山岭外缘坡地上，七号村长城墙体于烽燧东侧环绕，西北距七号村2号烽燧0.55千米，二者隔沟相望。

墩台土筑，保存差。台体坍塌为圆形土丘状，底部直径19、顶部直径2.4、残高3米。烽燧北部为石贝图沟的一条西南支沟，洪水东北流于窑子上村东南部汇入主河槽。

七号村2号烽燧（150125353201030141）　位于哈拉合少乡七号村东偏北1.19千米处的山岭东坡上缘，东侧紧邻七号村长城墙体，西北距七号村3号烽燧0.43千米。

墩台土筑，保存较差。台体坍塌为圆形土丘状，底部直径22、顶部直径2.4、残高3.8米。

七号村3号烽燧（150125353201030142）　位于哈拉合少乡七号村东北1千米处的高山头上，东北距七号村长城墙体0.06千米，西北距七号村4号烽燧0.35千米。

墩台土筑，保存差。台体坍塌为圆形土丘状，底部直径19、顶部直径2.6、残高3米；顶部有现代人垒筑的小石堆。烽燧东侧洪水汇入石贝图沟西南支沟，西侧洪水西北流汇入窑子上村南支沟。

七号村4号烽燧（150125353201030143）　位于哈拉合少乡七号村东北1.12千米处的山头上，东距七号村长城墙体0.01千米，西北距七号村5号烽燧30米。

墩台土筑，保存差。台体坍塌为圆形土丘状，底部直径19、顶部直径1.5、残高3米。台体下残存石筑坞墙，宽1、残高0.2～0.5米。烽燧四周为石贝图沟水系的支沟沟脑。

七号村5号烽燧（150125353201030144）　位于哈拉合少乡七号村东北1.13千米处的山顶上，东距七号村长城墙体0.02千米，西北距七号村6号烽燧0.25千米。

墩台土筑，保存差。台体坍塌，现呈低矮的圆形土丘状，底部直径22、残高2.4米；顶部有现代人垒筑的小石堆。

七号村6号烽燧（150125353201030145）　位于哈拉合少乡大九号村南偏西0.85千米处的山岭上，东距七号村长城墙体0.02千米，西北距七号村7号烽燧0.33千米，二者隔沟相望。

墩台土筑，保存较差。台体坍塌，现呈高大的圆形土丘状，底部直径25、顶部直径1.5、残高4.5米。烽燧西临窑子上村南支沟，洪水东北流于村西南汇入主河槽。

七号村7号烽燧（150125353201030146）　位于哈拉合少乡大九号村西南0.89千米处的低山头上，东距七号村长城墙体0.05千米，西北距七号村8号烽燧0.71千米。

墩台土筑，保存差。台体坍塌，现呈低矮的圆形土丘状，底部直径19、顶部直径2.3、残高3米；东侧遭人为取土破坏。

七号村8号烽燧（150125353201030147）　位于哈拉合少乡大九号村西1.21千米处的山顶上，东距七号村长城墙体 0.03 千米，西北距花圪台 1 号烽燧 0.54 千米。

墩台土筑，保存差。台体坍塌为圆形土丘状，底部直径 19、顶部直径 2.6、残高 3 米。烽燧南临石贝图沟主河槽，东为花圪台东南沟沟脑。

50. 花圪台长城 1 段（150125382102030050）

该段长城起自哈拉合少乡七号村西偏北 1.56 千米，止于花圪台村南 0.13 千米。墙体大体作直线分布，呈东南—西北走向，上接七号村长城，下接花圪台长城 2 段。

墙体长 2083 米，为毛石干垒墙，总体保存较差。墙体沿花圪台村东南沟南岸山岭修筑，于地表呈低矮的石垒状，底宽 3～5、顶宽 2～3、残高 0.3～0.8 米（彩图二七五）。其中，墙体前小段保存差，长 893 米；后小段保存较差，长 1190 米；保存较差、保存差部分，分别占该段墙体总长的 57.1%、42.9%。

墙体沿线调查烽燧 7 座，分别为花圪台 1 号、2 号、3 号、4 号、5 号、6 号、7 号烽燧。

花圪台 1 号烽燧（150125353201030148）　位于哈拉合少乡花圪台村东南 1.9 千米处的山岭上，东北距花圪台长城 1 段墙体 0.05 千米，西北距花圪台 2 号烽燧 0.2 千米。

墩台土筑，保存较差。台体坍塌为圆形土丘状，底部直径 22、顶部直径 1.8、残高 3.6 米。烽燧东临主河槽，南为上游第二小支沟。

花圪台 2 号烽燧（150125353201030149）　位于哈拉合少乡花圪台村东南 1.7 千米处的正沟与南支沟间山岭上，东北距花圪台长城 1 段墙体 0.03 千米，西距花圪台 3 号烽燧 0.15 千米。

墩台土筑，保存较差。台体坍塌，现呈高大的圆形土丘状，底部直径 19、顶部直径 1.2、残高 3.5 米（彩图二七六）。

花圪台 3 号烽燧（150125353201030150）　位于哈拉合少乡花圪台村东南 1.6 千米处的南支沟东岸坡地上，东北距花圪台长城 1 段墙体 0.01 千米，西偏北距花圪台 4 号烽燧 0.33 千米。

墩台土筑，保存差。台体坍塌，现呈低矮的圆形土丘状，底部直径 19、顶部直径 2.5、残高 3 米；北侧有人为挖掘的圆洞。

花圪台 4 号烽燧（150125353201030151）　位于哈拉合少乡花圪台村东南 1.4 千米处的高山岭末端顶部，东北距花圪台长城 1 段墙体 0.11 千米，西北距花圪台 5 号烽燧 0.23 千米。

墩台土筑，保存差。台体坍塌为圆形土丘状，底部直径 19、顶部直径 1.2、残高 3 米；顶部有小石块散布（彩图二七七）。烽燧北部为正沟及南北支沟三沟洪水合流处。

花圪台 5 号烽燧（150125353201030152）　位于哈拉合少乡花圪台村东南 1.1 千米处的坡地缓丘上，北距花圪台长城 1 段墙体 0.03 千米，西北距花圪台 6 号烽燧 0.49 千米。

墩台土筑，保存差。台体坍塌为圆形土丘状，底部直径 19、顶部直径 2.7、残高 3 米；顶部有垒筑的小石堆。烽燧西侧有小支沟，洪水北流汇入主河槽。

花圪台 6 号烽燧（150125353201030153）　位于哈拉合少乡花圪台村东南 0.7 千米处的山岭上，倚花圪台长城 1 段墙体建筑，北偏西距花圪台 7 号烽燧 0.37 千米。

墩台石筑，保存较差。台体坍塌，现呈覆钵形石堆状，底部直径 25、顶部直径 1.3、残高 3.6 米；顶部有一大一小两个小石堆（彩图二七八）。烽燧东侧为花圪台村东南沟河槽，西为村南支沟。

花圪台 7 号烽燧（150125353201030154）　位于哈拉合少乡花圪台村东南 0.44 千米处的山岭末端顶部，东距花圪台长城 1 段墙体 0.02 千米，西偏北距花圪台 8 号烽燧 0.43 千米。

墩台土筑，保存差。台体坍塌为圆形土丘状，底部直径 19、顶部直径 2.7、残高 3 米。烽燧西为小支沟，东为主河槽，地处两沟的夹角地带。

51. 花圪台长城2段（150125382301030051）

该段长城起自哈拉合少乡花圪台村南0.13千米，止于花圪台村西南0.17千米。原墙体应作直线分布，呈东南—西北走向，上接花圪台长城1段，下接花圪台长城3段。

本段长城为消失段，起止点之间的直线长度为119米。原墙体分布在村中南半部谷地上，经行区域东为沟谷河槽，西岸分布有民房和菜窖，洪水冲刷及房屋建筑导致墙体消失。依据上段墙体及沿线地貌情况，推断该段墙体原应为石墙。

52. 花圪台长城3段（150125382101030052）

该段长城起自哈拉合少乡花圪台村西南0.17千米，止于花圪台村西北1.5千米。墙体大体作直线分布，总体呈东南—西北走向，上接花圪台长城2段，下接胡岱窑长城1段。

墙体长1427米，为土墙，保存差。墙体沿花圪台西山北坡构筑，后小段沿山之西北麓山岭外缘下坡行，止点在302乡道西侧；于地表呈低矮的土垄状，底宽3~4、顶宽1~2、残高0.3~0.6米，两侧隐现壕沟痕迹（彩图二七九）；部分地段墙体上有树坑分布。沿线花圪台沟南支沟分布较多，洪水冲刷及乡道修筑导致墙体出现多处断豁。

墙体沿线调查烽燧4座，分别为花圪台8号、9号、10号、11号烽燧。

花圪台8号烽燧（150125353201030155）　位于哈拉合少乡花圪台村西南0.26千米处的山顶上，北距花圪台长城3段墙体0.1千米，西北距花圪台9号烽燧0.41千米。

墩台土筑，保存差。台体坍塌为圆形土丘状，底部直径19、残高2米；其上有人为取土痕迹。烽燧东为花圪台村南沟，西侧沟谷较缓，西南为西山主峰。

花圪台9号烽燧（150125353201030156）　位于哈拉合少乡花圪台村西北0.58千米处的西山北坡地上，北距花圪台长城3段墙体0.02千米，西北距花圪台10号烽燧0.35千米。

墩台土筑，保存差。台体坍塌为圆形土丘状，底部直径19、顶部直径3.2、残高3米；顶部有树坑。烽燧南部为采矿区。

花圪台10号烽燧（150125353201030157）　位于哈拉合少乡花圪台村西北0.9千米处的山岭上，北距花圪台长城3段墙体0.04千米，西北距花圪台11号烽燧0.34千米。

墩台为土石混筑，保存差。台体坍塌为圆台形土石堆状，底部直径25、顶部直径18、残高0.5米。烽燧南部为发源于西山主峰的小沟沟脑，洪水北流汇入花圪台沟河槽。

花圪台11号烽燧（150125353201030158）　位于哈拉合少乡花圪台村西北1.2千米处的山岭高阜上，北距花圪台长城3段墙体0.01千米，西北距胡岱窑1号烽燧0.82千米，二者隔胡岱窑沟相望，是防控胡岱窑沟的绝佳之地。

墩台土筑，保存差。台体坍塌为圆形土丘状，底部直径19、顶部直径2、残高3米。烽燧北为花圪台西沟河槽，西为胡岱窑沟主河槽。

53. 胡岱窑长城1段（150125382101030053）

该段长城起自哈拉合少乡花圪台村西北1.5千米，止于胡岱窑村北4.2千米。墙体作内外弯曲分布，总体呈东南—西北走向，上接花圪台长城3段，下接胡岱窑长城2段。自该段长城起，开始由云中塞进入五原塞辖区。

墙体长3617米，为土墙，总体保存较差。墙体沿美岱沟南山岭蜿蜒穿行，止点在小尔岔沟东部洪水北流的直沟西岸；于山坡上呈低矮的土垄状，底宽3~5、顶宽2~3、残高0.5~1米。其中，墙体前后小段保存差，长1535米；中小段保存较差，长1940米（彩图二八〇）；有142米长的墙体消失在美岱沟河槽中；保存较差、保存差和消失部分，分别占该段墙体总长的53.6%、42.4%、4%。后小段墙体所经区域沟壑纵横，洪水冲刷导致墙体出现多处豁口。周边山体植被低矮，环境退化，水土流失较为严重，加剧了墙体及单体建筑的萎缩。

墙体沿线调查烽燧6座、障城1座，分别为胡岱窑1号、2号、3号、4号、5号、6号烽燧和胡岱窑障城。

胡岱窑障城（150125353102030007）　位于哈拉合少乡胡岱窑村北偏东2.44千米处的河槽交汇处西南台地上，倚胡岱窑长城1段墙体内侧建筑，西北距胡岱窑1号烽燧0.2千米，西偏北距包头市固阳县长发城障城12.5千米。

障城平面呈方形，边长40米。障城北墙借用长城墙体，其他三面障墙另筑而成，保存差。障墙以黄土夯筑，坍塌为低矮的土垄状，底宽4～5、顶宽2～3、残高1～2米。门应辟于东墙中部，方向106°。周边为耕地，地势平坦，洪水冲刷危及障城保存。障城西依山体，东临"十"字形河谷，为重点扼守美岱沟通道而设置。

胡岱窑1号烽燧（150125353201030159）　位于哈拉合少乡胡岱窑村东北2.47千米处的山顶上，北距胡岱窑长城墙体0.01千米，西偏北距胡岱窑2号烽燧0.43米。

墩台土筑，保存较差。台体坍塌为圆形土丘状，底部直径19、顶部直径1.7、残高4米。烽燧东为美岱沟、正沟及花圪台沟三水合流处，周边植被低矮，呈日益退化趋势。

胡岱窑2号烽燧（150125353201030160）　位于哈拉合少乡胡岱窑村北偏东0.36千米处的山头上，北距胡岱窑长城1段墙体0.03千米，西北距胡岱窑3号烽燧0.41千米。

墩台土筑，保存较差。台体坍塌，现呈高大的圆锥体土丘状，底部直径19、顶部直径1.2、残高5.5米，与自然山头融为一体（彩图二八一）。烽燧南为胡岱窑北沟东支沟脑，北临美岱沟河槽。

胡岱窑3号烽燧（150125353201030161）　位于哈拉合少乡胡岱窑村北偏东2.48千米处的山岭顶部，东距胡岱窑长城1段墙体0.08千米，北距胡岱窑4号烽燧0.56千米。

墩台土筑，保存较差。台体坍塌为圆形土丘状，底部直径19、顶部直径1.5、残高5米；表面植被稀疏低矮（彩图二八二）。烽燧所在山岭狭长，两侧为陡坡，北侧坡下为河槽，洪水东南向下泄。

胡岱窑4号烽燧（150125353201030162）　位于哈拉合少乡胡岱窑村北偏东2.99千米处的山头上，东距胡岱窑长城1段墙体0.04千米，西北距胡岱窑5号烽燧0.57千米，二者隔纵深短的扇形沟谷相望。

墩台土筑，保存较差。台体坍塌，现呈高大的圆形土丘状，底部直径19、顶部直径1.6、残高4.5米。烽燧北部陡坡下为美岱沟河槽。

胡岱窑5号烽燧（150125353201030163）　位于哈拉合少乡胡岱窑村北3.29千米处的美岱沟南岸高山头上，东距胡岱窑长城1段墙体0.06千米，北偏西距胡岱窑6号烽燧0.56千米，二者隔短直沟相望。

墩台土筑，保存较差。台体坍塌，现呈高大的圆形土丘状，底部直径19、顶部直径1.4、残高5米。

胡岱窑6号烽燧（150125353201030164）　位于哈拉合少乡胡岱窑村北3.8千米处的山顶上，东距胡岱窑长城1段墙体0.03千米，西北距胡岱窑7号烽燧0.53千米，二者隔长直沟相望。

墩台土筑，保存较差。台体坍塌为圆形土丘状，底部直径22、顶部直径2、残高4米。烽燧修筑在东短西长的两条直沟之间的山岭顶部，北部河槽呈"S"状弯曲延伸。

54. 胡岱窑长城2段（150125382101030054）

该段长城起自哈拉合少乡胡岱窑村西北4.2千米，止于二份子乡黄家村东3.2千米。墙体作外向弧线形分布，由东南—西北走向转呈东西走向，上接胡岱窑长城1段，下接黄家村长城。

　　墙体长4666米，为土墙，总体保存较差。墙体伴随美岱沟延伸，穿越其南岸山地的数条支沟谷及其间山岭，止于"丫"形沟谷西山岭上；于地表呈低矮的土垄状，底宽3～5、顶宽2～3、残高0.5～0.8米。其中，墙体前后小段保存较差，长2272米；中小段保存差，长2014米；美岱沟十数条南支沟洪水冲刷，累计导致380米长的墙体消失；保存较差、保存差、消失部分，分别占该段墙体总长的48.7%、43.2%、8.1%。墙体沿线沟壑纵横，水土流失造成墙体破坏。

　　墙体沿线调查烽燧11座，分别为胡岱窑7号、8号、9号、10号、11号、12号、13号、14号、15号、16号、17号烽燧。

　　胡岱窑7号烽燧（150125353201030165）　位于哈拉合少乡胡岱窑村东北4.23千米处的山岭末端顶部，北距胡岱窑长城2段墙体0.02千米，西北距胡岱窑8号烽燧0.26千米。

　　墩台土筑，保存较差。台体坍塌为圆形土丘状，底部直径19、顶部直径2、残高4米。烽燧东北为洪水迁曲冲刷的田发窑子沟河槽，南侧为长直沟。

　　胡岱窑8号烽燧（150125353201030166）　位于哈拉合少乡胡岱窑村北4.4千米处的山坡上，北距胡岱窑长城2段墙体0.02千米，西北距胡岱窑9号烽燧0.43千米。

　　墩台土筑，保存较差。台体坍塌，现呈高大的圆形土丘状，底部直径22、顶部直径1.5、残高4.5米。烽燧北侧紧邻田发窑子沟河槽。

　　胡岱窑9号烽燧（150125353201030167）　位于哈拉合少乡胡岱窑村北偏西4.71千米处的山岭上，北距胡岱窑长城2段墙体0.02千米，西偏北距胡岱窑10号烽燧0.39千米。

　　墩台土筑，保存较差。台体坍塌，现呈覆钵形土丘状，底部直径22、顶部直径2、残高5米；台体表面植被稀疏低矮（彩图二八三）。烽燧南北两侧临沟谷，南为支沟，北为田发窑子主沟。

　　胡岱窑10号烽燧（150125353201030168）　位于哈拉合少乡胡岱窑村北偏西4.88千米处的山顶上，东距胡岱窑长城2段墙体0.06千米，北距胡岱窑11号烽燧0.03千米。

　　墩台土石混筑，保存差。台体坍塌为圆形土石堆状，底部直径19、顶部直径2.3、残高2米。墩台周围有方形围墙，边长40米；围墙为毛石干垒，坍塌呈石垄状，底宽0.5～0.8、顶宽0.3～0.5、残高0.3～0.6米。

　　胡岱窑11号烽燧（150125353201030169）　位于哈拉合少乡胡岱窑村北偏西5千米处的山岭顶部，北距胡岱窑长城2段墙体0.05千米，西北距胡岱窑12号烽燧0.68千米。

　　墩台土筑，保存差。台体坍塌，现呈低矮的圆形土丘状，底部直径22、顶部直径2.4、残高3米。烽燧建筑在小尔岔沟东部第二与第三短沟之间山岭上，两侧沟谷洪水北流，汇入田发窑子沟主河槽。

　　胡岱窑12号烽燧（150125353201030170）　位于哈拉合少乡胡岱窑村北偏西5.53千米处的小尔岔沟下游东岸山岭上，北距胡岱窑长城2段墙体0.14千米，西偏北距胡岱窑13号烽燧0.62千米。

　　墩台土筑，保存差。台体坍塌，现呈高大的圆形土丘状，底部直径22、顶部直径2、残高4米；墩台东侧、西北侧各有一圆坑。

　　胡岱窑13号烽燧（150125353201030171）　位于哈拉合少乡胡岱窑村北偏西6.1千米处的小尔岔沟下游西岸山岭上，北距胡岱窑长城2段墙体0.07千米，西偏北距胡岱窑14号烽燧0.46千米。

　　墩台土筑，保存差。台体坍塌为圆形土丘状，底部直径19、顶部直径2、残高4米；北侧有圆坑。烽燧北部为田发窑子沟河槽拐弯处，上游转为东西向。

　　胡岱窑14号烽燧（150125353201030172）　位于哈拉合少乡胡岱窑村北偏西6.4千米处的小尔岔沟西沟西岸山岭上，北距胡岱窑长城2段0.04千米，西距胡岱窑15号烽燧0.38千米。

　　墩台土筑，保存较差。台体坍塌为圆形土丘状，底部直径19、顶部直径1.5、残高5米。烽燧北侧的墙体紧邻河槽南岸山脚修筑，东侧小支沟为沟床转向后的第一条南支沟。

胡岱窑15号烽燧（150125353201030173） 位于二份子乡黄家村东4.24千米处的田发窑子沟南岸坡地上，北距胡岱窑长城2段墙体0.06千米，西偏南距胡岱窑16号烽燧0.39千米。

墩台以红褐土夯筑，保存差。台体坍塌，现呈高大的圆形土丘状，底部直径19、顶部直径1.5、残高5米；南侧有一长方形盗坑（彩图二八四）。北侧紧邻河槽，是该区域位置最靠北的一座烽燧。

胡岱窑16号烽燧（150125353201030174） 位于二份子乡黄家村东3.89千米处的山脚地带，北距胡岱窑长城2段墙体0.01千米，西偏南距胡岱窑17号烽燧0.29千米。

墩台以红褐土夯筑，保存较差。台体坍塌为圆锥体土丘状，底部直径22、顶部直径1.2、残高4.2米（彩图二八五）。烽燧北部临河槽，东侧为规整的"丫"形小沟谷，洪水北流注入主河槽。

胡岱窑17号烽燧（150125353201030175） 位于二份子乡黄家村东3.64千米处的山岭下缘矮丘之上，北距胡岱窑长城2段墙体0.05千米，西偏南距黄家村1号烽燧0.71千米。

墩台土筑，保存较差。台体坍塌，现呈较高大的圆形土丘状，底部直径19、顶部直径1.7、残高4米。烽燧西侧为稍大的"丫"形支沟，洪水北流汇入主河槽。

55. 黄家村长城（150125382101030055）

该段长城起自二份子乡黄家村东3.2千米，止于黄家村西偏南0.5千米。墙体随河槽略作内外弯曲分布，总体呈东西走向，上接胡岱窑长城2段，下接包头市固阳县银号镇陈家村长城1段。

墙体长3755米，为土墙，总体保存较差。墙体沿美岱沟河槽南岸坡脚构筑，黄家村坐落在河槽北岸；溯水而上，先后穿越十多条支沟沟谷，止于黄家村与包头市固阳县陈家村之间的一条小沟底。墙体于地表呈低矮的土垄状，底宽3~5、顶宽2~3、残高0.5~1米。其中，墙体前小段保存差，长1230米；后小段保存较差，长2470米（彩图二八六）；支沟谷底部的墙体因洪水冲刷而消失，累计长55米；保存较差、保存差、消失部分，分别占该段墙体总长的65.8%、32.8%、1.4%。

墙体沿线调查烽燧7座，分别为黄家村1号、2号、3号、4号、5号、6号、7号烽燧。

黄家村1号烽燧（150125353201030176） 位于二份子乡黄家村东2.9千米处的缓岭上，北距黄家村长城墙体0.12千米，西距黄家村2号烽燧0.57千米，二者隔鸡爪沟相望。

墩台土筑，保存较差。台体坍塌，现呈高大的圆形土丘状，底部直径19、顶部直径1.3、残高5米。

黄家村2号烽燧（150125353201030177） 位于二份子乡黄家村东2.3千米处的河槽南岸缓坡地上，北距黄家村长城墙体0.1千米，西距黄家村3号烽燧0.56千米。

墩台土筑，保存差。台体坍塌，现呈覆盆形土丘状，底部直径16、顶部直径2.4、残高3.5米（彩图二八七）。烽燧东西两侧有小沟，北部墙体随河槽作外向弧线形分布。

黄家村3号烽燧（150125353201030178） 位于二份子乡黄家村东1.8千米处的低缓山岭上，北距黄家村长城墙体0.05千米，西距黄家村4号烽燧0.45千米。

墩台土筑，保存差。台体坍塌，现呈低矮的圆形土丘状，底部直径19、顶部直径2.5、残高3米。烽燧建筑在黄家村东部第三、四南支沟之间山岭上，北侧距主河槽较近。

黄家村4号烽燧（150125353201030179） 位于二份子乡黄家村东1.3千米处的低缓山岭土丘之上，北距黄家村长城墙体0.04千米，西距黄家村5号烽燧0.63千米。

墩台土筑，保存差。台体坍塌为圆形土丘状，底部直径22、顶部直径2.5、残高3米。烽燧东西两侧均为弯曲的小沟谷。

黄家村5号烽燧（150125353201030180） 位于二份子乡黄家村东0.74千米处的低山丘上，北距黄家村长城墙体0.01千米，西距黄家村6号烽燧0.48千米。

墩台为土石混筑，保存较差。台体坍塌为圆形土石堆状，底部东西40、南北30、残高3米；顶部有现代人垒筑的小石堆。烽燧西侧紧邻村东第一支沟，洪水北流汇入主河槽。

黄家村6号烽燧（150125353201030181）　位于二份子乡黄家村东偏南0.27千米处的缓坡地上，北距黄家村长城墙体0.01千米，西偏南距黄家村7号烽燧0.55千米。

墩台土筑，保存差。台体坍塌为圆形土丘状，底部直径19、顶部直径2、残高2.5米。烽燧地处主沟与支沟的夹角地带，北临主河槽，东为阳圪塝村所在支沟，洪水东北流汇入主河槽。

黄家村7号烽燧（150125353201030182）　位于二份子乡黄家村西南0.4千米处的山阜之上，北距黄家村长城墙体0.1千米，西偏南距固阳县陈家村1号烽燧0.7千米。

墩台以黑土夯筑，保存差。台体坍塌，现呈明显的圆形土丘状，底部直径19、顶部直径2.6、残高2米（彩图二八八）。周边见有素面灰陶片，器形为盆。

（三）大兴有当路塞

大兴有当路塞位于大青山乡大兴有村所在的大兴有沟之中，形成扼守沟口之势。均为土筑墙体，总长1810米。在调查中，将大兴有当路塞划分为1个调查段，为大兴有长城。

大兴有长城（150125382101030056）

该段长城起自大青山乡大兴有村南1.1千米，止于大兴有村北0.6千米。墙体处于大兴有村所在的大兴有沟谷底及南、北两侧的山坡上，大体呈南北走向。

墙体全长1810米，为土墙，夯筑而成，总体保存较差。分布于沟口两侧山坡上的墙体保存较差，长1340米，均已坍塌为低矮的土垄，底宽顶窄，剖面大体呈梯形，底宽4~6、顶宽2~4、残高0.3~1米（彩图二八九）。墙体中部位于大兴有村村内，已消失，消失长度为470米。其中，保存较差部分、消失部分，分别占该段墙体总长的74%、26%。

三　包头市固阳县

在调查中，将固阳县境内的阳山秦汉长城共划分为130个调查段，包括土墙51段、石墙59段、山险墙3段、消失段落17段。墙体总长94831米，其中土墙长31770米、石墙长56475米、山险墙长288米、消失段落长6298米。在总长31770米的土墙中，保存差部分长30539米、消失部分长1231米。在总长56475米的石墙中，保存一般部分长6963米、保存较差部分长12534米、保存差部分长36405、消失部分长573米。

（一）长城墙体分布与走向

固阳县境内的阳山秦汉长城，分布于色尔腾山之上。墙体沿山体北坡上缘蜿蜒，借助山势构筑墙体，外高内低，易守难攻。石料充裕的山地常常构筑石墙，长城沿线附近发现有多处采石场；石料缺乏的地带，因地制宜夯筑土墙。墙体大部坍塌，呈土垄、石垄状，沟谷及川地中的部分墙体因洪水冲刷与耕地开垦而消失。以211省道为界，其东部的长城总体上呈东西走向，西部长城大体呈东南—西北走向。

长城墙体由武川县进入固阳县银号镇陈家村，起点在陈家村东1.33千米处，沿陈家村南低缓的山梁北坡西行，经元恒永村南，在村西三岔口处跨过正沟谷，经前靳家沟村、中靳家沟村、后靳家沟村南山梁作西偏北上坡行。而后，经坝根底村、侯家窑村、大庙村、兴盛高村北部的边墙山北坡西行，于前小窝兔村西南跨过小窝兔沟河槽，西北向爬上山岭后复转西行。先横跨水口村北两道沟谷，再跨过黑土窑村北沟谷，沿南窑子村南部低缓山岭北坡作西偏北行，至村西南部转西行，跨越西南向下泄的前沟洪水河槽。在三元成村北与大德恒村南的山地间，墙体先作西偏北行，翻越三元成西沟、水沟和山宋永沟等沟谷及其间山梁，于山宋永沟与其西支沟间山梁顶转作西南行，经大德恒东山岭走下山地，继而西行横跨三分子川地，有部分墙体消失于耕地中。墙体于三分子村南部川地西坡脚再现，沿山岭北坡上缘西向爬升，又西北向后耳驹沟村方向延伸；至村南山坡地掉头西去，其后再转西南行，穿过后耳驹沟的数条南支沟，抵达大水沟东山岭。翻过山岭的墙体仍沿低山北坡西行，过大水沟，连续翻过两道山梁进入天盛成村所在川地，于村东被211省道纵穿。

墙体沿天盛成川地西行，在山湾子村西南部跨过程顺渠村北沟，进入高山地带。经日兴成村、车铺渠村、地户渠村、四座大门村、五千营子村北，前后跨过多道沟谷山梁，追寻着山岭北坡蜿蜒西行，于四成功村北跨过五金河河谷，又沿西岸山岭西行至康图沟。于康图沟东岸转西南行，跨过沟谷后复沿山岭北坡上缘西行，于哈业胡同村、永和公村北先后横穿红石板沟、田四沟，沿低山岭北坡西北向延伸。又经天面此老村、西永兴村、西山湾村北，先后跨越此老图沟、阿贵沟、敖石板沟。在敖石板沟西岸的老五台羊场，墙体于其北侧作北偏西行，而后又西北行，经哈毛坝村、后西永兴村南，沿低山北坡延伸。过黑土坡村南沟谷转西行，又过崔家沟、董家旧地沟，沿苏计坝村北二道坝梁西北行，至葛家边墙壕村东北部西折，穿越大白山北坡，顺邬家边墙壕村、刘家边墙壕村北低矮山岭西行，进入十三分子西村所在谷地，先后跨过包头至白云鄂博铁路和311省道。又西偏北行，经陈碾房村、奋子塔村北，跨过奋子塔村西河槽，沿低山北麓及其西部的丘陵地带西北行。再经王如地村南，穿越南北向山岭，进入王如地村所在川地，有部分墙体消失在川耕地中。在永新村东部山脚处，墙体伸入巴彦淖尔市乌拉特前旗境内。

（二）长城墙体与单体建筑保存现状

在对固阳县境内阳山秦汉长城的调查中，除划分的130段墙体外，沿线还调查烽燧173座、障城4座、古城1座。下面，对这些墙体段落和单体建筑分作详细描述。

1. 陈家村长城1段（150223821101030001）

该段长城是固阳县阳山秦汉长城的第一段墙体，起自银号镇陈家村东1.33千米，止于陈家村东南0.24千米。墙体略作内向弧线形分布，呈东西走向，上接武川县黄家村长城，下接陈家村长城2段。

墙体长1259米，以黑褐土夯筑，总体保存差。墙体分布于陈家村东部、美岱河槽南岸的东西向山梁北半坡上，现呈略高于地表的土垄状，底宽1~3、残存最高0.8米（彩图二九〇）。其中，墙体前后小段保存差，两侧为坡耕地，风雨侵蚀及耕地开垦对墙体影响较大，长1108米；中小段分布现代采石场，采石造成墙体消失，长151米；保存差、消失部分，分别占该段墙体总长的88%、12%。墙体起点处是陈家村与武川县黄家村之间的一条小沟，洪水北流汇入陈家村所在的美岱沟河槽；沟底东侧有一小段石墙，基宽3.5、残高0.5米。墙体中后小段还有三条洪水北流的小沟，均造成墙体断豁；末端沟谷为陈家村小南沟。墙体沿线采集有灰陶瓦片，瓦背、瓦腹皆饰绳纹（图三七）。

墙体沿线调查烽燧2座，分别为陈家村1号、2号烽燧。

陈家村1号烽燧（150223532201030001） 位于银号镇陈家村东南0.9千米处的山坡上，北距陈家村长城1段墙体0.05千米，西距陈家村2号烽燧0.55千米。

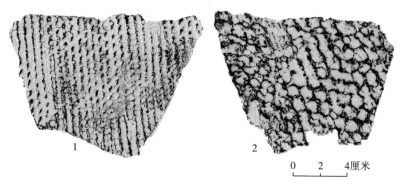

图三七　陈家村长城1段采集瓦片纹饰拓片

1.瓦背交叉绳纹　2.瓦腹绳纹

墩台以黑褐土夯筑，保存差。台体坍塌为圆形土丘状，类似于自然山丘，底部直径9、顶部直径2.5、残高3.5米；顶部有垒砌的方锥形小石堆（彩图二九一）。墩台西南侧散落有部分石块，周边可见绳纹陶片。烽燧南为阳圪塄村，所在沟谷洪水东北向下泄，汇入东流的田发窑子河槽。

陈家村2号烽燧（150222353201030002）　位于银号镇陈家村东南0.42千米处的缓梁上，北距陈家村长城1段0.09千米，西距陈家村3号烽燧0.54千米。

墩台以黑褐土夯筑，保存差。台体坍塌为低缓土丘状，底部直径9、顶部直径3、残高1米。墩台周围采集有铁犁铧左尾翼，于穿孔处残断，后部有一乳丁。烽燧东西两侧为短支沟，洪水北流汇入美岱沟主河槽。

2. 陈家村长城2段（150222382301030002）

该段长城起自银号镇陈家村东南0.24千米，止于陈家村南0.24千米。原墙体应作直线分布，呈东西走向，上接陈家村长城1段，下接陈家村长城3段。

本段长城为消失段，起止点之间的直线长度为160米。原墙体分布于陈家村小南沟沟床及其西岸缓坡地上，该区域被开辟为耕地，地表无墙体痕迹。小南沟洪水北流，汇入北部主河槽，耕地开垦及洪水冲刷导致墙体消失。

3. 陈家村长城3段（150222382101030003）

该段长城起自银号镇陈家村南0.24千米，止于陈家村西南0.4千米。墙体作直线分布，呈东西走向，上接陈家村长城2段，下接元恒永长城1段。

墙体长244米，以黑褐土夯筑，夯层厚6~10厘米，保存差。墙体沿村南缓坡地延伸，于地表呈低矮的土垄状，底宽2~4、残存最高0.5米。墙体北侧为耕地，南侧是一家采石场，农耕与采石破坏了墙体。

墙体沿线调查烽燧1座，为陈家村3号烽燧。

陈家村3号烽燧（150222353201030003）　位于银号镇陈家村西南0.4千米南高北低的缓坡上，北距陈家村长城3段墙体0.01千米，西南距元恒永1号烽燧0.44千米。

墩台以黑褐土夯筑，保存差。台体坍塌成圆形缓丘状，底部直径13~15、顶部直径3~5、残高2.5米。墩台周边采集有网格状暗纹陶片。烽燧东西两侧为浅沟，北部坡下为主河槽。

4. 元恒永长城1段（150222382301030004）

该段长城起自银号镇元恒永村东偏南0.78千米，止于元恒永村西南0.32千米。原墙体应作直线分布，呈东西走向，上接陈家村长城3段，下接元恒永长城2段。

本段长城为消失段，起止点之间的直线长度为1000米。原墙体分布于元恒永村南部山梁上，大体处在两条洪水东北向下泄的沟谷之间，末端沟谷为元恒永村小南沟；沟坡被开垦为耕地，沿线分布两处花岗岩采石场。洪水冲刷、耕地开垦及石材开采等因素，造成墙体消失。依据相邻上下段墙体情况，推断该段墙体原应为土墙。

消失段沿线调查烽燧1座，为元恒永1号烽燧。

元恒永1号烽燧（150222353201030004）　位于银号镇元恒永村东南0.6千米处的高坡地上，北距元恒永长城1段墙体0.23千米，西偏北距元恒永2号烽燧0.82千米。

墩台以黑褐土夯筑，保存差。台体坍塌为圆形土丘状，底部直径10、顶部直径3、残高2.2米（彩图二九二）。烽燧西临小沟谷，北部为采矿坑，东北部为坡耕地，东南部为陈家村小南沟。

5. 元恒永长城2段（150222382101030005）

该段长城起自银号镇元恒永村西南0.32千米，止于元恒永村西偏南0.69千米。墙体作直线分布，呈东偏南—西偏北走向，上接元恒永长城1段，下接元恒永长城3段。

墙体长426米，为黄土夯筑土墙，夯层厚8~10厘米，保存差。墙体分布于元恒永村西南部坡地上，处在元恒永村小南沟及其西部美岱沟主河槽之间，沿南高北低的缓坡地延伸，于地表呈明显的高土垄状，底宽3~4、顶宽1、残高0.5~1.8米（彩图二九三）。墙体两侧为坡耕地，末端西侧为铁粉加工厂尾矿池。部分地段墙体因耕地开垦而损毁，止点处外侧遭到人为取土破坏。

墙体沿线调查烽燧2座、障城1座，分别为元恒永2号、3号烽燧和长发城障城。

元恒永2号烽燧（150222353201030005）　位于银号镇元恒永村西南0.4千米处的高坡地上，北距元恒永长城2段墙体0.05千米，西偏北距元恒永3号烽燧0.32千米。

墩台土石混筑，保存差。台体坍塌，现呈土石混杂的圆丘状，底部直径21~27、顶部直径11、残高2.5米；顶部南侧有早期挖掘的浅坑，坑中植被已恢复。墩台东北部耕地中散布有泥质灰褐陶陶片，可辨器形有盆、罐，纹饰有凹弦纹、弦断绳纹等。烽燧所在地势西南高、东北低，东临元恒永村小南沟，东、北两侧为坡耕地，农耕对烽燧影响较大。

元恒永3号烽燧（150222353201030006）　位于银号镇元恒永村西偏南0.7千米处的山丘上，倚元恒永长城2段末端墙体内侧建筑，西北距靳家沟1号烽燧0.57千米，南距长发城障城0.1千米。

墩台以黄褐土夯筑，夯层厚10厘米，保存差。台体坍塌，北半部被机械铲掉，呈半丘状，测得底部长5、顶部残长2、残高2.3米。烽燧西侧紧邻尾矿池，西部隔主河槽为铁粉加工厂。

长发城障城（150222353102030001）　位于银号镇元恒永村西偏南0.7千米处的主河槽南岸台地上，北距元恒永3号烽燧0.1千米，西偏北距碾房古城21.1千米。

障城平面呈长方形，东西60、南北70米。障墙以黄褐土夯筑，于地表呈高土垄状，底宽10~15、顶宽2~4、残高2~4米；夯层厚8~11厘米。南墙中部设门，门宽11米，方向195°（彩图二九四）。南部为稀疏的柠条林地，地表散布少量凹弦纹、绳纹和弦断绳纹陶片，器形为宽沿盆、侈口矮领罐等。

障城所在地势较平坦，西隔河槽有铁粉加工厂；西北为靳家沟，西部为恒义和村所在的正沟谷，西南为长发城村所在的美岱沟谷，三沟洪水在城西合流，经元恒永村东流而下。障城背靠烽燧与长城墙体，设置在三岔沟要冲之地，当与重点控制靳家沟有关。

6. 元恒永长城3段（150222382301030006）

该段长城起自银号镇元恒永村西偏南0.69千米，止于元恒永村西0.93千米。原墙体应作直线分布，呈东南—西北走向，上接元恒永长城2段，下接靳家沟长城1段。

本段长城为消失段，起止点之间的直线长度为285米。原墙体分布于元恒永村西部的美岱沟河槽中，南岸建有尾矿池，墙体因洪水冲刷及尾矿池建设而消失。消失段西侧有铁粉加工厂，西北部为靳家沟沟口；有砂石路在谷中行，垂直穿过消失段。

7. 靳家沟长城1段（150222382101030007）

该段长城起自银号镇前靳家沟村东南0.55千米，止于前靳家沟村东南0.38千米。墙体作直线分布，呈东西走向，上接元恒永长城3段，下接靳家沟长城2段。

墙体长277米，为夯筑土墙，保存差。墙体分布于靳家沟沟口与恒义和村所在正沟夹角间的山梁顶部，沿山梁上行，于地表呈低矮的土垄状，底宽1.5、残存最高0.3米。墙体中小段南侧为铁粉加工厂，末端墙体因工厂施工而遭破坏。

8. 靳家沟长城2段（150222382102030008）

该段长城起自银号镇前靳家沟村东南0.38千米，止于前靳家沟村南偏东0.36千米。墙体作直线分布，呈东偏北—西偏南走向，上接靳家沟长城1段，下接靳家沟长城3段。

墙体长89米，为毛石干垒墙，保存差。墙体分布于前靳家沟村东南部较平缓的山梁顶部，于地表呈低矮的石垄状，底宽1~2、残高0.5米。后小段墙体作下坡行，轮廓较清晰；末端墙体外侧有较浅的探矿坑，西侧为低缓山垭。

墙体沿线调查烽燧1座，为靳家沟1号烽燧。

靳家沟1号烽燧（150222353201030007）　位于银号镇前靳家沟村东南0.4千米处的山梁顶部，北侧紧邻靳家沟长城2段墙体，西北距靳家沟2号烽燧0.74千米。

墩台以黄褐土夯筑，台体被夷平，周边有夯土块堆积，夯层厚10厘米，保存差。东侧紧邻铁粉加工厂储料场，堆放着铁矿石，平整场地导致墩台基本消失。

9. 靳家沟长城3段（150222382101030009）

该段长城起自银号镇前靳家沟村南偏东0.36千米，止于前靳家沟村西0.78千米。墙体作内向弧线形分布，由东西走向折转呈东南—西北走向，上接靳家沟长城2段，下接靳家沟长城4段。

墙体长1026米，为土墙，保存差。墙体沿前靳家沟村西南部缓梁顶部延伸，于地表呈低矮的土垄状，底宽3~5、残存最高0.5米；部分地段仅见略微隆起。大部分地段墙体两侧被开垦为坡耕地，局部地段墙体也被开垦，仅略微隆起于地表。末端山梁有山垭，处在前靳家沟村与恒义和村之间，山洪冲刷导致谷底部分墙体消失。

墙体沿线调查烽燧1座，为靳家沟2号烽燧。

靳家沟2号烽燧（150222353201030008）　位于银号镇前靳家沟村西南0.56千米处的山梁上，西南距恒义和村0.5千米，北距靳家沟长城3段墙体0.05千米，西北距靳家沟3号烽燧0.42千米。

墩台土筑，保存差。台体坍塌成圆形土丘状，底部直径11、顶部直径3、残高2.5米；顶部浑圆，有小石堆（彩图二九五）。东北侧有两道南北向石墙，呈石垄状，墙长均为10.7米，两墙相距12.7米；东墙宽1.4、西墙宽1.7、残存最高0.35米；或为坞址，但不见南、北两墙。烽燧东北为前靳家沟村，西南为恒义和村。

10. 靳家沟长城4段（150222382102030010）

该段长城起自银号镇前靳家沟村西0.78千米，止于前靳家沟村西北1.83千米。墙体后小段作外向弧线形分布，总体呈东南—西北走向，上接靳家沟长城3段，下接靳家沟长城5段。

墙体长1134米，大部分为土石混筑石墙，保存差。墙体分布于恒义和村北部与后靳家沟村小南沟之间的山岭上，沿山岭北坡上缘构筑，坍塌的墙体于地表呈土石垄状，底宽1~4、残高0.5米；轮廓较为清晰（彩图二九六）。局部墙体外侧有石块分布，个别地段为毛石干垒墙，部分地段墙体两侧隐现壕沟。靳家沟村西南部缓谷洪水北流，造成墙体断豁。墙体前小段两侧是荒坡地，农耕对墙体影响较大。

墙体沿线调查烽燧3座，分别为靳家沟3号、4号、5号烽燧。

靳家沟3号烽燧（150222353201030009）　位于银号镇前靳家沟村西0.9千米视野开阔的山梁顶部，东北侧紧邻靳家沟长城4段墙体，西北距靳家沟4号烽燧0.5千米。

墩台土筑，保存差。台体坍塌为圆形土丘状，底部直径11~14、顶部直径3~4、残高2米；顶部有小石堆。南侧有一列石块，长14、宽0.1米。墩台周边散布有陶片，器形为宽沿盆和侈口矮领罐。烽燧北为靳家沟村，南为恒义和村。

靳家沟4号烽燧（150222353201030010）　位于银号镇靳家沟村西南0.58千米处的高山丘顶部，东北侧紧邻靳家沟长城4段墙体，西北距靳家沟5号烽燧0.4千米。

墩台土筑，保存差。台体坍塌，现呈低缓的圆形土丘状，底部直径11、顶部直径5、残高2米；顶部有垒筑的小石堆（彩图二九七）。墩台四周有土筑围墙，东西32.5、南北21.5米。围墙坍塌为低矮的土垄状，底宽1.6、残高1米。其中，东、西墙北端内折，与墩台对接，形成围拱墩台的封闭空间。周边采集陶片器壁较厚，可辨器形为侈口矮领罐，腹部施扁平凸弦纹带，带上竖压密线式绳纹（图三八）。

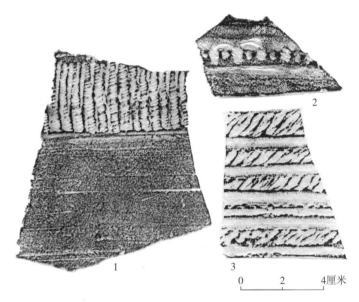

图三八　靳家沟4号烽燧采集陶片纹饰拓片
1.凸弦纹带压印密线式绳纹　2.凸弦纹　3.弦断绳纹

靳家沟5号烽燧（150222353201030011）位于银号镇后靳家沟村东南0.47千米处的山岭上，东北侧紧邻靳家沟长城4段墙体，西北距靳家沟6号烽燧0.7千米。

墩台土筑，保存差。台体坍塌，现呈覆钵形土丘状，底部直径12、顶部直径4、残高2.5米；顶部有小石堆。墩台东南20米有石头堆，平面呈椭圆形。烽燧北部为靳家沟，南侧为支沟沟脑，洪水南流汇入恒义和村所在的主河槽。

11. 靳家沟长城5段（150222382301030011）

该段长城起自银号镇后靳家沟村南偏东0.42千米，止于后靳家沟村西南0.49千米。依地形地貌判断，原墙体应沿山岭作外向弧线形分布，总体呈东偏南—西偏北走向，上接靳家沟长城4段，下接靳家沟长城6段。

本段长城为消失段，起止点之间的直线长度为521米。原墙体分布在后靳家沟村南部山岭北坡上缘的撂荒地中，耕地开垦导致墙体消失。依据相邻上下段墙体情况，推断该段墙体原应为土墙。沿线发现有泥质灰陶片，器表施绳纹及弦断绳纹。地表局部栽植了成行柠条，有土路顺消失段穿行。

12. 靳家沟长城6段（150222382101030012）

该段长城起自银号镇后靳家沟村西南0.49千米，止于后靳家沟村西1.38千米。墙体由东南—西北走向折转呈东西走向，上接靳家沟长城5段，下接坝根底长城1段。

墙体长1124米，为土墙，总体保存差。墙体分布在后靳家沟西南向出村的土路拐弯处至坝根底村东北部的"丫"形沟谷东支沟东半坡之间，沿山岭北坡上缘延伸，连续翻过靳家沟沟脑处的两道山梁及其间低缓沟谷；墙体于地表呈低矮的土垄状，底宽2~3、残存最高0.8米。其中，墙体前小段地表痕迹模糊，轮廓大体可分辨；后小段隆起较明显，保存差，长1050米；中小段处在村西沟沟脑谷地中，洪水北偏东向冲刷及两岸耕地开垦导致墙体消失，长74米（彩图二九八）；保存差、消失部分，分别占该段墙体总长的93.4%、6.6%。冲沟断壁上有石墙剖面，表明沟谷底部为防洪改筑为石墙，并在底部设置排水口。墙体沿线采集到陶壶、陶罐口沿残片。其中，壶尖唇，三角缘，束颈（图三九：5）；罐侈口，矮领，丰肩，圆腹，下腹斜收，中腹部施扁平带状或绳索状凸弦纹。西南出后靳家沟村的土路穿过前小段墙体，另有土路顺村西山岭南北行穿过后小段墙体。

　　墙体沿线调查烽燧3座，分别为靳家沟6号、7号、8号烽燧。

　　靳家沟6号烽燧（150222353201030012）　位于银号镇后靳家沟村西南0.54千米平缓的山梁顶部，北距靳家沟长城6段墙体0.03千米，西北距靳家沟7号烽燧0.38千米。

　　墩台土筑，保存差。台体坍塌，现呈圆形土丘状，底部直径12、顶部直径4.5、残高2米；顶部有小石堆。墩台西0.02千米处是规模较大的石筑坞址，平面呈长方形，东西10、南北12米。坞墙呈宽石垄状，底宽0.5、残高1米（彩图二九九）。南部有方形、长方形积薪垛5座，呈石圈状，顺山梁顶部南

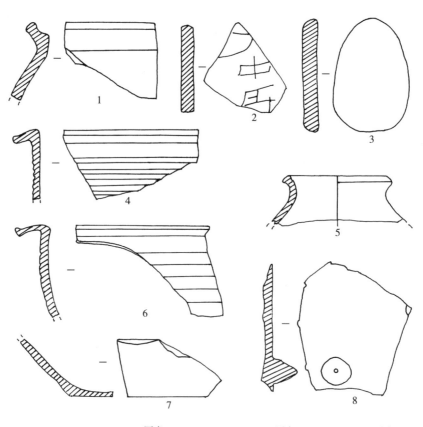

1、4、6、7. ├0─2─4┤厘米　　2、3、8. ├0─1─2┤厘米　　5. ├0─3─6┤厘米

图三九　靳家沟长城6段、南窑子5号烽燧、三元成5号烽燧、三分子障城、三分子1号烽燧、车铺渠3号烽燧及四座大
门1号烽燧采集遗物

1、7.南窑子5号烽燧　2.三分子障城　3.四座大门1号烽燧　4.三分子1号烽燧　5.靳家沟长城6段　6.车铺渠3号烽燧
8.三元成5号烽燧

北向分布。墩台外围有两道石圈，内圈呈南北向长方形，长106、宽26米，围坞址、积薪垛；外圈作曲尺形，长120、宽40～66米，外围包括墩台在内的全部遗存；内外石圈间距6～10米。大部分地段石圈仅为一行石块，有的地段类似于石墙基，宽0.4、残高0.1～0.3米。烽燧北侧有土路，东北通往后靳家沟村。

靳家沟7号烽燧（150222353201030013）　位于银号镇后靳家沟村西0.76千米处的山岭顶部，东北距靳家沟长城6段墙体0.03千米，西北距靳家沟8号烽燧0.41千米。

墩台土筑，保存差。台体坍塌为圆形土丘状，底部直径13、顶部直径5、残高2.5米，顶部有小石堆。南侧倚墩台建坞，坞墙土筑，亦呈低矮的土垄状，东西14、南北3～10米。烽燧东部为靳家沟沟脑，间有土路沿山梁南北行，影响烽燧保存。

靳家沟8号烽燧（150222353201030014）　位于银号镇后靳家沟村西1.11千米处的山脊上，外侧紧邻靳家沟长城6段墙体，西北距坝根底1号烽燧0.58千米。

墩台土筑，保存差。台体坍塌，现呈圆形土丘状，底部直径14、顶部直径5、残高2.5米；顶部有垒砌的石堆。墩台东南侧有土筑坞址，现仅存东墙及南墙东半部，东墙长6、南墙残长5.2、底宽1.2、残高0.5米。西南有圆形积薪垛，直径10米。烽燧建筑在分水岭上，长城墙体在其北侧环绕后转西行；东侧有土路南北行，路东为后头道沟沟脑，山洪北偏东向下泄；西侧为坝根底村东北部"丫"形沟谷东支沟，洪水西南向下泄。

13. 坝根底长城1段（150222382102030013）

该段长城起自银号镇后靳家沟村西1.38千米，止于坝根底村东北2.2千米。墙体作直线分布，由东西走向转呈东南—西北走向，上接靳家沟长城6段，下接坝根底长城2段。

墙体长94米，为土石混筑墙，总体保存差。墙体分布在坝根底村东北部"丫"形沟谷东支沟的东坡下缘至谷底间，于地表呈低矮的土石垄状，底宽2.5～2.8、残存最高1米。其中，前小段东坡地上的墙体轮廓较清晰，筑墙石块多滚落于坡下，整体保存差，长61米；谷底部分墙体因洪水冲刷而消失，长33米；保存差、消失部分，分别占该段墙体总长的64.9%、35.1%。

14. 坝根底长城2段（150222382102030014）

该段长城起自银号镇坝根底村东北2.2千米，止于坝根底村北1.5千米。墙体前小段作外向弧线形分布，由东南—西北走向转呈东西走向，末端又转西北行；上接坝根底长城1段，下接坝根底长城3段。

墙体长2083米，多为土墙，总体保存差。墙体分布在坝根底村东北部"丫"形沟谷东支沟至侯家窑水库沟脑分水岭处，先沿山体北坡西北行，过"丫"形沟谷西支沟西梁后转西行，先后跨过分水岭上的三道山垭。墙体呈土垄或土石垄状，底宽2～4、残存最高1.5米。其中，墙体前小段大部分为土墙（彩图三〇〇），中后小段墙体土石参半，个别地段外壁垒砌石块，局部为石墙，土石混筑、石墙约占三分之一；这些墙体保存差，长1921米；西支沟洪水冲刷及采矿场建设造成墙体消失，长162米；保存差、消失部分，分别占该段墙体总长的92.2%、7.8%。墙体两侧隐现壕沟痕迹，外壕宽5～10、内壕宽3～7米（彩图三〇一）。沟谷地带坡耕地中的墙体明显萎缩。

墙体沿线调查烽燧5座，分别为坝根底1号烽燧，坝根底铁矿烽燧，坝根底2号、3号、4号烽燧。

坝根底1号烽燧（150222353201030015）　位于银号镇坝根底村东北2千米处"丫"形沟谷东西支沟间的山梁上，北坡下为坝根底长城2段墙体，北偏西距坝根底铁矿烽燧0.09千米，西北距坝根底2号烽燧0.45千米。

墩台土筑，保存差。台体坍塌，现呈圆形土丘状，底部直径14、顶部直径4、残高2米。东侧残存一段土筑坞墙，长5、底宽1、残高0.3米。南侧有圆形积薪垛1座，直径4米；西南侧有积薪垛1座，为长方形，长6、宽4米。烽燧西北部沟谷中有采矿场，北部隔墙体与耕地为废料场。

坝根底铁矿烽燧（150222352102030016）　位于银号镇坝根底村东北2.1千米处的西支沟东坡地上，倚坝根底长城2段墙体外侧建筑，西北距坝根底2号烽燧0.37千米。

墩台为土筑，保存差。台体坍塌为圆形土丘状，底部直径10、顶部直径3、残高1.8米（彩图三〇二）；北侧外凸7米，明显高出于所倚墙体。周边坡地东高西低，西侧沟谷中为采矿场，北部为废料场。

坝根底2号烽燧（150222353201030017）　位于银号镇坝根底村东北2.1千米处的山梁顶部，北距坝根底长城2段墙体0.01千米，西距坝根底3号烽燧0.45千米。

墩台为土石混筑，保存差。台体坍塌，现呈高大的圆形土石丘状，底部直径20、顶部直径5、残高3.5米；顶部有小石堆。南侧残存一段石筑坞墙，长4、底宽1.2、残存最高0.3米；大部分基址当为倒塌的墩台堆积所埋没（彩图三〇三）。东侧有积薪垛2座，南北分布，北圆南方，直径、边长均为5米；西侧有圆形积薪垛1座，直径4米。烽燧东侧沟谷中有采矿场，北部为露天采矿巷道。

坝根底3号烽燧（150222353201030018）　位于银号镇坝根底村东北1.8千米处的山岭顶部，北侧紧邻坝根底长城2段墙体，西偏南距坝根底4号烽燧0.35千米。

墩台土筑，保存差。台体坍塌，现呈高大的圆形土丘状，底部直径9、顶部直径3、残高2米。烽燧建筑在侯家窑水库沟脑处东山梁上，东南地表有基岩裸露。

坝根底4号烽燧（150222353201030019）　位于银号镇坝根底村北偏东1.55千米处的山岭顶部平缓的高山丘上，北距坝根底长城2段墙体0.1千米，西距坝根底5号烽燧0.63千米。

墩台土筑，保存差。台体坍塌为圆形土丘状，底部直径9、顶部直径3、残高2米。烽燧周边地表花岗岩裸露，东、南两坡洪水西南流，于坝根底村东汇入主河槽；西坡山洪流入侯家窑水库，北坡西侧为草地沟正沟脑，东侧为支沟沟脑。

15. 坝根底长城3段（150223382102030015）

该段长城起自银号镇坝根底村北1.5千米，止于坝根底村西北2千米。墙体作外向圆弧线形分布，由东南—西北走向过渡为东北—西南走向，上接坝根底长城2段，下接侯家窑长城。

墙体长889米，为石墙，保存差。墙体分布在侯家窑村东北沟北沟脑部位的山岭上，大部分地段为土石混筑墙体，少部分为土墙，谷底筑石墙；于地表呈土石垄状，底宽2～4、残存最高1.5米。局部墙体外侧加筑石护坡，坡面较规整。前小段墙体因草地沟支沟洪水冲刷而出现多处断豁。侯家窑东北沟建有水库。

墙体沿线调查烽燧3座，分别为坝根底5号、6号、7号烽燧。

坝根底5号烽燧（150222353201030020）　位于银号镇坝根底村北1.53千米处的山岭北坡，东北距坝根底长城3段墙体0.08千米，西北距坝根底6号烽燧0.47千米。

墩台土筑，保存差。台体坍塌，现呈高大的覆钵形土丘状，底部直径9、顶部直径2.5、残高2.5米（彩图三〇四）。烽燧东侧为草地沟正沟沟脑，西侧为其短支沟。

坝根底6号烽燧（150222353201030021）　位于银号镇坝根底村西北1.88千米处的边墙山东缘顶部，北距坝根底长城3段墙体、坝根底7号烽燧0.01千米。

墩台土筑，顶部裸露夯层，厚10厘米，保存差。台体坍塌，现呈低矮的圆形土丘状，底部直径15、顶部直径3、残高1.8米（彩图三〇五）。南0.04千米处有长方形积薪垛2座，为单排石块摆放的石圈状，东西分布，东台址东西1、南北8米；西台址东西5、南北2米。烽燧东临草地沟，西为其支沟；南为侯家窑东北沟北沟脑。

坝根底7号烽燧（150222352102030022）　位于银号镇坝根底村西北1.89千米处的边墙山顶部，倚坝根底长城3段墙体外侧建筑，西偏南距侯家窑1号烽燧0.64千米。

墩台外壁石砌，内部夯土，保存差。台体坍塌为圆形土丘状，底部直径7、顶部直径2、残高1.5米；向外凸出3米，明显凸出于所倚墙体，顶部有小石堆（参见彩图三〇五）。

16. 侯家窑长城（150222382101030016）

该段长城起自银号镇侯家窑村东北1.6千米，止于侯家窑村西北1.43千米。墙体随山体作内外弯曲分布，由东北—西南走向转呈东西走向，末端转西偏南行；上接坝根底长城3段，下接大庙长城1段。

墙体长1674米，为土墙，保存差。墙体分布在侯家窑村北部边墙山山岭北半坡上，于地表呈低矮的土垄状，底宽1~4、残高0.5~1.5米（彩图三〇六）。沟谷底部墙体两侧包砌石块，大部分地段墙体两侧见有浅壕，内侧宽于外侧。局部沟谷地带被开垦，对墙体造成破坏。墙体北部坡下0.06千米处，见有低矮的土筑墙体残存，现处于消失的边缘。

墙体沿线调查烽燧3座，分别为侯家窑1号、2号、3号烽燧。

侯家窑1号烽燧（150222353201030023）　位于银号镇侯家窑村北偏东1.28千米处的边墙山山脊上，北距侯家窑长城墙体0.04千米，西距侯家窑2号烽燧0.54千米。

墩台土筑，保存差。台体坍塌，现呈高大的圆形土丘状，底部直径9、顶部直径1.5、残高3.2米。墩台西北0.02千米处地表暴露部分石块，应为积薪垛。烽燧周边地势较平缓，南为侯家窑东北沟北沟脑，东南部正沟建有侯家窑水库，北部为草地沟南支沟东西沟脑。

侯家窑2号烽燧（150222353201030024）　位于银号镇侯家窑村西北1.23千米处的边墙山西山顶部，北侧紧邻侯家窑长城墙体，西偏南距侯家窑3号烽燧0.57千米。

墩台土石混筑，保存差。台体坍塌成圆形土丘状，底部直径12、顶部直径4.5、残高4米；顶部有石堆。墩台周围原应有土筑围墙，轮廓模糊不清；东西两侧各有一座积薪垛，呈方形石圈状，东大西小。西南0.06千米处的低缓土丘顶部有石筑方形坞址，边长11.5、基宽0.35~0.4、残高0.4米；坞墙坍塌，石块堆积散乱。坞址东侧山梁上分布积薪垛5座，南北一字排列，呈方形石圈状，边长2~5米；个别积薪垛石圈内也填充石块（彩图三〇七）。自坞址向南、北有单排石块延伸，东折后再回折形成闭合的长方形石圈，东西31、南北80米，墙宽0.2~0.4、高0.2米；包围坞址及偏于南端的3座积薪垛（彩图三〇八）。

侯家窑3号烽燧（150222353201030025）　位于银号镇侯家窑村西北1.3千米处的山岭顶部外缘，北侧紧邻侯家窑长城墙体，西距大庙1号烽燧0.45千米。

墩台土筑，保存差。台体坍塌为椭圆形土丘状，底部长径30、短径6、残高1.4米。烽燧南部为侯家窑与大庙村之间的沟谷正沟脑，北部东西两侧支沟洪水合流后北偏西下泄，于小窝兔村东部注入小窝兔沟河槽。

17. 大庙长城1段（150222382301030017）

该段长城起自银号镇大庙村东北1.27千米，止于大庙村东北1.23千米。原墙体应作直线分布，呈东西走向，上接侯家窑长城，下接大庙长城2段。

本段长城为消失段，起止点之间的直线长度为98米。原墙体分布在侯家窑3号烽燧西侧的支沟谷沟脑处，沿线为一片撂荒地，耕地开垦及山水冲刷造成墙体消失。

18. 大庙长城2段（150222382101030018）

该段长城起自银号镇大庙村东北1.23千米，止于大庙村北1.19千米。墙体总体呈东西走向，上接大庙长城1段，下接大庙长城3段。

墙体长527米，为土墙，总体保存差。墙体分布在大庙东西村间"丫"沟谷东支沟东沟脑与西支沟沟脑之间山岭上，沿北坡上缘弯曲延伸，于地表呈低矮的土垄状，底宽1～3、残存最高1.2米（彩图三〇九）。其中，大部分墙体保存差，轮廓与走向较为清晰，长470米；中小段沟谷中墙体因耕地开垦而消失，长57米；保存差、消失部分，分别占该段墙体总长的89.2%、10.8%。后小段部分地段墙体顶部及两侧散布有石块，墙体两侧有浅壕，内深外浅。

墙体沿线调查烽燧1座，为大庙1号烽燧。

大庙1号烽燧（150222353201030026）　位于银号镇大庙村北偏东1.24千米处的高山丘顶部，北距大庙长城2段墙体0.03千米，西距大庙2号烽燧0.39千米。

墩台土筑，保存差。台体坍塌，现呈圆形土丘状，底部直径10、顶部直径3、残高2.4米。墩台北0.02千米处有积薪垛2座，呈石圈状，东西分布，东为长方形，东西8、南北1米；西为方形，边长2.5米。东南0.01千米处有积薪垛2座，南北分布，规格相同，东西6、南北2米。烽燧东、北坡下花岗岩裸露，南侧为大庙东西村之间"丫"形沟谷的东支沟沟脑。

19. 大庙长城3段（150222382102030019）

该段长城起自银号镇大庙村北1.19千米，止于大庙村西北1.67千米。墙体略作外向弧线形分布，总体呈东西走向，上接大庙长城2段，下接小窝兔长城1段。

墙体长1382米，为土石混筑石墙，保存差。墙体沿山岭北坡上缘延伸，止点在大庙村西宽沟"川"字形支沟的西沟脑处；于地表呈土石垄状，底宽2～3、残高0.5～1.2米（彩图三一〇、三一一）。沟谷两侧坡地上倒塌的墙体石块堆积较多，表明易遭水患的沟谷底部改筑为毛石干垒墙。沿线分布沟谷数条，洪水北流汇入小窝兔沟；有的缓沟谷地带被开垦为耕地。

墙体沿线调查烽燧3座，分别为大庙2号、3号、4号烽燧。

大庙2号烽燧（150222353201030027）　位于银号镇大庙村北1.2千米处的山岭顶部外缘缓坡上，北距大庙长城3段墙体0.06米，西距大庙3号烽燧0.52千米。

墩台土筑，保存差。台体坍塌成圆形土丘状，底部直径10、顶部直径1.5、残高2.6米（参见彩图三一〇）。烽燧南侧为大庙东西村之间"丫"形沟谷的西支沟沟脑。

大庙3号烽燧（150222353201030028）　位于银号镇大庙村西北1.3千米处的高山头顶部，北距大庙长城3段墙体0.03千米，西距大庙4号烽燧0.55千米。

墩台土筑，保存差。台体坍塌，现呈高大的圆形土丘状，底部直径11、顶部直径2、残高3.8米。西北侧残存土筑坞址墙角，东西6、南北11米，墙宽0.8、残高0.5米。东南侧分布积薪垛2座，长3.5、宽2～2.5米（参见彩图三〇九）。周边山体有花岗岩裸露，南为大庙北沟正沟脑。

大庙4号烽燧（150222353201030029）　位于银号镇大庙村西北1.6千米的山岭山坳处，北侧紧邻大庙长城3段墙体，西距小窝兔1号烽燧0.53千米。

墩台土筑，保存差。台体坍塌成圆形土丘状，底部直径11、顶部直径2、残高2.8米（参见彩图三一一）。西侧倚墩台有土筑坞址，坞墙隆起较低矮，西墙长10、北墙西端残长3、南墙西端残长4米。东南侧有小石堆。烽燧西部山梁上裸露两块花岗岩巨石，南侧为大庙西宽沟正沟脑。

20. 小窝兔长城1段（150222382102030020）

该段长城起自银号镇前小窝兔村东南1.84千米，止于前小窝兔村东南1.29千米。墙体前小段作内向弧线形分布，由东西走向转呈东南—西北走向，上接大庙长城3段，下接小窝兔长城2段。

墙体长712米，为石墙，保存较差。墙体止点在兴盛高沟东西支沟间的山梁顶部，前小段部分墙体土石混筑，后小段兴盛高沟东支沟两侧坡地上的墙体为石墙（彩图三一二），选用长20～40厘米的较大石块筑墙，局部外壁保留整齐的砌筑面。坍塌的墙体于地表现呈石垄状，底宽2～4、残高0.5～1.2米。东支沟谷底部位的墙体因洪水冲刷形成断豁，豁宽2.5米；其中，西断面墙体基宽3.8、顶宽3、残高2.6米。

墙体沿线调查烽燧1座，为小窝兔1号烽燧。

小窝兔1号烽燧（150222353201030030）　位于银号镇前小窝兔村东南1.6千米处的高山丘顶部，北距小窝兔长城1段墙体0.04千米，西偏北距小窝兔2号烽燧0.59千米。

墩台土筑，保存差。台体坍塌，现呈高大的圆形土丘状，底部直径9、顶部直径2.5、残高4.5米（参见彩图三一一）。烽燧西南部地表裸露基岩，北部山梁向小窝兔村方向延伸。

21. 小窝兔长城2段（150222382101030021）

该段长城起自银号镇前小窝兔村东南1.29千米，止于前小窝兔村西南0.58千米。墙体大体作直线分布，呈东南—西北走向，上接小窝兔长城1段，下接小窝兔长城3段。

墙体长1158米，为土墙，保存差。墙体连续跨过大小三道山梁及其间沟谷，止点在前小窝兔村西南支沟东岸坡地上；于地表呈低矮的土垄状，底宽2～4、残高0.5～1米。墙体两侧隐现壕沟，局部地段墙体顶部及两侧散布石块，部分墙体构筑在70°左右的陡坡上，外侧墙基部位发现有护坡石。墙体中小段处在前小窝兔村东南沟沟脑处，洪水冲刷造成谷底部位墙体出现断豁，豁口宽5米。

墙体沿线调查烽燧3座，分别为小窝兔2号、3号、4号烽燧。

小窝兔2号烽燧（150222353201030031）　位于银号镇前小窝兔村东南1.1千米处的山岭顶部，北侧紧邻小窝兔长城2段墙体，西北距小窝兔3号烽燧0.46千米。

墩台土筑，保存差。台体坍塌，现呈圆形土丘状，底部直径10、顶部直径2、残高2.2米（彩图三一三）。墩台南侧有长方形积薪垛，东西4、南北2～3米；轮廓不甚规整。烽燧西南部山梁上有基岩裸露，南部为兴盛高沟西支沟沟脑。

小窝兔3号烽燧（150222353201030032）　位于银号镇前小窝兔村南0.8千米处平缓的山丘顶部，北距小窝兔长城2段墙体0.06千米，西北距小窝兔4号烽燧0.37千米。

墩台土筑，保存差。台体坍塌成圆形土丘状，底部直径11、顶部直径3、残高2.5米。南侧借助于墩台筑围墙，平面呈南北向长方形，长26.5、宽16米。西墙用花岗岩石块垒筑，宽1、残存最高0.35米；东、南两墙为土筑，呈明显的土垄状，其中东墙两端堆积有石块。坞址位居围墙正中，呈方形土石丘状，边长6、残高1米（彩图三一四、参见彩图三一三）。烽燧南部缓梁上有积薪垛4座，南北分布，作方形石圈状，边长2～5米。烽燧东西两侧为支沟，洪水西北流注入小窝兔沟河槽。

小窝兔4号烽燧（150222353201030033）　位于银号镇前小窝兔村西南0.6千米处的小窝兔沟南支沟与其东小沟夹角间的半山梁上，北距小窝兔长城2段墙体0.02千米，西偏南距小窝兔5号烽燧0.31千米。

墩台土筑，保存差。台体坍塌，现呈圆锥体土丘状，底部直径9、顶部直径1、残高2.3米（彩图三一五）。南侧依附墩台有土筑坞址，仅存东南角，东墙南端残长6、南墙东端残长8米；墙宽2、残高0.5米。烽燧西侧的支沟较直，洪水北流汇入小窝兔沟河槽。

22. 小窝兔长城3段（150222382102030022）

该段长城起自银号镇前小窝兔村西南0.58千米，止于前小窝兔村西南0.63千米。墙体作直线分布，呈东西走向，上接小窝兔长城2段，下接小窝兔长城4段。

墙体长74米，为石墙，保存较差。墙体分布于前小窝兔村西南部的南支沟东坡地上，大部分坍塌，于地表呈低矮的石垄状，底宽3～4、残高0.5～1米。坡脚处的墙体外壁仍有遗存，残高1.2米。沿线采集泥质灰陶侈口矮领罐口沿残片以及弦断绳纹（图四〇）、泥条贴塑波浪纹陶片。

23. 小窝兔长城4段（150222382101030023）

该段长城起自银号镇前小窝兔村西南0.63千米，止于前小窝兔村西南1.05千米。墙体略作外向弧线形分布，由东西走向转为东北—西南走向，上接小窝兔长城3段，下接小窝兔长城5段。

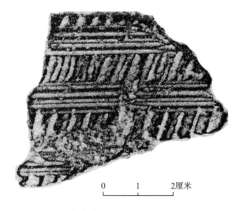

图四○　小窝兔长城3段采集陶片纹饰拓片

墙体长573米，以黄褐土夯筑，夯层厚10厘米，保存差。墙体分布于前小窝兔村西南小窝兔沟主河槽与其东侧的南支沟间宽梁上，沿山半坡延伸，于地表呈低矮的土垄状，底宽2~4、残存最高0.5米。前小段墙体顶部及两侧散布石块，疑为土石混筑墙体。南支沟谷底的墙体因洪水冲刷而消失，西壁暴露墙体剖面。

墙体沿线调查烽燧1座，为小窝兔5号烽燧。

小窝兔5号烽燧（150222353201030034）　位于银号镇前小窝兔村西南0.9千米处的平缓山梁顶端，北距小窝兔长城4段墙体0.15千米，西距水口1号烽燧0.74千米，二者隔小窝兔沟相望。

墩台土筑，保存差。台体坍塌，现呈低矮的土丘状，底部直径12、顶部直径2、残高1米。外围见有低矮简陋的石筑围墙，东墙长15、南墙长20、西墙长25米，于地表呈低矮的石垄状，宽0.3、残高0.3米。东南和西南部各有一石堆，直径2~3米。烽燧西为小窝兔沟，东为其南支沟。

24. 小窝兔长城5段（150222382301030024）

该段长城起自银号镇前小窝兔村西南1.05千米，止于前小窝兔村西南1.09千米。原墙体应作直线分布，呈东南—西北走向，上接小窝兔长城4段，下接水口长城1段。

本段长城为消失段，起止点之间的直线长度为100米。原墙体分布于前小窝兔村西南部的小窝兔沟下游河槽中，洪水冲刷导致墙体消失。小窝兔沟洪水西南流，汇入兴盛高村所在的大庙沟主河槽，交汇点之西有水口村。

25. 水口长城1段（150222382102030025）

该段长城起自银号镇水口村东北1.4千米，止于水口村北0.93千米。墙体作椭圆弧线形分布，由东南—西北走向转为东西走向，上接小窝兔长城5段，下接水口长城2段。

墙体长1410米，为土石混筑石墙，保存差。墙体分布于小窝兔沟西岸与水口村北直沟东坡地之间，沿低缓的坡谷地延伸，连续穿过三道山梁及其间的两条窄谷地；于地表呈低矮的土石垄状，底宽2~3、残高0.5~1米。谷地及部分土壤丰富的坡地筑土墙，石料充足的山地筑石墙。沟谷底部洪水冲刷及坡谷地带耕地开垦，对墙体造成了破坏。

墙体沿线调查烽燧3座，分别为水口1号、2号、3号烽燧。

水口1号烽燧（150222353201030035）　位于银号镇水口村东北1.2千米处的小窝兔沟西岸山顶上，东北距水口长城1段墙体0.17千米，西北距水口2号烽燧0.67千米。

墩台土筑，保存差。台体坍塌，现呈低矮的圆形土丘状，底部直径11、顶部直径2.5、残高1.8米；顶部有垒砌的石堆。烽燧东北面对小窝兔沟，南为三岔口，岔口西部的河槽北岸为水口村。

水口2号烽燧（150222353201030036）　位于银号镇水口村北偏东1千米处的山顶上，北距水口长城1段墙体0.15千米，西距水口3号烽燧0.48千米。

墩台土筑，保存差。台体坍塌，现呈低缓的圆形土丘状，底部直径11、顶部直径2.5、残高1.8米。烽燧建筑在水口北沟中游两条支沟间的缓梁上，周边地表有花岗岩裸露。水口村民房建筑在沟口两侧。

水口3号烽燧（150222353201030037）　位于银号镇水口村北0.87千米处的山梁上，北距水口长城1段墙体0.05千米，西偏北距水口4号烽燧0.61千米。

墩台土筑，保存差。台体坍塌，现呈低缓的圆形土丘状，底部直径9、顶部直径2、残高2.3米；顶部有人为挖掘的土坑。墩台周围残存长方形围墙，东墙和北墙土筑，东墙长25、北墙东端残长6米，墙宽2、残高0.4米；西墙为石筑，残长15、宽1.3、残高0.3米；南墙中部仅存一排石块，长3米。烽燧东为水口村北"丫"形沟谷的西支沟，西为北直沟。

26. 水口长城2段（150222382102030026）

该段长城起自银号镇水口村北0.93千米，止于水口村北0.89千米。墙体前小段略作内向折线形分布，大体呈东西走向，上接水口长城1段，下接水口长城3段。

墙体长249米，为石墙，保存较差。墙体分布在水口村北直沟东西两侧缓坡地上，墙体坍塌，于地表呈明显的石垄状，底宽2~3、残高0.5~1米（彩图三一六）；部分地段墙体外壁面砌筑严密整齐。沟谷底部的墙体因山水冲刷而出现宽6米的豁口。

27. 水口长城3段（150222382101030027）

该段长城起自银号镇水口村北0.89千米，止于水口村西北1.1千米。墙体末端略作外向弧线形分布，由东偏南—西偏北走向转呈东西走向，上接水口长城2段，下接水口长城4段。

墙体长371米，以黄褐土夯筑，夯层厚10厘米左右，保存差。墙体分布在水口村北直沟西坡地上，沿缓坡地作上坡行，于地表呈低矮的土垄状，底宽2~3、残高0.5~1米。墙体中小段南侧有东西向土路，车辆通行损坏该段长城将近一半墙体；后小段两侧为耕地，农耕也对墙体保存构成影响。

28. 水口长城4段（150222382102030028）

该段长城起自银号镇水口村西北1.1千米，止于水口村西北2.28千米。墙体大体作直线分布，呈东西走向，上接水口长城3段，下接水口长城5段。

墙体长1554米，为石墙，总体保存差。墙体分布在水口村北直沟西梁顶与黑土窑沟东岸之间，沿山岭北半坡延伸，先后跨过五条小支沟；支沟洪水北流汇入与墙体并行的黑土窑沟东支沟。倒塌的墙体于地表呈土石垄状，底宽2~4、残高0.5~2.5米。前小段局部为土墙或土石混筑墙体（彩图三一七），西数第二沟东坡地上的墙体用泥质板岩石板砌筑，保存较差，长34米；其余墙体均保存差，长1520米；保存较差、保存差部分，分别占该段墙体总长的2.2%、97.8%。中、后小段墙体分布在陡峭的山半坡上（彩图三一八），墙体内侧较平整，似经人工修整；三条支沟沟底的墙体均出现断豁，宽3~8米。其中，中间沟谷断豁的东壁墙体剖面呈梯形，基宽4.2、顶宽2.9、残高2米；基础为自然山体。

墙体沿线调查烽燧4座，分别为水口4号、5号、6号、7号烽燧。

水口4号烽燧（150222353201030038）　位于银号镇水口村西北1.12千米处的平缓坡地上，北侧紧邻水口长城4段墙体，西偏南距水口5号烽燧0.33千米。

墩台石筑，保存差。台体坍塌，现呈圆形石堆状，底部直径17、顶部直径6、残高3米；顶部有两个垒筑的小石堆。墩台四周有长方形石筑围墙，东西23、南北25米；围墙坍塌成低矮的石垄状，墙宽0.6、残高0.4米（彩图三一九）；西墙保存一般。围墙内墩台西侧有方形积薪垛，边长均为3米。墩台下采集陶片器形为盆、罐和釜，施平行凹弦纹、凸弦纹、弦断绳纹、绳纹（图四一）和泥质黑陶上磨压的平行条带状、网格状暗纹。还采集到铁车辖和铁釜残片。烽燧西临黑土窑沟东支沟沟脑，东部为耕地。

水口5号烽燧（150222353201030039）　位于银号镇水口村西北1.3千米处的三岔山顶部，北距水口长城4段墙体0.11千米，西距水口6号烽燧0.48千米。

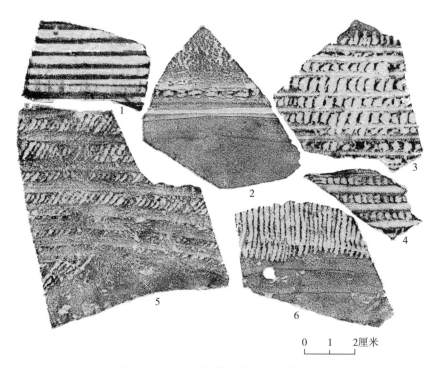

图四一　水口4号烽燧采集陶片纹饰拓片

1.凹弦纹　2.凸弦纹　3~5.弦断绳纹　6.绳纹

墩台土筑，保存差。台体已坍塌，现呈高大的圆形土丘状，底部直径15、顶部直径3、残高4米。北部有积薪垛5座，呈石圈状，南北排列。其中，4座为方形，边长均4米；1座长方形，长2、宽1.5米。南部有积薪垛1座，东西1、南北2.5米。

水口6号烽燧（150222353201030040）　位于银号镇水口村西北1.7千米处的山岭顶部，北距水口长城4段墙体0.09千米，西距水口7号烽燧0.51千米。

墩台土筑，保存差。台体坍塌，现呈高大的圆形土丘状，底部直径18、顶部直径2、残高4.8米；顶部有小石堆。墩台周围有石圈，东西15、南北20米。石圈内偏北部有圆形积薪垛，直径2米。南部两个自然石包之间亦有积薪垛，东西9、南北5米。烽燧两侧为短沟，山洪北流汇入黑土窑沟东支沟。

水口7号烽燧（150222353201030041）　位于银号镇黑土窑村东北1.54千米处的黑土窑沟东山岭上，北距水口长城4段墙体0.05千米，西偏北距黑土窑1号烽燧0.37千米，二者隔沟相望。

墩台土筑，保存差。台体坍塌，现呈低缓的圆形土丘状，底部直径10、顶部直径2、残高2米。墩台东南部有方形积薪垛，边长2.2米；西北部有石块堆积。东部坡地基岩裸露，地表植被整体退化，风雨侵蚀对烽燧保存影响较大。

29. 水口长城5段（150222382301030029）

该段长城起自银号镇黑土窑村东北1.47千米，止于黑土窑村东北1.46千米。原墙体应作直线分布，呈东南—西北走向，上接水口长城4段，下接黑土窑长城。

本段长城为消失段，起止点之间的直线长度为81米。原墙体分布在黑土窑沟中游河槽中，洪水冲刷导致墙体消失（彩图三二〇）。

30. 黑土窑长城（150222382102030030）

该段长城起自银号镇黑土窑村东北1.46千米，止于黑土窑村北1.49千米。墙体作内外向椭圆弧线形分布，由东偏南—西偏北走向转呈东西走向，末端复为东偏南—西偏北走向；上接水口长城5段，下接南窑子长城1段。

墙体长814米，为石墙，保存差。墙体前小段翻过黑土窑沟西山梁及其西支沟，沟坡陡峭，以构筑石墙为主；后小段分布在南窑子村南沟沟脑处较缓的坡谷地上，局部地段墙体为土筑或土石混筑，止点在南窑子村南沟沟脑处；于地表呈土石垄状，底宽2～3、残高0.5～1米。

墙体沿线调查烽燧2座，分别为黑土窑1号、2号烽燧。

黑土窑1号烽燧（150222353201030042）　位于银号镇黑土窑村东北1.49千米处的黑土窑沟西岸山顶上，北距黑土窑长城墙体0.02千米，西偏北距黑土窑2号烽燧0.33千米，二者隔沟谷相望。

墩台石筑，保存差。台体已坍塌，现呈高大的石堆状，底部直径13、残高5米（参见彩图三二〇）。台体被后人改建成坛形敖包，分三层，逐级内收，顶部为圆形平台。第一层直径10、第二层直径6、顶部直径3米。底部四周分布20个小石堆，后人改造利用导致台体原有形态发生较大改变。

黑土窑2号烽燧（150222353201030043）　位于银号镇黑土窑村北1.5千米处的黑土窑沟西支沟西岸山梁上，修筑于长城墙体外侧，南侧紧邻黑土窑长城，西距南窑子1号烽燧0.5千米。

墩台土筑，保存差。台体坍塌，现呈高大的圆形土丘状，底部直径12、顶部直径3、残高2.6米。外部有方形石圈，边长22米；东、北、西三面地表为一列石块，南接长城墙体。与墩台相对应的墙体南部，沿山梁分布积薪垛5座，呈方形石圈状，边长4～5米。四周围以石圈，东西42、南北102米。其中4座南北分布，间距12～22米（彩图三二一）；1座位于石圈东北角。

31. 南窑子长城1段（150222382101030031）

该段长城起自银号镇南窑子村东南0.92千米，止于南窑子村南0.65千米。墙体大体作直线分布，呈东偏南—西偏北走向，上接黑土窑长城，下接南窑子长城2段。

墙体长481米，为土墙，总体保存差。墙体分布在南窑子村南沟正沟脑西侧的两条支沟之间，沿山北缓坡延伸，于地表呈低矮的土垄状，底宽2～4、残存最高0.5米；局部地段墙顶上见有成排石块。其中，墙体前后小段保存差，长431米；中小段耕地中的墙体消失，长50米；保存差、消失部分，分别占该段墙体总长的89.6%、10.4%。

墙体沿线调查烽燧1座，为南窑子1号烽燧。

南窑子1号烽燧（150222353201030044）　位于银号镇南窑子村南0.9千米处，北距南窑子长城1段墙体0.07千米，西偏北距南窑子2号烽燧0.37千米。

墩台土筑，保存差。台体坍塌为低矮的圆形土丘状，底部直径10、顶部直径4、残高1.5米。南部平缓的梁背上，隐约见有石筑围墙痕迹，西墙长15、东墙长20米；墙宽0.3米。烽燧地处南窑子南沟沟脑处山梁顶部，其东为正沟脑，西为支沟脑。

32. 南窑子长城2段（150222382102030032）

该段长城起自银号镇南窑子村南0.65千米，止于南窑子村西偏南2.03千米。墙体总体作外向椭圆弧线形分布，由东南—西北走向过渡为东西走向，上接南窑子长城1段，下接南窑子长城3段。

墙体长2112米，为毛石干垒墙，总体保存差。墙体先穿过南窑子村西南部两道沟谷，其后沿山岭北坡上缘延伸，于地表呈高石垄状，底宽2～4、残高0.5～2.5米；轮廓、走向清晰鲜明。其中，中后小段墙体保存差，长1993米；前小段沟谷地带耕地中的墙体消失，长119米；保存差、消失部分，分别占该段墙体总长的94.4%、5.6%。沟壁上保留的墙体剖面呈梯形，基宽2.8～3米。墙体两侧隐现壕沟痕迹，外窄内宽。前小段沟谷中，村民利用长城石块修建了拦洪坝，对墙体造成损坏。

墙体沿线调查烽燧4座，分别为南窑子2号、3号、4号、5号烽燧。

南窑子2号烽燧（150222353201030045）　位于银号镇南窑子村南0.7千米处的山梁上，北距南窑子长城2段墙体0.05千米，西北距南窑子3号烽燧0.61千米。

墩台土筑，保存差。台体坍塌，现呈低矮的圆形土丘状，底部直径20、顶部直径5、残高1米。南侧残存一段石墙，作低矮的石垄状，长34、墙宽0.3米。烽燧北部为南窑子南沟西沟脑，西为南窑子西南沟东支沟。

南窑子3号烽燧（150222353201030046）　位于银号镇南窑子村西南0.8千米处两沟之间的山梁上，北距南窑子长城2段墙体0.03千米，西距南窑子4号烽燧0.5千米。

墩台土筑，保存差。台体坍塌，现呈低缓的圆丘形，底部直径15、残高1米。墩台南侧有方形平台，边长15米；平台周边散布有陶片，推测为坞的居住面。西南侧有石筑坞址，结构不明，东西2.5、南北1米。

南窑子4号烽燧（150222353201030047）　位于银号镇南窑子村西偏南1.19千米处的东西向山岭顶部，北距南窑子长城2段墙体0.03千米，西偏南距南窑子5号烽燧0.63千米。

墩台土筑，保存差。台体坍塌，现呈高大的圆形土丘状，底部直径9、顶部直径2、残高3.2米；顶部有垒筑的小石堆。烽燧两侧支沟洪水南流或西北流，注入三元成村东的前沟。

南窑子5号烽燧（150222353201030048）　位于银号镇南窑子村西1.83千米处的东西向山岭末端顶部，北距南窑子长城2段墙体0.08千米，西距三元成1号烽燧0.46千米，二者隔前沟相望。

墩台土筑，保存差。台体坍塌，现呈圆形土丘状，底部直径9、顶部直径2、残高2.4米；表面散布有石块，顶部有高约1米的小石堆。东北侧有石筑坞址，倚墩台建筑，长5、宽2.5米（彩图三二二）。周围隐现土筑围墙，呈低平的土垄状，东墙残长14、南墙长22、西墙长24米，北墙消失；墩台居于围墙的北半部。采集陶片可辨器形为宽沿盆和侈口矮领罐（图三九：1、7），除素面外有弦断绳纹、弦断齿印纹、凹弦纹和菱形网格纹（图四二）。

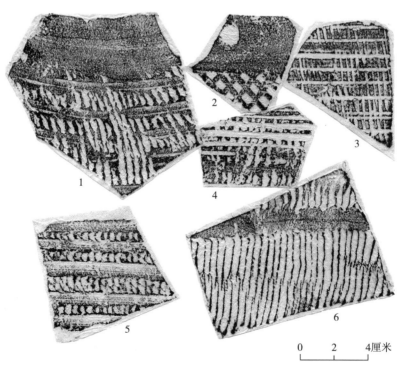

图四二　南窑子5号烽燧采集陶片纹饰拓片

1、4～6.弦断绳纹　2.菱形网格纹　3.弦断齿印纹

33. 南窑子长城3段（150222382301030033）

该段长城起自银号镇南窑子村西偏南2.03千米，止于南窑子村西偏南2.08千米。原墙体应作直线分布，呈东南—西北走向，上接南窑子长城2段，下接三元成长城1段。

本段长城为消失段，起止点之间的直线长度为70米。原墙体分布在前沟下游河槽中，洪水冲刷导致墙体消失。

34. 三元成长城1段（150222382102030034）

该段长城起自银号镇三元成村东北2千米，止于三元成村东北1.6千米。墙体作"S"状内外弯曲分布，总体呈东偏南—西偏北走向，上接南窑子长城3段，下接三元成长城2段。

墙体长501米，为毛石干垒墙，保存差。墙体分布在前沟下游两条西北支沟间的山岭顶部及其西支沟西半坡上，先沿山岭上缘延伸，其后垂直穿过西支沟（彩图三二三）。墙体坍塌为低矮的石垄状，底宽2~6、残存最高1.3米。西支沟沟底墙体被山水冲断，西壁墙体剖面呈梯形，基宽3.2、顶宽2.9、残高2米。墙体两侧隐现壕沟，陡坡地段内侧采石筑墙，外侧借助于山险，防御能力倍增。

墙体沿线调查烽燧1座，为三元成1号烽燧。

三元成1号烽燧（150222353201030049） 位于银号镇三元成村东北1.86千米处前沟两条西北支沟间的山岭顶部，北距三元成长城1段墙体0.02千米，西距三元成2号烽燧0.58千米。

墩台以褐土夯筑，顶部裸露夯层，厚10厘米，保存差。台体坍塌，现呈高大的圆形土丘状，底部直径15、顶部直径3、残高3米；顶部有垒筑的方锥形小石堆。烽燧向东北可直接监控前沟之正沟，西北可监视北支沟。

35. 三元成长城2段（150222382102030035）

该段长城起自银号镇三元成村东北1.6千米，止于三元成村北偏东1.06千米。墙体随山体作内外弯曲分布，大体呈东西走向，上接三元成长城1段，下接三元成长城3段。

墙体长976米，为土石混筑石墙，保存差。墙体介于前沟西北支沟西半坡与三元成北沟之间，沿陡峭的山岭北坡上缘蜿蜒前行，于地表呈低矮的土石垄状，底宽2~4、残存最高0.5米（彩图三二三、彩图三二四）。墙体外壁有断续残存，砌筑面规整；陡坡地段筑墙石块大部分随坡滚落，内壁包石几乎无存；缓坡地段墙体两侧隐现壕沟痕迹。

墙体沿线调查烽燧1座，为三元成2号烽燧。

三元成2号烽燧（150222353201030050） 位于银号镇三元成村东北1.4千米处的山岭高山头上，北距三元成长城2段墙体0.03千米，西偏北距三元成3号烽燧0.77千米。

墩台为土石混筑，保存差。台体坍塌，现呈高大的圆形石堆状，底部直径11、顶部直径4、残高3.2米；顶部有小石堆。墩台上半部保存原始轮廓，平面呈方形，西壁长9米。外围曾筑围墙，保存西南角，拟呈方形，南墙西端残长11米、西墙南端残长7米。南部分布积薪垛3座，南北分布，作方形石圈状，边长3~5米（彩图三二五）。采集有泥质褐陶罐的腹片，施并列的两道绳索状凸弦纹，其间贴塑波浪形泥条，此外见有弦断绳纹陶片（图四三）。

36. 三元成长城3段（150222382102030036）

该段长城起自银号镇三元成村北偏东1.06千米，止于三元成村北1.15千米。墙体作外向椭圆弧线形分布，总体呈东偏南—西偏北走向，上接三元成长城2段，下接三元成长城4段。

墙体长599米，为毛石干垒墙，保存差。墙体分布于三元成北沟西支沟沟脑与其西小沟沟脑东坡地之间，沿山岭北坡延伸，于地表呈低矮的石垄状，底宽2~3.9、残高0.5~1.2米；沟谷中的墙体较宽，坡地上的墙体较窄。北沟西支沟底部墙体有宽8米的断豁；其西壁墙体剖面呈梯形，基宽3.4、顶

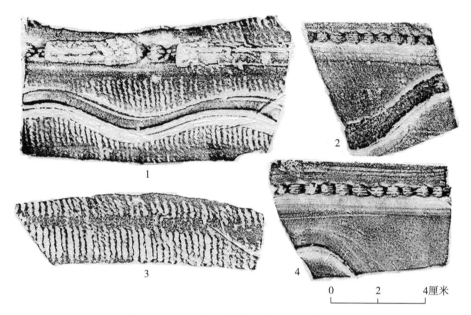

图四三　三元成2号烽燧采集陶片纹饰拓片

1、2、4.凸弦纹与波浪形附加泥条　3.弦断绳纹

宽3.2、残高2.1米；沟底部位墙体下原有石筑排水口，宽0.6米。

墙体沿线调查烽燧1座，为三元成3号烽燧。

三元成3号烽燧（150222353201030051）　位于银号镇三元成村北偏东1.04千米处的西支沟西岸缓梁上，北距三元成长城3段墙体0.04千米，西北距三元成4号烽燧0.49千米。

墩台土筑，保存差。台体坍塌，现呈圆形土丘状，接近于圆锥体；底部直径10、顶部直径1.5、残高2.6米。烽燧东侧有一截采矿道，东临三元成北沟，北为水沟之东支沟沟脑。

37.三元成长城4段（150222382101030037）

该段长城起自银号镇三元成村北1.15千米，止于三元成村北偏西1.25千米。墙体略作内向弧线形分布，呈东偏南—西偏北走向，上接三元成长城3段，下接三元成长城5段。

墙体长322米，为土墙，保存差。墙体分布在三元成西小沟沟脑处低缓的山坳地带，于地表呈低矮的土垄状，底宽2~4、残高0.5米左右。墙体两侧及西小沟沟床为耕地，农业生产对墙体保存构成影响；中小段墙体有断豁，农耕土路穿豁口南北行。

墙体沿线调查烽燧、古城各1座，为三元成4号烽燧和碾房古城。

三元成4号烽燧（150222353201030052）　位于银号镇三元成村北1.1千米处的西沟沟脑东岸山梁中部缓坡地上，北距三元成长城4段墙体0.07千米，西偏北距三元成5号烽燧0.6千米。

墩台土筑，保存差。台体已坍塌，现呈低矮的圆形土丘状，底部直径11、顶部直径3、残高2.5米。南侧有小洪沟，山洪西流汇入三元成西小沟；其余三面为坡耕地。

碾房古城（150222353102030002）　位于银号镇碾房村西北0.75千米处的向阳高坡地上，北距三元成长城4段墙体2.2千米，西北距三分子障城6.46千米。

古城平面呈方形，边长315米。城址轮廓清晰，保存一般。城墙以黄褐土夯筑，于地表呈高大的土垄状，底宽13~18、顶宽1~2、残高2~5米（图四四；彩图三二六）。南墙正中辟门，门宽10米。方向180°。古城西南角有并列的两道冲沟，洪水西南向下泄冲断城墙；断面上观察，城墙板结坚硬，北壁夯层规整均匀，厚10厘米。墙体外壁轮廓清晰，向上有收分；内壁界线不明显，基宽在8米左右、

残高3米。古城东南角也出现断豁，于南壁测得城墙基宽
8.3、残高2.6米。古城内外种植柠条，间有耕地分布，西城
墙内侧耕地接近于城墙顶部，影响古城保护。城内分布有石
头堆十余处，为村民开辟耕地时集中堆积，其中的大石块或
与城中建筑基址有关。地表可见绳纹瓦片，内腹布纹，分薄
厚两种。陶片可辨器形为折沿盆，宽平沿下施数道凹弦纹，
其下施弦断绳纹。此外，还见有绳纹和素面陶片（图四五）。
障城南为082县道柏油路，北部沟口处为三元成村。

38. 三元成长城5段（150222382102030038）

该段长城起自银号镇三元成村北偏西1.25千米，止于三
元成村西北2.16千米。墙体作内向椭圆弧线形分布，总体呈东
南—西北走向，上接三元成长城4段，下接三元成长城6段。

墙体长1023米，为毛石干垒墙，总体保存差。墙体分
布于三元成西小沟沟脑西岸山丘与水沟中游的半沟之间，沿

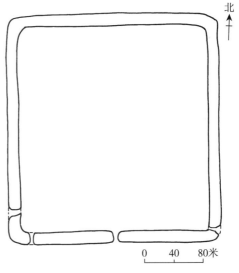

图四四　碾房古城平面图

低缓的山岭北坡延伸，坍塌的墙体于地表呈低矮的石垄状（彩图三二七），底宽2～4、顶宽1.7～2.2、
残高0.5～2米；陡坡地段的筑墙石块滚落于坡下。其中，墙体中小段保存较差，外壁面整齐，原始风
貌尚存，长133米；其余大部分墙体保存差，长855米；水沟之东支沟及上游数条小沟沟底部位墙体消
失，累计长35米；保存较差、保存差、消失部分，分别占该段墙体总长的13%、83.6%和3.4%。

墙体沿线调查烽燧2座，分别为三元成5号、6号烽燧。

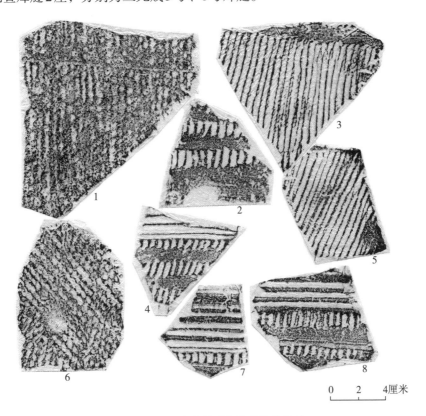

图四五　碾房古城采集陶片纹饰拓片

1、6.瓦背绳纹　2.弦断绳纹　3、5.绳纹　4、7、8.凹弦纹与弦断绳纹

三元成5号烽燧（150222353201030053） 位于银号镇三元成村西北1.4千米处的山梁上，北距三元成长城5段墙体0.07千米，西北距三元成6号烽燧0.59千米。

墩台石筑，保存差。台体坍塌，现呈高大的圆形石堆状，底部直径15、残高3米；顶部有垒砌的锥状小石堆（参见彩图三二七）。台体顶部轮廓仍有遗存，呈长方体，东西4、南北6米。南侧有方形石筑坞址，边长8米；坞墙呈石垄状，底宽1、残高0.4米。北侧紧邻墩台有一道石墙，痕迹模糊，残高0.5米。采集有泥质黑褐陶弦断绳纹和乳丁纹褐陶片（图三九：8）。烽燧南部为天义公村北小沟沟脑，东西两侧山洪北流汇入水沟东支沟。

三元成6号烽燧（150222353201030054） 位于银号镇三元成村西北2.02千米处的圆山头顶部，东北距三元成长城5段墙体0.04千米，西北距大西沟烽燧0.68千米，二者隔水沟相望。

墩台土筑，保存差。台体坍塌成圆形土丘状，底部直径11、顶部直径2、残高2米；顶部有一条宽、深均为0.8米的窄沟，导致墩台受到破坏。烽燧西临水沟，河槽西岸有羊圈屋。

39. 三元成长城6段（150222382301030039）

该段长城起自银号镇三元成村西北2.16千米，止于三元成村西北2.28千米。原墙体应作直线分布，呈东南—西北走向，上接三元成长城5段，下接大德恒长城1段。

本段长城为消失段，起止点之间的直线长度为144米。原墙体分布于水沟中游（半沟）河槽中及其东岸坡地上，洪水冲刷导致墙体消失。依据地形地貌情况判断，河槽东岸的墙体原应为土墙。

40. 大德恒长城1段（150222382102030040）

该段长城起自银号镇三元成村西北2.28千米，止于大德恒村东偏北2.08千米。墙体略作外向弧线形分布，呈东南—西北走向，上接三元成长城6段，下接大德恒长城2段。

墙体长1848米，为毛石干垒墙，总体保存差。墙体分布于水沟与山宋永沟之间山岭顶部及两侧坡地上，先沿水沟西岸山岭伸出的山梁北坡上缘作上坡行，翻过宽缓山梁后转下坡行；于地表呈低矮的石垄状，底宽2～4、残存最高1米。其中，梁背上有局部墙体为土石混筑，保存较差，长205米；两端坡地上的墙体内侧较为平整，外部为陡坡，石块随坡滚落（彩图三二八）；有的地段将自然耸立的岩石砌筑在墙体之中，这部分墙体保存差，长1598米；末端墙体消失在山宋永沟洪水河槽中，长45米；保存较差、保存差、消失部分，分别占该段墙体总长的11.1%、86.5%、2.4%。

墙体沿线调查烽燧5座，分别为大西沟烽燧和大德恒1号、2号、3号、4号烽燧。

大西沟烽燧（150222352102030055） 位于银号镇大德恒村东3.28千米处的半沟西半坡上，东南距三元成村2.62千米，倚大德恒长城1段前小段墙体外侧建筑，西南距大德恒1号烽燧0.04千米。

墩台为毛石垒筑，保存差。台体坍塌，仅残存下半部，平面呈长方形，东西7、南北2、残高1米；顶部偏东有垒砌的石堆（参见彩图三二八）。烽燧南北并列的两条支沟洪水东南流，于半沟处汇入水沟。

大德恒1号烽燧（150222353201030056） 位于银号镇大德恒村东3.25千米处的水沟西半坡山丘上，北侧紧邻大德恒长城1段墙体，西北距大德恒2号烽燧0.63千米。

墩台土筑，保存差。台体坍塌，现呈圆形土丘状，底部直径12、顶部直径3、残高2.5米；顶部有小石堆（参见彩图三二八）。烽燧东北距大西沟烽燧0.04千米，二者均东北向面对水沟上游沟谷，指向性明显。推断该烽燧为秦时修筑，大西沟烽燧为汉代建筑。

大德恒2号烽燧（150222353201030057） 位于银号镇大德恒村东2.66千米处，地处水沟与山宋永沟间的山梁背上，东北距大德恒长城1段墙体0.13千米，北偏西距大德恒3号烽燧0.15千米。

墩台以毛石垒筑，保存差。台体坍塌成圆形石堆状，底部直径12、顶部直径7、残高1.5米，顶部有牧羊人垒筑的半环形挡风墙；墩台南侧倚台体有石筑坞址，坞墙坍塌为石垄状（彩图三二九）。墩台及坞址外侧有石筑围墙，呈南北向长方形，长41、宽25米；其中，北墙外弧呈半圆形。围墙坍塌成窄石垄状，墙宽1、残高0.5米。

大德恒3号烽燧（150222353201030058）　位于银号镇大德恒村东2.64千米处，地处水沟与山宋永沟之间的梁背上，北侧紧邻大德恒长城1段墙体，西距大德恒4号烽燧0.47千米。

墩台土筑，保存差。台体坍塌，现呈低矮的圆形土丘状，底部直径15、顶部直径5、残高1米；顶部有垒砌的小石堆。

大德恒4号烽燧（150222353201030059）　位于银号镇大德恒村东北2.18千米处的山宋永沟东岸沟坡上，北距大德恒长城1段墙体0.07千米，西北距大德恒5号烽燧0.5千米，二者隔沟而置。

墩台土筑，保存差。台体坍塌，现呈低矮的圆形土丘状，底部直径13、顶部直径2.7、残高2米。烽燧西临沟壑，南北为短支沟，东部山梁较为平缓，地表分布较多石块，有石圈状方形积薪垛。

41. 大德恒长城2段（150222382102030041）

该段长城起自银号镇大德恒村东偏北2.08千米，止于大德恒村南偏东0.3千米。墙体前小段作外向折弧形分布，后小段作直线分布；由东南—西北走向转呈东北—西南走向，上接大德恒长城1段，下接大德恒长城3段。

墙体长2319米，为毛石干垒墙，总体保存差。墙体分布在山宋永沟与大德恒村前河槽南支沟东岸之间，翻过山宋永沟与西支沟间的山梁后转西偏南行（彩图三三〇），又沿大德恒村东山岭北坡西南行。大部分墙体坍塌，于地表呈低石垄状，底宽3~4、残存最高1.5米。其中，中小段有部分墙体保存较差，大体保留原始轮廓（彩图三三一），局部利用山岩为险，长173米；前后小段保存差，墙体内侧较平，外侧为陡坡，筑墙石块顺坡坍塌，长2092米；山宋永沟西支沟底部墙体消失，长54米；保存较差、保存差、消失部分，分别占该段墙体总长的7.5%、90.2%、2.3%。

墙体沿线调查烽燧5座，分别为大德恒5号、6号、7号、8号、9号烽燧。

大德恒5号烽燧（150222353201030060）　位于银号镇大德恒村东偏北1.85千米处的山岭顶部，东北距大德恒长城2段墙体0.06千米，西距大德恒6号烽燧0.38千米。

墩台土筑，保存差。台体坍塌，现呈低缓的圆形土丘状，底部直径12、顶部直径2、残高1.8米；顶部有垒砌的塔形小石堆。烽燧东为山宋永沟，西为其支沟。

大德恒6号烽燧（150222353201030061）　位于银号镇大德恒村东偏北1.46千米处的山宋永沟西支沟西半坡上，北侧紧邻大德恒长城2段墙体，西偏南距大德恒7号烽燧0.24千米。

墩台以黄褐土夯筑，东南侧暴露夯层，厚10厘米，保存差。台体坍塌，现呈低矮的圆形土丘状，底部直径11、顶部直径2.6、残高1.7米（参见彩图三三〇）。烽燧周边坡地基岩裸露，北侧为长城墙体，其外侧为缓沟，山洪东流注入山宋永沟西支沟；翻过西山梁为大德恒村所在沟谷。

大德恒7号烽燧（150222353201030062）　位于银号镇大德恒村东偏北1.23千米处的山岭顶部，北侧紧邻大德恒长城2段墙体，西南距大德恒8号烽燧0.56千米。

墩台土筑，保存差。台体坍塌为圆形土丘状，底部直径10、顶部直径1.5、残高2米；顶部有小石堆（参见彩图三三一）。周边采集到泥质黑灰陶宽沿盆残片。烽燧东临山宋永沟西支沟，西为大德恒村所在沟谷。

大德恒8号烽燧（150222353201030063）　位于银号镇大德恒村东偏北0.71千米处的山岭上，西北距大德恒长城2段墙体0.06千米，西南距大德恒9号烽燧0.31千米。

墩台土筑，保存差。台体坍塌，现呈低矮的圆形土丘状，底部直径12、顶部直径3、残高1.5米。烽燧建筑在大德恒村东山岭顶部，周边基岩裸露，西部为陡坡地，东部有石碴山。

大德恒9号烽燧（150222353201030064）　位于银号镇大德恒村东0.47千米处的山岭西坡地上，西北距大德恒长城2段墙体0.07千米，西距三分子1号烽燧3千米；大德恒村西南部川地上原应修筑有烽燧，消失在耕地中。

墩台土筑，保存差。台体坍塌为圆形土丘状，底部直径11、顶部直径2.5、残高1.5米；顶部有垒砌的小石堆。周边地势东高西低，地表有基岩隆起。西坡下河槽东岸为耕地，西岸山脚下为大德恒村。

42. 大德恒长城3段（150222382301030042）

该段长城起自银号镇大德恒村南偏东0.3千米，止于大德恒村西南0.81千米。原墙体应作内向弧线形分布，由东北—西南走向转呈东西走向，上接大德恒长城2段，下接三分子长城1段。

本段长城为消失段，起止点之间的直线长度为781米。原墙体分布于大德恒村西南部川地东半部，村前河槽洪水蜿蜒西南流，河槽南岸耕地中有西偏南向延伸的土筑墙体痕迹，其后转西行，略微隆起于地表；墙体后小段消失在河槽中，于河槽西岸复现。

43. 三分子长城1段（150222382101030043）

该段长城起自银号镇大德恒村西南0.81千米，止于三分子村东南1.26千米。墙体作直线分布，大体呈东西走向，上接大德恒长城3段，下接三分子长城2段。

墙体长832米，为土墙，保存差。墙体分布在大德恒村南河槽西岸与村西河槽东岸间耕地中，地表可见宽缓的土垄状隆起，底宽8～13、残存最高0.4米；轮廓与走向可分辨，濒于消失。081县道砂石路西北行，自该段墙体中部穿过，造成墙体豁口。

墙体沿线调查障城1座，为三分子障城。

三分子障城（150222353102030003）　位于银号镇三分子村东南1.68千米处的川地上，地处河槽的夹角地带；北距三分子长城1段墙体0.3千米，西距永和公障城24.7千米。

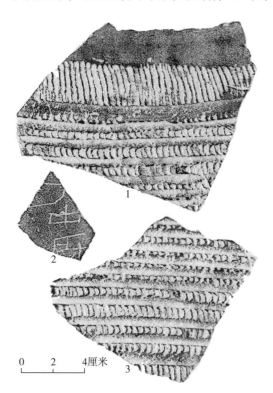

图四六　三分子障城采集陶片纹饰拓片

1、3.弦断绳纹　2.刻"中"字陶片

障城平面呈长方形，东西长140米，南北宽105米。城墙以黄褐土夯筑，夯层厚8～12厘米；现坍塌为土垄状，底宽3～8米，顶宽2～3米，残高1～1.5米。障城城门应位于南墙中部，但现今南城墙大部分被大德恒河槽洪水冲毁。障城西北角有一土筑小城，东西长37.5米，南北宽32米。其中，北、西两墙利用大城城墙，另筑东墙和南墙而成，现存城墙亦为土垄状。城区被开辟为耕地。障城内外有陶片，散见筒瓦、板瓦等建筑材料。障城南临大德恒南河槽，洪水冲刷暴露灰土文化层，厚达1.5米。采集陶片较少，有泥质褐陶弦断绳纹及刻"中"字陶片（图三九：2、四六）。此外，见有元代酱釉涩圈碗和白瓷盘残片。障城西侧紧邻三分子河槽，洪水南向下泄；大德恒村南和村西两条较小河槽洪水汇入，南流注入东西向的银号川地主河槽。

44. 三分子长城2段（150222382301030044）

该段长城起自银号镇三分子村东南1.26千米，止于三分子村南1.12千米。原墙体应作直线分布，大体呈东西走向，上接三分子长城1段，下接三分子长城3段。

本段长城为消失段，起止点之间的直线长度为537米。原墙体分布在三分子村南河槽及其东岸耕地中，洪水冲刷与耕地开垦导致墙体消失。依据相邻上下段墙体情况，推断该段墙体原应为土墙，河槽部位应为石墙。

45. 三分子长城3段（150222382101030045）

该段长城起自银号镇三分子村南1.12千米，止于三分子村南1.08千米。墙体作直线分布，呈东偏南—西偏北走向，上接三分子长城2段，下接三分子长城4段。

墙体长232米，以黄土夯筑，夯层厚10厘米，保存差。墙体分布在三分子村南河槽西岸坡地上，轮廓与走向大体可分辨，地表呈断续相连的低矮的土垄状，底宽1～3、残高0.5米；墙体两侧为坡耕地。有小冲沟山洪东南向下泄，先在后小段墙体南侧，而后斜穿墙体转于前小段墙体北侧，汇入三分子河槽；受水土流失及农耕影响，该段墙体濒临消失。

46. 三分子长城4段（150222382102030046）

该段长城起自银号镇三分子村南1.08千米，止于三分子村西南1.3千米。墙体随山体略作"S"状内外弯曲分布，总体呈东偏南—西偏北走向，上接三分子长城3段，下接三分子长城5段。

墙体长866米，为石墙，保存差。墙体分布于三分子村南小冲沟折弯处及其南沟南支沟沟脑间，沿山岭北坡上缘蜿蜒爬升。墙体坍塌，石块随坡滚落，内壁墙基呈线状分布，底宽1～3、残存最高0.5米。后小段墙体地处陡坡上，倒塌尤为严重（彩图三三二）。

墙体沿线调查烽燧2座，分别为三分子1号、2号烽燧。

三分子1号烽燧（150222353201030065）　位于银号镇三分子村西南1.2千米处的山岭半坡上，北距三分子长城4段墙体0.05千米，西距三分子2号烽燧0.52千米。

墩台土筑，保存差。台体坍塌为圆形土丘状，底部直径20、顶部直径6、残高2米。墩台南侧残存坞址石筑墙体，墙宽0.5米。墩台东北30米有方形积薪垛1座，边长5米（彩图三三二）。采集少量泥质灰陶片，器形为盆（图三九：4）、罐，施绳索状平行凸弦纹，中间附加波浪形泥条；也有凹弦纹、弦断绳纹和内壁齿印纹陶片（图四七）。烽燧南侧为东元永村东沟北沟脑。

图四七　三分子1号烽燧采集陶片纹饰拓片

1.弦断绳纹与波浪形附加泥条　2.凹弦纹　3.内壁齿印纹　4.弦断绳纹

三分子2号烽燧（150222353201030066）　位于银号镇三分子村西南1.4千米处的高山头顶部，东北距三分子长城4段墙体0.09千米，西北距后耳驹沟1号烽燧0.51千米。

墩台石筑，保存差。台体坍塌，现呈圆形石堆状，底部直径20、顶部直径2.3、残高2.5米；顶部及南侧有两个大坑，造成墩台破坏。烽燧北部山洪东北流，注入三分子河槽；南部是两条沟谷的沟脑，其中东沟洪水东南流，于东元永村东北汇入三分子河槽；西沟山洪经东元永村西直接注入银号川地主河槽。

47. 三分子长城5段（150222382101030047）

该段长城起自银号镇三分子村西南1.3千米，止于三分子村西南1.45千米。墙体大体作直线分布，呈东偏南—西偏北走向，上接三分子长城4段，下接后耳驹沟长城1段。

墙体长302米，为夯筑土墙，保存差。墙体分布在三分子村南沟南支沟与西南支沟沟脑间坡地上，沿山岭北坡上缘作下坡行，于地表呈土垄状，底宽2～4、残高0.5～1米。墙体两侧有壕沟痕迹，末端浅缓的冲沟中暴露石筑墙基，当以防洪为目的。

48. 后耳驹沟长城1段（150222382102030048）

该段长城起自银号镇后耳驹沟村东南1.78千米，止于后耳驹沟村南0.87千米。墙体作外向弧线形分布，由东南—西北走向过渡为东西走向，上接三分子长城5段，下接后耳驹沟长城2段。

墙体长1781米，以花岗岩石块砌筑，总体保存较差。墙体先沿三分子南沟上游沟西陡坡西北行，至西支沟沟脑处再沿后耳驹沟村南梁背下转西行，止于后耳驹沟村西南第三、四道沟谷间山梁顶部。墙体坍塌，于地表呈低矮的石垄状，底宽2～3.2、残高0.5～1米。其中，墙体后小段保存较差，长1095米（彩图三三三）；前小段墙体保存差，石块随坡滚落，局部墙体建筑在裸露的基岩之上，长686米；保存较差、保存差部分，分别占该段墙体总长的61.5%、38.5%。有四条小支沟山洪北流，均造成后小段墙体断豁。

墙体沿线调查烽燧4座，分别为后耳驹沟1号、2号、3号烽燧和后耳驹沟南沟烽燧。

后耳驹沟1号烽燧（150222353201030067）　位于银号镇后耳驹沟村东南1.7千米处的三分子南沟分岔处西坡地上，东北距后耳驹沟长城1段墙体0.09千米，西北距后耳驹沟2号烽燧0.52千米。

墩台以黑褐色砂质土夯筑，夯层厚6～10厘米，保存差。台体内侧坍塌严重，外侧仍有部分台体保存，总体呈圆形土丘状，底部直径15米；上半部坍塌成圆形柱状体，顶部近方形，边长1.5、残高3.5米（彩图三三四）。墩台外侧有坍塌的夯土块，内侧呈土丘状，大体可窥见土筑烽燧倒塌、萎缩乃至最终消亡的全过程。墩台周边采集到陶盆口沿残片。东侧为三分子南沟，西、南侧分别为东元永沟正沟脑和东支沟沟脑。

后耳驹沟2号烽燧（150222353201030068）　位于银号镇后耳驹沟村东南1.5千米处的三分子南沟正沟上游西坡地上，北距后耳驹沟长城1段墙体0.03千米，西距后耳驹沟3号烽燧0.38千米。

墩台土筑，保存差。台体坍塌，现呈低缓的圆形土丘状，底部直径12、顶部直径3、残高1.5米。周边地表花岗岩裸露，东北部为三分子南沟沟脑部位的两支沟山洪合流处。

后耳驹沟3号烽燧（150222353201030069）　位于银号镇后耳驹沟村东南1.25千米处的山岭顶部，北距后耳驹沟长城1段0.14千米，西北距后耳驹沟南沟烽燧0.31千米，西距后耳驹沟4号烽燧0.55千米。

墩台以黑褐色砂质土夯筑，夯层厚10厘米，保存差。台体坍塌为低矮的缓丘状，底部直径12、顶部直径8、残高1.2米；顶部偏东侧有两个圆坑，南北并列分布。墩台北25米有方形石堆，边长10、残高1米；顶部亦被挖掘破坏，或为烽燧，或是坞址，形制难辨。

后耳驹沟南沟烽燧（150222352102030070）　位于银号镇后耳驹沟村东南0.95千米处的坡地上，倚后耳驹沟长城1段墙体外侧建筑，西南距后耳驹沟4号烽燧0.38千米。

墩台土石混筑，以花岗岩石块垒砌外壁，中间夯土而成，保存差。台体坍塌，底部平面呈长方形，东西6.4、南北6、残高0.5米（参见彩图三三三），轮廓清晰。烽燧地处墙体转角处，东西两侧均为后耳驹沟南支沟沟脑，东部为三分子南沟沟脑。

49. 后耳驹沟长城2段（150223382102030049）

该段长城起自银号镇后耳驹沟村南0.87千米，止于后耳驹沟村西南1.38千米。墙体作内向折线形分布，中小段呈东北—西南走向，前后小段均呈东西走向；上接后耳驹沟长城1段，下接后耳驹沟长城3段。

墙体长803米，为土石混筑石墙，总体保存差。墙体沿耳驹沟南岸坡谷地带延伸，前后穿过大小三条沟谷，在当中沟谷沟东坡转西南行，过沟复西行，止于三岔口南支沟东岸。墙体坍塌，于地表呈低矮的土石垄状，底宽2.5~3.8、残高0.5~1米；局部见有毛石干垒墙，缓沟中有土墙。其中，墙体前后小段保存差，长727米；中小段当中沟谷中的墙体消失，长76米；保存差、消失部分，分别占该段墙体总长的90.5%、9.5%。末端沟谷中有墙体断豁，底部有规整条石，为墙体下设置的排水口遗迹。

墙体沿线调查烽燧3座，分别为后耳驹沟4号、5号、6号烽燧。

后耳驹沟4号烽燧（150222353201030071） 位于银号镇后耳驹沟村南偏西0.97千米处的低缓山梁上，北距后耳驹沟长城2段墙体0.08千米，西距后耳驹沟5号烽燧0.46千米。

墩台土筑，保存差。台体坍塌为低矮的土丘状，底部直径15、顶部直径3、残高2米。南侧有一道东西向石墙，长20、墙宽1米。东南侧倚墩台有长方形石筑坞址，东西6、南北5米；坞墙呈石垄状。墩台北有方形积薪垛，呈石圈状，边长4米。

后耳驹沟5号烽燧（150222353201030072） 位于银号镇后耳驹沟村南偏西0.94千米处的山梁上，北距后耳驹沟长城2段墙体0.07千米，西偏南距后耳驹沟6号烽燧0.57千米。

墩台土筑，保存差。台体坍塌为圆形土丘状，底部直径15、顶部直径3、残高2米；顶部有后人垒筑的小石堆。南北两侧各有一段石筑围墙，南墙长20、北墙残长7、墙宽均1米。东南侧有长方形石筑坞址，东西6、南北5米（彩图三三五）。坞址北有方形积薪垛1座，边长4米。烽燧东西两侧均为后耳驹沟支沟，西部为支沟与主河槽交汇三岔口。

后耳驹沟6号烽燧（150222353201030073） 位于银号镇后耳驹沟村西南1.4千米处的三岔口南两支沟间山梁上，北距后耳驹沟长城2段墙体0.08千米，西南距后耳驹沟7号烽燧0.54千米。

墩台土筑，保存差。台体坍塌，现呈圆形土丘状，底部直径15、顶部直径2、残高1.5米。南侧残存一段东西向石筑坞墙，长4.2、墙宽1米。周边地表花岗岩裸露，东南部缓梁上有积薪垛5座，南北一线分布，间距4.6~8米；呈方形石圈状，边长2~5米（彩图三三六）。积薪垛西侧有一列南北向石块，长51米。墩台西南有方形积薪垛1座，边长2.4米。附近采集到泥质灰陶盆、侈口罐和夹砂陶釜残片，施凹弦纹、凸弦纹带、粗绳纹、凸弦纹与波浪形划线纹（图四八）。还见有铁釜残片。

50. 后耳驹沟长城3段（150223382102030050）

该段长城起自银号镇后耳驹沟村西南1.38千米，止于后耳驹沟村西南2.37千米。墙体随山体作内外弯曲分布，总体呈东北—西南走向，上接后耳驹沟长城2段，下接后耳驹沟长城4段。

墙体长1048米，为土石混筑石墙，总体保存差。墙体分布于后耳驹沟村西南部耳驹沟三岔口南支沟东岸与其西部支沟西岸山顶之间，先翻过大小两道山梁，再西南延伸至山梁顶。墙体坍塌为低矮的土石垄状，底宽2.5~4.6、残高0.5~1米（彩图三三七）；山梁上局部见有土墙，沟谷地段筑石墙，石墙与土石混筑墙体间有接缝。其中，大部分墙体保存差，长1005米；段首地段后耳驹沟南支沟中的墙体消失，长43米；保存差、消失部分，分别占该段墙体总长的95.9%、4.1%。西支沟上游"丫"形支沟谷底的墙体，因山洪冲刷而出现断豁。

墙体沿线调查烽燧2座，分别为后耳驹沟7号、8号烽燧。

后耳驹沟7号烽燧（150222353201030074） 位于银号镇后耳驹沟村西南1.8千米处的三岔口南部

图四八　后耳驹沟6号烽燧采集陶片纹饰拓片

1.弦断绳纹　2.凸弦纹带　3.凹弦纹　4.粗绳纹　5.凸弦纹与波浪形划线

山梁半坡上，倚后耳驹沟长城3段墙体内侧建筑，西南距后耳驹沟8号烽燧0.3千米。

墩台土筑，保存差。台体坍塌为圆形土丘状，底部直径21、顶部直径3、残高2.5米。东侧有一道南北向石墙基，长86、墙宽1.2米；略高出地面，痕迹模糊。东南部有方形积薪垛2座，均为"田"字形石圈状，边长5米（彩图三三八）。西南部有积薪垛3座，其中北为圆形石圈状，直径2.5米；南为规格相同的2个方形石圈，边长2米。采集陶片器形有釜（图四九：4）、直口罐、侈口罐和陶钵（图四九：2、3、5），施交叉粗绳纹、凹弦纹和连续戳点纹（图五〇）。

后耳驹沟8号烽燧（150222353201030075）　位于银号镇后耳驹沟村西南2.14千米处的"丫"形沟谷间山梁上，北距后耳驹沟长城3段墙体0.06千米，西南距后耳驹沟9号烽燧0.46千米。

墩台土筑，保存差。台体坍塌，现呈低缓的圆形土丘状，底部直径23、顶部直径3、残高3米（参见彩图三三七）。周围有石筑围墙，痕迹模糊。墩台西南有圆形石圈，直径9米。墩台南0.03千米立一石人，高1.2米；整石雕刻，写意手法，线条粗犷，略具形态，作西北望（彩图三三九）。烽燧西南为分水岭，岭北山洪北流汇入后耳驹沟，岭南为水道村北沟脑，沟床笔直，洪水注入银号川地主河槽。

51. 后耳驹沟长城4段（150222382101030051）

该段长城起自银号镇后耳驹沟村西南2.37千米，止于后耳驹沟村西南2.79千米。墙体前小段略作外向弧线形分布，总体呈东北—西南走向，上接后耳驹沟长城3段，下接后耳驹沟长城5段。

墙体长453米，为夯筑土墙，夯层厚10厘米，保存差。墙体分布于后耳驹沟村与天盛成村之间的高山岭顶部偏西一侧缓坡地上，于地表呈低矮的土垄状，底宽2～3、残高0.5～1米（彩图三四〇）；部分地段墙体外侧见有石块，局部墙顶因风蚀而暴露夯层。

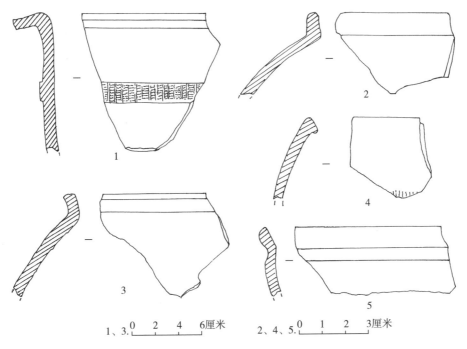

1、3. 0 2 4 6厘米   2、4、5. 0 1 2 3厘米

图四九 后耳驹沟7号烽燧、日兴成1号烽燧采集遗物

1.日兴成1号烽燧 2~5.后耳驹沟7号烽燧

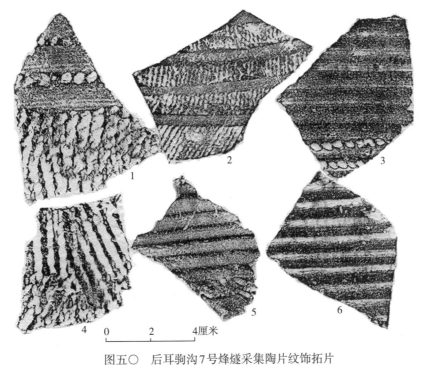

图五〇 后耳驹沟7号烽燧采集陶片纹饰拓片

1、2.弦断绳纹 3.凹弦纹与连续窝点纹 4.交叉粗绳纹 5、6.凹弦纹

墙体沿线调查烽燧1座,为后耳驹沟9号烽燧。

后耳驹沟9号烽燧(150222353201030076) 位于银号镇后耳驹沟村西南2.56千米处的高山岭顶部,西北距后耳驹沟长城4段墙体0.05千米,西南距后耳驹沟10号烽燧0.74千米。

墩台土筑,保存差。台体坍塌,现呈高大的圆锥体土丘状,底部直径22、顶部直径2、残高3.5米。

东北侧残存土筑坞址墙角，北墙东端残长5.5、东墙北端残长2、底宽2.5米。南侧有圆角方形石筑坞址1座，外径6.4、内径5、残高1.5米（彩图三四一）；外侧有半圆形石圈，直径16.8米。南部有积薪垛2座，南北分布，南呈"田"字状，东西5.3、南北4.6米；北为长方形，东西5.5、南北4.9米。

52. 后耳驹沟长城5段（150222382102030052）

该段长城起自银号镇后耳驹沟村西南2.79千米，止于后耳驹沟村西南3.08千米。墙体略作内向弧线形分布，由东北—西南走向转呈东西走向，上接后耳驹沟长城4段，下接后耳驹沟长城6段。

墙体长384米，分毛石干垒墙和土石混筑墙两类，总体保存差。墙体分布在高山岭西部的"丫"形支沟间及其两翼坡地上，地处大水沟与水道沟上游之间；于地表呈低矮的土石垄状，底宽2～4、顶宽1～1.5、残高0.5～1.6米。其中，墙体前小段保存一般，随山势作外向折弯式下坡行，以开采的规整长条形花岗岩石块砌筑，墙面整齐，向上有收分，间有墙体接缝（彩图三四二），长134米；后小段毛石干垒墙保存较差，长112米；中小段土石混筑墙保存差，长138米；保存一般、保存较差、保存差部分，分别占该段墙体总长的34.9%、29.2%和35.9%。中小段末端为小沟谷，洪水北流注入后耳驹沟下游大水沟，山洪冲刷造成墙体断豁。

53. 后耳驹沟长城6段（150222382101030053）

该段长城起自银号镇后耳驹沟村西南3.08千米，止于后耳驹沟村西南3.17千米。墙体略作外向弧线形分布，总体呈东西走向，上接后耳驹沟长城5段，下接天盛成长城1段。

墙体长113米，为夯筑土墙，夯层厚10厘米，保存差。墙体分布于水道村北山岭北坡上，北临大水沟，东为洪水西北向下泄的短支沟；墙体于地表呈低矮的土垄状，底宽2～4、残存最高0.8米。起点处为浅缓小沟，西侧有小支沟，墙体底部均设置石筑排水口，东侧排水口两壁保存尚好，砌筑整齐，长5.4、底宽1.1、残高1米（彩图三四三）；西侧排水口损坏严重，残长1.2、底宽1、残高0.6米。

墙体沿线调查烽燧2座，分别为后耳驹沟10号、11号烽燧。

后耳驹沟10号烽燧（150222353201030077）　位于银号镇后耳驹沟村西南3.27千米处的大水沟南梁顶端，北距后耳驹沟长城6段墙体0.15千米，东南距后耳驹沟11号烽燧30米。

墩台土筑，保存差。台体坍塌，现呈低矮的圆形土丘状，底部直径9、顶部直径2、残高1.5米；顶部有圆锥体小石堆（参见彩图三四四）。西、南两侧各有一方形石圈，西侧石圈边长2、南侧石圈边长2.5米。墩台周边见有少量陶片，均泥质褐陶，施弦断绳纹。

后耳驹沟11号烽燧（150222353201030078）　位于银号镇后耳驹沟村西南3.26千米处的大水沟南山梁顶部，北距后耳驹沟长城6段墙体0.18千米，西距天盛成1号烽燧0.63千米。

墩台以花岗岩石块垒筑，保存较差。台体较高大，下半部原始轮廓尚存，平面呈圆形，底部直径21、顶部直径15、残高2.5米；东侧坍塌，西侧保存尚好，砌筑规整；顶部有垒筑的小石堆。西侧依附墩台有石筑坞址，呈长方形，东西4、南北12米；中间有隔墙，宽0.5米；坞墙坍塌严重（彩图三四四）。烽燧北为大水沟，南部山脚下为水道村。

该烽燧圆柱形的结构，不同于长城沿线平面多呈长方形的汉代烽燧；烽燧坞内采集陶片，内部有方格纹装饰，此类遗物多见于乌拉特中旗唐代的新忽热古城（横塞军军城），由此初步推断该烽燧为一座唐代烽燧。

54. 天盛成长城1段（150222382102030054）

该段长城起自金山镇天盛成村东2.32千米，止于天盛成村东0.67千米。墙体作内外弯曲分布，总体呈东西走向，上接后耳驹沟长城6段，下接天盛成长城2段。

墙体长1607米，为石墙。墙体分布在天盛成村东部大水沟两岸低山北坡上，随山体弯曲延伸（彩

图三四五），以开采的长条形花岗岩石块砌筑墙体两壁，内部构接、填充石块，向上有收分；墙体大部分坍塌，于地表呈高石垄状，底宽3～5.5、顶宽2～3.5、残高0.5～3米。其中，墙体前小段保存一般，基本保留原形态，长776米；后小段保存较差，长831米，外壁多坍塌，内壁局部有残存，筑墙石块间以黑色小石片衬垫，以保证墙体的整体稳定性；保存一般、保存较差部分，分别占该段墙体总长的48.3%、51.7%。大水沟及其东西较小沟谷底部的墙体因洪水冲刷而出现断豁。墙体底部下设排水口，宽0.55、高0.65米；东坡墙体内侧采石筑墙时预留下阶梯，以便于巡防通行。

墙体沿线调查烽燧2座，分别为天盛成1号、2号烽燧。

天盛成1号烽燧（150222353201030079）　位于金山镇天盛成村东1.67千米处的大水沟南岸坡地上缘，北侧紧邻天盛成长城1段墙体，西距天盛成2号烽燧0.67千米。

墩台以褐土夯筑，风蚀致夯层裸露，保存差。台体坍塌，现呈圆形土丘状，底部直径9、顶部直径2、残高2米。烽燧建筑在陡坡上，南部山岭上花岗岩裸露，西部大水沟西岸有羊圈屋。

天盛成2号烽燧（150222353201030080）　位于金山镇天盛成村东1千米处的山岭顶部，北距天盛成长城1段墙体0.14千米，西北距天盛成3号烽燧0.44千米。

墩台土筑，保存差。台体坍塌，现呈低矮的圆形土丘状，底部直径13、顶部直径3、残高2米；顶部有垒砌的锥形小石堆。南侧倚墩台有石筑坞址，南墙长10.7、东西两墙南端残长2、墙宽1米；有部分坞墙掩埋于坍塌的台体堆积之下。西南部、北部平缓山岭上各有石圈状方形积薪垛3座，边长3～5米。烽燧东南临大水沟，西部为211省道。该烽燧设置在高山头上，应与重点防控天盛成川地相关。

55. 天盛成长城2段（150222382101030055）

该段长城起自金山镇天盛成村东0.67千米，止于天盛成村东南0.2千米。墙体作直线分布，呈东西走向，上接天盛成长城1段，下接天盛成长城3段。

墙体长509米，以黄土夯筑，夯层厚8～10厘米，保存差。墙体分布在村东缓坡地上，作下坡行，于地表呈低矮的土垄状，底宽2～4、残存最高0.8米。局部墙体内外两侧可见外包石，应为使用期内的修补遗痕。211省道柏油路南北向穿过后小段墙体，东部有小沟洪水西南向下泄，均造成墙体断豁。

墙体沿线调查烽燧1座，为天盛成3号烽燧。

天盛成3号烽燧（150222353201030081）　位于金山镇天盛成村东0.58千米处的山梁西坡地上，倚天盛成长城2段墙体内侧建筑，西距天盛成4号烽燧1.1千米。

墩台以黄褐土夯筑，保存差。台体坍塌为圆形土丘状，底部直径15、顶部直径3、残高2.5米。墩台西南侧及西部0.02千米处有少量石块分布，类似于积薪垛，形状难辨。北侧洪水沟西南向延伸，穿过211省道汇入天盛成东河槽。

56. 天盛成长城3段（150222382301030056）

该段长城起自金山镇天盛成村东南0.2千米，止于天盛成村西0.42千米。原墙体应作直线分布，呈东西走向，上接天盛成长城2段，下接天盛成长城4段。

本段长城为消失段，起止点之间的直线长度为567米。原墙体分布于天盛成川地中，东西两端为南流的洪水河槽，其间为耕地，洪水冲刷及农田开垦导致墙体消失。天盛成村坐落在东河槽西岸，原墙体于村南缘穿过。

复查时于村东南边缘地带发现烽燧1座，东距天盛成3号烽燧0.54千米，西距天盛成4号烽燧0.56千米。墩台土筑，保存差。台体坍塌，现呈低矮的土丘状，底部直径16、顶部直径10、残高1.5米。墩台周边见有少量泥质褐陶片，器形为宽沿盆、侈口矮领罐。

57. 天盛成长城4段（150222382101030057）

该段长城起自金山镇天盛成村西0.42千米，止于山湾子村南偏东0.45千米。墙体作直线分布，呈东西走向，上接天盛成长城3段，下接山湾子长城。

墙体长1243米，以黄土夯筑，夯层厚8～10厘米，保存差。墙体分布在天盛成村西部西河槽西岸台地上，横跨川地，止于山湾子村南河槽西岸。墙体于地表呈宽土垄状，底宽6～8、顶宽3～4、残高0.5～1.5米。南北两侧为耕地，末端低缓地带有部分耕地拓展到墙体之上；农耕土路沿墙体顶部通行，对该段墙体影响甚大（彩图三四六）。末端为窄河槽，南流洪水造成墙体断豁。

墙体沿线调查烽燧3座，分别为天盛成4号、5号、6号烽燧。

天盛成4号烽燧（150222353201030082）　位于金山镇天盛成村西0.5千米处的西河槽西岸台地上，北距天盛成长城4段墙体0.04千米，西距天盛成5号烽燧0.43千米。

墩台土筑，保存差。台体坍塌，现呈圆形土丘状，底部直径13、顶部直径4、残高1米。烽燧周围为耕地，北部墙体被利用为农耕土路。

天盛成5号烽燧（150222353201030083）　位于金山镇天盛成村西0.97千米处的平缓台地上，北距天盛成长城4段墙体0.05千米，西距天盛成6号烽燧0.57千米。

墩台土筑，濒于消失。台体坍塌，农耕几乎将台体夷平，呈略微隆起于地表的土包状。耕地中散布较多陶片，器形以折沿盆居多，分窄沿厚唇、宽沿三角尖唇和宽沿平唇三类，沿下施数道凹弦纹，腹施弦断绳纹；其次是夹粗砂敛口陶釜，内外叠唇，上腹部素面，下腹部施粗绳纹（图五一）；此外是陶甑，底部漏孔密布，孔径0.8厘米。烽燧西侧有小河槽，洪水南流与山湾子南河槽交汇。

天盛成6号烽燧（150222353201030084）　位于金山镇天盛成村西1.55千米处的台地上，北距天盛成长城4段墙体0.06千米，西距山湾子烽燧0.64千米。

墩台土筑，保存差。台体坍塌，现呈低矮的圆形土丘状，底部直径9、顶部直径3、残高0.7米。烽燧地处山湾子南河槽东岸耕地中，台体也被耕种，濒于消失，亟待抢救保护。

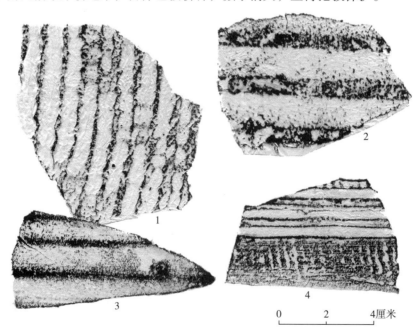

图五一　天盛成5号烽燧采集陶片纹饰拓片

1.粗绳纹　2.弦断粗绳纹　3.凹弦纹　4.凹弦纹与绳纹

58. 山湾子长城（150222382101030058）

该段长城起自金山镇山湾子村南偏东0.45千米，止于山湾子村西南1.06千米。墙体中小段略作内外折线形分布，总体呈东西走向，上接天盛成长城4段，下接程顺渠长城。

墙体长1142米，以黄土夯筑，夯层厚8~10厘米，保存差。墙体分布在山湾子村南河槽西岸至程顺渠北沟西坡上缘之间，先沿村南坡地上坡行，翻过低矮的山梁，横跨西沟谷后转作上坡行，于地表呈低矮的土垄状，底宽3~4、残高0.5米（彩图三四七）。墙体前小段两侧为耕地，局部耕种到墙体上，程顺渠北沟及其东支沟洪水冲刷造成墙体断豁，豁宽分别为12、4米；后小段坡地上的墙体保存相对较好，内侧小缓沟洪水顺墙体冲刷，发现沿沟设置的三道石筑挡水墙，长1.1、残高0.8米，间距5~7米（彩图三四八）。

墙体沿线调查烽燧1座，为山湾子烽燧。

山湾子烽燧（150222353201030085） 位于金山镇山湾子村西南0.57千米处的高山丘顶部，北距山湾子长城墙体0.02千米，西距程顺渠1号烽燧0.67千米。

墩台为土石混筑，保存差。台体坍塌，现呈圆形土石丘状，底部直径10、顶部直径4、残高1.5米（彩图三四九）；顶部有垒砌的石堆。西侧有南北向长方形积薪垛，中间设隔墙隔分为三间，间宽5~7米，墙宽0.5米；南有梯形石圈状积薪垛。

59. 程顺渠长城（150222382102030059）

该段长城起自金山镇程顺渠村北1.2千米，止于程顺渠村西北1.54千米。墙体作外向折线形分布，由东南—西北走向转为东西走向，末端再转为东北—西南走向；上接山湾子长城，下接日兴成长城1段。

墙体长764米，为毛石干垒墙，保存较差。墙体分布于程顺渠北沟西坡与西北沟河槽西岸之间，沿山岭北坡上缘蜿蜒延伸，于地表呈石垄状，底宽3~4、顶宽2、残高0.5~1.5米（彩图三五〇）。墙体内侧较平缓，外侧为陡坡。缓沟谷地带筑土墙，底部有石墙基。末端程顺渠西北沟洪水冲刷造成墙体断豁，豁宽11米。

墙体沿线调查烽燧2座，分别为程顺渠1号、2号烽燧。

程顺渠1号烽燧（150222353201030086） 位于金山镇程顺渠村北偏西1.24千米处的北沟西部高山丘之上，北距程顺渠长城墙体0.02千米，西北距程顺渠2号烽燧0.32千米。

墩台土筑，保存差。台体坍塌为圆形土丘状，底部直径11、顶部直径3、残高1.5米；顶部有后人堆积的锥形石头堆。烽燧南北均为支沟沟脑，北部山洪东北流，南部山洪东流，先后汇入程顺渠北沟。

程顺渠2号烽燧（150222353201030087） 位于金山镇程顺渠村北偏西1.44千米处的高山丘上，北距程顺渠长城墙体0.02千米，西南距日兴成1号烽燧0.58千米。

墩台为土石混筑，外壁垒砌石块内部夯土建筑，保存差。台体坍塌为圆形土石丘状，底部直径15、顶部直径6、残高3米；顶部有垒砌的小石堆。北侧外包石为直壁，残长6米，原有形制为方形或长方形。东北侧有长方形石砌坞址，东西6、南北8米。墩台与墙体之间有长方形石砌高台，台体坍塌，东西9、南北8、残高1.3米；有两道石墙连接于墩台与高台之间，两墙间距5.5米，内部平整，应为二者间通道（彩图三五一）。高台或为烽燧，与程顺渠2号烽燧建筑于不同时期。墩台西南有方形积薪垛2座，东西分布，其中东侧边长4.5米，西侧边长6米。

60. 日兴成长城1段（150222382101030060）

该段长城起自金山镇程顺渠村西北1.54千米，止于程顺渠村西北1.53千米。墙体作外向折线形分布，由东西走向转为东北—西南走向，上接程顺渠长城，下接日兴成长城2段。

墙体长67米，以黄土夯筑，夯层厚8~10厘米，保存差。墙体分布于程顺渠西北沟西半坡上，于地表呈明显宽土垄状，底宽3~4、残高0.5~1米（彩图三五二）。首端墙体无植被，风雨侵蚀显露夯层。

61. 日兴成长城2段（150222382102030061）

该段长城起自金山镇程顺渠村西北1.53千米，止于金山镇日兴成村北2.6千米。墙体前小段作外向折弧形分布，总体呈东北—西南走向，上接日兴成长城1段，下接日兴成长城3段。

墙体长822米，为毛石干垒墙，保存较差。墙体沿山岭北坡上缘延伸，先作上坡行，翻过山岭后转下坡行（彩图三五三），止点在日兴成水库东半坡。墙体多坍塌，于地表呈低矮的石垄状，底宽3～4、残高0.5～1米。墙体内侧较平缓，有就地取材筑墙遗留的壕沟痕迹；筑墙石块随坡向外侧滚落。

墙体沿线调查烽燧2座，分别为日兴成1号、2号烽燧。

日兴成1号烽燧（150222353201030088）　位于金山镇日兴成村北2.78千米处的高山头上，北侧紧邻日兴成长城2段墙体，西南距日兴成2号烽燧0.41千米。

墩台为土石混筑，保存差。台体坍塌为圆形土石丘状，底部直径12、顶部直径2、残高1.5米；局部保存整齐的台体砌筑面。西侧自下而上有两行石块，间距1～2米，应为通向墩台顶部的通道，以方便日常攀登。墩台东南有石圈状积薪垛1座，边长2米。周围采集陶片多为泥质灰陶，器形有侈口矮领罐、折沿盆。罐为外叠圆唇或三角形唇，腹部施弦断绳纹或绳索状平行凸弦纹，间划波浪线；盆宽平沿，腹部施扁平凸弦纹带，其上压绳纹（图四九：1）；还见有夹粗砂陶釜残片，表施粗绳纹（图五二）。烽燧地处日兴成北沟两条东支沟间山岭上，南部为前支沟沟脑，洪水西南向下泄注入正沟；北支沟洪水西南流汇入日兴成水库。

日兴成2号烽燧（150222353201030089）　位于金山镇日兴成村北偏西2.6千米处的山岭半腰山头上，北侧紧邻日兴成长城2段墙体，西距车铺渠1号烽燧0.62千米，二者隔日兴成北沟相望。

墩台土筑，保存差。台体坍塌，现呈高大的圆形土丘状，底部直径11、顶部直径2、残高2.5米（彩图三五四）。南侧倚墩台有圆角长方形石筑坞址，东西17、南北4～6米。采集陶片器形为甑、侈口矮领罐、

图五二　日兴成1号烽燧采集陶片纹饰拓片

1、2.凸弦纹与波浪形划线　3、7.弦断绳纹　4.凹弦纹　5.绳纹　6.粗绳纹

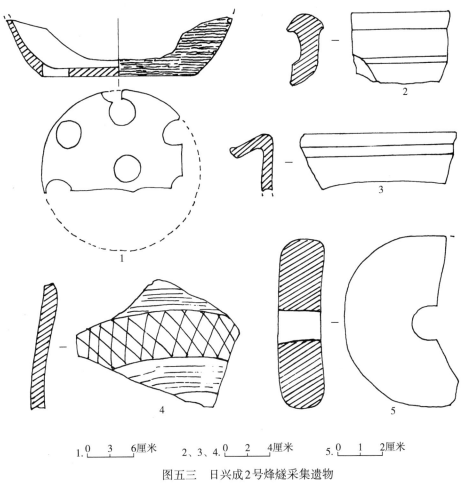

1、0　3　6厘米　　2、3、4. 0　2　4厘米　　5. 0　1　2厘米

图五三　日兴成2号烽燧采集遗物

1.陶甑　2.陶罐　3.陶盆　4.网格暗纹陶片　5.陶纺轮

折沿盆和纺轮等（图五三：1、2、3、5），施弦断绳纹、平行凹弦纹、凸弦纹带、菱形网格纹、交叉绳纹（图五四）和磨压网格状暗纹等（图五三：4）。烽燧西部为日兴成水库，西南部小支沟西岸有羊圈屋。

62. 日兴成长城3段（150222382101030062）

该段长城起自金山镇日兴成村北2.6千米，止于日兴成村北偏西2.62千米。墙体大体作直线分布，呈东西走向，上接日兴成长城2段，下接车铺渠长城1段。

墙体长263米，为夯筑土墙，夯层厚8~10厘米，总体保存差。墙体分布在日兴成北沟及其两岸坡地上，于地表呈低矮的土垄状，底宽4~5、残存最高0.5米。其中，墙体前小段位于沟东岸，痕迹模糊；后小段于西岸作上坡行，轮廓较清晰，这部分墙体保存差，长171米；中小段墙体淹没于水库中，长92米；保存差、消失部分，分别占该段墙体总长的65%、35%。

63. 车铺渠长城1段（150222382102030063）

该段长城起自金山镇车铺渠村北偏东2.98千米，止于车铺渠村北3.09千米。墙体顺山岭北坡略作"S"状分布，总体呈东南—西北走向，上接日兴成长城3段，下接车铺渠长城2段。

墙体长622米，为毛石干垒墙，总体保存较差。墙体分布在日兴成北沟西半坡与其西支沟之间的南北向山岭两侧坡地上，沿山岭横向伸出的支岭北坡半腰延伸，于地表呈低矮的石垄状，底宽2~3、残高0.5~1米（彩图三五五）；大部分地段山体陡峭，墙体严重坍塌，石块随坡滚落。

墙体沿线调查烽燧1座，为车铺渠1号烽燧。

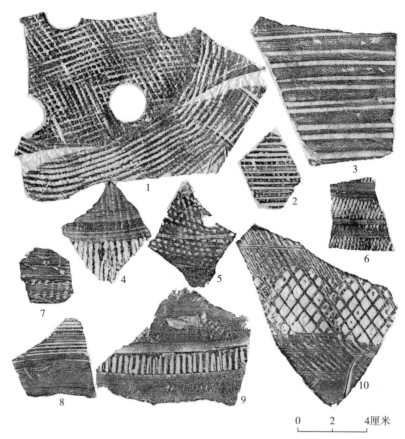

图五四　日兴成2号烽燧采集陶片纹饰拓片

1.陶甑外底交叉绳纹　2、6.弦断绳纹　3、8.凹弦纹　4、5.外、内壁绳纹　7、9.凸弦纹带　10.网格纹

车铺渠1号烽燧（150222353201030090）　位于金山镇车铺渠村北2.9千米处的山岭顶部，北距车铺渠长城1段墙体0.06千米，西偏北距车铺渠2号烽燧0.52千米。

墩台土筑，保存差。台体坍塌，现呈椭圆形土丘状，底部东西10、南北15米，顶部直径1～2米，残高1.2米（参见彩图三五五）。墩台北侧分布积薪垛3座，呈方形石圈状，边长3.5～5米。烽燧东部为日兴成水库，西部为程顺渠北沟西支沟。

64. 车铺渠长城2段（150222382101030064）

该段长城起自金山镇车铺渠村北3.09千米，止于车铺渠村北3.1千米。墙体作直线分布，呈东偏南—西偏北走向，上接车铺渠长城1段，下接车铺渠长城3段。

墙体长90米，以黄土夯筑，夯层厚6～10厘米，保存差。墙体分布于日兴成北沟西支沟中游谷底处，于地表呈低矮的土垄状，底宽3～5、残高0.5米左右。为防洪排水，沟底部位墙体改筑石墙，长15、底宽5.2米。

65. 车铺渠长城3段（150222382102030065）

该段长城起自金山镇车铺渠村北3.1千米，止于车铺渠村北偏西2.93千米。墙体作外向折线形分布，由东西走向转呈东北—西南走向，上接车铺渠长城2段，下接车铺渠长城4段。

墙体长1604米，为毛石干垒墙，总体保存差。墙体分布于日兴成北沟西支沟与车铺渠大北沟东岸坡脚之间，连续翻过山梁及其间的两道沟谷；墙体多坍塌，呈高低不齐的石垄状，底宽2～4、顶宽0.5～2、残高0.5米～2米（彩图三五六）。其中，中小段支沟间的部分东西向墙体保存一般，轻微坍塌，原始结构和形制尚存，长219米，基宽3.6、顶宽2.2、残高2米，外壁面坡度75°（彩图三五七）；前后两端墙体保存差，整体较低矮，长434米；其余部分墙体保存较差，坍塌较严重，长951米；保存一般、保存较差、保存差部分，分别占该段墙体总长的13.7%、59.3%和27%。中小段墙体内侧与山体间发现三道挡水墙，长1、残存最高0.5、间隔3~6米。沟谷底部墙体有断豁。

墙体沿线调查烽燧3座，分别为车铺渠2号、3号、4号烽燧。

车铺渠2号烽燧（150222353201030091）　位于金山镇车铺渠村北3.1千米处的山岭高丘上，北距车铺渠长城3段墙体0.08千米，西距车铺渠3号烽燧0.41千米。

墩台土筑，保存差。台体坍塌，现呈高大的圆形土丘状，底部直径23、顶部直径3、残高3.5米（参见彩图三五六）。墩台南侧有长方形石筑坞址，东西4.5、南北5、坞墙残高1米。墩台东南和东北有积薪垛4座，均呈石圈状，边长4~5米，其中一座由两排石块围成。烽燧东为日兴成北沟西支沟，西为车铺渠北沟东支沟。

车铺渠3号烽燧（150222353201030092）　位于金山镇车铺渠村北3.1千米处的"丫"形沟谷间山岭上，北侧紧邻车铺渠长城3段墙体，西距车铺渠4号烽燧0.38千米。

墩台土筑，东半部用石块修补，保存差。台体坍塌，现呈高大的圆形土丘状，底部直径9~11、顶部直径3.8~4.5、残高2.5米；顶部有小石堆（参见彩图三五七）。南侧有长方形石筑坞址，东西15.6、南北10米，坞墙底宽1、残高0.8米。墩台东坡散布较多石块。南部山梁上有积薪垛4座，南北一线分布，呈方形石圈状，边长4~5米。墩台周边见有泥质褐陶陶盆口沿残片（图三九：6）。

车铺渠4号烽燧（150222353201030093）　位于金山镇车铺渠村北偏西3.2千米处的西支沟西山岭上，北侧紧邻车铺渠长城3段墙体，西南距车铺渠5号烽燧0.86千米。

墩台以黄土夯筑，夯层厚10厘米，保存差。台体坍塌，现呈低矮的圆形土丘状，底部直径20、顶部直径4、残高1.5米；其上有锥形小石堆。东部为陡坡，西南缓坡上有积薪垛5座，均为方形石圈状，边长3~5米（彩图三五八）。

66. 车铺渠长城4段（150222382101030066）

该段长城起自金山镇车铺渠村北偏西2.93千米，止于车铺渠村北偏西2.94千米。墙体略作内向弧线形分布，总体呈东西走向，上接车铺渠长城3段，下接车铺渠长城5段。

墙体长161米，以黄土夯筑，夯层厚8~10厘米，保存差。墙体分布于车铺渠西北沟河槽中及其两岸坡脚处，于地表呈低矮的土垄状，底宽2~4、残存最高0.5米。河槽中的墙体消失，有采砂堆积。洪水冲刷对该段墙体威胁较大，应修筑防洪坝予以抢救保护。

67. 车铺渠长城5段（150222382102030067）

该段长城起自金山镇车铺渠村北偏西2.94千米，止于车铺渠村西北3.03千米。墙体大体作直线分布，呈东偏南—西偏北走向，上接车铺渠长城4段，下接车铺渠长城6段。

墙体长180米，为石墙，保存差。墙体分布在车铺渠村西北沟西坡地上，坍塌为低矮的石垄状，底宽2~3、残高0.5~1米。墙体内壁偶见墙基部位遗存，砌筑规范。墙体内侧较平缓，外侧为陡坡，筑墙石块随坡滚落。

墙体沿线调查烽燧1座，为车铺渠5号烽燧。

车铺渠5号烽燧（150222353201030094）　位于金山镇车铺渠村西北2.87千米处的大北沟西岸高山尖上，东北距车铺渠长城5段墙体0.11千米，西偏北距车铺渠6号烽燧0.63千米。

墩台以黄土夯筑，夯层厚10厘米，保存差。台体坍塌，现呈圆形土丘状，底部直径12、顶部直径3、残高3米。顶部有石块散布，周边山体基岩裸露，西南部沟口处建有截洪水库。

68. 车铺渠长城6段（150222382101030068）

该段长城起自金山镇车铺渠村西北3.03千米，止于车铺渠村西北3.28千米。墙体大体作直线分布，呈东偏南—西偏北走向，上接车铺渠长城5段，下接车铺渠长城7段。

墙体长444米，以黄土夯筑，夯层厚10厘米，保存差。墙体分布在西北沟西坡中部，于地表呈低矮的土垄状，底宽2~3、残高0.5~1米（彩图三五九）。沟谷地带的墙体内侧见有护坡石，以防止洪水冲击墙体；坡地上的墙体内侧小缓沟中分段设置挡水墙，阻截分流山水，以防水患。部分地段墙体因探矿、采矿而破坏。

69. 车铺渠长城7段（150222382102030069）

该段长城起自金山镇车铺渠村西北3.28千米，止于车铺渠村西北3.52千米。墙体接近外向直角折弯分布，由东南—西北走向转呈东北—西南走向，末端呈东偏北—西偏南走向；上接车铺渠长城6段，下接四座大门长城1段。

墙体长660米，为毛石干垒墙，保存差。墙体沿车铺渠西北沟西坡上缘与四座大门东沟上游东岸半坡间的山岭北坡弯曲延伸，坍塌为低矮的石垄状，底宽2~3、残高0.5~1.5米（彩图三六〇），石块多向外侧塌落。土壤充裕的缓沟地带，为土石混筑墙；山崖险峻地段，筑墙石块滚落无痕。

墙体沿线调查烽燧1座，为车铺渠6号烽燧。

车铺渠6号烽燧（150222353201030095）　位于金山镇车铺渠村西北3.36千米处的山岭顶部，东北距车铺渠长城7段墙体0.02千米，西偏南距四座大门1号烽燧0.71千米。

墩台土筑，保存差。台体坍塌成圆形土丘状，底部直径10、顶部直径5、残高1.5米（参见彩图三六〇）。墩台北侧堆积较多石块，形状不可辨，或为坞址。采集陶片可辨器形有泥质褐陶盆、夹粗砂灰褐陶釜，施凹弦纹带、弦断绳纹、绳纹和菱形网格纹；陶釜器表粗涩，施弦断粗绳纹（图五五）。烽燧建筑在地户渠北沟沟脑处的东山岭上，北部为车铺渠西北沟之西支沟沟脑，洪水东流。

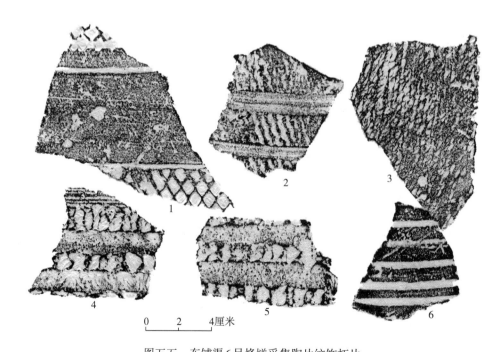

图五五　车铺渠6号烽燧采集陶片纹饰拓片

1.菱形网格纹　2.弦断绳纹　3.绳纹　4、5.弦断粗绳纹　6.凹弦纹

70. 四座大门长城1段（150222382101030070）

该段长城起自金山镇四座大门村北3.2千米，止于四座大门村北3.13千米。墙体作直线分布，呈东偏北—西偏南走向，上接车铺渠长城7段，下接四座大门长城2段。

墙体长224米，以黑褐土夯筑，保存差。墙体分布于四座大门村东沟上游正沟河槽两岸坡地上，于地表呈低矮的土垄状，底宽5、顶宽1、残高1米左右。谷底墙体有断豁，断面呈梯形，基宽4.5、残高2.3米，外壁坡度84°。其东侧坡脚处墙体亦被挖掘出断豁，西岸墙体北侧有羊圈屋。

71. 四座大门长城2段（150222382102030071）

该段长城起自金山镇四座大门村北3.13千米，止于四座大门村北3.14千米。墙体作直线分布，呈东西走向，上接四座大门长城1段，下接四座大门长城3段。

墙体长153米，为土石混筑墙，保存差。墙体分布于四座大门村东沟上游正沟与西支沟间的梁背上，坍塌成低矮的土石垄状，底宽2～3、残高0.5米。

墙体沿线调查烽燧1座，为四座大门1号烽燧。

四座大门1号烽燧（150222353201030096）　位于金山镇四座大门村北3.13千米处的山岭顶部，北距四座大门长城2段墙体0.01千米，西距四座大门2号烽燧0.39千米。

墩台土筑，保存差。台体坍塌，现呈圆形土丘状，底部直径10、顶部直径5、残高1.5米；顶部散布有石块。南侧倚墩台有"U"形石筑坞址。东南部有积薪垛4座，南北分布，均作方形石圈状，边长3.5～4米。采集陶片分泥质和夹砂两类，泥质陶可辨器形为盆、瓿和罐，施平行凸弦纹，带间划波浪线；夹砂陶器形为釜和侈口罐。还见有瓦背绳纹、瓦腹布纹瓦片（图五六）；石饼形器，黑色片麻岩磨制，呈扁平"鸡心"状（图三九：3）。烽燧建筑在四座大门东沟上游两条支沟间山岭上，其南部洪水合流处有羊圈屋。

图五六　四座大门1号烽燧采集陶片纹饰拓片

1.瓦背绳纹　2.凹弦纹　3、4.凸弦纹　5.凸弦纹带与波浪形划线　6.弦断绳纹

72. 四座大门长城3段（150222382102030072）

该段长城起自金山镇四座大门村北3.14千米，止于四座大门村北3.17千米。墙体作直线分布，呈东西走向，上接四座大门长城2段，下接四座大门长城4段。

墙体长113米，为毛石干垒墙，外壁选用较规整的大石块砌筑，保存差。墙体分布于四座大门东沟上游西支沟东坡下缘，坍塌为低矮的石垄状，底宽2～3、残高0.5～1米；石块随坡滚落。墙体内侧较平缓，外侧为陡坡。

73. 四座大门长城4段（150222382101030073）

该段长城起自金山镇四座大门村北3.17千米，止于四座大门村北3.2千米。墙体大体作直线分布，呈东西走向，上接四座大门长城3段，下接四座大门长城5段。

墙体长118米，为夯筑土墙，夯层厚8～11厘米，总体保存差。墙体分布在西支沟的沟谷分叉处及其西坡地上，于地表呈低矮的土垄状，底宽3～4、残高0.5米。墙体后小段保存差，长38米；前小段谷底部位的墙体因洪水冲刷、人为取土及土路通行而消失，长80米；保存差、消失部分，分别占该段墙体总长的32.2%、67.8%。

74. 四座大门长城5段（150222382102030074）

该段长城起自金山镇四座大门村北3.2千米，止于金山镇四成功村东北2.49千米。墙体大部分作外向折线形分布，末端内外略有弯曲；由东南—西北走向转呈东西走向，上接四座大门长城4段，下接四成功长城1段。

墙体长1392米，为毛石干垒墙，保存差。墙体沿四座大门村东沟上游西支沟分叉处西坡作西北向上坡行，至主山岭转沿北坡上缘蜿蜒西行（彩图三六一），止点在老五店沟的五金河谷东山脚。墙体坍塌为低矮的石垄状，底宽2～3、顶宽1、残高0.5～1米。坡地上的墙体内侧缓沟地带，分段设置数道挡水墙，长1、残高0.3、间隔5～10米不等。

墙体沿线调查烽燧2座，分别为四座大门2号、3号烽燧。

四座大门2号烽燧（150222353201030097）　位于金山镇四座大门村北偏西3.26千米处的山岭半腰上，东北距四座大门长城5段墙体0.01千米，西距四座大门3号烽燧0.45千米。

墩台以黄土夯筑，夯层厚8～11厘米，保存差。台体坍塌为圆形土丘状，底部直径6、顶部直径2、残高1.2米。墩台东南有积薪垛2座，石圈状，北为方形，边长2米；南为长方形，东西2.4、南北2米。采集泥质灰陶矮领罐残片，平唇，敛口，肩部压印网格纹带（图五七：4）。烽燧建筑在四座大门东沟上游西支沟"川"字形沟谷的中、西沟间山岭上，西北部沟谷洪水西流汇入五金河。

四座大门3号烽燧（150222353201030098）　位于金山镇四座大门村西北3.2千米处的山梁上，北

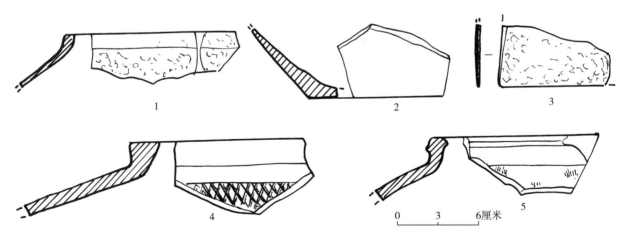

图五七　四座大门2号烽燧及四成功6号、8号烽燧采集遗物

1、3.四成功6号烽燧　2、5.四成功8号烽燧　4.四座大门2号烽燧

距四座大门长城5段墙体0.08千米，西偏南距四成功1号烽燧0.99千米，其间应有1座烽燧消失。

墩台以黄土夯筑，夯层厚8~11厘米，保存差。台体坍塌，现呈圆形土丘状，底部直径20、顶部直径3.5、残高2.5米；顶部被挖掘破坏。东侧有长方形石筑坞址，东西7、南北13米，墙宽1米。南部缓梁背上有积薪垛5座，南北分布，呈石圈状，其中方形3座，边长2.5~5米；长方形2座，东西3.5~5、南北2.5~4米（彩图三六二）。积薪垛东侧有一列石块，长54米。烽燧建筑在三岔山顶部，东侧为四座大门西支沟沟脑，北、西两沟脑的山洪分别向西北流和西流，注入五金河。

75. 四成功长城1段（150222382101030075）

该段长城起自金山镇四成功村东北2.49千米，止于四成功村北偏东2.34千米。墙体作直线分布，呈东西走向，上接四座大门长城5段，下接四成功长城2段。

墙体长329米，为夯筑土墙，夯层厚8~11厘米，保存差。墙体分布于老五店沟五金河谷东台地上，作下坡行，于地表呈低矮的土垄状，底宽3~4、残高0.5米。墙体南北两侧为耕地，有挖掘的大坑分布，对墙体保存有一定影响。

墙体南侧台地上有较多北魏时期陶片，调查定名为四成功遗址。

76. 四成功长城2段（150222382301030076）

该段长城起自金山镇四成功村北偏东2.34千米，止于四成功村北偏东2.17千米。原墙体应作直线分布，呈东西走向，上接四成功长城1段，下接四成功长城3段。

本段长城为消失段，起止点之间的直线长度为449米。原墙体分布在老五店沟五金河河谷中，河水干涸，其东岸为坡耕地，洪水冲刷及耕地开垦导致墙体消失。依相邻上段墙体情况推断，东岸原应为土墙；河槽中原应筑有石墙。

消失段沿线调查烽燧1座，为四成功1号烽燧。

四成功1号烽燧（150222353201030099）　位于金山镇四成功村北偏东2.12千米处的老五店沟东台地上，北距四成功长城2段墙体0.23千米，西距四成功2号烽燧0.62千米。

墩台为土石混筑，外壁以石块垒砌，内部以黄土夯筑，夯层厚8~11厘米，保存差。台体坍塌，现呈低矮的圆形土丘状，底部直径9、顶部直径3、残高1米。墩台东南有积薪垛2座，呈石圈状，南北分布，南为长方形，东西3、南北2米；北为方形，边长3米。墩台周围散布较多陶片，器形以盆居多，宽平沿，沿宽4.5厘米；其次是折沿罐、瓮和陶甑（图五八：4、1、2、5），罐腹施绳索状平行凸弦纹，其间贴塑波浪形泥条；纹饰较丰富（图五九；彩图三六三）。还采集到仿铜陶鍪耳、陶纺轮及铁锛等遗物（图五八：3、6、7）。

77. 四成功长城3段（150222382102030077）

该段长城起自金山镇四成功村北偏东2.17千米，止于四成功村北1.94千米。墙体作内外弧线形弯曲分布，总体呈东西走向，上接四成功长城2段，下接四成功长城4段。

墙体长679米，为毛石干垒墙，总体保存差。墙体沿老五店沟与后四成功北沟之间的山岭北坡蜿蜒穿行，连续翻过两道山岭及其间沟谷，倒塌的墙体于地表呈石垄状，底宽2~4、顶宽1.5~2、残存最高1米。墙体后小段保存较差，内外壁尚有残存，长85米（彩图三六四）；前小段墙体保存差，分布在陡峭的山体上，石块随坡滚落，长594米；保存较差、保存差部分，分别占该段墙体总长的12.5%、87.5%。中部有沟谷洪水东南向下泄，造成墙体断豁，豁宽4米；豁口处的墙体剖面呈梯形，基宽5.2、顶宽3、残高1.8米。

墙体沿线调查烽燧2座，分别为四成功2号、3号烽燧。

四成功2号烽燧（150222353201030100）　位于金山镇四成功村北2.03千米处的老五店沟与其西支

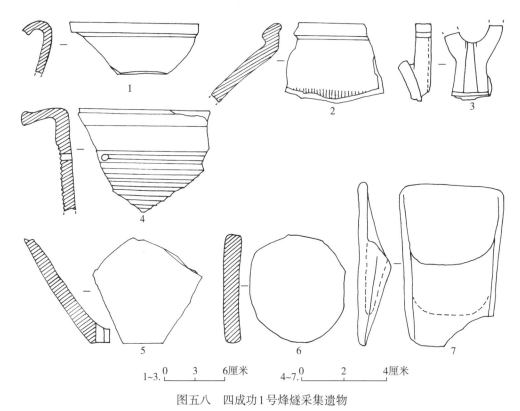

图五八 四成功1号烽燧采集遗物

1.陶罐 2.陶瓮 3.陶鍪耳 4.陶盆 5.陶甑 6.陶饼形器 7.铁锛

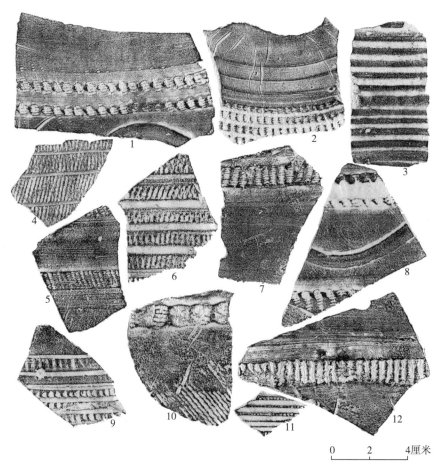

图五九 四成功1号烽燧采集陶片纹饰拓片

1、8.平行凸弦纹与波浪形附加泥条 2、4、6、9、11.弦断绳纹 3.凹弦纹 5、7、12.凸弦纹带 10.凸弦纹与绳纹

沟间的高山尖顶部，北距四成功长城3段墙体0.03千米，西距四成功3号烽燧0.31千米。

墩台土筑，保存差。台体坍塌为圆形土丘状，底部直径10、顶部直径3、残高1.5米。烽燧所在山峰陡峭，东临五金河。

四成功3号烽燧（150222353201030101）　位于金山镇四成功村北2千米处较缓的高山头顶部，北距四成功长城3段墙体0.01千米，西距四成功4号烽燧0.65千米。

墩台土筑，保存差。台体坍塌，现呈圆形土丘状，底部直径11、顶部直径5、残高2.2米。墙体在北坡地上作弧形环绕。烽燧东为老五店沟西支沟，西为后四成功北支沟，洪水东南向下泄注入五金河。

78. 四成功长城4段（150222382101030078）

该段长城起自金山镇四成功村北1.94千米，止于四成功村西北1.93千米。墙体作直线分布，呈东西走向，上接四成功长城3段，下接四成功长城5段。

墙体长210米，以黄土夯筑，夯层厚6～10厘米，保存差。墙体分布于老五店沟西支沟谷底及其两岸坡地上，于地表呈低矮的土垄状，底宽2～3、残高0.5～1米。谷底墙体被山水冲断，豁宽7米（参见彩图三六四）。

79. 四成功长城5段（150222382102030079）

该段长城起自金山镇四成功村西北1.93千米，止于四成功村西北2.25千米。墙体作外向折线形分布，由东西走向转呈东北—西南走向，上接四成功长城4段，下接四成功长城6段。

墙体长2076米，以泥质板岩石板砌筑，总体保存较差。墙体先沿山岭北坡西行，后转西南行，止于康图沟东坡脚。大部分墙体坍塌为石垄状，底宽2～3、顶宽1.5～2、外壁高0.5～3.2、内壁高0.5～1米。其中，墙体中小段保存一般，大体保留原始形态（彩图三六五、三六六），长573米；前小段保存较差，长941米；后小段保存差，长562米；保存一般、保存较差、保存差部分，分别占该段墙体总长的27.6%、45.3%和27.1%。中小段有采矿路穿过，造成墙体断豁。

墙体沿线调查烽燧4座，分别为四成功4号、5号、6号、7号烽燧。

四成功4号烽燧（150222353201030102）　位于金山镇四成功村北偏西1.95千米处的高山丘上，北距四成功长城5段墙体0.02千米，西距四成功5号烽燧0.47千米。

墩台土筑，保存差。台体坍塌，现呈圆形土丘状，底部直径9、顶部直径5、残高2米（参见彩图三六五）。烽燧建筑在后四成功北沟中游西岸的东西向山岭上，南北两侧均为北沟的西支沟。

四成功5号烽燧（150222353201030103）　位于金山镇四成功村北偏西2.04千米处的山顶上，北距四成功长城5段墙体0.01千米，西距四成功6号烽燧0.32千米。

烽燧利用自然山头建设，顶部经人工平整，边缘补砌石块，形成三角形平台，三边分别长8、15、16米；保存一般。烽燧建筑在分水岭上，岭北沟谷山洪东北流，岭南洪水南流，先后流入后四成功北沟、西沟，再汇入五金河。

四成功6号烽燧（150222353201030103）　位于金山镇四成功村西北2.24千米处的高山头上，北距四成功长城5段墙体0.01千米，西南距四成功7号烽燧0.45千米。

墩台土筑，保存差。台体坍塌，现呈覆斗形土丘状，东西5.7、南北6.7、残高2米。附近采集到铁釜、铁锄残片（图五七：1、3）。烽燧地处康图沟的东部高山上，东侧为后四成功北沟脑，西北、西南沟谷的山洪汇入康图沟。

四成功7号烽燧（150222353201030105）　位于金山镇四成功村西北2.14千米处的高山头顶部，北距四成功长城5段墙体0.04千米，西南距四成功8号烽燧0.54千米。

墩台土筑，保存差。台体坍塌，现呈圆形土丘状，底部直径5、残高1.3米。烽燧处在康图沟两条东支沟间的高山岭上，210省道在西部沟谷中穿行。

80. 四成功长城6段（150223382101030080）

该段长城起自金山镇四成功村西北2.25千米，止于四成功村西北2.18千米。墙体作直线分布，呈南北走向，上接四成功长城5段，下接四成功长城7段。

墙体长145米，黄土夯筑，夯层厚10厘米，保存差。墙体分布于康图沟东岸一级台地上，于地表呈低矮的土垄状，底宽3～5、残高0.5米左右。

81. 四成功长城7段（150223382301030081）

该段长城起自金山镇四成功村西北2.18千米，止于四成功村西北2.16千米。原墙体应作直线分布，呈东北—西南走向，上接四成功长城6段，下接哈业胡同长城1段。

本段长城为消失段，起止点之间的直线长度为140米。原墙体分布在康图沟谷底河槽中，墙体因洪水冲刷而消失。210省道自河槽西岸穿过。

消失段沿线调查烽燧1座，为四成功8号烽燧。

四成功8号烽燧（150222353201030106）　位于金山镇四成功村西北2.1千米处的康图沟河槽东岸一级台地上，西距四成功长城7段墙体止点0.06千米，西南距哈业胡同1号烽燧0.45千米。

墩台以黄土夯筑，夯层厚10厘米，保存差。台体坍塌，现呈低缓的圆形土丘状，底部直径11、顶部直径3、残高1.5米。墩台东南有长方形土台基，东西5、南北6、残高0.5米。墩台西北有积薪垛2座，呈长方形石圈状，南为东西2、南北3米；北为东西1.5、南北3米。采集的陶片可辨器形为宽沿盆、矮领罐、夹砂陶釜等（图五七：2、5），还见有瓦背绳纹、瓦腹菱形网格纹瓦片。

82. 哈业胡同长城1段（150223382102030082）

该段长城起自金山镇四成功村西北2.16千米，止于哈业胡同村东北2.93千米。墙体作内外弯曲分布，由东北—西南向转呈东西走向，上接四成功长城7段，下接哈业胡同长城2段。

墙体长1315米，以泥质板岩石板砌筑，外壁筑墙石块大而规整，保存一般。墙体分布在康图沟与海明铁厂北部的东西向山岭北坡上缘，大部分墙体经修复，底宽1.3～2.6、顶宽1.1～1.8、外壁高1.5～2.5、内壁高0.5～1.5米（彩图三六七）。沟谷地带墙体底部设排水口，宽0.4、残高0.5米。局部沟谷地段有豁口。

墙体沿线调查烽燧1座，为哈业胡同1号烽燧。

哈业胡同1号烽燧（150222353201030107）　位于金山镇哈业胡同村东北3.35千米处的山岭东缘顶部，北距哈业胡同长城1段墙体0.05千米，西距哈业胡同2号烽燧0.91千米。

墩台土石混筑，以泥质板岩石板垒砌外壁，内部夯土筑成，保存差。台体坍塌，现呈椭圆形土石丘状，底部东西7.2、南北11米，顶部东西3.8、南北7米，残高1.5米。墩台南侧附筑长方形坞址，泥质板岩石板砌筑，东西7.9、南北4.1米，墙宽0.3米；坞址内有碴石，呈不规则圆形，直径15～20厘米。其南又接筑长方形石筑坞址，东西4.5、南北4米，墙宽0.7～0.9米。烽燧东临康图沟，北部坡下为其西支沟。

83. 哈业胡同长城2段（150223382102030083）

该段长城起自金山镇哈业胡同村东北2.93千米，止于哈业胡同村北偏西2.97千米。墙体大体作直线分布，呈东西走向，上接哈业胡同长城1段，下接哈业胡同长城3段。

墙体长2288米，以泥质板岩石板砌筑，整体保存较差。墙体分布在红石板沟东山岭烽燧与田四沟东北支沟东岸山半坡之间，沿山岭北坡上缘蜿蜒延伸，大部分墙体为原始形态，剖面呈梯形，两壁向上有收分；底宽3～5、顶宽1～2.5、外壁高0.5～4.6、内壁高0.2～1.6米。墙体中小段保存一般，宽厚高峻，基本保留原始形态，且相对稳定，长270米（彩图三六八）；后小段保存较差，局部有坍塌，大体保存原有形制，长1458米（参见彩图三七一）；墙体前小段康图沟西支沟西岸山梁及红石板沟两岸坡地上的墙体保存差，长481米；红石板沟洪水冲刷造成墙体消失，长79米；保存一般、保存较差、保存差、消失部分，分别占该段墙体总长的11.8%、63.7%、21%、3.5%。海明铁厂北沟洪水南向冲刷造成墙体断豁，豁口宽5米；底部原应有排水口，被山洪冲毁；豁口南侧、沟西壁有毛石垒砌的护墙，长3.8、高1.5、宽3.6米（彩图三六九）。应为排水口外的护坡墙，防止山洪冲塌山体并危及长城安全。

墙体沿线调查烽燧3座，分别为哈业胡同2号、3号、4号烽燧。

哈业胡同2号烽燧（150222353201030108）　位于金山镇哈业胡同村北偏东2.91千米处的红石板沟东山岭石磴山头上，北侧紧邻哈业胡同长城2段墙体，西距哈业胡同3号烽燧1.3千米。

墩台土筑，保存差。台体坍塌为圆形土丘状，底部直径8、顶部直径4、残高1.5米（彩图三七〇）；顶部有直径1.2米的圆坑。墩台东侧10余米是一处废弃的石筑院落。

哈业胡同3号烽燧（150222353201030109）　位于金山镇哈业胡同村北2.67千米处的三岔山高丘顶部，北距哈业胡同长城2段墙体0.07千米，西距哈业胡同4号烽燧0.88千米。

墩台土筑，顶部被挖掘出圆坑，受到破坏。台体坍塌为圆形土丘状，底部直径10、顶部直径5、残高1.5米。烽燧东部为红石板沟，北部坡下为其西支沟。

哈业胡同4号烽燧（150222353201030110）　位于金山镇哈业胡同村北偏西2.82千米处的山岭高丘上，北距哈业胡同长城2段墙体0.03千米，西北距哈业胡同5号烽燧0.63千米。

墩台土筑，保存差。台体坍塌，现呈圆形土丘状，底部直径13、顶部直径3、残高2.5米（彩图三七一）；顶部有垒砌的石堆。东侧残存有南北向石墙，墙宽0.7米。南侧倚墩台有石筑坞址，东西5、南北5.8米。墩台南部0.02千米有长城修筑时开辟的采石场，呈圆形浅坑状，周边散布开采的规整石块。采集陶片较少，器形为泥质褐陶弦断绳纹罐和夹砂粗绳纹陶釜，此外有部分素面陶片。烽燧坐落在田四沟（脑包店沟）东部的三岔山顶，北侧山洪西北流，西侧山洪西流，均汇入田四沟东支沟；东部山洪东流，汇入铁厂北沟之正沟；南部为两条沟谷的沟脑，洪水南向下泄先后合流于哈业胡同村北沟。

84. 哈业胡同长城3段（150222382102030084）

该段长城起自金山镇哈业胡同村北偏西2.97千米，止于哈业胡同村北偏西3.05千米。墙体作直线分布，呈东西走向，上接哈业胡同长城2段，下接哈业胡同长城4段。

墙体长145米，为毛石干垒墙，保存差。墙体分布于田四沟东支沟东岸坡地上，沿低缓山梁北坡作下坡行，坍塌的墙体于地表呈低矮的石垄状，底宽2～3.5、残高1～1.5米。

85. 哈业胡同长城4段（150222382101030085）

该段长城起自金山镇哈业胡同村北偏西3.05千米，止于哈业胡同村北偏西3.09千米。墙体作直线分布，呈东南—西北走向，上接哈业胡同长城3段，下接哈业胡同长城5段。

墙体长56米，以黄土夯筑，夯层厚10～14厘米，总体保存差。墙体分布于田四沟东支沟河槽中及其西岸坡地上，于地表呈低矮的土垄状，底宽3～4、残高0.5～1米。其中，墙体后小段保存差，长18米；前小段消失在河槽中，长38米；保存差、消失部分，分别占该段墙体总长的32.1%、67.9%。河槽东壁上的墙体断面呈梯形，基宽4.8、顶宽4、残高2.3米（彩图三七二）；基础经水平修整。河槽西岸有土路穿过墙体，通往北部沟中牧点。

86. 哈业胡同长城5段（150222382102030086）

　　该段长城起自金山镇哈业胡同村北偏西3.09千米，止于哈业胡同村北偏西3.48千米。墙体随山体作内外弯曲分布，总体呈东南—西北走向，上接哈业胡同长城4段，下接永和公长城1段。

　　墙体长533米，为毛石干垒墙，外壁以规整的大石块砌筑，保存较差。墙体分布在田四沟与其东支沟间的山岭两侧坡地上，多坍塌，于地表呈低矮的石垒状，底宽3～4、残高0.5～1米（彩图三七三）。

　　墙体沿线调查烽燧1座，为哈业胡同5号烽燧。

　　哈业胡同5号烽燧（150222353201030111）　位于金山镇哈业胡同村北偏西3.36千米处的山岭上，地处田四沟与其东支沟间的石砬山头上，东、北两侧紧邻哈业胡同长城5段墙体，西距永和公1号烽燧0.33千米。

　　墩台土筑，保存差。台体坍塌为圆形土丘状，底部直径10、顶部直径1、残高2米。周边山体花岗岩裸露（参见彩图三七三），有陶片分布，器形为宽沿盆、罐、甑和釜，施凹弦纹、弦断绳纹、凸弦纹带及交叉绳纹等。其中，有甑底2件，孔径分别为0.4、0.8厘米（彩图三七四）。采集砺石1块，长方形，残半，灰绿色砂岩琢制，顶面经使用深度下凹。残长10.6、宽11.5、厚1.3～3.3厘米（图六○：2）。有铁釜口沿残片，外壁有凸棱（图六○：3）。

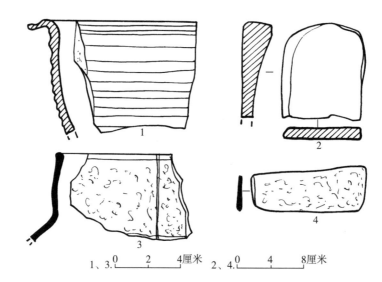

图六○　哈业胡同5号烽燧、西永兴3号烽燧及苏计坝6号烽燧采集遗物

1.陶盆　2.砺石　3.铁釜　4.铁镢（1.苏计坝6号烽燧　2、3.哈业胡同5号烽燧　4.西永兴3号烽燧）

87. 永和公长城1段（150222382101030087）

　　该段长城起自金山镇永和公村北偏东3.48千米，止于永和公村北偏东3.47千米。墙体作外向折线形分布，由东西走向转呈东偏南—西偏北走向，上接哈业胡同长城5段，下接永和公长城2段。

　　墙体长179米，以黄土夯筑，夯层厚10厘米，总体保存差。墙体分布在田四沟河槽中及其两岸坡地上，于地表呈低矮的土垒状，底宽3～4、残高0.5～1米。其中，墙体前后小段保存差，长121米；中小段墙体消失在田四沟河槽中，长58米；保存差、消失部分，分别占该段墙体总长的67.6%、32.4%。田四沟西北支沟洪水在墙体北侧合流于正沟，东小支沟洪水在墙体北侧西流注入正沟，多股山洪汇流之地，对墙体保存影响较大。

　　墙体沿线调查烽燧、障城各1座，为永和公1号烽燧、永和公障城。

　　永和公1号烽燧（150222353201030112）　位于金山镇永和公村东北3.4千米处的田四沟西岸台地上，倚永和公障城北墙东端外侧建筑，北距永和公长城1段墙体0.06千米，西北距永和公2号烽燧0.57千米。

墩台为黄土夯筑，夯层厚10厘米，保存差。台体坍塌，现呈圆形土丘状，底部直径9、顶部直径1.6、残高1.3米（参见彩图三七五）。墩台西10米有方形积薪垛1座，边长4米。南侧有羊圈屋。

永和公障城（150222353102030004） 位于金山镇永和公村北3.4千米处的田四沟河槽西岸台地上，北距永和公长城1段0.06千米，西北距赵碾房障城20.1千米。

障城轮廓隐约可见，平面呈长方形，东西长90、南北宽45米，保存差。南墙较为清晰，其他三墙痕迹模糊，底宽2~3、残存最高1米，南墙中部辟门，门宽9.6米，方向198°（彩图三七五）。障城东墙因人为挖掘而破坏，断面上发现夯层，厚10厘米。紧邻障城南侧为牧点房及羊圈，受水土流失、牲畜踩踏等因素影响，该障城濒于消失。障城内外分布有陶片，器形为盆、罐和釜，纹饰有凹弦纹、平行凸弦纹间波浪纹、绳纹及粗绳纹等，有部分素面陶片。此外，采集石斧1件，青绿色燧石打制。

88. 永和公长城2段（150222382102030088）

该段长城起自金山镇永和公村北偏东3.47千米，止于永和公村北3.69千米。墙体作外向弧线形分布，由东南—西北走向转呈东西走向，上接永和公长城1段，下接永和公长城3段。

墙体长786米，以花岗岩石块砌筑，保存差。墙体分布在田四沟西岸半坡及西部的"丫"形沟谷东支沟东岸之间，先沿直山岭北坡上缘西北行（彩图三七六），遇沟谷转西行，跨过缓沟及西侧山梁后作下坡行，墙体坍塌较为严重，石块随坡滚落；于地表呈高石垄状，底宽3~4、残高0.5~1.5米。前后小段缓沟谷底部位的墙体出现较窄的断豁。

墙体沿线调查烽燧1座，为永和公2号烽燧。

永和公2号烽燧（150222353201030113） 位于金山镇永和公村北3.61千米处的低山头顶部，北距永和公长城2段墙体0.06千米，西北距天面此老1号烽燧0.51千米。

墩台土筑，保存差。台体坍塌，现呈圆形高丘状，底部直径20、顶部直径3、残高2.5米。南侧有石筑坞址，东西8、南北8.7米，墙宽1.7米。南有积薪垛2座，均呈方形石圈状，边长4~5.5米（彩图三七七）。烽燧北部洪水东北流，汇入田四沟；南部洪水作南向、西南向下泄，注入田四沟西北"丫"形支沟。

89. 永和公长城3段（150222382101030089）

该段长城起自金山镇永和公村北3.69千米，止于永和公村北3.73千米。墙体作直线分布，呈东偏南—西偏北走向，上接永和公长城2段，下接天面此老长城1段。

墙体长256米，以黄土夯筑，夯层厚8~10厘米，保存差。墙体分布于田四沟西北"丫"形支沟的东支沟谷地及两岸坡地上，于地表呈低矮的土垄状，底宽3~4、残高0.5~1米（彩图三七八）。谷底河槽及其东侧小支沟的洪水冲刷均造成墙体断豁，河槽西侧为方便通行又挖掘一道豁口，豁宽3米；西壁暴露的墙体剖面呈梯形，基宽5、顶部残宽2、残高1.7米。

90. 天面此老长城1段（150222382102030090）

该段长城起自金山镇天面此老村北偏东2.3千米，止于天面此老村西北2.86千米。墙体作内外折线形分布，中小段呈东西走向，前后小段呈东南—西北走向；上接永和公长城3段，下接天面此老长城2段。

墙体长1843米，以泥质板岩、花岗岩石块砌筑，总体保存差。墙体先沿山岭北坡上部西北行，中间随山势转西行，再转西北行，止于此老图沟河槽东岸；大部分地段于地表呈石垄状，底宽3~4、残高0.5~4米；墙体内侧较平缓，外侧为陡坡，筑墙石块随坡滚落。其中，中小段及后小段前端墙体保存一般，保留原有形制，墙体高峻，外壁最高4、内壁最高3、顶宽2米左右，长431米（彩图三七九、三八○）；前小段及后小段末端墙体多坍塌，保存差，长1412米；保存一般、保存差部分，分别占该段墙体总长的23.4%、76.6%。墙体内壁石块上偶见岩画分布，内容有动物、人物及狩猎场面等。此老图沟东小沟谷底墙体有断豁，豁宽4米。墙体后小段南侧岭背上，发现长城修筑时开辟的采石场，作椭圆形浅坑状，直径6~9米。

墙体沿线调查烽燧4座，分别为天面此老1号、2号、3号、4号烽燧。

天面此老1号烽燧（150222353201030114） 位于金山镇天面此老村北偏东2.2千米处的低山丘上，东北距天面此老长城1段墙体0.09千米，西偏北距天面此老2号烽燧0.63千米。

墩台土筑，保存差。台体坍塌，现呈椭圆形土丘状，底部东西长径10、南北短径3米，顶部长径7、短径2米，残高1.5米；南侧有较多石块。墩台周围分布积薪垛3座，呈长方形石圈状，东侧者东西4、南北4.5米；东南侧者东西4.1、南北4.7米；西侧东西8、南北5米，墙宽0.5米。烽燧建筑在田四沟西北"丫"形支沟间山岭上，支沟洪水在其东南0.5千米处合流。

天面此老2号烽燧（150222353201030115） 位于金山镇天面此老村北2.29千米处的此老图沟东小沟东部山岭上，东北距天面此老长城1段墙体0.02千米，西距天面此老3号烽燧0.24千米。

墩台为土石混筑，保存差。台体坍塌，现呈椭圆形土丘状，底部南北长径13、东西短径6~7米，顶部长径4、短径2.5米，残高2米（参见彩图三七九）；墩台北侧有大量石块，尚有外包石墙残存。墩台东侧有方形积薪垛，边长4米。墩台附近采集到泥质褐陶凹弦纹宽沿盆残片。

天面此老3号烽燧（150222353201030116） 位于金山镇天面此老村北偏西2.25千米处的此老图沟东小沟东岸山头上，东北距天面此老长城1段墙体0.06千米，西北距天面此老4号烽燧0.6千米。

墩台土筑，保存差。台体坍塌为圆形土丘状，底部直径5、顶部直径2、残高1.5米。墩台南侧有单排石块垒砌的石墙，应为后期加固形成，长4.8米。墩台东部有长方形积薪垛2座，东侧者东西5.2、南北3.3米；东北侧者东西2.4、南北3.1米。墩台周边采集的陶片器形为釜、小口罐和甑（图六一），纹饰有凹弦纹、弦断绳纹、交叉绳纹及凸弦纹带间的波浪形划线纹。

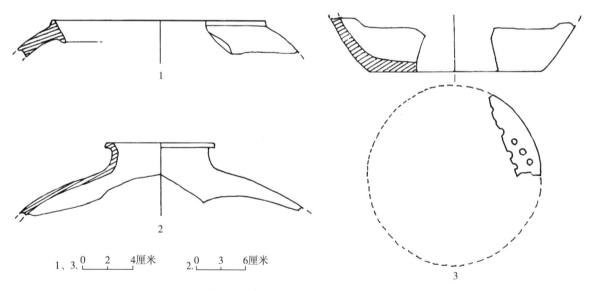

图六一　天面此老3号烽燧采集遗物

1.陶釜　2.陶罐　3.陶甑

天面此老4号烽燧（150222353201030117） 位于金山镇天面此老村北偏西2.62千米处的此老图沟东岸山岭顶部，东北距天面此老长城1段墙体0.02千米，西距西永兴1号烽燧0.76千米。

墩台土石混筑，保存差。台体坍塌为圆形土丘状，底部直径20、顶部直径5、残高2.5米；底部残存外包石痕迹，顶部有小石堆（参见彩图三八〇）。墩台东、东南侧有积薪垛5座，作方形石圈状，边长3～4.5米。北为长城修筑时采石形成的断崖。墩台下采集的陶片器形有宽沿陶盆、侈口矮领罐及陶釜，施凹弦纹、弦断绳纹、凸弦纹带、交叉粗绳纹，部分为素面；有琢制的圆陶片。

91. 天面此老长城2段（150222382101030091）

该段长城起自金山镇天面此老村西北2.86千米，止于天面此老村西北3.13千米。墙体作内向折线形分布，由东西走向转呈东南—西北走向，上接天面此老长城1段，下接西永兴长城。

墙体长428米，以黄土夯筑，夯层厚8～10厘米，总体保存差。墙体分布在此老图沟北口河槽中及其两岸坡地上，于地表呈低矮的土垄状，底宽4～5、残存最高0.5米。其中，河槽两岸的前后小段墙体保存差，长223米；中小段河槽中的墙体消失，长205米；保存差、消失部分，分别占该段墙体总长的52.1%、47.9%。河槽东岸墙体南侧分布积薪垛3座，南北分布，呈石圈状，两端者呈长方形，东西2.6～4、南北4.2～4.5米；居中者为方形，边长4.5米。墙体外侧多股洪水向山口聚集，侵蚀北口两侧墙体。

92. 西永兴长城（150222382102030092）

该段长城起自金山镇天面此老村西北3.13千米，止于金山镇西山湾村阿贵沟羊场东偏南1.11千米。墙体大体作直线分布，呈东南—西北走向，上接天面此老长城2段，下接西山湾长城1段。

墙体长1001米，为毛石干垒墙，外壁筑墙石块较大，总体保存一般。墙体分布于此老图沟及其西支沟南岔沟间山岭上，沿直山脊外侧延伸，大部分地段墙体高峻，原始形制尚存，底宽3～4、顶宽2米、外壁残高1～3、内壁残高0.5～2.5米（彩图三八一）。其中，墙体中小段保存一般，长851米；前后两端墙体坍塌较为严重，保存差，长150米；保存一般、保存差部分，分别占该段墙体总长的85%、15%。墙体内侧采石筑墙形成的壕沟几乎被淤平，壕宽3～5米；局部壕沟边与山体相接处有石砌护坡。墙体前小段南侧山岭上有原始采石场。

墙体沿线调查烽燧3座，分别为西永兴1号、2号、3号烽燧。

西永兴1号烽燧（150222353201030118）　位于金山镇西永兴村牛场湾西南0.8千米处的此老图沟西岸山头上，东北距西永兴长城墙体0.28千米，北偏西距西永兴2号烽燧0.46千米。

墩台土筑，保存差。台体坍塌，现呈明显隆起的圆形土丘状，底部直径11、顶部直径2.5、残高2.5米；顶部有垒砌的石堆。墩台东侧有积薪垛1座；南侧3座，东西分布，均呈方形石圈状，边长3～5米（彩图三八二）。东部长城延伸的山岭断豁为此老图沟河槽，东北隔河槽为牛场湾牧点。

西永兴2号烽燧（150222353201030119）　位于金山镇西永兴村阿贵沟羊场东偏南1.63千米处的缓丘上，东北侧紧邻西永兴长城墙体，西北距西永兴3号烽燧0.45千米。

墩台土筑，保存差。台体坍塌，现呈高大的圆形土丘状，顶尖底阔；底部直径10、顶部直径2、残高3米。墩台西侧有石墙，长12、宽1米；有短墙三道连接于石墙与烽燧之间，类似于两开间式坞址。墩台周边有积薪垛5座，其中西南侧2座，呈石堆状（彩图三八三、参见彩图三八一）；南侧1座，东侧2座，均呈方形，边长3～5米。墩台周边有施凹弦纹的陶盆残片及铁釜残块。烽燧修筑在此老图沟西支沟南山岭山头上，东隔此老图沟河槽为牛场湾牧点。

西永兴3号烽燧（150222353201030120）　位于金山镇西永兴村阿贵沟羊场东1.23千米处的此老图沟西支沟南山岭上，东北距西永兴长城墙体0.03千米，西北距西山湾1号烽燧0.53千米。

墩台土筑，保存差。台体坍塌，现呈较高的圆形土丘状，底部直径11、顶部直径4、北侧残高2.6米。墩台北侧有石砌护坡，残高1.5米。烽燧下采集到铁镢，残存半面，宽13.2、高5厘米（图六〇：4）。烽燧西侧小沟山洪北流，汇入此老图沟西支沟；小沟西岸为长城山险墙。

93. 西山湾长城1段（150222382105030093）

该段长城起自金山镇西山湾村阿贵沟羊场东南1.11千米，止于阿贵沟羊场东1.09千米。长城作直线分布，呈东南—西北走向，上接西永兴长城，下接西山湾长城2段。

本段长城为山险墙，长38米。山险墙位于此老图沟西支沟南岔沟西岸，系一段自然石碴山岭，外侧为断崖，高2.4～3.5米；东侧亦为陡坡，山豁地段用石块封堵（彩图三八四）；崖下陡坡上有较多滚落的筑墙石块。

94. 西山湾长城2段（150222382102030094）

该段长城起自金山镇西山湾村阿贵沟羊场东1.09千米，止于阿贵沟羊场北偏东0.58千米。墙体前小段作内外弯曲分布，总体呈东南—西北走向，上接西山湾长城1段，下接西山湾长城3段。

墙体长1221米，为毛石干垒墙，总体保存一般。墙体分布在此老图沟西支沟南岔沟西岸坡上与阿贵沟东岸山半坡之间，沿山岭北半坡蜿蜒行进，大部分地段墙体原貌犹存；基宽2.5～4、顶宽1.5～2、外壁残高1.5～3、内壁残高0.5～2.7米。其中，墙体中小段保存一般，利用开采的较大花岗岩石块砌筑，总体较为稳固，长655米（彩图三八五）；前后小段保存较差（彩图三八六、参见彩图三八四），外壁局部坍塌，长408米；中后小段结合部、山梁陡坡上的墙体保存差，完全坍塌，石块随坡滚落，长158米；保存一般、保存较差、保存差部分，分别占该段墙体总长的53.7%、33.4%和12.9%。中小段墙体内壁泥质板岩石板上见有磨刻动物岩画，图案较模糊。

墙体沿线调查烽燧2座，分别为西山湾1号、2号烽燧。

西山湾1号烽燧（150222353201030121）　位于金山镇西山湾村阿贵沟羊场东0.76千米处的此老图沟西支沟南山岭山头上，东北距西山湾长城2段墙体0.04千米，西北距西山湾2号烽燧0.47千米。

墩台土筑，保存差。台体坍塌，现呈圆形土丘状，底部直径15、顶部直径4、残高2米。墩台东南部山岭上分布方形积薪垛3座，边长4～5米（彩图三八七）。采集有泥质褐陶片，施弦断绳纹和凸弦纹带（图六二：2、3）。烽燧南侧为羊场屋东支沟沟脑，洪水西流汇入阿贵沟；北为此老图沟西支沟。

西山湾2号烽燧（150222353201030122）　位于金山镇西山湾村阿贵沟羊场东北0.59千米处的阿贵沟东山岭顶部，东北距西山湾长城2段墙体0.01千米，西北距西山湾3号烽燧0.73千米；二者隔阿贵沟相望。

墩台土筑，保存差。台体坍塌为圆形土丘状，底部直径11、顶部直径3、残高2.5米；顶部有垒

0　　1　　2厘米

图六二　西山湾1号、2号烽燧采集陶片纹饰拓片

1、4. 西山湾2号烽燧　　2、3. 西山湾1号烽燧

砌的锥形石堆（参见彩图三八六）。墩台西南、东南部分布积薪垛4座，均作方形石圈状，边长2.5~6米。墩台东南0.1千米处的低矮山头上，有圆形石头堆，附近采集到凹弦纹陶片（图六二：1、4）及铁釜口沿残片，疑为石筑烽燧，调查未予确认。烽燧南为羊场屋东北沟沟脑，北为此老图沟西支沟沟脑。

95. 西山湾长城3段（150222382102030095）

该段长城起自金山镇西山湾村阿贵沟羊场北偏东0.58千米，止于阿贵沟羊场西北1.91千米。墙体大体作直线分布，呈东南—西北走向，末端转为东北—西南走向；上接西山湾长城2段，下接西山湾长城4段。

墙体长1990米，为毛石干垒墙，总体保存一般。墙体分布在阿贵沟与敖石板沟河槽东岸之间，沿狭窄的直山岭北坡上缘西北行，局部直接建筑在山脊上，大部分墙体保留原有形态，基宽2.5~4、顶宽1.5~2、外壁残高1.5~3、内壁残高0.5~2.7米。其中，墙体中小段保存一般，两壁以较大的花岗岩掺杂泥质板岩石块砌筑，局部有坍塌，长1026米（彩图三八八）；阿贵沟两侧坡地及末端墙体坍塌较为严重，保存差，长964米（彩图三八九）；保存一般、保存差部分，分别占该段墙体总长的51.6%、48.4%。后小段墙体内侧浅沟中发现三截挡水墙，长1.2、残高0.3米。山岭中段有石门状断豁，豁中筑墙；近末端墙体内侧坡地上有石筑方形基址，边长2.5米。

墙体沿线调查烽燧2座，分别为西山湾3号、4号烽燧。

西山湾3号烽燧（150222353201030123）　位于金山镇西山湾村阿贵沟羊场北0.86千米处的山岭石砬山头上，东北侧紧邻西山湾长城3段墙体，西北距西山湾4号烽燧0.74千米。

墩台土筑，保存差。台体坍塌，现呈圆形土丘状，底部直径7、顶部直径1、残高1米（彩图三九〇）。烽燧南侧山崖陡峭，其下为阿贵沟羊场西沟的东支沟沟脑。

西山湾4号烽燧（150222353201030124）　位于金山镇西山湾村阿贵沟羊场西北1.45千米处的敖石板沟东山岭上，北距西山湾长城3段墙体0.01千米，西北距西山湾5号烽燧1.5千米。

墩台土筑，保存差。台体坍塌，现呈高大的圆形土丘状，底部直径7、顶部直径1.5、残高4米（参见彩图三八九）。墩台南侧为陡峭的山崖，西南山脚下有方形石圈，边长10米。石圈东西两侧为支沟脑，西侧山洪西流、东侧山洪西南流，先后汇入敖石板沟。

96. 西山湾长城4段（150222382301030096）

该段长城起自金山镇西山湾村阿贵沟羊场西北1.91千米，止于西山湾村老五台羊场东0.21千米。原墙体应作直线分布，呈东偏北—西偏南走向，上接西山湾长城3段，下接西山湾长城5段。

本段长城为消失段，起止点之间的直线长度为117米。原墙体地处敖石板沟河槽中，洪水冲刷造成墙体消失。河槽东北、西南两侧台地为耕地，西岸为老五台羊场。

97. 西山湾长城5段（150222382101030097）

该段长城起自金山镇西山湾村老五台羊场东0.21千米，止于老五台羊场东北0.08千米。墙体作直线分布，呈东南—西北走向，上接西山湾长城4段，下接西山湾长城6段。

墙体长137米，以黄土夯筑，夯层厚10厘米，总体保存差。墙体分布于敖石板沟西岸坡地上，于地表呈低矮的土垄状，底宽3~5、残高0.5米。其中，墙体前小段处在敖石板沟与羊场北侧的西支沟间，保存差，长62米；西支沟洪水东南向下泄，造成后小段墙体消失，长75米；保存差、消失部分，分别占该段墙体总长的45.3%、54.7%。

98. 西山湾长城6段（150222382102030098）

该段长城起自金山镇西山湾村老五台羊场东北0.08千米，止于老五台羊场西北0.43千米。墙体略作内向弧线形分布，总体呈东南—西北走向，上接西山湾长城5段，下接西山湾长城7段。

墙体长492米，为毛石干垒墙，总体保存差。墙体沿老五台羊场西北坡地作上坡行，止点在敖石板沟西北支沟南岸山岭半坡处，北岸对面有圆山头。墙体顺坡坍塌，于地表呈低矮的石垒状，底宽4~6、残高0.5~1米。其中，中后小段墙体保存差，长450米；羊场北侧的前小段墙体因西北支沟洪水冲刷而消失，长42米；保存差、消失部分，分别占该段墙体总长的91.5%、8.5%。

99. 西山湾长城7段（150222382102030099）

该段长城起自金山镇西山湾村老五台羊场西北0.43千米，止于老五台羊场西北0.62千米。墙体作直线分布，呈东南—西北走向，上接西山湾长城6段，下接哈毛坝长城1段。

墙体长190米，为石墙，保存差。墙体分布于席麻壕东北部山岭北半坡上，大部分地段墙体于地表呈低矮的石垒状，底宽2~4、残存最高1米。前小段有部分墙体利用自然峭壁，长26、高2~4.5米；在崖壁的低矮豁口处补筑石墙，筑墙石块大部分滚落山崖下（彩图三九一）。

墙体沿线调查烽燧1座，为西山湾5号烽燧。

西山湾5号烽燧（150222353201030125）　位于金山镇西山湾村老五台羊场西北0.6千米处的席麻壕与老五台羊场西北沟间山岭顶部，东北距西山湾长城7段墙体0.1千米，西北距哈毛坝1号烽燧0.67千米。

墩台土筑，保存差。台体坍塌，现呈高大的圆形土丘状，底部直径11、顶部直径2、残高2.5米；顶部有垒砌的小石堆。北侧腰部残存石墙痕迹，或为外包石。东侧倚墩台有石筑坞址，东西10、南北17米，墙宽1~1.5米（彩图三九二）；内部有三道东西向隔墙，将坞址隔成四间。墩台东南有方形积薪垛1座，边长4米。墩台下见有少量泥质灰陶片，施平行凹弦纹、凸弦纹带及弦断绳纹。见有铁镬残块。

100. 哈毛坝长城1段（150222382102030100）

该段长城起自金山镇西山湾村老五台羊场西北0.62千米，止于西斗铺镇哈毛坝村南偏东1千米。墙体作外向折线形分布，由东南—西北走向转呈东西走向，上接西山湾长城7段，下接哈毛坝长城2段。

墙体长1516米，为毛石干垒墙，总体保存较差。墙体沿山岭北半坡蜿蜒西北行，末端转西行，止点在哈毛坝南沟之西支沟东半坡。大部分墙体已坍塌，于地表呈低矮的石垒状，底宽3~6、顶宽0.5~2.2、残存最高1.5米。其中，墙体中小段保存较差，外壁已坍塌，内壁多有残存（彩图三九三），长774米；前后小段（彩图三九四）保存差，长742米；保存较差、保存差部分，分别占该段墙体总长的51.1%、48.9%。

墙体沿线调查烽燧3座，分别为哈毛坝1号、2号、3号烽燧。

哈毛坝1号烽燧（150222353201030126）　位于西斗铺镇哈毛坝村东南1.57千米处的山岭顶部，东北距哈毛坝长城1段墙体0.03千米，西北距哈毛坝2号烽燧0.45千米。

墩台土筑，保存差。台体坍塌为圆形土丘状，底部直径12、顶部直径3、残高3米（参见彩图三九三）。墩台西南侧有土台，长10、宽6米。南部梁背上有积薪垛2座，边长均5米。墩台周边采集到素面、凹弦纹、弦断绳纹及波浪形泥条贴塑陶片。烽燧北部为老五台羊场西北沟沟脑，西为席麻壕沟脑；两沟洪水于长城所在山岭两侧东南向下泄，注入敖石板沟。

哈毛坝2号烽燧（150222353201030127）　位于西斗铺镇哈毛坝村东南1.16千米处的高山丘上，东北侧紧邻哈毛坝长城1段墙体，西距哈毛坝3号烽燧0.31千米。

墩台土石混筑，保存差。台体坍塌，现呈圆形土丘状，底部直径7、顶部直径3、残高2米（参见彩图三九四）。西侧倚墩台有石筑坞址，长7、宽5米，墙宽1米。墩台南部分布积薪垛7座，其中方形5座，边长2~4米；长方形2座，长5.5~6.5、宽5米。墩台东南0.05千米有原始采石坑，直径12米，坑边遗留有规整的石块；西侧亦见采石场，呈圆形浅坑状，直径20米。烽燧东西两侧为哈毛坝沟沟脑，洪水西北流经黑土坡村，注入王如地川地河槽。

哈毛坝3号烽燧（150222353201030128）　位于西斗铺镇哈毛坝村南0.96千米处的哈毛坝沟南支沟东岸山头上，北侧紧邻哈毛坝长城1段墙体，西距哈毛坝4号烽燧0.31千米。

墩台土筑，夯层厚10厘米，保存差。台体坍塌，现呈圆形土丘状，底部直径8、顶部直径2、残高2米（彩图三九五），表面风蚀严重。南侧有石头堆，直径5米。墩台附近采集的陶片可辨器形为盆、罐、釜，施凹弦纹、弦断绳纹、粗绳纹。烽燧西部沟脑地带较平缓，开辟为耕地。

101. 哈毛坝长城2段（150222382101030101）

该段长城起自西斗铺镇哈毛坝村南偏东1千米，止于哈毛坝村西南0.98千米。墙体作直线分布，呈东南—西北走向，上接哈毛坝长城1段，下接后西永兴长城1段。

墙体长1139米，以黄土夯筑，夯层厚10~13厘米，保存差。墙体分布在哈毛坝南沟东西两侧山岭北半坡上，于地表呈低矮的土垄状，底宽3~5、顶宽0.5~1、残高0.5~1米（彩图三九六）。有土路沿哈毛坝村南沟南行进入火石沟，造成墙体豁口。

墙体沿线调查烽燧2座，分别为哈毛坝4号、5号烽燧。

哈毛坝4号烽燧（150222353201030129）　位于西斗铺镇哈毛坝村南0.96千米处的哈毛坝南沟东岸平缓的山头上，北距哈毛坝长城2段墙体0.07千米，西距哈毛坝5号烽燧0.42千米。

墩台土筑，保存差。台体坍塌，现呈低矮的圆形土丘状，底部直径10、残高0.5米。墩台的东梁背上有积薪垛2座，边长分别为2、4.5米。墩台周边采集到盆、盘口罐、壶和釜残片，施凹弦纹、弦断绳纹、粗绳纹及凸弦纹。还见有铁锈残块。烽燧东侧为哈毛坝沟南支沟沟脑，有土路在西侧的哈毛坝村南沟中穿行。

哈毛坝5号烽燧（150222353201030130）　位于西斗铺镇哈毛坝村南偏西0.87千米处的哈毛坝村南沟西岸山头上，北距哈毛坝长城2段墙体0.03千米，西北距后西永兴1号烽燧0.53千米。

墩台土筑，保存差。台体坍塌为圆形土丘状，底部直径15、顶部直径5、残高2米；顶部有垒砌的石堆。墩台南部分布积薪垛3座，其中方形1座，边长2米；长方形2座，分别为东西5、南北4米和东西1、南北2米。烽燧南部为后西永兴东南沟沟脑，洪水西北流汇入哈毛坝沟。

102. 后西永兴长城1段（150222382102030102）

该段长城起自西斗铺镇后西永兴村南偏东0.22千米，止于后西永兴村西南0.22千米。墙体后小段作外向圆弧形分布，总体呈东南—西北走向，上接哈毛坝长城2段，下接后西永兴长城2段。

墙体长368米，为毛石干垒墙，保存差。墙体分布于后西永兴村东南山丘北坡地上，地处后西永兴村所在沟谷及其东支沟之间；坍塌为低矮的石垄状，底宽3~6、残存最高0.5米。

墙体沿线调查烽燧1座，为后西永兴1号烽燧。

后西永兴1号烽燧（150222353201030131）　位于西斗铺镇后西永兴村南0.35千米处平缓的山丘顶部，北距后西永兴长城1段墙体0.19千米，西北距后西永兴2号烽燧0.53千米。

墩台土石混筑，保存差。台体坍塌，现呈圆形土石丘状，底部直径12、顶部直径1、残高1米；顶部及周边散落较多石块，疑为垒砌坞址所用石块，坞址形制难辨。墩台南侧分布方形积薪垛4座，边长2~5米。采集的陶片可辨器形为泥质褐陶盆和夹砂褐陶侈口罐，其中盆沿下施数道凹弦纹，罐腹部施并列扁平凸弦纹带，带上压印密线式绳纹；下腹部施弦断绳纹（图六三）。此外，采集到铁锈残块。

103. 后西永兴长城2段（150222382101030103）

该段长城起自西斗铺镇后西永兴村西南0.22千米，止于后西永兴村西0.66千米。墙体作直线分布，呈东南—西北走向，上接后西永兴长城1段，下接后西永兴长城3段。

图六三　后西永兴1号烽燧采集陶片纹饰拓片

1.弦断绳纹　2.凹弦纹

墙体长489米，为黄土夯筑，夯层厚10厘米，保存差。墙体分布在后西永兴南沟东岸至村西缓支沟沟脑间的山岭东西坡地上，于地表呈低矮的土垄状，底宽3~4.5、残存最高0.5米。坡地上的墙体保存相对较好，村南沟谷中的墙体濒于消失。有东西向土路叠压在后小段部分墙体上，对墙体保存影响甚大。

墙体沿线调查烽燧1座，为后西永兴2号烽燧。

后西永兴2号烽燧（150222353201030132）　位于西斗铺镇后西永兴村西南0.39千米处的平缓山头上，北侧紧邻后西永兴长城2段墙体，西北距后西永兴3号烽燧0.31千米。

墩台以黄土夯筑，保存差。台体坍塌，地表几乎不见土丘状隆起，底部直径13米。墩台周边采集到泥质褐陶陶片，器形为宽沿盆和侈口矮领罐，陶盆沿下施平行凹弦纹。烽燧南有土路，连接于村庄与其西部耕地之间。

104. 后西永兴长城3段（150222382102030103）

该段长城起自西斗铺镇后西永兴村西0.66千米，止于后西永兴村西0.88千米。墙体作内外弧线形分布，总体呈东偏南—西偏北走向，上接后西永兴长城2段，下接后西永兴长城4段。

墙体长231米，为毛石干垒墙，保存差。墙体分布在村西缓支沟沟脑西部的低山北坡地上，止点在黑土坡村南沟东支沟谷底；坍塌的墙体于地表呈低矮的石垄状，底宽4~6、残高0.5~1.5米（彩图三九七）。山头东坡地上的墙体内侧发现有石筑坞址，呈方形，边长13米；北墙借用长城墙体，另筑三面坞墙而成。

墙体沿线调查烽燧1座，为后西永兴3号烽燧。

后西永兴3号烽燧（150222353201030133）　位于西斗铺镇后西永兴村西偏北0.69千米处的缓支沟沟脑西侧低山头上，北侧紧邻后西永兴长城3段墙体，西北距后西永兴4号烽燧0.53千米。

墩台土筑，保存差。台体坍塌，现呈低矮的圆形土丘状，底部直径11、顶部直径7、残高1米。墩台南侧有长方形积薪垛3座，其中南者为东西3、南北3.5米；中者为东西2.3、南北1.5米；北者为东西3.2、南北2.8米，墙宽0.5米。墩台下采集到宽沿盆残片，沿下施数道平行凹弦纹；还见有弦断绳纹上附加波浪形泥条陶片（图六四：1、2）。烽燧所在山体南坡基岩裸露，东西两侧沟谷地带为耕地；其中西南侧沟谷底部有三道防洪土坝。

105. 后西永兴长城4段（150222382101030105）

该段长城起自西斗铺镇后西永兴村西0.88千米，止于后西永兴村西1.11千米。墙体作直线分布，

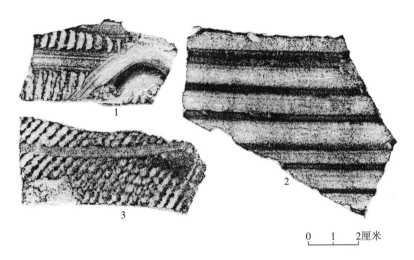

0　1　2厘米

图六四　后西永兴3号、7号烽燧采集陶片纹饰拓片

1、2.后西永兴3号烽燧　3.后西永兴7号烽燧

呈东南—西北走向，上接后西永兴长城3段，下接后西永兴长城5段。

墙体长239米，以黄土夯筑，夯层厚10～12厘米，保存差。墙体分布在黑土坡村南沟东支沟谷底及西部坡地上，于地表呈低矮的土垄状，底宽3～5、残高0.5米左右。墙体首端南侧谷地为耕地，耕地北部边缘筑一道石墙。

106. 后西永兴长城5段（150222382102030106）

该段长城起自西斗铺镇后西永兴村西1.11千米，止于后西永兴村西2.04千米。墙体作外向椭圆弧线形分布；总体呈东西走向，上接后西永兴长城4段，下接后西永兴长城6段。

墙体长1050米，为毛石干垒墙，总体保存较差。墙体分布在黑土坡村南沟上游两侧的低山丘陵地带，沿山体北坡修筑。墙体大部分坍塌，于地表呈低矮的石垄状，底宽3～5、残高0.5～2米（彩图三九八）。其中，黑土坡村南沟东西坡地上的墙体保存较差，长1003米（彩图三九九）；南沟谷底部位的墙体因洪水冲刷消失，长47米；保存较差、消失部分，分别占该段墙体总长的95.5%、4.5%。起点处墙体南侧有石筑坞址，东西6、南北3米；内有两道南北隔墙，分隔成三间。中小段墙体内壁发现3幅岩画，均为动物图案；南侧地表有两块大石块，顶面平，中间凿刻有方形凹坑，规格分别为边长5、深3厘米和边长6.5、深2厘米。

墙体沿线调查烽燧4座，分别为后西永兴4号、5号、6号、7号烽燧。

后西永兴4号烽燧（150222353201030134）　位于西斗铺镇后西永兴村西偏北1.21千米处的黑土坡村南沟上游东岸山头上，北距后西永兴长城5段墙体0.02千米，西距后西永兴5号烽燧0.34千米。

墩台土石混筑，外壁垒砌石块、内部夯土筑成，保存差。台体坍塌，现呈高大的圆形土石丘状，底部直径11、顶部直径5、残高3.2米；顶部有后人垒筑的小石堆。北壁下缘外包石少有遗存，直壁，残高0.3米，大部分石块滚落坡下。周边见有泥质灰褐陶侈口矮领罐腹片，施绳索状平行凸弦纹，弦纹间贴塑波浪形泥条。烽燧东、南两侧为支沟沟脑，山洪西北流汇入黑土坡南沟之正沟。

后西永兴5号烽燧（150222353201030135）　位于西斗铺镇后西永兴村西偏北1.54千米处的黑土坡村南沟西岸小山头上，北距后西永兴长城5段墙体0.03千米，西距后西永兴6号烽燧0.27千米。

墩台土筑，保存差。台体坍塌为圆形土丘状，底部直径10、顶部直径2.5、残高3.5米（彩图四〇〇）。南侧倚墩台有石筑坞址，东西3.5、南北6米。烽燧北部正对黑土坡南沟，可对该沟实施有效监控。

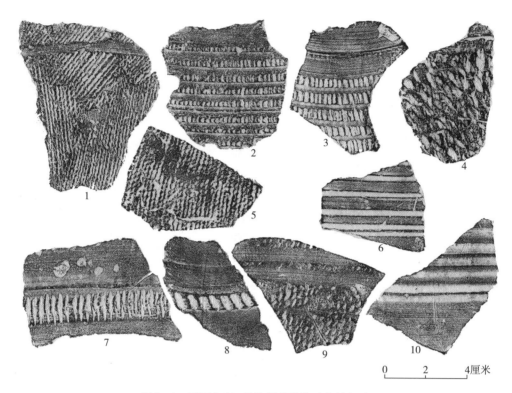

图六五　后西永兴6号烽燧彩集陶片纹饰拓片

1.交叉与弦断绳纹　2、3、9.弦断绳纹　4.粗绳纹　5.绳纹　6、10.凹弦纹　7.凸弦纹带上竖齿纹　8.凸弦纹上压印密线式绳纹

后西永兴6号烽燧（150222353201030136）　位于西斗铺镇后西永兴村西偏北1.8千米处，地处黑土坡村南沟与崔家沟间的石砬山头之上。北距后西永兴长城5段墙体0.02千米，南距后西永兴7号烽燧0.27千米。

墩台以黄土夯筑，夯层厚8~12厘米，保存差。台体坍塌为圆形土丘状，底部直径11、顶部直径3、残高4米；其上有多个浅坑。墩台南侧散布较多石块，应为坞址，形制不可辨。墩台南部山岭上南北分布积薪垛5座（彩图四○一），由南向北依次为：圆形，直径4米；长方形，东西3、南北5米；方形，边长2米；方形，边长2.1米；长方形，东西2、南北3米。墩台下散布较多陶片，分泥质陶和夹砂陶两类，泥质陶可辨器形有宽沿盆、侈口矮领罐（图六六：1、3、5）；盆沿下施数道凹弦纹，罐腹部施扁平凸弦纹带，带上竖压浅沟纹，有的压印网格纹；凸弦纹上压印密线式绳纹。夹砂陶器壁较厚，器形为釜和侈口矮领罐；釜下腹部施粗绳纹，也见有交叉绳纹（图六五）。此外，采集到铁锛，楔形，銎口，下部两侧有凸棱，高6.7、宽5.5、顶端厚2.5厘米（图六六：2）；铁钁，扁平长方体，残断，顶端有槽形銎口，锈蚀严重，宽14.6、高5.1、厚2厘米（图六六：4）。

后西永兴7号烽燧（150222353201030137）　位于西斗铺镇后西永兴村西1.78千米处的高山头上，北距后西永兴长城5段墙体0.27千米，西北距苏计坝1号烽燧0.59千米。

墩台石筑，保存差。将自然山尖削平（参见彩图三九九），边缘垒砌石块而形成长方形平台，东西4.5、南北10.7米；平台中部有低矮的小石堆。墩台两侧为陡坡，于东坡下采集到陶片，可辨器形有宽沿盆，沿下施凹弦纹、弦断绳纹（图六四：3）。此外，见有锈蚀严重的锛、釜等铁器残块。烽燧建筑在高峻的孤山头顶部，西北坡下是分水岭，洪水向东北、西分流，分别汇入黑土坡村南沟和崔家沟。

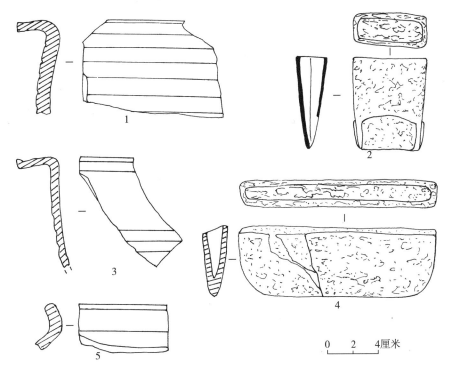

图六六　后西永兴6号烽燧采集遗物

1、3.陶盆　2.铁锛　4.铁镬　5.陶罐

107. 后西永兴长城6段（150222382101030107）

该段长城起自西斗铺镇后西永兴村西2.04千米，止于后西永兴村西2.16千米。墙体作直线分布，呈东西走向，上接后西永兴长城5段，下接苏计坝长城1段。

墙体长112米，以黄土夯筑，夯层厚10厘米，保存差。墙体分布在崔家沟中游河槽及其东坡脚处，于地表呈低矮的土垄状，底宽3、顶宽2、残高0.8米。墙体后小段消失于河槽中，洪水持续冲刷危及墙体保存。

108. 苏计坝长城1段（150222382102030108）

该段长城起自西斗铺镇苏计坝村东2.4千米，止于苏计坝村东北1.09千米。墙体作"S"状内外弯曲分布，总体呈东南—西北走向，上接后西永兴长城6段，下接苏计坝长城2段。

墙体长2121米，为毛石干垒墙，总体保存差。墙体分布在崔家沟与苏计坝北沟之间，沿山岭北坡蜿蜒延伸，大部分墙体坍塌，于地表呈低矮的石垄状，底宽3~6、顶宽1~2、残高0.5~2.7米；墙体内壁不显，顶面几乎与山体平齐。其中，墙体前小段保存一般，基本保留原始结构，石块错缝垒砌，层层叠压，咬合紧密，长210米；中小段保存较差，原始形态犹存（彩图四〇二），长448米；后小段保存差，坍塌较为严重，石块随陡坡滚落，长1463米；保存一般、保存较差、保存差部分，分别占该段墙体总长的9.9%、21.1%和69%。后小段墙体经行区域有较多采矿坑，局部造成墙体断豁；有碉堡修筑在墙体下。

墙体沿线调查烽燧5座，分别为苏计坝1号、2号、3号、4号、5号烽燧。

苏计坝1号烽燧（150222353201030138）　位于西斗铺镇苏计坝村东2.2千米处的崔家沟西岸山岭顶部，北距苏计坝长城1段墙体0.04千米，西距苏计坝2号烽燧0.36千米。

墩台土筑，保存差。台体坍塌为低矮的圆形土丘状，底部直径11、顶部直径5、残高1.5米。烽燧西南为垭口，山洪东北流入崔家沟，其北和西北亦为崔家沟小沟脑。

苏计坝2号烽燧（150222353201030139）　位于西斗铺镇苏计坝村东1.88千米处的山岭高丘上，南部为苏计坝东沟与崔家沟西支沟分水岭，北距苏计坝长城1段墙体0.05千米，西北距苏计坝3号烽燧0.82千米。

墩台土石混筑，保存差。台体坍塌为圆形土石丘状，底部直径10、顶部直径4、残高1.5米；东、北侧残存石砌外壁，为直壁，东壁残长3.2、北壁残长4米。墩台东侧分布积薪垛4座，均为方形石圈状，由东向西边长依次为3、4、5、2.5米。烽燧南垭口为分水岭，岭东山洪东北流汇入崔家沟，岭西洪水西流汇入苏计坝、边墙壕水系。

苏计坝3号烽燧（150222353201030140）　位于西斗铺镇苏计坝村东偏北1.22千米处的山岭上，北距苏计坝长城1段墙体0.06千米，西北距苏计坝4号烽燧0.51千米。

墩台土石混筑，保存差。台体坍塌，现呈椭圆形土丘状，底部东西10、南北5米，顶部东西6、南北3.5米，残高1米；顶部有现代坑，坑壁暴露的台体夯层厚10厘米。东侧倚墩台有石筑坞址，东西2.8、南北4.3米。东部梁背上有积薪垛4座，作石圈状，自西而东一、三为方形，边长分别为2、4.6米；二、四作长方形，东西分别为2.6和3、南北3.3和2.3米。墩台南侧为陡坡，坡下为现代采石形成的断崖。

苏计坝4号烽燧（150222353201030141）　位于西斗铺镇苏计坝村东北1.15千米处的苏计坝北沟东北支沟沟脑处山岭上，北侧紧邻苏计坝长城1段墙体，西距苏计坝5号烽燧0.12千米。

墩台以毛石垒筑，保存较差。台体坍塌成圆形石堆状，底部直径9、顶部直径5、残高4米（彩图四〇三）；顶部有垒砌的石堆。东侧倚墩台有石筑坞址，东西3.6、南北5米，墙宽1.3米。

苏计坝5号烽燧（150222353201030142）　位于西斗铺镇苏计坝村东北1.08千米处的北沟东山岭上，北距苏计坝长城1段墙体0.02千米，西距苏计坝6号烽燧0.7千米。

墩台石筑，保存较差。台体坍塌为高大的圆形石丘状，底部直径11、顶部直径3、残高4米；顶部有垒砌的小石堆（参见彩图四〇三）。墩台原应为方形，东、南两壁有残存，向上有收分，东墙残长4、残高1.9米；南壁略向外弧。东侧倚墩台有长方形石筑坞址，东西8、南北9.2米，墙宽1.2米。东部山岭上分布积薪垛4座，均呈方形石圈状，边长2～3.5米。墩台周边采集有陶片，可辨器形为盆、罐、釜等，施绳纹、粗绳纹及凸弦纹带上压印网格纹等。

109. 苏计坝长城2段（150223382102030109）

该段长城起自西斗铺镇苏计坝村东北1.09千米，止于苏计坝村北偏东0.91千米。墙体作内向弯曲分布，由东西向转呈东南—西北走向，上接苏计坝长城1段，下接苏计坝长城3段。

墙体长389米，为土石混筑，保存差。墙体分布在苏计坝东北沟与董家旧地西南沟沟脑间分水岭的北坡上缘，中有山垭，其东侧的墙体呈东西走向，过垭口沿北半坡转西北行。墙体坍塌，于地表呈低矮的土石垄状，底宽3～7.3、残高0.5～1米。山垭处有旧道，道路通行造成墙体断豁，豁宽10米；西断面墙体残宽7.3米，其中中间夯土墙残宽5、外侧包石残宽2.3米。

110. 苏计坝长城3段（150223382102030110）

该段长城起自西斗铺镇苏计坝村北偏东0.91千米，止于苏计坝村西北1.5千米。墙体大体作直线分布，呈东南—西北走向，上接苏计坝长城2段，下接葛家边墙壕长城1段。

墙体长983米，为毛石干垒墙，总体保存差。墙体分布在苏计坝村东沟脑与小黑碾房村东南沟南支沟之间，沿山岭北坡延伸，前后翻过四道山梁及其间的大小沟谷；大部分墙体坍塌，缓坡地带于地表呈石垄状，底宽2～4、顶宽1.5～2.5、残高0.5～4.1米；陡坡地段石块向坡下滚落。其中，墙体中小段保存较差，建筑在陡坡上，墙体内壁仅残存底部，部分地段外壁仍保留原有风貌，长416米（彩图四〇四）；前后小段保存差，局部墙体构筑在基岩上，长567米；保存较差、保存差部分，分别占该段墙体总长的42.3%、57.7%。前小段局部墙体被采矿堆积掩埋，有混凝土碉堡修筑在墙体下。

墙体沿线调查烽燧2座，分别为苏计坝6号、7号烽燧。

苏计坝6号烽燧（150222353201030143） 位于西斗铺镇苏计坝村北1.03千米处的山岭顶部偏外侧，东北距苏计坝长城3段墙体0.05千米，西北距苏计坝7号烽燧0.49千米。

墩台为土石混筑，保存差。台体坍塌为圆形土石丘状，底部直径9、顶部直径4、残高2米；顶部及周边有较多石块。南侧倚墩台有土筑坞址，长9、宽5米；东侧残存石筑坞址，形制难辨。墩台东南部平缓的梁背上有石圈状积薪垛6座，南北分布，其中方形5座，边长2~4.5米；长方形1座，东西3.7、南北3米（彩图四〇五）。地表采集有凹弦纹宽沿盆陶片（图六〇：1）。

苏计坝7号烽燧（150222353201030144） 位于西斗铺镇苏计坝村北偏西1.39千米处的苏计坝梁北坡沟谷东岸低山头上，东北距苏计坝长城3段墙体0.03千米，西南距葛家边墙壕1号烽燧0.41千米。

墩台以黄土夯筑，保存差。台体坍塌，现呈低矮的圆形土丘状，底部直径8、顶部直径2、残高1.5米，南北两侧有较多石块，或为土石混筑的外包石。烽燧西侧为小黑碾房沟上游沟谷，洪水西北流汇入王如地川地；南部为苏计坝梁。

111. 葛家边墙壕长城1段（150222382102030111）

该段长城起自西斗铺镇葛家边墙壕村东北2.79千米，止于葛家边墙壕村北偏东1.28千米。墙体大体作"S"状内外弯曲分布，总体呈东西走向，上接苏计坝长城3段，下接葛家边墙壕长城2段。

墙体长2450米，为石墙，总体保存差。墙体沿苏计坝村西北部的二道坝梁北坡西行，穿过小黑碾房村东南沟数条南支沟及其间山梁，止点在大白山东沟谷东岸山岭半坡上。墙体大部分坍塌，于地表多呈石垄状，底宽2~4、顶宽1.5~2.5、残高0.3~3米。其中，墙体后小段保存一般，外壁高在2米以上，较为稳固，仅局部有轻微坍塌，长503米（彩图四〇六、四〇七）；前小段保存差，多坍塌，陡坡地段尤甚，长1947米；保存一般、保存差部分，分别占该段墙体总长的20.5%、79.5%。个别地段墙体砌筑在隆起的山岩上，借用自然岩体为墙体，省工省力。沟谷底部的墙体因洪水冲击而形成断豁。

墙体中小段南部的缓坡上有一条东西向矮石垄，石块较细碎，略微隆起于地表，长161、底宽0.3~1.7米，性质不明。

墙体沿线调查烽燧5座，分别为葛家边墙壕1号、2号、3号、4号、5号烽燧。

葛家边墙壕1号烽燧（150222353201030145） 位于西斗铺镇葛家边墙壕村东偏北2.45千米处平缓的高山丘上，东北距葛家边墙壕长城1段墙体0.41千米，北距葛家边墙壕2号烽燧0.38千米。

墩台以毛石垒筑，保存差。台体坍塌成圆形石堆状，底部直径15、顶部直径10、残高1.8米。墩台西南及东北部有积薪垛5座，为圆角方形、长方形石堆。其中，方形4座，边长2.5~3.5米；长方形1座，东西5、南北4.2米（彩图四〇八）。烽燧南部为苏计坝梁，东西及北坡均为小黑碾房村东南沟的支沟。

葛家边墙壕2号烽燧（150222353201030146） 位于西斗铺镇葛家边墙壕村东偏北2.59千米处的山岭上，北距葛家边墙壕长城1段墙体0.04千米，西距葛家边墙壕3号烽燧0.53千米。

墩台以黄土夯筑，保存差。台体坍塌，现呈圆形土丘状，底部直径10、顶部直径4、残高2.5米（彩图四〇九）。墩台东侧有方形积薪垛2座，东西分布，边长均为2.5米。东南侧有大石圈，直径12米。墩台周边采集到弦断绳纹及素面陶片。烽燧所在山岭为苏计坝梁北部的二道坝梁，东西两侧均为小黑碾房村东南沟的支沟。

葛家边墙壕3号烽燧（150222353201030147） 位于西斗铺镇葛家边墙壕村东北2.13千米处的二道坝梁山岭上，北距葛家边墙壕长城1段墙体0.05千米，西偏南距葛家边墙壕4号烽燧0.56千米。

墩台土筑，保存差。台体坍塌，现呈圆形土丘状，南北略长，底部长径11、顶部长径4、残高2米。南侧紧邻墩台有土台状遗迹，应为坞址。墩台南部有积薪垛4座，东西分布，呈方形石堆状，由东向西边长依次为5.2、2.5、2.7、5米。烽燧东侧为小黑碾房沟南支沟，沟床笔直。

葛家边墙壕4号烽燧（15022235201030148）　位于西斗铺镇葛家边墙壕村东北1.55千米处的二道坝梁顶部，北距葛家边墙壕长城1段墙体0.13千米，西距葛家边墙壕5号烽燧0.83千米。

墩台土筑，保存差。台体坍塌，现呈低矮的圆形土丘状，底部直径15、顶部直径7、残高1米。墩台东南部平缓的梁背上分布积薪垛3座，呈方形石圈或石堆状，边长3～4.5米。南部山洪西南流，于葛家边墙壕村汇入边墙壕河槽；北坡洪水汇入小黑碾房沟，西北为赵碾房村所在沟谷之沟脑。

葛家边墙壕5号烽燧（15022235201030149）　位于西斗铺镇葛家边墙壕村北偏东1.24千米处的二道坝梁西缘顶部，北距葛家边墙壕长城1段墙体0.03千米，西距邬家边墙壕1号烽燧0.62千米，二者隔大白山东侧的赵碾房村东沟相望。

墩台以黄土夯筑，保存差。台体坍塌，现呈圆形高丘状，底部直径15、顶部直径3、残高3米；顶部垒砌有小石堆（彩图四一〇）。西南侧倚墩台有石筑坞址，东西4、南北7米。西部梁背上分布积薪垛3座，呈方形石圈或石堆状，由近及远边长分别为3、5.2、4.5米；其上也有垒砌的小石堆。

112. 葛家边墙壕长城2段（150222382102030112）

该段长城起自西斗铺镇葛家边墙壕村北偏东1.28千米，止于葛家边墙壕村北偏东1.35千米。墙体作直线分布，呈东南—西北走向，上接葛家边墙壕长城1段，下接葛家边墙壕长城3段。

墙体长145米，为石墙，保存较差。墙体分布于大白山东部石碴山岭上，下半部利用山脊自然崖壁，其上再以石块补筑墙体，残高1.4～3.9米；墙体多坍塌，局部保存一般（彩图四一一）。墙体末端沿山脊外侧筑墙，坍塌为石垄状，底宽2～4、残高0.5～2米。

113. 葛家边墙壕长城3段（150222382102030113）

该段长城起自西斗铺镇葛家边墙壕村北偏东1.35千米，止于葛家边墙壕村北1.33千米。墙体前小段作外向折线形分布，由东南—西北走向转呈东西走向，上接葛家边墙壕长城2段，下接邬家边墙壕长城1段。

墙体长210米，土石混筑，谷底有部分土墙，总体保存差。墙体分布于赵碾房村东沟上游近沟脑处的沟底及其两岸坡地上，坍塌为土石垄状，底宽3～6、残高0.5～1米。其中，墙体前后小段保存差，长178米；中小段谷底地段的墙体消失，长32米；保存差、消失部分，分别占该段墙体总长的84.8%、15.2%。河槽东断面保存中间夯土的土墙，墙下有两层垫土，厚0.25米；墙体基宽3、顶部残宽1、残高2.3米；两侧外包石坍塌无痕（彩图四一二）。墙体下半部夯土含沙量较大，夯层厚10～13厘米。西断面筑墙用黄褐土，土质较纯净，两壁收分较小，基宽3、顶宽2.5、残高2.5米。

114. 邬家边墙壕长城1段（150222382102030114）

该段长城起自西斗铺镇邬家边墙壕村东1.56千米，止于邬家边墙壕村东0.92千米。墙体作外向椭圆弧形分布，由东西走向转呈东北—西南走向，上接葛家边墙壕长城3段，下接邬家边墙壕长城2段。

墙体长703米，为石墙，保存差。墙体沿大白山东侧的赵碾房村东沟谷西岸半坡作上坡行，爬上大白山沿北半坡转西南行，止点在大白山西侧北流小支沟西岸。墙体坍塌，于地表呈低矮的石垄状，底宽2.5～4、残高0.5～1.2米；个别地段保留墙基，基宽2.6米；筑墙石块顺外侧陡坡滚落。止点处南侧有现代采石场，部分墙体因采石作业而破坏。

墙体沿线调查烽燧1座，为邬家边墙壕1号烽燧。

邬家边墙壕1号烽燧（150222235201030150）　位于西斗铺镇邬家边墙壕村东1.37千米处的大白山北坡地上，北距邬家边墙壕长城1段墙体0.1千米，西距邬家边墙壕2号烽燧0.62千米。

该烽燧由墩台、内坞、围墙及墙外积薪垛组成，地表分布较为清晰，布局较完整。墩台土筑，保存较差。台体坍塌为椭圆形土丘状，底部直径14～15.6、顶部直径4、残高2米（彩图四一三）。北侧

图六七　邬家边墙壕1号、2号、3号烽燧采集陶片纹饰拓片

1~3.邬家边墙壕1号烽燧　4、5.邬家边墙壕2号烽燧　6、7.邬家边墙壕3号烽燧

台体坍塌的积土被人为剥离，显露出直壁，夯土中夹杂陶、瓦片，夯层厚10~12厘米；台体东西两侧腰部均有扰洞，其中东壁裸露出夯层。据此可知，台体平面呈长方形，东西6、南北8、残高1.8米。南侧倚墩台有土筑坞址，东西8.5、南北6米，坞墙残高1米。墩台外围有长方形土筑围墙，东西29、南北35米；围墙坍塌，于地表呈低矮的土垄状，宽1.2米。南墙中部辟门，门宽2米，方向165°。墩台西南部梁背上分布积薪垛遗迹11座，大部分为单排石块摆放，多方形，边长在2~6米之间；有的呈圆形石堆状，直径6.5米（彩图四一四）。墩台周边散布有陶片，器形有凹弦纹宽沿盆（图六七：1~3）、直口矮领罐（图六八：1）、陶釜等。

115. 邬家边墙壕长城2段（150222382102030115）

该段长城起自西斗铺镇邬家边墙壕村东0.92千米，止于邬家边墙壕村东0.54千米。墙体作外向折线形分布，总体呈东西走向，上接邬家边墙壕长城1段，下接邬家边墙壕长城3段。

墙体长401米，土石混筑，保存差。墙体分布于大白山西部低矮的山丘两侧山岭上，先沿北坡作上坡行，翻过山梁转下坡行；坍塌的墙体于地表呈低矮的土垄状，底宽3~5、残高0.5~1米。外侧坡下散落较多石块，墙体两壁应包筑石墙。

墙体沿线调查烽燧1座，为邬家边墙壕2号烽燧。

邬家边墙壕2号烽燧（150222353201030151）　位于西斗铺镇邬家边墙壕村东0.75千米处的小山头顶部，北侧紧邻邬家边墙壕长城1段墙体，西偏南距邬家边墙壕3号烽燧0.45千米。

墩台土筑，保存差。台体坍塌为圆形土丘状，底部直径11、顶部直径5、残高2米（彩图四一五）。墩台西南有积薪垛5座，呈方形石圈状，边长2.5~5.5米。采集的夹砂陶釜残片肩部有"石门"戳记（图六七：4、六八：2）；泥质褐陶罐肩部刻

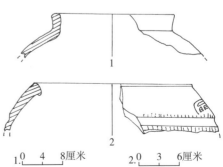

图六八　邬家边墙壕1号、2号烽燧采集遗物

1.陶罐（邬家边墙壕1号烽燧）2."石门"戳记陶釜（邬家边墙壕2号烽燧）

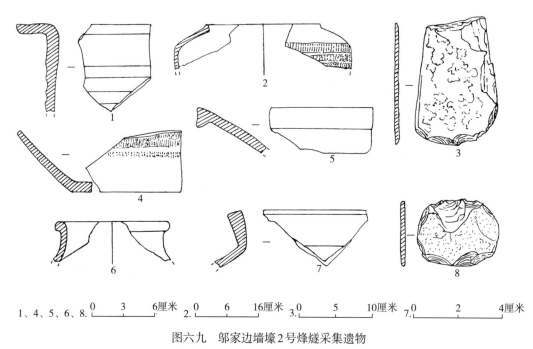

1、4、5、6、8.　0　　　3　　　6厘米　　2.　0　　　6　　　16厘米　　3.　0　　　5　　　10厘米　　7.　0　　　2　　　4厘米

图六九　邬家边墙壕2号烽燧采集遗物

1.陶盆　2.陶釜　3.石铲　4、7.陶罐　5.陶盘　6.陶壶　8.石饼形器

划文字，有残缺（图六七：5）。还见有盆（图六九：1）、釜（图六九：2）、罐（图六九：4、7）、盘（图六九：5）和壶（图六九：6）以及石铲（图六九：3）、石饼形器等遗物（图六九：8）。烽燧东临大白山，东南小沟洪水西南流入边墙壕河槽。

116. 邬家边墙壕长城3段（150222382101030116）

该段长城起自西斗铺镇邬家边墙壕村东0.54千米，止于邬家边墙壕村西北0.54千米。墙体略作内外折线形分布，总体呈东西走向，上接邬家边墙壕长城2段，下接刘家边墙壕长城1段。

墙体长1023米，为夯筑土墙，夯层厚8~12厘米，总体保存差。墙体分布于邬家边墙壕村后矮山岭上，沿北半坡弯曲延伸，于地表呈低矮的土垄状，底宽4~6、残高0.5~1米（彩图四一六）。其中，墙体前后小段保存差，长992米；村西北一条冲沟向源侵蚀，造成沟谷部位的中小段墙体消失，长31米；保存差、消失部分，分别占该段墙体总长的97%、3%。北出邬家边墙壕村的土路穿过墙体，其东侧有三条小沟脑，均导致墙体出现较窄的断豁；于中间豁口的东断面上测得墙体基宽5、顶宽4.2、残高1.3米。

墙体沿线调查烽燧2座、障城1座，分别为邬家边墙壕3号、4号烽燧和赵碾房障城。

邬家边墙壕3号烽燧（150222353201030152）　位于西斗铺镇邬家边墙壕村东0.3千米处的缓丘顶部，北距邬家边墙壕长城3段墙体0.06千米，西偏北距邬家边墙壕4号烽燧0.56千米。

墩台土筑，保存差。台体坍塌为圆形土丘状，底部直径11、顶部直径3、残高1.5米；南侧有较多石块堆积，应为坞址。南部坡地上分布有方形积薪垛4座，边长2~5米（彩图四一七）。采集到宽沿盆残片，沿下施数道凹弦纹，凸棱上局部有压印的密线式绳纹（图六七：7）；也见有泥质灰陶绳纹罐底残片（图六七：6），边缘有破损的修补穿孔。

邬家边墙壕4号烽燧（150222353201030153）　位于西斗铺镇邬家边墙壕村西北0.34千米处的低山丘顶部，北距邬家边墙壕长城3段墙体0.05千米，西距刘家边墙壕1号烽燧0.37千米，北距赵碾房障城1.1千米。

墩台土筑，保存差。台体坍塌，现呈低矮的圆形土丘状，底部直径11、顶部直径5、残高1.5米。

图七〇　邬家边墙壕4号烽燧采集陶片纹饰拓片

1、3.绳纹与交叉绳纹　2.波浪形附加泥条　4、5.外、内壁凹弦纹　6、7.弦断绳纹　8.凹弦纹

东侧倚墩台有石筑坞址，东西6.1、南北6.5米；中间有隔墙。墩台南部有积薪垛3座，居中者为长方形，东西4、南北2.8米；两端为方形，边长2.5～5米。墩台周边采集陶片多为泥质褐陶或红褐陶，可辨器形为宽沿盆，施凹弦纹、弦断绳纹、绳纹以及波浪形附加泥条（图七〇）。见有夹砂褐陶侈口矮领罐残片，腹部施绳纹。

　　赵碾房障城（150222353102030005）　位于西斗铺镇赵碾房村东南0.8千米处平缓的台地上，地处长城外侧，南距邬家边墙壕长城3段、邬家边墙壕4号烽燧1.1千米，西距增隆昌古城17.4千米。

　　障城平面呈长方形，东西87、南北69米，城墙以黄褐土夯筑，夯层厚8～11厘米，保存差。西、南、东三墙均处在耕地中，呈略微隆起的土垄状，唯北墙保存稍好，处在耕地北部边缘；底宽8～15、顶宽1～4、残高0.2～1.6米。西墙中部辟门，宽10米，方向267°。城内分布较多陶片，器形有盆、罐，施凹弦纹、弦断绳纹、绳纹、波浪形划线纹。见有细砂岩小砾石及北魏时期松叶纹陶片。2007年，包头市文物管理处曾对该城做过调查，村民说城中曾捡到过铜镞、铜饰件等遗物。障城北部较宽阔，南为起伏的低山，推测该障城系阳山秦汉长城的一座塞外障。

　　117. 刘家边墙壕长城1段（150222382101030117）

　　该段长城起自西斗铺镇刘家边墙壕村东偏北0.31千米，止于刘家边墙壕村西0.52千米。墙体作内外弧线形弯曲分布，总体呈东西走向，上接邬家边墙壕长城3段，下接刘家边墙壕长城2段。

　　墙体长860米，为夯筑土墙，夯层厚8～13厘米，保存差。墙体分布在刘家边墙壕村北部东西向山岭北坡上，于地表呈低矮的土垄状，底宽4～6、残高0.5～1米（彩图四一八），轮廓与走向较为清晰。西斗铺镇通往金山镇的砂石路在村东穿过前小段墙体，造成墙体断豁，豁宽8米。东断面显示墙体湮没在地表之下，基宽4、顶宽3.5、残高1.1米。村北有冲沟沟脑东南向发育，导致后小段墙体断豁，豁宽24米；其西侧又有人为挖断的墙体豁口，于西断面测得墙体基宽4、顶部残宽2.7、残高1.9米，外壁坡度为70°（彩图四一九）。有钢筋混凝土碉堡修筑在后小段墙体墙基下。

　　墙体沿线调查烽燧2座，分别为刘家边墙壕1号、2号烽燧。

　　刘家边墙壕1号烽燧（150022353201030154）　位于西斗铺镇刘家边墙壕村东北0.2千米处的低山丘顶部，北侧紧邻刘家边墙壕长城1段墙体，西距刘家边墙壕2号烽燧0.62千米。

　　墩台土筑，保存差。台体坍塌，现呈低矮的圆形土丘状，底部直径10、顶部直径5、残高1.6米。墩台西南有"田"字形积薪垛，边长5米；西侧有现代小庙。墩台下采集的陶片均为泥质褐陶，宽沿盆外沿下施数道凹弦纹；侈口矮领罐中腹部附加凸弦纹带，带上竖压密线式绳纹；还见有齿印方格纹、弦断绳纹等（图七一）。甑底部穿孔密集，孔径0.6厘米。此外见有铁锛，腐蚀严重。

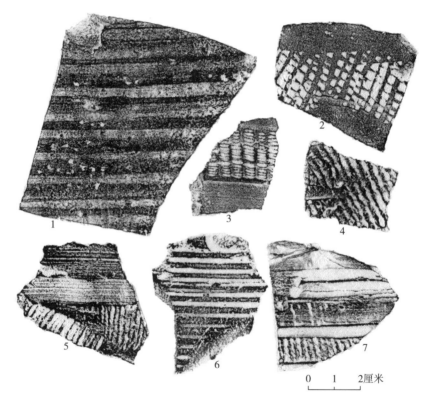

图七一　刘家边墙壕1号烽燧采集陶片纹饰拓片

1、6.凹弦纹　2.齿印方格纹　3.凸弦纹带上密线式绳纹　4.绳纹　5.绳纹与齿印纹　7.凹弦纹与弦断绳纹

　　刘家边墙壕2号烽燧（150022353201030155）　位于西斗铺镇刘家边墙壕村西0.45千米处的山岭顶部山丘上，北侧紧邻刘家边墙壕长城1段墙体，西距刘家边墙壕3号烽燧0.6千米。

　　墩台土筑，保存差。台体坍塌，现呈圆形土丘状，底部直径11、顶部直径3、残高2.5米。墩台南部有三段石墙，南北平行分布，长4～6米，性质不明。墩台东南部有积薪垛2座，均为方形，边长3～5米（彩图四二〇）。墩台西南侧散布较多陶片，以泥质陶为主，宽沿盆沿下施凹弦纹或凸弦纹带，带上竖压

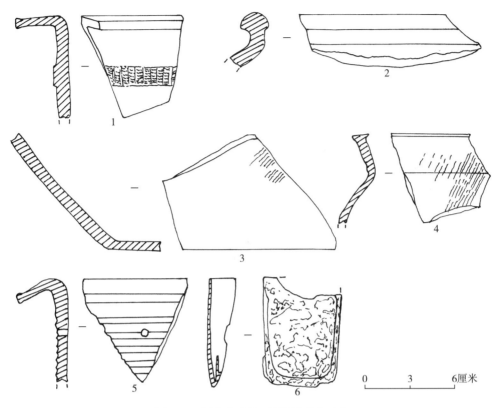

图七二　刘家边墙壕2号烽燧采集遗物

1、3、5. 陶盆　2、4.陶罐　6.铁锛

密线式绳纹（图七二：1、3、5）；圆唇矮领罐（图七二：2）和侈口矮领罐（图七二：4），腹部施两道绳索状凸弦纹，其间刻划波浪线纹；陶釜为夹砂灰褐陶，中腹部施弦断粗绳纹，下腹部交叉粗绳纹（图七三）。采集铁锛一件，残半，銎口，近刃部一侧有凸棱，高7.4、宽5.5、厚2厘米（图七二：6）。

118. 刘家边墙壕长城2段（150222382102030118）

该段长城起自西斗铺镇刘家边墙壕村西0.52千米，止于刘家边墙壕村西1.15千米。墙体前小段略作外向弯曲分布，总体呈东西走向，上接刘家边墙壕长城1段，下接十三分子长城。

墙体长659米，为土石混筑墙，保存差。墙体沿刘家边墙壕西部丘陵坡谷地延伸，前后穿过三条谷地及其间的山梁；于地表呈低矮的土石垄状，底宽4～6、残高0.5～1.5米（彩图四二一）。中部有宽缓直沟，洪水西北向下泄造成墙体断豁，豁宽6米；东壁墙体剖面呈梯形，建筑在平整的岩基之上，基宽4.4、顶部残宽2、残高2.2米。

该段墙体南侧0.09～0.13千米处，另有一道类似于副墙的土墙弯曲并行，总体呈低平的土垄状，濒于消失；东端点在刘家边墙壕村西，西端点在包白铁路东坡地，断续延伸930米，推测为秦筑长城遗迹。

墙体沿线调查烽燧2座，分别为刘家边墙壕3号、4号烽燧。

刘家边墙壕3号烽燧（150222353201030156）　位于西斗铺镇刘家边墙壕村西1.06千米处的直沟西部山丘上，北距刘家边墙壕长城2段墙体0.03千米，西南距刘家边墙壕4号烽燧0.08千米。

墩台以毛石垒筑，保存差。台体坍塌，现呈圆形石堆状，底部直径19、顶部直径7、残高2.5米，石块向南北坡滚落。直沟山洪西北流向屈家壕，南部短沟的洪水汇入边墙壕河槽。

刘家边墙壕4号烽燧（150222353201030157）　位于西斗铺镇刘家边墙壕村西1.13千米处的山丘

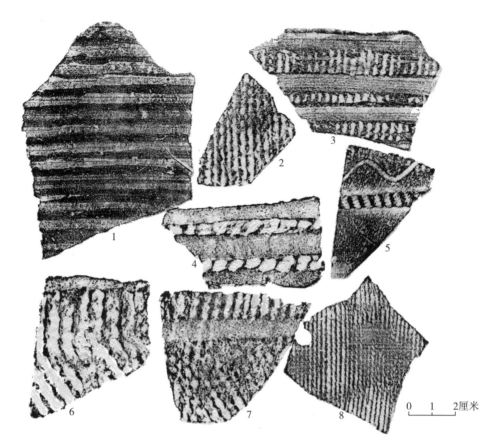

图七三　刘家边墙壕2号烽燧采集陶片纹饰拓片

1.凹弦纹　2、8.绳纹　3.弦断绳纹　5.凸弦纹与波浪形划线　4、6、7.弦断粗绳纹

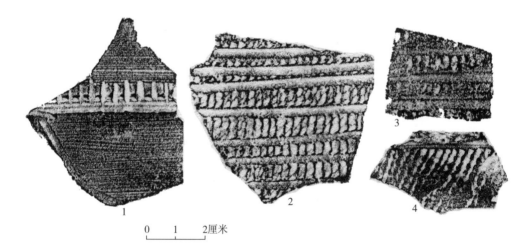

图七四　刘家边墙壕4号烽燧采集陶片纹饰拓片

1.凸弦纹带上竖齿纹　2、3、4.弦断绳纹

上，北距刘家边墙壕长城2段墙体0.07千米，西偏北距十三分子1号烽燧0.83千米。

　　墩台土筑，仅残存底部，保存差。台体平面现呈椭圆形，长径5、短径3、残高0.5米。南部有石筑坞址，石块散乱，形制不可辨。墩台周边有侈口矮领罐残片，腹部施凸弦纹带，其上压印竖齿纹；此外有弦断绳纹陶片（图七四）。烽燧南临边墙壕河槽，西南0.5千米为十三分子东村。

119. 十三分子长城（150222382101030119）

该段长城起自西斗铺镇十三分子村东偏北1.26千米，止于十三分子村西偏北1.57千米。墙体作直线分布，呈东偏南—西偏北走向，上接刘家边墙壕长城2段，下接陈碾房长城。

墙体长2534米，以黄土夯筑，夯层厚8～10厘米，保存差。墙体先翻过三道低缓的山梁及其间谷地，下坡行走出丘陵地带，进入十三分子西村所在川地中，先后穿过包白铁路和311省道，止点在村西北部、陈碾房东北部南向伸出的山梁顶部。墙体于地表呈低矮的土垄状，底宽4～6、残高0.5～1.5米（彩图四二二），轮廓和走向较为清晰。包白铁路建设造成墙体消失，长30米；东断面墙体剖面呈梯形，基宽2.5、顶宽2、残高1.7米。长城分布地带有多条缓沟，洪水南流；墙体两侧大部分为耕地，自然与人为因素造成墙体出现数处断豁。

墙体后小段南侧70米处，有另一道土墙与之并行，呈低平的土垄状，底宽9米左右，东端起自十三分子2号烽燧东梁岗顶部，西端在采矿坑西侧，断续保存1020米，性质与刘家边墙壕长城2段内侧墙体相同。

墙体沿线调查烽燧3座，分别为十三分子1号、2号、3号烽燧。

十三分子1号烽燧（150222353201030158）　位于西斗铺镇十三分子村东北0.72千米处的高坡地上，北距十三分子长城墙体0.02千米，西偏北距十三分子2号烽燧0.9千米。

墩台土筑，保存差。台体坍塌，类似于自然小土丘，底部直径10、顶部直径2、残高1.8米。墩台附近采集较多泥质褐陶陶片，器形为宽沿盆（图七五：4）和侈口矮领罐（图七五：1、2、3），施凹弦纹、弦断绳纹和"箍"状平行凸弦纹间的波浪形划线纹，凸弦纹上压印密线式绳纹；此外有部分素面陶片。夹砂陶器形为釜、侈口罐，釜的下腹部施粗绳纹（图七六）。有磨制圆陶片2件，其中一件以交叉绳纹陶片磨成（图七五：6）。还发现烽燧常备的器具残铁锛（图七五：5）。烽燧西南部缓沟洪水西北流，沟中有两道拦洪土坝，河槽两岸为条状耕地；东侧依次为311省道和包白铁路。

十三分子2号烽燧（150222353201030159）　位于西斗铺镇十三分子村西北0.79千米处的高坡地上，北距十三分子长城墙体0.1千米，西偏北距十三分子3号烽燧0.87千米。

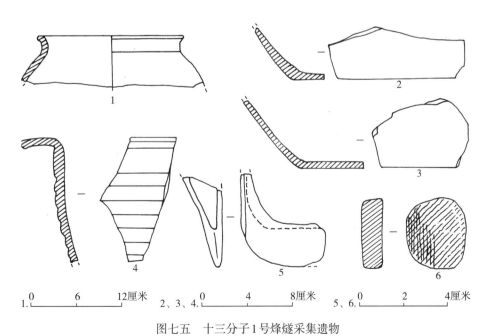

0　　　6　　　12厘米
1.

2、3、4.　0　　　4　　　8厘米

5、6.　0　　　2　　　4厘米

图七五　十三分子1号烽燧采集遗物

1、2、3. 陶罐　4.陶盆　5.铁锛　6.陶饼形器

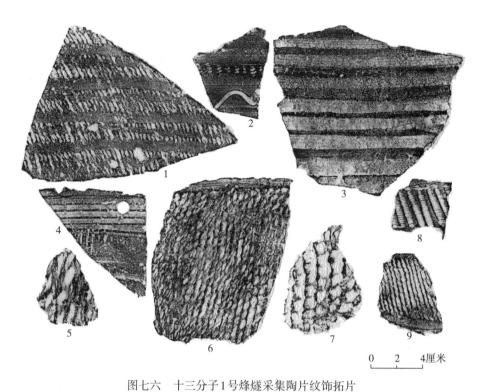

图七六　十三分子1号烽燧采集陶片纹饰拓片

1、6、9.弦断绳纹　2.凸弦纹与波浪形划线　3、4.凹弦纹　5、7.粗绳纹　8.凸弦纹带上密线式绳纹

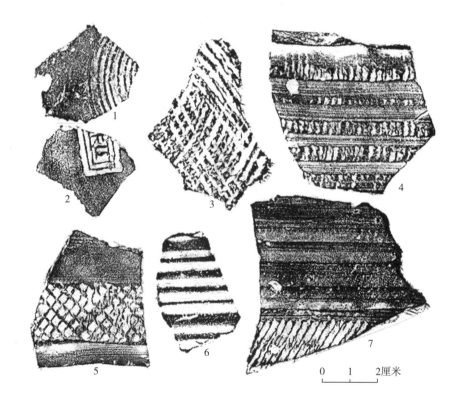

图七七　十三分子2号、3号烽燧采集陶片纹饰拓片

1、2.十三分子2号烽燧　3~7.十三分子3号烽燧

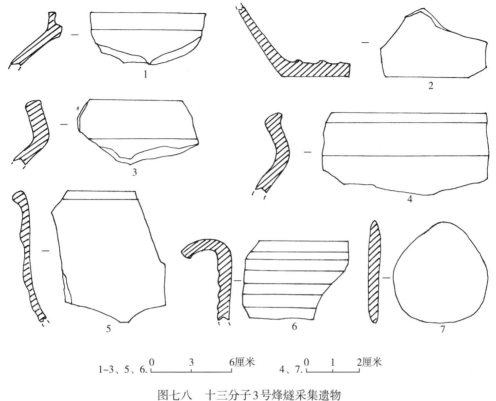

图七八　十三分子3号烽燧采集遗物

1.盘口罐　2~4.陶罐　5、6.陶盆　7.石饼形器

　　墩台土筑，保存差。台体坍塌，残存底部，平面呈圆形，直径12、残高0.5米。采集的陶片可辨
器形为泥质褐陶盆，沿下施数道凹弦纹，也见有弦断绳纹陶片。有器底残片的外底为同心圆旋轮痕，
内底压印篆书"石门"戳记（图七七：1、2）。东侧有农耕土路，南行与主河槽北岸的十三分子至陈碾
房村土路相接。

　　十三分子3号烽燧（150222353201030160）　位于西斗铺镇十三分子村西北1.58千米处的低缓山岭
末端顶部，北距十三分子长城墙体0.02千米，西距陈碾房1号烽燧0.89千米。

　　墩台土筑，保存差。台体坍塌为圆形土丘状，底部直径11、顶部直径2、残高1.5米。采集的陶片
可辨器形为盆（图七八：5、6）、侈口罐（图七八：2、3、4）和盘口罐（图七八：1），施弦断绳纹、
交叉绳纹及凸弦纹带上压印菱形网格纹等（图七七：3~7）。夹砂陶器形为釜和侈口罐，釜施粗绳纹。
采集有桃状石饼形器，灰褐色片麻岩磨制，宽2.6、高3.9、厚0.4厘米（图七八：7）。烽燧西北侧有输
电水泥杆，东南部有一处采矿坑。

　　120.陈碾房长城（150222382101030120）

　　该段长城起自西斗铺镇陈碾房村东偏北1.63千米，止于西斗铺镇奋子塔村北偏东0.48千米。墙体
中小段内外略作折线形弯曲，总体呈东偏南—西偏北走向，上接十三分子长城，下接奋子塔长城1段。

　　墙体长3070米，以黄土夯筑，夯层厚9厘米左右，保存差。墙体沿陈碾房北部坡地延伸，止点在
奋子塔村北台地西缘坡脚处。墙体于地表呈低矮的土垄状，底宽5~8、残高0.5~1米（彩图四二三）。
两侧多为耕地，农耕对该段墙体有较大影响；前后有四条土路穿过墙体，均造成墙体断豁；有东西向
土路沿后小段墙体顶部通行，墙体受到破坏。

　　墙体中小段南侧85米处，有一段与该段长城并行的土墙，呈低矮的土垄状，东端起自陈碾房2号

图七九　陈碾房1号、2号烽燧采集陶片纹饰拓片

1.陈碾房1号烽燧　2~5.陈碾房2号烽燧

烽燧南侧，延伸190米后消失。

墙体沿线调查烽燧5座，分别为陈碾房1号、2号、3号、4号、5号烽燧。

陈碾房1号烽燧（150222353201030161）　位于西斗铺镇陈碾房村东北0.83千米处的缓坡地上，北侧紧邻陈碾房长城墙体，西偏北距陈碾房2号烽燧0.51千米。

墩台土筑，保存差。台体坍塌，现呈低矮的圆形土丘状，底部直径10、顶部直径5、残高1.5米。采集到夹砂陶釜残片，肩部压印"石门"戳记（图七九：1）。烽燧东侧土路东北通往屈家壕村。

陈碾房2号烽燧（150222353201030162）　位于西斗铺镇陈碾房村北0.53千米处的高坡地上，北侧紧邻陈碾房长城墙体，西距陈碾房3号烽燧0.42千米。

墩台土筑，保存差。台体坍塌，现呈低矮的圆形土丘状，底部直径9、顶部直径5、残高1米（彩图四二四）。西侧有三堆石块，应为坞址。外围有长方形土筑围墙，东西42、南北37米，墙宽1~1.5、残高0.5米；东墙模糊难辨。墩台居于中部偏北。门址不清。采集的陶片以泥质褐陶为多，可辨器形有宽沿盆和陶甑，施凹弦纹、弦断绳纹和菱形网格纹。甑底穿孔，孔径0.8厘米。夹砂陶器形为釜、侈口矮领罐，釜施弦断粗绳纹和交叉粗绳纹（图七九：2~5）。烽燧周边为耕地，东南有座现代小庙。

陈碾房3号烽燧（150222353201030163）　位于西斗铺镇陈碾房村北偏西0.5千米处的坡地缓丘上，北距陈碾房长城墙体0.04千米，西距陈碾房4号烽燧0.57千米。

墩台土筑，保存差。台体坍塌，现呈低矮的圆形土丘状，底部直径11、顶部直径8、残高1米。外围有长方形土筑围墙，东西40、南北57米；墙宽1~1.5、残高0.5米左右。墩台居于中部偏北。南墙西端辟门。围墙西北、东南部各有一积薪垛，呈方形石圈状，边长均为4.7米。采集的陶片较多，器形有宽沿盆（图八〇：1）、罐（图八〇：3）、盘（图八〇：4）和甑，施凹弦纹、平行凸弦纹及其间附加波浪形泥条的组合纹、凸弦纹带上压印菱形网格纹、粗绳纹等（图八一）。

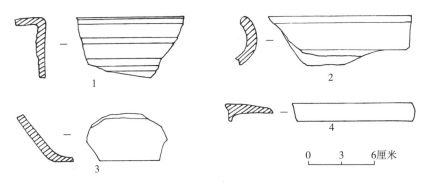

图八〇　陈碾房3号、4号烽燧采集遗物

1、3、4.陈碾房3号烽燧　2.陈碾房4号烽燧

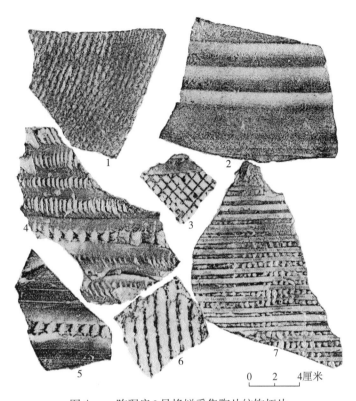

图八一　陈碾房3号烽燧采集陶片纹饰拓片

1.绳纹　2.凹弦纹　3.菱形网格纹　4、5.凸弦纹与波浪形附加泥条　6.粗绳纹　7.弦断绳纹

陈碾房4号烽燧（150222353201030164）　位于西斗铺镇陈碾房村西北0.92千米处较平坦的台地上，北距陈碾房长城墙体0.05千米，西距陈碾房5号烽燧0.59千米。

墩台土筑，保存差。台体坍塌，现呈低矮的圆形土丘状，底部直径10、顶部直径3、残高1.5米；顶部有碎石块，周边为耕地（彩图四二五）。采集陶片分泥质褐陶、黑陶，器形有宽沿盆、侈口矮领罐（图八〇：2）、陶钵、壶，施凹弦纹、绳索状平行凸弦纹及其间贴塑波浪泥条的组合纹等；还见有瓦背弦断绳纹、瓦腹布纹瓦片（图八二：1、6～9）。

陈碾房5号烽燧（150222353201030165）　位于西斗铺镇陈碾房村北偏东0.45千米处的二级台地边缘，北距陈碾房长城墙体0.06千米，西北距奋子塔1号烽燧0.86千米。

墩台土筑，保存差。台体坍塌，呈低矮的圆形土丘状，底部直径10、顶部直径4、残高1.3米。墩台周边采集少量泥质褐陶陶片，器形有宽沿盆、侈口矮领罐，施绳索状平行凸弦纹及附加波浪形泥条组合纹、绳纹、弦断绳纹和凸弦纹带等（图八二：2～5）。烽燧西部为河槽，河槽东岸一级台地亦为耕地，北出奋子塔村土路在烽燧外侧环绕。

121. 奋子塔长城1段（150222382301030121）

该段长城起自西斗铺镇奋子塔村北偏东0.48千米，止于奋子塔村北偏西0.79千米。原墙体应作直线分布，呈东南—西北走向，上接陈碾房长城，下接奋子塔长城2段。

本段长城为消失段，起止点之间的直线长度为593米。原墙体分布在奋子塔村西北部河槽中及其东岸一级台地上，台地被开垦，不见墙体痕迹。依据当地地貌及相邻上段墙体情况，推断台地上的墙体原应为土墙；河槽中应筑石墙。出村土路沿河槽西北行，穿过消失段。

122. 奋子塔长城2段（150222382105030122）

该段长城起自西斗铺镇奋子塔村北偏西0.79千米，止于奋子塔村西北0.9千米。长城作内外弯曲分

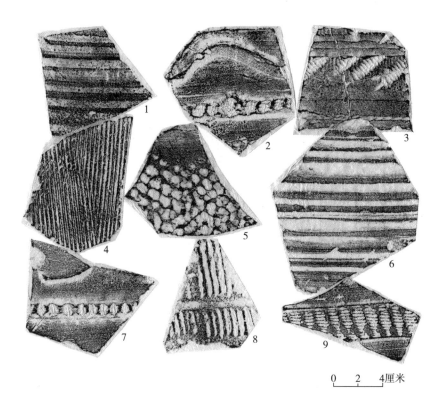

0　　2　　4厘米

图八二　陈碾房4号、5号烽燧采集陶片纹饰拓片

1、6~9.陈碾房4号烽燧　2~5.陈碾房5号烽燧

布，总体呈东南—西北走向，上接奋子塔长城1段，下接奋子塔长城3段。

本段长城为山险墙，长173米，保存差。山险墙分布于村西北石砬山上，利用自然崖壁之险，局部经人工开凿修整，崖壁顶部低凹处补筑石墙，山险墙高3~11米（彩图四二六、四二七）；崖壁下坡地与沟谷中散落有开凿的毛石块。崖壁局部有坍塌，形成断豁。

墙体沿线调查烽燧1座，为奋子塔1号烽燧。

奋子塔1号烽燧（150222353201030166）　位于西斗铺镇奋子塔村西北0.88千米处的石砬山顶部，北侧紧邻奋子塔长城2段墙体，西偏北距奋子塔2号烽燧0.44千米。

墩台用毛石垒筑，保存差。台体坍塌，下半部台壁尚存，现呈方形覆斗状，底部边长9.6、顶部边长9、残高2米（参见彩图四二七）。西、南壁保存一般，另外两壁坍塌较严重，顶部有扰坑。南侧有石筑坞址，东西9、南北8米。南部平缓的山岭上有积薪垛4座，南北分布，呈方形石圈状，边长3.2~6.5米。采集的陶片器形有盆、侈口罐、敛口罐，施凹弦纹、弦断绳纹、绳纹以及平行凸弦纹间附加波浪形泥条；还发现有瓦片，瓦背施弦断绳纹，瓦腹施绳纹（彩图四二八）。

123. 奋子塔长城3段（150222382102030123）

该段长城起自西斗铺镇奋子塔村西北0.9千米，止于奋子塔村西北1.01千米。墙体作直线分布，呈东南—西北走向，上接奋子塔长城2段，下接奋子塔长城4段。

墙体长102米，为毛石干垒墙，保存差。墙体分布于石砬山西坡地上，于地表呈低矮的石垄状，底宽3~4、残高0.5米左右；山坡陡峭，筑墙石块随坡滚落（参见彩图四二七）。

124. 奋子塔长城4段（150222382101030124）

该段长城起自西斗铺镇奋子塔村西北1.01千米，止于奋子塔村西北1.2千米。墙体末端作内向折线形分布，由东南—西北走向转呈南北走向，上接奋子塔长城3段，下接奋子塔长城5段。

墙体长218米，以黄土夯筑，夯层厚10厘米，保存差。墙体分布在石砬山西部南北向沟谷地中，于地表呈低平的土垄状，底宽3~4、残存最高0.5米。墙体中小段处在谷底部位的耕地中，濒于消失。有土路在耕地东缘北行，接入奋子塔与王如地村间公路，车辆通行造成墙体断豁。

125. 奋子塔长城5段（150222382105030125）

该段长城起自西斗铺镇奋子塔村西北1.2千米，止于奋子塔村西北1.27千米。长城作外向折线形分布，由东南—西北走向转呈东西走向，上接奋子塔长城4段，下接奋子塔长城6段。

本段长城为山险墙，长77米，保存差。分布在奋子塔村西北部第二石砬山头上，以自然断崖为险，崖壁为直壁，局部经人工修整，高2~5米（彩图四二九）。崖壁顶部及崖豁处补筑石墙，大部分筑墙石块滚落崖下。

126. 奋子塔长城6段（150222382102030126）

该段长城起自西斗铺镇奋子塔村西北1.27千米，止于奋子塔村西北1.39千米。墙体作外向折弧形分布，由东南—西北走向转呈东西走向，上接奋子塔长城5段，下接王如地长城1段。

墙体长168米，为毛石干垒墙，保存较差。墙体分布在奋子塔村西第二石砬山西部山梁东西两侧坡地上，坍塌的墙体于地表呈石垄状，底宽3~4、顶宽2~2.5、外壁残高0.5~2.5、内壁残高0~1.5米（彩图四三〇）；部分地段墙体内壁几乎无存，仅残存外壁。

墙体沿线调查烽燧1座，为奋子塔2号烽燧。

奋子塔2号烽燧（150222353201030167）　位于西斗铺镇奋子塔村西北1.29千米处的南北向山岭顶端山头上，北距奋子塔长城6段墙体0.1千米，西距王如地1号烽燧0.51千米。

墩台土筑，保存差。台体坍塌成圆锥体土丘状，底部直径9、顶部直径2、残高1.5米（彩图四三一）；南侧有人为挖掘的坑洞，断面上暴露夯层，厚10厘米。墩台东南部有积薪垛3座，作方形石圈状，边长2~4.7米。墩台下采集到弦断绳纹、绳纹陶片及背、腹皆瓦棱纹瓦片。烽燧东西两侧为支沟，洪水北流汇入王如地沟河槽；北部隔沟有石砬山头高耸。

127. 王如地长城1段（150222382102030127）

该段长城起自西斗铺镇王如地村东南1.8千米，止于王如地村南偏东1.1千米。墙体略作内向弧线形分布，总体呈东偏南—西偏北走向，上接奋子塔长城6段，下接王如地长城2段；其北侧为副墙王如地长城5、6段。

墙体长1112米，土石混筑，保存差。墙体分布在王如地村东南部河槽上游的南支沟（谷底有五道拦洪坝，坝间为耕地）东坡地上缘与河槽中游拐弯处西南岸的两座低矮山丘间，沿河槽南岸陡缓不一的坡地延伸，于地表呈低矮的土石垄状，底宽3~5、残高0.5~1米；北侧为地表隆起较明显的副墙（彩图四三二、四三三），长1018米。沿线有数条沟谷的洪水北向下泄，中小段南部尖子山西北坡有南北向探矿巷道，均造成墙体断豁。

墙体沿线调查烽燧2座，分别为王如地1号、2号烽燧。

王如地1号烽燧（150222353201030168）　位于西斗铺镇王如地村东南1.57千米处的尖子山顶部，北距王如地长城1段墙体0.1千米，西偏北距王如地2号烽燧0.35千米。

墩台土筑，保存差。台体坍塌为圆形土丘状，底部直径9、顶部直径2、残高1米；顶部有后人垒砌的石头堆（彩图四三四）。南侧倚墩台有长方形石砌坞址，东西9、南北6米。采集的陶片器形为宽沿盆和罐，施平行凹弦纹、交叉绳纹、弦断绳纹、凸弦纹带等；还见有绳纹瓦片（图八三）。烽燧所在的尖子山西北坡脚处有探矿巷道。

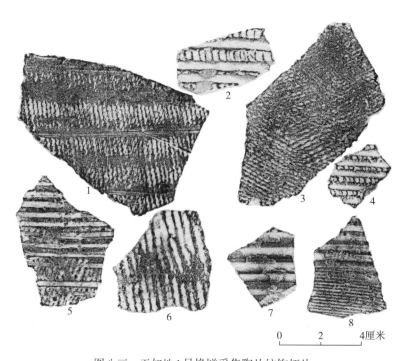

图八三　王如地1号烽燧采集陶片纹饰拓片

1、2、4.弦断绳纹　3.交叉绳纹　5.凹弦纹与弦断绳纹　6.瓦背绳纹　7、8.凹弦纹

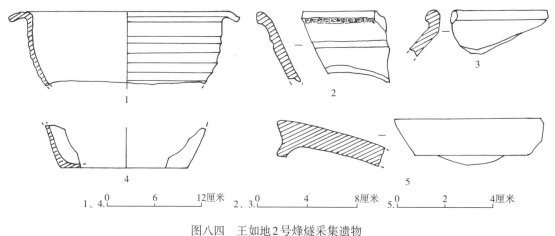

图八四　王如地2号烽燧采集遗物

1、2、4.陶盆　3.陶罐　5.陶盘

王如地2号烽燧（150222353201030169）　位于西斗铺镇王如地村南偏东1.29千米处的低缓山丘上，北侧紧邻王如地长城1段墙体，西偏北距王如地3号烽燧0.42千米。

墩台土筑，保存差。台体坍塌，现呈低矮的圆形土丘状，底部直径11、顶部直径4、残高1.5米（彩图四三五）。墩台东侧洼地中散布较多褐陶片，器形以宽沿盆为主（图八四：1、2、4），其次是三角外叠唇敛口罐（图八四：3）；此外是甑、盘（图八四：5）、釜和钵。除常见的平行凹弦纹、绳纹、弦断绳纹、粗绳纹外，还有凸弦纹带上压印菱形网格纹、竖齿纹等；有刻字陶片，字迹有残缺（图八五）。

128. 王如地长城2段（150222382101030128）

该段长城起自西斗铺镇王如地村南偏东1.1千米，止于王如地村西南1千米。墙体作直线分布，呈东南—西北走向，上接王如地长城1段，下接王如地长城3段。

墙体长1157米，以黄土夯筑，夯层厚8~12厘米，总体保存差。墙体先沿低缓的丘陵坡谷地西北行，跨过王如地村西南部洪水北流之河槽，翻过其西部山岭，止于山岭西坡脚处。墙体于地表呈低矮的土垄状，底宽3~6、残高0.5~1米。墙体前小段保存差（彩图四三六），山岭顶部墙体地表隆起不明显，濒于消失，长1031米；河槽中及山岭东西两侧坡地上的墙体消失，累计长126米；保存差、消失部分，分别占该段墙体总长的89.1%、10.9%。河槽西岸断崖上暴露墙体剖面，基宽4.9、顶宽4、残高1.1米。

墙体沿线调查烽燧3座，分别为王如地3号、4号、5号烽燧。

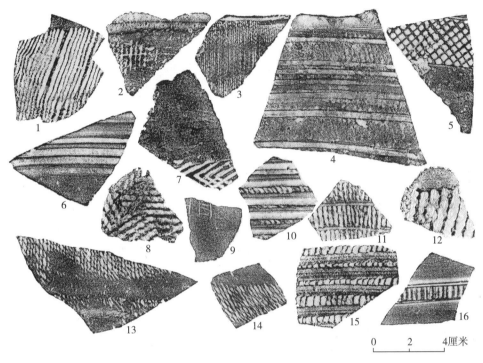

图八五　王如地2号烽燧采集陶片纹饰拓片

1、3、11~15.弦断绳纹　2、10.凹弦纹与弦断绳纹　4、6.凹弦纹　5.凸弦纹带上压印菱形网格纹　7.平行折线纹　8.交叉粗绳纹　9.刻文陶片　16.凸弦纹带上竖齿纹

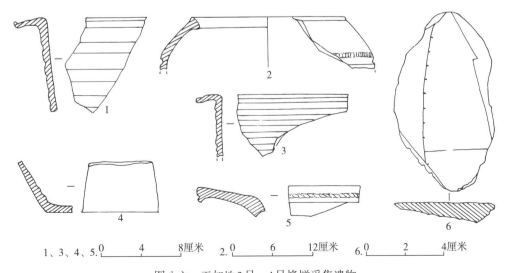

图八六　王如地3号、4号烽燧采集遗物

1、4.王如地4号烽燧　2、3、5、6.王如地3号烽燧

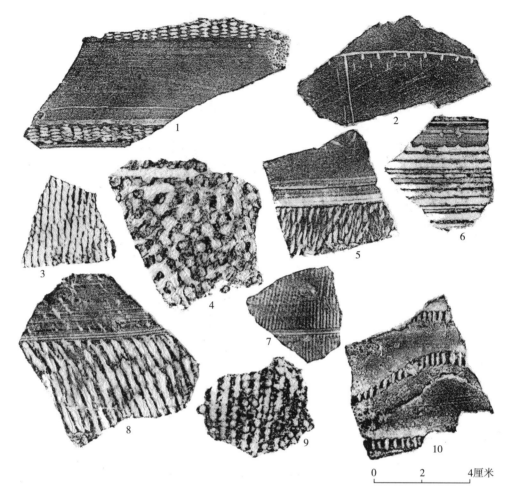

图八七　王如地3号烽燧采集陶片纹饰及石制日晷拓片

1.平行凸弦纹　2.日晷　3、5、9.绳纹　4.粗绳纹　6.窄凹弦纹　7.弦断绳纹　8.绳纹瓦片　10.凸弦纹与波浪形附加泥条

王如地3号烽燧（150222353201030170）　位于西斗铺镇王如地村南1.07千米处的低山丘上，倚王如地长城2段墙体内侧建筑，西北距王如地4号烽燧0.37千米。

墩台土筑，保存差。台体坍塌为圆形土丘状，底部直径12、顶部直径5、残高1.5米，与自然山丘融为一体（彩图四三七）。墩台南侧有石筑坞墙，残长9米；南部有积薪垛2座，呈方形石圈状，边长分别为2、5米。采集的陶片以泥质褐陶为多，可辨器形为宽沿盆和侈口矮领罐，罐腹施两道绳索状平行凸弦纹，弦纹间贴塑波浪形泥条；此外，有扁平凸弦纹带，其上竖压细绳纹；夹砂褐陶系可辨器形有釜（图八六：2）、宽沿盆（图八六：3）、侈口矮领罐和盘（图八六：5），陶釜的中腹部施弦断绳纹，下腹部施粗绳纹；此外还有瓦片，瓦背施弦断绳纹，瓦腹施麻点纹；采集青黑色片麻岩石片刻制的日晷，残存一段弧线及10个刻点（图八六：6、八七）。

王如地4号烽燧（150222353201030171）　位于西斗铺镇王如地村南偏西0.96千米处的低缓山丘上，北距王如地长城2段墙体0.03千米，西北距王如地5号烽燧0.54千米。

墩台土筑，保存差。台体坍塌为圆形缓丘状，东半部被机械铲掉，测得墩台基宽8.4、顶宽8、残高1.6米，夯层厚11厘米。墩台附近陶片较多，以泥质灰褐陶、黑灰陶为主，可辨器形为宽沿盆（图八六：1、4）和罐，施凹弦纹、弦断绳纹、绳纹及平行凸弦纹带，凸弦纹带间刻划波浪线或附加波浪形泥条（图八八）。

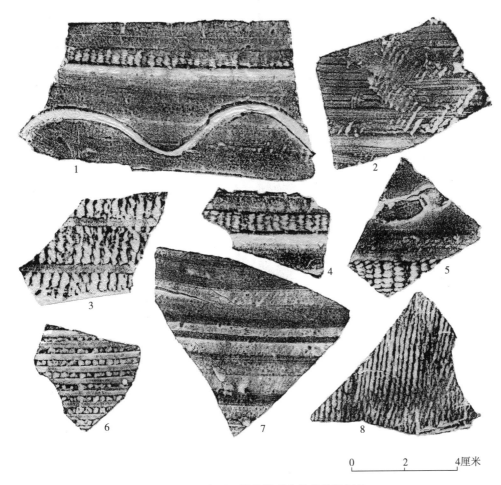

图八八　王如地4号烽燧采集陶片纹饰拓片

1、4.凸弦纹带与波浪形划线　2、8.绳纹　3、6.弦断绳纹　5.凸弦纹带与波浪形附加泥条　7.凹弦纹

王如地5号烽燧（150222353201030172）　位于西斗铺镇王如地村西南1.05千米处的山岭顶部石碴山头上，东北距王如地长城2段墙体0.1千米，西北距王如地6号烽燧0.78千米。

墩台土筑，保存差。台体坍塌，现呈低平的土丘状，底部直径7、顶部直径3、残高0.5米，濒于消失。墩台北侧腰部残存石墙，或为外包石墙。烽燧东部为洪水北流的王如地村西南河槽，西部山脚下为西斗铺通往小佘太镇的707县道。

129. 王如地长城3段（150222382301030129）

该段长城起自西斗铺镇王如地村西南1千米，止于王如地村西1.32千米。原墙体应作直线分布，呈东南—西北走向，上接王如地长城2段，下接王如地长城4段。

本段长城为消失段，起止点之间的直线长度为655米。原墙体分布于王如地村西部川地中，河槽在川地中央延伸，洪水西南向下泄，注入增隆昌水库。河槽两岸耕地平坦，土质肥沃，不见墙体踪迹。707县道自川地东山脚下穿过，巴彦淖尔市乌拉特前旗永新村坐落在西山脚处。

消失段沿线调查烽燧1座，为王如地6号烽燧。

王如地6号烽燧（150222353201030173）　位于西斗铺镇王如地村西1.3千米处的山前缓坡地上，东北距王如地长城3段长城墙体0.06千米，西北距巴彦淖尔市乌拉特前旗广申隆1号烽燧1.88千米。

墩台土筑，保存差。台体坍塌为低矮的圆形土丘状，底部直径11、顶部直径4、残高1.5米。墩台

图八九　王如地6号烽燧采集陶片纹饰拓片

1.瓦背绳纹　2.凹弦纹　3.弦断绳纹　4.粗绳纹

周边采集的陶片以泥质褐陶为多，夹砂陶较少，可辨器形为宽沿盆、釜，纹饰有凹弦纹、弦断绳纹和粗绳纹，也有素面陶片；还发现绳纹瓦片（图八九）。烽燧西侧和东北部各有一家白灰厂，有土路在北侧穿过，连接于两厂之间。

130. 王如地长城4段（150222382101030130）

该段长城为固阳县秦汉长城的最后一段墙体，起自西斗铺镇王如地村西1.32千米，止于王如地村西1.5千米。墙体作直线分布，呈东南—西北走向，上接王如地长城3段，下接巴彦淖尔市乌拉特前旗广申隆长城1段。

墙体长181米，以黄土夯筑，夯层厚8～10厘米，保存差。墙体分布于永新村东北部山脚下的缓坡地上，于地表呈低矮的土垄状，底宽3～6、残高0.5～1米（彩图四三八）。墙体前小段仅略微隆起于地表，濒于消失。

四　巴彦淖尔市乌拉特前旗

在调查中，将乌拉特前旗境内的阳山秦汉长城墙体共划分为91个调查段，包括石墙56段、土墙14段、山险墙3段、山险3段、塞墙4段、消失墙体11段。墙体总长73614米，其中石墙长50349米、土墙长9407米、山险墙长3785米、山险长2881米、塞墙3068米、消失段落长4124米。在总长50349米的石墙中，保存一般部分长12198米、保存较差部分长19923米、保存差部分长17934米、消失部分长294米。在总长9407米的土墙中，保存较差部分长1779米、保存差部分长7238米、消失部分长390米。

在小佘太镇增隆昌村附近，于阳山秦汉长城的南侧，调查塞墙1道，均为石砌墙体，无单体建筑，命名为增隆昌塞墙。在调查中，将增隆昌塞墙划分为4个调查段，总长3068米，其中保存差部分长3024米，消失部分长44米。

（一）长城墙体分布与走向

乌拉特前旗境内的阳山秦汉长城，分布于海流图盆地之东、小佘太川之北的阴山山脉查石太山上。墙体依山势蜿蜒起伏延伸，总体呈东偏南—西偏北走向，自然的风雨侵蚀与山水冲刷，是造成墙体受损的主要因素。

长城墙体由包头市固阳县进入乌拉特前旗小佘太镇广申隆村，起点在广申隆村东偏北3.36千米处。穿过王如地川地的墙体，于永新村东北部顺山梁爬上查石太山东段的高山脊上，沿山脊外缘西北行，穿过关牛犋大河床，沿沟西山岭西行，又过白庙沟，经白头山顶转西南行，进入低海拔山区。墙体经马鬃山西北坡脚西南行，随后转西行，穿越石麻沟及其西部三条沟谷，又随山岭西偏南行，抵达板申图沟东岸；顺沟东岸坡地西南行，至板申图沟牧点西折，跨越板申图沟。沟西的墙体再爬上山岭，于山顶折向西南，跨过敖包山西沟谷，沿小西沟北部山岭西北行，经奎同牧点北延伸到苏计沟东岸，在苏计沟的两条支沟灰腾沟与煤窑沟交汇处跨过苏计沟河槽。墙体过沟再上煤窑沟南部的高山岭，顺山岭西行，经西坡地走下山岭，进入低山区；先后穿过忽卢斯太沟、大红山南沟、前准葛赖南沟和石场沟，再过塌塌山北山坳转北行，旋即西北行，爬上石场沟正沟与东支沟间的山顶后折向西南下坡行，大体形成外向直角折弯。墙体跨越石场沟与韩庆坝沟，沿沟谷西岸稍作北偏西行，随后折向西偏北行，跨越挪日图沟上游的数条支沟，沿可利用的山岭行进，在洪贵坝牧点北部借横直的山岭西行，而后转南行走下直山岭，经闸板沟沟脑处的分水岭山坳西行，再次爬升到俗称龙山的直山岭上，延伸5千米后摆脱山岭，转西向下坡行，跨过敦德沟支沟各哨店沟上游多条支谷，经较短的高山岭北缘，沿其西坡支脉下坡行，过后土台沟，翻越沟西山岭抵达敦德沟。墙体于西羊场店南部跨过敦德沟，西北行爬上西山，过东毕力开沟，在西毕力开沟沟脑处山岭环绕西行，再西北行绕过白土各吧北沟脑，经尧勒音嘎查南山岭北坡西偏南行，利用自然山崖作山险，不筑墙体。跨过野狼沟的墙体，沿野狼沟牧点南部山岭西北向延伸，又跨过野狼沟北支沟，沿巴音布拉格沟支沟牛场沟南山岭西偏北行，于红柳林牧点北部向西跨过巴音布拉格沟。墙体西北行翻越西山岭，跨过浩雷沟，遇边墙沟南山岭转沿山脊西行，又西偏北行延伸至扎拉格河东岸，跨过河谷便进入乌拉特中旗境内。

（二）长城墙体与单体建筑保存现状

在对乌拉特前旗阳山秦汉长城的调查中，除划分的87段长城墙体外，沿线还调查单体建筑117座，包括烽燧114座、障城2座、古城1座。下面，对这些墙体段落和单体建筑分作详细描述。

1. 广申隆长城1段（1508233821020300001）

该段长城起自小佘太镇广申隆村东偏北3.36千米，止于广申隆村东偏北3.23千米。墙体略作外向弧线形分布，总体呈东南—西北走向，上接包头市固阳县王如地长城4段，下接广申隆长城2段。

墙体长369米，为毛石干垒墙，总体保存较差。墙体地处小佘太川上游王如地川地与关牛犋大河床的夹角间山岭上，沿山脊外缘构筑，止于西坡半腰处，北隔缓谷有园山。墙体向坡下倒塌，石块随坡散落，于地表呈低矮的石垄状，底宽1.5～3、顶宽1～2、残高0.5～2米。其中，墙体前小段保存差，长173米；后小段保存较差，长196米（彩图四三九）；保存较差、保存差部分，分别占该段墙体总长的53.1%、46.9%。

2. 广申隆长城2段（1508233823010300002）

该段长城起自小佘太镇广申隆村东偏北3.23千米，止于广申隆村东北2.75千米。原墙体应作直线分布，呈东南—西北走向，上接广申隆长城1段，下接广申隆长城3段。

本段长城为消失段，起止点之间的直线长度为807米。原墙体分布在关牛犋大河床及两岸坡地上，园山南洼沟谷洪水汇聚西南流，汇入主河槽，南岸有活动板房一栋；河槽边缘台地为耕地，洪水冲刷与耕地开垦导致墙体消失。活动板房南侧有土筑墙体残存，结合相邻下段墙体情况，推断该段墙体大部分原应为土墙。

3. 广申隆长城3段（150823382101030003）

该段长城起自小佘太镇广申隆村东北2.75千米，止于广申隆村东北2.63千米。墙体作直线分布，呈东南—西北走向，上接广申隆长城2段，下接广申隆长城4段。

墙体长230米，为土墙，总体保存差。墙体分布在关牛犋大河床西岸坡地上，作上坡行，于地表呈低矮的土垄状，底宽4~6、顶宽2~3、残高0.5~3米。其中，墙体中小段被开垦，导致长51米的墙体消失；前后小段均保存差，长179米；保存差、消失部分，分别占该段墙体总长的77.8%、22.2%。有农耕土路穿过中小段末端北行。

4. 广申隆长城4段（150823382102030004）

该段长城起自小佘太镇广申隆村东北2.63千米，止于广申隆村东北2.4千米。墙体大体作直线分布，呈东南—西北走向，上接广申隆长城3段，下接广申隆长城5段。

墙体长676米，以黑色毛石垒筑，总体保存较差。墙体分布在关牛犋大河床西山岭上，沿山岭北坡上缘修筑，止于鱼背山东缘。墙体坍塌较严重，于地表呈低矮的石垄状，底宽2~4、顶宽1~3、残高0.5~2米。其中，墙体前小段保存较差，轮廓与走向十分清晰，长457米（彩图四四○）；鱼背山东侧沟谷中的墙体因洪水冲刷而消失，长30米；后小段保存差，大部分筑墙石块滚于坡下，长189米；保存较差、保存差和消失部分，分别占该段墙体总长的67.6%、28%和4.4%。

墙体沿线调查烽燧1座，为广申隆1号烽燧。

广申隆1号烽燧（150823353201030001）　位于小佘太镇广申隆村东北2.42千米处的高山尖上，东北距广申隆长城4段墙体0.08千米，西距广申隆2号烽燧1.23千米。

墩台以黄砂土夯筑，夯层厚12~15厘米，保存差。台体坍塌为圆形土丘状，底部东西5、南北4、残高1.5米；顶部残存台体夯层十余层，残破不整（彩图四四一、参见彩图四四○）。

5. 广申隆长城5段（150823382301030005）

该段长城起自小佘太镇广申隆村东北2.4千米，止于广申隆村北偏东2.1千米。原墙体应作直线分布，呈东西走向，上接广申隆长城4段，下接广申隆长城6段。

本段长城为消失段，起止点之间的直线长度为488米。原墙体分布在鱼背山北侧陡坡地段，筑墙石块大多滑落于崖底。

6. 广申隆长城6段（150823382102030006）

该段长城起自小佘太镇广申隆村北偏东2.1千米，止于广申隆村北偏东2.04千米。墙体略作外向弧线形分布，大体呈东西走向，上接广申隆长城5段，下接广申隆长城7段。

墙体长224米，为毛石干垒墙，保存差。墙体分布于鱼背山西段北坡上，沿山脊外侧陡坡修筑，坍塌严重，石块随坡滚落；于地表呈低矮的石垄状，底宽1.5~2、顶宽0.5~1、残高0.3~0.8米。该段墙体南为山洼，山洼南为半环形山岭。

7. 广申隆长城7段（150823382301030007）

该段长城起自小佘太镇广申隆村北偏东2.04千米，止于广申隆村北偏东2.01千米。原墙体应作直线分布，呈东西走向，上接广申隆长城6段，下接广申隆长城8段。

本段长城为消失段，起止点之间的直线长度为207米。原墙体横穿查石太山断豁处的白庙沟时消失，河槽东岸为陡坡，洪水冲刷等自然因素造成墙体消失。依据相邻上下段墙体情况，推断该段墙体原应为石墙；河槽中的墙体构筑情况不明。

8. 广申隆长城8段（150823382102030008）

该段长城起自小佘太镇广申隆村北偏东2.01千米，止于广申隆村北偏西1.98千米。墙体中小段局部外凸，总体呈东偏南—西偏北走向，上接广申隆长城7段，下接广申隆长城9段。

墙体长994米，为毛石干垒墙，总体保存较差。墙体分布在白庙沟西山岭上，沿山脊外缘构筑，止于白头山东缘北侧。墙体呈一面坡式倒塌，于地表呈低矮的石垄状，底宽2~3.5、顶宽1~2.5、残高0.5~3米（彩图四四二、参见彩图四四三）；局部地段墙体保存一般，外壁齐整高峻，略显原始形态；后小段有部分墙体建筑在自然崖壁之上，可界定为山险墙。其中，保存较差部分长582米、保存差部分长346米、消失部分长66米，分别占该段墙体总长的58.6%、34.8%和6.6%。

墙体沿线调查烽燧2座，分别为广申隆2号、3号烽燧。

广申隆2号烽燧（150823353201030002）　位于小佘太镇广申隆村东北1.86千米处的白庙沟东岸高台地上，北距广申隆长城8段墙体0.14千米，西偏北距广申隆3号烽燧0.4千米；二者隔白庙沟相望。

墩台土筑，保存差。台体坍塌为圆形土丘状，底部直径8、顶部直径5、残高2米。烽燧建筑在山口内侧，以重点监控白庙沟。

广申隆3号烽燧（150823353201030003）　位于小佘太镇广申隆村北1.85千米处的白庙沟西山岭半腰顶部，倚广申隆长城8段墙体外侧建筑，西距广申隆4号烽燧0.53千米。

墩台石筑，保存差。台体北、西两壁保存部分原始壁面，大部分坍塌较严重，现呈覆斗状，底部东西6、南北5、残高2米；顶部有垒筑的小石堆（彩图四四三）。墩台东侧有圆形土台，底部直径8、顶部直径4、残高0.6米。初步判断，应为秦筑烽燧。烽燧北侧的墙体作尖状外凸。

9. 广申隆长城9段（150823382102030009）

该段长城起自小佘太镇广申隆村北偏西1.98千米，止于广申隆村西北1.8千米。墙体作外向折线形分布，由东偏北—西偏南走向转为东北—西南走向，上接广申隆长城8段，下接广申隆长城10段。

墙体长1133米，为毛石干垒墙，总体保存较差。墙体沿河床西岸山岭上行，而后爬上白头山转西行，于山岭西南支脉转作西偏南下坡行，再顺广申隆西沟上游东岸山岭西南向递降，止于西沟河槽北岸，止点东南有石圈圝圄相邻。墙体大部分坍塌，局部地段内外壁尚存，砌筑较规整；底宽1.5~3.5、顶宽1~3、外壁残高0.6~3、内壁残高0.5~1.5米（彩图四四四）。其中，保存一般部分长336米、保存较差部分长639米、保存差部分长158米，分别占该段墙体总长的29.7%、56.3%和14%。

墙体沿线调查烽燧1座，为广申隆4号烽燧。

广申隆4号烽燧（150823353201030004）　位于小佘太镇广申隆村北偏西1.79千米处的白头山东缘山顶之上，北距广申隆长城9段墙体0.06千米，西南距广申隆5号烽燧1.01千米。

墩台为土石混筑，保存差。台体坍塌为圆形土丘状，底部直径8、顶部直径5.5、残高2米；顶部有垒砌的小石堆（彩图四四五）。烽燧位于制高点上，北望视野开阔。

10. 广申隆长城10段（150823382102030010）

该段长城起自小佘太镇广申隆村西北1.8千米，止于广申隆村西北2.04千米。墙体随山岭作内外弯曲分布，总体呈东北—西南走向，上接广申隆长城9段，下接广申隆长城11段。

墙体长606米，为毛石干垒墙，总体保存较差。墙体跨过广申隆西沟上游河槽，沿西支沟山岭外缘西南行，止于马鬃山西北坡下缘，止点南侧为广申隆7号烽燧。其中，墙体前小段保存较差，内外壁尚存，较低矮，长254米；中小段保存一般，内外壁砌筑较规范，长207米；后小段保存差，长145米，墙体坍塌，于地表呈石垄状，底宽3~5、顶宽2~4、外壁残高0.5~3、内壁残高0.5~2米（彩图四四六）；保存一般、保存较差和保存差部分，分别占该段墙体总长的34.2%、41.9%和23.9%。

墙体沿线调查烽燧3座，分别为广申隆5号、6号、7号烽燧。

广申隆5号烽燧（150823353201030005）　位于小佘太镇广申隆村西北1.85千米处的沟床西岸缓丘上，北距广申隆长城10段墙体0.03千米，西偏南距广申隆6号烽燧0.53千米。

墩台以黄土夯筑，夯土中夹杂细碎小石子，夯层厚8~15厘米，保存较差。台体残缺不整，现呈不规则的土台状，东西6、南北4、残高1.5米，表面风蚀严重（彩图四四七）。烽燧东隔沟床有石圈圜圚，南侧直沟洪水发源于马鬃山北坡，东北流汇入西沟上游河槽。

广申隆6号烽燧（150823353201030006）　位于小佘太镇广申隆村西北1.8千米处的马鬃山顶部，西北距广申隆长城10段墙体0.31千米、广申隆7号烽燧0.29千米。

墩台石筑，保存差。台体顶部坍塌，现呈长方形石堆状，底部东西8、南北7、残高2米。墩台南侧有石砌方形积薪垛1座，边长4.5、残高0.2米。烽燧地处高山之巅，视野广阔。

广申隆7号烽燧（150823353201030007）　位于小佘太镇广申隆村西北2.09千米处的马鬃山西北坡半腰处高地上，北距广申隆长城10段墙体0.01千米，西距广申隆8号烽燧0.95千米。

墩台土筑，保存差。台体坍塌为圆形土丘状，底部直径7、顶部直径4、残高2米；顶部有垒砌的小石堆（彩图四四八）。

11. 广申隆长城11段（150823382102030011）

该段长城起自小佘太镇广申隆村西北2.04千米，止于广申隆村西北2.49千米。墙体作内向折弧形分布，由东北—西南走向转呈东西走向，上接广申隆长城10段，下接广申隆长城12段。

墙体长624米，为毛石干墙垒，总体保存较差。墙体沿马鬃山西北坡下山岭外缘修筑，止于增隆昌古城东侧的石麻沟东沟西岸山岭半坡处，止点东侧墙体作"S"状分布。墙体内壁与山体相接，外壁保存较好，部分地段基本完好（彩图四四九）。现存墙体底宽2~4、顶宽1~3.5、外壁残高1~3、内壁残高0.8米。其中，保存一般部分长139米，内外壁俱存，外壁高峻，结构紧密，向上有收分；保存较差部分长219米，内壁略高于山体表面，外壁低矮；保存差部分长218米，坍塌严重，石块向坡下滚落；末端东沟洪水冲刷导致48米长的墙体消失；保存一般、保存较差、保存差和消失部分，分别占该段墙体总长的22.3%、35.1%、34.9%和7.7%。

12. 广申隆长城12段（150823382102030012）

该段长城起自小佘太镇广申隆村西北2.49千米，止于广申隆村西偏北3.81千米。墙体随山岭作内外弯曲分布，总体呈东西走向，末端转西偏南行；上接广申隆长城11段，下接广申隆长城13段。

墙体长1700米，为毛石干垒墙，保存一般。墙体连续穿过增隆昌古城东侧的石麻沟上游的三道山岭及其间沟谷，止于古城西沟上游东岸山岭上，止点南侧为广申隆11号烽燧。2000年，国家文物局拨款对该段墙体进行过修缮，墙体内外壁修复完好，底宽3~5、顶宽3~4、高1~4米（彩图四五〇）；沟谷底部的墙体有断豁。

墙体沿线调查烽燧4座、古城1座，分别为广申隆8号、9号、10号、11号烽燧和增隆昌古城。

广申隆8号烽燧（150823353201030008）　位于小佘太镇广申隆村西北2.82千米处石麻沟东山腰上，北侧紧邻广申隆长城12段墙体，西距广申隆9号烽燧0.35千米。

墩台土筑，保存差。台体坍塌为圆形土丘状，底部直径6、顶部直径3、残高2.2米；顶部有小石堆（彩图四五一）。烽燧西北隔河槽有羊圈屋。

广申隆9号烽燧（150823353201030009）　位于小佘太镇广申隆村北3.16千米处石麻沟西山岭之高丘上，北侧紧邻广申隆长城12段墙体，西距广申隆10号烽燧0.4千米。

墩台土筑，保存差。台体坍塌为圆形土丘状，底部直径6.5、顶部直径3、残高2.3米；顶部及南坡上散布有石块（彩图四五二）。

广申隆10号烽燧（150823353201030010）　位于小佘太镇广申隆村西偏北3.52千米处的山丘顶部，北距广申隆长城12段墙体0.02千米，西南距广申隆11号烽燧0.27千米。

墩台以黄土夯筑，夯土中夹杂小石子，夯层厚6～14厘米，保存差。台体坍塌为圆形土丘状，南壁夯层裸露；底部直径6.5、顶部直径3、残高2.3米。烽燧东沟谷较大，洪水南流汇入石麻沟。

广申隆11号烽燧（150823353201030011）　位于小佘太镇广申隆村西偏北3.8千米处的增隆昌古城北沟上游东山岭之山丘上，北距广申隆长城12段墙体0.02千米，西距广申隆12号烽燧0.42千米。

墩台土筑，保存差。台体坍塌为圆形土丘状，底部直径8、顶部直径3、残高2.5米。

增隆昌古城（150823353102040004）　位于小佘太镇增隆昌村东北2.19千米处的增隆昌水库东北岸，地处东西走向的小佘太川东端，北依查石太山，东西两侧均有通往北部草原的谷口要道。北距广申隆长城12段墙体1.8千米，西距河湾障城33.2千米。

城址平面略呈方形，边长315米。障城南墙遭水库拦洪坝破坏而大部分难觅原始遗迹外，其他三面墙体均保存一般，并明显可见早晚叠压关系。早期墙体较宽厚，从断面观察，基宽10、顶宽8、残高2米，夯层厚6～10厘米。晚期墙体建于早期墙体之上，基宽3、顶宽1.5、残高2～4米，夯层厚10～20厘米。东、北、西三面墙体不见门址，则城门应开于南墙之上，现已破坏无存，方向178°（图九〇）。北墙中部偏西处有一座圆形高台基，底径近20、高约5米。城内西、北、东三面地势较高，南面较低，呈簸箕状。城内南部文化层较厚，最厚处可达3米，中央偏北处有一座大型建筑台基。城址内散见有大量陶片和残砖、瓦片等遗物，采集有铜镞、铜弩机和"五铢"钱。陶片多为泥质灰陶，装

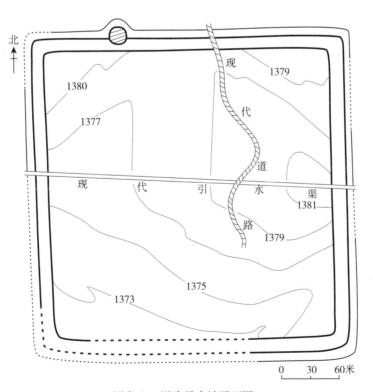

图九〇　增隆昌古城平面图

饰绳纹、弦纹等，器形有罐、盆等；砖瓦有绳纹砖、布纹瓦、莲瓣纹瓦当等。有灌渠从城址中央自西向东横穿而过，城内大部分被开垦为耕地，对古城保护影响较大。

古城内散布遗物以北魏时期为主，汉代者较少，结合晚期城墙夯层中可见部分汉代陶片，由此推断古城的早期遗存为汉城。在固阳县阳山秦汉长城的南侧，分布有汉代的碾房古城，其规模等同于增隆昌古城，可见二者在汉代具有相同的性质，应为边防军事性城邑，为五原塞的中心城邑之一，军事建制或与都尉相当，主要管领今小佘太川地区的长城军事防务。

增隆昌古城晚期遗存属于北魏时期，西距北魏沃野镇（乌拉特前旗根子场古城）66千米，东距北魏怀朔镇（固阳县白灵淖城圐圙古城）46千米，应是起到呼应两座镇城作用的一座戍城。北魏末年，六镇改镇为州，据《魏书·地形志》记载，朔州广宁郡下辖石门、中川二县[1]，石门县应在今包头市固阳县明安川东部一带，增隆昌古城可能改制为中川县，小佘太川在北魏时期即名为中川。

13. 广申隆长城13段（150823382102030013）

该段长城起自小佘太镇广申隆村西偏北3.81千米，止于小佘太镇增隆昌村北偏东2.76千米。墙体中小段作外向弧线形分布，总体呈东偏北—西偏南走向，上接广申隆长城12段，下接广申隆长城14段。

墙体长935米，为毛石干垒墙，总体保存较差。墙体沿板申图沟东岸山岭外缘构筑，止于增隆昌古城西沟东支沟沟脑处，其南侧有广申隆13号烽燧，北偏西为板申图沟"U"形沟谷。现存墙体底宽顶窄，剖面呈梯形，底宽3~5、顶宽2~4、残高1.5~3.8米。其中，保存较差部分长580米，大部分地段外壁坍塌；保存差部分长355米，墙体整体坍塌，于地表呈石垄状，石块随坡滚落（彩图四五三）；保存较差、保存差部分，分别占该段墙体总长的62%、38%。

墙体沿线调查烽燧2座，分别为广申隆12号、13号烽燧。

广申隆12号烽燧（150823353201030012）　位于小佘太镇广申隆村西偏北4.2千米处的山岭顶部山丘上，北距广申隆长城13段墙体0.02千米，西南距广申隆13号烽燧0.45千米。

墩台土筑，保存差。台体坍塌，现呈低缓的圆形土丘状，底部直径7.5、顶部直径1.5、残高3米（彩图四五四）。烽燧北侧墙体作外向弧线形分布，东侧为增隆昌古城北沟西支沟沟脑。

广申隆13号烽燧（150823353201030013）　位于小佘太镇增隆昌村北偏东2.75千米处的山顶上，北距广申隆长城13段墙体0.01千米，西南距广申隆14号烽燧0.26千米。

墩台土筑，保存差。台体坍塌为椭圆形土丘状，底部长径8、短径6米，顶部直径3米，残高3米；顶部有垒砌的小石堆（彩图四五五）。烽燧南侧为并列的两条小沟沟脑，洪水东南流汇入增隆昌古城西沟东支沟；北侧陡坡下为板申图沟"U"形沟床。

14. 广申隆长城14段（150823382102030014）

该段长城起自小佘太镇增隆昌村北偏东2.76千米，止于增隆昌村北2.22千米。墙体略作内外弯曲分布，总体呈东偏北—西偏南走向，上接广申隆长城13段，下接广申隆长城15段。

墙体长1069米，为毛石干垒墙，总体保存一般。墙体沿山脊外缘修筑，顺山岭而下，止于水八洞东沟沟底。现存墙体下宽上窄，剖面呈梯形，底宽2~4、顶宽1~3、外壁残高1.5~3.6、内壁残高1米。前小段墙体保存较差，外壁尚存，内侧高度与山体基本平齐，长224米；中小段墙体保存一般（彩图四五六），内外壁基本完好，长569米；后小段墙体保存差，坍塌严重，呈略高于山体表面的石垄状，长276米。保存一般、保存较差和保存差部分，分别占该段墙体总长的53.2%、21%和25.8%。

---

〔1〕《魏书》卷106《地形志》，中华书局，1974年，第2499页。

墙体沿线调查烽燧2座，分别为广申隆14号、15号烽燧。

广申隆14号烽燧（150823353201030014）　位于小佘太镇增隆昌村北偏东2.53千米处的山岭顶部缓丘之上，北距广申隆长城14段墙体0.02千米，西距广申隆15号烽燧0.25千米、水八洞0.85千米。

墩台土筑，保存差。台体坍塌，现呈低矮的椭圆形土丘状，底部长径8、短径6米，顶部直径3米，残高1.8米；顶部有垒筑的小石堆（彩图四五七）。烽燧南侧为水八洞东沟北支沟沟脑。

广申隆15号烽燧（150823353201030015）　位于小佘太镇增隆昌村北2.46千米处的水八洞东山岭上，北侧紧邻广申隆长城14段墙体，西南距广申隆16号烽燧1.1千米，当中还应有烽燧分布。

墩台为土石混筑，保存差。台体坍塌，现呈低缓的圆形石堆状，西壁可见石块垒砌痕迹，底部直径6、顶部直径4、残高2.5米（彩图四五八）。烽燧南北均为小沟沟脑，洪水于山岭两侧西流，先后于水八洞处注入板申图沟河槽。

15. 广申隆长城15段（150823382102030015）

该段长城起自小佘太镇增隆昌村北2.22千米，止于增隆昌村北偏西1.89千米。墙体略作内向弧线形分布，总体呈东北—西南走向，上接广申隆长城14段，下接广申隆长城16段。

墙体长848米，为毛石干垒墙，总体保存差。墙体沿板申图沟东岸的山半坡延伸，止于河槽东岸羊圈屋东南侧；大部分墙体坍塌较严重，于地表呈低矮的石垄状，底宽1.5~4、顶宽1~3、外壁残高0.5~3、内壁残高0.3~1米。其中，墙体前后小段保存差，长661米，石块随坡滚落，前小段沟谷地带有两处宽2米的豁口；中小段保存较差，长187米（彩图四五九）；保存较差、保存差部分，分别占该段墙体总长的22%、78%。

墙体沿线调查烽燧1座，为广申隆16号烽燧。

广申隆16号烽燧（150823353201030016）　位于小佘太镇增隆昌村北偏西1.85千米处板申图沟东山岭之山丘之上，北距广申隆长城15段墙体0.08千米，西距增隆昌1号烽燧0.66千米，二者隔板申图沟相望。

墩台土筑，保存差。台体坍塌为椭圆形土丘状，底部长径8、短径7米，顶部直径5米，残高3米；西侧倚墩台有石筑坞址（彩图四六〇）。烽燧北临板申图沟，西北有韩庆沟，洪水西南向下泄注入板申图沟河槽；东南为敖包山。

16. 广申隆长城16段（150823382101030016）

该段长城起自小佘太镇增隆昌村北偏西1.89千米，止于增隆昌村北偏西1.92千米。墙体作直线分布，呈东偏北—西偏南走向，上接广申隆长城15段，下接广申隆长城17段。

墙体长133米，以黄土夯筑，保存差。墙体分布在板申图沟河槽东岸坡地上，于地表呈低矮的土垄状，底宽3~5、顶宽2~3、残高0.5~1米（彩图四六一）。墙体南临小河槽，北有羊圈屋，洪水冲刷及牲畜踩踏对墙体保存影响较大。

17. 广申隆长城17段（150823382301030017）

该段长城起自小佘太镇增隆昌村北偏西1.92千米，止于增隆昌村西北1.99千米。原墙体应作直线分布，呈东偏南—西偏北走向，上接广申隆长城16段，下接增隆昌长城1段。

本段长城为消失段，起止点之间的直线长度为111米。墙体分布于板申图沟河槽中，洪水冲刷导致墙体消失。历史上该河槽应是四季常流水，推断河槽中原应筑有石墙，下设过水涵洞。

18. 增隆昌长城1段（150823382102030018）

该段长城起自小佘太镇增隆昌村西北1.99千米，止于增隆昌村西北2.1千米。墙体略作外向直角折线形分布，由东偏南—西偏北走向转为东北—西南走向，上接广申隆长城17段，下接增隆昌长城2段。

墙体长914米，为毛石干垒墙，总体保存一般。墙体先西偏北行爬上西山顶，绕过峰顶后转沿山岭外缘西南下坡行，跨过敖包山西沟河槽，止于南岸山岭末端。墙体下宽上窄，剖面呈梯形，底宽2～3.5、顶宽1.5～3、外壁残高0.5～2.5、内壁残高0～0.5米。其中，墙体前后小段保存较差，外壁部分保存，内侧与山体相接，长397米；中小段保存一般，内外壁俱存，壁面砌筑规整，长496米（彩图四六二）；末端敖包山西沟洪水冲刷导致长21米的墙体消失；保存一般、保存较差和消失部分，分别占该段墙体总长的54.3%、43.4%和2.3%。

墙体沿线调查烽燧1座，为增隆昌1号烽燧。

增隆昌1号烽燧（150823353201030017）　位于小佘太镇增隆昌村西北2.11千米处的板申图沟西岸高山顶上，北距增隆昌长城1段墙体0.02千米，西南距增隆昌2号烽燧0.64千米。

墩台土石混筑，保存差。台体坍塌为圆形土石堆状，底部直径8、顶部直径3、残高3.5米；南侧有倚墩台建筑的长方形石筑坞址。

19. 增隆昌长城2段（150823382102030019）

该段长城起自小佘太镇增隆昌村西北2.1千米，止于增隆昌村西北3.21千米。墙体大体作直线分布，呈东偏南—西偏北走向，上接增隆昌长城1段，下接增隆昌长城3段。

墙体长1320米，为毛石干垒墙，总体保存差。墙体沿敖包山西沟南山岭山脊外缘作西偏北上坡行，止于张德禄湾西北部的直沟沟脑东侧山岭上，止点南侧有增隆昌3号烽燧。墙体修筑于陡坡上，坍塌较为严重，于地表呈低矮的石垄状，底宽1.5～3、顶宽1～2.5、外壁残高0.5～1、内壁残高0～0.8米。其中，墙体前小段保存差，长1057米；后小段保存较差，局部两壁均有保存，长263米（彩图四六三）；保存较差、保存差部分，分别占该段墙体总长的20%、80%。

墙体沿线调查烽燧1座，为增隆昌2号烽燧。

增隆昌2号烽燧（150823353201030018）　位于小佘太镇增隆昌村西北2.19千米处的敖包山西沟南岸低山岭上，北侧紧邻增隆昌长城2段墙体，西偏北距增隆昌3号烽燧1.07千米。

墩台以黄土夯筑，夯土中夹杂较多小石子，夯层厚12～16厘米，保存差。台体呈不规则方柱体，顶部坍塌，四壁残缺不整，东壁有裂缝；底部东西6、南北5、残高1.8米（彩图四六四）；东侧有石块堆积，较零乱，应为石筑坞遗迹。

20. 增隆昌长城3段（150823382102030020）

该段长城起自小佘太镇增隆昌村西北3.21千米，止于增隆昌村西北3.65千米。墙体略作外向弧线形分布，总体呈东偏南—西偏北走向，上接增隆昌长城2段，下接增隆昌长城4段。

墙体长506米，为毛石干垒墙，保存差。墙体沿高尖山东侧山脊外缘构筑，翻过一座石砬山，止于高尖山北坡上缘；大部分地段墙体坍塌，在陡坡上呈石垄状延伸，底宽3～4、顶宽2～3、外壁残高1.5～2米。

墙体沿线调查烽燧1座，为增隆昌3号烽燧。

增隆昌3号烽燧（150823353201030019）　位于小佘太镇增隆昌村西北3.18千米处的山岭上，北距增隆昌长城3段墙体0.04千米，西偏北距增隆昌4号烽燧0.51千米。

墩台土筑，保存差。台体坍塌为圆形土丘状，底部直径6、顶部直径2、残高2.5米（彩图四六五）。墩台东侧有较多石块，形制难辨，推测为石筑坞址。西侧为直沟沟脑，洪水西南流注入小西沟。

21. 增隆昌长城4段（150823382301030021）

该段长城起自小佘太镇增隆昌村西北3.65千米，止于小佘太镇苏计沟村奎同牧点东1.34千米。原墙体应作直线分布，呈东偏南—西偏北走向，上接增隆昌长城3段，下接增隆昌长城5段。

本段长城为消失段，起止点之间的直线长度为427米。墙体分布于高尖山北坡上缘陡坡地上，地处敖包山西沟沟脑地带，山水冲刷导致墙体消失。依据相邻上下段墙体情况，推断该段墙体原应为石墙。

消失段沿线调查烽燧1座，为增隆昌4号烽燧。

增隆昌4号烽燧（150823353201030020） 位于小佘太镇增隆昌村西北3.69千米处的高尖山顶部，北距增隆昌长城4段墙体0.09千米，西北距增隆昌5号烽燧0.61千米。

墩台土筑，保存差。台体坍塌为圆形土丘状，部分山体基岩裸露；底部直径7、顶部直径3、残高3.2米；顶部有垒砌的小石塔（彩图四六六）。烽燧西侧山岭西北向延伸，北为敖包山西沟沟脑，南侧为两条沟谷的沟脑，洪水西偏南下泄汇入小西沟。

22. 增隆昌长城5段（150823382102030022）

该段长城起自小佘太镇苏计沟村奎同牧点东1.34千米，止于奎同牧点东北0.74千米。墙体整体略作外向弧线形分布，呈东偏南—西偏北走向，上接增隆昌长城4段，下接增隆昌长城6段。

墙体长984米，为毛石干垒墙，保存较差。墙体分布在高山尖西部山岭上，止点在奎同北沟正沟沟脑处；大部分墙体坍塌，石块随坡滚落，有的地段仅存基础部分；局部大体保留原始形态，采用开采的片石筑墙，外壁错缝砌筑。现存墙体底宽3～4、顶宽2～3、外壁残高1.5～4、内壁残高0.5米（彩图四六七）。

墙体沿线调查烽燧1座，为增隆昌5号烽燧。

增隆昌5号烽燧（150823353201030021） 位于小佘太镇增隆昌村西北4.29千米处的山顶上，北距增隆昌长城5段墙体0.05千米，西北距增隆昌6号烽燧0.75千米。

墩台为土石混筑，外壁垒砌石块、中间夯土筑成；保存差。墩台平面呈长方形，四壁坍塌严重，西南角残存部分壁面；总体呈圆形土石丘状，底部东西8、南北7、残高3.2米（彩图四六八）。烽燧建筑在奎同东沟沟脑部位的高山头上，东侧亦为沟脑，洪水东南流与东支沟合流后南下，汇入706县道所在的小西沟。

23. 增隆昌长城6段（150823382102030023）

该段长城起自小佘太镇苏计沟村奎同牧点东北0.74千米，止于奎同牧点北偏东0.91千米。墙体随山岭作内外向弯曲分布，总体呈东南—西北走向，上接增隆昌长城5段，下接增隆昌长城7段。

墙体长850米，为毛石干垒墙，总体保存较差。墙体沿山岭脊部外缘构筑，蜿蜒前行，止于奎同牧点西大沟洪水西北流的东支沟下游东岸。其中，墙体前小段保存一般，以较规整的块石砌筑，内壁几乎不显，外壁陡峭，长203米（彩图四六九）；后小段保存较差，大部分地段坍塌较为严重，石块顺陡坡滚下，长647米；现存墙体底宽1～4、顶宽1～3.5、外壁残高0.5～4、内壁残高0.3～0.7米；保存一般、保存较差部分，分别占该段墙体总长的23.9%、76.1%。

墙体沿线调查烽燧1座，为增隆昌6号烽燧。

增隆昌6号烽燧（150823353201030022） 位于小佘太镇增隆昌村西北5.1千米处的石碴山头上，北距增隆昌长城6段墙体0.02千米，西北距增隆昌7号烽燧0.5千米。

墩台土筑，保存差。台体坍塌为圆形土丘状，底部直径8.2、顶部直径6、残高2.4米；顶部有垒砌的小石堆（彩图四七○）。烽燧东南部山垭处为增隆昌长城6段墙体起点。

24. 增隆昌长城7段（150823382101030024）

该段长城起自小佘太镇苏计沟村奎同牧点北偏东0.91千米，止于奎同牧点北偏西0.9千米。墙体作内外弧线形分布，总体呈东西走向，上接增隆昌长城6段，下接增隆昌长城8段。

墙体长468米，为黄土夯筑的土墙，夯层厚15～18厘米，总体保存较差。墙体沿山岭脊部外缘弯曲延伸，止于奎同牧点西大沟中游北岸山岭上，止点西南为增隆昌8号烽燧。坍塌的墙体于地表呈低矮的土垄状，底宽2.5～3.5、顶宽2～3、外壁残高1.5～3、内壁残高0.5～1米。其中，墙体前小段保存较差，夯层清晰可见（彩图四七一、四七二），长262米；后小段保存差，地表隆起较低矮，长206米；保存较差、保存差部分，分别占该段墙体总长的56%、44%。

墙体沿线调查烽燧1座，为增隆昌7号烽燧。

增隆昌7号烽燧（150823353201030023）　位于小佘太镇苏计沟村奎同牧点北偏东0.91千米处的山岭上，东距增隆昌长城7段墙体起点0.02千米，西距增隆昌8号烽燧0.43千米。

墩台土筑，保存差。台体坍塌为圆形土丘状，底部直径8、顶部直径3、残高2.8米，表面散布碎石（彩图四七三）。奎同牧点西大沟上游东支沟洪水西北流，于烽燧西北侧遇山岭转西流，再南流汇入706县道所在的奎同沟。

25. 增隆昌长城8段（150823382102030025）

该段长城起自小佘太镇苏计沟村奎同牧点北偏西0.9千米，止于苏计沟村圆头山牧点东南0.77千米。墙体略作内向弧线形分布，总体呈东偏南—西偏北走向，上接增隆昌长城7段，下接增隆昌长城9段。

墙体长646米，为毛石干垒墙，保存差。墙体沿较缓的山脊外缘修筑，止于圆头山牧点东南山岭上。墙体坍塌较严重，于地表呈低矮的石垄状，底宽1.5～2、顶宽1～1.5、外壁残高0.5～1.5米，内壁与山体平齐。

墙体沿线调查烽燧1座，为增隆昌8号烽燧。

增隆昌8号烽燧（150823353201030024）　位于小佘太镇苏计沟村奎同牧点北偏西0.9千米处的山岭顶部低山丘之上，东距增隆昌长城8段墙体起点0.06千米，西北距增隆昌9号烽燧0.55千米。

墩台土筑，保存差。台体坍塌为椭圆形土丘状，底部长径6、短径5米，顶部直径5米，残高3米，表面散布碎石。

26. 增隆昌长城9段（150823382101030026）

该段长城起自小佘太镇苏计沟村圆头山牧点东南0.77千米，止于苏计沟村圆头山牧点南偏东0.42千米。墙体作直线分布，呈东南—西北走向，上接增隆昌长城8段，下接增隆昌长城10段。

墙体长366米，为土墙，保存差。墙体分布在苏计沟东岸坡地上，止于东支沟河槽岸边；于地表呈低矮的土垄状，底宽2～4、顶宽1～3、残高0.5～1.5米。墙体两侧有小沟，南大北小，水土流失对该段长城保存影响较大。

墙体沿线调查烽燧1座，为增隆昌9号烽燧。

增隆昌9号烽燧（150823353201030025）　位于小佘太镇苏计沟村圆头山牧点东南0.75千米处的山头上，东距增隆昌长城9段墙体起点0.06千米，西北距小井沟1号烽燧1.2千米；二者隔苏计沟相望。

墩台土筑，保存差。台体坍塌，现呈圆锥体土丘状，底部直径7.5、顶部直径1、残高2.5米；表面植被较好，散布有碎石（彩图四七四）。烽燧修筑于苏计沟东支沟灰腾沟东岸的山头上，西北为灰腾沟与煤窑沟交汇点，南部有铁矿选矿厂。

27. 增隆昌长城10段（150823382301030027）

该段长城起自小佘太镇苏计沟村圆头山牧点南偏东0.42千米，止于苏计沟村圆头山牧点北0.18千米。原墙体应作直线分布，呈东南—西北走向，上接增隆昌长城9段，下接小井沟长城1段。

本段长城为消失段，起止点之间的直线长度为505米。原墙体分布于圆头山牧点东侧的苏计沟东支沟灰腾沟与西支沟白次沟（煤窑沟）合流处，河槽的夹角地带为耕地，洪水冲刷与耕地开垦导致墙体消失。河槽地带地貌变化较大，原墙体类别无从判断。

28.小井沟长城1段（150823382101030028）

该段长城起自小佘太镇苏计沟村圆头山牧点北0.18千米，止于苏计沟村圆头山牧点北0.28千米。墙体略作内向折线形分布，由东南—西北走向转呈南北走向，上接增隆昌长城10段，下接小井沟长城2段。

墙体长107米，为土墙，保存差。墙体分布在苏计沟两支沟合流处的西岸坡地上，于地表呈低矮的土垄状，底宽2~3、顶宽1~2、残高0.2~0.5米；末端墙体濒于消失。

29.小井沟长城2段（150823382102030029）

该段长城起自小佘太镇苏计沟村圆头山牧点北0.28千米，止于苏计沟村圆头山牧点西北0.9千米。墙体略作外向弧线形分布，局部于沟脑处内凹；总体呈东偏南—西偏北走向，上接小井沟长城1段，下接小井沟长城3段。

墙体长860米，为毛石干垒墙，总体保存差。墙体沿圆头山牧点西部山岭顶部外缘构筑，随山岭作上坡行，止于苏计沟支沟水沟牧点北沟沟脑东侧山岭上，止点西0.1千米有小井沟2号烽燧。墙体坍塌，呈斜坡形石垄状，底宽1.5~3、顶宽1.5~2.5、残高0.3~1.2米。其中，墙体前小段保存差，坍塌较严重，隆起较低矮，长520米；后小段保存较差，轮廓与走向清晰，局部属于建筑在山崖之上的山险墙，长340米（彩图四七五、四七六）；保存较差、保存差部分，分别占该段墙体总长的39.5%、60.5%。

墙体沿线调查烽燧1座，为小井沟1号烽燧。

小井沟1号烽燧（150823353201030026）　位于小佘太镇苏计沟村圆头山牧点西北1.12千米处的山岭高丘之上，北距小井沟长城2段墙体0.01千米，西距小井沟2号烽燧0.58千米。

墩台土筑，保存差。台体坍塌为圆形土丘状，底部直径8.2、顶部直径1、残高2.5米。烽燧南北部山岭下均有小沟谷，洪水东流汇入苏计沟。

30.小井沟长城3段（150823382102030030）

该段长城起自小佘太镇苏计沟村圆头山牧点西北0.9千米，止于苏计沟村圆头山牧点西偏北1.85千米。墙体略作内外弯曲分布，总体呈东偏南—西偏北走向，上接小井沟长城2段，下接小井沟长城4段。

墙体长992米，为毛石干垒墙，总体保存较差。墙体随山岭顶部外缘修筑，止于水沟牧点北沟沟脑部位的山岭折弯处。其中，墙体前小段保存较差，长698米，大部分坍塌为斜坡形石垄状，底宽2~4、顶宽1~3、残高0.5~2.5米；后小段保存一般，长294米，偶见坍塌的小墙豁，大体保留原有形态（彩图四七七）；保存一般、保存较差部分，分别占该段墙体总长的29.6%、70.4%。

墙体沿线调查烽燧2座，分别为小井沟2号、3号烽燧。

小井沟2号烽燧（150823353201030027）　位于小佘太镇苏计沟村圆头山牧点西偏北1千米处的山岭上，北距小井沟长城3段墙体0.03千米，西偏北小井沟3号烽燧0.56千米。

墩台为土石混筑，保存差。台体坍塌为圆形土石丘状，底部直径6.5、顶部直径2、残高3.2米；底部残存石块包砌的台体外壁。烽燧南侧为圆头山牧点西沟沟脑。

小井沟3号烽燧（150823353201030028）　位于小佘太镇苏计沟村圆头山牧点西偏北1.57千米处的山岭顶部，北距小井沟段长城3段墙体0.01千米，西距小井沟4号烽燧1.3千米。

墩台石筑，保存差。台体坍塌，现呈覆斗形石堆状，底部东西7、南北6、残高2.6米；东南角保存部分台壁，顶部有垒砌的小石堆（彩图四七八、四七九）。

31. 小井沟长城4段（150823382102030031）

该段长城起自小佘太镇苏计沟村圆头山牧点西偏北1.85千米，止于小佘太镇小井沟村忽卢斯太牧点东1.29千米。墙体略作内外弯曲分布，总体呈东西走向，上接小井沟长城3段，下接小井沟长城5段。

墙体长1072米，为毛石干垒墙，总体保存较差。墙体沿圆头山牧点西山岭顶部外缘构筑，止点南侧山岭上为小井沟4号烽燧。墙体大部分坍塌，石块随坡滚落，于地表呈低矮的石垄状，底宽1.5～3、顶宽1～2、外壁残高0.2～2、内壁残高0～0.5米。其中，墙体前小段保存较差，长544米；中小段有长24米的墙体因山水冲刷消失；后小段保存一般，外壁面保存尚好，砌筑平整，长504米；保存一般、保存较差和消失部分，分别占该段墙体总长的47%、50.8%和2.2%。

墙体沿线调查烽燧1座，为小井沟4号烽燧。

小井沟4号烽燧（150823353201030029）　位于小佘太镇小井沟村忽卢斯太牧点东1.29千米处的圆头山牧点西山岭顶部山头上，北侧紧邻小井沟长城4段墙体，西偏南距小井沟5号烽燧0.97千米。

墩台土石混筑，保存差。台体坍塌为圆形土丘状，底部直径6、顶部直径2、残高2.5米；表面散布较多石块，顶部有垒砌的小石堆（彩图四八〇）。烽燧北侧山岭下为陡坡，洪水北流，汇聚后西流，经忽卢斯太牧点转西南流，汇入牛场沟。

32. 小井沟长城5段（150823382102030032）

该段长城起自小佘太镇小井沟村忽卢斯太牧点东1.29千米，止于小井沟村忽卢斯太牧点东偏北0.65千米。墙体大体作直线分布，呈东西走向，上接小井沟长城4段，下接小井沟长城6段。

墙体长742米，为毛石干垒墙，保存差。墙体分布在圆头山牧点西山岭西缘，沿山脊外侧修筑，止于山脊末端；坍塌严重，石块滚落流失，于地表呈低矮的石垄状，底宽1.5～2、顶宽1～1.5、残高0.3～0.6米（彩图四八一）。

33. 小井沟长城6段（150823382301030033）

该段长城起自小佘太镇小井沟村忽卢斯太牧点东偏北0.65千米，止于小井沟村忽卢斯太牧点东北0.39千米。依据上下段墙体走向及沿线地貌判断，原墙体应作外向弧线形分布；总体呈东西走向，上接小井沟长城5段，下接小井沟长城7段。

本段长城为消失段，起止点之间的直线长度为271米。原墙体分布在圆头山牧点西山岭西端陡坡地上，作下坡行，山水冲刷与山体滑坡导致墙体消失。

34. 小井沟长城7段（150823382101030034）

该段长城起自小佘太镇小井沟村忽卢斯太东北0.39千米，止于小井沟村忽卢斯太牧点西偏北0.91千米。墙体作外向弧线形分布，总体呈东西走向，上接小井沟长城6段，下接小井沟长城8段。

墙体长1353米，以黄土夯筑，夯层厚7～10厘米（彩图四八二），总体保存差。墙体走下圆头山牧点西山岭，沿忽卢斯太沟两岸及其西部低山沟谷地带穿行，追寻沟谷间东西向的支岭脊部外缘构筑墙体，止于大红山牧点南沟西岸边；于地表呈低矮的土垄状，底宽2～3、顶宽1～2.5、残高0.5～2米。其中，墙体前小段保存较差，局部墙体尚有遗存，断壁残垣，长263米（彩图四八三）；后小段保存差，局部夯层裸露，长980米；忽卢斯太沟及其西侧小沟和末端河槽洪水冲刷，累计造成长110米的墙体消失；保存较差、保存差和消失部分，分别占该段墙体总长的19.5%、72.4%、8.1%。

墙体沿线调查烽燧4座，分别为小井沟5号、6号、7号、8号烽燧。

小井沟5号烽燧（150823353201030030）　位于小佘太镇小井沟村忽卢斯太牧点东0.31千米处的山头

上，北距小井沟长城7段墙体0.18千米，西偏北距小井沟6号烽燧0.45千米，二者隔忽卢斯太沟相望。

墩台土筑，保存差。台体坍塌，现呈较高大的圆形土丘状，底部直径8、顶部直径1、残高3.2米；东南侧有石块堆积，呈长方形，推测为坞址（彩图四八四）。

小井沟6号烽燧（150823353201030031） 位于小佘太镇小井沟村忽卢斯太牧点西北0.19千米处的笔直的山岭上，北距小井沟长城7段墙体0.05千米，西偏北距小井沟7号烽燧0.27千米。

墩台土筑，保存差。台体坍塌，现呈高大的圆形土丘状，底部直径7.2、顶部直径1.4、残高3.8米（彩图四八五）。烽燧东侧紧邻忽卢斯太沟，上游向东北延伸，当与重点监控该沟谷相关。

小井沟7号烽燧（150823353201030032） 位于小佘太镇小井沟村忽卢斯太牧点西北0.43千米处的短山岭之上，北距小井沟长城7段墙体0.01千米，西偏南距小井沟8号烽燧0.35千米。

墩台土筑，保存差。台体坍塌为椭圆形土丘状，底部长径4、短径3米，顶部直径2米，残高3米，表面植被茂密。

小井沟8号烽燧（150823353201030033） 位于小佘太镇小井沟村忽卢斯太牧点西北0.72千米处的小山丘顶部，北距小井沟长城7段墙体0.06千米，西距小井沟9号烽燧0.34千米，二者隔大红山牧点南沟相望。

墩台土筑，保存差。台体坍塌为圆形土丘状，底部直径6、顶部直径1、残高2.5米。烽燧北部沟谷河槽呈"U"状弯曲，再北有大红山，山脚下为大红山牧点。

35.小井沟长城8段（150823382101030035）

该段长城起自小佘太镇小井沟村忽卢斯太牧点西偏北0.91千米，止于小井沟村前准葛赖盘南0.4千米。墙体作内外折线形分布，总体呈东南—西北走向，上接小井沟长城7段，下接小井沟长城9段。

墙体长1067米，为夯筑土墙，夯层厚8～13厘米，总体保存差。墙体沿低山沟谷地行进，止于前准葛赖盘南部河槽洪水交汇处西岸；于地表呈低矮的土垄状，底宽2～3、顶宽1～2、残高0.8～2米。其中，保存较差部分长474米，受自然侵蚀影响，墙体表面凹凸不平（彩图四八六）；保存差部分长574米，地表隆起较低矮；末端河槽洪水冲刷导致19米长的墙体消失；保存较差、保存差和消失部分，分别占该段墙体总长的44.4%、53.8%和1.8%。

墙体沿线调查烽燧3座，分别为小井沟9号、10号、11号烽燧。

小井沟9号烽燧（150823353201030034） 位于小佘太镇小井沟村忽卢斯太牧点西偏北1千米处较缓的山丘顶部，北距小井沟长城8段墙体0.06千米，西偏北距小井沟10号烽燧0.36千米。

墩台土筑，保存差。台体坍塌，现呈圆锥体土丘状，底部直径6.3、顶部直径0.5、残高2.8米；表面植被稀疏，有日益萎缩趋势（彩图四八七）。烽燧北部正对大红山牧点南沟沟床。

小井沟10号烽燧（150823353201030035） 位于小佘太镇小井沟村前准葛赖盘东南0.69千米处的小山丘上，东北距小井沟长城8段墙体0.03千米，西距小井沟11号烽燧0.45千米。

墩台土筑，保存差。台体坍塌为长方形土丘状，底部南北2、东西1.5、残高0.5米，表面植被较好。烽燧南有石砬山高耸，西为笔直的山岭，西南伸向河槽边。

小井沟11号烽燧（150823353201030036） 位于小佘太镇小井沟村前准葛赖盘南0.52千米处的山丘顶部，北距小井沟长城8段墙体止点0.03千米，西北距小井沟12号烽燧0.32千米。

墩台土筑，保存差。台体坍塌为椭圆形土丘状，底部长径7、短径5米，顶部直径1米，残高2.5米。烽燧东侧紧邻前准葛赖盘南河槽，北为大红山东西沟洪水交汇处。

36.小井沟长城9段（150823382101030036）

该段长城起自小佘太镇小井沟村前准葛赖盘南0.4千米，止于小井沟村前准葛赖盘西偏北0.76千米。墙体作内外弯曲分布，总体呈东南—西北走向，上接小井沟长城8段，下接小井沟长城10段。

墙体长1070米，为土墙，总体保存较差。墙体先沿大红山西沟西岸的塌塌山北坡修筑，过西山垭转沿河槽岸边北行，再循低缓山岭西北向上坡行，止于大红山西沟洪水北流的小支沟东岸；在自然风雨侵蚀作用下，墙体表面凹凸不平，大部分呈低矮的土垄状，底宽2~3、顶宽1~2、残高0.5~2米。其中，墙体前后小段保存较差，长600米；中小段保存差，地表隆起较低矮，长470米；保存较差、保存差部分，分别占该段墙体总长的56.1%、43.9%。前后小段各有一处宽2米的豁口，系山水冲刷所致。

墙体沿线调查烽燧3座，分别为小井沟12号、13号、14号烽燧。

小井沟12号烽燧（150823353201030037）　位于小佘太镇小井沟村前准葛赖盘西南0.46千米处的塌塌山上，北距小井沟长城9段墙体0.05千米，西北距小井沟13号烽燧0.2千米。

墩台土筑，保存差。台体坍塌，现呈低缓的圆形土丘状，底部直径为7、顶部直径0.5、残高2米。烽燧南靠东西向的塌塌山，东北面对大红山东沟谷。

小井沟13号烽燧（150823353201030038）　位于小佘太镇小井沟村前准葛赖盘西偏南0.52千米处的山垭西坡地上，北距小井沟长城9段墙体0.04千米，西北距小井沟14号烽燧0.23千米。

墩台土筑，保存差。台体坍塌，现呈较高大的圆形土丘状，底部直径9、顶部直径0.6、残高2.5米（彩图四八八）。烽燧西部山体山岩裸露，南有塌塌山，东临大红山西沟河槽，东北正对大红山东沟。

小井沟14号烽燧（150823353201030039）　位于小佘太镇小井沟村前准葛赖盘西0.6千米处的石碰山顶部，东北距小井沟长城9段墙体0.09千米，西北距小井沟15号烽燧0.68千米。

墩台土筑，保存差。台体坍塌为圆形土丘状，底部直径9、顶部直径0.6、残高2米。烽燧东临大红山西沟河槽，西南两侧有小沟脑，洪水于南部合流，经三角山下牧点汇入石场沟；东南有塌塌山东西横亘。

37. 小井沟长城10段（150823382101030037）

该段长城起自小佘太镇小井沟村前准葛赖盘西偏北0.76千米，止于小井沟村前准葛赖盘西偏北1.24千米。墙体末端作外向弧线形分布，折弯处系该区域的最北点位；由东南—西北走向折转为东北—西南走向，上接小井沟长城9段，下接小井沟长城11段。

墙体长503米，为土墙，保存差。墙体分布于大红山西沟西岸高坡地上，沿低缓的山岭北坡作上坡行，其后折向西南，止于石碰山头北侧；于地表呈低矮的土垄状，底宽3~4、顶宽2~3、残高1~2米（彩图四八九）。墙体起点西侧有小冲沟，洪水东北流冲断墙体，形成宽2米的断豁；汇入大红山西沟。

墙体沿线调查烽燧1座，为小井沟15号烽燧。

小井沟15号烽燧（150823353201030040）　位于小佘太镇小井沟村前准葛赖盘西偏北0.92千米处的山丘顶部，北距小井沟长城10段墙体0.02千米，西偏南距小井沟16号烽燧0.38千米。

墩台土筑，保存差。台体坍塌，现呈高大的圆形土丘状，底部直径9、顶部直径0.3、残高3.2米。烽燧东西均为小支沟沟脑，其中东侧冲沟洪水冲断墙体，东北流汇入大红山西沟。

38. 小井沟长城11段（150823382102030038）

该段长城起自小佘太镇小井沟村前准葛赖盘西偏北1.24千米，止于小井沟村前准葛赖盘西偏北1.26千米。墙体作直线分布，呈东北—西南走向，上接小井沟长城10段，下接小井沟长城12段。

墙体长79米，为毛石干垒墙，保存较差。墙体分布在基岩裸露的石碰山上，大部分坍塌，局部大体保留墙体原貌，底宽2~3、顶宽1.5~2.5、残高0.5~1.5米（彩图四九○）。

39. 小井沟长城12段（150823382101030039）

该段长城起自小佘太镇小井沟村前准葛赖盘西偏北1.26千米，止于小井沟村韩庆坝牧点北0.52千米。墙体大体作内向弧线形分布，由东北—西南走向转为东西走向，上接小井沟长城11段，下接小井沟长城13段。

墙体长804米，为土筑，总体保存差。墙体沿石硇山西侧小支沟东侧低缓的山岭北坡外缘作下坡行，后小段转西行，横跨韩庆坝牧点东沟（下游称阿古鲁沟）洪水河槽，止于河槽西岸边；支沟洪水亦于北侧汇入河槽。墙体于地表呈低矮的土垄状，底宽1~2、顶宽0.5~1.5、残高0.2~0.5米。其中，前小段保存差，长750米，中间因洪水冲刷而出现断豁；后小段消失于洪水河槽中，长54米；保存差、消失部分，分别占该段墙体总长度的93.3%、6.7%。

墙体沿线调查烽燧2座，分别为小井沟16号、17号烽燧。

小井沟16号烽燧（150823353201030041）　位于小佘太镇小井沟村韩庆坝牧点东北0.98千米处的高山头顶部，西北距小井沟长城12段墙体0.14千米，西南距小井沟17号烽燧0.42千米。

墩台土筑，保存差。台体坍塌，现呈低缓的椭圆形土丘状，底部长径8、短径6米，顶部直径2米，残高3.1米；顶部有石块垒筑的方台（彩图四九一）。烽燧东南临塌塌山西侧的石场沟正沟沟脑，建筑在制高点上，视野较为开阔。

小井沟17号烽燧（150823353201030042）　位于小佘太镇小井沟村韩庆坝牧点北偏东0.59千米处的小山丘顶部，西北距小井沟长城12段墙体0.01千米，西距小井沟18号烽燧0.37千米。

墩台土筑，保存差。台体坍塌为圆形土丘状，底部直径8、顶部直径3、残高2.5米。烽燧西临韩庆坝牧点东沟河槽，北为花岗岩山岭。

40. 小井沟长城13段（150823382101030040）

该段长城起自小佘太镇小井沟村韩庆坝牧点北0.52千米，止于小井沟村韩庆坝牧点北偏西0.56千米。墙体略作外向折线形分布，总体呈东西走向，上接小井沟长城12段，下接鲁家地长城1段。

墙体长368米，为夯筑土墙，夯层厚12~15厘米，总体保存差。墙体分布在石场沟上游的韩庆坝牧点东沟和韩庆坝沟之间的山岭上，沿横向的短山岭北坡构筑，止于韩庆坝沟河槽西岸边；于地表呈明显的土垄状，底宽1.5~3、顶宽1~2、残高0.5~2米。其中，山岭东坡地的前小段墙体保存差，地表隆起较低矮，长188米；西坡地的后小段保存较差，呈高土垄状，长180米；保存较差、保存差部分，分别占该段墙体总长的49%、51%。

墙体沿线调查烽燧1座，为小井沟18号烽燧。

小井沟18号烽燧（150823353201030043）　位于小佘太镇小井沟村韩庆坝牧点北偏西0.49千米处的山岭顶部山丘上，北距小井沟长城13段墙体0.01千米，西距鲁家地1号烽燧0.25千米，二者隔韩庆坝沟相望。

墩台土筑，保存差。台体坍塌为圆形土丘状，底部直径7、顶部直径1.3、残高2.4米。烽燧东西两侧临沟谷河槽，南部山岭下的河槽北岸山窝处有韩庆坝牧点。

41. 鲁家地长城1段（150823382101030045）

该段长城起自小佘太镇小井沟村韩庆坝牧点北偏西0.56千米，止于小井沟村韩庆坝牧点西北1.35千米。墙体作外向弧线形分布，总体呈东南—西北走向，上接小井沟长城13段，下接鲁家地长城2段。

墙体长996米，为夯筑土墙，夯层厚10厘米，总体保存差。墙体先沿韩庆坝沟河槽西岸坡地作北偏西上坡行，再西行跨过韩庆坝沟西支沟，又西偏北沿横向山岭顶部外缘上行，末端转西行，止于挪日图沟上游东支沟东岸；于地表呈低矮的土垄状，断面上夯层模糊；现存墙体底宽4~5、顶宽2~3、残高0.5~1米。其中，大部分保存差，长980米；墙体起点北侧因韩庆坝西支沟洪水冲刷而造成长16米的墙体消失；保存差、消失部分，分别占该段墙体总长的98.4%、1.6%。

墙体沿线调查烽燧3座，分别为鲁家地1号、2号、3号烽燧。

鲁家地1号烽燧（150823353201030044）　位于小佘太镇小井沟村韩庆坝牧点北偏西0.49千米处的山岭上，北距鲁家地长城1段墙体0.04千米，西北距鲁家地2号烽燧0.24千米。

墩台土筑，保存差。台体坍塌，现呈较高大的圆形土丘状，底部直径7、顶部直径0.7、残高3米。烽燧东临韩庆坝沟河槽，北侧为主沟与西支沟洪水合流处。

鲁家地2号烽燧（150823353201030045）　位于小佘太镇小井沟村韩庆坝牧点北偏西0.83千米处的山岭末端，北距鲁家地长城1段墙体0.04千米，西偏北距鲁家地3号烽燧0.47千米。

墩台土筑，保存差。台体坍塌，现呈覆盆形土丘状，形体较高大，底部直径8、顶部直径0.6、残高3.5米（彩图四九二）。烽燧建筑在韩庆坝主沟与西支沟间山头上，其北部墙体呈外向圆弧形分布，西南部有山垭，洪水东西分流分别汇入挪日图沟东支沟和韩庆坝西支沟。

鲁家地3号烽燧（150823353201030046）　位于小佘太镇小井沟村韩庆坝牧点西北1.23千米处的山头顶部，北距鲁家地长城1段墙体0.03千米，西偏南距鲁家地4号烽燧0.36千米，二者隔挪日图沟东支沟相望。

墩台土筑，保存差。台体坍塌，现呈低矮的圆形土丘状，底部直径9、顶部直径1、残高2.5米。烽燧西临挪日图沟东支沟，东为韩庆坝西支沟沟脑，北为韩庆坝沟西支沟沟脑。

42. 鲁家地长城2段（150823382101030046）

该段长城起自小佘太镇小井沟村韩庆坝牧点西北1.35千米，止于小佘太镇那日太阿木嘎查洪贵坝牧点北偏西1.7千米。墙体略作内外折线形分布，由东西走向转为东偏南—西偏北走向，末端复为东西走向；上接鲁家地长城1段，下接鲁家地长城3段。

墙体长1225米，为夯筑土墙，夯层厚12~15厘米，保存差。墙体先沿山岭脊部外缘西行，跨过挪日图沟转沿其西岸山岭西北行，止于西支沟沟脑处，止点正北1千米处有午甲（乌珠日）庙址。墙体于地表呈低矮的土垄状，底宽3~4、顶宽2~3、残高0.5~1米。洪水冲刷导致中小段墙体出现多处断豁。

墙体沿线调查烽燧3座，分别为鲁家地4号、5号、6号烽燧。

鲁家地4号烽燧（150823353201030047）　位于小佘太镇那日太阿木嘎查洪贵坝牧点北偏东1.43千米处的山头上，北距鲁家地长城2段墙体0.06千米，西北距鲁家地5号烽燧0.5千米。

墩台土筑，保存差。台体坍塌为圆形土丘状，底部直径8、顶部直径0.8、残高2.7米。烽燧所在山头基岩裸露，地处挪日图沟上游正沟与东支沟之间，洪水于其东南约0.5千米处合流再南流，白音土圪胜盘在河槽东岸。

鲁家地5号烽燧（150823353201034 0048）　位于小佘太镇那日太阿木嘎查洪贵坝牧点北1.57千米处的山头上，东北距鲁家地长城2段墙体0.01千米，西距鲁家地6号烽燧0.3千米。

墩台土筑，保存差。台体坍塌，酷似自然山阜，现呈高大的覆盆形土丘状，底部直径7、顶部直径1、残高3.8米；顶部有垒砌的小石堆（彩图四九三）。烽燧坐落在挪日图沟上游正沟与西支沟之间山岭上，南部石硅山头下为洪贵坝牧点。

鲁家地6号烽燧（150823353201030049）　位于小佘太镇那日太阿木嘎查洪贵坝牧点北偏西1.69千米处的山岭上，北距鲁家地长城2段墙体0.02千米，西南距鲁家地7号烽燧0.28千米。

墩台土筑，保存差。台体坍塌，现呈低矮的圆形土丘状，底部直径10、顶部直径0.5、残高2米；顶部有垒筑的小石堆。烽燧南北两侧均为沟脑，其中北为挪日图沟正沟沟脑，北隔沟脑有牧点及午甲庙址。

43. 鲁家地长城 3 段（1508233821 02030047）

该段长城起自小佘太镇那日太阿木嘎查洪贵坝牧点北偏西 1.7 千米，止于小佘太镇新村公胜成沟点不什庙东北 1.78 千米。墙体略作内外弯曲分布，总体呈东西走向，上接鲁家地长城 2 段，下接鲁家地长城 4 段。

墙体长 1118 米，为毛石干垒墙，保存差。墙体分布于横直的分水岭东段顶部，沿山脊外缘修筑，止于横山岭中部，止点北侧有石碴山头耸立。墙体均已坍塌，石块向山坡下滚落，于地表呈低矮的石垒状，底宽 2~3、顶宽 1~2、残高 0.5~1 米（彩图四九四）。

墙体沿线调查烽燧 3 座，分别为鲁家地 7 号、8 号、9 号烽燧。

鲁家地 7 号烽燧（1508233532 01030050）　位于小佘太镇那日太阿木嘎查洪贵坝牧点北偏西 1.65 千米处的横山岭东端山头上，北距鲁家地长城 3 段墙体 0.05 千米，西距鲁家地 8 号烽燧 0.34 千米。

墩台石筑，保存差。台体坍塌，现呈圆形自然山头状，底部直径 4、顶部直径 2、残高 2.3 米（彩图四九五）。烽燧南侧有沟脑，洪水南向下泄，汇入东流的洪贵坝牧点西沟。

鲁家地 8 号烽燧（1508233532 01030051）　位于小佘太镇那日太阿木嘎查洪贵坝牧点西北 1.85 千米处的横山岭东段山头上，北距鲁家地长城 3 段墙体 0.01 千米，西距鲁家地 9 号烽燧 0.32 千米。

墩台土筑，保存差。台体坍塌为圆形土丘状，底部直径 4.4、顶部直径 1、残高 2.5 米；顶部有垒砌的小石堆。墩台东侧有圆形石堆状积薪垛，直径 1.5、残高 0.5 米。烽燧南侧亦为沟脑，系洪贵坝牧点西沟北支沟的西岔沟。

鲁家地 9 号烽燧（1508233532 01030052）　位于小佘太镇新村公胜成沟点不什庙东北 1.91 千米处的山岭高丘之上，北距鲁家地长城 3 段墙体 0.02 千米，西距鲁家地 10 号烽燧 1.4 千米。

墩台土筑，保存差。台体坍塌，现呈长方形土丘状，底部东西 8、南北 7、残高 3.4 米；墩台表面长满野草，散布石块，顶部有垒砌的小石堆。烽燧南部有短山岭东西横亘。

44. 鲁家地长城 4 段（1508233821 02030048）

该段长城起自小佘太镇新村公胜成沟点不什庙东北 1.78 千米，止于新村公胜成沟点不什庙北偏东 1.3 千米。墙体略作内外弯曲分布，总体呈东西走向，上接鲁家地长城 3 段，下接鲁家地长城 5 段。

墙体长 1071 米，为毛石干垒墙，保存一般。墙体分布于横直的分水岭中段，沿山脊外缘构筑，止于山岭断口处谷底；大部分地段墙体原始风貌犹存，外壁砌筑精良，结构紧密，陡坡地段设置墙体断缝（彩图四九六）。现存墙体底宽 3~5、顶宽 2.5~4、外壁残高 2~6、内壁残高 0.5~2.5 米；局部地段有坍塌（彩图四九七）。

45. 鲁家地长城 5 段（1508233821 02030049）

该段长城起自小佘太镇新村公胜成沟点不什庙北偏东 1.3 千米，止于新村公胜成沟点不什庙北偏西 1.24 千米。墙体作折线形弯曲分布，总体呈东西走向，上接鲁家地长城 4 段，下接鲁家地长城 6 段。

墙体长 1107 米，为毛石干垒墙，保存一般。墙体在横直山岭的低凹地带穿行，沿高矮不等的山北坡折线式内外弯曲延伸，止于横直山岭的西缘中部，止点南侧有鲁家地 12 号烽燧。大部分地段墙体基本保留原有形态，整体较低矮，底宽 3~4、顶宽 2~3、外壁残高 2~3、内壁残高 1~1.5 米。

墙体沿线调查烽燧 3 座，分别为鲁家地 10 号、11 号、12 号烽燧。

鲁家地 10 号烽燧（1508233532 01030053）　位于小佘太镇新村公胜成沟点不什庙北 1.15 千米处的山头上，西北距鲁家地长城 5 段墙体 0.06 千米，西距鲁家地 11 号烽燧 0.27 千米。

墩台石筑，保存差。台体坍塌，现呈长方形石堆状，底部东西 7、南北 6、残高 2 米。南侧有依托墩台设置的石筑坞址，东西 5、南北 4 米，墙宽 0.3、残高 0.5 米。烽燧东侧横直山岭断口处沟谷的洪水北流，再转西流，于孤尖山南汇入敦德沟。

鲁家地11号烽燧（150823353201030054） 位于小佘太镇新村公胜成沟点不什庙北偏西1.08千米处的山岭之山头上，西北距鲁家地长城5段墙体0.02千米，西距鲁家地12号烽燧0.47千米。

墩台石筑，保存差。台体坍塌较严重，唯北壁有部分残存；现呈覆钵状，底部直径8、顶部直径5、残高2.5米；顶部有两座垒砌的小石堆（彩图四九八）。

鲁家地12号烽燧（150823353201030055） 位于小佘太镇新村公胜成沟点不什庙北西北1.23千米处的山岭上，北距鲁家地长城5段墙体0.02千米，西南距鲁家地13号烽燧0.46千米。

墩台土筑，保存差。台体坍塌为圆形土丘状，底部直径10、顶部直径6、残高2.5米；表面遍布石块，南侧有圆坑。烽燧东西两侧均为公胜成沟支沟脑，其西部墙体南折，走下横直山岭。

46.鲁家地长城6段（150823382102030050）

该段长城起自小佘太镇新村公胜成沟点不什庙北偏西1.24千米，止于小佘太镇河湾村闸板沟牧点南偏西0.49千米。墙体作内向折线形分布，由东西走向转北南走向，随即转呈东偏北—西偏南走向；上接鲁家地长城5段，下接新村长城1段。

墙体长1468米，为毛石干垒墙，保存一般。墙体沿横直山岭稍作西行，而后走下山岭，转沿南部低缓山岭北坡地行进，止于闸板沟牧点南沟东岸；大体保留原有风貌，总体较低矮，底宽4~5、顶宽3~4、外壁残高1~3、内壁残高0.5~2米（彩图四九九）。

墙体沿线调查烽燧2座，分别为鲁家地13号、14号烽燧。

鲁家地13号烽燧（150823353201030056） 位于小佘太镇河湾村闸板沟牧点东偏南0.74千米处的分水岭顶部，北距鲁家地长城6段墙体0.04千米，西偏南距鲁家地14号烽燧0.68千米。

墩台土筑，保存差。台体坍塌，现呈低缓的圆形土丘状，底部直径6、顶部直径2、残高2米；顶部有垒砌的小石堆。烽燧南部为公胜成沟沟脑，洪水东南流；北为闸板沟东支沟沟脑，洪水西流。

鲁家地14号烽燧（150823353201030057） 位于小佘太镇河湾村闸板沟牧点南0.43千米处的山岭西坡地上半部，北距鲁家地长城6段墙体0.03千米，西距新村1号烽燧0.38千米。

墩台土筑，保存差。台体坍塌，现呈较高大的圆形土丘状，底部直径6、顶部直径0.2、残高3米；顶部有垒砌的小石堆。烽燧西侧为闸板沟，洪水北流；南部为公胜成沟的支沟脑，洪水东南流。

47.新村长城1段（150823382102030051）

该段长城起自小佘太镇河湾村闸板沟牧点南偏西0.49千米，止于河湾村闸板沟牧点西南0.99千米。墙体作外向折弧形分布，由南偏东—北偏西走向转呈东偏北—西偏南走向，上接鲁家地长城6段，下接新村长城2段。

墙体长875米，为毛石干垒墙，保存较差。墙体跨过闸板沟山坳窄河槽，沿西岸西行又转北偏西行，再次爬上西偏南向延伸的直坝岭，沿山脊外缘构筑，止于山岭东段石砬山西侧；大部分墙体倒塌，于地表呈高石垄状，底宽3~4、顶宽2~3、残高1~3米；有部分墙体砌筑整齐（彩图五○○）。

墙体沿线调查烽燧1座，为新村1号烽燧。

新村1号烽燧（150823353201030058） 位于小佘太镇河湾村闸板沟牧点西南0.5千米处的山岭东缘顶部，紧邻新村长城1段墙体内侧建筑，西偏南距新村2号烽燧0.64千米。

墩台石筑，保存差。台体坍塌为圆形石堆状，底部平面呈长方形，顶部呈圆形，基部长8、宽6米，顶部直径3米，残高3.3米（彩图五○一）。烽燧东坡下为闸板沟，北部视野开阔。

48.新村长城2段（150823382105030052）

该段长城起自小佘太镇河湾村闸板沟牧点西南0.99千米，止于河湾村柴脑包牧点北1.79千米。长城略作内外弯曲分布，总体呈东偏北—西偏南走向，上接新村长城1段，下接新村长城3段。

本段长城为山险墙，长1078米，保存较差。墙体分布于俗称为龙山的山脊外缘峭壁上（彩图五〇二），止于巴家沟中支沟沟脑东侧的山岭突兀处。沿线山势陡峭，多以自然山险为墙，仅于山崖豁口及低矮处补筑石墙，底宽2～3、顶宽1.5～2、外壁残高1～4、内壁残高0.5～1米（彩图五〇三）。

墙体沿线调查烽燧2座，分别为新村2号、3号烽燧。

新村2号烽燧（1508233553201034059）　位于小佘太镇河湾村柴脑包牧点东北2.33千米处的龙山岭上，北距新村长城2段墙体0.04千米，西偏南距新村3号烽燧0.6千米。

墩台土筑，保存差。台体坍塌，现呈椭圆形土丘状，形体较高大；底部长径6、短径5、残高3米；顶部有两座垒砌的小石堆。烽燧南侧为陡坡，南偏东部隔山岭有巴音桑盘，北有平行的短山岭。

新村3号烽燧（1508233353201030060）　位于小佘太镇河湾村柴脑包牧点北偏东1.9千米处的龙山岭顶部，北距新村长城2段墙体0.03千米，西偏南距新村4号烽燧0.51千米。

墩台土石混筑，保存差。台体坍塌为圆形土石丘状，底部直径6、顶部直径3、残高2米；顶部有垒砌的小石堆。烽燧南部有山岭，正对该山岭断豁处；北部直对巴家沟东支沟。

49. 新村长城3段（1508233382102030053）

该段长城起自小佘太镇河湾村柴脑包牧点北1.79千米，止于河湾村柴脑包牧点北偏西1.58千米。墙体作直线分布，呈东偏北—西偏南走向，上接新村长城2段，下接新村长城4段。

墙体长1024米，为毛石干垒墙，保存差。墙体沿龙山岭中段山脊外缘延伸，止于巴家沟西支沟的两条小沟脑中部；坍塌的墙体于地表呈低矮的石垄状，底宽2～3、顶宽1～2、残高0.5～1.2米。

墙体沿线调查烽燧1座，为新村4号烽燧。

新村4号烽燧（1508233353201030061）　位于小佘太镇河湾村柴脑包牧点北1.67千米处的龙山岭上，北距新村长城3段墙体0.06千米，西南距新村5号烽燧1.3千米。

墩台土筑，保存差。台体坍塌为椭圆形土丘状，底部长径5、短径4米，顶部长径3、短径2米，残高2米。烽燧北部为巴家沟中支沟，南侧为前山岭外向折弯处。

50. 新村长城4段（1508233382105030054）

该段长城起自小佘太镇河湾村柴脑包牧点北偏西1.58千米，止于河湾村火烧盘牧点北0.65千米。墙体作外向折线形分布，由东偏北—西偏南走向转为东北—西南走向，上接新村长城3段，下接新村长城5段。

本段长城为山险墙，长1247米，保存差。墙体分布于龙山山岭中段，先西偏南行，其后拐向相接的山岭西南行，沿山脊外缘构筑，止点处墙体处在山脊上；沿线山势陡峭，利用自然崖壁之险，于山体低矮或豁口处加筑石墙（彩图五〇四）；底宽1～3、顶宽0.5～1、残高0.5～1.5米。

墙体沿线调查烽燧1座，为新村5号烽燧。

新村5号烽燧（1508233353201030062）　位于小佘太镇河湾村火烧盘牧点北偏东1.08千米处的龙山山岭顶部，西北距新村长城4段墙体0.07千米，西南距新村6号烽燧0.9千米。

墩台石筑，保存差。台体四壁坍塌较严重，东壁有少部分残存；整体呈覆斗状，底部东西15、南北10米，顶部东西7、南北6米，残高1.7米；顶部有垒砌的小石堆（彩图五〇五）。墩台周围散布陶片，为泥质灰陶、黑灰陶，多素面，有少量绳纹、弦纹、附加堆纹陶片。

51. 新村长城5段（1508233382105030055）

该段长城起自小佘太镇河湾村火烧盘牧点北0.65千米，止于河湾村火烧盘牧点西偏北1.34千米。长城略作内向折线形分布，由东北—西南走向转为东偏北—西偏南走向，上接新村长城4段，下接新村长城6段。

本段长城为山险墙，长1460米，保存差。墙体沿火烧盘北部山岭中段构筑，止于山岭折弯点东侧；利用山顶悬崖峭壁为险，于低矮的崖壁或山豁处补筑石墙，筑墙石块多顺坡倒塌，于地表呈石垄状，底宽1.5~2、顶宽1~1.5、残高0.3~0.6米（彩图五○六）。

墙体沿线调查烽燧2座，分别为新村6号、7号烽燧。

新村6号烽燧（150823353201030063）　位于小佘太镇河湾村火烧盘牧点北偏西0.57千米处的山岭顶部，北距新村长城5段墙体0.06千米，西偏南距新村7号烽燧0.72千米。

墩台石筑，保存差。台体坍塌，北壁尚有部分残存；现呈椭圆形石堆状，底部长径7、短径6、残高2.5米；顶部有垒砌的小石堆。东侧有倚墩台建设的石筑坞址，南北6、东西4、墙宽0.5、残高0.3米。烽燧建筑在高山岭上，北望视野开阔；南坡下为火烧盘牧点。

新村7号烽燧（150823353201030064）　位于小佘太镇河湾村火烧盘牧点西北1.06千米处的山岭上，北距新村长城5段墙体0.01千米，西南距新村8号烽燧0.66千米。

墩台土石混筑，保存差。台体坍塌为土石丘状，平面呈长方形，北壁残存石砌外壁；底部南北7、东西4、残高2.5米。墩台东侧有积薪垛1座，呈圆形石堆状，底部直径6、顶部直径3、残高0.8米；顶部亦有垒砌的小石堆。

52.新村长城6段（150823382301030056）

该段长城起自小佘太镇河湾村火烧盘牧点西偏北1.34千米，止于河湾村石门子牧点西北1.4千米。原墙体应作直线分布，呈东偏北—西偏南走向，上接新村长城5段，下接新村长城7段。

本段长城为消失段，起止点之间的直线长度为746米。原墙体分布在山岭西缘顶部及西坡地上，山岭于消失段中部转西南向延伸，长城墙体自此摆脱了高山岭；矿山路修筑及人为采矿作业导致墙体消失。依据相邻上下段墙体情况，推断该段墙体原应为石墙。

消失段沿线调查烽燧1座，为新村8号烽燧。

新村8号烽燧（150823353201030065）　位于小佘太镇河湾村石门子牧点北偏西1.17千米处的山岭上，北侧原应紧邻新村长城6段墙体，西距新村9号烽燧1.7千米。

墩台土石混筑，保存差。台体坍塌，北壁有部分残留；现呈覆钵形土石丘状，底部直径7、顶部直径2、残高2米。

53.新村长城7段（150823382102030057）

该段长城起自小佘太镇河湾村石门子牧点西北1.4千米，止于河湾村石门子牧点西北1.82千米。墙体作直线分布，大体呈东西走向，上接新村长城6段，下接新村长城8段。

墙体长700米，为毛石干垒墙，保存差。墙体沿山岭西坡地下行，止于敦德沟扎拉桑盘东沟上游正沟谷西坡脚，止点东部山岭西南向延伸，沟脑在山岭北坡。墙体均坍塌，石块多向坡下滑落，呈略高于山体表面的石垄状，底宽2~3、顶宽1~2、残高0.3~0.8米；末端谷底洪水冲刷导致墙体断豁。

54.新村长城8段（150823382102030058）

该段长城起自小佘太镇河湾村石门子牧点西北1.82千米，止于河湾村前土台牧点东2.74千米。墙体作内外折线形分布，总体呈东偏南—西偏北走向，上接新村长城7段，下接新村长城9段。

墙体长1429米，为毛石干垒墙，保存差。墙体分布在敦德沟扎拉桑盘东沟上游的正沟与西沟谷之间，止点在西沟谷底，内侧有现代人借助长城墙体垒筑的不规则方形石圈（彩图五○七）。墙体沿山岭北坡上部修筑，墙体前小段穿越沟谷，坍塌的墙体轮廓与走向清晰，于地表呈石垄状，底宽2~3、顶宽1~2、残高0.5~1米；局部地段利用了自然山崖。

墙体沿线调查烽燧1座，为新村9号烽燧。

新村9号烽燧（150823353201030066） 位于小佘太镇河湾村前土台牧点东3.17千米处的低山顶部，东北距新村长城8段墙体0.01千米，西距新村10号烽燧0.6千米。

墩台土筑，保存差。台体坍塌，现呈覆钵形土丘状，底部直径7、顶部直径3、残高2.5米。烽燧地处敦德沟扎拉桑盘东沟上游正沟与西沟夹角间的山头上，北部视野开阔。

55.新村长城9段（150823382102030059）

该段长城起自小佘太镇河湾村前土台牧点东2.74千米，止于河湾村前土台牧点东偏北1.67千米。墙体略作外向折线形分布，总体呈东西走向，上接新村长城8段，下接新村长城10段。

墙体长1308米，为毛石干垒墙，保存较差。墙体沿扎拉桑盘东沟上游西沟谷西岸西行，遇前土台东山岭，于山岭北半部东坡地作西偏北上坡行，爬上山岭后沿山脊外缘回折，再西行走下山岭，止于山岭西半坡。墙体大体保留原有形态，整体较低矮，底宽3~4、顶宽2~3、外壁残高1~2、内壁残高0.2~1米（彩图五〇八）。

墙体沿线调查烽燧2座，分别为新村10号、11号烽燧。

新村10号烽燧（150823353201030067） 位于小佘太镇河湾村前土台牧点东2.6千米处的低山岭顶部，北距新村长城9段墙体0.13千米，西北距新村11号烽燧0.55千米。

墩台土筑，保存差。台体坍塌，现呈覆钵形土丘状，底部直径7、顶部直径2.5、残高1.8米；顶部散落有石块。烽燧西依高山岭，东临敦德沟扎拉桑盘东沟上游西沟谷，沟谷洪水北流，于北部约0.5千米处与正沟洪水合流。

新村11号烽燧（150823353201030068）位于小佘太镇河湾村前土台牧点东偏北2.19千米处的高山岭上，北侧紧邻新村长城9段墙体，西距新村12号烽燧0.83千米。

墩台石筑，保存差。台体坍塌为圆形土丘状，底部直径5.7、顶部直径0.5、残高2.2米；顶部有垒砌的小石堆（彩图五〇九）。墩台外围有围墙痕迹，呈方形，边长17.5米。周边散布有灰陶片，器表施绳纹及弦断绳纹，可辨器形为宽沿盆。墩台东0.05千米处的长城墙体内侧有长方形石筑坞址，南北6、东西5米，墙宽0.5、残高0.8米。

56.新村长城10段（150823382102030060）

该段长城起自小佘太镇河湾村前土台牧点东偏北1.67千米，止于河湾村前土台牧点东偏北1.19千米。墙体略作外向折线形分布，总体呈东西走向，上接新村长城9段，下接新村长城11段。

墙体长567米，以黑色泥质板岩石板筑墙，保存一般。墙体分布于高山岭西麓低缓的支岭上，沿山脊外缘修筑，作下坡行，止于山岭前端断豁处；大体保留原有轮廓与结构，陡坡地段内壁几乎与山体相接，外壁陡峻，底宽3~4、顶宽2~3、残高2~7米；局部有坍塌（彩图五一〇、五一一）。墙体止点处的山岭北坡有小窄沟，洪水北流汇入后土台沟。

墙体沿线调查烽燧1座，为新村12号烽燧。

新村12号烽燧（150823353201030069） 位于小佘太镇河湾村前土台牧点东偏北1.35千米处的山岭顶部小山头上，北距新村长城10段墙体0.01千米，西偏南距新村13号烽燧0.7千米。

墩台以泥质板岩石板砌筑，保存较差。台体平面呈长方形，南、北两壁大体保存原貌，其余两壁已坍塌，石块随坡滚落；基部东西6、南北4、残高1.5米；外围有围墙遗迹（彩图五一二）。烽燧南临前土台牧点东宽沟上游沟谷，北部视野开阔。

57.新村长城11段（150823382102130061）

该段长城起自小佘太镇河湾村前土台牧点东偏北1.19千米，止于河湾村前土台牧点东北0.76千米。

墙体略作内外弯曲分布，总体呈东西走向，上接新村长城10段，下接新村长城12段。

墙体长587米，为毛石干垒墙，筑墙材料大部分为泥质板岩石板；保存较差。墙体沿山岭北坡上半部修筑，止于后土台沟南支沟东岸，系山岭的第二断豁处；整体较低矮，轮廓与走向十分清晰，外壁陡峻，陡坡地段内壁不显，尚可窥见其原始风貌；底宽3~4、顶宽2~3、外壁残高2~3、内壁残高0~1米（彩图五一三）。

墙体沿线调查烽燧1座，为新村13号烽燧。

新村13号烽燧（15082335320103 0070）　位于小佘太镇河湾村前土台牧点东偏北0.65千米处的山头上，北距新村长城11段墙体0.27千米，西偏北距新村14号烽燧0.67千米。

墩台土石混筑，保存差。台体坍塌为椭圆形土石堆状，顶部散落较多石块，北壁底部有石块包砌遗迹；底部东西13、南北8米，顶部东西3、南北2米，残高2.5米。烽燧南部宽沟沟口两侧有牧点，调查点位采自沟口西部的第二家牧户。

58. 新村长城12段（1508233 82102030062）

该段长城起自小佘太镇河湾村前土台牧点东北0.76千米，止于河湾村前土台牧点北0.66千米。墙体作内外折线形分布，中小段呈东南—西北走向，两端均为东西走向；上接新村长城11段，下接新村长城13段。

墙体长544米，为毛石干垒墙，总体保存一般。墙体沿山岭北半坡构筑，止点在后土台沟西数第一道南支沟西岸，北部河槽北岸有牧户，地处正沟后土台沟的夹角地带。其中，大部分墙体呈原有形态，保存一般部分长284米；少部分坍塌较为严重，保存差部分长260米，于地表呈石垒状，底宽0.5~2、顶宽0.5~1.8、外壁残高0.2~2米，内壁不显；保存一般、保存差部分，分别占该段墙体总长的52.2%、47.8%。

59. 新村长城13段（1508233 82102030063）

该段长城起自小佘太镇河湾村前土台牧点北0.66千米，止于河湾村后土台牧点东0.05千米。墙体作内外折线形分布，总体呈东西走向，上接新村长城12段，下接河湾长城1段。

墙体长296米，为毛石干垒墙，保存一般。墙体沿山体半坡延伸，止点在后土台沟河槽东岸边，河槽西岸为土台沟牧点。墙体大体保存原始轮廓，底宽2.5~3、顶宽2~2.5、外壁残高2~3、内壁残高0~2米；局部有坍塌，窄沟谷底墙体及末端均出现断豁（彩图五一四）。

墙体沿线调查烽燧1座，为新村14号烽燧。

新村14号烽燧（15082335320103 0071）　位于小佘太镇河湾村后土台牧点东偏南0.25千米处平缓的山体顶部，北距新村长城13段墙体0.07千米，西偏北距河湾1号烽燧0.57千米。

墩台以黄土夯筑，夯层厚7~12厘米，保存差。台体四壁坍塌较严重，现仅存台芯部分，呈不规则柱状，基部东西3、南北2、残高2.5米；残存的台体上有纵向裂缝，岌岌可危，亟待抢救保护（彩图五一五）。周围散布较多泥质灰陶片，施弦断绳纹及凸弦纹带，器形为盆，具汉代陶器特征。

60. 河湾长城1段（1508233 82102030064）

该段长城起自小佘太镇河湾村后土台牧点东0.05千米，止于河湾村后土台牧点西北0.52千米。墙体略作内外弯曲分布，总体呈东南—西北走向，上接新村长城13段，下接河湾长城2段。

墙体长612米，为毛石干垒墙，总体保存差。墙体地处后土台沟西岸宽山岭两侧陡坡地上，循山岭支脉北坡构筑，止于西部并列的直山岭中段东坡脚。墙体多已坍塌，较低矮，底宽1.5~3、顶宽1~2.5、外壁残高0.2~2.5、内壁残高0~0.5米。其中，保存差部分长348米，于地表呈低矮的石垒状（彩图五一六）；保存较差部分长237米，有低矮的外壁残存；起点处有27米长的墙体消失在后土台沟洪水河槽中；保存较差、保存差和消失部分，分别占该段墙体总长的38.7%、56.9%和4.4%。

墙体沿线调查烽燧1座，为河湾1号烽燧。

河湾1号烽燧（150823353201030072）　位于小佘太镇河湾村后土台牧点西北0.32千米处的西山岭顶部，东北距河湾长城1段墙体0.02千米，西北距河湾2号烽燧0.3千米。

墩台土筑，保存差。台体坍塌，现呈低矮的圆形土丘状，底部直径3.2、残高1.5米。墩台周围散布较多灰陶片，纹饰有绳纹、弦断绳纹及凸弦纹带间施波浪形附加泥条，可辨器形为盆。

61. 河湾长城2段（150823382102030065）

该段长城起自小佘太镇河湾村后土台牧点西北0.52千米，止于河湾村西羊场店南偏东0.96千米。墙体略作内外弯曲分布，总体呈东偏南—西偏北走向，上接河湾长城1段，下接河湾长城3段。

墙体长766米，为毛石干垒墙，总体保存一般。墙体沿后土台西北部直山岭中段东侧陡坡爬上山岭，并沿山岭作短距离西偏南行，随即脱离山岭转沿西支岭下长坡，止于坡脚处的土路东侧。墙体多坍塌，较低矮，底宽1.2~3、顶宽0.8~2.5、外壁残高0.3~3、内壁残高0.2~1.5米。其中，直山岭东坡的前小段墙体保存差，长64米，坍塌严重，于地表呈低矮的石垒状；后小段保存一般，长702米，总体呈原始形态，外壁局部有坍塌；保存一般、保存差部分，分别占该段墙体总长的91.6%、8.4%。

墙体沿线调查烽燧1座，为河湾2号烽燧。

河湾2号烽燧（150823353201030073）　位于小佘太镇河湾村后土台牧点西北0.62千米处的直山岭南段顶部，北距河湾长城2段墙体0.05千米，西北距河湾3号烽燧1千米。

墩台土筑，保存差。台体坍塌为圆形土丘状，底部直径5、顶部直径2、残高2.3米；顶部有石块散布。烽燧东为后土台西山岭，西为敦德沟河槽。

62. 河湾长城3段（150823382101030066）

该段长城起自小佘太镇河湾村西羊场店南偏东0.96千米，止于河湾村西羊场店南0.87千米。墙体作直线分布，呈东偏南—西偏北走向，上接河湾长城2段，下接河湾长城4段。

墙体长276米，为土石混筑，保存差。墙体分布于西羊场店南部的敦德沟东岸一级台地上，部分墙体被当地居民改建为水渠，整体面貌已发生较大改变；底宽2.5~3、顶宽1.5~2.2、残高0.2~2米。墙体两侧为耕地，东依山脚，西临河槽。

63. 河湾长城4段（150823382301030067）

该段长城起自小佘太镇河湾村西羊场店南0.87千米，止于河湾村西羊场店南偏西0.86千米。原墙体应作直线分布，呈东偏南—西偏北走向，上接河湾长城3段，下接河湾长城5段。

本段长城为消失段，起止点之间的直线长度为123米。原墙体分布于敦德沟河槽中，洪水冲刷造成墙体消失。依据相邻上下段墙体情况，推断该段墙体原应为石墙，过水地段设置排水涵洞。河槽西岸有柏油路北偏东行，于消失段北部折返拐入敦德沟东支沟矿区。

64. 河湾长城5段（150823382102030068）

该段长城起自小佘太镇河湾村西羊场店南偏西0.86千米，止于河湾村西羊场店西南0.88千米。墙体作外向折弧形分布，由南偏东—北偏西走向转为东西走向，上接河湾长城4段，下接河湾长城6段。

墙体长721米，为毛石干垒墙，保存差。墙体分布在敦德沟西岸两支沟间山岭两侧坡地上，先爬上山脚，沿山脚北偏西行，至山岭东缘转沿山岭北坡上部西行（彩图五一七），翻越山岭，止于北支沟沟脑山垭处。墙体多已坍塌，于地表呈低矮的石垒状，底宽3~4、顶宽1~2、残高0.5~3米。

墙体沿线调查烽燧2座、障城1座，分别为河湾3号、4号烽燧和河湾障城。

河湾障城（150823353102040004）　位于小佘太镇河湾村西羊场店南偏西0.84千米处的敦德沟西岸台地上，倚河湾长城5段墙体建筑，西北距河湾3号烽燧0.06千米，西距阿尔善障城14.2千米。

障城平面呈方形，边长28米。障城东墙借用长城墙体，其他三面墙体另筑而成，轮廓较清晰，保存差。障墙土筑，于地表呈明显的土垄状，底宽4、残高1～1.5米；东墙临近陡坡，因水土流失而破坏严重。门址当辟于西墙中部，方向283°（彩图五一八）。障城西依山，东面河，东北对敦德沟河谷，是控制该沟谷的理想之地。

河湾3号烽燧（150823353201030074） 位于小佘太镇河湾村西羊场店南偏西0.82千米处的敦德沟西岸山丘上，东北距河湾长城5段墙体0.04千米，西北距河湾4号烽燧0.37千米。

墩台土筑，保存差。台体坍塌为圆形土丘状，底部直径11、顶部直径3、残高2.3米；其上散落有石块。东南旁侧倚墩台有石筑长方形坞址，东西4、南北2.5米。该烽燧与河湾障城比邻而置，上下呼应，以重点扼守敦德沟。

河湾4号烽燧（150823353201030075） 位于小佘太镇河湾村西羊场店西南0.92千米处的山岭上，北距河湾长城5段墙体0.07千米，西北距河湾5号烽燧0.27千米。

墩台土筑，保存差。台体坍塌为长方形土丘状，底部东西6、南北4米，顶部边长4米，残高2.5米；表面散落碎石块。烽燧南北均为支沟，南大北小，洪水东流先后汇入敦德沟河槽。烽燧建筑在制高点上，东北可监控敦德沟。

65. 河湾长城6段（150823382102030069）

该段长城起自小佘太镇河湾村西羊场店西南0.88千米，止于河湾村红万场牧点西0.49千米。墙体作内外折弧形弯曲分布，总体呈东南—西北走向，上接河湾长城5段，下接河湾长城7段。

墙体长987米，为毛石干垒墙，总体保存较差。墙体翻过红万场南部山岭，跨过南沟上游沟谷，再沿低缓山岭北坡上坡上延伸，止于南沟北部第二支沟上游谷底；坍塌的墙体于地表呈石垄状，底宽1.5～3、顶宽1～2.5、外壁残高0.5～3、内壁残高0～1.5米（彩图五一九）。其中，墙体前小段保存差，长133米，坍塌较严重；中小段保存较差，长687米，有部分墙体外壁尚存；后小段保存一般，长167米，有原始遗风；保存一般、保存较差、保存差部分，分别占该段墙体总长的16.9%、69.6%和13.5%。红万场南沟洪水冲刷及其东岸土路通行，均造成墙体断豁。

墙体沿线调查烽燧2座，分别为河湾5号、6号烽燧。

河湾5号烽燧（150823353201030076） 位于小佘太镇河湾村红万场牧点南0.8千米处的山岭顶部山头上，东北距河湾长城6段墙体0.03千米，西北距河湾6号烽燧0.52千米。

墩台石筑，保存差。台体坍塌为圆形石堆状，底部直径9、顶部直径2、残高2.5米（彩图五二〇）。烽燧西北为红万场南沟，洪水东北流，与红万场东沟洪水合流后汇入西向弯曲的敦德沟河槽。

河湾6号烽燧（150823353201030077） 位于小佘太镇红万场牧点西南0.58千米处的山头上，东北距河湾长城6段墙体0.02千米，北偏西距河湾7号烽燧0.77千米。

墩台土筑，保存差。台体坍塌为圆形土丘状，底部直径8、顶部直径2.5、残高2米；南侧有石块堆积，疑为坞址（彩图五二一）。墩台东南有圆形石堆状的积薪垛一座，直径10、残高0.3米。

66. 河湾长城7段（150823382102030070）

该段长城起自小佘太镇河湾村红万场牧点西0.49千米，止于河湾村红万场牧点西偏北1.28千米。墙体作外向折弧形分布，由南偏东—北偏西走向转为东西走向，上接河湾长城6段，下接河湾长城8段。

墙体长1251米，为毛石干垒墙，总体保存一般。墙体先沿红万场牧点西部山岭北坡上缘上坡行，至牧点西沟沟脑处脱离山岭，转为西向下坡行，止于东毕力开沟中游东岸；坍塌的墙体较低矮，底宽

1.5～3、顶宽1～2.5、残高0.5～2米。其中，墙体前小段保存差，坍塌严重，长304米；中小段保存较差，外壁部分坍塌，长282米；后小段保存一般，大体保留原有形态，长634米；末端山势陡峭处有长31米的墙体消失；保存一般、保存较差、保存差和消失部分，分别占该段墙体总长的50.7%、22.5%、24.3%和2.5%。

墙体沿线调查烽燧1座，为河湾7号烽燧。

河湾7号烽燧（150823353201030078）　位于小佘太镇河湾村红万场牧点西北0.71千米处的山岭顶部，东北距河湾长城7段墙体0.01千米，西北距河湾8号烽燧1.52千米。

墩台石筑，保存差。台体坍塌严重，仅存底部，现呈略凸起于地表的矮丘状，直径8、残高0.3米。烽燧东临红万场西沟沟脑，西为东毕力开沟。

67.河湾长城8段（150823382301030071）

该段长城起自小佘太镇河湾村红万场牧点西偏北1.28千米，止于河湾村西毕力开沟牧点东北1.43千米。原墙体应作直线分布，呈东南—西北走向，上接河湾长城7段，下接河湾长城9段。

本段长城为消失段，起止点之间的直线长度为279米。原墙体分布于东毕力开沟谷底河槽中及西岸陡坡下缘，河槽中的墙体因洪水冲刷而消失，西岸坡地上的墙体消失原因不明。依据相邻上下段墙体情况，推断该段墙体原应为石墙。

68.河湾长城9段（150823382102030072）

该段长城起自小佘太镇河湾村西毕力开沟牧点东北1.43千米，止于河湾村西毕力开沟牧点北1.74千米。墙体作内外向折线形分布，总体呈东南—西北走向，上接河湾长城8段，下接河湾长城10段。

墙体长1047米，为毛石干垒墙，保存差。墙体沿东毕力开沟西岸支岭北坡上行，至东西毕力开沟间山岭上缘转北行，而后翻过山岭转西偏北行，止于西毕力开沟东支沟沟脑处的山垭东坡地上。墙体坍塌较严重，石块顺坡滚落，于地表呈低矮的石垄状，底宽1.5～2.5、顶宽1～2、残高0.5～0.8米。

墙体沿线调查烽燧1座，为河湾8号烽燧。

河湾8号烽燧（150823353201030079）　位于小佘太镇河湾村西毕力开沟牧点北1.64千米处的山岭顶部，东距河湾长城9段墙体0.03千米，西距河湾9号烽燧0.67千米。

墩台土筑，保存差。台体坍塌为圆形土丘状，底部直径9、顶部直径2、残高2.4米；顶部散布石块。东侧倚墩台有长方形石砌坞址，东西6、南北12米（彩图五二二）。烽燧东侧为东毕力开沟，西侧为西毕力开沟沟脑。

69.河湾长城10段（150823382102030073）

该段长城起自小佘太镇河湾村西毕力开沟牧点北1.74千米，止于河湾村李二娃羊场北1.25千米。墙体略作内外弯曲分布，总体呈东西走向，上接河湾长城9段，下接河湾长城11段。

墙体长1657米，为毛石干垒墙，总体保存差。墙体起点在西毕力开沟沟脑，沿李二娃羊场北敖包山北坡上部延伸，止于敖包山西北部石砬山坳处；大部分墙体坍塌，于地表呈低矮的石垄状，底宽1.5～2.5、顶宽1～2、残高0.2～2.5米。其中，墙体前后小段保存差，长1599米；中小段保存一般，外壁面保存较好，长58米；保存一般、保存差部分，分别占该段墙体总长的3.5%、96.5%。

墙体沿线调查烽燧2座，分别为河湾9号、10号烽燧。

河湾9号烽燧（150823353201030080）　位于小佘太镇河湾村李二娃羊场东北1.2千米处的敖包山东段山头上，北距河湾长城10段墙体0.08千米，西距河湾10号烽燧0.58千米。

墩台土筑，保存差。台体坍塌为圆形土丘状，底部直径6、顶部直径1.5、残高3米；与自然山丘融为一体（彩图五二三）。烽燧地处西毕力开沟沟脑部位的东西支沟之间，北望视线宽广。

河湾10号烽燧（150823353201030081）　位于小佘太镇河湾村李二娃羊场北偏东0.89千米处的敖包山顶部制高点上，北距河湾长城10段墙体0.14千米，西距河湾11号烽燧0.83千米。

墩台土石混筑，保存差。台体四壁用石块垒砌、内部夯土筑成，坍塌为圆形土石丘状，底部直径6.7、顶部直径1.8、残高3米；顶部有长方形浅坑。南侧有倚墩台建筑的长方形石砌坞址，东西7、南北5、坞墙残高0.7米。墩台周围散布有细碎的泥质灰陶片，部分施凹弦纹及绳纹，多素面。墩台西侧有石堆状积薪垛3座，均呈方形，边长2.5~3.8、残高0.4~0.7米。该山之名，当源于形似敖包的河湾10号烽燧。

70. 河湾长城11段（150823382102030074）

该段长城起自小佘太镇河湾村李二娃羊场北1.25千米，止于河湾村李二娃羊场西北1.55千米。墙体后小段作内向弧线形分布，由东偏北—西偏南走向转为东偏南—西偏北走向，上接河湾长城10段，下接阿尔善长城1段。

墙体长1036米，为毛石干垒墙，保存差。墙体顺敖包山西北半坡西偏南行，而后转西偏北行，止于胡舒沟上游东支沟东岸；坍塌的墙体于地表呈低矮的石垄状，底宽2~3、顶宽1~2、残高0.2~0.3米。墙体沿线因小沟洪水冲击，造成墙体出现多处断豁。该段墙体止点西侧隔河槽有石圈，西北隔河槽有牧点。

墙体沿线调查烽燧1座，为河湾11号烽燧。

河湾11号烽燧（150823353201030082）　位于小佘太镇河湾村李二娃羊场西北1.14千米处的敖包山北坡山头上，北距河湾长城11段墙体0.08千米，西北距阿尔善1号烽燧1.1千米。

墩台石筑，保存差。台体坍塌为圆形石堆状，底部直径5、顶部直径1、残高3米。墩台周围散布有泥质灰陶片，器表施绳纹、弦断绳纹。烽燧西临胡舒沟东支沟，洪水西南流于白土各吧与西支沟合流。

71. 阿尔善长城1段（150823382102030075）

该段长城起自小佘太镇河湾村李二娃羊场西北1.55千米，止于大佘太镇阿尔善村白土各吧北偏东1.5千米。墙体作内向折线形分布，由东南—西北走向转为南偏东—北偏西走向，上接河湾长城11段，下接阿尔善长城2段。

墙体长1009米，为毛石干垒墙，总体保存较差。墙体沿胡舒沟正沟与西支沟间山东坡及北坡上部构筑，止于西支沟沟脑处的白山岭东南麓黑山头下；坍塌的墙体于地表呈低矮的石垄状，底宽1.5~2.5、顶宽1~2、残高0.2~2米。其中，前小段东坡地上的墙体保存差，坍塌严重，长441米；后小段北坡地上的墙体保存较差，长568米（彩图五二四）；保存较差、保存差部分，分别占该段墙体总长的56.3%、43.7%。

墙体沿线调查烽燧1座，为阿尔善1号烽燧。

阿尔善1号烽燧（150823353201030083）　位于大佘太镇阿尔善村白土各吧东北1.35千米处的山头上，北距阿尔善长城1段墙体0.05千米，西北距阿尔善2号烽燧0.44千米。

墩台土筑，保存差。台体坍塌为圆形土丘状，底部直径7、顶部直径1.3、残高3米；上部散落石块。烽燧建筑在胡舒沟正沟与西支沟间的高山头顶部，其东侧为支沟沟脑，洪水东南流汇入胡舒沟正沟；北侧为灶火沟沟脑，洪水西北流汇入巴音布拉格沟。

72. 阿尔善长城2段（150823382102030076）

该段长城起自大佘太镇阿尔善村白土各吧北偏东1.5千米，止于阿尔善村尧勒音嘎查东1.06千米，墙体前小段作外向圆弧形分布，由南偏东—北偏西走向过渡为东偏北—西偏南走向，上接阿尔善长城1段，下接阿尔善长城3段。

墙体长963米，为毛石干垒墙，保存差。墙体分布于白山岭北坡上缘，止于山岭西段缓谷处。墙体均坍塌，于山体表面呈石垄状隆起，底宽2～2.5、顶宽1.5～2、残高0.3～0.6米（彩图五二五）。该段墙体北部坡下10～35米处，有与主墙并行的石筑副墙，长约120米，亦呈石垄状，底宽1.5、残高0.5～1米，明显比主墙体低矮，可断续相连（彩图五二六）。推测坡下的副墙肇始于秦，主墙体兴筑于汉。

墙体沿线调查烽燧2座，分别为阿尔善2号、3号烽燧。

阿尔善2号烽燧（150823353201030084）　位于大佘太镇阿尔善村白土各吧北偏东1.52千米处的白山岭东缘顶部，北距阿尔善长城2段墙体0.1千米，西南距阿尔善3号烽燧0.49千米。

墩台石筑，保存差。台体坍塌为圆形石堆状，底部直径5、顶部直径4、残高0.3米。烽燧南侧为胡舒沟西支沟正沟脑，北为尧勒音嘎查所在的野狼沟南支沟沟脑。

阿尔善3号烽燧（150823353201030085）　位于大佘太镇阿尔善村白土各吧北1.35千米处的白山岭中段顶部，北距阿尔善长城2段墙体0.01千米，西南距阿尔善4号烽燧0.46千米。

墩台石筑，保存一般。台体坍塌，现呈长方形石堆状，底部有台体残存，东西7、南北6、残高1.5米；顶部有当地牧民垒砌的小敖包。烽燧北为尧勒音嘎查所在的野狼沟，南临其支沟。

73. 阿尔善长城3段（1508233823010300077）

该段长城起自大佘太镇阿尔善村尧勒音嘎查东1.06千米，止于阿尔善村尧勒音嘎查东0.9千米。原墙体应作直线分布，呈东西走向，上接阿尔善长城2段，下接阿尔善长城4段。

本段长城为消失段，起止点之间的直线长度为160米。地表不见墙体痕迹，相邻的下段长城为山险，沿线又不具备山险墙或山险的地形地貌条件，消失原因不明。

消失段沿线调查烽燧1座，为阿尔善4号烽燧。

阿尔善4号烽燧（150823353201030086）　位于大佘太镇阿尔善村尧勒音嘎查东偏南0.98千米处的山岭北坡高地上，北距阿尔善长城3段墙体0.31千米，西距阿尔善5号烽燧0.62千米，二者隔沟相望。

墩台土石混筑，外壁垒砌石块、中间夯土建成；保存差。台体坍塌为圆形土石丘状，底部直径8、顶部直径1.9、残高2.6米。烽燧建筑在山险所在山岭南部的高山岭北坡上，西、北两侧均为支沟，洪水于烽燧西北部合流汇入尧勒音嘎查所在的野狼沟。

74. 阿尔善长城4段（1508233821060300078）

该段长城起自大佘太镇阿尔善村尧勒音嘎查东0.9千米，止于阿尔善村尧勒音嘎查东偏南0.31千米。长城作直线分布，呈东偏北—西偏南走向，上接阿尔善长城3段，下接阿尔善长城5段。

本段长城为山险，长631米。利用自然山岭上的悬崖峭壁为险，未见人工砌筑痕迹（彩图五二七）。

75. 阿尔善长城5段（1508233821060300079）

该段长城起自大佘太镇阿尔善村尧勒音嘎查东偏南0.31千米，止于阿尔善村尧勒音嘎查西偏南1.6千米。长城大体作直线分布，呈东偏北—西偏南走向，上接阿尔善长城4段，下接阿尔善长城6段。

本段长城为山险，长1900米。山险分布于尧勒音嘎查所在的野狼沟南岸半坡上，止于尧勒音嘎查西第三南支沟西岸。借自然山体的悬崖峭壁之险，未发现人工砌筑痕迹。

山险沿线调查烽燧4座，分别为阿尔善5号、6号、7号、8号烽燧。

阿尔善5号烽燧（150823353201030087）　位于大佘太镇阿尔善村尧勒音嘎查东南0.55千米处的高坡地上，北距阿尔善长城5段墙体0.33千米，西南距阿尔善6号烽燧0.63千米。

墩台土筑，保存差。台体坍塌为圆形土丘状，底部直径6.5、顶部直径2.1、残高3.5米；表面散落石块，顶部有垒砌的小石堆。烽燧东侧为小沟沟脑，洪水北流于尧勒音嘎查牧点处汇入野狼沟。

阿尔善6号烽燧（150823353201030088）　位于大佘太镇阿尔善村尧勒音嘎查南偏西0.76千米处的

山顶上，北距阿尔善长城5段墙体0.32千米，西偏南距阿尔善7号烽燧0.66千米。

墩台土筑，保存差。台体坍塌为圆形土丘状，底部直径8.1、顶部直径2.3、残高2米，其上有石块散布。

阿尔善7号烽燧（150823353201030089）　位于大佘太镇阿尔善村尧勒音嘎查西南1.42千米处的山顶上，北距阿尔善长城5段墙体0.33千米，西偏南距阿尔善8号烽燧0.51千米。

墩台土筑，保存差。台体坍塌为圆形土丘状，上部散落石块，底部直径5.5、顶部直径1.5、残高2米；顶部有垒砌的小石堆。烽燧南侧为坑开沟东支沟沟脑。

阿尔善8号烽燧（150823353201030090）　位于大佘太镇阿尔善村尧勒音嘎查西偏南1.78千米处的山顶上，北距阿尔善长城5段墙体0.29千米，西北距阿尔善9号烽燧0.91千米。

墩台土筑，保存差。台体坍塌为圆形土丘状，底部直径4、顶部直径1、残高2.5米；顶部有垒砌的小石堆。烽燧南为坑开沟正沟脑。

76. 阿尔善长城6段（150823382106030080）

该段长城起自大佘太镇阿尔善村尧勒音嘎查西偏南1.6千米，止于阿尔善村尧勒音嘎查西偏南2.03千米。长城作直线分布，呈东北—西南走向，上接阿尔善长城5段，下接阿尔善长城7段。

本段长城为山险，长350米。山险位于白山岭西缘北坡脚处，利用山体悬崖峭壁为险，未见人工砌筑痕迹。止点西部为野狼沟与其北支沟交汇处，两沟河槽夹角处有圆形石圈及方圆圈，北支沟西岸有牧户一家。

77. 阿尔善长城7段（150823382102030081）

该段长城起自大佘太镇阿尔善村尧勒音嘎查西偏南2.03千米，止于阿尔善村野狼沟牧点南0.16千米。墙体两端略作内外向弧线形分布，总体呈东西走向，上接阿尔善长城6段，下接阿尔善长城8段。

墙体长536米，为毛石干垒墙，总体保存一般。墙体分布于野狼沟河槽东岸的低山丘陵地带，止于河槽岸边；内外壁俱存，砌筑面规整，局部地段外壁有坍塌现象；基宽3~4.5、顶宽2~3.5、残高2~3米。其中，墙体前小段保存一般，长489米（彩图五二八）；后小段地处野狼沟河槽中，洪水冲刷导致长47米的墙体消失；保存一般、消失部分，分别占该段墙体总长的91.2%、8.8%。

78. 阿尔善长城8段（150823382102030082）

该段长城起自大佘太镇阿尔善村野狼沟牧点南0.16千米，止于阿尔善村阿什楞土沟北牧点东北0.44千米。墙体中小段略向外凸，总体呈东南—西北走向，上接阿尔善长城7段，下接阿尔善长城9段。

墙体长1548米，为毛石干垒墙，总体保存较差。墙体分布在野狼沟与其西支沟阿什楞土沟河槽之间夹角地带的山岭上，沿山岭北坡上缘构筑；外壁局部坍塌，底宽1.5~2.5、顶宽1~2、外壁残高1~3米。其中，墙体前小段保存较差，长1379米；后小段保存一般，外壁大体保存，长169米；保存一般、保存较差部分，分别占该段墙体总长的10.9%、89.1%。在该段墙体末端，阿什楞土沟河槽洪水冲刷造成墙体断豁。

墙体沿线调查烽燧6座，分别为阿尔善9号、10号、11号、12号、13号、14号烽燧。

阿尔善9号烽燧（150823353201030091）　位于大佘太镇阿尔善村野狼沟牧点南偏西0.14千米处的野狼沟西岸小山丘上，东北距阿尔善长城8段墙体0.04千米，西北距阿尔善10号烽燧0.27千米。

墩台为黄土夯筑而成，夯土中夹杂小石子，夯层厚14~18厘米，保存差。台体仅保存台芯部分，平面呈长方形，东西6、南北3、残高2.5米（彩图五二九）；顶部风剥雨蚀形成一大一小两个乳突状残留，南壁有裂缝。墩台北侧有长方形石筑坞址，东西7、南北5米，坞墙宽0.3、残高0.7米。周围散布泥质灰陶片，施绳纹、弦纹及附加堆纹。该烽燧可同时监控野狼沟及其北支沟。

阿尔善10号烽燧（150823353201030092）　位于大佘太镇阿尔善村野狼沟牧点西北0.24千米处的山岭半腰顶部，东北距阿尔善长城8段墙体0.01千米，西北距阿尔善11号烽燧0.25千米。

墩台土石混筑，保存差。台体坍塌为椭圆形土丘状，底部东西5、南北3、残高2.5米；西南角有清晰的石块包砌痕迹，顶部散布碎石块。

阿尔善11号烽燧（150823353201030093）　位于大佘太镇阿尔善村野狼沟牧点西北0.46千米处的高山顶上，北侧紧邻阿尔善长城8段墙体，西北距阿尔善12号烽燧0.58千米。

墩台土筑，保存差。台体坍塌为圆形土丘状，底部直径6、顶部直径2、残高2.5米；顶部有垒砌的小石堆。北侧倚墩台有石筑坞址，东西6、南北5米，墙体宽0.4、残高0.2米。

阿尔善12号烽燧（150823353201030094）　位于大佘太镇阿尔善村阿什楞土沟北牧点东偏北0.63千米处的山岭制高点上，东北距阿尔善长城8段墙体0.08千米，西距阿尔善13号烽燧0.12千米。

墩台土筑，保存差。台体坍塌为圆形土丘状，东侧散落较多石块，底部直径8.7、顶部直径2.3、残高2.8米（彩图五三〇）。周围散布较多泥质灰陶片，施弦纹、绳纹，可辨器形为盆。

阿尔善13号烽燧（150823353201030095）　位于大佘太镇阿尔善村阿什楞土沟北牧点东偏北0.53千米处的山岭顶部，东北距阿尔善长城8段墙体0.09千米，西北距阿尔善14号烽燧0.07千米。

墩台石筑，保存差。台体坍塌，仅残存底部，现呈圆形石堆状，直径5、残高0.3米。墩台北侧有圆形石堆状积薪垛1座，直径6、残高0.4米。

阿尔善14号烽燧（150823353201030096）　位于大佘太镇阿尔善村阿什楞土沟北牧点东北0.5千米处的阿什楞土沟东坡上缘，东北距阿尔善长城8段墙体0.05千米，西北距阿尔善15号烽燧0.52千米。

墩台土石混筑，保存差。台体坍塌损毁严重，仅存长方形石筑基址，南北8、东西5、残高0.2米。东侧倚墩台有方形石砌坞址，边长8米，坞墙宽0.2、残高0.3米。

79. 阿尔善长城9段（150823382102030083）

该段长城起自大佘太镇阿尔善村阿什楞土沟北牧点东北0.44千米，止于阿尔善村牛场沟牧点西南0.31千米。墙体略作内向弧弯形分布，总体呈东南—西北走向，上接阿尔善长城8段，下接阿尔善长城10段。

墙体长1531米，为毛石干垒墙，保存较差。墙体沿阿什楞土沟西部山岭北坡上缘修筑，止于牛场沟牧点西部南支沟中游西岸；坍塌的墙体于地表呈低矮的石垄状，底宽2~2.5、顶宽1.5~2、残高0.3~1.2米（彩图五三一）。该段墙体东临阿什楞土沟，前小段墙体南北均为其支沟，洪水东流；后小段北为牛场沟，南为红柳林东北沟，两沟洪水西流，汇入巴音布拉格沟。

墙体沿线调查烽燧2座，分别为阿尔善15号、16号烽燧。

阿尔善15号烽燧（150823353201030097）　位于大佘太镇阿尔善村阿什楞土沟北牧点北0.35千米处的高山顶上，北距阿尔善长城9段墙体0.03千米，西偏北距阿尔善16号烽燧0.42千米。

墩台石筑，保存差。台体坍塌为圆形石堆状，底部直径7.5、顶部直径2.2、残高2.7米；顶部有两座垒砌的小石堆。烽燧东北临牛场沟沟脑，东西两侧为支沟沟脑，洪水南流于北牧点处合流汇入阿什楞土沟河槽。

阿尔善16号烽燧（150823353201030098）　位于大佘太镇阿尔善村牛场沟牧点东南0.54千米处山岭顶部的山头上，北距阿尔善长城9段墙体0.01千米，西北距阿尔善17号烽燧0.82千米；当中应有1座烽燧分布。

墩台外壁包砌石块、内部夯土筑成，保存差。台体坍塌，西、南两面残存有石块垒砌的外壁；呈长方形土石丘状，底部南北8.2、东西5、残高2.5米；东南侧倚墩台有石筑坞址，坞墙坍塌严重（彩图五三二）。烽燧北临牛场沟，南侧为红柳林东北沟沟脑。

80. 阿尔善长城 10 段（150823382102030084）

该段长城起自大佘太镇阿尔善村牛场沟牧点西南 0.31 千米，止于阿尔善村牛场沟牧点西 0.69 千米。墙体作外向折弧形分布，由东南—西北走向转呈东西走向，上接阿尔善长城 9 段，下接阿尔善长城 11 段。

墙体长 506 米，为毛石干垒墙，保存较差。墙体分布在牛场沟牧点西部的牛场沟第一、二南支沟之间山岭上，沿山岭北坡上缘穿行。墙体坍塌，石块向坡下滚落；于地表呈低矮的石垄状，底宽 1.5 ~ 2、顶宽 1 ~ 1.5、外壁残高 0.5 ~ 1 米。墙体后小段北部有山岭伸出，牛场沟河床呈"几"字形北向环绕。

墙体沿线调查烽燧 1 座，为阿尔善 17 号烽燧。

阿尔善 17 号烽燧（150823353201030099）　位于大佘太镇阿尔善村牛场沟牧点西 0.43 千米处的山岭顶部，北侧紧邻阿尔善长城 10 段墙体，西距阿尔善 18 号烽燧 0.45 千米。

墩台石筑，保存差。台体坍塌为椭圆形石堆状，底部长径 7、短径 5、残高 3.5 米。烽燧北沟中有牧点，牧点西侧为牛场沟"几"字河湾。

81. 阿尔善长城 11 段（150823382102030085）

该段长城起自大佘太镇阿尔善村牛场沟牧点西 0.69 千米，止于大佘太镇圐圙补隆村红柳林东偏北 0.98 千米。墙体作内外向弯曲分布，总体呈东西走向，上接阿尔善长城 10 段，下接阿尔善长城 12 段。

墙体长 933 米，为毛石干垒墙，总体保存较差。墙体沿低山岭北坡半腰作下坡行，随山势蜿蜒起伏，止于山脚处。大部分墙体坍塌，于地表呈石垄状，底宽 1 ~ 3、顶宽 0.5 ~ 2.5、残高 0.5 ~ 2 米（彩图五三三）。其中，墙体前小段保存差，整体坍塌，长 144 米；后小段保存较差，局部地段外壁保存，长 789 米；保存较差、保存差部分，分别占该段墙体总长的 84.6%、15.4%。

墙体沿线调查烽燧 2 座，分别为阿尔善 18 号、19 号烽燧。

阿尔善 18 号烽燧（150823353201030100）　位于大佘太镇阿尔善村牛场沟牧点西 0.89 千米处的山头上，北距阿尔善长城 11 段墙体 0.05 千米，西距阿尔善 19 号烽燧 0.52 千米。

墩台土筑，保存差。台体坍塌为圆形土丘状，底部直径 6、顶部直径 2、残高 2 米；表面有碎石，顶部有垒砌的小石堆。烽燧南侧为"丫"形沟脑，洪水南流汇入红柳林东北沟；东为支沟沟脑，洪水北流汇入牛场沟。

阿尔善 19 号烽燧（150823353201030101）　位于大佘太镇圐圙补隆村红柳林东偏北 1.11 千米处的低山顶上，北距阿尔善长城 11 段墙体 0.01 千米，西偏北距圐圙补隆 1 号烽燧 0.94 千米。

墩台土筑，保存差。台体坍塌为圆形土丘状，底部直径 7、顶部直径 2、残高 4 米；表面有碎石，顶部有垒砌的小石堆。烽燧建筑在低山岭东缘顶部，南依高山岭，北有牛场沟与巴音布拉格沟河谷，西为丘陵谷地，红柳林东北沟洪水西南流，汇入巴音布拉格沟。

82. 阿尔善长城 12 段（150823382101030086）

该段长城起自大佘太镇圐圙补隆村红柳林东偏北 0.98 千米，止于圐圙补隆村红柳林北偏东 0.55 千米。墙体首端作外向折弧形分布，总体呈东偏南—西偏北走向，上接阿尔善长城 11 段，下接圐圙补隆长城 1 段。

墙体长 717 米，以褐土夯筑，夯土中夹杂大量细石子，夯层厚 10 ~ 15 厘米，总体保存差（彩图五三四）。墙体分布于巴音布拉格沟河槽中及其两岸坡地上，大部分墙体地处河槽东岸的丘陵谷地中，止于河槽西岸陡坡半腰；墙体坍塌，于地表呈低矮的土垄状，底宽 1.5 ~ 2、顶宽 1 ~ 1.5、残高 0.5 ~ 1 米。其中，前小段墙体保存差，长 577 米；巴音布拉格沟河槽、牛场沟河槽洪水冲刷及通往牛场沟的土路，均导致墙体局部消失或断豁，累计长 140 米；保存差、消失部分，分别占该段墙体总长的

80.5%、19.5%。

墙体沿线调查障城1座，为阿尔善障城。

阿尔善障城（150823353102030002）　位于大佘太镇圐圙补隆村红柳林东北0.55千米处的巴音布拉格沟河槽东岸台地上，北距阿尔善长城12段墙体0.02千米，西北距圐圙补隆1号烽燧0.34千米。

障城平面呈方形，边长20米。城址轮廓较清晰，保存差。障墙土筑，坍塌为低矮的土垄状，底宽4~6、顶宽1~1.5、残高0.5~1.1米。南墙正中设门，门宽1.5米，方向200°（彩图五三五）。障城中部偏北处有一座现代小庙，城内地表散布有灰陶片，施绳纹、弦纹、凸弦纹带等。障城西临主河槽，南北有红柳林东北沟、牛场沟河槽，东依小山岭，为依山环水之地。障城东侧有土路北行，随后顺河槽拐入牛场沟。

83.圐圙补隆长城1段（150823382102030087）

该段长城起自大佘太镇圐圙补隆村红柳林北偏东0.55千米，止于圐圙补隆村红柳林北偏西0.66千米。墙体作外向弧线形分布，总体呈东偏南—西偏北走向，上接阿尔善长城12段，下接圐圙补隆长城2段。

墙体长598米，为毛石干垒墙，总体保存较差。墙体分布在巴音布拉格沟与浩雷沟之间的山地上，先爬上河槽西岸的南北向山岭，再西北行于红柳林西沟沟脑处山岭北坡上缘环绕，而后走下坡地，止于浩雷沟河槽东岸，止点北侧为浩雷沟与东支沟洪水交汇处。墙体多坍塌，较低矮，底宽1~4、顶宽1~3、外壁残高0.2~4、内壁残高0~1.5米。其中，墙体前小段保存差，长111米，于地表呈低矮的石垄状，两侧有不规则形石圈（彩图五三六）；中小段保存较差，长275米，部分地段保存墙体外壁；后小段保存一般，长212米，大体保存原始风貌；保存一般、保存较差、保存差部分，分别占该段墙体总长的35.5%、46%和18.5%。

墙体沿线调查烽燧3座，分别为圐圙补隆1号、2号、3号烽燧。

圐圙补隆1号烽燧（150823353201030102）　位于大佘太镇圐圙补隆村红柳林北偏东0.55千米处的巴音布拉格沟西岸山岭顶部山头上，东距圐圙补隆长城1段墙体0.03千米，西北距圐圙补隆2号烽燧0.18千米。

墩台土筑，保存差。台体坍塌为圆形土丘状，底部直径6、顶部直径1.5、残高1.5米。烽燧西侧为红柳林西沟沟脑，东部陡坡下为巴音布拉格沟河槽；与阿尔善障城分置于河槽两岸。

圐圙补隆2号烽燧（150823353201030103）　位于大佘太镇圐圙补隆村红柳林北0.67千米处的山顶上，北距圐圙补隆长城1段墙体0.01千米，西南距圐圙补隆3号烽燧0.34千米。

墩台石筑，保存差。台体坍塌为圆形石堆状，底部直径8、顶部直径2、残高3.5米。烽燧建筑在巴音布拉格沟与浩雷沟之间山顶上，东北面向巴音布拉格沟河谷。

圐圙补隆3号烽燧（150823353201030104）　位于大佘太镇圐圙补隆村红柳林西北0.52千米处的山顶上，北距圐圙补隆长城1段墙体0.11千米，西北距圐圙补隆4号烽燧0.3千米。

墩台土筑，保存差。台体坍塌为圆形土丘状，底部直径9、顶部直径3、残高2米。烽燧西临浩雷沟，东有石碰山，山东侧为红柳林北沟沟脑。

84.圐圙补隆长城2段（150823382102030088）

该段长城起自大佘太镇圐圙补隆村红柳林北偏西0.66千米，止于圐圙补隆村红柳林西北1.25千米。墙体略作外向弧弯形分布，总体呈东南—西北走向，上接圐圙补隆长城1段，下接圐圙补隆长城3段。

墙体长700米，以较规整的花岗岩石块筑墙，总体保存一般。墙体沿浩雷沟西山岭北坡上缘上行，至山顶转西行，止于西坡谷底，止点西北有直山岭。大部分地段墙体保留原有形态（彩图五三七、五三八），底宽2~4.5、顶宽1~2.5、外壁残高1~3、内壁残高0~3米；起点处浩雷沟谷底墙体下设有水门。其中，前后小段墙体保存一般，内外壁俱存，外高内低，外壁齐整，长526米；中小段保存较差，外壁坍塌较严重，长174米；保存一般、保存较差部分，分别占该段墙体总长的75.1%、24.9%。

墙体沿线调查烽燧2座，分别为圐圙补隆4号、5号烽燧。

圐圙补隆4号烽燧（150823353201030105）　位于大佘太镇圐圙补隆村红柳林西北0.8千米处的山头上，东北距圐圙补隆长城2段墙体0.05千米，西北距圐圙补隆5号烽燧0.4千米。

墩台土筑，保存差。台体坍塌为圆形土丘状，底部直径8、顶部直径2.5、残高2米。烽燧北为陡坡，东临浩雷沟，南有山岭伸入沟床，西侧为浩雷沟支沟沟脑。

圐圙补隆5号烽燧（150823353201030106）　位于大佘太镇圐圙补隆村红柳林西北1.2千米处的山岭顶部山头上，北距圐圙补隆长城2段墙体0.02千米，西距圐圙补隆6号烽燧0.36千米。

墩台石筑，保存差。台体坍塌为圆形石堆状，底部直径9、顶部直径3、残高3米。烽燧东西两侧均为支沟，于烽燧南部合并，再于西南部与大直支沟洪水并流，汇入浩雷沟。

85.圐圙补隆长城3段（150823382102030089）

该段长城起自大佘太镇圐圙补隆村红柳林西北1.25千米，止于圐圙补隆村边墙沟牧点东南0.5千米。墙体略作内向弧弯分布，总体呈东西走向，上接圐圙补隆长城2段，下接圐圙补隆长城4段。

墙体长1091米，以花岗岩石块砌筑，保存较差。墙体沿边墙沟东支沟南岸山岭北坡上缘延伸，止点西偏南有圐圙补隆9号烽燧，南偏东部有六天场子牧点。墙体多坍塌，于地表呈低矮的石垄状，底宽2.5～5、顶宽1.5～2、残高1～2米（彩图五三九）。墙体起点处北侧有一段长约20米的现代挡水墙，系当地牧民搬取筑墙石块垒砌而成。

墙体沿线调查烽燧3座，分别为圐圙补隆6号、7号、8号烽燧。

圐圙补隆6号烽燧（150823353201030107）　位于大佘太镇圐圙补隆村六天场子牧点东北0.89千米处的山岭上，北距圐圙补隆长城3段墙体0.01千米，墙体在烽燧外侧环绕；西偏南距圐圙补隆7号烽燧0.33千米。

墩台土石混筑，以石块垒砌外壁、内部夯土筑成，保存差。台体坍塌为圆形土石堆状，底部直径10、顶部直径4、残高3米。烽燧北为边墙沟东支沟，东临浩雷沟大而直的支沟沟脑，山坳处有石圈圐圙及羊圈屋。

圐圙补隆7号烽燧（150823353201030108）　位于大佘太镇圐圙补隆村六天场子牧点东北0.58千米处的低山头上，北距圐圙补隆长城3段墙体0.03千米，西距圐圙补隆8号烽燧0.26千米。

墩台土筑，保存差。台体坍塌为圆形土丘状，底部直径7、顶部直径2、残高1.5米。烽燧北临边墙沟东支沟，西南为六天场子牧点所在沟谷沟脑，洪水西南流经胡家沟汇入扎拉格河；南为小直沟沟脑，洪水南偏东向下泄汇入浩雷沟河槽。

圐圙补隆8号烽燧（150823353201030109）　位于大佘太镇圐圙补隆村六天场子牧点北偏东0.43千米处的山顶上，北距圐圙补隆长城3段墙体0.04千米，西距圐圙补隆9号烽燧0.34千米。

墩台以黄褐土夯筑，夯层厚7～11厘米，保存较差。台体在经年累月的风雨剥蚀作用下，仅剩圆锥体状的台芯，底部直径10、顶部直径3.5、残高3米；台体下的倒塌堆积呈土丘状（彩图五四〇）。烽燧北部为边墙沟东支沟与主沟交汇处，边墙沟牧点在交汇点西侧。

86.圐圙补隆长城4段（150823382102030090）

该段长城起自大佘太镇圐圙补隆村边墙沟牧点东南0.5千米，止于圐圙补隆村边墙沟牧点西偏南0.59千米。墙体略作外向弧弯形分布，总体呈东西走向，上接圐圙补隆长城3段，下接圐圙补隆长城5段。

墙体长977米，为毛石干垒墙，保存较差。墙体沿边墙沟南山岭北坡上缘延伸，止于矮山岭西缘缓沟西岸，止点南有高山岭，北临边墙沟。墙体坍塌，于地表呈低矮的石垄状，底宽2~2.5、顶宽1.5~2、残高0.5~1.5米（彩图五四一）。

墙体沿线调查烽燧2座，分别为圐圙补隆9号、10号烽燧。

圐圙补隆9号烽燧（150823353201030110）　位于大佘太镇圐圙补隆村边墙沟牧点南偏东0.5千米处的山岭上，北距圐圙补隆长城4段墙体0.05千米，西偏北距圐圙补隆10号烽燧0.32千米。

墩台土筑，保存差。台体坍塌为圆形土丘状，底部直径9、顶部直径4、残高2米；表面有碎石散布。烽燧南侧为胡家沟沟脑，洪水西流；北部坡下为边墙沟东支沟。

圐圙补隆10号烽燧（150823353201030111）　位于大佘太镇圐圙补隆村边墙沟牧点南0.36千米处的山头上，北距圐圙补隆长城4段墙体0.04千米，西距圐圙补隆11号烽燧0.76千米。

墩台土筑，保存差。台体坍塌为圆形土丘状，底部直径12、顶部直径5、残高2.5米；顶部有垒砌的小石堆。烽燧西北部的边墙沟沟床作南向圆弧形分布。

87.圐圙补隆长城5段（150823382102030091）

该段长城起自大佘太镇圐圙补隆村边墙沟牧点西偏南0.59千米，止于圐圙补隆村边墙沟牧点西1.71千米。墙体略作内向弧线形分布，总体呈东偏南—西偏北走向，上接圐圙补隆长城4段，下接乌拉特中旗查干敖包长城1段。

墙体长1367米，为毛石干垒墙，保存较差。墙体沿边墙沟南岸坡地下行，止于扎拉格河西岸边。墙体部分坍塌，原始形态犹存，于地表呈较明显的石垄状，底宽2~2.5、顶宽1.5~2、外壁残高1~2、内壁残高0~0.5米（彩图五四二）。

墙体沿线调查烽燧3座，分别为圐圙补隆11号、12号、13号烽燧。

圐圙补隆11号烽燧（150823353201030112）　位于大佘太镇圐圙补隆村边墙沟牧点西偏南0.88千米处的低山岭顶部，北距圐圙补隆长城5段墙体0.06千米，西距圐圙补隆12号烽燧0.69千米。

墩台土筑，保存差。台体坍塌为圆形土丘状，底部直径9、顶部直径2、残高3米。烽燧北临边墙沟，南侧也有洪水西北流的小沟谷，于烽燧西部穿过墙体汇入边墙沟。

圐圙补隆12号烽燧（150823353201030113）　位于大佘太镇圐圙补隆村边墙沟牧点西1.49千米处的扎拉格河东岸低山岭上，北距圐圙补隆长城5段墙体0.07千米，西北距乌拉特中旗境内的查干敖包1号烽燧0.52千米，南偏东距圐圙补隆13号烽燧5.7千米。

墩台土筑，保存差。台体坍塌为圆形土丘状，底部直径8、顶部直径2、残高4米；顶部有垒砌的小石堆。边墙沟洪水于烽燧北部汇入扎拉格河，河西岸有牧点。

圐圙补隆13号烽燧（150823353201030114）　位于大佘太镇圐圙补隆村扫格图牧点东南0.93千米处的孤山头上，北距圐圙补隆长城5段墙体6.2千米。

墩台石筑，保存差。台体坍塌为圆形石堆状，底部直径11、顶部直径3、残高3米（彩图五四三）。墩台周边散布有灰陶片，多素面，有凹弦纹、绳纹、凸弦纹带等，可辨器形为盆、罐，应为汉代遗物。烽燧东有白音不拉沟口子，西北为扎拉格河及摩楞河交汇点，其东北部两河之间的高台地上有西夏时期的城圪台障城。

（三）增隆昌塞墙

增隆昌塞墙位于满代沟与苏计沟之间，地处阳山秦汉长城南部山岭上，与阳山秦汉长城墙体大体并行，相距约1千米。塞墙总长3068米，为石筑，均坍塌，于地表呈低矮的石垄状，保存差。在调查中，将增隆昌塞墙划分为4个调查段，依次为增隆昌长城11段、12段、13段、14段。其中，增隆昌长城11段、12段墙体前后相接，属于同一条塞墙，东起自满代沟上游东岸，东北行爬上小西沟南山岭，而后沿山脊西北向延伸，止于苏计沟东坡陡崖处。增隆昌长城13段、14段是位于增隆昌长城12段墙体南部的两个独立段落，分作描述如下。

1.增隆昌长城11段（150823382102030041）

该段长城起自小佘太镇张德禄湾村满代沟牧点北偏西1.21千米，止于苏计沟村奎同牧点南0.77千米。墙体前小段随山岭作外向圆弧形分布，后小段作内向弧弯形分布；总体呈东南—西北走向，下接增隆昌长城12段。

墙体长1264米，为毛石干垒墙，总体保存差。墙体沿满代沟东坡支岭上行，至小西沟南山岭作外向圆弧形环绕，止于主山岭与北部次山岭之间；坍塌的墙体于地表呈低矮的石垄状，底宽1.5~2、顶宽1~1.5、残高0.3~0.5米；整体明显较秦汉长城墙体低矮。其中，前后小段墙体保存差，长1220米（彩图五四四）；中小段墙体消失，长44米；保存差、消失部分，分别占该段墙体总长的96.5%、3.5%。

2.增隆昌长城12段（150823382102030042）

该段长城起自小佘太镇苏计沟村奎同牧点南0.77千米，止于苏计沟村奎同牧点西偏北1.05千米。墙体作内外弯曲分布，总体呈东南—西北走向，上接增隆昌长城11段。

墙体长1587米，为毛石干垒墙，保存差。墙体转沿主山岭北侧的次山岭山脊构筑，沿石碰峰北坡上缘西偏北行，再西北行下降至次山岭顶部，顺山岭西偏北行，临近苏计沟又南折，再转西行直抵苏计沟东岸断崖处。墙体严重坍塌，于地表呈低矮的石垄状，底宽1.5~2、顶宽1~1.5、残高0.2~0.5米。

3.增隆昌长城13段（150823382102030043）

该段长城起自小佘太镇苏计沟村奎同牧点西0.77千米，止于苏计沟村奎同牧点西0.81千米。墙体作直线分布，呈东偏南—西偏北走向。为独立段塞墙，北部为增隆昌长城12段墙体，南部为增隆昌长城14段墙体。

墙体长47米，为毛石干垒墙，保存差。墙体分布于石碰峰西侧，于地表呈低矮的石垄状，底宽1.5~2、顶宽1~1.5、残高0.2~0.5米。

4.增隆昌长城14段（150823382102030044）

该段长城起自小佘太镇苏计沟村奎同牧点西0.8千米，止于苏计沟村奎同牧点西0.96千米。墙体作外向弧线形分布，由东西走向转为东北—西南走向；为独立段塞墙，北距增隆昌长城13段止点0.11千米。

墙体长170米，为毛石干垒墙，保存差。墙体分布在石碰峰西南部支岭上，沿山岭顶部修筑，止于苏计沟东支沟北坡上缘陡坡处（彩图五四五）；坍塌的墙体于地表呈低矮的石垄状，底宽1.5、顶宽1、残高0.5~1米。

五　巴彦淖尔市乌拉特中旗

在调查中，将乌拉特中旗境内的阳山秦汉长城墙体共划分为154个调查段，包括石墙114段、土墙8段、山险墙11段、山险3段、消失墙体18段。墙体总长164427米，其中石墙长128903米（包含小狼山当路塞墙体长4193米）、土墙长7146米、山险墙长10456米、山险长1784米、消失段落长16138米。在总长128903米的石墙中，保存较好部分长16278米、保存一般部分长14998米、保存较差部分长28597米、保存差部分长68216米、消失部分长814米。在总长7146米的土墙中，保存较好部分长881米、保存差部分长6141米、消失部分长124米。

（一）长城墙体分布与走向

乌拉特中旗境内的阳山秦汉长城，东接乌拉特前旗境内的秦汉长城，起自新忽热苏木查干敖包嘎查扎拉格河牧点西偏南0.18千米处的扎拉格河西岸，攀山穿谷，蜿蜒延伸于罕乌拉山山岭北坡上。墙体先沿扎拉格河西岸坡地北上，爬上山岭后转西北行，经乌勒布钦牧点西北部顺山岭折向西行，先后跨过摩楞河与台路沟，沿台路沟牧点北部的弧形山岭西北行；经乌兰敖包山转西偏北行，跨过其西部沟谷又西北行，于石哈河沟牧点东南山顶西折，于两支沟洪水交汇点处跨过石哈河。墙体沿石哈河西岸直山岭西行，过大、小崩辉沟，顺查干楚鲁沟沟脑部位山岭背坡西偏南行，再于支沟洪水交汇点处跨过小红山沟，复西行跨过东敖包图山脚下的小红山沟北支沟。墙体沿敖包图山背坡西北向延伸，过德岭山东口子沟，一路沿山岭西北行，至北脑包图南部转西行，穿过大圣沟沟脑，抵达脑包图山东麓。墙体沿罕乌拉山脉之脑包图山背坡西北向延伸，至芦草沟东山（亦称敖包图山）转西南向下坡行，于喇嘛湾牧点南部穿过海流图河。在海流图河西部，墙体沿罕乌拉山北坡山岭作内外折线式行进，过枣树口沟顺山岭西偏北行，先后经得巴沟沟脑和努日森乌拉山，于准努日森拜兴沟沟脑西部转西行，抵达乌不浪沟川地。

长城穿过乌不浪沟，沿罕乌拉山岭北坡上部穿行，于老窑南过那仁高勒沟，随西岸山岭北行，旋即又西行；经图勒图浩饶牧点北侧过乌不浪水库所在的敖布拉格沟中游峡谷，而后沿沟岸西北行，又沿敖布拉格沟之主沟伊和高勒沟南岸边西行；并利用南岸的一段悬崖峭壁为山险。墙体于恩格热敖来牧点西南摆脱大沟，沿海子牧点北部山岭西行，经巴音海日山背坡向西，先后跨过道劳德音高勒沟的支沟与主沟，沿乌吉尔牧点南山岭西去，途经布敦敖瑞山，在山之西部跨过高尔仁阿木沟的主沟及其支沟，于雅日盖牧点南继续西行；又经乌拉斯太、伊和宝力格牧点南山岭西行，而后跨过伊和宝力格沟。伊和宝力格沟西的墙体仍沿山背坡西行，经呼拉哈德北牧点北过尧勒沟，转西偏北行；于阿日善图山北坡复又西行。墙体遇查干陶勒盖沟转沿岸边行，作内向弧形环绕，于罕乌拉音高勒沟的主沟与支沟交汇点处跨过河谷。墙体沿罕乌拉音高勒沟西部山岭西北行，于山岭西北端的山头外侧环绕，西南行过超日海高勒沟，顺南岸边弯曲延伸，旨在利用沟谷南岸陡峭的沟壁为险。墙体西行，翻过哈日敖包山转西北行，经拜兴高勒沟与其支沟善达沟洪水交汇点处跨过河谷，转沿敖日其格山东麓的善达沟西岸北行，再转西行过敖日其格沟，西北行跨过阿日查音高勒沟，至巴音吉拉嘎沟东岸转西南行；北部的巴音吉拉嘎沟谷两岸山岭及其高山之巅有当路塞墙体和附属烽燧。

墙体西行穿过巴音吉拉嘎沟及其支沟乌勒吉图音额和沟，转沿支岭南行再西行，跨过前达门沟进入小狼山。前达门沟西岸的墙体追寻着小狼山南坡支岭持续内收，先沿哈巴哈斯牧点东南部的更皮音苏木沟东支沟东岸山岭西南行，再西行过更皮音苏木沟；又顺千里庙沟东岸矮岭西南行，西行跨过千里庙沟及其支沟道仓呼都格音高勒沟；过沟又西南行，穿过哈沙图音高勒沟及其西部的麻池沟数条支沟，于麻池沟主沟南岸转西行，经和热木音浩饶山西侧横穿呼勒斯太沟；沟西的墙体仍沿山岭西南行，过哈只盖西沟抵达小狼山南坡下缘地带；自前达门沟至此，经历了直线长达17.8千米的渐进式内收。墙体沿小狼山南麓台地西行，先后穿过伊和扎拉格沟、敖勒斯太沟、乃仁高勒沟、烂不灿沟和狼沟，直至乌兰布隆沟沟底河槽。乌兰布隆沟河水东南流，两岸崖壁险峻，上游建有狼山水库；至乌兰布隆沟，长城顺沟转入小狼山北坡，沿伊和宝格德山北麓山岭西南行，跨过特默沟进入乌拉特后旗境内。

（二）长城墙体与单体建筑保存现状

在对乌拉特中旗阳山秦汉长城的调查中，除划分的149段长城墙体外，沿线还调查单体建筑268座，包括烽燧265座、障城3座。下面，对这些墙体段落和单体建筑分作详细描述。

1.查干敖包长城1段（150824382102030001）

该段长城起自新忽热苏木查干敖包嘎查扎拉格河牧点西偏南0.18千米，止于查干敖包嘎查扎拉格河牧点西北0.81千米。墙体略作外向直角折线形分布，由南北走向转呈东偏南—西偏北走向，上接乌拉特前旗圐圙补隆长城5段，下接查干敖包长城2段。

墙体长934米，为毛石干垒墙，总体保存差。墙体坍塌严重，石块随坡滚落，于地表呈石垄状分布，底宽1.2～3、顶宽0.8～2.5、残高0.3～3米。墙体前小段分布在扎拉格河西岸的向阳坡地上，作上坡行，保存差，长416米；中小段转西偏北行，保存一般，局部地段外壁面砌筑齐整，长337米；后小段保存较好，位于山体背坡上，内外壁大部分保存，基本保留墙体原始风貌，长181米；局部建筑在早期坍塌的墙体遗迹之上（彩图五四六）。其中，保存较好部分、保存一般部分、保存差部分，分别占该段墙体总长的19.4%、36.1%和44.5%。

墙体沿线调查烽燧2座，分别为查干敖包1号、2号烽燧。

查干敖包1号烽燧（150824353201030001） 位于新忽热苏木查干敖包嘎查扎拉格河牧点西北0.25千米处的扎拉格河西岸山顶上，东距查干敖包长城1段墙体0.09千米，西偏北距查干敖包2号烽燧0.48千米。

墩台石筑，保存差。台体坍塌为圆形石堆状，底部直径10、顶部直径3、残高3.5米（彩图五四七）。

查干敖包2号烽燧（150824353201030002） 位于新忽热苏木查干敖包嘎查扎拉格河牧点西北0.72千米处的山头上，北距查干敖包长城1段墙体0.14千米，西北距查干敖包3号烽燧0.36千米。

墩台石筑，保存差。台体坍塌为椭圆形石堆状，底部长径7、短径5米，顶部直径2米，残高3.5米；南侧邻接墩台有石筑坞址，亦呈石堆状（彩图五四八）。墩台东南侧有积薪垛4座，呈圆形石堆状，直径2～4米、残高最高0.3米；东西一线排列，间距9米。

2.查干敖包长城2段（150824382102030002）

该段长城起自新忽热苏木查干敖包嘎查扎拉格河牧点西北0.81千米，止于查干敖包嘎查乌勒布钦牧点东南0.31千米。墙体前后小段呈东南—西北走向，中小段呈东西走向；上接查干敖包长城1段，下接查干敖包长城3段。

墙体长1153米，为毛石干垒墙，保存一般。墙体位于扎拉格河与摩楞河之间的山岭中段北坡上，自扎拉格河小支沟西岸北行再转西北行爬上山岭（参见彩图五四六），而后转西行。墙体均坍塌，地表隆起较低矮，底宽2.6～3.5、顶宽1.3～1.8、残高1～1.3米。中小段北部有小缓沟并行，洪水西流，至乌勒布钦牧点东南部转西南流汇入摩楞河。

墙体沿线调查烽燧3座，分别为查干敖包3号、4号、5号烽燧。

查干敖包3号烽燧（150824353201030003） 位于新忽热苏木查干敖包嘎查乌勒布钦牧点东偏南1.2千米处的山顶上，北距查干敖包长城2段墙体0.04千米，西距查干敖包4号烽燧0.37千米。

墩台土筑，保存差。台体坍塌为椭圆形土丘状，底部长径6、短径4米，顶部直径1.8米，残高3米；南侧邻接墩台有坞址痕迹（彩图五四九）。

查干敖包4号烽燧（150824353201030004） 位于新忽热苏木查干敖包嘎查乌勒布钦牧点东南0.89千米处的花岗岩山丘上，北距查干敖包长城2段墙体0.14千米，西北距查干敖包5号烽燧0.32千米。

墩台土筑，保存差。台体坍塌为圆形土丘状，底部直径6、顶部直径3、残高2.8米（彩图五五〇）。烽燧北部有沟脑，洪水汇聚后西流，经乌勒布钦牧点南转西南流汇入摩楞河；南部支沟洪水东南流入扎拉格河。

查干敖包5号烽燧（150824353201030005）　位于新忽热苏木查干敖包嘎查乌勒布钦牧点东南0.59千米处的山岭顶部，北距查干敖包长城2段墙体0.03千米，西北距查干敖包6号烽燧0.34千米。

墩台为黄褐土夯筑而成，夯层厚10厘米，保存差。台体坍塌，现呈覆钵形土丘状，上半部有部分台体残存，底部直径6、顶部直径2、残高1.2米；底部有台体残存，风蚀导致夯层裸露（彩图五五一）。

3. 查干敖包长城3段（1508243821020030003）

该段长城起自新忽热苏木查干敖包嘎查乌勒布钦牧点东南0.31千米，止于查干敖包嘎查乌勒布钦牧点西0.9千米。墙体作外向折线形分布，由东南—西北走向转呈东北—西南走向，末端为东西走向；上接查干敖包长城2段，下接查干敖包长城4段。

墙体长1411米，为毛石干垒墙，保存一般。墙体沿山岭北坡上缘构筑，均已坍塌，大部分筑墙石块向坡下滚落，于地表呈低矮的石垄状，下半部分石块较小，上半部分为大石块，应为后期补筑所形成；底宽1.6~2.5、顶宽1.3~1.8、残高1~1.3米（彩图五五二）。

墙体沿线调查烽燧4座，分别为查干敖包6号、7号、8号、9号烽燧。

查干敖包6号烽燧（150824353201030006）　位于新忽热苏木查干敖包嘎查乌勒布钦牧点东南0.24千米处的山顶上，北距查干敖包长城3段墙体0.05千米，西北距查干敖包7号烽燧0.36千米。

墩台土石混筑，以石块砌筑台基，用黄褐土夯筑墩台，夯层厚15厘米，保存差。台体坍塌，现呈椭圆形土丘状，底部长径7、短径5、残高3.5米；有部分台体残存，夯层裸露；旁侧有现代人垒砌的小石塔（彩图五五三）。

查干敖包7号烽燧（150824353201030007）　位于新忽热苏木查干敖包嘎查乌勒布钦牧点西0.14千米处的山头上，东北距查干敖包长城3段墙体0.06千米，西北距查干敖包8号烽燧0.3千米。

墩台土石混筑，石块垒筑基础，以黄褐土夯筑墩台，保存差。台体坍塌为圆形土丘状，底部直径4、顶部直径2、残高2.5米；顶部散布有石块，有现代人垒砌的小石堆。

查干敖包8号烽燧（150824353201030008）　位于新忽热苏木查干敖包嘎查乌勒布钦牧点西偏北0.45千米处的山岭顶部，西北距查干敖包长城3段墙体0.05千米，西距查干敖包9号烽燧0.4千米。

墩台土筑，保存差。台体坍塌，现呈覆钵形土丘状，底部直径5、顶部直径2、残高2.4米；其上满布砂石。烽燧南北均为小支沟沟脑，洪水西南流及西流，汇入摩楞河。

查干敖包9号烽燧（150824353201030009）　位于新忽热苏木查干敖包嘎查乌勒布钦牧点西0.82千米处的山顶上，北距查干敖包长城3段墙体0.08千米，西偏北距查干敖包10号烽燧0.3千米。

墩台以黄褐土夯筑而成，夯层厚6~10厘米，保存一般。台体呈长方形高台状，局部坍塌，大体保留原有形制；底部东西长4、南北宽2米，顶部东西长3、南北宽1.5米，残高2.4米；表面脱落出现较多凹坑，壁面残缺不整，有纵向裂缝，南壁坍塌尤为严重（彩图五五四、五五五）。

4. 查干敖包长城4段（150824382102030004）

该段长城起自新忽热苏木查干敖包嘎查乌勒布钦牧点西0.9千米，止于查干敖包嘎查摩楞河牧点东北0.18千米。墙体大体作内向折线形分布，由东西走向转呈东南—西北走向，上接查干敖包长城3段，下接查干敖包长城5段。

墙体长834米，为毛石干垒墙，总体保存较差。墙体分布于摩楞河东岸坡地上，沿东西向矮山岭北坡上部构筑。前小段保存较差，长760米，内侧几乎与山体平齐，外壁石块多坍塌，于地表呈低矮的石垄状，底宽 1.5~3、顶宽 1~1.5、残高 0.5~1 米；末端墙体消失于摩楞河河槽内，长 74 米。其中，保存较差部分、消失部分，分别占该段墙体总长的 91.1%、0.9%。

墙体沿线调查烽燧 3 座，分别为查干敖包 10 号、11 号、18 号烽燧。

查干敖包 10 号烽燧（150824353201030010）　位于新忽热苏木查干敖包嘎查摩楞河牧点东 0.65 千米处的山岭顶部山头上，北距查干敖包长城 4 段墙体 0.03 千米，西距查干敖包 11 号烽燧 0.3 千米。

墩台土筑，保存差。台体坍塌为圆形土丘状，底部直径 4.7、顶部直径 2、残高 1.8 米；南侧倚墩台有石筑坞址，坞墙坍塌，地表堆积较多石块（彩图五五六）。

查干敖包 11 号烽燧（150824353201030011）　位于新忽热苏木查干敖包嘎查摩楞河牧点东 0.35 千米处的河谷东岸山头上，北距查干敖包长城 4 段墙体 0.04 千米，西北距查干敖包 12 号烽燧 0.4 千米，二者隔摩楞河相望。

墩台土筑，保存差。台体坍塌为圆形土丘状，底部直径 6、顶部直径 2.5、残高 2 米；顶部有垒砌的石堆。

查干敖包 18 号烽燧（150824353201030018）　位于新忽热苏木查干敖包嘎查摩楞河牧点南偏东 1.7 千米处的摩楞河西岸山顶制高点上，北距查干敖包 11 号烽燧 1.6 千米、查干敖包长城 4 段墙体 1.64 千米。

墩台石筑，保存差。台体坍塌为圆形石堆状，底部直径 8、顶部直径 1.3、残高 2.6 米（彩图五五七、五五八）。墩台北侧有方形石筑坞址，边长 2.6 米，坞墙残高 0.3 米（彩图五五九）；东西两侧各有圆形石堆状积薪垛 1 座，大小相近，直径 4、残高 0.5 米。该烽燧地处摩楞河沟口处，北距长城墙体较远，应为纵向传递警讯而设置；亦可能是北魏时期修筑烽戍。烽燧周围发现有岩画，东南部有城圪台城址，建筑在沟口东岸高台地上，城墙保存较好，轮廓清晰，推断为西夏时期筑城。

5. 查干敖包长城 5 段（150824382102030005）

该段长城起自新忽热苏木查干敖包嘎查摩楞河牧点东北 0.18 千米，止于查干敖包嘎查摩楞河牧点西北 0.82 千米。墙体略作外向折线形分布，由东南—西北走向转为东西走向，上接查干敖包长城 4 段，下接查干敖包长城 6 段。

墙体长 1059 米，以花岗岩石块垒筑，保存一般。墙体沿摩楞河西岸山地作上坡行，外侧有摩楞河支沟并行。部分地段墙体内壁几乎与山体持平，外壁多坍塌，石块散落，整体于地表呈石垄状，底宽 1.5~4、顶宽 1~1.5、外壁残高 0.5~2、内壁残高 0~1 米，局部墙体有内壁遗存（彩图五六〇）。

墙体沿线调查烽燧 4 座，分别为查干敖包 12 号、13 号、14 号、15 号烽燧。

查干敖包 12 号烽燧（150824353201030012）　位于新忽热苏木查干敖包嘎查摩楞河牧点北 0.13 千米处的摩楞河西岸坡地上缘小山头上，北距查干敖包长城 5 段墙体 0.04 千米，西距查干敖包 13 号烽燧 0.34 千米。

墩台石筑，保存较差。台体坍塌，现呈不规则形石堆状，东西长 8、南北宽 7、残高 1.8 米。墩台西侧有圆形石堆状积薪垛 2 座，南北排列，大小相近，直径 3、残高 0.5 米。

查干敖包 13 号烽燧（150 824353201030013）位于新忽热苏木查干敖包嘎查摩楞河牧点西北 0.38 千米处较缓的山岭上，北距查干敖包长城 5 段墙体 0.12 千米，西北距查干敖包 14 号烽燧 0.26 千米。

墩台土筑，保存差。台体坍塌为圆形土丘状，底部直径 9、顶部直径 4、残高 2.5 米；西侧有石块垒砌痕迹，疑为坞址。东西两侧各有积薪垛 1 座，呈圆形石堆状，大小相近，直径 3、残高 0.4 米。

查干敖包 14 号烽燧（150824353201030014）　位于新忽热苏木查干敖包嘎查摩楞河牧点西北 0.63 千米处低缓的山头上，北距查干敖包长城 5 段墙体 0.14 千米，西偏南距查干敖包 15 号烽燧 0.21 千米。

墩台土筑，保存差。台体坍塌，现呈低缓的圆形土丘状，底部直径8、顶部直径2.5、残高2.5米；西侧有石块堆积（彩图五六一）。南侧邻接墩台有长方形石筑坞址，东西残长4、南北宽3米，坞墙残高0.5米。墩台东侧有积薪垛3座，南北排列，呈正方形石台状，大小相近，边长2～3、残高0.3米。

查干敖包15号烽燧（150824353201030015）　位于新忽热苏木查干敖包嘎查摩楞河牧点西偏北0.79千米处平缓的山顶上，北偏东距查干敖包长城6段墙体起点0.16千米，西北距查干敖包16号烽燧0.38千米。

墩台土筑，保存差。台体坍塌，现呈高大的覆钵形土丘状，底部直径5、顶部直径1.5、残高3.2米（彩图五六二）。墩台西南侧有积薪垛2座，呈圆形石堆状，大小相近，直径3、残高0.4米。

6. 查干敖包长城6段（150824382102030006）

该段长城起自新忽热苏木查干敖包嘎查摩楞河牧点西北0.82千米，止于查干敖包嘎查台路沟牧点北偏东0.23千米。墙体略作内外弯曲分布，大体呈东南—西北走向，上接查干敖包长城5段，下接查干敖包长城7段。

墙体长1425米，以花岗岩石块垒筑，保存较好。墙体地处台路沟及其东岸山地上，沿较缓的山岭北坡延伸，内外壁基本保存，底宽2～3、顶宽1.5～2.5、残高2～3米（彩图五六三）。沿线局部地段墙体有坍塌现象，摩楞河西支沟、台路沟及其东支沟谷底河槽中的墙体消失。

墙体沿线调查烽燧2座，分别为查干敖包16号、17号烽燧。

查干敖包16号烽燧（150824353201030016）　位于新忽热苏木查干敖包嘎查台路沟牧点东偏南1.04千米处的山岭顶部，北距查干敖包长城6段墙体0.03千米，西北距查干敖包17号烽燧0.45千米。

墩台土筑，保存差。台体坍塌为圆形土丘状，底部直径5.6、顶部直径2.2、残高4米（参见彩图五六三）。墩台东南部有6座石砌积薪垛，最远者为圆形堆状，其余为方形堆状；圆形者直径3～5、残高0.3米，正方形者边长2～3、残高0.3米；大体作南北排列，间距9～20米。烽燧东西两侧均为沟脑，其中东侧沟洪水东流汇入摩楞河，西侧沟流水西南流注入台路沟河槽。

查干敖包17号烽燧（150824353201030017）　位于新忽热苏木查干敖包嘎查台路沟牧点东0.67千米处的山顶上，北距查干敖包长城6段墙体0.02千米，西北距查干敖包19号烽燧0.83千米。

墩台以花岗岩石块垒筑，保存差。台体坍塌为圆形石堆状，底部直径6、顶部直径2、残高3米；墩台顶部有现代人改建的敖包（彩图五六四）。南侧邻接墩台有石筑坞址。烽燧东部的长城墙体内侧有圆形石圈，北侧借用墙体亦垒筑有石圈。该烽燧西临台路沟东支沟，台路沟与东支沟之间有南北向的狭长山岭，山岭顶部原应有烽燧遗迹。

7. 查干敖包长城7段（150824382102030007）

该段长城起自新忽热苏木查干敖包嘎查台路沟牧点北偏东0.23千米，止于查干敖包嘎查台路沟牧点西北1.26千米。墙体先作直线分布，其后作连续的内外弯曲分布；大部分墙体呈南偏东—北偏西走向，末端转为东南—西北走向；上接查干敖包长城6段，下接查干敖包长城8段。

墙体长1299米，以黑色泥质板岩石块砌筑，保存较差。墙体沿台路沟正沟与其西支沟间山岭顶部外缘延伸，止于西支沟东部圆山前山坳处。墙体构筑在陡坡地带，大部分坍塌，石块随坡滚落；于地表呈低矮的石垄状，底宽1.5～2、顶宽1～1.5、残高0.5～1.5米（彩图五六五）。

墙体沿线调查烽燧4座，分别为查干敖包19号、20号、21号、22号烽燧。

查干敖包19号烽燧（150824353201030019）　位于新忽热苏木查干敖包嘎查台路沟牧点北0.3千米处的山岭顶部山头上，东北距查干敖包长城7段墙体0.04千米，西北距查干敖包20号烽燧0.31千米。

墩台土筑，保存差。台体坍塌为圆形土丘状，底部直径7、顶部直径1.6、残高2.7米。烽燧东临台路沟正沟，西为落水东南流的台路沟西支沟。

查干敖包20号烽燧（150824353201030020） 位于新忽热苏木查干敖包嘎查台路沟牧点西北0.59千米处的山岭顶部山头上，东北距查干敖包长城7段墙体0.01千米，西北距查干敖包21号烽燧0.33千米。

墩台土石混筑，保存差。台体坍塌，现呈圆形土丘状，底部直径8、顶部直径2.5、残高3米；东北角有台体残存。墩台西南山岭上有积薪垛3座，呈圆形石堆状，直径3米左右；沿漫弧形山岭南北向分布，间距30米。

查干敖包21号烽燧（150824353201030021） 位于新忽热苏木查干敖包嘎查台路沟牧点西北0.94千米处的山顶上，东北距查干敖包长城7段墙体0.03千米，北偏西距查干敖包22号烽燧0.21千米。

墩台土石混筑，保存差。台体坍塌，现呈覆钵形土丘状，底部直径8.3、顶部直径2.8、残高3.2米。南侧邻接墩台有石筑正方形坞址，边长5米，坞墙宽0.4、残高0.3～0.5米。墩台西南部、东北部各有积薪垛1座，呈圆形石堆状，大小相近，直径2.5、残高0.2米。

查干敖包22号烽燧（150824353201030022） 位于新忽热苏木查干敖包嘎查台路沟牧点北偏西1.14千米处的山顶上，东北距查干敖包长城7段墙体0.04千米，西北距查干敖包23号烽燧0.36千米。

墩台土筑，保存差。台体坍塌，现呈覆钵形土丘状，底部直径7、顶部直径3、残高2.5米。墩台东侧有积薪垛3座，呈圆形石堆状，直径1.5～3、残高0.2～0.6米；西北—东南向排列，间距分别为18米和21米。墩台西南侧有圆形石堆状积薪垛3座，直径3.5、残高0.5米；顺山梁大体作南北分布，间距分别为18米和21米。烽燧西南临台路沟西支沟，北偏西有圆头山。

8. 查干敖包长城8段（150824382102030008）

该段长城起自新忽热苏木查干敖包嘎查台路沟牧点西北1.26千米，止于查干敖包嘎查查干温都尔牧点南1.57千米。墙体前小段作外向弧线形分布，后小段墙体作直线分布；呈东南—西北走向，上接查干敖包长城7段，下接查干敖包长城9段。

墙体长1283米，为毛石干垒墙，总体保存较好。墙体沿乌兰敖包山岭背坡上缘延伸，止于主山头西侧山坳处。墙体前小段长200米，保存一般，部分地段坍塌严重，筑墙石块随坡滚落，于地表呈低矮的石垄状，底宽2.5～4、顶宽2～3.5、外壁残高1.3～3.5、内壁残高0～1.3米；后小段保存较好，长1083米，大部分地段墙体保存有整齐的砌筑面。其中，保存较好部分、保存一般部分，分别占该段墙体总长的84.4%、15.6%（彩图五六六、五六七）。墙体起点处外侧有长圆形石圈圐圙。

墙体沿线调查烽燧3座，分别为查干敖包23号、24号、25号烽燧。

查干敖包23号烽燧（150824353201030023） 位于新忽热苏木查干敖包嘎查台路沟牧点西北1.48千米处的山头之上，东北距查干敖包长城8段墙体0.03千米，西距查干敖包24号烽燧0.29千米。

墩台土筑，保存差。台体坍塌为圆形土丘，呈覆钵状，底部直径7、顶部直径2、残高2.8米；墩台顶部有垒砌的小石堆（彩图五六八）。墩台南侧有积薪垛3座，呈圆形石堆状，直径3.5、残高0.5米；沿山梁南北分布，间距分别为42米和63米。烽燧东西两侧为台路沟西支沟岔沟脑，西南为西支沟分岔处。

查干敖包24号烽燧（150824353201030024） 位于新忽热苏木查干敖包嘎查台路沟牧点西北1.69千米处的乌兰敖包山岭东端顶部，北距查干敖包长城8段墙体0.02千米，西北距查干敖包25号烽燧0.58千米。

墩台土筑，保存差。台体坍塌为圆形土丘状，底部直径8、顶部直径3、残高3米；西侧邻接墩台有长方形石筑坞址，东西长3、南北宽2.6，坞墙残高0.2米（彩图五六九）。烽燧南北两侧均为台路沟西支沟的上游沟岔，洪水于烽燧东南部合流。

查干敖包25号烽燧（150824353201030025）　位于新忽热苏木查干敖包嘎查查干温都尔牧点南1.59千米处的乌兰敖包山顶部，北距查干敖包长城8段墙体0.03千米，西北距查干敖包26号烽燧0.56千米。

墩台土石混筑，保存差。台体坍塌，现呈覆钵形土石丘状，底部东西长9、南北宽8、残高3米；上半部被改造成敖包（彩图五七〇）。墩台东西两侧各有圆形石堆状积薪垛2座，直径1.5～2.5、残高0.2～0.5米（彩图五七一）。该山岩石呈赭红色，烽燧改建为敖包，由此得名乌兰敖包。

9. 查干敖包长城9段（150824382102030009）

该段长城起自新忽热苏木查干敖包嘎查查干温都尔牧点南1.57千米，止于查干敖包嘎查查干温都尔牧点西南2.44千米。墙体作外向折线形分布，由东偏南—西偏北走向转呈东西走向，上接查干敖包长城8段，下接查干敖包长城10段。

墙体长2148米，为毛石干垒墙，保存较好。墙体沿乌兰敖包西山岭背坡上缘延伸，止于温都尔霍托勒牧点南部的石哈河东支沟西岸。有部分墙体内外壁俱存，外壁齐整高峻，保留长城原始风貌（彩图五七二）。现存墙体基宽3～4、顶宽2.5～3.5、内壁残高最高1、外壁残高2～4米（彩图五七三）。

墙体沿线调查烽燧4座，分别为查干敖包26号、27号、28号、29号烽燧。

查干敖包26号烽燧（150824353201030026）　位于新忽热苏木查干敖包嘎查查干温都尔牧点南偏西1.62千米处的乌兰敖包山西侧山岭顶部山头上，东北距查干敖包长城9段墙体10米，西北距查干敖包27号烽燧0.42千米。

墩台土筑，保存差。台体坍塌，现呈圆形土丘状，底部直径8、顶部直径3、残高3米。东侧邻接墩台有石筑坞址，平面呈长方形，南北长7、东西宽5米，坞墙宽0.8、残高0.6米（彩图五七四）；其中，坞址东墙北端与长城墙体相连接。墩台西侧有圆形石堆状积薪垛2座，其中大者直径2、小者直径0.5、残高均为0.2米；东西排列，间距12米。墩台南部有积薪垛3座，呈圆形石堆状，直径2米左右；南北排列，间距6米；是沿线烽燧附设积薪垛的最近距离。

查干敖包27号烽燧（150824353201030027）　位于新忽热苏木查干敖包嘎查查干温都尔牧点西南1.66千米处的乌兰敖包山西山岭顶部山头上，北距查干敖包长城9段墙体0.03千米，西北距查干敖包28号烽燧0.48千米。

墩台土筑，保存差。台体坍塌为圆形土丘状，底部直径8、顶部直径3.2、残高2.5米；顶部有3个圆坑。墩台西侧有圆形石堆状积薪垛2座，直径2～3.5；东南—西北向排列，间距39米。墩台东侧有积薪垛3座，呈圆形石堆状，直径2.5～3、残高0.2～0.4米；大体作东西排列，间距分别为25米和38米。

查干敖包28号烽燧（150824353201030028）　位于新忽热苏木查干敖包嘎查查干温都尔牧点西南1.86千米处的山头上，北距查干敖包长城9段墙体0.03千米，西南距查干敖包29号烽燧0.3千米。

墩台石筑，保存差。台体坍塌，现呈椭圆形石堆状，东西长径8、南北短径7、残高3米；顶部被改建成敖包，外围隐现正方形石筑围墙痕迹，边长10米。墩台南侧有积薪垛3座，呈圆形石堆状，直径3.5～5、残高0.2～0.5米；东西一线排列，等距分布，间距20米（彩图五七五）。

查干敖包29号烽燧（150824353201030029）　位于新忽热苏木查干敖包嘎查查干温都尔牧点西南2.14千米处的山顶上，北距查干敖包长城9段墙体0.04千米，西北距查干敖包30号烽燧0.7千米。

墩台土石混筑，保存差。台体坍塌为圆形土石丘状，底部直径8、顶部直径3.2、残高2.8米；东侧邻接墩台有长方形石筑坞址，东西长3、南北宽2.5米，坞墙残高0.3米。墩台东侧有积薪垛1座，呈圆形石堆状，直径2.5、残高0.3米。

烽燧西临石哈河东支沟（柳条沟），沟西岸山头上有调查遗漏的石筑烽燧1座，墩台坍塌呈石堆状，底部直径11米。该烽燧东距查干敖包29号烽燧0.44千米，西北距查干敖包30号烽燧0.27千米。

10. 查干敖包长城10段（1508243821022030010）

该段长城起自新忽热苏木查干敖包嘎查查干温都尔牧点西南2.44千米，止于查干敖包嘎查石哈河牧点东南1.42千米。墙体前后小段作内外弯曲分布，中小段作直线分布；大体呈东南—西北走向，上接查干敖包长城9段，下接查干敖包长城11段。

墙体长1703米，为毛石干垒墙，总体保存一般。墙体沿石哈河东支沟西岸山岭北坡上缘弯曲爬升，止于高山头东部小沟谷底。墙体多坍塌，于地表呈石垄状，底宽2.5~4、顶宽2~3.5、残高0.5~3米。墙体前、中小段保存为一般，长1267米（彩图五七六）；后小段保存较好，长436米，内外壁俱存，外高内低，壁面砌筑整齐（彩图五七七）。其中，保存较好部分、保存一般部分，分别占该段墙体总长的25.6%、74.4%。

墙体沿线调查烽燧3座，分别为查干敖包30号、31号、32号烽燧。

查干敖包30号烽燧（150824353201030030）　位于新忽热苏木查干敖包嘎查石哈河牧点东南2.52千米处的山半腰缓丘上，北距查干敖包长城10段墙体0.02千米，西北距查干敖包31号烽燧0.28千米。

墩台石筑，保存差。台体坍塌为圆形石堆状，底部直径9、顶部直径3.5、残高2.9米（彩图五七八）。墩台南侧有积薪垛2座，现呈圆形石堆状，大小相近，直径2、残高0.3米。烽燧南北均为沟脑，其中南沟洪水南流汇入石哈河东支沟；北沟洪水西北流，自石哈河牧点北部注入石哈河。

查干敖包31号烽燧（150824353201030031）　位于新忽热苏木查干敖包嘎查石哈河牧点东南2.25千米处的山顶上，北距查干敖包长城10段墙体0.03千米，西北距查干敖包32号烽燧0.39千米。

墩台土筑，保存差。台体坍塌，现呈覆钵形土丘状，底部直径8.5、顶部直径4、残高3米；顶部有垒砌的石堆。南侧邻接墩台有正方形石筑坞址，边长3米，墙宽0.5、残高0.2米。墩台南侧有积薪垛3座，呈圆形石堆状，大小相近，直径2~4、残高0.2~0.5米；作东北—西南向分布在矮岭上，间距分别为20米和26米。墩台东北侧有积薪垛1座，亦呈圆形石堆状。

查干敖包32号烽燧（150824353201030032）　位于新忽热苏木查干敖包嘎查石哈河牧点东南1.87千米处的小山头上，东北距查干敖包长城10段墙体0.02千米，西北距查干敖包33号烽燧0.7千米。

墩台土筑，保存差。台体坍塌，现呈覆钵形土丘状，底部直径8.1、顶部直径3.8、残高3米；南侧邻接墩台有正方形石筑坞址，边长约3米，坞墙宽0.4、残高0.2米。烽燧南侧有积薪垛4座，呈圆形石堆状，直径2、残高0.2米；沿山岭南北一线排列，等距分布，间距18米。烽燧北侧的墙体作折弧形环绕，南侧有小沟脑，洪水西南流汇入石哈河东支沟。

11. 查干敖包长城11段（1508243821022030011）

该段长城起自新忽热苏木查干敖包嘎查石哈河牧点东南1.42千米，止于查干敖包嘎查石哈河牧点南偏西0.4千米。墙体作幅度较大的内外折弧形分布，大体呈东偏南—西偏北走向，末端沿石哈河东岸南偏西行；上接查干敖包长城10段，下接查干敖包长城12段。

墙体长1808米，为毛石干垒墙，保存较好。墙体地处石哈河东岸山地上，沿低缓的山岭背坡上缘延伸，止于石哈河东岸上缘凹沟处。大部分墙体坍塌，局部墙体内外壁均有保存，壁面整齐；底宽3.2~4.1、顶宽2.6~3.3、内壁残高0~1.5、外壁残高2~3米（彩图五七九）。

墙体沿线调查烽燧6座，分别为查干敖包33号、34号、35号、36号、37号、38号烽燧。

查干敖包33号烽燧（150824353201030033）　位于新忽热苏木查干敖包嘎查石哈河牧点东南1.18千米处的分水岭上，东北距查干敖包长城11段墙体0.03千米，西南距查干敖包34号烽燧0.33千米。

墩台石筑，保存差。台体坍塌为覆钵形石堆状，底部直径6、顶部直径2、残高2.5米（彩图五八〇）；东侧邻接墩台有正方形石筑坞址，边长9米，坞墙宽0.5、残高0.6米。烽燧北部临支沟，洪水西北流，经石哈河牧点北汇入主河槽。

查干敖包34号烽燧（150824353201030034） 位于新忽热苏木查干敖包嘎查石哈河牧点东南1.05千米处的高山头上，西北距查干敖包长城11段墙体0.16千米，北距查干敖包35号烽燧0.14千米，二者隔小沟相望。

墩台石筑，保存差。台体坍塌，现呈低缓的圆形石堆状，底部直径9、顶部直径7、残高3米；北壁底部有台体残存，为直壁（彩图五八一）。墩台东南侧有积薪垛2座，呈圆形石堆状，规格相同，直径3、残高0.4米；作东北—西南分布，间距38米。烽燧南侧有小沟脑，洪水西流注入石哈河，交汇点处的河床为直角折弯。

该烽燧与北部墙体内侧的查干敖包35号烽燧呈南北分布，或为同时期纵向传递边防警讯而建筑，抑或建筑于不同时期，其相互关系尚有待进一步考察。

查干敖包35号烽燧（150824353201030035） 位于新忽热苏木查干敖包嘎查石哈河牧点东南0.94千米处的分水岭西缘山头上，北距查干敖包长城11段墙体0.02千米，西南距查干敖包36号烽燧0.23千米。

墩台石筑，保存差。台体坍塌为圆形石堆状，底部直径7、顶部直径3、残高2.5米。烽燧西侧小沟洪水西北流，于牧点处汇入石哈河。

查干敖包36号烽燧（150824353201030036） 位于新忽热苏木查干敖包嘎查石哈河牧点东南0.8千米处的山头上，北距查干敖包长城11段墙体0.05千米，西北距查干敖包37号烽燧0.33千米。

墩台石筑，保存差。台体坍塌，现呈覆钵形石堆状，底部直径8、顶部直径2.5、残高2.5米；西侧倚墩台有石筑坞址，平面呈长方形，南北长6、东西宽5、残高0.5米。墩台南侧有积薪垛3座，呈圆形石堆状，直径2~3、残高0.3米；南北排列，等距分布，间距15米。烽燧西南部的沟脑部位有废弃的羊圈屋和石圈圐圙。

查干敖包37号烽燧（150824353201030037） 位于新忽热苏木查干敖包嘎查石哈河牧点南偏东0.51千米处的石哈河东岸低山头上，北距查干敖包长城11段墙体0.05千米，西偏北距查干敖包38号烽燧0.36千米。

墩台土筑，保存差。台体坍塌为圆形土丘状，底部直径8、顶部直径3.8、残高3米；西侧邻接墩台有石筑坞址，平面呈长方形，南北长15、东西宽9米；中有隔墙，墙高0.6米。墩台东南侧有积薪垛4座，均作石堆状，大小相近，直径3~4、残高0.3~0.5米；沿矮岭由西北—东南分布，大体作一线排列，间距13~22米。烽燧两侧有小沟，洪水西北流汇入石哈河，其中北小沟流经石哈河牧点。

查干敖包38号烽燧（150824353201030038） 位于新忽热苏木查干敖包嘎查石哈河牧点南偏西0.32千米处的石哈河东岸边山头上，西北距查干敖包长城11段墙体0.01千米，西南距查干敖包39号烽燧0.43千米。

墩台土筑，保存差。台体坍塌为圆形土丘状，底部直径9、顶部直径4.3、残高3.2米。墩台南侧有积薪垛5座，均呈圆形石堆状，大小相近，直径3~5、残高0.4~0.7米；东西排列。烽燧北侧墙体呈弧形由西北转向西南行，沿石哈河东岸陡峭的崖壁边缘延伸。

12. 查干敖包长城12段（150824382102030012）

该段长城起自新忽热苏木查干敖包嘎查石哈河牧点南偏西0.4千米，止于查干敖包嘎查崩辉牧点东1.23千米。墙体作内外弯曲分布，由北偏东—南偏西走向转呈东西走向，末端转呈东南—西北走向；上接查干敖包长城11段，下接查干敖包长城13段。

墙体长2599米，为毛石干垒墙，总体保存较差。墙体分布在石哈河河谷及其两岸山地上，主河床直角西折，与正沟洪水交汇后复又南下；墙体遇石哈河转南偏西行，再沿南岸转西行，经主河槽与正沟洪水交汇点处横跨石哈河，沿西岸山岭西偏南行，又过洪水西南流的小支沟，沿南岸上缘转西北行，再穿过小支沟上游，止于其西岸坡地上。墙体大部分坍塌，于地表呈低矮的石垄状，底宽1.5~2、顶宽1~1.5、残高0.2~1米。墙体前小段构筑于石哈河东岸悬崖峭壁上，借助于崖壁之险；坍塌较为严重，保存较差，长1278米（彩图五八二）；中小段消失于石哈河河槽中，长104米；后小段保存较好，大部分墙体顶部坍塌，下半部基本保存原始轮廓，长1217米（彩图五八三）。其中，保存较好、保存较差和消失部分，分别占该段墙体总长的46.8%、49.2%和4%。

墙体沿线调查烽燧6座，分别为查干敖包39号、40号、41号、42号、43号、44号烽燧。

查干敖包39号烽燧（150824353201030039）　位于新忽热苏木查干敖包嘎查石哈河牧点南偏西0.73千米的石哈河河槽东湾处南岸边，西北距查干敖包长城12段墙体0.01千米，西距查干敖包40号烽燧0.66千米。

墩台为黄砂土夯筑而成，夯层厚10~15厘米，保存差。台体坍塌为圆形土丘状，底部直径8.5、顶部直径3.8、残高3米；东南壁夯层裸露（彩图五八四），西壁残存部分原始壁面，系直壁，残宽2、残高0.8米。烽燧北侧紧邻河槽，南侧有小沟，洪水西北流汇入主河槽。

查干敖包40号烽燧（150824353201030040）　位于新忽热苏木查干敖包嘎查石哈河牧点西南1.24千米处的石哈河西流河槽南岸山头上，北距查干敖包长城12段墙体0.16千米，西偏北距查干敖包41号烽燧0.28千米。

墩台土筑，保存差。台体坍塌，现呈覆钵形土丘状，北侧散落较多石块，底部直径7.2、顶部直径3.2、残高2.5米。墩台南部有东西排列的积薪垛3座，东侧有积薪垛1座，均为圆形石堆状，大小不一，直径2~4、残高0.3米。烽燧西北部为石哈河河床由西流转南下，东南山地上有直线延伸的小凹沟，西南部河槽东岸为石哈河南牧点。

查干敖包41号烽燧（150824353201030041）　位于新忽热苏木查干敖包嘎查石哈河牧点西偏南1.43千米处的石哈河南流河槽东岸一级台地上，西北距查干敖包长城12段墙体0.05千米，西距查干敖包42号烽燧0.46千米，二者隔石哈河相望。

墩台土筑，保存差。台体坍塌为圆形土丘状，底部直径6.8、顶部直径2.2、残高2.3米。烽燧东侧有土路，北侧为石哈河河槽南向折弯处，北部为正沟，沟中有查干浩仁牧点。

查干敖包42号烽燧（150824353201030042）　位于新忽热苏木查干敖包嘎查崩辉牧点东1.85千米处的石哈河西岸东西向山岭顶部，倚查干敖包长城12段墙体内侧建筑，西偏南距查干敖包43号烽燧0.35千米。

墩台石筑，保存差。台体坍塌，现呈高大的覆钵形石堆状，底部直径8、顶部直径3、残高3米；外围有石筑围墙痕迹，呈正方形，边长14米。墩台东侧有积薪垛2座，呈圆形石堆状，大小相同，直径1.5、残高0.3米；东西分布，间距13米。

查干敖包43号烽燧（150824353201030043）　位于新忽热苏木查干敖包嘎查崩辉牧点东偏南1.55千米处的山岭顶部，北距查干敖包长城12段墙体0.07千米，西偏北距查干敖包44号烽燧0.32千米。

墩台土石混筑，保存差。墩台内部夯土建筑，外壁以石块包砌，东壁底部有石块垒砌痕迹；台体坍塌，现呈覆钵形土丘状，底部直径6、顶部直径2、残高2.5米；顶部有石块散布。东侧邻接墩台有长方形石筑坞址，南北长5、东西宽3米，墙体宽1、残高0.3米（彩图五八五）。墩台西南侧有积薪垛3座，呈圆形石堆状，大小相近，直径3~4、残高0.3~0.5米；大体作南北排列，间距分别为18米和

24米。烽燧东北临小支沟，洪水西南流汇入石哈河。

查干敖包44号烽燧（150824353201030044） 位于新忽热苏木查干敖包嘎查崩辉牧点东1.24千米处的并列山岭之北山岭西缘顶部山头上，东北距查干敖包长城12段墙体0.1千米，西北距查干敖包45号烽燧0.33千米。

墩台土筑，保存差。台体坍塌，现呈覆钵形土丘状，底部直径8.5、顶部直径4、残高2.4米；上部散落有较多石块。东侧邻接墩台有石筑坞址，平面呈正方形，边长4.5米，坞墙残高0.5米。墩台东北部有积薪垛2座，其中一座为长方形石堆状，东西长1.2、南北宽0.8、残高0.4米；另一座为圆形石堆状，位于烽燧与长城墙体之间，直径4、残高0.3米（彩图五八六）。

13. 查干敖包长城13段（150824382101030013）

该段长城起自新忽热苏木查干敖包嘎查崩辉牧点东1.23千米，止于查干敖包嘎查崩辉牧点东北0.26千米。墙体略作外向弧线形分布，大体呈东西走向，上接查干敖包长城12段，下接查干敖包长城14段。

墙体长1072米，是以黄褐土夯筑的土墙，夯层板结坚硬，厚8～10厘米，总体保存差。墙体先西北行爬上山岭，而后转西行，末端沿山岭转西偏南行，止于崩辉牧点东北部石碴山头处。墙体坍塌为低矮的土垄状，底宽1.5～4.5、顶宽1～1.5、残高0.3～0.5米（彩图五八七）；小冲沟断面处见有石块垒砌的墙基，推测应设置有石筑排水涵洞（彩图五八八）。中部有冲沟洪水西北流，洪水冲刷导致长44米的墙体消失；其余墙体保存差，长1028米。其中，保存差部分、消失部分，分别占该段墙体总长的95.9%、4.1%。

墙体沿线调查烽燧3座，分别为查干敖包45号、46号、47号烽燧。

查干敖包45号烽燧（150824353201030045） 位于新忽热苏木查干敖包嘎查崩辉牧点东偏北1.06千米处的山地缓丘上，北距查干敖包长城13段墙体0.04千米，西距查干敖包46号烽燧0.39千米。

墩台土筑，保存差。台体坍塌，现呈高大的覆钵形土丘状，底部直径8.8、顶部直径4.3、残高3.5米。墩台南侧有积薪垛3座，均为圆形石堆状，大小不一，直径2～3、残高0.2～0.4米；大体作东西排列，间距分别为14米和41米。烽燧西南部为山洼形沟脑，洪水汇聚后东南汇入石哈河。

查干敖包46号烽燧（150824353201030046） 位于新忽热苏木查干敖包嘎查崩辉牧点东偏北0.68千米处的石碴山头上，四周有支沟沟脑分布。北距查干敖包长城13段墙体0.04千米，西偏北距查干敖包47号烽燧0.34千米。

墩台土筑，保存差。台体坍塌为圆形土丘状，底部直径10、顶部直径7、残高2.3米；东侧邻接墩台有石筑坞址，平面呈正方形，边长5米，坞墙残高0.6米。墩台东南侧有积薪垛4座，呈圆形石堆或石圈状，直径2～4、残高0.2～0.6米；南北一线排列，间距16～50米。烽燧所在的石碴山，为石哈河与崩辉沟之间山岭的制高点。

查干敖包47号烽燧（150824353201030047） 位于新忽热苏木查干敖包嘎查崩辉牧点东北0.37千米处的低山顶部，倚查干敖包长城13段墙体内侧建筑，西南距查干敖包48号烽燧0.26千米。

墩台石筑，保存差。台体坍塌为圆形石堆状，底部直径8、顶部直径2.5、残高3米；西侧邻接墩台有长方形石筑坞址，南北长5、东西宽3米，坞墙残高0.6米。墩台东南部有积薪垛5座，均作圆形石堆状，大小相近，直径3～5、残高0.2～0.6米；南北排列，间距25～38米。烽燧西部为崩辉沟。

14. 查干敖包长城14段（150824382101030014）

该段长城起自新忽热苏木查干敖包嘎查崩辉牧点东北0.26千米，止于查干敖包嘎查崩辉牧点西北0.62千米。墙体作"S"状内外弯曲分布，总体呈东偏南—西偏北走向，上接查干敖包长城13段，下接查干敖包长城15段。

墙体长881米，主体以黄土夯筑而成，夯层厚6～10厘米，部分地段土墙顶部有补砌的石墙，保存较好。墙体地处大小崩辉沟的两岸坡地上，西行翻过山梁后止于小崩辉沟河槽东岸。墙体内壁不显，几乎与山体平齐；外壁因风雨侵蚀而裸露出清晰的夯层，其上补筑的石墙有坍塌现象。现存墙体底宽2～4、顶宽1.5～2、残高0.2～2.5米（彩图五八九）。

墙体沿线调查烽燧3座，分别为查干敖包48号、49号、50号烽燧。

查干敖包48号烽燧（150824353201030048）　位于新忽热苏木查干敖包嘎查崩辉牧点东北0.13千米处的崩辉沟东岸石砬缓丘上，北距查干敖包长城14段墙体0.02千米，西偏北距查干敖包49号烽燧0.26千米，二者隔崩辉沟相望。

墩台土筑，保存差。台体坍塌，现呈圆形土丘状，底部直径9、顶部直径5、残高3米；顶部有石块堆积。

查干敖包49号烽燧（150824353201030049）　位于新忽热苏木查干敖包嘎查崩辉牧点西北0.22千米处的崩辉沟西岸山岭上，东北距查干敖包长城14段墙体0.04千米，西北距查干敖包50号烽燧0.25千米。

墩台土筑，保存差。台体坍塌，现呈高大的覆钵形土丘状，底部直径8、顶部直径4、残高3.2米；东侧邻接墩台有石筑长方形坞址，南北长4、东西宽2米，坞墙残高0.4米。墩台南侧有积薪垛3座，呈圆形石堆状，直径3、残高0.5米；南北排列，等距分布，间距22米。烽燧西侧有土路西北行，与山岭上的南北向土路相接。

查干敖包50号烽燧（150824353201030050）　位于新忽热苏木查干敖包嘎查崩辉牧点西北0.46千米处的山岭上，北距查干敖包长城14段墙体0.03千米，西距查干敖包51号烽燧0.54千米，二者隔小崩辉沟相望。

墩台土筑，保存差。台体坍塌，现呈覆钵形土丘状，底部直径10、顶部直径3.8、残高3米；顶部有当地牧民用石块垒砌的挡风墙。东侧紧邻墩台有较多石块，疑为坞址。墩台南部顺山岭分布积薪垛8座，其中6座沿山岭一线排列，由北及南逐渐变小，于地表呈小石堆状，直径2～4、残高0.3～0.7米；间距11～25米。墩台西南侧有积薪垛2座，亦呈南北分布。烽燧东临崩辉沟，西临小崩辉沟，两沟洪水于南部合流，汇入石哈河。

15. 查干敖包长城15段（150824382301030015）

该段长城起自新忽热苏木查干敖包嘎查崩辉牧点西北0.62千米，止于查干敖包嘎查崩辉牧点西北0.71千米；大体作直线分布，呈东西走向，上接查干敖包长城14段，下接查干敖包长城16段。

本段墙体为消失段，起止点之间的直线长度为87米。小崩辉沟洪水冲刷，导致河床中的墙体消失。依据相邻上下段墙体情况，推断该段墙体原应为夯筑土墙，底部有石墙基并预留排水口。

16. 查干敖包长城16段（150824382101030016）

该段长城起自新忽热苏木查干敖包嘎查崩辉牧点西北0.71千米，止于查干敖包嘎查查干楚鲁沟里牧点东北1.42千米。墙体作外向折线形分布，由东偏南—西偏北走向转为东北—西南走向，上接查干敖包长城15段，下接查干敖包长城17段。

墙体长1661米，为夯筑土墙，保存差。墙体地处罕乌拉山与乌拉特草原的过渡地带，地势较为平缓；沿小崩辉沟西岸西偏北行，绕过小崩辉西北部低缓的"C"状半环形山岭转西南行，止于查干楚鲁沟（海流图沟）北并列的双支沟之东沟西岸。墙体坍塌为低矮的土垄状，底宽1.6～2.8、顶宽1～1.6、残高0.5～1米，顶部有碎石块（彩图五九〇）。山水冲刷造成墙体出现多处豁口。该段墙体南侧为环形山洼，洼中支沟密布，洪水于南部山口处合流，汇聚为查干楚鲁沟；有两条土路分别顺东西山岭北行，穿过中小段墙体后相交。

墙体南侧有并行的一段土筑副墙，地表隆起较低矮，长约660米。

墙体沿线调查烽燧4座，分别为查干敖包51号、52号、53号、54号烽燧。

查干敖包51号烽燧（150824353201030051）　位于新忽热苏木查干敖包嘎查崩辉牧点西偏北0.94千米处的小崩辉沟西岸坡地上，倚查干敖包长城16段墙体内侧建筑，南距查干敖包52号烽燧0.25千米。

墩台土筑，保存差。台体坍塌，现呈覆钵形土丘状，底部直径8.5、顶部直径4、残高2.5米；墩台东侧底部有较多石块，疑为坞址。墩台南侧有积薪垛6座，呈圆形石堆状，由北及南递小，直径2.5~4米，一线分布，间距9.5~22米。

查干敖包52号烽燧（150824353201030052）　位于新忽热苏木查干敖包嘎查崩辉牧点西0.88千米处的"C"形山岭东端顶部，北距查干敖包长城16段墙体0.25千米，西北距查干敖包53号烽燧0.55千米。

墩台土筑，保存差。台体坍塌，现呈覆钵形土丘状，底部直径8.5、顶部直径4、残高2.5米。墩台南侧有圆形石堆状积薪垛2座，直径2、残高0.4米，南北排列，间距33米。该烽燧地处山岭顶部，海拔比北部的查干敖包51号烽燧高出约10米，推断应为纵向传递边防警讯而设置；经东德勒音山东缘，可通视南19.5千米的北魏沃野镇故城。

查干敖包53号烽燧（150824353201030053）　位于新忽热苏木查干敖包嘎查崩辉牧点西偏北1.38千米处的"C"形山岭中段顶部，北距查干敖包长城16段墙体0.07千米，西距查干敖包54号烽燧0.55千米。

墩台土筑，保存差。台体坍塌，现呈覆钵形土丘状，底部直径6、顶部直径2.5、残高2米。墩台南侧有积薪垛6座，南北分布，分东西两排，每排3个。其中，东排呈石堆状，西排呈石圈状，直径2~4、残高0.2~0.5米；东排间距分别为19米和28米。

查干敖包54号烽燧（150824353201030054）　位于新忽热苏木查干敖包嘎查查干楚鲁沟里牧点东北1.76千米处的"C"形山岭西端顶部，北距查干敖包长城16段墙体0.03千米，西偏南距查干敖包55号烽燧0.39千米。

墩台土筑，保存差。台体坍塌，现呈覆钵形土丘状，底部直径9.5、顶部直径3.5、残高3米。墩台南部有积薪垛5座，呈圆形石堆状，直径2~4、残高0.2~0.6米；沿山梁南北排列，自上而下依次变小，距离渐近，间距8~25米。

17. 查干敖包长城17段（1508243821101030017）

该段长城起自新忽热苏木查干敖包嘎查查干楚鲁沟里牧点东北1.42千米，止于查干敖包嘎查查干楚鲁沟里牧点北0.76千米。墙体作直线分布，呈东偏北—西偏南走向，上接查干敖包长城16段，下接同和太长城1段。

墙体长1112米，为夯筑土墙，保存差。墙体建筑在高山草原之上，周围地势较为平缓，西行穿过查干楚鲁沟北双支沟之西沟，转西偏南直行，止于牧点北低矮的南北向山岭上。坍塌的墙体于地表呈低矮的土垄状，底宽1.8~3、顶宽1.5~2.5、残高0.5~1米。山水冲刷、道路穿越，造成墙体多处豁口。

墙体沿线调查烽燧3座，分别为查干敖包55号、56号、57号烽燧。

查干敖包55号烽燧（150824353201030055）　位于新忽热苏木查干敖包嘎查查干楚鲁沟里牧点东北1.41千米处的查干楚鲁沟北双沟东沟西岸坡地上，北距查干敖包长城17段墙体0.01千米，西距查干敖包56号烽燧0.29千米。

墩台土筑，保存差。现台体坍塌为覆钵形土丘状，底部直径5、顶部直径2、残高2米。墩台东南部坡地上有积薪垛6座，其中东端的3座较大，呈圆形石堆状，直径4.5～5米，东西一线排列，等距分布，间距40米；其西侧10米有小石堆3个，直径1.5米，与大者处在东西一条线上，亦是等距分布，间距9米。烽燧东临小沟，西侧有土路北偏东行。

查干敖包56号烽燧（150824353201030056）　位于新忽热苏木查干敖包嘎查查干楚鲁沟里牧点东北1.2千米处的北双沟间低山岭上，北距查干敖包长城17段墙体0.01千米，西南距查干敖包57号烽燧0.45千米。

墩台土筑，保存差。台体坍塌，现呈高大的覆钵形土丘状，底部直径8.5、顶部直径3.5、残高3米。烽燧东侧有土路北向延伸，北双沟洪水于南部汇入主河槽。

查干敖包57号烽燧（150824353201030057）　位于新忽热苏木查干敖包嘎查查干楚鲁沟里牧点北偏东0.84千米处的山丘顶部，北距查干敖包长城17段墙体0.07千米，西距同和太1号烽燧0.39千米。

墩台土筑，保存差。台体坍塌，现呈高大的覆钵形土丘状，底部直径8、顶部直径4、残高3.3米。墩台西南部有积薪垛3座，呈圆形石堆状，直径3～4、残高0.3～0.5米，南北一线排列，等距分布，间距20.5米。

18. 同和太长城1段（150824382101030018）

该段长城起自新忽热苏木查干敖包嘎查查干楚鲁沟里牧点北0.76千米，止于海流图镇同和太村巴润霍布东南牧点南1.54千米。墙体先作直线分布，后作外向弧线形分布；大体呈东偏北—西偏南走向，上接查干敖包长城17段，下接同和太长城2段。

墙体长1037米，为夯筑土墙，保存差。墙体沿小红山沟中游东岸低缓的分水岭背坡延伸，止于河床东湾东部洪水西北流的小凹沟处。墙体于地表呈低矮的土垄状，底宽1.2～2、顶宽0.5～1.5、残高0.5～1米。山水冲刷造成墙体多处断豁。

墙体沿线调查烽燧3座，分别为同和太1号、2号、3号烽燧。

同和太1号烽燧（150824353201030058）　位于海流图镇同和太村巴润霍布东南牧点东南1.54千米处的罕乌拉山与乌拉特草原过渡地带，北距同和太长城1段墙体0.01千米，西南距同和太2号烽燧0.48千米。

墩台土石混筑，外壁包砌石块内部夯土建筑，保存差。台体坍塌，呈高大的覆钵形土石丘状，底部直径9、顶部直径4、残高3米。墩台东侧有积薪垛1座，呈圆形石堆状，直径1.8、残高0.3米。烽燧东西两侧有隆起于地表的低矮山岭，南部0.72千米处有查干楚鲁沟里牧点。

同和太2号烽燧（150824353201030059）　位于海流图镇同和太村巴润霍布东南牧点南偏东1.57千米处的低山头上，北距同和太长城1段墙体0.03千米，西偏南距同和太3号烽燧0.44千米。

墩台土石混筑，外壁包砌石块内部夯土建筑，保存差。台体坍塌，现呈高大的覆钵形土石丘状，底部直径8.5、顶部直径3.8、残高3米；墩台顶部有垒砌的石堆。墩台南侧有积薪垛4座，呈圆形石堆状，直径2～3、残高0.3～0.5米；大体作东西排列，间距14～28米。烽燧东部有采矿坑。

同和太3号烽燧（150824353201030060）　位于海流图镇同和太村巴润霍布东南牧点南1.6千米处的小红山沟东岸缓丘上，北距同和太长城1段墙体0.09千米，西偏南距同和太4号烽燧0.29千米。

墩台土筑，保存差。台体坍塌为高大的圆形土丘状，底部直径9.2、顶部直径4、残高3米；顶部有垒砌的石堆。东侧邻接墩台有石筑长方形坞址，南北长6、东西宽4米，坞墙宽0.3、残高0.5米。墩台西北侧有积薪垛2座，一座呈圆形石堆状，直径5.5、残高0.2米；另一座呈正方形石堆状，边长3.2

米；作东北—西南分布，间距28米。烽燧东西两侧临小沟，其中东沟较宽缓，西小沟为同和太长城1段止点所在凹沟。

19. 同和太长城2段（150824382101030019）

该段长城起自海流图镇同和太村巴润霍布东南牧点南1.54千米，止于同和太村巴润霍布东南牧点南偏西1.81千米。墙体作内向折线形分布，由东偏北—西偏南走向转呈东西走向，上接同和太长城1段，下接同和太长城3段。

墙体长605米，为夯筑土墙，保存差。墙体沿小红山沟河床东湾处南岸延伸，止于回湾处。墙体于地表呈低矮的土垄状，底宽1.3～2.1、顶宽0.4～1.6、残高0.5～1米。小红山沟的数条大小支沟洪水西北流，冲断墙体。

墙体沿线调查烽燧2座，分别为同和太4号、5号烽燧。

同和太4号烽燧（150824353201030061） 位于海流图镇同和太村巴润霍布东南牧点南偏西1.69千米处的小红山沟南岸坡地上，西北距同和太长城2段墙体0.07千米，西偏南距同和太5号烽燧0.37千米。

墩台土筑，保存差。台体坍塌为圆形土丘状，底部直径3.5、顶部直径1.5、残高2米。墩台南侧有积薪垛1座，呈圆形石堆状，直径3、残高0.3米；东侧2座，呈正方形石圈状，边长3～4米；南北分布，间距24米。

同和太5号烽燧（150824353201030062） 位于海流图镇同和太村巴润霍布东南牧点南偏西1.89千米处的缓丘上，北距同和太长城2段墙体0.07千米，西距同和太6号烽燧0.24千米。

墩台土筑，保存差。台体坍塌，现呈高大的覆钵形土丘状，底部直径8.6、顶部直径1.5、残高3米。墩台北部有积薪垛3座，呈圆形石堆状，直径3～4米，东西一线排列，间距分别为21米和29米。烽燧东西两侧临短沟，洪水东北流于河床东部折弯处汇入主河槽。

20. 同和太长城3段（150824382102030020）

该段长城起自海流图镇同和太村巴润霍布东南牧点南偏西1.81千米，止于同和太村韩庆口子东南1.91千米。墙体作内外弯曲分布，大体呈东偏南—西偏北走向，上接同和太长城2段，下接同和太长城4段。

墙体长857米，为毛石干垒墙，保存较差。墙体分布在小红山沟中游两岸，先沿南岸边弯曲西行，于两支沟洪水合流处穿过河槽，而后沿西岸山岭背坡蜿蜒上行，至小西沟东岸止。墙体坍塌，石块随坡滚落，于地表呈低矮的石垄状，底宽2.5～3、顶宽1.5～2、残高0.5～0.8米（彩图五九一）。小红山沟河槽中的墙体消失，北侧为支沟与主沟洪水交汇点，北岸山脚下有牧点，已废弃；止点处的小西沟洪水南流汇入小红山沟。

墙体沿线调查烽燧2座，分别为同和太6号、7号烽燧。

同和太6号烽燧（150824353201030063） 位于海流图镇同和太村韩庆口子东南2.51千米处的小红山沟南岸矮山头上，北距同和太长城3段墙体0.08千米，西北距同和太7号烽燧0.23千米，二者隔河槽相望。

墩台土筑，保存差。台体坍塌为圆形土丘状，底部直径9.5、顶部直径3、残高2.5米。烽燧北部为小红山沟支沟与主沟交汇点，河床呈东西向"S"状分布。

同和太7号烽燧（150824353201030064） 位于海流图镇同和太村韩庆口子东南2.29千米处的小红山沟西岸山头上，西北距同和太长城3段墙体0.02千米，西偏北距同和太8号烽燧0.53千米。

墩台石筑，保存差。台体坍塌，现呈高大的覆钵形石堆状，底部直径8.5、顶部直径3、残高3米；南侧有圆形石筑坞址，直径4.5米，墙宽0.6、残高0.4米。墩台西侧有积薪垛2座，呈圆形石堆状，直径2.3、残高0.4米；东西分布，间距50米。

21. 同和太长城4段（150824382102030021）

该段长城起自海流图镇同和太村韩庆口子东南1.91千米，止于同和太村韩庆口子东南1.47千米。墙体作外向折弧形分布，由东南—西北走向转呈东西走向，上接同和太长城3段，下接同和太长城5段。

墙体长536米，为毛石干垒墙，保存较差。墙体分布在小红山沟西部洪水南流的两条小支沟之间，其中东侧的小西沟稍大。墙体沿山岭外缘作上坡延伸，均已坍塌，于地表呈低矮的石垄状，底宽2.4~3.3、顶宽1.6~2.3、残高0.5~1米。

墙体沿线调查烽燧2座，分别为同和太8号、9号烽燧。

同和太8号烽燧（150824353201030065）　位于海流图镇同和太村韩庆口子东南1.78千米处的低山岭上，东北距同和太长城4段墙体0.04千米，西北距同和太9号烽燧0.23千米。

墩台土筑，保存差。台体坍塌，现呈高大的覆钵形土丘状，底部直径8.8、顶部直径3.6、残高3.2米；东北侧邻接墩台有石筑长方形坞址，东西长5、南北宽3米，坞墙宽0.4、残高0.4米。墩台西北部有积薪垛3座，呈圆形石堆状，直径3~5米；沿山岭大体作南北向排列，间距分别为24米和27米。烽燧东侧隔墙体为小西沟。

同和太9号烽燧（150824353201030066）　位于海流图镇同和太村韩庆口子东南1.55千米处的小山头上，北距同和太长城4段墙体0.01千米，西距同和太10号烽燧0.45千米。

墩台土筑，保存差。台体坍塌，现呈高大的覆钵形土丘状，底部直径9、顶部直径3.8、残高3.2米；顶部有挖掘的圆坑。墩台北侧有东西分布的积薪垛2座，作圆形石堆状，大小相近，直径2、残高0.3米；南部有积薪垛3座，呈小石堆状，直径1米左右，东西一线排列，间距分别为7米和9米。烽燧西侧有小沟，为同和太长城4段止点。

22. 同和太长城5段（150824382102030022）

该段长城起自海流图镇同和太村韩庆口子东南1.47千米，止于同和太村韩庆口子东南0.72千米。墙体略作内外弯曲分布，呈东西走向，上接同和太长城4段，下接同和太长城6段。

墙体长872米，为毛石干垒墙，保存较差。墙体分布在小红山沟的两条北支沟之间，沿低矮的山岭北坡上缘西行，止于较宽的敖包图沟河槽中。墙体坍塌较为严重，于地表呈低矮的石垄状，底宽2~3.5、顶宽1.5~2、残高0.5~1米。

墙体沿线调查烽燧2座，分别为同和太10号、11号烽燧。

同和太10号烽燧（150824353201030067）　位于海流图镇同和太村韩庆口子东南1.15千米处的山岭中段脊背上，北距同和太长城5段墙体0.03千米，西距同和太11号烽燧0.43千米。

墩台石筑，保存差。台体坍塌，现呈高大的椭圆形石堆状，底部南北长径22、东西短径15米，顶部南北长径18、东西短径13米，残高3.5米；顶部有垒筑的小石堆。墩台南侧有积薪垛5座，呈圆形石堆状，直径2~4、残高0.2~0.5米；南北一线排列，间距6~10米。

同和太11号烽燧（150824353201030068）　位于海流图镇同和太村韩庆口子东南0.82千米处的敖包图沟东岸山头上，北距同和太长城5段墙体0.04千米，西北距同和太12号烽燧0.4千米；二者隔敖包图沟相望。

墩台土筑，保存差。台体坍塌，现呈覆钵形土丘状，底部直径7.5、顶部直径1.5、残高2米；东侧邻接墩台有正方形土筑坞址，边长9.5米，其中西墙南端和南墙西端与墩台相接。墩台东南侧有积薪垛3座，呈正方形石圈状，大小相近，边长4米；沿山岭南北一线分布，间距分别为16.5米和19米。

23. 同和太长城6段（150824382102030023）

该段长城起自海流图镇同和太村韩庆口子东南0.72千米，止于同和太村韩庆口子西北0.55千米。

墙体前小段作外向折线形分布，由南偏东—北偏西走向转呈东南—西北走向，上接同和太长城5段，下接同和太长城7段。

墙体长1329米，为毛石干垒墙，保存较差。墙体沿敖包图沟西岸坡地上坡行，爬上韩庆口子南部的敖包图山岭，其后转沿山岭背坡上缘西北行，止于西德岭山东口子沟上游西岸。墙体坍塌，石块随坡滚落，于地表呈低矮的石垄状，底宽2.5～3、顶宽2～2.5、残高0.5～0.8米。末端墙体消失在西德岭山东口子沟河槽中；韩庆口子牧点位于山岭中段北侧。

墙体沿线调查烽燧3座，分别为同和太12号、13号、14号烽燧。

同和太12号烽燧（150824353201030069）　位于海流图镇同和太村韩庆口子东南0.44千米处的敖包图山岭东缘顶部，东北距同和太长城6段墙体0.07千米，西北距同和太13号烽燧0.31千米。

墩台石筑，保存差。台体坍塌为椭圆形石堆状，底部长径12、短径8米，顶部长径8、短径6米，残高3米。墩台西南有积薪垛3座，呈正方形石圈状，大小类同，边长3.5、残高0.3～0.5米，南北一字排列，间距分别为12米和15米。烽燧所在山岭称敖包图，即以该烽燧命名，东南部山坳处有废弃的牧点。

同和太13号烽燧（150824353201030070）　位于海流图镇同和太村韩庆口子东南0.14千米处的敖包图山岭中段脊背上，东北距同和太长城6段墙体0.04千米，西北距同和太14号烽燧0.37千米。

墩台石筑，保存差。台体坍塌，现呈高大的椭圆形石堆状，底部长径13、短径10米，顶部长径10、短径8米，残高3.2米；顶部有垒砌的小石堆。墩台东侧有积薪垛3座，呈圆形石堆状，直径1.5～3、残高0.3～0.5米；东西一线排列，间距分别为14米和17.5米。

同和太14号烽燧（150824353201030071）　位于海流图镇同和太村韩庆口子西0.32千米处的敖包图山岭西缘脊背上，北距同和太长城6段墙体0.06千米，西北距同和太15号烽燧0.69千米。

墩台土筑，保存差。台体坍塌，现呈覆钵形土丘状，底部直径7、顶部直径4、残高2.2米；顶部有垒砌的小石堆。墩台及周围地表散布有陶片，多为泥质灰陶，施绳纹、弦纹、压印纹等。墩台南部有积薪垛3座，呈圆形石堆状，直径3～5、残高最高0.5米，南北一线排列，间距分别为15.5米和17米。

24.同和太长城7段（150824382102030024）

该段长城起自海流图镇同和太村韩庆口子西北0.55千米，止于同和太村韩庆口子西北1.6千米。墙体作直线分布，呈东南—西北走向，上接同和太长城6段，下接同和太长城8段。

墙体长1078米，为毛石干垒墙，保存较差。墙体沿西德岭山东口子沟西岸山岭背坡上缘上坡行，穿过西部第一支沟，止于第二支沟东岸坡地上。墙体坍塌，石块散落，于地表呈低矮的石垄状，底宽2.6～3.1、顶宽2.3～2.6、残高0.4～0.8米。

墙体沿线调查烽燧2座，分别为同和太15号、16号烽燧。

同和太15号烽燧（150824353201030072）　位于海流图镇同和太村韩庆口子西北0.95千米处的山顶上，东北距同和太长城7段墙体0.01千米，西北距同和太16号烽燧0.54千米。

墩台土石混筑，内部夯土外部包砌石块建筑，保存差。台体坍塌，现呈覆钵形土石丘状，底部直径8.5、顶部直径3.5、残高2.8米。墩台东、南两侧各有积薪垛1座，呈圆形石堆状，直径分别为2米和0.8米，残高0.3米。烽燧西侧临西德岭山东口子沟西部第一支沟，洪水南流，于山前牧点南侧汇入主河槽；沟中有土路，穿山北行通往东店、乌兰伊勒更。

同和太16号烽燧（150824353201030073）　位于海流图镇同和太村韩庆口子西北1.48千米处的山岭上，东北距同和太长城7段墙体0.02千米，西北距同和太17号烽燧0.26千米。

墩台石筑，保存较差。台体坍塌，现呈高大的圆形石堆状，底部直径17、顶部直径5、残高3.5

米；顶部有垒筑的小石堆。墩台东南部有积薪垛3座，呈圆形石堆状，直径4～7、残高0.2～0.5米，南北一线排列，间距分别为17米和26米。烽燧东侧有土路向北延伸，路东为沟脑，洪水东流汇入东部的季节性内陆湖；西部为西德岭山东口子沟第二支沟，洪水南流再东南流汇入主河槽。

25. 同和太长城8段（150824382102030025）

该段长城起自海流图镇同和太村韩庆口子西北1.6千米，止于同和太村北脑包图东南1.88千米。墙体略作内外弯曲分布，呈东南—西北走向，上接同和太长城7段，下接同和太长城9段。

墙体长794米，为毛石干垒墙，保存一般。墙体穿过西德岭山东口子沟西部第二支沟，沿支岭背坡上坡行，止于高山头东侧的沟脑谷底。墙体坍塌较严重，部分地段筑墙石块滚落至沟底；大部分地段墙体于地表呈低矮的石垒状，底宽2～5、顶宽1.5～2.5、残高1.2～2.2米（彩图五九二）。止点处沟谷洪水东流，汇入东部的季节性内陆湖；止点南翻过分水岭亦为沟脑，洪水西南流，于大圣沟牧点东南汇入主河槽。

墙体沿线调查烽燧2座，分别为同和太17号、18号烽燧。

同和太17号烽燧（150824353201030074）　位于海流图镇同和太村韩庆口子西北1.74千米处的西德岭山东口子沟西部第二支沟西岸坡地上，东北距同和太长城8段墙体0.02千米，西距同和太18号烽燧0.42千米。

墩台石筑，保存较差。台体坍塌为不规则形石堆状，东西长7、南北宽5、残高2米；西、北两侧有原始台壁残存。墩台西北侧有积薪垛3座，呈圆形石堆状，直径4.2～6、残高0.3～0.6米；沿山梁由东南向西北一线分布，间距25米。烽燧南北两侧均有小沟，洪水东南流汇入西德岭山东口子沟西部第二支沟（参见彩图五九一）。

同和太18号烽燧（150824353201030075）　位于海流图镇同和太村韩庆口子西北2.14千米处的高山头上，东北距同和太长城8段墙体0.16千米，西北距同和太19号烽燧0.42千米。

墩台石筑，保存较差。台体坍塌为椭圆形石堆状，底部长径7、短径6米，顶部长径5、短径4米，残高2.5米；顶部有垒砌的石堆（参见彩图五九一）。东侧邻接墩台有石筑坞址，平面呈长方形，南北长5、东西宽3米，坞墙宽0.3、残高0.8米。墩台东北侧有积薪垛6座，均呈圆形石堆状，直径1.5～6、残高0.2～0.4米；大体顺山岭作西南—东北向一线排列，其中近墩台的3座较大，间距为16米和26米；远端的3座较小，等距分布，间距7米（彩图五九三）。烽燧北侧为西德岭山东口子沟西部第二支沟沟脑，沟床于其东北部环绕，洪水两度穿过长城墙体后南下。

26. 同和太长城9段（150824382102030026）

该段长城起自海流图镇同和太村北脑包图东南1.88千米，止于同和太村北脑包图南偏东0.65千米。墙体末端作外向弧线形分布，由南偏东—北偏西走向转为东西走向，上接同和太长城8段，下接同和太长城10段。

墙体长1364米，为毛石干垒墙，保存一般。墙体沿大圣沟牧点东北部高山头背坡延伸，末端转沿山岭西行，止于北敖包图沟东支沟东南岔沟谷底。墙体构筑在陡坡地上，外壁坍塌严重，内壁尚有残存，于地表呈斜坡状隆起，底宽2.2～3、顶宽1.5～2.5、残高0.5～1.5米。

墙体沿线调查烽燧3座，分别为同和太19号、20号、21号烽燧。

同和太19号烽燧（150824353201030076）　位于海流图镇同和太村北脑包图东南1.75千米处的高山顶上，东北距同和太长城9段墙体0.07千米，西北距同和太20号烽燧0.54千米。

墩台石筑，保存差。台体坍塌，现呈高大的椭圆形石堆状，底部长径10、短径8米，顶部长径8、短径6米，残高3米。墩台南侧及西南侧有积薪垛9座，均作圆形石堆状，不规则分布，大小相近，直径1～3、残高0.2～0.6米。烽燧南北均有沟脑，两沟并列西南向延伸，洪水于大圣沟牧点东北部先后汇入主河槽。

同和太20号烽燧（150824353201030077）　位于海流图镇同和太村北脑包图南偏东1.2千米、大圣沟东北1.57千米处的山顶上，东北距同和太长城9段墙体0.22千米，北偏西距同和太21号烽燧0.43千米。

墩台石筑，保存差。台体坍塌，现呈覆斗形石堆状，底部边长10.5、顶部边长4、残高2.5米。墩台西南部有积薪垛6座，呈圆形石堆状，大小不等，直径1.2～2.5、残高0.2～0.4米。其中，西侧2座，南北相邻，间距5米；西南部4座，大体作南北向一线排列，北端的2座比邻，间距5～16米。

同和太21号烽燧（150824353201030078）　位于海流图镇同和太村北脑包图东南0.8千米处的山顶上，东北距同和太长城9段墙体0.05千米，西距同和太22号烽燧0.52千米。

墩台石筑，保存差。台体坍塌，现呈覆斗形石堆状，底部边长10、顶部边长7、残高1.2米；顶部有垒砌的小石堆。墩台东侧接筑石砌坞址，平面呈长方形，南北长6、东西宽4米（彩图五九四）。坞址东侧有积薪垛3座，均作圆形石堆状，大小不一，直径3～5、残高0.5米，南北一线排列，间距分别为12米和15米。

27. 同和太长城10段（150824382102030027）

该段长城起自海流图镇同和太村北脑包图南偏东0.65千米，止于同和太村北脑包图南0.59千米。墙体中段大部分作直线分布，两端内折；总体呈东西走向，上接同和太长城9段，下接同和太长城11段。

墙体长463米，为毛石干垒墙，保存较差。墙体沿东南岔沟西北行，随即转西行，穿过北脑包图沟东支沟，翻越南山岭，止于大圣沟沟脑谷底。墙体坍塌，于地表呈低矮的石垄状，底宽2～3、顶宽1.5～2.5、残高0.5～1米。该段墙体中段北部，复有残存的石筑副墙，较低矮，长约180米，与主墙体大体呈并行之势。止点北部的分水岭山口处有敖包，其北部支沟洪水北流进入北脑包图沟，经北脑包图牧点东侧北流汇入乌兰额日格音高勒河，再转西流注入德岭山水库。

墙体沿线调查烽燧1座，为同和太22号烽燧。

同和太22号烽燧（150824353201030079）　位于海流图镇同和太村北脑包图南1.56千米处的山顶上，北距同和太长城10段墙体0.01千米，西距同和太23号烽燧0.47千米。

墩台石筑，保存差。台体坍塌，现呈覆钵形石堆状，底部直径12、顶部直径6、残高2.5米；西侧邻接墩台有长方形石筑坞址，东西长8、南北宽5米，坞墙残高0.5米。墩台东侧有积薪垛3座，呈圆形石堆状，大小相近，直径4～5、残高0.2～0.4米，南北一线排列，间距分别为12米和15米。

11. 同和太长城11段（150824382102030028）

该段长城起自海流图镇同和太村北脑包图南0.59千米，止于同和太村芦草沟牧点东0.66千米。墙体作内外弯曲分布，呈东南—西北走向，末端转西行；上接同和太长城10段，下接同和太长城12段。

墙体长2294米，为毛石干垒墙，总体保存较差。墙体沿敖包图山北坡上缘延伸，止于山岭西缘墙体西南拐点处。墙体坍塌，大部分呈略高于地表的石垄状，底宽1.5～4.7、顶宽1.3～2、残高0.3～1.8米。墙体前小段保存一般，局部外壁有残存，长299米；后小段保存较差，长1995米。其中，保存一般部分、保存较差部分，分别占该段墙体总长的13%、87%。该段墙体之上，有倚墙而建的石筑马面2座，均建于墙体拐点处外侧较高的台地之上。台体呈长方形，顶部高于墙体，规模大体相同，底部长6、宽4、残高近3米。

墙体前小段外侧有石筑副墙，起自大圣沟西岸，起点南距主墙体50米；止于北脑包图沟沟脑部位东岸，南距主墙体16米。墙体长348米，于地表呈窄矮的石垄状；东隔大圣沟大体可与上段副墙相接。

墙体沿线调查烽燧5座，分别为同和太23号、24号、25号、26号、27号烽燧。

同和太23号烽燧（150824353201030080） 位于海流图镇同和太村北脑包图西南0.74千米处的敖包图山东坡山头上，北距同和太长城11段墙体0.04千米，西北距同和太24号烽燧0.45千米。

墩台石筑，保存差。台体坍塌为椭圆形石堆状，底部长径8、短径6米，顶部长径5、短径3米，残高2米；东侧邻接墩台有石筑坞址，平面呈长方形，东西长8、南北宽6米，坞墙残高0.4米。墩台东侧有积薪垛2座、西侧1座，均为圆形石圈状，直径2～4、残高0.2～0.4米。烽燧西北侧为北脑包图沟沟脑，西侧有支沟沟脑，洪水东南流汇入大圣沟主河槽；交汇点北侧山脚下有牧户。

同和太24号烽燧（150824353201030081） 位于海流图镇同和太村北脑包图西南0.93千米处的敖包图山顶部，坐落在制高点上；东北距同和太长城11段墙体0.15千米，西偏北距同和太25号烽燧0.31千米；西北0.15千米处的墙体外侧有马面。

墩台石筑，保存差。台体坍塌为椭圆形石堆状，底部长径8、短径7米，顶部长径4、短径3米，残高1.5米；西侧邻接墩台有石筑坞址，平面呈长方形，东西长7、南北宽5米，坞墙宽0.3、残高0.5米。墩台南侧有积薪垛3座、东侧1座，均作圆形石堆状，大小不一，直径2.5～3.8、残高0.4～0.7米。其中，南侧积薪垛作东北—西南一线分布，间距12米和32米。墩台西侧有小石堆，其西北侧有正方形石圈，边长10米；其中，东墙南端、南墙东端与石堆相接。敖包图山为左近最高山峰，山因烽燧而得名。

同和太25号烽燧（150824353201030082） 位于海流图镇同和太村北脑包图西1.1千米处的敖包图山西部山脊北坡上缘支岭背上，北距同和太长城11段墙体0.06千米，西偏北距同和太26号烽燧0.31千米。

墩台土筑，保存差。台体坍塌为椭圆形土丘状，底部长径7、短径5米，顶部长径4、短径2.5米，残高1.5米；东侧邻接墩台有长方形石筑坞址，南北长4、东西宽3米，坞墙宽0.2、残高0.3米。墩台南侧有积薪垛6座，均呈圆形石堆状，大小各异，直径1.5～5、残高0.2～0.4米。其中，紧邻墩台有3座，呈三角形比邻分布，另外3座位于其南部35米处的山岭上，南北一线排列，间距分别为14米和15米。

同和太26号烽燧（150824353201030083） 位于海流图镇同和太村芦草沟牧点东偏南1.24千米处的敖包图山西部山岭上，东北距同和太长城11段墙体0.03千米，西北距同和太27号烽燧0.42千米。

墩台石筑，保存差。台体坍塌为椭圆形石堆状，底部长径9、短径8米，顶部长径6、短径4米，残高1米；东侧邻接墩台有长方形石筑坞址，南北长6、东西宽4米，坞墙宽0.3、残高0.3米。墩台西南有积薪垛2座，呈圆形石堆状，大小相近，直径2.5、残高0.3米。烽燧南侧小直沟洪水西南流，汇入西流的大直沟，再注入海流图河。

同和太27号烽燧（150824353201030084） 位于海流图镇同和太村芦草沟牧点东0.87千米处的山岭顶部，北侧距同和太长城11段墙体0.12千米，西偏南距同和太28号烽燧0.42千米。

墩台石筑，保存差。台体坍塌为椭圆形石堆状，底部长径7、短径6米，顶部长径4.5、短径3米，残高2.5米；东侧邻接墩台有长方形石筑坞址，南北长8、东西宽4米，墙体宽0.4、残高0.4米。墩台东侧有积薪垛5座，呈圆形石堆状，直径2～3、残高0.3米。其中，3座南北一线排列，间距10米；另2座在东侧作东西分布，间距14米。烽燧东侧支沟洪水西南流汇入芦草沟，东北部支沟洪水东北流进乌兰额日格音高勒河。

29.同和太长城12段（150824382102030029）

该段长城起自海流图镇同和太村芦草沟牧点东0.66千米，止于同和太村芦草沟牧点南0.59千米。

墙体前小段略作外向折线形分布，由东偏北—西偏南走向转呈东北—西南走向，上接同和太长城11段，下接同和太长城13段。

墙体长1052米，以铁矿石块垒筑，当中填充部分土石；总体保存较好。墙体沿芦草沟东岸山地作下坡行，止于芦草沟与大直沟洪水交汇点东侧谷底；坍塌的墙体底宽1.8～4、顶宽1.6～2.2、内壁残高0.3～0.8、外壁残高1.5～2米。墙体前小段保存较差，呈低矮的土垄状，长368米；后小段保存较好，壁面不甚规整，基本保留原有形态，长684米（彩图五九五）。其中，保存较好部分、保存较差部分，分别占该段墙体总长的65%、35%。

墙体沿线调查烽燧2座，分别为同和太28号、29号烽燧。

同和太28号烽燧（150824353201030085）　位于海流图镇同和太村芦草沟牧点东南0.48千米处的坡地山丘上，西北距同和太长城12段墙体0.06千米，西南距同和太29号烽燧0.56千米。

墩台石筑，保存差。台体坍塌为椭圆形石堆状，底部长径9、短径8米，顶部长径6、短径4米，残高2米；东侧倚墩台有长方形石筑坞址，东西长7、南北宽4米，坞墙宽0.2、残高0.6米（彩图五九六）。墩台西南部有积薪垛4座，均作圆形石堆状，直径3～4、残高0.2～0.5米，自墩台南部向西南一线排列，间距13～16米。烽燧周边基岩裸露，东南临小沟，洪水西南流汇入芦草沟。

同和太29号烽燧（150824353201030086）　位于海流图镇同和太村芦草沟牧点南0.54千米处的芦草沟与大直沟洪水交汇点东北侧小山丘上，西北距同和太长城12段墙体0.01千米，西南距同和太30号烽燧0.35千米。

墩台石筑，保存差。台体坍塌为椭圆形石堆状，底部长径8、短径7米，顶部长径5、短径3米，残高2米；东南邻接墩台有长方形石筑坞址，东西长7、南北宽5米，坞墙残高0.7米。墩台南侧有积薪垛3座，呈正方形石圈状，大小相同，边长2.5米，南北一线分布，间距分别为10米和14米。

30. 同和太长城13段（150824382102030030）

该段长城起自海流图镇同和太村芦草沟牧点南0.59千米，止于同和太村喇嘛湾牧点南0.69千米。墙体随河谷作内外弯曲分布，总体呈东北—西南走向，上接同和太长城12段，下接同和太长城14段。

墙体长1564米，为毛石干垒墙，总体保存较差。墙体西南行，遇海流河转南行，再沿河岸西偏南行，旋即南折，而后跨过海流图河谷，墙体复现于西岸半坡上。大部分墙体保存较差，长1434米，均已坍塌，于地表呈低矮的石垄状，底宽1～3、顶宽0.5～2.5米，内侧与山体平齐，外壁残高0.2～2米；末端墙体消失在海流图河槽中，长130米。其中，保存较差部分、消失部分，分别占该段墙体总长的91.7%、8.3%。

墙体沿线调查烽燧3座，分别为同和太30号、31号、32号烽燧。

同和太30号烽燧（150824353201030087）　位于海流图镇同和太村喇嘛湾牧点东偏北0.58千米处的小山头上，西北距同和太长城13段墙体0.09千米，南距同和太31号烽燧0.24千米。

墩台石筑，保存差。台体坍塌为圆形石堆状，底部直径7、顶部直径3、残高1.5米。墩台东部有积薪垛6座，南北一线分布，北端的3座呈圆形石圈状，直径2.5～3米，间距分别为24米和29米；南端的3座呈圆形石堆状，直径4.5米，间距分别为20米和27米。烽燧西临海流图河，东临脑包图沟，西北部为两沟洪水交汇处。

同和太31号烽燧（150824353201030088）　位于海流图镇同和太村喇嘛湾牧点东0.57千米处的海流图河东岸小山头上，西距同和太长城13段墙体0.12千米，西偏南距同和太32号烽燧0.56千米。

墩台石筑，保存差。台体坍塌为椭圆形石堆状，底部长径8、短径7米，顶部长径5、短径4米，残高1米；东侧邻接墩台有石筑长方形坞址，痕迹模糊。墩台东侧岭背上有积薪垛3座，呈圆形石堆状，直径3.5米；由西北向东南一字排列，间距分别为14米和17米。烽燧西部的海流图河谷东向弯曲，隔河有喇嘛湾牧点。

同和太32号烽燧（150824353201030089）　位于海流图镇同和太村喇嘛湾牧点南0.33千米处的海流图河南岸，西北距同和太长城13段墙体0.06千米，西南距同和太33号烽燧0.84千米；二者隔海流图河相望。

墩台石筑，保存差。台体坍塌为椭圆形石堆状，底部长径8、短径7米，顶部长径4、短径3米，残高1.5米。墩台东南侧矮岭上有积薪垛3座，呈圆形石堆状，规格相同，直径3.5米，由西北向东南一字排列，间距13米。烽燧坐落在河湾内侧山头上，北部河槽北岸的一级台地上有长方形石圈圐圙。

31. 同和太长城14段（150824382102030031）

该段长城起自海流图镇同和太村喇嘛湾牧点南0.69千米，止于同和太村喇嘛湾牧点西南1.35千米。墙体作内向折线形分布，由东北—西南走向转呈东偏南—西偏北走向，上接同和太长城13段，下接同和太长城15段。

墙体长1195米，为毛石干垒墙，保存差。墙体沿喇嘛湾牧点西南部的海流图河西支沟南岸山岭北坡上缘延伸，止于其西南小支沟谷底；于地表呈低矮的石垄状，底宽1~1.5、顶宽0.5~1、残高0.2~0.3米。

墙体沿线调查烽燧2座、障城1座，分别为同和太33号、34号烽燧和海流图沟障城。

同和太33号烽燧（150824353201030090）　位于海流图镇同和太村喇嘛湾牧点南偏西1.1千米处的山岭上，西北距同和太长城14段墙体0.02千米，西距同和太34号烽燧0.47千米。

墩台石筑，保存差。台体坍塌为椭圆形石堆状，底部长径13、短径9米，顶部长径4、短径3米，残高1~1.5米；东南侧邻接墩台有长方形石筑坞址，长9、宽4米，坞墙宽0.3、残高0.4米。墩台南侧有积薪垛3座，呈圆形石堆状，直径3~5米；南北分布，间距分别为16米和19米。

同和太34号烽燧（150824353201030091）　位于海流图镇同和太村喇嘛湾牧点西南1.39千米处的山岭顶部山头上，北距同和太长城14段墙体0.09千米，西距同和太35号烽燧0.37千米。

墩台石筑，保存差。台体坍塌，现呈较大的椭圆形石堆状，底部长径9、短径8米，顶部长径5、短径3米，残高2米。墩台东南侧有积薪垛3座，呈圆形石堆状，直径3~5、残高0.2~0.4米；顺山岭东西排列，间距分别为21米和22米。

海流图沟障城（150824353102030004）　位于德岭山镇老崩庙自然村西侧0.3千米处海流图沟北岸台地上，北距同和太长城14段墙体及同和太33号烽燧1.2千米。

障城由主障和关厢两部分组成。主障平面呈正方形，边长30米。障墙以黄土夯筑，已坍塌，于地表呈高土垄状，底宽7.5、顶宽3.5、残高1~1.5米。南墙中部辟门，门宽4米，方向184°。关厢平面亦呈正方形，边长69米；西城墙和北城墙向南、向东接筑于主障东墙和北墙扩展而建，另筑南墙和东墙闭合成方形关厢。现关厢内形成较大面积的雨水冲沟，使城内东半部以及大部分南墙均已冲毁，冲沟断面上可见有较厚文化堆积层。残存墙体为土筑，上部散布有石块；明显较主障墙低矮，底宽7、顶宽3、残高0.5~0.8米。关厢门址不详。主障及关厢地表散落有较多汉代瓦片、陶片等遗物。障城地处海流图沟大拐弯西北侧的河槽北岸，背靠山，山顶为长城墙体，而此处筑城屯兵，可有效地扼守贯通阳山的海流图沟通道。

32. 同和太长城15段（150824382102030032）

该段长城起自海流图镇同和太村喇嘛湾牧点西南1.35千米，止于同和太村枣树口牧点东南1.59千米。墙体略作外向漫弧形分布，由东西走向转为北偏东—南偏西走向，上接同和太长城14段，下接同和太长城16段。

墙体长535米，为毛石干垒墙，总体保存差。墙体沿喇嘛湾牧点西南部的海流图河西支沟南岸山岭北坡延伸，止于老崩庙牧点西部的海流图河支沟中游谷底。墙体坍塌，于地表呈低矮的石垄状隆起，底宽1~2、顶宽0.5~1.5、残高0.2~1.5米。墙体前小段保存较差，内壁接山体，外壁坍塌成石垄状，长258米；后小段坍塌严重，保存差，略高于山体表面，长277米。其中，保存较差部分、保存差部分，分别占该段墙体总长的48.2%、51.8%。

墙体沿线调查烽燧1座，为同和太35号烽燧。

同和太35号烽燧（150824353201030092）　位于海流图镇同和太村枣树口牧点东南1.57千米处的山顶上，西北距同和太长城15段墙体0.02千米，西南距同和太36号烽燧0.67千米。

墩台石筑，保存差。台体坍塌，现呈高大的椭圆形石堆状，底部长径18、短径14米，顶部长径4、短径3米，残高3.2米；东侧邻接墩台有长方形石筑坞址，南北长10、东西宽6米，坞墙残高0.3米。墩台东侧有积薪垛4座，均作圆形石堆状，大小不等，其中以近于墩台者为大，直径2~6、残高0.3~0.6米，大体呈南北一线排列，间距14~20米。烽燧西南侧紧邻老崩庙牧点西部支沟，洪水东南流转南流汇入海流图河。

33. 同和太长城16段（150824382102030033）

该段长城起自海流图镇同和太村枣树口牧点东南1.59千米，止于同和太村枣树口牧点东南0.83千米。墙体略作内向直角折线形分布，由东北—西南走向转呈东南—西北走向，上接同和太长城15段，下接同和太长城17段。

墙体长1376米，为毛石干垒墙，保存差。墙体分布在枣树口牧点东南部山岭上，随山岭走向构筑，末端折向西南，止于牧点东南小直沟沟脑处。墙体坍塌成低矮的石垄状，底宽1~1.4、顶宽0.5~1.2、残高0.2~0.5米。墙体末端有山道穿过，导致墙体断豁，现今无车辆通行迹象。

该段墙体前小段的外向折弯部位，倚外壁建马面1座，呈东西长方形，台体上半部坍塌，下半部保留原始形态；底部长6、宽4、残高1~3米（彩图五九七），北偏东距同和太35号烽燧0.2千米。

墙体沿线调查烽燧2座，分别为同和太36号、37号烽燧。

同和太36号烽燧（150824353201030093）　位于海流图镇同和太村枣树口牧点东南1.51千米处的山岭上，北距同和太长城16段墙体0.06千米，西北距同和太37号烽燧0.68千米。

墩台石筑，保存差。台体坍塌，现呈覆钵形石堆状，底部直径8、顶部直径4、残高2米。烽燧南侧为沟脑，洪水西流汇入枣树口沟。

同和太37号烽燧（150824353201030094）　位于海流图镇同和太村枣树口牧点东南0.83千米处的山岭顶部山头上，北距同和太长城16段墙体0.01千米，西距同和太38号烽燧0.51千米。

墩台石筑，保存差。台体坍塌，现呈覆钵形石堆状，底部直径9、顶部直径4、残高2米；东侧邻接墩台有长方形石筑坞址，南北长6、东西宽3米，坞墙残高0.4米。墩台东南侧有积薪垛3座，呈圆形石堆状，大小相近，直径2.5、残高0.2~0.3米；作西北—东南向一线排列，间距分别为16米和17米。

34. 同和太长城17段（150824382102030034）

该段长城起自海流图镇同和太村枣树口牧点东南0.83千米，止于同和太村枣树口牧点南偏西0.91千米。墙体作外向弧线形分布，由东西走向过渡为东北—西南走向，上接同和太长城16段，下接同和太长城18段。

墙体长958米，为毛石干垒墙，总体保存差。墙体沿山岭北坡西行，绕过末端山头后转西南向下坡行，跨过枣树口沟，止于河槽西岸。墙体均坍塌，于地表呈低矮的石垄状，底宽1.2~3、顶宽0.6~2.5、残高0.2~2米。墙体前后小段保存差，坍塌较为严重，长821米；中小段保存较差，有部分外壁残存，长137米，因山水冲刷而出现3米宽的豁口。其中，保存较差部分、保存差部分，分别占该段墙体总长的14.3%、85.7%。枣树口沟，历史上为穿山通道。

墙体沿线调查烽燧2座，分别为同和太38号、39号烽燧。

同和太38号烽燧（150824353201030095）　位于海流图镇同和太村枣树口牧点南0.69千米处的枣树口沟东岸山头上，北距同和太长城16段墙体0.08千米，西南距同和太39号烽燧0.25千米。

墩台石筑，保存差。台体坍塌呈椭圆形石堆状，底部长径8、短径7米，顶部长径5、短径4米，残高1.5米。墩台东南部山岭上分布积薪垛3座，呈正方形石圈状，作西北—东南一线分布，间距分别为37米和42米。

同和太39号烽燧（150824353201030096）　位于海流图镇同和太村枣树口牧点南偏西0.86千米处的枣树口沟东岸台地上，西北距同和太长城17段墙体0.05千米，西距同和太40号烽燧0.38千米。

墩台石筑，保存差。台体坍塌成低矮的圆形石堆状，底部直径5、残高1米。墩台西北侧有独立的石筑正方形坞址，坞墙坍塌成石垄状，边长8米。墩台东侧有积薪垛3座，呈圆形石堆状，大小相近，直径3米；作西南—东北一线分布，间距分别为17米和20米。

35.同和太长城18段（150824382102030035）

该段长城起自海流图镇同和太村枣树口牧点南偏西0.91千米，止于同和太村枣树口牧点西南1.39千米。墙体略作内外弯曲分布，呈东南—西北走向，上接同和太长城17段，下接同和太长城19段。

墙体长1211米，为毛石干垒墙，保存差。墙体沿枣树口沟西部山岭背坡延伸，止于枣树口沟西部的长沟上游谷底，长沟洪水北流注入德岭山水库；止点西部为得巴沟沟脑，洪水南流。墙体坍塌较为严重，呈略高于山体表面的石垄状，底宽1~1.3、顶宽0.5~1、残高0.2~0.3米。

墙体沿线调查烽燧2座，分别为同和太40号、41号烽燧。

同和太40号烽燧（150824353201030097）　位于海流图镇同和太村枣树口牧点西南1千米处的山头上，北距同和太长城18段墙体0.07千米，西北距同和太41号烽燧0.58千米。

墩台石筑，保存差。台体坍塌为椭圆形石堆状，底部长径8、短径6米，顶部长径4、短径3米，残高1米。烽燧南北两侧均有支沟，洪水东南流汇入枣树口沟。

同和太41号烽燧（150824353201030098）　位于海流图镇同和太村枣树口牧点西南1.25千米处的高山头上，北距同和太长城18段墙体0.09千米，西偏北距同和太42号烽燧0.87千米。

墩台石筑，保存差。台体坍塌为椭圆形石堆状，底部长径10、短径9米，顶部长径5、短径4米，残高1米；东侧邻接墩台有长方形石筑坞址，南北长8、东西宽4米，坞墙宽0.4、残高0.4米。墩台南侧有积薪垛3座，呈圆形石圈状，大小不等，直径1.5~2.5、残高0.2~0.4米。烽燧西部为长沟沟脑，洪水北流注入德岭山水库；北侧有支沟沟脑，洪水东流再转东南流汇入枣树口沟。

36.同和太长城19段（150824382102030036）

该段长城起自海流图镇同和太村枣树口牧点西南1.39千米，止于同和太村准努日森拜兴牧点东偏南2.05千米。墙体内外略有弯曲，大体呈东南—西北走向，上接同和太长城18段，下接同和太长城20段。

墙体长1152米，为毛石干垒墙，保存较好。墙体沿得巴沟沟脑部位的山岭背坡构筑，止于沟脑西部的山岭低凹处。墙体内壁较低矮，局部几乎与山体相接，外壁高峻，壁面整齐。现存墙体底宽2.5~3.5、顶宽1.5~2.5、外壁残高1.8~2.1米；有部分墙体坍塌成低矮的石垄状（彩图五九八）。

墙体沿线调查烽燧1座，为同和太42号烽燧。

同和太42号烽燧（150824353201030099）　位于海流图镇同和太村枣树口牧点西1.93千米处的山

头上，北距同和太长城19段墙体0.02千米，西偏北距同和太43号烽燧0.45千米。

墩台石筑，保存差。台体坍塌为椭圆形石堆状，底部长径9、短径8米，顶部长径6、短径4米，残高2米。墩台南侧有积薪垛3座，呈圆形石堆状，直径4、残高0.3米，大体作南北一线分布，间距分别为19米和20米。墙体于烽燧外侧环绕，南侧为得巴沟沟脑。

37. 同和太长城20段（150824382102030037）

该段长城起自海流图镇同和太村准努日森拜兴牧点东偏南2.05千米，止于同和太村准努日森拜兴牧点东1.46千米。墙体略作内外弯曲分布，呈东南—西北走向，上接同和太长城19段，下接同和太长城21段。

墙体长755米，为毛石干垒墙，保存较好。墙体沿山岭背坡延伸，止于努日森乌拉山东侧沟谷谷底。大部分墙体基本保存原有形态，底宽2.5～3.5、顶宽1.8～2.7、外壁残高1.8～2米；局部墙体坍塌，于地表呈低矮的石垄状。

墙体沿线调查烽燧2座，分别为同和太43号、44号烽燧。

同和太43号烽燧（150824353201030100）　位于海流图镇同和太村准努日森拜兴牧点东偏南1.95千米处的山岭低凹处小山头上，北距同和太长城20段墙体0.01千米，西北距同和太44号烽燧0.41千米。

墩台石筑，保存差。台体坍塌，现呈椭圆形石堆状，底部长径9、短径8米，顶部长径5、短径4米，残高1米。墩台东南部有积薪垛3座，呈圆形石堆状，直径2.5～4、残高0.2～0.4米，作东北—西南一线排列，间距分别为14.5米和15米。墩台东侧为烽燧所在长城起点，南侧为得巴沟西沟正沟脑。

同和太44号烽燧（150824353201030101）　位于海流图镇同和太村准努日森拜兴牧点东1.56千米处的山头上，北距同和太长城20段墙体0.12千米，西北距同和太45号烽燧0.56千米，二者隔沟相望。

墩台石筑，保存差。台体坍塌，现呈椭圆形石堆状，底部长径9、短径8米，顶部长径6、短径4米，残高2米；东侧邻接墩台有长方形石筑坞址，南北长6、东西宽3米，坞墙宽0.3、残高0.3米；外围隐约有石筑围墙痕迹，呈正方形，边长27米。墩台南侧有积薪垛6座，其中3座较大，呈圆形石堆状，直径4、残高0.2～0.4米，南北排列，间距18～20米；另外的3座较小，分布于大积薪垛之间，大体处在同一条直线上。

38. 同和太长城21段（150824382102030038）

该段长城起自海流图镇同和太村准努日森拜兴牧点东1.46千米，止于同和太村准努日森拜兴牧点东北0.82千米。墙体内外略有弯曲，大体呈东南—西北走向，上接同和太长城20段，下接同和太长城22段。

墙体长942米，为毛石干垒墙，总体保存一般。墙体沿努日森乌拉山东西两侧山岭外缘延伸，止于准努日森拜兴沟正沟沟脑西北侧的梁背上。现存墙体底宽2.5～4、顶宽1～2.7、内壁残高0～1、外壁残高1.5～1.8米。墙体前小段坍塌较为严重，保存差，于地表呈低矮的石垄状，长77米；后小段保存一般，内外壁俱存，局部轻微坍塌，长865米。其中，保存一般部分、保存差部分，分别占该段墙体总长的91.8%、8.2%。

该段墙体中部外侧，倚墙有石筑马面1座，台体坍塌，现呈长方形石堆状，底部东西长7、南北宽5、残高约2米。马面地处努日森乌拉山主峰偏北部位，南距努日森乌拉山主峰上的同和太45号烽燧0.07千米。

墙体沿线调查烽燧1座，为同和太45号烽燧。

同和太45号烽燧（150824353201030102）　位于海流图镇同和太村准努日森拜兴牧点东1.05千米处的努日森乌拉山头上，东北距同和太长城21段墙体0.04千米，西北距同和太46号烽燧0.59千米。

墩台石筑，保存差。台体坍塌为椭圆形石堆状，底部长径9、短径8米，顶部长径6、短径4米，残高1米；顶部有垒砌的石堆。

39. 同和太长城22段（150824382102030039）

该段长城起自海流图镇同和太村准努日森拜兴牧点东北0.82千米，止于同和太村准努日森拜兴牧点西北0.66千米。墙体作外向折线形分布，由东南—西北走向转呈东西走向，上接同和太长城21段，下接同和太长城23段。

墙体长1178米，为毛石干垒墙，总体保存一般。墙体沿山岭背坡蜿蜒前行，止于牧点西北部的洪水北流沟谷上游谷底。现存墙体底宽1.5~3.2、顶宽1~2.7、内壁残高0~0.5、外壁残高0.5~2米。墙体前小段坍塌严重，保存差，于地表呈低矮的石垄状，长110米；中小段保存一般，外壁面砌筑整齐，长1009米；后小段保存较好，内壁较低矮，外壁陡峻，长59米（彩图五九九）。其中，保存较好部分、保存一般部分、保存差部分，分别占该段墙体总长的5%、85.7%和9.3%。

墙体沿线调查烽燧3座，分别为同和太46号、47号、48号烽燧。

同和太46号烽燧（150824353201030103）　位于海流图镇同和太村准努日森拜兴牧点东北0.72千米处的山头上，北距同和太长城22段墙体0.04千米，西北距同和太47号烽燧0.35千米。

墩台石筑，保存差。台体坍塌为覆钵形石堆状，底部直径14、顶部直径5、残高1米。墩台东侧有积薪垛3座，呈圆形石堆状，大小相同，直径3、残高0.3米，大体作南北向一线排列，间距分别为28米和42米。墩台外围有摆放的石头圈，将北端积薪垛围在其中；外缘有环山头挖掘的探矿沟。烽燧西侧为准努日森拜兴牧点沟正沟沟脑，北侧沟脑洪水北流，于萨音呼热东部环绕，西北流汇入乌不浪沟主河槽。

同和太47号烽燧（150824353201030104）　位于海流图镇同和太村准努日森拜兴牧点北偏东0.6千米处的山岭顶部，北距同和太长城22段墙体0.08千米，西距同和太48号烽燧0.42千米。

墩台石筑，保存差。台体坍塌，现呈高大的覆钵形石堆状，底部直径12、顶部直径4、残高3米；东侧邻接墩台有长方形石筑坞址，南北长6、东西宽4米，坞墙宽0.2、残高0.3米（彩图六〇〇）。墩台东侧有积薪垛3座，呈圆形石堆状，大小相近，直径3.5~4、残高0.3米，沿山梁南北向等距排列，间距15米（参见彩图五九九）。

同和太48号烽燧（150824353201030105）　位于海流图镇同和太村准努日森拜兴牧点北0.53千米处的低山头上，北距同和太长城22段墙体0.03千米，西北距同和太49号烽燧0.3千米，二者隔洪水北流的"丫"形沟脑相望。

墩台石筑，保存差。台体坍塌，现呈高大的覆钵形石堆状，底部长径13、短径11米，顶部长径4、短径3米，残高3米。墩台东南坡地上有积薪垛3座，呈圆形石堆状，规格相同，直径4、残高0.3米，大体作南北向一线排列，间距分别为15米和18米。

40. 同和太长城23段（150824382102030040）

该段长城起自海流图镇同和太村准努日森拜兴牧点西北0.66千米，止于同和太村准努日森拜兴牧点西北1.41千米。墙体内外弯曲幅度较大，大体呈东南—西北走向，上接同和太长城22段，下接同和太长城24段。

墙体长1085米，以含铁的黑色毛石块砌筑，保存较好。墙体沿山岭北坡上部蜿蜒延伸，止于石砬山东坡脚处。墙体内壁低矮，外壁高峻，基本保存原始形态；局部地段坍塌较为严重。现存墙体底宽2.3~3.2、顶宽2~2.7、外壁残高1.8~2米（彩图六〇一）。

墙体沿线调查烽燧3座，分别为同和太49号、50号、51号烽燧。

同和太49号烽燧（150824353201030106）　位于海流图镇同和太村准努日森拜兴牧点西北0.74千米处的山顶上，北距同和太长城23段墙体0.02千米，西距同和太50号烽燧0.25千米。

墩台石筑，保存差。台体坍塌，现呈高大的覆钵形石堆状，底部直径20、顶部长径5、残高2.6米（参见彩图六〇一）。墩台西南梁背上有积薪垛3座，呈圆形石堆状，直径4～5、残高0.1～0.3米，自北而南渐小，南北等距排列，间距13米。烽燧南侧为分水岭，其中西侧沟脑洪水西南向下泄，汇入乌不浪沟；东侧沟脑洪水先北流，而后转西流，于石碹山北部汇入乌不浪沟。

同和太50号烽燧（150824353201030107）　位于海流图镇同和太村准努日森拜兴牧点西北0.91千米处的山顶上，西北距同和太长城23段墙体0.04千米，西距同和太51号烽燧0.4千米。

墩台石筑，保存差。台体坍塌，现呈高大的覆钵形石堆状，底部直径17、顶部直径5、残高2.5米；东侧邻接墩台有坞址，轮廓模糊。坞址东侧有独立的长方形石圈，东西长13、南北宽10米。墩台东侧有积薪垛6座，南北一线排列，均呈圆形石堆状，形制相近，直径2～6、残高0.1～0.3米。其中，北部3座较大，间距21米；南部3座较小，间距9米。烽燧周边地势较平缓，东南部缓沟中有多处探矿坑，沟中有一处房屋及院落。

同和太51号烽燧（150824353201030108）　位于海流图镇同和太村准努日森拜兴牧点西北1.19千米处较平缓的山岭上，东北距同和太长城23段墙体0.06千米，西北距同和太52号烽燧0.46千米。

墩台石筑，保存差。台体坍塌为圆形石堆状，底部直径15、顶部直径5、残高2米。墩台东侧有积薪垛3座，均呈圆形石堆状，大小不等，直径3～4、残高0.1～0.4米，东西一线排列，间距分别为16米和18米。

41. 同和太长城24段（150824382102030041）

该段长城起自海流图镇同和太村准努日森拜兴牧点西北1.41千米，止于海流图镇希日朝鲁村东南1.11千米。墙体作外向弧线形分布，由东南—西北走向转呈东西走向，上接同和太长城23段，下接同和太长城25段。

墙体长843米，为毛石干垒墙，保存较好。墙体沿希日朝鲁村东南部的石碹山北坡上缘弯曲延伸，止于石碹山西麓。墙体内低外高，内壁局部地段几乎与山体平齐，外壁面砌筑整齐，结构严密，稳固而陡峻。现存墙体基宽2.5～3、顶宽2～2.5、外壁残高1～3.5米（彩图六〇二）。

墙体沿线调查烽燧1座，为同和太52号烽燧。

同和太52号烽燧（150824353201030109）　位于海流图镇希日朝鲁村东南1.5千米处的石碹山上，北距同和太长城24段墙体0.11千米，西距同和太53号烽燧0.49千米。

墩台石筑，保存差。台体坍塌为椭圆形石堆状，底部长径11、短径9米，顶部长径5、短径4米，残高2米；东侧邻接墩台有长方形石筑坞址，南北长4、东西宽2米，坞墙残高0.3米。墩台南侧和东北侧各有积薪垛1座，呈圆形石堆状，大小相同，直径2、残高0.3米，作西南—东北分布，间距19米。

42. 同和太长城25段（150824382102030042）

该段长城起自海流图镇希日朝鲁村东南1.11千米，止于希日朝鲁村南偏东0.89千米。墙体作直线分布，呈东西走向，上接同和太长城24段，下接同和太长城26段。

墙体长463米，为夯筑土墙，总体保存差。墙体分布在乌不浪沟河槽及其两岸台地上，坍塌的墙体于地表呈低矮的土垄状，底宽3～8、顶宽1～1.5、残高0.3～1米。墙体前后小段保存差，地表隆起较明显，长383米；中小段位于乌不浪沟河槽之中，洪水冲刷导致长80米的墙体消失。其中，保存差部分、消失部分，分别占该段墙体总长的82.7%、17.3%。

墙体沿线调查烽燧1座，为同和太53号烽燧。

同和太53号烽燧（150824353201030110）　位于海流图镇希日朝鲁村东南1.14千米处的乌不浪沟东岸山丘上，北距同和太长城25段墙体0.07千米，西北距同和太54号烽燧0.48千米。

墩台石筑，保存差。台体坍塌为圆形石堆状，底部直径12、顶部直径5、残高1.6米。墩台西侧有积薪垛3座，呈圆形石堆状，直径3.5～4.5、残高0.3米，南北一线排列，间距分别为25米和29米。烽燧东侧有土路南北行，西北部为乌不浪沟主河槽与东支沟洪水交汇点。

43. 同和太长城26段（150824382102030043）

该段长城起自海流图镇希日朝鲁村南偏东0.89千米，止于希日朝鲁村南偏西0.87千米。墙体作内外弯曲分布，大体呈东西走向，上接同和太长城25段，下接东希日朝鲁长城1段。

墙体长607米，为毛石干垒墙，经修缮，保存较好。墙体地处乌不浪沟与212省道之间的孤山东西两侧坡地上，底宽顶窄，内外壁向上有收分；底宽2.5～3.2、顶宽2.2～2.7、内壁残高0.5～1.3、外壁残高1.8～2.5米（彩图六〇三）。

墙体沿线调查烽燧3座，分别为同和太54号、55号、56号烽燧。

同和太54号烽燧（150824353201030111）　位于海流图镇希日朝鲁村南偏东0.82千米处的乌不浪沟西岸山丘顶部，北距同和太长城26段墙体0.01千米，西距同和太55号烽燧0.41千米。

墩台石筑，经修缮，保存较好。台体呈正方形覆斗状，底部边长8、顶部边长6、残高2米。

同和太55号烽燧（150824353201030112）　位于海流图镇希日朝鲁村南偏西0.87千米处的212省道东侧山丘上，倚同和太长城26段末端墙体内侧建筑，东北距同和太56号烽燧3.03千米。

墩台石筑，经修缮，保存较好。台体平面呈正方形覆斗状，底部边长8、顶部边长6、残高2米（彩图六〇四）。烽燧东北毗邻通讯信号塔。

同和太56号烽燧（150824353201030113）　亦称呼仍敖包烽燧，位于海流图镇希日朝鲁村呼仍敖包牧点东北0.65千米处的山岭顶部，南距同和太长城23段墙体2.5千米，西南距东希日朝鲁1号烽燧3.13千米；南偏西2.33千米与同和太52号烽燧相望，东距德岭山古城6千米。

墩台石筑，保存差。台体坍塌，现呈高大的覆斗形石堆状，底部直径20、顶部直径4、残高5米。墩台由上下两部分构成，上部石块较细碎，底部叠压着明显较大的块石，应分属于始筑与沿用两个不同时期。墩台南侧有积薪垛1座，呈低矮的圆形石堆状，直径4.5、残高0.4米。烽燧周边采集到北魏时期松叶纹黑灰陶片及内壁压印方格纹陶片，还见有早期特征的三角唇陶壶残片，由此推断，上部分台体应为北魏时期沿用建筑，与德岭山古城周边防御有关；下部分台体及相邻的积薪垛或为秦代始筑。烽燧建筑在长城外部的小石碴山头上，北对乌不浪川地，早期应为"斥候"侦察的预警烽燧；晚期应与德岭山古城周边防御相关联。

墩台西侧基岩及南部石碴山头上有磨刻岩画，以北山羊、鹿等动物图案为主，其次是人物、骑者，还见有弯弓围猎场景，为全国重点文物保护单位呼仍敖包岩画。

44. 东希日朝鲁长城1段（150824382101030044）

该段长城起自海流图镇希日朝鲁村南偏西0.87千米，止于希日朝鲁村西南1.06千米。墙体作直线分布，呈东西走向，上接同和太长城26段，下接东希日朝鲁长城2段。

墙体长315米，为夯筑土墙，保存差。墙体地处乌不浪沟西部较缓的丘陵地带，已坍塌，于地表呈低矮的土垄状隆起，底宽2～8.5、顶宽1.2～1.8、残高0.3～0.5米。212省道于该段长城前小段穿过，造成墙体豁口。

墙体沿线调查烽燧1座，为东希日朝鲁1号烽燧。

东希日朝鲁1号烽燧（150824353201030114）　位于海流图镇希日朝鲁村南偏西0.97千米处212省道西侧路边的山丘顶部，北距东希日朝鲁长城1段墙体0.02千米，西距东希日朝鲁2号烽燧0.94千米。

墩台土筑，保存差。台体坍塌为椭圆形土丘状，底部直径7、顶部直径3、残高1米；顶部散落有石块。烽燧南侧有通讯信号塔。

45. 东希日朝鲁长城2段（150824382102030045）

该段长城起自海流图镇希日朝鲁村西南1.06千米，止于希日朝鲁村老窑南0.13千米。墙体略作内外弯曲分布，呈东偏南—西偏北走向，上接东希日朝鲁长城1段，下接东希日朝鲁长城3段。

墙体长1436米，为毛石干垒墙，保存较差。墙体构筑在212省道西部的低缓丘陵地带，止于老窑所在的那仁高勒沟东岸半坡处。墙体均已坍塌，于地表呈低矮的石垄状，底宽2～5、顶宽1.5～2、残高0.3～0.5米。沿线小沟洪水冲刷，导致墙体出现4处断豁。

墙体沿线调查烽燧2座，分别为东希日朝鲁2号、3号烽燧。

东希日朝鲁2号烽燧（150824353201030115）　位于海流图镇希日朝鲁村老窑东南0.69千米处的小山丘上，北距东希日朝鲁长城2段墙体0.02千米，西偏北距东希日朝鲁3号烽燧0.49千米。

墩台石筑，保存差。台体坍塌，现呈覆钵形石堆状，底部直径12、顶部直径3、残高1.5米；西侧邻接墩台有长方形石筑坞址，南北长8、东西宽4米，坞墙残高0.5米。墩台南侧有积薪垛3座，呈圆形石堆状，大小相近，直径3～4、残高0.1～0.3米，南北一线排列，间距13米。

东希日朝鲁3号烽燧（150824353201030116）　位于海流图镇希日朝鲁村老窑东南0.23千米处的那仁高勒沟东岸山丘顶部，北距东希日朝鲁长城2段墙体0.04千米，西北距东希日朝鲁4号烽燧0.32千米；二者隔那仁高勒沟相望。

墩台石筑，保存差。台体坍塌，现呈高大的覆钵形石堆状，底部直径10、顶部直径3、残高3米。墩台南侧有积薪垛6座，均呈圆形石堆状，形制相近，大小不一，直径2.5～5、残高0.2～0.5米。其中3座近墩台，作南北向一线排列，间距7米；其南部的3座作东北—西南向排列，间距分别为17.5米和22米。

46. 东希日朝鲁长城3段（150824382102030046）

该段长城起自海流图镇希日朝鲁村老窑南0.13千米，止于希日朝鲁村老窑西0.22千米。墙体作外向弧线形分布，大体呈东南—西北走向，上接东希日朝鲁长城2段，下接东希日朝鲁长城4段。

墙体长233米，为毛石干垒墙，保存较差。墙体分布在那仁高勒沟东西两岸坡地上，止点在老窑西部小支沟谷底。墙体坍塌，于地表呈低矮的石垄状，底宽2～6、顶宽1.5～2、残高0.5～0.8米。

墙体沿线调查烽燧1座，为东希日朝鲁4号烽燧。

东希日朝鲁4号烽燧（150824353201030117）　位于海流图镇希日朝鲁村老窑西0.18千米处的那仁高勒沟西岸边山地北坡上，北距东希日朝鲁长城3段墙体0.01千米，西距东希日朝鲁5号烽燧0.21千米。

墩台土石混筑，内部夯土外壁包石筑成，保存差。台体坍塌，现呈高大的圆锥体状，底部直径10、顶部直径1、残高3.2米；台体表面散布较多石块（彩图六〇五）。墩台西南部矮岭上有积薪垛3座，呈圆形石堆状，直径3～4.5、残高最高0.5米；东北—西南一线排列，间距分别为19米和23米。

47. 东希日朝鲁长城4段（150824382301030047）

该段长城起自海流图镇希日朝鲁村老窑西0.22千米，止于希日朝鲁村老窑北偏西0.77千米；大体作直线分布，呈南偏东—北偏西走向，上接东希日朝鲁长城3段，下接东希日朝鲁长城5段。

本段墙体为消失段，起止点之间的直线长度为725米。原墙体分布在老窑北部的那仁高勒西岸，岸边山体陡峭，筑墙石块随坡流失，东希日朝鲁6号烽燧东侧有石筑墙体残存痕迹；结合地形地貌推测该段长城原应为石墙。依据沿线烽燧分布的方位，亦可大体把握原墙体的分布与走向。

沿线调查烽燧2座，分别为东希日朝鲁5号、6号烽燧。

东希日朝鲁5号烽燧（150824353201030118） 位于海流图镇希日朝鲁村老窑西0.39千米处的那仁高勒沟西岸山丘顶部，地处原墙体内侧，北距东希日朝鲁6号烽燧0.36千米。

墩台石筑，保存差。台体坍塌，现呈高大的覆钵形石堆状，底部直径15、顶部直径2.5、残高4米；东侧邻接墩台有长方形石筑坞址，南北长12、东西宽5米。墩台南侧矮岭上有圆形石堆状积薪垛3座，直径均为3、残高最高0.5米，东北—西南向一线排列，等距分布，间距16米。墩台周围地表散布有泥质灰陶、灰褐陶及夹砂陶片，器表施凹弦纹、宽带纹，也见有粗绳纹陶片；器形为宽沿盆、侈口矮领罐和釜。烽燧南北有小凹沟，洪水东北流汇入那仁高勒沟河槽；西南部有牧户三家，西部有探矿建筑的平房。

东希日朝鲁6号烽燧（150824353201030119） 位于海流图镇希日朝鲁村老窑西北0.46千米处的那仁高勒沟山丘顶部，东距东希日朝鲁长城4段墙体约0.03千米，北距东希日朝鲁7号烽燧0.38千米，二者隔那仁高勒沟西南支沟相望。

墩台石筑，保存差。台体坍塌，现呈高大的覆钵形石堆状，底部长径11、顶部直径2.8、残高3米；西侧邻接墩台有长方形石筑坞址，南北长9、东西宽5米，坞墙残高0.4米。墩台周围地表散落有陶片，为泥质灰陶凹弦纹盆、腹部施凸弦纹带的侈口矮领罐和夹砂灰褐陶釜等。烽燧东部的那仁高勒沟西岸有采砂场用房一排。

48. 东希日朝鲁长城5段（150824382102030048）

该段长城起自海流图镇希日朝鲁村老窑北偏西0.77千米，止于希日朝鲁村老窑西北1.16千米。墙体作外向"C"形弯曲分布，由东南—西北走向过渡为东北—西南走向，上接东希日朝鲁长城4段，下接东希日朝鲁长城6段。

墙体长817米，为毛石干垒墙，总体保存差。墙体在老窑西北部的低山地带环绕，止于洪水北偏东流的那仁高勒沟支沟谷底，止点北侧为支沟洪水交汇点。墙体坍塌，现存墙体底宽1~5、顶宽0.5~1.5米，内壁低矮，局部与山体平齐，外壁残高0.3~1米。墙体前小段保存较差，筑墙石块随坡散落，于地表呈低矮的石垄状，长228米；后小段保存差，坍塌严重，几乎与山体相融，长589米。其中，保存较差部分、保存差部分，分别占该段墙体总长的27.9%、72.1%。

墙体沿线调查烽燧2座，分别为东希日朝鲁7号、8号烽燧。

东希日朝鲁7号烽燧（150824353201030120） 位于海流图镇希日朝鲁村老窑北偏西0.79千米处的那仁高勒沟西岸山丘顶部，东北距东希日朝鲁长城5段墙体0.04千米，西北距东希日朝鲁8号烽燧0.39千米。

墩台石筑，保存差。台体坍塌，现呈高大的圆形石堆状，底部直径11、顶部直径3、残高3米。烽燧东临那仁高勒沟，南部为洪水东北流的支沟，两沟洪水交汇点在烽燧东南侧。

东希日朝鲁8号烽燧（150824353201030121） 位于海流图镇希日朝鲁村老窑西北1.15千米处的那仁高勒沟西岸石碴山地带，西北距东希日朝鲁长城5段墙体0.05千米，西偏南距东希日朝鲁9号烽燧0.77千米。

墩台石筑，保存差。台体坍塌，现呈高大的覆钵形石堆状，底部直径11、顶部直径2.3、残高3.2米。墩台南侧有积薪垛3座，呈圆形石堆状，直径4.5米，东西一线排列，间距分别为27米和47米。烽燧北部约百米处，为那仁高勒沟西支沟两岔沟洪水交汇点；西南部的南北向直支沟为下段长城起点。

49. 东希日朝鲁长城6段（150824382102030049）

该段长城起自海流图镇希日朝鲁村老窑西北1.16千米，止于希日朝鲁村阿日塔班陶勒盖南偏西

0.9千米。墙体作内外折线形分布，总体呈东西走向，上接东希日朝鲁长城5段，下接东希日朝鲁长城7段。

墙体长1234米，为毛石干垒墙，总体保存较差。墙体沿较缓的低山北坡延伸，先顺坡地西偏南行，而后折向西北行，末端复为西偏南行，止于牧点南偏西部缓沟河槽东岸。大部分墙体已坍塌，于地表呈低矮的石垄状，底宽1.5~5.5、顶宽1~2、内壁残高0.5~1.5、外壁残高0.5~2米。墙体前小段保存一般，筑墙石块呈斜坡状滚落，内壁尚有残存，长431米；中小段保存较好，内外壁俱存，局部地段有坍塌现象，长209米（彩图六〇六）；后小段保存较差，坍塌严重，呈石垄状隆起，长594米；止点处因山水冲刷而出现宽4米的豁口。其中，保存较好部分、保存一般部分和保存较差部分，分别占该段墙体总长的16.9%、34.9%和48.2%。

墙体沿线调查烽燧2座，分别为东希日朝鲁9号、10号烽燧。

东希日朝鲁9号烽燧（150824353201030122）　位于海流图镇希日朝鲁村阿日塔班陶勒盖南偏东0.91千米处的山丘上，北距东希日朝鲁长城6段墙体0.01千米，西偏北距东希日朝鲁10号烽燧0.29千米。

墩台石筑，保存差。台体坍塌，现呈高大的覆钵形石堆状，底部直径18、顶部直径5、残高3.4米；东侧邻接墩台有坞址。墩台西南侧有积薪垛3座，呈正方形石圈状，边长4~5、残高0.4米，作东北—西南向排列，间距分别为20米和34米。烽燧南部有探矿坑，东西两侧为小支沟，系那仁高勒沟西支沟沟脑。

东希日朝鲁10号烽燧（150824353201030123）　位于海流图镇希日朝鲁村阿日塔班陶勒盖南0.82千米处较高的山丘顶部，北距东希日朝鲁长城6段墙体0.03千米，西距东希日朝鲁11号烽燧0.31千米，二者隔缓沟相望。

墩台石筑，保存差。台体坍塌，现呈高大的覆钵形石堆状，底部直径18、顶部直径2.4、残高3.4米。墩台南偏东侧有积薪垛6座，均呈圆形石堆状，直径2~6、残高0.2~0.5米，南北向一线排列，北端的3座较大，间距分别为16米和20米；南端的3座较小，间距分别为10米和12米。墩台西侧有积薪垛3座，呈圆形石堆状，直径2~2.5米，东西一线排列，等距分布，间距10米。烽燧南北均为那仁高勒沟西支沟沟脑。

50.东希日朝鲁长城7段（150824382102030050）

该段长城起自海流图镇希日朝鲁村阿日塔班陶勒盖南偏西0.9千米，止于希日朝鲁村阿日塔班陶勒盖西偏南1.3千米。墙体作外向折线形弯曲分布，由东南—西北走向转为东西走向，上接东希日朝鲁长城6段，下接东希日朝鲁长城8段。

墙体长997米，为毛石干垒墙，总体保存较差。墙体沿阿日塔班陶勒盖西南部的山岭背坡构筑，均已坍塌，于地表呈低矮的石垄状，底宽1.5~7、顶宽1~1.5、残高0.5~1.6米。墙体前小段保存较差，坍塌的石块随坡散落，长707米；后小段保存一般，内外壁仅底部有残留，长290米。其中，保存一般部分、保存较差部分，分别占该段墙体总长的29.1%、70.9%。

该段墙体末端外侧的石碴岭上，倚墙有石筑马面1座，台体坍塌为长方形石堆状，底部东西长7、南北宽4、残高1.5米。

墙体沿线调查烽燧2座，分别为东希日朝鲁11号、12号烽燧。

东希日朝鲁11号烽燧（150824353201030124）　位于海流图镇希日朝鲁村阿日塔班陶勒盖西南0.97千米处的高山丘顶部，东北距东希日朝鲁长城7段墙体0.06千米，西北距东希日朝鲁12号烽燧0.55千米。

墩台石筑，保存差。台体坍塌，现呈高大的覆钵形石堆状，底部直径17、顶部直径3、残高4米。墩台西侧有圆形石堆状积薪垛3座，大小相近，直径3、残高0.2~0.3米，作三角形分布，间距15~26米。烽燧东临缓沟，有土路沿沟南北行；西南有石碴山岭。

东希日朝鲁12号烽燧（150824353201030125）　位于海流图镇希日朝鲁村阿日塔班陶勒盖西偏南1.03千米处的山丘之上，北距东希日朝鲁长城7段墙体0.02千米，西偏南距东希日朝鲁13号烽燧0.3千米。

墩台石筑，保存差。台体坍塌，现呈高大的覆钵形石堆状，底部直径15、顶部直径3、残高3.8米；东侧邻接墩台有长方形石筑坞址，南北长10、东西宽5米，坞墙残高2米（彩图六〇七）。墩台南侧有圆形石堆状积薪垛3座，大小类同，直径4、残高0.3米，东西一线排列，间距分别为14米和21米。墙体于烽燧北侧坡地作直角环绕。烽燧两侧有小支沟，洪水先北流，合流后转西北流，汇入敖布拉格沟北支沟。

51. 东希日朝鲁长城8段（150824382102030051）

该段长城起自海流图镇希日朝鲁村阿日塔班陶勒盖西偏南1.3千米，止于希日朝鲁村图勒图浩饶牧点东偏北0.69千米。墙体略作外向弧线形分布，大体呈东西走向，上接东希日朝鲁长城7段，下接东希日朝鲁长城9段。

墙体长370米，为毛石干垒墙，总体保存较好。墙体分布在敖布拉格沟东岸石碴岭上，止于沟边。现存墙体底宽1~2.5、顶宽0.5~1.5米，内壁不显，外壁残高0.3~2米。墙体前小段保存较好，外壁砌筑整齐，长287米（彩图六〇八）；后小段保存较差，外壁多已坍塌，石块随坡散落，长83米。其中，保存较好部分、保存较差部分，分别占该段墙体总长的77.6%、22.4%。墙体前小段内侧，有用长城石块垒砌的不规则形石圈；后小段墙体南部有圆形石圈圆圖。

墙体沿线调查烽燧2座，分别为东希日朝鲁13号、14号烽燧。

东希日朝鲁13号烽燧（150824353201030126）　位于海流图镇希日朝鲁村图勒图浩饶牧点东1.01千米处的石碴山丘上，北距东希日朝鲁长城8段墙体0.04千米，西偏北距东希日朝鲁14号烽燧0.29千米。

墩台石筑，保存差。台体坍塌，现呈圆形石堆状，底部直径9、顶部直径4.5、残高2米；西侧邻接墩台有长方形石筑坞址，南北长8、东西宽6米，坞墙残高1米。墩台西侧有圆形石堆状积薪垛3座，大小相近，直径3、残高0.3米，南北一线排列，等距分布，间距6米。烽燧西北有石圈圆圖，倚长城墙体内侧垒筑。

东希日朝鲁14号烽燧（150824353201030127）　位于海流图镇希日朝鲁村图勒图浩饶牧点东偏北0.78千米处的敖布拉格沟东岸石碴岭上，倚东希日朝鲁长城8段墙体内侧建筑，西偏南距东希日朝鲁15号烽燧0.35千米。

墩台石筑，保存差。台体坍塌，现呈高大的覆钵形石堆状，底部直径14、顶部直径4、残高3米（参见彩图六〇八）。墩台南侧岭背上有积薪垛3座，呈圆形石堆状，大小类同，直径3、残高0.3米，大体作南北向一线分布，间距分别为15米和20米。

52. 东希日朝鲁长城9段（150824382301030052）

该段长城起自海流图镇希日朝鲁村图勒图浩饶牧点东偏北0.69千米，止于希日朝鲁村图勒图浩饶牧点北偏西0.2千米；大体作内向折线形分布，呈东西走向，上接东希日朝鲁长城8段，下接东希日朝鲁长城10段。

本段墙体为消失段，起止点之间的直线长度为712米。原墙体应沿敖布拉格沟东岸边西南行，而后转西行，垂直穿过敖布拉格河槽，爬上西岸陡坡；牧点北部山地上有低矮的石筑墙体残存，表明该段墙体原应为石墙。长城经行的敖布拉格沟段为峡谷，沟坡陡峭，推测筑墙石块滚落无踪，东岸不排除利用自然山险的可能性；河槽中原墙体的构筑情况不明。该段墙体西北部为敖布拉格沟的两大支沟羊马乃高勒沟和伊和高勒沟洪水合流处，东南部下游有乌不浪水库。

墙体沿线调查烽燧1座，为东希日朝鲁15号烽燧。

东希日朝鲁15号烽燧（150824353201030128）　位于海流图镇希日朝鲁村图勒图浩饶牧点东偏北0.44千米处的敖布拉格沟东岸边山地上，东北距东希日朝鲁长城9段墙体起点0.12千米，西距东希日朝鲁16号烽燧0.74千米，二者隔敖布拉格沟相望。

墩台石筑，保存差。台体坍塌，现呈高大的覆钵形石堆状，底部直径10、顶部直径5、残高4米；东侧邻接墩台有长方形石筑坞址，南北长7、东西宽3米，坞墙残高1米。烽燧西部隔沟为图勒图浩饶牧点。

53. 东希日朝鲁长城10段（150824382102030053）

该段长城起自海流图镇希日朝鲁村图勒图浩饶牧点北偏西0.2千米，止于希日朝鲁村图勒图浩饶牧点西0.3千米。墙体作外向弧线形分布，大体呈东北—西南走向，上接东希日朝鲁长城9段，下接东希日朝鲁长城11段。

墙体长373米，为毛石干垒墙，保存差。墙体沿敖布拉格西岸山地延伸，已坍塌，呈略高于山体表面的石垄状，底宽2～6、顶宽1～1.5、残高0.3～0.7米。牧点西侧缓沟沟脑部位的墙体有断豁。

墙体沿线调查烽燧1座，为东希日朝鲁16号烽燧。

东希日朝鲁16号烽燧（150824353201030129）　位于海流图镇希日朝鲁村图勒图浩饶牧点北偏西0.3千米处的敖布拉格沟西岸山丘顶部，西北距东希日朝鲁长城10段墙体0.02千米，西北距东希日朝鲁17号烽燧0.61千米。

墩台石筑，保存差。台体坍塌，现呈高大的覆钵形石堆状，底部直径10、顶部直径5、残高3米；南侧邻接墩台有长方形石筑坞址，东西长8、南北宽5米，坞墙残高1米。墩台西侧有积薪垛3座，呈圆形石堆状，直径2～3、残高0.4米；东西一线排列，间距分别为10米和15米。

54. 东希日朝鲁长城11段（150824382301030054）

该段长城起自海流图镇希日朝鲁村图勒图浩饶牧点西0.3千米，止于希日朝鲁村图勒图浩饶牧点西北1.87千米；分布情况不明，呈东南—西北走向，上接东希日朝鲁长城10段，下接东希日朝鲁长城12段。

本段墙体为消失段，起止点之间的直线长度为1700米。沿线为敖布拉格沟的河湾地带，南岸沟坡陡立，或被利用为自然山险。在羊马乃高勒与伊和高勒沟交汇点南侧，有支沟洪水东流，下段墙体于该支沟中游西岸山岭上复现。

沿线调查烽燧3座，分别为东希日朝鲁17号、18号、19号烽燧。

东希日朝鲁17号烽燧（150824353201030130）　位于海流图镇希日朝鲁村图勒图浩饶牧点西北0.82千米处的敖布拉格沟南岸边山地上，西北距东希日朝鲁18号烽燧0.57千米，二者隔南向伸出的"几"字形河湾相望。

墩台石筑，保存差。台体坍塌，现呈高大的覆钵形石堆状，底部直径13、顶部直径6、残高5米；东南侧倚墩台有长方形石筑坞址，长9、宽4米，坞墙残高1米。墩台南侧有积薪垛3座，呈圆形石堆或石圈状，直径3～4、残高0.5米，西北—东南一线排列，间距分别为19米和34米。烽燧西侧紧邻河湾，西南部有小支沟，洪水东北流汇入敖布拉格沟河槽。

东希日朝鲁18号烽燧（150824353201030131）　位于海流图镇希日朝鲁村图勒图浩饶牧点西北1.39千米处的敖布拉格沟西岸山丘顶部，北偏西距东希日朝鲁19号烽燧0.31千米。

墩台石筑，保存差。台体坍塌，现呈高大的椭圆形石堆状，底部长径14、短径10米，顶部长径

6、短径4米，残高5米；东侧邻接墩台有石筑坞址，平面呈长方形，南北长11、东西宽5米，坞墙残高1米。墩台西南侧有积薪垛3座，呈低平的圆形石堆状，大小相近，直径3～5、残高0.5米（彩图六〇九），作东北—西南向一线排列，间距分别为17米和31米。

东希日朝鲁19号烽燧（150824353201030132） 位于海流图镇希日朝鲁村图勒图浩饶牧点西北1.64千米处的敖布拉格沟西侧山丘顶部，西偏北距东希日朝鲁20号烽燧0.45千米。

墩台石筑，保存差。台体坍塌，现呈高大的覆钵形石堆状，底部直径14、顶部直径6、残高4米；东北侧邻接墩台有长方形石筑坞址，长10、宽3米，坞墙残高1米。墩台南侧有积薪垛3座，呈低平的圆形石堆状，直径3～5、残高0.5米，作西北—东南向一线分布，间距14米。烽燧位于伊和高勒沟下游北向凸出的"几"字形大湾内，西临小支沟，洪水东北流汇入敖布拉格沟。

55. 东希日朝鲁长城12段（150824382102030055）

该段长城起自海流图镇希日朝鲁村图勒图浩饶牧点西北1.87千米，止于希日朝鲁村图勒图浩饶牧点西北2.24千米。墙体作内外弯曲分布，大体呈东西走向，上接东希日朝鲁长城11段，下接东希日朝鲁长城13段。

墙体长503米，为毛石干垒墙，总体保存较差。墙体沿伊和高勒沟下游河湾内西半部短山岭北坡延伸，地处敖布拉格沟上游西南支沟与伊和高勒沟之间。墙体坍塌，于地表呈低矮的石垒状，底宽0.8～5、顶宽0.5～1.7、残高0.2～1米。墙体前小段保存较差，地表隆起较明显，长204米；中小段保存一般，内外壁均有残存，长161米；后小段保存差，筑墙石块随坡滚落，长138米。其中，保存一般部分、保存较差部分和保存差部分，分别占该段墙体总长的32%、40.6%和27.4%。

墙体沿线调查烽燧1座，为东希日朝鲁20号烽燧。

东希日朝鲁20号烽燧（150824353201030133） 位于海流图镇希日朝鲁村图勒图浩饶牧点西北2.06千米处的伊和高勒沟下游南岸山岭上，北距东希日朝鲁长城12段墙体0.02千米，西距东希日朝鲁21号烽燧0.54千米。

墩台石筑，保存差。台体坍塌，现呈长方形石堆状，南北长15、东西宽12、残高2.5米；南侧邻接墩台有坞址。墩台南侧有积薪垛3座，呈圆形石堆状，大小类同，直径3、残高1米，作东北—西南一线排列，等距分布，间距13米。墩台东南部有积薪垛4座，直径3～5、残高0.5米，其中3座南北一线排列，间距分别为32米和37米；另1座位于北端积薪垛的东侧，二者作东西分布，间距21米。烽燧西北临沟，沟中河槽南岸开辟有条形耕地。

56. 东希日朝鲁长城13段（150824382102030056）

该段长城起自海流图镇希日朝鲁村图勒图浩饶牧点西北2.24千米，止于西希日朝鲁村恩格热敖来牧点东偏南2.27千米。墙体略作内向弧线形分布，大体呈东西走向，上接东希日朝鲁长城12段，下接东希日朝鲁长城14段。

墙体长1017米，为毛石干垒墙，总体保存差。墙体沿伊和高勒沟陡峭的南坡上缘修筑，止于洪水北流的小支沟沟口处；止点北隔河槽为花其高勒沟沟口。墙体坍塌，仅局部见有垒状隆起，底宽1～4、顶宽0.5～1.7、残高0.3～0.8米。墙体前小段保存差，坍塌严重，筑墙石块随坡滚落，长689米；后小段保存较差，于地表呈低矮的石垒状，长328米。其中，保存较差部分、保存差部分，分别占该段墙体总长的32.3%、67.7%。

墙体沿线调查烽燧2座，分别为东希日朝鲁21号、22号烽燧。

东希日朝鲁21号烽燧（150824353201030134） 位于海流图镇希日朝鲁村图勒图浩饶牧点西北2.48千米处的伊和高勒南岸低山丘上，北距东希日朝鲁长城13段墙体0.02千米，西距东希日朝鲁22

号烽燧0.42千米。

墩台石筑，保存差。台体坍塌，现呈高大的覆钵形石堆状，底部直径12、顶部直径5、残高3米；东南侧邻接墩台有长方形石筑坞址，长6、宽5米，坞墙残高0.4米。墩台西南侧有积薪垛3座，呈低平的圆形石堆状，大小相近，直径2～3、残高0.3米，东西一线排列，间距分别为27米和40米。烽燧北侧紧邻伊和高勒沟，河槽南岸台地被开垦为条形耕地。

东希日朝鲁22号烽燧（150824353201030135）　位于海流图镇西希日朝鲁村恩格热敖来牧点东偏南2.52千米处的伊和高勒沟南岸山丘上，北距东希日朝鲁长城13段墙体0.03千米，西偏北距东希日朝鲁23号烽燧0.62千米。

墩台石筑，保存差。台体坍塌，现呈高大的覆钵形石堆状，底部直径14、顶部直径6、残高3米；东侧邻接墩台有长方形石筑坞址，南北长8、东西宽4米，坞墙残高0.3米。墩台东南侧有积薪垛3座，呈圆形石堆或石圈状，大小相近，直径5、残高1米，大体作东西一线排列，间距分别为35米和52米。

57. 东希日朝鲁长城14段（150824382301030057）

该段长城起自海流图镇西希日朝鲁村恩格热敖来牧点东偏南2.27千米，止于西希日朝鲁村恩格热敖来牧点东偏南2.16千米；大体作直线分布，呈东西走向，上接东希日朝鲁长城13段，下接东希日朝鲁长城15段。

本段墙体为消失段，起止点之间的直线长度为154米。原墙体分布在伊和高勒沟北流小支沟沟口处，邻近主河槽，沟坡陡峭，洪水冲刷导致墙体消失。依据相邻上下段墙体情况，推断该段墙体原应为石墙。

58. 东希日朝鲁长城15段（150824382102030058）

该段长城起自海流图镇西希日朝鲁村恩格热敖来牧点东偏南2.16千米，止于西希日朝鲁村恩格热敖来牧点东南1.54千米。墙体略作外向弧线形分布，大体呈东西走向，上接东希日朝鲁长城14段，下接东希日朝鲁长城16段。

墙体长915米，为毛石干垒墙，保存较差。墙体紧邻伊和高勒沟陡峭的南坡上部修筑，坍塌成低矮的石垄状，底宽2.5～4、顶宽0.8～1.2、残高0.5～0.8米。该段墙体中部有小缓沟洪水北流，洪水冲刷导致部分墙体消失。

墙体沿线调查烽燧2座，分别为东希日朝鲁23号、24号烽燧。

东希日朝鲁23号烽燧（150824353201030136）　位于海流图镇西希日朝鲁村恩格热敖来牧点东偏南1.91千米处的伊和高勒沟南岸边山丘上，北侧紧邻东希日朝鲁长城15段墙体，西距东希日朝鲁24号烽燧0.39千米。

墩台石筑，保存差。台体坍塌，现呈高大的覆钵形石堆状，底部直径14、顶部直径5、残高4米。墩台南侧有积薪垛1座，呈椭圆形石堆状，长径7、短径3、残高1米；东南侧有积薪垛3座，呈低矮的圆形石堆状，大小不一，直径2.5～5、残高0.3米，西北—东南一线排列，间距分别为29米和51米。

东希日朝鲁24号烽燧（150824353201030137）　位于海流图镇西希日朝鲁村恩格热敖来牧点东南1.55千米处的伊和高勒沟南岸边山丘上，西北距东希日朝鲁长城15段墙体0.01千米，西偏南距东希日朝鲁25号烽燧0.56千米。

墩台石筑，保存差。台体坍塌，现呈高大的覆钵形石堆状，底部直径10、顶部直径6、残高4米；东侧邻接墩台有长方形石筑坞址，南北长7、东西宽3米，坞墙残高1米。墩台西偏南侧岭背上有积薪垛3座，呈圆形石堆状，直径2.5～3、残高0.3米，作东北—西南向一线排列，间距均为13米。

59. 东希日朝鲁长城16段（150824382106030059）

该段长城起自海流图镇西希日朝鲁村恩格热敖来牧点东南1.54千米，止于西希日朝鲁村恩格热敖来牧点东南 0.67 千米；作内向圆弧形分布，大体呈东西走向，上接东希日朝鲁长城 15 段，下接东希日朝鲁长城 17 段。

为山险，起止点之间的直线长度为 861 米。山险所在的伊和高勒沟南岸山岩壁立，依山为险，未见人为加工痕迹（彩图六一〇）。

沿线调查烽燧 2 座，分别为东希日朝鲁 25 号、26 号烽燧。

东希日朝鲁 25 号烽燧（150824353201030138） 位于海流图镇西希日朝鲁村恩格热敖来牧点东南 1.38 千米处的伊和高勒沟南岸山丘之上，北距东希日朝鲁长城 16 段墙体 0.34 千米，西偏北距东希日朝鲁 26 号烽燧 0.42 千米。

墩台石筑，保存差。台体坍塌，现呈高大的覆钵形石堆状，底部直径 10、顶部直径 3、残高 4 米（参见彩图六一〇）；东侧邻接墩台有坞址。墩台北侧有积薪垛 3 座，呈圆形小石堆状，直径 2 米，东西一线排列，间距均为 25 米。

东希日朝鲁 26 号烽燧（150824353201030139） 位于海流图镇西希日朝鲁村恩格热敖来牧点南偏东 1.05 千米处的伊和高勒沟南岸山头上，东北距东希日朝鲁长城 16 段墙体 0.55 千米，北偏西距东希日朝鲁 27 号烽燧 0.58 千米。

墩台石筑，保存差。台体坍塌，现呈高大的覆钵形石堆状，底部直径 11、顶部直径 6、残高 3 米（参见彩图六一〇）。墩台西南侧岭背上有积薪垛 3 座，呈圆形石堆状，直径 3 ~ 5 米，东西一线排列，间距分别为 19 米和 35 米。墩台东南部背坡梁背上有积薪垛 3 座，呈小石堆状，直径 2.5 ~ 4 米，南北一线排列，间距分别为 39 米和 53 米。烽燧建筑在制高点上，北望视野开阔，北部河湾处的石碴山壁立高耸。

60. 东希日朝鲁长城 17 段（150824382102030060）

该段长城起自海流图镇西希日朝鲁村恩格热敖来牧点东南 0.67 千米，止于西希日朝鲁村恩格热敖来牧点东南 0.28 千米。墙体作外向弧线形分布，由南北走向过渡为东偏南—西偏北走向，上接东希日朝鲁长城 16 段，下接东希日朝鲁长城 18 段。

墙体长 510 米，以泥质板岩石板砌筑，总体保存差。墙体沿牧点东南部的伊和高勒沟南岸陡坡构筑，止于小沟谷底。墙体外高内低，大部分坍塌，筑墙石块随坡滚落；现存墙体底宽 1.5 ~ 5.5、顶宽 1 ~ 2 米，内壁几乎不显，外壁残高 0.2 ~ 2.4 米。墙体前小段保存一般，局部地段有坍塌，长 119 米；中小段保存较好，外壁砌筑齐整，长 57 米（彩图六一一）；后小段保存差，整体坍塌，长 334 米；止点处因山水冲刷造成一处宽 3 米的豁口。其中，保存较好部分、保存一般部分和保存差部分，分别占该段墙体总长的 11.2%、23.3% 和 65.5%。

墙体沿线调查烽燧 1 座，为东希日朝鲁 27 号烽燧。

东希日朝鲁 27 号烽燧（150824353201030140） 位于海流图镇西希日朝鲁村恩格热敖来牧点东南 0.48 千米处的低山岭上，东北距东希日朝鲁长城 17 段墙体 0.2 千米，西北距东希日朝鲁 28 号烽燧 0.19 千米。

墩台石筑，保存差。台体坍塌，现呈高大的覆斗形石堆状，底部边长 11、残高 3 米；东侧邻接墩台有长方形石筑坞址，南北长 8、东西宽 5 米，坞墙残高 1 米。墩台南部有积薪垛 3 座，呈圆形石堆状，直径 3 ~ 5、残高 0.5 米，东西一线排列，间距分别为 30 米和 53 米。烽燧坐落在伊和高勒沟"几"字形河湾内，其中东西两侧沟岸断崖壁立，为山险和山险墙；北部沟坡陡峭，修筑有长城墙体。

61. 东希日朝鲁长城 18 段（150824382105030061）

该段长城起自海流图镇西希日朝鲁村恩格热敖来牧点东南 0.28 千米，止于西希日朝鲁村恩格热敖来牧点南 0.5 千米；直线分布，呈东北—西南走向，上接东希日朝鲁长城 17 段，下接东希日朝鲁长城

19段。

为山险墙，长434米，保存差。长城利用恩格热敖来牧点南部的伊和高勒沟南岸悬崖峭壁为险，崖壁之上补筑石墙，大部分筑墙石块滚于山崖下；底宽1~1.5、顶宽0.8~1.2、残高0.3~0.5米（彩图六一二）。止点处地表有凸起的白色基岩线，作东西走向。

墙体沿线调查烽燧1座，为东希日朝鲁28号烽燧。

东希日朝鲁28号烽燧（150824353201030141）　位于海流图镇西希日朝鲁村恩格热敖来牧点东南0.31千米处的伊和高勒沟南岸边山丘上，西北距东希日朝鲁长城18段墙体0.02千米，西南距东希日朝鲁29号烽燧0.44千米。

墩台石筑，保存差。台体坍塌，现呈覆钵形石堆状，底部直径长8、顶部直径2、残高2米。烽燧紧邻沟边，西北隔河槽有一块长方形耕地，耕地北侧山脚下为恩格热敖来牧点。

62. 东希日朝鲁长城19段（150824382102030062）

该段长城起自海流图镇西希日朝鲁村恩格热敖来牧点南0.5千米，止于西希日朝鲁村恩格热敖来牧点西南1.35千米。墙体作内向折线形分布，由北南走向转呈东西走向，上接东希日朝鲁长城18段，下接西希日朝鲁长城1段。

墙体长1235米，为毛石干垒墙，总体保存较差。墙体沿伊和高勒沟南岸山岭背坡南行，而后直角折弯西行，止于牧点西南部支沟的正沟脑部位山岭低凹处。墙体坍塌，于地表呈低矮的石垄状，底宽1~6、顶宽0.8~1.8、残高0.3~0.8米。墙体前小段保存较差，轮廓与走向较清晰，长929米；后小段保存差，坍塌较为严重，筑墙石块滚落流失，局部地段轮廓不清，长306米。其中，保存较差部分、保存差部分，分别占该段墙体总长的75.2%、24.8%。

墙体沿线调查烽燧2座，分别为东希日朝鲁29号、30号烽燧。

东希日朝鲁29号烽燧（150824353201030142）　位于海流图镇西希日朝鲁村恩格热敖来牧点南0.61千米处的山顶上，西距东希日朝鲁长城19段墙体0.04千米，西南距东希日朝鲁30号烽燧0.37千米。

墩台石筑，保存差。台体坍塌，现呈高大的覆钵形石堆状，底部直径12、顶部直径5、残高4米；南侧邻接墩台有长方形石筑坞址，东西残长4、南北宽2米，坞墙残高1米。墩台南偏西侧有积薪垛3座，呈低平的小石堆状，大小相近，直径2、残高0.3米，作东偏北—西偏南向一线排列，间距分别为10.5米和12米。

东希日朝鲁30号烽燧（150824353201030143）　位于海流图镇西希日朝鲁村恩格热敖来牧点南偏西0.96千米处的伊和高勒沟南岸高山顶上，西距东希日朝鲁长城19段墙体0.04千米，西偏南距西希日朝鲁1号烽燧0.77千米。

墩台石筑，保存差。台体坍塌为椭圆形石堆状，底部长径11、短径8米，顶部长径7、短径5米，残高2米；墩台周边有围墙痕迹，东半部模糊不清。东侧有独立于墩台之外的正方形石筑坞址，边长4米，坞墙残高0.2米。墩台与坞之间有圆形石堆状积薪垛1座，直径3米；墩台南部有积薪垛3座，呈圆形石堆状，直径3~5、残高0.4米，作东北—西南向一线排列，间距分别为14米和18米。

63. 西希日朝鲁长城1段（150824382102030063）

该段长城起自海流图镇西希日朝鲁村恩格热敖来牧点西南1.35千米，止于西希日朝鲁村海子牧点北偏东1.09千米。墙体作内外弯曲分布，大体呈东南—西北走向，上接东希日朝鲁长城19段，下接西希日朝鲁长城2段。

墙体长985米，为毛石干垒墙，保存差。墙体构筑于恩格热敖来牧点西南部山岭北坡上缘，止点在伊和高勒沟之牧点西南支沟上游谷底。墙体坍塌较为严重，于山体表面呈低平的石垄状，底宽

1.2～5、顶宽0.8～1.2、残高0.2～0.3米。

墙体沿线调查烽燧2座，分别为西希日朝鲁1号、2号烽燧。

西希日朝鲁1号烽燧（15082435320103 0144）　位于海流图镇西希日朝鲁村恩格热敖来牧点西南1.51千米处的矮岭上，北距西希日朝鲁长城1段墙体0.02千米，西距西希日朝鲁2号烽燧0.68千米。

墩台石筑，保存差。台体坍塌，现呈高大的椭圆形石堆状，底部长径15、短径13米，顶部长径10、短径8米，残高4米；西侧邻接墩台有长方形石筑坞址，南北长10、东西宽7米，坞墙残高1米；外围有石筑围墙痕迹，平面呈正方形，边长18米。墩台西侧有积薪垛3座，呈圆形石圈状，直径3～5、残高0.3～0.6米，东西一线排列，等距分布，间距39米。

西希日朝鲁2号烽燧（15082435320103 0145）　位于海流图镇西希日朝鲁村海子牧点北偏东0.81千米处的高山顶部，北距西希日朝鲁长城1段墙体0.11千米，西北距西希日朝鲁3号烽燧0.62千米。

墩台石筑，保存差。台体坍塌，现呈高大的椭圆形石堆状，底部长径11、短径9米，顶部长径7、短径5米，残高3米；周边有石筑围墙，平面呈正方形，边长18米，辟东门。墩台东南侧岭背上有积薪垛3座，呈低平的圆形石堆状，直径4～5米，作西北—东南向一线分布，间距分别为19米和28米。烽燧西侧为洪水东北流的恩格热敖来牧点西南支沟沟脑，东侧为洪水东南流的哈尔达巴沟沟脑。

64. 西希日朝鲁长城2段（15082438210203 0064）

该段长城起自海流图镇西希日朝鲁村海子牧点北偏东1.09千米，止于西希日朝鲁村海子牧点西北1.19千米。墙体作内外弯曲分布，大体呈东西走向，上接西希日朝鲁长城1段，下接西希日朝鲁长城3段。

墙体长1340米，为毛石干垒墙，保存差。墙体沿巴音海日山山岭东坡上行，止于半坡低缓的山丘上；地处外向圆弧形分布墙体的弧端处，止点西南紧邻烽燧。倾塌的墙体于山体表面呈一面坡状隆起，底宽2～6、残高0.2～0.3米（彩图六一三）。

墙体沿线调查烽燧1座，为西希日朝鲁3号烽燧。

西希日朝鲁3号烽燧（15082435320103 0146）　位于海流图镇西希日朝鲁村海子牧点北1.12千米处的巴音海日山东缘山岭上，倚西希日朝鲁长城2段墙体内侧建筑，西距西希日朝鲁4号烽燧0.78千米。

墩台石筑，保存差。台体坍塌，现呈高大的覆钵形石堆状，底部直径20、顶部直径7、残高3米。墩台西南侧有积薪垛3座，呈圆形石堆状，直径3米，顺山岭作东北—西南一线排列，间距均为19米。烽燧南北均为小沟脑，洪水合流后东北流，于恩格热敖来牧点西部先后汇入伊和高勒沟主河槽。

65. 西希日朝鲁长城3段（15082438210203 0065）

该段长城起自海流图镇西希日朝鲁村海子牧点西北1.19千米，止于西希日朝鲁村海子牧点西北1.58千米。墙体作内向折线形分布，由东西走向转呈东南—西北走向，上接西希日朝鲁长城2段，下接西希日朝鲁长城4段。

墙体长526米，为毛石干垒墙，保存差。墙体顺山岭背坡延伸，止于巴音海日山东坡山岭中段；均已坍塌，于地表呈低矮的石垄状，底宽2～5.5、顶宽1.5～2.2、残高0.5～1米。该段墙体止点西南侧紧邻烽燧，西部小沟洪水北流，汇入伊和高勒沟主河槽。

墙体沿线调查烽燧1座，为西希日朝鲁4号烽燧。

西希日朝鲁4号烽燧（15082435320103 0147）　位于海流图镇西希日朝鲁村海子牧点西北1.21千米处的山岭上，东距西希日朝鲁长城3段墙体起点0.02千米，西偏北距西希日朝鲁5号烽燧0.47千米。

墩台石筑，保存差。台体坍塌，现呈高大的覆钵形石堆状，底部直径12、顶部直径8、残高3米，墩台上半部当为晚期利用痕迹；西侧邻接墩台有长方形石筑坞址，南北长7、东西宽4米，坞墙残高1

米（彩图六一四、参见彩图六一三）。墩台西侧有较大的积薪垛3座，其中东端的2座呈圆形石圈状，西端1座呈圆形石堆状；直径4～5、残高0.3米，沿山岭东西一线排列，间距分别为49米和92米；居中的较大积薪垛西南侧有小积薪垛3座，呈石堆状，大小类同，直径3～3.5、残高0.5米；东西一线排列，间距17米。烽燧南北两侧临沟，其中南侧为恩格热敖来牧点西南沟；北侧为恩格热敖来牧点西沟，洪水北流汇入南向弯曲的伊和高勒沟河槽。

66. 西希日朝鲁长城4段（150824382301030066）

该段长城起自海流图镇西希日朝鲁村海子牧点西北1.58千米，止于西希日朝鲁村海子牧点西偏北2.12千米；大体作外向弧线形分布，呈东西走向，上接西希日朝鲁长城3段，下接西希日朝鲁长城5段。

本段墙体为消失段，起止点之间的直线长度为716米。原墙体分布在巴音海日山东坡中段山岭背坡半腰上，沿线为陡坡，有断续存在的石墙遗迹，濒于消失；自然的风雨侵蚀与山水冲刷是导致墙体消失的主要因素。该段长城与西北侧的恩格热敖来牧点西沟谷沟床大体并列。

沿线调查烽燧1座，为西希日朝鲁5号烽燧。

西希日朝鲁5号烽燧（150824353201030148）　位于海流图镇西希日朝鲁村海子牧点西北1.59千米处的巴音海日山东坡中段山岭顶部，东北距西希日朝鲁长城4段墙体起点0.04千米，西偏南距西希日朝鲁6号烽燧0.94千米。

墩台石筑，保存差。台体坍塌，现呈高大的覆钵形石堆状，底部直径18、顶部直径9、残高4米。墩台东侧5米处有长方形石筑坞址，南北长8、东西宽4米，坞墙残高1米；外围有长方形石筑围墙，坍塌为低矮的石垄状，东西长28、南北宽23米。墩台东南部岭背有积薪垛3座，其中近烽燧者呈圆形石堆状，直径4米；另外2座呈长方形石圈状，长3.2、宽2.2米；作西北—东南向一线分布，间距分别为25米和29米。石堆状积薪垛的西北侧，又有小积薪垛3座，呈石堆状，直径1.5米；与大积薪垛处在一条线上，间距8米。

西希日朝鲁5号烽燧西南0.31千米处的山岭上，复查新发现烽燧1座，西距西希日朝鲁6号烽燧0.77米，三者略呈三角形分布。墩台石筑，台体坍塌，现呈覆钵形石堆状，底部直径17、顶部直径6.5、残高3米；东侧邻接墩台有长方形石筑坞址，南北长11、东西宽7米，坞墙坍塌成石垄状。墩台南侧有积薪垛3座，呈圆形小石堆状，直径2.5米，东西一线排列，间距分别为25米和37米。墩台东南侧另有积薪垛3座，每座由4个直径2米的小石堆组成，平面呈正方形，边长5米；南北一线排列，等距分布，间距27米。

67. 西希日朝鲁长城5段（150824382102030067）

该段长城起自海流图镇西希日朝鲁村海子牧点西偏北2.12千米，止于海流图镇阿拉腾哈少村乌吉尔牧点东2.35千米。墙体作外向折弧形分布，由东西走向转呈东北—西南走向，上接西希日朝鲁长城4段，下接西希日朝鲁长城6段。

墙体长2040米，为毛石干垒墙，保存差。墙体先沿巴音海日山东坡山岭背坡延伸，经主峰北坡西行，于主峰西北部转西南向下坡行，止于主峰西沟谷底河槽。墙体严重坍塌，于山体表面呈低矮的斜坡状隆起，底宽1～7、顶宽0.8～1.2、残高0.3～0.6米。止点南侧的河槽西岸有牧户一家。

该段墙体南部山岭上，有土筑墙体痕迹，沿山岭顶部外缘弯曲延伸。

墙体沿线调查烽燧4座，分别为西希日朝鲁6号、7号、8号、9号烽燧。

西希日朝鲁6号烽燧（150824353201030149）　位于海流图镇西希日朝鲁村海子牧点西偏北2.28千米处的巴音海日山主峰东部山顶上，北距西希日朝鲁长城5段墙体0.1千米，西距西希日朝鲁7号烽燧0.6千米。

墩台石筑，保存差。台体平面呈长方形，上半部坍塌，南北长12、东西宽10米、残高2米；西侧邻接墩台有长方形石筑坞址，形制规整，南北长9、东西宽6米，坞墙残高0.5～1米（彩图六一五）。墩台南部16米处另有长方形石筑坞址1座，东西长8、南北宽3米，坞墙宽1、残高0.5～1米。墩台东部有圆形石堆状积薪垛2座，直径2～6、残高0.5～0.7米，东西一线排列，间距26米；东南部岭背有积薪垛3座，呈圆形石堆状，直径3～4、残高0.3米，作西北—东南向一线分布，间距分别为31米和33米。烽燧东为恩格热敖来牧点西南沟沟脑，西为牧点西沟沟脑。

西希日朝鲁7号烽燧（150824353201030150） 位于海流图镇西希日朝鲁村海子牧点西偏北2.82千米处的巴音海日山主峰东侧山顶上，北距西希日朝鲁长城5段墙体0.04千米，西距西希日朝鲁8号烽燧0.35千米。

墩台石筑，保存差。台体坍塌，现略呈正方形覆斗状，底部边长10、残高2米；南侧邻接墩台有长方形石筑坞址，东西长8、南北宽5米，坞墙残高0.5米。墩台西南部有积薪垛3座，呈圆形石堆或石圈状，直径3～4、残高0.3米，南北一线排列，间距分别为11米和22米。

西希日朝鲁8号烽燧（150824353201030151） 位于海流图镇阿拉腾哈少村乌吉尔牧点东2.93千米处的巴音海日山主峰上，北距西希日朝鲁长城5段墙体0.1千米，西距西希日朝鲁9号烽燧0.39千米。

墩台石筑，保存差。台体坍塌，现呈正方形覆斗状，边长10、残高2米；东侧邻接墩台有长方形石筑坞址，南北长12、东西宽6米，坞墙残高1米；该坞东部又有一座较大的长方形石筑坞址，长12、宽8米，坞墙残高1.5米。墩台西侧及南偏西部有积薪垛6座，南北一线排列，其中西侧3座呈正方形石堆状，边长2.5米，间距分别为14米和17米；南偏西部另有3座，呈正方形石圈状，边长2.8米，间距均为16米。

西希日朝鲁9号烽燧（150824353201030152） 位于海流图镇阿拉腾哈少村乌吉尔牧点东2.57千米处的巴音海日山西缘山顶上，西北距西希日朝鲁长城5段墙体0.05千米，西南距西希日朝鲁10号烽燧0.55千米。

墩台石筑，保存差。台体坍塌，现呈高大的覆钵形石堆状，底部直径9、顶部直径5、残高3米；东侧邻接墩台有长方形石筑坞址，南北长9、东西宽4米，坞墙残高1米。墩台东偏南有积薪垛3座，呈正方形石圈状，大小类同，边长4米，南北排列，间距分别为9米和11米。墩台东南部有积薪垛3座，呈小石堆状，直径3米，作东北—西南向一线分布，间距分别为15米和21米。

68.西希日朝鲁长城6段（150824382102030068）

该段长城起自海流图镇阿拉腾哈少村乌吉尔牧点东2.35千米，止于阿拉腾哈少村乌吉尔牧点东偏南1.78千米。墙体中小段作内向折线形分布，大体呈东西走向，上接西希日朝鲁长城5段，下接西希日朝鲁长城7段。

墙体长664米，为毛石干垒墙，保存差。墙体沿巴音海日山西沟西坡地作上坡行，至山岭顶部出现连续的两个直角南折后转西行，止于道劳德音高勒沟东坡上缘。墙体坍塌严重，于山体表面呈低平的石垒状，底宽1.5～4.5、顶宽0.8～1.3、残高0.3～0.4米。

墙体沿线调查烽燧1座，为西希日朝鲁10号烽燧。

西希日朝鲁10号烽燧（150824353201030153） 位于海流图镇阿拉腾哈少村乌吉尔牧点东偏南2.19千米处的山顶上，西北距西希日朝鲁长城6段墙体0.17千米，西距西希日朝鲁11号烽燧0.46千米。

墩台石筑，保存差。台体坍塌，现呈覆钵形石堆状，底部直径11、顶部直径8、残高4米；南侧邻接墩台有长方形石筑坞址，东西长8、南北宽6米，坞墙残高1米。墩台西北侧有积薪垛6座，三大三小，均作低矮的圆形石堆状，其中3座大者直径3.8、残高0.3米，东南—西北向一线排列，间距均为

15.5米；另外的3座小积薪垛，位于其东北侧5米处，亦呈石堆状，直径1.5~2、残高0.2米，与大积薪垛并列分布，间距均为7米。

69.西希日朝鲁长城7段（150824382106030069）

该段长城起自海流图镇阿拉腾哈少村乌吉尔牧点东偏南1.78千米，止于阿拉腾哈少村乌吉尔牧点东南1.26千米；呈东西走向，上接西希日朝鲁长城6段，下接西希日朝鲁长城8段。

为山险，长529米。利用道劳德音高勒沟东坡山岭上陡峭壁立的山岩为险，不筑墙体。

山险起点南侧有烽燧1座，为西希日朝鲁11号烽燧。

西希日朝鲁11号烽燧（150824353201030154）　位于海流图镇阿拉腾哈少村乌吉尔牧点东南1.77千米处的道劳德音高勒沟东岸顶部，北距西希日朝鲁长城7段山险0.14千米，西南距阿拉腾哈少1号烽燧0.89千米；二者隔道劳德音高勒沟相望。

墩台石筑，保存差。台体坍塌，现呈高大的覆钵形石堆状，底部直径14、顶部直径6、残高3米；东侧邻接墩台有长方形石筑坞址，南北长7、东西宽4米，坞墙残高0.8米。墩台东侧有积薪垛6座，三大三小，均作圆形石堆状，呈西北—东南一线分布，其中北部的3座较小，直径2、残高0.2米，间距分别为8米和9米；南部的3座较大，直径4米，间距分别为13米和23.5米。

70.阿拉腾哈少长城1段（150824382101030070）

该段长城起自海流图镇阿拉腾哈少村乌吉尔牧点东南1.26千米，止于阿拉腾哈少村乌吉尔牧点东南1.38千米。墙体作直线分布，呈东偏北—西偏南走向，上接西希日朝鲁长城7段，下接阿拉腾哈少长城2段。

墙体长653米，为毛石干垒墙，保存差。墙体沿道劳德音高勒沟西岸山脊作上坡行，止于山头上缘。墙体坍塌严重，于地表呈低矮的石垄状，底宽2.5~4.5、顶宽0.8~1.3、残高0.3~0.5米。

71.阿拉腾哈少长城2段（150824382102030071）

该段长城起自海流图镇阿拉腾哈少村乌吉尔牧点东南1.38千米，止于阿拉腾哈少村乌吉尔牧点西南1.06千米。墙体略作内外弯曲分布，呈东偏南—西偏北走向，上接阿拉腾哈少长城1段，下接阿拉腾哈少长城3段。

墙体长1763米，为毛石干垒墙，总体保存较差。墙体分布在道劳德音高勒沟西岸山顶与乌吉尔牧点西南支沟南岔沟谷底之间，沿山岭北坡上缘延伸，局部构筑在山岭上；于地表呈低矮的石垄状，底宽3~5.8、顶宽0.8~1.4、残高0.3~0.8米。前小段墙体保存差，坍塌严重，长742米；后小段保存较差，地表隆起较明显，长1021米（彩图六—六）。其中，保存较差部分、保存差部分，分别占该段墙体总长的57.9%、42.1%。

墙体沿线调查烽燧3座，分别为阿拉腾哈少1号、2号、3号烽燧。

阿拉腾哈少1号烽燧（150824353201030155）　位于海流图镇阿拉腾哈少村乌吉尔牧点东南1.52千米处的山头上，北距阿拉腾哈少2段墙体0.15千米，西距阿拉腾哈少2号烽燧0.66千米。

墩台石筑，保存差。台体坍塌，现呈覆钵形石堆状，底部直径11、顶部直径4、残高2米；东侧邻接墩台有长方形石筑坞址，南北长9、东西宽6米。墩台东南部有积薪垛3座，其中居中者为石块摆放的正方形石台状，边长4.3米；两边呈长方形石圈状，大小类同，长3.2、宽3米，作西北—东南向一线排列，间距依次为20米和32米。

阿拉腾哈少2号烽燧（150824353201030156）　位于海流图镇阿拉腾哈少村乌吉尔牧点南偏东1.04千米处的山岭上，北距阿拉腾哈少长城2段墙体0.02千米，西距阿拉腾哈少3号烽燧0.71千米。

墩台石筑，保存差。台体坍塌，现呈高大的覆钵形石堆状，底部直径14.5、顶部直径5、残高4

米；西南侧邻接墩台有长方形石筑坞址，长9、宽4米，坞墙残高2米。墩台西南侧岭背上有石堆状积薪垛3座，大小相近，直径3、残高0.2米，东西一线排列，等距分布，间距14米。

阿拉腾哈少3号烽燧（150824353201030157）　位于海流图镇阿拉腾哈少村乌吉尔牧点西南1.13千米处的高山头上，北距阿拉腾哈少长城2段墙体0.09千米，西偏北阿拉腾哈少4号烽燧0.77千米。

墩台石筑，保存差。台体坍塌，现呈高大的覆钵形石堆状，底部直径12、顶部直径6、残高3米（参见彩图六一六）；东侧邻接墩台有长方形石筑坞址，南北长8、东西宽5米，坞墙残高1米。墩台南偏西侧岭背上有积薪垛3座，呈圆形石堆状，大小相近，直径5~6、残高0.2~0.4米，南北一线排列，间距分别为23米和26米。

72. 阿拉腾哈少长城3段（150824382102030072）

该段长城起自海流图镇阿拉腾哈少村乌吉尔牧点西南1.06千米，止于阿拉腾哈少村都勒嘎音乌兰牧点东南1.34千米。墙体略作内外弯曲分布，大体呈东西走向，上接阿拉腾哈少长城2段，下接阿拉腾哈少长城4段。

墙体长575米，为毛石干垒墙，保存差。墙体分布在乌吉尔牧点西南支沟的岔沟与主沟之间的短岭北坡上缘，坍塌严重，于地表呈低矮倾斜的石垄状，底宽1.2~6.5、顶宽0.9~1.3、残高0.3~0.5米。

墙体沿线调查烽燧1座，为阿拉腾哈少4号烽燧。

阿拉腾哈少4号烽燧（150824353201030158）　位于海流图镇阿拉腾哈少村乌吉尔牧点西南1.42千米处的牧点西南沟沟脑地带东山头上，北距阿拉腾哈少长城3段墙体0.04千米，南偏西距阿拉腾哈少5号烽燧0.56千米。

墩台石筑，保存差。台体坍塌，现呈高大的覆钵形石堆状，底部直径13、顶部直径6、残高4米；东侧邻接墩台有长方形石筑坞址，南北长8、东西宽4米，坞墙残高1米。墩台东侧有积薪垛3座，呈圆形石堆状，直径3~5、残高0.3米，顺岭背西北—东南向一线排列，间距分别为15米和24米。

73. 阿拉腾哈少长城4段（150824382301030073）

该段长城起自海流图镇阿拉腾哈少村都勒嘎音乌兰牧点东南1.34千米，止于阿拉腾哈少村都勒嘎音乌兰牧点南偏东1.09千米；大体呈东西走向，上接阿拉腾哈少长城3段，下接阿拉腾哈少长城5段。

本段墙体为消失段，起止点之间的直线长度为519米。原墙体分布在乌吉尔牧点西南沟的沟脑地带，沿线为沟谷与陡坡，山水冲刷是造成墙体消失的主要因素。依据相邻上下段墙体情况，推断该段墙体原应为石墙。

沿线调查烽燧1座，为阿拉腾哈少5号烽燧。

阿拉腾哈少5号烽燧（150824353201030159）　位于海流图镇阿拉腾哈少村都勒嘎音乌兰牧点东南1.58千米处的山岭半腰脊背上，北偏东距阿拉腾哈少长城4段墙体起点0.53千米，西偏北距阿拉腾哈少6号烽燧0.52千米。

墩台石筑，保存差。台体坍塌，现呈覆钵形石堆状，底部直径10、顶部直径5、残高2米。烽燧北部有石碰山耸立，东西两侧为鲁大湾西沟沟脑，洪水汇合后东南流，经查干楚鲁山西部转南流；西南部为高尔仁阿木沟东支沟沟脑。

该烽燧与阿拉腾哈少4号烽燧大体作南北分布，海拔较4号烽燧高出近70米。

74. 阿拉腾哈少长城5段（150824382102030074）

该段长城起自海流图镇阿拉腾哈少村都勒嘎音乌兰牧点南偏东1.09千米，止于阿拉腾哈少村都勒嘎音乌兰牧点西南1.36千米。墙体作外向弧线形分布，由东西走向转为东偏北—西偏南走向，上接阿拉腾哈少长城4段，下接阿拉腾哈少长城6段。

墙体长1377米，为毛石干垒墙，保存差。墙体沿牧点南部山岭北坡上缘构筑，止于西段山岭上的沟脑处。墙体坍塌严重，于山体表面呈倾斜形石垄状，底宽1.3～5.5、顶宽0.8～1.3、残高0.3～0.5米。该段墙体止点处沟脑的洪水西流，汇入高尔仁阿木沟正沟。

墙体沿线调查烽燧3座，分别为阿拉腾哈少6号、7号、8号烽燧。

阿拉腾哈少6号烽燧（150824353201030160）　位于海流图镇阿拉腾哈少村都勒嘎音乌兰牧点南偏东1.22千米处的高山顶上，北距阿拉腾哈少长城5段墙体0.2千米，西偏北距阿拉腾哈少7号烽燧0.51千米。

墩台石筑，保存差。台体坍塌，现呈高大的覆钵形石堆状，底部直径15、顶部直径7、残高3米；东侧邻接墩台有长方形石筑坞址，南北长9、东西宽5米，坞墙残高1米。墩台外侧有半环形壕沟痕迹。墩台西侧有积薪垛3座，呈圆形石堆状，大小相近，直径3、残高0.3～0.5米。烽燧东南侧为道劳德音高勒沟沟脑，西北、西南两侧均为高尔仁阿木沟东北支沟沟脑。

阿拉腾哈少7号烽燧（150824353201030161）　位于海流图镇阿拉腾哈少村都勒嘎音乌兰牧点南0.98千米处的山岭东缘顶端，北距阿拉腾哈少长城5段墙体0.04千米，西偏南距阿拉腾哈少8号烽燧0.24千米。

墩台石筑，保存差。台体坍塌，现呈高大的覆钵形石堆状，底部直径12、顶部直径7、残高4米；东侧邻接墩台有长方形石筑坞址，南北长7、东西宽4米，坞墙残高0.8米。烽燧南部陡坡下为高尔仁阿木沟东北支沟沟脑。

阿拉腾哈少8号烽燧（150824353201030162）　位于海流图镇阿拉腾哈少村都勒嘎音乌兰牧点南偏西1.11千米处的山岭中部顶端，北距阿拉腾哈少长城5段墙体0.05千米，西南距阿拉腾哈少9号烽燧0.45千米。

墩台为土石混筑，内部夯土外部包砌石块建筑，保存差。台体坍塌为圆形土石丘状，底部直径9、顶部直径4、残高2米；东侧邻接墩台有长方形石筑坞址，南北长8、东西宽5米，坞墙残高0.5米。墩台东侧有积薪垛3座，呈圆形石堆状，直径4～6米，作西南—东北向一线排列，间距均为36米。

75. 阿拉腾哈少长城6段（150824382102030075）

该段长城起自海流图镇阿拉腾哈少村都勒嘎音乌兰牧点西南1.36千米，止于阿拉腾哈少村雅日盖牧点东1.32千米。墙体作内外弯曲分布，大体呈东西走向，上接阿拉腾哈少长城5段，下接阿拉腾哈少长城7段。

墙体长1578米，为毛石干垒墙，总体保存差。墙体沿高尔仁阿木沟东北支沟与东支沟间山岭延伸，止于布敦敖瑞山北坡。大部分墙体坍塌，于地表呈低矮的石垄状，底宽3～6、顶宽0.8～1.8、残高0.3～1.6米。后小段有部分墙体保存一般，局部大体保留原始轮廓，长122米（彩图六一七）；前小段部分墙体保存较差，明显隆起于地表，长455米；中小段保存差，坍塌较为严重，长1001米。其中，保存一般部分、保存较差部分和保存差部分，分别占该段墙体总长的7.8%、28.8%和63.4%。

墙体沿线调查烽燧2座，分别为阿拉腾哈少9号、10号烽燧。

阿拉腾哈少9号烽燧（150824353201030163）　位于海流图镇阿拉腾哈少村都勒嘎音乌兰牧点西南1.48千米处的山岭西缘顶部，北距阿拉腾哈少长城6段墙体0.01千米，西偏南距阿拉腾哈少10号烽燧0.76千米。

墩台石筑，保存差。台体坍塌，现呈高大的覆钵形石堆状，底部直径14、顶部直径9、残高3米；东侧邻接墩台有长方形石筑坞址，南北长9、东西宽4米，坞墙残高1米。墩台南侧为山崖，北半部有马蹄状半圆形环壕。墩台东侧有积薪垛3座,均呈圆形石堆状,大小相近,直径3、残高0.3米;作东西一线排列,间距依次为19米和25米。墩台西侧有积薪垛3座,呈较大的圆形石堆状,直径4米;间距依次为30米和25米。

阿拉腾哈少10号烽燧(150824353201030164) 位于海流图镇阿拉腾哈少村雅日盖牧点东1.84千米处的布敦敖瑞山顶上,北距阿拉腾哈少长城6段墙体0.08千米,西距阿拉腾哈少11号烽燧0.58千米。

墩台石筑,保存差。台体坍塌,现呈高大的覆钵形石堆状,底部直径15、顶部直径9、残高4米;东侧邻接墩台有长方形石筑坞址,南北长8、东西宽4米,坞墙残高1米。墩台东北部有积薪垛4座,其中近墩台者呈正方形石圈状,边长4.5、残高0.5米;其他3座呈圆形石堆状,大小相近,直径6米;作西南—东北向半环形排列,间距24~43米。

76. 阿拉腾哈少长城7段(150824382301030076)

该段长城起自海流图镇阿拉腾哈少村雅日盖牧点东1.32千米,止于阿拉腾哈少村雅日盖牧点东南0.15千米;大体呈东西走向,上接阿拉腾哈少长城6段,下接阿拉腾哈少长城8段。

本段墙体为消失段,起止点之间的直线长度为1200米。原墙体分布在高尔仁阿木沟正沟东坡与西支沟西岸之间的山梁、沟谷地带,正沟东坡应是利用自然山险,跨过正沟河槽沿对面山岭上行,至顶部转沿山岭西偏南行,背坡上缘有断续的石筑墙体遗迹;大体顺山岭作内向圆弧形环绕,再转西行,仍见有墙体延伸痕迹;至西支沟东坡地又消失不见,于河槽西岸边墙体复现。雅日盖牧点位于该段长城止点西北部的河槽对岸。

沿线调查烽燧2座,分别为阿拉腾哈少11号、12号烽燧。

阿拉腾哈少11号烽燧(150824353201030165) 位于海流图镇阿拉腾哈少村雅日盖牧点东1.26千米处的布敦敖瑞山顶部西缘,东北距阿拉腾哈少长城7段墙体起点0.21千米,西距阿拉腾哈少12号烽燧0.49千米;二者隔正沟相望。

墩台石筑,保存差。台体坍塌,现呈高大的覆钵形石堆状,底部直径14、顶部直径7、残高4米;东北侧邻接墩台有长方形石筑坞址,长9、宽6米,坞墙残高1米(彩图六一八)。烽燧东依布敦敖瑞山,西临高尔仁阿木沟。

阿拉腾哈少12号烽燧(150824353201030166) 位于海流图镇阿拉腾哈少村雅日盖牧点东南0.89千米处的高尔仁阿木沟与其西支沟夹角间山岭上,西距阿拉腾哈少13号烽燧1.53千米,其间应有烽燧消失。

墩台石筑,保存差。台体坍塌,现呈高大的覆钵形石堆状,底部直径11、顶部直径7、残高4米。墩台西南部岭背上有积薪垛3座,呈圆形石堆状,直径2~2.5米,作东偏北—西偏南向一线分布,间距分别为27米和31米。

77. 阿拉腾哈少长城8段(150824382102030077)

该段长城起自海流图镇阿拉腾哈少村雅日盖牧点东南0.15千米,止于阿拉腾哈少村雅日盖牧点西偏南1.09千米。墙体作内外弯曲分布,大体呈东西走向,上接阿拉腾哈少长城7段,下接阿拉腾哈少长城9段。

墙体长1329米,为毛石干垒墙,总体保存较差。墙体沿西坡小山岭作上坡行,止于大山岭背坡脊背上。墙体坍塌,于地表呈低矮的石垄状,底宽2.5~4.8、顶宽0.8~1.5、残高0.2~0.4米。墙体前后小段保存差,坍塌严重,共长1107米;中小段保存较差,地表隆起较明显,长222米。其中,保存较差部分、保存差部分,分别占该段墙体总长的16.7%、83.3%。

墙体沿线调查烽燧2座，分别为阿拉腾哈少13号、14号烽燧。

阿拉腾哈少13号烽燧（150824353201030167）　位于海流图镇阿拉腾哈少村雅日盖牧点西南0.89千米处的高坡地上，北侧紧邻阿拉腾哈少长城8段墙体，西距阿拉腾哈少14号烽燧0.23千米。

墩台石筑，保存差。台体坍塌，现呈高大的覆钵形石堆状，底部直径12、顶部直径4、残高3米；南侧邻接墩台有长方形石筑坞址，东西长7、南北宽4米，坞墙残高0.8米。烽燧东南部有高耸的石碴山。

阿拉腾哈少14号烽燧（150824353201030168）　位于海流图镇阿拉腾哈少村雅日盖牧点西偏南1.09千米处的梁背上，北距阿拉腾哈少长城8段墙体0.03千米，西距阿拉腾哈少15号烽燧0.48千米。

墩台石筑，保存差。台体坍塌，现呈高大的覆钵形石堆状，底部直径14、顶部直径8、残高4米；西侧邻接墩台有长方形石筑坞址，南北长9、东西宽4米，坞墙残高1米。烽燧北侧为该段长城止点，北部有圆形石碴山头。

78.阿拉腾哈少长城9段（150824382102030078）

该段长城起自海流图镇阿拉腾哈少村雅日盖牧点西偏南1.09千米，止于阿拉腾哈少村乌拉斯太牧点东0.91千米。墙体略作内外弯曲分布，大体呈东西走向，上接阿拉腾哈少长城8段，下接阿拉腾哈少长城10段。

墙体长1289米，以花岗岩石块垒筑，总体保存较差。墙体沿乌力雅斯太乌拉北坡山岩裸露的山地行进，先顺梁背西坡下行，于沟脑部位穿过罕乌拉音高勒沟东支沟，止于乌拉斯太沟沟脑地带谷底。墙体出现不同程度的坍塌，整体于地表呈低矮的石垄状，底宽1~6、顶宽0.8~1.8、内壁残高0.2~0.6、外壁残高0.2~1.2米。墙体前小段保存差，坍塌严重，长647米；后小段保存一般，内外壁均有残存，局部地段遗存原始形态，长642米（彩图六一九）。其中，保存一般部分、保存差部分，分别占该段总墙体长的49.8%、50.2%。

墙体沿线调查烽燧3座，分别为阿拉腾哈少15号、16号、17号烽燧。

阿拉腾哈少15号烽燧（150824353201030169）　位于海流图镇阿拉腾哈少村乌拉斯太牧点东1.58千米处的石碴山头上，北距阿拉腾哈少长城9段墙体0.14千米，西偏北距阿拉腾哈少16号烽燧0.28千米。

墩台石筑，保存差。台体坍塌为长方形石堆状，南北长10、东西宽6、残高1米；东侧邻接墩台有长方形石筑坞址，南北长8、东西宽5米，坞墙残高1米。烽燧南侧有石碴山岭，山崖峻峭；南偏西为乌力雅斯太乌拉主峰。

阿拉腾哈少16号烽燧（150824353201030170）　位于海流图镇阿拉腾哈少村乌拉斯太牧点东1.3千米处的罕乌拉音高勒沟东支沟沟脑东岸石碴山头上，北距阿拉腾哈少长城9段墙体0.05千米，西北距阿拉腾哈少17号烽燧0.26千米。

墩台石筑，保存差。台体坍塌成覆钵形石堆状，底部直径8、顶部直径3、残高2米。墩台南北两侧各有积薪垛1座，呈圆形石堆状，大小类同，直径3、残高0.5米。烽燧南部为乌力雅斯太乌拉主峰。

阿拉腾哈少17号烽燧（150824353201030171）　位于海流图镇阿拉腾哈少村乌拉斯太牧点东1.07千米处的山顶上，北距阿拉腾哈少长城9段墙体0.03千米，西偏北距阿拉腾哈少18号烽燧0.44千米。

墩台石筑，保存差。台体坍塌，现呈覆钵形石堆状，底部直径12、顶部直径5、残高2米；西侧邻接墩台有长方形石筑坞址，南北长9、东西宽5米，坞墙残高1米。烽燧东为罕乌拉音高勒沟东支沟，西临乌拉斯太沟，地处两沟沟脑部位之间的山岭上；东南有乌力雅斯太乌拉，两沟皆发源于此山。

79.阿拉腾哈少长城10段（150824382102030079）

该段长城起自海流图镇阿拉腾哈少村乌拉斯太牧点东0.91千米，止于阿拉腾哈少村乌拉斯太牧点南0.22千米。墙体作外向漫弧形分布，由东西走向过渡为东偏北—西偏南走向，上接阿拉腾哈少长城9段，下接阿拉腾哈少长城11段。

墙体长1013米，为毛石干垒墙，保存差。墙体沿乌拉斯太沟上游南岸陡坡构筑，止于牧点南部支沟谷底；坍塌严重，于地表隆起成一面坡状，底宽1.2~5、顶宽0.8~1.2、残高0.2~0.4米。

墙体沿线调查烽燧2座，分别为阿拉腾哈少18号、19号烽燧。

阿拉腾哈少18号烽燧（150824353201030172）　位于海流图镇阿拉腾哈少村乌拉斯太牧点东偏南0.62千米处的乌拉斯太沟南岸山头上，北距阿拉腾哈少长城10段墙体0.01千米，西偏南距阿拉腾哈少19号烽燧0.53千米。

墩台石筑，保存差。台体坍塌，现呈覆钵形石堆状，底部直径10、底部直径6、残高2米。烽燧两侧临小沟，洪水北流汇入乌拉斯太沟河槽。

阿拉腾哈少19号烽燧（150824353201030173）　位于海流图镇阿拉腾哈少村乌拉斯太牧点南偏东0.2千米处的小山头上，北距阿拉腾哈少长城10段墙体0.02千米，西距阿拉腾哈少20号烽燧0.4千米；二者隔牧点南支沟相望。

墩台石筑，保存差。台体坍塌，现呈低矮的长方形石堆状，南北长9、东西宽7、残高1米；东侧邻接墩台有长方形石筑坞址，南北长8、东西宽5米，坞墙残高0.5米。烽燧北临乌拉斯太沟，西临南支沟，地处支沟与主沟洪水交汇的夹角地带。

80. 阿拉腾哈少长城11段（150824382102030080）

该段长城起自海流图镇阿拉腾哈少村乌拉斯太牧点南0.22千米，止于阿拉腾哈少村伊和宝力格牧点西南0.45千米。墙体略作内外弯曲分布，大体呈东西走向，上接阿拉腾哈少长城10段，下接阿拉腾哈少长城12段。

墙体长1567米，为毛石干垒墙，总体保存差。墙体沿乌拉斯太沟下游南岸修筑，顺坡谷山地西行，止于伊和宝力格沟谷底；墙体坍塌，于地表呈高低不等的石垄状，底宽1.2~1.8、顶宽0.8~1.5、残高0.3~0.8米。墙体前小段保存较差，地表隆起较明显，长332米；后小段保存差，坍塌严重，长1235米。其中，保存较差部分、保存差部分，分别占该段墙体总长的21.2%、78.8%。墙体经行区域有三条小沟的洪水北流，均造成墙体断豁。

墙体沿线调查烽燧2座，分别为阿拉腾哈少20号、21号烽燧。

阿拉腾哈少20号烽燧（150824353201030174）　位于海流图镇阿拉腾哈少村乌拉斯太牧点西南0.36千米处的短岭顶部，北距阿拉腾哈少长城11段墙体0.05千米，西距阿拉腾哈少21号烽燧0.8千米。

墩台石筑，保存差。台体坍塌，现呈高大的覆钵形石堆状，底部直径14、顶部直径5、残高3米；东侧邻接墩台有长方形石筑坞址，南北长8、东西宽5米，坞墙残高0.8米。墩台东侧有积薪垛3座，呈圆形石堆状，直径2.5米；南北一线排列，间距均为7米。烽燧北临乌拉斯太沟，南侧有小支沟，洪水西流转北流汇入主河槽。

阿拉腾哈少21号烽燧（150824353201030175）　位于海流图镇阿拉腾哈少村伊和宝力格牧点南0.26千米处的乌拉斯太沟下游南岸小石碴山头上，北距阿拉腾哈少长城11段墙体0.07千米，西距阿拉腾哈少22号烽燧0.52千米。

墩台石筑，保存差。台体坍塌，现呈高大的覆钵形石堆状，底部直径12、顶部直径4、残高3米；东侧邻接墩台有长方形石筑坞址，南北长7、东西宽3米，坞墙残高0.5米。墩台东南部岭背上有积薪垛3座，呈圆形石堆状，直径3~4、残高0.5米；东西一线排列，间距分别为21米和27米。烽燧南依短岭，东北有石碴山耸立，北部谷中有伊和宝力格牧点。

81. 阿拉腾哈少长城12段（150824382102030081）

该段长城起自海流图镇阿拉腾哈少村伊和宝力格牧点西南0.45千米，止于阿拉腾哈少村伊和宝力格牧点西1.83千米。墙体作内外弯曲分布，大体呈东偏南—西偏北走向，上接阿拉腾哈少长城11段，下接阿拉腾哈少长城13段。

墙体长1691米，为毛石干垒墙，总体保存较差。墙体沿伊和宝力格沟西部山岭背坡上缘修筑，止于呼拉哈德沟东支沟上游谷底。大部分墙体坍塌，于地表呈低矮的石垄状，底宽3~6.5、顶宽1.2~1.8、残高0.5~2米。墙体后小段有部分保存较好，内壁几乎与山体相接，局部外壁尚有遗存，长75米；后小段大部分保存一般，墙体外壁有低矮的残存，长342米（彩图六二〇）；前小段保存较差，均已坍塌，于地表呈斜坡状隆起，长1274米。其中，保存较好部分、保存一般部分和保存较差部分，分别占该段墙体总长的4.4%、20.2%和75.4%。

后小段墙体内侧残存有副墙2小段，亦呈石垄状，较主墙体明显低矮，累计长115米。

墙体沿线调查烽燧4座，分别为阿拉腾哈少22号、23号、24号、25号烽燧。

阿拉腾哈少22号烽燧（150824353201030176）　位于海流图镇阿拉腾哈少村伊和宝力格牧点西南0.54千米处的伊和宝力格沟西岸边小山头上，北距阿拉腾哈少长城12段墙体0.03千米，西北距阿拉腾哈少23号烽燧0.3千米。

墩台石筑，保存差。台体坍塌，现呈高大的覆钵形石堆状，底部直径12、顶部直径5、残高3米；东侧邻接墩台有长方形石筑坞址，南北长9、东西宽5米，坞墙残高1米。墩台东南侧有积薪垛3座，其中居中者呈圆形石圈状，两边呈圆形石堆状，直径3.5、残高0.4米，大体作南北一线排列，间距分别为7米和11米。

阿拉腾哈少23号烽燧（150824353201030177）　位于海流图镇阿拉腾哈少村伊和宝力格牧点西0.72千米处的山岭东段顶部，北距阿拉腾哈少长城12段墙体0.01千米，西距阿拉腾哈少24号烽燧0.62千米。

墩台石筑，保存差。台体坍塌，现呈高大的覆钵形石堆状，底部直径14、顶部直径8、残高4米；西侧邻接墩台有长方形石筑坞址，南北长9、东西宽6米，坞墙残高1米。墩台东侧岭背上有积薪垛2座，作圆形石堆状，大小相近，直径2、残高0.4米，间距14米；墩台西侧有积薪垛3座，亦作圆形石堆状，直径4~5、残高0.3~0.6米，作东西一线排列，间距分别为21米和26米；墩台南部岭背上有积薪垛2座，南北比邻分布，间距9米，其中北端的呈圆形石堆状，直径6.5米，南端的呈长方形石圈状，东西长7、南北宽4米。

阿拉腾哈少24号烽燧（150824353201030178）　位于海流图镇阿拉腾哈少村伊和宝力格牧点西1.34千米处的山岭顶部，北距阿拉腾哈少长城12段墙体0.02千米，西北距阿拉腾哈少25号烽燧0.48千米。

墩台石筑，保存差。台体坍塌，现呈高大的覆钵形石堆状，底部直径15、顶部直径11、残高4米；东侧邻接墩台有长方形石筑坞址，南北长7、东西宽5米，坞墙残高1米。墩台东西两侧各有积薪垛3座，均作东西排列。其中，东侧积薪垛呈正方形石圈状，边长3.5~5米，间距分别为17米和30米；西侧的为圆形石堆状，直径3~4、残高0.4米，间距分别为30米和47米。

阿拉腾哈少25号烽燧（150824353201030179）　位于海流图镇阿拉腾哈少村伊和宝力格牧点西1.34千米处的山岭北侧山头上，北距阿拉腾哈少长城12段墙体0.01千米，西距阿拉腾哈少26号烽燧0.29千米。

墩台石筑，保存差。台体坍塌，现呈高大的覆钵形石堆状，底部直径12、顶部直径7、残高4米（参见彩图六二〇）；东侧邻接墩台有长方形石筑坞址，南北长9、东西宽4米，坞墙残高1米。墩台南偏东侧有积薪垛3座，呈圆形石堆状，直径3、残高0.3米，大体作南北排列，间距分别为13米和17米。阿拉腾哈少长城12段墙体于烽燧外侧作半圆形环绕，其西侧沟谷为该段长城止点。

82. 阿拉腾哈少长城13段（150824382102030082）

该段长城起自海流图镇阿拉腾哈少村伊和宝力格牧点西1.83千米，止于阿拉腾哈少村呼拉哈德北牧点东1.61千米。墙体略作外向折线形分布，大体呈东偏南—西偏北走向，上接阿拉腾哈少长城12段，下接阿拉腾哈少长城14段。

墙体长1482米，为毛石干垒墙，总体保存较差。墙体顺呼拉哈德沟上游南部的东西向山岭外缘构筑，止于西流河槽下游南支沟沟脑处。墙体均出现程度不同的坍塌，于地表呈低矮的石垄状，底宽3~6.2、顶宽1.3~1.8、残高0.5~2米。墙体前小段保存一般，外壁有部分残存，局部或利用山体建筑山险墙，长389米（彩图六二一）；后小段保存较差，均已坍塌，于地表呈斜坡状隆起，长1093米。其中，保存一般部分、保存较差部分，分别占该段墙体总长的26.2%、73.8%。

墙体沿线调查烽燧3座，分别为阿拉腾哈少26号、27号、28号烽燧。

阿拉腾哈少26号烽燧（150824353201030180） 位于海流图镇阿拉腾哈少村伊和宝力格牧点西偏北2千米处的山顶上，东北距阿拉腾哈少长城13段墙体0.03千米，西偏北距阿拉腾哈少27号烽燧0.48千米。

墩台石筑，保存差。台体坍塌，现呈高大的覆钵形石堆状，底部直径14、顶部直径8、残高3米（参见彩图六二一）；东侧邻接墩台有长方形石筑坞址，南北长9、东西宽5米，坞墙残高1米。墩台北偏西侧有圆形石堆状积薪垛3座（彩图六二二），呈正方形石圈状，大小不等，边长2.5~4.5、残高0.3米；南北一线排列，等距分布，间距15米。东侧沟谷为烽燧所在长城起点，南部有探矿沟数条。

阿拉腾哈少27号烽燧（150824353201030181） 位于海流图镇阿拉腾哈少村呼拉哈德北牧点东2.38千米处的山岭上，东北距阿拉腾哈少长城13段墙体0.03千米，西偏北距阿拉腾哈少28号烽燧0.43千米。

墩台石筑，保存差。台体坍塌，现呈高大的覆钵形石堆状，底部直径15、顶部直径9、残高4米；东侧邻接墩台有长方形石筑坞址，南北长8、东西宽5米，坞墙残高1米；周边有围墙痕迹。墩台东侧有圆形石堆状积薪垛1座，直径4、残高0.3米。烽燧周边分布较多探矿坑与探矿沟。

阿拉腾哈少28号烽燧（150824353201030182） 位于海流图镇阿拉腾哈少村呼拉哈德北牧点东1.95千米处的山岭上，东北距阿拉腾哈少长城13段墙体0.01千米，西偏南距阿拉腾哈少29号烽燧0.49千米。

墩台石筑，保存差。台体坍塌，现呈高大的覆钵形石堆状，底部直径12、顶部直径6、残高3米；毗邻墩台西侧有长方形石筑坞址，南北长10、东西宽8米，坞墙残高0.5~1米。墩台南侧及东侧有积薪垛3座，呈圆形石堆状，直径4、残高0.4米，东西一线排列，间距分别为33米和45米；西侧有3座，呈圆形石圈状，边长3米，南北一线排列，等距分布，间距11米。

83. 阿拉腾哈少长城14段（150824382102030083）

该段长城起自海流图镇阿拉腾哈少村呼拉哈德北牧点东1.61千米，止于阿拉腾哈少村呼拉哈德北牧点北偏东0.3千米。墙体作外向折线形分布，由东偏南—西偏北走向转为东西走向，上接阿拉腾哈少长城13段，下接阿拉腾哈少长城15段。

墙体长1610米，为毛石干垒墙，保存差。墙体沿西流的呼拉哈德沟河段南岸山岭上缘延伸，止于南流河段西岸。墙体均已坍塌，筑墙石块随坡滚落，于地表呈斜坡状隆起，底宽1.2~5.5、顶宽1~1.2、残高0.2~0.5米。末端河槽中的墙体消失。

墙体沿线调查烽燧4座，分别为阿拉腾哈少29号、30号、31号、32号烽燧。

阿拉腾哈少29号烽燧（150824353201030183） 位于海流图镇阿拉腾哈少村呼拉哈德北牧点东1.48千米处的山岭上，北距阿拉腾哈少长城14段墙体0.06千米，西偏北距阿拉腾哈少30号烽燧0.69千米。

墩台石筑，保存差。台体坍塌，现呈高大的覆钵形石堆状，底部直径20、顶部直径9、残高3米；东侧邻接墩台有长方形石筑坞址，南北长8、东西宽6米，坞墙残高1米。墩台西北侧有积薪垛6座，其中近墩台者3座，为圆形石堆状，直径2.5米，大体作南北向一线排列；其西部3座，呈正方形石圈状，边长2.5~3米，南北一线排列，间距分别为19米和22米。

阿拉腾哈少30号烽燧（150824353201030184） 位于海流图镇阿拉腾哈少村呼拉哈德北牧点东0.83千米处的山岭顶部山头上，东北距阿拉腾哈少长城14段墙体0.06千米，西偏北距阿拉腾哈少31号烽燧0.47千米。

墩台石筑，保存差。台体坍塌，现呈覆钵形石堆状，底部直径12、顶部直径8、残高2米；墩台东西两侧均有长方形石筑坞址，大小类同，南北长8、东西宽6米，坞墙残高1米。墩台西侧有积薪垛1座，呈长方形石圈状，长5、宽2.5米。

阿拉腾哈少31号烽燧（150824353201030185） 位于海流图镇阿拉腾哈少村呼拉哈德北牧点东偏北0.37千米处的呼拉哈德沟东岸山岭上，东北距阿拉腾哈少长城14段墙体0.04千米，西距阿拉腾哈少32号烽燧0.27千米；二者隔沟相望。

墩台石筑，保存差。台体坍塌为长方形石堆状，南北长9、东西宽5、残高1米；周边山岭似经平整。烽燧南临山崖，北靠长城，东西砌筑短墙连接墙体与山崖之间，形成东西长52、南北宽16米的封闭式空间。

阿拉腾哈少32号烽燧（150824353201030186） 位于海流图镇阿拉腾哈少村呼拉哈德北牧点北偏东0.19千米处的呼拉哈德沟西岸台地上，东北距阿拉腾哈少长城14段墙体0.1千米，西北距阿拉腾哈少33号烽燧0.55千米。

墩台石筑，保存差。台体坍塌，现呈覆钵形石堆状，底部直径11、顶部直径3、残高1.8米；南侧邻接墩台有长方形石筑坞址，东西7.5、南北2.8米，坞墙残高0.4米（彩图六二三）。墩台南侧有积薪垛2座，呈圆形石堆状，大小相同，直径3、残高0.4米，与墩台呈南北一线分布，间距16米。墩台周围地表散布有灰陶片，器表施绳纹、附加堆纹等。洪水冲刷已危及烽燧安全，建议修筑防洪堤坝予以保护。

烽燧南部呼拉哈德北牧点处的河床西岸断崖上，暴露有文化层，其中包含汉代灰陶片、瓦当残片及兽骨等，推测这里可能建筑有障城。

84. 阿拉腾哈少长城15段（150824382102030084）

该段长城起自海流图镇阿拉腾哈少村呼拉哈德北牧点北偏东0.3千米，止于阿拉腾哈少村呼拉哈德北牧点西北1.19千米。墙体略作外向弧线形分布，呈东南—西北走向，上接阿拉腾哈少长城14段，下接阿拉腾哈少长城16段。

墙体长1202米，为毛石干垒墙，总体保存差。墙体沿呼拉哈德沟西部山岭北半坡延伸，止于阿日善图山北坡小沟谷底。墙体均已坍塌，于地表呈低矮的石垄状，底宽0.8~5、顶宽0.5~1.8米，内壁低矮或与山体平齐，外壁残高0.3~1.7米。墙体前小段保存差，坍塌严重，长622米；后小段保存较差，局部地段外壁尚存，长580米。其中，保存较差部分、保存差部分，分别占该段墙体总长的48.3%、51.7%。

墙体沿线调查烽燧2座，分别为阿拉腾哈少33号、34号烽燧。

阿拉腾哈少33号烽燧（150824353201030187）　位于海流图镇阿拉腾哈少村呼拉哈德北牧点西北0.6千米处的山头上，东北距阿拉腾哈少长城15段墙体0.05千米，西偏北距阿拉腾哈少34号烽燧0.37千米。

墩台石筑，保存差。台体坍塌，现呈高大的覆钵形石堆状，底部直径15、顶部直径7、残高4米；东侧邻接墩台有长方形石筑坞址，南北长8、东西宽5米，坞墙残高1米；东南侧有围墙痕迹。墩台南部有积薪垛3座，呈圆形石堆状，直径6、残高0.4米，南北向一线排列，等距分布，间距11米。南部又有小石堆状积薪垛2座，直径2.5米，与大积薪垛分布在一条线上，间距21米。

阿拉腾哈少34号烽燧（150824353201030188）　位于海流图镇阿拉腾哈少村呼拉哈德北牧点西北0.9千米处的阿日善图山东缘山头上，东北距阿拉腾哈少长城15段墙体0.12千米，西北距阿拉腾哈少35号烽燧0.53千米。

墩台石筑，保存差。台体坍塌，现呈覆钵形石堆状，底部直径14、顶部直径8、残高2.6米；东侧邻接墩台有长方形石筑坞址，南北长10、东西宽5米，坞墙残高1米；周边有长方形围墙，东西长27.5、南北宽23米。墩台南侧有积薪垛3座，呈正方形石圈状，边长3~4米，作西北—东南向一线排列，等距分布，间距21.5米。

85.阿拉腾哈少长城16段（150824382102030085）

该段长城起自海流图镇阿拉腾哈少村呼拉哈德北牧点西北1.19千米，止于阿拉腾哈少村查干陶勒盖沟里牧点东偏南0.85千米。墙体作外向直角折线形分布，由南北走向转呈东西走向，上接阿拉腾哈少长城15段，下接阿拉腾哈少长城17段。

墙体长1245米，以泥质板岩石板干垒，保存较好。墙体沿阿日善图东北坡直北而行，遇山岭折弯顺背坡西行，止于阿日善图西北部的石碴山头处。大部分墙体上半部坍塌，于地表呈较高的石垄状，底宽1.5~1.8、顶宽1.2~1.5米、残高0.5~3米；局部墙体底部砌筑在基岩之上，仍保留原始风貌（彩图六二四）。

墙体沿线调查烽燧3座，分别为阿拉腾哈少35号、36号、37号烽燧。

阿拉腾哈少35号烽燧（150824353201030189）　位于海流图镇阿拉腾哈少村查干陶勒盖沟里牧点东偏南1.72千米处的山岭东端山头上，北距阿拉腾哈少长城16段墙体0.05千米，南偏西距阿拉腾哈少36号烽燧0.52千米。

墩台石筑，保存差。台体坍塌，现呈高大的覆钵形石堆状，底部直径14、顶部直径8、残高3米。墩台西部岭背上有积薪垛3座，呈圆形石堆状，直径2.5~3、残高0.3米，东西一线排列，间距分别为11米和13米。烽燧北部为分水岭，东坡洪水东流转东南流，汇入呼拉哈德沟；西坡洪水经查干陶勒沟里牧点北沟西北流，汇入查干陶勒盖沟，又弯曲西流注入罕乌拉音高勒沟。

阿拉腾哈少36号烽燧（150824353201030190）　位于海流图镇阿拉腾哈少村查干陶勒盖沟里牧点东南1.68千米处的阿日善图山顶上，北距阿拉腾哈少长城16段墙体0.6千米，西北距阿拉腾哈少37号烽燧0.59千米。

墩台石筑，保存差。台体坍塌，现呈高大的覆钵形石堆状，底部直径16、顶部直径9、残高4米；东侧邻接墩台有长方形石筑坞址，南北长6、东西宽3米，坞墙残高1米。墩台北侧岭背上有积薪垛3座，呈圆形石堆状，直径3~5米，东西一线排列，间距分别为75米和99米。烽燧地处该区域的制高点上，北望视野开阔。

该烽燧位于长城南部高山上，与地处长城沿线上的阿拉腾哈少35号、37号烽燧大体呈南北向分布，或为纵向传递边防警讯而设置。

阿拉腾哈少37号烽燧（150824353201030191）　位于海流图镇阿拉腾哈少村查干陶勒盖沟里牧点

东偏南1.22千米处的低山岭上，北距阿拉腾哈少长城16段墙体0.06千米，西距阿拉腾哈少38号烽燧0.53千米。

墩台石筑，保存差。台体坍塌，现呈覆钵形石堆状，底部直径10、顶部直径5、残高2米；东侧邻接墩台有长方形石筑坞址，南北长7、东西宽3米，坞墙残高1米。墩台东侧岭背上有积薪垛2座，呈正方形石堆状，边长分别为2.5米和3.6米，东西分布，间距15.3米（彩图六二五）。墩台西南部有积薪垛3座，呈圆形石堆状，直径3～5米，居中者最大，南北一线排列，间距依次为19米和21米。

86. 阿拉腾哈少长城17段（150824382102030086）

该段长城起自海流图镇阿拉腾哈少村查干陶勒盖沟里牧点东偏南0.85千米，止于阿拉腾哈少村查干陶勒盖沟里牧点西南0.27千米。墙体作直线分布，末端有西北向折弯；由东西走向转为东南—西北走向，上接阿拉腾哈少长城16段，下接阿拉腾哈少长城18段。

墙体长1102米，为毛石干垒墙，保存差。墙体修筑在查干陶勒盖沟里牧点南部山岭北坡上缘，止于牧点西南部石碰山头处。墙体坍塌严重，于地表呈低矮的石垒状，底宽0.8～5.2、顶宽0.5～1、残高0.3～0.6米。

墙体沿线调查烽燧2座，分别为阿拉腾哈少38号、39号烽燧。

阿拉腾哈少38号烽燧（150824353201030192）　位于海流图镇阿拉腾哈少村查干陶勒盖沟里牧点东偏南0.77千米处的山岭顶部山头上，北距阿拉腾哈少长城17段墙体0.1千米，西距阿拉腾哈少39号烽燧0.78千米。

墩台石筑，保存差。台体坍塌，现呈高大的覆钵形石堆状，底部直径13.5、顶部直径8、残高3.5米；西侧邻接墩台有长方形石筑坞址，南北长9、东西宽6米，坞墙残高1.2米。墩台南部有积薪垛3座，呈圆形石堆状，直径3～6、残高0.5米，东西一线排列，间距分别为33米和78米。

阿拉腾哈少39号烽燧（150824353201030193）　位于海流图镇阿拉腾哈少村查干陶勒盖沟里牧点南偏西0.32千米处的山岭顶部山头上，北距阿拉腾哈少长城17段墙体0.03千米，西北距阿拉腾哈少40号烽燧0.66千米。

墩台石筑，保存差。台体坍塌，现呈高大的覆钵形石堆状，底部直径20、顶部直径7、残高3.5米；东侧邻接墩台有长方形石筑坞址，南北长8、东西宽5米，坞墙残高1米。墩台西南侧岭背上有积薪垛3座，呈正方形石台状，大小相同，边长4、残高0.4米，作东偏北—西偏南向一线分布，间距分别为15米和22米。

87. 阿拉腾哈少长城18段（150824382102030087）

该段长城起自海流图镇阿拉腾哈少村查干陶勒盖沟里牧点西南0.27千米，止于阿拉腾哈少村查干陶勒盖牧点东偏南1.65千米。墙体作外向弧线形分布，由东偏南—西偏北走向转为东西走向，上接阿拉腾哈少长城17段，下接阿拉腾哈少长城19段。

墙体长1814米，为毛石干垒墙，总体保存差。墙体沿山岭背坡上部西偏北直行，后小段前端有半环状外凸；止于查干陶勒盖沟"S"状西南向延伸河床南向突出的沟坡上部，止点北部沟壁陡峭，西北河床北岸半坡上有牧点。大部分墙体坍塌，于山体表面呈斜坡状隆起，底宽0.5～5.2、顶宽0.5～1.9米，内壁低矮，外壁残高0.3～2米。墙体前小段及后小段末端保存差，严重坍塌，呈低伏于山体表面的石垒状，长1330米；中小段及后小段前端墙体保存一般，原始轮廓犹存，局部地段有坍塌，长484米（彩图六二六）。其中，保存一般部分、保存差部分，分别占该段墙体总长的26.7%、73.3%。从后小段前端墙体断面观察，下半部原有倒塌的垒状墙体，于其上加筑两壁起筑墙体，表明这段长城经过修缮加固。

墙体沿线调查烽燧4座，分别为阿拉腾哈少40号、41号、42号、43号烽燧。

阿拉腾哈少40号烽燧（15082435320103 0194）　位于海流图镇阿拉腾哈少村查干陶勒盖沟里牧点西0.69千米处的山头上，北距阿拉腾哈少长城18段墙体0.02千米，西距阿拉腾哈少41号烽燧0.3千米。

墩台石筑，保存差。台体坍塌，现呈覆钵形石堆状，底部直径10、顶部直径4、残高2.5米；东侧邻接墩台有长方形石筑坞址，南北长7、东西宽4米，坞墙残高1米。东南侧紧邻墩台有积薪垛3座，呈圆形石圈状，大小相近，直径3、残高0.3米，东西向一线排列，等距分布，间距16米。墩台东南部有积薪垛3座，南北向一线分布，其中北端的两座呈正方形石圈状，边长2~3米；南端的呈圆形石堆状，直径2米；间距分别为13米和16米。烽燧西南有采矿沟一条，南部有"丁"字形土路。

阿拉腾哈少41号烽燧（15082435320103 0195）　位于海流图镇阿拉腾哈少村查干陶勒盖沟里牧点西0.99千米处的山岭顶部山头上，北距阿拉腾哈少长城18段墙体0.03千米，西偏北距阿拉腾哈少42号烽燧0.32千米。

墩台石筑，保存差。台体坍塌，现呈覆钵形石堆状，底部直径12、顶部直径5、残高2.6米。南侧紧邻墩台有积薪垛3座，呈正方形石圈状，边长2.5~3.5米，东西向一线分布，间距分别为7米和9米；墩台南部梁背上有积薪垛3座，呈圆形石圈状，大小近同，直径2、残高0.3米，东西向一线排列，间距分别为13米和23米。烽燧南部有土路顺沟谷东西行。

阿拉腾哈少42号烽燧（15082435320103 0196）　位于海流图镇阿拉腾哈少村查干陶勒盖沟里牧点西1.29千米处的山岭顶部山头上，北距阿拉腾哈少长城18段墙体0.03千米，西距阿拉腾哈少43号烽燧0.54千米。

墩台石筑，保存差。台体坍塌，现呈高大的覆钵形石堆状，底部直径16、顶部直径8、残高3.2米；东侧邻接墩台有长方形石筑坞址，南北长7、东西宽4米，坞墙残高1米。墩台南侧有积薪垛3座，呈圆形石堆状，规格不一，直径2~3、残高0.3~0.5米，东西向一线排列，间距分别为33米和37米。有土路顺烽燧南侧沟谷行。

阿拉腾哈少43号烽燧（15082435320103 0197）　位于海流图镇阿拉腾哈少村查干陶勒盖沟里牧点西偏北1.83千米处的山头上，北距阿拉腾哈少长城18段墙体0.02千米，西南距阿拉腾哈少44号烽燧0.47千米。

墩台石筑，保存差。台体坍塌，现呈覆钵形石堆状，底部直径13、顶部直径8、残高2.6米（参见彩图六二六）；东侧邻接墩台有长方形石筑坞址，南北长8、东西宽4米，坞墙残高0.8米。墩台东侧岭背上有积薪垛3座，呈长方形石圈状，大小类同，长4、宽2、残高0.5米，呈三角形分布，间距13~21米。

88. 阿拉腾哈少长城19段（150824382105030088）

该段长城起自海流图镇阿拉腾哈少村查干陶勒盖牧点东偏南1.65千米，止于阿拉腾哈少村查干陶勒盖牧点东南1.12千米；大体作直线分布，呈东北—西南走向，上接阿拉腾哈少长城18段，下接阿拉腾哈少长城20段。

为山险墙，长929米，保存较好。位于查干陶勒盖沟"U"形南凸沟床东南岸的悬崖峭壁之上，依山为险，山崖缺口处用石块垒砌填补（彩图六二七）。

墙体沿线调查烽燧2座，分别为阿拉腾哈少44号、45号烽燧。

阿拉腾哈少44号烽燧（15082435320103 0198）　位于海流图镇阿拉腾哈少村查干陶勒盖牧点东南1.42千米处的查干陶勒盖沟东岸山头上，西北距阿拉腾哈少长城19段墙体0.09千米，南偏西距阿拉腾哈少45号烽燧0.3千米。

墩台石筑，保存差。台体坍塌，现呈高大的覆斗形石堆状，底部边长11、顶部边长7、残高3.6米；东侧邻接墩台有长方形石筑坞址，南北长9、东西宽5米，坞墙残高1米。墩台东侧有积薪垛6座，南北向一线排列，其中北端的3座呈圆形小石堆状，直径1~2米，间距分别为7米和13米；南端3座，其中靠北的2座呈正方形石圈状，边长3.5、残高0.6米，南端的圆形呈石堆状，直径3米，间距分别为11米和14米。烽燧北部河床呈"S"状弯曲，其西部为南凸河床的端点。

阿拉腾哈少45号烽燧（150824353201030199）　位于海流图镇阿拉腾哈少村查干陶勒盖牧点南偏东1.35千米处的查干陶勒盖沟"U"形河床东南沟坡顶部，西北距阿拉腾哈少长城19段墙体0.21千米，西偏南距阿拉腾哈少46号烽燧0.59千米。

墩台石筑，保存差。台体坍塌，现呈高大的覆钵形石堆状，底部直径16、顶部直径7、残高4米；东侧有坞址，形制模糊。墩台东南部岭背上有积薪垛4座，其中两端的为正方形石圈状，边长5米；居中的2座呈圆形石堆状，直径4.5米；作西北—东南向一线分布，间距8.5~19.5米。在积薪垛的西北侧近墩台处有积薪垛2座，呈圆形小石堆状，直径2米，与大积薪垛作一线分布，彼此间距14米，东南距大积薪垛15米。烽燧两侧有并列的小沟，洪水西北流汇入查干陶勒盖沟。

89.阿拉腾哈少长城20段（150824382102030089）

该段长城起自海流图镇阿拉腾哈少村查干陶勒盖牧点东南1.12千米，止于阿拉腾哈少村查干陶勒盖牧点西偏南0.57千米。墙体作内外圆弧形弯曲分布，总体呈东南—西北走向，上接阿拉腾哈少长城19段，下接阿拉腾哈少长城21段。

墙体长1726米，为毛石干垒墙，总体保存差。墙体沿查干陶勒沟下游"U"形南凸河床南岸边弯曲延伸，至罕乌拉音高勒沟入口处终止。墙体坍塌，于地表呈低矮的斜坡状隆起，底宽0.6~5.8、顶宽0.6~1.5米，内壁低矮，局部几乎与山体相接；外壁残高0.3~1米。墙体前小段保存差，坍塌严重，匍匐于山体表面，长1155米；后小段保存较差，长571米。其中，保存较差部分、保存差部分，分别占该段墙体总长的33.1%、66.9%。

墙体沿线调查烽燧3座、障城1座，分别为阿拉腾哈少46号、47号、48号烽燧和阿拉腾哈少障城。

阿拉腾哈少46号烽燧（150824353201030200）　位于海流图镇阿拉腾哈少村查干陶勒盖牧点南偏东1.19千米处的查干陶勒盖沟"U"形河床南岸缓岭上，北距阿拉腾哈少长城20段墙体0.35千米，北偏西距阿拉腾哈少47号烽燧0.45千米。

墩台石筑，保存差。台体坍塌，现呈覆钵形石堆状，底部直径18、顶部直径7、残高3.6米；东侧邻接墩台有坞址，形制难辨。墩台东侧有积薪垛3座，呈圆形石堆状，直径3~5、残高0.2~0.4米，南北一线排列，等距分布，间距11米。

阿拉腾哈少47号烽燧（150824353201030201）　位于海流图镇阿拉腾哈少村查干陶勒盖牧点南偏东0.76千米处的查干陶勒盖沟西南岸孤立的短岭北缘，东北距阿拉腾哈少长城20段墙体0.1千米，西北距阿拉腾哈少48号烽燧0.6千米。

墩台石筑，保存差。台体坍塌，现呈覆钵形石堆状，底部直径12、顶部直径7、残高2.7米；南侧邻接墩台有长方形石筑坞址，东西长8、南北宽4米，坞墙残高0.8米。墩台西南部岭背上积薪垛3座，呈圆形石堆状，大小类同，直径3米，南北向一线分布，由北及南间距依次为21米和29米。烽燧东北侧紧邻沟谷，沟坡陡峭；西南部有罕乌拉音水库。

阿拉腾哈少48号烽燧（150824353201030202）　位于海流图镇阿拉腾哈少村查干陶勒盖牧点南偏西0.33千米处的查干陶勒盖沟下游东南岸山丘上，西北距阿拉腾哈少长城20段墙体0.01千米，西北距罕乌拉1号烽燧0.76千米。

墩台石筑，保存差。台体坍塌，现呈覆钵形石堆状，底部直径15、顶部直径8、残高2.6米；东侧邻接墩台有长方形石筑坞址，南北长7、东西宽4米，坞墙残高1.2米。墩台东南有积薪垛3座，其中近墩台者呈正方形石圈状，边长2.2、残高0.4米；远端的作长方形石圈状，长4~11、宽3~6、残高0.2~0.5米；东西向一线排列，间距分别为14米和19.5米。墩台南部矮岭上有积薪垛3座，呈圆形石堆状，大小相近，直径3、残高0.3米，东西向一线排列，间距分别为18.5米和20米。

阿拉腾哈少障城（150824353102030001）　位于海流图镇阿拉腾哈少村查干陶勒盖牧点西偏南0.59千米处的台地上，北距阿拉腾哈少长城20段墙体止点处0.01千米，西北距巴音吉拉嘎障城12.6千米。

障城平面呈长方形，南北长66、东西宽42米；保存较差。障墙以石块垒筑，均已坍塌，于地表呈低矮的石垄状，底宽4~8、残高0.5~1.2米；北墙仅东端、中部有残存，大部分筑墙石块滚落流失于河槽之中。西墙中部偏南辟门，宽约8米，方向245°。城内东北角又有土筑障城，平面呈正方形，边长18.5米。障墙以黄褐土夯筑，坍塌成低矮的土垄状，底宽5.5、残高1.3米（彩图六二八）；顶部散落有石块及少量陶片。其中，东墙被叠压在石筑障墙之下。土筑障城南墙中部辟门，门宽4.5米，方向158°。障城地处查干陶勒盖沟与罕乌拉音高勒沟交汇点处内侧，南部依山，东、北两侧邻河，北部又有阿怪陶勒盖沟洪水注入，系三沟洪水合流之地；罕乌拉音高勒沟乃长城防线要冲，因此筑城重点扼守。该障城为城套城，推测应修筑于不同时期。

90. 阿拉腾哈少长城21段（150824382301030090）

该段长城起自海流图镇阿拉腾哈少村查干陶勒盖牧点西偏南0.57千米，止于阿拉腾哈少村查干陶勒盖牧点西0.65千米；大体呈南偏东—北偏西走向，上接阿拉腾哈少长城20段，下接罕乌拉长城1段。

本段墙体为消失段，起止点之间的直线长度为176米。原墙体地处罕乌拉音高勒沟河槽之中，洪水冲刷导致墙体消失。依据相邻上下段墙体情况，推断该段墙体原应为石墙，底部设置有排水口。

91. 罕乌拉长城1段（150824382102030091）

该段长城起自海流图镇阿拉腾哈少村查干陶勒盖牧点西0.65千米，止于阿拉腾哈少村查干陶勒盖牧点西北1.66千米。墙体大体作直线分布，呈东南—西北走向，上接阿拉腾哈少长城21段，下接罕乌拉长城2段。

墙体长1116米，为毛石干垒墙，总体保存差。墙体沿罕乌拉音高勒沟支沟——阿怪陶勒盖沟南岸山岭作上坡延伸，止于阿怪陶勒盖沟之小西沟主沟上游谷底。墙体坍塌，于地表呈低矮的石垄状，底宽1.5~6.2、顶宽1.2~1.8、残高0.2~1米。墙体前小段保存较差，地表隆起较明显，长463米（彩图六二九）；后小段保存差，严重坍塌，局部濒于消失，长653米。其中，保存较差部分、保存差部分，分别占该段墙体总长的41.5%、58.5%。

墙体沿线调查烽燧3座，分别为罕乌拉1号、2号、3号烽燧。

罕乌拉1号烽燧（150824353201030203）　位于海流图镇阿拉腾哈少村查干陶勒盖牧点西偏北0.8千米处的罕乌拉音高勒沟西岸山岭顶部山头上，东北距罕乌拉长城1段墙体0.01千米，西北距罕乌拉2号烽燧0.52千米。

墩台石筑，保存差。台体坍塌，现呈覆钵形石堆状，底部直径15、顶部直径8、残高2.7米（参见彩图六二九）。墩台西侧有圆形石圈状积薪垛3座，大小相近，直径3、残高0.3米，东西向一线排列，等距分布，间距23米。烽燧东、北两侧临沟，西有孤山岭，南部为罕乌拉音水库。

罕乌拉2号烽燧（150824353201030204）　位于海流图镇阿拉腾哈少村查干陶勒盖牧点西北1.28千米处的山顶上，东北距罕乌拉长城1段墙体0.06千米，北偏西距罕乌拉3号烽燧0.37千米。

墩台石筑，保存差。台体坍塌，现呈覆钵形石堆状，底部直径11.5、顶部直径8、残高2.5米；东南侧邻接墩台有长方形石筑坞址，长6、宽3米，坞墙残高1米。墩台西南侧岭背上有积薪垛3座，呈圆形石堆状，直径2～3、残高0.3米，作东北—西南向一线排列，间距分别为16米和19米。烽燧东临阿怪陶勒盖沟，沟坡为陡峭的断崖，罕乌拉长城1段墙体沿山崖上部构筑。

罕乌拉3号烽燧（150824353201030205）　位于海流图镇阿拉腾哈少村查干陶勒盖牧点西北1.63千米处的山岭上，东北距罕乌拉长城1段墙体0.03千米，西北距罕乌拉4号烽燧0.4千米。

墩台土石混筑，内部夯土外部包砌石块筑成，保存差。台体现呈覆斗状，南壁坍塌严重，其余台壁保存较好；底部边长10、顶部边长8、残高3米；东侧邻接墩台有长方形石筑坞址，南北长6、东西宽3米，坞墙残高1.3米。烽燧西临小沟，东侧为其支沟，洪水于烽燧西南部合流后转南流，于孤山岭西侧注入罕乌拉音水库。

92.罕乌拉长城2段（150824382102030092）

该段长城起自海流图镇阿拉腾哈少村查干陶勒盖牧点西北1.66千米，止于呼勒斯太苏木罕乌拉村毕其尔牧点南偏东1.31千米。墙体作外向折线形分布，由南偏东—北偏西走向折转为东偏北—西偏南走向，上接罕乌拉长城1段，下接罕乌拉长城3段。

墙体长1419米，为毛石干垒墙，总体保存较差。墙体于阿怪陶勒盖沟与超日海高勒沟之间山岭直线延伸，至北缘又随山岭折向西偏南行，于东向折弯的弧端处跨过超日海高勒沟，止于河湾地带的南岸山崖处。墙体坍塌，于地表呈低矮的石垄状，底宽1.2～6.5、顶宽0.8～2.2、残高0.2～1.5米。墙体中小段保存一般，局部地段保留原始结构，长446米；前小段保存较差，长591米；后小段保存差，局部痕迹模糊，长333米；有长49米的墙体消失在超日海高勒沟河槽中。其中，保存一般部分、保存较差部分、保存差部分和消失部分，分别占该段墙体总长的31.4%、41.6%、23.5%和3.5%。

墙体沿线调查烽燧3座，分别为罕乌拉4号、5号、6号烽燧。

罕乌拉4号烽燧（150824353201030206）　位于呼勒斯太苏木罕乌拉村毕其尔牧点东南1.95千米处的山岭顶部山头上，东北距罕乌拉长城2段墙体0.03千米，西北距罕乌拉5号烽燧0.44千米。

墩台石筑，保存差。台体坍塌，现呈高大的椭圆形石堆状，底部长径15、短径8，顶部长径10、短径5米，残高4米；南侧邻接墩台有长方形石筑坞址，东西长15、南北宽5米，坞墙残高1米。墩台西侧有积薪垛，南北向分布，痕迹不明显。烽燧西侧为小西沟西支沟，东为小西沟主沟。

罕乌拉5号烽燧（150824353201030207）　位于呼勒斯太苏木罕乌拉村毕其尔牧点东南1.51千米处的超日海高勒沟东岸高山头上，东距罕乌拉长城2段墙体0.18千米，西距罕乌拉6号烽燧0.37千米；二者隔沟相望。

墩台石筑，保存差。台体坍塌，现呈覆钵形石堆状，底部直径14、顶部直径6、残高2.8米；东侧邻接墩台有长方形石筑坞址，南北长8、东西宽6米，坞墙残高0.6米。墩台东南侧有积薪垛3座，呈正方形石圈状，规格略同，边长3、残高0.4米，作东北—西南向一线排列，间距分别为17米和36米。烽燧西部的沟床呈东向乳突状凸出。

罕乌拉6号烽燧（150824353201030208）　位于呼勒斯太苏木罕乌拉村毕其尔牧点南偏东1.33千米处的缓丘上，北偏东距罕乌拉长城2段墙体止点0.02千米，西偏北距罕乌拉7号烽燧0.42千米。

墩台石筑，保存差。台体坍塌，现呈覆钵形石堆状，底部直径13、顶部直径8、残高2.5米；东侧邻接墩台有长方形石筑坞址，南北长8、东西宽5米，坞墙残高1米。南侧紧邻墩台有积薪垛2座，呈圆形石圈状，直径1.5米，南北分布，间距3.5米；东北侧有正方形积薪垛1座，边长3.5米；西南部矮岭上有积薪垛3座，呈圆形石堆状，直径2米左右，作西北—东南向一线排列，间距分别为33米和47

米。烽燧地处沟湾内，北侧沟岸为断崖。

93. 罕乌拉长城3段（150824382105030093）

该段长城起自呼勒斯太苏木罕乌拉村毕其尔牧点南偏东1.31千米，止于罕乌拉村毕其尔牧点南偏东0.98千米。墙体作西南向漫弧形分布，大体呈东南—西北走向，上接罕乌拉长城2段，下接罕乌拉长城4段。

为山险墙，长430米，保存差。墙体位于超日海高勒沟南岸，其东南部为乳头状东向凸出河床段；利用南岸的悬崖峭壁为险，崖壁之上补筑石墙；现存墙体宽0.5～0.8、残高0.2～0.4米（彩图六三〇）。

墙体沿线调查烽燧1座，为罕乌拉7号烽燧。

罕乌拉7号烽燧（150824353201030209）　位于呼勒斯太苏木罕乌拉村毕其尔牧点南1.05千米处的超日海高勒沟西岸山头上，东距罕乌拉长城3段墙体0.03千米，西北距罕乌拉8号烽燧0.42千米。

墩台石筑，保存差。台体坍塌，现呈高大的覆钵形石堆状，底部直径16、顶部直径6、残高3.2米（参见彩图六三〇）；西侧邻接墩台有长方形石筑坞址，南北长10、东西宽6.5米，坞墙残高0.8米。西侧紧邻墩台有积薪垛2座，呈正方形石圈状，边长3～3.5米，作东南—西北向分布，间距5米。烽燧南北两侧有短沟，洪水东向下泄汇入断崖下的超日海高勒沟河槽。

94. 罕乌拉长城4段（150824382106030094）

该段长城起自呼勒斯太苏木罕乌拉村毕其尔牧点南偏东0.98千米，止于罕乌拉村毕其尔牧点南0.67千米；呈南偏东—北偏西走向，上接罕乌拉长城3段，下接罕乌拉长城5段

为山险，长394米。以超日海高勒沟西岸悬崖峭壁为险，未发现人工修筑痕迹。经复查发现，前小段有山险长100米，向北沿断崖边修筑有石墙，坍塌成石垄状，底宽7.5、残高1.5米；延伸至毕其尔牧点南部的超日海高勒沟与其西支沟洪水交汇点处，再沿山岭回折，山岭断豁处补筑石墙；大体作"几"状外凸分布。

95. 罕乌拉长城5段（150824382105030095）

该段长城起自呼勒斯太苏木罕乌拉村毕其尔牧点南0.67千米，止于罕乌拉村毕其尔牧点西南1.27千米。墙体略作内向弧线形分布，大体呈东北—西南走向，上接罕乌拉长城4段，下接罕乌拉长城6段。

为山险墙，长921米，保存差。山险墙位于哈日敖包山山岭上，利用山体背坡的悬崖峭壁为险，山豁处补筑石墙，均已坍塌，筑墙石块滚落于山坡下，现存墙体宽0.6～3.8、残高0.2～0.4米。山险墙中小段南部有2道低矮的石墙，其中第一道墙分布在背坡上，呈东北—西南走向，于地表呈低矮的石垄状，残长351米，两端接山崖。第二道石墙位于南部0.06千米处的山岭上，走向与第一道石墙平行，明显隆起于地表，长326米；在内侧借用墙体垒筑有长方形石圈，长25、宽23米。

墙体沿线调查烽燧2座，分别为罕乌拉8号、9号烽燧。

罕乌拉8号烽燧（150824353201030210）　位于呼勒斯太苏木罕乌拉村毕其尔牧点南0.77千米处的哈日敖包山东缘顶部，西距罕乌拉长城5段墙体0.02千米，西南距罕乌拉9号烽燧0.59千米。

墩台石筑，保存差。台体坍塌，现呈长方形石堆状，南北长10、东西宽8、残高2.6米；东侧邻接墩台有长方形石筑坞址，轮廓清晰，南北长10、东西宽7米，坞墙残高1.5米（彩图六三一）。墩台周围地表散布较多泥质灰陶片，纹饰有凹弦纹、附加堆纹和压印宽带纹，可辨器形为盆、罐。墩台东侧有积薪垛3座，呈圆形石堆状，直径2～2.5、残高0.3米，东西一线排列，等距分布，间距17米。

罕乌拉9号烽燧（150824353201030211）　位于呼勒斯太苏木罕乌拉村毕其尔牧点南偏西1.25千米处的哈日敖包山主峰东部山岭上，西北距罕乌拉长城5段墙体0.04千米，西南距罕乌拉10号烽燧0.66

千米。

墩台石筑，保存差。台体坍塌，现呈高大的覆钵形石堆状，底部直径17、顶部直径6、残高4.5米；东侧邻接墩台有长方形石筑坞址，南北长10、东西宽5米，坞墙残高1米。烽燧北临山崖，东有横向石砬山岭。

96.罕乌拉长城6段（150824382102030096）

该段长城起自呼勒斯太苏木罕乌拉村毕其尔牧点西南1.27千米，止于罕乌拉村善达沟前牧点东南2.56千米。大部分墙体作直线分布，后小段作内外"之"字形折线式分布；由东偏北—西偏南走向转为东西走向，上接罕乌拉长城5段，下接罕乌拉长城7段。

墙体长2136米，为毛石干垒墙，总体保存差。墙体沿哈日敖包山背坡低山岭上缘构筑，至山岭西缘转西行；现存墙体底宽1.3~3、顶宽0.8~2.5、内壁残高0.2~3、外壁残高0.2~3.5米。墙体中小段保存较好，内外壁俱存，局部地段外壁有坍塌，长630米（彩图六三二）；前小段大部分保存一般，内壁不显，外壁面整齐，长122米；后小段中间部分保存较差，于地表隆起较明显，长267米；前小段末端及后小段两端墙体保存差，坍塌严重，于山体表面呈斜坡状隆起，长1071米；末端有长46米的墙体消失在拜查音沟东北支沟谷底河槽中。其中，保存较好部分、保存一般部分、保存较差部分、保存差部分和消失部分，分别占该段墙体总长的29.5%、5.7%、12.5%、50.1%和2.2%。

墙体沿线调查烽燧3座，分别为罕乌拉10号、11号、12号烽燧。

罕乌拉10号烽燧（150824353201030212）　位于呼勒斯太苏木罕乌拉村毕其尔牧点西南1.8千米处的哈日敖包山上，北距罕乌拉长城6段墙体0.12千米，西距罕乌拉11号烽燧0.42千米。

墩台石筑，保存差。台体坍塌，现呈高大的长方形石堆状，底部南北长12、东西宽9米，顶部南北长10、东西宽8米，残高4米；东侧邻接墩台有长方形石筑坞址，南北长6、东西宽5米，坞墙残高1.5米。墩台西南部岭背上有积薪垛3座，呈圆形小石堆状，直径2~3、残高0.3米，作东北—西南向一线排列，间距分别为16米和20米。烽燧坐落在主峰顶部，山以该烽燧命名。

罕乌拉11号烽燧（150824353201030213）　位于呼勒斯太苏木罕乌拉村毕其尔牧点西南2.07千米处的哈日敖包山西坡支岭上，北距罕乌拉长城6段墙体0.03千米，西偏南距罕乌拉12号烽燧0.42千米。

墩台石筑，保存差。台体坍塌，现呈长方形石堆状，底部南北长12、东西宽9米，顶部南北长10、东西宽8米，残高1.5米；西、南两侧邻接墩台各有长方形石筑坞址1座，其中南侧坞址东西长11、南北宽8米，坞墙残高1米；西侧坞址南北长8、东西宽6米，坞墙残高0.5米。墩台西南部岭背上有积薪垛3座，呈圆形石堆状，直径3~4、残高0.3米，作东北—西南向一线排列，间距分别为29米和33米。烽燧东南紧邻石砬山，东依哈日敖包山，北部为陡峭的长坡，南为拜查音沟北支沟沟脑。

罕乌拉12号烽燧（150824353201030214）　位于呼勒斯太苏木罕乌拉村毕其尔牧点西南2.46千米处的哈日敖包山西坡山岭上，北距罕乌拉长城6段墙体0.05千米，西偏北距罕乌拉13号烽燧0.66千米。

墩台石筑，保存差。台体坍塌为椭圆形石堆状，底部长径14、短径8米，顶部长径9、短径6米，残高2.7米；西侧邻接墩台有长方形石筑坞址，南北长7、东西宽5米，坞墙残高0.5米。墩台东北侧岭背上有积薪垛3座，呈圆形石堆状，直径3~4、残高0.3米，作西南—东北向一线排列，等距分布，间距21米。

97.罕乌拉长城7段（150824382102030097）

该段长城起自呼勒斯太苏木罕乌拉村善达沟前牧点东南2.56千米，止于罕乌拉村善达沟前牧点东南0.8千米。墙体作内外弯曲分布，大体呈东南—西北走向，上接罕乌拉长城6段，下接罕乌拉长城8段。

墙体长1992米，为毛石干垒墙，总体保存较差。墙体选择拜查音沟东北支沟及其主沟东侧小沟之间山岭穿行，穿过中间沟，止于小沟西岸坡地上。墙体均坍塌，于地表呈低矮的石垄状，底宽1.2~5.5、顶宽0.8~2.5、残高0.6~1.5米。墙体后小段前端保存一般，局部地段外壁有遗存，长679米；前小段山岭东西坡地上的墙体保存较差，呈明显的垄状隆起，长851米；后小段后端墙体保存差，坍塌严重，在山体上呈斜坡状隆起，长462米。其中，保存一般部分、保存较差部分和保存差部分，分别占该段墙体总长的34.1%、42.7%和23.2%。止点东侧河槽中的墙体消失。

墙体沿线调查烽燧3座，分别为罕乌拉13号、14号、15号烽燧。

罕乌拉13号烽燧（150824353201030215）　位于呼勒斯太苏木罕乌拉村善达沟前牧点东南2.52千米处的拜查音沟东北支沟西岸低山头上，北距罕乌拉长城7段墙体0.05千米，西北距罕乌拉14号烽燧0.77千米。

墩台石筑，保存差。台体坍塌，现呈高大的覆钵形石堆状，底部直径11、顶部直径6、残高3.6米。墩台南侧有积薪垛1座，呈圆形石堆状，直径3、残高0.4米。烽燧北侧紧邻河槽，西北部有牧户一家。

罕乌拉14号烽燧（150824353201030216）　位于呼勒斯太苏木善达沟前牧点东南1.75千米处的弧山岭上，东距罕乌拉长城7段墙体0.01千米，北偏西距罕乌拉15号烽燧0.42千米。

墩台石筑，保存差。台体坍塌，现呈低矮的椭圆形石堆状，底部长径14、短径7米，顶部长径11、短径4米，残高2米；东侧邻接墩台有长方形石筑坞址，南北长7、东西宽5米，坞墙残高1米。东部有高尖山耸立。

罕乌拉15号烽燧（150824353201030217）　位于呼勒斯太苏木罕乌拉村善达沟前牧点东南1.38千米处的南北向山岭顶部，东距罕乌拉长城7段墙体0.01千米，西北距罕乌拉16号烽燧0.73千米。

墩台石筑，保存差。台体坍塌，现呈覆钵形石堆状，底部直径10、顶部直径7、残高3米；西偏北侧邻接墩台有长方形石筑坞址，南北长10、东西宽7米，坞墙残高1.5米。墩台西侧有积薪垛3座，呈圆形石堆状，直径2~3、残高0.3米，南北向一线排列，间距分别为20米和27米。

98.罕乌拉长城8段（150824382102030098）

该段长城起自呼勒斯太苏木罕乌拉村善达沟前牧点东南0.8千米，止于罕乌拉村善达沟前牧点西0.13千米。墙体作内向折线形分布，由东西走向转呈南偏东—北偏西走向，上接罕乌拉长城7段，下接罕乌拉长城9段。

墙体长1007米，为毛石干垒墙，总体保存差。墙体分布在拜查音沟谷底及其两岸山地上，先沿其东支沟拜兴高勒沟南岸山岭西北行，遇沟转西行，于拜查音沟的两大支沟——拜兴高勒沟和善达沟洪水交汇点处穿过沟谷，而后沿河岸北偏西行，止于善达沟前牧点对岸的西坡上。墙体坍塌，于地表呈较低的石垄状，底宽1.2~3.7、顶宽0.8~1.3、残高0.3~0.8米。墙体前后小段保存差，严重坍塌，长966米；中小段有长41米的墙体消失在拜查音沟河槽中。其中，保存差部分、消失部分，分别占该段墙体总长的95.9%、4.1%。

墙体沿线调查烽燧1座，为罕乌拉16号烽燧。

罕乌拉16号烽燧（150824353201030218）　位于呼勒斯太苏木罕乌拉村善达沟前牧点东南0.57千米处的拜兴高勒沟东岸山头上，东北距罕乌拉长城8段墙体0.04千米，西北距罕乌拉17号烽燧1.05千米。

墩台石筑，保存差。台体坍塌为长方形石堆状，南北长10、东西宽6、残高2米；东侧邻接墩台有长方形石筑坞址，南北长8、东西宽5米，坞墙残高1米。墩台东南侧有积薪垛2座，呈圆形石堆状，直径2~3、残高0.3~0.4米，作西北—东南向分布，间距12米。烽燧西北部的拜兴高勒沟河床呈"S"状弯曲。

99.罕乌拉长城9段（150824382105030099）

该段长城起自呼勒斯太苏木罕乌拉村善达沟前牧点西0.13千米，止于罕乌拉村善达沟前牧点北偏西0.64千米。墙体作东向弯曲分布，大体呈南偏东—北偏西走向，上接罕乌拉长城8段，下接罕乌拉长城10段。

为山险墙，长672米，保存差。山险墙沿善达沟西岸构筑，断豁处及断崖顶部补筑石墙，补筑墙体均坍塌，石块滚落于山下；现存墙体底宽0.5~2.7、残高0.2~0.3米。

墙体沿线调查烽燧1座，为罕乌拉17号烽燧。

罕乌拉17号烽燧（150824353201030219）　位于呼勒斯太苏木罕乌拉村善达沟前牧点北偏西0.44千米处的善达沟西岸山头上，东距罕乌拉长城9段墙体0.06千米，西北距罕乌拉18号烽燧0.48千米。

墩台夯土建筑，夯层厚10~15厘米，保存差。台体坍塌，呈覆钵形土丘状，底部直径8、顶部直径2、残高2米。烽燧东部的善达沟沟床作东向尖状凸出，地处三面环沟的沟套内；西北有石碴山，西南为敖日其格峰。

100.罕乌拉长城10段（150824382102030100）

该段长城起自呼勒斯太苏木罕乌拉村善达沟前牧点北偏西0.64千米，止于罕乌拉村敖日其格牧点北偏西0.64千米。墙体作外向折线形成分布，大体呈东西走向，上接罕乌拉长城9段，下接罕乌拉长城11段。

墙体长1115米，为毛石干垒墙，保存差。墙体摆脱善达沟转沿西岸山岭西北行，至山顶后折向西南，顺山岭外缘下坡行，至坡底转西行，翻过山梁，穿过敖日其格沟，止于其西岸石碴山下。墙体坍塌较为严重，筑墙石块滚落流失，呈一面坡状匍匐于山体表面，底宽1.2~5、顶宽0.8~1.3、残高0.3~0.8米。

墙体沿线调查烽燧2座，分别为罕乌拉18号、19号烽燧。

罕乌拉18号烽燧（150824353201030220）　位于呼勒斯太苏木罕乌拉村敖日其格牧点北偏西0.82千米处较高的山顶上，西距罕乌拉长城10段墙体0.01千米，西南距罕乌拉19号烽燧0.76千米。

墩台石筑，保存差。台体坍塌为覆斗形石堆状，边长13、残高1.5米。墩台西南部有积薪垛3座，呈圆形石堆状，直径3~4.5、残高0.5米，顺山岭顶部作东北—西南向一线排列，间距分别为49米和57米。烽燧东为善达沟，西为敖日其格沟，南临石碴山，南部为敖日其格峰。

罕乌拉19号烽燧（150824353201030221）　位于呼勒斯太苏木罕乌拉村敖日其格牧点西北0.54千米处的山岭中段顶部，北距罕乌拉长城10段墙体止点0.12千米，西偏北距罕乌拉20号烽燧0.67千米。

墩台以黄褐土夯筑而成，夯土中夹杂小石子，夯层厚8~14厘米，保存差。台体尚有残存，略呈长方形土丘状，底部南北长6.5、东西宽4米，顶部边长4米，残高4.1米（彩图六三三）。墩台周围地表散布有灰陶片，施绳纹、弦断绳纹、凹弦纹、平行凸弦纹、压印宽带纹，可辨器形为罐和盆。

101.罕乌拉长城11段（150824382102030101）

该段长城起自呼勒斯太苏木罕乌拉村敖日其格牧点北偏西0.64千米，止于罕乌拉村敖日其格牧点西北1.8千米。墙体作"S"状内外弯曲分布，大体呈东南—西北走向，上接罕乌拉长城10段，下接罕乌拉长城12段。

墙体长1373米，为毛石干垒墙，总体保存差。墙体沿敖日其格沟西部山岭延伸，止于阿日查音高勒沟河槽西岸；坍塌的墙体于地表呈低矮的石垒状，底宽1.3~5、顶宽0.8~1.4、残高0.3~0.7米。大部分墙体保存差，筑墙石块随坡滚落，长1324米；阿日查音高勒沟洪水冲刷，导致长49米的墙体消失。其中，保存差部分、消失部分，分别占该段墙体总长的96.4%、3.6%。

墙体沿线调查烽燧 1 座，为罕乌拉 20 号烽燧。

罕乌拉 20 号烽燧（150824353201030222）　位于呼勒斯太苏木罕乌拉村敖日其格牧点西北 1.16 千米处的山岭上，东北距罕乌拉长城 11 段墙体 0.07 千米，西北距罕乌拉 21 号烽燧 0.73 千米。

墩台石筑，保存差。台体坍塌，现呈低矮的长方形石堆状，东西长 9、南北宽 6、残高 1 米；西侧邻接墩台有长方形石筑坞址，南北长 8、东西宽 4 米，坞墙残高 0.5 米。墩台西部有积薪垛 3 座，呈圆形石堆状，大小相近，直径 5 米；南北向排列，间距分别为 11 米和 19 米。

102. 罕乌拉长城 12 段（150824382102030102）

该段长城起自呼勒斯太苏木罕乌拉村敖日其格牧点西北 1.8 千米，止于呼勒斯太苏木巴音吉拉嘎村哈珠呼都格牧点东南 1.65 千米。墙体作直线分布，呈东南—西北走向，上接罕乌拉长城 11 段，下接罕乌拉长城 13 段。

墙体长 697 米，为毛石干垒墙，总体保存差。墙体沿阿日查音高勒沟西岸山岭顶部外缘上坡行，止于石碴岭东侧。墙体顺坡坍塌，于地表呈斜坡状隆起，底宽 1.3 ~ 5、顶宽 0.8 ~ 1.3、残高 0.3 ~ 0.7 米。墙体前后小段保存差，筑墙石块随坡滚落，长 675 米；中小段有"丫"形支沟分布，洪水冲刷导致长 22 米的墙体消失。其中，保存差部分、消失部分，分别占该段墙体总长的 96.8%、3.2%。

墙体沿线调查烽燧 1 座，为罕乌拉 21 号烽燧。

罕乌拉 21 号烽燧（150824353201030223）　位于呼勒斯太苏木罕乌拉村敖日其格牧点西北 1.89 千米处的阿日查音高勒沟西岸山头上，北距罕乌拉长城 12 段墙体 0.05 千米，西北距罕乌拉 22 号烽燧 0.84 千米。

墩台石筑，保存差。台体坍塌，现呈覆钵形石堆状，底部直径 11、顶部直径 5、残高 2.8 米；东侧邻接墩台有长方形石筑坞址，南北长 9、东西宽 5 米，坞墙残高 0.5 米。

103. 罕乌拉长城 13 段（150824382105030103）

该段长城起自呼勒斯太苏木巴音吉拉嘎村哈珠呼都格牧点东南 1.65 千米，止于巴音吉拉嘎村巴音吉拉嘎沟牧点东 0.78 千米。墙体略作"人"字形分布，由东南—西北走向转呈北偏东—南偏西走向，上接罕乌拉长城 12 段，下接巴音吉拉嘎长城 1 段。

为山险墙，长 2239 米；保存差。墙体仍沿山岭外缘西北行，接近巴音吉拉嘎沟转沿东岸山岭下坡行，止于石碴山岭西麓；低缓地段筑石墙，陡险地段补筑石墙或局部完全自然山险。墙体严重坍塌，石块滚落于山下；沟东岸南偏西行的墙体于地表呈石垄状隆起，底宽 2 ~ 7、残高 0.2 ~ 0.6 米。

墙体沿线调查烽燧 3 座，分别为罕乌拉 22 号、23 号、27 号烽燧。

罕乌拉 22 号烽燧（150824353201030224）　位于呼勒斯太苏木巴音吉拉嘎村哈珠呼都格牧点东南 1.45 千米处的山岭上，北距罕乌拉长城 13 段墙体 0.07 千米，西北距罕乌拉 23 号烽燧 0.98 千米。

墩台石筑，保存差。台体坍塌，现呈覆钵形石堆状，底部直径 10、顶部直径 4、残高 2 米。

罕乌拉 23 号烽燧（150824353201030225）　位于呼勒斯太苏木巴音吉拉嘎村哈珠呼都格牧点东偏南 0.47 千米处的巴音吉拉嘎沟东岸高山头上，北侧紧邻罕乌拉长城 13 段墙体，西南距罕乌拉 27 号烽燧 0.46 千米。

墩台石筑，保存差。台体坍塌，现呈覆钵形石堆状，底部直径 11、顶部直径 3、残高 3 米；依附墩台有石筑坞址 2 座。其中，西侧坞址近半圆形，南北长 10、东西宽 3，坞墙残高 1 米；东侧坞址长方形，南北长 10、东西宽 4 米，坞墙残高 1 米。墩台东南侧有圆形石堆状积薪垛 1 座，直径 3、残高 0.4 米。

罕乌拉 27 号烽燧（150824353201030229）　位于呼勒斯太苏木巴音吉拉嘎村哈珠呼都格牧点南偏东 0.48 千米处的山岭上，西侧紧邻罕乌拉长城 13 段墙体，西南距巴音吉拉嘎 1 号烽燧 1.9 千米；其间应有烽燧消失。

墩台石筑，保存差。台体坍塌，现呈覆钵形石堆状，底部直径12、顶部直径2、残高2.8米。烽燧西临巴音吉拉嘎沟，南部有石砬山。

104.巴音吉拉嘎长城1段（150824382301030106）

该段长城起自呼勒斯太苏木巴音吉拉嘎村巴音吉拉嘎沟牧点东0.78千米，止于巴音吉拉嘎村巴音吉拉嘎沟牧点东南0.6千米；大体呈东北—西南走向，上接罕乌拉长城13段，下接巴音吉拉嘎长城2段。

本段墙体为消失段，起止点之间的直线长度为555米。原墙体地处巴音吉拉嘎沟东岸山岭地带，依沿线地形地貌情况，推断该段墙体原应为石墙；不排除为山险的可能性。

105.巴音吉拉嘎长城2段（150824382102030107）

该段长城起自呼勒斯太苏木巴音吉拉嘎村巴音吉拉嘎沟牧点东南0.6千米，止于巴音吉拉嘎村巴音吉拉嘎沟牧点西南0.59千米。墙体作内外弯曲分布，大体呈东西走向，上接巴音吉拉嘎长城1段，下接巴音吉拉嘎长城3段。

墙体长1128米，为毛石干垒墙，保存差。墙体沿巴音吉拉嘎沟南岸山岭延伸，止于尖头山东北部坡地上。墙体坍塌较为严重，筑墙石块顺坡滚落，于山体表面呈低矮的石垄状，底宽1.5～4.8、顶宽1.2～1.5、残高0.3～0.8米。

墙体沿线调查障城1座，为巴音吉拉嘎障城。

巴音吉拉嘎障城（150824353102030002）　位于呼勒斯太苏木巴音吉拉嘎村巴音吉拉嘎沟牧点南偏东0.51千米处的河槽南岸，倚巴音吉拉嘎长城2段墙体内侧建筑，西南距巴音吉拉嘎1号烽燧0.78千米。

障城平面呈正方形，边长18米。障墙用石块垒筑而成，北墙利用长城墙体；已坍塌，于地表呈低矮的石垄状，底宽2.5～2.7、残高1～3米。东墙偏北辟门，门宽2米，方向88°（彩图六三四）。

106.巴音吉拉嘎长城3段（150824382105030108）

该段长城起自呼勒斯太苏木巴音吉拉嘎村巴音吉拉嘎沟牧点西南0.59千米，止于巴音吉拉嘎沟牧点西南1.47千米。墙体作内外弯曲分布，大体呈东北—西南走向，上接巴音吉拉嘎长城2段，下接巴音吉拉嘎长城4段。

为山险墙，长1243米，保存差。墙体分布在巴音吉拉嘎沟东南岸，沿岸边山岭外缘延伸，止于东北向凸出的"几"字形河湾北岸。于河岸断崖之上补筑石墙，现存墙体宽0.5～0.8、残高0.2～1.4米（彩图六三五）。

墙体沿线调查烽燧2座，分别为巴音吉拉嘎1号、2号烽燧。

巴音吉拉嘎1号烽燧（150824353201030230）　位于呼勒斯太苏木巴音吉拉嘎村巴音吉拉嘎沟牧点南偏西0.9千米处的巴音吉拉嘎沟东岸山岭上，西距巴音吉拉嘎长城3段墙体0.01千米，西南距巴音吉拉嘎2号烽燧0.14千米。

墩台石筑，保存差。台体坍塌，现呈覆钵形石堆状，底部直径15、顶部直径3、残高2.7米。烽燧西傍石砬峰，北为小沟沟脑，洪水顺陡坡下泄，注入巴音吉拉嘎沟与其西支沟交汇点处的主河槽。

巴音吉拉嘎2号烽燧（150824353201030231）　位于呼勒斯太苏木巴音吉拉嘎村巴音吉拉嘎沟牧点南偏西1.04千米处的沟谷东岸山岭顶部山头上，西北距巴音吉拉嘎长城3段墙体0.02千米，西偏南距巴音吉拉嘎3号烽燧2.1千米；其间应有烽燧消失。

墩台石筑，保存差。台体上半部坍塌，下半部仍有遗存，平面呈长方形，南北基长11、东西基宽7、残高0.5～1米，西壁最高；南侧邻接墩台有长方形石筑坞址，东西长7、南北宽5米，坞墙残高0.5米。该烽燧与巴音吉拉嘎1号烽燧仅有沟脑相隔，地理特征类同。

107.巴音吉拉嘎长城4段（150824382102030109）

该段长城起自呼勒斯太苏木巴音吉拉嘎村巴音吉拉嘎沟牧点西南1.47千米，止于巴音吉拉嘎村乌勒吉图音额和沟牧点东南0.48千米。墙体作内外弯曲分布，大体呈东西走向，上接巴音吉拉嘎长城3段，下接巴音吉拉嘎长城5段。

墙体长860米，为毛石干垒墙，保存差。墙体分布在巴音吉拉嘎沟河槽及其西岸山岭上，沿东向凸出的"几"字形河湾内山岭西行，遇三棱山转沿背坡西北行，再转西行，止于乌勒吉图音额和沟东支沟谷底。墙体坍塌较为严重，呈匍匐于山体表面的石垄状，底宽1.6~5.8、顶宽1~1.2、残高0.3~0.5米。起点处巴音吉拉嘎沟河槽中的墙体消失。

108.巴音吉拉嘎长城5段（150824382102030110）

该段长城起自呼勒斯太苏木巴音吉拉嘎村乌勒吉图音额和沟牧点东南0.48千米，止于乌勒吉图音额和沟牧点南偏西1.51千米。墙体作"S"状内外弯曲分布，大体呈东北—西南走向，上接巴音吉拉嘎长城4段，下接巴音吉拉嘎长城6段。

墙体长1802米，为毛石干垒墙，保存差。墙体横穿乌勒吉图音额和沟，沿西岸支岭外缘上行，翻过山岭再顺西坡支岭下行，止于前达门沟之东沟谷底。墙体坍塌严重，呈匍匐于山体表面的石垄状，底宽1.6~4.5、顶宽1~1.3、残高0.3~0.5米。乌勒吉图音额和沟河槽中的墙体消失，末端小河槽洪水冲刷亦造成墙体断豁。

墙体沿线调查烽燧2座，分别为巴音吉拉嘎3号、4号烽燧。

巴音吉拉嘎3号烽燧（150824353201030232）　位于呼勒斯太苏木巴音吉拉嘎村乌勒吉图音额和沟牧点南偏西0.7千米处的山岭顶部山头上，北侧紧邻巴音吉拉嘎长城5段墙体，南偏西距巴音吉拉嘎4号烽燧0.8千米。

墩台石筑，保存差。台体坍塌为长方形石堆状，南北长10、东西宽7、残高0.5米；东侧邻接墩台有长方形石筑坞址，南北长9、东西宽5米，坞墙残高1米。墩台南部有积薪垛3座，呈圆形石堆状，大小相当，直径3米，作北偏西—南偏东向一线排列，间距分别为7米和11米。

巴音吉拉嘎4号烽燧（150824353201030233）　位于呼勒斯太苏木巴音吉拉嘎村乌勒吉图音额和沟牧点南偏西1.48千米处的坡地缓丘上，西北距巴音吉拉嘎长城5段墙体0.02千米，西距巴音吉拉嘎5号烽燧0.34千米；二者隔河槽相望。

墩台石筑，保存差。台体坍塌，现呈覆钵形石堆状，底部直径12、顶部直径3、残高2.5米。墩台南侧有圆形石圈状积薪垛1座，直径3、残高0.3米。烽燧西临前达门沟之东部小沟河槽，东北部有牧户一家。

109.巴音吉拉嘎长城6段（150824382102030111）

该段长城起自呼勒斯太苏木巴音吉拉嘎村乌勒吉图音额和沟牧点南偏西1.51千米，止于呼勒斯太苏木前达门村哈巴哈斯牧点东1.41千米。墙体作外向折弧形分布，大体呈东西走向，上接巴音吉拉嘎长城5段，下接前达门长城1段。

墙体长1167米，为毛石干垒墙，保存差。墙体分布在前达门沟与其东部小沟之间的东西向山岭上，止点在前达门沟河槽东岸。墙体坍塌严重，石块随坡滚落，于地表呈斜坡状隆起，底宽1.5~5、顶宽0.8~1.2、残高0.3~0.5米。

墙体沿线调查烽燧2座，分别为巴音吉拉嘎5号、6号烽燧。

巴音吉拉嘎5号烽燧（150824353201030234）　位于呼勒斯太苏木巴音吉拉嘎村乌勒吉图音额和沟牧点西南1.64千米处的山岭上，西北距巴音吉拉嘎长城6段墙体0.01千米、距巴音吉拉嘎6号烽燧1.39

千米。

墩台石筑，保存差。台体坍塌为长方形石堆状，东西长10、南北宽6、残高0.5米；东侧邻接墩台有长方形石筑坞址，东西长8、南北宽5米，坞墙残高0.5米。烽燧西北、东北有石砬山头，东部隔前达门沟之东部小沟有牧户。

巴音吉拉嘎6号烽燧（150824353201030235） 位于呼勒斯太苏木前达门村乌呼那拜兴牧点东南1.64千米处的前达门沟东岸山头上，东南距巴音吉拉嘎长城6段墙体1.2千米，南偏西距前达门1号烽燧1.78千米。

墩台石筑，保存差。台体坍塌为高大的覆斗形石堆状，边长9、残高3米；北侧邻接墩台有长方形石筑坞址，东西长8、南北宽5米，坞墙残高0.5米。烽燧地处长城墙体外侧，西北面对前达门沟，沟中有前达门沟当路塞，推测为沟通北部当路塞与南部墙体之间警讯的一座烽燧。

110. 前达门长城1段（150824382301030112）

该段长城起自呼勒斯太苏木前达门村哈巴哈斯牧点东1.41千米，止于前达门村哈巴哈斯牧点东1.27千米；大体呈东西走向，上接巴音吉拉嘎长城6段，下接前达门长城2段。

本段墙体为消失段，起止点之间的直线长度为135米。墙体位于前达门沟河槽内，洪水冲刷导致墙体消失。依据相邻上下段墙体情况，推断该段墙体原应为石墙，底部设置排水口。前达门沟为罕乌拉山西界，是沟通山之南北的重要通道。

111. 前达门长城2段（150824382102030113）

该段长城起自呼勒斯太苏木前达门村哈巴哈斯牧点东1.27千米，止于前达门村哈巴哈斯牧点东南0.73千米。墙体作折线形弯曲分布，大体呈东北—西南走向，上接前达门长城1段，下接前达门长城3段。

墙体长1036米，为毛石干垒墙，保存差。墙体先爬上前达门沟西岸，顺山岭西缘南行，再转西南行，止于小横支沟谷底；其东部的前达门沟河床呈横向的"S"形分布。墙体坍塌严重，于地表呈低矮的石垄状，底宽1.3～5、顶宽0.8～1.3、残高0.3～0.8米；轮廓与走向较为清晰。

墙体沿线调查烽燧1座，为前达门1号烽燧。

前达门1号烽燧（150824353201030236） 位于呼勒斯太苏木前达门村哈巴哈斯牧点东南0.83千米处的前达门沟西岸山岭上，西北距前达门长城2段墙体0.03千米，西南距前达门2号烽燧0.84千米。

墩台石筑，保存差。台体坍塌，现呈高大的覆钵形石堆状，底部直径10、顶部直径6、残高3.2米（彩图六三六）；西侧邻接墩台有长方形石筑坞址，南北长7、东西宽3米，坞墙残高1米。墩台东部有积薪垛3座，呈圆形石堆状，直径2.5～3，南北向一线排列，等距分布，间距28米。烽燧东侧陡坡下为前达门沟，西侧小沟洪水西南流，汇入哈巴哈斯牧点所在沟谷。

112. 前达门长城3段（150824382102030114）

该段长城起自呼勒斯太苏木前达门村哈巴哈斯牧点东南0.73千米，止于前达门村哈巴哈斯牧点南1.17千米。墙体大体作直线分布，呈东北—西南走向，上接前达门长城2段，下接前达门长城4段。

墙体长1035米，为毛石干垒墙，保存差。墙体沿前达门沟与哈巴哈斯牧点所在沟谷（含东支沟）之间的山岭延伸，止于沟谷西向折弯处。墙体坍塌严重，于地表呈低矮的石垄状，底宽1.4～6.5、顶宽0.8～1.3、残高0.3～0.8米。

墙体沿线调查烽燧1座，为前达门2号烽燧。

前达门2号烽燧（150824353201030237） 位于呼勒斯太苏木前达门村哈巴哈斯牧点南偏东0.94千米处的山顶上，西北距前达门长城3段墙体0.01千米，南偏西距前达门3号烽燧0.41千米。

墩台石筑，保存差。台体坍塌，现呈覆钵形石堆状，底部直径9、顶部直径2.5、残高2.8米；南侧邻接墩台有长方形石筑坞址，东西长8、南北宽4米，坞墙残高1米。墩台北部岭背有积薪垛3座，呈圆形石堆状，直径3~4、残高0.3米，大体作南北向排列，间距分别为20米和36米。烽燧西侧紧邻哈巴哈斯牧点所在沟谷，东部为前达门沟。

113. 前达门长城4段（150824382102030115）

该段长城起自呼勒斯太苏木前达门村哈巴哈斯牧点南1.17千米，止于前达门村更皮音苏木东北0.87千米。墙体大体呈东北—西南走向，上接前达门长城3段，下接前达门长城5段。

墙体长227米，为毛石干垒墙，保存差。墙体分布在哈巴哈斯牧点所在沟谷西向折弯的河湾段南岸，沿沟边筑墙，坍塌严重，于地表呈低矮的石垄状，底宽1.4~6、顶宽0.8~1.4、残高0.3~0.7米。

墙体沿线调查烽燧1座，为前达门3号烽燧。

前达门3号烽燧（150824353201030238）　位于呼勒斯太苏木前达门村更皮音苏木东北0.96千米处的河湾段南岸上部，北侧紧邻前达门长城4段墙体，西距前达门4号烽燧0.55千米。

墩台石筑，保存差。台体坍塌，现呈覆斗形石堆状，底部边长8、残高1.5米。墩台东南部有积薪垛1座，呈正方形石圈状，边长5.5米。烽燧北侧陡坡下为哈巴哈斯牧点所在沟谷河槽。

114. 前达门长城5段（150824382301030116）

该段长城起自呼勒斯太苏木前达门村更皮音苏木东北0.87千米，止于前达门村更皮音苏木北偏东0.66千米；大体作直线分布，呈东西走向，上接前达门长城4段，下接前达门长城6段。

本段墙体为消失段，起止点之间的直线长度为399米。原墙体分布在哈巴哈斯牧点所在沟谷南向折弯处两岸，东岸前小段的北侧为陡坡，可能被利用为山险；近河槽的坡地上有石筑墙体，长80米，坍塌为低矮的石垄状，底宽5.5、残高1米；河槽中及其西岸的墙体消失。

115. 前达门长城6段（150824382102030117）

该段长城起自呼勒斯太苏木前达门村更皮音苏木北偏东0.66千米，止于前达门村更皮音苏木北偏西0.51千米。墙体作外向折线形分布，大体呈东北—西南走向，上接前达门长城5段，下接前达门长城7段。

墙体长501米，为毛石干垒墙，总体保存差。墙体分布在哈巴哈斯所在沟谷与更皮音苏木沟之间山岭上，沟西山顶复现的墙体先北偏西行，至山岭东北端再回折，沿矮岭背坡下坡行，止于更皮音苏木沟河槽西岸。墙体坍塌，于地表呈低矮的石垄状，底宽2~4、顶宽1、残高0.5~1米。大部分墙体保存差，长454米（彩图六三七）；末端墙体消失于更皮音苏木河槽中，长47米。其中，保存差部分、消失部分，分别占该段墙体总长的90.6%、9.4%。更皮音苏木沟发源于北部的前达门乌拉山。

墙体沿线调查烽燧1座，为前达门4号烽燧。

前达门4号烽燧（150824353201030239）　位于呼勒斯太苏木前达门村更皮音苏木北偏东0.68千米处的山头上，北距前达门长城6段墙体0.02千米，西偏南距前达门5号烽燧0.82千米。

墩台石筑，保存差。台体坍塌，现呈覆钵形石堆状，底部直径9、顶部直径2、残高2.8米；西侧邻接墩台有长方形石筑坞址，南北长8、东西宽4米，坞墙残高1米。墩台西南部岭背上有积薪垛3座，呈圆形石堆状，直径2.5~4米，作北偏东—南偏西一线排列，等距分布，间距33米。烽燧东侧为深峡谷，坡下为哈巴哈斯牧点所在沟谷河槽。

116. 前达门长城7段（150824382102030118）

该段长城起自呼勒斯太苏木前达门村更皮音苏木北偏西0.51千米，止于前达门村更皮音苏木西偏北1.03千米。墙体作外向折线形分布，大体呈东偏北—西偏南走向，上接前达门长城6段，下接前达门长城8段。

墙体长959米，为毛石干垒墙，总体保存一般。墙体沿更皮音苏木沟西岸山岭西行，爬上山岭转西偏南行，止于千里庙沟东支沟悬崖边。墙体坍塌，于地表呈明显的石垄状，底宽1.3~5、顶宽0.8~2.2、残高0.5~1.3米。墙体前小段坍塌较为严重，保存差，长445米；后小段保存一般，长514米；局部有墙体保存原始形态，基宽2.5、顶宽2.2、残高1.3米。其中，保存一般部分、保存差部分，分别占该段墙体总长的53.6%、46.4%。

墙体沿线调查烽燧1座，为前达门5号烽燧。

前达门5号烽燧（150824353201030240）　位于呼勒斯太苏木前达门村更皮音苏木西北0.72千米处的山岭上，西北距前达门长城7段墙体0.07千米，西南距前达门6号烽燧0.58千米。

墩台石筑，保存差。台体坍塌，现呈低矮的覆钵形石堆状，底部直径11、顶部直径3、残高1.5米；其上垒砌有圆形小石台（彩图六三八）。墩台南偏西部岭背上有积薪垛遗迹。烽燧西部较平缓的山岭顶部有一段副墙，西行与主墙体呈相接之势。

117. 前达门长城8段（150824382105030119）

该段长城起自呼勒斯太苏木前达门村更皮音苏木西偏北1.03千米，止于前达门村更皮音苏木西偏南1.29千米；中部有内外折弯，大体呈北南走向，上接前达门长城7段，下接前达门长城9段。

为山险墙，长865米，保存差。墙体沿千里庙沟与其东支沟河床东岸的悬崖峭壁之上构筑，止于主沟与支沟交汇点南部的山岭南麓。石墙加筑于断崖缺口处，宽0.6~0.8、残高0.2~1米（彩图六三九）；多坍塌，筑墙石块滚落于山崖之下。该段长城地处罕乌拉山与呼勒斯太盆地的过渡地带，沿线山势陡峭。

墙体沿线调查烽燧1座，为前达门6号烽燧。

前达门6号烽燧（150824353201030241）　位于呼勒斯太苏木前达门村更皮音苏木西0.97千米处的沟东岸山岭上，西距前达门长城8段墙体0.04千米，南偏西距前达门7号烽燧0.71千米。

墩台石筑，保存差。台体坍塌，现呈高大的覆钵形石堆状，底部直径12、顶部直径6、残高3米；南侧邻接墩台有长方形石筑坞址，东西长9、南北宽3米，坞墙残高1米。墩台东侧有积薪垛1座，呈圆形石圈状，直径3、残高0.3米。

118. 前达门长城9段（150824382102030120）

该段长城起自呼勒斯太苏木前达门村更皮音苏木西偏南1.29千米，止于前达门村宝音图牧点东0.28千米。墙体作东向漫弧形分布，由北偏东—南偏西走向过渡为东北—西南走向，上接前达门长城8段，下接前达门长城10段。

墙体长1735米，为毛石干垒墙，保存差。墙体沿千里庙沟东岸山岭外缘修筑，随坡倒塌，呈匍匐于山体表面的石垄状，底宽1.5~5、顶宽1.3~1.7、残高0.3~0.7米。

墙体沿线调查烽燧2座，分别为前达门7号、8号烽燧。

前达门7号烽燧（150824353201030242）　位于呼勒斯太苏木前达门村宝音图牧点东北1.59千米处的山岭上，西距前达门长城9段墙体0.02千米，南偏西距前达门8号烽燧1千米。

墩台石筑，保存差。台体坍塌，现呈覆钵形石堆状，底部直径10、顶部直径2、残高2.5米。烽燧东部有深谷，西为千里庙沟河槽，东岸有牧户一家。

前达门8号烽燧（150824353201030243）　位于呼勒斯太苏木前达门村宝音图牧点东偏北0.69千米处的山岭上，西距前达门长城9段墙体0.03千米，西南距前达门9号烽燧0.9千米。

墩台石筑，保存差。台体坍塌，现呈覆钵形石堆状，底部直径12、顶部直径3、残高2米。烽燧西北部的千里庙沟沟床东岸为断崖。

119.前达门长城10段（150824382102030121）

该段长城起自呼勒斯太苏木前达门村宝音图牧点东0.28千米，止于前达门村宝音图牧点西南1.01千米。墙体作外向折线形分布，大体呈东北—西南走向，上接前达门长城9段，下接前达门长城11段。

墙体长1358米，为毛石干垒墙，总体保存差。墙体沿山岭西南行，于牧点南部转西行走下山岭，延伸至千里庙沟河槽东岸，转沿岸边南偏西行，而后跨过千里庙沟，止于河槽西岸；止点北侧有石碴山。墙体顺坡坍塌，于地表呈斜坡状隆起，底宽1.4～6.5、顶宽1.2～1.5、残高0.3～0.6米。遗存的墙体大部分坍塌严重，保存差，长1330米；末端墙体消失在千里庙沟河槽中，长28米。其中，保存差部分、消失部分，分别占该段墙体总长的97.9%、2.1%。

墙体沿线调查烽燧1座，为前达门9号烽燧。

前达门9号烽燧（150824353201030244）　位于呼勒斯太苏木前达门村宝音图牧点南0.41千米处的山顶上，西北距前达门长城10段墙体0.01千米，西南距前达门10号烽燧0.81千米。

墩台石筑，保存差。台体坍塌，现呈低矮的长方形石堆状，长7、宽5、残高1.5米。墩台南侧山岭上有积薪垛3座，两端者呈圆形石堆状，居中为圆形石圈状，直径3、残高0.4米，南北一线排列，等距分布，间距13米。烽燧建筑在构造节理清晰的岩岭上，西临千里庙沟。

120.前达门长城11段（150824382102030122）

该段长城起自呼勒斯太苏木前达门村宝音图牧点西南1.01千米，止于前达门村道劳呼都格牧点西南0.13千米。墙体略作内外弯曲分布，大体呈东西走向，上接前达门长城10段，下接前达门长城12段。

墙体长754米，为毛石干垒墙，总体保存差。墙体翻过千里庙沟西山梁，跨过道仑呼都格音高勒沟，止于牧点前孤尖山西坡上。墙体顺坡倾塌，于地表呈斜坡状隆起，底宽1.6～6、顶宽1.3～1.6、残高0.3～0.8米。绝大部分墙体坍塌严重，保存差，长726米；中部道仑呼都格音高勒沟河槽中的墙体消失，长28米。其中，保存差部分、消失部分，分别占该段墙体总长的96.3%、3.7%。

墙体沿线调查烽燧1座，为前达门10号烽燧。

前达门10号烽燧（150824353201030245）　位于呼勒斯太苏木前达门村道劳呼都格牧点东0.53千米处的山头上，北距前达门长城11段墙体0.02千米，西距前达门11号烽燧0.75千米。

墩台土筑，保存差。台体坍塌，现呈覆钵形土丘状，底部直径10、顶部直径2、残高1.5米。墩台南侧有积薪垛3座，呈正方形石圈状，大小相近，边长3、残高0.2米，作东北—西南向排列，等距分布，间距26米。墩台西部有积薪垛5座，均为圆形石堆状，直径3～7、残高0.2～0.5米，大体作南北向一线排列，规格自北而南渐小；前4座间距均为33米，末端两座间距17米。烽燧位于千里庙沟与其西支沟道仑呼都格音高勒沟之间的夹角地带，东侧紧邻主沟，以重点监视该沟谷。

121.前达门长城12段（150824382102030123）

该段长城起自呼勒斯太苏木前达门村道劳呼都格牧点西南0.13千米，止于前达门村哈沙图阿木牧点西北0.31千米。墙体大体作直线分布，呈东北—西南走向，上接前达门长城11段，下接前达门长城13段。

墙体长1345米，为毛石干垒墙，保存较差。墙体爬上道劳呼都格牧点西山岭，追寻着山岭一路西南向下坡行，跨过哈沙图音高勒沟，止于河槽西岸。墙体均已坍塌，于地表呈低矮的石垄状，底宽2～6.5、顶宽1.5～2、残高0.5～1米。末端河槽中的墙体因洪水冲刷而消失。

墙体沿线调查烽燧1座，为前达门11号烽燧。

前达门11号烽燧（150824353201030246）　位于呼勒斯太苏木前达门村道劳呼都格牧点西南0.28

千米处的山头上，北距前达门长城12段墙体0.05千米，西南距前达门12号烽燧1.28千米，其间应有1座烽燧消失。

墩台石筑，保存差。台体坍塌，现呈低矮的长方形石堆状，东西长8、南北宽4、残高1.5米；南侧邻接墩台有长方形石筑坞址，东西长8、南北宽5米，坞墙残高1米。墩台南部有积薪垛3座，呈正方形石圈状，边长2.2～2.5米，南北向一线排列，间距分别为42米和55米。该烽燧北对道仓呼都格音高勒沟，以重点监视这条纵深较长的沟谷。

122. 前达门长城13段（150824382102030124）

该段长城起自呼勒斯太苏木前达门村哈沙图阿木牧点西北0.31千米，止于前达门村瑙棍布日德牧点北偏西0.75千米。墙体作内向折弧形分布，由东北—西南走向过渡为东西走向，上接前达门长城12段，下接前达门长城14段。

墙体长1302米，以泥质板岩石板垒筑，总体保存较差。墙体分布在哈沙图音高勒沟与麻池沟东支沟之间，沿支岭背坡上缘构筑，止于麻池沟东支沟河槽西岸。现存墙体基宽2.5～3、顶宽1.5～2.5、残高0.3～4米。墙体前小段保存较好，局部地段大体保存原始风貌，长170米（彩图六四〇）；后小段坍塌成低矮的石垄状，保存较差，长1132米。其中，保存较好部分、保存较差部分，分别占该段墙体总长的13.1%、86.9%。末端河槽中的墙体消失。

墙体沿线调查烽燧2座，分别为前达门12号、13号烽燧。

前达门12号烽燧（150824353201030247）　位于呼勒斯太苏木前达门村哈沙图阿木牧点西北0.38千米处的哈沙图音高勒沟西岸山岭上，西北距前达门长城13段墙体0.01千米，西南距前达门13号烽燧0.84千米。

墩台以泥质板岩石板砌筑，保存差。台体坍塌为长方形石堆状，基部东西长10、南北宽7米，顶部东西长7、南北宽5米，残高1.8～4米；南侧邻接墩台有长方形石筑坞址，东西长12、南北宽10米，坞墙宽1.5、残高1～2.5米（彩图六四一）。墩台南部有积薪垛3座，呈圆形石堆状，直径2米，南北向一线排列，间距依次为15米和17米。该烽燧规格较大，应为重点监控哈沙图音高勒沟而设置。

前达门13号烽燧（150824353201030248）　位于呼勒斯太苏木前达门村瑙棍布日德牧点北偏西0.67千米处的山岭半腰部位山头上，北侧紧邻前达门长城13段墙体，西距前达门14号烽燧0.57千米。

墩台以黄土夯筑，夯层厚8～10厘米，保存差。台体经风雨剥蚀，现仅存台芯部分，呈不规则形圆柱体，底部南北长8、东西宽5米，顶部南北长3、东西宽1.5米，残高4米（彩图六四二）。该烽燧北对麻池沟东支沟。

123. 前达门长城14段（150824382102030125）

该段长城起自呼勒斯太苏木前达门村瑙棍布日德牧点北偏西0.75千米，止于前达门村瑙棍布日德牧点西北1.07千米。墙体作外向直角折线形分布，由东南—西北走向转为东北—西南走向，上接前达门长城13段，下接前达门长城15段。

墙体长621米，为毛石干垒墙，总体保存一般。墙体分布在麻池沟北部的东支沟与其西北岔沟之间山岭上，选择山岭背坡上缘构筑，止于西北岔沟东岸悬崖处。现存墙体底宽2.5～3、顶宽2～2.5、内壁残高0.6～2.5、外壁残高0.7～4米。墙体前小段保存一般，内壁尚存，外壁大部分坍塌，长499米；后小段保存较好，内外壁俱存，砌筑面结构紧密；局部建筑在节理分明的崖壁之上，类似于山险墙，长122米（彩图六四三）。其中，保存较好部分、保存一般部分，分别占该段墙体总长的19.7%、80.3%。

124. 前达门长城15段（150824382105030126）

该段长城起自呼勒斯太苏木前达门村瑙棍布日德牧点西北1.07千米，止于前达门村瑙棍布日德牧点西1.03千米。墙体大体作直线分布，呈北偏东—南偏西走向，上接前达门长城14段，下接前达门长城16段。

为山险墙，长723米，保存差。墙体分布在麻池沟东支沟之西北岔沟东岸及其麻池沟正北支沟东岸，于低矮崖壁及断豁处加筑石墙，在沟谷坡地上起筑石墙连接山险墙。墙体均已坍塌，沟谷坡地上的墙体于地表呈低矮的石垄状，底宽0.6～5、残高0.3～1.2米。西北岔沟与正北支沟谷底河槽中的墙体消失。

墙体沿线调查烽燧1座，为前达门14号烽燧。

前达门14号烽燧（150824353201030249） 位于呼勒斯太苏木前达门村瑙棍布日德牧点西北0.94千米处的南北向山岭上，西距前达门长城15段墙体0.08千米，西南距前达门15号烽燧0.68千米。

墩台石筑，保存差。台体坍塌，现呈覆钵形石堆状，底部直径12、顶部直径6、残高2.5米；南侧邻接墩台有长方形石筑坞址，东西长8、南北宽4米，坞墙残高0.5米。墩台南部岭背上有积薪垛3座，呈较小的圆形石堆状，直径2米，南北排列，间距分别为18米和26米。烽燧西临麻池沟东支沟之西北岔沟。

125.前达门长城16段（150824382102030127）

该段长城起自呼勒斯太苏木前达门村瑙棍布日德牧点西1.03千米，止于前达门村瑙棍布日德牧点西偏南1.75千米。墙体作内外折线形分布，大体呈东北—西南走向，上接前达门长城15段，下接前达门长城17段。

墙体长1031米，为毛石干垒墙，保存差。墙体沿麻池沟正北支沟西岸支岭背坡延伸，翻过山岭，西行穿过两条小支沟，再沿麻池沟之北沟东岸山岭南行，止于北沟与麻池主沟交汇点处。墙体坍塌较为严重，呈匍匐于山体表面的石垄状，底宽1.7～6、顶宽1.2～1.7、残高0.3～1米。

该段墙体南部一百余米处，另有2段残存的墙体，起自前达门15号烽燧东山岭西半坡处，延伸至麻池沟之北沟东部，累计长260米。

墙体沿线调查烽燧2座，分别为前达门15号、16号烽燧。

前达门15号烽燧（150824353201030250） 位于呼勒斯太苏木前达门村瑙棍布日德牧点西1.16千米处的山岭顶部山头上，西侧紧邻前达门长城16段墙体，西南距前达门16号烽燧0.39千米。

墩台土石混筑，内部夯土外部包砌石块建筑，保存差。台体坍塌，现呈低矮的覆钵形土石丘状，底部直径11、顶部直径3、残高1.5米；西侧邻接墩台有长方形石筑坞址，南北长8、东西宽4米，坞墙残高0.5米。烽燧东部有马鬃状山岭。

前达门16号烽燧（150824353201030251） 位于呼勒斯太苏木前达门村瑙棍布日德牧点西1.51千米处的山岭顶部山头上，西北距前达门长城16段墙体0.02千米，西偏南距前达门17号烽燧1.25千米，其间应有烽燧消失。

墩台石筑，保存差。台体坍塌，现呈高大的覆钵形石堆状，底部直径12、顶部直径7、残高3米；南侧邻接墩台有长方形石筑坞址，东西长7、南北宽3米，坞墙残高1米。烽燧西临麻池沟之北沟。

126.前达门长城17段（150824382102030128）

该段长城起自呼勒斯太苏木前达门村瑙棍布日德牧点西偏南1.75千米，止于呼勒斯太苏木哈拉呼鲁村哈仁格特勒牧点北偏东1.4千米。墙体内外略有弯曲，大体呈东西走向，上接前达门长城16段，下接前达门长城18段。

墙体长1311米，为毛石干垒墙，保存差。墙体沿麻池沟主沟河槽南岸山岭西行，爬上和热木音浩饶山，止于山岭低凹处。墙体均已坍塌，于地表呈斜坡状隆起，底宽1.6～6、顶宽1.2～1.7、残高0.2～0.8米。

墙体沿线调查烽燧1座，为前达门17号烽燧。

前达门17号烽燧（150824353201030252）　位于呼勒斯太苏木哈拉呼鲁村哈仁格特勒牧点东北1.5千米处的和热木音浩饶山东缘山头上，东北距前达门长城17段墙体0.02千米，西距前达门18号烽燧0.8千米。

墩台石筑，保存差。台体坍塌，现呈覆钵形石堆状，底部直径13、顶部直径7、残高2.5米，顶部有近现代人垒筑的小敖包（彩图六四四）；西侧邻接墩台有长方形石筑坞址，南北长12、东西宽5米，坞墙残高1米。

127. 前达门长城18段（150824382102030129）

该段长城起自呼勒斯太苏木哈拉呼鲁村哈仁格特勒牧点北偏东1.4千米，止于哈拉呼鲁村哈仁格特勒牧点北0.89千米。墙体作外向折弧形分布，由东西走向转为东北—西南走向，上接前达门长城17段，下接哈拉呼鲁长城1段。

墙体长1022米，为毛石干垒墙，保存差。墙体沿和热木音浩饶（蒙古语，意为有墙体的山角）山北坡上缘延伸，至呼勒斯太沟边转沿沟坡西南行，止于河槽东岸。墙体均已坍塌，于地表呈斜坡形石垄状，底宽1.7 ~ 5、顶宽1.3 ~ 1.7、残高0.2 ~ 0.8米。

墙体沿线调查烽燧1座，为前达门18号烽燧。

前达门18号烽燧（150824353201030253）　位于呼勒斯太苏木哈拉呼鲁村哈仁格特勒牧点北1千米处的呼勒斯太沟东岸山岭末端顶部，北距前达门长城18段墙体0.09千米，西南距哈拉呼鲁1号烽燧0.85千米；二者隔呼勒斯太沟相望。

墩台石筑，保存差。台体坍塌，呈高大的覆钵形石堆状，底部直径11、顶部直径3、残高3米；南侧邻接墩台有长方形石筑坞址，东西长8米、南北宽4米，坞墙残高0.8米。墩台东南部有积薪垛3座，呈低矮的圆形石堆状，直径2 ~ 3米，南北向等距排列，间距9米。烽燧紧邻沟边建设，北对呼勒斯太沟床，旨在重点监视该沟谷。

128. 哈拉呼鲁长城1段（150824382301030130）

该段长城起自呼勒斯太苏木哈拉呼鲁村哈仁格特勒牧点北0.89千米，止于哈拉呼鲁村哈仁格特勒牧点西北0.83千米；大体作外向折线形分布，呈东北—西南走向，上接前达门长城18段，下接哈拉呼鲁长城2段。

本段墙体为消失段，起止点之间的直线长度为721米。原墙体应于呼勒斯太沟与洪浩尔图牧点所在的支沟洪水交汇点处西偏北上行，爬上高耸的石山岭后转南偏西行，其后走下山岭，至呼勒斯太沟西北支沟河槽南岸墙体复现。调查推测，该段长城原为山险墙，于山岭断豁处补筑石墙，筑墙石块悉数滚落于崖下，从而不见墙体痕迹。同时，也不排除为山险的可能性。

墙体沿线调查烽燧1座，为哈拉呼鲁1号烽燧。

哈拉呼鲁1号烽燧（150824353201030254）　位于呼勒斯太苏木哈拉呼鲁村哈仁格特勒牧点西北0.83千米处的南北向孤山岭脊部山头上，西北距哈拉呼鲁长城1段墙体0.03千米左右，西南距哈拉呼鲁2号烽燧0.61千米。

墩台以黄土夯筑而成，夯层厚10 ~ 15厘米，保存差。受风雨侵蚀影响，台体仅剩台芯部分，呈低矮的圆锥体，南壁残长6、北壁残长1.5、东西两壁残长5、残高2.5米；下半部呈圆形土丘状，残高1.6（彩图六四五）。墩台东侧有积薪垛3座，呈圆形石堆状或正方形石圈状。山岭之上无黄土，筑燧用土完全自山下搬运而来。

129. 哈拉呼鲁长城2段（150824382101030131）

该段长城起自呼勒斯太苏木哈拉呼鲁村哈仁格特勒牧点西北0.83千米，止于哈拉呼鲁村哈仁格特勒牧点西1.81千米。墙体略作内外弯曲分布，呈东北—西南走向，上接哈拉呼鲁长城1段，下接哈拉呼鲁长城3段。

墙体长1234米，为毛石干垒墙，保存差。墙体沿呼勒斯太沟的西北支沟西南岸山地弯曲延伸，于哈只亥西沟牧点西南跨过沟谷河槽，止于牧点西南部山岭北缘背坡上。墙体坍塌，于地表呈低矮的石垄状，底宽1.6~2、顶宽1.2~1.7、残高0.2~0.8米（彩图六四六）。哈只亥西沟河槽中的墙体消失。

墙体沿线调查烽燧2座，分别为哈拉呼鲁2号、3号烽燧。

哈拉呼鲁2号烽燧（150824353201030255）　位于呼勒斯太苏木哈拉呼鲁村哈仁格特勒牧点西偏北1.15千米处的山岭北缘顶部，西北距哈拉呼鲁长城2段墙体0.13千米，西偏南距哈拉呼鲁3号烽燧0.39千米。

墩台石筑，保存差。台体上半部坍塌，下半部遗存原始形态，呈正方形覆斗状，基部边长6、残高0.3~1.5米（彩图六四七）；南侧邻接墩台有长方形石筑坞址，东西长8米、南北宽5米，坞墙残高0.5米。

哈拉呼鲁3号烽燧（150824353201030256）　位于呼勒斯太苏木哈拉呼鲁村哈仁格特勒牧点西1.46千米处的山岭上，北距哈拉呼鲁长城2段墙体0.11千米，西偏南距哈拉呼鲁4号烽燧0.65千米。

墩台石筑，保存差。台体坍塌，现呈高大的覆钵形石堆状，底部直径13、顶部直径5、残高3米；墩台顶部有晚期垒砌的小石堆。烽燧西临哈只亥西沟，北隔河槽为哈只亥西沟牧点。

130.哈拉呼鲁长城3段（150824382105030132）

该段长城起自呼勒斯太苏木哈拉呼鲁村哈仁格特勒牧点西1.81千米，止于哈拉呼鲁村哈仁格特勒牧点西偏南2.81千米。墙体作直线分布，呈东北—西南走向，上接哈拉呼鲁长城2段，下接哈拉呼鲁长城4段。

为山险墙，长1188米，保存差。墙体沿哈只亥西沟西岸山岭背坡上缘构筑，止于山岭南麓。充分利用自然山险，于崖豁部位补筑石墙，崖壁之上加筑石墙，缓坡地带修筑石墙；均已坍塌，现存墙体宽0.8~3、残高0.3~0.5米。哈只亥西沟西北支沟河槽中的墙体消失。

墙体沿线调查烽燧2座，分别为哈拉呼鲁4号、5号烽燧。

哈拉呼鲁4号烽燧（150824353201030257）　位于呼勒斯太苏木哈拉呼鲁村哈仁格特勒牧点西2.1千米处的山岭中段顶部，西北距哈拉呼鲁长城3段墙体0.02千米，西南距哈拉呼鲁5号烽燧0.64千米。

墩台石筑，保存较差。台体坍塌，平面布局较为清晰，原始形态犹存；呈覆钵形石堆状，底部直径13、顶部直径6、残高2.6米；南偏西侧邻接墩台有长方形石筑坞址，东西长9、南北宽5.5，坞墙残高1米（彩图六四八）。墩台南部有积薪垛3座，呈正方形石台状，大小相近，边长3.5米，作东西向一线排列，等距分布，间距23米。

哈拉呼鲁5号烽燧（150824353201030258）　位于呼勒斯太苏木哈拉呼鲁村哈仁格特勒牧点西偏南2.63千米处的山岭上，西北距哈拉呼鲁长城3段墙体0.06千米，西南距哈拉呼鲁6号烽燧1.26千米。

墩台石筑，保存差。台体坍塌，现呈覆钵形石堆状，底部直径7、顶部直径4、残高2.8米。墩台南部有积薪垛3座，呈圆形石圈状，直径3.5~4.5米，南北向一线排列，间距分别为43米和65米。烽燧北为山岭断口，沟底为哈只亥西沟西北支沟河槽；东南部为主沟与支沟洪水合流处。

131.哈拉呼鲁长城4段（150824382102030133）

该段长城起自呼勒斯太苏木哈拉呼鲁村哈仁格特勒牧点西偏南2.81千米，止于哈拉呼鲁村肖布和牧点东2.42千米。墙体大体作直线分布，呈东北—西南走向，上接哈拉呼鲁长城3段，下接哈拉呼鲁长城5段。

墙体长1272米，为毛石干垒墙，保存差。墙体沿山岭背坡上缘西南行，止于山岭南麓的义和久嘎查西沟河槽东岸。墙体坍塌，陡坡地段尤甚，呈匍匐于山体表面的石垒状，底宽1.6～5、顶宽1.2～1.6、残高0.2～0.8米。

墙体沿线调查烽燧1座，为哈拉呼鲁6号烽燧。

哈拉呼鲁6号烽燧（150824353201030259） 位于呼勒斯太苏木哈拉呼鲁村肖布和牧点东2.61千米处的山岭上，西北距哈拉呼鲁长城4段墙体0.14千米，西距哈拉呼鲁7号烽燧0.69千米。

墩台石筑，保存差。台体坍塌，现呈高大的覆钵形石堆状，底部直径14、顶部直径6、残高4米；东侧邻接墩台有长方形石筑坞址，南北长8、东西宽4米，坞墙残高1米。墩台南偏东侧有积薪垛3座，呈圆形石堆状，大小类同，直径5、残高0.4米，南北向一线排列，间距45米。

132.哈拉呼鲁长城5段（150824382102030134）

该段长城起自呼勒斯太苏木哈拉呼鲁村肖布和牧点东2.42千米，止于哈拉呼鲁村肖布和牧点东1.17千米。墙体作外向弧线形分布，大体呈东西走向，上接哈拉呼鲁长城4段，下接哈拉呼鲁长城6段。

墙体长1374米，为毛石干垒墙，保存差。墙体分布在义和久嘎查西沟与其西部的伊和扎拉格沟之间山岭上，先沿支岭蜿蜒上行，翻过山岭后再顺支岭下行，止于伊和扎拉格沟及其支沟洪水交汇点处的河槽西岸。墙体坍塌，于地表多呈斜坡状隆起，底宽1.5～5、顶宽1.2～1.5、残高0.2～0.8米。

墙体沿线调查烽燧2座，分别为哈拉呼鲁7号、8号烽燧。

哈拉呼鲁7号烽燧（150824353201030260） 位于呼勒斯太苏木哈拉呼鲁村肖布和牧点东1.96千米处的山岭顶部，北距哈拉呼鲁长城5段墙体0.08千米，西距哈拉呼鲁8号烽燧0.64千米。

墩台石筑，保存差。台体坍塌，现呈低矮的覆钵形石堆状，底部直径10、顶部直径5、残高1.5米；东侧邻接墩台有长方形石筑坞址，南北长7、东西宽5米，坞墙残高0.5米。墩台周围散布较多泥质灰陶片，有绳纹、凹弦纹、附加堆纹、压印宽带纹等，也见有素面陶片。

哈拉呼鲁8号烽燧（150824353201030261） 位于呼勒斯太苏木哈拉呼鲁村肖布和牧点东1.34千米处的山头上，西北距哈拉呼鲁长城5段墙体0.11千米，西距哈拉呼鲁9号烽燧0.66千米。

墩台石筑，保存差。台体坍塌，现呈低矮的覆钵形石堆状，底部直径9、顶部直径6、残高1.5米。烽燧北侧的伊和扎拉格河槽呈东西走向，北部正对沟谷。

133.哈拉呼鲁长城6段（150824382102030135）

该段长城起自呼勒斯太苏木哈拉呼鲁村肖布和牧点东1.17千米，止于哈拉呼鲁村肖布和牧点东北0.38千米。墙体作外向折弧形分布，由东南—西北走向转呈东偏北—西偏南走向，上接哈拉呼鲁长城5段，下接哈拉呼鲁长城7段。

墙体长1061米，为毛石干垒墙，总体保存差。墙体分布在伊和扎拉格沟与敖勒斯太沟之间山岭上，沿两侧支岭外缘构筑，止点在敖勒斯太沟河槽西岸。现存墙体底宽2.5～4、顶宽1.2～1.5、残高0.2～0.8米。绝大部分墙体坍塌严重，保存差，长1015米；末端墙体消失在敖勒斯太沟河槽中，长46米。其中，保存差部分、消失部分，分别占该段墙体总长的95.7%、4.3%。

墙体沿线调查烽燧1座，为哈拉呼鲁9号烽燧。

哈拉呼鲁9号烽燧（150824353201030262） 位于呼勒斯太苏木哈拉呼鲁村肖布和牧点东偏北0.68千米处的山岭顶部，北距哈拉呼鲁长城6段墙体0.21千米，西北距哈拉呼鲁10号烽燧0.96千米，二者隔敖勒斯太沟相望。

墩台石筑，保存差。台体坍塌为长方形石堆状，长10、宽8、残高1.3米。烽燧建筑在伊和扎拉格沟与敖勒斯太沟中下游之间的高山岭顶部，北面视野开阔，重点监控敖勒斯太沟。

134.哈拉呼鲁长城7段（150824382102030136）

该段长城起自呼勒斯太苏木哈拉呼鲁村肖布和牧点东北0.38千米，止于哈拉呼鲁村肖布和牧点西北0.72千米。墙体作外向折弧形分布，由东南—西北走向转为东西走向，上接哈拉呼鲁长城6段，下接哈拉呼鲁长城8段。

墙体长935米，为毛石干垒墙，保存差。墙体顺敖勒斯太沟西岸山岭上行，至顶部转西行，止于黄金矿沟主沟与支沟间的山头上。墙体坍塌，筑墙石块随坡滚落，于地表呈斜坡状隆起，底宽1.6~4、残高0.3~0.5米。

墙体沿线调查烽燧1座，为哈拉呼鲁10号烽燧。

哈拉呼鲁10号烽燧（150824353201030263）　位于呼勒斯太苏木哈拉呼鲁村肖布和牧点北偏西0.59千米处的山岭上，北侧紧邻哈拉呼鲁长城7段墙体，西距哈拉呼鲁11号烽燧1.07千米。

墩台石筑，保存差。台体坍塌，现呈高大的覆钵形石堆状，底部直径9、顶部直径5、残高3米。烽燧西临黄金矿沟，东为敖勒斯太沟，顺沟谷北望有对门山。

135.哈拉呼鲁长城8段（150824382301030137）

该段长城起自呼勒斯太苏木哈拉呼鲁村肖布和牧点西北0.72千米，止于哈拉呼鲁村肖布和牧点西偏北1.05千米；大体呈东偏北—西偏南走向，上接哈拉呼鲁长城7段，下接哈拉呼鲁长城9段。

本段墙体为消失段，起止点之间的直线长度为472米。原墙体应沿黄金矿沟西岸山岭下坡行，跨过支沟河槽转沿对岸山岭西偏北上坡行，至半腰处墙体复现。依据相邻上下段墙体情况，推断该段墙体原应为石墙；沿线山岭陡峻，有可能利用自然山体为险。

136.哈拉呼鲁长城9段（150824382102030138）

该段长城起自呼勒斯太苏木哈拉呼鲁村肖布和牧点西偏北1.05千米，止于哈拉呼鲁村吉如和牧点东南1.53千米。墙体作内外折线形弯曲分布，大体呈东西走向，上接哈拉呼鲁长城8段，下接哈拉呼鲁长城10段。

墙体长794米，为毛石干垒墙，保存差。墙体翻过山岭作下坡行，止于乃仁高勒沟之东沟河槽东岸。墙体坍塌，石块散布在山体上，现存墙体底宽2.5~4、残高0.3~0.5米。

墙体沿线调查烽燧1座，为哈拉呼噜11号烽燧。

哈拉呼鲁11号烽燧（150824353201030264）　位于呼勒斯太苏木哈拉呼鲁村肖布和牧点西偏北1.24千米处的山岭上，西北侧紧邻哈拉呼鲁长城9段墙体，西距哈拉呼鲁12号烽燧0.45千米。

墩台石筑，保存差。台体坍塌，现呈覆钵形石堆状，底部直径12、顶部直径5、残高2.8米（彩图六四九）；东侧邻接墩台有长方形石筑坞址，南北长7、东西宽5米，坞墙残高1米。墩台东侧有积薪垛3座，呈圆形石堆状，直径3.5~5、残高0.4米，作西偏南—东偏北向一线排列，间距分别为51米和65米。

137.哈拉呼鲁长城10段（150824382301030139）

该段长城起自呼勒斯太苏木哈拉呼鲁村吉如和牧点东南1.53千米，止于哈拉呼鲁村吉如和牧点南偏西0.77千米；大体作直线分布，呈东西走向，上接哈拉呼鲁长城9段，下接哈拉呼鲁长城11段。

本段墙体为消失段，起止点之间的直线长度为1700米。原墙体分布在乃仁高勒沟两岸山岭的东西坡地上，于西山岭西坡半腰处墙体复现。依据相邻上下段墙体情况，推断该段墙体原应为石墙。沿线山岭两侧支岭陡峻，有利用山险或构筑山险墙的可能性。

墙体沿线调查烽燧1座，为哈拉呼鲁12号烽燧。

哈拉呼鲁12号烽燧（150824353201030265）　位于呼勒斯太苏木哈拉呼鲁村吉如和牧点东南1.64

千米处的乃仁高勒沟之东沟东岸坡地上，西偏北距包格德1号烽燧8.95千米，其间的长城沿线有调查遗漏的烽燧。

墩台石筑，保存差。台体坍塌，现呈覆钵形石堆状，底部直径9、顶部直径3、残高3米。

138.哈拉呼鲁长城11段（150824382102030140）

该段长城起自呼勒斯太苏木哈拉呼鲁村吉如和牧点南偏西0.77千米，止于哈拉呼鲁村吉如和牧点西南0.85千米。墙体作内向弯曲分布，大体呈东西走向，上接哈拉呼鲁长城10段，下接哈拉呼鲁长城12段。

墙体长176米，为毛石干垒墙，保存差。墙体分布在烂不灿沟下游东岸坡地上，沿山岭下坡行，止于坡脚处。墙体坍塌严重，石块随坡滚落，走向大致可分辨，现存墙体宽0.6~3、残高0.3~0.5米。

139.哈拉呼鲁长城12段（150824382301030141）

该段长城起自呼勒斯太苏木哈拉呼鲁村吉如和牧点西南0.85千米，止于哈拉呼鲁村吉如和牧点西偏南1.64千米；大体呈东西走向，上接哈拉呼鲁长城11段，下接哈拉呼鲁长城13段。

本段墙体为消失段，起止点之间的直线长度为966米。原墙体分布在烂不灿沟东岸边及其西岸山岭上，河槽底部及近岸处的墙体因洪水冲刷而消失；依据相邻上下段墙体情况，推断该段墙体原应为石墙。西岸支岭上部背坡陡峻，或有可能利用山险而不曾筑墙。

140.哈拉呼鲁长城13段（150824382102030142）

该段长城起自呼勒斯太苏木哈拉呼鲁村吉如和牧点西偏南1.64千米，止于哈拉呼鲁村吉如和牧点西偏南3.05千米。墙体作内外弯曲分布，大体呈东西走向，上接哈拉呼鲁长城12段，下接哈拉呼鲁长城14段。

墙体长1461米，为毛石干垒墙，保存差。墙体分布在狼沟东坡山岭及东部山地上，沿二级台地边缘构筑；南部陡坡下为后套平原上的丰裕新村。墙体坍塌严重，石块散落于山体表面，于地表略呈低矮的石垄状，轮廓与走向可分辨；现存墙体底宽0.6~1.5、残高0.3~0.5米。

吉如和牧点西偏南2.47千米处的狼沟东岸山头上，复查发现石筑烽燧1座，台体坍塌，呈圆形石堆状，底部直径10米；南侧邻接墩台有长方形石筑坞址。

141.哈拉呼鲁长城14段（150824382102030143）

该段长城起自呼勒斯太苏木哈拉呼鲁村吉如和牧点西偏南3.05千米，止于哈拉呼鲁村那顺乌力吉音布郎东偏北2.74千米。墙体大体作直线分布，呈东西走向，上接哈拉呼鲁长城13段，下接包格德长城1段。

墙体长1000米，为毛石干垒墙，保存差。墙体分布在狼沟与乌兰布隆沟之间的山岭上，顺山岭的东西坡支岭构筑。支岭背坡陡峭，墙体坍塌严重，石块散落，走向可分辨，宽0.8~1、残高0.3~0.5米。

142.包格德长城1段（150824382301030144）

该段长城起自呼勒斯太苏木哈拉呼鲁村那顺乌力吉音布郎东偏北2.74千米，止于呼勒斯太苏木包格德村包尔霍托勒牧点东2.07千米；大体呈东南—西北走向，上接哈拉呼鲁长城14段，下接包格德长城2段。

本段墙体为消失段，起止点之间的直线长度为4400米。乌兰布隆沟两岸沟坡陡峭，依上段墙体走势判断，应是利用自然山体为山险；长城出北沟口转沿山岭西行，沟口处建设有狼山水库，工程建设导致部分墙体消失。依据相邻下段墙体情况，推断该段长城末端墙体原应为石墙。长城防线自山南转移到山北，作为乌兰布隆沟与狼山沟防御的重要支点，展现出背水迎敌的战略意识。

143.包格德长城2段（150824382102030145）

该段长城起自呼勒斯太苏木包格德村包尔霍托勒牧点东2.07千米，止于包格德村包尔霍托勒牧点南偏东0.9千米。墙体内外略有弯曲，呈东偏北—西偏南走向，上接包格德长城1段，下接包格德长城3段。

墙体长1809米，为毛石干垒墙，保存差。墙体沿乌兰布隆沟北口西侧低山岭顶部构筑，止于山岭断豁处。墙体坍塌，筑墙石块顺坡散落，现存墙体底宽0.8～1.3、残高0.3～0.5米。

墙体沿线调查烽燧1座，为包格德1号烽燧。

包格德1号烽燧（150824353201030266） 位于呼勒斯太苏木包格德村包尔霍托勒牧点东南1.91千米处的山顶上，北距包格德长城2段墙体0.01千米，西偏南距包格德2号烽燧1.7千米。

墩台石筑，保存差。台体坍塌为长方形石堆状，长7、宽3、残高0.5米。

144.包格德长城3段（150824382102030146）

该段长城起自呼勒斯太苏木包格德村包尔霍托勒牧点南偏东0.9千米，止于包格德村巴隆沙拉牧点东偏北1.28千米。墙体内外略有弯曲，大体呈东西走向，上接包格德长城2段，下接包格德长城4段。

墙体长907米，为毛石干垒墙，保存差。墙体沿包尔霍托勒牧点南山岭顶部构筑，止点在山岭折弯处西北侧。大部分墙体向背坡坍塌，筑墙石块散布于山体表面，底宽1～1.3、残高0.2～0.5米（彩图六五○）。

墙体沿线调查烽燧2座，分别为包格德2号、3号烽燧。

包格德2号烽燧（150824353201030267） 位于呼勒斯太苏木包格德村包尔霍托勒牧点南偏东0.81千米处，倚包格德长城3段墙体内侧建筑，南距包格德3号烽燧距2.7千米。

墩台石筑，保存差。台体坍塌为长方形石堆状，东西长7、南北宽3、残高0.5米。

包格德3号烽燧（150824353201030268） 位于呼勒斯太苏木包格德村西南13.5千米，哈拉呼鲁村那顺乌力吉音布郎西北2.2千米处，地处小狼山顶部，北距包格德长城3段墙体1.2千米，西距阿拉腾哈拉嘎1号烽燧6.7千米。

墩台石筑，保存差。台体坍塌为长方形石堆状，长7、宽3、残高0.5米。烽燧西临狼山沟，应为纵向传递边防警讯而设置。临巴（临河—巴彦淖尔）线公路穿狼山沟南北行，为历代交通之要冲。

145.包格德长城4段（150824382105030147）

该段长城起自呼勒斯太苏木包格德村巴隆沙拉牧点东偏北1.28千米，止于包格德村巴隆沙拉牧点东0.59千米；呈东北—西南走向，上接包格德长城3段，下接包格德长城5段。

为山险墙，长812米，保存差。墙体沿西南支岭山脊下行，止点在巴隆沙拉牧点东沟谷底。前小段为自然绝壁（彩图六五一）；后小段石墙已坍塌，于山脊上呈低矮的石垒状，宽0.5～1、残高0.2～0.5米。

146.包格德长城5段（150824382102030148）

该段长城起自呼勒斯太苏木包格德村巴隆沙拉牧点东0.59千米，止于包格德村巴隆沙拉牧点南偏西0.29千米。墙体大体作直线分布，呈东偏北—西偏南走向，上接包格德长城4段，下接包格德长城6段。

墙体长733米，为毛石干垒墙，总体保存差。墙体翻过低山岭，于巴隆沙拉牧点东南部牧户处跨过狼山沟主沟河槽，止于南支沟谷底河槽。墙体坍塌，于地表呈低矮的石垒状，底宽0.6～1、残高0.2～0.5米。大部分墙体保存差，长635米；狼山沟主沟河槽中的墙体消失，长98米。其中，保存差部分、消失部分，分别占该段墙体总长的86.6%、13.4%。

147.包格德长城6段（150824382102030149）

该段长城起自呼勒斯太苏木包格德村巴隆沙拉牧点南偏西0.29千米，止于包格德村什图牧点东0.82千米。墙体大体作直线分布，呈东北—西南走向，上接包格德长城5段，下接包格德长城7段。

墙体长856米，为毛石干垒墙，总体保存差。墙体沿巴隆沙拉牧点南山西北坡脚延伸，止于特默沟东北支沟沟脑处。大部分墙体保存差，于地表呈斜坡状隆起，底宽0.8～1.4、残高0.3～0.5米；中小段狼山沟主沟沟脑地带的墙体因洪水冲刷而消失，长21米；其余部分墙体坍塌严重，保存差，长835米。其中，保存差部分、消失部分，分别占该段墙体总长的97.5%、2.5%。

148.包格德长城7段（150824382301030150）

该段长城起自呼勒斯太苏木包格德村什图牧点东0.82千米，止于包格德村什图牧点南0.44千米；大体呈东北—西南走向，上接包格德长城6段，下接包格德长城8段。

本段墙体为消失段，起止点之间的直线长度为801米。原墙体分布在特默沟东北支沟沟脑部位的河槽东南岸，洪水冲刷导致墙体消失。依据相邻上下段墙体情况，推断该段墙体原应为石墙。

149.包格德长城8段（150824382101030151）

该段长城起自呼勒斯太苏木包格德村什图牧点南0.44千米，止于包格德村什图牧点西南1.33千米。墙体大体作直线分布，呈东北—西南走向，上接包格德长城7段，下接乌拉特后旗阿拉腾哈拉嘎长城1段。

墙体长1142米，为毛石干垒墙，总体保存差。墙体沿牧点南部陡峭的山脚延伸，止于特默沟与支沟洪水交汇点处的河槽南岸。墙体坍塌，筑墙石块随坡散布于山体表面；现存墙体底宽1.9～2.6、残高0.2～0.5米。遗存的墙体走向可分辨，保存差，长1111米；中间及末端有部分墙体因洪水冲击而消失，长31米。其中，保存差部分、消失部分，分别占该段墙体总长的97.3%、2.7%。

（三）小狼山当路塞

前达门沟为罕乌拉山与小狼山的分界线。进入小狼山后，山势渐趋险峻，部分山口处修筑有当路塞长城。在乌拉特中旗境内小狼山山中沟谷地带，由东向西依次调查有巴音吉拉嘎沟当路塞、前达门沟当路塞、狼山沟当路塞，共包括当路塞墙体5段、烽燧3座、障城1座。

1.罕乌拉长城14段（150824382102030104）

为巴音吉拉嘎沟的第一段当路塞墙体，起自呼勒斯太苏木罕乌拉村巴音吉拉嘎沟牧点东北1.51千米，止于罕乌拉村巴音吉拉嘎沟牧点东北2.63千米；大体呈南北走向。

墙体长1917米，为毛石干垒墙，保存差。墙体修筑于巴音吉拉嘎沟东岸山脊上，南端起点与罕乌拉长城13段相连接；沿山脊上行，爬上巴音努如山，止于主峰北侧山脊上。墙体坍塌，筑墙石块随坡滚落流失，于地表呈低矮的石垄状，底宽1.3～2.6、顶宽0.8～1、残高0.3～0.8米。

墙体沿线调查烽燧2座，分别为罕乌拉24号、25号烽燧。

罕乌拉24号烽燧（150824353201030226）　位于呼勒斯太苏木罕乌拉村巴音吉拉嘎沟牧点东北0.75千米处的巴音吉拉嘎沟东侧山岭上，倚罕乌拉长城14段墙体西侧建筑，北距罕乌拉25号烽燧1.2千米；西与罕乌拉26号烽燧隔沟相望。

墩台石筑，保存差。台体坍塌，现呈覆钵形石堆状，底部直径12、顶部直径3、残高4米；北侧邻接墩台有长方形石筑坞址，东西长9、南北宽7米，坞墙残高0.5～1米。烽燧西北向可监视巴音吉拉嘎沟的支沟巴嘎吉拉格沟。

罕乌拉25号烽燧（150824353201030227） 位于呼勒斯太苏木罕乌拉村巴音吉拉嘎沟牧点东北2.6千米处的巴音努如山主峰北侧山脊上，东距罕乌拉长城14段墙体0.01千米，南偏西距罕乌拉26号烽燧1.1千米。

墩台石筑，保存差。台体坍塌，现呈覆钵形石堆状，底部直径8、顶部直径2、残高2米；南侧邻接墩台有长方形石筑坞址，东西长6、南北宽3米，坞墙残高0.6米。烽燧所在山岭海拔1540米，向北可监视巴音吉拉嘎沟的主沟与正支沟。

2. 罕乌拉长城15段（150824382102030105）

为巴音吉拉嘎沟的第二段当路塞墙体，起自呼勒斯太苏木罕乌拉村巴音吉拉嘎沟牧点北偏东1.66千米，止于罕乌拉村巴音吉拉嘎沟牧点东北1.68千米。墙体略作内向折线形分布，大体呈东南—西北走向。

墙体长746米，为毛石干垒墙，保存差。墙体修筑于巴音吉拉嘎沟沟口处西岸低缓的山岭上，均已坍塌，于地表呈低矮的石垄状，底宽1.3~2.5、顶宽0.8~1、残高0.3~0.8米。其南端接沟底河槽，北接巴音吉拉嘎沟西岸陡峭的沟坡。

墙体沿线调查烽燧1座，为罕乌拉26号烽燧。

罕乌拉26号烽燧（150824353201030228） 位于呼勒斯太苏木罕乌拉村巴音吉拉嘎沟牧点东北1.58千米处的巴音吉拉嘎沟西岸小山丘之上，东距罕乌拉长城15段墙体止点0.05千米，南距罕乌拉27号烽燧0.88千米。

墩台石筑，保存差。台体坍塌，现呈高大的覆钵形石堆状，底部直径10、顶部直径2、残高3米；南侧邻接墩台有长方形石筑坞址，东西长10、南北宽6米，坞墙残高1米。墩台南侧有圆形石堆状积薪垛3座，大小不等，直径2~5、残高0.3~0.5米，沿岭背大体作南北向一线排列，间距分别为16米和22米。

3. 巴音吉拉嘎长城7段（150824382101030152）

为修筑在前达门沟的唯一一段当路塞墙体，起自呼勒斯太苏木前达门村乌呼那拜兴牧点东北0.15千米，止于前达门村乌呼那拜兴牧点东北0.48千米。墙体略作内向折线形分布，由东偏北—西偏南走向转为东西走向；东南2.47千米处的前达门沟河槽为前达门长城1段。

墙体长482米，为毛石干垒墙，保存较差。当路塞墙体地处前达门沟河槽东岸支岭上，连接于北部山体与南部河槽之间。墙体坍塌，于地表呈低矮的石垄状，底宽顶窄，断面大体呈梯形，底宽2~2.5、顶宽1.5~2、残高0.5~1米（彩图六五二）。

4. 狼山口长城1段（150824382101030154）

为狼山沟当路塞的第一段长城墙体，起自呼鲁斯太苏木包格德村包尔霍托勒牧点东南1千米，止于包格德村包尔霍托勒牧点南偏东0.8千米。塞墙略作"V"形分布，由东偏北—西偏南走向转呈东南—西北走向。

墙体长512米，石块垒砌，保存较差。塞墙位于伊和宝格德山北部的低山岭上，地处狼山沟北口的沟脑地带，沿河槽两岸陡峭的坡地分布；两端均与北侧东西走向的汉长城主墙体相接，类似于依托墙体建筑的障城。墙体坍塌，于地表呈低矮的石垄状，底宽1.7~3、残高1~1.8米（彩图六五三）。该段塞墙是长城内侧加筑的第二道防线，以重点防御狼山沟。

5. 狼山口长城2段（150824382101030153）

为狼山沟的第二段当路塞墙体，起自呼鲁斯太苏木包格德村巴隆沙拉牧点东南1.89千米，止于包格德村巴隆沙拉牧点东南1.79千米。墙体大体呈东南—西北走向，东北1.6千米处为狼山口长城1段。

墙体长536米，为毛石干垒墙，保存差。修筑于狼山沟东岸山坡上，墙体随坡倒塌，筑墙石块多已流失，于地表呈低矮的石垄状，底宽1.5~2、顶宽1~1.5、残高0.3~0.8米。

狼山沟南口处调查障城1座，为石兰计障城。

石兰计障城（150824353102030003）　位于乌加河镇石兰计村北1.6千米处的狼山沟外的后套平原北缘地带，北距狼山口1.8千米。

障城所在地为多年农耕灌溉区域，墙体等遗迹于地表已不太明显，当地老乡称之为城圪卜。据第二次全国文物普查期间巴彦淖尔市文物站的调查资料，记录障城为土筑而成，平面呈长方形，南北长160、东西宽110米（彩图六五四）。

六　巴彦淖尔市乌拉特后旗

在调查中，将乌拉特后旗境内的阳山秦汉长城墙体共划分18个调查段，包括石墙16段、山险墙1段、消失墙体1段。其中，分布于小狼山山前地带的连续不断的长城墙体，划分为5段；在小狼山西部末端和大狼山较大的沟谷中共调查当路塞墙体6道，划分为13段。墙体总长8408米，其中石墙长6371米、山险墙长837米、消失段落长1200米。在全长6371米的石墙中，小狼山山前地带的连续不断的阳山秦汉长城墙体全长3233米，其中保存较差部分长515米、保存差部分长2665米、消失部分长53米；小狼山西部末端和大狼山沟谷当路塞墙体全长3138米，其中保存一般部分长95米、保存较差部分长45米、保存差部分长2881米、消失部分长117米。

大狼山地带的防御依托崇山峻岭为险，不见有连续的长城墙体存在。由此，山谷成为防御的重中之重，大沟中的河床两岸多见有当路塞墙体，沟口处筑障城；沟口与沟口之间仅筑烽燧，连成一线；从而形成当路塞墙体、烽燧线与障城相结合的独特的防御模式。乌拉特后旗境内的阳山秦汉长城沿线调查单体建筑共计36座，包括烽燧31座、障城5座。下面，分连续的长城墙体段落、单体建筑和小狼山当路塞、大狼山汉长城三个部分分作详细描述。

（一）长城墙体分布与走向

穿过小狼山特默沟，阳山秦汉长城墙体由乌拉特中旗进入乌拉特后旗。在乌拉特后旗境内，长城墙体沿小狼山的西南尾闾地带构筑，终止于巴音宝力格镇阿拉腾哈拉嘎嘎查苏布日格牧点南偏东5.18千米处，系阳山秦汉长城的西部端点所在。再向西，过东乌盖沟，进入大狼山，山势绵延高峻，不见有连续的长城墙体存在，而是以当路塞、列燧、障城的防御形式出现在山前及其沟口地带。其情形也不尽相同，有的地段建设当路塞长城墙体、烽燧和障城，有的地段不筑墙体，仅见烽燧或障城。这些烽燧，前后可以两两相望，互通信息。

（二）长城墙体与单体建筑保存现状

在对乌拉特后旗小狼山阳山秦汉长城的调查中，除划分的5段长城墙体外，沿线还调查烽燧1座。下面，对这些墙体段落和单体建筑分作详细描述。

1. 阿拉腾哈拉嘎长城1段（150825382301040001）

该段长城起自巴音宝力格镇阿拉腾哈拉嘎嘎查苏布日格牧点东偏南3.85千米，止于阿拉腾哈拉嘎嘎查苏布日格牧点东南3.46千米；大体呈东北—西南走向，上接乌拉特中旗包格德长城8段，下接阿拉腾哈拉嘎长城2段。

本段墙体为消失段，起止点之间的直线长度为1200米。原墙体分布在特默沟上游西岸与东乌盖沟东岸之间的山岭地带，止点在苏吉音高勒沟上游北岸山头上，地表不见墙体痕迹。依据相邻上下段墙体情况，推断该段墙体原应为石墙。沿线山高谷深，有利用自然山险而不修筑墙体的可能性。

2. 阿拉腾哈拉嘎长城2段（150825382102040002）

该段长城起自巴音宝力格镇阿拉腾哈拉嘎嘎查苏布日格牧点东南3.46千米，止于阿拉腾哈拉嘎嘎查苏布日格牧点南偏东3.55千米。墙体作内向折线形分布，由北南走向转呈东偏北—西偏南走向，上接阿拉腾哈拉嘎长城1段，下接阿拉腾哈拉嘎长城3段。

墙体长1412米，为毛石干垒墙，总体保存差。墙体分布在苏吉音高勒沟上游两岸及其西南部的东西向山岭上，止点在山岭南向拐弯处。墙体已坍塌，于地表呈低矮的石垄状，底宽1.4～1.8、残高0.3～0.5米。前后小段保存差，长1359米；中小段有长53米的墙体消失在苏吉音高勒沟谷底河槽中。其中，保存差部分、消失部分，分别占该段墙体总长的96.2%、3.8%。

3. 阿拉腾哈拉嘎长城3段（150825382105040003）

该段长城起自巴音宝力格镇阿拉腾哈拉嘎嘎查苏布日格牧点南偏东3.55千米，止于阿拉腾哈拉嘎嘎查苏布日格牧点南偏东4千米；大体呈东北—西南走向，上接阿拉腾哈拉嘎长城2段，下接阿拉腾哈拉嘎长城4段。

为山险墙，长837米，保存差。墙体位于苏吉音高勒沟下游东岸山岭上，东为平贵口子沟沟脑；沿线山体多为悬崖峭壁，山崖间有石墙相连接，多坍塌，基宽1～1.2、残高0.2～0.5米。

4. 阿拉腾哈拉嘎长城4段（150825382102040004）

该段长城起自巴音宝力格镇阿拉腾哈拉嘎嘎查苏布日格牧点南偏东4千米，止于阿拉腾哈拉嘎嘎查苏布日格牧点南偏东4.72千米。墙体作外折线形分布，由北偏东—南偏西走向转呈北南走向；上接阿拉腾哈拉嘎长城3段，下接阿拉腾哈拉嘎长城5段。

墙体长1306米，为毛石干垒墙，保存差。墙体沿平贵口子沟与苏吉音高勒沟之间山岭作下坡行，止于山岭南缘顶部。墙体坍塌严重，筑墙石块散布于山体表面，底宽0.8～1.3、残高0.2～0.5米。

墙体沿线调查烽燧1座，为阿拉腾哈拉嘎1号烽燧。

阿拉腾哈拉嘎1号烽燧（150825353201030001） 位于巴音宝力格镇阿拉腾哈拉嘎嘎查苏布日格牧点南偏东3.94千米处的苏吉音高勒沟东岸山岭上，西距阿拉腾哈拉嘎长城4段墙体0.01千米、阿拉腾哈拉嘎2号烽燧0.58千米。

墩台石筑，保存差。台体已坍塌，现呈长方形石堆状，东西长7、南北宽5、残高0.5米；顶部有当地老乡用石块垒砌的小石塔（彩图六五五）。墩台东南侧有圆形石堆状积薪垛2座，大小形制相同，直径3、残高0.4米。

5. 阿拉腾哈拉嘎长城5段（150825382102040005）

该段长城是乌拉特后旗阳山秦汉长城的最后一段墙体，起自巴音宝力格镇阿拉腾哈拉嘎嘎查苏布日格牧点南偏东4.72千米，止于阿拉腾哈拉嘎嘎查苏布日格牧点南偏东5.18千米。墙体略作外（西）向折弯形分布，大体呈北南走向，上接阿拉腾哈拉嘎长城4段。

墙体长515米，为毛石干垒墙，保存较差。墙体沿小狼山西麓平贵口子沟与苏吉音高勒沟之间山岭南坡矮岭下行，止于山脚处的小沟口西岸坡地上；墙体坍塌，于地表呈低矮的石垄状，底宽2～2.5、顶宽1.5～2、残高0.5～1米；该段长城东侧，见有并列的一道石筑墙体，其性质不明（彩图六五六）。

（三）小狼山当路塞

在乌拉特后旗，于小狼山西南尾闾地带调查有苏吉音高勒沟当路塞墙体1段、烽燧2座；墙体位于沟东岸，烽燧建筑在沟西岸及其西部山岭上。

1. 阿拉腾哈拉嘎长城6段（150825382102040006）

该段长城为苏吉音高勒沟当路塞墙体，起自巴音宝力格镇阿拉腾哈拉嘎嘎查苏布日格牧点南偏东3.67千米，止于阿拉腾哈拉嘎嘎查苏布日格牧点南偏东3.62千米，墙体大体呈东西走向。

墙体长123米，为毛石干垒墙，保存差。墙体修筑于苏吉音高勒沟东岸两支沟之间低矮的山岭上，东接山体，西至苏吉音高勒沟河槽岸边。塞墙坍塌严重，于地表呈低矮的石垄状，底宽1~1.4、残高0.2~0.5米。

当路塞墙体西部调查烽燧2座，分别为阿拉腾哈拉嘎2号、3号烽燧。

阿拉腾哈拉嘎2号烽燧（150825353201030002） 位于巴音宝力格镇阿拉腾哈拉嘎嘎查苏布日格牧点南偏东3.58千米处的苏吉音高勒沟西岸石碴山岭上，西距阿拉腾哈拉嘎3号烽燧1.2千米。

墩台石筑，保存差。台体坍塌，现呈覆钵形石堆状，底部直径8、顶部直径3、残高1.5米。烽燧东北正对苏吉音高勒沟，以对该沟实施重点监控。

阿拉腾哈拉嘎3号烽燧（150825353201030003） 位于巴音宝力格镇阿拉腾哈拉嘎嘎查苏布日格牧点南3.61千米处的山岭上，西偏南距巴彦乌拉1号烽燧2.1千米。

墩台土石混筑，保存较差。台体坍塌为长方形矮丘状，底部有部分原始台壁遗存，北壁和西壁有较清晰的垒砌痕迹，残高0.5米。墩台底部南北长10、东西宽7米，顶部边长4米，残高3米（彩图六五七）；东侧邻接墩台有石块垒砌的长方形坞址，南北长7、东西宽5米，坞墙残高1米。

（四）大狼山汉长城

在乌拉特后旗的大狼山沟口地带，共调查当路塞墙体12段，有东乌盖沟当路塞、滚扎拉格沟当路塞、布尔嘎斯沟当路塞、其和尔图沟东支沟当路塞、西乌盖沟当路塞、巴日沟当路塞和哈隆格乃沟当路塞等；除此而外，沿线调查烽燧28座、障城5座。

1. 阿拉腾哈拉嘎长城7段（150825382102040008）

为东乌盖沟当路塞墙体，起自巴音宝力格镇阿拉腾哈拉嘎嘎查苏布日格牧点南偏西4.01千米，止于阿拉腾哈拉嘎嘎查苏布日格牧点南偏西4千米。墙体作直线分布，大体呈东偏南—西偏北走向。

墙体长27米，为毛石干垒墙，保存差。墙体修筑于东乌盖沟东岸缓坡上，东接山崖，西至河槽岸边。墙体坍塌，于地表呈明显的石垄状，底宽5、残高0.2~0.5米。塞墙西侧河槽中有道路通行，河槽西岸有石碴山岭。

2. 巴彦乌拉长城1段（150825382102040009）

为滚扎拉格沟沟口西侧的第一段当路塞墙体，起自巴音宝力格镇巴彦乌拉嘎查都贵拜什牧点东偏南3.38千米，止于巴彦乌拉嘎查都贵拜什牧点东偏南2.01千米。墙体大体作直线分布，呈东偏南—西偏北走向，下接巴彦乌拉长城2段。

墙体长1437米，为毛石干垒墙，总体保存差。墙体分布在滚扎拉格沟两岸及西部山岭上，止于采石场沟东支沟东岸。墙体已倒塌，于地表呈高石垄状，底宽3~6、残高0.5~1.5米。墙体前小段分布在滚扎拉格沟沟口两岸，河槽中有长42米的墙体消失；沟西山岭上的墙体地表隆起较明显，长1395米

（彩图六五八）。其中，保存差部分、消失部分，分别占该段墙体总长的97.1%、2.9%。

墙体沿线调查烽燧2座，分别为巴彦乌拉1号、2号烽燧。

巴彦乌拉1号烽燧（150825353201030004） 位于巴音宝力格镇巴彦乌拉嘎查都贵拜什牧点东偏南3.08千米处的高坡地上，北距巴彦乌拉长城1段墙体0.03千米，西北距巴彦乌拉2号烽燧0.85千米。

墩台石筑，保存差。台体坍塌，现呈覆钵形石堆状，底部直径10、顶部直径5、残高2米。烽燧地处滚扎拉格沟沟口西岸，北对沟谷，谷中有采砂搭建的活动板房。

巴彦乌拉2号烽燧（150825353201030005） 位于巴音宝力格镇巴彦乌拉嘎查都贵拜什牧点东2.26千米处的山顶上，北距巴彦乌拉长城1段墙体0.01千米，西距巴彦乌拉3号烽燧0.34千米。

墩台石筑，保存差。台体坍塌为长方形石堆状，东西长6、南北宽4、残高2.4米。烽燧建筑在滚扎拉格沟沟口西部的山岭最高端，南部有采石场，西侧为采石场沟东支沟沟脑。

3. 巴彦乌拉长城2段（1508253 82102040010）

为滚扎拉格沟沟口西部的第二段当路塞墙体，起自巴音宝力格镇巴彦乌拉嘎查都贵拜什牧点东偏南2.01千米，止于巴彦乌拉嘎查都贵拜什牧点东1.76千米。墙体略作内外弯曲分布，呈东南—西北走向，上接巴彦乌拉长城1段，西段与巴彦乌拉长城3段并行。

墙体长315米，为毛石干垒墙，保存差。墙体沿山脊修筑，止于采石场沟东岸山岭下缘，与山岭相接，为塞墙端点。墙体坍塌较为严重，于地表呈低矮的石垄状，底宽1.2～1.5、残高0.2～0.5米（彩图六五九）。

墙体沿线调查烽燧1座，为巴彦乌拉3号烽燧。

巴彦乌拉3号烽燧（150825353201030006） 位于巴音宝力格镇巴彦乌拉嘎查都贵拜什牧点东1.93千米处的高山头上，东北距巴彦乌拉长城2段墙体0.01千米，西距巴彦乌拉4号烽燧1.5千米。

墩台石筑，保存差。台体坍塌为圆形石堆状，底部直径5、顶部直径3米，残高1.5米。烽燧北侧山体陡峭，东部紧邻采石场沟支沟，西部为主沟。

4. 巴彦乌拉长城3段（1508253 82102040011）

为滚扎拉格沟沟口西部的第三段当路塞墙体，起自巴音宝力格镇巴彦乌拉嘎查都贵拜什牧点东1.81千米，止于巴彦乌拉嘎查都贵拜什牧点东1.64千米。墙体作曲尺状分布，由东西走向转为南北走向，北与巴彦乌拉长城2段末端墙体大体并行。

墙体长232米，为毛石干垒墙，保存差。墙体构筑在采石场沟东岸山岭上，为独立的一段塞墙，起点东部隔沟与巴彦乌拉长城2段当路塞墙体相望；沿矮山岭西行，至采石场沟顺山岭北折，与巴彦乌拉长城2段塞墙端点所在的山岭西缘相接。墙体坍塌较为严重，于地表呈低矮的石垄状，底宽1.2～1.5、残高0.2～0.5米。

5. 巴彦乌拉长城4段（1508253 82102040012）

为布尔嘎斯沟的第一段当路塞长城墙体，起自巴音宝力格镇巴彦乌拉嘎查都贵拜什牧点南偏东0.81千米，止于巴彦乌拉嘎查都贵拜什牧点南偏东0.8千米。墙体作直线分布，呈东偏北—西偏南走向，北距巴彦乌拉长城5段当路塞墙体0.41米。

墙体长101米，为毛石干垒墙，保存差。当路塞墙体修筑在布尔嘎斯沟沟口东岸山坡上，东接山体，西至河槽。墙体坍塌，于地表呈低矮的石垄状，底宽1.2～1.6、残高0.2～0.5米。塞墙对岸山体陡峭。

墙体南侧调查烽燧1座，为巴彦乌拉4号烽燧。

巴彦乌拉4号烽燧（150825353201030007） 位于巴音宝力格镇巴彦乌拉嘎查都贵拜什牧点南偏东

0.9千米处的布尔嘎斯沟沟口东岸台地上，北距巴彦乌拉长城4段墙体0.1千米，西偏南距巴彦乌拉5号烽燧3.83千米。

墩台以河卵石石块砌筑，保存差。台体坍塌，现呈椭圆形石堆状，底部东西长径9、南北短径6米，顶部东西长径7、南北短径3米，残高2米（彩图六六〇）。墩台东北侧有积薪垛16座，分3排，作西北—东南向排列。其中东排3座，呈正方形石台状，边长4.5米，等距分布，间距45米。中排8座，呈圆形石堆状，直径2.5米，大体作一线分布，其中墩台北部3座，间距12米；东部5座，间距15米。西排4座，其中墩台东南侧3座，间距分别为12米和15米，北侧1座，系由四个小石堆组成的正方形，边长3米。墩台西北侧有独立积薪垛1座。

6. 巴彦乌拉长城5段（150825382102040013）

为布尔嘎斯沟的第二段当路塞墙体，起自巴音宝力格镇巴彦乌拉嘎查都贵拜什牧点东南0.43千米，止于巴彦乌拉嘎查都贵拜什牧点南偏西0.51千米。墙体作直线分布，呈东偏北—西偏南走向。

墙体长355米，为毛石干垒墙，总体保存差。当路塞墙体修筑在布尔嘎斯沟沟口北部的河槽两岸坡地上，两端接山体。墙体坍塌，于地表呈低矮的石垄状，底宽1.3~1.6、残高0.2~0.5米。墙体前后小段保存差，长280米（彩图六六一）；布尔嘎斯沟河槽中的墙体消失，长75米。其中，保存差部分、消失部分，分别占该段墙体总长的78.9%、21.1%。当路塞北部的主沟与支沟夹角间山脚处，有都贵拜什牧点。

7. 巴彦乌拉长城6段（150825382102040014）

为其和尔图沟东支沟当路塞墙体，起自巴音宝力格镇巴彦乌拉嘎查瓷窑北偏东1.99千米，止于巴彦乌拉嘎查瓷窑北2千米。墙体大体作直线分布，呈东偏南—西偏北走向。

墙体长221米，为毛石干垒墙，保存差。当路塞墙体修筑在瓷窑沟西岸陡坡上，东起河槽边，向西延伸至山岭顶部。墙体倒塌，于地表呈低矮的石垄状，底宽1.5~1.8、残高0.3~0.5米。河槽东岸为陡坡。

其和尔图沟东支沟当路塞往西直至西乌盖沟当路塞，大狼山阳坡下缘高台地之上共调查烽燧7座，分别为巴彦乌拉5号、6号、7号、8号、9号烽燧与呼和烽燧、富海1号烽燧。

巴彦乌拉5号烽燧（150825353201030008） 位于巴音宝力格镇巴彦乌拉嘎查瓷窑北1.81千米处的其和尔图沟东岸山岭顶部，东北距其和尔图沟东支沟当路塞止点0.35千米，西偏南距巴彦乌拉6号烽燧0.56千米。

墩台为土石混筑，内部夯土外壁包砌石块建筑，保存较差。台体几乎完全坍塌，基础部位尚存原有形态，现呈长方形土石堆状，底部东西长6、南北宽5米，顶部东西长4、南北宽3米，残高1.3米。

巴彦乌拉6号烽燧（150825353201030009） 位于巴音宝力格镇巴彦乌拉嘎查瓷窑北1.73千米处的山头上，西北距巴彦乌拉7号烽燧0.45千米；二者隔瓷窑沟相望。

墩台石筑，保存差。台体向南侧坍塌，现呈圆形石堆状，底部直径8、顶部直径5、残高2.3米。烽燧建筑在瓷窑沟东岸山岭顶部山头上，东侧有山岭伸向其和尔图沟。

巴彦乌拉7号烽燧（150825353201030010） 位于巴音宝力格镇巴彦乌拉嘎查瓷窑北偏西2.08千米处的山岭末端，南偏西距巴彦乌拉8号烽燧3.66千米。

墩台石筑，保存一般。台体由上下两部分组成，下部原有土筑烽燧，台体坍塌为圆形土丘状，底部直径8.4、残高1.2米；上部的石筑台体建筑在土筑烽燧之上，北壁坍塌较为严重，大体保留原有形态，呈长方形石堆状，底部东西长8、南北宽5米，顶部东西长6、南北宽3米，残高3米（彩图六六二）；南侧有以土夯筑的方形积薪垛1座，边长4、残高1.7米。烽燧东临瓷窑沟主沟，以重点控制该沟谷而设置；西为瓷窑沟支沟。

巴彦乌拉8号烽燧（150825353201030011）　位于巴音宝力格镇巴彦乌拉嘎查瓷窑西南2.66千米处的舒德沟沟口东岸台地上，北偏西距巴彦乌拉9号烽燧3千米。

墩台石筑，保存差。台体坍塌为圆形石堆状，底部直径15、顶部直径5米，残高3米；顶部有当地牧民垒砌的小石堆。该烽燧为重点监控舒德沟而建设。

巴彦乌拉9号烽燧（150825353201030012）　位于巴音宝力格镇呼和村查布格图牧点东北1.9千米处的舒德沟东岸山岭上，南距呼和烽燧1.79千米。

墩台石筑，保存差。台体坍塌为圆形石堆状，底部直径9、顶部直径5米，残高3米。烽燧西临河槽，南部的河槽东岸与西北部的河槽西岸均有牧户。

呼和烽燧（150825353201030013）　位于巴音宝力格镇呼和村查布格图牧点东偏南0.75千米处的低山头上，西南距富海1号烽燧3.84千米。

墩台石筑，保存一般。台体四壁坍塌较严重，现呈正方形石堆状，基部边长6、顶部边长4、残高2米。烽燧西侧陡坡下为小布尔嘎斯沟河槽，东部为舒德沟沟口。

富海1号烽燧（150825353201030014）　位于巴音宝力格镇富海村北0.77千米处的川井沟沟口西岸山岭上，西偏南距富海2号烽燧4.36千米。

墩台为土石混筑，以黄土夯筑台体、外壁包砌石块筑成，保存较好。四壁包石几乎完全塌落，土筑台体大体保存原有形制，现呈长方形柱状体，底部东西长8、南北宽6米，顶部东西长5、南北宽3米，残高6.5米。土筑台体仅部分坍塌，北壁坍塌为斜坡状，东西两壁坍塌部位用石块修补，南壁保存较好（彩图六六三）。南侧邻接墩台有正方形石筑坞址，边长5米，坞墙残高1.5米，周围地表散布有泥质灰陶片，纹饰有弦纹、绳纹、附加堆纹等。墩台西侧10米处另有独立建筑的正方形石筑坞址，边长10米，坞墙残高1米。墩台南部有积薪垛3座，呈圆形石堆状，直径2.5～3.5米，作北偏西—南偏东向一线排列，间距分别为28米和29米。

8. 富海长城（150825382102040015）

为西乌盖沟当路塞墙体，起自巴音宝力格镇富海村西5.8千米，止于富海村西5.9千米。墙体作直线分布，呈北偏东—南偏西走向。

墙体长39米，为毛石干垒墙，保存差。塞墙构筑在西乌盖沟下游东岸陡坡上，北接山崖，南至河槽边；坍塌的墙体于地表呈较高的石垄状，底宽1.6～1.8、残高0.3～0.5米（彩图六六四）。塞墙所在地理位置险要，为控扼该沟谷的绝佳之地。当路塞南隔河槽有富海4号烽燧，烽燧南侧为水库坝体。

当路塞南部调查烽燧3座，由南向北分别为富海2号、3号、4号烽燧，修筑在西乌盖沟两岸，作东南—西北向一线分布；达拉盖沟南、北口处各调查1座障城，达拉盖沟北口有那仁乌拉障城，达拉盖沟南口处有达拉盖沟障城。

富海2号烽燧（150825353201030015）　位于巴音宝力格镇富海村西4.48千米处的西乌盖沟沟口内侧东山岭上，西北距富海长城墙体1.8千米、富海3号烽燧1千米。

墩台石筑，保存差。台体坍塌为椭圆形石堆状，东西长径5、南北短径3、残高1米。墩台东侧有积薪垛3座，呈圆形石堆状，直径4～6.5米，作南北向一线排列，间距分别为35米和53米。烽燧西侧悬崖下为西乌盖沟河槽，南部沟口处两岸山体陡峻，沟口南部有固察线公路穿过。

富海3号烽燧（150825353201030016）　位于巴音宝力格镇富海村西南5.3千米处的西乌盖沟东岸山岭上，西北距富海长城墙体0.88、距富海4号烽燧0.77千米。

墩台石筑，保存差。台体坍塌为长方形石堆状，东西长6、南北宽3、残高1.2米（彩图六六五）。

墩台周围地表散布有灰陶片，分泥质、夹砂两类，纹饰有弦纹、绳纹等。烽燧建筑在山岭半腰顶部，西临西乌盖沟，西北面对主沟谷；东为西乌盖沟的东支沟查干赛沟。南部有牧户，西北有水库大坝。

富海4号烽燧（150825353201030017）　位于巴音宝力格镇富海村西5.7千米处的西乌盖沟中下游西岸一级台地上，北距富海长城墙体0.12千米。

墩台土筑，保存差。台体坍塌为椭圆形土丘状，东西长径4、南北短径3、残高1米。烽燧南部的西乌盖沟河槽西岸有牧户两家。

那仁乌拉障城（150825353102030003）　位于呼和温都尔镇（青山镇）那仁乌拉嘎查西南0.75千米处，地处西乌盖沟近北沟口南岸台地上，障城所在山丘北、西侧为乌盖高勒。东南距富海长城墙体17.1、距富海4号烽燧17.3千米。第三次全国文物普查资料中，将该障城命名为新大队城址。

障城平面呈长方形，南北长30、东西宽25米，保存较差。障墙以卵石块砌筑，四壁均已坍塌，轮廓清晰，南墙保存较好，基宽5、残高3~4米，中部设门，宽3米，方向210°。外带方形瓮城，边长6米，西墙偏北辟门。城内散落大量坍塌的石块，地表遗物以汉代灰陶片为主。

达拉盖沟障城（150825353102030004）　位于呼和温都尔镇合丰村西北2.3千米处的达拉盖沟南口东岸台地上。东北距富海2号烽燧3.46千米，西南距宝力格2号烽燧6.3千米。

障城遭破坏，调查时地表仅残存部分墙体，整体形制不清楚。达拉盖沟为西乌盖沟的一条支沟，西乌盖沟北口处的那仁乌拉障城，也可以认为位于达拉盖沟北口处。达拉盖沟自古以来为沟通大狼山南北的一条重要通道，今天有S213公路穿沟而行。汉代，达拉盖沟名为满夷谷，为朔方郡所辖关隘，名为满夷关。

9. 宝力格长城（150825382102040016）

为巴日沟当路塞墙体，起自巴音宝力格镇宝力格村三贵口北偏西2.96千米，止于宝力格村三贵口北偏西2.88千米。墙体作直线分布，呈东偏北—西偏南走向。

墙体长148米，为毛石干垒墙，保存差。塞墙修筑在巴日沟中下游河槽两岸，东西两端连接山体。墙体坍塌，于地表呈低矮的石垄状，底宽1.4~1.8、残高0.2~0.5米（彩图六六六）。长城资源调查之后，于沟口处的三贵口建设有铁粉加工厂，沟内当路塞北部设置有尾矿池，对墙体保存影响较大。

当路塞南部的巴日沟两岸，调查烽燧2座，由南向北分别为宝力格1号、2号烽燧。

宝力格1号烽燧（150825353201030018）　位于巴音宝力格镇宝力格村三贵口西北0.61千米处的巴日沟沟口西岸高台地上，北距宝力格2号烽燧1.47千米，西南距东升烽燧9.24千米。

墩台为土石混筑，保存差。台体坍塌，现呈长方形土石丘状，底部东西长4.5、南北宽3、残高2米；西侧邻接墩台有长方形石筑坞址，东西长5、南北宽4米，坞墙残高0.7米。墩台南部有积薪垛3座，呈圆形石堆状，直径3~5米，居中者较小，作东西向一线排列，间距分别为15米和20米。烽燧东侧为陡坡，坡下有铁粉加工厂；北对巴日沟沟谷，与宝力格2号烽燧南北相呼应。

宝力格2号烽燧（150825353201030019）　位于巴音宝力格镇宝力格村三贵口北1.91千米处的巴日沟下游东岸山岭上，北距宝力格长城墙体0.93千米。

墩台石筑，保存差。台体坍塌为长方形石堆状，底部南北长7、东西宽5、残高2米。

从巴日沟当路塞向西南直至磴口县境地，沿山沟口地带共调查烽燧9座、障城2座，依次为东升烽燧、乌兰烽燧、农林场烽燧、玻璃庙沟障城、西补隆烽燧、达巴图1号烽燧、达巴图障城、达巴图2号烽燧和那仁乌布尔1号、2号、3号烽燧。下面，对这些单体建筑分作详细描述。

东升烽燧（150825353201030020）　位于巴音宝力格镇东升村西偏南2.05千米处的大坝沟沟口东岸山岭上，西南距乌兰烽燧6.9千米。

墩台石筑，保存差。台体坍塌为椭圆形石堆状，底部东西长径4.5、南北短径3.5、残高1米。墩台西侧有积薪垛3座，呈圆形石圈状，直径1.5～2米，南北向一线排列，等距分布，间距10米；西南部也有积薪垛3座，呈圆形石堆状，直径1.5～2.5米，南北向一线排列，等距分布，间距19米。西侧沟口处建筑有小型水库，沟口外有固察（固阳县—乌拉特后旗）线公路。

乌兰烽燧（150825353201030021）　位于巴音宝力格镇乌兰嘎查东北1.7千米处的山岭下半部，西南距农林场烽燧8.53千米；善旦沟沟口西南部台地上有调查遗漏烽燧。

墩台石筑，保存较差。台体坍塌为圆形石堆状，底部直径18、顶部直径3、残高1.5米；西侧邻接墩台有长方形石筑坞址，南北长7、东西宽3米，坞墙残高1.2米。墩台北部有大积薪垛2座，呈圆形石堆状，直径3.5～4.5米，东西分布，间距98米。墩台北侧有小积薪垛3座，呈圆形石堆状，直径2.5米左右，大体呈南北向等距离一线排列，间距18米。烽燧东北为塔嘎拉高勒沟沟口，西为必其格图沟，沟西有一片丹霞地貌；山脚下为耕地。

农林场烽燧（150825353201030022）　位于巴音宝力格镇农林场村北偏东0.75千米处的赭石山岭上，西偏南距西补隆烽燧18.4千米；其间原应有烽燧存在，现已消失。

墩台石筑，保存较差。台体坍塌为圆形石堆状，底部直径10、顶部直径5、残高3米；顶部有当地牧民堆筑的小敖包。烽燧建筑在希日高勒沟沟口西岸高山上，西北正对希日高勒沟，重点对该沟实施监控。

玻璃庙沟障城（150825353102030001）　位于呼和温都尔镇西补隆嘎查西4千米处的玻璃庙沟沟口东岸台地上，西距西补隆烽燧3.1千米，西偏南距达巴图障城8.1千米。

障城平面呈正方形，边长21米，保存差。障墙以卵石块砌筑，四壁均已坍塌，轮廓清晰；基宽2.5、残高2～3米（彩图六六七）。南墙偏西部辟门，门宽2米，方向178°。城内散落大量坍塌的石块，地表不见遗物。障城西临玻璃庙沟沟口，北部面对沟谷，南部台地下为沟口冲积扇，有717县道东西向穿过。

西补隆烽燧（150825353201030023）　位于呼和温都尔镇西补隆嘎查玻璃庙沟沟口牧点西0.69千米处的青稞沟沟口西岸台地上，西偏南距达巴图1号烽燧5.44千米。

墩台石筑，保存一般。台体坍塌，现呈低矮的长方形石堆状，东西长9、南北宽7、残高2米。墩台北侧有积薪垛3座，呈较大的圆形石堆状，直径5米，大体作南北向排列，间距分别为16米和29米。烽燧东南部为沟口冲积扇，717县道穿冲积扇东行；冲积扇东西两侧有光伏电厂。

达巴图1号烽燧（150825353201030024）　位于呼和温都尔镇那仁乌布尔嘎查达巴图音苏木北0.6千米处的达巴图沟沟口内侧东岸高台地上，南距达巴图障城0.58千米，南偏西距达巴图2号烽燧0.71千米；二者隔沟相望。

墩台石筑，保存较差。台体坍塌为方形石堆，呈覆斗形，南北长11、东西宽9、残高2米。毗邻墩台南侧有石筑方形坞，长6、宽4米，坞墙残高0.7米。烽燧西北直对达巴图沟沟床，应是达巴图障城的防御前哨。

达巴图障城（150825353102030002）　位于呼和温都尔镇那仁乌布尔嘎查达巴图音苏木北4.23千米处的达巴图沟西岸二级台地上，西偏南距达巴图2号烽燧0.13千米，西南距巴音乌拉障城16.4千米。

障城以石块垒筑，由主障和关厢两部分组成，墙垣部分坍塌，保存较差（彩图六六八）。障城主障平面呈正方形，边长34米。障墙基宽5、顶宽1.5～2、残高4～5米。南墙中部设门，门宽3米，方向156°。城内依东墙北半部建有台阶式马道，登上障墙及四角角台；依西、北两墙有方形石砌房址。

障城南部关厢呈长方形，东西长62、南北宽40米。墙体亦为石砌而成，较主障墙低矮，基宽2、残高 1~4 米。其中北墙依障城南墙向东西方向延伸,另外加筑东、南和西墙围就。关厢内东北部及西北角有依关厢墙体建筑的石砌房基址。关厢东墙中部开门,门宽 4 米,方向 67°。障城内外有零星陶片散布,器表施绳纹、弦断绳纹、凹弦纹等,可辨器形为宽沿盆、罐和甑,调查发现有"五铢"钱、铜镞等遗物。

达巴图 2 号烽燧(150825353201030025)　位于呼和温都尔镇那仁乌布尔嘎查达巴图音苏木西偏南 0.29 千米处的达巴图沟西岸矮岭山头上,东距达巴图障城 0.13 千米,南偏西距那仁乌布尔 1 号烽燧 3.2 千米。

墩台石筑,保存差。台体坍塌为圆形石堆状,底部直径 8、顶部直径 4、残高 2 米。烽燧南临达巴图音苏木沟的西沟——查干沟,向西以重点监控该沟谷。达巴图障城居中,达巴图 2 号烽燧和达巴图 1 号烽燧把守于南北两翼沟口,三者构成相对独立的防御单元。

那仁乌布尔 1 号烽燧(150825353201030026)　位于呼和温都尔镇那仁乌布尔嘎查北 1.24 千米处的台地上,南距那仁乌布尔 2 号烽燧 0.15 千米。

墩台以卵石块砌筑,保存一般。台体坍塌,现呈长方形石堆状,东西长 10、南北宽 8、残高 1.5~2.5 米;西侧邻接墩台有石筑长方形坞址,东西长 10、南北宽 9,坞墙残高 1 米(彩图六六九)。烽燧南偏东侧有长方形石筑基址,南北长 8、东西宽 6 米,其北侧堆积较多石块,呈垄状分布。墩台周边分布积薪垛 18 座,均呈圆形石堆状,直径 2.3~3 米。其中,墩台南侧及西部有积薪垛 14 座,大体呈东南—西北一线分布,东半部 6 座单个分布,间距 9 米;西半部 4 个小石堆为一组的共 2 组,间距 41 米。东南侧有东西并列的积薪垛 2 座,间距 6 米。东北侧和北侧各有积薪垛 1 座,中东南—西北向分布,间距 18 米。烽燧北对那仁乌布尔北沟口,东临 717 县道。

那仁乌布尔 2 号烽燧(150825353201030027)　位于呼和温都尔镇那仁乌布尔嘎查北 1.1 千米处的台地上,南偏西距那仁乌布尔 3 号烽燧 2.3 千米。

墩台石筑,保存差。台体坍塌为圆形石堆状,底部直径 8、顶部直径 6、残高 1 米。烽燧东临 717 县道,东南部的县道北侧山脚下有牧户一家。该烽燧体量较小,距离那仁乌布尔 1 号烽燧较近,不排除为其附属设施的可能性。

那仁乌布尔 3 号烽燧(150825353201030028)　位于呼和温都尔镇那仁乌布尔嘎查西南 1.31 千米处的大狼山东麓台地上,西南距磴口县巴音乌拉 1 号烽燧 12 千米。

墩台石筑,保存较差。台体坍塌为长方形石堆状,西北角有较为清晰的石块垒砌痕迹。墩台南北长 9、东西宽 6、残高 1.5 米;东侧邻接墩台有长方形石筑坞址,南北长 13、东西宽 8 米。墩台北侧有积薪垛 7 座,呈圆形石堆状,直径 3、残高 0.5 米,沿缓岭脊部南北向排列,间距 8~10 米。烽燧东部及西南部山脚下有牧户,西部为沟口,沟谷纵深较短。

10. 哈隆格乃沟长城 1 段(150825382102040017)

该段长城位于呼和温都尔镇乌兰呼舒嘎查西北 6 千米处的哈隆格乃沟东岸二级台地上,为哈隆格乃沟当路塞的第一段长城墙体。墙体呈东西向分布,河谷对岸为较陡峭断崖,不见与该段长城相对应的墙体。北距哈隆格乃沟长城 2 段 5 千米;南距斜对岸磴口县呼仁敖包烽燧 1.4 千米。

墙体长 65 米,为毛石干垒石墙,保存一般。石墙底宽 2.9、顶宽 2.1、残高 2.5 米。墙体所在地势东高西低,其东端起自断崖底部,墙体坍塌较严重,墙体中部一段小豁口处有一条羊道南北越过;西端墙体止于河谷东岸,形状整齐,保存略好。自该段墙体中部向南侧伸出有一段半圆形矮墙,石筑,保存差。其可测量残周长为 7.8 米,直径 7.5 米。初步推测,此段小矮墙或为小型居住址(彩图六七○)。

11. 哈隆格乃沟长城 2 段(150825382102040018)

该段长城位于呼和温都尔镇乌兰呼舒嘎查西北 9.5 千米处的哈隆格乃沟与布敦毛德支沟交汇口南岸,

为哈隆格乃沟当路塞的第二段长城墙体。墙体呈南北向，与东北—西南向支沟垂直分布，显然是以防御该布敦毛德沟为主要目的。北距哈隆格乃沟1号烽燧0.33千米；西北距哈隆格乃沟长城3段1千米。

墙体长45米，为土石堆筑石墙，保存较差。石墙底宽4.3、顶宽3.8、残高1.65米。墙体所在地势南高北低，其墙体南端顶到陡峭山岩，保存现状比北段墙体要好；墙体北端被一条东西向砂石路所破坏，从断面看墙体两侧砌石，中间为土石堆筑。紧邻该段墙体东侧有一座石筑房屋，为废弃的现代房屋；而墙体西侧有两个石筑羊圈，一个依长城墙体而建，另一个东距墙体18米（彩图六七一）。

哈隆格乃沟1号烽燧（150825353201030029）　位于呼和温都尔镇乌兰呼舒嘎查西北9.8千米处的山体拐角顶部，西南侧山下为哈隆格乃沟与布敦毛德支沟交汇。东北距哈隆格乃沟2号烽燧0.17千米。

该烽燧由墩台、坞和积薪垛组成，均为石块垒砌，保存一般。墩台台体大体呈长方形，顶部坍塌成石堆状，底部石砌墙较明显，东西长8.7、南北宽5、残高3米。坞址位于墩台东侧依墩台而筑，平面呈长方形，南北长6.5、东西宽5.6、残高1.5米，因坞墙坍塌严重，尺寸不详。另有2座积薪垛，位于距墩台东北30米处，均呈方形。其中，1号积薪垛边长4.5、残高0.5米，北距2号积薪垛12米；2号积薪垛呈长方形，南北长3.3、东西宽2.5、残高1米。

哈隆格乃沟2号烽燧（150825353201030030）　位于呼和温都尔镇乌兰呼舒嘎查西北9.9千米处，与哈隆格乃沟1号烽燧处于同一座山顶，其主要目的是为瞭望哈隆格乃沟东支布敦毛德沟及西支昭荣音高勒沟。西北距哈隆格乃沟3号烽燧0.72千米（彩图六七二～六七四）。

该烽燧由墩台、坞和积薪垛组成，由泥质板岩石板层层垒砌，保存较好。墩台台体呈长方形，剖面呈梯形，向上有收分，其底部南北长7.6、东西宽5.5米，顶部南北长7、东西宽5米，残高2.8米。坞址位于墩台南侧依墩台而筑，平面大致呈长方形，东西长8.6米、南北宽8米，坞墙因被墩台坍塌石块所覆盖，无法测量其尺寸。积薪垛仅1座，位于坞址西南11.8米处，呈长方形，南北长3.5、东西宽2.5、残高0.5米。

12. 哈隆格乃沟长城3段（150825382102040019）

该段长城位于呼和温都尔镇乌兰呼舒嘎查西北10.5千米处的哈隆格乃沟东岸，为哈隆格乃沟当路塞的第三段，也是沟谷中分布位置最北段的长城墙体。墙体呈东西向，墙体西端加筑有一座烽燧，为哈隆格乃沟3号烽燧。

墙体长30米，石墙，保存一般。墙体底宽2.8、顶宽2.5、残高3.15米。墙体所在地势东高西低，其东端起自山岩峭壁；墙体中部坍塌豁口处有一条南北向小道翻过，从豁口断面上可见墙体以两侧砌石中间填石而筑；而墙体西端明显宽而高大，并其南侧有一座似石筑坞址，推测应是与墙体连筑之烽燧。（彩图六七五、六七六）。

哈隆格乃沟3号烽燧（150825353201030031）　位于呼和温都尔镇乌兰呼舒嘎查西北10.5千米，地处哈隆格乃沟长城3段墙体西端靠墙而筑。该烽燧为乌拉特后旗阳山秦汉长城最西端烽燧，南距哈隆格乃沟西岸磴口县呼仁敖包烽燧7.4千米。

烽燧由墩台和坞组成，均由石板垒砌，保存较差。墩台平面呈不规则长方形，东西长4.2、南北宽3.3、残高2.7米。坞址位于墩台南侧依墩台而筑，平面大致呈方形，边长约8米，其坍塌较严重。

呼和温多尔障城（150825353102030005）　位于呼和温都尔镇呼和温多尔嘎查东南2.65千米，地处哈隆格乃沟北支沟中的山梁上。南距哈隆格乃沟3号烽燧14.13千米。

障城由内城、外城和烽燧组成，均以石块垒砌而筑，保存较差。内城平面呈长方形，城内东西长12、南北宽10米，城墙宽1.5、残高1.1～2.4米；城门应设于西墙上，宽3.8米，城门外为陡峭的山坡地；外城在中心城外侧围绕一周，外城西墙为中心城西墙向两侧的延续，其余三面墙距中心城墙的间距为6米，南北长25米、东西宽20、残高1～1.5米；外城西南侧坡下残存东西长10、南北宽6米的长方形小围墙，或为起到瓮城功能；距障城东北0.93千米处的山顶上，有烽燧一座，墩台直径约4米；外围依山形而建有围墙，周长45米，墙宽2米、残高1米。

七　巴彦淖尔市磴口县

磴口县境内的阳山汉长城，分布于大狼山山麓一线，调查当路塞长城墙体6段，均为石墙，总长2524米，其中保存较差部分长1738米、保存差部分长664米、消失部分长122米。

（一）长城墙体分布与走向

乌拉特后旗呼和温都尔镇乌兰呼舒嘎查西北部的大狼山山脉，陡峻高耸，过沟口收缩的博仁高勒沟，便进入磴口县辖境。磴口县大狼山山麓地带汉长城的分布，与乌拉特后旗的情形大体相同，于部分山口地带修筑当路塞长城墙体，山前台地上以两两相望的烽燧相串联。

磴口县境内的大狼山前坡沟谷，自东北向西南有哈隆格乃沟、格尔敖包沟、阿贵沟、乌斯太沟、布都毛道沟等；再西南比邻布都毛道沟的查斯沟，为磴口县与阿拉善盟阿拉善左旗分界线。在阿拉善左旗的大狼山西南尾闾地带，汉长城仍以烽燧线的形式构筑；出朔方郡，进入西河郡辖区，建于大狼山西南端的乌兰布拉格障城，为西汉西河郡北部都尉眩雷塞候官治所。

（二）长城墙体与单体建筑保存现状

在对磴口县汉长城的调查中，除6段当路塞长城墙体外，沿线还调查单体建筑22座，包括烽燧19座、障城3座。下面，对这些长城墙体和单体建筑分作详细描述。

1. 呼仁敖包烽燧（150822353201040020）　位于沙金套海苏木巴音乌拉嘎查西北4.5千米处的哈隆格乃沟西岸二级台地边缘上。北距对岸乌拉特后旗哈隆格乃沟长城1段墙体1.4千米。

烽燧由墩台、坞和积薪垛组成，均为石筑，保存较差。墩台平面呈方形，边长9、距地表高1.6米（彩图六七七）；而于墩台西北角位置又加筑一座长方形台体，其南北长5.5、东西宽3.2、距地表通高2.8米，推测应是起到瞭望功能；墩台与瞭望台间有条踏道，踏道在瞭望塔外围盘绕而上。坞址位于墩台南侧靠台体而筑，平面呈长方形，东西长8.6、南北宽7.3米，坞墙残高1.2、宽1.2米。坞址南侧有不规则半圆形围墙，长26、墙宽0.5米，因围墙外侧是一条水冲沟，由此该应是为保护坞墙而砌。共有4座积薪垛，其中墩台南侧2座，西南侧、西侧各1座，积薪垛大小不一、形制不等，方形积薪垛有3座，边长约2米，圆形积薪垛直径2.3米。

2. 巴音乌拉北山烽燧（150822353201040021）　位于沙金套海苏木巴音乌拉嘎查西北2千米处的高山顶部。该烽燧为磴口县阳山朔方郡汉长城东起第一座烽燧，东南距鸡鹿塞障城1.5千米，北距呼仁敖包烽燧2.4千米。

该烽燧仅保留有墩台，为石筑，保存差。台体平面呈椭圆形，东西长约4.5、南北宽约4、残高1.9米。烽燧居高临下，其主要功能在于传达哈隆格乃沟至鸡鹿塞障城间的信息。

3. 巴音乌拉障城（150822353101040001）　位于沙金套海苏木巴音乌拉嘎查北偏西0.78千米处的哈隆格乃沟南口西岸台地上，西偏南距格尔敖包障城8千米，南偏西距巴音乌拉1号烽燧1.05千米。

障城平面呈正方形，边长69.3米；轮廓清晰，保存较好。障墙毛石垒砌，石块间以砂土、碎石填充，局部坍塌处可见圆木及红柳拉筋。障墙底宽顶窄，剖面呈梯形；基宽5.3～5.5、顶宽1.8～3.7、残高5～8米。南墙中部偏西处设有城门，门宽2.8米，方向170°。南墙东段上部坍塌，北墙内外两壁大面积坍塌，出现多处缺口；东墙外壁墙体上部坍塌严重，西墙内外两壁大面积坍塌，南北两端缺口较大，缺口处墙体残高2米。

障城四角筑有角台，西北角台保存较好，其余角台坍塌较严重；残高6～7米。城门外筑有瓮城，平面呈长方形，东西长20、南北宽14米，城墙残高2～5米；东墙留有入口，宽3米。瓮城门外平台南部有入城的通道。城内依南壁修筑有斜坡马道，宽2米，可直达障墙顶部及四角角台（图九一）。城内依西、北、东三墙有长方形石砌房基址。障城中部有长20米、宽9米的双开间房屋基址一处（彩图六七八、六七九）。

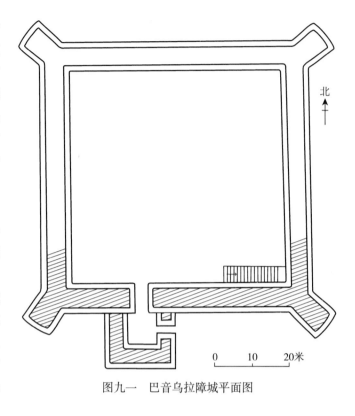

图九一　巴音乌拉障城平面图

城内散布有陶罐、板瓦残片等，曾出土铜弩机、铁甲片等。经考证，该障城为西汉朔方郡西部都尉所辖鸡鹿塞候官治所。"鸡鹿"当为匈奴语，或即蒙古语"石头"（chilagu）的词源。鸡鹿塞东侧远望有高耸的山峰，为今磴口县与乌拉特后旗的分界，匈奴人或称其为"鸡鹿山"。

从哈隆格乃沟向西南至格尔敖包沟，两沟之间的山麓台地之上共调查烽燧4座，依次为巴音乌拉1号、2号、3号、4号烽燧。

4. 巴音乌拉1号烽燧（150822353201040001）　位于沙金套海苏木巴音乌拉嘎查西偏南0.7千米处的大狼山南麓余脉矮岭末端，西南距巴音乌拉2号烽燧1.7千米。

墩台石筑，保存差。台体坍塌为圆形石堆状，底部直径14、顶部直径5、残高3米；西南侧邻接墩台有长方形坞址，长11、宽7米。墩台北部有积薪垛10座，呈圆形石堆状，形制大体相同，直径4、残高0.5～1米，沿矮岭顶部南北向一线排列。烽燧北为巴音乌拉嘎查北沟沟口，西南有采砂坑，312省道在南部穿过；西临巴音乌拉嘎查西沟，当为重点监控该沟谷而设置。

5. 巴音乌拉2号烽燧（150822353201040002）　位于沙金套海苏木巴音乌拉嘎查西南2.3千米处的小山顶上，西南距巴音乌拉3号烽燧1.64千米。

墩台石筑，保存一般。台体坍塌，西半部尤为严重；现呈长方形石堆状，基础结构仍然保存，底部南北长9、东西宽8米，顶部南北长6、东西宽4米，残高1.3～2米。墩台北部坡上有石堆状积薪垛14座，大体分两排，南北向排列，其中东排4座，西排10座，形制大小不一，直径2～4、残高0.5～1米。烽燧北部隔小沟有阿贵音敖包，南部台地下为312省道。

6. 巴音乌拉3号烽燧（150822353201040003）　位于沙金套海苏木巴音乌拉嘎查西南3.9千米处的山脚台地上，西南距巴音乌拉4号烽燧1.77千米。

墩台石筑，保存一般。台体上半部坍塌，平面形制基本保存，现呈长方形石堆状；底部南北长10、东西宽8米，顶部南北长7、东西宽5米，残高1.4～2.2米；南侧邻接墩台有石筑坞址（彩图六八〇）。墩台南北侧各有积薪垛3座，呈方形或圆形石堆状，其中北侧为方形，边长5米；南侧圆形2座、方形1座，圆形者直径2～4、方形者边长5、残高0.5～1.2米；大体呈东南—西北向一线排列，间距16～38米。烽燧建筑在巴音乌拉嘎查南部的两个沟口之间，东为苏木音图高勒沟，西为布石格图高勒沟；西南部有牧户一家。

7. 巴音乌拉4号烽燧（150822353201040004）　位于沙金套海苏木巴音乌拉嘎查西南5.66千米处的山脚台地上，西南距巴音乌拉5号烽燧2千米。

墩台石筑，保存一般。台体上半部分坍塌，基础结构较为清晰，底部南北长11、东西宽9米，顶部南北长7、东西宽5米，残高1.5～3.5米。墩台东侧有积薪垛13座，分三排，作东南—西北向排列，其中东排3座，呈较大的正方形石堆状，边长5米，间距45～47米；中排7座，皆为圆形石堆状，直径2.5～3.5米，间距14～36.5米；西排3座，其中南部的2座呈圆形，北端的1座为方形，残高0.5～1.5米，间距17～81米。烽燧南临312省道，西南部为格尔敖包沟沟口。

8. 格尔敖包长城1段（150822382102040001）

该段长城属于格尔敖包沟靠北的一段当路塞墙体，起自沙金套海苏木巴音乌拉嘎查格尔敖包沟正沟上游牧点北0.15千米，止于巴音乌拉嘎查格尔敖包沟正沟上游牧点北偏西0.14千米。墙体作直线分布，呈东西走向。

墙体长46米，为毛石干垒墙，保存差。墙体构筑于格尔敖包沟正沟上游西坡地上，东起于河槽边小石碴山，西与自然山岭相接。墙体坍塌，于地表呈低矮的石垄状，底宽1.4～1.8、残高0.2～0.4米。当路塞的河槽东岸对面山体陡峻，在较缓的西岸坡地上加筑塞墙，以封锁控制格尔敖包沟。

9. 格尔敖包长城2段（150822382102040002）

该段长城为格尔敖包沟第二段当路塞墙体，起自沙金套海苏木巴音乌拉嘎查格尔敖包沟中游东岸牧点西北0.64千米，止于巴音乌拉嘎查格尔敖包沟中游东岸牧点西北0.65千米，墙体作直线分布，呈东偏南—西偏北走向。

墙体长13米，为毛石干垒墙，保存差。墙体修筑在格尔敖包沟中游西岸坡地上，于地表呈低矮的石垄状，底宽1.8～2.2、顶宽1.3～1.5、残高0.3～0.8米。

该段当路塞墙体对岸，有格尔敖包障城；障城南部的格尔敖包沟下游两岸，分布有巴音乌拉5号、6号、7号烽燧。以格尔敖包障城为中心，其对面及北部的当路塞墙体以及南部河谷沿岸的3座烽燧，构成格尔敖包沟防御单元。

10. 格尔敖包障城（150822353101040002）　位于沙金套海苏木巴音乌拉嘎查格尔敖包沟中游东岸牧点西北0.64千米处的东岸台地之上，南偏西距布都毛道障城16千米。

障城仅存东墙，其余三面墙体均被洪水冲毁，保存差。障墙以毛石垒筑，已坍塌，于地表呈高石垄状，残长约50米。障城东依陡峻的山体，西临河槽，对面山势更为陡峭，障城修筑于险要的峡谷地段，以掌控贯通大狼山的格尔敖包沟。

11. 巴音乌拉5号烽燧（150822353201040005）　位于沙金套海苏木巴音乌拉嘎查格尔敖包沟中游东岸牧点东南2.94千米处的沟口东岸台地上，北偏西距巴音乌拉6号烽燧1.67千米，西偏南距巴音乌拉7号烽燧0.5千米；二者隔格尔敖包沟沟口河槽相望。

墩台石筑，保存差。台体坍塌为圆形石堆状，底部直径12、顶部直径7、残高3米；西南侧邻接墩台有石筑坞址，南北长9、东西宽5米。烽燧建筑在沟口处，在保证前后烽燧间有效串联的同时，亦可监视格尔敖包沟。

12. 巴音乌拉6号烽燧（150822353201040006）　位于沙金套海苏木巴音乌拉嘎查格尔敖包沟中游东岸牧点南偏东1.28千米处的格尔敖包沟西岸小山头上，北偏西距格尔敖包障城1.85千米，南偏东距巴音乌拉7号烽燧1.68千米。

墩台石筑，保存差。台体坍塌为圆形石堆状，底部直径9、顶部直径5、残高2米。格尔敖包沟下游河床在烽燧处东向弯曲，建筑烽燧旨在将沟内警讯传递到沟口外。

13. 巴音乌拉7号烽燧（150822353201040007）　位于沙金套海苏木巴音乌拉嘎查格尔敖包沟中游东岸牧点东南2.94千米处的格尔敖包沟沟口西岸台地上，西南距巴音乌拉8号烽燧1.38千米。

墩台石筑，保存差。台体坍塌，现呈圆形石堆状，底部直径10、顶部直径5、残高2.3米；东南侧邻接墩台有石筑长方形坞址，东西长9、南北宽5米，坞墙残高1米（彩图六八一）。墩台南部台地上有积薪垛4座，呈正方形石堆状，边长4米，大体作南北向一线分布，间距38～90米，南端积薪垛地处台地边缘，其东侧临沟口；南侧台地下为312省道。

从格尔敖包沟向西南至布都毛道沟，其间的山前台地之上共调查烽燧5座，依次为巴音乌拉8号、9号、10号、11号、12号烽燧。

14. 巴音乌拉8号烽燧（150822353201040008）　位于沙金套海苏木巴音乌拉嘎查阿贵沟旅游区西北0.38千米处的阿贵沟西岸高台地上，南距巴音乌拉9号烽燧1.2千米。

墩台石筑，保存差。台体坍塌为圆形石堆状，底部直径11、顶部直径5、残高3米；东南侧邻接墩台有长方形石筑坞址，东西长9、南北宽4米。墩台西南侧有积薪垛3座，呈圆形石堆状，直径3～3.5米，作西北—东南向一线分布，间距分别为25米和29米。烽燧东侧紧邻河槽，沟壁陡峭；南部有白塔。

15. 巴音乌拉9号烽燧（150822353201040009）　位于沙金套海苏木巴音乌拉嘎查阿贵沟旅游区南偏东0.88千米处的阿贵沟沟口西侧高台地上，南偏西距巴音乌拉10号烽燧2.1千米。

墩台石筑，保存差。台体坍塌，现呈圆形石堆状，底部直径11、顶部直径5、残高3米；台体被当地牧民改建为敖包，外围有石块垒砌的圆圈。墩台北部有积薪垛3座，呈正方形石堆状，边长4、残高0.5米，南北向一线排列，间距分别为53米和60米。烽燧两侧有小沟，其中西沟有采砂坑；东坡脚下有312省道。

16. 巴音乌拉10号烽燧（150822353201040010）　位于沙金套海苏木巴音乌拉嘎查阿贵沟旅游区南偏西2.7千米处的台地矮岭上，西南距巴音乌拉11号烽燧1.6千米；二者隔乌斯太沟相望。

墩台石筑，保存差。台体坍塌为圆形石堆状，底部直径12、顶部直径5、残高2米；顶部有牧民垒砌的小石堆。西侧邻接墩台有石筑长方形坞址，南北长8、东西宽6米，坞墙残高0.7米。墩台西北部矮岭上有积薪垛3座，呈圆形石堆状，直径4米，作东南—西北向一线分布，间距38～45米。烽燧西南部为乌斯太沟沟口，南部台地下有312省道。

17. 乌斯太长城（150822382102040005）

该段长城位于乌斯太沟当路塞墙体，起自沙金套海苏木巴音乌拉嘎查乌斯太沟下游沟牧点西北0.88千米，止于巴音乌拉嘎查乌斯太沟下游沟东岸牧点西北0.87千米，东南距巴音乌拉11号烽燧1.58千米、距312省道1.73千米。墙体作直线分布，呈东偏北—西偏南走向。

墙体长60米，为毛石干垒墙，保存差。墙体修筑在乌斯太沟下游东岸台地上，于地表呈低矮的石垄状，底宽3、顶宽1、残高0.5～1米。

18. 巴音乌拉11号烽燧（150822353201040011）　位于沙金套海苏木巴音乌拉嘎查乌斯太沟牧点东南0.72千米处的乌斯太沟沟口西岸高台地上，西南距巴音乌拉12号烽燧5.4千米。

墩台石筑，保存差。台体坍塌为圆形石堆状，底部直径12、顶部直径7、残高3米。墩台北侧有正方形积薪垛3座，呈石堆状，形制相同，边长5、残高1米；沿台地边缘作南北向一线排列，间距分别为23米和49米。墩台西部有积薪垛3座，呈较大的圆形石堆状，直径4.5～6.5米，大体作东西向一线排列，间距分别为59米和106米。烽燧东侧沟坡陡峭，312省道于南侧沟口处穿过。

19. 巴音乌拉12号烽燧（150822353201040012） 位于沙金套海苏木巴音乌拉嘎查那然布拉根高勒沟沟口牧点南偏东0.23千米处的台地山丘上，南偏西距布都毛道1号烽燧2.21千米。

墩台石筑，保存差。台体坍塌为圆形石堆状，底部直径14、顶部直径8、残高3.5米；东侧邻接墩台有石筑长方形坞址，南北长6、东西宽5米，坞墙残高1米（彩图六八二）。墩台西北部有积薪垛5座，呈圆形石堆状，直径4.5～6.5米，作"十"字形分布，中间垛与南北向和东北—西南向排列的积薪垛均分布在一条线上；其中，南北向排列的积薪垛间距分别为31米和47米；东北—西南向排列的间距分别为23米和73米。

20. 布都毛道长城1段（150822382102040003）

该段长城为布都毛道沟南当路塞墙体，起自沙金套海苏木巴音乌拉嘎查那然布拉根高勒沟沟口牧点西南2.87千米，止于巴音乌拉嘎查那然布拉根高勒沟沟口牧点西南3.08千米，墙体作直线分布，呈东西走向。

墙体长212米，为毛石干垒墙，保存差。墙体修筑在布都毛道沟下游西岸坡地上，东起河槽边，上行与坡上山体相接，于地表呈低矮的石垄状，底宽2～2.5、顶宽1.5～2、残高0.5～0.8米。

21. 布都毛道长城2段（150822382102040004）

该段长城为布都毛道沟北当路塞墙体，起自沙金套海苏木巴音乌拉嘎查那然布拉根高勒沟沟口牧点西偏南2.78千米，止于巴音乌拉嘎查那然布拉根高勒沟沟口牧点西偏南2.93千米，墙体略作内向弧线形分布，由东偏北—西偏南走向转呈东西走向。

墙体长455米，为毛石干垒墙，整体保存差。墙体修筑在布都毛道沟东西两岸山坡上，倒塌的墙体于地表呈低矮的石垄状，底宽1.5～2、顶宽1～1.5、残高0.3～0.5米。墙体前后小段保存差，共长333米（彩图六八三）；中小段消失在布都毛道沟河槽中的墙体长122米。其中，保存差部分、消失部分，分别占该段当路塞总长的67%、33%。

布都毛道沟下游两岸，分布有障城1座、烽燧5座，依次为布都毛道障城和布都毛道1号、2号、3号、4号、5号烽燧。其中，布都毛道1号、5号烽燧地处大狼山东南麓烽燧线上；而布都毛道2号、3号、4号烽燧分布在沟谷中，与布都毛道障城、布都毛道长城1段和2段当路塞墙体，构成布都毛道沟防御单元。

22. 布都毛道障城（150822353101040003） 位于沙金套海苏木巴音乌拉嘎查那然布拉根高勒沟沟口牧点西南3.06千米处的布都毛道沟沟口西岸高台地上，东距布都毛道1号烽燧1.1千米，西北距布都毛道2号烽燧0.54千米。

障城由主障和关厢两部分组成，平面略呈"凸"字形（彩图六八四）。主障平面呈正方形，边长28米。障墙以黄土夯筑，已坍塌，于地表呈高土垄状，底宽8、顶宽3、残高0.5～2米。南墙偏西处辟门，门宽3.5米，方向140°。关厢平面亦呈正方形，边长46米，接筑于主障南侧，北墙利用主障南墙，向东接筑扩展，主障西墙向南延伸建筑关厢西墙，另筑南墙和东墙闭合而成。墙体土筑，上部散布有石块；明显较主障墙低矮，底宽6、顶宽2、残高0.5～1.5米。关厢北墙东端设有门址，门宽5米。关厢内依东、南、西墙有石筑长方形或正方形房址，其中依附西墙有房址三间，东侧有与关厢西墙并列的南北向石筑西墙围闭，隔墙中部有门出入；依南墙也有石筑三间；东墙二间。关厢南侧有方形积薪垛3座，呈石堆状，边长4米；作东西向一线排列，等距分布，间距32.5米。积薪垛南侧有长方形石筑房址2座，其中较大者长6、宽5米。障城东临河槽，背对沟谷，筑城屯兵以扼守贯通大狼山的布都毛道沟通道。

23. 布都毛道 1 号烽燧（150822353201040013）　位于沙金套海苏木巴音乌拉嘎查那然布拉根高勒沟沟口牧点南偏西 2.39 千米处的布都毛道沟沟口东岸台地矮岭末端，北偏西距布都毛道 2 号烽燧 1.52 千米；二者隔沟相望。

墩台石筑，保存差。台体坍塌较为严重，现呈高大的圆形石堆状，底部直径 12、顶部直径 5、残高 3 米。墩台西北侧有积薪垛 3 座，现呈正方形石堆状，边长 3~4、残高 0.5 米，作东南—西北向一线排列，间距分别为 23 米和 27 米。墩台西南部有积薪垛 1 座，呈圆形石堆状，直径 8 米。烽燧两侧临小沟，南部台地下为 312 省道。

24. 布都毛道 2 号烽燧（150822353201040014）　位于沙金套海苏木巴音乌拉嘎查那然布拉根高勒沟沟口牧点西南 3.07 千米处的布都毛道沟西岸石砬山头上，北距河槽东岸的布都毛道 3 号烽燧 0.49 千米。

墩台石筑，保存差。台体上半部坍塌，整体呈长方形石堆状，底部东西长 9、南北宽 7 米，顶部东西长 5、南北宽 4 米，残高 2.5 米（彩图六八五）。墩台东南部坡地上有积薪垛 3 座，呈正方形石圈状，边长 3.5 米，作东西向一线排列，等距分布，间距 36.5 米。烽燧地处制高点上，西北可监控沟谷，同时也成为沟通北部当路塞与南部障城之间的桥梁和纽带。

25. 布都毛道 3 号烽燧（150822353201040015）　位于沙金套海苏木巴音乌拉嘎查那然布拉根高勒沟沟口牧点西北 2.79 千米处的布都毛道沟东岸边山丘上，西北距布都毛道 4 号烽燧 0.72 千米。

墩台石筑，保存差。台体坍塌为圆形石堆状，底部直径 10、顶部直径 5、残高 2 米；东南侧邻接墩台有石筑坞址，形制模糊。烽燧西侧紧邻河槽，对面隔河槽为布都毛道长城 1 段当路塞墙体，西北面向布都毛道沟。

26. 布都毛道 4 号烽燧（150822353201040016）　位于沙金套海苏木巴音乌拉嘎查那然布拉根高勒沟沟口牧点西偏北 3.03 千米处的布都毛道沟东岸边小山头上，北距布都毛道长城 2 段当路塞墙体 0.01 千米，南偏东距布都毛道 5 号烽燧 2.38 千米。

墩台石筑，保存差。台体坍塌为圆形石堆状，底部直径 9、顶部直径 3、残高 2.5 米；北侧邻接墩台有石筑坞址，东西长 8、南北宽 4.5 米。烽燧北侧紧邻当路塞墙体，西侧临河槽，西北面对布都毛道沟。

27. 布都毛道长城 3 段（150822382102040005）

该段长城属于布都毛道沟当路塞第三段长城墙体，修筑在布都毛道沟障城所在台地西端边缘，墙体东距障城最近处有 0.17 千米；起点西北距布都毛道 2 号烽燧 85 米。起自沙金套海苏木巴音乌拉嘎查西南 22.3 千米，止于巴音乌拉嘎查西南 21.6 千米，大体呈南北走向。

墙体长 1738 米，为石墙，毛石干垒，整体保存较差。墙体北起布都毛道 2 号烽燧所在山体底部，依一条南北向沟谷东岸上端向南延伸，沟谷东岸坡较缓，但沟沿弯曲多折而不直，墙体依沟沿而筑，局部墙体坍塌严重，最终墙体止于沟谷南口东岸，西南距布都毛道 5 号烽燧 0.3 千米。现存墙体剖面呈半梯形，其底宽不详，可见顶宽 1.5~2、残高 0.3~0.5 米（彩图六八六、六八七）。从墙体的所处位置、修筑方法及其功能等方面分析推测，该段墙体的修筑目的应是为确保布都毛道障城西边安全而防御的当路塞长城。

28. 布都毛道 5 号烽燧（150822353201040017）　位于沙金套海苏木巴音乌拉嘎查那然布拉根高勒沟沟口牧点南偏西 3.98 千米处的布都毛道沟西沟沟口处山头上，东北距布都毛道长城 3 段止点 0.3 千米，为磴口县境内的最后一座烽燧。

墩台石筑，保存差。台体坍塌，现呈高大的圆形石堆状，底部直径 13、顶部直径 4、残高 3 米。该烽燧同时具有监控西沟谷的作用，其西南有查布干浩尧尔乌兰山，山脚下的查斯沟为巴彦淖尔市与阿拉善盟交界处。

八　小结

阳山秦汉长城的主体是汉长城，沿线的秦代遗迹保留得极少，偶尔可见唐代烽燧。长城墙体总长457.167千米，沿大青山、马鞍山、色尔腾山、查石太山、罕乌拉山、小狼山一线构筑，选择山岭北坡上缘筑墙，"因地形，用险制塞"，局部地段完全利用自然山险或修筑山险墙。长城墙体延伸至小狼山与大狼山之间的东乌盖沟北口东部，连续的墙体终止；长城由山北坡转至山前地带，以当路塞墙体与列燧、障城相结合的形式向西南延伸，止于查斯沟沟口，绵延长度达570余千米。

下面，从墙体的构筑特点及障城、烽燧等单体建筑的设置等方面，对阳山秦汉长城作简要总结。

（一）长城墙体构筑特点

长城修筑就地取材，石料充足的山地往往兴建石墙，多土地带则改筑土墙，局部地段有外壁垒砌石块、内部夯土的土石混筑墙体。筑墙所用石材，于长城沿线就近开采，在固阳县天盛成、天面此老等地发现3处采石场，地处山岭脊背上，现呈圆形或椭圆形浅坑状，有的采石场旁还遗留有筑墙材料。岩石裸露的山地，两侧就地开采山岩筑墙，留下采石遗迹；山脊上采石，坡下筑墙，材料搬运便捷。固阳县天盛成长城1段，于内侧开采石料筑墙，并预留下便于士兵巡防攀爬的台阶。现今，保存较好的石筑长城段，筑墙石料往往都是采掘的规范长方形条石或石板，筑就的墙体稳定性较高。

阳山秦汉长城中，大体以固阳县小窝兔沟为界，东部的长城墙体多土筑，西部墙体多为石筑。土墙长98.426千米，土筑墙体的地貌环境大体可概括为三类：一是长城沿线的川地、较宽阔的沟谷地带，自东向西包括武川县的什尔登隘口、圪塔村川地、阳忽赛川地、美岱河谷两岸，固阳县的三分子川地、天盛成川地、四成功川地、十三分子川地、王如地川地，乌拉特前旗的关牛犋大河床、板申图沟两岸、苏计沟两岸、石场沟两岸、巴音布拉格沟两岸，皆为此类；二是土壤丰富的山地和丘陵地带，有武川县大青山顶部、白彦山、什尔登东西山岭、小三合玉东部丘陵及西部山岭、红煤甲子圪旦山岭、酒馆村南山岭、双敖包山东侧山岭、哈拉合少西南山岭、美岱沟东山岭及其美岱沟上游南岸山岭，固阳县大庙北山岭直至西部的小窝兔沟，再西有刘家边墙壕东西山岭、王如地南部丘陵区，乌拉特前旗的忽卢斯太沟与挪日图沟西支沟沟脑之间山岭；三是大小沟谷地带的山坡下缘修筑土墙，而谷底过水部位及山坡上缘均筑石墙，固阳县长城沿线的小沟谷地带尤为鲜明，其中较大者包括康兔沟、田四沟、此老图沟、敖石板沟等。

风雨剥蚀两千年，土筑墙体大多坍塌或消失。乌拉特前旗小井沟长城8段土墙，经风雨剥蚀，仅剩残缺不整的墙芯，显露明晰的夯层。原筑长城墙体规格，在固阳县长城调查中，获得多组数据。其中，较窄的是西斗铺镇十三分子长城墙体，基宽2.5、顶宽2、残高1.7米；较宽者为西斗铺镇邬家边墙壕长城3段墙体，基宽5、顶宽4.2、残高1.3米。阳山秦汉长城土墙的基宽大体在这个范围之间，大部分土墙基宽为3~4米。墙体的宽窄度受地貌条件及防御需求制约，地势较低的川地、沟谷底部的墙体往往较宽大，地势较高的山地、高坡地及陡坡地带的墙体相对较窄；石筑墙体亦同。唯原始墙高不甚明了，推测与石墙高度大体相当，应在4.5米以上。

　　石墙长 282.352 千米，所占比例自东向西呈递增趋势。固阳县车铺渠、四成功、康兔沟和哈业胡同的石墙，采用山体上的黑色泥质板岩石板砌筑；后耳驹沟、大水沟南山岭上的石墙，采用花岗岩石块砌筑。建筑材料为较规整的长条形，筑就的墙体整齐而稳固，部分墙体迄今保存原始形态。自金山镇永和公段至西斗铺镇后西永兴段的墙体，一般是上述两种石块掺杂使用，阿贵沟东、西两岸山岭上的墙体保存较好。乌拉特前旗小佘太镇的石墙总体保存较好，以广申隆长城 11 ~ 15 段、增隆昌长城 1 段、鲁家地长城 4 ~ 5 段和圐圙补隆长城 2 段为代表，除墙体底部为土石掩蔽之外，大体呈现原始形态，蜿蜒延伸于山岭之上，蔚为壮观。

　　石墙砌法为毛石干垒，水平错缝垒砌，内、外部石块相互搭接。墙体的横截面呈上窄下宽的梯形，两壁向上有收分，实测外壁收分坡度在 75° ~ 85° 之间；外壁高峻，内壁低矮或不显。长城内侧山脊作巡防通道，既可御敌又便于戍卒巡防。石墙抵御自然风雨侵蚀的能力远高于土墙，因此保存了原始形态的长城遗存。固阳县西斗铺镇西山湾长城 2 段墙体原始基宽 2.5 ~ 4 米；金山镇天盛成长城 1 段墙体基宽 5.5、顶宽 4、外壁高 5 米；金山镇哈业胡同长城 2 段墙体基宽 3.7、顶宽 2.2、外壁高 4.6、内壁高 1.6 米。综合调查实测数据分析考量，阳山秦汉长城石筑墙体的原始基宽在 2.5 ~ 5.5 米之间，顶宽 1.5 ~ 4 米，原始标高应在 4.5 米以上。构筑在沟谷坡地上的上行或下行墙体，一般是分段筑墙，其间留有贯通的分筑斜缝，类似于 "伸缩缝"，缝隙倾角在 45° ~ 75° 之间。陡坡地段的墙体分段修筑，目的是防止墙体整体垮塌；沟谷底部墙体的最大威胁是洪水，而坡下的墙体一旦倾圮，至分筑缝隙处即止，不至于发生多米诺骨牌效应。长城通过大、小沟谷时，根据过水量而于墙体底部设置相应大小的 "水门"；有的排水口外沟岸还建设堤坝式防洪墙，以避免山体坍塌而危及墙体。墙体经行的较大沟谷河槽地段，肆虐的洪水湮灭了相关历史信息，但沟谷地带一向为长城防御的重中之重，推断河床之中也应筑有石墙，下设过水涵洞，保证长城线的前后有效衔接。土山陡坡地段，墙体内侧遇有窄缓的小沟，则分段设置垂直于墙体的挡水短墙，墙长 1.5 米左右，间距数米至数十米不等；注重水患防护，阻止坡面水形成冲沟而危及长城。陡坡险段的墙体外侧设置有护坡石，以保持墙基稳固。

　　长城沿线的部分石墙，可见明显的修缮痕迹。如，固阳县银号镇后耳驹沟长城 6 段、金山镇天盛成长城 1 段、哈业胡同长城 1 段和 2 段、西山湾长城 3 段、西斗铺镇葛家边墙壕长城 1 段、乌拉特中旗海流图镇阿拉腾哈少长城 18 段等，在石墙体的外壁上存在不同砌法的早、晚关系。

　　阳山秦汉长城墙体的消失段落、山险墙、山险，累计长 76.389 千米。消失段一般出现在川地、河谷及沟谷地带，系自然的洪水冲击所致，其中多数是土墙。耕地开垦、修筑水渠、采矿、采砂等，也是墙体遭受破坏的重要因素。

　　阳山秦汉长城沿线还发现有副墙、当路塞等类型的长城墙体，主要是起到加强防御的作用，部分副墙可能与主墙存在年代早晚关系。在乌不浪口、狼山沟等地段，均可见副墙与主墙衔接的 "葫芦形" 墙体，沟谷之中强化防御的特点非常明显。还有一种是当路塞和副墙修筑于山顶之上，副墙与主墙于山顶之上呈并行之势，如冯家窑 2 号障城北侧的当路塞、四合义长城副墙、前北沟长城 3 段副墙、增隆昌塞墙、查干敖包长城 16 段南侧副墙、同和太长城 11 段北侧副墙和前达门长城 16 段南部的 2 段副墙等，地表隆起明显低矮，有的与主墙体相接，有的无首无尾。此类情形往往是副墙的修筑年代早于主墙，二者属于不同时期修筑。

（二）烽燧构筑特点

　　阳山秦汉长城沿线调查烽燧 791 座，这些烽燧沿墙体内侧山岭的山丘或山顶修筑，借助山势，登高望远，预警时间充足。

烽燧建筑的组成，包括墩、坞、积薪垛等三部分。墩俗称墩台，从墩台的构筑来看，791座烽燧中，有土筑墩台376座，土石混筑墩台50座，石筑墩台38座，借助自然高山头的墩台7座。无论土筑、土石混筑还是石筑墩台，绝大部分形制为方形或长方形高台体。方形墩台基部边长8～10米；长方形墩台一般在长8、宽6米上下。至于墩台台体的原始标高，调查没有可参照数据，依据残存台体及倒塌的堆积情况推测，应不低于6米。固阳县后耳驹沟11号烽燧的墩台为石筑，是长城沿线发现的唯一一座圆形墩台烽燧，修复后的台体底部直径16、顶部直径11.5、高6米；初步推断，该烽燧为唐代遗存（彩图三四四）。固阳县后西永兴7号烽燧，不筑墩台，将自然高山头修整为平台，属于高山头墩台烽燧。

烽燧的墩台旁侧一般均有坞和积薪垛，但大部分烽燧的这两类遗迹并不明显。如固阳县邬家边墙壕1号烽燧，墩台、坞、积薪垛俱全，是阳山秦汉长城沿线保存较完整的烽燧之一。该烽燧墩台土筑，平面呈长方形，台基东西6、南北8、残高1.8米；墩台南侧附筑坞，四周有土筑围墙，围墙西南部分布积薪垛。再如武川县小东沟12号烽燧，墩台西侧有积薪垛6座，南北成排分布，间距相等，是调查可见的规范积薪垛。

阳山秦汉长城沿线的烽燧，相互间距大部分在500～1000米之间。但是，长城沿线地形地貌条件复杂，可视范围往往成为烽燧设置远近的决定性因素。分布在低矮丘陵区的烽燧，视线无阻隔，间距在800米上下。较大沟谷两岸的烽燧间距较远，如武川县边墙底1号烽燧与良泉坝1号烽燧分布在庙沟两岸，间距为1.45千米；再如乌拉特前旗河湾7号、8号烽燧分置于东毕力开沟两岸山岭上，相距1.52千米。较小沟谷两岸的烽燧间距较近，如武川县抢盘河两岸的小碱滩1号、2号烽燧，前者筑于河槽东岸，后者位于西岸岭上，间距为290米；再如花圪台2号、3号烽燧，前者在岭上，后者在沟底，相距150米。总的来看，长城沿线设置烽燧，一要考虑侦察敌情，尽可能选择高地构筑，以增加瞭望警戒视野；二要保证前、后烽燧间的信息联通，既要兼顾彼此之间的远近均衡，又要保证相邻烽燧间的无阻隔通视。当然，有的两座烽燧并列分布，明显属于不同时期遗存。如果相邻烽燧间距超过了2千米，那就要考虑二者之间应存在消失烽燧了。

一些烽燧紧倚墙体外侧修筑，如固阳县大西沟烽燧，烽燧墩台与所倚墙体均为石筑，平面布局清晰，酷似马面。

乌拉特前旗圐圙补隆13号烽燧，北距阳山秦汉长城6.2千米，地处查石太山南麓向后套平原过渡的低山地带，起到沟通长城与山前平原区的作用。

（三）障城构筑特点

阳山秦汉长城沿线共调查障城25座，包括呼和浩特市武川县7座，包头市固阳县4座，巴彦淖尔市乌拉特前旗2座、乌拉特中旗4座、乌拉特后旗5座、磴口县3座。其中，分布在长城墙体外部的障城4座，为西乌兰不浪障城、赵碾房障城、那仁布拉格障城和呼和温多尔障城。西乌兰不浪障城控制庙沟川口，与良泉坝障城内外相呼应；赵碾房障城扼守赵碾房—十三分子一线川口；那仁布拉格障城与达拉盖沟障城相呼应，分别把守乌盖沟北口和南口；呼和温多尔障城与巴音乌拉障城扼守的是哈隆格乃沟北口和南口。这四座障城，均为阳山秦汉长城的塞外障。

阳山秦汉长城沿线障城，以汉代者居多，目前只可认定冯家窑2号障城为秦代障城。阳山秦汉长城障城多修筑于河沟畔要冲之地。如，良泉坝障城修筑于庙沟北岸，胡岱窑障城修筑于美岱沟与正沟交汇点西岸，长发城障城修筑于美岱沟沟脑，三分子障城修筑于河槽东岸的三分子川地，永和公障城修筑于田四沟西岸，河湾障城修筑于敦德沟西岸，阿尔善障城修筑于巴音布拉格沟东岸。从整体上来看，相邻障城的距离均较远，多在20千米之上。

每座汉代障城，均管理周边的一段墙体与若干烽燧。受调查资料的限制，本报告尚难以予以具体分析。

（四）长城沿线郡县设置

西汉时期，阳山秦汉长城自东向西分别归属云中郡、五原郡、朔方郡管辖。其中，云中郡与五原郡的辖区大致以武川县马鞍山为分界线，五原郡与朔方郡的辖区大致以乌拉特前旗与乌拉特中旗之间的扎拉格河为分界线，朔方郡与西河郡的辖区大致以磴口县与阿拉善左旗之间的查斯沟为分界线。

在五原郡防区，长城南侧建有两个大的城邑，分别为位于固阳盆地北部的碾房古城、位于小佘太川北部的增隆昌古城。碾房古城、增隆昌古城边长均为315米，为各自区域的中心性军事城邑，设置有都尉，归属五原郡太守管辖。由他们统领的五原北假的长城军事体系，当时称为五原塞。五原塞是一个军事管理区，不设县治。云中郡防区同理，阳山秦汉长城应属云中塞管领，也设有两个城都尉，西部城都尉治城为武川县庙沟古城子古城。早年，在武川县可可以力更镇东南约2.5千米处，阳山秦汉长城从乌素图水流经的什尔登口子穿过，沟口处可见一处面积较大的汉代遗址，命名为什尔登古城[1]，应是云中塞东部城都尉治城。如今，什尔登古城已破坏不存。

西汉五原郡下辖16县，主要分布于三个大的区域，即明安川西部、乌拉特前旗乌拉山镇以东至土默特左旗哈素海以西的阴山与黄河之间平原、鄂尔多斯高原东北部。依据《汉书·地理志》、《后汉书·郡国志》、张家山汉简《二年律令·秩律》、《水经注·河水三》的相关记载，结合前人调查与研究成果，可以推定：第一个区域分布的县，仅河目1县；第二个区域分布的县，自西向东有西安阳、成宜、九原、临沃、稒阳、蒲泽等6县；第三个区域，在今天黄河南岸、汉代黄河北岸分布的县自西向东有宜梁、五原等2县，在今天黄河南岸及汉代黄河南岸分布的县自西向东有文国、固陵、河阴、南舆等4县，其他3县则分布于榆溪塞内侧，从河阴县向南，依次为莫黜、曼柏，从曼柏向东有武都。

以上西汉五原郡县邑今址的考订，主要参考了前人的调查与研究成果，部分做了实地调查，下面作一概要介绍。

《水经注》记载五原郡河目县在黄河北河南屈河东之处，应在明安川汉长城以南、乌梁素海东岸一带，今址无存，或已为乌梁素海淹没。西安阳县可能始置于秦代，属九原郡，西汉早期属云中郡，后属五原郡，莽曰鄣安，东汉沿用。《水经注》记载西安阳县在黄河北河与南河交汇后东流河道之北、乌拉山之南，这一地带以前的调查资料记载有张连喜店古城。据《中国文物地图集·内蒙古自治区分册》，张连喜店古城位于乌拉特前旗乌拉山镇张连喜店村东0.5千米，似为内、外城结构，内城平面呈长方形，东西长280、南北宽250米，东墙开门，并加筑有瓮城。外城结构不明[2]。由于位于黄河灌区，农耕发达，在本次长城调查中，于古城区域内已很难找到相关遗迹。古城北对战国赵北长城终点所在的乌拉山大沟口；据《中国文物地图集·内蒙古自治区分册》，张连喜店村周边还分布有汉代墓葬

〔1〕 内蒙古文物工作队编：《内蒙古文物资料选辑》，内蒙古人民出版社，1964年，第80页；于贤来、赵慧林主编：《武川县文物志》(内部资料)，2005年，第165～168页。
〔2〕 国家文物局主编：《中国文物地图集·内蒙古自治区分册》(下册)，西安地图出版社，2003年，第622页。

群[1]。初步推断，该城址为秦汉西安阳县县治所在。

成宜县为位于乌拉特前旗先锋镇城壕村南的三顶帐房古城，魏坚、郝园林《秦汉九原—五原郡治的考古学观察》一文对该城址有着较为详细的论述，可参考[2]。三顶帐房古城平面呈长方形，东西长620、南北宽580米，南墙开门。据《汉书·地理志》，成宜县是西汉五原郡西部都尉、中部都尉辖区的一个分界点，西部都尉治成宜县以西的田辟城（今乌拉特前旗公庙沟口障城），中部都尉治成宜县以东的原高城（今包头市昆都仑区哈德门沟古城）。

九原郡设置于秦始皇三十三年（前214年），郡治九原县，一般认为即今包头市九原区麻池古城（图九二）。西汉早期，九原县属云中郡管辖；西汉中晚期至东汉时期，属五原郡，为郡治所在。麻池古城分为南、北两城，有人依据《水经注》

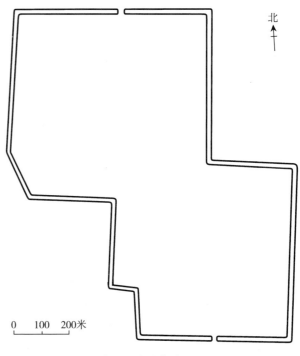

图九二　麻池古城平面图

"西北接对一城，盖五原县之故城也，王莽之填河亭也"的记载[3]，认为麻池古城南城为汉代九原县，北城为汉代五原县。从麻池古城南、北城的构制来看，北城当早于南城而建，北城建于秦代，南城建于汉代。一般来说，汉代一郡之下是不可能把两个县城放在一起的，《水经注》记载有误。新莽时，将五原县改名为填河亭，表明五原位于驿道之上，且濒临黄河，初步推断其旧址约在今黄河南岸的达拉特旗树林召镇大树湾村一带，北魏时期为"五原金津"黄河渡口所在。在调查中，据大树湾村村民介绍，该村中早年间确实有古城址分布，现已消失于村庄建设之中。

据《水经注》记载，九原县以东分布有临沃县、稠阳县、塞泉城，可分别对应包头市东河区古城湾古城、土默特右旗大城西古城与东老丈营古城。古城湾古城位于东河区河东镇上古城湾村南、下古城湾村东北，平面略呈方形，边长约600米，南墙早年遭黄河水冲毁，其他墙体目前亦保留不多。大城西古城为长城资源调查新发现，位于土默特右旗大城西乡大城西村中，由于受村庄建设破坏，仅存部分北城墙，据村中老人回忆，古城在他们儿时还存有四面城墙，边长约400余米。塞泉城为北魏戍城，初步推断其建于蒲泽县旧址之上，蒲泽县为西汉五原郡属国都尉治所，其得名当与哈素海有关，哈素海在汉代即名为蒲泽。东老丈营古城位于土默特右旗苏波盖乡东老丈营村西北0.7千米处，目前仅存一道北墙，残存墙体长170米，底宽16、顶宽8~10、残高2~3米，墙体上散布较多汉代绳纹砖、陶片等遗物。

分布于今黄河以南地区的西汉五原郡属县，多遭水毁严重。在《内蒙古自治区长城资源调查报告·鄂尔多斯—乌海卷》中，对部分城邑有所介绍，这里不再重复。

西汉朔方郡下辖10县，主要分布于三个大的区域，即后套平原中部东西一线、后套平原的黄河北

〔1〕　国家文物局主编：《中国文物地图集·内蒙古自治区分册》（下册），西安地图出版社，2003年，第624页。

〔2〕　魏坚、郝园林：《秦汉九原—五原郡治的考古学观察》，《中国历史地理论丛》2012年第4期。

〔3〕　（北魏）郦道元：《水经注》卷3《河水》，陈桥驿校证本，中华书局，2007年，第77页。

岸、古代黄河北河向南汇入南河后向东而流的黄河南岸。结合相关史料记载与前人调查、研究成果，可以推定：第一个区域分布的县，自西向东有三封、窳浑、临河、修都、呼遒等5县；第二个区域分布的县，自西向东有临戎、沃野、渠搜、广牧等4县；第三个区域分布的县，仅朔方1县。第一个区域、第二个区域的县治，均已发现相应的城邑，具体治城见本报告结论部分。朔方县县治，尚未发现相应的城邑，或均为黄河泛滥冲毁。

　　朔方郡汉长城自东向西分属朔方郡东、中、西三个部都尉管辖，东部都尉治广牧县（今巴彦淖尔市乌拉特前旗西局子古城），中部都尉治渠搜县（今巴彦淖尔市临河区八一古城），西部都尉治窳浑县（今巴彦淖尔市磴口县保尔浩特古城）。东部都尉的塞道在乌拉特中旗德岭山芦草沟，中部都尉治下的塞道在狼山沟，位于狼山沟南口处的石兰计障城应为塞道候官治所，西部都尉治下的塞道为鸡鹿塞。

（五）长城岩画

　　包头市固阳县境内的阳山秦汉长城沿线，一些石砌长城墙体内侧的石块之上，绘有岩画图案。岩画内容以动物图案为主，少量为人物图案，动物多数为北山羊，还有少量骆驼、马、鹿、蛇等，人物岩画中有骑者和双手叉腰的舞者形象。长城墙体之上的画幅分布较为分散，应该是先有岩画、后有长城，绘有岩画的岩石原分布于长城周边，建筑长城墙体时使用了这些石块，修筑者很可能出于一种敬畏之心，将绘有岩画的岩石面朝内侧正置。

　　阳山秦汉长城岩画属于阴山岩画、漠南草原岩画的组成部分，时代集中于青铜时代。与岩画同时期，在阴山及其以北的漠南草原之上发现了大量的石构墓，二者属于同类人群遗存。从岩画反映的内容来看，岩画—石构墓人群主要从事狩猎活动，岩画是其自然崇拜、生殖崇拜、祖先崇拜、狩猎崇拜等思维的产物，由特定的巫祝在举行祭祀活动时绘制，具有很高的艺术价值与历史价值，部分统一的岩画绘法已可视为原始文字。

　　岩画—石构墓人群在狩猎活动之中，将剩余的动物饲养起来，逐步积累了饲养家畜的经验；同时，通过狩猎活动，发展了骑马、射箭等技术。熟练掌握了家畜饲养、骑射的人群，就是游牧人。所以，应该从岩画—石构墓人群中探究游牧业的起源问题。

第九章

汉外长城南线

汉外长城南线自东向西分布于呼和浩特市、包头市和巴彦淖尔市等三个盟市阴山山脉以北的广阔丘陵草原之上，总体呈东南—西北走向。本次调查发现的长城墙体最东端起点在今呼和浩特市武川县西乌兰不浪镇董家三号村东，向西北经包头市固阳县、达尔罕茂明安联合旗和巴彦淖尔市乌拉特中旗，进入乌拉特后旗，终止于乌拉特后旗潮格温都尔镇西尼乌素嘎查西北36.5千米的荒漠戈壁边缘，西北距中国和蒙古国边境约22千米。

在调查中，汉外长城南线墙体总长513788米。共划分为474个调查段落，包括土墙219段、石墙98段、消失墙体157段。其中，土墙长306075米、石墙长106847米、消失段落长100866米。在总长306075米的土墙中，保存一般部分长1021米、保存较差部分长82288米、保存差部分长216270米、消失部分长6496米。在总长106847米的石墙中，保存较好部分长7451米、保存一般部分长11186米、保存较差部分长37203米、保存差部分长46093米、消失部分长4914米。墙体沿线调查单体建筑227座，其中包括烽燧94座、障城126座、坞址7座。具体统计见下表（表八）。

表八　汉外长城南线数据统计简表

县域		墙体（长度：米）											单体建筑（座）		
		土墙					石墙					消失段	烽燧	障城	坞址
		总长	一般	较差	差	消失	较好	一般	较差	差	消失				
呼和浩特市	武川县	22005			15696	69				110		6130	7	3	
包头市	固阳县	38972		2557	21515	145						14755	7	1	
	达尔罕茂明安联合旗	96324		25886	53658	319				3392		13069	24	23	
巴彦淖尔市	乌拉特中旗	171417		10263	88774	2885	861	3763	11176	14418	813	38464	25	70	
	乌拉特后旗	185070	1021	43582	36627	3078	6590	7423	26027	28173	4101	28448	31	29	7
小计			1021	82288	216270	6496	7451	11186	37203	46093	4914		94	126	7
		306075					106847					100866			
合计		513788											227		

　　下面，从长城墙体分布与走向、长城墙体与单体建筑保存现状两个方面，按照由东向西的旗县顺序，分别予以详细描述。

一　长城墙体分布与走向

　　呼和浩特市武川县境内的汉外长城南线，分布于县域西南部的西乌兰不浪镇和二份子乡两个乡镇境内，长城墙体因应山谷走势形成数处大的转折，总体为东南—西北走向。

　　汉外长城南线墙体的东端起点位于阴山北麓的西乌兰不浪镇董家三号村东 1.9 千米处，自汉外长城北线阿路康卜长城 3 段向西分支而行，穿过万城店沟后，经董家三号村北、小营子村南向西行，至西二道边村西南 0.5 千米处折向西北。再过二份子乡后老银哈达村东北、查干楚鲁村南、土城子村南，在土城子村西北 1.4 千米处出武川县境，进入包头市固阳县境内。从长城墙体和单体建筑的分布特点来看，武川县汉外长城南线墙体以二份子乡后老银哈达村东约 5 千米的山梁为制高点，沿东西两侧的山谷走势向东南、西北延伸，或因势行进于山脊之上，或曲折延伸于沟谷之中，或径直穿行于缓坡坡脚。

　　呼和浩特市固阳县境内的汉外长城南线斜穿县域东北的银号镇、怀朔镇，总体呈东南—西北走向。

　　汉外长城南线墙体自银号镇石兰哈达村东北的河槽西岸进入固阳县境，以东南—西北方向延伸至村西北转而向西，至杨树公村西再折向西北，经土城子村北，穿过怀朔镇牛粪沟村、西号村，于灰吞合少村南进入丘陵沟谷中。再依沟谷走势，先后经后二圈村南、前二圈村，于南曹力干村南出沟谷，进入平缓的荒草滩地。此后，墙体基本以东南—西北走向直线延伸，依次经东海卜子村南、大号村东北、周喜财村西南、后板申图村南，穿过前板申图村、边墙壕村，最后自边墙壕村西北出固阳县进入达尔罕茂明安联合旗境内。

　　达尔罕茂明安联合旗境内的汉外长城南线分布于县域西南的乌克忽洞、明安二镇境内，总体呈东南—西北走向。

　　墙体自乌克忽洞镇亢家渠村东南进入达尔罕茂明安联合旗境内，以东南—西北向延伸，经乌兰村东南、铁勒格图西、三拐子村东南、石兰哈达村、楞子圐圙村南、德成永村东，至德成永村西北折而向西。再经德和全村北、什拉文格村北、红泥井村南、恒盛茂村北、西河村南、营路村南、圐圙点力素村北、大牛圈村、红卜其窑子村南，至艾卜盖村东北转而向西北行。又经乌兰呼都格村南、绍日格图村东北、好来村东北、沙如拉村南、圈圙村、乌迪阿玛村南，至乌兰敖包牧点东转向西南。又经那日图牧点东，至板升图村西再次折而向西北，过青片牧点西南，最后进入巴彦淖尔市乌拉特中旗境内。

　　从长城墙体和单体建筑的分布特点来看，达尔罕茂明安联合旗境内的长城墙体落差大，转折多，以德成永村东南、艾卜盖村东北为两个节点，可分为前、中、后三部分。前部分所经地域多为丘陵山地，中部分位于地势比较平缓的荒山耕地地带，后部分再次进入沟壑纵横的丘陵地带。中部分海拔低，前、后两部分海拔较高。墙体起、止点处的海拔分别为 1602 米、1700 米，中部分的恒盛茂长城 1 段、2 段墙体所经区域海拔最低，最低处只有 1475 米。墙体前、后两部分因位于丘陵沟谷中，墙体沿线障城分布较少，而中部分地段墙体沿线的烽燧、障城分布较密集。

　　乌拉特中旗地处半荒漠草原地带，境内的汉外长城南线分布于其中部的新忽热苏木、巴音乌兰苏木和川井镇。长城墙体因应山谷走势形成数处大的转折，中部向北凸出，大体作外向弧线分布，总体呈东北—西南走向。

　　墙体自新忽热苏木莫仁嘎查东北进入乌拉特中旗境内，向西至那日图嘎查东南折而向西北，经乌兰格日勒嘎查，至努呼日勒嘎查北折而向西南，再经乌兰额日格嘎查、哈拉图嘎查、沙如拉嘎查，至呼格吉勒图嘎查西北折而向西，最终于呼格吉勒图嘎查西约30千米处进入乌拉特后旗境内。

乌拉特中旗境内的汉南线长城墙体以努呼日勒嘎查为界，明显分为两部分，前半部分位于沟壑纵横的丘陵地带，转折多，墙体落差大，海拔从起点的1700米降至1470米。而后半部分地处丘陵荒漠和草地，地势平缓，落差极小，墙体基本沿直线分布。

乌拉特后旗境内地势南高北低，阴山横亘旗境南缘，中北部则多为低山丘陵和戈壁沙地。汉外长城南线墙体分布在北部的巴音前达门苏木和潮格温都尔镇管辖地。总体呈东北—西南走向。

汉外长城南线墙体自巴音前达门苏木乌力吉图嘎查东北的丘陵地带进入乌拉特后旗境，大体以东西方向延伸。至哈拉图嘎查东北约7.5千米，转为东北—西南走向，先后经苏布日格嘎查、阿布日勒图嘎查、巴音高勒嘎查、巴音哈少嘎查、巴音满都呼嘎查、潮格温都尔镇查干敖包嘎查，至西尼乌素嘎查北约13千米，再转为东南—西北走向，最终止于距中蒙边境线约21.8千米处的戈壁边缘。

从长城墙体和附属建筑的分布特点来看，乌拉特后旗境内的汉南线长城墙体总体自海拔较高、沟壑纵横的丘陵地带，逐步过渡到海拔相对较低的丘陵荒漠，墙体落差大，海拔从起点处的1470米降至止点的989米。

二 长城墙体与单体建筑保存现状

下面，对汉外长城南线以旗县为单位，从长城墙体与单体建筑保存现状方面，分别予以详细描述。

（一）呼和浩特市武川县

在调查中，将武川县境内的汉外长城南线墙体共划分为21个调查段，包括土墙11段、石墙1段、消失墙体9段。墙体总长22005米，其中土墙长15765米、石墙长110米、消失段落长6130米。在全长15765米的土墙中，保存差部分长15696米、消失部分长69米。全长110米的石墙保存程度全部为差。除此之外，沿线还调查烽燧7座、障城3座。下面，对墙体段落和单体建筑分作详细描述。

1. 董家三号长城1段（150125382101130008）

董家三号长城1段是本次调查发现的汉外长城南线的东端起点，也是武川县境内的东起第一段墙体。该段长城起自西乌兰不浪镇董家三号村东北1.9千米，止于董家三号村北0.5千米。墙体大体呈东西走向，下接董家三号长城2段。

墙体长1650米，为黄土夯筑墙，保存差。墙体现呈高于地表的土垄状，底宽2～5、残高最高1.2米（彩图六八八）。墙体所在地段现被开垦为农田，前小段有一条南北向水冲沟，导致墙体出现一处宽15米的豁口；后小段有一条西南—东北向的公路穿过，形成一处宽约10米的豁口。

2. 董家三号长城2段（150125382301130009）

该段长城起自西乌兰不浪镇董家三号村北0.5千米，止于董家三号村西北0.9千米。墙体大体呈东西走向，上接董家三号长城1段，下接小营子长城。

本段墙体为消失段，起止点之间的直线长度为925米。墙体前小段位于耕地中，后小段北侧紧邻季节性河槽，墙体应是毁于耕作和山水冲刷。依据相邻上下段墙体情况，推断该段墙体原应为土墙。

此外，位于董家三号长城2段墙体南2.5千米处的后营盘西沟西侧山梁东坡位置，调查发现有一段石筑墙，全长1000米。此外，位于董家三号长城2段墙体南2.5千米处的后营盘西沟西侧山梁东坡位置，调查一段石筑墙，地表仅见裸露的石块断续分布，部分墙体因山水冲刷而濒临消失，整体保存差，长近2300米。现存墙体底宽0.3～1.7、残高最高0.6米。墙体沿线调查一座小障城，平面呈不规则形，保存差，城垣轮廓大致可辨，周长62米，墙体为土石混筑，底宽3～4、残高0.3～0.7米。南墙设门，因坍塌严重，宽度不详。

3. 小营子长城（150125382101130010）

该段长城起自西乌兰不浪镇小营子村东南1千米，止于小营子村西3千米。墙体大体呈东西走向，上接董家三号长城2段，下接西二道边长城1段。

墙体长3872米，为黄土夯筑墙，总体保存差。墙体现呈略高于地表的土垄状，底宽2～4、残高最高0.8米（彩图六八九）。墙体处于耕地边缘，北侧即为季节河河槽，河水冲击导致69米长的一段墙体消失。墙体经过地段有多条水冲沟，导致墙体出现两处豁口，分别宽10、5米。其中，保存差部分长3803米、消失部分长69米，分别占该段墙体总长的98.2%、1.8%。

墙体沿线调查烽燧1座，为小营子烽燧。

小营子烽燧（150125353201040002）　位于西乌兰不浪镇小营子村南0.9千米的山顶上，北距小营子长城墙体0.5千米，西距西二道边1号烽燧3.6千米。

烽燧为黄土夯筑，保存较好，仅顶部略有坍塌。台体平面呈圆形，底部直径16、顶部直径5、残高4米。台体东南角因人为取土而遭破坏，暴露出山体岩石。

4. 西二道边长城1段（150125382101130011）

该段长城起自西乌兰不浪镇西二道边村东南1.2千米，止于西二道边村西南0.4千米。墙体大体呈东北—西南走向，上接小营子长城，下接西二道边长城2段。

墙体长1596米，为黄土夯筑墙，保存差。墙体现已坍塌淤积成一条略高于地表的土垄，底宽1～6、残高最高0.5米。墙体处于耕地边缘，北侧为干涸的河槽，河水冲刷造成部分墙体外侧被冲毁，形成一个宽15米的豁口。

墙体沿线调查烽燧、障城各1座，分别为西二道1号烽燧、西二道边障城。

西二道边1号烽燧（150125353201040003）　位于西乌兰不浪镇西二道边村东南0.9千米的山顶上，北距西二道边长城1段墙体0.6千米，西距西二道边2号烽燧1.95千米．

烽燧为黄土夯筑，保存差。台体上部坍塌，夯土积在台体周围。根据台体底部夯土轮廓推断，原台体平面呈长方形，南北长20、东西宽14、残高1.5米。

西二道边障城（150125353101040002）　位于西乌兰不浪镇西二道边村东南2.3千米的马鞍山顶部，北距西二道边长城1段墙体2.2千米，东南距堡子山障城5.3千米，西北距后老银哈达障城6.8千米。

障城平面呈不甚规则的方形，边长13～14米。墙体为土石混筑，外侧以石块砌筑，中间夯土，基宽4～5米。墙体坍塌严重，现呈低矮的土石垄状，残高0.5～1.5米。东墙中部设门，宽约3米，方向130°。障城中部现存一处石基址，平面为方形，边长5米。

5. 西二道边长城2段（150125382301130012）

该段长城起自西乌兰不浪镇西二道边村西南0.4千米，止于西二道边村西1.2千米。墙体大体呈东西走向，上接西二道边长城1段，下接西二道边长城3段。

本段墙体为消失段，起止点之间的直线长度为815米。墙体分布于山谷间的河槽南缘，山水冲刷是导致墙体消失的主要因素。依据相邻上下段墙体情况，推断该段墙体原应为土墙。

墙体沿线调查烽燧1座，为西二道边2号烽燧。

西二道边2号烽燧（150125353201040004）　位于西乌兰不浪镇西二道边村东南0.9千米的山顶上，北距西二道边长城2段墙体止点0.24千米，西北距后老银哈达1号烽燧2千米。

烽燧为黄土夯筑，保存差。台体上部坍塌，夯土堆积在周围，平面形制仍可辨别，略呈长方形，南北长16、东西宽10、残高1.2米（彩图六九〇）。

6. 西二道边长城3段（150125382101130013）

该段长城起自西乌兰不浪镇西二道边村西1.2千米，止于西二道边村西略偏北2.2千米。墙体大体呈东南—西北走向，上接西二道边长城2段，下接西二道边长城4段。

墙体长1083米，为黄土夯筑墙，保存差。墙体分布在沟谷南坡近谷底处，季节性洪水造成墙体坍塌严重，现呈土垄状，底宽1～6、残高最高0.5米。

7. 西二道边长城4段（150125382301130014）

该段长城起自西乌兰不浪镇西二道边村西北2.2千米，止于西二道边村西2.9千米。墙体大体呈东南—西北走向，上接西二道边长城3段，下接后老银哈达长城1段。

本段墙体为消失段，起止点之间的直线长度为720米。墙体沿谷底南缘分布，山水冲刷是导致墙体消失的主要因素。依据相邻上下段墙体情况，推断该段墙体原应为土墙。

8. 后老银哈达长城1段（150125382101130015）

该段长城起自二份子乡后老银哈达村东南6.2千米，止于后老银哈达村东4.7千米。墙体大体呈东南—西北走向，上接西二道边长城4段，下接后老银哈达长城2段。

墙体长2373米，为黄土夯筑墙，保存差。墙体数次翻越山谷间的山坡，起伏较大，其中位于山谷中的大部分墙体因山水冲刷而坍塌，有一处宽5米的豁口，位于山坡上的墙体保存稍好。现存墙体底宽3～6、残高0.3～1.9米（彩图六九一）。

墙体沿线调查烽燧2座，分别为后老银哈达1号、2号烽燧。

后老银哈达1号烽燧（150125353201040005）　位于二份子乡后老银哈达村东南6千米的山顶上，东距后老银哈达长城1段墙体0.09千米，西北距后老银哈达2号烽燧0.9千米。

烽燧为黄土夯筑，保存差。台体坍塌堆积为一低矮的长方形土丘状，结构和形制均已破坏，底部长20、宽12、残高1.5米（彩图六九二）。

后老银哈达2号烽燧（150125353201040006）　位于二份子乡后老银哈达村东南5.6千米的山顶上，东距后老银哈达长城1段墙体0.01千米，西北距后老银哈达3号烽燧2.4千米。

墩台石筑，保存差。台体上部被改造利用为现代敖包，现仅存底部石基础，平面呈方形，边长4米（彩图六九三）。

9. 后老银哈达长城2段（150125382102130016）

该段长城起自二份子乡后老银哈达村东4.7千米，止于后老银哈达村东4.6千米。墙体大体呈东北—西南走向，上接后老银哈达长城1段，下接后老银哈达长城3段。

墙体长110米，为石墙，保存差。墙体横跨一条浅沟，大部分段落毁于山水冲刷，濒临消失，地表仅见断续的石垄，底宽2～4、残高最高0.3米。

10. 后老银哈达长城3段（150125382101130017）

该段长城起自二份子乡后老银哈达村东南4.6千米，止于后老银哈达村东南4.1千米。墙体大体呈东西走向，上接后老银哈达长城2段，下接后老银哈达长城4段。

墙体长527米，为黄土夯筑墙，保存差。墙体多已坍塌，现呈略高于地表的土垄状，底宽3～7、残高0.3～0.7米。

墙体沿线调查障城1座，为后老银哈达障城。

后老银哈达障城（150125353101040003）　位于二份子乡后老银哈达村东南4.5千米的小山顶部，

北距后老银哈达长城3段墙体0.01千米，东南距西二道边障城6.8千米，西北距土城子障城7.2千米。

障城平面呈长方形，长15、宽13米。墙体为土石混筑，外侧以石块砌筑，中间填土；现坍塌严重，可见基宽3~4、高于城外地表0.5~0.7、高于城内地面1.1~1.3米。东墙中部设门，宽约3米，方向为125°（彩图六九四）。城内南部现存一处边长1.2米的石砌坞址。

11. 后老银哈达长城4段（150125382301130018）

该段长城起自二份子乡后老银哈达村东南4.1千米，止于后老银哈达村东南3.9千米。墙体大体呈东西走向，上接后老银哈达长城3段，下接后老银哈达长城5段。

本段墙体为消失段，起止点之间的直线长度为277米。墙体处于耕地中，起点处有一条南北向冲沟，经年耕作和山水冲刷是导致墙体消失的主要因素。依据相邻上下段墙体情况，推断该段墙体原应为土墙。

12. 后老银哈达长城5段（150125382101130019）

该段长城起自二份子乡后老银哈达村东南3.9千米，止于后老银哈达村东北2.9千米。墙体大体呈东南—西北走向，上接后老银哈达长城4段，下接后老银哈达长城6段。

墙体长1099米，为黄土夯筑墙，保存差。墙体前小段位于耕地中，常年耕作导致墙体损毁严重，濒临消失，仅可辨大体走向；后小段位于耕地北缘，北邻季节性河槽，坍塌严重，呈略高于地表的土垄状，底宽3~8、残高最高0.3米（彩图六九五）。

墙体沿线调查烽燧1座，为后老银哈达3号烽燧。

后老银哈达3号烽燧（150125353201040007） 位于二份子乡后老银哈达村东南3.3千米的小山顶部，北距后老银哈达长城5段墙体0.3千米，西北距查干楚鲁烽燧4.8千米。

烽燧为黄土夯筑，保存差，结构和形制均已破坏。台体坍塌呈覆钵状，底部直径10、残高1.8米。台体顶部有一处盗洞，从盗洞断面可见原始夯层，厚6~9厘米。

13. 后老银哈达长城6段（150125382301130020）

该段长城起自二份子乡后老银哈达村东北2.9千米，止于后老银哈达村东北2千米。墙体大体呈东南—西北走向，上接后老银哈达长城5段，下接后老银哈达长城7段。

本段墙体为消失段，起止点之间的直线长度为1300米。墙体分布在谷底的南坡，山水冲刷是导致墙体消失的主要因素。依据相邻上下段墙体情况，推断该段墙体原应为土墙。

14. 后老银哈达长城7段（150125382101130021）

该段长城起自二份子乡后老银哈达村东北2千米，止于后老银哈达村东北1.9千米。墙体大体呈东南—西北走向，上接后老银哈达长城6段，下接后老银哈达长城8段。

墙体长404米，为黄土夯筑墙，保存差。墙体位于谷底，受山水冲刷严重，现大部已坍塌淤积成土垄状，底宽2~7、残高最高0.4米。仅小段墙体保存稍好，高近2米。墙体中小段有一条南北向冲沟，导致墙体出现一个宽5米的豁口。

15. 后老银哈达长城8段（150125382301130022）

该段长城起自二份子乡后老银哈达村东北1.9千米，止于后老银哈达村北偏东2千米。墙体大体呈东南—西北走向，上接后老银哈达长城7段，下接查干楚鲁长城。

本段墙体为消失段，起止点之间的直线长度为531米。墙体沿查干楚鲁东南沟谷底河槽南缘分布，山水冲刷是导致墙体消失的主要因素。依据相邻上下段墙体情况，推断该段墙体原应为土墙。

16. 查干楚鲁长城（150125382101130023）

该段长城起自二份子乡查干楚鲁村东南1.4千米，止于查干楚鲁村西南1.4千米。墙体大体呈东南—西北走向，上接后老银哈达长城8段，下接土城子长城1段。

墙体长2191米，为黄土夯筑墙，保存差。墙体自起点出沟谷后向西北方向的山坡上延伸，大部分处于坡耕地中，遭破坏严重。现存墙体呈低矮的土垄状，底宽0.5~7、残高最高0.5米。后老银哈达村至土城子村的乡间公路穿过墙体，导致出现一处宽5米的豁口。

墙体沿线调查烽燧1座，为查干楚鲁烽燧。

查干楚鲁烽燧（150125353201040008）　位于二份子乡查干楚鲁（厂汗此老）村前老银哈达北偏东1.16千米的低缓山丘顶部，东北距查干楚鲁长城墙体0.01千米，西北距固阳县境内的石兰哈达烽燧4.4千米。

烽燧为黄土夯筑，保存差，结构和形制均已破坏。台体坍塌为圆形土丘状，底部直径12、残高1.2米。台体外侧隐约可见一周墙基遗迹，平面呈方形，边长16~17米。

17. 土城子长城1段（150125382301130024）

该段长城起自二份子乡土城子村东偏南1.1千米，止于土城子村东南0.6千米。墙体大体呈东西走向，上接查干楚鲁长城，下接土城子长城2段。

本段墙体为消失段，起止点之间的直线长度为488米。墙体处于坡耕地边缘，经年耕作和风雨侵蚀导致墙体消失。依据相邻上下段墙体情况，推断该段墙体原应为土墙。

18. 土城子长城2段（150125382101130025）

该段长城起自二份子乡土城子村东南0.6千米，止于土城子村南缘中部。墙体大体呈东南—西北走向，上接土城子长城1段，下接土城子长城3段。

墙体长598米，为黄土夯筑墙，保存差。墙体呈略高于地表的土垄状，底宽1~5、残高最高0.5米。墙体紧邻村庄及耕地，坍塌损毁严重，部分墙体改建为乡间道路，村民在墙体附近挖掘有地窖。

19. 土城子长城3段（150125382301130026）

该段长城起自二份子乡土城子村南缘中部，止于土城子村西0.2千米。墙体大体呈东南—西北走向，上接土城子长城2段，下接土城子长城4段。

本段墙体为消失段，起止点之间的直线长度为271米。墙体紧邻村庄西南缘，所经地段有多处民居、多条乡村道路，导致墙体被彻底破坏而消失。依据相邻上下段墙体情况，推断该段墙体原应为土墙。

墙体沿线调查障城1座，为土城子障城。

土城子障城（150125353101040004）　位于二份子乡土城子村南，北侧为消失的土城子长城3段墙体，东南距后老银哈达障城7.2千米，西北距固阳县南曹力干障城21.5千米。

障城平面呈长方形，长145、宽123米。城墙为黄土夯筑，村民修建民房、水渠和道路，导致墙体破坏严重，但四面城垣轮廓仍大致可辨。北城墙、西城墙残迹较明显，南城墙被现代人改建为水渠，东城墙濒临消失。现存墙体底宽0.5~1.5、残高最高0.6米。门址不清。城内西侧现存一座长16、宽12米的长方形土台。

20. 土城子长城4段（150125382101130027）

该段长城起自二份子乡土城子村西0.2千米，止于土城子村西北0.6千米。墙体大体呈东南—西北走向，上接土城子长城3段，下接土城子长城5段。

墙体长372米，为黄土夯筑墙，保存差。墙体坍塌严重，部分地段濒临消失，现呈略高于地表的土垄状，底宽1~5、残高最高0.3米。墙体紧邻村庄，所在地段现已被开垦为农田，村民日常耕作和生活取土等活动导致墙体损毁严重。

21. 土城子长城5段（150125382301130028）

该段长城起自二份子乡土城子村西北0.6千米，止于土城子村西北1.4千米。墙体大体呈东南—西北走向，上接土城子长城4段，下接固阳县石兰哈达长城1段。

本段墙体为消失段，起止点之间的直线长度为803米。墙体所处厂汉此老村西河槽为季节性山水汇集下泄的通道，山水冲刷是导致墙体消失的主要因素。依据相邻上下段墙体情况，推断该段墙体原应为土墙。

（二）包头市固阳县

在调查中，将固阳县境内的汉外长城南线墙体共划分为36段，包括土墙20段、消失墙体16段。墙体总长38972米，其中土墙长24217米、消失段落长14755米。在总长24217米的土墙中，保存较差部分长2557米、保存差部分长21515米、消失部分长145米。

在对固阳县汉外长城南线的调查中，除划分的36段长城墙体外，沿线还调查烽燧7座、障城1座。下面，对这些墙体段落和单体建筑分作详细描述。

1.石兰哈达长城（150222382101040001）

该段长城起自银号镇石兰哈达村东北1.4千米，止于石兰哈达村西北2千米。墙体大体呈东南—西北走向，上接武川县土城子长城5段，下接杨树公长城1段。

墙体长2463米，为土墙，总体保存差。墙体现呈略高出地表的土垄状，大部分地段痕迹模糊，濒临消失，底宽2～4、残高最高达0.3米。部分墙体周围被开垦为农田，后小段墙体被村民利用为简易行车道。

墙体沿线调查烽燧1座，为石兰哈达烽燧。

石兰哈达烽燧（150222353201040001）　位于银号镇石兰哈达村西北1.4千米的山丘顶部，北距石兰哈达长城墙体0.39千米，西北距土城子烽燧6千米。

烽燧土筑，保存差，结构和形制均已破坏，现已坍塌为低矮的圆形土丘状，底部直径11、顶部直径5、残高1米。台体顶部有现代人用石块垒砌的石堆。石堆中的一块梯形石块上发现有刻字，石块上宽0.35、下宽0.55、高0.52、厚0.22米，右侧竖刻"天下太平"四字楷书，字体纤细工整，字迹清晰；左侧刻三个图案，造型抽象，不易辨认。

2.杨树公长城1段（150222382301040002）

该段长城起自银号镇杨树公村南0.2千米，止于杨树公村西1千米。墙体大体应呈东南—西北走向，上接石兰哈达长城，下接杨树公长城2段。

本段墙体为消失段，起止点之间的直线长度为1000米。墙体位处坡底的耕地中，经年耕作是造成墙体消失的主要因素。依据相邻上下段墙体情况，推断该段墙体原应为土墙。

3.杨树公长城2段（150222382101040003）

该段长城起自银号镇杨树公村西1千米，止于杨树公村西1.4千米。墙体大体呈东南—西北走向，上接杨树公长城1段，下接土城子长城1段。

墙体长443米，为土墙，总体保存差。墙体现呈略高于地表的土垄状，底宽2～3、残高0.3～0.5米。墙体南侧被开垦为农田，北侧有一条现代人挖掘的水渠，均对墙体造成了一定破坏。

4.土城子长城1段（150222382301040004）

该段长城起自银号镇土城子村东南1.8千米，止于土城子村西北0.9千米。墙体大体呈东南—西北走向，上接杨树公长城2段，下接土城子长城2段。

本段墙体为消失段，起止点之间的直线长度为1600米。墙体所处丘陵坡地被大面积开垦，农田耕种是导致墙体消失的主要原因。依据相邻上下段墙体情况，推断该段墙体原应为土墙。

5. 土城子长城2段（150222382101040005）

该段长城起自银号镇土城子村西北0.9千米，止于土城子村西北2.5千米。墙体呈东南—西北走向，上接土城子长城1段，下接牛粪沟长城。

墙体长2730米，为土墙，总体保存差，濒临消失，若隐若现，漫漶不清，远望呈垄状分布，略微高出地面，个别地方被耕地破坏。现存墙体底宽2~4、残高0.3~0.7米。墙体的后小段被村民当成了道路。局部墙体外侧可见石砌痕迹，花岗岩毛石块垒砌，砌筑齐整，推断墙体曾有外包石。

长城墙体西南调查烽燧1座，为土城子烽燧。

土城子烽燧（150222353201040002）　位于银号镇土城子村西北2.3千米的小山丘顶部，东北距土城子长城2段墙体0.5千米，西北距灰吞合少烽燧6.4千米。

烽燧土筑，保存差，结构和形制均已破坏。台体现已坍塌为圆形土丘状，底部直径10、顶部直径2、残高1.5米。台体顶部有现代人用石块垒砌的石堆。台体外侧有围墙，平面呈不规则长方形，东、南、西、北墙分别长27、21、29和20米。围墙土筑，现已坍塌，底宽2、残高最高达0.3米（彩图六九六）。

6. 牛粪沟长城（150222382301040006）

该段长城起自怀朔镇牛粪沟村东南1.4千米，止于牛粪沟村西北1.1千米。墙体大体呈东南—西北走向，上接土城子长城2段，下接西号长城1段。

本段墙体为消失段，起止点之间的直线长度为2300米。墙体位于牛粪沟东沟西岸耕地中，不见相关遗迹。依据相邻上下段墙体情况，推断该段墙体原应为土墙。

7. 西号长城1段（150222382101040007）

该段长城起自怀朔镇西号村东南0.5千米，止于西号村东南0.2千米。墙体大体呈东南—西北走向，上接牛粪沟长城，下接西号长城2段。

墙体长369米，为土墙，总体保存差。墙体分布于耕地边缘，破损严重，现呈一条略高于地表的土垄，底宽3~4、残高0.2~0.5米。

8. 西号长城2段（150222382301040008）

该段长城起自怀朔镇西号村东南0.2千米，止于西号村西北3.1千米。墙体呈东南—西北走向，上接西号长城1段，下接灰吞合少长城1段。

本段墙体为消失段，起止点之间的直线长度为3300米。墙体前小段分布在村庄边缘，被民房和村内道路覆盖；后小段穿行地带为农田和田间道路，部分墙体因耕作而消失，部分墙体被道路覆盖。依据相邻上下段墙体情况，推断该段墙体原应为土墙。

9. 灰吞合少长城1段（150222382101040009）

该段长城起自怀朔镇灰吞合少村东南1.5千米，止于灰吞合少村南0.3千米。墙体呈东南—西北走向，上接西号长城2段，下接灰吞合少长城2段。

墙体长1641米，为黄土夯筑墙，总体保存差。墙体坍塌严重，夯土堆积在墙体两侧，呈低矮的土垄状，底宽3~4、残高0.3~0.8米。墙体两侧为耕地，西侧有砂石公路。墙体前小段被公路破坏，现仅残存墙体内侧的一小部分，路边的堆土中散落有夯土块；后小段分布处有水冲沟，对墙体造成了较大破坏，并导致墙体出现两处豁口，分别宽4、5米。在冲沟形成的断面上可见夯层，厚约10厘米。局部墙体外侧可见壕沟，推测为构筑墙体时就地挖土筑墙所形成。

墙体沿线调查烽燧1座，为灰吞合少烽燧。

灰吞合少烽燧（150222353201040003）　位于怀朔镇灰吞合少村东南1.3千米的山丘顶部，北距灰吞合少长城1段墙体0.39千米，西北距南曹力干烽燧5.6千米。

烽燧为土石混筑，保存差，现已坍塌为低矮的圆形土丘状，底部直径8.5、顶部直径2、残高1.4米。台体底部基础为毛石垒砌，之上以夹砂土夯筑，夯层厚约10厘米。台体顶部有一个盗洞，盗洞南侧堆积有从盗洞中挖掘出来的毛石块。烽燧外侧筑有围墙，平面呈不规则五边形。其中，北、西、南墙均为直线墙体，分别长16.8、19、14.5米；东墙北段人工垒砌，南段用自然岩石，两者之间形成向内的折角。人工垒砌部分长5米，借用自然岩石6.3米（彩图六九七）。围墙墙体为土石混筑，内外侧壁以毛石垒砌，中间填充小碎石。墙体现已坍塌，底宽2.8、残高0.2米，周围散落有大量石块。围墙东南角辟门，宽3.5米。

10. 灰吞合少长城2段（150222382301040010）

该段长城起自怀朔镇灰吞合少村南0.3千米，止于灰吞合少村西0.4千米。墙体呈东南—西北走向，上接灰吞合少长城1段，下接灰吞合少长城3段。

本段墙体为消失段，起止点之间的直线长度为214米。墙体位于村西耕地中，现已完全消失。依据相邻上下段墙体情况，推断该段墙体原应为土墙。

11. 灰吞合少长城3段（150222382101040011）

该段长城起自怀朔镇灰吞合少村西0.4千米，止于灰吞合少村西北0.9千米。墙体由东南—西北走向转为南北走向，上接灰吞合少长城2段，下接后二圈长城。

墙体长706米，为土墙，总体保存差，现仅能勉强辨认其走向和轮廓。现存墙体底宽2～3、残高最高达0.3米。墙体位于耕地边缘，受破坏较为严重。

12. 后二圈长城（150222382101040012）

该段长城起自怀朔镇后二圈村东南0.3千米，止于后二圈村西北1.1千米。墙体由南北走向过渡为东南—西北走向，上接灰吞合少长城3段，下接前二圈长城1段。

墙体长1457米，为黄土夯筑墙，总体保存差。墙体经过灰吞合少村西北部低山隘口进入后二圈村，现存墙体坍塌严重，呈土垄状，底宽3～4、残高0.3～0.8米。墙体由村南坡地延伸进入沟谷，前小段局部墙体北侧有现代人挖掘的菜窖，在菜窖和沟谷的断面上可见夯层，夯层厚10厘米左右；后小段现已被利用为便道，并为砂石所覆盖。

13. 前二圈长城1段（150222382301040013）

该段长城起自怀朔镇前二圈村东南0.2千米，止于前二圈村西0.8千米。墙体大体呈东南—西北走向，上接后二圈长城，下接前二圈长城2段。

本段墙体为消失段，起止点之间的直线长度为983米。墙体分布于沟谷南坡底部，北邻干涸的南曹力干河槽，南侧坡地现已开辟为农田，山水冲刷和人为耕种共同导致墙体消失。依据相邻上下段墙体情况，推断该段墙体原应为土墙。

14. 前二圈长城2段（150222382101040014）

该段长城起自怀朔镇前二圈村西0.8千米，止于前二圈村西北1.2千米。墙体大体南偏东—北偏西走向，上接前二圈长城1段，下接前二圈长城3段。

墙体长469米，为土墙，总体保存差。现存墙体呈略高于地面的垄状，局部痕迹模糊，濒临消失，少数墙体外侧保留有石砌残迹，底宽2～3、残高最高0.3米。墙体南侧紧邻前二圈前南曹力干干涸的河槽，季节性山水冲刷对墙体造成了一定破坏。

15. 前二圈长城3段（150222382301040015）

该段长城起自怀朔镇前二圈村西北1.2千米，止于前二圈村西北1.4千米。墙体大体呈南北走向，上接前二圈长城2段，下接前二圈长城4段。

本段墙体为消失段，起止点之间的直线长度为268米。墙体分布在前二圈西北部的南曹力干河槽东岸，洪水冲刷导致墙体消失。依据相邻上下段墙体情况，推断该段墙体原应为土墙。

16. 前二圈长城4段（150222382101040016）

该段长城起自怀朔镇前二圈村西北1.4千米，止于前二圈村西北1.6千米。墙体大体呈南偏东—北偏西走向，上接前二圈长城3段，下接南曹力干长城1段。

墙体长225米，为土墙，总体保存差。墙体干地表痕迹模糊，仅能大体辨出轮廓和走向，底宽1~2、残高最高0.3米。墙体位处沟谷底部，西部为季节性河槽，两侧为农田，山水冲刷、日常耕作是造成墙体损毁的主要因素。

17. 南曹力干长城1段（150222382301040017）

该段长城起自怀朔镇南曹力干村东南1.7千米，止于南曹力干村东南1.2千米。墙体呈南偏东—北偏西走向，上接前二圈长城4段，下接南曹力干长城2段。

本段墙体为消失段，起止点之间的直线长度为474米。墙体位处南曹力干"S"状河槽地段，河槽两岸现被开垦为农田，山水冲刷和耕地破坏是导致墙体消失的主要因素。依据相邻上下段墙体情况，推断该段墙体原应为土墙。"曹力干"，系蒙语，亦作"共呼拉汗"，意为狭窄。狭窄的沟谷中有两个村庄，本村在南，故名。曹力干沟是鸭不盖河南支流上游地段地名，洪水北流至水泉村汇入主河槽。

墙体沿线调查烽燧1座，为南曹力干烽燧。

南曹力干烽燧（150222353201040004）　位于怀朔镇南曹力干村东南1.4千米的山丘顶上，北距南曹力干长城1段墙体约0.2千米，西北距东海卜子烽燧6.1千米。

烽燧为砂土夯筑，保存差，结构和形制均遭到破坏。现已坍塌为低矮土丘状，平面略呈椭圆形，底部长12、宽5~7米，顶部长9、宽3~5米，残高1.7米。烽燧顶部有现代人垒砌的石堆。烽燧东南有一低矮的土台，推测可能是台基，其上应有建筑。

18. 南曹力干长城2段（150222382101040018）

该段长城起自怀朔镇南曹力干村东南1.2千米，止于南曹力干村东南0.6千米。墙体呈东南—西北走向，上接南曹力干长城1段，下接南曹力干长城3段。

墙体长612米，为黄土夯筑墙，总体保存差。现存墙体呈土垄状，底宽2~4、残高最高0.8米。墙体位于谷底边缘，南侧为干涸的南曹力干河槽，因山水冲刷，破坏严重，导致中部约99米长的一段墙体消失，断面可见夯层，厚约10厘米。墙体保存差部分长513米，消失部分长99米，分别占该段墙体总长的83.8%、16.2%。

墙体沿线调查障城1座，为南曹力干障城。

南曹力干障城（150222353102040001）　位于怀朔镇南曹力干村东南1千米处的沟谷内，北距南曹力干长城2段墙体0.03千米，东南距武川境内的土城子障城21.5千米，西北距达尔罕茂明安联合旗境内的德和全障城33.4千米。

障城保存较差，城垣轮廓比较清晰，呈方形，边长130米。障城墙体为黄土夯筑，夯层厚8~11厘米。现北墙和南墙保存相对完好，东墙被毁掉一半，西墙已完全遭损毁，但墙垣痕迹尚存。现存墙体底宽9.6、顶宽3、残高最高1米。南墙中部设门，门宽约8米，方向为215°。障城四角尚可见角台残迹，平面略呈方形，边长约10米（图九三）。障城四面环山，现内外俱为耕地，西南有南曹力干河槽绕障城而过，西南侧、东侧各有一条乡间土路穿过（彩图六九八）。障城内遗物极少，发现有元代瓷片等。

19. 南曹力干长城3段（150222382301040019）

该段长城起自怀朔镇南曹力干村东南0.6千米，止于南曹力干村南0.4千米。墙体大体呈东南—西北走向，上接南曹力干长城2段，下接南曹力干长城4段。

本段墙体为消失段，起止点之间的直线长度为253米。墙体起、止点分别位于南曹力干河槽的东、西沿，前小段位于沟谷东坡耕地中，现不见痕迹，后小段为河槽。依据相邻上下段墙体情况，推断该段墙体原应为土墙。

20. 南曹力干长城4段（150222382101040020）

该段长城起自怀朔镇南曹力干村南0.4千米，止于南曹力干村西北1.3千米。墙体呈东南—西北走向，上接南曹力干长城3段，下接南曹力干长城5段。

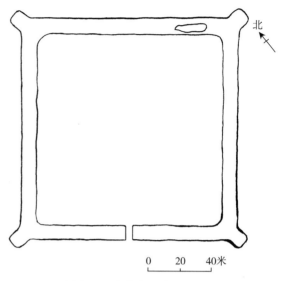

图九三　南曹力干障城平面图

墙体长1488米，为黄土夯筑墙，总体保存较差。墙体坍塌为土垄状，现存墙体底宽4～6、残高0.3～0.8米，局部可见夯层，厚约10厘米。墙体两侧皆为农田，前小段保存相对较好，墙体宽厚，呈带状分布；后小段因受耕作影响，保存稍矮。两条田间小路穿过墙体，对墙体也造成了破坏（彩图六九九）。

21. 南曹力干长城5段（150222382301040021）

该段长城起自怀朔镇南曹力干村西北1.3千米，止于南曹力干村西北1.4千米。墙体呈东南—西北走向，上接南曹力干长城4段，下接东海卜子长城1段。

本段墙体为消失段，起止点之间的直线长度为长158米。墙体所处坡地现已被开垦为农田，日常耕作是导致墙体消失的主要因素。依据相邻上下段墙体情况，推断该段墙体原应为土墙。

22. 东海卜子长城1段（150222382101040022）

该段长城起自怀朔镇东海卜子村东南1.4千米，止于东海卜子村东南0.6千米。墙体呈东南—西北走向，上接南曹力干长城5段，下接东海卜子长城2段。

墙体长760米，为黄土夯筑墙，总体保存差。现存墙体呈低矮的土垄状，底宽3～4、残高最高达0.5米，局部可见夯层，厚约10厘米。墙体两侧均为农田，几条田间小路穿过墙体。

23. 东海卜子长城2段（150222382301040023）

该段长城起自怀朔镇东海卜子村东南0.6千米，止于东海卜子村西北0.8千米。墙体呈东南—西北走向，上接东海卜子长城1段，下接东海卜子长城3段。

本段墙体为消失段，起止点之间的直线长度为1300米。墙体所在坡地已被开垦为农田，垦荒耕种导致墙体消失。依据相邻上下段墙体情况，推断该段墙体原应为土墙。

24. 东海卜子长城3段（150222382101040024）

该段长城起自怀朔镇东海卜子村西北0.8千米，止于东海卜子村西北1.3千米。墙体呈东南—西北走向，上接东海卜子长城2段，下接东海卜子长城4段。

墙体长482米，为土墙，总体保存差。现存墙体呈微微隆起于地面的土垄状，底宽2～4、残高最高0.3米。墙体分布于耕地边缘，南侧邻田间道路，耕地和道路通行均对墙体造成了破坏。

25. 东海卜子长城4段（150222382301040025）

该段长城起自怀朔镇东海卜子村西北1.3千米，止于东海卜子村西北2.2千米。墙体呈东南—西北走向，上接东海卜子长城3段，下接东海卜子长城5段。

本段墙体为消失段，起止点之间的直线长度为911米。墙体两侧均已被开垦为农田，垦荒耕种导致墙体消失。依据相邻上下段墙体情况，推断该段墙体原应为土墙。

26. 东海卜子长城5段（150222382101040026）

该段长城起自怀朔镇东海卜子村西北2.2千米，止于东海卜子村西北2.9千米。墙体呈东南—西北走向，上接东海卜子长城4段，下接东海卜子长城6段。

墙体长732米，为土墙，总体保存差。现存墙体呈略微隆起于地面的土垄状，底宽2~4、残高最高达0.3米。墙体南侧现被辟为耕地，北侧有一条浅沟，均对墙体造成了破坏。

墙体沿线调查烽燧1座，为东海卜子烽燧。

东海卜子烽燧（150222353201040005）　位于怀朔镇东海卜子村西北2.2千米的小丘顶部，北距东海卜子长城5段墙体0.16千米，西北距周喜财烽燧4.4千米。

烽燧为土筑，保存差。结构和形制均已破坏，现已坍塌为圆形土丘状，底部直径7、顶部直径4、残高0.8米。烽燧南侧自台体底部向南残存一列石块，长40、宽约1米，排列混乱，用途不明。烽燧顶部有现代人垒砌的石堆。

27. 东海卜子长城6段（150222382301040027）

该段长城起自怀朔镇东海卜子村西北2.9千米，止于东海卜子村西北3.1千米。墙体呈东西走向，上接东海卜子长城5段，下接大号子长城1段。

本段墙体为消失段，起止点之间的直线长度为240米。墙体处于农田中，经年耕作导致墙体消失。依据相邻上下段墙体情况，推断该段墙体原应为土墙。

28. 大号子长城1段（150222382101040028）

该段长城起自怀朔镇大号子村东1.7千米，止于大号子村东偏北1.1千米。墙体呈东南—西北走向，上接东海卜子长城6段，下接大号子长城2段。

墙体长722米，为土墙，总体保存差。现存墙体呈略微隆起于地面的土垄状，底宽2~4、残高最高达0.3米。墙体两侧均为耕地，耕种对墙体产生较大破坏。

29. 大号子长城2段（150222382301040029）

该段长城起自怀朔镇大号子村东偏北1.1千米，止于大号子村东北1.3千米。墙体呈东南—西北走向，上接大号子长城1段，下接周喜财长城。

本段墙体为消失段，起止点之间的直线长度为734米。墙体穿行地段前段为农田，后段为林地，耕地和植树导致墙体消失。依据相邻上下段墙体情况，推断该段墙体原应为土墙。

30. 周喜财长城（150222382101040030）

该段长城起自怀朔镇周喜财村东南2千米，止于周喜财村西0.8千米。墙体大体呈东南—西北走向，上接大号子长城2段，下接后板申图长城1段。

墙体长2258米，为土墙，总体保存差。现存墙体呈略微隆起于地面的土垄状，底宽2~6、残高最高0.5米。前小段墙体地表残存极少，仅微微隆起于地面；中小段墙体已被完全耕毁，痕迹模糊，仅能大体辨认其轮廓和走向；后小段墙体保存稍好，残存较宽，但显得很低矮。

墙体沿线调查烽燧1座，为周喜财烽燧。

周喜财烽燧（150222353201040006）　位于怀朔镇周喜财村西南1.1千米的小山顶上，北距周喜财长城墙体0.24千米，西北距边墙壕烽燧4.5千米。

烽燧为土筑，保存差。结构和形制均已破坏，现坍塌为圆形土丘状，底部直径11、顶部直径4、残高1.2米。烽燧顶部有现代人垒砌的石堆。

31. 后板申图长城1段（150222382101040031）

该段长城起自怀朔镇后板申图村东南1.1千米，止于后板申图村南0.4千米。墙体呈东南—西北走向，上接周喜财长城，下接后板申图长城2段。

墙体长1048米，为黄土夯筑墙，总体保存差。现存墙体呈土垄状分布，底宽3~6、残高0.3~0.8米。墙体沿耕地的北缘分布，北邻一条冲沟，导致墙体出现一处宽3米的豁口。断面上可见夯筑痕迹，夯土中夹杂砂石，土质比较疏松，夯筑粗糙，层线不清，夯层厚10~12厘米。

32. 后板申图长城2段（150222382301040032）

该段长城起自怀朔镇后板申图村南0.4千米，止于后板申图村西南1千米。墙体由东南—西北走向转为东西走向，上接后板申图长城1段，下接前板申图长城。

本段墙体为消失段，起止点之间的直线长度为724米。消失段沿线前小段为耕地，后小段为板申图河槽。依据相邻上下段墙体情况，推断该段墙体原应为土墙。

33. 前板申图长城（150222382101040033）

该段长城起自怀朔镇前板申图村东南0.6千米，止于前板申图村西北1.5千米。墙体呈由东偏南—西偏北走向转南偏东—北偏西走向，上接后板申图长城2段，下接边墙壕长城1段。

墙体长2104米，为土墙，总体保存差。现存墙体呈略微隆起于地面的土垄状，底宽3~6、残高最高达0.5米。墙体前小段分布于村东的耕地中；中小段由东向西穿过村庄；后小段位于村西的耕地边缘。其中，前、后两段轮廓和走向比较清晰，中小段在前板申图村中，因民房和道路建设，破坏比较严重，仅能分辨断续的痕迹。

34. 边墙壕长城1段（150222382101040034）

该段长城起自怀朔镇边墙壕村东南2.7千米，止于边墙壕村内。墙体呈东南—西北走向，上接前板申图长城，下接边墙壕长城2段。

墙体长2628米，为黄土夯筑墙，总体保存差。现存墙体底宽2~6、残高最高达1.5米，墙体断面可见夯筑痕迹，夯层厚10厘米左右。墙体前小段保存差，长2259米，分布于耕地中，其地表痕迹模糊，只能大体看出其走向和轮廓；后小段保存较差，长369米，位于边墙壕村内，现存墙体还比较高大，局部墙体顶部有砂土堆积。保存较差和差部分，分别占该段墙体总长的14%、86%。

墙体沿线调查烽燧1座，为边墙壕烽燧。

边墙壕烽燧（150222353201040007）　位于怀朔镇边墙壕村西北2千米的山顶上，东北距边墙壕长城墙体0.55千米，西北距达尔罕茂明安联合旗境内亢家渠烽燧5.9千米。

烽燧为土筑，保存差。台体结构和形制均已破坏，现已坍塌为圆形土丘状，底部直径9、顶部直径4、残高1米。

35. 边墙壕长城2段（150222382301040035）

该段长城起自怀朔镇边墙壕村内东南部，止于边墙壕村北。墙体呈东南—西北走向，上接边墙壕长城1段，下接边墙壕长城3段。

本段墙体为消失段，起止点之间的直线长度为296米。墙体大体沿村中的道路分布，现完全被村庄的道路和两侧民房覆盖。依据相邻上下段墙体情况，推断该段墙体原应为土墙。

36. 边墙壕长城3段（150222382101040036）

该段长城起自怀朔镇边墙壕村北，止于边墙壕村西北1.1千米。墙体呈东南—西北走向，上接边墙壕长城2段，下接达尔罕茂明安联合旗亢家渠长城。

墙体长880米，为黄土夹砂夯筑墙。总体保存差，现存墙体底宽2~12、顶宽2~4、残高最高达1.5米。墙体前小段保存差，长134米，位于村北耕地中，地表残存痕迹极少，只能大体看出其走向和轮廓；中小段长46米，因包头至百灵庙的公路穿过而完全消失；后小段保存较差，长700米，位于农田边缘，现呈明显隆起于地表的土垄状。保存较差部分、保存差部分和消失部分，分别占该段墙体总长的79.6%、15.2%和5.2%。

（三）包头市达尔罕茂明安联合旗

在调查中，将达尔罕茂明安联合旗境内的汉外长城南线墙体共划分为90段，其中包括土墙55段、石墙8段、消失墙体27段。墙体总长96324米，其中土墙长79863米、石墙3392米、消失段落13069米。在总长79863米的土墙中，保存较差部分长25886米、保存差部分长53658米、消失部分长319米。石墙全部保存差。

在对达尔罕茂明安联合旗汉外长城南线的调查中，除划分的90段长城墙体外，沿线还调查烽燧24座、障城23座。下面，对这些墙体段落和单体建筑分作详细描述。

1. 亢家渠长城（1502233382101040001）

该段长城起自乌克忽洞镇亢家渠村东南1.4千米，止于亢家渠村西北2.2千米。墙体呈东南—西北走向，内外弯曲分布，上接固阳县边墙壕长城3段，下接乌兰长城。

墙体长3085米，为土墙，总体保存差。现存墙体呈略高于地面的土垄状，底宽2~3、残高最高达0.5米。墙体两侧均为耕地，沿着墙体有一条简易行车道，墙体前小段有牧民圈围草场架设的网围栏。

墙体沿线调查烽燧1座，为亢家渠烽燧。

亢家渠烽燧（150223353201040001）　位于乌克忽洞镇亢家渠村西2.4千米的山顶上，东距亢家渠长城墙体0.4千米，西北距铁勒格图烽燧2.8千米。

墩台土筑，保存差。台体现已坍塌为低矮的圆形土丘状，底部直径6、顶部直径3、残高0.8米。

2. 乌兰长城（150223382101040002）

该段长城起自乌克忽洞镇乌兰村东南1.9千米，止于乌兰村西南2.4千米。墙体大体呈东南—西北走向，上接亢家渠长城，下接铁勒格图长城1段。

墙体长1436米，为土墙，总体保存差。现地表残迹极少，仅能大体辨出其轮廓和走向，呈略微隆起于地面的土垄状，底宽2~3、残高最高达0.3米。墙体周边坡地已被开垦为农田，对墙体破坏严重。

3. 铁勒格图长城1段（150223382301040003）

该段长城起自乌克忽洞镇铁勒格图村南0.4千米，止于铁勒格图村西0.26千米。墙体大体呈南偏东—北偏西走向，上接乌兰长城，下接铁勒格图长城2段。

本段墙体为消失段，起止点之间的直线长度为576米。墙体经行铁勒格图（添力圪兔）村西半部及其南北沟谷地中，部分地段被开垦为农田，民房建设与耕地开垦导致墙体消失。依据相邻上下段墙体情况，推断该段墙体原应为土墙。

4. 铁勒格图长城 2 段（150223382101040004）

该段长城起自乌克忽洞镇铁勒格图村西 0.26 千米，止于铁勒格图村西北 1.2 千米。墙体大体呈南偏东—北偏西走向，上接铁勒格图长城 1 段，下接铁勒格图长城 3 段。

墙体长 1088 米，为土墙，总体保存差。现存墙体呈略微隆起于地表的土垄状，仅能大体辨出其轮廓和走向，底宽 2～3、残高最高 0.3 米。墙体周边坡地现已被开垦为农田，墙体穿行的沟谷中有多道现代人构筑的防洪坝，将墙体拦腰截断，墙体南侧还有一条农机碾压形成的田间道路。

墙体沿线调查烽燧 1 座，为铁勒格图烽燧。

铁勒格图烽燧（150223353201040002）　位于乌克忽洞镇铁勒格图村西北 1.1 千米的山顶上，东距铁勒格图长城 2 段墙体 0.6 千米，西北距三拐子烽燧 1.8 千米。

烽燧土筑，保存差，结构和形制均遭到了破坏。台体现已坍塌为覆钵状土丘，底部直径 8、顶部直径 3、残高 1.2 米。台体顶部平整，有现代人垒砌的石堆。

5. 铁勒格图长城 3 段（150223382301040005）

该段长城起自乌克忽洞镇铁勒格图村西北 1.2 千米，止于铁勒格图村西北 1.6 千米。墙体呈东南—西北走向，上接铁勒格图长城 2 段，下接铁勒格图长城 4 段。

本段墙体为消失段，起止点之间的直线长度为 467 米。墙体地处小山拐子东南部沟谷内，河槽两岸坡地现均被开垦为农田。依据相邻上下段墙体情况，推断该段墙体原应为土墙。

6. 铁勒格图长城 4 段（150223382101040006）

该段长城起自乌克忽洞镇铁勒格图村西北 1.6 千米，止于铁勒格图村西北 2.2 千米。墙体呈东南—西北走向，上接铁勒格图长城 3 段，下接铁勒格图长城 5 段。

墙体长 557 米，为黄土夯筑墙，总体保存差。现存墙体呈土垄状，底宽 4～5、残高 0.3～0.8 米。墙体南邻水冲沟，山水冲击造成局部墙体坍塌，断面可见夯筑痕迹，夯层模糊，厚约 10 厘米。墙体北侧有一条壕沟，沟内可见人为铲挖的痕迹，推测现代人曾在这里挖土，并将挖去的土覆盖在了墙体上。

7. 铁勒格图长城 5 段（150223382301040007）

该段长城起自乌克忽洞镇铁勒格图村西北 2.2 千米，止于铁勒格图村西北 2.6 千米。墙体呈东南—西北走向，上接铁勒格图长城 4 段，下接三拐子长城 1 段。

本段墙体为消失段，起止点之间的直线长度为 383 米。墙体横跨小山拐子沟谷，周边现已开垦为农田，季节性山水冲刷和垦荒导致墙体消失。依据相邻上下段墙体情况，推断该段墙体原应为土墙。

8. 三拐子长城 1 段（150223382101040008）

该段长城起自乌克忽洞镇三（山）拐子村西南 1.7 千米，止于三拐子村西南 1.5 千米。墙体大体呈东南—西北走向，作内向弧线形分布。上接铁勒格图长城 5 段，下接三拐子长城 2 段。

墙体长 215 米，为土墙，总体保存差。现存墙体呈土垄状，轮廓清晰，走向明确，底宽 3～5、残高 0.5～1.1 米。墙体有很大的弧度，在其东侧 50 米处，尚隐约可见一条极为低矮的土垄，类似于墙体，且与长城墙体相接。初步推测，汉代构筑长城墙体时，起先筑墙于低矮土垄处，后由于该处土质非常薄，土下即为自然岩石，不得已放弃该处而重新构筑现存墙体。墙体起、止点处均分布于耕地中，对墙体造成了较大破坏。

墙体沿线调查烽燧 1 座，为三拐子烽燧。

三拐子烽燧（150223353201040003）　位于乌克忽洞镇三拐子村西南 2.2 千米处的山丘顶部，东北距三拐子长城 1 段墙体 0.64 千米，西北距楞子圐圙烽燧 4.2 千米。

烽燧土筑，保存差，结构和形制均已破坏。台体现已坍塌为低矮的圆形土丘状，底部直径 7、顶部直径2、残高1米。台体顶部平整，有现代人垒砌的石堆。

9. 三拐子长城2段（0223382301040009）

该段长城起自乌克忽洞镇三拐子村西南1.5千米，止于三拐子村西南1.4千米。墙体大体呈南北走向，上接三拐子长城1段，下接三拐子长城3段。

本段墙体为消失段，起止点之间的直线长度为152米。墙体经过的坡地现被辟为农田，垦荒耕种导致墙体消失。依据相邻上下段墙体情况，推断该段墙体原应为土墙。

10. 三拐子长城3段（0223382101040010）

该段长城起自乌克忽洞镇三拐子村西南1.4千米，止于三拐子村西北1.4千米。墙体由东南—西北走向转呈南北走向，上接三拐子长城2段，下接石兰哈达长城1段。

墙体长2545米，为黄土夹砂夯筑土墙，总体保存差。现存墙体呈土垄状，底宽3~5、残高0.5~1.2米，局部墙体可见夯层，厚8~10厘米。墙体前小段顺着墙体立有网围栏；中小段位于沟谷低洼处，有约40米的一段墙体被压在了现代拦洪坝之下；后小段有村民用水泥板在墙体顶部构筑了一道水渠，东侧还有一个冲沟造成的宽5米的豁口。墙体两侧还分布有耕地，这些均对墙体造成了破坏。

11. 石兰哈达长城1段（150223382301040011）

该段长城起自乌克忽洞镇石兰哈达村南0.17千米，止于石兰哈达村西南侧。墙体大体呈东南—西北走向，上接三拐子长城3段，下接石兰哈达长城2段。

本段墙体为消失段，起止点之间的直线长度为258米。墙体前小段位于农田中，为耕地所毁；后小段位于村庄中，被民房和道路覆盖。依据相邻上下段墙体情况，推断该段墙体原应为土墙。

12. 石兰哈达长城2段（150223382101040012）

该段长城起自乌克忽洞镇石兰哈达村西南侧，止于石兰哈达村西北0.7千米。墙体由东南—西北走向转呈南北走向，上接石兰哈达长城1段，下接石兰哈达长城3段。

墙体长648米，为土墙，总体保存差。现存墙体呈略微隆起于地面的土垄状，底宽3~4、残高最高达0.5米。墙体两侧均为耕地，部分墙体顶部被利用为乡间道路。

13. 石兰哈达长城3段（150223382301040013）

该段长城起自乌克忽洞镇石兰哈达村西北0.7千米，止于石兰哈达村西北0.8千米。墙体呈东南—西北走向，上接石兰哈达长城2段，下接楞子圙圙长城。

本段墙体为消失段，起止点之间的直线长度为155米。乡间砂石路与通往楞子圙圙村的土路在此交叉，将墙体完全覆盖。依据相邻上下段墙体情况，推断该段墙体原应为土墙。

14. 楞子圙圙长城（150223382101040014）

该段长城起自乌克忽洞镇楞子圙圙村东南1.4千米，止于楞子圙圙村西南1.1千米。墙体大体呈东偏南—西偏北走向，上接石兰哈达长城3段，下接德成永长城1段。

墙体长1960米，为黄土夹砂夯筑土墙，总体保存差。现存墙体呈低矮的土垄状，底宽2~4、残高最高0.7米。墙体南侧有一条乡间砂石路与墙体并行，中部有长约72米的墙体在修路时被拆毁而消失。从断面可知，夯层厚6~10厘米。保存差部分长1888米、消失部分长72米，分别占该段墙体总长的96.3%、3.7%。

墙体沿线调查烽燧1座，为楞子圙圙烽燧。

楞子圙圙烽燧（150223353201040006） 位于乌克忽洞镇楞子圙圙村南1.1千米的山顶上，北距楞子圙圙长城墙体0.47千米，西北距德和全烽燧4.3千米。

烽燧土筑，保存差，结构和形制均已破坏。台体现已坍塌为低矮的圆形土丘状，底部直径11、顶部直径4、残高0.8米。

15. 德成永长城1段（150223382301040015）

该段长城起自乌克忽洞镇德成永村东南2.8千米，止于德成永村东南2.4千米。墙体呈东西走向，上接楞子圐圙长城，下接德成永长城2段。

本段墙体为消失段，起止点之间的直线长度为690米。墙体分布在德成永河槽及两侧坡地上，沟谷现被建成泄洪渠，两侧坡地被开垦为农田，导致墙体完全消失。依据相邻上下段墙体情况，推断该段墙体原应为土墙。

16. 德成永长城2段（150223382101040016）

该段长城起自乌克忽洞镇德成永村东南2.4千米，止于德成永村东南1.9千米。墙体呈东南—西北走向，上接德成永长城1段，下接德成永长城3段。

墙体长433米，为土墙，总体保存差。墙体复现于河槽西岸的X093公路东侧，现存墙体呈略高于地面的土垄状，底宽2~4、残高最高达0.5米。墙体两侧坡地被开垦为农田，对墙体破坏极为严重。

17. 德成永长城3段（150223382301040017）

该段长城起自乌克忽洞镇德成永村东南1.9千米，止于德成永村内。墙体呈东南—西北走向，上接德成永长城2段，下接德成永长城4段。

本段墙体为消失段，起止点之间的直线长度为2100米。墙体前小段分布于农田中，被耕作所毁；后小段位于村庄内，被道路和民房所覆盖。依据相邻上下段墙体情况，推断该段墙体原应为土墙。

18. 德成永长城4段（150223382101040018）

该段长城位于乌克忽洞镇德成永村粮站南侧，墙体呈东南—西北走向，上接德成永长城3段，下接德成永长城5段。

墙体长95米，为土墙，总体保存差。现存墙体呈低矮的土垄状，底宽2~4、残高最高达0.5米。村庄建设对墙体造成严重破坏。

19. 德成永长城5段（150223382301040019）

该段长城起自乌克忽洞镇德成永村内，止于德成永村西北0.5千米。墙体应原呈东南—西北走向，上接德成永长城4段，下接德和全长城1段。

本段墙体为消失段，起止点之间的直线长度为230米。墙体紧邻村庄，平整土地和日常取土导致墙体消失。依据相邻上下段墙体情况，推断该段墙体原应为土墙。

20. 德和全长城1段（150223382101040020）

该段长城起自乌克忽洞镇德和全村东北0.8千米，止于德和全村东北0.5千米。墙体沿X093乡间公路作直线分布，大体呈东南—西北走向，上接德成永长城5段，下接德和全长城2段。

墙体长339米，为土墙，总体保存差。现存墙体呈略高于地表的断续土垄状，底宽2~4、残高最高0.5米。墙体南侧有一条乡间砂石路，对墙体破坏严重。

墙体沿线调查烽燧1座，为德和全烽燧。

德和全烽燧（150223353201040008）　位于乌克忽洞镇德和全村东0.4千米的山顶上，北距德和全长城1段墙体0.4千米，西北距红泥井烽燧7.1千米。

烽燧为土筑，保存差，结构和形制均已破坏。台体现已坍塌成覆钵状，底部直径10、顶部直径5、残高0.7米。

21.德和全长城2段（150223382301040021）

该段长城起自乌克忽洞镇德和全村东北0.5千米，止于德和全村西北0.7千米。墙体大体呈东偏南—西偏北走向，上接德和全长城1段，下接德和全长城3段。

本段墙体为消失段，起止点之间的直线长度为876米。墙体北侧现被开垦为农田，南侧紧邻X093乡间砂石路，筑路和耕作导致墙体消失。依据相邻上下段墙体情况，推断该段墙体原应为土墙。

墙体沿线调查障城1座，为德和全障城。

德和全障城（150223353102040001）　位于乌克忽洞镇德和全村北的平地上，南侧紧邻德和全村，北距德和全长城2段墙体0.2千米，东南距固阳境内的南曹力干障城33.4千米，西偏北距圐圙点力素1号障城18.2千米。

障城保存较差，四面城垣轮廓比较清晰，平面呈方形，边长133米。障城墙体为黄土夯筑，现均已坍塌，南墙已消失，东、西墙呈断续的土垄状，北墙保存状况稍好，现存墙体底宽8～12、顶宽1.5～3、残高0.2～1.1米。门址不清。

22.德和全长城3段（150223382101040022）

该段长城起自乌克忽洞镇德和全村西北0.7千米，止于德和全村西北1.1千米。墙体呈东偏南—西偏北走向，分布于X093公路北侧上接德和全长城2段，下接德和全长城4段。

墙体长556米，为黄土夹砂夯筑土墙，总体保存差。现存墙体呈略高于地表的土垄状，底宽2～4、残高最高达0.5米。墙体前小段因修路挖掘而遭到破坏，断面可见夯筑痕迹，夯筑疏松，夯层模糊，厚约10厘米。墙体南侧为耕地，北侧为一条乡间砂石路，均对其造成了较大破坏。

23.德和全长城4段（150223382301040023）

该段长城起自乌克忽洞镇德和全村西北1.1千米，止于德和全村西北1.3千米。墙体大体呈东西走向，上接德和全长城3段，下接德和全长城5段。

本段墙体为消失段，起止点之间的直线长度为234米。墙体北侧紧邻X093县道砂石路，公路修筑造成墙体消失。依据相邻上下段墙体情况，推断该段墙体原应为土墙。

24.德和全长城5段（150223382101040024）

该段长城起自乌克忽洞镇德和全村西北1.3千米，止于德和全村西北1.5千米。墙体大体呈东偏南—西偏北走向，上接德和全长城4段，下接德和全长城6段。

墙体长170米，为土墙，总体保存差。现存墙体呈微微隆起于地面的土垄状，底宽2～4、残高最高0.5米。墙体北侧的X093县道砂石路修筑对该段墙体保存影响较大。

25.德和全长城6段（150223382301040025）

该段长城起自乌克忽洞镇德和全村西北1.5千米，止于德和全村西北2.1千米。墙体大体呈东偏南—西偏北走向，上接德和全长城5段，下接什拉文格长城1段。

本段墙体为消失段，起止点之间的直线长度为162米。墙体北侧紧邻X093县道砂石路，南侧为农田，修建道路和耕作导致墙体消失。依据相邻上下段墙体情况，推断该段墙体原应为土墙。

26.什拉文格长城1段（150223382101040026）

该段长城起自乌克忽洞镇什拉文格村东北1.7千米，止于什拉文格村东北1.0千米。墙体呈东南—西北走向，上接德和全长城6段，下接什拉文格长城2段。

墙体长1186米，为黄土夹砂夯筑土墙，总体保存差。现存墙体呈断续的土垄状，底宽1～4、残高最高0.5米。墙体位于X093县道砂石路的南侧，近止点处长73米的墙体因道路修筑而消失，断面可见夯筑痕迹，夯筑不实，夯层模糊，厚10厘米左右。墙体保存差和消失部分，分别占该段墙体总长的93.8%、6.2%。

27. 什拉文格长城2段（150223382101040027）

该段长城起自乌克忽洞镇什拉文格村东北1.0千米，止于什拉文格村西北2.6千米。墙体大体呈东南—西北走向，上接什拉文格长城1段，下接什拉文格长城3段。

墙体长2837米，为黄土夹砂夯筑土墙，总体保存差。现存墙体呈土垄状，轮廓和走向非常清晰，底宽3~4、残高0.3~0.8米。局部断面可见夯筑痕迹，夯筑不实，夯层模糊，厚约10厘米。墙体南侧紧邻X093县道砂石路，北侧为农田或林地。

28. 什拉文格长城3段（150223382301040028）

该段长城起自乌克忽洞镇什拉文格村西北2.6千米，止于什拉文格村西北2.8千米。墙体大体呈东南—西北走向，上接什拉文格长城2段，下接红泥井长城。

本段墙体为消失段，起止点之间的直线长度为156米。墙体在修筑道路时被损毁，墙基被路基覆盖。依据相邻上下段墙体情况，推断该段墙体原应为土墙。

29. 红泥井长城（150223382101040029）

该段长城起自乌克忽洞镇红泥井村东南1.1千米，止于红泥井村西南2.2千米。墙体大体呈东南—西北走向，上接什拉文格长城3段，下接恒盛茂长城1段。

墙体长3193米，为黄土夹砂夯筑土墙，总体保存差。现存墙体呈高于地表的土垄状，底宽2~4、残高最高0.5米。局部断面可见夯筑痕迹，夯筑不实，夯层模糊，厚约10厘米。墙体位于X093县道砂石路的南侧，局部被砂石路叠压。

墙体沿线调查烽燧1座，为红泥井烽燧。

红泥井烽燧（150223353201040009）　位于乌克忽洞镇红泥井村南2.1千米的山顶上，北距红泥井长城墙体0.45千米，西北距营路烽燧8.2千米。

烽燧土筑，保存差，结构和形制均破坏。台体现已坍塌成覆钵形土丘状，底部直径14、顶部直径3、残高0.5米。

30. 恒盛茂长城1段（150223382301040030）

该段长城起自乌克忽洞镇恒盛茂村东北1.1千米，止于恒盛茂村东北0.3千米。墙体大体呈东南—西北走向，上接红泥井长城，下接恒盛茂长城2段。

本段墙体为消失段，起止点之间的直线长度为862米。墙体在修筑道路时被损毁，墙基被路面覆盖。依据相邻上下段墙体情况，推断该段墙体原应为土墙。

31. 恒盛茂长城2段（150223382101040031）

该段长城起自乌克忽洞镇恒盛茂村东北0.3千米，止于恒盛茂村西北1.1千米。墙体大体呈东南—西北走向，上接恒盛茂长城1段，下接西河长城1段。

墙体长1279米，为黄褐土夯筑土墙，总体保存差。现存墙体呈土垄状，底宽2~4、残高最高0.7米。墙体南侧有X093县道砂石路，局部地段被砂石路破坏，地表残存遗迹较少，且存有修路时在墙体上取土形成的土坑。中部约103米的墙体，因修路破坏而消失，墙基被道路覆盖。后小段墙体遗存于道路南侧的林地中，部分断面可见夯筑痕迹，夯层厚约10厘米。其中，保存差部分、消失部分，分别占该段墙体总长的92%、8%。

32. 西河长城1段（150223382101040032）

该段长城起自乌克忽洞镇西河村南偏东0.8千米，止于西河村南偏西0.8千米。墙体大体呈东南—西北走向，上接恒盛茂长城2段，下接西河长城2段。

墙体长636米，为土墙，总体保存差。X093县道向北拐入西河村，墙体于拐点西部较明显。现存墙体略微隆起于地表，痕迹非常模糊，仅能大体看出其走向，底宽2~3、残高最高0.3米。

33. 西河长城2段（150223382101040033）

该段长城起自乌克忽洞镇西河村南偏西0.8千米，止于乌克忽洞镇营路村南0.3千米。墙体大体呈东南—西北走向，上接西河长城1段，下接营路长城1段。

墙体长2441米，为黄土夹砂夯筑土墙，夯层厚8~11厘米，总体保存差。现存墙体底宽2~4、残高最高0.5米。墙体前小段地表仅见一系列连续的小土垄；后小段保存稍好，地表隆起较为明显，近止点处因村庄建设而破坏。

34. 营路长城1段（150223382301040034）

该段长城起自乌克忽洞镇营路村南0.3千米，止于营路村西南0.2千米。墙体大体呈东南—西北走向，上接西河长城2段，下接营路长城2段。

本段墙体为消失段，起止点之间的直线长度为144米。墙体紧邻村庄，村民日常取土、平整土地和修筑村内道路导致墙体消失。依据相邻上下段墙体情况，推断该段墙体原应为土墙。

35. 营路长城2段（150223382101040035）

该段长城起自乌克忽洞镇营路村西南0.2千米，止于营路村西南0.8千米。墙体大体呈东南—西北走向，上接营路长城1段，下接营路长城3段。

墙体长747米，为黄土夹砂夯筑土墙，夯层厚10厘米左右，总体保存差。现存墙体呈高于地表的土垄状，轮廓和走向比较清晰，底宽2~4、残高最高0.5米。墙体起点处因村庄平整道路而破坏，中部被村边道路扰动。

36. 营路长城3段（150223382301040036）

该段长城起自乌克忽洞镇营路村西南0.8千米，止于营路村西0.9千米。墙体应大体呈东南—西北走向，上接营路长城2段，下接圐圙点力素长城1段。

本段墙体为消失段，起止点之间的直线长度为149米。X084县道公路斜向穿过墙体，修路时将墙体破坏。依据相邻上下段墙体情况，推断该段墙体原应为土墙。

墙体沿线调查烽燧1座，为营路烽燧。

营路烽燧（150223353201040011）　位于乌克忽洞镇营路村西0.8千米隘口处的小土丘上，北距营路长城3段墙体0.03千米，西北距圐圙点力素1号烽燧4.6千米。

烽燧为夹砂黄土夯筑，保存差，结构和形制均已破坏。台体现已坍塌成覆钵形土丘状，底部直径11、顶部直径5、残高1米。台体顶部现有一圆形盗洞，北侧亦有盗掘后坍塌形成的土坑，坑壁见有清晰夯层，厚10厘米。

37. 圐圙点力素长城1段（150223382101040037）

该段长城起自乌克忽洞镇圐圙点力素村东3.5千米，止于圐圙点力素村北0.7千米。墙体大体呈东西走向，上接营路长城3段，下接圐圙点力素长城2段。

墙体长3419米，为黄土夹砂夯筑土墙，总体保存较差。现存墙体宽厚，顶部平整，两侧呈斜坡，断面梯形，底宽5~7、顶宽1~2、残高0.3~1.3米。墙体夯筑疏松，土中夹砂，夯层厚10厘米左右。

墙体沿线调查障城2座，分别为圐圙点力素1号、2号障城。

圐圙点力素1号障城（150223353101040002）　位于乌克忽洞镇圐圙点力素村东1.8千米的平地上，北距圐圙点力素长城1段墙体8米，东距德和全障城16.8千米，西距圐圙点力素2号障城1.2千米。

障城保存差，四面城垣轮廓大致可分辨，平面呈方形，边长15.5米。障城墙体为土筑，坍塌严重，

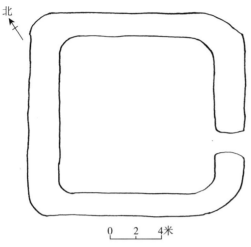

图九四　圞圗点力素1号障城平面图

现存墙体底宽约5、残高0.5～1.3米。门址不清（图九四）。障城内已被淤土填满，呈现为一明显高出于地表的平台，中部略凹。

圞圗点力素2号障城（150223353101040003）　位于乌克忽洞镇圞圗点力素村东北0.7千米的平地上，北距圞圗点力素长城1段墙体7米，西南距圞圗点力素3号障城0.95千米。

障城保存差，四面城垣轮廓大致可分辨，平面呈方形，边长14.5米。障城墙体为土筑，坍塌严重，现存墙体底宽约5、残高0.5～1.2米。门址不清。障城内已被淤土填满，呈现为一明显高出于地表的平台，中部略凹。障城东北角因人为挖掘而残缺。

38.圞圗点力素长城2段（150223382101040038）

该段长城起自乌克忽洞镇圞圗点力素村北0.7千米，止于圞圗点力素村西北0.9千米。墙体大体呈东西走向，上接圞圗点力素长城1段，下接圞圗点力素长城3段。

墙体长390米，为黄土夹砂夯筑土墙，夯层厚8～10厘米，总体保存差。墙体均已坍塌，夯土淤积在墙基两侧，形成一条宽而低矮的土垄，底宽7～10、残高0.3～0.5米。墙体北侧紧邻东西向的简易行车道，对墙体破坏严重，局部墙体修路时被推平，仅存基础遗迹。

墙体沿线调查障城1座，为圞圗点力素3号障城。

圞圗点力素3号障城（150223353102040004）　位于乌克忽洞镇圞圗点力素村南的平地上，北距圞圗点力素长城2段墙体0.85千米，西北距红卜其窑子1号障城5.2千米。

障城保存较差，城垣轮廓基本清晰，平面呈方形，边长133米。障城墙体为夹砂黄土夯筑，夯层厚8～11厘米。东墙紧邻X077县道，完全消失；北、西、南三面墙体尚存残迹，呈低矮的土垄状，底宽5～8、残高0.3～1米。门址应辟于东墙正中（图九五）。障城内现为耕地，不见遗迹遗物。

39.圞圗点力素长城3段（150223382101040039）

该段长城起自乌克忽洞镇圞圗点力素村西北0.9千米，止于圞圗点力素村西北2.1千米。墙体大体呈东南—西北走向，上接圞圗点力素长城2段，下接大牛圈长城。

墙体长1520米，为黄土夹砂夯筑土墙，夯层厚8～10厘米，总体保存差。墙体现已坍塌，夯土淤积在墙基两侧，形成一条宽而低矮的土垄，底宽7～10、残高最高达0.8米。包头至白云区的X077县道柏油路于该段墙体起点西部0.2千米处斜向穿过，导致墙体出现一个宽28米的豁口。

墙体沿线调查烽燧2座，分别为墙体圞圗点力素1号、2号烽燧。

圞圗点力素1号烽燧（150223353201040012）　位于乌克忽洞镇圞圗点力素村西北1.3千米的山坡上，北距圞圗点力素长城3段墙体0.05千米，西北距圞圗点力素2号烽燧0.78千米。

烽燧土筑，保存差，结构和形制均已破坏。台体现已坍

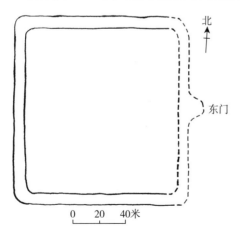

图九五　圞圗点力素3号障城平面图

塌成覆钵形土丘状，底部直径13、顶部直径6、残高0.6米。台体外筑有围墙，平面呈长方形，长31、宽25米。围墙土筑，保存差，东墙完全消失，西、北、南三面墙体呈土垄状，底宽3~5、残高最高达0.5米。东墙设门，方向125°。

圐圙点力素2号烽燧（150223353201040013）　位于乌克忽洞镇圐圙点力素村西北2千米的山坡上，北距圐圙点力素长城3段墙体0.04千米，西北距大牛圈烽燧1.4千米。

烽燧土筑，保存差，结构和形制均已破坏。台体现已坍塌成覆钵状，底部直径16、顶部直径9、残高0.4米。台体外筑有围墙，平面呈方形，边长30米。围墙土筑，保存差，现已坍塌成土垄状，底宽4~6、残高最高达0.3米。门址不清。

40. 大牛圈长城（150223382101040040）

该段长城起自明安镇大牛圈村东南1.6千米，止于大牛圈村西北0.6千米。墙体呈东南—西北走向，上接圐圙点力素长城3段，下接红卜其窑子长城1段。

墙体长2251米，为黄土夯筑墙，夯层厚约10厘米，总体保存差。墙体现已坍塌，夯土分解在墙基两侧，呈宽而低矮的土垄状，底宽4~7、残高最高0.8米。墙体中部有数条水冲沟，导致墙体出现豁口两处，分别宽41、10米。

墙体沿线调查烽燧1座，为大牛圈烽燧。

大牛圈烽燧（150223353201040015）　位于明安镇大牛圈村东南0.3千米的高原草地上，北侧紧邻大牛圈长城墙体，西北距红卜其窑子烽燧2.3千米。

烽燧土筑，保存差，结构和形制均已遭破坏。台体现已坍塌成覆钵形土丘状，底部直径11、顶部直径5、残高0.3米。烽燧周围为荒坡地，不见遗物。台体外侧筑有围墙，现仅存基址残迹，平面呈方形，边长25米。围墙土筑，现已完全坍塌，漫漶不清，亦不见门址。

41. 红卜其窑子长城1段（150223382301040041）

该段长城起自明安镇红卜其窑子（杨洪场）牧点东南0.9千米，止于红卜其窑子牧点东南0.5千米。墙体大体呈东南—西北走向，上接大牛圈长城，下接红卜其窑子长城2段。

本段墙体为消失段，起止点之间的直线长度为445米。墙体所处的艾不盖河槽现已干涸，据当地牧民介绍，20年前河槽内尚有墙体，中间豁口很小，常年的季节性山水冲刷最终导致墙体消失。依据相邻上下段墙体情况，推断该段墙体原应为土墙。

42. 红卜其窑子长城2段（150223382101130042）

该段长城起自明安镇红卜其窑子牧点东南0.5千米，止于红卜其窑子牧点西南0.5千米。墙体大体呈东南—西北走向，上接红卜其窑子长城1段，下接红卜其窑子长城3段。

墙体长755米，为土墙，总体保存差。现存墙体呈略微隆起于地面的断续土垄状，底宽3~5、残高最高0.5米。墙体南侧为艾不盖河槽，北侧为草场，墙体上长满了枳机草，个别地段因山水冲刷而破坏，牧民放牧时牲畜踩踏也对墙体造成一定影响。

墙体沿线调查障城1座，为红卜其窑子1号障城。

红卜其窑子1号障城（150223353102040005）　位于明安镇红卜其窑子牧点南0.5千米的高原草地上，北距红卜其窑子长城2段墙体0.2千米，东南距圐圙点力素3号障城5.2千米，西南距红卜其窑子2号障城0.8千米。

障城保存较差，轮廓比较清晰，平面呈"回"字形，筑有内、外两重城墙。墙体均为土筑，现均已坍塌，漫漶不清，呈土垄状，底宽5~7、残高0.5~1.3米。外城平面呈长方形，南北长161、东西宽159米。东墙中央设门，门宽8米（图九六），方向为155°。外城墙四角均筑有向外凸出的角台，现

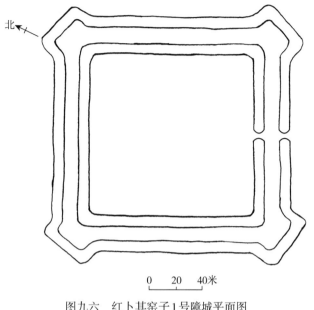

北

0　　20　　40米

图九六　红卜其窑子1号障城平面图

仅存基址残迹，角台宽约20米，凸出部分约10米，其中西北角台基址已被破坏。内城平面呈长方形，南北长130、东西宽126.4米。城内及其周围地表遗物较少，采集有箭镞、汉五铢钱等遗物。

43. 红卜其窑子长城3段（150223382301040043）

起该段长城自明安镇红卜其窑子牧点西南0.5千米，止于红卜其窑子牧点西南0.7千米。墙体大体呈东西走向，上接红卜其窑子长城2段，下接红卜其窑子长城4段。

本段墙体为消失段，起止点之间的直线长度为232米。墙体处于河槽边缘，艾不盖河洪水冲刷是导致墙体消失的主要因素。依据相邻上下段墙体情况，推断该段墙体原应为土墙。

44. 红卜其窑子长城4段（150223382101040044）

该段长城起自明安镇红卜其窑子牧点西南0.7千米，止于红卜其窑子牧点西南2.8千米。墙体作外向弧线形分布，大体呈东西走向，上接红卜其窑子长城3段，下接红卜其窑子长城5段。

墙体长2160米，为黄土夯筑墙，夯层厚约10厘米，总体保存差。墙体现已坍塌，夯土分解在墙基两侧，呈土垄状，底宽4~7、残高0.3~1米。

墙体沿线调查障城1座，为红卜其窑子2号障城。

红卜其窑子2号障城（150223353102040021）　位于明安镇红卜其窑子牧点西南1.4千米的高原草地上，北距红卜其窑子长城4段墙体0.78千米，东偏北距红卜其窑子1号障城0.8千米，西北距艾卜盖障城3.85千米。

障城平面呈圆形，直径150米，夯筑土墙，保存较差。墙体现呈低矮的土垄状，底宽10~12、顶宽2、残高0.5~0.7米。位于北墙内侧依墙筑有一马蹄形小城，坐北朝南，小城北墙利用障城墙体，半周长为50米，墙体较低矮，保存差。此建筑址是否为城门，或是城门内侧修建的瓮城？尚不清楚。障城中心处有一座建筑台基，台体现已坍塌成覆钵形土丘状，底部直径10、顶部直径7、残高0.5米。台体外侧筑有围墙，为土筑，保存差，现坍塌后仅存基址残迹，底宽7~10、残高0.5~1.5米，平面近圆形，直径在13~14米之间。围墙门设于西北方向，宽8米。

45. 艾卜盖长城1段（150223382101040045）

该段长城起自明安镇艾卜盖村东北3.7千米，止于艾卜盖村西北3.8千米。墙体大体呈东南—西北走向，上接红卜其窑子长城4段，下接艾卜盖长城2段。

墙体长2733米，为黄土夯筑土墙，夯层厚约10厘米，总体保存较差。墙体顶部坍塌，下部保存尚好，于地表呈明显的土垄状，现存墙体底宽6~8、顶宽1~2、残高0.5~1.3米。墙体后小段有一条现代人挖掘的排水渠穿过，造成墙体出现一个宽4米的豁口。包白（包头至白云鄂博）铁路和一条简易行车道在近止点处穿过，导致墙体出现一处宽36米的豁口。

墙体沿线调查烽燧、障城各1座，为艾卜盖1号烽燧和艾卜盖障城。

艾卜盖1号烽燧（150223353201040017）　位于明安镇艾卜盖村北3.4千米的高原草地上，北距艾卜盖长城1段墙体50米，西北距艾卜盖2号烽燧3.1千米。

烽燧为夹砂黄土夯筑，保存差，结构和形制均已破坏。台体现已坍塌成覆钵形土丘状，底部直径13、顶部直径5、残高2米。台体顶部有现代人挖掘出的浅坑，可见夯层厚约10厘米。

艾卜盖障城（150223353101040006）　位于明安镇艾卜盖村北3.5千米的高原草地上，西北距乌兰呼都格障城8.4千米。

障城平面呈长方形，东西长约40米，南北宽约26米。障墙夯土建筑，北墙借用艾卜盖长城1段墙体，另筑其他三面墙体而成，唯北墙明显隆起于地表，其余墙体及门址模糊难辨，整体保存差。

46. 艾卜盖长城2段（150223382101040046）

该段长城起自明安镇艾卜盖村西北3.8千米，止于艾卜盖村西北5.7千米。墙体略作内向弧线形分布，呈东南—西北走向，上接艾卜盖长城1段，下接乌兰呼都格长城1段。

墙体长2486米，为黄土夯筑土墙，夯层厚10厘米左右，总体保存较差。墙体因风雨侵蚀而日益萎缩，夯土分解在墙体两侧。现存墙体于地表呈宽大的土垄状，底宽6~8、顶宽1~2、残高0.5~1.2米（彩图七〇〇）。墙体近起点处有包钢输浆管道穿过，形成一个宽6米的豁口。后小段墙体顶部设有网围栏，并有一条乡间道路通过，导致墙体出现一个宽9米的豁口。

墙体沿线调查烽燧、障城各1座，分别为艾卜盖2号烽燧和高勒音鄂黑障城。

艾卜盖2号烽燧（150223353201040019）　位于明安镇艾卜盖村西北4.1千米的草原丘陵顶部，北距艾卜盖长城2段墙体0.45千米，西北距乌兰呼都格1号烽燧2千米。

烽燧土筑，保存差，结构和形制均已破坏。台体现已坍塌成土丘状，底部直径13、顶部直径4、残高0.7米。

高勒音鄂黑障城（150223353102040022）　位于明安镇高勒音鄂黑牧点处，东北距艾卜盖长城2段墙体3.1千米，西北距乌兰呼都格障城7.2千米，东北距艾卜盖障城3.83千米。

障城偏远于长城墙体，建造于北高南低的坡地上，障城南半部分被河水、村庄所破坏，现残存北半部分。北墙保存较好，长170米；东、西墙各保留北半部分，东墙长约100、西墙长约90米。墙体为夯筑土墙，底宽15、顶宽7~8、残高2.5米。此外，保留有东北、西北角台，北墙中部偏东有一座马面，角台及马面直径在20米左右，略高于墙体。门址不清。障址内部受自然和人为破坏的因素较大。

47. 乌兰呼都格长城1段（150223382101040047）

该段长城起自明安镇乌兰呼都格牧点东南0.9千米，止于乌兰呼都格牧点西1.8千米。墙体略作内外弯曲分布，大体呈东南—西北走向，上接艾卜盖长城2段，下接乌兰呼都格长城2段。

墙体长2633米，为黄土夯筑墙，夯层厚约10厘米，总体保存较差。墙体顶部坍塌，下部保存尚好，夯土分解在墙体两侧。现存墙体宽厚，断面呈梯形，底宽6~8、顶宽1~2、残高0.6~1.3米。墙体穿行地段分布有数条山水冲沟，导致墙体出现数个豁口。

墙体沿线调查烽燧1座，为乌兰呼都格1号烽燧。

乌兰呼都格1号烽燧（150223353201040020）　位于明安镇乌兰呼都格村西南1.3千米的丘陵顶部，北距乌兰呼都格长城1段墙体0.75千米，西北距乌兰呼都格2号烽燧3.4千米。

烽燧土筑，保存差，结构和形制均已破坏。台体现已坍塌成覆钵形土丘状，底部直径10、顶部直径7、残高0.6米。台体顶部树立一根低矮的水泥桩。墩台外侧筑有围墙，已坍塌，仅存基址，平面为圆角方形，边长14米。围墙土筑，保存差，底宽4~6、残高0.3~0.7米。东墙正中开门，门宽2米，方向65°。

48. 乌兰呼都格长城2段（150223382101040048）

该段长城起自明安镇乌兰呼都格牧点西1.8千米，止于乌兰呼都格牧点西北4.7千米。墙体前小段略作外向弧线形分布，大体呈东南—西北走向，上接乌兰呼都格长城1段，下接绍日格图长城。

　　墙体长2919米，为黄土夯筑土墙，夯层厚约10厘米，总体保存较差。墙体受自然因素影响而萎缩，现存墙体宽厚，呈土垄状，断面呈梯形，底宽6~8、顶宽1~2、残高0.6~1.2米。前小段墙体顶部设有网围栏，一条乡间小路穿过，导致墙体出现一个宽3米的豁口；后小段墙体顶部被利用为乡村道路。

　　墙体沿线调查烽燧、障城各1座，分别为乌兰呼都格2号烽燧、乌兰呼都格障城。

　　乌兰呼都格2号烽燧（150223353201040021）　位于明安镇乌兰呼都格牧点西北3.5千米处的丘陵顶部，北距乌兰呼都格长城2段墙体0.38千米，西北距绍日格图烽燧3.8千米。

　　烽燧为夹砂黄土夯筑，保存差，结构和形制均已破坏。现已坍塌成一长方形土丘，底部南北长17、东西宽10米，顶部南北长11.8、东西宽4.5米，残高2米，夯层厚8~10厘米。烽燧顶部中央立有一根低矮的水泥桩。墩台外原有围墙，现仅存基址。基址平面长方形，南北长32.5、东西宽25米，东墙中央开门，门宽2米，方向85°。围墙土筑，保存差，现存墙体宽2~3、高0.2~0.4米。

　　乌兰呼都格障城（150223353101040007）　位于明安镇乌兰呼都格牧点西北4.5千米的高原草地上，北距乌兰呼都格长城2段墙体0.01千米，西南距绍日格图1号障城1.65千米。

　　障城保存差，城垣轮廓大致可分辨，平面呈方形，边长约15米。障城墙体为土筑，现西半部分的墙体略有残存，东半部墙体已消失。现存墙体底宽2~4、残高最高0.4米。门址不清。

　　49.绍日格图长城（1502233382101040049）

　　该段长城起自明安镇绍日格图牧点东北1.8千米，止于绍日格图牧点西北2.3千米。墙体呈东南—西北走向，上接乌兰呼都格长城2段，下接好来长城1段。

　　墙体长2656米，为黄土夯筑墙，夯层厚约10厘米，总体保存较差。现存墙体宽厚，呈垄状，断面为梯形，底宽6~8、顶宽2~3、残高0.6~1.5米。墙体顶部有网围栏，北侧隐约可见极浅的壕沟，推测为构筑墙体时就地取材而形成，现被砂土淤积几乎与地表齐平。

　　墙体沿线调查障城2座、烽燧1座，分别为绍日格图1号、2号障城和绍日格图烽燧。

　　绍日格图1号障城（150223353102040009）　位于明安镇绍日格图牧点北1.5千米的高原草地上，坐落在一个北、东、西三面环山，南面开敞的箕形洼地内，北距绍日格图长城墙体1.1千米，北偏西距绍日格图2号障城1.8千米。

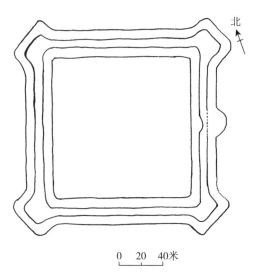

北

0　　20　　40米

图九七　绍日格图1号障城平面图

　　障城保存较差，墙垣轮廓比较清晰，平面呈"回"字形，筑有内、外两重城墙。内城平面呈方形，边长132米。内城墙为主墙，黄土夯筑，夯层厚10厘米。现存墙体呈土垄状，底宽8~9、顶宽2.5~4、残高0.7~1.5米。墙外为壕，宽约8米。壕外为外城墙，属副墙，平面呈方形，边长160米。坍塌的墙体现呈低矮的土垄状，底宽4~8、残高最高0.5米。四角有凸出的垛口柱状角台，东墙中部辟门，门宽10米，方向110°。门外加筑马蹄形瓮城，现呈土丘状，直径约20米，门向200°（图九七）。

　　城址内部地表平整，不见相关遗迹。

　　绍日格图2号障城（150223353101040010）　位于明安镇绍日格图牧点北偏西2.1千米的高原草地上，北距绍日格图长城墙体0.01千米，西北距好来障城2.4千米。

障城保存较差，轮廓比较清晰，平面呈方形，边长16米。障城墙体坍塌成土垄状，宽5～7、残高0.2～1米。城内淤土较多，将障城堆积成了一个高出于地表的方形土台，中部略凹。东墙中部开门，宽约2米，方向为124°。

绍日格图烽燧（150223353201040024）　位于明安镇绍日格图牧点西北2.2千米的高原草地上，北距红井壕长城1段墙体0.75米，西北距沙如拉烽燧5千米。

烽燧土筑，保存差，结构和形制均已破坏。台体现已坍塌成覆钵状土丘，底部直径16、顶部直径7、残高1.2米。墩台外侧筑有围墙，现仅存基址，平面为方形，边长25.5米。围墙土筑，保存差，大部坍塌；现存墙体底宽4～6、残高0.3～0.7米。东墙中部开门，宽2米，方向115°。

50. 好来长城1段（150223382101040050）

该段长城起自明安镇好来牧点东北5.5千米，止于好来牧点东北5千米。墙体略作内向弯曲，大体呈东南—西北走向，上接绍日格图长城，下接好来长城2段。

墙体长990米，为黄土夯筑土墙，夯层厚约10厘米，总体保存较差。墙体坍塌，现呈宽厚的土垄状，底宽8～10、顶宽2～3、残高1～1.7米（彩图七〇一、七〇二）。墙体中部有一条乡间道路穿过，造成一个宽9米的豁口。

51. 好来长城2段（150223382101040051）

该段长城起自明安镇好来牧点东北5千米，止于好来牧点东北5.1千米。墙体大体作直线分布，呈东南—西北走向，上接好来长城1段，下接好来长城3段。

墙体长1400米，为土墙，总体保存差。现存墙体呈略高于地面的低矮土垄状，底宽4～6、残高0.3～0.7米。墙体南侧架设有划分牧场的网围栏，中部有一条山间土路穿过。

墙体沿线调查障城1座，为好来障城。

好来障城（150223353101040011）　位于明安镇好来牧点东北5.1千米的高原草地上，北距好来长城2段墙体0.02千米，西北距沙如拉1号障城4.8千米。

障城保存差，轮廓大致可辨，平面呈方形，边长12米。障城墙体土筑，现已坍塌，呈土垄状，底宽2～4、残高0.2～0.8米。障城内淤土较多，将障城堆积成了一个高出于地表的方形土台，中部略凹。门址不清。

52. 好来长城3段（150223382301040052）

该段长城起自明安镇好来牧点东北5.1千米，止于明安镇沙如拉牧点西南3.5千米。墙体原应作直线分布，呈东南—西北走向，上接好来长城2段，下接沙如拉长城1段。

本段墙体为消失段，起止点之间的直线长度为404米。墙体经行于地势低洼地带，现为土路道辙，地表痕迹全无。依据相邻上下段墙体情况，推断该段墙体原应为土墙。

53. 沙如拉长城1段（150223382101040053）

该段长城起自明安镇沙如拉牧点西南3.5千米，止于沙如拉牧点西南0.7千米。墙体作直线分布，呈东南—西北走向，上接好来长城3段，下接沙如拉长城2段。

墙体长2877米，为黄土夯筑土墙，夯层厚约10厘米，总体保存差。现存墙体呈土垄状，底宽4～6、残高最高1米。墙体前小段地表痕迹模糊，后小段轮廓清晰。墙体北侧有一条简易行车道。

墙体沿线调查烽燧1座，为沙如拉烽燧。

沙如拉烽燧（150223353201040025）　位于明安镇沙如拉牧点东南2.2千米的土丘顶部，当地牧民称作满海敖包，北距沙如拉长城1段墙体1.4千米，西北距圐圙烽燧8.4千米。

原来构筑烽燧台体的石块现已完全被利用改造为敖包，四周立有四根苏鲁锭。从该敖包所处位置及与周边其他烽燧的间距推断，原来此处应筑有烽燧。

54. 沙如拉长城2段（150223382101040054）

该段长城起自明安镇沙如拉牧点东南0.7千米，止于沙如拉牧点西北1.2千米。墙体呈东南—西北走向，上接沙如拉长城1段，下接沙如拉长城3段。

墙体长1797米，为黄土夯筑土墙，夯层厚约10厘米，总体保存较差。墙体前小段保存差，长696米，墙体地表残存较少，底宽4～7、残高最高达0.8米；后小段保存较差，长1101米，残存墙体较宽厚，断面略呈梯形，底宽6～8、顶宽2～3、残高0.7～1.3米。保存较差和差部分，分别占该段墙体总长的61.3%、38.7%。该段长城起点处先后有固阳红泥井至达尔罕茂明安公路和南流注入伊和淖日的漫水道穿过墙体，均导致墙体出现断豁。此外，有西去的驼道经行该段长城。

墙体沿线调查障城1座，为沙如拉1号障城。

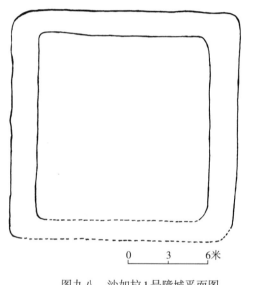

图九八　沙如拉1号障城平面图

沙如拉1号障城（150223353101040012）位于明安镇沙如拉牧点西0.7千米的高原草地上，北距沙如拉长城2段墙体0.01千米，西北距沙如拉2号障城3.6千米。

障城保存较差，轮廓比较清晰，平面呈方形，边长16.5米。障城墙体土筑，现已坍塌，堆积在障城内，使得障城整体似一座方形土台。城内已被淤平，仅测得墙体外侧残高0.5～1米。门址不清（图九八）。

55. 沙如拉长城3段（150223382101040055）

该段长城起自明安镇沙如拉牧点西北1.2千米，止于沙如拉牧点西北3.8千米。墙体作直线分布，呈东南—西北走向，上接沙如拉长城2段，下接圐圙长城1段。

墙体长2711米，为土墙，总体保存差。现存墙体呈低矮的土垄状，底宽4～6、残高0.2～0.7米。墙体前小段有一条道路通过，形成一处宽6米的豁口。沙如拉至道兴土路于起点处穿过墙体。墙体中小段南侧有一个干涸的水泡子。

墙体沿线调查障城1座，为沙如拉2号障城。

沙如拉2号障城（150223353101040013）位于明安镇沙如拉牧点西北3.6千米的高原草地上，北距沙如拉长城3段墙体0.02千米，西北距圐圙1号障城1.5千米。

障城保存较差，城垣轮廓比较清晰，平面呈方形，边长16米。障城墙体土筑，现已坍塌，堆积在城内，使得障城整体呈现为一个高出于地表的方形土台。现存墙体底宽6～8、残高0.2～1.2米。东墙设门，门宽3米，方向为120°。

56. 圐圙长城1段（150223382101040056）

该段长城起自明安镇圐圙牧点东南2.8千米，止于圐圙牧点东南0.7千米。墙体呈东南—西北走向，上接沙如拉长城3段，下接圐圙长城2段。

墙体长2181米，为黄土夹砂夯筑土墙，夯层厚约10厘米，总体保存较差。现存墙体呈土垄状分布，底宽5～7、残高0.5～1米。道兴通往圐圙的土路穿过前小段墙体，造成墙体断豁。

墙体沿线调查障城1座，为圐圙1号障城。

圐圙1号障城（150223353101040014）　位于明安镇圐圙牧点东南1.4千米的高原草地上，北距圐圙长城1段墙体0.02千米，西北距圐圙2号障城1.3千米。

障城保存较差，轮廓比较清晰，平面呈方形，边长16米。障城墙体土筑，现已坍塌，堆积在城内，使得障城整体呈现为一个高出于地表的方形土台。现存墙体底宽6～8、残高0.5～0.9米。东墙设门，方向135°。障城外围隐现壕沟痕迹，表明筑墙自城外取土。

57. 圐圙长城2段（150223382101040057）

该段长城起自明安镇圐圙牧点东南0.7千米，止于圐圙牧点西北0.4千米。墙体大体作直线分布，呈东南—西北走向，上接圐圙长城1段，下接乌迪阿玛长城1段。

墙体长1062米，为土墙，总体保存差。现地表残存较少，只能大体看出轮廓和走向，底宽3～5、残高最高达0.5米。墙体及其两侧生长着茂盛的枳机草，风雨侵蚀对墙体破坏比较严重。墙体后小段外侧有库伦古城，平面呈方形，边长约50米。四周墙垣清晰，残高1～2米，墙外侧有一周壕沟，宽4～7米。城内曾采集到元代瓷片。

墙体沿线调查烽燧、障城各1座，分别为圐圙烽燧、圐圙2号障城。

圐圙烽燧（150223353201040026）　位于明安镇圐圙牧点西北0.2千米的高原草地上，北距圐圙长城2段墙体0.01千米，西南距乌迪阿玛1号烽燧2.1千米。

烽燧土筑，保存差，结构和形制均已破坏。台体现已坍塌为低矮的长方形土丘状，南北长11.2、东西宽9.3、残高1米。

圐圙2号障城（150223353101040015）　位于明安镇圐圙牧点南0.2千米的高原草地上，北距圐圙长城2段墙体0.26千米，西南距乌迪阿玛1号障城1.78千米。

障城保存较差，城垣轮廓较清晰，平面呈方形，边长130米。障城墙体土筑，上部已坍塌，现存墙体底宽8～11、顶宽2～3、残高0.7～1.5米。东墙正中设门，门宽不明，方向95°。门外有凸出12米的土丘，当为马蹄形瓮城遗迹。城外四角有角台，四周有壕沟隐现。障城内东南角残存有三个土筑台基，均呈方形，大小相仿，边长7、高于地表1米左右。城内散落有零星瓷片。一条乡间土路穿过南墙中部和北墙东端。

58. 乌迪阿玛长城1段（150223382101040058）

该段长城起自明安镇乌迪阿玛牧点东南2.6千米，止于乌迪阿玛牧点东南0.6千米。墙体略作外向弧线形分布，大体呈东南—西北走向，上接圐圙长城2段，下接乌迪阿玛长城2段。

墙体长2000米，为黄土夯筑土墙，总体保存差。墙体前小段保存较差，长504米，墙体比较宽厚，断面略呈梯形，底宽6～8、顶宽2～3、残高0.7～1.2米；后小段保存差，长1496米，地表残存较少，仅能大体看出其轮廓和走向，呈土垄状，底宽4～7、残高最高达0.5米。保存较差和保存差部分，分别占该段墙体总长的25.2%、74.8%。墙体中部有一条简易行车道穿过，之后顺着墙体向西延伸，对墙体造成了破坏。

墙体沿线调查障城、烽燧各1座，分别为乌迪阿玛1号障城、乌迪阿玛1号烽燧。

乌迪阿玛1号障城（150223353101040016）　位于明安镇乌迪阿玛牧点东南1.2千米的高原草地上，北距乌迪阿玛长城1段墙体0.01千米，西北距乌迪阿玛2号障城2.8千米。

障城保存较差，墙垣轮廓比较清晰，平面呈方形，边长15米。障城墙体土筑，现已坍塌，堆积在城内，使得障城整体呈现为一个高出于地表的方形土台。现存墙体底宽3～5、残高0.2～0.8米。东墙中部设门，门宽4米。

乌迪阿玛1号烽燧（150223353201040027）　位于明安镇乌迪阿玛牧点南偏西2.44千米的山顶上，

北距乌迪阿玛长城1段墙体1.6千米，西北距乌迪阿玛2号烽燧1.4千米。

烽燧已被现代人改筑为敖包，石块垒砌，呈圆柱状，直径13、高1.8米，顶上垒砌高1.2米的锥形石堆。周围呈放射状排列数座守卫敖包。该烽燧北临敦达高勒沟，洪水东南流汇入伊和淖日。

59. 乌迪阿玛长城2段（1502233821010400059）

该段长城起自明安镇乌迪阿玛牧点东南0.6千米，止于乌迪阿玛牧点南0.3千米。墙体大体呈东南—西北走向，上接乌迪阿玛长城1段，下接乌迪阿玛长城3段。

墙体长558米，为黄土夯筑墙，总体保存差。墙体沿乌迪阿玛牧点南部的乌迪阿玛谷地南岸上行，受山水冲刷破坏，呈断续的土垄状分布，底宽4～6、顶宽1～2、残高最高达1米。夯层模糊，厚约10厘米。

60. 乌迪阿玛长城3段（1502233823010400060）

该段长城起自明安镇乌迪阿玛牧点南0.3千米，止于乌迪阿玛牧点西南0.6千米。墙体大体呈东西走向，上接乌迪阿玛长城2段，下接乌迪阿玛长城4段。

本段墙体为消失段，起止点之间的直线长度为501米。墙体处于乌迪阿玛谷底，山水冲刷是导致其消失的主要因素。依据相邻上下段墙体情况，推断该段墙体原应为土墙。

61. 乌迪阿玛长城4段（1502233821010400061）

该段长城起自明安镇乌迪阿玛牧点西南0.6千米，止于乌迪阿玛牧点西南0.7千米。墙体大体呈东西走向，上接乌迪阿玛长城3段，下接乌迪阿玛长城5段。

墙体长167米，为土墙，总体保存差。墙体位于乌迪阿玛河槽的南岸，受山水冲刷破坏严重，现地表残存遗迹较少，仅断续分布。现存墙体底宽2～4、残高最高达0.5米。

墙体沿线调查烽燧1座，为乌迪阿玛2号烽燧。

乌迪阿玛2号烽燧（1502233532010400028）　位于明安镇乌迪阿玛牧点西南2.7千米的山顶上，北距乌迪阿玛长城4段墙体2.1千米，西北距乌迪阿玛3号烽燧3.1千米。

墩台石筑，保存差，结构和形制均已破坏。台体现已坍塌为一方形石堆，边长12、残高2米。台体周围现存坞址1座、积薪垛2座。坞址紧邻台体南侧，平面呈长方形，东西长11、南北宽7米；墙体为毛石垒砌，宽1米左右。台体东侧残存有2个石砌积薪垛，平面均呈方形，边长分别为3米和2米。

62. 乌迪阿玛长城5段（1502233823010400062）

该段长城起自明安镇乌迪阿玛牧点西南0.7千米，止于乌迪阿玛牧点西南1.1千米。墙体大体呈东南—西北走向，上接乌迪阿玛长城4段，下接乌迪阿玛长城6段。

本段墙体为消失段，起止点之间的直线长度为441米。墙体分布于乌迪阿玛河槽中，山水冲刷导致墙体消失。依据相邻上下段墙体情况，推断该段墙体原应为土墙。该段长城西侧有超勒嘎牧点。

63. 乌迪阿玛长城6段（1502233821010400063）

该段长城起自明安镇乌迪阿玛牧点西南1.1千米，止于乌迪阿玛牧点西1.3千米。墙体呈南偏东—北偏西走向，上接乌迪阿玛长城5段，下接乌迪阿玛长城7段。

墙体长258米，为土墙，总体保存差。墙体位于超勒嘎牧点东北部的乌迪阿玛沟谷西岸，受山水冲刷破坏严重，遗迹低矮、模糊，可分辨大致的轮廓和走向；起、止点处的墙体，俱因山水冲刷而接近消失。现存墙体底宽2～4、残高最高0.5米。

64. 乌迪阿玛长城7段（1502233823010400064）

该段长城起自明安镇乌迪阿玛牧点西1.3千米，止于乌迪阿玛牧点西北1.5千米。墙体大体呈南北走向，上接乌迪阿玛长城6段，下接乌迪阿玛长城8段。

本段墙体为消失段，起止点之间的直线长度为385米。墙体斜跨超勒嘎北部的乌迪阿玛沟谷，山水冲刷导致墙体消失。依据相邻上下段墙体情况，推断该段墙体原应为土墙。

65. 乌迪阿玛长城8段（150223382101040065）

该段长城起自明安镇乌迪阿玛牧点西北1.5千米，止于乌迪阿玛牧点西北2.7千米。墙体作内外弯曲分布，呈南偏东—北偏西走向，上接乌迪阿玛长城7段，下接乌迪阿玛长城9段。

墙体长1423米，为黄土夯筑土墙，夯层模糊，厚约10厘米，总体保存差。墙体沿浅谷向本哄牧点方向延伸，旋即消失在牧点前的乌兰敖包河槽中。现存墙体底宽2~4.5、残高最高0.8米。墙体前小段南侧紧邻谷底河槽，受山水冲刷严重，地表残存较少，痕迹比较模糊，只能看出其大体的轮廓和走向；墙体后小段逐渐由沟谷延伸到了丘陵坡地，保存稍好，呈土垄状分布，轮廓和走向比较清晰。部分墙体中包含有毛石块，并可见人工垒砌的痕迹。墙体后小段中有一条东西向冲沟，导致墙体出现一个宽4米的豁口。墙体北侧有一条现代排水渠，局部破坏了墙体。

墙体沿线调查烽燧2座、障城1座，分别为乌迪阿玛3号、4号烽燧和乌迪阿玛2号障城。

乌迪阿玛3号烽燧（150223353201040029） 位于明安镇乌迪阿玛牧点西北1.6千米的丘陵沟谷内，东侧紧邻乌迪阿玛长城8段墙体，西北距乌迪阿玛4号烽燧0.95千米。

烽燧土筑，保存差，结构和形制均已破坏。台体现已坍塌为低矮的椭圆形土丘状，南北长9、东西宽2~4、残高1.5米。

乌迪阿玛4号烽燧（150223353201040030） 位于明安镇乌迪阿玛牧点西北2.4千米的丘陵坡底，东距乌迪阿玛长城8段墙体8米，西距乌兰敖包烽燧2.9千米。

烽燧为毛石干垒，保存差，结构和形制均已破坏。台体濒临消失，只残存一部分基础，略呈方形，边长4米。自然坍塌是导致烽燧损毁的主要原因，人为取石扰动则进一步加剧了烽燧的破坏。

乌迪阿玛2号障城（150223353102040017） 位于明安镇乌迪阿玛牧点西北1.6千米的沟谷西向折弯处东岸，东距乌迪阿玛长城8段墙体0.04千米，西北距乌兰敖包障城2.23千米。

障城保存较差，墙垣轮廓清晰，平面呈方形，边长13米。障城墙体土筑，现北墙已消失，其他三面墙体坍塌成土垄状，底宽6~7、顶宽2~3、残高最高达1米。南墙中部设门，门宽3米，方向225°。障城东北角残存一些毛石块，用途不明。障城北侧有小洪水沟，洪水冲刷导致障城北墙消失。障城西0.02千米为乌迪阿玛主河槽。

66. 乌迪阿玛长城9段（150223382301040066）

该段长城起自明安镇乌迪阿玛牧点西北2.7千米，止于乌迪阿玛牧点西北3.4千米。墙体大体呈东南—西北走向，上接乌迪阿玛长城8段，下接乌兰敖包长城1段。

本段墙体为消失段，起止点之间的直线长度为740米。该段长城地处本哄牧点前的乌兰敖包河槽南岸，后小段墙体消失在河槽之中，前小段经行区域地表尚有土筑墙体遗存，表明该段墙体原应为土墙。

67. 乌兰敖包长城1段（150223382101040067）

该段长城起自明安镇乌兰敖包牧点东1.7千米，止于乌兰敖包牧点东0.8千米。墙体作外向折线式分布，大体呈东西走向，上接乌迪阿玛长城9段，下接乌兰敖包长城2段。

墙体长870米，为夹砂黄土夯筑土墙，夯层厚约10厘米，总体保存差。墙体前小段保存差，长765米，地表痕迹模糊，仅能大体看出其轮廓和走向，现存墙体底宽3~5、残高最高达0.5米；墙体后小段保存较差，长105米，呈土垄状，断面为梯形，底宽3~7、顶宽1~2、残高最高1.2米。墙体沿乌兰敖包谷地南岸上行，洪水冲刷对局部墙体造成了破坏。其中，保存较差和保存差部分，分别占该段墙体总长的12%、88%。

墙体沿线调查障城1座，为乌兰敖包障城。

乌兰敖包障城（150223353101040023）　位于明安镇乌兰敖包牧点东1.16千米处的河谷西岸，北距乌兰敖包长城1段墙体0.02千米，东南距乌迪阿玛2号障城2.26千米，西南距那日图1号障城4.53千米。

障城保存差，墙垣轮廓清晰，平面呈方形，边长20米；障城墙体土筑，四面墙体坍塌成土垄状，底宽6~7、顶宽2~2.5、残高最高达1米。门址不清。障城北侧0.08千米处为乌兰敖包河槽，东0.8千米为本哄牧点。

68.乌兰敖包长城2段（150223382301040068）

位于明安镇乌兰敖包牧点东的丘陵沟谷中，起自乌兰敖包牧点东0.8千米，止于乌兰敖包村东0.6千米。墙体大体呈东西走向，上接乌兰敖包长城1段，下接乌兰敖包长城3段。

本段墙体为消失段，起止点之间的直线长度为168米。墙体沿乌兰敖包东部的河谷南岸构筑，山水冲刷导致墙体消失。依据相邻上下段墙体情况，推断该段墙体原应为土墙。

69.乌兰敖包长城3段（150223382101040069）

该段长城起自明安镇乌兰敖包牧点东0.6千米，止于乌兰敖包村东0.3千米。墙体略作外向弧线形分布，整体呈东西走向，上接乌兰敖包长城2段，下接乌兰敖包长城4段。

墙体长364米，为黄土夯筑墙，夯层模糊，厚约10厘米，总体保存差。墙体前小段轮廓较清晰，后小段仅见地表痕迹；现存墙体底宽3~5、残高最高0.6米。局部墙体中包含有毛石块，尚可见人工垒砌的痕迹。墙体北侧紧邻谷底干涸的河槽，山水冲刷对墙体造成了一定破坏。

70.乌兰敖包长城4段（150223382301040070）

该段长城起自明安镇乌兰敖包牧点东0.3千米，止于乌兰敖包牧点西0.14千米。墙体大体呈东北—西南走向，上接乌兰敖包长城3段，下接乌兰敖包长城5段。

本段墙体为消失段，起止点之间的直线长度为369米。墙体修筑在牧点前的乌兰敖包河槽南岸，现已成为季节性河槽，山水冲刷是导致墙体消失的主要因素。依据相邻上下段墙体情况，推断该段墙体原应为土墙。

71.乌兰敖包长城5段（150223382101040071）

该段长城起自明安镇乌兰敖包牧点西0.14千米，止于乌兰敖包牧点西南1千米。墙体沿乌兰敖包河槽南岸及上游西南支沟东岸构筑，呈东北—西南走向，上接乌兰敖包长城4段，下接乌兰敖包长城6段。

墙体长999米，为黄土夯筑土墙，夯层厚约10厘米，总体保存差。墙体现呈略高于地表的土垄状，走向和轮廓较清晰；现存墙体底宽3~5、残高最高0.6米。墙体内个别地方可见石块，且有人工垒砌的痕迹。墙体外侧临河槽，东侧架设有网围栏，局部地段墙体顶部有车辆碾压的痕迹，并分布有现代坑，均对墙体造成了一定破坏。

墙体沿线调查烽燧1座，为乌兰敖包烽燧。

乌兰敖包烽燧（150223353201040031）　位于明安镇乌兰敖包牧点西南0.8千米的山顶上，西北距乌兰敖包长城5段墙体0.44千米，西距那日图烽燧5.5千米。

烽燧被现代人改建为敖包，石块垒砌，呈高大的石堆状，底部直径15、残高2.8米。原始烽燧的形制和结构已无法辨别。

72.乌兰敖包长城6段（150223382102040072）

该段长城起自明安镇乌兰敖包牧点西南1千米，止于乌兰敖包牧点西南1.1千米。墙体呈东北—西南走向，上接乌兰敖包长城5段，下接乌兰敖包长城7段。

墙体长108米，为土石混筑，外壁以毛石错缝垒砌，中间填充土石。总体保存差，现大部分墙体濒临消失，只残存基础部分，但轮廓清晰，底宽3～4、残高最高0.3米。

73. 乌兰敖包长城7段（150223382101040073）

该段长城起自明安镇乌兰敖包牧点西南1.1千米，止于乌兰敖包牧点西南1.7千米。墙体略作内外弯曲分布，呈东北—西南走向，上接乌兰敖包长城6段，下接乌兰敖包长城8段。

墙体长615米，为土墙，总体保存差。墙体沿乌兰敖包西部的低缓谷地延伸，现存墙体呈低矮的土垄状，底宽3～4、残高约0.5米。自后吉老海牧点北行的土路穿越该段长城中部，造成墙体断豁。该段长城北有查干朝鲁山，西北有一处水泡子。

74. 乌兰敖包长城8段（150223382102040074）

该段长城起自明安镇乌兰敖包牧点西南1.7千米，止于乌兰敖包牧点西南1.8千米。墙体呈东北—西南走向，上接乌兰敖包长城7段，下接乌兰敖包长城9段。

墙体长150米，为土石混筑石墙，总体保存差。墙体内壁石砌痕迹清晰，外壁破坏严重，局部墙体只残存基础部分，濒临消失。现存墙体底宽3～4、残高最高0.4米。

75. 乌兰敖包长城9段（150223382101040075）

该段长城起自明安镇乌兰敖包牧点西南1.8千米，止于乌兰敖包村西南2千米。墙体作内向漫弧形分布，呈东偏北—西偏南走向，上接乌兰敖包长城8段，下接那日图长城1段。

墙体长164米，为土墙，总体保存差。现存墙体呈低矮的土垄状，轮廓和走向比较清晰，底宽3～5、残高约0.5米。墙体北侧有土路并行。

76. 那日图长城1段（150223382102040076）

该段长城起自明安镇那日图牧点东4.8千米，止于那日图牧点东4千米。墙体作直线分布，呈东西走向，上接乌兰敖包长城9段，下接那日图长城2段。

墙体长876米，为土石混筑石墙，总体保存差。现存墙体仅残存基础部分，局部濒临消失，底宽3～4、残高最高0.4米（彩图七〇三、七〇四）。

墙体南侧有弧形墙一道，即那日图副墙。调查推测，这道副墙应为原筑墙体，因局部低洼地带积水导致墙体倾颓，难于维护，因而于墙体北部取直重新筑墙，由此形成双墙格局。

77. 那日图副墙（150223382102040077）

副墙建于那日图长城1段、2段墙体的内侧，起自那日图长城1段墙体起点西0.36千米处，止于那日图长城2段墙体起点西0.05千米处，墙体略作内向圆弧形分布，由东北—西南走向过渡为东南—西北走向。副墙两端与主墙体闭合，最远端距主墙体0.18千米。

墙体长666米，为土石混筑，总体保存差。现存墙体呈低矮的土垄状，底宽3～4、残高最高0.3米。草原低洼地带积水是导致墙体损毁的主要因素。

78. 那日图长城2段（150223382101040078）

该段长城起自明安镇那日图牧点东4千米，止于那日图牧点东3.7千米。墙体由起点处的东西走向转呈东南—西北走向，上接那日图长城1段，下接那日图长城3段。

墙体长329米，为土墙，总体保存差。现存墙体呈低矮的土垄状，局部仅见地表痕迹，底宽3～5、残高最高0.5米。

79. 那日图长城3段（150223382102040079）

该段长城起自明安镇那日图牧点东3.7千米，止于那日图牧点东3.6千米。墙体呈东南—西北走向，上接那日图长城2段，下接那日图长城4段。

墙体长141米，为土石混筑石墙，总体保存差。现存墙体仅残存基础部分，局部濒临消失，但轮廓还比较清晰，底宽3～4、残高最高0.4米（彩图七〇五）。

80. 那日图长城4段（150223382101040080）

该段长城起自明安镇那日图牧点东3.6千米，止于那日图牧点东1.2千米。墙体略作外向漫弧形分布，总体呈东西走向，上接那日图长城3段，下接那日图长城5段。

墙体长2504米，为黄土夯筑墙，总体保存较差。墙体前小段保存较差，长2138米，现呈明显高于地表的土垄状，底宽3～4、残高0.5～1米；中小段因山水冲刷而消失，长71米；后小段保存差，长295米，呈土垄状，现存墙体底宽3～4、残高最高1米（彩图七〇六、七〇七）。后小段墙体南侧有多条水冲沟，导致墙体出现两处豁口，分别宽4、10米。墙体夯筑不实，土质疏松，含砂量大，夯层厚10～11厘米。墙体保存较差、保存差和消失部分，分别占该段墙体总长的85.5%、11.7%和2.8%。贾立盖河那日图支沟上游冲沟发育，导致该段长城的后小段墙体受到破坏。

墙体沿线调查障城2座，为那日图1号、2号障城。

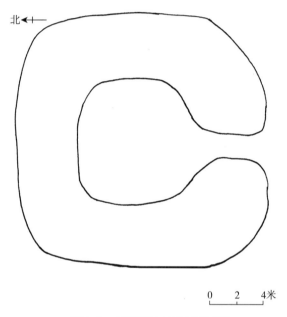

图九九　那日图1号障城平面图

那日图1号障城（150223353101040024）　位于明安镇那日图牧点东3.34千米处，北距那日图长城4段墙体0.01千米，西南距那日图2号障城1.47千米。

障城保存较差，墙垣轮廓清晰，平面呈方形，边长20米。障城墙体土筑，底宽6～7、顶宽2～3、残高最高1米。东墙中部设门，门宽2米，方向180°（图九九）。

那日图2号障城（150223353101040025）　位于明安镇那日图牧点东1.85千米处，北距那日图长城4段墙体0.02千米，西距那日图3号障城1.4千米。

障城保存差，墙垣轮廓清晰，平面呈方形，边长14米。障城墙体土筑，四面墙体坍塌成土垄状，底宽6～8、顶宽2～4、残高最高0.8米。门址不清。

81. 那日图长城5段（150223382102040081）

该段长城起自明安镇那日图牧点东1.2千米，止于那日图村东1千米。墙体大体呈东北—西南走向，上接那日图长城4段，下接那日图长城6段。

墙体长180米，为土石混筑石墙，总体保存差。墙体位于那日图东南部山梁上，现存墙体仅残存基础部分，轮廓较清晰，底宽3～4、残高最高0.3米。墙体南有土路东西行，北部为那日图沟河槽。

82. 那日图长城6段（150223382101040082）

该段长城起自明安镇那日图牧点东1千米，止于那日图牧点西0.9千米。那日图以东墙体略作外向漫弧形分布，以西墙体直线分布，大体呈东西走向，上接那日图长城5段，下接板升图长城1段。

墙体长2021米，为黄土夯筑墙，夯层厚8～11厘米，总体保存较差。墙体构筑在那日图东西两面的草原浅谷地带，现存墙体呈土垄状，底宽3～4、残高0.5～1米。那日图沟洪水南流，冲断中小段墙体；后小段墙体被部分改造为乡村道路，均对墙体造成了一定程度破坏。

墙体沿线调查烽燧、障城各1座，分别为那日图烽燧和那日图3号障城。

那日图烽燧（150223353201040032）　位于明安镇那日图牧点东0.7千米的山顶上，北距那日图长城6段墙体0.26千米，西距板升图烽燧3.7千米。

墩台石筑，保存差，结构和形制均已破坏。台体现已坍塌为圆形石堆状，底部直径11、顶部直径2、残高2米。台体南壁隐约可见砌筑痕迹，长6.8米，为原台体结构的残存。据此分析，烽燧台体平面原应为方形或长方形。

那日图3号障城（150223353101040018）　位于明安镇那日图牧点东0.45千米的那日图河槽南部缓谷中，北距那日图长城6段墙体0.02千米，西距板升图障城1.4千米。

障城保存较差，墙垣轮廓比较清晰，平面呈方形，边长15米。障城墙体为土石混筑，东墙破坏严重，其他墙体保存稍好；现存墙体底宽6～7、顶宽2～3、残高约0.5米。东墙中部设门，宽3米，方向131°。

83.板升图长城1段（150223382301040083）

该段长城起自明安镇板升图牧点东0.16千米，止于板升图牧点西偏南0.07千米。墙体应作直线分布，呈东西走向，上接那日图长城6段，下接板升图长城2段。

本段墙体为消失段，起止点之间的直线长度为190米。贾立盖河正沟洪水自北向南流，板升图（白兴）支沟洪水东流汇入正沟，山水冲刷导致墙体消失。依据相邻上下段墙体情况，推断该段墙体原应为土墙。

墙体沿线调查障城1座，为板升图障城。

板升图障城（150223353102040019）　位于明安镇板升图牧点南的丘陵坡地上，北距板升图长城1段0.03千米，西北距乌拉特中旗境内的莫仁1号障城7.02千米。

障城平面呈方形，边长132米。障城墙体为黄土夯筑，夯层厚6～8厘米；现坍塌严重，底宽6～8、顶宽2～3、残高最高1.5米。东墙中央设门，门宽6米，方向98°（图一〇〇）。障城内部西南高、东北低，城内及周边生长着茂盛的枳机草。障城坐落在贾立盖河与板升图（白兴）支沟洪水交汇点西南岸的草原坡地上，障城西侧还有小支沟，采砂活动对障城西墙保护影响较大。

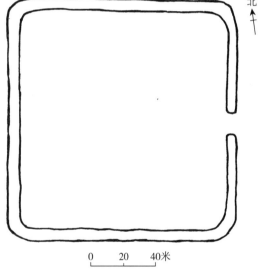

图一〇〇　板升图障城平面图

84.板升图长城2段（150223382101040084）

该段长城起自明安镇板升图牧点西偏南0.07千米，止于板升图牧点西0.8千米。墙体呈东西走向，上接板升图长城1段，下接板升图长城3段。

墙体长697米，为黄土夯筑墙，总体保存差。墙体沿贾立盖河板升图（白兴）支沟南岸构筑，现存墙体呈低矮的土垄状，底宽3～4、残高最高0.7米。河槽发育危及墙体，现已断续出现豁口。

85.板升图长城3段（150223382102040085）

该段长城起自明安镇板升图牧点西0.8千米，止于板升图牧点西1.6千米。墙体作折线形分布，由东北—西南走向折转为东西走向，上接板升图长城2段，下接板升图长城4段。

墙体长830米，为土石混筑，总体保存差。大部分墙体仅残存基础部分，濒临消失，但轮廓还比较清晰；现存墙体底宽2～3、残高最高0.5米。墙体内、外壁以毛石错缝垒砌，中间以土石填充，现石壁多已坍塌，仅内壁局部的砌石保存稍好。

86.板升图长城4段（150223382101040086）

该段长城起自明安镇板升图牧点西1.6千米，止于板升图牧点西2.1千米。墙体作外向弧线形分布，由东南—西北走向过渡为东北—西南走向，上接板升图长城3段，下接板升图长城5段。

墙体长641米，为黄土夯筑墙，夯层厚8～10厘米，总体保存差。现存墙体呈略高于地表的土垄状，底宽2～4、残高最高0.5米。墙体沿丘陵草原缓谷地构筑，草场退化谷底形成的径流洪水，对墙体造成了一定程度的破坏。

墙体沿线调查烽燧1座，为板升图烽燧。

板升图烽燧（150223353201040033）　位于明安镇板升图牧点西偏南2.1千米的山顶上，北距板升图长城4段墙体0.08千米，西北距乌拉特中旗境内的莫仁1号烽燧7.8千米。

墩台石筑，保存差，结构和形制均已破坏。台体现已坍塌为圆形石堆状，底部直径10、顶部直径3、残高2米。根据残存的烽燧底部基础推测，原墩台平面呈方形，边长8米。紧邻台体南侧残存有1座石砌坞址，平面呈长方形，东西长8、南北宽6.5米，未见门址。坞址墙体为毛石垒砌，现坍塌严重，底宽约1、残高0.1～0.3米。

87. 板升图长城5段（150223382102040087）

该段长城起自明安镇板升图牧点西2.1千米，止于板升图牧点西2.5千米。墙体略作内向弧线形分布，大体呈东西走向，上接板升图长城4段，下接板升图长城6段。

墙体长441米，为土石混筑石墙，总体保存差。现存墙体仅残存部分基础，但轮廓比较清晰，底宽2～3、残高约0.2米（彩图七〇八）。该段墙体南侧有现代敖包。

88. 板升图长城6段（150223382101040088）

该段长城起自明安镇板升图牧点西2.5千米，止于板升图牧点西4.7千米。墙体作折线形延伸，由东偏南—西偏北走向转呈南北走向，再转为东南—西北走向，上接板升图长城5段，下接青片长城1段。

墙体长2939米，为黄土夯筑土墙，夯层厚8～12厘米，总体保存差。墙体构筑在青片（钦布勒）东南部的丘陵草原上，止于哈布其勒高勒河谷东岸。现存墙体呈土垄状，局部由于洪水冲刷，痕迹比较模糊，但整体轮廓和走向比较清晰；底宽2～4、残高最高0.5米。墙体西侧有一条水冲沟，对墙体破坏比较严重。一条土路数度穿过墙体，其中一处导致墙体上出现一个宽6米的豁口。

89. 青片长城1段（150223382301040089）

该段长城起自明安镇青片（钦布勒）牧点东南1.1千米，止于青片牧点西0.8千米。墙体呈东南—西北走向，上接板升图长城6段，下接青片长城2段。

本段墙体为消失段，起止点之间的直线长度为1600米。墙体分布于哈布其勒高勒河滩上，植被茂盛，季节性山水冲刷以及牧民放牧时牲畜踩踏导致墙体消失。依据相邻上下段墙体情况，推断该段墙体原应为土墙。

90. 青片长城2段（150223382101040090）

该段长城起自明安镇青片牧点西0.8千米，止于青片牧点西北1.5千米。墙体呈东南—西北走向，上接青片长城1段，下接乌拉特中旗莫仁长城1段。

墙体长928米，为黄土夯筑土墙，夯层厚8～12厘米，总体保存差。现存墙体前小段呈低矮的断续遗存的土垄状，局部遭山水冲刷而破坏，痕迹模糊；后小段整体轮廓和走向比较清晰，底宽2～4、残高最高0.5米（彩图七〇九）。

（四）巴彦淖尔市乌拉特中旗

在调查中，将乌拉特中旗境内的汉外长城南线墙体共划分为163段，其中土墙80段、石墙33

段、消失墙体50段。墙体总长度171417米，其中土墙长101922米、石墙长31031米、消失段落长38464米。在总长101922米的土墙中，保存较差部分长10263米、保存差部分长88774米、消失部分长2885米。在总长31031米的石墙中，保存较好部分长861米、保存一般部分长3763米、保存较差部分长11176米、保存差部分长14418米、消失部分长813米。乌拉特中旗境内的汉外长城南线石墙均由土石混筑而成，外侧以石块垒砌，中间以黄砂土夯筑。土墙均由砂土夯筑而成，不见夯层。

在对乌拉特中旗汉外长城南线的调查中，除划分的163段长城墙体外，沿线还调查烽燧25座、障城70座。下面，对这些墙体段落和单体建筑分作详细描述。

1. 莫仁长城1段（150824382101040001）

该段长城起自新忽热苏木莫仁嘎查德日扎木音呼都格牧点东北2.6千米，止于德日扎木音呼都格牧点东北2.07千米。墙体大致呈东南—西北走向，上接达尔罕茂明安联合旗境内的青片长城2段，下接莫仁长城2段。

墙体长1258米，为黄褐土夯筑，总体保存差。墙体分布在和热木音呼都格西南部丘陵草原上，现存墙体呈一条断续的土垄状，底宽5~6.5、顶宽2~3、残高0.3~1米。墙体穿行地段有多条冲沟，导致部分墙体消失。其中，墙体保存较差部分长206米、保存差部分长832米、消失部分长220米，分别占该段墙体总长的16.4%、66.1%和17.5%。部分墙体顶部有人为架设的网围栏。

墙体沿线调查障城1座，为莫仁1号障城。

莫仁1号障城（150824353102040001）　位于新忽热苏木莫仁嘎查德日扎木音呼都格牧点东北2.56千米处的丘陵草地上，北距莫仁长城1段墙体15米，西距莫仁2号障城1.6千米。

障城保存较差，四面城垣轮廓大致可辨，平面呈方形，边长21米。障城墙体为砂土夯筑，现已坍塌成土垄状，四角墙体稍高，中部低矮。现存墙体底宽2.8~3、顶宽2.2~2.5、残高0.4~0.6米。四角墙体稍高，为角台残迹。南墙中部设门，门宽2米，方向220°。障城地处丘陵地带，四周地势平坦，障城内采集有"乾祐元宝"铁钱。

2. 莫仁长城2段（150824382102040002）

该段长城起自新忽热苏木莫仁嘎查德日扎木音呼都格牧点东北2.07千米，止于莫仁嘎查德日扎木音呼都格牧点西北2.25千米。墙体由东西走向转为东南—西北走向，上接莫仁长城1段，下接莫仁长城3段。

墙体长1791米，为土石混筑，外侧以石块垒砌，中间以黄砂土夯筑，总体保存差。墙体分布在和热木音呼都格西部丘陵草原上，现存墙体呈一条低矮的土石垄状，底宽3.5~4.2、顶宽1.2~2.2、残高0.5~1.2米。墙体前小段保存较差，长716米；后小段保存差，长1056米；墙体经过地段有一条南北向冲沟，导致19米长的墙体消失。墙体保存较差、差和消失部分，分别占该段墙体总长的40%、59%和1%。墙体周边采集有泥质灰陶绳纹陶片、黑釉瓷片等标本。

墙体沿线调查障城、烽燧各1座，分别为莫仁2号障城和莫仁1号烽燧。

莫仁2号障城（150824353102040002）　位于新忽热苏木莫仁嘎查德日扎木音呼都格牧点北偏东1.83千米处，北距莫仁长城2段墙体7米，西偏北距莫仁3号障城1.36千米。

障城保存较差，四面城垣轮廓大致可辨，平面呈长方形，东西长20.6，南北宽17.4米。障城墙体为土石混筑，现已坍塌，四角墙体稍高，中部低矮。现存墙体底宽2.6~2.8、顶宽2.2~2.4、残高0.4~0.7米。南墙中部设门，门宽2米，方向188°。障城内采集有"乾祐元宝"铁钱。

莫仁1号烽燧（150824353201040001）　位于新忽热苏木莫仁嘎查德日扎木音呼都格牧点北1.7千米的山顶上，北距莫仁长城2段墙体0.3千米，西北距莫仁2号烽燧2.8千米。

烽燧为土石混筑，外侧包石，内部土筑，保存差。台体现已坍塌成不规则的圆形土石堆状，底部直径17、顶部周长4、残高4米（彩图七一〇）。烽燧顶部平整，有牧民垒砌的避风小石圈。

3. 莫仁长城3段（150824382102040003）

该段长城起自新忽热苏木莫仁嘎查德日扎木音呼都格牧点西北2.25千米，止于莫仁嘎查德日扎木音呼都格牧点西北3.28千米。墙体大体呈东南—西北走向，上接莫仁长城2段，下接莫仁长城4段。

墙体长1364米，为土石混筑，外侧以石块垒砌两侧壁，中间以黄褐土夯筑，总体保存差。现存墙体呈低矮的土石垄状，底宽3.8～4.2、顶宽2～2.2、残高0.5～1.2米。其中，墙体保存较差部分长593米，保存差部分长771米，分别占该段墙体总长的43.5%和56.5%。

墙体沿线调查障城1座，为莫仁3号障城。

莫仁3号障城（150824353102040003）　位于新忽热苏木莫仁嘎查德日扎木音呼都格牧点北偏西2.15千米的丘陵草地上，在莫仁长城3段墙体南侧依墙而建，北墙即长城墙体，西北距莫仁4号障城1.32千米，西偏北距莫仁15号障城4.4千米。

障城保存较差，四面城垣轮廓大致可辨，平面呈"回"字形，由内、外两重城墙组成。外城平面呈方形，边长125米。南墙中部设门，门宽2米，方向210°。内城平面亦呈方形，边长15米，未见门址。障城内、外墙体均为黄褐土夯筑，现均已坍塌，四角墙体稍高，中部低矮。外城现存墙体底宽4.5～5、顶宽2.5～3、残高0.2～0.6米。内城现存墙体底宽5～6、顶宽4～5、残高0.3～0.4米。障城内地表采集到黑釉瓷片等标本。

4. 莫仁长城4段（150824382102040004）

该段长城起自新忽热苏木莫仁嘎查德日扎木音呼都格牧点西北3.28千米，止于莫仁嘎查德日扎木音呼都格牧点西北4.25千米。墙体前小段大体呈东西走向，后小段呈东南—西北走向，上接莫仁长城3段，下接莫仁长城5段。

墙体长1355米，为土石混筑石墙，两侧壁以石块垒砌，中间以黄褐土填充，总体保存差。现存墙体呈断续的土石垄状，底宽3.5～4.2、顶宽1.2～2.2、残高0.5～1.2米。其中，墙体保存较差部分长716米，保存差部分长535米，墙体经过地段有摩楞河支沟发育，导致长104米的墙体消失。保存较差、保存差和消失部分，分别占该段墙体总长的52.8%、39.5%和7.7%。

墙体沿线调查障城、烽燧各1座，分别为莫仁4号障城和莫仁2号烽燧。

莫仁4号障城（150824353102040004）　位于新忽热苏木莫仁嘎查德日扎木音呼都格牧点北偏西3.29千米的丘陵草地上，北距莫仁长城4段墙体10米，西距莫仁5号障城1.25千米。

障城保存较差，平面呈方形，边长15米。障城墙体为土石混筑，现均已坍塌，四角墙体稍高，中部低矮。现存墙体底宽3～3.5、顶宽1.6、残高0.3～0.5米。东墙中部设门，门宽2米，方向115°。障城内采集有黑釉瓷片等遗物。

莫仁2号烽燧（150824353201040002）　位于新忽热苏木莫仁嘎查德日扎木音呼都格牧点西北3.83千米的山顶上，北距莫仁长城4段墙体0.27千米，西偏北距莫仁3号烽燧3.5千米。

墩台石筑，保存差。台体现已坍塌成一个近长方形的石堆，东西长9、南北宽7、残高2米（彩图七一一）。台体顶部平坦，有牧民垒砌的避风石圈；东侧有宽1米的斜坡形登台道；南侧有一座圆角长方形坞址，长9、宽6米，现存墙体底宽1.5～1.8、残高0.9米。

5. 莫仁长城5段（150824382101040005）

该段长城起自新忽热苏木莫仁嘎查德日扎木音呼都格牧点西北4.25千米，止于莫仁嘎查德日扎木音呼都格牧点西北4.57千米。墙体大体呈东西走向，上接莫仁长城4段，下接莫仁长城6段。

墙体长402米，为砂土夯筑墙，总体保存差。墙体现已坍塌淤积，呈一条低矮的土垄状，底宽5.5～6、残高0.3～0.5米。墙体经过地段有数条冲沟，形成四处豁口，分别宽20、12、32和31米。其中，墙体保存差和消失部分，分别占该段墙体总长的76.4%和23.6%。

墙体沿线调查障城1座，为莫仁5号障城。

莫仁5号障城（150824353102040005）　位于新忽热苏木莫仁嘎查德日扎木音呼都格牧点西北4.26千米的丘陵草地上，北距莫仁长城5段墙体5米，西距莫仁15号障城1.8千米。

障城保存较差，四面城垣轮廓大致可分辨，平面呈方形，边长15米。南墙中部设门，门宽2米，方向135°。障城墙体为土石混筑，现均已坍塌，外侧包砌的石块缺失较多，残存墙体四角稍高，中部低矮。现存墙体宽2.5～3、残高0.2～0.6米。

6. 莫仁长城6段（150824382102040006）

该段长城起自新忽热苏木莫仁嘎查崩浑苏牧点东北5.72千米，止于莫仁嘎查崩浑苏牧点东北5.58千米。墙体大体呈东南—西北走向，上接莫仁长城5段，下接莫仁长城7段。

墙体长212米，为土石混筑石墙，外侧以石块垒砌两侧，中间填充黄褐土。总体保存差。墙体已坍塌，呈土石垄状分布。现存墙体底宽3～3.2、顶宽2.2～2.4、残高0.3～0.6米。墙体经过地段有一条水冲沟，导致出现一处宽14米的豁口。其中，墙体保存差和消失部分，分别占该段墙体总长的93.4%和6.6%。冲沟洪水西流，于呼热音苏北部汇入摩楞河。

7. 莫仁长城7段（150824382101040007）

该段长城起自新忽热苏木莫仁嘎查崩浑苏牧点东北5.58千米，止于莫仁嘎查崩浑苏牧点东北5千米处的摩楞河上游呼热音苏北部的东支沟洪水入河口处。墙体大体呈东西走向，上接莫仁长城6段，下接莫仁长城8段。

墙体长684米，为砂土夯筑土墙，总体保存差。墙体沿支沟北岸构筑，末端转南岸。现存墙体呈一条略高出于地表的土垄状，底宽5.5～6、残高0.1～0.6米。墙体后小段因支沟洪水冲刷，导致54米长的墙体消失。其中，墙体保存差和消失部分，分别占该段墙体总长的92.1%和7.9%。

8. 莫仁长城8段（150824382301040008）

该段长城起自新忽热苏木莫仁嘎查崩浑苏牧点东北5千米，止于莫仁嘎查崩浑苏牧点东北4.48千米。墙体大体呈东西走向，上接莫仁长城7段，下接莫仁长城9段。

本段墙体为消失段，起止点之间的直线长度为540米。该段墙体横跨摩楞河上游河谷，洪水冲刷导致墙体消失。依据相邻上下段墙体情况，推断该段墙体原应为土墙。

9. 莫仁长城9段（150824382101040009）

该段长城起自新忽热苏木莫仁嘎查崩浑苏牧点东北4.48千米，止于莫仁嘎查崩浑苏牧点东北3.03千米。墙体作内外弯曲分布，呈东偏南—西偏北走向，上接莫仁长城8段，下接莫仁长城10段。

墙体长2303米，为砂土夯筑土墙，总体保存差。墙体沿摩楞河西部丘陵谷地延伸，现存墙体底宽5.5～6、残高0.2～0.7米。墙体前小段保存差，长1728米；后小段保存较差，长525米；墙体经过地段有多条冲沟，形成三处较大的豁口，分别宽18、15、17米。其中，墙体保存较差、保存差和消失部分，分别占该段墙体总长的22.8%、75%和2.2%。

墙体沿线调查障城2座、烽燧1座，分别为莫仁15号障城、莫仁6号障城和莫仁3号烽燧。

莫仁15号障城（150824353102040068）　位于新忽热苏木莫仁嘎查崩浑苏牧点东北4.32千米处的摩楞河右岸上，北距莫仁长城9段墙体0.01千米，西北距莫仁6号障城0.82千米。

障城保存差，仅北墙西半部和西墙北半部城垣轮廓大致可辨，平面呈方形，北墙残存长110、西墙残存长80米。门址不清。墙体为黄褐土夯筑，现均已坍塌。障城现存墙体底宽7～8、顶宽2.5～3、残高0.5～1米。摩楞河洪水冲毁障城大部分，包括整个东墙、南墙及北墙、西墙部分墙体，障城受到严重破坏。

莫仁6号障城（150824353102040006）　位于新忽热苏木莫仁嘎查崩浑苏牧点东北3.77千米，北距莫仁长城9段墙体8米，西偏北距莫仁7号障城1.36千米。

障城保存差，四面城垣轮廓大致可分辨，平面呈方形，边长16米。障城墙体为黄褐土夯筑，现均已坍塌成土垄状，四角墙体稍高，中部低矮。现存墙体底宽5.5～6、顶宽2.5～3、残高0.3～0.6米。东墙中部设门，门宽2米，方向128°。障城建筑在呼热音苏牧点西沟上游西支沟右岸，洪水南流汇入摩楞河。

莫仁3号烽燧（150824353201040003）　位于新忽热苏木莫仁嘎查崩浑苏牧点东北3.31千米的山顶上，北距莫仁长城9段墙体0.19千米，西北距莫仁4号烽燧2.8千米。

墩台石筑，保存差。台体现已坍塌成覆钵状石堆，底部直径10、残高3米（彩图七一二）。大量石块散落在台体周围，东南侧有一段以石块错缝垒砌的平直石墙，应为墩台原始台壁。

10. 莫仁长城10段（150824382101040010）

该段长城起自新忽热苏木莫仁嘎查崩浑苏牧点东北3.03千米，止于莫仁嘎查崩浑苏牧点东北2.8千米。墙体后小段略作外向弧线形分布，总体呈东偏南—西偏北走向，上接莫仁长城9段，下接莫仁长城11段。

墙体长1025米，为黄褐土夯筑，总体保存差。墙体位于板迪音布拉格沙河谷两岸，现存墙体呈一条略高出地表的土垄状，底宽5.2～6、残高0.3～0.8米。墙体前小段保存差，长636米；板迪音布拉格河及支流洪水冲沟冲断的墙体豁口，分别宽13、26米；后小段保存较差，长350米。墙体保存较差、保存差和消失部分，分别占该段墙体总长的34.1%、62%和3.9%。

墙体沿线调查障城1座，为莫仁7号障城。

莫仁7号障城（150824353102040007）　位于新忽热苏木莫仁嘎查崩浑苏牧点东北2.96千米的丘陵北坡山脚处，北距莫仁长城9段墙体5米，西偏北距莫仁8号障城1千米。

障城保存差，四面城垣轮廓大致可分辨，平面呈方形，边长15米。障城墙体为黄褐土夯筑，现均已坍塌，呈土垄状，底宽5～5.5、顶宽2～3、残高0.4～0.6米。东墙中部设有一门，门宽2米，方向110°。障城西为板迪音布拉格河，洪水南流注入摩楞河。

11. 莫仁长城11段（150824382102040011）

该段长城起自新忽热苏木莫仁嘎查崩浑苏牧点东北2.8千米，止于莫仁嘎查崩浑苏牧点西北3千米。墙体内外弯曲行进，总体略作外向弧线形分布，大体呈东西走向，上接莫仁长城10段，下接莫仁长城12段。

墙体长2242米，为土石混筑，外侧以石块垒砌，中间夯土，总体保存差。墙体位于乌兰敖包南部谷地中，现存墙体呈高低不等的土石垄状，底宽5.5～6、顶宽2.2～3、残高0.2～0.8米。其中，墙体保存较差部分长1096米，保存差部分长1115米；墙体经过地段有板迪音布拉格河支沟与乌兰敖包西沟，洪水冲刷形成两处豁口，分别宽13、18米。保存较差、保存差和消失部分，分别占该段墙体总长的48.9%、49.7%和1.4%。

墙体沿线调查烽燧1座、障城3座，分别为莫仁4号烽燧和莫仁8号、9号、10号障城。

莫仁8号障城（150824353102040008）　位于新忽热苏木莫仁嘎查崩浑苏牧点东北2.72千米，北距莫仁长城11段墙体6米，西距莫仁9号障城0.98千米。

障城保存差，四面城垣轮廓大致可分辨，平面呈方形，边长15米。西墙中部设门，门宽2米，方向290°。障城墙体为黄褐土夯筑，现均已坍塌成土垄状，底宽3～5、残高0.3～0.5米。城内较地表稍凹，南墙外侧有零乱的石块分布。

莫仁4号烽燧（150824353201040004） 位于新忽热苏木莫仁嘎查崩浑苏牧点北2.61千米的山顶上，北距莫仁长城11段墙体0.17千米，西距位于莫仁5号烽燧3.15千米。

墩台石筑，保存差。台体现已坍塌为近方形的石堆，边长约9、残高3米。台体顶部平整，上有牧民垒砌的避风石圈。台体南侧有一圆角长方形石砌坞址，长9、宽6米，现存墙体底宽2~2.5、残高1米。烽燧周围地表采集有黑釉瓷片等遗物。

莫仁9号障城（150824353102040009） 位于新忽热苏木莫仁嘎查崩浑苏牧点北2.73千米，北距莫仁长城11段墙体6米，西距莫仁10号障城1千米。

障城保存差，四面城垣轮廓大致可分辨，平面呈方形，边长15米。障城墙体为黄褐土夯筑，均已坍塌，多数墙体已与地表齐平，但依稀可分辨。现存墙体底宽3~4、残高0.1~0.3米。东墙中部设有一门，门宽2米，方向为80°。

莫仁10号障城（150824353102040010） 位于新忽热苏木莫仁嘎查崩浑苏牧点北偏西2.9千米，北距莫仁长城11段墙体32米，西距莫仁11号障城0.22千米，二者隔崩浑苏西沟正沟相望。

障城保存差，四面城垣轮廓大致可分辨，平面呈长方形，东西长15、南北宽10米。障城墙体为黄褐土夯筑，均已坍塌，四角墙体稍高，中部低矮，局部墙体消失。现存墙体底宽3~4、残高0.3~0.6米。东、南墙体均存在豁口，南墙豁口当为门址所在。

12. 莫仁长城12段（150824382301040012）

该段长城起自新忽热苏木莫仁嘎查乌华敖包牧点东北1.57千米，止于莫仁嘎查乌华敖包牧点东北1.52千米。墙体大体呈东南—西北走向，上接莫仁长城11段，下接莫仁长城13段。

本段墙体为消失段，起止点之间的直线长度为123米。墙体横跨崩浑苏西沟正沟，山水冲刷导致墙体消失。依据相邻上下段墙体情况，推断该段墙体原应为土墙。

墙体沿线调查障城1座，为莫仁11号障城。

莫仁11号障城（150824353102040011） 位于新忽热苏木莫仁嘎查乌华敖包牧点东北1.5千米，北距莫仁长城12段墙体18米，西距莫仁12号障城0.83千米。

障城保存差，四面城垣轮廓大致可分辨，平面呈方形，边长13米。障城墙体为黄褐土夯筑而成，现坍塌损毁严重，大部分墙体已消失。现存墙体底宽5~5.5、残高0.3~0.6米。门址不清。该障城与莫仁10号障城分布较近，远小于此类小障城每隔一千米左右的设置间距，二者可能存在早晚关系。

13. 莫仁长城13段（150824382101040013）

该段长城起自新忽热苏木莫仁嘎查乌华敖包牧点东北1.52千米，止于莫仁嘎查乌华敖包牧点西北1.77千米。墙体略作内外弯曲分布，呈东西走向，上接莫仁长城12段，下接莫仁长城14段。

墙体长2063米，为砂土夯筑，总体保存差。墙体沿乌华敖包北部浅缓的谷地延伸，现存墙体坍塌严重，形成一条微凸起于地表的土垄，底宽5.5~6、顶宽2.2~3、残高0.3~0.8米。其中，墙体保存较差部分长609米，保存差部分长1417米，墙体经过地段有两条冲沟，导致部分墙体消失，形成两处豁口，分别宽18、19米。墙体保存较差、保存差和消失部分，分别占该段墙体总长的29.5%、68.7%和1.8%。

墙体沿线调查障城2座、烽燧1座，分别为莫仁12号、13号障城和莫仁5号烽燧。

莫仁12号障城（150824353102040012） 位于新忽热苏木莫仁嘎查乌华敖包牧点北1.2千米，北距莫仁长城13段墙体10米，西距莫仁13号障城1千米。

障城保存差，四面城垣轮廓大致可分辨，平面呈方形，边长11米。障城墙体为土石混筑，现均已坍塌，四角墙体稍高，中部低矮，呈土石垄状，底宽5.2~5.5、顶宽2.5~3、残高0.4~0.6米。门址不清。

莫仁5号烽燧（150824353201040005） 位于新忽热苏木莫仁嘎查乌华敖包牧点西北1.36千米的山顶上，北距莫仁长城13段墙体0.25千米，西距那日图1号烽燧4.1千米。

墩台石筑，保存差。台体现已坍塌为近圆形的石堆状，底部直径10、残高2米。顶部被堆砌成边长6米的方形平台，较平整，有牧民垒砌的避风石圈。

莫仁13号障城（150824353102040013） 位于新忽热苏木莫仁嘎查乌华敖包牧点西北1.6千米，北距莫仁长城13段墙体8米，西距莫仁14号障城2.1千米。

障城保存差，四面城垣轮廓大致可辨，平面呈方形，边长12米。障城墙体为黄褐土夯筑，现均已坍塌，呈土垄状，底宽4～4.5、残高0.2～0.4米。西南墙设门，门道铺石，方向228°。障城内采集有铁釜残片等遗物。

14.莫仁长城14段（1508243 82102040014）

该段长城起自新忽热苏木莫仁嘎查萨其牧点东北1.5千米，止于莫仁嘎查萨其牧点北偏东1.11千米。墙体大体呈东西走向，上接莫仁长城13段，下接莫仁长城15段。

墙体长831米，为土石混筑石墙，两侧以石块垒砌，中间夯土。总体保存差。墙体分布在萨其沟正沟、西支沟谷及其两岸坡地上，现存墙体呈一条低矮的土石垄状，底宽3～4.5、顶宽1～2、残高0.5～1米。其中，墙体保存较差部分长394米，北侧保留部分石块砌体；保存差部分长437米，石块多已坍塌散落。墙体保存较差和保存差部分，分别占该段墙体总长的47.4%和52.6%。沟谷底部现已形成小冲沟，造成墙体断豁。

15.莫仁长城15段（150824382101040015）

该段长城起自新忽热苏木莫仁嘎查萨其牧点北偏东1.11千米，止于莫仁嘎查萨其牧点北1.02千米。墙体略作内外弯曲分布，呈东西走向，上接莫仁长城14段，下接莫仁长城16段。

墙体长329米，为黄褐土夯筑，总体保存差。墙体分布在陶赖庙河萨其北部东支沟沟脑地带，现已坍塌，呈一条宽而低矮的土垄，底宽5.5～6、顶宽3.2～3.5、残高0.4～0.6米。墙体北侧10米处有一条土路与之并行，南8米处有一圆石圈遗迹。

16.莫仁长城16段（150824382301040016）

该段长城起自新忽热苏木莫仁嘎查萨其牧点北1.02千米，止于莫仁嘎查萨其牧点北偏西1.03千米。墙体大体呈东西走向，上接莫仁长城15段，下接莫仁长城17段。

本段墙体为消失段，起止点之间的直线长度为288米。墙体分布在陶赖庙河萨其北部东支沟中游谷地中，北侧又有沟谷洪水合流，西向下泄，山水冲刷导致墙体消失。依据相邻上下段墙体情况，推断该段墙体原应为土墙。

17.莫仁长城17段（150824382101040017）

该段长城起自新忽热苏木莫仁嘎查萨其牧点北偏西1.03千米，止于莫仁嘎查萨其牧点西北1.34千米。墙体大体呈东西走向，上接莫仁长城16段，下接那日图长城1段。

墙体长770米，为砂土夯筑，总体保存差。现存墙体已坍塌，墙体分布在陶赖庙河萨其北部东支沟中下游河槽南岸，坍塌成一条低矮的土垄，底宽5.5～6、顶宽3～3.5、残高0.5～1米。墙体中段有一条南北向的冲沟，将墙体冲出一个宽43米的豁口。墙体末端为陶赖庙河，河水将长72米的一段墙体冲毁。墙体保存差和消失部分，分别占该段墙体总长的85%和15%。

墙体沿线调查障城1座，为莫仁14号障城。

莫仁14号障城（150824353102040014） 位于新忽热苏木莫仁嘎查萨其牧点西北1.25千米，北距莫仁长城17段墙体6米，西南距那日图15号障城0.37千米，二者隔陶赖庙河相望。

障城保存差，四面城垣轮廓大致可分辨，平面呈方形，边长12米。障城墙体为黄褐土夯筑，均已坍塌，呈土垄状，四角墙体稍高。现存墙体宽4~4.5、残高0.2~0.4米。东墙设门，门宽2米，方向123°。南、北墙上各有一水冲沟形成的2.5米宽的缺口。障城内采集有弦纹黑陶片等遗物。

18. 那日图长城1段（150824382102040018）

该段长城起自新忽热苏木那日图嘎查赛音浑迪牧点南偏西2.2千米，止于那日图嘎查赛音浑迪牧点西南2.9千米。墙体大体呈东西走向，上接莫仁长城17段，下接那日图长城2段。

墙体长1763米，为土石混筑，外侧以石块垒砌，中间夯土。总体保存差。墙体分布在赛音浑迪西南部的陶赖庙河西岸缓谷中，现存墙体坍塌，呈土石垄状，底宽3.2~6、顶宽2.2~3.5、残高0.4~1米。其中，墙体保存较差部分长240米，底部石壁保存尚好；保存差部分长1484米；一条小冲沟洪水东南流，导致前小段墙体出现宽39米的豁口。墙体保存较差、保存差和消失部分，分别占该段墙体总长的13.6%、84.2%和2.2%。

墙体沿线调查烽燧1座、障城3座，分别为那日图1号、2号、15号障城和那日图1号烽燧。

那日图15号障城（150824353102040069）　位于新忽热苏木那日图嘎查赛音浑迪牧点南偏西2.27千米的丘陵南坡上，北距那日图长城1段墙体0.06千米，西北距那日图1号障城0.54千米。

障城保存较差，平面呈方形，边长130米。障城墙体为砂土夯筑，均已坍塌，呈土垄状。现存墙体底宽4.5~7.5、顶宽2~3、残高1~1.5米。南墙中部设门，门宽约7米，方向182°。门址外侧有残存瓮城，门向东开。四角均有角台。东墙外侧有宽6米的护城壕残迹。城址内杂草丛生，地表采集有泥质灰陶片和白釉、黑釉瓷片等遗物，瓷器器形为瓶、碗等。障城坐落在陶赖河西岸，南侧0.03千米处的小支沟洪水于障城东南部汇入陶赖庙河。

那日图1号障城（150824353102040015）　位于新忽热苏木那日图嘎查赛音浑迪牧点西南2.4千米，北距那日图长城1段墙体5米，西北距那日图2号障城0.95千米。

障城保存差，四面城垣轮廓大致可辨，平面呈方形，边长12米。障城墙体为黄褐土夯筑，现均已坍塌，四角墙体稍高，中部墙体基本消失。现存墙体底宽4.5~5、残高0.2~0.4米。门址不清。

那日图1号烽燧（150824353201040006）　位于新忽热苏木那日图嘎查赛音浑迪牧点西南3.12千米的山坡顶上，北距那日图长城1段墙体0.3千米，西北距那日图2号烽燧1.56千米。

墩台石筑，保存差，现已坍塌成一个近圆形的石堆，底部直径7、残高2米。墩台东南角可见石块垒砌的直角痕迹，由此推断台体平面原应呈长方形。现台体顶部较平整，有牧民垒砌的圆柱状敖包，当地人称之为"乌珠日敖包"。烽燧东南5米处有牧民垒砌的圆柱状石堆。

那日图2号障城（150824353102040016）　位于新忽热苏木那日图嘎查赛音浑迪牧点西南2.95千米，北距那日图长城1段墙体0.01千米，西北距那日图3号障城0.8千米。

障城保存差，四面城垣轮廓大致可辨，平面呈方形，边长13米。障城墙体为土石混筑，现四面墙体均有不同程度坍塌，外侧石砌部分坍塌严重，土筑部分塌毁流失，残留墙体低矮。现存墙体底宽2~2.5、残高0.2~0.5米。门址不清。

19. 那日图长城2段（150824382101040019）

该段长城起自新忽热苏木那日图嘎查赛音浑迪牧点西南2.9千米，止于那日图嘎查赛音浑迪牧点西南3.43千米。墙体前小段作外向弧线形分布，后小段作直角折弯分布；大体呈东西走向，上接那日图长城1段，下接那日图长城3段。

墙体长650米，以夹有粗砂砾的黄褐土夯筑，总体保存差。墙体沿支沟谷南岸西南行，至毛呼都格沟沿东岸转向西北行。现存墙体已坍塌，呈土垄状，底宽5.5~6、顶宽2.2~3.2、残高0.3~1米。墙体前小段保存差，长143米，墙北有网围栏并行；中小段保存较差，长132米，墙体保存最高1米；后小段保存差，长353米，墙体北侧的谷地发育成冲沟，导致一处宽22米的豁口。墙体保存较差、保存差和消失部分，分别占该段墙体总长的20.3%、76.3%和3.4%。

20. 那日图长城3段（150824382301040020）

该段长城起自新忽热苏木那日图嘎查赛音浑迪牧点西南3.43千米，止于那日图嘎查赛音浑迪牧点西南3.41千米。墙体原应作直线分布，呈南偏东—北偏西走向，上接那日图长城2段，下接那日图长城4段。

本段墙体为消失段，起止点之间的直线长度为182米。墙体地处毛呼都格沟上游河槽中，草原植被退化，洪水冲刷导致墙体消失。依据相邻上下段墙体情况，推断该段墙体原应为土墙。

21. 那日图长城4段（150824382101040021）

该段长城起自新忽热苏木那日图嘎查赛音浑迪牧点西南3.41千米，止于那日图嘎查赛音浑迪牧点西南3.74千米。墙体顺沟谷作外向弧线形分布，大体呈东南—西北走向，上接那日图长城3段，下接那日图长城5段。

墙体长642米，以夹粗砂砾的黄褐土夯筑，总体保存较差。墙体沿毛呼都格西支沟沟脑谷地构筑，现存墙体坍塌成低矮的土垄状，底宽5.5~6、顶宽2.2~3.2、残高0.3~1米。墙体前小段保存差，长215米；后小段保存较差，长427米。墙体保存较差和保存差部分，分别占该段墙体总长的66.5%和33.5%。墙体经行谷地植被退化，北侧有山水冲沟与墙体并行。

墙体沿线调查障城1座，为那日图3号障城。

那日图3号障城（150824353102040017）　位于新忽热苏木那日图嘎查赛音浑迪牧点西南3.44千米，北距那日图长城4段5米，西北距那日图4号障城1千米。

障城保存差，四面城垣轮廓大致可辨，平面呈方形，边长13米。障城墙体为黄褐土夯筑，坍塌流失严重，现基本消失，仅南侧墙体稍高，城内地面稍凹。现存墙体底宽4~4.5、残高0.1~0.2米。门址不清。障城内地表采集有铁釜残片。

22. 那日图长城5段（150824382102040022）

该段长城起自新忽热苏木那日图嘎查乌努格图牧点东南2.2千米，止于那日图嘎查乌努格图牧点东南1.97千米。墙体呈东南—西北走向，上接那日图长城4段，下接那日图长城6段。

墙体长244米，为土石混筑，两侧用石块垒砌，中间夯土，总体保存较差。墙体地处毛呼都格沟与东海流图河之间的山梁脊背上，现存墙体坍塌，呈一条低矮的土石垄状，部分地段稍高，底宽2.3~2.5、顶宽1.6~1.8、残高0.5~1米。该段墙体两侧为漫坡草地，南侧山坡裸露大片岩石，中部有山间道路和网围栏穿过。墙体南8米处有一圆形石圈遗迹。

墙体沿线调查烽燧1座，为那日图2号烽燧。

那日图2号烽燧（150824353201040007）　位于新忽热苏木那日图嘎查乌努格图牧点东南2.23千米的小山包顶部，北距那日图长城5段墙体0.15千米，西距那日图3号烽燧5.3千米。

墩台石筑，保存差。台体现已坍塌为近圆形的石堆，底部直径7、残高2米。烽燧顶部平整，有牧民垒砌的圆形石堆。

23. 那日图长城6段（150824382101040023）

该段长城起自新忽热苏木那日图嘎查乌努格图牧点东南1.97千米，止于那日图嘎查乌努格图牧点东南1.67千米。墙体大体呈东南—西北走向，上接那日图长城5段，下接那日图长城7段。

墙体长536米，为砂土夯筑，总体保存差。墙体由梁背进入乌努格图南部东海流图河东支沟，现存墙体坍塌，形成一条略高于地表的低矮土垄，底宽6~6.2、残高0.2~0.6米。支沟洪水前后两次穿过墙体，形成墙体豁口，分别宽25、49米。墙体保存差部分长462米、消失部分长74米，分别占该段墙体总长的86.2%和13.8%。

墙体沿线调查障城1座，为那日图4号障城。

那日图4号障城（150824353102040018）　位于新忽热苏木那日图嘎查乌努格图牧点东南1.7千米。北距那日图长城6段墙体0.01千米，西北距那日图5号障城3千米。

障城保存差，四面城垣轮廓大致可辨，平面呈方形，边长12米。障城墙体为石筑墙基之上以黄褐土夯筑，现存墙体基本与地表平，仅北墙部分石砌墙基较清晰；底宽4~4.5、残高0.2~0.3米。门址不清。

24.那日图长城7段（150824382301040024）

该段长城起自新忽热苏木那日图嘎查乌努格图牧点东南1.67千米，止于那日图嘎查乌努格图牧点南偏东1.22千米。墙体大体呈东偏南—西偏北走向，上接那日图长城6段，下接那日图长城8段。

本段墙体为消失段，起止点之间的直线长度为342米。墙体所处的乌努格图南部东海流图河东支沟形成冲沟，山水冲刷导致墙体消失。依据相邻上下段墙体情况，推断该段墙体原应为土墙。

25.那日图长城8段（150824382101040025）

该段长城起自新忽热苏木那日图嘎查乌努格图牧点南偏东1.22千米，止于那日图嘎查乌努格图牧点南1.16千米。墙体大体呈东西走向，上接那日图长城7段，下接那日图长城9段。

墙体长500米，以含有较多砂砾的黄褐土夯筑，总体保存差。墙体地处乌努格图南部东海流图河东支沟中游南岸，现存墙体坍塌，形成一条略高于地表的低矮土垄，底宽5.8~6、残高0.2~0.5米。墙体北侧有一条冲沟与墙体并行，中部有一南北向冲沟穿过，造成一处宽13米的豁口。

26.那日图长城9段（150824382301040026）

该段长城起自新忽热苏木那日图嘎查乌努格图牧点南1.16千米，止于那日图嘎查乌努格图牧点西南1.32千米。墙体大体呈东南—西北走向，上接那日图长城8段，下接那日图长城10段。

本段墙体为消失段，起止点之间的直线长度为985米。墙体地处乌努格图沟及其南部支沟交汇点上，山水冲刷导致墙体消失。依据相邻上下段墙体情况，推断该段墙体原应为土墙。

27.那日图长城10段（150824382101040027）

该段长城起自新忽热苏木那日图嘎查乌努格图牧点西南1.32千米，止于那日图嘎查乌努格图牧点西南1.67千米。墙体大体呈东南—西北走向，上接那日图长城9段，下接那日图长城11段。

墙体长770米，以含有较多砂砾的黄褐土夯筑，总体保存差。墙体沿山梁坡地构筑，现存墙体坍塌，形成一条略高于地表的低矮土垄，底宽5.5~6、顶宽3~3.5、残高0.2~0.4米。墙体起止点分别位于东海流图河及其支流乌努格图河槽边缘，墙体南北两侧有数条深浅不一的冲沟，部分墙体受冲沟冲淘，损坏严重。墙体南北两侧距墙体约0.5千米处，各有一处牧民居住点。

28.那日图长城11段（150824382301040028）

该段长城起自新忽热苏木那日图嘎查乌努格图牧点西南1.67千米，止于那日图嘎查乌努格图牧点西偏南1.8千米。墙体大体呈东南—西北走向，上接那日图长城10段，下接那日图长城12段。

本段墙体为消失段，起止点之间的直线长度为177米。墙体经过地段现为东海流图河槽，山水冲刷导致墙体消失。依据相邻上下段墙体情况，推断该段墙体原应为土墙。

29.那日图长城12段（150824382101040029）

该段长城起自新忽热苏木那日图嘎查乌努格图牧点西偏南1.8千米，止于那日图嘎查乌努格图牧点西3.06千米。墙体大体呈东偏南—西偏北走向，上接那日图长城11段，下接那日图长城13段。

　　墙体长1233米，以夹有砂砾的黄褐土夯筑，总体保存差。墙体位于东海流图河西岸谷地中，现存墙体坍塌，呈一条略高出地表的土垄，个别墙体被山水冲淘，损毁严重，底宽5.5～6、残高0.1～1米。墙体前小段、后小段均保存差，分别长165、820米，其中后小段中长80米的一段墙体因东海流图河冲毁而消失；中小段保存较差，长168米。墙体保存较差、保存差和消失部分，分别占该段墙体总长的13.6%、79.9%和6.5%。

　　墙体沿线调查障城2座，分别为那日图5号、6号障城。

　　那日图5号障城（150824353102040019）　位于新忽热苏木那日图嘎查乌努格图牧点西偏南2千米的东海流图河上游西岸二级台地上，北距那日图长城12段墙体0.1千米，西北距那日图6号障城0.78千米。

　　障城保存较差，四面城垣轮廓大致可辨，平面呈方形，边长130米。障城墙体为黄褐土夯筑，均已坍塌，呈土垄状，部分墙体下部有沙土淤积。现存墙体底宽4.5～6.3、顶宽2～3、残高1～2米。东墙中部设门，门宽约10米，方向80°。门址外侧有残存的土垄，疑为瓮城。城内地势东南高，西北低。城中心有一方形土台，边长4、残高0.2～0.4米。城内东部有一长方形台地，长26、宽7米，疑为坞址。北墙、西墙外8米处有宽5米的护城壕残迹。城址内杂草丛生，地表采集有泥质灰陶片和白釉、黑釉瓷片等遗物，瓷器器形为瓶、碗等。牧民架设的网围栏，从障城内横穿而过。

　　那日图6号障城（150824353102040020）　位于新忽热苏木那日图嘎查乌努格图牧点西2.8千米，北距那日图长城12段墙体5米，西北距那日图7号障城1.1千米。

　　障城保存差，四面城垣轮廓大致可辨，平面呈方形，边长15米。障城墙体为土石混筑，现均已坍塌，呈土石垄状，底宽2.2～2.8、残高0.2～0.8米。东墙设门，门宽1.5米，方向131°。

　　30. 那日图长城13段（150824382102040030）

　　该段长城起自新忽热苏木那日图嘎查下哈日陶勒盖牧点东偏南2.43千米，止于那日图嘎查下哈日陶勒盖牧点东偏南1.86千米。墙体呈东南—西北走向，上接那日图长城12段，下接那日图长城14段。

　　墙体长578米，为土石混筑，总体保存一般。墙体位于东海流图与其西支沟（查干敖包沟）上游间的山梁上，现存墙体多坍塌，顶部风雨侵蚀严重，但墙体基部与两侧石砌部分尚存，底宽3.5～4、顶宽2～2.8、残高0.5～1.2米。其中，墙体保存一般部分长483米、保存差部分长84米，山水冲刷导致墙体出现一处宽11米的豁口。墙体保存一般、保存差和消失部分，分别占该段墙体总长的83.6%、14.5%和1.9%。该段长城止点处冲断墙体的小沟谷洪水东北流，再转东流汇入东海流图河。

　　墙体沿线调查烽燧1座，为那日图3号烽燧。

　　那日图3号烽燧（150824353201040008）　位于新忽热苏木那日图嘎查下哈日陶勒盖牧点东南1.84千米的山坡顶上，北距那日图长城13段墙体0.7千米，西北距那日图4号烽燧3.8千米。

　　烽燧土石混筑，内部土筑，外侧包石，保存差。台体现已坍塌成近方形的土石堆，底部边长7、残高2米。台体顶部平整，上有牧民用散落的石块垒砌的敖包。台体南侧残存一座圆角长方形石砌坞址，长9、宽6米，现存墙体底宽2～2.5、残高1米。

　　31. 那日图长城14段（150824382101040031）

　　该段长城起自新忽热苏木那日图嘎查下哈日陶勒盖牧点东偏南1.86千米，止于那日图嘎查下哈日陶勒盖牧点东偏南1.28千米。墙体大体呈东南—西北走向，上接那日图长城13段，下接那日图长城15段。

　　墙体长605米，为黄褐土夯筑，总体保存差。墙体构筑在接近梁顶的低洼地上，现存墙体坍塌，形成一条略高于地表的土垄，底宽5.5～6、顶宽3.8～4.5、残高0.4～1米。墙体北侧紧邻浅沟，南侧因常年风沙堆积，基本与地表平齐。

　　墙体沿线调查障城1座，为那日图7号障城。

那日图7号障城（150824353102040021）　位于新忽热苏木那日图嘎查下哈日陶勒盖牧点东偏南1.61千米，北距那日图长城14段墙体7米，西北距那日图8号障城0.96千米。

障城保存差，四面城垣轮廓大致可辨，平面呈方形，边长12米。墙体为黄褐土夯筑，现坍塌严重，除四角稍高外，仅东部残留一段墙体，底宽1.5～2、残高0.2～0.4米。东墙设门，方向100°。

32. 那日图长城15段（150824382102040032）

该段长城起自新忽热苏木那日图嘎查下哈日陶勒盖牧点东偏南1.28千米，止于那日图嘎查下哈日陶勒盖牧点东0.85千米。墙体大体呈东南—西北走向，上接那日图长城14段，下接那日图长城16段。

墙体长488米，为土石混筑，总体保存较差。墙体位于山梁顶部，现存墙体石砌部分均有不同程度的坍塌，石块多散落在墙体两侧，土筑部分呈土垄状，底宽3.5～4、顶宽2.2～2.8、残高0.4～1米。墙体前小段保存较差，长380米；后小段保存差，长108米。墙体保存较差和保存差部分，分别占该段墙体总长的77.9%和22.1%。墙体南侧有一个半圆形石砌基础与长城墙体相连，墙体宽0.5米，高与地平，范围为东西17、南北11米。

33. 那日图长城16段（150824382101040033）

该段长城起自新忽热苏木那日图嘎查下哈日陶勒盖牧点东0.85千米，止于那日图嘎查下哈日陶勒盖牧点西北1.26千米。墙体大体呈东南—西北走向，上接那日图长城15段，下接那日图长城17段。

墙体长2224米，以含有较多砂砾的黄褐土夯筑，总体保存差。墙体沿哈日陶勒盖西部谷地北偏西行，至沟脑折西而行，止于下哈日陶勒盖西沟西岸。现存墙体均已坍塌，形成一条宽而低矮的土垄，部分地段保存稍好，底宽5.5～6、顶宽0.5～3.5、残高0.2～1米。墙体中小段与山水冲沟并行，多处被冲断，形成宽窄不等的多处豁口。墙体保存较差部分长673米、保存差部分长1098米、消失部分长453米，分别占该段墙体总长的30.3%、49.4%和20.3%。

墙体沿线调查障城3座，分别为那日图8号、9号、10号障城。

那日图8号障城（150824353102040022）　位于新忽热苏木那日图嘎查下哈日陶勒盖牧点东0.75千米的丘陵北坡，北距那日图长城14段墙体3米，北偏西距那日图9号障城0.9千米。

障城保存差，四面城垣轮廓大致可辨，平面呈方形，边长14米。墙体为黄褐土夯筑，现均已坍塌，呈低矮的土垄状，四角墙体稍高。现存墙体底宽2.5～3、残高0.4～0.8米。东墙中部设门，门宽1.5米，方向138°。障城内采集有白、黑釉瓷片等遗物。

那日图9号障城（150824353102040023）　位于新忽热苏木那日图嘎查下哈日陶勒盖牧点北偏东0.94千米，北距那日图长城14段墙体7米，西北距那日图10号障城0.8千米。

障城保存差，四面城垣轮廓大致可辨，平面呈方形，边长13米。障城墙体为土石混筑，现均已坍塌，除四角及北墙残留较高外，其余仅较地表稍高。现存墙体底宽1.5～2、残高0.2～0.5米。东墙设门，门宽2米，方向142°。

那日图10号障城（150824353102040024）　位于新忽热苏木那日图嘎查下哈日陶勒盖牧点北偏西1.17千米，北距那日图长城14段墙体3米，西北距那日图11号障城0.7千米。

障城保存一般，四面城垣轮廓清晰，平面呈方形，边长14米。障城墙体为土石混筑，现顶部坍塌，两侧有淤积的沙土。现存墙体底宽2.5～2.8、顶宽1～1.6、残高0.5～1.2米。东墙设门，门宽2米，方向58°。城门北侧有一边长5米的方形石砌基址。城内采集有方孔铁钱、褐釉牛腿瓶残片等。

34. 那日图长城17段（150824382101040034）

该段长城起自新忽热苏木那日图嘎查下哈日陶勒盖牧点西北1.26千米，止于那日图嘎查下哈日陶勒盖牧点西北1.88千米。墙体大体呈南偏东—北偏西走向，上接那日图长城16段，下接那日图长城18段。

墙体长689米，黄褐色砂质土夯筑，总体保存较差。墙体至下哈日陶勒盖西沟谷，又作直角折弯，顺沟谷北偏西行，现存墙体已坍塌，形成一条低矮的土垄，底宽5～5.5、顶宽2.5～3、残高0.5～1米。墙体前小段、后小段均保存较差，分别长274、225米；中小段保存差，长135米。墙体外侧有下哈日陶勒盖西沟河槽与墙体并行，并造成墙体出现两处豁口，分别宽27、28米。墙体保存较差、保存差和消失部分，分别占该段墙体总长的72.4%、19.7%和7.9%。

35. 那日图长城18段（150824382102040035）

该段长城起自新忽热苏木那日图嘎查哈日阿图牧点东南1.37千米，止于那日图嘎查哈日阿图牧点东南1.14千米。墙体大体呈东南—西北走向，上接那日图长城17段，下接那日图长城19段。

墙体长269米，为土石混筑，两侧以毛石垒砌，中间填土充实，总体保存差。墙体沿沟谷上部岔入西支沟，石筑部分均有不同程度坍塌，石块多散落墙体两侧；土筑部分保留较低矮。现存墙体底宽1.6～3.4、顶宽1～2.2、残高0.5～1米。其中，墙体保存一般部分长54米、保存较差部分长46米、保存差部分长169米，分别占该段墙体总长的20.1%、17.1%和62.8%。

墙体沿线调查障城、烽燧各1座，分别为那日图11号障城和那日图4号烽燧。

那日图11号障城（150824353102040025）　位于新忽热苏木那日图嘎查哈日阿图牧点东南1.36千米，东距那日图长城18段3米，西北距那日图12号障城0.83千米。

障城保存差，四面城垣轮廓大致可辨，平面呈方形，边长14米。障城墙体为土石混筑，现已坍塌淤积成一条低矮的土石垄，底宽2.4～2.8、顶宽1.2～1.6、残高0.2～0.6米。东墙中部设门，门宽2米，方向125°。

那日图4号烽燧（150824353201040009）　位于新忽热苏木那日图嘎查哈日阿图牧点东南1.2千米小山包顶部，北距那日图长城18段0.17千米，西北距乌兰格日勒1号烽燧8.3千米。

墩台石筑，保存差。台体现已坍塌成一个近圆形的石堆，底部直径6、残高1米。烽燧顶部较平整，上有牧民垒砌的圆柱形石堆。台体南侧有一座长方形石砌基址，长4、宽2、残高0.2米。

36. 那日图长城19段（150824382101040036）

该段长城起自新忽热苏木那日图嘎查哈日阿图牧点东南1.14千米，止于那日图嘎查哈日阿图牧点南偏东0.73千米。墙体大体呈东西走向，上接那日图长城18段，下接那日图长城20段。

墙体长705米，为夯筑土墙，夯土中夹有较多粗砂砾，总体保存差。墙体沿哈日阿图沟沟脑谷地西行，穿过沟谷转北行，随即又西行。现存墙体坍塌，呈略高出地表的土垄状，底宽5～5.5、顶宽3～3.4、残高0.4～0.8米。后小段墙体穿过哈日阿图沟，洪水冲刷导致墙体出现一处宽18米的豁口。

37. 那日图长城20段（150824382102040037）

该段长城起自新忽热苏木那日图嘎查哈日阿图牧点南偏东0.73千米，止于那日图嘎查哈日阿图牧点南0.74千米。墙体呈东西走向，上接那日图长城19段，下接那日图长城21段。

墙体长115米，为土石混筑石墙，两侧壁以石块垒砌，中间夯土建筑，总体保存一般。墙体石壁和填土均有不同程度损毁，但整体形制较清晰，底宽2.4～2.8、顶宽1.4～1.8、残高0.8～1.2米。墙体前小段保存一般，长60米；后小段保存较差，长55米。墙体保存一般和保存较差部分，分别占该段墙体总长的52.2%和47.8%。

墙体沿线调查障城1座，为那日图12号障城。

那日图12号障城（150824353102040026）　位于新忽热苏木那日图嘎查哈日阿图牧点南0.73千米，北距那日图长城20段墙体20米，西偏南距那日图13号障城0.85千米。

障城保存差，四面城垣轮廓大致可辨，平面呈方形，边长12米。障城墙体为土石混筑，现均已坍塌，四角墙体稍高，其余较低。现存墙体底宽2.2～2.5、顶宽1.2～1.6、高0.5～1米。南墙设门，门宽2米，方向158°。障城建筑在山梁背上，东西两侧为哈日阿图沟支沟，支沟洪水在障城北部合流后北流。

38. 那日图长城21段（150824382101040038）

该段长城起自新忽热苏木那日图嘎查哈日阿图牧点南0.74千米，止于那日图嘎查哈日阿图牧点南偏西0.9千米。墙体先西行，而后折向西南行；大体呈东北—西南走向，上接那日图长城20段，下接那日图长城22段。

墙体长292米，为夯筑土墙，总体保存差。墙体地处哈日阿图沟西支沟两岸，现存墙体坍塌，呈略高出地表的土垄状，底宽5～5.5、顶宽3～3.2、残高0.4～0.8米。墙体前小段保存较差，长75米；后小段保存差，长217米。墙体保存较差和差部分，分别占该段墙体总长的25.7%和74.3%。

39. 那日图长城22段（150824382102040039）

该段长城起自新忽热苏木那日图嘎查哈日阿图牧点南偏西0.9千米，止于那日图嘎查哈日阿图牧点南偏西1.01千米。墙体大体呈东北—西南走向，上接那日图长城21段，下接那日图长城23段。

墙体长234米，为土石混筑，总体保存差。现存墙体两侧石块坍塌，夯土墙萎缩成一条低矮的土石垄，底宽2.4～2.6、顶宽1.3～1.5、残高0.5～1.2米。墙体前小段保存较差，长35米；后小段保存差，长199米，分别占该段墙体总长的15%和85%。

40. 那日图长城23段（150824382101040040）

该段长城起自新忽热苏木那日图嘎查哈日阿图牧点南偏西1.01千米，止于那日图嘎查哈日阿图牧点西南1.64千米。墙体沿谷地作内外弯曲分布，大体呈东西走向，上接那日图长城22段，下接那日图长城24段。

墙体长1092米，为夯筑土墙，总体保存较差。墙体地处阿尔其音高勒沟东支沟沟脑地带，现存墙体坍塌，呈凸起于地表的土垄状，底宽5.5～6、顶宽2.5～3、残高0.5～0.8米。墙体前小段、后小段均保存较差，分别长536、289米，其中前小段墙体经过地段有多条洪水冲沟，导致墙体出现三处豁口，分别宽26、17、13米；中小段保存差，长200米，冲沟导致此段墙体出现一处宽11米的豁口。墙体保存较差、保存差和消失部分，分别占该段墙体总长的75.5%、18.3%和6.2%。

墙体沿线调查障城1座，为那日图13号障城。

那日图13号障城（150824353102040027）　位于新忽热苏木那日图嘎查哈日阿图牧点南偏西1.2千米，北距那日图长城23段墙体4米，西北距那日图14号障城1.6千米。

障城保存差，四面城垣轮廓大致可辨，平面呈方形，边长15米。障城墙体为土石混筑，现均已坍塌，呈土垄状，墙体外可见坍塌散落的石块，南墙基本消失，北墙残余较高。现存墙体底宽2.2～2.6、顶宽1.8～2、残高0.1～1.2米。东墙中部设门，门宽2米，方向105°。

41. 那日图长城24段（150824382301040041）

该段长城起自新忽热苏木那日图嘎查哈日阿图牧点西南1.64千米，止于那日图嘎查哈日阿图牧点西偏北2.26千米。墙体大体呈东南—西北走向，上接那日图长城23段，下接乌兰格日勒长城1段。

本段墙体为消失段，起止点之间的直线长度为1620米。墙体经行的阿尔其音高勒河谷，现已形成河槽，河水冲刷导致墙体消失。依据相邻上下段墙体情况，推断该段墙体原应为土墙。

墙体沿线调查障城1座，为那日图14号障城。

那日图14号障城（150824353102040028）　位于新忽热苏木那日图嘎查哈日阿图牧点西1.93千米，北距那日图长城24段墙体约8米，西北距乌兰格日勒1号障城0.6千米。

障城保存差，四面城垣轮廓大致可辨，平面呈长方形，东西长15、南北宽11米。障城墙体为土石混筑，现墙体坍塌，呈土石垄状，城墙四角较高，其余较地表稍高。现存墙体底宽2.4～2.8、残高0.1～0.5米。东墙设门，门宽1.5米，方向140°。

42. 乌兰格日勒长城1段（1508243821010400 42）

该段长城起自巴音乌兰苏木乌兰格日勒嘎查呼和德尔斯牧点东南4.92千米，止于乌兰格日勒嘎查呼和德尔斯牧点东偏南3.9千米。墙体作内向弧线形分布，大体呈东南—西北走向，上接那日图长城24段，下接乌兰格日勒长城2段。

墙体长1433米，以黄褐土夯筑，总体保存较差。墙体沿昭胡太西部山梁顶南半部构筑，现存墙体坍塌，呈略高于地表的低矮土垄状，底宽5.5～6、顶宽3～3.5、残高0.2～0.8米。墙体前小段、后小段均保存差，分别长217、354米；中小段保存较差，长862米。保存较差部分、保存差部分，分别占该段墙体总长的60.2%和39.8%。墙体起点东即为阿尔其音高勒河河槽，墙体北侧还有冲沟，均对墙体造成冲击。长城经行区域沟谷洪水南流，梁顶背部洪水北流。

墙体沿线调查障城2座，分别为乌兰格日勒1号、2号障城。

乌兰格日勒1号障城（150824353102040030）　位于巴音乌兰苏木乌兰格日勒嘎查呼和德尔斯牧点东偏南4.7千米的河谷北岸，北距乌兰格日勒长城1段墙体0.54千米，北距乌兰格日勒2号障城0.7千米。

障城保存差，四面城垣轮廓大致可辨，平面呈长方形，北墙长130米，南墙全部和东墙、西墙的南段被阿尔其音高勒河冲毁，现东墙残留80、西墙残留91米。障城墙体为黄土夯筑，夯层厚4～10厘米；现存墙体底宽6.5～7、顶宽3.8～4.2、残高0.8～1.5米。障城东墙设门，门宽5米，方向93°，外有瓮城。北墙两端可见向外凸出的角台残迹。城墙两侧有沙土淤积，墙体外侧5米处有环壕一条，宽6～7米。城址内采集有"乾祐通宝"铁钱、白釉瓷片、黑釉瓷片、铜镞、石夯锤等遗物。障城东侧不远处有一座废弃的金矿。

乌兰格日勒2号障城（150824353102040031）　位于巴音乌兰苏木乌兰格日勒嘎查呼和德尔斯牧点东偏南4.68千米，北距乌兰格日勒长城1段墙体0.01千米，西北距乌兰格日勒3号障城1.7千米。

障城保存差，四面城垣轮廓大致可辨，平面呈方形，边长14米。障城墙体为土石混筑，现均已坍塌，北墙及四角较高，其余墙体仅略高于地表。现存墙体底宽2～3.4、残高0.3～1.2米。东墙中部设门，门宽2米，方向98°。

43. 乌兰格日勒长城2段（150824382102040043）

该段长城起自巴音乌兰苏木乌兰格日勒嘎查呼和德尔斯牧点东偏南3.9千米，止于乌兰格日勒嘎查呼和德尔斯牧点东偏北2.98千米。墙体作弯曲分布，大体呈东南—西北走向，上接乌兰格日勒长城1段，下接乌兰格日勒长城3段。

墙体长1343米，为土石混筑，总体保存差。墙体修筑在台郭勒河上游查干哈达音阿木南支沟沟脑地带谷地中，坍塌严重，现呈低矮的土石垄状，个别处可见石块散堆在墙体两侧。现存墙体底宽1.4～2.6、顶宽0.8～1.2、残高0.2～1米。墙体前小段保存差，长1210米，北侧有两条洪水河槽，导致墙体出现两处豁口，分别宽20、38米；后小段保存一般，长75米。保存一般、保存差和消失部分，分别占该段墙体总长的5.6%、90.1%和4.3%。

墙体沿线调查障城1座，为乌兰格日勒3号障城。

乌兰格日勒3号障城（150824353102040032）　位于巴音乌兰苏木乌兰格日勒嘎查呼和德尔斯牧点东3.25千米的山梁顶部，北距乌兰格日勒长城2段墙体0.06千米，西北距乌兰格日勒4号障城1.2千米。

障城保存较差，四面城垣轮廓清晰，平面呈方形，边长13米。障城墙体为土石混筑，现均已坍塌，尤以东南部坍塌严重。现存墙体底宽2.2～2.5、顶宽1～1.3、残高0.5～1米。东墙中部设门，门宽2米，方向150°。

44. 乌兰格日勒长城3段（150824382101040044）

该段长城起自巴音乌兰苏木乌兰格日勒嘎查呼和德尔斯牧点东偏北2.98千米，止于乌兰格日勒嘎查呼和德尔斯牧点东北2.26千米。墙体大体呈东南—西北走向，上接乌兰格日勒长城2段，下接乌兰格日勒长城4段。

墙体长1499米，为黄褐土夯筑，总体保存差。墙体修筑在台郭勒河上游查干哈达音阿木南偏西支沟沟脑地带谷地中，现存墙体坍塌成一条微凸起于地表的土垄状，底宽5.5～6、残高0.2～0.5米。墙体前小段保存差，长56米，墙体被冲沟冲出一处宽19米的豁口；中小段保存较差，长226米；后小段保存差，长1017米，现存豁口6处，分别宽45、22、11、52、19、32米，均为冲沟冲毁。墙体保存较差部分长226米、保存差部分长1073米、消失部分长200米，分别占该段墙体总长的15.1%、71.6%和13.3%。

墙体沿线调查障城1座，为乌兰格日勒4号障城。

乌兰格日勒4号障城（150824353102040033）　位于巴音乌兰苏木乌兰格日勒嘎查呼和德尔斯牧点东北2.45千米，南距乌兰格日勒长城3段墙体6米，西北距乌兰格日勒5号障城0.95千米。

障城保存差，四面城垣轮廓大致可辨，平面呈方形，边长15米。障城墙为土石混筑，坍塌严重，西南部基本消失，其余保留的部分仅略高起于地表。现存墙体底宽2.8～3、顶宽2～2.2、残高0.2～0.8米。东墙中部设门，门宽2米，方向130°。该障城建筑在台郭勒河上游查干哈达音阿木南偏西部支沟沟脑处，东西临沟，洪水于障城北部合流后东北流，在查干哈达音阿木与南支沟水交汇。

45. 乌兰格日勒长城4段（150824382102040045）

该段长城起自巴音乌兰苏木乌兰格日勒嘎查呼和德尔斯牧点东北2.26千米，止于乌兰格日勒嘎查呼和德尔斯牧点东北2.07千米。墙体大体呈东西走向，上接乌兰格日勒长城3段，下接乌兰格日勒长城5段。

墙体长295米，为土石混筑，总体保存差。墙体构筑在查干哈达音阿木南偏西支沟沟脑部位东流河槽南岸，现存墙体两侧坍塌，石块散落在两侧，土筑部分保留高度较低，现呈低矮的土石垄状，底宽2.5～2.8、顶宽1.4～1.8、残高0.2～1米。墙体前小段保存较差，长94米；后小段保存差，长201米。保存较差和保存差部分，分别占该段墙体总长的31.9%和68.1%。

46. 乌兰格日勒长城5段（150824382301040046）

该段长城起自巴音乌兰苏木乌兰格日勒嘎查呼和德尔斯牧点东北2.07千米，止于乌兰格日勒嘎查呼和德尔斯牧点东北2千米。墙体大体呈东南—西北走向，上接乌兰格日勒长城4段，下接乌兰格日勒长城6段。

本段墙体为消失段，起止点之间的直线长度为270米。墙体所处查干哈达音阿木南偏西支沟沟脑部位洪水东流河槽段，山水冲刷导致墙体消失。依据相邻上下段墙体情况，推断该段墙体原应为石墙。

墙体沿线调查障城1座，为乌兰格日勒5号障城。

乌兰格日勒5号障城（150824353102040034）　位于巴音乌兰苏木乌兰格日勒嘎查呼和德尔斯牧点东北2.02千米，北距乌兰格日勒长城5段0.01千米，西北距乌兰格日勒6号障城1千米。

障城保存一般，四面城垣轮廓清晰，平面呈方形，边长13米。障城墙体为土石混筑，现石筑部分有不同程度坍塌，底宽2.8～3.3、顶宽1～1.5、残高0.5～1米。东墙设门，门宽2米，方向121°。

47. 乌兰格日勒长城6段（150824382102040047）

该段长城起自巴音乌兰苏木乌兰格日勒嘎查呼和德尔斯牧点东北2千米，止于乌兰格日勒嘎查呼和德尔斯牧点北偏东2.6千米。墙体由南北走向转呈东南—西北走向，上接乌兰格日勒长城5段，下接乌兰格日勒长城7段。

墙体长1174米，为土石混筑，总体保存一般。墙体沿梁北丘陵山地构筑，现存墙体底宽2.2～3.2、顶宽1～1.8、残高0.5～2.2米（彩图七一三）。其中保存较好部分长309米，墙体无坍塌，整体建筑形制分明；保存一般部分长349米，两侧石墙垒砌形制分明，除墙体顶部坍塌外其余保存一般，个别处石块垒砌有8层，为错缝垒砌；保存较差部分长148米，墙体东侧坍塌严重，但西侧保存尚好；保存差部分长368米，石筑部分坍塌严重，土筑部分保留高度较低，石块多散落墙体两侧。保存较好、保存一般、保存较差和保存差部分，分别占该段墙体总长的26.3%、29.8%、12.6%和31.3%。

墙体沿线调查烽燧、障城各1座，分别为乌兰格日勒1号烽燧、乌兰格日勒6号障城。

乌兰格日勒1号烽燧（150824353201040010）　位于巴音乌兰苏木乌兰格日勒嘎查呼和德尔斯牧点北偏东2.44千米的坡顶上，北距乌兰格日勒长城6段墙体20米，西北距乌兰格日勒2号烽燧4.1千米。

墩台为土石混筑，内部土筑，外侧包石，保存差。台体现已坍塌成一个近方形的土石堆，底部边长6、残高2米（彩图七一四）。该烽燧建筑在分水岭的山丘之上，北望视野开阔。

乌兰格日勒6号障城（150824353102040035）　位于巴音乌兰苏木乌兰格日勒嘎查呼和德尔斯牧点北偏东2.43千米，西北距乌兰格日勒长城6段墙体35米，西北距乌兰格日勒7号障城1.2千米。

障城保存差，四面城垣轮廓大致可辨，平面呈方形，边长14米。障城墙体为土石混筑，现损毁严重，除四角、东墙残留一段外，其余墙体均已消失，地表散落少量石块。现存墙体底宽2.3～2.6、顶宽1.5～1.8、残高0.1～0.4米。东墙设门，门宽2米，方向130°。城门内南侧有边长3米的方形石砌基址。障城内采集有褐釉瓷片。该障城东有乌兰格日勒1号烽燧，构成统一的防御单元。

48.乌兰格日勒长城7段（150824382101040048）

该段长城起自巴音乌兰苏木乌兰格日勒嘎查呼和德尔斯牧点北偏东2.6千米，止于乌兰格日勒嘎查呼和德尔斯牧点北偏东2.61千米。墙体大体呈东南—西北走向，上接乌兰格日勒长城6段，下接乌兰格日勒长城8段。

墙体长162米，为黄褐色砂质土夯筑，总体保存差。墙体构筑在台郭勒河上游布拉格图支沟沟脑部位河槽西南岸，现存墙体呈低矮的土垄状，底宽5～5.5、残高0.2～0.5米。墙体经过地段有两条洪水冲沟，导致墙体出现两处豁口，分别宽7、22米。

49.乌兰格日勒长城8段（150824382102040049）

该段长城起自巴音乌兰苏木乌兰格日勒嘎查呼和德尔斯牧点北偏东2.61千米，止于乌兰格日勒嘎查呼和德尔斯牧点北偏东2.66千米。墙体大体呈东南—西北走向，上接乌兰格日勒长城7段，下接乌兰格日勒长城9段。

墙体长392米，为土石混筑，总体保存差。墙体位于台郭勒河上游布拉格图支沟西南岸，现存墙体底宽3.4～4、顶宽1～2.2、残高0.4～2.1米。其中，保存较好部分长43米，墙体基本保留原始形态，石块风化现象较少（彩图七一五）；保存一般部分长145米，部分墙体有坍塌现象，整体状况尚好；保存差部分长187米，墙体坍塌严重，两侧仅存少量凌乱石块，因冲沟的冲刷墙体上还有一处宽17米的豁口。墙体保存较好、保存一般、保存差和消失部分，分别占该段墙体总长的11%、37%、47.7%和4.3%。

50.乌兰格日勒长城9段（150824382301040050）

该段长城起自巴音乌兰苏木乌兰格日勒嘎查呼和德尔斯牧点北偏东2.66千米，止于乌兰格日勒嘎查呼和德尔斯牧点北3千米。墙体大体呈南偏东—北偏西走向，上接乌兰格日勒长城8段，下接乌兰格日勒长城10段。

本段墙体为消失段，起止点之间的直线长度为380米。原墙体地处台郭勒河上游布拉格图支沟的多条小沟洪水交汇地带，山水冲刷导致墙体消失。河槽西岸坡地上有部分土筑墙体残存，该段墙体原应为土墙。

51.乌兰格日勒长城10段（150824382101040051）

该段长城起自巴音乌兰苏木乌兰格日勒嘎查都希牧点东南1.8千米，止于乌兰格日勒嘎查都希牧点南0.92千米。墙体由南北走向折为东西走向，上接乌兰格日勒长城9段，下接乌兰格日勒长城11段。

墙体长1650米，为黄褐土夯筑，总体保存差。墙体前小段分布于台郭勒河上游布拉格图支沟河槽西岸，后小段沿谷地折向西行，止于台郭勒河都希支沟东岸。墙体现呈低矮的土垄状，底宽5~5.5、残高0.2~0.5米。墙体经过地段存在数条水冲沟，导致墙体出现5处豁口，分别宽9、51、78、19、10米。墙体保存差和消失部分，分别占该段墙体总长的89.9%和10.1%。

墙体沿线调查障城2座，分别为乌兰格日勒7号、8号障城。

乌兰格日勒7号障城（150824353102040036）　位于巴音乌兰苏木乌兰格日勒嘎查都希牧点东南1.73千米的布拉格图支沟西岸，东距乌兰格日勒长城10段墙体0.04千米，西距乌兰格日勒8号障城0.9千米。

障城保存较好，平面呈方形，边长15米。障城墙体为土石混筑，顶部坍塌，现呈土垄状，现存墙体底宽3~3.4、顶宽1.5~1.8、残高0.6~1.2米。北墙设门，门宽2米，方向23°。

乌兰格日勒8号障城（150824353102040037）　位于巴音乌兰苏木乌兰格日勒嘎查都希牧点南偏东1.09千米，北距乌兰格日勒长城10段墙体0.01千米，西距乌兰格日勒9号障城0.9千米。

障城保存差，四面城垣轮廓大致可辨，平面呈方形，边长13米。障城墙体为土石混筑，现坍塌严重，北墙外侧石墙缺失。现存墙体底宽2.8~3、顶宽1.8~2、残高0.3~0.5米。南墙设门，门宽2米，方向140°。

该障城同时也是一处关址所在。障城外有一道半圆形石围墙，与乌兰格日勒长城10段墙体共同构成一处关址。石围墙周长784米，北墙即利用了乌兰格日勒长城10段墙体，长70米。围墙底宽2.6~3、顶宽1.6~1.8、残高0.5~0.9米。长城墙体中部设一门址，门宽2.5米，门内西侧有一座边长4米的石砌基址。

52.乌兰格日勒长城11段（150824382102040052）

该段长城起自巴音乌兰苏木乌兰格日勒嘎查都希牧点南0.92千米，止于乌兰格日勒嘎查都希牧点南稍偏西0.95千米。墙体大体呈东西走向，上接乌兰格日勒长城10段，下接乌兰格日勒长城12段。

墙体为土石混筑石墙，全长141米，总体保存差。墙体石砌部分坍塌严重，中间填土也大量流失，局部保存稍好，呈低矮的土石垄状（彩图七一六）；墙体横跨台郭勒河上游都希支沟河槽，山水冲刷导致部分墙体消失。现存墙体底宽2.5~2.8、顶宽1.3~1.6、残高0.3~1.2米。其中，墙体保存一般部分长38、保存差部分长41、消失部分长62米，分别占该段墙体总长的26.9%、29.1%和44%。

53.乌兰格日勒长城12段（150824382101040053）

该段长城起自巴音乌兰苏木乌兰格日勒嘎查都希牧点南稍偏西0.95千米，止于乌兰格日勒嘎查都希牧点南偏西0.94千米。墙体大体呈东南—西北走向，上接乌兰格日勒长城11段，下接乌兰格日勒长城13段。

墙体长260米，为黄褐色砂质土夯筑，总体保存差。墙体地处都希牧点南部都希支沟西岸谷地中，现存墙体坍塌，呈略高出地表的土垄状，底宽5~5.5、残高0.3~0.5米。墙体周边为荒草地，南侧有一条南北向冲沟，将墙体中部冲出一处宽10米的豁口。

54.乌兰格日勒长城13段（150824382102040054）

该段长城起自巴音乌兰苏木乌兰格日勒嘎查都希牧点南偏西0.94千米，止于乌兰格日勒嘎查都希牧点南偏西0.91千米。墙体大体呈南北走向，上接乌兰格日勒长城12段，下接乌兰格日勒长城14段。

墙体长 59 米，为土石混筑，总体保存较差。墙体沿都希牧点南部都希支沟西岸谷地北折，石砌部分风化、坍塌较严重，土筑部分也大部塌陷。现存墙体仅呈低矮的土石垄状，底宽 2.5 ～ 3、顶宽 1.4 ～ 1.8、残高 0.4 ～ 1.2 米。

55. 乌兰格日勒长城 14 段（150824382101040055）

该段长城起自巴音乌兰苏木乌兰格日勒嘎查都希牧点南偏西 0.91 千米，止于乌兰格日勒嘎查都希牧点西南 0.88 千米。墙体作直角折弯分布，由西南—东北走向转呈东南—西北走向，上接乌兰格日勒长城 13 段，下接乌兰格日勒长城 15 段。

墙体长 431 米，为黄褐土夯筑，总体保存差。墙体分布在都希牧点西南部的支沟谷地中，现存墙体坍塌，呈略高出地表的土垄状，底宽 5 ～ 5.5、残高 0.2 ～ 0.4 米。墙体前小段、后小段分布在缓坡上，保存稍好；中小段位于季节性山水冲沟底部，墙体被冲淘严重，导致 38 米长的墙体被完全冲毁。墙体保存差和消失部分，分别占该段墙体总长的 91.2% 和 8.8%。

墙体沿线调查障城 1 座，为乌兰格日勒 9 号障城。

乌兰格日勒 9 号障城（150824353102040038）　位于巴音乌兰苏木乌兰格日勒嘎查都希牧点南偏西 0.8 千米，东距乌兰格日勒长城 14 段墙体 0.03 千米，西北距乌兰格日勒 10 号障城 1 千米。

障城保存差，四面城垣轮廓大致可辨，平面呈方形，边长 14 米。障城墙体为土石混筑，现已坍塌成土垄状，四角墙体稍高。现存墙体底宽 2.6 ～ 3、顶宽 1.5 ～ 1.8、残高 0.4 ～ 1 米。东墙设门，门宽 2 米，方向 130°。障城建筑在山梁上，北部坡下小支沟的洪水冲断乌兰格日勒长城 14 段墙体，东北流汇入台郭勒河上游都希支沟。

56. 乌兰格日勒长城 15 段（150824382102040056）

该段长城起自巴音乌兰苏木乌兰格日勒嘎查都希牧点西南 0.88 千米，止于乌兰格日勒嘎查都希牧点西偏南 0.91 千米。墙体大体呈南偏东—北偏西走向，上接乌兰格日勒长城 14 段，下接乌兰格日勒长城 16 段。

墙体长 531 米，为土石混筑石墙，总体保存差。墙体地处都希牧点西沟沟脑地带，现存墙体坍塌，呈低矮的土垄状，底宽 2.5 ～ 3、顶宽 1.8 ～ 2.2、残高 0.3 ～ 1.3 米（彩图七一七）。墙体前小段保存较差，长 105 米；后小段保存差，长 410 米；山水冲刷导致墙体出现了一处宽 16 米的豁口。墙体保存较差、保存差和消失部分，分别占该段墙体总长的 19.7%、77.3% 和 3%。

57. 乌兰格日勒长城 16 段（150824382301040057）

该段长城起自巴音乌兰苏木乌兰格日勒嘎查都希牧点西偏南 0.91 千米，止于乌兰格日勒嘎查都希牧点西 1.19 千米。墙体大体呈东西走向，上接乌兰格日勒长城 15 段，下接乌兰格日勒长城 17 段。

本段墙体为消失段，起止点之间的直线长度为 305 米。墙体所处都希牧点西沟西支沟谷地中，山水冲刷导致墙体消失。依据相邻上下段墙体情况，推断该段墙体原应为石墙。

墙体沿线调查障城 1 座，为乌兰格日勒 10 号障城。

乌兰格日勒 10 号障城（150824353102040039）　位于巴音乌兰苏木乌兰格日勒嘎查都希牧点西 1.2 千米，东北距乌兰格日勒长城 16 段墙体 50 米，北偏西距乌兰格日勒 11 号障城 1.2 千米。

障城保存差，四面城垣轮廓大致可辨，平面呈方形，边长 14 米。障城墙体为土石混筑，现损毁严重，东北部被冲毁，残留墙体仅较地表稍高。现存墙体底宽 2.6 ～ 3、顶宽 1.8 ～ 2.2、残高 0.1 ～ 0.5 米。东墙设门，门宽 2 米，方向 100°。障城建筑在都希牧点西沟西支沟河槽北岸，洪水东流，与南北支沟洪水合流，东北向注入都希支沟。

58. 乌兰格日勒长城 17 段（150824382102040058）

该段长城起自巴音乌兰苏木乌兰格日勒嘎查都希牧点西 1.19 千米，止于乌兰格日勒嘎查都希牧点西北2.63千米。墙体作内外弯曲分布，呈南偏东—北偏西走向，上接乌兰格日勒长城16段，下接乌兰格日勒长城18段。

墙体长1944米，为土石混筑石墙，总体保存较差。墙体位于都希牧点西北部山梁脊背上，现存墙体底宽3～4.5、顶宽1.8～3、残高0.2～1.5米。其中，保存一般部分长134米，墙体顶部坍塌，但两侧石块垒砌形制分明，结构特点明显，基本无人为破坏（彩图七一八）；保存较差部分长1658米，墙体石块坍塌、风化严重，但整体形制尚可分辨；保存差部分长152米，墙体石质部分保留较少，仅东侧可看出石墙垒砌痕迹，西侧和顶部部分处可见少量散落石块。墙体保存一般、保存较差和保存差部分，分别占该段墙体总长的7%、85.2%和7.8%。

墙体沿线调查烽燧、障城各1座，分别为乌兰格日勒2号烽燧、乌兰格日勒11号障城。

乌兰格日勒2号烽燧（150824353201040011）　位于巴音乌兰苏木乌兰格日勒嘎查都希牧点西1.27千米的坡顶上，东距乌兰格日勒长城17段墙体3米，西北距乌兰格日勒3号烽燧6.1千米。

烽燧为土石混筑，内部土筑，外侧包石，保存差，结构和形制均已破坏。台体现已坍塌，北侧可见石块垒砌痕迹，其余部分石块均被拆毁。推测烽燧台体原平面为方形，边长5、现台体残高2米，顶部平整，为砂土覆盖。台体南侧残存一座石砌坞，平面呈方形，边长5、残高0.2～0.5米。

乌兰格日勒11号障城（150824353102040040）　位于巴音乌兰苏木乌兰格日勒嘎查都希牧点西北2千米处的山岭上，东距乌兰格日勒长城17段墙体0.05千米，北偏西距乌兰格日勒12号障城1.1千米。

障城保存差，四面城垣轮廓大致可辨，平面呈方形，边长13米。障城墙体为土石混筑，现损坏严重，仅南墙及四角稍高，保留有两侧砌石的痕迹，其余仅略高于地表。现存墙体底宽2.6～3、顶宽1.8～2.2、残高0.2～0.5米。东墙中部设门，门宽2米，方向146°。城墙四角有牧民堆垒的石堆。障城北部沟谷洪水北流，汇入沙巴格牧点所在沟谷，南部沟谷洪水西流，汇入达拉图沟谷河槽。

59. 乌兰格日勒长城18段（150824382102040059）

该段长城起自巴音乌兰苏木乌兰格日勒嘎查沙巴格牧点南偏西1.2千米，止于乌兰格日勒嘎查沙巴格牧点西南1.13千米。墙体作外向折线形分布，由南偏东—北偏西走向转呈东偏南—西偏北走向，上接乌兰格日勒长城17段，下接乌兰格日勒长城19段。

墙体长1082米，为土石混筑石墙，总体保存差。墙体地处沙巴格牧点西南部山岭背坡上缘，现存墙体底宽3～4、顶宽2.2～2.5、残高0.2～0.6米。其中，保存一般部分长59米，墙体为石块错缝垒砌，两侧痕迹分明，仅个别处少量坍塌，错缝垒砌高处有5层；保存较差部分长243米，墙体坍塌严重，石块多脱落，但整体形制尚可辨认；保存差部分长675米，石筑部分坍塌严重，土筑部分保留高度也较低。墙体两侧分布多条水冲沟，将墙体冲出三处缺口，分别宽50、43、12米。墙体保存一般、保存较差、保存差和消失部分，分别占该段墙体总长的5.4%、22.5%、62.4%和9.7%。

墙体沿线调查障城1座，为乌兰格日勒12号障城。

乌兰格日勒12号障城（150824353102040041）　位于巴音乌兰苏木乌兰格日勒嘎查沙巴格牧点西南0.9千米，东距乌兰格日勒长城18段墙体2米，西距乌兰格日勒13号障城1.1千米。

障城保存差，四面城垣轮廓大致可辨，平面呈方形，边长13米。障城墙体为土石混筑，现墙体损坏严重，北墙、西墙部分被山水冲毁，濒临消失，个别处保留有两侧砌石的痕迹。现存墙体底宽2.6～3、顶宽1.8～2.2、残高0.1～0.5米。南墙中部设门，门宽2米，方向155°。

60. 乌兰格日勒长城19段（150824382101040060）

该段长城分布在缓坡上，起自巴音乌兰苏木乌兰格日勒嘎查沙巴格牧点西南1.13千米，止于乌兰格日勒嘎查沙巴格牧点西偏南1.33千米。墙体外向弧线形分布，大体呈东西走向，上接乌兰格日勒长城18段，下接乌兰格日勒长城20段。

墙体长234米，以含有较多砂砾的黄褐土夯筑，总体保存差。墙体位于达拉图音阿木牧点东南沟沟脑部位，现存墙体坍塌，呈略高出地表的土垄状，底宽5~5.5、残高0.2~0.4米。墙体北侧有冲沟并行，洪水将前小段部分墙体冲毁，形成了16米宽的豁口。保存差部分、消失部分，分别占该段墙体总长的93.2%和6.8%。

61. 乌兰格日勒长城20段（150824382102040061）

该段长城起自巴音乌兰苏木乌兰格日勒嘎查沙巴格牧点西偏南1.33千米，止于乌兰格日勒嘎查沙巴格牧点西偏南1.67千米。墙体大体呈东偏北—西偏南走向，上接乌兰格日勒长城19段，下接乌兰格日勒长城21段。

墙体长335米，为土石混筑，总体保存较差。墙体分布在达拉图音阿木牧点东南沟中游南岸，石筑部分坍塌较严重，土筑部分保留较低，现呈低矮的土石垄状，底宽2.4~3、顶宽1.6~2、残高0.3~1.2米。墙体前小段保存较差，长279米；后小段保存差，长56米。墙体保存较差和保存差部分，分别占该段墙体总长的83.3%和16.7%。墙体北侧有达拉图音阿木东南冲沟并行。

墙体沿线调查障城1座，为乌兰格日勒13号障城。

乌兰格日勒13号障城（150824353102040042）　位于巴音乌兰苏木乌兰格日勒嘎查沙巴格牧点西南1.7千米的丘陵顶部，北距乌兰格日勒长城20段墙体0.04千米，西南距乌兰格日勒23号障城0.41千米。

障城保存较好，平面呈方形，边长13米。障城墙体为土石混筑，仅顶部稍有坍塌。现存墙体底宽3~3.6、顶宽1.6~2.2、残高1.2~1.8米。东墙中部设门，门宽1.5米，方向124°。障城内东北角、西南角，分别有一座边长2、4米的方形石砌基址（彩图七一九、七二〇）。

62. 乌兰格日勒长城21段（150824382301040062）

该段长城起自巴音乌兰苏木乌兰格日勒嘎查沙巴格牧点西偏南1.67千米，止于乌兰格日勒嘎查沙巴格牧点西偏南1.86千米。墙体大体呈东西走向，上接乌兰格日勒长城20段，下接乌兰格日勒长城22段。

本段墙体为消失段，起止点之间的直线长度为208米。墙体地处达拉图音阿木牧点东南沟下游，山水冲刷导致墙体消失。依据相邻上下段墙体情况，推断该段墙体原应为石墙。

63. 乌兰格日勒长城22段（150824382102040063）

该段长城起自巴音乌兰苏木乌兰格日勒嘎查沙巴格牧点西偏南1.86千米，止于乌兰格日勒嘎查沙巴格牧点西偏南2.38千米。墙体大体呈东西走向，上接乌兰格日勒长城21段，下接乌兰格日勒长城23段。

墙体长511米，为土石混筑，总体保存较差。墙体分布在赛尔乌素河上游达拉图音阿木支沟两岸，止点接近其西部的中支沟东岸。现存墙体底宽3~3.6、顶宽2~2.2、残高0.2~1.6米。其中，保存一般部分长75米，墙体石砌部分保存较好，仅个别处少量坍塌（彩图七二一）；保存较差部分长293米，石筑部分坍塌严重，土筑部分保留高度较低；保存差部分长64米，墙体坍塌严重，石块多脱落，填土部分保存较低；因水冲沟穿过墙体，造成两处豁口，分别宽43、36米。墙体保存一般、保存较差、保存差和消失部分，分别占该段墙体总长的14.7%、57.3%、12.5%和15.5%。

墙体沿线调查障城1座，为乌兰格日勒23号障城。

乌兰格日勒23号障城（150824353102040070）　位于巴音乌兰苏木乌兰格日勒嘎查沙巴格牧点西

偏南2.13千米的丘陵南坡地，北距乌兰格日勒长城22段墙体0.12千米，西北距乌兰格日勒14号障城0.49千米。

障城保存较差，四面城垣轮廓大致可辨，平面略呈梯形。南墙长125、北墙长135、西墙长130、东墙长140米。东墙中部设门，门宽2米，方向78°，外带马蹄形瓮城。障城墙体由黄褐土夯筑而成，现均已坍塌，角台比墙体稍高。现存墙体底宽4.5~7、顶宽2.5~3、残高0.5~1米。

64.乌兰格日勒长城23段（150824382301040064）

该段长城起自巴音乌兰苏木乌兰格日勒嘎查沙巴格牧点西偏南2.38千米，止于乌兰格日勒嘎查沙巴格牧点西2.62千米。墙体大体呈东南—西北走向，上接乌兰格日勒长城22段，下接乌兰格日勒长城24段。

本段墙体为消失段，起止点之间的直线长度为299米。墙体所经地带现为达拉图音阿木牧点西部的中支沟河槽，山水冲刷导致墙体消失。依据相邻上下段墙体情况，推断该段墙体原应为石墙。

65.乌兰格日勒长城24段（150824382102040065）

该段长城起自巴音乌兰苏木乌兰格日勒嘎查沙巴格牧点西2.62千米，止于乌兰格日勒嘎查沙巴格牧点西3.35千米。墙体先作东西向直线分布，后沿南北向浅沟蜿蜒延伸，大体呈东偏南—西偏北走向，上接乌兰格日勒长城23段，下接乌兰格日勒长城25段。

墙体长1252米，为土石混筑石墙，总体保存差。墙体位于赛尔乌素上游达拉图音阿木西部中支沟的西短沟与西支沟之间，石筑部分均有不同程度坍塌，土筑部分保留高度不一。现存墙体底宽2.6~3、顶宽1.8~2.4、残高0.4~1米。其中，墙体保存较好部分长148米，垒砌形制分明，顶部石块稍有坍塌（彩图七二二、七二三）；保存一般部分长113米，墙体顶部受风雨侵蚀有所损坏，其余保存尚好；保存较差部分长129米，石筑部分坍塌较严重，土筑部分保留高度较低；保存差部分长750米，坍塌严重，少量石块散落于顶部及北侧沟内；该段墙体末端消失，消失部分长112米，消失因素主要是冲沟的洪水冲刷。墙体保存较好、保存一般、保存较差、保存差和消失部分，分别占该段墙体总长的11.8%、9%、10.3%、59.9%和9%。

墙体沿线调查障城2座，分别为乌兰格日勒14号、15号障城。

乌兰格日勒14号障城（150824353102040043）　位于巴音乌兰苏木乌兰格日勒嘎查沙巴格牧点西偏南2.63千米，北距乌兰格日勒长城24段墙体0.02千米，西北距乌兰格日勒15号障城0.8千米。

障城保存差，四面城垣轮廓大致可辨，平面呈方形，边长15米。障城墙体为土石混筑，现损坏严重，石块、填土多坍塌散落，呈略高于地表的土石垄状。现存墙体底宽2.6~3、顶宽2.2~2.5、残高0.2~0.4米。东墙中部设门，门宽2米，方向132°。障城内散落少量黑釉粗瓷片。障城地处赛尔乌素河上游中支沟西岸二级台地上，中支沟洪水东北流，与达拉图音阿木牧点所在支沟洪水合流。

乌兰格日勒15号障城（150824353102040044）　位于巴音乌兰苏木乌兰格日勒嘎查沙巴格牧点西3.23千米，北距乌兰格日勒长城24段墙体6米，西距乌兰格日勒16号障城0.82千米。

障城保存一般，四面城垣轮廓清晰，平面呈方形，边长15米。障城墙体为土石混筑，四角墙体作加厚处理。现墙体顶部坍塌，部分墙体被黄沙淹没，底宽2.6~3、顶宽1.2~1.6、残高1~1.5米。东墙设门，门宽2米，方向128°。障城坐落在赛尔乌素河上游西支沟三岔口处南岸，合流的洪水东北流汇入赛尔乌素河。

66.乌兰格日勒长城25段（150824382301040066）

该段长城起自巴音乌兰苏木乌兰格日勒嘎查毕力其尔牧点东南2.51千米，止于乌兰格日勒嘎查毕力其尔牧点东南2.14千米。墙体作外向弯曲分布，大体呈东西走向，上接乌兰格日勒长城24段，下接乌兰格日勒长城26段。

本段墙体为消失段，起止点之间的直线长度为538米。墙体沿赛尔乌素河上游西支沟三岔口处的西沟南岸构筑，山水冲刷导致墙体消失。依据相邻上下段墙体情况，推断该段墙体原应为石墙。该段长城的河槽北岸，有牧户一家。

67. 乌兰格日勒长城26段（150824382102040067）

该段长城起自巴音乌兰苏木乌兰格日勒嘎查毕力其尔牧点东南2.14千米，止于乌兰格日勒嘎查毕力其尔牧点东南0.73千米。墙体呈东南—西北走向，上接乌兰格日勒长城25段，下接乌兰格日勒长城27段。

墙体长1602米，为土石混筑，总体保存一般。墙体沿三岔口处的西岔沟河槽南岸构筑，石筑部分均有不同程度的风化、脱落，但整体保存尚好，下部垒砌形制清晰。个别墙体有坍塌、滑坡现象，石块多散落在墙体两侧。现存墙体底宽2.8~3.2、顶宽1.6~2、残高0.2~1.6米（彩图七二四）。其中，墙体保存一般部分长975米、保存较差部分长368米、保存差部分长213米、消失部分长46米，分别占该段墙体总长的60.9%、23%、13.3%和2.8%。

墙体沿线调查障城、烽燧各1座，分别为乌兰格日勒16号障城、乌兰格日勒3号烽燧。

乌兰格日勒16号障城（150824353102040045）　位于巴音乌兰苏木乌兰格日勒嘎查毕力其尔牧点东南2千米，北距乌兰格日勒长城26段墙体9米，西北距乌兰格日勒17号障城2.5千米。

障城保存差，四面城垣轮廓大致可辨，平面呈方形，边长14米。东墙设门，门宽2米，方向135°。障城墙体为土石混筑，现损坏严重，北墙已消失，其余部分仅见略高于地表的土石垄。现存墙体底宽3~3.5、顶宽1.8~2.4、残高0.2~0.5米。门两侧各有一4平方米的石砌基址，推测应为坞址。障城建筑在西岔沟南岸高地上，洪水东流，至三岔口转东北流。

乌兰格日勒3号烽燧（150824353201040012）　位于巴音乌兰苏木乌兰格日勒嘎查毕力其尔牧点东南1.08千米的山岭上，东距乌兰格日勒长城26段0.03千米，北偏西距乌兰格日勒4号烽燧1.7千米。

墩台为土石混筑，内部土筑，外侧包石，保存差。台体现坍塌严重，石块散落，呈一方形土石堆，底部边长8、残高2米（彩图七二五）。台体顶部平整，现有牧民垒砌的避风石圈，东侧有宽1米的斜坡登道通顶。烽燧周围地表采集到灰陶罐口沿等标本。

68. 乌兰格日勒长城27段（150824382101040068）

该段长城起自巴音乌兰苏木乌兰格日勒嘎查毕力其尔牧点东南0.73千米，止于乌兰格日勒嘎查毕力其尔牧点东南0.6千米。墙体呈东南—西北走向，上接乌兰格日勒长城26段，下接乌兰格日勒长城28段。

墙体长138米，以夹有较多砂砾的黄褐土夯筑。总体保存差，墙体沿山岭背坡上部构筑，现已坍塌，呈低矮的土垄状，现存墙体底宽3~4.5、残高0.2~0.5米。后段墙体北侧有一条山水冲沟，导致墙体出现一处宽20米的豁口。墙体保存差部分长118米、消失部分长20米，分别占该段墙体总长的85.5%和14.5%。

69. 乌兰格日勒长城28段（150824382102040069）

该段长城起自巴音乌兰苏木乌兰格日勒嘎查毕力其尔牧点东南0.6千米，止于乌兰格日勒嘎查毕力其尔牧点北0.79千米。墙体大体作直线分布，呈南偏东—北偏西走向，上接乌兰格日勒长城27段，下接乌兰格日勒长城29段。

墙体长1410米，为土石混筑，总体保存一般。墙体沿毕力其尔牧点东山岭构筑，石筑部分均有不同程度坍塌，土筑部分保留高度不一。现存墙体底宽2.5~3、顶宽1.4~2.2、残高0.3~1.5米（彩图七二六）。其中，墙体保存较好部分长142米，仅顶部坍塌；保存一般部分长1168米，顶部坍塌较严重，但形制保存清晰；保存差部分长39米，石砌部分完全塌毁，夯土墙芯较低矮；消失部分长61米。墙体保存较好、保存一般、保存差和消失部分，分别占该段墙体总长的10.1%、82.8%、2.8%和4.3%。

墙体沿线调查障城、烽燧各1座，分别为乌兰格日勒17号障城和乌兰格日勒4号烽燧。

乌兰格日勒17号障城（150824353102040046）　位于巴音乌兰苏木乌兰格日勒嘎查毕力其尔牧点北0.58千米的毕力其尔河槽西岸高坡地上，北距乌兰格日勒长城28段墙体0.01千米，西北距乌兰格日勒18号障城1千米。

障城保存较好，平面呈方形，边长15米。障城墙体为土石混筑，四角墙体做加厚处理，东北角、西北角各设2米宽的斜坡登道。现仅顶部稍有坍塌，墙体两侧有少量淤土。现存墙体底宽3~3.5、顶宽1.6~2.2、残高0.8~2.2米。东墙设门，门宽2米，方向124°（彩图七二七、七二八）。

乌兰格日勒4号烽燧（150824353201040013）　位于巴音乌兰苏木乌兰格日勒嘎查毕力其尔牧点北0.7千米，东距乌兰格日勒长城28段墙体8米，西北距乌兰格日勒5号烽燧1.05千米。

墩台为土石混筑，内部土筑，外侧包石，保存差。台体上部坍塌，残高3米，底部可见四边垒砌为方形的痕迹。由此可知，烽燧墩台平面原为方形，边长8米。台体东侧有一座石砌圆角长方形坞，长8、宽7米；现存石墙底宽1.5、残高0.3~0.8米（彩图七二九）。

70.乌兰格日勒长城29段（150824382102040070）

该段长城起自巴音乌兰苏木乌兰格日勒嘎查毕力其尔牧点北0.79千米，止于乌兰格日勒嘎查毕力其尔牧点西北2.07千米。墙体大体作直线分布，呈东南—西北走向，上接乌兰格日勒长城28段，下接乌兰格日勒长城30段。

墙体长1519米，为土石混筑，总体保存较差。墙体分布在毕力其尔牧点北部山岭与乌兰呼热东南支沟沟脑处，石筑部分均有不同程度倒塌，土筑部分保存程度不一。现存墙体底宽2.2~3、顶宽1.6~2、残高0.4~1.6米。其中，墙体保存较好部分长219米，垒砌形制清晰，仅顶部坍塌（彩图七三〇）；保存较差部分长1137米，坍塌严重，但底部可见石块垒砌形制；保存差部分长145米，石砌部分已基本不见，仅见地表石块带状散乱分布；消失部分长18米。墙体保存较好、保存较差、保存差和消失部分，分别占该段墙体总长的14.4%、74.9%、9.5%和1.2%。

墙体沿线调查障城、烽燧各1座，分别为乌兰格日勒18号障城和乌兰格日勒5号烽燧。

乌兰格日勒18号障城（150824353102040047）　位于巴音乌兰苏木乌兰格日勒嘎查毕力其尔牧点西北1.36千米的丘陵北坡，北距乌兰格日勒长城29段墙体4米，西北距乌兰格日勒19号障城2.2千米。

障城保存差，四面城垣轮廓大致可辨，平面呈长方形，南北长17、东西宽14米。障城墙体为土石混筑，现坍塌损毁严重，呈略高于地表的土石垄状，四角墙体稍高，个别地段保留有两侧砌石的痕迹。现存墙体底宽2.5~3、顶宽1.6~2、残高0.2~0.8米。南墙设门，门宽2米，方向159°。

乌兰格日勒5号烽燧（150824353201040014）　位于巴音乌兰苏木乌兰格日勒嘎查毕力其尔牧点西北1.55千米的山岭上，北距乌兰格日勒长城29段墙体0.03千米，西北距乌兰格日勒6号烽燧6.9千米。

墩台石筑，毛石干垒，保存差，结构和形制均已破坏。台体现被牧民改建为平面为长方形的敖包，原始形制和结构均已不存。台体西侧有一座石砌坞，平面呈长方形，长8、宽6米；现存墙体底宽1.3、残高0.4~0.8米（彩图七三一）。

71.乌兰格日勒长城30段（150824382102040071）

该段长城起自巴音乌兰苏木乌兰格日勒嘎查毕力其尔牧点西北2.07千米，止于乌兰格日勒嘎查毕力其尔牧点西北2.5千米。墙体呈东南—西北走向，上接乌兰格日勒长城29段，下接乌兰格日勒长城31段。

墙体长479米，为土石混筑，总体保存差。墙体地处乌兰呼热东南两条支沟的沟脑部位，底部石筑部分坍塌严重，石块散落，现呈土石垄状，底宽2.2~3、顶宽1.6~2、残高0.2~1米。墙体前小段保存较差，长62米；后小段保存差，长417米。墙体保存较差和保存差部分，分别占该段墙体总长的12.9%和87.1%。

72. 乌兰格日勒长城31段（150824382101040072）

该段长城起自巴音乌兰苏木乌兰格日勒嘎查东南3.6千米，止于乌兰格日勒嘎查东偏南3.1千米。墙体呈东南—西北走向，上接乌兰格日勒长城30段，下接乌兰格日勒长城32段。

墙体长564米，为黄褐土夯筑，总体保存差。墙体地处乌兰呼热河槽南支沟东岸坡地上，现存墙体呈略高于地表的土垄状，底宽5.5~6、残高0.1~0.5米。墙体前小段有多条水冲沟，导致墙体出现两处豁口，分别宽8、18米。

73. 乌兰格日勒长城32段（150824382301130073）

该段长城起自巴音乌兰苏木乌兰格日勒嘎查东偏南3.1千米，止于乌兰格日勒嘎查东偏南2.7千米。墙体大体呈东南—西北走向，上接乌兰格日勒长城31段，下接乌兰格日勒长城33段。

本段墙体为消失段，起止点之间的直线长度为315米。墙体地处乌兰呼热牧点南支沟与其西侧主河槽交汇点，山水冲刷导致墙体消失。依据相邻上段墙体情况，推断该段墙体原应为土墙。

74. 乌兰格日勒长城33段（150824382102040074）

该段长城起自巴音乌兰苏木乌兰格日勒嘎查东偏南2.7千米，止于乌兰格日勒嘎查东北0.3千米。墙体大体呈东南—西北走向，上接乌兰格日勒长城32段，下接乌兰格日勒长城34段。

墙体长2599米，为土石混筑，总体保存差。墙体分布在乌兰呼热河槽与乌兰格日勒河槽之间，现存墙体坍塌严重，于地表呈低矮的土石垄状，底宽3~3.5、顶宽1.8~2.2、残高0.2~1米。墙体前小段保存较差，长959米，其中有一处冲沟冲刷导致宽11米的豁口；后小段保存差，长1629米。墙体保存较差、保存差和消失部分，分别占该段墙体总长的36.9%、62.7%和0.4%。

墙体沿线调查障城1座，为乌兰格日勒19号障城。

乌兰格日勒19号障城（150824353102040048） 位于巴音乌兰苏木乌兰格日勒嘎查东南2.6千米处，建于较高的台地上，四周地势平坦，东有较宽的乌兰呼热牧点所在河槽。北距乌兰格日勒长城33段墙体0.03千米，西南距乌兰格日勒20号障城0.5千米。

障城保存一般，四面城垣轮廓清晰，平面呈方形，边长128米。障城墙体为黄褐土夯筑，仍有部分墙体残存，因风蚀暴露夯土层，夯层厚5~10厘米。现存墙体底宽6~7、顶宽1.5~2.2、残高1.2~2米。墙体四角有角台，平面为圆形，直径5米。东墙中部设门，宽5米，方向109°。城门外加筑瓮城，平面呈曲尺形，北墙长10、东墙长11、瓮城墙体残高0.5~1米。墙体外约8米处有护城壕环绕，宽3米。障城内地势西高东低，西侧中部有一长方形石砌基址，长24、宽6米。障城内地表采集有黑釉凸棱纹、绿釉、褐釉等瓷片。

75. 乌兰格日勒长城34段（150824382301040075）

该段长城起自巴音乌兰苏木乌兰格日勒嘎查东北0.3千米，止于乌兰格日勒嘎查西北0.62千米。墙体大体呈东南—西北走向，上接乌兰格日勒长城33段，下接乌兰格日勒长城35段。

本段墙体为消失段，起止点之间的直线长度为790米。墙体经行区域现今为乌兰格日勒东河槽，山水冲刷导致墙体消失。依据相邻上下段墙体情况，推断该段墙体原应为土墙。河槽洪水西北流，于呼和温都尔东北部汇入查干伊力更河（查干额日格音高勒）。

在乌兰格日勒长城31~34段墙体南侧，另有一条副墙并行分布，命名为"乌兰格日勒长城副墙"。

墙体起自乌兰格日勒长城31段起点向西0.15千米处，止于乌兰格日勒长城34段墙体止点处。副墙两端与主墙体相连接，中部与主墙体并行，最远距主墙体0.46千米，与主墙体共同构成一个闭合橄榄球形区域。在调查中共划分为6小段，全长4231米，沿线调查障城2座。

76. 乌兰格日勒长城副墙1段（150824382101040076）

该段长城起自巴音乌兰苏木乌兰格日勒长城31段墙体起点向西0.15千米处，止于乌兰格日勒嘎查东南3.2千米。墙体大体呈东西走向，下接乌兰格日勒长城副墙2段。

墙体长330米，为黄褐色砂质土夯筑，总体保存差。墙体坍塌，淤积在墙基两侧，形成一条略高于地表的土垄，底宽3~4.5、残高0.1~0.5米。墙体前小段有一条南北向的山水冲沟，导致长44米的墙体消失。墙体保存差和消失部分，分别占该段墙体总长的86.7%和13.3%。

77. 乌兰格日勒长城副墙2段（150824382301040077）

该段长城起自巴音乌兰苏木乌兰格日勒嘎查东南3.2千米，止于乌兰格日勒嘎查东南2.6千米。墙体大体呈东西走向，上接乌兰格日勒长城副墙1段，下接乌兰格日勒长城副墙3段。

本段墙体为消失段，起止点之间的直线长度为556米。墙体所处位置现为乌兰呼热南支沟与主河槽，山水冲刷导致墙体消失。南支沟与主河槽之间的三角洲上，有土筑墙体残存，表明该段墙体为土筑。墙体先沿支沟东岸作北偏西行，而后西折穿过乌兰呼热谷地，后来植被退化形成河槽，冲毁墙体。

78. 乌兰格日勒长城副墙3段（150824382102040078）

该段长城起自巴音乌兰苏木乌兰格日勒嘎查东南2.6千米，止于乌兰格日勒嘎查东南1.8千米。墙体大体呈东西走向，上接乌兰格日勒长城副墙2段，下接乌兰格日勒长城副墙4段。

墙体长842米，为土石混筑石墙，总体保存差。墙体沿乌兰格日勒19号障城南洪水西流的支沟南岸构筑，石壁坍塌，筑墙土石积在墙基两侧，现呈略高于地表的土石垄状，底宽2~4、残高0.2~0.5米。墙体北侧有较深的冲沟并行，导致长53米的墙体被山水冲毁。墙体保存差和消失部分，分别占该段墙体总长的93.7%和6.3%。

墙体沿线调查障城1座，为乌兰格日勒20号障城。

乌兰格日勒20号障城（150824353102040049）　位于巴音乌兰苏木乌兰格日勒嘎查东南2.1千米的山体北坡，北距乌兰格日勒长城副墙3段墙体0.02千米，西北距乌兰格日勒21号障城1.7千米。

障城保存较差，四面城垣轮廓比较清晰，平面呈方形，边长15米。障城墙体为土石混筑，现石筑部分坍塌严重，城内散落较多石块，北墙保留较高，可见较清晰的垒砌痕迹。现存墙体底宽2.6~3、顶宽1.6~2、残高0.4~1.5米。东墙中部设门，门宽2米，方向110°。障城建筑在西流支沟南岸，洪水西北流汇入乌兰格日勒牧点所在河槽；东距乌兰呼热河槽约0.5千米。

79. 乌兰格日勒长城副墙4段（150824382301040079）

该段长城起自巴音乌兰苏木乌兰格日勒嘎查东南1.8千米，止于乌兰格日勒嘎查东南1.2千米。墙体大体呈东南—西北走向，上接乌兰格日勒长城副墙3段，下接乌兰格日勒长城副墙5段。

本段墙体为消失段，起止点之间的直线长度为611米。墙体沿乌兰格日勒19号障城南西流支沟中游南岸修筑，河槽拓宽，洪水冲刷导致墙体消失。依据相邻下段墙体情况，推断该段墙体原应为土墙。

80. 乌兰格日勒长城副墙5段（150824382101040080）

该段长城起自巴音乌兰苏木乌兰格日勒嘎查东南1.2千米，止于乌兰格日勒嘎查东南0.3千米。墙体大体呈东南—西北走向，上接乌兰格日勒长城副墙4段，下接乌兰格日勒长城副墙6段。

墙体长988米，为黄褐色砂质土夯筑，总体保存差。墙体分布乌兰格日勒河槽与其东支沟之间的梁背上，现墙体坍塌，筑墙土流失严重，呈稍高于地表的土垄状，局部墙体因山水冲刷濒于消失。现存墙体底宽2.2～2.4、残高0.1～0.3米。

墙体沿线调查障城1座，为乌兰格日勒21号障城。

乌兰格日勒21号障城（150824353102040050） 位于巴音乌兰苏木乌兰格日勒嘎查东南0.44千米，北距乌兰格日勒长城副墙5段墙体0.02千米，西北距乌兰格日勒22号障城3.73千米。

障城保存差，四面城垣轮廓大致可分辨，平面呈方形，边长14米。障城墙体为黄褐土夯筑，现墙体损坏严重，于地表呈低矮的土垄状，底宽1～1.5、残高0.1～0.2米；城内地表略有下凹。障城建筑在乌兰格日勒嘎查与查干套海牧点之间的河槽东岸，受水土流失影响，现已濒临消失。

81. 乌兰格日勒长城副墙6段（150824382301040081）

该段长城起自巴音乌兰苏木乌兰格日勒嘎查东南0.3千米，止于乌兰格日勒嘎查西北0.62千米。墙体呈东南—西北走向，上接乌兰格日勒长城副墙5段，下接乌兰格日勒长城35段。

本段墙体为消失段，起止点之间的直线长度为894米。原墙体应跨过乌兰格日勒河槽，沿南岸延伸，山水冲刷导致墙体消失。依据相邻上下段墙体情况，推断该段墙体原应为土墙。

82. 乌兰格日勒长城35段（150824382101040082）

该段长城起自巴音乌兰苏木乌兰格日勒嘎查西北0.62千米，止于乌兰格日勒嘎查西北1千米。墙体大体呈东南—西北走向，上接乌兰格日勒长城34段和副墙6段，下接乌兰格日勒长城36段。

墙体长431米，以含有较多砂砾的黄褐土夯筑，总体保存差。墙体处于河槽边较低的台地上，坍塌严重，现呈略高于地表的土垄状。现存墙体底宽2.5～3、残高0.1～0.3米。

83. 乌兰格日勒长城36段（150824382301040083）

该段长城起自巴音乌兰苏木乌兰格日勒嘎查西北1千米，止于乌兰格日勒嘎查西北1.4千米。墙体大体呈东南—西北走向，上接乌兰格日勒长城35段，下接乌兰格日勒长城37段。

本段墙体为消失段，起止点之间的直线长度为396米。墙体地处乌兰格日勒河槽南缘，季节性山水冲刷导致墙体消失。此外，该段中有一条废弃的乡间土路和图日特黑—乌珠尔的X930县道柏油路南北向穿过墙体，筑路时平整基础和就地取土也是造成墙体消失的因素之一。依据相邻上下段墙体情况，推断该段墙体原应为土墙。

84. 乌兰格日勒长城37段（150824382101040084）

该段长城起自巴音乌兰苏木乌兰格日勒嘎查西北1.4千米，止于乌兰格日勒嘎查西北1.7千米。墙体呈东南—西北走向，上接乌兰格日勒长城36段，下接乌兰格日勒长城38段。

墙体长302米，以黄褐色砂质土夯筑，总体保存差。墙体地处X930柏油路西侧河槽边的侧坡上，坍塌严重，现呈略高于地表的土垄状，底宽3.5～4、残高0.1～0.4米。

85. 乌兰格日勒长城38段（150824382301040085）

该段长城起自巴音乌兰苏木乌兰格日勒嘎查西北1.7千米，止于乌兰格日勒嘎查西北2千米。墙体呈东南—西北走向，上接乌兰格日勒长城37段，下接乌兰格日勒长城39段。

本段墙体为消失段，起止点之间的直线长度为322米。原墙体地处巴润苏吉牧户东北侧，紧邻河槽南缘，季节性山水冲刷导致墙体消失。依据相邻上下段墙体情况，推断该段墙体原应为土墙。

86. 乌兰格日勒长城39段（150824382101040086）

该段长城起自巴音乌兰苏木乌兰格日勒嘎查西北2千米，止于乌兰格日勒嘎查西北2.2千米。墙体呈东南—西北走向，上接乌兰格日勒长城38段，下接乌兰格日勒长城40段。

墙体长178米，为黄褐土夯筑土墙，总体保存差。墙体处于巴润苏吉西北部台地上，坍塌严重，现呈略高于地表的土垄状，底宽5.5~6、残高0.1~0.3米。墙体南侧有土路与墙体并行，北侧不远处即为乌兰格日勒河槽。墙体后小段有一条南北向的水冲沟，导致长48米墙体被冲毁。墙体保存差和消失部分，分别占该段墙体总长的73%和27%。

87. 乌兰格日勒长城40段（150824382301040087）

该段长城起自巴音乌兰苏木乌兰格日勒嘎查西北2.2千米，止于乌兰格日勒嘎查西北2.4千米。墙体呈东南—西北走向，上接乌兰格日勒长城39段，下接乌兰格日勒长城41段。

本段墙体为消失段，起止点之间的直线长度为219米。原墙体地处巴润苏吉西北部的乌兰格日勒河槽南岸边，河槽摆动及季节性山水冲刷导致墙体消失。依据相邻上段墙体情况，推断该段墙体原应为土墙。

88. 乌兰格日勒长城41段（150824382102040088）

该段长城起自巴音乌兰苏木乌兰格日勒嘎查西北2.4千米，止于乌兰格日勒嘎查西北2.8千米。墙体作外向折线形分布，大体呈东南—西北走向，上接乌兰格日勒长城40段，下接乌兰格日勒长城42段。

墙体长365米，为土石混筑石墙，总体保存差。墙体先沿河槽边西北行，其后转向西行。现存墙体底部可见石筑痕迹，上部坍塌严重，石块散落，呈土石垄状，底宽3.2~3.6、残高0.2~0.4米。墙体前小段北侧为河槽，山水冲刷导致墙体出现一处豁口，宽18米。

墙体沿线调查烽燧1座，为乌兰格日勒6号烽燧。

乌兰格日勒6号烽燧（150824353201040015）　位于巴音乌兰苏木乌兰格日勒嘎查西北2.5千米的河槽南岸山坡顶上，北距乌兰格日勒长城41段墙体0.04千米，西北距努呼日勒1号烽燧3.2千米。

墩台以黄褐色砂质土夯筑，保存差，结构和形制均已破坏。台体现已坍塌成一覆钵状土丘，底部直径8、残高1米。顶部稍平，上有牧民垒砌的柱状石堆。

89. 乌兰格日勒长城42段（150824382301040089）

该段长城起自巴音乌兰苏木乌兰格日勒嘎查西北2.8千米，止于乌兰格日勒嘎查西北3.5千米。墙体大体呈东南—西北走向，上接乌兰格日勒长城41段，下接乌兰格日勒长城43段。

本段墙体为消失段，起止点之间的直线长度为741米。墙体分布在乌兰格日勒河槽下游南岸支沟中，水土流失导致墙体消失。依据相邻上下段墙体情况，推断该段墙体原应为石墙。

墙体沿线调查障城1座，为乌兰格日勒22号障城。

乌兰格日勒22号障城（150824353102040051）　位于巴音乌兰苏木乌兰格日勒嘎查西北3.3千米，北邻乌兰格日勒长城42段墙体，西北距努呼日勒1号障城1.4千米。

障城保存差，濒临消失，平面呈方形，边长14米。障城墙体为土石混筑，由于障城建于河槽西的河滩地上，河水冲淘损毁严重，墙体基本消失，仅存等距三处堆石可辨为障城三角，另一角被冲毁。障城内地表采集有铁块、蟹青釉瓷片等遗物。该障城建筑乌兰格日勒河槽南侧较短的小支沟南岸，洪水西北流汇入主河槽。障城西南沟谷南岸有苏吉牧点。

90. 乌兰格日勒长城43段（150824382102040090）

该段长城起自巴音乌兰苏木乌兰格日勒嘎查西北3.5千米，止于努呼日勒嘎查呼和温都尔牧点东偏北1.43千米。墙体大体呈东南—西北走向，上接乌兰格日勒长城42段，下接努呼日勒长城1段。

墙体长1670米，为土石混筑，总体保存较差。墙体沿乌兰格日勒河槽下游南岸山岭上构筑，止于该河槽与查干伊力更河（查干额日格音高勒）交汇点处。墙体各部分均有不同程度坍塌，由于沙漠化严重，多段墙体被黄沙掩埋，现仅见一条低矮的土石垄。墙体前小段保存差，长292米，其中该段墙体现存豁口一处，长18米，为冲沟冲毁；中小段保存较差，长924米；后小段保存差，长454米。墙体保存较差、保存差和消失部分，分别占该段墙体总长的55.3%、保存差、消失应为43.6%和1.1%。

墙体沿线调查障城1座，为努呼日勒1号障城。

努呼日勒1号障城（150824353102040053）　位于巴音乌兰苏木努呼日勒嘎查呼和温都尔牧点东1.6千米处的台地南坡之上，西北方向可俯视查干伊力更河槽，北侧紧邻乌兰格日勒长城43段墙体，西北距努呼日勒2号障城2.4千米。

障城平面呈方形，边长130米。障城墙体为黄褐土夯筑，夯层厚5～10厘米；现坍塌严重，呈土垄状，底宽2.6～3.2、残高0.4～1.5米。城墙四角有向外凸出的角台。南墙中部设门，门宽4米，方向193°。门外加筑曲尺形瓮城，瓮城门东向，西、南两墙各长8米。

91. 努呼日勒长城1段（150824382301040091）

该段长城起自巴音乌兰苏木努呼日勒嘎查呼和温都尔牧点东偏北1.43千米，止于努呼日勒嘎查呼和温都尔牧点东北1.23千米。墙体大体呈东南—西北走向，上接乌兰格日勒长城43段，下接努呼日勒长城2段。

本段墙体为消失段，起止点之间的直线长度为326米。墙体横跨查干伊力更（查干额日格音高勒）河槽，山水冲刷导致墙体消失。依据相邻下段墙体情况，推断该段墙体原应为土墙。

92. 努呼日勒长城2段（150824382101040092）

该段长城起自巴音乌兰苏木努呼日勒嘎查呼和温都尔牧点东北1.23千米，止于努呼日勒嘎查呼和温都尔牧点北偏东0.7千米。墙体大体呈东南—西北走向，上接努呼日勒长城1段，下接努呼日勒长城3段。

墙体长929米，为黄褐土夯筑，总体保存差。墙体起点在查干伊力更（查干额和格音高勒）西岸，止点在呼和温都尔北支沟东岸，沿低矮山梁的东西坡地构筑，现坍塌严重，呈略高于地表的土垄状，底宽3.5～4、残高0.2～0.8米。墙体两侧分布数条山水冲沟，将墙体冲出三处豁口，分别宽12、9、59米。墙体保存差和消失部分，分别占该段墙体总长的91.4%和8.6%。

墙体沿线调查烽燧1座，为努呼日勒1号烽燧。

努呼日勒1号烽燧（150824353201040016）　位于巴音乌兰苏木努呼日勒嘎查呼和温都尔牧点东北0.9千米的山丘之上，北距努呼日勒长城2段墙体0.2千米，西距努呼日勒2号烽燧3.9千米。

墩台以土夯筑，保存差，结构和形制均已破坏。台体现已坍塌为近圆形的土丘状，底部直径8、残高1.5米（彩图七三二）。台体周围有石块散落，顶部暴露夯土层，夯层厚约10厘米。台体周边的石块，或为墩台维护所用，或本为构筑墩台所用石材。

93. 努呼日勒长城3段（150824382301040093）

该段长城起自巴音乌兰苏木努呼日勒嘎查呼和温都尔牧点北偏东0.7千米，止于努呼日勒嘎查呼和温都尔牧点北0.67千米。墙体大体呈东西走向，上接努呼日勒长城2段，下接努呼日勒长城4段。

本段墙体为消失段，起止点之间的直线长度为136米。植被退化，呼和温都尔北部形成洪水北流河槽，山水冲刷导致墙体消失。依据相邻上下段墙体情况，推断该段墙体原应为土墙。

94. 努呼日勒长城4段（150824382101040094）

该段长城起自巴音乌兰苏木努呼日勒嘎查呼和温都尔牧点北0.67千米，止于努呼日勒嘎查呼和温都尔牧点北偏西0.94千米。墙体作内向弧线形分布，大体呈东南—西北走向，上接努呼日勒长城3段，下接努呼日勒长城5段。

墙体长519米，以黄褐色砂质土夯筑，总体保存差。墙体处于呼和温都尔北河槽与其西部河槽间较低的台地上，坍塌严重，现呈略高于地表的土垄状，底宽4.5～5、残高0.1～0.4米。墙体末端南侧有冲沟生成，危及墙体保存。

95. 努呼日勒长城5段（150824382301040095）

该段长城起自巴音乌兰苏木努呼日勒嘎查呼和温都尔牧点北偏西0.94千米，止于努呼日勒嘎查呼和温都尔牧点北偏西1.07千米。墙体应作直线分布，大体呈东南—西北走向，上接努呼日勒长城4段，下接努呼日勒长城6段。

本段墙体为消失段，起止点之间的直线长度为151米。墙体经行地带现为呼和温都尔西北河槽及其东支沟，山水冲刷导致墙体消失。依据相邻上下段墙体情况，推断该段墙体原应为土墙。

96. 努呼日勒长城6段（150824382101040096）

该段长城起自巴音乌兰苏木努呼日勒嘎查乌兰呼都格牧点东2.08千米，止于努呼日勒嘎查乌兰呼都格牧点北0.94千米。墙体先作外向弧线形分布，后作直线分布，大体呈东南—西北走向，上接努呼日勒长城5段，下接努呼日勒长城7段。

墙体长2291米，黄褐土夯筑，总体保存差。墙体地处呼和温都尔西北河槽西岸与乌兰呼都格北河槽东岸之间的坡地上，现存墙体底宽4.5～5、残高0.2～1.2米。墙体前小段、后小段均保存差，分别长1186、259米；前小段墙体有两个豁口，分别长17、14米，均为冲沟冲毁；中小段保存较差，长815米，墙体明显高于地表。墙体保存较差、保存差和消失部分，分别占该段墙体总长的35.6%、63%和1.4%。

墙体沿线调查障城1座，为努呼日勒2号障城

努呼日勒2号障城（150824353102040054） 位于巴音乌兰苏木努呼日勒嘎查乌兰呼都格牧点东1.97千米处的平缓台地上，北距努呼日勒长城6段墙体3米，西北距努呼日勒3号障城2.7千米。

障城保存差，四面城垣轮廓大致可辨，平面呈方形，边长15米。障城墙体为黄褐土夯筑，破败严重，现仅比地表略高，西墙上散落少量石块。现存墙体底宽3～3.6、残高0.1～0.4米。南墙中部设门，门宽2米，方向225°。

97. 努呼日勒长城7段（150824382301040097）

该段长城起自巴音乌兰苏木努呼日勒嘎查乌兰呼都格牧点北0.94千米，止于努呼日勒嘎查乌兰呼都格牧点北偏西0.93千米。墙体大体呈东西走向，上接努呼日勒长城6段，下接努呼日勒长城8段。

本段墙体为消失段，起止点之间的直线长度为196米。墙体横跨南北向的乌兰呼都格河槽，山水冲刷导致墙体消失。依据相邻上下段墙体情况，推断该段墙体原应为土墙。

98. 努呼日勒长城8段（150824382101040098）

该段长城起自巴音乌兰苏木努呼日勒嘎查乌兰呼都格牧点北偏西0.93千米，止于努呼日勒嘎查乌兰呼都格牧点西北0.99千米。墙体大体呈东北—西南走向，上接努呼日勒长城7段，下接努呼日勒长城9段。

墙体长884米，以夹有砂砾的黄褐土夯筑，总体保存差。墙体处于乌兰呼都格北河槽与其西沟之间的低缓坡地上，现呈略高于地表的土垄状，底宽4.5～5、残高0.1～0.5米。该段墙体起点为汉外长城南线走向的一个大转折点，由原来的东南—西北走向，逐渐过渡为东北—西南方向延伸。

墙体沿线调查障城1座，为努呼日勒3号障城。

努呼日勒3号障城（150824353102040055） 位于巴音乌兰苏木努呼日勒嘎查乌兰呼都格牧点西北0.88千米，北侧紧邻努呼日勒长城8段墙体，西南距为努呼日勒4号障城2.8千米。

障城保存差，四面城垣轮廓大致可分辨，平面呈方形，边长15米。障城墙体以黄褐色砂质土夯筑，残败严重，仅较地表稍高。现存墙体底宽4.5～5、残高0.1～0.3米。南墙中部设门，门宽2米，方向140°。

99.努呼日勒长城9段（150824382301040099）

该段长城起自巴音乌兰苏木努呼日勒嘎查乌兰呼都格牧点西北0.99千米，止于努呼日勒嘎查乌兰呼都格牧点西1.34千米。墙体大体呈东北—西南走向，上接努呼日勒长城8段，下接努呼日勒长城10段。

本段墙体为消失段，起止点之间的直线长度为616米。墙体所在乌兰呼都格西沟西岸的小支沟中，山水冲刷导致墙体消失。依据相邻上下段墙体情况，推断该段墙体原应为土墙。

100.努呼日勒长城10段（150824382101040100）

该段长城起自巴音乌兰苏木努呼日勒嘎查乌兰呼都格牧点西1.34千米，止于努呼日勒嘎查乌兰呼都格牧点西1.58千米。墙体大体呈东西走向，上接努呼日勒长城9段，下接努呼日勒长城11段。

墙体长244米，为夯筑土墙，夯土中夹有较多粗砂砾，总体保存差。墙体处于河槽边较低的台地上，坍塌严重，现呈略高于地表的土垄状，底宽4.5～5、残高0.1～0.2米。个别地段几乎与地表平齐。

101.努呼日勒长城11段（150824382301040101）

该段长城起自巴音乌兰苏木努呼日勒嘎查乌兰呼都格牧点西1.58千米，止于努呼日勒嘎查乌兰呼都格牧点西偏南1.85千米。墙体大体呈东北—西南走向，上接努呼日勒长城10段，下接努呼日勒长城12段。

本段墙体为消失段，起止点之间的直线长度为307米。墙体地处敖包阿日北河槽东支沟谷地中，洪水冲刷导致墙体消失。依据相邻上下段墙体情况，推断该段墙体原应为土墙。

102.努呼日勒长城12段（150824382101040102）

该段长城起自巴音乌兰苏木努呼日勒嘎查乌兰呼热牧点东北1.45千米，止于努呼日勒嘎查乌兰呼热牧点东北1.14千米。墙体呈东北—西南走向，上接努呼日勒长城11段，下接努呼日勒长城13段。

墙体长318米，为夯筑土墙，总体保存差。墙体地处敖包阿日主河槽与其东支沟之间的坡地上，现存墙体呈略高于地表的土垄状，底宽4.5～5、残高0.2～0.4米。

墙体沿线调查烽燧1座，为努呼日勒2号烽燧。

努呼日勒2号烽燧（150824353201040017）　位于巴音乌兰苏木努呼日勒嘎查乌兰呼热牧点东2.5千米的小山顶部，北距努呼日勒长城12段墙体0.16千米，西南距努呼日勒3号烽燧3.9千米。

墩台石筑，毛石干垒，保存差。台体现被牧民全部拆毁，改建为大型敖包，称作戈登敖包。台体附近现存一处石砌坞，可见三面墙体，东墙长14米，南、北墙各长11米；现存墙体底宽2.5～3、顶宽1.2～1.5、残高0.5～1米（彩图七三三）。

103.努呼日勒长城13段（150824382301040103）

该段长城起自巴音乌兰苏木努呼日勒嘎查乌兰呼热牧点东北1.14千米，止于努呼日勒嘎查乌兰呼热牧点东北0.89千米。墙体大体呈东北—西南走向，上接努呼日勒长城12段，下接努呼日勒长城14段。

本段墙体为消失段，起止点之间的直线长度为245米。墙体横跨敖包阿日北河槽，山水冲刷导致墙体消失。依据相邻上下段墙体情况，推断该段墙体原应为土墙。

104.努呼日勒长城14段（150824382101040104）

该段长城起自巴音乌兰苏木努呼日勒嘎查乌兰呼热牧点东北0.89千米，止于努呼日勒嘎查乌兰呼热牧点北偏东0.37千米。墙体大体呈东偏北—西偏南走向，上接努呼日勒长城13段，下接努呼日勒长城15段。

墙体长 592 米，为夯筑土墙，总体保存差。墙体分布在敖包阿日北河槽与乌兰呼热河槽之间，现存墙体呈略高于地表的土垄，底宽 4.5 ～ 5、残高 0.2 ～ 0.4 米。墙体表面遍布沙砾。该段墙体两端并列的河槽，在北部合流后西北流汇入巴嘎高勒，又北偏东流注入查干伊力更河（查干额日格音高勒）。

105. 努呼日勒长城 15 段（150824382301040105）

该段长城起自巴音乌兰苏木努呼日勒嘎查乌兰呼热牧点北偏东 0.37 千米，止于努呼日勒嘎查乌兰呼热牧点北 0.22 千米。墙体大体呈东北—西南走向，上接努呼日勒长城 14 段，下接努呼日勒长城 16 段。

本段墙体为消失段，起止点之间的直线长度为 223 米。墙体横跨乌兰呼热河槽，山水冲刷导致墙体消失。依据相邻上下段墙体情况，推断该段墙体原应为土墙。

106. 努呼日勒长城 16 段（150824382101040106）

该段长城起自巴音乌兰苏木努呼日勒嘎查乌兰呼热牧点北 0.22 千米，止于努呼日勒嘎查乌兰呼热牧点西偏南 1.72 千米。墙体大体呈东北—西南走向，上接努呼日勒长城 15 段，下接努呼日勒长城 17 段。

墙体长 1856 米，为夯筑土墙，总体保存差。墙体分布在乌兰呼热牧点西部的布郎查干河槽沟脑地带，现存墙体呈略高于地表的土垄状，底宽 4.5 ～ 5、残高 0.1 ～ 0.4 米。墙体中小段有沙巴日东河槽，洪水冲刷造成墙体豁口，分别宽 81、25 米。墙体保存差和消失部分，分别占该段墙体总长的 94.3% 和 5.7%。

墙体沿线调查障城 2 座、烽燧 1 座，分别为努呼日勒 4 号、5 号障城和努呼日勒 3 号烽燧。

努呼日勒 4 号障城（150824353102040056）　位于巴音乌兰苏木努呼日勒嘎查乌兰呼热牧点西北 0.23 千米，北距努呼日勒长城 16 段墙体 3 米，南偏东距努呼日勒 5 号障城 0.6 千米。

障城保存差，四面城垣轮廓大致可辨，平面呈方形，边长 14 米。障城墙体以黄褐土夯筑，现障城内部充满黄沙，整体呈方形土台状，残高 0.2 ～ 0.5 米。

努呼日勒 5 号障城（150824353102040057）　位于巴音乌兰苏木努呼日勒嘎查乌兰呼热牧点东南 0.35 千米处，又名西乌兰呼热障城。北距努呼日勒长城 16 段墙体 0.56 千米，西偏南距努呼日勒 6 号障城 1.9 千米。

障城保存较差，四面城垣轮廓大致可辨，平面呈方形，边长 130 米。障城墙体以夹有较多砂砾的黄褐土夯筑，夯层厚 10 厘米；坍塌严重，仍有残败墙体遗存于地上（彩图七三四）。现存墙体底宽 5.5 ～ 6、顶宽 1 ～ 2.2、残高 0.8 ～ 1.5 米。城墙四角设角台，向外凸出墙体约 5 米。东墙中部设门，门宽 8 米，方向 70°，门外加筑曲尺形瓮城。障城东临河槽，城外南北两侧有径流小洪水沟，现已危及障城安全，亟待保护。

努呼日勒 3 号烽燧（150824353201040018）　位于巴音乌兰苏木努呼日勒嘎查乌兰呼热牧点西南 1.47 千米的山顶上，北距努呼日勒长城 16 段 0.18 千米，西南距努呼日勒 4 号烽燧 3 千米。

墩台以黄褐土夯筑，保存差，结构和形制均已破坏。现存台体坍塌为近圆形的土丘状，底部直径 9、残高 2 米。烽燧中部有一凹坑，为后人所挖，顶部有牧民垒砌的塔状石堆。该烽燧东西两侧为布郎查干河槽上游的两条支沟，西支沟西岸有沙巴日牧点。

107. 努呼日勒长城 17 段（150824382301040107）

该段长城起自巴音乌兰苏木努呼日勒嘎查乌兰呼热牧点西偏南 1.72 千米，止于努呼日勒嘎查乌兰呼热牧点西偏南 1.76 千米。墙体大体呈北南走向，上接努呼日勒长城 16 段，下接努呼日勒长城 18 段。

本段墙体为消失段，起止点之间的直线长度为160米。墙体斜跨沙巴日牧点东南河槽，山水冲刷导致墙体消失。依据相邻上下段墙体情况，推断该段墙体原应为土墙。

108. 努呼日勒长城18段（150824382101040108）

该段长城起自巴音乌兰苏木努呼日勒嘎查那仁沙巴格牧点北偏西1.16千米，止于努呼日勒嘎查那仁沙巴格牧点西偏南1.76千米。墙体呈东北—西南走向，上接努呼日勒长城17段，下接努呼日勒长城19段。

墙体长1845米，为夯筑土墙，总体保存差。墙体分布在那仁沙巴格牧点所在河槽两岸丘陵坡地上。现存墙体呈略高于地表的土垄状，底宽4.5～5、残高0.1～0.8米。有多条冲沟穿越墙体，现存豁口4处，分别宽8、34、17、15米。保存差和消失部分，分别占该段墙体总长的96%和4%。

墙体沿线调查障城、烽燧各1座，分别为努呼日勒6号障城和努呼日勒4号烽燧。

努呼日勒6号障城（150824353102040058）　位于巴音乌兰苏木努呼日勒嘎查那仁沙巴格牧点西北1.1千米的平缓台地上，东侧为较宽的河槽。北距努呼日勒长城18段墙体5米，西偏南距哈拉图1号障城20千米。

障城保存差，四面城垣轮廓大致可辨，平面呈方形，边长14米。障城墙体为土石混筑，现坍塌严重，呈土石垄状，四角及西墙底部可见石块垒砌痕迹。现存墙体底宽3.5～4.5、残高0.2～0.5米。东墙设门，方向125°。

努呼日勒4号烽燧（150824353201040019）　位于巴音乌兰苏木努呼日勒嘎查那仁沙巴格牧点西南1.5千米，北距努呼日勒长城18段墙体0.05千米，西南距乌兰额日格烽燧3.3千米。

烽燧为砂土夯筑，保存差，结构和形制均已破坏。台体坍塌为一个圆形土丘，底部直径13、残高2米。台体顶部裸露夯土，夯层厚10厘米。该烽燧修筑在分水岭上，南北两侧河槽均系巴嘎高勒河上游支流，其中北部的那仁沙巴格河槽洪水西北流，南部干其木德东支沟洪水西流转北流，合流之水称巴嘎高勒河。

109. 努呼日勒长城19段（150824382301040109）

该段长城起自巴音乌兰苏木努呼日勒嘎查那仁沙巴格牧点西偏南1.76千米，止于努呼日勒嘎查那仁沙巴格牧点西偏南2.19千米。墙体大体呈东北—西南走向，上接努呼日勒长城18段，下接努呼日勒长城20段。

本段墙体为消失段，起止点之间的直线长度为434米。墙体经行区域现为干其木德东支沟，山水冲刷导致墙体消失。依据相邻上下段墙体情况，推断该段墙体原应为土墙。

110. 努呼日勒长城20段（150824382101040110）

该段长城起自巴音乌兰苏木努呼日勒嘎查那仁沙巴格牧点西偏南2.19千米，止于努呼日勒嘎查那仁沙巴格牧点西南4.7千米。墙体略作内向弯曲分布，大体呈东北—西南走向，上接努呼日勒长城19段，下接乌兰额日格长城1段。

墙体长2764米，为夯筑土墙，总体保存差。墙体分布在干其木德东支沟南岸与其主河槽西岸山岭之间，现存墙体呈略高于地表的土垄状，底宽4.5～6、残高0.1～0.8米。墙体前小段、后小段均保存差，分别长405、1294米；前小段存在豁口三处，分别宽29、33、12米，后小段存在豁口一处，长81米；中小段保存较差，长910米。墙体保存较差、保存差和消失部分，分别占该段墙体总长的32.9%、61.5%和5.6%。

111. 乌兰额日格长城1段（150824382101040111）

该段长城起自巴音乌兰苏木乌兰额日格嘎查棍呼都格牧点北偏东2.3千米，止于乌兰额日格嘎查棍呼都格牧点北偏西2.77千米。墙体略作内向折线形分布，大体呈东西走向，上接努呼日勒长城20段，下接乌兰额日格长城2段。

墙体长2578米，为夯筑土墙，总体保存差。墙体大部分地段仅较地表稍高，现呈低矮的土垄状，底宽5～5.5、残高0.2～0.6米。墙体前小段保存较差，长680米；后小段保存差，长1834米。后小段墙体北侧有一条冲沟与墙体并行，导致墙体出现一处豁口，宽64米。另有两条山间道路通过，也对墙体造成了一定破坏。墙体保存较差、保存差和消失部分，分别占该段墙体总长的26.4%、71.1%和2.5%。

墙体沿线调查烽燧1座，为乌兰额日格烽燧。

乌兰额日格烽燧（150824353201040020）　位于巴音乌兰苏木乌兰额日格嘎查棍呼都格牧点北偏东2.27千米的山丘上，北距乌兰额日格长城1段墙体0.08千米，西南距呼格吉勒图1号烽燧54千米。

墩台土筑，保存差，结构和形制均已破坏。台体坍塌成覆钵形土丘状，底部直径8.5、残高1.5米。台体顶部有牧民垒砌的石堆。

112. 乌兰额日格长城2段（150824382101040112）

该段长城起自巴音乌兰苏木乌兰额日格嘎查棍呼都格牧点北偏西2.77千米，止于乌兰额日格嘎查棍呼都格牧点西北4.55千米。墙体大体呈东西走向，上接乌兰额日格长城1段，下接乌兰额日格长城3段。

墙体长2265米，为夯筑土墙，总体保存差。墙体分布在棍呼都格西北部的呼吉尔音高勒河槽中下游北岸山岭上，现存墙体呈略高于地表的土垄状，底宽5～5.5、残高0.2～0.4米。墙体后小段有南北向冲沟，冲刷出宽17米的豁口。墙体过去曾被作为乡间道路使用，现道路废弃，墙体上留有较深的车辙印。

113. 乌兰额日格长城3段（150824382101040113）

该段长城起自巴音乌兰苏木乌兰额日格嘎查扎日格牧点东2.81千米，止于乌兰额日格嘎查扎日格牧点东南1.09千米。墙体大体呈东偏北—西偏南走向，上接乌兰额日格长城2段，下接乌兰额日格长城4段。

墙体长2222米，为夯筑土墙，总体保存差。墙体分布在棍呼都格西北的呼吉尔音高勒河槽中下游北岸山岭及坡地上，现存墙体呈略高于地表的土垄状，底宽5.5～6、残高0.1～0.4米。墙体过去曾被利用为土路，现已废弃。

114. 乌兰额日格长城4段（150824382101040114）

该段长城起自巴音乌兰苏木乌兰额日格嘎查扎日格牧点东南1.09千米，止于乌兰额日格嘎查扎日格牧点西南1.86千米。墙体作直线分布，大体呈东西走向，上接乌兰额日格长城3段，下接乌兰额日格长城5段。

墙体长2259米，为夯筑土墙，总体保存差。墙体分布在呼吉尔音高勒河槽下游北岸坡地上，现存墙体呈略高于地表的土垄状，底宽5.5～6、残高0.1～0.4米。墙体过去曾被利用为土路，其上留有较深的车辙印。墙体外侧隐现壕沟痕迹，表明系外侧取土筑墙。墙体周边沙漠化严重，部分墙体被黄沙掩埋。该段墙体止点东南侧有牧户一家。

115. 乌兰额日格长城5段（150824382101040115）

该段长城起自巴音乌兰苏木乌兰额日格嘎查扎日格牧点西南1.86千米，止于乌兰额日格嘎查扎日格牧点西南2.8千米。墙体大体呈东西走向，上接乌兰额日格长城4段，下接乌兰额日格长城6段。

墙体长1083米，为夯筑土墙，总体保存差。墙体分布在必力其尔北部的呼吉尔音高勒河槽下游北岸坡地上，现存墙体呈略高于地表的土垄状，底宽5.5～6、残高0.1～0.4米。墙体过去曾被作为乡间道路使用，现道路废弃，墙体上留有较深的车辙印。墙体周边沙漠化严重，部分墙体被黄沙掩埋。该段墙体止点为呼吉尔高勒河与额很乌苏河交汇点，洪水北流汇入巴嘎高勒河。

116. 乌兰额日格长城6段（150824382301040116）

该段长城起自巴音乌兰苏木乌兰额日格嘎查扎日格牧点西南2.8千米，止于乌兰额日格嘎查扎日格牧点西南3.1千米。墙体大体呈东西走向，上接乌兰额日格长城5段，下接乌兰额日格长城7段。

本段墙体为消失段，起止点之间的直线长度为301米。墙体横跨额很乌苏河槽，山水冲刷导致墙体消失。依据相邻上下段墙体情况，推断该段墙体原应为土墙。

117. 乌兰额日格长城7段（150824382101040117）

该段长城起自巴音乌兰苏木乌兰额日格嘎扎日格牧点西南3.1千米，止于乌兰额日格嘎查准布郎牧点南1.89千米。墙体大体呈东北—西南走向，上接乌兰额日格长城6段，下接乌兰额日格长城8段。

墙体长2107米，为以含有砂砾的黄褐土夯筑，总体保存差。墙体分布在额很乌苏河西岸低缓的丘陵地带，现存墙体已坍塌，筑墙土淤积在墙基两侧，形成宽而低矮的土垄状，底宽5.5～6、残高0.1～0.4米。墙体前小段保存差，长1548米，墙体曾被作为道路使用，损坏严重，道路在墙体上形成宽4.5～5、深0.2～0.4米的凹槽；后小段保存较差，长559米，墙体北侧有道路并行。墙体保存较差和保存差部分，分别占该段墙体总长的26.5%和73.5%。

118. 乌兰额日格长城8段（150824382101040118）

该段长城起自巴音乌兰苏木乌兰额日格嘎查准布郎牧点南1.89千米，止于乌兰额日格嘎查准布郎牧点西南2.93千米。墙体体呈东北—西南走向，上接乌兰额日格长城7段，下接哈拉图长城1段。

墙体长2144米，为夯筑土墙，总体保存差。墙体分布在准布郎西南部低缓的丘陵地带，现存墙体呈略高于地表的土垄状，底宽5.5～6、残高0.1～0.4米。墙体北侧有土路并行，中部有一条南北向冲沟，导致墙体出现一处宽23米的豁口。

119. 哈拉图长城1段（150824382101040119）

该段长城起自川井镇哈拉图嘎查川井风电厂东北3.24千米，止于哈拉图嘎查川井风电厂北偏西2.36千米。墙体大体呈东西走向，上接乌兰额日格长城8段，下接哈拉图长城2段。

墙体长2708米，为夯筑土墙，总体保存差。墙体地处扎嘎额和牧点所在支沟上游东岸的丘陵地带，现存墙体呈略高于地表的土垄状，底宽5～6、残高0.2～0.4米。墙体曾被用作道路，顶部碾压出凹槽，凹槽宽3～4、深0.1～0.3米。

墙体沿线调查障城1座，为哈拉图1号障城。

哈拉图1号障城（150824353102040059）　位于川井镇哈拉图嘎查川井风电厂北偏东2.5千米处，北距哈拉图长城1段墙体0.02千米，西距哈拉图2号障城2.2千米。

障城保存差，四面城垣轮廓大致可辨，平面呈方形，边长14米。障城墙体为土筑，四墙均已坍塌，呈土垄状，底宽3、残高0.8～1.5米。东墙中部设门，门宽2米，方向128°。障城南0.3千米处有一户牧民。

120. 哈拉图长城2段（150824382101040120）

该段长城起自川井镇哈拉图嘎查川井风电厂北偏西2.36千米，止于哈拉图嘎查川井风电厂西北4千米。墙体呈东西走向，上接哈拉图长城1段，下接哈拉图长城3段。

墙体长2620米，为夯筑土墙，总体保存差。墙体位于扎嘎额和牧点所在支沟上游西岸的丘陵地带，现存墙体呈略高于地表的土垄状，底宽5～6、残高0.2～0.4米。墙体曾被用作土路，墙体顶部碾压成凹槽，宽3～4、深0.1～0.3米。

墙体沿线调查障城1座，为哈拉图2号障城。

哈拉图2号障城（150824353102040071）　位于川井镇哈拉图嘎查川井风电厂西北2.47千米。北距哈拉图长城2段墙体0.16千米，西距沙如拉1号障城11.7千米。

障城保存差，四面城垣轮廓大致可辨，平面呈方形，边长135米。障城墙体坍塌严重，比较低矮，个别地段接近消失。现存墙体底宽5.5~7、顶宽1~2、残高0.8~1米。城墙四角设角台，现东南角台已消失，其他角台向外凸出墙体约5米。东墙中部设门，门宽6米，方向86°，门外加筑曲尺形瓮城。城内覆盖黄砂土，墙体表面遍布沙砾。

121.哈拉图长城3段（150824382101040121）

该段长城位于川井镇哈拉图嘎查东北的丘陵地带，起自哈拉图嘎查川井风电厂西北4千米，止于哈拉图嘎查川井风电厂西北5.3千米。墙体作直线分布，大体呈东西走向，上接哈拉图长城2段，下接沙如拉长城1段。

墙体长1619米，为夯筑土墙，总体保存差。现存墙体呈略高于地表的土垄，底宽5~6、残高0.2~0.4米。墙体曾被用作土路，顶部碾压出凹槽。

122.沙如拉长城1段（150824382101040122）

该段长城起自川井镇沙如拉嘎查扎嘎额和牧点南偏东2.93千米，止于沙如拉嘎查扎嘎额和牧点南偏西2.8千米。墙体略作内外弯曲分布，大体呈东西走向，上接哈拉图长城3段，下接沙如拉长城2段。

墙体长2540米，为夯筑土墙，总体保存差。墙体构筑在扎嘎额和南部低缓的丘陵地带，现存墙体呈略高于地表的土垄状，底宽5~6、残高0.2~0.4米。该段墙体曾被用作土路，顶部碾压出车辙槽。

123.沙如拉长城2段（150824382101040123）

该段长城起自川井镇沙如拉嘎查扎嘎额和牧点南偏西2.8千米，止于沙如拉嘎查扎嘎额和牧点西南4.41千米。墙体大体呈东西走向，上接沙如拉长城1段，下接沙如拉长城3段。

墙体长2573米，为夯筑土墙，总体保存差。墙体地处川井镇（苏木）东部东西向缓谷中，现存墙体已坍塌，呈宽而低矮的土垄状，底宽5~6、残高0.2~0.4米。墙体曾被用作道路，并碾压出凹槽。

124.沙如拉长城3段（150824382101040124）

该段长城起自川井镇（苏木）政府东偏北3.81千米，止于川井镇政府东北1.48千米。墙体呈东西走向，上接沙如拉长城2段，下接沙如拉长城4段。

墙体长2490米，为夯筑土墙，总体保存差。墙体位于川井镇东北部的昌吉高勒河东岸平地上，现已坍塌，筑墙土淤积在墙基两侧，形成一条宽而低矮的土垄，底宽5~7、残高0.1~0.3米。X931公路穿越该段墙体，导致墙体出现宽18米的豁口。万水泉至甘其毛都铁路呈东南—西北方向上跨长城墙体。

125.沙如拉长城4段（150824382301040125）

该段长城起自川井镇政府东北1.48千米，止于川井镇政府北0.5千米。墙体呈东西走向，上接沙如拉长城3段，下接沙如拉长城5段。

本段墙体为消失段，起止点之间的直线长度为1400米。墙体横跨昌吉高勒河槽，山水冲刷导致墙体消失。依据相邻上下段墙体情况，推断该段墙体原应为土墙。

墙体沿线调查障城1座，为沙如拉1号障城。

沙如拉1号障城（150824353102040072）　位于川井镇政府东北0.7千米。北距沙如拉长城4段约

0.17千米，西偏南距沙如拉2号障城7.8千米。

障城保存差，四面城垣轮廓大致可辨，平面呈方形，边长130米。障城墙体坍塌严重，比较低矮，个别地段接近消失。现存墙体底宽6~8、顶宽2~3、残高0.5~1米。城墙四角设角台。南墙中部设门，门宽7米，方向222°。城内覆盖黄砂土，墙体表面遍布沙砾。该障城建筑在昌吉高勒河西岸台地上，周边植被严重退化。

126. 沙如拉长城5段（150824382101040126）

该段长城起自川井镇政府北0.5千米，止于川井镇西政府西北0.72千米。墙体大体呈东北—西南走向，上接沙如拉长城4段，下接沙如拉长城6段。

墙体长411米，为夯筑土墙，总体保存差。现存墙体呈略高于地表的土垄状，底宽5~7、残高0.1~0.2米。该段墙体南侧有X932连接S212公路并行，止点处有西北出川井公路，公路西北行并入省道。

127. 沙如拉长城6段（150824382301040127）

该段长城起自川井镇政府西北0.72千米，止于川井镇政府西2.1千米。墙体大体呈东北—西南走向，上接沙如拉长城5段，下接沙如拉长城7段。

本段墙体为消失段，起止点之间的直线长度为1600米。墙体经行地带为川井西部谷地，现形成河槽，季节性山水冲刷和沙漠化是导致墙体消失的主要因素。此外，S212省道在此穿越，也是造成墙体消失的因素之一。依据相邻上下段墙体情况，推断该段墙体原应为土墙。

128. 沙如拉长城7段（150824382101040128）

该段长城起自川井镇政府西2.1千米，止于川井镇政府西2.43千米。墙体大体呈东北—西南走向，上接沙如拉长城6段，下接沙如拉长城8段。

墙体长342米，为夯筑土墙，夯土中夹有较多粗砂砾，总体保存差。分布于川井—赛乌苏柏油公路（X934县道）北侧，现存墙体已坍塌，呈低矮的土垄状，底宽5.5~6、残高0.2~0.4米。

129. 沙如拉长城8段（150824382301040129）

该段长城起自川井镇政府西2.43千米，止于川井镇政府西2.78千米。墙体大体呈东西走向，上接沙如拉长城7段，下接沙如拉长城9段。

本段墙体为消失段，起止点之间的直线长度为353米。川井—赛乌苏柏油公路紧邻墙体南侧修筑，大部分墙体压覆于路基之下。依据相邻上下段墙体情况，推断该段墙体原应为土墙。

130. 沙如拉长城9段（150824382101040130）

该段长城起自川井镇政府西2.78千米，止于川井镇政府西4.21千米。墙体大体呈东西走向，上接沙如拉长城8段，下接沙如拉长城10段。

墙体长1434米，为夯筑土墙，总体保存差。现存墙体呈略高于地表的土垄状，底宽3~4、残高0.1~0.3米。墙体表面遍布沙砾，南侧为川井至赛乌苏公路，修筑公路在此取土，导致墙体出现两处豁口，分别宽30、73米。墙体保存差和消失部分，分别占该段墙体总长的92.8%和7.2%。

131. 沙如拉长城10段（150824382301040131）

该段长城起自川井镇沙如拉嘎查嘎顺乃萨拉东偏南5千米，止于沙如拉嘎查嘎顺乃萨拉东南2.84千米。墙体大体呈东北—西南走向，上接沙如拉长城9段，下接沙如拉长城11段。

本段墙体为消失段，起止点之间的直线长度为2500米。川井—赛乌苏柏油公路顺墙体修筑，将该段墙体覆盖于路基之下。依据相邻上下段墙体情况，推断该段墙体原应为土墙。

132. 沙如拉长城11段（150824382101040132）

该段长城起自川井镇沙如拉嘎查嘎顺乃萨拉东南2.84千米，止于沙如拉嘎查嘎顺乃萨拉东南2.62

千米。墙体大体呈东北—西南走向，上接沙如拉长城10段，下接沙如拉长城12段。

墙体长315米，为夯筑土墙，总体保存差。现存墙体呈略高于地表的土垄状，底宽5~6、残高0.1~0.3米。墙体北侧紧邻川井—赛乌苏的柏油路，筑路取土对墙体造成了一定破坏。

133.沙如拉长城12段（150824382301040133）

该段长城起自川井镇沙如拉嘎查嘎顺乃萨拉东南2.62千米，止于沙如拉嘎查嘎顺乃萨拉东南2.35千米。墙体大体呈东北—西南走向，上接沙如拉长城11段，下接沙如拉长城13段。

本段墙体为消失段，起止点之间的直线长度为442米。川井—赛乌苏柏油公路顺长城墙体修筑，将该段墙体覆盖于路基之下。依据相邻上下段墙体情况，推断该段墙体原应为土墙。

墙体沿线调查障城1座，为沙如拉2号障城。

沙如拉2号障城（150824353102040060）　位于川井镇沙如拉嘎查嘎顺乃萨拉东南2.43千米，西北距沙如拉长城12段墙体止点0.08千米，西距呼格吉勒图1号障城14千米。

障城保存差，四面城垣轮廓大致可辨，平面呈圆角方形，边长15米。障城墙体为黄褐土夯筑，现均已坍塌，仅略高于地表，底宽3.5~4、残高0.1~0.2米。东墙设门，门宽2米，方向130°。障城内外及墙体上遍布沙砾，北侧为公路。

134.沙如拉长城13段（150824382101040134）

该段长城起自川井镇沙如拉嘎查嘎顺乃萨拉东南2.35千米，止于沙如拉嘎查嘎顺乃萨拉南偏东2.21千米。墙体大体呈东北—西南走向，上接沙如拉长城12段，下接沙如拉长城14段。

墙体长381米，为夯筑土墙，总体保存差。现存墙体呈略高于地表的土垄状，底宽5~6、残高0.1~0.3米。墙体南侧紧邻柏油路，筑路取土导致一段55米长的墙体消失。墙体保存差和消失部分，分别占该段墙体总长的85.6%和14.4%。

135.沙如拉长城14段（150824382301040135）

该段长城起自川井镇沙如拉嘎查嘎顺乃萨拉南偏东2.21千米，止于沙如拉嘎查嘎顺乃萨拉西南5.72千米。墙体大体呈东北—西南走向，上接沙如拉长城13段，下接呼格吉勒图长城1段。

本段墙体为消失段，起止点之间的直线长度为6300米。该段墙体完全覆盖于川井—赛乌苏柏油公路路基之下。依据相邻上下段墙体情况，推断该段墙体原应为土墙。

136.呼格吉勒图长城1段（150824382301040136）

该段长城起自川井镇呼格吉勒图嘎查楚鲁图壕东南4.15千米，止于呼格吉勒图嘎查楚鲁图壕南偏西3.25千米。墙体大体呈东西走向，上接沙如拉长城14段，下接呼格吉勒图长城2段。

本段墙体为消失段，起止点之间的直线长度为3900米。该段墙体完全覆盖于川井—赛乌苏柏油公路路基之下。依据相邻上下段墙体情况，推断该段墙体原应为土墙。

137.呼格吉勒图长城2段（150824382101040137）

该段长城起自川井镇呼格吉勒图嘎查楚鲁图壕南偏西3.25千米，止于呼格吉勒图嘎查楚鲁图壕南偏西3.42千米。墙体大体呈东西走向，上接呼格吉勒图长城1段，下接呼格吉勒图长城3段。

墙体长391米，为夯筑土墙，夯土中夹有较多粗砂砾，总体保存差。现存墙体呈略高于地表的土垄状，底宽3.5~4、残高0.1~0.3米。墙体南侧紧邻川井—赛乌苏的柏油公路，墙体表面布满细小的砾石，生长着稀疏的针茅草等植物。

138.呼格吉勒图长城3段（150824382301040138）

该段长城起自川井镇呼格吉勒图嘎查楚鲁图壕南偏西3.42千米，止于呼格吉勒图嘎查东北2.3千米。墙体呈东西走向，上接呼格吉勒图长城2段，下接呼格吉勒图长城4段。

本段墙体为消失段，起止点之间的直线长度为4600米。该段墙体位于呼格吉勒图嘎查所在河槽及东西两岸，覆盖于川井—赛乌苏柏油公路路基之下。依据相邻上下段墙体情况，推断该段墙体原应为土墙。

墙体沿线调查障城1座，为呼格吉勒图1号障城。

呼格吉勒图1号障城（150824353102040061）　位于川井镇呼格吉勒图嘎查东北3.5千米的平缓台地上，北距呼格吉勒图长城3段墙体约0.03千米，西距呼格吉勒图2号障城2.8千米。

障城保存差，四面城垣轮廓大致可辨，平面呈方形，边长130米。障城墙体为黄褐土夯筑，现均已坍塌，底宽7~7.5、顶宽3~3.5、残高0.1~0.6米。障城四角隐见向外凸出的角台残迹。东墙中部设门，方向110°，门外残留瓮城遗迹。城墙外有壕，宽3.5~5；壕外有外墙，较低矮，四角呈垛口柱状外凸。障城内外杂草丛生，地表暴露遗物丰富，采集有黑、白、蟹青釉瓷片等，器形可辨者有碗、罐、瓶等。障城北临川井—赛乌苏公路，西为呼格吉勒图嘎查所在河槽。

139.呼格吉勒图长城4段（150824382101040139）

该段长城起自川井镇呼格吉勒图嘎查东北2.3千米，止于呼格吉勒图嘎查北1.8千米。墙体大体呈东偏北—西偏南走向，上接呼格吉勒图长城3段，下接呼格吉勒图长城5段。

墙体长1719米，为夯筑土墙，夯土中夹有较多粗砂砾，总体保存差。墙体位于呼格吉勒图嘎查所在河槽西岸平地上，现存墙体呈略高于地表的土垄状，底宽5~6、残高0.2~0.4米。川井—赛乌苏公路穿越墙体，造成一处宽77米的豁口。墙体顶部曾作为便道，对墙体造成损坏。墙体保存差和消失部分，分别占该段墙体总长的95.5%和4.5%。

墙体沿线调查烽燧、障城各1座，分别为呼格吉勒图1号烽燧和呼格吉勒图2号障城。

呼格吉勒图1号烽燧（150824353201040021）　位于川井镇呼格吉勒图嘎查北1.7千米的较高台地上，北距呼格吉勒图长城4段墙体0.06千米，西南距呼格吉勒图2号烽燧3.2千米。

墩台用黄褐色砂质土夯筑，保存差，结构和形制均已破坏。台体现已坍塌为圆形土丘状，底部直径13、残高0.5米。烽燧顶部被后人挖出两个坑。该烽燧北部依次为呼格吉勒图2号障城、呼格吉勒图长城4段墙体和川井—赛乌苏公路。

呼格吉勒图2号障城（150824353102040062）　位于川井镇呼格吉勒图嘎查北1.73千米，北距呼格吉勒图长城4段0.02千米，南距呼格吉勒图1号烽燧0.05千米，西偏南距呼格吉勒图3号障城10千米。

障城保存差，四面城垣轮廓大致可辨，平面呈方形，边长13米。障城墙体为黄褐土夯筑，现均已坍塌，呈略高于地表的土垄状，现底宽3.5~4、残高0.1~0.3米。门址不清。障城修筑于较高的台地顶部，四周均为平缓的草地，视野开阔，东有南北向的网围栏，北为川井—赛乌苏公路。

140.呼格吉勒图长城5段（150824382301040140）

该段长城起自川井镇呼格吉勒图嘎查北1.8千米，止于呼格吉勒图嘎查北偏西1.9千米。墙体大体呈东西走向，上接呼格吉勒图长城4段，下接呼格吉勒图长城6段。

本段墙体为消失段，起止点之间的直线长度为368米。该段墙体完全覆盖于川井—赛乌苏柏油公路的路基之下。依据相邻上下段墙体情况，推断该段墙体原应为土墙。

141.呼格吉勒图长城6段（150824382101040141）

该段长城起自川井镇呼格吉勒图嘎查北偏西1.9千米，止于呼格吉勒图嘎查西北3.2千米。墙体呈东西走向，上接呼格吉勒图长城5段，下接呼格吉勒图长城7段。

墙体长2072米，为夯筑土墙，总体保存差。墙体重现于公路路基北侧，止于公路西北向岔出的土路边，现呈略高于地表的土垄状，底宽5~6、残高0.1~0.4米。墙体顶部有一条废弃的土路，北侧有断续的浅沟；南侧有川井—赛乌苏公路并行。

142.呼格吉勒图长城7段（150824382101040142）

该段长城起自川井镇呼格吉勒图嘎查西北3.2千米，止于呼格吉勒图嘎查西偏北5.2千米。墙体大体呈东北—西南走向，上接呼格吉勒图长城6段，下接呼格吉勒图长城8段。

墙体长2462米，为夯筑土墙，夯土中夹有较多粗砂砾，总体保存差。墙体于公路北侧并列延伸，止于网围栏东侧。现存墙体呈略高于地表的土垄状，底宽5～6、残高0.1～0.4米。墙体外侧有壕沟痕迹，现有土路沿沟通行。

墙体沿线调查烽燧1座，为呼格吉勒图2号烽燧。

呼格吉勒图2号烽燧（150824353201040022）　位于川井镇呼格吉勒图嘎查西北3.4千米的高坡顶上，北距呼格吉勒图长城7段0.03千米，西南距呼格吉勒图3号烽燧8.2千米。

墩台为夯土建筑，保存差，结构和形制均已破坏。台体现已坍塌为圆形土丘状，底部直径13、残高1.5米。

143.呼格吉勒图长城8段（150824382101040143）

该段长城起自川井镇呼格吉勒图嘎查西偏北5.2千米，止于呼格吉勒图嘎查西偏北6千米。墙体大体呈东北—西南走向，上接呼格吉勒图长城7段，下接呼格吉勒图长城9段。

墙体长1035米，为夯筑土墙，总体保存差。现存墙体呈略高于地表的土垄状，底宽6～7、残高0.1～0.4米。墙体顶部曾被用作土路，现已废弃，残存车辙痕迹。川井—赛乌苏公路在墙体东南侧并行，筑路取土造成墙体出现一处宽9米的豁口。

144.呼格吉勒图长城9段（150824382301040144）

该段长城起自川井镇呼格吉勒图嘎查西偏北6千米，止于呼格吉勒图嘎查敖包图北牧点北偏西3.17千米。墙体大体呈东北—西南走向，上接呼格吉勒图长城8段，下接呼格吉勒图长城10段。

本段墙体为消失段，起止点之间的直线长度为756米。该段墙体再次覆盖于川井—赛乌苏柏油公路路基之下。依据相邻上下段墙体情况，推断该段墙体原应为土墙。

145.呼格吉勒图长城10段（150824382101040145）

该段长城起自川井镇呼格吉勒图嘎查敖包图北牧点北偏西3.17千米，止于呼格吉勒图嘎查敖包图北牧点西北4.6千米。墙体大体呈东北—西南走向，上接呼格吉勒图长城9段，下接呼格吉勒图长城11段。

墙体长2758米，为夯筑土墙，总体保存差。墙体复现于川井—赛乌苏公路南侧，部分地段墙体之上可见明显的推土机铲痕，现存墙体呈略高于地表的土垄状，底宽6～6.5、残高0.1～0.6米。

146.呼格吉勒图长城11段（150824382101040146）

该段长城起自川井镇呼格吉勒图嘎敖包图北牧点西北4.6千米，止于呼格吉勒图嘎查敦德毛德牧点东偏北3.41千米。墙体大体呈东偏北—西偏南走向，上接呼格吉勒图长城10段，下接呼格吉勒图长城12段。

墙体长2395米，为夯筑土墙，总体保存差。墙体地处沃博日呼热东西两条窄缓的洪水北流河槽之间，现存墙体呈略高于地表的土垄状，底宽6～6.5、残高0.1～0.6米。墙体北邻川井—赛乌苏公路，顶部有废弃土路所留的车辙。

墙体沿线调查烽燧、障城各1座，分别为呼格吉勒图3号烽燧、呼格吉勒图3号障城。

呼格吉勒图3号烽燧（150824353201040023）　位于川井镇呼格吉勒图嘎查敦德毛德东偏北4.2千米的小土丘上，北距呼格吉勒图长城11段墙体0.1千米，西偏南距呼格吉勒图4号烽燧3千米。

墩台用黄褐色砂质土夯筑，保存差，结构和形制均已破坏。台体现已坍塌成圆形土丘状，底部直径19、残高1米。该烽燧建筑在河槽之间的南北向矮梁上，北隔墙体有川井—赛乌苏公路。

呼格吉勒图3号障城（150824353102040063）　位于川井镇呼格吉勒图嘎查敖包图北牧点西北4.6千米，北距呼格吉勒图长城11段墙体0.5千米，西距呼格吉勒图4号障城8.75千米。

障城保存差，四面城垣轮廓大致可辨，平面呈长方形，南北长135、东西宽127米。障城墙体为黄褐土夯筑，夯层厚10~15厘米，呈略高于地表的土垄状，两侧有淤堆的砂土。现存墙体底宽6~7、顶宽3~3.5、残高0.4~1.2米。四角设有角台，唯西北角台保存较好，现存台基长3.3、宽2.6、残高2.5米（彩图七三五）。南墙中部设门，方向148°，残破严重，宽度不详。门外残存一土丘，疑为瓮城坍塌形成。该障城所在地蒙古语名沃博日呼热，汉语意为内侧之城；其西部还有阿日呼热，意为北（后或外）侧之城，此类地名当以汉外长城南线障城得名。

147.呼格吉勒图长城12段（150824382101040147）

该段长城起自川井镇呼格吉勒图嘎查敦德毛德牧点东偏北3.41千米，止于呼格吉勒图嘎查敦德毛德牧点东北1.21千米。墙体大体呈东西走向，上接呼格吉勒图长城11段，下接呼格吉勒图长城13段。

墙体长2431米，为夯筑土墙，总体保存差。墙体位于敦德毛德牧点东北部丘陵草原上，现存墙体呈低矮的土垄状，底宽6~7、残高0.2~0.5米。墙体经过地段有一条山水冲沟通过，导致一处宽34米的豁口。墙体保存差和消失部分，分别占该段墙体总长的98.6%和1.4%。北出敦德毛德的土路沿该段长城后小段墙体通行，影响了长城的保护。

墙体沿线调查烽燧1座，为呼格吉勒图4号烽燧。

呼格吉勒图4号烽燧（150824353201040024）　位于川井镇呼格吉勒图嘎查敦德毛德东偏北1.23千米，北距呼格吉勒图长城12段墙体0.26千米，西距呼格吉勒图5号烽燧11.8千米。

墩台以黄褐土夯筑，保存差，结构和形制均已破坏。台体现已坍塌成圆形土丘状，底部直径13、残高0.5米。台体顶部有牧民垒砌的石堆。该烽燧位于山梁顶部，其西北侧为所在墙体止点，北隔墙体为与之并行的川井—赛乌苏公路。

148.呼格吉勒图长城13段（150824382101040148）

该段长城起自川井镇呼格吉勒图嘎查敦德毛德牧点东北1.21千米，止于呼格吉勒图嘎查敦德毛德牧点西北1.38千米。墙体大体呈东西走向，上接呼格吉勒图长城12段，下接呼格吉勒图长城14段。

墙体长1960米，为夯筑土墙，总体保存差。墙体位于敦德毛德牧点北部的川井—赛乌苏公路南侧，现存墙体坍塌成低矮的土垄状，底宽6~7、残高0.2~0.5米。墙体前小段曾作为道路使用，车辆通行导致长34米的墙体消失。墙体保存差和消失部分，分别占该段墙体总长的98.3%和1.7%。

149.呼格吉勒图长城14段（150824382301040149）

该段长城起自川井镇呼格吉勒图嘎查敦德毛德牧点西北1.38千米，止于呼格吉勒图嘎查敦德毛德牧点西北1.54千米。墙体大体呈东西走向，上接呼格吉勒图长城13段，下接呼格吉勒图长城15段。

本段墙体为消失段，起止点之间的直线长度为189米。该段墙体覆盖于川井—赛乌苏柏油公路路基之下。依据相邻上下段墙体情况，推断该段墙体原应为土墙。

150.呼格吉勒图长城15段（150824382101040150）

该段长城起自川井镇呼格吉勒图嘎查敦德毛德牧点西北1.54千米，止于呼格吉勒图嘎查敦德毛德牧点西北1.75千米。墙体呈东西走向，上接呼格吉勒图长城14段，下接呼格吉勒图长城16段。

墙体长251米，为夯筑土墙，总体保存差。墙体在敦德毛德西北部的川井—赛乌苏公路北侧复现，现存墙体呈略高于地表的土垄状，底宽1~7、残高0.1~0.4米。川井—赛乌苏公路修筑，对该段长城保护构成较大影响。

151.呼格吉勒图长城16段（150824382301040151）

该段长城起自川井镇呼格吉勒图嘎查敦德毛德牧点西北1.75千米，止于呼格吉勒图嘎查敦德毛德牧点西北2.35千米。墙体大体呈东西走向，上接呼格吉勒图长城15段，下接呼格吉勒图长城17段。

本段墙体为消失段，起止点之间的直线长度为726米。该段墙体地处敦德毛都河槽及其两岸，洪水冲刷及公路修筑导致墙体消失。河槽东岸公路北侧及西岸公路南侧有土筑墙体残存，表明该段墙体原应为土墙。

152.呼格吉勒图长城17段（150824382101040152）

该段长城起自川井镇呼格吉勒图嘎查敦德毛德牧点西北2.35千米，止于呼格吉勒图嘎查阿日毛都山西北牧点东0.64千米。墙体呈东西走向，上接呼格吉勒图长城16段，下接呼格吉勒图长城18段。

墙体长249米，为夯筑土墙，总体保存差。墙体位于阿日毛都山北部的公路南侧，现存墙体呈略高于地表的土垄状，底宽6~7、残高0.1~0.3米。该段墙体曾被利用为土路，顶部有车辙痕；北部有川井—赛乌苏公路并行。

153.呼格吉勒图长城18段（150824382301040153）

该段长城起自川井镇呼格吉勒图嘎查阿日毛都山西北牧点东0.64千米，止于呼格吉勒图嘎查阿日毛都山西北牧点东0.31千米。墙体大体呈东西走向，上接呼格吉勒图长城17段，下接呼格吉勒图长城19段。

本段墙体为消失段，起止点之间的直线长度为326米。墙体经过地段阿日毛都山北河槽及其两岸，洪水冲刷及筑路取土导致墙体消失。依据相邻上下段墙体情况，推断该段墙体原应为土墙。

154.呼格吉勒图长城19段（150824382101040154）

该段长城起自川井镇呼格吉勒图嘎查阿日毛都山西北牧点东0.31千米，止于呼格吉勒图嘎查阿日毛都山西北牧点西北0.37千米。墙体略作内外弯曲分布，大体呈东西走向，上接呼格吉勒图长城18段，下接呼格吉勒图长城20段。

墙体长660米，为夯筑土墙，总体保存差。墙体分布在阿日毛都山西北牧点北部的公路南侧，现存墙体呈低矮的土垄状，底宽6~7、残高0.2~0.4米。墙体顶部曾被用作土路，表面有车辙痕迹；北侧紧邻川井—赛乌苏公路。

墙体沿线调查障城1座，为呼格吉勒图4号障城。

呼格吉勒图4号障城（150824353102040064） 位于川井镇呼格吉勒图嘎查阿日毛都山西北牧点西北0.22千米，北距呼格吉勒图长城19段墙体0.03千米，西距呼格吉勒图5号障城2.2千米。

障城保存差，四面城垣轮廓大致可辨，平面呈方形，边长11米。障城墙体用黄褐色砂质土夯筑，现均已坍塌，呈土垄状，底宽3.5~4、残高0.1~0.4米。东墙中部设门，残损严重，宽度不详。城内地面稍凹，四角稍高。障城北隔墙体为川井—赛乌苏公路。

155.呼格吉勒图长城20段（150824382301040155）

该段长城起自川井镇呼格吉勒图嘎查阿日毛都山西北牧点西北0.37千米，止于呼格吉勒图嘎查阿日毛都山西北牧点西北0.66千米。墙体大体呈东西走向，上接呼格吉勒图长城19段，下接呼格吉勒图长城21段。

本段墙体为消失段，起止点之间的直线长度为297米。该段墙体经行于阿日毛都山西北牧点的西北部，川井—赛乌苏柏油公路修筑破坏了墙体。依据相邻上下段墙体情况，推断该段墙体原应为土墙。

156.呼格吉勒图长城21段（150824382101040156）

该段长城起自川井镇呼格吉勒图嘎查阿日毛都山西北牧点西北0.66千米，止于呼格吉勒图嘎查沃博日呼热牧点北偏西2.9千米。墙体略作外向折线形分布，大体呈东西走向，上接呼格吉勒图长城20段，下接呼格吉勒图长城22段。

墙体长2551米，为夯筑土墙，总体保存差。墙体遗存于川井—赛乌苏公路北侧，沃博日呼热牧点河槽洪水北流，穿过后小段墙体。现存墙体呈低矮的土垄状，底宽6~6.5、残高0.1~0.8米。其中，墙体保存较差部分长1193米；保存差部分长1237米，部分墙体顶部现作为道路使用；消失部分长121米，由洪水冲刷所致。墙体保存较差、保存差和消失部分，分别占该段墙体总长的46.8%、48.5%和4.7%。

墙体沿线调查障城1座，为呼格吉勒图5号障城。

呼格吉勒图5号障城（150824353102040065）　位于川井镇呼格吉勒图嘎查阿日毛都山西北牧点西偏北2.4千米处的开阔台地上，北侧紧邻呼格吉勒图长城21段墙体，西南距呼格吉勒图6号障城3千米。

障城保存差，四面城垣轮廓大致可辨，平面呈方形，边长24米。障城墙体为黄褐土夯筑，现均已坍塌，现存墙体底宽6~6.5、现高0.4~1米。东墙中部设门，门宽4米，方向90°。障城东、南、西三面有护城壕，壕宽3米，北侧痕迹不清。障城内地面稍凹，四角稍高。城内外及墙体表面布满砂砾，障城东为洪水北流的沃博日呼热牧点北河槽，植被退化水土流失危及遗迹保护。

157. 呼格吉勒图长城22段（150824382101040157）

该段长城起自川井镇呼格吉勒图嘎查沃博日呼热牧点北偏西2.9千米，止于呼格吉勒图嘎查阿日呼热牧点东偏北1.03千米。墙体内外略有弯曲，大体呈东西走向，上接呼格吉勒图长城21段，下接呼格吉勒图长城23段。

墙体长2177米，为夯筑土墙，总体保存差。墙体分布在沃博日呼热北河槽西岸与阿日呼热东河槽东岸之间，现存墙体于地表呈低矮的土垄状，底宽6~7、残高0.1~1米。墙体前小段保存较差，长529米，墙体明显隆起于地表；后小段保存差，长1591米，墙体于地表隆起较低矮；川井—赛乌苏公路自该段墙体中部穿过，导致长57米的墙体消失。墙体保存较差、保存差和消失部分，分别占该段墙体总长的24.3%、73.1%和2.6%。

墙体沿线调查障城1座，为呼格吉勒图6号障城。

呼格吉勒图6号障城（150824353102040066）　位于川井镇呼格吉勒图嘎查阿日呼热牧点东2.3千米处，北距呼格吉勒图长城22段墙体0.13千米，西距阿日障城2.52千米。

障城保存差，四面城垣轮廓大致可辨，平面呈方形，边长20米。障城墙体为黄褐土夯筑，现呈土垄状，底宽5、残高0.1~0.5米。南墙中部设门，残损严重，宽度不详。城内地面稍凹，四角稍高。

158. 呼格吉勒图长城23段（150824382301040158）

该段长城起自川井镇呼格吉勒图嘎查阿日呼热牧点东偏北1.03千米，止于呼格吉勒图嘎查阿日呼热牧点东偏北0.91千米。墙体大体呈东西走向，上接呼格吉勒图长城22段，下接呼格吉勒图长城24段。

本段墙体为消失段，起止点之间的直线长度为133米。该段墙体地处阿日呼热东河槽中，川井—赛乌苏柏油公路修筑影响了河槽两岸墙体。依据相邻上下段墙体情况，推断该段墙体原应为土墙。

159. 呼格吉勒图长城24段（150824382101040159）

该段长城起自川井镇呼格吉勒图嘎查阿日呼热牧点东偏北0.91千米，止于呼格吉勒图嘎查阿日呼热牧点西北1.57千米。墙体作内向弧线形分布，由东西走向转呈东南—西北走向，上接呼格吉勒图长城23段，下接呼格吉勒图长城25段。

墙体长2408米，为夯筑土墙，总体保存差。墙体沿阿日呼热东河槽西岸丘陵地带构筑，现存墙体坍塌严重，呈略高于地表的土垄状，底宽6~6.5、残高0.1~0.5米。阿日呼热牧点北部的中小段墙体有两处断豁，系北出牧点车辆通行所致。川井—赛乌苏公路于牧点南侧西行，与墙体彼此分离，长城保护现状有所改观。

墙体沿线调查障城1座，为阿日障城。

阿日障城（150824353102040067）　即呼格吉勒图7号障城，位于川井镇呼格吉勒图嘎查阿日呼热牧点西北0.25千米处的高台上，北距呼格吉勒图长城24段墙体0.06千米，西北距乌拉特后旗境内的第一座障城乌力吉图1号障城6.66千米。

障城保存差，四面城垣轮廓大致可辨，平面呈方形，边长130米（彩图七三六）。障城墙体为黄褐土夯筑，损毁严重，地表仍有数段墙体残存，暴露墙体的夯土层，夯层厚5～10厘米；多处面临倒塌的危险。现存墙体底宽6～6.5、顶宽0.5～3.5、残高0.1～2.2米。障墙四角设有角台，凸出墙体约5米。南墙中部设门，宽6米，方向182°。门外加筑瓮城。墙体外6米设有护城壕，宽约6～8米。城内采集有西夏铁钱和黑、白釉瓷片等遗物。

160.呼格吉勒图长城25段（150824382101040160）

该段长城起自川井镇呼格吉勒图嘎查阿日呼热牧点西北1.57千米，止于呼格吉勒图嘎查阿日呼热牧点西北4.17千米。墙体大体呈东南—西北走向，上接呼格吉勒图长城24段，下接呼格吉勒图长城26段。

墙体长2618米，为夯筑土墙，总体保存差。墙体分布在阿日呼热牧点西北部丘陵草原上，地处嘎顺乃浩来河槽的源头地带。现存墙体坍塌严重，筑墙土积在墙基两侧，呈略高于地表的土垄状，底宽6～7、残高0.2～0.4米。沿线分布较多小的径流河槽，洪水北流冲断墙体。

161.呼格吉勒图长城26段（150824382101040161）

该段长城起自川井镇呼格吉勒图嘎查阿日呼热牧点西北4.17千米，止于呼格吉勒图嘎查阿日呼热牧点西北5.97千米。墙体大体呈东南—西北走向，上接呼格吉勒图长城25段，下接呼格吉勒图长城27段。

墙体长1806米，为夯筑土墙，总体保存差。墙体地处甘临一级公路东侧的丘陵草原地带，现存墙体坍塌严重，筑墙土积在墙基两侧，呈低矮的土垄状，底宽6～6.5、残高0.2～0.4米。

墙体沿线调查烽燧1座，为呼格吉勒图5号烽燧。

呼格吉勒图5号烽燧（150824353201040025）　位于川井镇呼格吉勒图嘎查阿日呼热牧点西北4.48千米，北距呼格吉勒图长城26段墙体0.05千米，西距乌拉特后旗境内的阿布日勒图1号烽燧1千米。

墩台以黄褐色砂质土夯筑，保存差，结构和形制均已破坏。台体已坍塌成圆形土丘状，底部直径13、残高0.6米。

162.呼格吉勒图长城27段（150824382301040162）

该段长城起自川井镇呼格吉勒图嘎查阿日呼热牧点西北5.97千米，止于呼格吉勒图嘎查阿日呼热牧点西北6.35千米。墙体大体呈东南—西北走向，上接呼格吉勒图长城26段，下接呼格吉勒图长城28段。

本段墙体为消失段，起止点之间的直线长度为378米。墙体分布在浩勒包陶勒盖牧点东南部洪水西流河槽处，甘临一级公路跨消失段南北向通过；山水冲刷导致墙体消失。依据相邻上下段墙体情况，推断该段墙体原应为土墙。

163.呼格吉勒图长城28段（150824382101040163）

该段长城起自川井镇呼格吉勒图嘎查阿日呼热牧点西北6.35千米，止于呼格吉勒图嘎查阿日呼热牧点西北6.63千米。墙体大体呈东南—西北走向，上接呼格吉勒图长城27段，下接乌拉特后旗境内乌力吉图长城1段。

墙体长274米，为夯筑土墙，总体保存差。墙体地处浩勒包陶勒盖牧点东侧南北向土路两侧，现存墙体坍塌严重，呈低矮的土垄状，底宽6~7、残高0.2~0.4米。该段墙体北为河槽，洪水冲刷威胁长城本体安全；南北向土路造成墙体断豁。

（五）巴彦淖尔市乌拉特后旗

在调查中，将乌拉特后旗境内的汉外长城南线墙体共划分为164段，其中包括土墙53段、石墙56段、消失墙体55段。墙体总长185070米，其中土墙长84308米、石墙长72314米、消失段落长28448米。在总长84308米的土墙中，保存一般部分长1021米、保存较差部分长43582米、保存差部分长36627米、消失部分长3078米。在总长72314米的石墙中，保存较好部分长6590米、保存一般部分长7423米、保存较差部分长26027米、保存差部分长28173米、消失部分长4101米。

在对乌拉特后旗汉外长城南线的调查中，除划分的164段长城墙体外，沿线还调查烽燧31座、坞址7座和障城29座。下面，对这些墙体段落和单体建筑分作详细描述。

1.乌力吉图长城1段（150825382101040001）

该段长城起自巴音前达门苏木乌力吉图嘎查浩勒包陶勒盖牧点东南0.25千米，止于乌力吉图嘎查浩勒包陶勒盖牧点西0.84千米。墙体大体呈东南—西北走向，上接乌拉特中旗境内的呼格吉勒图长城28段，下接乌力吉图长城2段。

墙体长1041米，为夯筑土墙，总体保存差。现存墙体坍塌严重，于地表现呈土垄状，底宽8~11、残高最高0.5米。墙体前后小段均保存较差，分别长78、886米；后小段墙体经过地段有一条南北向冲沟，导致一处宽4米的豁口；中小段保存差，长77米，局部墙体几乎与地表平齐，濒临消失。墙体保存较差和保存差部分，分别占该段墙体总长的92.6%和7.4%。

墙体沿线调查障城1座，为乌力吉图1号障城。

乌力吉图1号障城（150825353102040027）　位于巴音前达门苏木乌力吉图嘎查浩勒包陶勒盖牧点西南0.34千米处，北距乌力吉图长城1段墙体0.05千米，西北距乌力吉图2号障城6.43千米。

障城保存差，城垣轮廓清晰，平面呈方形，边长20米。四面墙呈土垄状，底宽5~7、残高0.4~0.8米。东墙中部开门，门宽4米，方向105°。障城内不见遗物。障城建筑在缓坡地上，东西部均为洪水北流河槽。

2.乌力吉图长城2段（150825382101040002）

该段长城起自巴音前达门苏木乌力吉图嘎查浩勒包陶勒盖牧点西0.84千米，止于乌力吉图嘎查浩勒包陶勒盖牧点西2.13千米。墙体大体呈东西走向，上接乌力吉图长城1段，下接乌力吉图长城3段。

墙体长1297米，为夯筑土墙，总体保存差。墙体位于浩勒包陶勒盖西第一河槽东岸与第二河槽西岸之间，现存墙体呈略高于地表的土垄状，底宽7~10、残高0.2~0.9米。墙体经过地段的第一条南北向河槽，洪水冲刷导致墙体出现宽8米的豁口。

3.乌力吉图长城3段（150825382101040003）

该段长城起自巴音前达门苏木乌力吉图嘎查浩勒包陶勒盖牧点西2.13千米，止于乌力吉图嘎查浩勒包陶勒盖牧点西3.17千米。墙体大体呈东西走向，上接乌力吉图长城2段，下接乌力吉图长城4段。

墙体长1229米，为夯筑土墙，总体保存差。墙体止点在嘎须牧点所在河槽上游东岸台地上，现存墙体坍塌严重，呈略高于地表的土垄状，底宽4.9~9、残高0.5~0.9米。墙体中部地势低洼，经过地段有一条南北向径流水沟，导致墙体出现一处宽6米的豁口。

4. 乌力吉图长城4段（1508253821020400004）

该段长城起自巴音前达门苏木乌力吉图嘎查浩勒包陶勒盖牧点西3.17千米，止于乌力吉图嘎查浩勒包陶勒盖牧点西偏北4.08千米。墙体作内向弧线形分布，大体呈东南—西北走向，上接乌力吉图长城3段，下接乌力吉图长城5段。

墙体长915米，为土石混筑，两侧用毛石垒砌，中间以黄土夯筑，总体保存较差。墙体止于嘎须牧点所在河槽上游东岸，大部坍塌，砌石多已缺失，夯筑墙体萎缩，形成略高于地表的土石垄状，底宽3.7~7、顶宽2~3.4、残高最高0.5米。墙体经过地段有两条山水冲沟，导致墙体出现两处豁口，分别宽4、50米；后者在嘎须河槽东岸。其中，墙体保存较差部分长810米、保存差部分长51米、消失部分长54米，分别占该段墙体总长的88.5%、5.6%和5.9%。

5. 乌力吉图长城5段（1508253823010400005）

该段长城起自巴音前达门苏木乌力吉图嘎查和热木音呼都格牧点东偏南2.45千米，止于乌力吉图嘎查和热木音呼都格牧点东偏南2.37千米。墙体大体呈东南—西北走向，上接乌力吉图长城4段，下接乌力吉图长城6段。

本段墙体为消失段，起止点之间的直线长度为78米。墙体横跨嘎须牧点所在河槽，山水冲刷导致墙体消失。依据相邻上下段墙体情况，推断该段墙体原应为石墙。

6. 乌力吉图长城6段（1508253821020400006）

该段长城起自巴音前达门苏木乌力吉图嘎查和热木音呼都格牧点东偏南2.37千米，止于乌力吉图嘎查和热木音呼都格牧点东偏北1千米。墙体作内外弯曲分布，大体呈东南—西北走向，上接乌力吉图长城5段，下接乌力吉图长城7段。

墙体长1566米，为土石混筑，总体保存较差。墙体穿过嘎须牧点所在河槽上游支沟，止于和热木音东山梁上。现存墙体底宽2.5~7.8、顶宽2~3.9、残高0.1~1米。其中，墙体保存一般部分长651米，墙体两侧石筑外壁保存相对完好，上部坍塌，石块及内部夯土散落在墙体两侧；保存较差部分长404米，墙体石砌壁面和填土均已坍塌，呈土垄状；保存差部分长416米，石砌部分坍塌严重，局部几乎与地表平齐，仅存痕迹；消失部分长95米。墙体保存一般、保存较差、保存差和消失部分，分别占该段墙体总长的42%、26%、26%和6%。墙体中部有一条宽3米的道路穿过，局部有被车辆碾压形成的车辙。

7. 乌力吉图长城7段（1508253821020400007）

该段长城起自巴音前达门苏木乌力吉图嘎查和热木音呼都格牧点东偏北1千米，止于乌力吉图嘎查和热木音呼都格牧点西北0.6千米。墙体作外向弧线形分布，大体呈东南—西北走向，上接乌力吉图长城6段，下接乌力吉图长城8段。

墙体长1503米，为土石混筑，两侧壁以毛石垒砌，中间以夹砂土和碎石夯实。墙体沿和热木东北部山梁及北部河槽岸边构筑，外壁收分明显，部分墙体筑在自然形成的断壁边缘。总体保存较差，有不同程度损毁，现存墙体底宽2~4.1、顶宽1.9~3.3、残高0.4~1.1米（彩图七三七）。墙体前小段保存较差，长450米，坍塌比较严重，石块及夯土多塌落在墙体两侧；墙体从起点向西370米处，外侧有一长10.4米的凸出部分，最宽处2.3米，用于该段墙体的加固；中小段保存一般，长568米，墙体顶部有缺失现象，两侧壁体形制清晰，此段墙体外侧有一排砌石，初步推断属二次补筑；受山洪冲击，此段墙体存在豁口两处，分别宽3、16米；后小段保存较差，长404米，墙体依地势沿断崖边缘砌筑，局部利用自然岩体，石块大多坍塌滑落，因山体滑坡和山洪冲击，此段墙体存在豁口三处，分别宽8、40、14米。墙体保存一般、保存较差和消失部分，分别占该段墙体总长的37.8%、

56.8% 和 5.4%。墙体经过地段为丘陵草地，周围多低矮的山丘，后段地势相对平缓，两侧有多条山水冲沟。

墙体沿线调查障城1座，为乌力吉图2号障城。

乌力吉图2号障城（150825353102040028） 位于巴音前达门苏木乌力吉图嘎查和热木音呼都格牧点西北0.22千米的河槽南岸，北距乌力吉图长城7段墙体0.17千米，西距乌力吉图3号障城4.12千米。

障城保存较差，轮廓清晰，平面呈方形，边长130米。障城墙体为黄褐土夯筑，现风化严重，局部坍塌。现存墙体底宽约10、残高1~1.5米。城墙四角筑有角台，现已坍塌，呈半圆形土丘状，凸出墙体外约4米，西南角台消失，其他3座高均在2米左右。东墙中部设门，门宽4米，方向110°。门外加筑马蹄形瓮城，瓮城南北长18、东西宽13米，南侧设门，宽约2米。城内地表零星可见碎小的汉代灰陶片。

8.乌力吉图长城8段（150825382102040008）

该段长城起自巴音前达门苏木乌力吉图嘎查和热木音呼都格牧点西北0.6千米，止于乌力吉图嘎查和热木音呼都格牧点西北0.9千米。墙体大体呈东西走向，上接乌力吉图长城7段，下接乌力吉图长城9段。

墙体长356米，为土石混筑，总体保存较差。墙体地处"U"形河槽间北岸台地上，大部分坍塌，石块散落在墙体两侧，内部夯土淤积在墙体底部，形成高于地表的土石垄，底宽3.2~4.5、顶宽2.8~3.1、残高0.3~0.7米。墙体中段有洪水南流的小径流沟，导致墙体出现一处宽5米的豁口。

9.乌力吉图长城9段（150825382301040009）

该段长城起自巴音前达门苏木乌力吉图嘎查和热木音呼都格牧点西北0.9千米，止于乌力吉图嘎查和热木音呼都格牧点西北1.08千米。墙体大体呈东西走向，上接乌力吉图长城8段，下接乌力吉图长城10段。

本段墙体为消失段，起止点之间的直线长度为204米。墙体位于和热木音呼都格西北部的季节性河槽处，山水冲刷导致墙体消失。依据相邻上下段墙体情况，推断该段墙体原应为石墙。该段墙体所在河槽洪水北流，经塔马格其牧点向北，与西部的乌尔塔查干敖包郭勒交汇，再北流称勃勒其尔河。

10.乌力吉图长城10段（150825382102040010）

该段长城起自巴音前达门苏木乌力吉图嘎查和热木音呼都格牧点西北1.08千米，止于乌力吉图嘎查和热木音呼都格牧点西偏北2.1千米。墙体作外向圆弧形分布，由东南—西北走向弧转为东北—西南走向，末端作东西走向；上接乌力吉图长城9段，下接乌力吉图长城11段。

墙体长1342米，为土石混筑，总体保存较差。墙体沿和热木音呼都格牧点西北部河槽西岸狭窄的谷地延伸，止于沟脑部位南北向山梁顶。现存墙体均有不同程度损毁，底宽3.5、顶宽2.8~3.1、残高0.3~1.4米。其中，墙体保存一般部分长423米，墙体两侧石壁上部坍塌，石块散落在墙体底部（彩图七三八）；保存较差部分长763米，墙体坍塌比较严重，上部缺失，现呈土石垄状；保存差部分长97米，墙体坍塌严重，仅局部残存底部石砌痕迹；消失部分长59米。墙体保存一般、保存较差、保存差和消失部分，分别占该段墙体总长的31.5%、56.9%、7.2%和4.4%。

墙体沿线调查烽燧1座，为呼仍敖包烽燧。

呼仍敖包烽燧（150825353201040031） 位于巴音前达门苏木乌力吉图嘎查和热木音呼都格牧点西1.23千米处的山顶上，西北距乌力吉图长城10段墙体0.47千米，西距阿布日勒图1号烽燧21.1千米。

墩台为毛石垒筑，保存较差，地处南北向山梁顶部，台体平面呈椭圆形，现已坍塌成圆形石堆状，底部东西长15、南北宽12、残高约2米。烽燧所在山岭称呼仍敖包山，以该烽燧得名。

11. 乌力吉图长城11段（1508253382102040011）

该段长城起自巴音前达门苏木乌力吉图嘎查和热木音呼都格牧点西偏北2.1千米，止于乌力吉图嘎查和热木音呼都格牧点西偏北3千米。墙体作外向折线形分布，由东偏南—西偏北走向转呈东西走向，上接乌力吉图长城10段，下接乌力吉图长城12段。

墙体长897米，为土石混筑，总体保存较差。墙体东起呼仍敖包西北部山岭，西迄乌尔塔查干敖包郭勒东支沟。墙体石砌部分大部坍塌，砌石多已缺失，现呈略高于地表的土石垄状。其中，墙体保存较差部分长880米，现存墙体底宽约4、顶宽约3、残高0.3~0.9米。墙体后小段有一条南北向的冲沟，导致墙体出现两处豁口，分别宽8、9米。墙体保存较差和消失部分，分别占该段墙体部长的98.1%、1.9%。

12. 乌力吉图长城12段（1508253382301040012）

该段长城起自巴音前达门苏木乌力吉图嘎查呼和陶勒盖牧点东北2.1千米，止于乌力吉图嘎查呼和陶勒盖牧点东北2.02千米。墙体大体呈东西走向，上接乌力吉图长城11段，下接乌力吉图长城13段。

本段墙体为消失段，起止点之间的直线长度为79米。墙体横穿乌尔塔查干敖包郭勒东支沟河槽，山水冲刷导致墙体消失。依据相邻上下段墙体情况，推断该段墙体原应为石墙。

13. 乌力吉图长城13段（1508253382102040013）

该段长城起自巴音前达门苏木乌力吉图嘎查呼和陶勒盖北牧点东1.68千米，止于乌力吉图嘎查呼和陶勒盖北牧点东北0.32千米。墙体先作内外向弧线形分布，后作直线分布；大体呈东偏南—西偏北走向，上接乌力吉图长城12段，下接乌力吉图长城14段。

墙体长1520米，为土石混筑，总体保存差。墙体分布在乌尔塔查干敖包郭勒东支沟与主河槽之间，石砌部分风化严重，大部分坍塌，现呈明显的土石垄状，底宽约3.5、顶宽约3、残高0.2~0.7米。墙体两侧存在多条南北向冲沟，导致墙体出现豁口两处，分别宽6、5米。

墙体沿线调查障城1座，为乌力吉图3号障城。

乌力吉图3号障城（1508253353102040029）　位于巴音前达门苏木乌力吉图嘎查呼和陶勒盖北牧点东北0.35千米处，北距乌力吉图长城13段墙体0.02千米，西北距乌力吉图4号障城0.76千米。

障城保存差，城垣轮廓清晰，平面呈方形，边长20米。四面墙呈土垄状，底宽3~5、残高0.4~0.8米。门址不清。障城内不见遗迹遗物。该障城西南两面临河槽，地处乌尔塔查干敖包郭勒上游主河槽与东侧小支沟洪水交汇点。

14. 乌力吉图长城14段（1508253382301040014）

该段长城起自巴音前达门苏木乌力吉图嘎查呼和陶勒盖北牧点东北0.32千米，止于乌力吉图嘎查呼和陶勒盖北牧点东北0.28千米。墙体大体呈东西走向，上接乌力吉图长城13段，下接乌力吉图长城15段。

本段墙体为消失段，起止点之间的直线长度为77米。墙体横穿乌尔塔查干敖包郭勒上游主河槽，山水冲刷导致墙体消失。依据相邻上下段墙体情况，推断该段墙体原应为石墙。

15. 乌力吉图长城15段（1508253382102040015）

该段长城起自巴音前达门苏木乌力吉图嘎查呼和陶勒盖北牧点东北0.28千米，止于乌力吉图嘎查呼和陶勒盖北牧点西北1.45千米。墙体大体呈东南—西北走向，上接乌力吉图长城14段，下接乌力吉图长城16段。

墙体长1575米，为土石混筑，总体保存差。墙体沿呼和陶勒盖北牧点北部河槽西岸沟谷西北行，翻过分水岭及其两侧小沟，西北止于无名牧点南0.55千米处的洪水状北流小沟谷处。墙体坍塌严重，两侧砌石多被拆移，仅存底部石砌痕迹，现呈略高于地表的土石垄状，底宽约3.4、残高0.2~0.7米。

墙体两侧存在多条南北向冲沟，导致墙体出现豁口四处，分别宽15、49、55、18米。墙体保存差和消失部分，分别占该段墙体总长的91.3%和8.7%。

墙体沿线调查障城1座，为乌力吉图4号障城。

乌力吉图4号障城（150825353102040030） 位于巴音前达门苏木乌力吉图嘎查呼和陶勒盖北牧点西北0.58千米处的山岭上，北距乌力吉图长城15段墙体0.02千米，西北距查干敖包障城4.9千米。

障城保存差，城垣轮廓基本清晰，平面呈方形，边长15米。四面墙现呈土垄状，底宽3~4、残高0.5~1米。门址不清。障城内外为沙地，不见遗迹遗物。

16. 乌力吉图长城16段（150825382102040016）

该段长城起自巴音前达门苏木乌力吉图嘎查呼和陶勒盖北牧点西北1.45千米，止于乌力吉图嘎查呼和陶勒盖北牧点西北2.02千米。墙体大体呈东南—西北走向，上接乌力吉图长城15段，下接哈拉图长城1段。

墙体长1772米，为土石混筑，总体保存差。墙体先北向延伸，旋即转西行，止于呼和陶勒盖至巴音萨拉牧点土路东侧。现存墙体坍塌严重，石块散落，或多被人为拆取，用于沿墙体顶部堆筑牧场界线，现呈略高于地表的土石垄状，底宽2.8~3.7、残高0.4~0.8米。墙体两侧存在多条南北向冲沟，导致墙体出现豁口三处，分别宽6.5、7.5、18米。

在该段墙体中段，另有两条支线长城分别向西南和向西方向分支而出，向西南者分布于巴音前达门苏木阿贵图阿木嘎查境内；向西者分布于巴音前达门苏木哈拉图嘎查和苏布日格嘎查地域内。本报告中对其分别命名为阿贵图阿木支线长城和哈拉图—苏布日格支线长城。

阿贵图阿木支线长城包括1段墙体，为阿贵图阿木长城。除长城墙体外，沿线未发现障城、烽燧、坞址等单体附属建筑。

哈拉图—苏布日格支线长城包括了乌力吉图长城17~25段、哈拉图长城20~24段、苏布日格长城1~22段等，长城墙体共36段，沿线调查障城7座、坞址7座。哈拉图—苏布日格支线长城自东北向西南主要分布在主线长城南侧，止于苏布日格嘎查北2.2千米处的阿拉腾呼树河西岸沙滩地。

17. 阿贵图阿木长城（150825382102040160） 该段长城起自巴音前达门苏木乌力吉图嘎查阿贵图阿木牧点东北2.82千米，止于哈拉图嘎查阿贵图阿木牧点西南3.91千米，大体呈东北—西南走向。

墙体长6680米，为石墙，以石块垒砌而成，总体保存较差。墙体沿呼吉尔萨拉牧点所在的苏海浩德河槽东岸山地构筑，止于呼热图支沟与主河槽交汇点东北侧。现存墙体底宽2~3.5、顶宽1.8~2、残高最高达1.5米。其中，墙体保存较差部分长4705米、消失部分长1975米，分别占该段墙体总长的70.4%、29.6%。该段墙体为"阿贵图阿木支线"唯一一段墙体。

18. 乌力吉图长城17段（150825382102040017）

该段长城为哈拉图—苏布日格支线长城的第一段墙体，起自巴音前达门苏木乌力吉图嘎查巴音萨拉（河槽北）牧点东南2.03千米，止于乌力吉图嘎查巴音萨拉牧点东南1.48千米。墙体大体呈东西走向，下接乌力吉图长城18段。

墙体长581米，为土石混筑石墙，总体保存差。墙体沿巴音萨拉河槽上游北岸构筑，坍塌严重，两侧砌石多被拆取，现呈略高于地表的土石垄状，底宽2.2~2.8、残高最高0.5米。墙体处于相对低缓的丘陵之间，北侧有取土筑墙形成的壕沟，宽近3、深0.3米，沟内覆盖黄沙。

19. 乌力吉图长城18段（150825382301040018）

该段长城起自巴音前达门苏木乌力吉图嘎查巴音萨拉牧点东南1.48千米，止于乌力吉图嘎查巴音萨拉牧点东南1.38千米。墙体大体呈东西走向，上接乌力吉图长城17段，下接乌力吉图长城19段。

本段墙体为消失段，起止点之间的直线长度为99米。墙体经行地段有两条洪水北流的小河槽，山水冲刷导致墙体消失。依据相邻上下段墙体情况，推断该段墙体原应为石墙。两股洪水在北部汇合转西流，汇入巴音萨拉河槽。

20. 乌力吉图长城19段（150825382102040019）

该段长城起自巴音前达门苏木乌力吉图嘎查巴音萨拉牧点东南1.38千米，止于乌力吉图嘎查巴音萨拉牧点东南1.14千米。墙体大体呈东偏南—西偏北走向，上接乌力吉图长城18段，下接乌力吉图长城20段。

墙体长252米，为土石混筑，总体保存差。墙体分布在巴音萨拉河槽与北侧小支沟之间，坍塌严重，两侧砌石多被拆取，濒临消失，现呈一条略高于地表的土石垄状，底宽约5、残高最高0.3米。

21. 乌力吉图长城20段（150825382301040020）

该段长城起自巴音前达门苏木乌力吉图嘎查巴音萨拉牧点东南1.14千米，止于乌力吉图嘎查巴音萨拉牧点东南1.03千米。墙体大体呈东偏南—西偏北走向，上接乌力吉图长城19段，下接乌力吉图长城21段。

本段墙体为消失段，起止点之间的直线长度为117米。墙体处在丘陵间的低洼地带，山水冲刷导致墙体消失。依据相邻上下段墙体情况，推断该段墙体原应为石墙。

22. 乌力吉图长城21段（150825382102040021）

该段墙体位于巴音前达门苏木乌力吉图嘎查巴音萨拉牧点东南1.03千米，止于乌力吉图嘎查巴音萨拉牧点东南0.75千米。墙体略作直线分布，大体呈东南—西北走向，上接乌力吉图长城20段，下接乌力吉图长城22段。

墙体长276米，为土石混筑，两侧用毛石垒砌，中间以沙土和碎石夯实，收分明显，总体保存差。墙体两侧砌石均被拆取，局部零星可见石块散落在墙体两侧，现呈略高于地表的土垄状，底宽约3.5、残高最高0.4米。

23. 乌力吉图长城22段（150825382102040161）

该段长城起自巴音前达门苏木乌力吉图嘎查巴音萨拉牧点东南0.75千米，止于乌力吉图嘎查巴音萨拉牧点西北1.1千米。墙体大体呈东南—西北走向，上接乌力吉图长城21段，下接乌力吉图长城23段。

本段墙体为消失段，起止点之间的直线长度为1840米。墙体消失在巴音萨拉河槽下游北岸及该河槽同主河槽交汇处及其西岸，山水冲刷导致墙体消失。依据相邻上下段墙体情况，推断该段墙体原应为石墙。

24. 乌力吉图长城23段（150825382102040162）

该段长城起自巴音前达门苏木乌力吉图嘎查巴音萨拉牧点西北1.1千米，止于乌力吉图嘎查巴音萨拉牧点西偏北1.29千米。墙体大体呈东偏北—西偏南走向，上接乌力吉图长城22段，下接乌力吉图长城24段。

墙体长223米，为土石混筑，总体保存差。墙体分布在查干敖包山东北侧，坍塌严重，两侧砌石多被拆取，濒临消失，现呈略高于地表的土石垄状，底宽约5、残高最高0.5～1米。

25. 乌力吉图长城24段（150825382102040163）

该段长城起自巴音前达门苏木乌力吉图嘎查巴音萨拉牧点西偏北1.29千米，止于乌力吉图嘎查巴音萨拉牧点西1.36千米。墙体大体呈东北—西南走向，上接乌力吉图长城23段，下接乌力吉图长城25段。

本段墙体为消失段，起止点之间的直线长度为140米。查干敖包山现被开山挖矿，导致墙体消失。

依据相邻上下段墙体情况，推断该段墙体原应为石墙。

26. 乌力吉图长城25段（150825382102040164）

该段长城起自巴音前达门苏木乌力吉图嘎查巴音萨拉牧点西1.36千米，止于乌力吉图嘎查巴音萨拉牧点西2千米。墙体大体呈东北—西南走向，上接乌力吉图长城24段，下接哈拉图长城20段。

墙体长783米，为土石混筑，总体保存差。墙体构筑在查干敖包西南部山岭上，东南坡下为苏海浩德上游河槽。坍塌严重，两侧砌石多被拆取，濒临消失，现呈略高于地表的土石垄状，底宽约6、残高0.7~1.5米。

27. 哈拉图长城1段（150825382102040022）

该段长城起自巴音前达门苏木哈拉图嘎查巴音萨拉牧点东0.97千米，止于哈拉图嘎查巴音萨拉牧点西北1.38千米。墙体略作外向弧线形分布，大体呈东南—西北走向，上接乌力吉图长城16段，下接哈拉图长城2段。

墙体长2199米，为土石混筑，总体保存差。墙体沿巴音萨拉北部山地构筑，止于牧点北部的苏海浩德河槽东岸。墙体坍塌严重，两侧砌石多被拆取，现呈略高于地表的土垄状，底宽2.2~2.7、残高0.2~0.9米。其中，墙体保存较差部分长696米，保存差部分长1503米，分别占该段墙体总长的31.7%、68.3%。

28. 哈拉图长城2段（150825382301040023）

该段长城起自巴音前达门苏木哈拉图嘎查巴音萨拉牧点西北1.38千米，止于哈拉图嘎查巴音萨拉牧点西北1.54千米。墙体大体呈东西走向，上接哈拉图长城1段，下接哈拉图长城3段。

本段墙体为消失段，起止点之间的直线长度为247米。墙体横跨南北向的苏海浩德河槽，山水冲刷导致墙体消失。依据相邻上下段墙体情况，推断该段墙体原应为石墙。

29. 哈拉图长城3段（150825382102040024）

该段长城起自巴音前达门苏木哈拉图嘎查巴音萨拉牧点西北1.54千米，止于哈拉图嘎查巴音萨拉牧点西北1.78千米。墙体作外向折线形分布，由东西走向转呈东北—西南走向，上接哈拉图长城2段，下接哈拉图长城4段。

墙体长843米，为土石混筑，总体保存差。墙体地处苏海浩德西岸山地上，现存墙体均有不同程度损毁，底宽3.2~3.6、顶宽2.3~2.6、残高0.2~0.8米（彩图七三九）。墙体前小段保存差，长195米，坍塌严重，现呈略高于地表的土石垄状；后小段保存较差，长632米，墙体砌石坍塌，内部夯土流失；后小段墙体两侧存在多条南北向冲沟，导致墙体出现三处豁口，分别长4、5、7米。墙体保存较差、保存差和消失部分，分别占该段墙体总长的75%、23%和2%。

墙体沿线调查障城1座，为查干敖包障城。

查干敖包障城（150825353102040001）　位于巴音前达门苏木哈拉图嘎查巴音萨拉牧点西北1.48千米的河槽西岸。东南距乌力吉图2号障城4.9千米，西南距海力素太1号障城8.4千米。

障城保存一般，轮廓清晰，平面呈方形，边长131米。障城墙体黄褐色砂质土夯筑，仍有大部分墙体残存，底宽约8、残高0.8~3.2米。城墙四角筑有角台，现已坍塌，呈隆起的半圆形土丘状，凸出墙体外约4米，西北角台残高1.2米，其他3座高均在2.1米左右。北墙依长城墙体而建，东墙中部设门，门宽3.3米，方向72°。门外加筑马蹄形瓮城，瓮城南北长35、东西宽14米，南侧设门，宽约3米。城内中轴线南部有3处建筑基址，大体呈"品"字形分布，均为土筑，现仅存地表遗迹。1号基址距东墙58、距南墙33米，基址东西长15、南北宽9米；2号基址距东墙58、距南墙52米，基址东西长14、南北宽10米；3号基址距东墙72、距南墙46米，基址东西长10、南北宽8米。

障城外另筑一重围墙，平面呈不规则长方形，周长628米。北墙利用哈拉图长城3段的局部墙体，长157米，西墙长154米，南墙长155米。东墙分为南、北两段，北段长85米，中部作半圆形环绕障城东墙上城门的瓮城，南段长52米，在瓮城南侧向西收窄，与北段墙体错开，形成宽6米的门道。墙体为土石混筑，均为分段砌筑，壁面有明显的分筑痕迹；现存墙体底宽3.6～4、残高0.5～0.8米。城内地表零星可见碎小的汉代灰陶片。障城东侧坡下河槽蒙古语名苏海浩德，汉意为红柳城，地名当来源于该障城。

30. 哈拉图长城4段（150825382102040025）

该段长城起自巴音前达门苏木哈拉图嘎查巴音萨拉牧点西北1.78千米，止于哈拉图嘎查巴音萨拉牧点西2.2千米。墙体呈东北—西南走向，上接哈拉图长城3段，下接哈拉图长城5段。

墙体长738米，为土石混筑，总体保存差。墙体地处查干敖包山西部谷地中，止点在洪水北流的支沟东岸。现存墙体有不同程度损毁，底宽3.5～4.1、顶宽2～3.2、残高0.6～1.8米。墙体前小段保存一般，长172米，墙体顶部坍塌，两侧石壁构造清晰；后小段保存较差，长556米，墙体坍塌比较严重，现呈土垄状；后小段墙体现存豁口两处，分别宽4、6米。墙体保存一般部分、保存较差和消失部分，分别占该段墙体总长的23.3%、75.3%和1.4%。

31. 哈拉图长城5段（150825382301040026）

该段长城起自巴音前达门苏木哈拉图嘎查乌兰嘎恰牧点北偏东1.55千米，止于哈拉图嘎查乌兰嘎恰牧点北1.42千米。墙体大体呈东北—西南走向，上接哈拉图长城4段，下接哈拉图长城6段。

本段墙体为消失段，起止点之间的直线长度为181米。墙体横跨查干敖包西南部的南北向支沟河槽，山水冲刷导致墙体消失。依据相邻上下段墙体情况，推断该段墙体原应为石墙。

32. 哈拉图长城6段（150825382102040027）

该段长城起自巴音前达门苏木哈拉图嘎查乌兰嘎恰牧点北1.42千米，止于哈拉图嘎查乌兰嘎恰牧点西北1.43千米。墙体大体呈东偏北—西偏南走向，上接哈拉图长城5段，下接哈拉图长城7段。

墙体长791米，为土石混筑，总体保存差。墙体在支沟西岸的三角洲上复现，沿西岔沟南岸缓谷地延伸。现存墙体有不同程度损毁，底宽2～3、顶宽2～2.5、残高最高0.6米。墙体前小段保存较差，长307米，墙体现呈土石垄状；中小段保存一般，长110米，墙体顶部有缺失现象，两侧砌石保存稍好（彩图七四〇）；后小段保存差，长182米，墙体处于洪水冲击形成的浅沟边缘；北侧被洪水冲毁，沿线墙体存在豁口三处，分别长52、68、72米。墙体保存一般、保存较差、保存差和消失部分，分别占该段墙体总长的14%、39%、23%和24%。

33. 哈拉图长城7段（150825382301040028）

该段长城起自巴音前达门苏木哈拉图嘎查乌兰嘎恰牧点西北1.43千米，止于哈拉图嘎查乌兰嘎恰牧点西北1.7千米。墙体大体呈东西走向，上接哈拉图长城6段，下接哈拉图长城8段。

本段墙体为消失段，起止点之间的直线长度为446米。墙体北侧紧邻东西向的西岔沟，季节性山水滚动冲刷导致墙体消失。依据相邻上下段墙体情况，推断该段墙体原应为石墙。

34. 哈拉图长城8段（150825382102040029）

该段长城起自巴音前达门苏木哈拉图嘎查乌兰嘎恰牧点西北1.7千米，止于哈拉图嘎查乌兰嘎恰牧点西北1.86千米。墙体大体呈东西走向，上接哈拉图长城7段，下接哈拉图长城9段。

墙体长228米，为土石混筑石墙，总体保存较差。墙体分布在西岔沟沟脑部位的两条小沟之间，顶部坍塌严重，两侧砌石多被拆取，现呈高于地表的土石垄状，底宽3.4～4、残高0.3～1米。墙体北侧有西岔沟正沟河槽冲沟与其并行，导致墙体出现一处豁口，宽10米。

35. 哈拉图长城 9 段（150825382301040030）

该段长城起自巴音前达门苏木哈拉图嘎查乌兰嘎恰牧点西北 1.86 千米，止于哈拉图嘎查乌兰嘎恰牧点西北 1.93 千米。墙体大体呈东西走向，上接哈拉图长城 8 段，下接哈拉图长城 10 段。

本段墙体为消失段，起止点之间的直线长度为 95 米。原墙体经行地段现为苏海浩德西岔沟正沟沟脑部位河槽，山水冲刷导致墙体消失。依据相邻上下段墙体情况，推断该段墙体原应为石墙。

36. 哈拉图长城 10 段（150825382102040031）

该段长城起自巴音前达门苏木哈拉图嘎查乌兰嘎恰牧点西北 1.93 千米，止于哈拉图嘎查乌兰嘎恰牧点西偏北 3.27 千米。墙体前小段作直线分布，后小段作外向弧线形分布；大体呈东西走向，上接哈拉图长城 9 段，下接哈拉图长城 11 段。

墙体长 1661 米，为土石混筑，总体保存差。墙体地处哈拉图山东北麓，止点在两条小支沟间。现存墙体有不同程度坍塌，底宽 2.6～3.4、顶宽 1.7～2.7、残高 0.3～0.7 米。墙体前小段保存较差，长 186 米，墙体顶部坍塌严重，可见底部两侧石砌痕迹；中小段保存一般，长 333 米，墙体顶部部分缺失，两侧石砌构造相对清晰，此段墙体北侧有一条季节性山水冲沟，导致墙体出现一处宽 5 米的豁口；后小段保存较差，长 1114 米，呈土石垄状。后小段墙体南侧紧邻一条冲沟，造成墙体出现三处豁口，共长 28 米。墙体保存一般、保存较差和消失部分，分别占该段墙体总长的 20%、78.3% 和 1.7%。

37. 哈拉图长城 11 段（150825382102040032）

该段长城起自巴音前达门苏木哈拉图嘎查和日木音沃日吞牧点东 1.55 千米，止于哈拉图嘎查和日木音沃日吞牧点南 0.06 千米。墙体作直线分布，呈东偏北—西偏南走向，上接哈拉图长城 10 段，下接哈拉图长城 12 段。

墙体长 1575 米，为土石混筑，墙体两侧壁用毛石垒砌，中间以沙土和碎石填实，收分明显，总体保存差。墙体位于哈拉图山北麓，止点在牧点前沟谷西岸。现存墙体均有不同程度损毁，底宽 3.1～4、顶宽 1.8～3、残高 0.3～1.6 米（彩图七四一）。墙体前小段保存一般，长 1103 米，墙体顶部坍塌，砌石散落在墙体两侧；哈拉图山北麓数条山水冲沟及乡间小路穿过墙体，造成豁口三处，分别宽 4、18、8 米；后小段保存较差，长 364 米，坍塌严重，现呈高于地表的土石垄状；此段受洪水冲击，形成豁口两处，分别宽 26、52 米。墙体保存一般、保存较差和消失部分，分别占该段墙体总长的 70%、23.1% 和 6.9%。

38. 哈拉图长城 12 段（150825382102040033）

该段长城起自巴音前达门苏木哈拉图嘎查和日木音沃日吞牧点南 0.06 千米，止于哈拉图嘎查和日木音沃日吞牧点西 1.1 千米。墙体大体呈东西走向，上接哈拉图长城 11 段，下接哈拉图长城 13 段。

墙体长 1084 米，为土石混筑石墙，总体保存一般。墙体沿牧点西部谷地延伸，止点在西河槽东岸。现存墙体均有不同程度损毁，底宽 3～3.8、顶宽 1.9～2.8、残高 0.4～1.6 米。墙体前小段保存差，长 129 米，坍塌严重，现呈略高于地表的土垄状；中小段保存较差，长 219 米，墙体顶部坍塌，两侧砌石脱落，内部填土坍塌淤积在墙体底部；后小段保存一般，长 736 米，墙体形制清晰，局部两侧砌石脱落（彩图七四二）。墙体保存一般、保存较差和保存差部分，分别占该段墙体总长的 67.9%、20.2% 和 11.9%。

39. 哈拉图长城 13 段（150825382301040034）

该段长城起自巴音前达门苏木哈拉图嘎查和日木音沃日吞牧点西 1.1 千米，止于哈拉图嘎查和日木音沃日吞牧点西 1.22 千米。墙体大体呈东西走向，上接哈拉图长城 12 段，下接哈拉图长城 14 段。

本段墙体为消失段，起止点之间的直线长度为 115 米。墙体横跨东南—西北向的干涸河槽，山水冲刷导致墙体消失。依据相邻上下段墙体情况，推断该段墙体原应为石墙。和日木音沃日吞西河槽发源于哈拉图山南麓，洪水西北流与赛音呼都格所在正沟洪水合流，称海力森高勒。

40.哈拉图长城14段（150825382102040035）

该段长城起自巴音前达门苏木哈拉图嘎查和日木音沃日吞牧点西1.22千米，止于哈拉图嘎查和日木音沃日吞牧点西1.81千米。墙体大体呈东西走向，上接哈拉图长城13段，下接哈拉图长城15段。

墙体长607米，为土石混筑，总体保存较差。墙体地处和日木音沃日吞西河槽西岸与西侧小沟之间，多处坍塌，两侧砌石大部脱落，底部断续残存石砌痕迹，内部填土倒塌，将墙体底部覆盖，现呈低矮的土石垄状，底宽约3.5、顶宽2～3、残高0.3～1.3米。墙体沿线的南北向冲沟，导致墙体出现豁口两处，分别宽73、36米。墙体保存较差和消失部分，分别占该段墙体总长的82%、18%。

41.哈拉图长城15段（150825382101040036）

该段长城起自巴音前达门苏木哈拉图嘎查和日木音沃日吞牧点西1.81千米，止于哈拉图嘎查和日木音沃日吞牧点西2.3千米。墙体大体呈东西走向，上接哈拉图长城14段，下接哈拉图长城16段。

墙体长488米，以黄褐色砂质土夯筑，总体保存差。墙体位于海力森高勒正沟东岸谷地的南坡上，起点在乌兰扎拉格牧点西沟口。墙体坍塌严重，堆积在墙体两侧，呈略高于地表的土垄状，底宽约4.6、顶宽约3、残高0.3～0.7米。墙体地处和日木音沃日吞西谷地中，北部谷底的河槽洪水西流，注入海力森高勒河槽。

42.哈拉图长城16段（150825382301040037）

该段长城起自巴音前达门苏木哈拉图嘎查和日木音沃日吞牧点西2.3千米，止于哈拉图嘎查和日木音沃日吞牧点西2.52千米。墙体大体呈东西走向，上接哈拉图长城15段，下接哈拉图长城17段。

本段墙体为消失段，起止点之间的直线长度为237米。墙体横跨东南—西北向的海力森高勒河槽，山水冲刷导致墙体消失。依据相邻上下段墙体情况，推断该段墙体原应为石墙。

墙体沿线调查障城1座，为海力素太1号障城。

海力素太1号障城（150825353102040002） 位于巴音前达门苏木哈拉图嘎查和日木音沃日吞牧点西2.31千米的河槽东岸，北侧紧邻哈拉图长城16段墙体，西距海力素太2号障城2.4千米。

障城保存较差，城垣轮廓大致可辨，平面呈方形，边长20米。障城墙体为土石混筑，现均已坍塌，石块散落在障城周围，墙体四角稍高；于地表呈土石垄状，底宽2～3、残高0.3～0.9米。南墙中部设门，门宽2.5米，方向182°。该障城西侧紧邻海力森高勒正沟河槽，东部的和日木音沃日吞西河槽洪水西北流，于障城北部汇入正沟，河槽两岸生长着零星榆树。

43.哈拉图长城17段（150825382102040038）

该段长城起自巴音前达门苏木哈拉图嘎查和日木音沃日吞牧点西2.52千米，止于哈拉图嘎查和日木音沃日吞牧点西2.78千米。墙体大体呈东西走向，上接哈拉图长城16段，下接哈拉图长城18段。

墙体长255米，为土石混筑石墙，总体保存较差。墙体位于海力森高勒上游正沟西岸谷地中，顶部坍塌严重，现呈低矮的土石垄状，底宽2.2～3、顶宽1.2～1.8、残高0.4～1米。

44.哈拉图长城18段（150825382101040039）

该段长城起自巴音前达门苏木哈拉图嘎查和日木音沃日吞牧点西2.78千米，止于哈拉图嘎查和日木音沃日吞牧点西4.24千米。墙体大体呈东西走向，上接哈拉图长城17段，下接哈拉图长城19段。

墙体长1459米，用夹有较多砂砾的黄褐土夯筑，总体保存差。墙体构筑在海力森巴润萨拉河槽上游两岸，坍塌严重，堆积在墙体两侧，现呈低矮的土垄状，底宽约4、残高0.1～0.6米。墙体处于低洼地，沿线山水冲沟，导致墙体出现豁口两处，分别宽80、67米。墙体保存差和消失部分，分别占该段墙体总长的89.9%、10.1%。

45.哈拉图长城19段（150825382301040040）

该段长城起自巴音前达门苏木哈拉图嘎查和日木音沃日吞牧点西南4.24千米，止于哈拉图嘎查和日木音沃日吞牧点西南4.8千米。墙体大体呈东西走向，上接哈拉图长城18段，下接阿布日勒图长城1段。

本段墙体为消失段，起止点之间的直线长度为566米。墙体横跨哈尔扎布斯尔上游河槽，山水冲刷导致墙体消失。依据相邻上下段墙体情况，推断该段墙体原应为石墙。

46.哈拉图长城20段（150825382301040041）

该段长城起自巴音前达门苏木哈拉图嘎查乌兰嘎恰牧点北偏东1.27千米，止于哈拉图嘎查乌兰嘎恰牧点西2.38千米。墙体大体呈东北—西南走向，上接乌力吉图长城25段，下接哈拉图长城21段。

本段墙体为消失段，起止点之间的直线长度为3045米。20世纪70年代，这一区域曾大规模拆取长城墙体石块，围筑"万亩草库伦"，划分牧场界线。人为拆移墙体砌石是导致墙体消失的主要原因，土地沙化和严重的风蚀，则进一步加剧了墙体内侧的填土流失，最终导致墙体消失殆尽。依据相邻上下段墙体情况，推断该段墙体原应为石墙。

47.哈拉图长城21段（150825382102040042）

该段长城起自巴音前达门苏木哈拉图嘎查乌兰嘎恰牧点西2.38千米，止于哈拉图嘎查乌兰嘎恰牧点西南3.4千米。墙体大体呈东北—西南走向，上接哈拉图长城20段，下接哈拉图长城22段。

墙体长1226米，为土石混筑石墙，总体保存差。墙体沿哈拉图山东南麓山地构筑，现存墙体均有不同程度损毁，底宽2.3~3.3、顶宽1.7、残高最高0.5米（彩图七四三）。墙体前小段、后小段均保存差，分别长864、234米，墙体两侧砌石多被拆取，内部填土严重坍塌；前小段因洪水冲击形成豁口一处，长31米；中小段保存较差，长97米，墙体仅存底部石壁。墙体保存较差、保存差和消失部分，分别占该段墙体总长的7.9%、89.6%和2.5%。

墙体沿线调查障城1座，为呼热图陶勒盖障城。

呼热图陶勒盖障城（150825353102040005）　位于巴音前达门苏木哈拉图嘎查乌兰嘎恰牧点西南2.82千米的山丘上，西北距哈拉图长城21段墙体0.17千米，西南距黄榆沟障城3.3千米。

障城保存一般，城垣轮廓清晰，平面呈方形，边长12米。障城墙体为土石混筑，现四面城墙顶部均有不同程度损毁，下半部墙体保存较好；底宽1.5~2、顶宽1.3~1.7、残高1~1.7米。东墙中部设门，门宽1米，方向112°。

48.哈拉图长城22段（150825382301040043）

该段长城起自巴音前达门苏木哈拉图嘎查北偏西3.2千米，止于哈拉图嘎查北偏西3.03千米。墙体大体呈东北—西南走向，上接哈拉图长城21段，下接哈拉图长城23段。

本段墙体为消失段，起止点之间的直线长度为240米。墙体横跨哈拉图山东麓的苏海浩德高勒支沟河槽，山水冲刷导致墙体消失。依据相邻上下段墙体情况，推断该段墙体原应为石墙。

49.哈拉图长城23段（150825382102040044）

该段长城起自巴音前达门苏木哈拉图嘎查北偏西3.03千米，止于哈拉图嘎查西北2.95千米。墙体大体呈东北—西南走向，上接哈拉图长城22段，下接哈拉图长城24段。

墙体长1654米，为土石混筑，总体保存较差。墙体沿哈拉图山南麓山地构筑，坍塌严重，石块滑落在墙体两侧，底部石砌结构相对清晰，现呈明显高于地表的土石垄状，底宽2.3、顶宽1.8、残高0.4~1.3米。

墙体沿线调查坞址3座，分别为哈拉图1号、2号和3号坞址，均依墙体而建，应属戍卒居住的坞址。

哈拉图1号坞址（150825354107040001）　位于巴音前达门苏木哈拉图嘎查西北3千米的较高平原地带，北侧紧邻哈拉图长城23段墙体，西南距哈拉图2号坞址0.58千米。

坞址保存较差，轮廓大致可辨，平面呈方形，边长4.2米。墙体为石墙，毛石垒砌，现坍塌严重，石块风化碎裂，散落在墙体两侧，仅底部存有相对清晰的石砌痕迹。现存墙体底宽0.6、残高0.2～0.4米。南墙近东南角处设门，门宽0.8米，方向135°。

哈拉图2号坞址（150825354107040002）　位于巴音前达门苏木哈拉图嘎查西北2.93千米的高平原地带，北侧紧邻哈拉图长城23段墙体，西南距哈拉图3号坞址0.44千米。

坞址保存较差，轮廓大致可辨，平面略呈不规则半圆形，东西长6、南北宽4.3米。墙体为石墙，毛石垒砌。现墙体坍塌严重，石块风化碎裂，散落在墙体两侧，仅底部可见石砌痕迹。现存墙体底宽0.7、残高0.4～0.7米。南墙中部设门，门宽0.6米，方向138°。

哈拉图3号坞址（150825354107040003）　位于巴音前达门苏木哈拉图嘎查西北2.87千米，北侧紧邻哈拉图长城23段墙体，西南距苏布日格1号坞址1.46千米。

坞址保存较差，轮廓大致可辨，平面略呈不规则半圆形，东西长5.6、南北宽4.2米。墙体为石墙，毛石垒砌。现墙体坍塌严重，仅底部可见石砌痕迹。现存墙体宽0.7、残高0.4～0.7米。南墙中部设门，门宽0.6米，方向128°。

50.哈拉图长城24段（150825382301040045）

该段长城起自巴音前达门苏木哈拉图嘎查西北2.95千米，止于哈拉图嘎查西北3.29千米。墙体大体呈东北—西南走向，上接哈拉图长城23段，下接苏布日格长城1段。

本段墙体为消失段，起止点之间的直线长度为599米。墙体分布在海力森高勒发源地河槽边缘，山水冲刷导致墙体消失。依据相邻上下段墙体情况，推断该段墙体原应为石墙。

51.苏布日格长城1段（150825382102040046）

该段长城起自巴音前达门苏木哈拉图嘎查苏布日格牧点西北2.38千米，止于苏布日格牧点西北2.95千米。墙体作外向折线形分布，大体呈东西走向，上接哈拉图长城24段，下接苏布日格长城2段。

墙体长1025米，为土石混筑，总体保存较差。墙体位于赛音呼都格格牧点东南部的海力森高勒沟脑地带山地上，顶部坍塌严重，底部石砌结构相对清晰，现呈高于地表的土石垄状，底宽2.3～2.8、顶宽约1.5、残高0.2～0.6米。墙体后小段有一条南北向冲沟，季节性山洪冲击形成豁口一处，宽23米。

墙体沿线调查障城、坞址各1座，分别为黄榆沟障城、苏布日格1号坞址。

黄榆沟障城（150825353102040006）　位于巴音前达门苏木哈拉图嘎查苏布日格牧点西北2.66千米，北距苏布日格长城1段墙体22米，西南距古日奔花日陶勒盖障城2.5千米。

障城保存较差，城垣轮廓大致可辨，平面呈圆形，直径11.6米。障城墙体为土石混筑，现坍塌严重，底宽约1.2、残高0.3～0.5米。东墙中部设门，门宽1.3米，方向96°。障城内外及墙体上覆盖黄沙，稀疏地生长针茅草等植物。

苏布日格1号坞址（150825354107040004）　位于巴音前达门苏木哈拉图嘎查苏布日格牧点西北2.82千米，北距苏布日格长城1段墙体3米，西南距苏布日格2号坞址3.82千米。

坞址保存较差，轮廓大致可辨，平面呈不规则圆形，东西长7.5、南北宽6.1米。墙体为石墙，毛石垒砌，坍塌严重，于地表现呈低矮的土石垄状，底宽1.4、残高0.3～0.5米。东墙中部设门，门宽0.7米，方向125°。门址两侧分别竖立一长条形自然石条，高1～1.3米。

52. 苏布日格长城2段（150825382301040047）

该段长城起自巴音前达门苏木哈拉图嘎查苏布日格牧点西北2.95千米，止于苏布日格牧点西北2.93千米。墙体大体呈东北—西南走向，上接苏布日格长城1段，下接苏布日格长城3段。

本段墙体为消失段，起止点之间的直线长度为142米。墙体位于赛音呼都格牧点所在海力森高勒河槽上游正沟两岸，山水冲刷导致墙体消失。依据相邻上下段墙体情况，推断该段墙体原应为石墙。

53. 苏布日格长城3段（150825382102040048）

该段长城起自巴音前达门苏木哈拉图嘎查苏布日格牧点西北2.93千米，止于苏布日格牧点西北3.15千米。墙体大体呈东北—西南走向，上接苏布日格长城2段，下接苏布日格长城4段。

墙体长821米，为土石混筑，总体保存差。墙体分布在海力森高勒沟脑地带正沟西岸的两条支沟间梁背上，坍塌严重，现呈略高于地表的土石垄状，底宽2~2.7、顶宽约1.2、残高0.2~0.6米。墙体前小段有一条南北向冲沟，导致墙体出现一处宽61米的豁口。墙体保存差和消失部分，分别占该段墙体总长的92.6%、7.4%。

54. 苏布日格长城4段（150825382301040049）

该段长城起自巴音前达门苏木哈拉图嘎查苏布日格牧点西北3.15千米，止于苏布日格牧点西北3.34千米。墙体大体呈东西走向，上接苏布日格长城3段，下接苏布日格长城5段。

本段墙体为消失段，起止点之间的直线长度为287米。原墙体地处海力森高勒沟脑地带西支沟南岸，山水冲刷导致墙体消失。依据相邻上下段墙体情况，推断该段墙体原应为石墙。

55. 苏布日格长城5段（150825382101040050）

该段长城起自巴音前达门苏木哈拉图嘎查苏布日格牧点西北3.34千米，止于苏布日格牧点西北3.47千米。墙体大体呈东北—西南走向，上接苏布日格长城4段，下接苏布日格长城6段。

墙体长206米，为黄褐土筑墙，总体保存差。此为海力森高勒沟脑地带西支沟南岸残存的一段墙体，坍塌严重，现呈略高于地表的土垄状，底宽约4.5、残高最高0.3米。

56. 苏布日格长城6段（150825382301040051）

该段长城起自巴音前达门苏木哈拉图嘎查苏布日格牧点西北3.47千米，止于苏布日格牧点西北3.59千米。墙体大体呈东北—西南走向，上接苏布日格长城5段，下接苏布日格长城7段。

本段墙体为消失段，起止点之间的直线长度为427米。原墙体地处海力森高勒沟脑地带的西支沟河槽南岸，山水冲刷导致墙体消失。依据相邻上下段墙体情况，推断该段墙体原应为土墙。

57. 苏布日格长城7段（150825382102040052）

该段长城起自巴音前达门苏木哈拉图嘎查苏布日格牧点西北3.59千米，止于苏布日格牧点西偏北4.17千米。墙体大体呈东北—西南走向，上接苏布日格长城6段，下接苏布日格长城8段。

墙体长1196米，为土石混筑，总体保存差。墙体沿西支沟谷地东南岸修筑，止点东部有采矿场。现存墙体坍塌严重，呈略高于地表的土石垄状，底宽3、残高0.2~0.4米。墙体西北侧临近冲沟，多处被洪水冲毁，现存豁口六处，分别宽10、68、12、21、27、28米。墙体保存差和消失部分，分别占该段墙体总长的86.1%、13.9%。

墙体沿线调查障城1座，为古日奔花日陶勒盖障城。

古日奔花日陶勒盖障城（150825353102040007）　位于巴音前达门苏木哈拉图嘎查苏布日格牧点西北3.63千米，西距苏布日格长城7段墙体0.07千米，西南距苏布日格1号障城3.1千米。

障城保存较差，城垣轮廓大致可辨，平面呈长方形，东西长14.5、南北宽13.5米。障城墙体为土石混筑，坍塌严重，现呈低矮的土石垄状，底宽1.5、残高0.1~0.4米。东墙中部设门，门宽1.5米，方向92°。障城内外及墙体上覆盖黄沙，稀疏地生长针茅草等植物。障城西隔长城为海力森高勒上游西支沟河槽，西、东北和南面为低山，其中南山有采矿场。

58. 苏布日格长城8段（150825382301040053）

该段长城起自巴音前达门苏木哈拉图嘎查苏布日格牧点西偏北4.17千米，止于苏布日格牧点西偏北4.38千米。墙体大体呈东北—西南走向，上接苏布日格长城7段，下接苏布日格长城9段。

本段墙体为消失段，起止点之间的直线长度为308米。墙体沿海力森高勒上游西支沟河槽边缘分布，山水冲刷导致墙体消失。依据相邻上下段墙体情况，推断该段墙体原应为石墙。

59. 苏布日格长城9段（150825382102040054）

该段长城起自巴音前达门苏木哈拉图嘎查苏布日格牧点西偏北4.38千米，止于苏布日格牧点西偏北4.44千米。墙体大体呈东北—西南走向，上接苏布日格长城8段，下接苏布日格长城10段。

墙体长125米，为土石混筑，总体保存差。墙体坍塌严重，底部仅零星保存石砌痕迹，现呈略高于地表的土石垄状，底宽约3.5、残高0.2～0.6米。

60. 苏布日格长城10段（150825382101040055）

该段长城起自巴音前达门苏木哈拉图嘎查苏布日格牧点西偏北4.44千米，止于苏布日格牧点西4.72千米。墙体大体呈东北—西南走向，上接苏布日格长城9段，下接苏布日格长城11段。

墙体长424米，以黄褐色砂质土夯筑，总体保存差。墙体西部有直山岭并行，现存墙体损毁严重，坍塌部分堆积在墙体两侧，现呈低矮的土垄状，底宽约5、残高最高0.6米。墙体中部地处低洼地，受山水冲击，出现一处宽9米的豁口。

墙体沿线调查坞址1座，为苏布日格2号坞址。

苏布日格2号坞址（150825354107040005）　位于巴音前达门苏木哈拉图嘎查苏布日格牧点西4.54千米，西北距苏布日格长城10段墙体0.03千米，西南距苏布日格3号坞址1.05千米。

坞址保存较差，轮廓大致可辨，平面呈圆角长方形，南北长6.4、东西宽5.5米。墙体为石墙，毛石垒砌，现墙体坍塌严重，仅底部存有相对清晰的石砌痕迹。现存墙体底宽0.8、残高0.2～0.4米。南墙居中设门，门宽0.8米，方向185°。

61. 苏布日格长城11段（150825382301040056）

该段长城起自巴音前达门苏木哈拉图嘎查查干陶勒盖牧点东北3.53千米，止于查干陶勒盖牧点东北2.33千米。墙体大体呈东北—西南走向，上接苏布日格长城10段，下接苏布日格长城12段。

本段墙体为消失段，起止点之间的直线长度为1200米。墙体沿直山岭南部余脉东坡下河槽边缘分布，季节性山水冲刷导致墙体消失。依据相邻上下段墙体情况，推断该段墙体原应为土墙。

墙体沿线调查坞址1座，为苏布日格3号坞址。

苏布日格3号坞址（150825354107040006）　位于巴音前达门苏木哈拉图嘎查查干陶勒盖牧点东北2.75千米，西邻苏布日格长城11段墙体，西南距苏布日格4号坞址2.65千米。

坞址保存较差，轮廓大致可辨，平面略呈圆形，直径4.7米。墙体为石墙，毛石垒砌，现坍塌严重，仅底部存有相对清晰的石砌痕迹。现存墙体底宽0.9、残高0.2～0.4米。东墙设门，门宽约0.8米，方向122°。

62. 苏布日格长城12段（150825382102040057）

该段长城起自巴音前达门苏木哈拉图嘎查查干陶勒盖牧点东北2.33千米，止于查干陶勒盖牧点北2.15千米。墙体大体呈东南—西北走向，上接苏布日格长城11段，下接苏布日格长城13段。

墙体长1616米，为土石混筑，总体保存差。墙体起点在直山岭余脉断豁处，经山豁折向西北行，至石砬山南缘复向西南行，止于山前两条小岔沟之间。现存墙体有明显的分段筑墙痕迹，坍塌严重，现呈略高于地表的土石垄状，底宽约2.8、顶宽约1.9、残高0.2~0.6米。墙体前小段临近冲沟，长67米的墙体被冲毁。墙体保存差和消失部分，分别占该段墙体总长的95.85%、4.15%。

墙体沿线调查障城2座，分别为苏布日格1号、2号障城。

苏布日格1号障城（150825353102040008）　位于巴音前达门苏木哈拉图嘎查查干陶勒盖牧点东北2.18千米，倚长城墙体而建，西北距苏布日格2号障城1.1千米。

障城保存较差，城垣轮廓大致可辨，筑有内外两重城墙。外城平面呈不规则多边形，北墙利用了长城墙体，长62米，南墙长52米，东、西两墙各长35米。墙体为土石混筑，现墙体坍塌严重，石块散落在周围，呈土石垄状，底宽约1、残高0.6米。门址不清。

内城位于外城中部偏西处，平面呈长方形，南北长2.5、东西宽10米。墙体为土石混筑，现坍塌严重，石块散落，于地表呈土石垄状，底宽1.6~2、残高0.5~0.8米。四角筑半圆形角台，凸出墙体约1米，现已坍塌，残高0.3米。东墙中部设门，门宽约1米，方向110°。

苏布日格2号障城（150825353102040009）　位于巴音前达门苏木哈拉图嘎查查干陶勒盖牧点东北2.2千米，北依苏布日格长城12段墙体而建，西南距苏布日格3号障城2.1千米。

障城保存较差，城垣轮廓大致可辨，平面呈方形，边长14米。障城墙体为土石混筑，现坍塌严重，呈土石垄状，底宽约1.3、残高0.3~0.7米。砌筑墙体的石块与旁近山体石质相同，应为就地取材修筑。门址不清。障城内外及墙体上覆盖黄沙，稀疏地生长针茅草等植物。

63. 苏布日格长城13段（150825382102040058）

该段长城起自巴音前达门苏木哈拉图嘎查查干陶勒盖牧点北2.15千米，止于查干陶勒盖牧点北偏西2.13千米。墙体呈东偏北—西偏南走向，末端转呈东西走向；上接苏布日格长城12段，下接苏布日格长城14段。

墙体长1163米，为土石混筑，总体保存较差。墙体分布在查干陶勒盖牧点北部山地上，现存墙体均有不同程度损毁，底宽1.6~2、顶宽1~1.6、残高0.3~1.2米（彩图七四四）。墙体前后小段均保存较差，分别长423、515米，墙体顶部坍塌严重，石块散落在墙体两侧；后小段有南北向的河槽，导致墙体出现了一个宽6米的豁口；中小段保存一般，长219米，墙体顶部缺失，下部保存相对完好。墙体保存一般、保存较差和消失部分，分别占该段墙体总长的18.8%、80.7%和0.5%。

墙体沿线调查坞址1处，为苏布日格4号坞址。

苏布日格4号坞址（150825354107040007）　位于巴音前达门苏木哈拉图嘎查查干陶勒盖牧点西北2.02千米，北侧紧邻苏布日格长城13段墙体，西距苏布日格3号障城1.08千米。

坞址保存较差，轮廓大致可辨，平面呈圆角长方形，东西长5.2、南北宽4.4米。墙体为石墙，毛石垒砌，现坍塌严重，呈石垄状，底宽1.1、残高0.2~0.6米。南墙居中设门，门宽约0.7米，方向180°。

64. 苏布日格长城14段（150825382301040059）

该段长城起自巴音前达门苏木哈拉图嘎查查干陶勒盖牧点北偏西2.13千米，止于查干陶勒盖牧点西北2.7千米。墙体大体呈东西走向，上接苏布日格长城13段，下接苏布日格长城15段。

本段墙体为消失段，起止点之间的直线长度为867米。墙体沿陶勒盖音善达音高勒南支沟上游南岸边缘分布，季节性山水冲刷导致墙体消失。依据相邻上下段墙体情况，推断该段墙体原应为石墙。

65. 苏布日格长城15段（150825382102040060）

该段长城起自巴音前达门苏木哈拉图嘎查查干陶勒盖牧点西北2.7千米，止于查干陶勒盖牧点西北

2.8千米。墙体大体呈东北—西南走向，上接苏布日格长城14段，下接苏布日格长城16段。

墙体长837米，为土石混筑，总体保存差。墙体沿来其波山东部笔直山岭东麓的陶勒盖音善达音高勒南支沟上游河槽边延伸，止于山岭断豁处。现存墙体墙体坍塌严重，呈略高于地表的土石垄状，底宽约3.3、残高最高0.4米。墙体两侧分布多条小河槽河水冲刷，导致墙体出现豁口四处，分别宽11、70、12、43米。墙体保存差和消失部分，分别占该段墙体总长的83.8%、16.2%。

墙体沿线调查障城1座，为苏布日格3号障城。

苏布日格3号障城（150825353102040010）　位于巴音前达门苏木哈拉图嘎查查干陶勒盖牧点西北2.48千米的山岭上，北距苏布日格长城15段墙体0.26千米，西南距阿拉腾呼树障城2.6千米。

障城保存较差，城垣轮廓大致可辨，平面呈方形，边长15米。障城墙体为土石混筑，现坍塌严重，呈土石垄状，底宽约1.7~2、残高0.6~1.1米。障城东北角残存角台遗迹，呈半圆形，凸出墙体约1、残高近1米。南墙中部设门，门宽1.1米，方向142°。障城西南角有坞址一座，长6、宽4.5米，东墙设门，门宽0.7米，方向52°。坞址西、南墙均利用障城墙体，东、北墙石砌，宽2、残高0.7米。障城内外及墙体上覆盖黄沙，稀疏地生长有针茅草等植物。

66. 苏布日格长城16段（16150825382102040061）

该段长城起自巴音前达门苏木哈拉图嘎查查干陶勒盖牧点西北2.8千米，止于查干陶勒盖牧点西偏北3.06千米。墙体大体呈东北—西南走向，上接苏布日格长城15段，下接苏布日格长城17段。

墙体长696米，为土石混筑，保存较差。墙体经山岭断豁转入山岭西山腰而建，外壁以片状岩石砌筑，内侧夯以土石。现墙体石壁坍塌严重，呈土石垄状，底宽1.9~2.3、残高0.2~1.1米。墙体起点以西0.42千米处设有一个排水孔，宽0.8米。

67. 苏布日格长城17段（150825382102040062）

该段长城起自巴音前达门苏木哈拉图嘎查查干陶勒盖牧点西偏北3.06千米，止于查干陶勒盖牧点西3.9千米。墙体大体呈东北—西南走向，上接苏布日格长城16段，下接苏布日格长城18段。

墙体长1456米，为土石混筑，总体保存差。墙体地处绍荣敖包山东北部山岭上，坍塌严重，现呈低矮的土石垄状，底宽约3、残高0.3~0.6米。20世纪70年代，这一区域围筑"万亩草库伦"、划分牧场界线时将长城墙体石块大量拆取，导致部分墙体坍塌。墙体近止点处有一条乡间土路穿过，修筑道路时将60米长的一段墙体拆毁。墙体保存差和消失部分，分别占该段墙体总长的95.9%、4.1%。

墙体沿线调查障城1座，为阿拉腾呼树障城。

阿拉腾呼树障城（150825353102040011）　位于巴音前达门苏木哈拉图嘎查查干陶勒盖牧点西3.72千米的平缓山岭顶部，西北距苏布日格长城17段墙体0.14千米，西南距查干朝鲁扎德盖障城11.8千米。

障城保存较差，城垣轮廓大致可辨，平面呈方形，边长13.5米。障城墙体为土石混筑，现坍塌严重，石块散落，于地表呈土石垄状，底宽2.5、残高0.4~0.9米。南墙中部设门，门宽1.1米，方向136°。障城内外及墙体上覆盖黄沙，稀疏地生长针茅草等植物。

68. 苏布日格长城18段（150825382102040063）

该段长城起自巴音前达门苏木哈拉图嘎查查干陶勒盖牧点西3.9千米，止于查干陶勒盖牧点西偏南4.22千米。墙体大体呈东北—西南走向，上接苏布日格长城17段，下接苏布日格长城19段。

墙体长442米，为土石混筑石墙，总体保存差。墙体起自绍荣敖包山东沟谷上游东岸，止于山南部采矿沟边。现存墙体坍塌严重，两侧砌石多被拆取，现呈略高于地表的土石垄状，底宽2~2.6、残高约0.3米。墙体中部有一条南北向简易路穿越墙体，车辆长期碾压，墙体已濒临消失。

69. 苏布日格长城19段（150825382301040064）

该段长城起自巴音前达门苏木哈拉图嘎查查干陶勒盖牧点西偏南4.22千米，止于查干陶勒盖牧点西偏南4.44千米。墙体大体呈东北—西南走向，上接苏布日格长城18段，下接苏布日格长城20段。

本段墙体为消失段，起止点之间的直线长度为274米。墙体分布在绍荣敖包山南麓河槽地带，东岸现为一处采矿场，洪水冲刷与采矿作业导致墙体消失。依据相邻上下段墙体情况，推断该段墙体原应为石墙。

70. 苏布日格长城20段（150825382102040065）

该段长城起自巴音前达门苏木哈拉图嘎查查干陶勒盖牧点西偏南4.44千米，止于查干陶勒盖牧点西偏南4.86千米。墙体大体呈东北—西南走向，上接苏布日格长城19段，下接苏布日格长城21段。

墙体长435米，为土石混筑，总体保存差。墙体地处采矿场西南部的哄噶尔陶勒盖音高勒上游河槽北岸台地上，坍塌严重，两侧砌石散落，现呈低矮的土石垄状，底宽2.6~3.8、残高0.2~0.4米。

71. 苏布日格长城21段（150825382301040066）

该段长城起自巴音前达门苏木哈拉图嘎查查干陶勒盖牧点西偏南4.86千米，止于哈拉图嘎查查干陶勒盖牧点西偏南5.18千米。墙体大体呈东北—西南走向，上接苏布日格长城20段，下接苏布日格长城22段。

本段墙体为消失段，起止点之间的直线长度为350米。墙体位于牧点东侧的哄噶尔陶勒盖音高勒上游阿拉腾呼树（合少）河槽中，山水冲刷导致墙体消失。依据相邻上下段墙体情况，推断该段墙体原应为石墙。

72. 苏布日格长城22段（150825382102040067）

该段长城起自巴音前达门苏木哈拉图嘎查查干陶勒盖牧点西偏南5.18千米，止于查干陶勒盖牧点西南5.5千米。墙体大体呈东北—西南走向，上接苏布日格长城21段，为哈拉图—苏布日格支线的最后一段墙体。

墙体长402米，为土石混筑，总体保存差。墙体地处阿腾合少牧点前的哄噶尔陶勒盖音高勒上游南岸，止于牧点西山岭东麓，其后不知所踪。现存墙体坍塌严重，砌石严重缺失，仅存底部石砌痕迹，现呈略高于地表的土石垄状，底宽2.6~3.5、残高约0.2米。

73. 阿布日勒图长城1段（150825382102040068）

该段长城起自宝音图苏木阿布日勒图嘎查马尼图牧点东北1.16千米，止于马尼图牧点西北0.57千米。墙体大体呈东偏北—西偏南走向，上接哈拉图长城19段，下接阿布日勒图长城2段。

墙体长1623米，为土石混筑，总体保存差。墙体构筑在马尼图牧点北部的谷地南坡上，起于哈尔扎布斯尔上游河槽西岸，止于牧点西北部的两条支沟河槽中间。现存墙体均有不同程度损毁，底宽2.8~3.5、顶宽2~2.8、残高0.3~0.8米。墙体前小段保存较差，长169米，墙体顶部缺失，两侧砌石坍塌，呈土石垄状，此段墙体有一条南北向冲沟穿过，导致出现一处宽6米的豁口；后小段保存差，长1333米，墙体坍塌严重，仅存底部石砌痕迹；墙体两侧存在多条山水冲沟，导致墙体出现豁口五处，分别宽48、10、22、28、7米。墙体保存较差、保存差和消失部分，分别占该段墙体总长的10.4%、82.1%和7.5%。

墙体沿线调查障城1座，为海力素太2号障城。

海力素太2号障城（150825353102040003）　位于宝音图苏木阿布日勒图嘎查马尼图牧点东北1.2千米的河槽边缘，西北距阿布日勒图长城1段起点0.08千米，西南距哈那障城5.8千米。

障城保存差，部分已消失，平面呈长方形，东墙完全消失，西墙长18米，南、北墙仅存西段，均长9.5米。墙体土筑，现坍塌成土垄状，底宽5～5.5、残高0.3～0.6米。障城东北侧紧邻哈尔扎布斯尔上游河槽，东半部被山水冲毁。

74.阿布日勒图长城2段（150825382102040069）

该段长城起自宝音图苏木阿布日勒图嘎查马尼图牧点西北0.57千米，止于马尼图牧点西南2.05千米。墙体略作外向折线形分布，大体呈东北—西南走向，上接阿布日勒图长城1段，下接阿布日勒图长城3段。

墙体长1641米，为土石混筑，总体保存差。墙体沿坡地延伸，止于沃博尔东南部的舒本勃勒其尔河槽西岸。现存墙体均有不同程度损毁，底宽3.4～4、顶宽2.5～3、残高0.2～1米（彩图七四五）。墙体前小段保存较差，长749米，墙体顶部缺失，两侧砌石坍塌，呈土石垄状，此段墙体经过地段有数条南北向冲沟，导致墙体出现三处豁口，分别宽9、7、33米；后小段保存差，长742米，墙体坍塌严重；墙体两侧存在多条山水冲沟，导致墙体出现豁口三处，分别宽33、9、59米。墙体保存较差、保存差和消失部分，分别占该段墙体总长的45.6%、45.2%和9.2%。墙体外侧有土路并行。

墙体沿线调查烽燧1座，为阿布日勒图1号烽燧。

阿布日勒图1号烽燧（150825353201040001）　位于宝音图苏木阿布日勒图嘎查马尼图牧点西南1.48千米的石砬山丘顶上，西北距阿布日勒图长城2段墙体点0.56千米，西南距阿布日勒图2号烽燧2.8千米。

墩台石筑，毛石干垒，保存一般。台体已坍塌，平面呈方形，以石块垒砌，四壁自下而上略有收分，边长6.8、残高1.7米。台体北侧坍塌较为严重，东北、西北两角完全倒塌，石块散落在台体周围，东壁中部坍塌，形成宽1.5米的豁口（彩图七四六）。

75.阿布日勒图长城3段（150825382102040070）

该段长城起自宝音图苏木阿布日勒图嘎查哈那牧点东北3千米，止于哈那牧点东北1.2千米。墙体呈东北—西南向，上接阿布日勒图长城2段，下接阿布日勒图长城4段。

墙体长1856米，为土石混筑，总体保存差。墙体沿坡地延伸，止于圆山东南麓。现存墙体坍塌严重，两侧砌石多被拆取，仅存底部石砌痕迹，呈低矮的土石垄状，底宽3.4～5、残高0.2～0.5米。沃博尔毛德南部舒本勃勒其尔西支沟洪水冲刷，导致墙体出现了两个豁口，分别宽10、30米。

76.阿布日勒图长城4段（150825382102040071）

该段长城起自宝音图苏木阿布日勒图嘎查哈那牧点东北1.2千米，止于哈那牧点西偏北0.83千米。墙体呈东北—西南向，上接阿布日勒图长城3段，下接阿布日勒图长城5段。

墙体长1615米，为土石混筑，总体保存差。墙体沿圆山及其西南直山岭东南麓构筑，止于陶勒盖音善达音高勒北岸。墙体坍塌严重，现呈低矮的土石垄状，底宽2.3～3.8、残高0.3～0.6米。在墙体后小段有两条南北向的冲沟，导致出现两个豁口，分别宽8、6米。

墙体沿线调查烽燧、障城各1座，分别为阿布日勒图2号烽燧、哈那障城。

阿布日勒图2号烽燧（150825353201040002）　位于宝音图苏木阿布日勒图嘎查哈那牧点东北0.65千米，西北距阿布日勒图长城4段墙体0.47千米，西北距阿布日勒图3号烽燧1.73千米。

墩台为土石混筑，局部可见台体外侧采用片状岩石错缝堆砌，内部夯以土石，保存较差。台体坍塌严重，结构和形制均已破坏，现呈圆形土石堆状，底部直径约9.4、顶部直径约3.7、残高1.8米。烽燧西北部坡下有引水渠，隔渠为哈那障城。

哈那障城（150825353102040004）　位于宝音图苏木阿布日勒图嘎查哈那牧点东北0.4千米，西北距阿布日勒图长城4段墙体0.23千米，西南距查干朝鲁扎德盖障城15.4千米。

障城保存较差，城垣轮廓大致可辨，平面呈不规则长方形，南、北墙均长134.6、西墙长139、东墙长137.6米。城墙为夹砂黄土夯筑，夯筑坚实，夯筑厚5～10厘米（彩图七四七）。北墙自西北角向东存有87米残墙，底宽2.2、残高1.9米。其他墙体多坍塌呈土垄状，底宽4.5～6、残高0.6米，局部几乎平齐于地表。原城墙四角均应筑有角台，现仅见东南角角台残迹，平面半圆形，凸出墙体约4米。南墙中部设门，门宽4米，方向171°。城门外加筑马蹄形瓮城，东西长15、南北宽10米，西侧依城墙设门，门宽约3米。城内隐约可见建筑基址遗迹，但因风蚀和沙化十分严重，已无从辨认。城内地表零星散布有西夏时期的黑釉、白釉瓷片。

77. 阿布日勒图长城5段（150825382301040072）

该段长城起自宝音图苏木阿布日勒图嘎查哈那牧点西偏北0.83千米，止于哈那牧点西1千米。墙体大体呈东北—西南走向，上接阿布日勒图长城4段，下接阿布日勒图长城6段。

本段墙体为消失段，起止点之间的直线长度为275米。墙体横跨东西向的陶勒盖音善达音高勒河槽，山水冲刷导致墙体消失。依据相邻上下段墙体情况，推断该段墙体原应为石墙。

墙体沿线调查烽燧1座，为阿布日勒图3号烽燧。

阿布日勒图3号烽燧（150825353201040003）　位于宝音图苏木阿布日勒图嘎查哈那牧点西北1.48千米处的山顶上，南距阿布日勒图长城5段墙体0.8千米，西南距阿布日勒图4号烽燧3.8千米。

墩台石筑，毛石干垒，保存较差，结构和形制均已破坏。现台体坍塌较为严重，石块散落在台体周围，呈覆钵形石堆状，底部直径18、残高2.6米。底部隐约可见原始砌筑痕迹。该烽燧位于长城外侧，其性质与时代有待于进一步判定。

78. 阿布日勒图长城6段（150825382102040073）

该段长城起自宝音图苏木阿布日勒图嘎查哈那牧点西1千米，止于哈那牧点西南2.45千米。墙体大体呈东北—西南走向，上接阿布日勒图长城5段，下接阿布日勒图长城7段。

墙体长1657米，为土石混筑，总体保存差。墙体沿陶勒盖音善达音高勒河槽南岸山地构筑，止于南支沟与主河槽交汇点南部孤石碴东侧。现存墙体均有不同程度损毁，底宽2.2～3.1、顶宽1.6～2.3、残高0.2～1.6米。墙体前小段保存差，长1188米，墙体坍塌严重，现呈略高于地表的土石垄状，墙体经过地段有一条南北向的冲沟，导致墙体出现了一处宽38米的豁口；后小段保存较差，长431米，墙体顶部缺失，两侧砌石坍塌，但痕迹清晰（彩图七四八）。墙体保存较差、保存差和消失部分，分别占该段墙体总长的26%、71.7%和2.3%。

79. 阿布日勒图长城7段（150825382102040074）

该段长城起自宝音图苏木阿布日勒图嘎查哈那牧点西南2.45千米，止于哈那牧点西南3.24千米。墙体大体呈东北—西南走向，上接阿布日勒图长城6段，下接阿布日勒图长城8段。

墙体长818米，为土石混筑石墙，总体保存较差。墙体沿丘陵建筑，止于陶勒盖音善达音高勒南支沟（巴润苏勒陶勒盖山北）河槽北岸。现墙体坍塌严重，局部暴露出两侧砌石遗迹，可知原筑墙体基宽2.6～3米。墙体现呈低矮的土石垄状，底宽约4、顶宽1.8～2.4、残高0.3～0.5米。在墙体前段有两条南北向的冲沟，导致墙体出现了两个豁口，分别宽11、7米。

80. 阿布日勒图长城8段（150825382301040075）

该段长城起自宝音图苏木阿布日勒图嘎查哈那牧点西南3.24千米，止于哈那牧点西南3.34千米。墙体大体呈东北—西南走向，上接阿布日勒图长城7段，下接阿布日勒图长城9段。

本段墙体为消失段，起止点之间的直线长度为123米。墙体穿过陶勒盖音善达音高勒南支沟（巴润苏勒陶勒盖山北）河槽，季节性山水冲刷导致墙体消失。依据相邻上下段墙体情况，推断该段墙体原应为石墙。

81. 阿布日勒图长城9段（150825382102040076）

该段长城起自宝音图苏木阿布日勒图嘎查额勒森呼都格牧点北偏东2.83千米，止于额勒森呼都格牧点西北0.73千米。墙体大体呈东北—西南走向，上接阿布日勒图长城8段，下接阿布日勒图长城10段。

墙体长2751米，为土石混筑，总体保存差。墙体穿过山梁与河槽，止于牧点西北部的土坑南缘。现存墙体坍塌严重，呈低矮的土石垄状，底宽3.2~5.6、残高0.3~0.5米。墙体顶部被修整为一条乡间道路。在墙体中小段的巴润苏勒陶勒盖山前河槽洪水冲刷，导致墙体出现了一个宽64米的豁口。墙体保存差和消失部分，分别占该段墙体总长的97.7%、2.3%。

墙体沿线调查烽燧1座，为阿布日勒图4号烽燧。

阿布日勒图4号烽燧（150825353201040004）　位于宝音图苏木阿布日勒图嘎查额勒森呼都格北偏东2.2千米的苏勒陶勒盖山顶上，西距阿布日勒图长城9段墙体0.26千米，西南距巴音高勒1号烽燧3.9千米。

墩台石筑，毛石干垒，保存较差。台体上部坍塌较为严重，南北两侧大面积坍塌，石块散落在台体周围（彩图七四九）。台体坍塌，平面呈长方形，南北长7、东西宽6.7、残高2米。紧邻台体东侧有一座石砌坞址，南北长7、东西宽5米，南墙近台体处设门，门址宽0.8米；坞址墙体宽1.2米左右，现已坍塌，残高0.4~0.7米。

82. 阿布日勒图长城10段（150825382102040077）

该段长城起自宝音图苏木阿布日勒图嘎查额勒森呼都格牧点西北0.73千米，止于额勒森呼都格牧点西偏南1.15千米。墙体大体呈东北—西南走向，上接阿布日勒图长城9段，下接阿布日勒图长城11段。

墙体长832米，为土石混筑，总体保存差。墙体地处额勒森呼都格牧点西北部的哄噶尔陶勒盖音高勒河槽北岸，现墙体坍塌严重，呈略高于地表的土垄状，底宽约5、残高0.1~0.3米。墙体前段顶部现被修整为一条乡间道路。

83. 阿布日勒图长城11段（150825382301040078）

该段长城起自宝音图苏木阿布日勒图嘎查额勒森呼都格牧点西偏南1.15千米，止于额勒森呼都格牧点西南1.83千米。墙体大体呈东北—西南走向，上接阿布日勒图长城10段，下接巴音高勒长城1段。

本段墙体为消失段，起止点之间的直线长度为783米。墙体经行地段为哄噶尔陶勒盖音高勒河槽，季节性山水冲刷导致墙体消失。依据相邻上下段墙体情况，推断该段墙体原应为石墙。

84. 巴音高勒长城1段（150825382101040079）

该段长城起自宝音图苏木阿布日勒图嘎查额勒森呼都格牧点西南1.83千米，止于乌兰额热格牧点南2.83千米。墙体呈东北—西南走向，上接阿布日勒图长城11段，下接巴音高勒长城2段。

墙体长2533米，用黄褐色砂质土筑墙，总体保存差。墙体分布在哄噶尔陶勒盖音高勒与其西南部沙布格牧点所在的支沟之间，现存墙体呈土垄状，底宽5~5.4、残高多不足0.5米。其中，保存差部分长1362米，墙体坍塌严重，局部墙体顶部现被修整为道路，路面留有明显的车辙痕迹；保存较差部分长1171米，墙体顶部缺失，两侧砌石坍塌，内部填土倾倒。墙体保存较差和保存差部分，分别占该段墙体总长的46.2%、53.8%。

墙体沿线调查烽燧2座，分别为巴音高勒1号、2号烽燧。

巴音高勒1号烽燧（150825353201040005）　位于宝音图苏木阿布日勒图嘎查额勒森呼都格西偏南1.15千米，北距巴音高勒长城1段0.2千米，南距巴音高勒2号烽燧2.3千米。

墩台以黄褐色砂质土夯筑，保存差。台体现已坍塌成圆形土丘状，底部直径15、残高1米。该烽燧建筑在山丘顶部，北部为哄噶尔陶勒盖音河槽，西隔长城有牧户一家。

巴音高勒2号烽燧（150825353201040006）　位于宝音图苏木阿布日勒图嘎查乌兰额热格牧点南偏东4.15千米的敖包图山顶上，西北距巴音高勒长城1段墙体2.1千米，西偏南距巴音高勒3号烽燧3.6千米。

墩台以黄褐色砂质土夯筑，外侧包石，保存差。台体坍塌严重，底部隐约可见原砌筑痕迹，可知原台体平面呈长方形，南北长6、东西宽5、残高0.5米。砌筑台体的石块多被拆取，在东南4米处建立了一座敖包。

85. 巴音高勒长城2段（150825382301040080）

该段长城起自宝音图苏木阿布日勒图嘎查乌兰额热格牧点南2.83千米，止于乌兰额热格牧点南3千米。墙体大体呈东北—西南走向，上接巴音高勒长城1段，下接巴音高勒长城3段。

本段墙体为消失段，起止点之间的直线长度为243米。墙体地处沙布格牧点所在的哄噶尔陶勒盖音高勒支沟河槽，季节性山水冲刷导致墙体消失。依据相邻下段墙体情况，推断该段墙体原应为土墙。

86. 巴音高勒长城3段（150825382101040081）

该段长城起自宝音图苏木阿布日勒图嘎查乌兰额热格牧点南3千米，止于乌兰额热格牧点西南4.54千米。墙体呈东北—西南走向，上接巴音高勒长城2段，下接巴音高勒长城4段。

墙体长1783米，以砂质黄褐土夯筑，总体保存差。墙体构筑在河槽与南山岭之间，现墙体均有不同程度损毁，呈土垄状，底宽7~7.4、残高0.5~1.4米。墙体前小段保存差，长1045米，墙体坍塌严重，部分墙体顶部被修整为土路；墙体经过地段有两条东西向冲沟，导致墙体出现两处豁口，分别宽43、8米；后小段保存较差，长662米，墙体顶部坍塌，地表隆起较明显，墙体经过地段有南北向冲沟，导致墙体出现豁口，宽25米。墙体保存较差、保存差和消失部分，分别占该段墙体总长的37.1%、58.6%和4.3%。

墙体沿线调查烽燧1座，为巴音高勒3号烽燧。

巴音高勒3号烽燧（150825353201040007）　位于宝音图苏木阿布日勒图嘎查加奈呼舒牧点北偏东3.56千米，西北距巴音高勒长城3段0.03千米，西南距巴音哈少1号烽燧8.8千米。

墩台以土夯筑，保存差，结构和形制均已破坏。台体现坍塌成一圆形的土丘，底部直径8、残高约1米。该烽燧地处南北两条河槽相夹的山岭之上，北侧有土路东南—西北行。

87. 巴音高勒长城4段（150825382101040082）

该段长城起自宝音图苏木阿布日勒图嘎查加奈呼舒牧点东北3.48千米，止于加奈呼舒牧点北偏东3千米。墙体大体呈东北—西南走向，上接巴音高勒长城3段，下接巴音高勒长城5段。

墙体长520米，用黄褐色砂质土筑墙，总体保存差。墙体地处山岭南坡上半部，现墙体损毁严重，呈略高于地表的土垄状，底宽4.5~5.6、残高0.2~0.5米。墙体局部被修整为乡间土路，车辆长期通行，留下明显的车辙印迹。

88. 巴音高勒长城5段（150825382301040083）

该段长城起自宝音图苏木阿布日勒图嘎查加奈呼舒牧点北偏东3千米，止于加奈呼舒牧点北偏东2.75千米。墙体大体呈东北—西南走向，上接巴音高勒长城4段，下接巴音高勒长城6段。

本段墙体为消失段，起止点之间的直线长度为350米。墙体分布于洪水冲刷形成的小河槽边缘，山水冲刷导致墙体消失。依据相邻上下段墙体情况，推断该段墙体原应为土墙。该河槽形成于西北—东南向山岭南坡，洪水南流汇入谷底河槽后转西北流，经冈干南又西北流注入哈尔乌苏河槽。

89.巴音高勒长城6段（150825382101040084）

该段长城起自宝音图苏木加奈呼舒牧点北偏东2.75千米，止于加奈呼舒牧点北偏东1.49千米。墙体作外向折线形分布，大体呈东北—西南走向，上接巴音高勒长城5段，下接巴音高勒长城7段。

墙体长1421米，夯土筑墙，总体保存差。墙体分布在冈干河槽两岸及其南北山岭上，现墙体损毁严重，坍塌部分堆积在墙体两侧，呈低矮的土垄状，底宽约5、残高0.3~0.6米。墙体中段有一条西北—东南向的冲沟，导致墙体出现一个宽87米的豁口。墙体保存差和消失部分，分别占该段墙体总长的93.9%、6.1%。

90.巴音高勒长城7段（150825382301040085）

该段长城起自宝音图苏木加奈呼舒牧点北偏东1.49千米，止于加奈呼舒牧点北1.34千米。墙体大体呈东北—西南走向，上接巴音高勒长城6段，下接巴音高勒长城8段。

本段墙体为消失段，起止点之间的直线长度为256米。墙体地处冈干河槽南部浅缓的沟谷地带，水土流失导致墙体消失。依据相邻上下段墙体情况，推断该段墙体原应为土墙。

91.巴音高勒长城8段（150825382101040086）

该段长城起自宝音图苏木加奈呼舒牧点北1.34千米，止于加奈呼舒牧点北偏西1.18千米。墙体呈东北—西南走向，上接巴音高勒长城7段，下接巴音高勒长城9段。

墙体长569米，以含有较多砂砾的黄褐土筑墙，总体保存差。墙体分布在加奈呼舒北部的坡地上，损毁严重，坍塌部分堆积在墙体两侧，呈低矮的土垄状，底宽约6、残高0.3~0.7米。墙体上覆盖黄沙，周围地表和墙体上植被稀疏。墙体外侧有较小的活动板房。

墙体沿线调查障城1座，为查干朝鲁扎德盖障城。

查干朝鲁扎德盖障城（150825353102040013）　位于宝音图苏木加奈呼舒牧点东北0.4千米处的河槽北岸台地上，西北距巴音高勒长城8段墙体1.1千米，西南距巴音哈少1号障城4.67千米。

障城保存差，四面城垣轮廓大致可辨，平面呈方形，边长130米。墙体土筑，残毁严重，未见夯打痕迹。现南墙和东墙大部已消失，西、北墙体坍塌堆积，形成略高于地表的土垄状，底宽5.6~7、残高最高0.4米。障城四角应建有角台，现仅见西北角台遗迹，平面半圆形，凸出墙体外约4.5米。门址不清。潮格温都尔镇至巴音前达门苏木的柏油路自东向西横穿障城中部，修筑公路时平整路基，造成局部墙体消失。城内地表采集有少量汉代灰陶片和大量西夏时期的白釉、黑釉瓷片。

92.巴音高勒长城9段（150825382301040087）

该段长城起自宝音图苏木加奈呼舒牧点北偏西1.18巴音哈少嘎查东3.75千米，止于加奈呼舒牧点西北1.18千米。墙体呈东北—西南走向，上接是巴音高勒长城8段，下接巴音高勒长城10段。

本段墙体为消失段，起止点之间的直线长度为206米。墙体地处加奈呼舒牧点西北部洼地，地表植被退化，风雨侵蚀导致墙体消失。依据相邻上下段墙体情况，推断该段墙体原应为土墙。

93.巴音高勒长城10段（150825382101040088）

该段长城起自宝音图苏木加奈呼舒牧点西北1.18千米，止于巴音哈少嘎查东南1.62千米。墙体大体呈东偏北—西偏南走向，上接巴音高勒长城9段，下接巴音哈少长城1段。

墙体长1833米，夯土筑墙，总体保存差。墙体分布在巴音哈少嘎查所在河槽北岸，损毁严重，坍塌的砂土堆积在墙体两侧，现呈明显高于地表的土垄状，底宽约6、残高0.3~0.8米。潮格温都尔镇至巴音前达门苏木的柏油路穿过墙体中部，形成一处宽99米的豁口。墙体保存差和消失部分，分别占该段墙体总长的94.6%、5.4%。

94. 巴音哈少长城1段（150825382301040089）

该段长城起自宝音图苏木巴音哈少嘎查东南1.62千米，止于巴音哈少嘎查西南2.87千米。墙体大致呈东北—西南走向，上接巴音高勒长城10段，下接巴音哈少长城2段。

本段墙体为消失段，起止点之间的直线长度为3800米。消失段前小段现处在巴音哈少嘎查东南部两条并列的河槽中，后小段分布在河槽西南岸地势低缓的沙地中，地表有壕沟隐现，季节性山水冲刷和土地沙化导致墙体消失。依据相邻上下段墙体情况，推断该段墙体原应为土墙。两条河槽洪水于西北部合流，蒙古语名哈尔乌苏，汉译为黑水。

墙体沿线调查障城1座，为巴音哈少1号障城。

巴音哈少1号障城（150825353102040031）　位于宝音图苏木巴音哈少嘎查南1.55千米处，西北距巴音哈少长城1段墙体0.07千米，西南距哈登扎德盖障城7.82千米。

障城保存差，四面城垣轮廓大致可辨，平面呈方形，边长130米。墙体土筑，残毁严重。现南墙东部和东墙南部已消失，西、北墙体现呈低矮的土垄状，底宽6~8、残高最高0.5米。障城角台及门址不清。潮格温都尔镇至巴音前达门苏木的柏油路南北向穿障城中部，修筑公路造成局部墙体消失。

95. 巴音哈少长城2段（150825382101040090）

该段长城起自宝音图苏木巴音哈少嘎查西南2.87千米，止于古日班毛德牧点东北1.3千米。墙体大体呈东北—西南走向，上接巴音哈少长城1段，下接巴音哈少长城3段。

墙体长2288米，夯土筑墙，总体保存较差。墙体地处哈尔乌苏上游双河槽南部，起点东侧地名称木哈日川吉。现存墙体均有不同程度损毁，呈土垄状，底宽4.7~7、残高最高1米。墙体前小段保存较差，长1279米，墙体顶部坍塌；墙体两侧存在数条南北向的哈尔乌苏支流河槽，导致墙体出现豁口四处，分别宽175、20、9、57米；后小段保存差，长748米，墙体坍塌严重。墙体保存较差、保存差和消失部分，分别占该段墙体总长的55.9%、32.7%和11.4%。

墙体沿线调查烽燧1座，为巴音哈少1号烽燧。

巴音哈少1号烽燧（150825353201040008）　位于宝音图苏木巴音哈少嘎查西南2.7千米的缓梁上，又称川井烽燧。西北距巴音哈少长城2段墙体0.05千米，西南距巴音哈少2号烽燧4.2千米。

墩台为黄土夯筑，保存差，结构和形制均已破坏。台体部分残存，现已坍塌为不规则的圆柱状，东西最大直径4.2、南北最大直径5.2、残高3.1米。台体受风雨侵蚀，外缘形成多处深浅不一的风蚀孔洞，中部形成一条纵向裂缝，由顶部贯通至底部，宽0.4~0.55米。从断面可知，原台体为夹砂黄土夯筑，土质比较粗糙，含大量细碎砂粒，夯层清晰，厚6~13厘米（彩图七五〇）。

96. 巴音哈少长城3段（150825382101040091）

该段长城起自宝音图苏木巴音哈少嘎查古日班毛德牧点东北1.3千米，止于古日班毛德牧点西偏北0.64千米。墙体大体呈东北—西南走向，上接巴音哈少长城2段，下接巴音哈少长城4段。

墙体长1756米，夯土筑墙，总体保存较差。墙体分布在牧点北部浅缓的河槽两岸，止于牧点西部台地边缘上。现存墙体顶部损毁严重，坍塌土堆积在墙体两侧，部分墙体被利用为土路。现存墙体呈较高的土垄状，底宽4.7~5.2、顶宽2~3.8、残高0.9~1.2米。牧点北部有两条南北向的季节性河槽，导致墙体出现了两处较长的断口，分别宽90、43米。墙体保存较差和消失部分，分别占该段墙体总长的92.4%和7.6%。造成该段墙体断豁的两股洪水，于墙体北部合流，又北流汇入宝音图高勒河槽。

97.巴音哈少长城4段（150825382101040092）

该段长城起自宝音图苏木巴音哈少嘎查古日班毛德牧点西偏北0.64千米，止于洪浩尔呼都格牧点东北1.28千米。墙体前后小段均作直线分布，中小段有一转折，略呈"之"字形；大体呈东偏北—西偏南走向，上接巴音哈少长城3段，下接巴音哈少长城5段。

墙体长1708米，夯土筑墙，总体保存较差。墙体均有不同程度损毁，现呈土垄状，底宽4.2～6、残高0.4～1米。墙体前小段保存较差，长1119米，墙体顶部坍塌，地表隆起较明显；后小段保存差，长589米，墙体坍塌严重，地表隆起较低矮。墙体保存较差和保存差部分，分别占该段墙体总长的65.5%、34.5%。

墙体沿线调查烽燧1座，为巴音哈少2号烽燧。

巴音哈少2号烽燧（150825353201040009）　位于宝音图苏木巴音哈少嘎查古日班毛德牧点西偏北0.7千米的高台地边缘，北距巴音哈少长城4段墙体0.05千米，西南距巴音哈少3号烽燧5.62千米。

墩台以黄褐土夯筑，保存差，结构和形制均已破坏。台体现已坍塌成低矮的覆斗形土丘状，表面覆盖大量细碎石粒，底部东西最大直径10、南北最大直径8米，顶部东西长6、南北宽4.7米，残高0.8米。

98.巴音哈少长城5段（150825382101040093）

该段长城起自宝音图苏木巴音哈少嘎查洪浩尔呼都格牧点东北1.28千米，止于洪浩尔呼都格牧点西北1.44千米。墙体大体呈东西走向，上接巴音哈少长城4段，下接巴音哈少长城6段。

墙体长910米，夯土筑墙，总体保存差。墙体沿宝音图高勒河槽东岸坡地修筑，损毁严重，现呈低矮的土垄状，底宽约5.5、残高0.3～0.6米。墙体中部处于低洼地，被山水冲刷形成一处宽约9米的豁口。墙体顶部及两侧地面稀疏地生长着白刺等植被，局部墙体被黄沙覆盖。

墙体沿线调查障城1座，为哈登扎德盖障城。

哈登扎德盖障城（150825353102040014）　位于宝音图苏木巴音哈少嘎查洪浩尔呼都格牧点北偏西1千米的宝音图高勒东岸，北距巴音哈少长城5段墙体0.14千米，西南距巴音哈少2号障城4.7千米。

障城保存差，城垣轮廓大致可辨，平面略呈方形，边长130米。墙体土筑，坍塌较为严重，于地表现呈低矮的土垄状，底宽6～8、残高0.3～0.7米。城墙四角筑有角台，东南角台遗迹较为明显，平面呈半圆形，凸出墙体近7米。东墙损毁严重，存有多处豁口，推断门址应设于东墙，方向92°。城外有壕，宽5～6米；外有外墙，近于消失，痕迹略显。北墙外地表采集有半圆球状的砂质岩石夯锤和西夏时期的白釉、黑釉瓷片等遗物。

99.巴音哈少长城6段（150825382301040094）

该段长城起自宝音图苏木巴音哈少嘎查洪浩尔呼都格牧点西北1.44千米，止于洪浩尔呼都格牧点西北1.75千米。墙体大体呈东西走向，上接巴音哈少长城5段，下接巴音哈少长城7段。

本段墙体为消失段，起止点之间的直线长度为537米。墙体地处包尔额热格牧点南部的宝音图高勒河槽，山水冲刷导致墙体消失。依据相邻上下段墙体情况，推断该段墙体原应为土墙。

100.巴音哈少长城7段（150825382101040095）

该段长城起自宝音图苏木巴音哈少嘎查洪浩尔呼都格牧点西北1.75千米，止于沙巴尔吐牧点东偏南1.42千米。墙体大体呈东北—西南走向，上接巴音哈少长城6段，下接巴音哈少长城8段。

墙体长1752米，以黄褐土夯打筑墙，总体保存差。墙体沿宝音图高勒河槽西岸、包日陶勒盖东南麓构筑，止点在宝音图高勒河槽与其西部的沙巴尔吐河槽中间处。现存墙体损毁严重，坍塌土堆积在墙体两侧，部分墙体顶部存在车辆碾压形成的车辙，呈低矮的土垄状，底宽4.5～8、残高0.2～0.5米。墙体顶部及两侧地面稀疏地生长着白刺等植被，局部墙体被黄沙覆盖。

101. 巴音哈少长城8段（150825382101040096）

该段长城起自宝音图苏木巴音哈少嘎查沙巴尔吐牧点东偏南1.42千米，止于沙巴尔吐牧点东南0.8千米。墙体大体呈东北—西南走向，上接巴音哈少长城7段，下接巴音哈少长城9段。

墙体长765米，用黄褐土夯打筑墙，总体保存差。墙体沿高坡地修筑，止于沙巴尔吐东南小河槽东北岸。现存墙体损毁严重，呈略高于地表的土垄状，底宽4~6、残高0.4~0.6米。墙体顶部及两侧地面稀疏地生长着白刺等植被，局部墙体被黄沙覆盖。

102. 巴音哈少长城9段（150825382301040097）

该段长城起自宝音图苏木巴音哈少嘎查沙巴尔吐牧点东南0.8千米，止于沙巴尔吐牧点东南0.73千米。墙体大体呈东北—西南走向，上接巴音哈少长城8段，下接巴音哈少长城10段。

本段墙体为消失段，起止点之间的直线长度为194米。墙体消失在沙巴尔吐牧点东南缓谷地中，水土流失导致墙体消失。依据相邻上下段墙体情况，推断该段墙体原应为土墙。

墙体沿线调查烽燧1座，为巴音哈少3号烽燧。

巴音哈少3号烽燧（150825353201040010） 位于宝音图苏木巴音哈少嘎查沙巴尔吐牧点东南0.78千米，西北距巴音哈少长城9段墙体0.05千米，西南距巴音哈少4号烽燧2.8千米。

墩台为黄土夯筑，保存差。台体底部轮廓尚存，由地表所见遗迹推断，平面呈长方形，底部南北长7、东西宽6米。现台体坍塌严重，倒塌部分堆积在台体周围，残高0.25米。台体中部存有不规则形的夯土遗迹，东西宽1.3、南北长2米。从断面可知，原台体为夹砂黄土夯筑，土质比较粗糙，含大量细碎石粒。夯层清晰，厚约10厘米。

103. 巴音哈少长城10段（150825382101040098）

该段长城起自宝音图苏木巴音哈少嘎查沙巴尔吐牧点东南0.73千米，止于沙巴尔吐牧点西南0.88千米。墙体大体呈东北—西南走向，上接巴音哈少长城9段，下接巴音哈少长城11段。

墙体长907米，就地用黄褐土夯打筑墙，总体保存差。墙体构筑在沙巴尔吐南河槽东北岸台地上，损毁严重，坍塌部分堆积在墙体两侧，现呈低矮的土垄状，底宽约5、残高0.3~0.5米。墙体顶部及两侧地面稀疏地生长着白刺等植被，局部墙体被黄沙覆盖。

104. 巴音哈少长城11段（150825382301040099）

该段长城起自宝音图苏木巴音哈少嘎查沙巴尔吐牧点西南0.88千米，止于沙巴尔吐牧点西南1.19千米。墙体大体呈东北—西南走向，上接巴音哈少长城10段，下接巴音哈少长城12段。

本段墙体为消失段，起止点之间的直线长度为405米。墙体地处沙巴尔吐南河槽中，季节性山水冲刷导致墙体消失。依据相邻上下段墙体情况，推断该段墙体原应为土墙。

105. 巴音哈少长城12段（150825382101040100）

该段长城起自宝音图苏木巴音哈少嘎查沙巴尔吐牧点西南1.19千米，止于沙巴尔吐牧点西南2.49千米。墙体大体呈东西走向，上接巴音哈少长城11段，下接巴音哈少长城13段。

墙体长1512米，夯筑土墙，总体保存差。墙体位于沙巴尔吐南河槽西岸，止于低矮土岭西侧。现存墙体损毁严重，坍塌部分堆积在墙体两侧，现呈较高的土垄状，底宽4.5~5.8、残高0.4~0.7米。墙体后小段土岭东侧的缓谷径流洪水冲刷，导致墙体出现一处宽69米的豁口。墙体保存差和消失部分，分别占该段墙体总长的95.4%、4.6%。墙体顶部及两侧地面稀疏地生长着白刺等植被，局部墙体被黄沙覆盖。墙体北侧有土路并行。

墙体沿线调查障城、烽燧各1座，为巴音哈少2号障城和巴音哈少4号烽燧。

巴音哈少2号障城（150825353102040032） 位于宝音图苏木巴音哈少嘎查沙巴尔吐牧点西南1.21

千米处，西北距巴音哈少长城12段起点0.05千米，西南距巴音满都呼1号障城11.2千米。

障城保存较差，平面呈方形，边长15米。障城墙体为夯土建筑，夯筑粗糙。现存墙体底宽2～4、残高0.8～1米。南墙中部设门，门宽1米，方向180°。障城建筑在该段长城起点处，东邻沙巴尔吐河槽，西侧有土路北行，穿过墙体与东西向土路相接。

巴音哈少4号烽燧（150825353201040011）　位于宝音图苏木巴音哈少嘎查沙巴尔吐牧点西南2.4千米的土岭上，北距巴音哈少长城12段墙体0.02千米，西南距巴音满都呼1号烽燧7.33千米。

台体以黄褐土夯筑，保存差，结构和形制均已破坏。台体现已坍塌成圆形土丘状，底部直径9、残高1.5米。紧邻台体南侧现存一座坞址，墙体均已倒塌，坞内部被坍塌土填平，形成一个高近1米的方形土台，边长6米。

106. 巴音哈少长城13段（150825382301040101）

该段长城起自宝音图苏木巴音哈少嘎查沙巴尔吐牧点西南2.49千米，止于沙巴尔吐牧点西南4.53千米。墙体大体呈东西走向，上接巴音哈少长城12段，下接巴音哈少长城14段。

本段墙体为消失段，起止点之间的直线长度为2100米。消失段前小段分布在乌兰尚德河槽边地势低缓的沙滩地中，后小段分布在河槽中，山水冲刷和土地沙化导致墙体消失。乌兰尚德河槽西南岸有土筑墙体残存，表明该段墙体原应为土墙。

107. 巴音哈少长城14段（150825382101040102）

该段长城起自宝音图苏木巴音哈少嘎查阿木乌苏牧点东北2.74千米，止于阿木乌苏牧点东北2.08千米。墙体大体呈东西走向，上接巴音哈少长城13段，下接巴音哈少长城15段。

墙体长789米，为夯筑土墙，总体保存差。墙体地处乌兰尚德与阿木乌苏河槽的中间地段，损毁严重，坍塌土堆积在墙体两侧，形成斜坡。现存墙体呈明显隆起于地表的土垄状，底宽5～5.4、残高0.4～0.8米。墙体前小段地势低洼，风雨侵蚀等自然因素，导致墙体出现了一个宽89米的豁口。墙体保存差和消失部分，分别占该段墙体总长的88.7%、11.3%。墙体顶部及两侧地面稀疏地生长着茅草等植物，局部墙体被黄沙覆盖。

108. 巴音哈少长城15段（150825382301040103）

该段长城起自宝音图苏木巴音哈少嘎查阿木乌苏牧点东北2.08千米，止于阿木乌苏牧点东北1.89千米。墙体大体呈东西走向，上接巴音哈少长城14段，下接巴音哈少长城16段。

本段墙体为消失段，起止点之间的直线长度为287米。消失段地处阿木乌苏河槽东岸半坡上，水土流失导致墙体消失。依据相邻上下段墙体情况，推断该段墙体原应为土墙。

109. 巴音哈少长城16段（150825382101040104）

该段长城起自宝音图苏木巴音哈少嘎查阿木乌苏牧点东北1.89千米，止于阿木乌苏牧点北偏东1.73千米。墙体大体呈东西走向，上接巴音哈少长城15段，下接巴音哈少长城17段。

墙体长282米，为夯土筑墙，总体保存差。墙体地处阿木乌苏河槽东岸，损毁严重，坍塌部分堆积在墙体两侧形成斜坡，现呈略高于地表的土垄状，底宽约5.7、残高最高0.3米。墙体中部处于低洼地，被山水冲出一处豁口，宽约9米。墙体顶部及两侧地面稀疏地生长着针茅草等植物，局部墙体被黄沙覆盖。

110. 巴音哈少长城17段（150825382301040105）

该段长城起自宝音图苏木巴音哈少嘎查阿木乌苏牧点北偏东1.73千米，止于阿木乌苏牧点北偏东1.51千米。墙体大体呈东西走向，上接巴音哈少长城16段，下接巴音哈少长城18段。

本段墙体为消失段，起止点之间的直线长度为515米。墙体经行之地现为阿木乌苏河槽，山水冲刷导致墙体消失。依据相邻上下段墙体情况，推断该段墙体原应为土墙。

111. 巴音哈少长城18段（150825382101040106）

该段长城起自宝音图苏木巴音哈少嘎查阿木乌苏牧点北偏东1.51千米，止于阿木乌苏牧点北偏西1.46千米。墙体大体呈东北—西南走向，上接巴音哈少长城17段，下接巴音哈少长城19段。

墙体长960米，为夯土筑墙，总体保存差。墙体地处阿木乌苏河槽西岸，止于西山岭上。现存墙体损毁严重，呈略高于地表的土垄状，底宽约7、残高最高0.3米。在墙体中部的阿木乌苏小支流河槽洪水冲刷，导致墙体出现宽45米的豁口。墙体保存差和消失部分，分别占该段墙体总长的95%、5%。

112. 巴音哈少长城19段（150825382301040107）

该段长城起自宝音图苏木巴音哈少嘎查阿木乌苏牧点北偏西1.46千米，止于阿木乌苏牧点西偏北2.89千米。墙体大体呈东北—西南走向，上接巴音哈少长城18段，下接巴音满都呼长城1段。

本段墙体为消失段，起止点之间的直线长度为2300米。墙体地处阿木乌苏河槽西岸与西部红土崖之间，中小段分布在河槽中，前、后小段分布在河槽两岸边地势低缓的沙滩地中，山水冲刷和土地沙化导致墙体消失。依据相邻上下段墙体情况，推断该段墙体原应为土墙。

113. 巴音满都呼长城1段（150825382101040108）

该段长城起自宝音图苏木巴音满都呼嘎查东北5.6千米，止于巴音满都呼嘎查东北3.76千米。墙体略作内向弧线形分布，大体呈东北—西南走向，上接巴音哈少长城19段，下接巴音满都呼长城2段。

墙体长1923米，为夯土筑墙，总体保存差。墙体复现于红土崖西部高台地上，现呈土垄状，底宽3.7~8、残高0.4~1米。墙体前小段保存较差，长383米，地表隆起较明显；后小段保存差，长1422米，墙体损毁严重，地表隆起较低矮。墙体沿线有三条南北向的河槽，导致墙体出现豁口，分别宽8、62、48米。墙体保存较差、保存差和消失部分，分别占该段墙体总长的20%、74%和6%。墙体起点东南侧有高达数十米的断崖，墙体顶部及两侧地面稀疏地生长着白刺等植物，局部墙体被黄沙覆盖。

墙体沿线调查烽燧1座，为巴音满都呼1号烽燧。

巴音满都呼1号烽燧（150825353201040012）　位于宝音图苏木巴音满都呼嘎查东北5.5千米，东侧紧邻断崖，北距巴音满都呼长城1段墙体0.03千米，西南距巴音满都呼2号烽燧2.6千米。

墩台用黄褐土夯筑，保存差，结构和形制均已破坏。台体现已坍塌为圆形土丘状，底部直径10.4、残高1米。该烽燧地处高台地的边缘，东部为断崖，断崖发育将会导致遗迹灭失。

114. 巴音满都呼长城2段（150825382102040109）

该段长城起自宝音图苏木巴音满都呼嘎查东北3.76千米，止于巴音满都呼嘎查东北3.05千米。墙体大体呈东西走向，上接巴音满都呼长城1段，下接巴音满都呼长城3段。

墙体长869米，为土石混筑，总体保存较差。墙体构筑在红土冈地上，止于红土岭顶部北缘。现存墙体顶部坍塌严重，两侧石砌壁面大多倒塌，现呈低矮的土石垄状，底宽约6.7、顶宽约3.4、残高0.3~1米。墙体经过地段有四条小沟谷洪水冲断墙体，分别宽12、11、12、8米。保存较差和消失部分，分别占该段墙体总长的95%、5%。

墙体沿线调查烽燧、障城各1座，分别为巴音满都呼2号烽燧、巴音满都呼1号障城。

巴音满都呼2号烽燧（150825353201040013）　位于宝音图苏木巴音满都呼嘎查东北2.93千米的高土岭上，北距巴音满都呼长城2段墙体0.63千米，北偏西距巴音满都呼3号烽燧0.66千米；两座烽燧建筑在同一土岭上。

墩台石筑，毛石干垒，保存差。台体现已坍塌成不规则的石堆状，南北长5.1、东西宽3.6、残高0.3米。台体底部隐约可见原石块砌筑痕迹。

巴音满都呼1号障城（150825353102040016）　位于宝音图苏木巴音满都呼嘎查东北2.92千米的高土岭上，北距巴音满都呼长城2段墙体0.66千米，北偏西70米为巴音满都呼2号烽燧，西偏北距乌兰呼都格障城5.3千米。

障城保存差，城垣轮廓大致可辨，平面大体呈圆形，直径9米。障城墙体为土石混筑，现损毁严重，底宽约1、残高0.4～0.6米。门址不清。

115. 巴音满都呼长城3段（150825382102040110）

该段长城起自宝音图苏木巴音满都呼嘎查东北3.05千米，止于巴音满都呼嘎查东北2.85千米。墙体大体呈东西走向，上接巴音满都呼长城2段，下接巴音满都呼长城4段。

墙体长272米，为土石混筑，总体保存较差。墙体修筑在岭背上，顶部石砌壁面坍塌较重，石块散落于墙体两侧，现呈低矮的土石垄状，底宽3.3～3.7、残高0.3～1米。此段墙体西与巴音满都呼长城4段相接，两墙相接处明显错位，应是分段筑墙留下的痕迹。

墙体沿线调查烽燧1座，为巴音满都呼3号烽燧。

巴音满都呼3号烽燧（150825353201040014）　位于宝音图苏木巴音满都呼嘎查东北2.93千米的高土岭上，北距巴音满都呼长城3段墙体0.01千米，西距巴音满都呼4号烽燧3.7千米。

墩台为土石混筑，保存较差。台体现已坍塌，呈圆形的土石堆状，底部直径约10、残高1.7米。从底部残存的石块砌筑痕迹分析，原墩台平面呈方形，边长6.8米。后人以烽燧为基础，堆筑了一座直径2、高1.4米的圆形石堆。紧邻台体南侧现存一座坞址，平面呈长方形，南北长5.7、东西宽5米。坞墙体石砌，现已坍塌成石垄状，底宽约1.1、残高0.7米。东墙近台体处设门，门宽0.9米。

116. 巴音满都呼长城4段（150825382101040111）

该段长城起自宝音图苏木巴音满都呼嘎查东北2.85千米，止于巴音满都呼嘎查北2.52千米。墙体作直线分布，呈东西走向，上接巴音满都呼长城3段，下接巴音满都呼长城5段。

墙体长2378米，为夯土筑墙，总体保存较差。墙体沿丘陵地带西行，止于牧点北部土岭上。现存墙体坍塌，形成宽窄高低不等的土垄状，底宽6.2～7、残高0.3～1.2米。其中，墙体保存较差部分长1334米、保存差部分长970米、消失部分长74米，分别占该段墙体总长的56.1%、40.8%和3.1%。此外，局部墙体北侧有取土筑墙形成的壕沟，上口宽近4、深0.5～0.8米，沟内沙土淤积。

117. 巴音满都呼长城5段（150825382101040112）

该段长城起自宝音图苏木巴音满都呼嘎查北2.52千米，止于巴音满都呼嘎查西北3.58千米。墙体作直线分布，呈东西走向，上接巴音满都呼长城4段，下接巴音满都呼长城6段。

墙体长1880米，为夯土筑墙，总体保存较差。墙体沿较缓的坡地延伸，止于乌兰呼热呼都格河槽东岸。现存墙体坍塌，于地表呈低矮的土垄状，底宽约6、残高0.5～0.9米。墙体经过地段有三条径流洪水穿过墙体，均导致墙体豁口，分别宽8、41、29米。墙体保存较差和消失，分别占该段墙体总长的95.9%、4.1%。

墙体沿线调查烽燧1座，为巴音满都呼4号烽燧。

巴音满都呼4号烽燧（150825353201040015）　位于宝音图苏木巴音满都呼嘎查西北2.98千米的乌兰呼热呼都格河槽东岸台地上，北距巴音满都呼长城5段墙体0.12千米，西偏南距查干敖包1号烽燧4.81千米。

墩台以黄褐色砂质土夯筑，保存较差，台体结构和形制均已破坏。台体现已坍塌为低矮的圆形土丘状，底部直径9、残高1.2米。烽燧周边草原沙化，水土流失较为严重，局部地段逐渐有径流河槽形成，影响长城遗存保护。

118.巴音满都呼长城6段（150825382301040113）

该段长城起自宝音图苏木巴音满都呼嘎查西北3.58千米，止于巴音满都呼嘎查西北3.72千米。墙体大体呈东西走向，上接巴音满都呼长城5段，下接巴音满都呼长城7段。

本段墙体为消失段，起止点之间的直线长度为248米。墙体现处在乌兰呼热呼都格河槽中，山水冲刷导致墙体消失。依据相邻上段墙体情况，推断该段墙体原应为土墙。

119.巴音满都呼长城7段（150825382102040114）

该段长城起自宝音图苏木巴音满都呼嘎查西北3.72千米，止于巴音满都呼嘎查西北3.93千米。墙体大体呈东偏北—西偏南走向，上接巴音满都呼长城6段，下接巴音满都呼长城8段。

墙体长378米，为土石混筑，总体保存较差。墙体沿坡地修筑，止于该段墙体附属障城西侧。现存墙体坍塌，石块散落于墙体两侧，于地表呈低矮的土石垄状，底宽2.4～2.8、残高0.3～0.6米。局部墙体顶部有车辙痕迹，表明曾有车辆通行。

墙体沿线调查障城1座，为乌兰呼都格障城。

乌兰呼都格障城（150825353102040017） 位于宝音图苏木巴音满都呼嘎查西北3.66千米，西北距巴音满都呼长城7段墙体0.05千米，西偏南距巴音满都呼2号障城2.3千米。

障城保存一般，平面呈不规则长方形，东墙长115、南墙长120、西墙长107、北墙长123米。城墙现坍塌严重，筑墙土沉积于两侧，于地表呈高土垄状，底宽5～5.8、顶宽2.3～3、残高0.5～1.6米。城址四角筑有角台，平面呈半圆形，凸出墙体5米。东墙居中设门，门宽5米，方向124°。城门外加筑马蹄形瓮城，瓮城东西宽12、南北长17米，南侧依城墙设门，门宽3米。城墙外侧可见壕沟遗迹，上口宽6.5～8米，内部积沙，现存深0.2～0.4米。城内采集有西夏时期的黑釉瓷片等遗物。障城南侧有无人居住的牧点房屋，东部为乌兰呼热呼都格河槽。

120.巴音满都呼长城8段（150825382101040115）

该段长城起自宝音图苏木巴音满都呼嘎查西北3.93千米，止于乌兰呼都格牧点北偏西1.37千米。墙体大体呈东偏北—西偏南走向，上接巴音满都呼长城7段，下接巴音满都呼长城9段。

墙体长1150米，为夯土筑墙，总体保存较差。墙体地处乌兰呼都格河槽东北岸坡地上，顶部坍塌，坍塌土堆积在墙体两侧，现呈土垄状，底宽5.5～6、残高0.4～0.8米。墙体经过地段有洪水河槽，导致墙体出现宽18米的豁口。

121.巴音满都呼长城9段（150825382301040116）

该段长城起自宝音图苏木巴音满都呼嘎查乌兰呼都格牧点北偏西1.37千米，止于乌兰呼都格牧点北偏西1.48千米。墙体大体呈东北—西南走向，上接巴音满都呼长城8段，下接巴音满都呼长城10段。

本段墙体为消失段，起止点之间的直线长度为289米。墙体经行东南—西北向的乌兰呼都格河槽，山水冲刷导致墙体消失。依据相邻上下段墙体情况，推断该段墙体原应为土墙。

122.巴音满都呼长城10段（150825382101040117）

该段长城起自宝音图苏木巴音满都呼嘎查乌兰呼都格牧点北偏西1.48千米，止于乌兰呼都格牧点西偏北2.59千米。墙体大体呈东北—西南走向，上接巴音满都呼长城9段，下接巴音满都呼长城11段。

墙体长1578米，为夯土筑墙，总体保存较差。墙体分布在乌兰呼都格高勒与其西支流河槽之间，已坍塌，于地表现呈较高的土垄状，底宽5.5～6、残高0.6～1.1米。墙体经过地段仍有地表径流水道，导致墙体出现五处豁口，累计消失墙体长91米。墙体保存较差和消失部分，分别占该段墙体总长的

94.2%、5.8%。

墙体沿线调查障城1座，为巴音满都呼2号障城。

巴音满都呼2号障城（150825353102040018）　位于宝音图苏木巴音满都呼嘎查乌兰呼都格牧点西北1.93千米，北距巴音满都呼长城10段墙体6米，西南距乌力吉高勒障城12.8千米.

障城保存差，城垣轮廓大致可辨，平面呈长方形，东西长45、南北宽42米。障城墙体土筑，现坍塌严重，呈土垄状，底宽3.5~4、残高0.1~0.4米；局部墙体濒临消失。南墙居中设门，残损过甚，宽度不明，方向182°。墙体内侧可见取土筑墙形成的壕沟遗迹，上口宽4米，沟内沙土淤积，深约0.3米。

123.巴音满都呼长城11段（150825382301040118）

该段长城起自宝音图苏木巴音满都呼嘎查乌兰呼都格牧点西偏北2.59千米，止于乌兰呼都格牧点西偏北2.71千米。墙体大体呈东北—西南走向，上接巴音满都呼长城10段，下接查干敖包长城1段。

本段墙体为消失段，起止点之间的直线长度为133米。墙体经行处为东南—西北向的乌兰呼都格高勒西部支流河槽，山水冲刷导致墙体消失。依据相邻上下段墙体情况，推断该段墙体原应为土墙。

124.查干敖包长城1段（150825382101040119）

该段长城起自潮格温都尔镇查干敖包嘎查呼勒斯特高勒河西牧点东北2.66千米，止于呼勒斯特高勒河西牧点北偏东1.73千米。墙体略作内向折线形分布，由东偏北—西偏南走向转呈东西走向，上接巴音满都呼长城11段，下接查干敖包长城2段。

墙体长1302米，为夯土筑墙，总体保存较差。墙体分布在乌兰呼都格高勒西支流与呼勒斯特高勒东支流河槽之间，顶部坍塌，坍塌土堆积在墙体两侧，现呈高土垄状，底宽6~7、顶宽1.6~2、残高0.7~1.1米。墙体经过地段有低洼地及地表径流水道，导致墙体出现三处豁口，分别宽8、7、9米。墙体顶部有羊群踩踏和摩托车碾压痕迹，局部墙体北侧有取土筑墙形成的壕沟，沟内被风沙淤积，上口宽约4、深0.3米。

墙体沿线调查烽燧1座，为查干敖包1号烽燧。

查干敖包1号烽燧（150825353201040016）　位于潮格温都尔镇查干敖包嘎查呼勒斯特高勒河西牧点东北2.23千米，北距查干敖包长城1段墙体0.07千米，西距查干敖包2号烽燧4.1千米。

墩台以土夯筑，保存较差，台体结构和形制均已破坏。台体现已坍塌为低矮的圆形土丘状，底部直径10、残高1.2米。烽燧西北侧为该段长城拐点，东侧有漫水道，有土路经水道造成的长城断豁南北行。

125.查干敖包长城2段（150825382301040120）

该段长城起自潮格温都尔镇查干敖包嘎查呼勒斯特高勒河西牧点北偏东1.73千米，止于呼勒斯特高勒河西牧点北偏东1.64千米。墙体呈东西走向，上接查干敖包长城1段，下接查干敖包长城3段。

本段墙体为消失段，起止点之间的直线长度为338米。墙体现处在呼勒斯特高勒东支流河槽中，山水冲刷导致墙体消失。依据相邻上下段墙体情况，推断该段墙体原应为土墙。

126.查干敖包长城3段（150825382101040121）

该段长城起自潮格温都尔镇查干敖包嘎查呼勒斯特高勒河西牧点北偏东1.64千米，止于呼勒斯特高勒河西牧点北偏西1.66千米。墙体呈东西走向，上接查干敖包长城2段，下接查干敖包长城4段。

墙体长1202米，为夯筑筑墙，总体保存较差。墙体分布在呼勒斯特高勒与其东支流河槽之间，现存墙体均有不同程度损毁，底宽4~7米，局部墙体顶部相对平整，宽1.6~2、残高0.4~0.8米。墙体前小段保存较差，长645米，现墙体顶部坍塌，堆积在墙体两侧，呈土垄状，墙体经过地段有两条洪水北流的地表径流水道，导致墙体出现豁口，分别宽7、10米；后小段保存差，长531米，现墙体损毁严重，地表隆起较低矮，墙体中部处于低洼地，雨水浸淫出豁口一处，宽约9米。墙体保存较差、保存差和消失部分，分别占该段墙体总长的53.7%、44.2%和2.1%。墙体北侧有取土筑墙形成的壕沟，沟内被风沙淤积，上口宽约4、深0.3米。

127.查干敖包长城4段（150825382301040122）

该段长城起自潮格温都尔镇查干敖包嘎查呼勒斯特高勒河西牧点北偏西1.66千米，止于呼勒斯特高勒河西牧点北偏西1.7千米。墙体呈东西走向，上接查干敖包长城3段，下接查干敖包长城5段。

本段墙体为消失段，起止点之间的直线长度为122米。墙体现处在呼勒斯特高勒河槽中，山水冲刷导致墙体消失。依据相邻上下段墙体情况，推断该段墙体原应为土墙。

128.查干敖包长城5段（150825382101040123）

该段长城起自潮格温都尔镇查干敖包嘎查呼勒斯特高勒河西牧点北偏西1.7千米，止于呼勒斯特高勒河西牧点西北3.83千米。墙体大体呈东西走向，上接查干敖包长城4段，下接查干敖包长城6段。

墙体长2696米，为夯土筑墙，总体保存较差。墙体沿缓坡地西行，止于巴润那布塔嘎日西部河槽。现存墙体顶部坍塌，堆积在墙体两侧，形成一条高于地表的土垄，底宽5.5～6、顶宽约2、残高0.6～1.1米（彩图七五一）。墙体经过地段地势低洼，有多条洪水北流水道穿过墙体，导致墙体出现多处豁口，长计219米。墙体保存较差和消失部分，分别占该段墙体总长的92%、8%。局部墙体北侧有取土筑墙形成的壕沟，沟内被风沙淤积，上口宽约4、深0.3米。壕外有土路，与该段墙体并行。

墙体沿线调查烽燧1座，为查干敖包2号烽燧。

查干敖包2号烽燧（150825353201040017）　位于潮格温都尔镇查干敖包嘎查呼勒斯特高勒河西牧点西北2.72千米，北距查干敖包长城5段墙体0.07千米，西南距查干敖包3号烽燧12千米。

墩台以黄褐土夯筑，保存较差，结构和形制均已破坏。台体现已坍塌为低矮的圆形土丘状，底部直径9、残高1.4米。后人以台体为基础，垒筑了一个直径约1.2、高0.4米的石堆。紧邻台体南侧现存一座坞址，平面呈方形，边长5.5米，坞墙坍塌堆积成一高1.1米的土台。烽燧东西两侧均为地表径流水道，西北流汇聚为布和日河槽；东南有蒙古语地名称巴润那布塔嘎日，其地以分布密集的漫水道而得名。

129.查干敖包长城6段（150825382301040124）

该段长城起自潮格温都尔镇查干敖包嘎查古呼勒斯特高勒河西牧点西北3.83千米，止于呼勒斯特高勒河西牧点西北3.94千米。墙体大体呈东西走向，上接查干敖包长城5段，下接查干敖包长城7段。

本段墙体为消失段，起止点之间的直线长度为125米。墙体穿过东南—西北向的巴润那布塔嘎日西部河槽，山水冲刷导致墙体消失。依据相邻上下段墙体情况，推断该段墙体原应为土墙。

130.查干敖包长城7段（150825382101040125）

该段长城起自潮格温都尔镇查干敖包嘎查古呼勒斯特高勒河西牧点西北3.94千米，止于古尔本毛都牧点南偏东1.46千米。墙体呈东西走向，上接查干敖包长城6段，下接查干敖包长城8段。

墙体长2792米，为夯土筑墙，总体保存较差。墙体地处瑙滚尼毛敦乃高勒上游河槽两岸，止于讷格毛都西水道西岸。墙体均有不同程度损毁，现存墙体底宽2.8～5.5、残高0.2～0.8米。墙体前后小段均保存较差，长2500米，墙体顶部坍塌，堆积在墙体两侧，呈土垄状，其中后小段墙体经过地段地势低洼，有数条漫水道穿过，导致墙体出现四处豁口，长计147米；中小段保存差，长145米，墙体南侧有一条山水冲沟并行，将墙体一侧冲毁。墙体保存较差、保存差和消失部分，分别占该段墙体总长的

90%、5%和5%。

131.查干敖包长城8段（150825382101040126）

该段长城起自潮格温都尔镇查干敖包嘎查古尔本毛都牧点南偏东1.46千米，止于古尔本毛都牧点南1.27千米。墙体呈东西走向，上接查干敖包长城7段，下接查干敖包长城9段。

墙体长729米，为夯土筑墙，总体保存较差。墙体地处古尔本毛都牧点南部两条并列的水道两岸，止于古日本毛都乃高勒东水道。墙体坍塌，现呈土垄状。现存墙体底宽4.5～5.5、顶宽2.5～3.7、残高0.4～0.8米。墙体经过地段中间与末端的水道冲刷，导致墙体出现两个豁口，分别宽9、56米。墙体保存较差和消失部分，分别占该段墙体总长的91.1%、8.9%。

132.查干敖包长城9段（150825382301040127）

该段长城起自潮格温都尔镇查干敖包嘎查古尔本毛都牧点南1.27千米，止于古尔本毛都牧点南偏西1.34千米。墙体大体呈东西走向，上接查干敖包长城8段，下接查干敖包长城10段。

本段墙体为消失段，起止点之间的直线长度为423米。墙体现处在古日本毛敦乃高勒东支流及其西侧水道之间，山水冲刷导致墙体消失。两条水道中间尚有土筑墙体残存，表明该段墙体原应为土墙。

133.查干敖包长城10段（150825382101040128）

该段长城起自潮格温都尔镇查干敖包嘎查古尔本毛都牧点南偏西1.34千米，止于呼热北牧点西偏南0.83千米。墙体呈东西走向，上接查干敖包长城9段，下接查干敖包长城11段。

墙体长2618米，为夯土筑墙，总体保存较差。墙体沿呼热北牧点南部平缓的草地延伸，止于牧点西部的道仑呼都格音高勒西岸坡上。现存墙体均有不同程度损毁，底宽5～6米，局部顶部相对平整，宽2.5、残高0.4～1米。墙体前小段、后小段均保存较差，长1932米，墙体顶部坍塌，堆积在墙体两侧，呈土垄状，其中后小段墙体经过地段有呼热北牧点东西两侧河槽，导致墙体出现两个豁口，分别宽90、86米；中小段保存差，长423米，现墙体损毁严重，堆积在墙体两侧，形成一条略高于地表的土垄；墙体处于低洼地，被山水冲毁出现两处豁口，分别宽49、38米。墙体保存较差、保存差和消失部分，分别占该段墙体总长的73.8%、16.2%和10%。

墙体沿线调查障城1座，为乌力吉高勒障城。

乌力吉高勒障城（150825353102040019）　位于潮格温都尔镇查干敖包嘎查呼热北牧点南偏西1.35千米，北距查干敖包长城10段1.1千米，西北距查干敖包障城3.4千米。

障城保存一般，城垣布局清晰，平面呈方形，边长130米。障城墙体夯筑，现坍塌严重，形成高于地表的土垄，底宽8～8.5、残高0.5～1.6米。城墙四角筑有角台，平面半圆形，凸出墙体6米，现上部均已坍塌，残高在1～1.4米，略高于两侧墙体。东墙居中设门，门宽4米，方向94°。城门外加筑马蹄形瓮城，瓮城东西宽9.5、南北长25米，南侧依城墙设门，门宽3米。城墙外侧可见壕沟遗迹，上口宽6～6.5米，内部被沙土覆盖，现存深0.3～0.5米。壕沟外侧边沿筑有土墙，现墙体呈土垄状，底宽约5、残高0.3～0.6米。该障城建筑在道仑呼都格音高勒河槽西岸坡地上，西为苏亥高勒支沟乌力吉高勒沟脑。依障城所在，此地蒙古语名"呼热"。

134.查干敖包长城11段（150825382101040129）

该段长城起自潮格温都尔镇查干敖包嘎查呼热北牧点西偏南0.83千米，止于朝鲁尚德牧点东北1.98千米。墙体呈东西走向，上接查干敖包长城10段，下接查干敖包长城12段。

墙体长1080米，为夯土筑墙，总体保存较差。墙体分布在道仑呼都格音高勒与苏亥高勒支沟乌力吉高勒河槽之间。现存墙体顶部坍塌，坍塌土堆积在墙体两侧，呈土垄状，少部分处于低洼地的墙体，几乎与地表平齐，仅可辨墙体走向。局部墙体存在被车辆碾压和人为挖掘破坏的迹象。现存墙体底宽

4.5~6、残高0.2~1米（彩图七五二）。

135. 查干敖包长城12段（150825382301040130）

该段长城起自潮格温都尔镇查干敖包嘎查朝鲁尚德牧点东北1.98千米，止于朝鲁尚德牧点东北1.8千米。墙体呈东西走向，上接查干敖包长城11段，下接查干敖包长城13段。

本段墙体为消失段，起止点之间的直线长度为321米。墙体处在东南—西北向的乌力吉高勒河槽中，山水冲刷导致墙体消失。依据相邻上下段墙体情况，推断该段墙体原应为土墙。

136. 查干敖包长城13段（150825382101040131）

该段长城起自潮格温都尔镇查干敖包嘎查朝鲁尚德牧点东北1.8千米，止于朝鲁尚德牧点北1.5千米。墙体略作外向弧线形分布，由东西走向转呈东偏北—西偏南走向，上接查干敖包长城12段，下接查干敖包长城14段。

墙体长1568米，为夯土筑墙，总体保存较差。现存墙体均有不同程度损毁，底宽4.5~7、残高0.2~0.8米。墙体前小段保存较差，长154米，现墙体顶部坍塌，堆积在墙体两侧，呈土垄状，后小段保存差，长1350米，墙体仅为略高于地表的土垄。墙体经过地段有两条南北向的冲沟，导致墙体出现了两个豁口，分别宽19、45米。墙体保存较差、保存差和消失部分，分别占该段墙体总长的9.8%、86.1%和4.1%。此段墙体顶部拉设有网围栏，中小段墙体南侧有牧民搭建的牲畜圈舍和房屋。

墙体沿线调查障城1座，为查干敖包障城。

查干敖包障城（150825353102040020） 位于潮格温都尔镇查干敖包嘎查朝鲁尚德牧点北1.48千米，西北距查干敖包长城13段墙体0.03千米，北距苏亥障城1.6千米。

障城保存差，四面城垣轮廓大致可辨，平面呈方形，边长26米。障城地处苏亥高勒河槽东岸，西、南两侧被洪水冲毁，北墙部分被人为铲平，残存13米。东墙保存相对完整，长26米。现墙体坍塌严重，筑墙土堆积在墙体两侧，呈土垄状，底宽约6.5、残高0.9~1.1米。门址不清，推测应设于南墙。

137. 查干敖包长城14段（150825382301040132）

该段长城起自潮格温都尔镇查干敖包嘎查朝鲁尚德牧点北1.5千米，止于朝鲁尚德牧点北偏西1.47千米。墙体大体呈东北—西南走向，上接查干敖包长城13段，下接查干敖包长城15段。

本段墙体为消失段，起止点之间的直线长度为231米。墙体经行区域现为东南—西北向的苏亥高勒河槽，山水冲刷导致墙体消失。河洲之上有土筑墙体残存，表明该段墙体原应为土墙。

138. 查干敖包长城15段（150825382101040133）

该段长城起自潮格温都尔镇查干敖包嘎查朝鲁尚德牧点北偏西1.47千米，止于朝鲁尚德牧点西北2.32千米。墙体大体呈东偏北—西偏南走向，上接查干敖包长城14段，下接查干敖包长城16段。

墙体长1486米，为夯土筑墙，总体保存较差。墙体位于苏亥高勒与勃勒音高勒河槽之间，沿谷地与丘陵山岭构筑。现存墙体呈低矮的土垄状，底宽5.5~6.5、残高0.5~1.3米；部分墙体濒临消失，仅见遗迹，底宽3~5、残高0.2米左右。墙体前小段保存较差，长682米，墙体经过地段有两条小河槽，导致墙体出现两个豁口，分别宽37、26米；中小段保存一般，长629米，墙体相对高大，顶部及两侧稍有坍塌；后小段保存差，长112米，墙体坍塌严重，呈一条略高于地表的土垄，濒临消失。局部墙体北侧有取土筑墙形成的壕沟，沟内被风沙淤积，上口宽3~4、深0.3~0.6米。墙体保存一般、保存较差、保存差和消失部分，分别占该段墙体总长的42.3%、46%、7.5%和4.2%。

墙体沿线调查烽燧1座，为查干敖包3号烽燧。

查干敖包3号烽燧（150825353201040018） 位于潮格温都尔镇查干敖包嘎查朝鲁尚德牧点西北

1.94千米，北距查干敖包长城15段墙体0.04千米，西南距查干敖包4号烽燧1千米。

墩台以黄土夯筑，保存较差，结构和形制均已破坏。台体现已坍塌为低矮的圆形土丘状，底部直径9、残高2.3米。从断面可知，原台体夯土比较粗糙，含大量细碎石粒，夯层清晰，厚10～12厘米。紧邻台体南侧现存一座坞址，平面近方形，东西4.7、南北4.5米。坞墙土筑，已坍塌，筑墙土堆积在基址内外，形成一个高近1米的土台。东墙近台体处隐约可辨门址遗迹，宽约1米。

139.查干敖包长城16段（150825382101040134）

该段长城起自潮格温都尔镇查干敖包嘎查朝鲁尚德牧点西北2.32千米，止于朝鲁尚德牧点西北2.64千米。墙体大体呈东北—西南走向，上接查干敖包长城15段，下接查干敖包长城17段。

本段墙体为消失段，起止点之间的直线长度为488米。墙体地处勃勒音高勒与其东支流阿达根海勒斯洪水交汇处，山水冲刷导致墙体消失。三角洲上有土筑墙体残存，表明该段墙体原为土墙。

140.查干敖包长城17段（150825382101040135）

该段长城起自潮格温都尔镇查干敖包嘎查朝鲁尚德牧点西北2.64千米，止于朝鲁尚德牧点西南5.03千米。墙体大体呈东北—西南走向，上接查干敖包长城16段，下接查干敖包长城18段。

墙体长2698米，为夯土筑墙，总体保存较差。墙体沿缓坡地直行，止于和热木音呼都格音高勒东支沟东岸。现存墙体均有不同程度损毁，底宽5.5～6、残高0.3～1.4米。墙体前小段保存一般，长392米，呈高土垄状；中小段保存较差，长1008米，墙体于地表呈明显的土垄状；后小段保存差，长1298米，呈略高于地表的土垄状。局部墙体北侧有取土筑墙形成的壕沟，沟内被黄沙淤积，上口宽约3、深0.3米。墙体保存一般、保存较差和保存差部分，分别约占该段墙体总长的14.5%、37.4%和48.1%。墙体大部被黄沙覆盖，顶部还架设有划分草场的网围栏。

墙体沿线调查烽燧1座，为查干敖包4号烽燧。

查干敖包4号烽燧（150825353201040019） 位于潮格温都尔镇查干敖包嘎查朝鲁尚德牧点西北2.75千米的勃勒音高勒西岸高台地上，北距查干敖包长城17段墙体0.04千米，西南距查干敖包5号烽燧5.94千米。

墩台石筑，毛石干垒，保存较差。台体现已坍塌为圆形石堆状，底部直径9.5、残高1.6米。石堆底部隐约可见原砌筑痕迹，推测原台体平面近方形。

141.查干敖包长城18段（150825382101040136）

该段长城起自潮格温都尔镇查干敖包嘎查巴隆扎德盖牧点东北2.64千米，止于巴隆扎德盖牧点西北0.63千米。墙体大体呈东北—西南走向，上接查干敖包长城17段，下接查干敖包长城19段。

墙体长2796米，为夯土筑墙，总体保存较差。墙体横穿丘陵谷地，止于巴润扎德盖河槽西岸。现存墙体均有不同程度损毁，呈土垄状，底宽5～5.5、残高0.2～0.8米。其中，墙体保存较差部分长1017米；保存差部分长1617米，呈一条略高于地表的土垄，局部濒临消失。墙体沿线和热木音呼都格音高勒及其东西支流洪水冲刷，出现多处豁口，共计162米长的墙体消失。墙体保存较差、保存差和消失部分，分别占该段墙体总长的36.4%、57.8%和5.8%。墙体大部被黄沙覆盖，墙体顶部拉设有划分草场的网围栏。

142.查干敖包长城19段（150825382101040137）

该段长城起自潮格温都尔镇查干敖包嘎查巴隆扎德盖牧点西北0.63千米，止于西尼乌素嘎查呼鲁斯牧点东北0.32千米。墙体大体呈东北—西南走向，上接查干敖包长城18段，下接西尼乌素长城1段。

墙体长1874米，为夯土筑墙，总体保存差。墙体构筑在巴润扎德盖与呼勒斯河槽的丘陵谷地间，现呈一条略高于地表的土垄，局部濒临消失，仅可辨墙体走向。现存墙体底宽5.5～6、残高0.2～0.6

米。墙体北侧有取土筑墙形成的壕沟，沟内被风沙淤积，上口宽约3、深0.3米。

墙体沿线调查烽燧2座、障城1座，分别为查干敖包5号、6号烽燧和呼鲁斯1号障城。

查干敖包5号烽燧（150825353201040020） 位于潮格温都尔镇查干敖包嘎查巴隆扎德盖牧点西偏北0.95千米，北依查干敖包长城19段墙体，西南距查干敖包6号烽燧0.63千米。

墩台以黄褐土夯筑，保存差，结构和形制均已破坏。台体现已坍塌为低矮的近长方形土丘，东西长11、南北宽9、残高1.4米。

查干敖包6号烽燧（150825353201040021） 位于潮格温都尔镇查干敖包嘎查巴隆扎德盖牧点西1.5千米，北距查干敖包长城19段墙体0.05千米，西南距西尼乌素1号烽燧4.77千米。

墩台夹砂黄土夯筑，保存差，结构和形制均已破坏。台体现已坍塌为圆形土丘状，底部直径9、残高1.4米。

呼鲁斯1号障城（150825353102040022） 位于潮格温都尔镇查干敖包嘎查巴隆扎德盖牧点西偏南1.8千米，北距查干敖包长城19段墙体0.02千米，西南距呼鲁斯2号障城1.1千米。

障城保存较差，四面城垣轮廓大致可辨，平面呈方形，边长133米。城墙为夹砂黄土夯筑，夯层厚10～12厘米；坍塌严重，土内夹杂的细碎石粒沉积在墙体顶部。现存墙体底宽3.3～7.5、残高0.5～1.4米。城墙四角筑有角台，平面呈半圆形，凸出墙体4.5米，现上部均已坍塌，残高0.7～1.2米，略高于两侧墙体。南墙居中设门，门宽4米，方向200°。城门外筑马蹄形瓮城，瓮城东西长27、南北宽9.5米，东侧依城墙处设门，门宽3米。城墙外侧可见壕沟遗迹，上口宽约6.5米，内部被沙土覆盖，深0.3～0.5米。壕沟外侧加筑土墙，现大部损毁严重，东侧土墙坍塌成垄状，宽约4、高0.3～0.5米。障城西邻河槽，周边植被退化严重，南侧有东西向土路。西隔河槽有牧户两家，调查点采集于长城边牧点。

143. 西尼乌素长城1段（150825382301040138）

该段长城起自潮格温都尔镇西尼乌素嘎查呼鲁斯牧点东北0.32千米，止于呼鲁斯牧点东北0.18千米。墙体大体呈东北—西南走向，上接查干敖包长城19段，下接西尼乌素长城2段。

本段墙体为消失段，起止点之间的直线长度为144米。墙体经行处现为呼勒斯河槽，山水冲刷导致墙体消失。依据相邻上下段墙体情况，推断该段墙体原应为土墙。呼鲁斯河槽洪水北偏西流，其下游称巴润高勒。

144. 西尼乌素长城2段（150825382101040139）

该段长城起自潮格温都尔镇西尼乌素嘎查呼鲁斯牧点东北0.18千米，止于呼鲁斯牧点西偏南1.78千米。墙体大体呈东北—西南走向，上接西尼乌素长城1段，下接西尼乌素长城3段。

墙体长1953米，为夯土筑墙，总体保存较差。墙体沿平缓的荒漠草原延伸，止于外侧"丁"字形土路岔口东侧。现存墙体呈土垄状，底宽5～5.5、残高0.3～0.6米。中小段有北流洪水道，导致墙体出现了一个宽18米的豁口。沿墙体北侧有一条取土筑墙形成的壕沟，沟内被风沙淤积，上口宽约3、深0.3米。

墙体沿线调查障城1座，为呼鲁斯2号障城。

呼鲁斯2号障城（150825353102040023） 位于潮格温都尔镇西尼乌素嘎查呼鲁斯牧点南偏西0.73千米，北距西尼乌素长城2段墙体0.61千米，西距乌兰库伦障城13.7千米。

障城四角消失，保存差。平面呈方形，边长140米。障城夯土建筑，现墙体坍塌严重，砂土将墙体底部覆盖，形成略高于地表的土垄，底宽4～5、残高0.2～0.6米。东墙居中设门，门宽不明，方向101°。城门外加筑马蹄形瓮城，南北长22、东西宽10米，因损毁严重，门向不明。障城周边植被退化严重，坡地产流洪水危及障城保存；洪水向东形成径流汇入呼勒斯河槽。

145. 西尼乌素长城3段（150825382101040140）

该段长城起自潮格温都尔镇西尼乌素嘎查呼鲁斯牧点西偏南1.78千米，止于超恩吉北牧点南1.31千米。墙体大体呈东偏北—西偏南走向，上接西尼乌素长城2段，下接西尼乌素长城4段。

墙体长2472米，为夯土筑墙，总体保存较差。墙体地处超恩吉北牧点东南部的沙河槽两岸，止点处西侧有漫水道。现存墙体坍塌，呈土垄状，底宽5～5.5、残高0.2～0.6米。墙体前小段、后小段均保存较差，长2245米，墙体顶部坍塌、流失，堆积在墙体两侧形成斜坡，呈土垄状，其中后小段墙体经过地段有一条东南—西北向的径流水道，导致墙体出现了一个宽9米的豁口；中小段墙体保存差，长218米，墙体损毁严重，坍塌部分堆积在墙体两侧。现存墙体宽约5、高0.3米。墙体北侧有取土筑墙形成的壕沟，沟内被风沙淤积，上口宽约3、深0.3米。墙体顶部因长期车辆通行碾压，形成宽3米的道路。墙体保存较差、保存差和消失部分，分别占该段墙体总长的90.8%、8.8%和0.4%。

墙体沿线调查烽燧1座，为西尼乌素1号烽燧。

西尼乌素1号烽燧（150825353201040022）　位于潮格温都尔镇西尼乌素嘎查超恩吉北牧点南偏东1.37千米，北距西尼乌素长城3段墙体0.03千米，西距西尼乌素2号烽燧10.9千米。

墩台为黄土夯筑，保存较差，结构和形制均已破坏。台体仍耸立于地表，呈斑驳不整的柱状体，南北长2.7、东西宽2.3、残高2.1米。受风雨侵蚀，台体外表形成多处深浅不一的风蚀洞孔。从断面观察，台体夯土土质细密，内夹细碎石粒，夯层清晰，厚9～11厘米。

146. 西尼乌素长城4段（150825382101040141）

该段长城起自潮格温都尔镇西尼乌素嘎查超恩吉北牧点南1.31千米，止于超恩吉北牧点西南1.69千米。墙体大体呈东西向，上接西尼乌素长城3段，下接西尼乌素长城5段。

墙体长825米，为夯土筑墙，总体保存差。现存墙体呈高矮不等的土垄状，宽5～5.5、残高0.2～0.6米。墙体前小段保存较差，长387米，大量细碎石堆积在墙体顶部；后小段保存差，长343米，呈略高于地表的土垄状，局部濒临消失。墙体经过地段有两条东南—西北向的径流水道，导致墙体出现两个豁口，分别宽40、55米。墙体顶部因车辆长期通行碾压，形成宽3米的道路。墙体保存较差、保存差和消失部分，分别占该段墙体总长的46.9%、41.6%和11.5%。

147. 西尼乌素长城5段（150825382301040142）

该段长城起自潮格温都尔镇西尼乌素嘎查超恩吉北牧点西南1.69千米，止于超恩吉北牧点西南1.94千米。墙体大体呈东西向，上接西尼乌素长城4段，下接西尼乌素长城6段。

本段墙体为消失段，起止点之间的直线长度为406米。墙体所经区域地势低洼，风雨侵蚀和土地沙化导致墙体消失。局部地段仍有墙体残存，表明该段墙体原应为土墙。

148. 西尼乌素长城6段（150825382101040143）

该段长城起自潮格温都尔镇西尼乌素嘎查超恩吉北牧点西南1.94千米，止于乌兰库伦障城东牧点东南1.66千米。墙体略作内向弧线形分布，由东西走向转呈东偏南—西偏北走向，上接西尼乌素长城5段，下接西尼乌素长城7段。

墙体长2358米，为夯土筑墙，总体保存差。墙体沿缓坡地延伸，止于障城东牧点东南水道源头处。墙体坍塌，现呈低矮的土垄状，底宽5～5.5、残高最高0.8米。墙体经过地段有三条南北向的漫水道，导致墙体出现三处豁口，分别宽29、37、73米。墙体北侧有取土筑墙形成的壕沟，沟内被风沙淤积，上口宽约4、深0.3米。墙体保存差和消失部分，分别占该段墙体总长的94.1%、5.9%。

149. 西尼乌素长城7段（150825382101040144）

该段长城起自潮格温都尔镇西尼乌素嘎查乌兰库伦障城东牧点东南1.66千米，止于乌兰库伦障城东牧点西1.03千米。墙体略作外向折线形分布，由东偏南—西偏北走向转呈东西向，上接西尼乌素长城6段，下接西尼乌素长城8段。

墙体长2671米，为夯土筑墙，总体保存较差。墙体于牧点南转西行，止于西河槽0.4千米处。现存墙体均有不同程度损毁，底宽7~7.5、残高0.2~1米。其中，保存较差部分长1756米，墙体顶部坍塌，堆积在墙体两侧，呈土垄状；保存差部分长874米，墙体损毁严重，堆积在墙体两侧，形成一条略高于地表的土垄，局部濒临消失；有东南—西北向冲沟穿过墙体，导致出现宽41米的豁口。墙体保存较差、保存差和消失部分，分别占该段墙体总长的65.8%、32.7%和1.5%。墙体顶部因长期车辆通行碾压，形成宽3米的道路。牧点西河槽洪水西北流，注入呼根诺尔北湖，系该湖的最大水源。

150. 西尼乌素长城8段（150825382101040145）

该段长城起自潮格温都尔镇西尼乌素嘎查乌兰库伦障城东牧点西1.03千米，止于查干呼苏牧点东南4.5千米。墙体前小段作直线分布，后小段略作外向弧线分布，由东西走向转呈东偏南—西偏北走向，上接西尼乌素长城7段，下接西尼乌素长城9段。

墙体长2107米，为夯土筑墙，总体保存较差。墙体沿牧点西河槽西部平缓的荒漠草原延伸，止于土路东侧。现存墙体呈土垄状，底宽7~8.5、残高0.4~0.8米。墙体经过地段有两条山水冲沟，导致墙体出现两处豁口，分别宽87、35米。墙体保存较差和消失部分，分别占该段墙体总长的94%、6%。该段墙体止点西侧的土路西南行，通往阿门乌素牧点。

151. 西尼乌素长城9段（150825382301040146）

该段长城起自潮格温都尔镇西尼乌素嘎查查干呼苏牧点东南4.5千米，止于查干呼苏牧点东南4.25千米。墙体大体呈东西向，上接西尼乌素长城8段，下接西尼乌素长城10段。

本段墙体为消失段，起止点之间的直线长度为255米。墙体所经区域地势低洼，风雨侵蚀和土地沙化导致墙体消失。依据相邻上下段墙体情况，推断该段墙体原应为土墙。

152. 西尼乌素长城10段（150825382101040147）

该段长城起自潮格温都尔镇西尼乌素嘎查查干呼苏牧点东南4.25千米，止于查干呼苏牧点东南2千米。墙体作折线形分布，由东西走向转呈东南—西北走向，上接西尼乌素长城9段，下接西尼乌素长城11段。

墙体长2294米，为夯土筑墙，总体保存较差。分布于乌兰库伦河槽两岸，止于河槽西北1千米的缓梁上。现呈低矮的土垄状，墙体底宽6~8.5、残高0.2~1米。墙体前小段、后小段均保存较差，长1697米，墙体顶部相对平整，局部有车辙痕迹；中小段保存差，长523米，部分墙体濒临消失，局部有车辙痕迹。乌兰库伦河槽洪水冲刷，导致墙体出现一处宽74米的豁口。墙体保存较差、保存差和消失部分，分别占该段墙体总长的74%、23%和3%。

墙体沿线调查烽燧、障城各1座，分别为西尼乌素2号烽燧、乌兰库伦障城。

西尼乌素2号烽燧（150825353201040023）　位于潮格温都尔镇西尼乌素嘎查查干呼苏牧点东南2.62千米，北距西尼乌素长城10段墙体0.04千米，西北距西尼乌素3号烽燧2.3千米。

墩台以黄褐土夯筑，保存差，结构和形制均已破坏。台体现已坍塌为低矮的圆形土丘状，底部直径10、残高1米。

乌兰库伦障城（150825353102040024）　位于潮格温都尔镇西尼乌素嘎查查干呼苏牧点东南3.24千米的一处洼地中，北距西尼乌素长城10段墙体0.34千米，西北距青库伦障城6.7千米。

障城保存一般，城垣清晰，平面呈方形，边长132米。城墙为黄土夯筑，土质细密，内夹细碎石粒，夯层厚10~12厘米。现墙体坍塌成土垄状，底宽8~8.4、残高0.4~1.2米。城墙四角筑有角台，平面半圆形，凸出墙体4米，现上部均已坍塌，残高0.8~1.2米，略高于两侧墙体。东墙居中设门，门宽5米，方向105°。城门外加筑马蹄形瓮城，瓮城东西宽9、南北长19米，南侧依城墙设门，门宽3米。瓮城现存墙体呈垄状，底宽6.5、残高0.4~1.2米。城墙外侧可见壕沟遗迹，上口宽7米，内部被沙土掩埋，几乎与地表平齐。障城东邻河槽，洪水西北流，有查干呼苏（白色芦苇）所在河槽洪水合流。

153. 西尼乌素长城11段（150825382101040148）

该段长城起自潮格温都尔镇西尼乌素嘎查查干呼苏牧点东南2千米，止于查干呼苏牧点1.18千米。墙体呈东南—西北走向，上接西尼乌素长城10段，下接西尼乌素长城12段。

墙体长2817米，为夯土筑墙，总体保存较差。现存墙体分布在乌兰库伦与查干呼苏河槽之间，萎缩成土垄状，底宽6~6.5、残高0.4~1米（彩图七五三）。墙体前后小段均保存较差，长2336米，经过地段各有一条东南—西北向水道，导致墙体各出现一处豁口，分别宽8、9米；中小段保存差，长464米，仅为略高于地表的土垄，局部濒临消失。墙体北侧有取土筑墙形成的壕沟，沟内被风沙淤积，上口宽约3、深0.3米。墙体保存较差、保存差和消失部分，分别占该段墙体总长的83%、16.5%和0.5%。

墙体沿线调查烽燧1座，为西尼乌素3号烽燧。

西尼乌素3号烽燧（150825353201040024）　位于潮格温都尔镇西尼乌苏素嘎查查干呼苏牧点东北0.75千米，东北距西尼乌素长城11段墙体0.07千米，西北距西尼乌素4号烽燧4.66千米。

墩台以土夯筑，保存差，结构和形制均已破坏。台体现已坍塌为低矮的圆形土丘状，底部直径11、残高1.6米。

154. 西尼乌素长城12段（150825382101040149）

该段长城起自潮格温都尔镇西尼乌素嘎查查干呼苏牧点西北1.18千米，止于查干呼苏牧点西北1.62千米。墙体呈东南—西北走向，上接西尼乌素长城11段，下接西尼乌素长城13段。

墙体长547米，为夯土筑墙，总体保存较差。墙体地处乌兰库伦河槽与查干呼苏支流洪水交汇点的三角洲上，现呈土垄状，底宽约6.5、残高0.5~1米。墙体北侧有取土筑墙形成的壕沟，沟内被风沙淤积，上口宽约3、深0.3米。

155. 西尼乌素长城13段（150825382301040150）

该段长城起自潮格温都尔镇西尼乌素嘎查查干呼苏牧点西北1.62千米，止于查干呼苏牧点西北1.9千米。墙体呈东南—西北走向，上接西尼乌素长城12段，下接西尼乌素长城14段。

本段墙体为消失段，起止点之间的直线长度为291米。墙体位于乌兰库伦河槽与查干呼苏支流洪水交汇点处，山水冲刷导致墙体消失。依据相邻上下段墙体情况，推断该段墙体原应为土墙。

156. 西尼乌素长城14段（150825382101040151）

该段长城起自潮格温都尔镇西尼乌素嘎查查干呼苏牧点西北1.9千米，止于查干呼苏牧点西北4.57千米。墙体呈东南—西北向，上接西尼乌素长城13段，下接西尼乌素长城15段。

墙体长2782米，为夯土筑墙，总体保存较差。墙体沿乌兰库伦河槽东北岸延伸，止于呼根诺尔南部分水岭上。现存墙体呈土垄状，底宽6.5、残高0.2~1米。其中，墙体保存较差部分长1268米，明显隆起于地表；保存差部分长1414米，地表隆起较低矮，局部濒临消失；消失部分长100米，由多条漫水道穿过墙体造成的多处豁口形成。墙体北侧有取土筑墙形成的壕沟，沟内被风沙淤积，上口宽

3～4、深0.3米。墙体顶部因长期车辆通行碾压形成宽3米的道路。墙体保存较差、保存差和消失部分，分别占该段墙体总长的45.6%、50.8%和3.6%。

墙体沿线调查障城1座，为青库伦障城。

青库伦障城（150825353102040025） 位于潮格温都尔镇西尼乌素嘎查查干呼苏牧点西北3.5千米，北距西尼乌素长城14段墙体0.06千米，西北距朝鲁库伦障城11.6千米。

障城保存一般，城垣布局清晰，平面呈不规则方形，边长130米。城墙土筑，现呈土垄状，底宽6、残高1.1～1.6米。城墙四角筑有角台，平面半圆形，凸出墙体4米，现上部均已坍塌，残高1.6～2米，略高于两侧墙体。东墙居中设门，门宽6米，方向113°。城门外加筑马蹄形瓮城，瓮城东西11、南北21米，南墙大体居中处设门，门宽约3米。城内现存石砌坞址两座，1号坞址位于东西中线上，距西墙28米，平面为长方形，南北长24.4、东西宽13米；2号坞址位于1号坞址西南10米处，平面呈方形，边长7米。障城建筑在青库伦河槽北岸，北部有呼根诺尔。

157. 西尼乌素长城15段（150825382101040152）

该段长城起自潮格温都尔镇西尼乌素嘎查和日莫牧点东南5.78千米，止于和日莫牧点东南3.16千米。墙体呈东南—西北走向，上接西尼乌素长城14段，下接西尼乌素长城16段。

墙体长2644米，为夯土筑墙，总体保存较差。墙体沿青库伦河槽与和日莫北河槽之间延伸，止于呼根诺尔西缓梁上。现存墙体呈土垄状，底宽5～7、残高0.4～1.1米。墙体经过地段有多条洪水浸淫水道，导致墙体出现三处豁口，分别宽59、7、39米。局部墙体北侧有取土筑墙形成的壕沟，沟内被风沙淤积，上口宽约4、深0.3米。墙体顶部因长期车辆通行碾压，形成宽3米的道路。墙体保存较差和消失部分，分别占该段墙体总长的96%、4%。

墙体沿线调查烽燧1座，为西尼乌素4号烽燧。

西尼乌素4号烽燧（150825353201040025） 位于潮格温都尔镇西尼乌素嘎查和日莫牧点东南5.77千米，东北距西尼乌素长城15段墙体0.03千米，西北距西尼乌素5号烽燧3.3千米。

墩台为夹砂黄土夯筑，从断面可见清晰的夯层，厚9～11厘米，整体保存差，结构和形制均已破坏。台体现已坍塌为圆形土丘状，底部直径11、残高1.7米。烽燧北侧为西尼乌素长城15段起点，南部为青库伦支沟沟脑。

158. 西尼乌素长城16段（150825382301040153）

该段长城起自潮格温都尔镇西尼乌素嘎查和日莫牧点东南3.16千米，止于和日莫牧点东南2.52千米。墙体呈东南—西北走向，上接西尼乌素长城15段，下接西尼乌素长城17段。

墙体长656米，为夯土筑墙，总体保存较差。现存墙体呈土垄状，底宽6.5～7.5、残高0.4～0.9米。墙体前、后小段均保存较差，长434米，局部墙体底部可见石块补砌痕迹；中小段保存差，长222米，现呈略高于地表的土垄状，局部濒临消失。墙体保存较差和保存差部分，分别占该段墙体总长的66.2%、33.8%。

墙体止点处南侧调查烽燧1座，为西尼乌素5号烽燧。

西尼乌素5号烽燧（150825353201040026） 位于潮格温都尔镇西尼乌素嘎查和日莫牧点东南2.54千米，东北距西尼乌素长城16段墙体0.04千米，西北距西尼乌素6号烽燧2.8千米。

墩台石筑，毛石干垒，保存较差，结构和形制均已破坏。现台体上部和侧面坍塌严重，中部残存边长4.5米的一部分台体，残高2米。石块散落在台体周围，形成一座近圆形石堆，底部直径20、残高0.5米。由底部暴露出的残存石砌痕迹推测，台体以石块错缝垒砌，石块间铺沙土稳固，平面呈方形，底部边长6.5米。台体南侧0.02千米处现存石砌坞址一座，平面呈方形，边长5米，墙体现呈石垄状，略高于地表。

159.西尼乌素长城17段（150825382102040154）

该段长城起自潮格温都尔镇西尼乌素嘎查和日莫牧点东南2.52千米，止于和日莫牧点东南0.3千米。墙体呈东南—西北走向，上接西尼乌素长城16段，下接西尼乌素长城18段。

墙体长2227米，为土石混筑石墙，总体保存一般。墙体两侧为在自然基础上以毛石错缝垒砌，中间以沙土和碎石填实，收分明显。现存墙体均有不同程度坍塌，底宽2.8～3.5、顶宽1.5～3、残高0.3～1米。墙体前小段保存差，长438米，墙体两侧砌石坍塌散落，形成一条略高于地表的土石垄，墙体经过地段有数条漫水道，导致墙体出现两处豁口，分别宽9、75米；中小段保存一般，长1329米，墙体顶部缺失，两侧砌石风化碎裂，墙体形制清晰；后小段保存较差，长376米，墙体顶部石砌壁面坍塌，呈土石垄状。墙体保存一般、保存较差、保存差和消失部分，分别占该段墙体总长的59.7%、16.9%、19.7%和3.7%。

160.西尼乌素长城18段（150825382102040155）

该段长城起自潮格温都尔镇西尼乌素嘎查和日莫牧点东南0.3千米，止于和日莫牧点西北2.03千米。墙体呈东南—西北走向，上接西尼乌素长城17段，下接西尼乌素长城19段。

墙体长2334米，为土石混筑，总体保存较好。现存墙体底宽3.3～3.6、顶宽1.5～3.4、残高0.3～2.4米。其中，保存较好部分长1603米，墙体基本保存原貌，两侧石壁收分明显，壁面局部轻微坍塌，石壁从下往上逐渐内收，局部墙芯夯土流失而石筑外壁向内倾斜（彩图七五四）；保存一般部分长544米，墙体顶部缺失，两侧砌石风化碎裂，墙体形制清晰（彩图七五五）；保存较差部分长187米，墙体顶部石砌壁面坍塌，石块散落于墙体两侧，底部石砌壁面略有保存，呈土石垄状。墙体保存较好、保存一般和保存较差部分，分别占该段墙体总长的68.7%、23.3%和8%。

墙体沿线调查烽燧1座，为西尼乌素6号烽燧。

西尼乌素6号烽燧（150825353201040027） 位于潮格温都尔镇西尼乌素嘎查和日莫牧点西北0.29千米，东北距西尼乌素长城18段墙体0.05千米，西北距西尼乌素7号烽燧4千米。

烽燧由墩台和坞组成，为石筑，毛石干垒，保存一般。台体平面呈方形，自下而上略有收分，边长6.5米。现东、西、北三面墙体大面积坍塌，呈南高北低的坡状，残高2.8米（彩图七五六）。紧邻台体南侧现存坞一座，平面呈圆角长方形，东西长6.5、南北宽6.3米。坞东墙距台体0.7米处设门，门宽1.3米。坞墙体为土石混筑，东西两墙外侧石块大都脱落，南墙及内壁的石砌痕迹清晰（彩图七五七）。现存墙体底宽1.8、顶宽1.5、残高2米。

161.西尼乌素长城19段（150825382102040156）

该段长城起自潮格温都尔镇西尼乌素嘎查楚鲁呼热牧点东南2.75千米，止于楚鲁呼热牧点西北0.32千米。墙体呈东南—西北走向，上接西尼乌素长城18段，下接西尼乌素长城20段。

墙体长3015米，为土石混筑，总体保存较好。墙体沿基岩裸露的荒漠戈壁延伸，止于牧点北河槽西岸。现存墙体底宽3.3～3.6、顶宽2～2.5、残高0.2～1.5米。墙体前小段保存较好，长1799米，墙体基本保存初始面貌，收分明显，局部壁面轻微坍塌，墙体两侧壁面于顶部逐步内收（彩图七五八）；中小段保存较差，长947米，墙体顶部石砌壁面坍塌，呈土石垄状，墙体经过地段有苏记音高勒河槽，导致墙体出现宽82米的豁口；后小段保存差，长126米，墙体坍塌严重，呈略高于地表的土石垄，墙体经过地段有牧点北河槽，导致墙体出现宽61米的豁口。墙体保存较好、保存较差、保存差和消失部分，分别占该段墙体总长的59.7%、31.4%、4.2%和4.7%。

墙体沿线调查烽燧、障城各1座，分别为西尼乌素7号烽燧、朝鲁库伦障城。

西尼乌素7号烽燧（150825353201040028） 位于潮格温都尔镇西尼乌素嘎查楚鲁呼热牧点东南

0.56千米，西北距西尼乌素长城19段止点0.79千米，西北距西尼乌素8号烽燧2.82千米。

墩台石筑，毛石干垒，保存一般。台体平面呈长方形，东西长7、南北宽6.5米。现台体上部东、西两侧砌体大面积坍塌，缺失现象严重，形成斜坡状。台体顶部南北宽4.7、残高2.4米。坍塌石块散落在台体周围。该烽燧建筑在苏记音高勒南岸台地上，东部为呼根诺尔北湖溢出河槽古尔本善德高勒与和日莫北河槽洪水交汇点，南部有青库伦河槽，洪水于烽燧西部汇入苏记音高勒河槽。

朝鲁库伦障城（150825353102040026）　位于潮格温都尔镇西尼乌素嘎查楚鲁呼热牧点西0.35千米，东北距西尼乌素长城19段墙体0.42千米，西北距汉外长城南线止点7.2千米。1976年7月，内蒙古文物工作队曾对该障城作了试掘[1]。

障城保存一般，城垣布局清晰，平面呈长方形，南北长126.8、东西宽124.6米。障城墙体为土石混筑，现上部坍塌较重，下部保存相对较好。现存墙体底宽5.5、顶宽2.6～2.8、残高1.2～2.6。城墙四角筑有角台，平面近长方形，长5、宽4～5、凸出墙体约3米，现上部均已坍塌，残高1.4～1.9米。东墙居中设门，门宽6.6米，方向80°。城门外加筑马蹄形瓮城，瓮城东西10.5、南北16米，南侧依城墙设门，门宽3米。瓮城墙体石砌，现上部坍塌，底宽3.5、残高0.6～1.6米。城址内东南角依南墙可见一处石砌阶梯式蹬道，宽1.1～1.3米，大部被风沙及坍塌的墙体覆盖。城址内有多处建筑基址，本次调查时已难以分辨分布具体情况，城内亦未见遗物。

162. 西尼乌素长城20段（150825382102040157）

该段长城起自潮格温都尔镇西尼乌素嘎查楚鲁呼热牧点西北0.32千米，止于楚鲁呼热牧点西北3.04千米。墙体略作内向弧线形分布，由东南—西北转呈南偏东—北偏西走向，上接西尼乌素长城19段，下接西尼乌素长城21段。

墙体长2791米，为土石混筑，总体保存较好。墙体沿巴彦努如南麓山体构筑，止于巴彦布拉格北岸两条并列的支沟中部。现存墙体均有不同程度坍塌，两侧底部被砂土掩埋，底宽3.3、顶宽1.4～1.8、残高1.4～2.5米。其中，保存较好部分长1709米，墙体基本保存原始面貌，局部壁面轻微坍塌；保存一般部分长1047米，墙体顶部坍塌，墙体形制清晰；墙体经过地段有巴彦布拉格河槽，导致墙体出现宽35米的豁口。墙体保存较好、保存一般和消失部分，分别占该段墙体总长的61.2%、37.5%和1.3%。

墙体沿线调查烽燧1座，为西尼乌素8号烽燧。

西尼乌素8号烽燧（150825353201040029）　位于潮格温都尔镇西尼乌素嘎查楚鲁呼热牧点西北2.17千米，北距西尼乌素长城20段墙体止点1千米，西北距西尼乌素9号烽燧2.52千米。

墩台石筑，毛石干垒，保存较差。台体原有形制不存，由底部暴露出的残存石砌痕迹推测，台体平面呈方形，底部边长6.5米。现台体上部和侧面坍塌严重，中部残存长、宽均4.5米的部分台体，残高2米（彩图七五九）。石块散落在台体周围，呈低矮的圆形石堆状，底部直径20、残高0.3米。台体南侧0.02千米处，现存石砌坞址一座，平面呈方形，边长5米，现墙体损毁严重，略高于地表。

163. 西尼乌素长城21段（150825382102040158）

该段长城起自潮格温都尔镇西尼乌素嘎查沙日扎嘎牧点东南3.21千米，止于沙日扎嘎牧点东南1.5千米。墙体呈南偏东—北偏西，上接西尼乌素长城20段，下接西尼乌素长城22段。

墙体长1811米，为土石混筑，总体保存较好。墙体沿巴彦努如石碴山梁南缘修筑，止于山梁西麓。现存墙体底宽3.3、顶宽1.4～1.8、残高1.4～2.1米。其中，墙体保存较好部分长1479米，墙体基

〔1〕　盖山林、陆思贤：《潮格旗朝鲁库伦汉代石城及其附近的长城》，《中国长城遗迹调查报告集》，文物出版社，1981年。

本保存原貌，局部壁面轻微坍塌（彩图七六○）；保存一般部分长188米，墙体顶部缺失，形制清晰（彩图七六一）；保存较差部分长129米，墙体底部石砌壁面略有保存，内部墙芯坍塌，呈土石垄状，墙体经过地段有一条冲沟，导致墙体出现一处宽15米的豁口。墙体保存较好、保存一般、保存较差和消失部分，分别占该段墙体总长的81.7%、10.4%、7.1%和0.8%。

墙体沿线调查烽燧1座，为西尼乌素9号烽燧。

西尼乌素9号烽燧（150825353201040030）　位于潮格温都尔镇西尼乌素嘎查沙日扎嘎牧点东南1.61千米处的巴彦努如南缘山梁上，东距西尼乌素长城21段墙体0.3千米，西北距汉外长城南线终点2.63千米。

墩台石筑，毛石干垒，保存较差，结构和形制均已破坏。由台体底部暴露出的残存石砌痕迹推测，台体平面为长方形，自下而上收分明显，东西长7.4、南北宽6.5米。现台体上部和侧面坍塌严重，残高1.7米。后人拆取砌筑烽燧的石块，在残存台体上部砌筑了两道挡风墙，用作放牧时遮挡风雨。紧邻台体南侧现存坞一座，平面呈圆角长方形，东西长9.7、南北宽9.3米。东墙距烽燧台体0.6米处设门，门宽0.9米。墙体石砌，现上部坍塌，残高1~1.3米。

164. 西尼乌素长城22段（150825382102040159）

该段长城起自潮格温都尔镇西尼乌素嘎查沙日扎嘎牧点东南1.5千米，止于沙日扎嘎牧点北1.62千米。墙体呈南偏东—北偏西走向。此段墙体是汉外长城南线的最后一段，上接西尼乌素长城21段，终点位于荒漠戈壁边缘，西北距与蒙古国边境约22千米。

墙体长2508米，为土石混筑，总体保存较差。墙体地处巴彦努如石砬山梁西麓荒漠地带，止于苏亥音呼都克高勒河槽南岸。现存墙体顶部石砌壁面坍塌、缺失严重，砌石多被人为拆移，底部石砌壁面略有保存，墙芯坍塌，呈土石垄状。现存墙体底宽2.7~3.5、残高0.3~1.6米（彩图七六二）。

三　关于五原塞外列城

五原塞外列城布列于包头市达尔罕茂明安联合旗、巴彦淖尔市乌拉特中旗和乌拉特后旗境内重要的南北通道、沟谷及河流两岸，其功能上不仅扼守南北向通道，又与左右障城组成联防，整体形成了布列有序、功能明确的军事防御体系，成为连接阳山汉长城与汉外长城南线之间的一道月牙形障城带。经调查，五原塞外列城共由56座障城组成，其中达尔罕茂明安联合旗4座、乌拉特中旗21座、乌拉特后旗31座。

障城结构包括城墙、护城壕、城门和角台等，可分为方形和长方形两种。方形障城边长约130米，长方形障城大小不一，边长通常在长95~160、宽85~140米。墙体一般为土砂堆筑，基宽7~8、顶宽2~3、残高0.8~1.5米。墙体外侧围绕一周护城壕，宽1~2、深0.5~1米。城门多朝东南方向开设，宽约3~5米。四角均设有角台。

根据列城分布走向及布局，可分为东、中、西三段。东段大体呈东南—西北走向，障城多以单个分布，共有10座障城，其中2座障城为成对分布。中段大体呈东西走向，障城多以成对分布，其中2座障城有明显的叠压打破关系，体现出了并存2座障城在修筑时间上的早晚关系，共有19座障城，其中1座障城为单个分布。西段又可分为两条线：第一条线随汉外长城南线，呈东南—西北方向分布，延伸至阿拉善盟阿拉善左旗乌力吉苏木银根乌拉山一带，共有20座障城，均为成对分布；第二条线沿着阳山北麓呈东北—西南方向分布，止于巴彦淖尔市乌拉特后旗获各琦苏木阿日其图嘎查境内，共有7座障城，均为单一分布。

下面，以表格的形式将五原塞外列城的基本情况予以罗列（表九）。

表九　五原塞外列城数据简表（由东向西排列）

序号	名称	位置	形制	规模及保存状况	位置关系
1	大得令沟障城	达尔罕茂明安联合旗乌克忽洞镇大得令沟村北约0.04千米	长方形	南北长130、东西宽125米，东墙中部设门，保存差	东段障城，西北距艾不盖障城24.6千米
2	艾不盖障城	达尔罕茂明安联合旗明安镇艾不盖村东南约1.58千米	方形	边长130米，东墙中部设门，保存较差	东段障城，西北距南苏吉障城约4.86千米
3	南苏吉障城	达尔罕茂明安联合旗明安镇南苏吉村东北1.42千米	长方形	东西长140、南北宽110米，东墙中部设门，保存差	东段障城，西北距布仁格图障城约24.2千米
4	布仁格图障城	达尔罕茂明安联合旗明安镇布仁格图村北1.44千米	方形	边长125米，门址不详，保存较差	东段障城，西北距伊和乌德障城约18.8千米
5	伊和乌德障城	乌拉特中旗新忽热苏木伊和乌德牧点东约0.26千米	长方形	南北长130、东西宽125米，南墙中部设门，保存一般	东段障城，西北距比勒其尔障城17.4千米
6	比勒其尔障城	乌拉特中旗新忽热苏木比勒其尔牧点西北约2千米	方形	边长130米，东墙中部设门，保存一般	东段障城，西北距包日忽热北障城约15.1千米
7	包日忽热北障城	乌拉特中旗巴音哈太苏木包日忽热牧点东北约0.05千米	长方形	东西长150、南北宽130米，东墙中部设门，保存较差	东段障城，西南距包日忽热南障城约0.05千米
8	包日忽热南障城	乌拉特中旗巴音哈太苏木包日忽热牧点，牧点在障城内西部	长方形	东西长140、南北宽125米，东墙中部设门，保存较差	东段障城，西北距巴润查干哈达障城约8.8千米
9	巴润查干哈达障城	乌拉特中旗巴音乌兰苏木巴润查干哈达牧点西南约2.4千米	不详	西墙长130、残存北墙70、南墙40米，城门不详，保存差	东段障城，西北距阿尔其格障城约11.97千米
10	阿尔其格障城	乌拉特中旗巴音乌兰苏木阿尔其格牧点西南约1.18千米	长方形	东西长135、南北宽100米，南墙中部设门，保存差	东段障城，西南距呼热东障城约10.5千米
11	呼热东障城	乌拉特中旗巴音乌兰苏木呼热牧点南约0.01千米	长方形	东西长155、南北宽120米，东墙中部设门，保存较差	中段障城，西距呼热西障城约0.045千米
12	呼热西障城	乌拉特中旗巴音乌兰苏木呼热牧点西南约0.23千米	方形	边长120米，门址不详，保存差	中段障城，西南距巴润萨拉北障城约9.88千米
13	巴润萨拉北障城	乌拉特中旗巴音乌兰苏木巴润萨拉牧点东北约0.87千米	长方形	东西长160、南北宽135米，东墙中部设门，保存较差	中段障城，西南距巴润萨拉南障城85米
14	巴润萨拉南障城	乌拉特中旗巴音乌兰苏木巴润萨拉牧点东北约0.67千米	长方形	东西长130、南北宽115米，东墙中部设门，保存较差	中段障城，西南距哈拉图南障城约13.05千米
15	哈拉图南障城	乌拉特中旗川井镇哈拉图嘎查东约3.9千米	长方形	东西长160、南北宽140米，门址不详，保存差	中段障城，西北距哈拉图北障城约0.53千米
16	哈拉图北障城	乌拉特中旗川井镇哈拉图嘎查东北约3.62千米	方形	边长130米，南墙中部设门，保存差	中段障城，西南距额和音呼都格东障城14.58千米
17	额和音呼都格东障城	乌拉特中旗川井镇额和音呼都格牧点北约0.04千米	长方形	南北长130、东西宽110米，南墙中部设门，保存差	中段障城，西北距额和音呼都格西障城约0.84千米
18	额和音呼都格西障城	乌拉特中旗川井镇额和音呼都格牧点西北约0.96千米	长方形	南北长130、东西宽110米，东墙中部设门，保存差	中段障城，西距乌兰呼都格南障城约13.24千米
19	乌兰呼都格北障城	乌拉特中旗川井镇乌兰呼都格牧点西北约0.55千米	长方形	东西长130、南北宽125米，东墙中部设门，保存较差	中段障城，南距乌兰呼都格南障城约0.56千米

序号	名称	位置	形制	规模及保存状况	位置关系
20	乌兰呼都格南障城	乌拉特中旗川井镇乌兰呼都格牧点西北约0.36千米	长方形	东西长140、南北宽125米，东墙中部设门，保存较差	中段障城，西北距乌兰托雅北障城11.73千米
21	乌兰托雅北障城	乌拉特中旗川井镇乌兰托雅嘎查东北约3.26千米	长方形	东西长120、南北宽110米，南墙中部设门，保存差	中段障城，西南距乌兰托雅南障城0.1千米
22	乌兰托雅南障城	乌拉特中旗川井镇乌兰托雅嘎查东北约3千米	长方形	南北长120、东西宽110米，南墙中部设门，保存差	中段障城，西南距墙板呼热南障城约8千米
23	墙板呼热南障城	乌拉特中旗川井镇乌兰托雅嘎查墙板呼热牧点西约1.42千米	方形	边长120米，东墙中部设门，保存较差	中段障城，北距墙板呼热北障城约0.09千米
24	墙板呼热北障城	乌拉特中旗川井镇乌兰托雅嘎查墙板呼热牧点西约1.49千米	方形	边长130米，东墙中部设门，保存较差	中段障城，西北距沃博日呼热障城10.62千米
25	沃博日呼热障城	乌拉特中旗川井镇沃博日呼热牧点东北约3千米	长方形	东西长135、南北宽125米，东墙中部设门，保存较好	中段障城，西南距查干都贵北障城12.25千米
26	查干都贵北障城	乌拉特后旗巴音前达门苏木乌力吉图嘎查查干都贵牧点东南约0.91千米	长方形	东西长140、南北宽120米，南墙中部设门，保存一般	中段障城，西距查干都贵南障城约0.015千米
27	查干都贵南障城	乌拉特后旗巴音前达门苏木乌力吉图嘎查查干都贵牧点东南约0.88千米	长方形	东西长125、南北宽110米，东墙中部设门，保存一般	中段障城，西距朱日和音浩来东障城16.13千米
28	朱日和音浩来东障城	乌拉特后旗巴音前达门苏木巴音高勒嘎查朱日和音浩来牧点东北约1千米	不详	西墙长120米、其余墙体不详，保存差	中段障城，西南距朱日和音浩来西障城约0.14千米
29	朱日和音浩来西障城	乌拉特后旗巴音前达门苏木巴音高勒嘎查朱日和音浩来牧点东北约0.86千米	方形	边长130米，门址不详，保存差	中段障城，西南距敖包乃高勒东障城10.25千米
30	敖包乃高勒东障城	乌拉特后旗巴音前达门苏木巴音高勒嘎查敖包乃高勒牧点东北约0.86千米	方形	边长130米，东墙中部设门，保存较差	西段障城第一条线，西距敖包乃高勒西障城约0.025千米
31	敖包乃高勒西障城	乌拉特后旗巴音前达门苏木巴音高勒嘎查敖包乃高勒牧点东北约0.68千米	长方形	东西长130、南北宽110米，东墙中部设门，保存较差	西段障城第一条线，西南距巴音乌素东障城8.97千米
32	巴音乌素东障城	乌拉特后旗巴音前达门苏木巴音乌素嘎查点西约1.68千米	方形	边长130米，南墙中部设门，保存较差	西段障城第一条线，该障城西北部分被巴音乌素西障城叠压
33	巴音乌素西障城	乌拉特后旗巴音前达门苏木巴音乌素嘎查西约1.77千米	方形	边长130米，南墙中部设门，保存较差	西段障城第一条线，西南距毕力其尔障城约5.93千米
34	毕力其尔障城	乌拉特后旗巴音前达门苏木巴音呼舒嘎查毕力其尔牧点东南约1.2千米	方形	边长130米，东墙中部设门，保存较差	西段障城第一条线，西距红障城约2千米
35	红旗城障城	乌拉特后旗巴音前达门苏木巴音呼舒嘎查必力其尔牧点西北约0.2千米	方形	边长130米，东墙中部设门，保存较差	西段障城第一条线，西北距红呼勒其北障城约9.82千米

序号	名称	位置	形制	规模及保存状况	位置关系
36	红呼勒其南障城	乌拉特后旗潮格温都尔镇哈日朝鲁嘎查红呼勒其牧点西南约0.62千米	长方形	东西长140、南北宽130米，东墙中部设门，保存较差	西段障城第一条线，西北距红呼勒其北障城约0.37千米
37	红呼勒其北障城	乌拉特后旗潮格温都尔镇哈日朝鲁嘎查红呼勒其牧点西北约0.98千米	长方形	东西长140、南北宽130米，东墙中部设门，外带马蹄形瓮城，保存较差	西段障城第一条线，西南距呼热南障城约16.76千米
38	呼热南障城	乌拉特后旗潮格温都尔镇宝日布嘎查呼热牧点东南约1.86千米	长方形	东西长150、南北宽120米，东墙中部设门，保存较差	西段障城第一条线，西北距呼热北障城约1.9千米
39	呼热北障城	乌拉特后旗潮格温都尔镇宝日布嘎查呼热牧点北约0.08千米	方形	边长130米，南墙中部设门，保存较差	西段障城第一条线，西南距乌兰额日格南障城约16.2千米
40	乌兰额日格南障城	乌拉特后旗潮格温都尔镇宝日布嘎查乌兰额日格牧点东北约0.57千米	方形	边长110米，南墙中部设门，保存较差	西段障城第一条线，西北距乌兰额日格北障城约0.04千米
41	乌兰额日格北障城	乌拉特后旗潮格温都尔镇宝日布嘎查乌兰额日格牧点东北约0.71千米	长方形	东西长130、南北宽110米，东墙中部设门，保存较差	西段障城第一条线，东南距沙巴日好来障城约11.4千米
42	沙巴日好来障城	乌拉特后旗获各琦苏木别力切尔嘎查沙巴日好来牧点，牧点在障城内建设	长方形	东西长85、南北宽75米，门址不详，保存差	西段障城第一条线，南距库勒障城约1.2千米
43	库勒障城	乌拉特后旗获各琦苏木别力切尔嘎查库勒牧点西南约0.1千米	长方形	东西长115、南北宽100米，南墙中部设门，保存差	西段障城第一条线，西北当西格北障城约41.8千米
44	当西格北障城	乌拉特后旗巴音温都尔苏木满都拉嘎查当西格牧点西北约1.56千米	长方形	南北长105、东西宽85米，南墙中部设门，保存差	西段障城第一条线，西北当西格南障城约1.37千米
45	当西格南障城	乌拉特后旗巴音温都尔苏木满都拉嘎查当西格牧点西约1.61千米	方形	边长100米，南墙、北墙中部各设一门，保存较好	西段障城第一条线，西北距呼和伊力格障城约24.84千米
46	呼和伊力格障城	乌拉特后旗巴音温都尔苏木满都拉嘎查呼和伊力格牧点西南约0.3千米	长方形	东西长95、南北宽85米，东墙中部设门，保存较好	西段障城第一条线，西北距苏亥障城约7.8千米
47	苏亥障城	乌拉特后旗巴音温都尔苏木满都拉嘎查苏亥牧点东北约0.5千米	方形	边长100米，西北墙被季节性河流冲毁，东南墙中部设门，保存较差	西段障城第一条线，西南距库德里乌苏东障城约17.2千米
48	库德里乌苏东障城	乌拉特后旗巴音温都尔苏木满都拉嘎查库德里乌苏牧点东北约0.42千米	长方形	东西长95、南北宽85米，东墙中部设门，保存一般	西段障城第一条线，西南距库德里乌苏西障城约0.8千米
49	库德里乌苏西障城	乌拉特后旗巴音温都尔苏木满都拉嘎查库德里乌苏牧点西约0.4千米	长方形	东西长85、南北残宽45米，门址不详，保存差	西段障城第一条线，该障城为五原塞外列城中最西北端的障城

续表

序号	名称	位置	形制	规模及保存状况	位置关系
50	必图障城	乌拉特后旗获各琦苏木毕力其尔嘎查必图牧点南约4.89千米	长方形	南北长140、东西宽110米，南墙中部设门，保存差	西段障城第二条线，东北距呼热南障城约13.47千米，西南距巴拉更乃高勒障城约14.11千米
51	巴拉更乃高勒障城	乌拉特后旗获各琦苏木巴拉更乃高勒牧点西南约1.15千米	长方形	东西长140、南北宽110米，南墙中部设门，保存差	西段障城第二条线，西南距赫那日障城约11.48千米，西距布日罕图障城15.37千米
52	布日罕图障城	乌拉特后旗获各琦苏木毕力其尔嘎查布日罕图牧点东南约2千米	长方形	东西长130、南北宽110米，东墙中部设门，保存差	西段障城第二条线，西南距查其障城约10.36千米，东南距赫那日障城约9千米
53	赫那日障城	乌拉特后旗获各琦苏木乌布力格嘎查赫那日牧点南约0.3千米	长方形	东西长140、南北宽120米，南墙中部设门，保存较差	西段障城第二条线，西南距呼热扎德盖障城约8.4千米，西距查其勒障城约12.68千米
54	查其障城	乌拉特后旗获各琦苏木乌布力格嘎查查其牧点南约0.33千米	长方形	东西长130、南北宽120米，东墙中部设门，保存差	西段障城第二条线，西南距乌兰塔塔里障城约10.5千米，东南距呼热扎德盖障城约10.71千米
55	呼热扎德盖障城	乌拉特后旗获各琦苏木查干温都尔嘎查呼热扎德盖牧点西北约0.65千米	长方形	东西长120、南北宽90米，东墙中部设门，保存较差	西段障城第二条线，西南距乌兰塔塔里障城约16千米
56	乌兰塔塔里障城	乌拉特后旗阿日其图苏木乌布力格嘎查乌兰塔塔里牧点东南约1.46千米	长方形	东西长125、南北宽110米，东墙中部设门，保存差	西段障城第二条线，该障城为五原塞外列城中最西南端的障城，西南距阳山秦汉长城呼和温都尔障城约27.5千米

四 小结

汉外长城南线是继阴山汉长城、阳山汉长城之后西汉王朝兴筑的又一浩大的军事工程，长城墙体沿线的烽燧、障城等单体建筑均较为完备。

墙体分为土墙、石墙和消失墙体三类。土墙和石墙的修筑，均为就地取材。土墙分布广泛，多为夯筑，现存墙体顶部坍塌，地表呈土垄状。石墙集中分布于地形陡峭的山顶和岩山之上，毛石垒砌墙在乌拉特中旗、乌拉特后旗境内较为集中，土石混筑墙在武川县、达尔罕茂明安联合旗零散分布。

共调查烽燧94座，均分布于长城内侧低山丘陵制高点处。墩台有夯土版筑、夯土实心外侧包石和毛石干垒等筑法，原始台体平面多呈方形，边长在5~6米之间，现坍塌后于地表呈土丘或石堆状，直径一般在8~10米之间。坞通常位于墩台南侧或东侧，依墩台而筑，平面呈方形或长方形，边长在8~12米之间；坞墙有石墙和土墙两类，宽0.8~1、残高0.5米左右。烽燧间距远近不等，低山丘陵地带设置距离相对较近，在 1～2 千米之间；地势相对平缓地段设置距离较远，视野开阔，间距可达 3～6 千米。

　　共调查障城 126 座，除 1 座为圆形外，其余均为方形，可分为大、小两类。共调查大障 34 座，多见于长城沿线沟谷口及大型河流两岸，边长普遍在 130 米左右；城墙为夯筑土墙，墙外有护城壕，四角设有角台，东墙或南墙中部开门，门外带有马蹄形瓮城。大障间距一般在 8～14 千米之间。共调查小障 91 座，边长在 15 米左右，均分布于墙体内侧大障之间，每两座大障间布置少则 3～4 座，多则 8～9 座。小障间距远近不一，低山丘陵带约隔 1 千米一座，平缓草原地带则隔 3～5 千米一座，沟口、河流等重要通道地段于两岸各设置一座。